Recommandation à ceux qui souhaitent profiter des réductions et avantages proposés dans le *Routard* par les hôteliers et les restaurateurs.

À l'hôtel, pensez à les demander au moment de la réservation ou, si vous n'avez pas réservé, **à l'arrivée.** Ils ne sont valables que pour les réservations en direct et ne sont pas cumulables avec d'autres offres promotionnelles (notamment sur Internet). Au restaurant, parlez-en **au moment** de la commande et surtout **avant** que l'addition soit établie. Poser votre *Routard* sur la table ne suffit pas : le personnel de salle n'est pas toujours au courant et une fois le ticket de caisse imprimé, il est souvent difficile de modifier le total. En cas de doute, montrez la notice relative à l'établissement dans le *Routard* de l'année et, bien sûr, ne manquez pas de nous faire part de toute difficulté rencontrée.

☎ **112 :** c'est le numéro d'urgence commun à la France et à tous les pays de l'UE, à composer en cas d'accident, agression ou détresse. Il permet de se faire localiser et aider en français, tout en améliorant les délais d'intervention des services de secours.

Pictogrammes du Routard

Établissements

- Hôtel, auberge, chambre d'hôtes
- Camping
- Restaurant
- Pizzeria
- Boulangerie, sandwicherie
- Glacier
- Café, salon de thé
- Café, bar
- Bar musical
- Club, boîte de nuit
- Salle de spectacle
- Office de tourisme
- Poste
- Boutique, magasin, marché
- Accès Internet
- Hôpital, urgences

Sites

- Plage
- Site de plongée
- Piste cyclable, parcours à vélo

Transports

- Aéroport
- Gare ferroviaire
- Gare routière, arrêt de bus
- Station de métro
- Station de tramway
- Parking
- Taxi
- Taxi collectif
- Bateau
- Bateau fluvial

Attraits et équipements

- Présente un intérêt touristique
- Recommandé pour les enfants
- Adapté aux personnes handicapées
- Ordinateur à disposition
- Connexion wifi
- Inscrit au Patrimoine mondial de l'Unesco

Au large des falaises de Fécamp

LA RÉDACTION DU ROUTARD

(sans oublier nos 50 enquêteurs, aussi sur le terrain)

© R. Delalande et E. Dessons

Thierry, Anne-Caroline, Éléonore, Olivier, Pierre, Benoît, Alain, Fiona, Gavin's, André, Véronique, Bénédicte, Jean-Sébastien, Mathilde, Amanda, Isabelle, Géraldine, Marie, Carole, Philippe, Florence, Anne.

La saga du *Routard* : en 1971, deux étudiants, Philippe et Michel, avaient une furieuse envie de découvrir le monde. De retour du Népal germe l'idée d'un guide différent qui regrouperait tuyaux malins et itinéraires sympas, destiné aux jeunes fauchés en quête de liberté. 1973. Après 19 refus d'éditeurs et la faillite de leur première maison d'édition, l'aventure commence vraiment avec Hachette. Aujourd'hui, le *Routard,* c'est plus d'une cinquantaine d'enquêteurs impliqués et sincères. Ils parcourent le monde toute l'année dans l'anonymat et s'acharnent à restituer leurs coups de cœur avec passion.

Merci à tous les Routards qui partagent nos convictions : liberté et indépendance d'esprit ; découverte et partage ; sincérité, tolérance et respect des autres.

NOS SPÉCIALISTES NORMANDIE

Amanda, Mathilde et Marie : quand l'une arpente les routes bretonnes en quête de la meilleure pâte à crêpes, l'autre explore le bocage normand à coups de gorgées de cidre, pendant que la troisième chausse les skis pour dégoter le meilleur refuge alpin. La curiosité, l'enthousiasme et la gourmandise sont leur meilleur sonar, que complètent deux décennies d'expérience à user leurs semelles sur les routes de l'Hexagone. Un trio complice et indépendant qui essaie, entre deux voyages, de garder la ligne.

Loup-Maëlle Besançon : cette Normande se méfie des GPS et des autoroutes, leur préférant cartes et chemins de traverse. Entre deux traductions de livres norvégiens, elle explore avec gourmandise des contrées plus ou moins exotiques. Son constat : si les voyages ouvrent l'esprit, nul n'est besoin de partir loin pour faire des rencontres et des découvertes extraordinaires.

Dimitri Lefèvre : après avoir travaillé sur de nombreux films, il a rejoint le *Routard* il y a 9 ans. Pour lui, recommander une adresse c'est faire un casting pointu, visiter un lieu c'est faire des repérages pour écrire le scénario de la Palme d'or du film de vacances. Mais au final, les pépites découvertes et les bons conseils aux lecteurs, ce n'est pas du cinéma !

UN GRAND MERCI À NOS AMI(E)S SUR PLACE

Pour cette nouvelle édition, nous remercions particulièrement :

Pour la Seine-Maritime

- **Estelle Clabaux** et **Ivan Saliba,** du comité départemental de tourisme de Seine-Maritime.
- **Claire Cierzniak,** du Pôle d'équilibre territorial et rural du pays de Bray.
- **Aline Braud,** de la CDC Bresle maritime.
- **Guillaume Gohon,** pour une visite passionnée et passionnante de Rouen.
- **Maria et Annick,** pour leurs bons tuyaux gourmands à Rouen.
- Ainsi que le formidable réseau des offices de tourisme du département, et tout particulièrement ceux de Clères, de Dieppe, d'Étretat, de Fécamp, de Forges-les-Eaux, du Havre, du Tréport, de Neufchâtel-en-Bray, du pays de Caux – Vallée de Seine, du plateau de Caux maritime, de Rouen et de Ry.

Pour l'Eure

- **Capucine d'Halluin,** d'Eure Tourisme.
- Les offices de tourisme de l'Eure, notamment ceux de Bernay, de Conches-en-Ouche, d'Évreux, de Gisors, des Andelys, de Louviers, de Lyons-la-Forêt, de Pont-Audemer, de Verneuil-sur-Avre et de Vernon.

Pour le Calvados

- **Armelle Le Goff** et les services de Calvados Tourisme.
- **Claire Bauruel** et l'équipe de l'office de tourisme de Bayeux Intercom.
- Les offices de tourisme du Calvados, en particulier ceux de Cabourg, de Caen, de Deauville, de Falaise, de Honfleur, de Houlgate, de Lisieux, de Livarot, d'Orbec, de Ouistreham, de Pont-l'Évêque, de Saint-Pierre-sur-Dives, de la Suisse normande, de Trouville et de Villers-sur-Mer.

Pour la Manche

- **Sophie Bougeard, Claire Lehembre** et l'équipe de Manche Tourisme.
- **Frédérique Hédouin,** pour les *Gîtes de France*.
- Les offices de tourisme de la Manche, en particulier ceux d'Avranches, de Barneville-Carteret, de Cherbourg-en-Cotentin, de Coutances, de Granville, de Mortain, de Pontorson, de Quettehou, de Saint-Lô et de Saint-Sauveur-le-Vicomte.

Pour l'Orne

- **Carole Rauber** et l'équipe d'Orne Tourisme.
- **Pierre Poisson,** d'Orne Tourisme/*Gîtes de France*.
- Les offices de tourisme de l'Orne, en particulier ceux d'Alençon, d'Argentan, de Bagnoles-de-l'Orne, de Bellême, de Domfront, de L'Aigle, de Mortagne-au-Perche, de la Roche d'Oëtre, de Sées et de Vimoutiers.

Tout au long de ce guide, découvrez toutes les photos de la destination sur • *routard.com* • Attention au coût de connexion à l'étranger, assurez-vous d'être en wifi !

Le *Routard* est imprimé sur un papier issu de forêts gérées.

I.S.B.N. 978-2-01-279953-0

A
B
Bellême Lieux traités
Vauville Adresses et lieux dans les environs
Chartres Repères
sites inscrits au Patrimoine mondial de l'Unesco
1 Ouistreham
2 Cabourg
3 Dives-sur-Mer
4 Houlgate
5 Villers-sur-Mer
6 Deauville
7 Trouville
8 Villerville-sur-Mer
MANCHE
Auderville
Omonville-la-Petite
Omonville-la-Rogue
Gréville-Hague
Urville-Nacqueville
Cap de la Hague
Vauville
Cherbourg-en-Cotentin
Barfleur
St-Vaast-la-Hougue
Île Tatihou
Valognes
Quinéville
Bricquebec
St-Sauveur-le-Vicomte
Ste-Mère-Église
Utah Beach
Grandcamp-Maisy
Pointe du Hoc
Omaha Beach
Longues-sur-Mer
Arromanches
Courseulles-sur-Mer
St-Aubin-sur-Mer
Luc-sur-Mer
Lion-sur-Mer
Barneville-Carteret
Port-Bail
La Haye-du-Puits
Isigny-sur-Mer
Port-en-Bessin
Ver-sur-Mer
Bayeux
Creully
Douvres-la-D.
Bénouville
Ranville
Bavent
Carentan
Lessay
Périers
Pirou
Le Molay-Littry
Balleroy
CAEN
MANCHE (50)
p. 370
SAINT-LÔ
Caumont-l'Éventé
CALVADOS (14)
p. 232
Agon-Coutainville
Coutances
Regnéville-sur-Mer
Jersey
Tessy
Thury-Harcourt
Abb. de Hambye
Gavray
Clécy
SUISSE NORMANDE
Falaise
Villedieu-les-Poêles
Granville
Condé-sur-Noireau
Vire
Tinchebray
Flers
Brécey
ORNE (61)
p. 511
Genêts
Avranches
Mont-St-Michel
Mortain
Domfront
Carrouges
Pontorson
Saint-Hilaire-du-Harcouët
Bagnoles-de-l'Orne
la Ferté-Macé
Parc naturel régional Normandie-Maine
ILLE-ET-VILAINE (35)
Fougères
St-Céneri-le-Gérei
Mayenne
MAYENNE (53)
RENNES
Laval
A 84
A 81
A 88
A 13
E 401
E 3
E 50
N 13
N 12
N 174
N 175
N 176
N 157
N 158
N 162

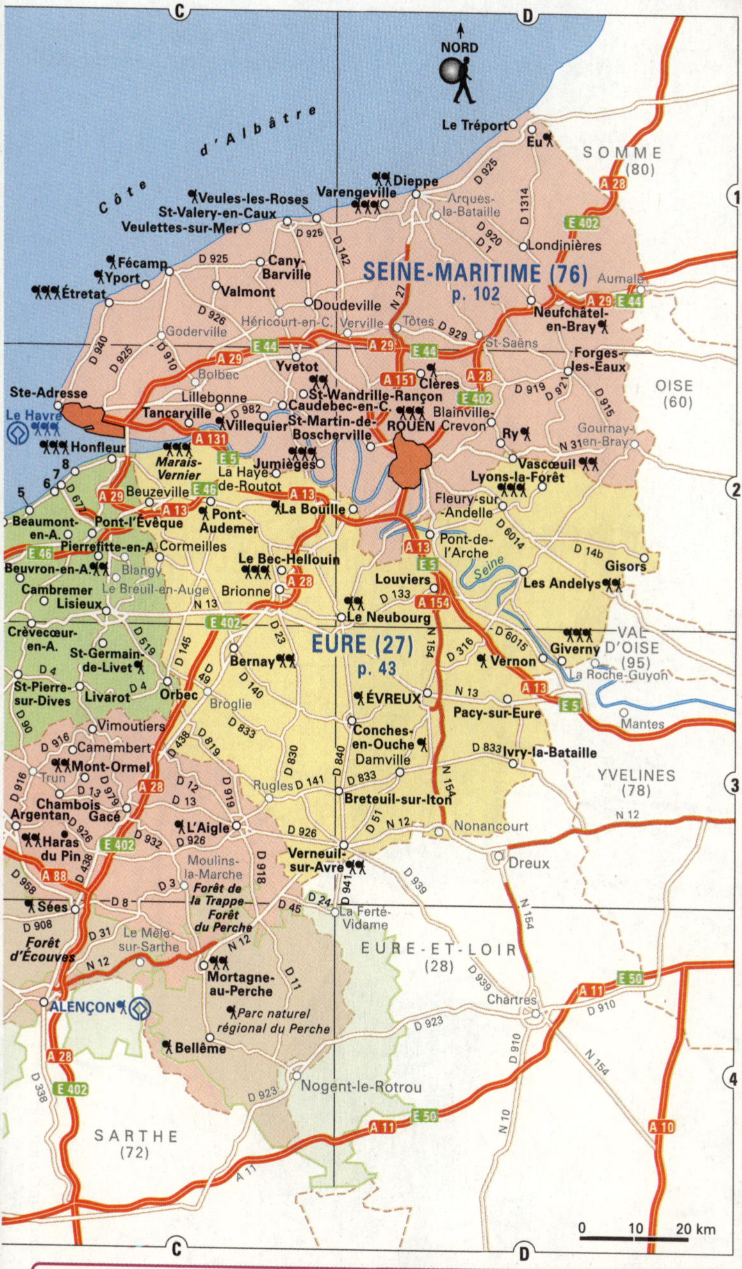

LA NORMANDIE

La plage de Deauville

« Que la nature est prévoyante ! Elle fait pousser des pommes en Normandie sachant que les indigènes de cette province ne boivent que du cidre. »
Henri Monnier

Les vaches broutant sous les pommiers dans des champs verdoyants, les **chaumières à colombages,** les fromages crémeux et odorants, le calvados, **les plages du Débarquement,** voici les clichés qui collent à la Normandie aussi sûrement que le caramel aux dents.

La Normandie, c'est effectivement cela : une région fortement agricole, terre de bons produits, où nombre de villes et villages portent encore les stigmates de la guerre. Mais sous sa couette verte à impression **pommiers en fleur,** la Normandie abrite aussi son cortège de petites industries et de zones pétrochimiques, des banlieues ouvrières ainsi que des villes dynamiques qui méritent absolument le détour, comme Rouen, Le Havre ou Caen. L'important patrimoine architectural témoigne aussi de la puissance du duché de Normandie au Moyen Âge, (911-1469), et celui-ci trouve dans des paysages d'une grande diversité un magnifique écrin. Que vous souhaitiez jouer au lézard des **plages,** flamber au casino, vous régaler de bons produits (de la terre comme de la mer), revoir votre Histoire et parfaire votre culture en visitant **châteaux, abbayes ou musées,** marcher ou pédaler le long de côtes battues par les vents ou à l'abri des chemins creux dans un bocage intime et discret, vous devriez trouver votre bonheur sur ces terres dépaysantes et si proches de Paris.

Pommier en fleur dans le Calvados

NOS COUPS DE CŒUR

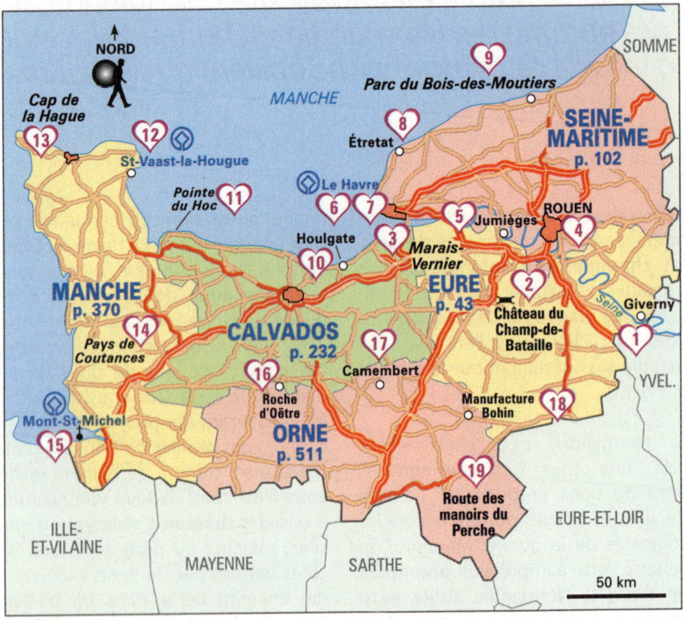

1 Contempler les nymphéas, au printemps, dans les jardins de Monet à Giverny, puis visiter le musée des Impressionismes, en face.

Une plongée au cœur même de l'imaginaire de Monet : la maison et les jardins ont leur aspect d'origine et, à tout moment, on s'attend à ce qu'apparaisse le maître. Aucune œuvre originale, on vient admirer les superbes jardins fleuris : le jardin d'eau orientaliste, où l'artiste peignit les *Nymphéas* et, plus proche de la maison, le « clos normand ». *p. 74*

©Forget Patrick/SagaPhoto

2 **Cheminer, au propre comme au figuré, dans l'univers incroyable des jardins du château du Champ-de-Bataille.**

C'est au milieu d'un parc de 40 ha que s'élève ce superbe château ducal du XVIIe s, racheté en 1992 par l'architecte d'intérieur Jacques Garcia. Dans ses jardins à la française revus et visités, le rêve un peu fou, la passion, la poésie, l'imaginaire et la réalité ont fusionné pour créer une « œuvre contemporaine » unique : seules les dentelles de buis ont été restaurées selon les plans de Le Nôtre, tout le reste n'est que pure création et symbolique. *p. 87*

Bon à savoir : au cas où vous en demanderiez encore, le domaine d'Harcourt, à quelques kilomètres de là, possède lui aussi un arboretum de toute beauté.

3 **Observer et écouter les oiseaux de bon matin, dans le silence fabuleux du Marais-Vernier.**

Un paysage très particulier et des plus pittoresque. Asséché sous Henri IV, cet amphithéâtre de verdure parfait, entouré de collines, est une autre Normandie, peu connue, vivant « presque en marge ». On y trouve quelques-unes des plus belles fermes de la région, avec des bouquets d'iris poussant sur leur toit pour les protéger de l'humidité. Des haies de saules délimitent des prairies humides, et de beaux vergers servent de traits d'union entre les fermes fleuries. *p. 99*

Bon à savoir : le meilleur moment pour visiter le Marais-Vernier est le printemps, quand les iris s'épanouissent.

4 **Déambuler dans les rues anciennes de Rouen, le nez au vent et l'œil à l'affût.**

Outre la splendide cathédrale, les superbes églises et autres petites merveilles que le promeneur découvrira au gré de ses flâneries dans les charmants vieux quartiers de la ville, il ne pourra manquer de remarquer le nombre de vénérables maisons à pans de bois, parfois opulentes, parfois brinquebalantes : la ville en abrite pas moins de 2 000. *p. 117*

Bon à savoir : *qui dit « demeure à pans de bois » ne dit pas forcément « maison médiévale ». Il en existe de toutes les époques.*

© Mattes René/hemis.fr

5 **À Jumièges, découvrir dans un superbe environnement l'une des plus admirables abbayes de France.**

Bien que largement ruinée, cette abbaye n'en conserve pas moins une majestueuse prestance. L'imposante église Notre-Dame garde entière sa façade flanquée de deux tours et la majeure partie de la nef. L'impression est grandiose dans cette église à ciel ouvert. Lorsqu'on élève le regard, la perspective est saisissante. De-ci, de-là, on devine des voûtes et des chapelles gothiques ajoutées au XIVe s. La végétation s'est évidemment emparée de l'ensemble. *p. 132*

Bon à savoir : *en saison, le logis abbatial abrite de très belles expos photo, et le parc de 15 ha se prête merveilleusement aux pique-niques.*

© Guiziou Franck/hemis.fr

6 Découvrir l'urbanisme moderne d'Auguste Perret au Havre, et se laisser surprendre par l'étonnante omniprésence du béton.

Le centre-ville du Havre, rasé à 85 % pendant la Seconde Guerre mondiale, fut reconstruit sur une vingtaine d'années par Auguste Perret, adepte du triple concept « dépouillement, simplicité et luminosité ». L'architecture en béton apparaît d'abord austère, mais bien vite on comprend pourquoi il fait bon vivre dans cette ville. L'impression d'espace, l'air marin, son dynamisme… *p. 142*

Bon à savoir : *visiter l'appartement-témoin de Perret permet de mieux comprendre la spécificité de cette architecture désormais inscrite par l'Unesco sur la liste du Patrimoine mondial de l'humanité.*

7 Piquer une tête aux Bains des Docks, étonnant complexe balnéo-aquatique conçu au Havre par l'incontournable Jean Nouvel.

Sur le site des anciens hangars à café, l'architecte a revisité les thermes romains, en version moderne, pour édifier cette remarquable architecture tout en lignes épurées. Formes cubiques, jeux des volumes, monochromie, lumières douces puisées à l'extérieur et cadre zen propice à la détente… Même l'acoustique est meilleure que dans les piscines traditionnelles. *p. 153*

Bon à savoir : *on trouve là un espace balnéo avec toboggans, bassins chauds et froids, sauna et pataugeoire pour les enfants, ainsi qu'un hammam et un bassin extérieur de 50 m.*

8 Partir sur les traces d'Arsène Lupin en admirant les falaises d'Étretat, et tenter d'élucider le mystère de l'Aiguille creuse.

Presque une légende tant l'arche de craie plongeant dans la mer fait partie des images ancrées dans nos mémoires. Sans oublier cette aiguille, juste derrière, dont Arsène Lupin tente de percer le secret dans l'une de ses aventures… On ne se lasse pas de découvrir ces falaises sous les lumières changeantes de l'aube au crépuscule. *p. 169*

***Bon à savoir :** en visitant le Clos Lupin, vous saurez tout sur l'énigme de l'Aiguille creuse.*

© Cormon Francis/hemis.fr

© Nicolas Thibaut/Photononstop

9 Découvrir le parc du Bois-des-Moutiers, magnifique jardin de 12 ha débouchant sur la mer.

Le Bois-des-Moutiers fait partie des trois jardins les plus visités de France… et pour cause ! À la fin du XIXe s, Guillaume Mallet, le propriétaire, fit développer un jardin aux essences multiples et lointaines, planté de fleurs et d'arbres provenant de Chine, d'Amérique du Nord, du Chili et du Japon. Et ce dans un site et un village eux aussi de toute beauté. *p. 197*

Bon à savoir : *la pleine floraison s'étale de mi-mars à mi-novembre. De mi-mai à mi-juin, le parc est certes paradisiaque avec l'éclosion des rhododendrons géants, mais l'automne lui sied pas mal non plus !*

10 Partir à la recherche des villas Belle Époque de Houlgate et remonter le temps quelques instants.

Séduisante station construite à la fin du XIXe s le long d'une plage de sable fin, Houlgate a échappé à la « défiguration » immobilière. Elle conserve l'un des plus beaux échantillons de villas de toute la côte normande, ainsi qu'une belle plage. Sur le front de mer autant qu'aux flancs des collines voisines, chalets fantaisistes, manoirs de la fin du XIXe s et hôtels somptueux sont les témoins du passé prestigieux de Houlgate, du temps où banquiers et têtes couronnées venaient y prendre l'air. *p. 264*

***Bon à savoir :** Houlgate compte près de 300 villas dignes d'intérêt.*

11 Se balader sur la pointe du Hoc dès l'ouverture du site et se souvenir de tous ces soldats alliés tombés pour notre liberté.

Sise dans un superbe paysage, cette falaise abrupte souvent battue par les vents fut choisie par les Allemands pour l'implantation d'une puissante batterie de canons. L'héroïque prise du site par les rangers américains du colonel Rudder fit de l'assaut de la pointe du Hoc l'une des pages les plus célèbres de l'histoire du Débarquement. Le site est resté à peu près en l'état, soit celui d'un champ de bataille où se mêlent bunkers en ruine, cratères de bombes et béton criblé de balles. *p. 351*

***Bon à savoir :** comme le cimetière américain d'Omaha Beach, le site est une concession à perpétuité, propriété des États-Unis.*

12 S'offrir des huîtres de Saint-Vaast-la-Hougue pour croquer la mer à pleines dents !

Important port de plaisance et de pêche, Saint-Vaast est aussi un centre ostréicole renommé. Devant l'île Tatihou, les fonds marins en pente douce permettent à l'océan de se retirer très loin sur la zone de l'estran. À 12 m sous l'eau, l'élevage de l'huître est filtré par les courants les plus violents d'Europe. C'est une huître au goût particulièrement iodée. *p. 410*

***Bon à savoir :** si vous n'aimez pas les huîtres laiteuses, évitez de les consommer en été ; rassurez-vous, à cette même saison, vous pourrez vous rabattre sur les délicieuses moules de Barfleur, juste à côté !*

13 Découvrir le cap de la Hague et le port de Goury... surtout par temps déchaîné !

On a coutume de comparer la Hague à une Irlande en miniature ! C'est une terre déchirée, une longue échine décharnée entourée d'écueils, un morceau d'Armorique évadé, Finistère le plus proche de Paris, véritable bout du monde tombant abruptement dans le raz Blanchard. Il faut presque qu'il bruine, qu'il vente. En effet, par beau temps, à marée basse, son côté dramatique s'estompe. p. 441

Bon à savoir : *non seulement les dunes de Biville offrent un spectacle stupéfiant, mais c'est aussi un des plus vieux massifs dunaires d'Europe.*

14 Musarder sur les petites routes du sud du pays de Coutances.

Superbe pays de bocage où il fait bon se perdre dans le lacis des petites routes. On découvre alors le château de Cerisy-la-Salle, en surplomb d'un petit affluent de la Soulles, à l'architecture sévère et rigoureuse. Puis l'abbaye de Hambye, grand squelette de pierre majestueux dégageant une impression d'élévation, de grâce, avec ses voûtes à ciel ouvert. Avant d'arriver à La Baleine, adorable hameau lové dans la vallée de la Sienne. p. 462

Bon à savoir : *au fil de ces déambulations, rien ne vaut un détour par l'andouillerie de la vallée de la Sienne pour goûter au top du top de l'andouille fumée.*

15 **Aborder le Mont-Saint-Michel en traversant la baie les pieds dans l'eau.**

Au Moyen Âge déjà, les pèlerins empruntaient ce chemin pour rejoindre le célèbre Mont dont la vue reste un enchantement, un mirage, quelles que soient l'heure, la couleur du ciel et son humeur. En saison, on part pieds nus, en short, car il n'est pas rare de devoir s'enfoncer dans l'eau jusqu'aux genoux, voire jusqu'aux cuisses. Toujours prévoir un bon coupe-vent et un vêtement chaud, car même quand le soleil brille, il peut faire froid. L'approche se révèle particulièrement magique très tôt le matin ou en soirée. *p. 494*

***Bon à savoir :** les traversées de la baie doivent impérativement être encadrées par un guide. Ne jamais partir seul !*

16 Monter au sommet de la Roche d'Oëtre, vers Rouvrou, et contempler la Rouvre qui s'écoule paisiblement.

La Roche d'Oëtre est sans doute le site naturel le plus curieux et le plus beau de toute la Suisse normande. Il s'agit d'une sorte de cuvette profonde, noyée dans les arbres à perte de vue, où la Rouvre, petit affluent de l'Orne, a réussi à se frayer un chemin. Il faut absolument descendre jusqu'à une terrasse inférieure pour découvrir la carte postale du coin : la roche supportant la terrasse évoque un profil humain. *p. 543*

Bon à savoir : *la rivière est elle aussi protégée – les saumons la remontent, et des loutres se cachent à nouveau sur ses rives.*

© Lenain Hervé/hemis.fr

(17) **Rendre hommage au roi des fromages en suivant la route du Camembert.**

Par d'adorables petites routes, on explore le pays d'Auge ornais, subtil bocage où alternent de douces collines et des vallons douillets. Un pays béni par les dieux de la terre, avec des vaches sommeillant dans les prés, des villages de poupée, de craquantes maisons à colombages. Et puis, inévitablement, on s'arrête à Camembert, minuscule village accroché au flanc d'une colline, au nom qui a fait plusieurs fois le tour du monde. *p. 552*

Bon à savoir : *Camembert n'est qu'à une quinzaine de kilomètres de Livarot et à une cinquantaine de Pont-l'Évêque… de quoi passer une journée parfumée !*

18 Explorer le monde de l'aiguille à la manufacture Bohin de Saint-Sulpice-sur-Risle.

Cette usine est la dernière en France à fabriquer des aiguilles, et le musée créé autour de la manufacture est superbe. En plus de tout apprendre sur la fabrication des aiguilles, vous y découvrirez l'univers de la Risle et les industries que cette rivière a fait naître. Sans parler de l'espace consacré au fondateur de cette usine, Benjamin Bohin, un sacré personnage ! Une visite où poésie, bel ouvrage, technique et art se mêlent avec bonheur, vous entraînant dans un autre monde durant près de 2h. *p. 561*

Bon à savoir : *également une très belle boutique sur place pour qui aime les travaux de couture.*

© Guiziou Franck/hemis.fr

19 Suivre la route des manoirs du Perche, et s'offrir une ou plusieurs nuits dans une coquette gentilhommière de la région…

On ne dira jamais assez la beauté d'un manoir percheron caché derrière son bouquet d'arbres ou niché dans un pli du relief. Point d'arrogance dans ces vieux corps de bâtiments couverts de tuiles et d'ardoises qui étaient tous des exploitations agricoles. Environ 500 manoirs furent construits du XVe au XVIIe s, il n'en reste plus qu'une centaine aujourd'hui. *p. 575*

Bon à savoir : *le Perche est aussi un repère de gourmands qui apprécient la qualité de vie offerte par cette microrégion : les bons produits et les bonnes tables n'y sont pas rares.*

© Rigoulet Gilles/hemis.fr

Lu sur routard.com

Balade en pays de Caux
(tiré du carnet de voyage de Jean-Philippe Damiani)

« **J'aime ce pays et j'aime y vivre** parce que j'y ai mis mes racines, ces profondes et délicates racines, qui attachent un homme à la terre où sont nés et morts ses aïeux… ».

Sans doute est-ce Guy de Maupassant lui-même qui s'exprime à travers le narrateur de sa nouvelle *Le Horla*. Né au château de Miromesnil à Tourville-sur-Arques (ouvert à la visite), tout près de Dieppe, Maupassant a chanté à plusieurs reprises le pays cauchois, sa terre généreuse, ses paysans et ses villages. Avec ses collines, ses champs de blé et ses verts pâturages où paissent les fameuses vaches normandes, le pays de Caux semble n'avoir pas bougé depuis le XIXe s, ce qui lui confère tout son charme. Il sait prendre **le temps de vivre** et convient parfaitement à une pause le temps d'un week-end.

En route, il faut absolument faire une halte à l'**abbaye romantique de Jumièges,** au nord de la vallée de la Seine. Cet endroit magique a séduit des générations de voyageurs, à commencer par les romantiques, dont Victor Hugo. Et pour cause, cette abbaye à l'histoire tumultueuse semble sortie d'un tableau de Friedrich. Elle fut fondée au VIIe s, incendiée par les Vikings, consacrée au XIe s en présence de Guillaume le Conquérant, puis laissée à l'abandon et rachetée par de riches bourgeois après la Révolution de 1789. Même en ruine, l'abbaye, avec ses deux tours de 46 m toujours debout, demeure majestueuse. On imagine la magnificence d'antan, l'amplitude de la nef (25 m de haut), les chapelles gothiques, les voûtes, le cloître, le déambulatoire, tous gagnés désormais par les herbes folles et les oiseaux. En contrebas, **la Seine déroule paresseusement ses méandres.** Bref, un endroit à part, dont on peut compléter la visite par celle de l'abbaye Saint-Wandrille, toujours habitée par des moines, à quelques kilomètres de là.

Le plateau de Caux s'interrompt brusquement, formant une muraille de calcaire pouvant s'élever jusqu'à 120 m au-dessus de la mer : les voici, ces fameuses **falaises blanches** auxquelles la Côte d'Albâtre doit son nom. La plus belle portion s'étend d'Étretat au Tréport sur une centaine de kilomètres, trouée çà et là par des vallées où se nichent villages et villes. La côte est longée par une petite route d'où l'on peut jouir de beaux panoramas. Si vous aimez la randonnée, le GR 21, pas bien difficile à faire entre Étretat et Le Tréport, est un must.

Impossible d'ignorer l'incontournable **Étretat** avec son aiguille de craie et la splendide arche de sa porte d'Aval, que Maupassant comparaît à une trompe d'éléphant plongeant dans la mer.

ITINÉRAIRES CONSEILLÉS

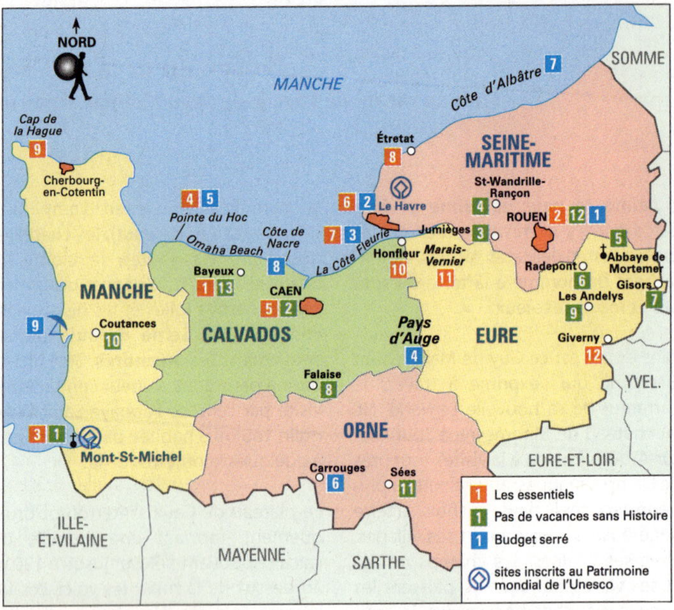

Les essentiels

La Normandie garde les traces d'un prestigieux passé. L'ère de Guillaume le Conquérant – relatée dans la fameuse ***tapisserie de Bayeux (1)*** – marque son apogée architecturale et religieuse. Prenez le temps de flâner dans les ruelles de ***Rouen (2),*** ville-musée mémorable, ou d'explorer ***la route des abbayes*** ; à propos d'abbaye, comment ne pas citer ne serait-ce que le ***Mont-Saint-Michel (3),*** somptueux, au caractère aussi céleste que maritime ? Impossible aussi de ne pas évoquer la Seconde Guerre mondiale et le Débarquement des Forces alliées, à Omaha Beach ou à la ***Pointe du Hoc (4),*** non loin du ***Mémorial de Caen (5).*** Plus contemporaine : ***Le Havre (6),*** ville reconstruite après-guerre par Auguste Perret, à l'insolite architecture de béton rose, ou, dans un tout autre genre, les stations balnéaires de la ***Côte Fleurie (7)*** – de Deauville à Cabourg – nées de l'engouement pour les bains de mer sous le Second Empire, et leurs villas, plages et casinos, toujours aussi fréquentés aujourd'hui. Mais la Normandie a aussi un supplément d'âme, capté et immortalisé par les peintres impressionnistes, des peintres de plein air auxquels la révolution des transports et des techniques a permis de découvrir la région. De la baie du ***Mont-Saint-Michel (3),*** où la limite se fond entre ciel, terre et mer, jusqu'au vertige des falaises d'***Étretat (8)*** en passant par le ***Cap de la Hague (9)*** et ses charmants petits ports, la Normandie dévoile des facettes maritimes diverses et contrastées. Pour sentir l'inspiration artistique, continuez le long de la Seine : partez de ***Honfleur (10),*** prenez le temps de vous promener dans le ***Marais Vernier (11)*** avant de rejoindre ***Giverny (12),*** village idyllique de Monet.

Pas de vacances sans Histoire

Le Moyen Âge, période de grandeur du duché de Normandie, a laissé de bien beaux témoignages. De magnifiques abbayes tout d'abord : celle du ***Mont-Saint-Michel (1),*** bien sûr, mais aussi celles de ***Caen (2),*** de la vallée de la Seine ***(Jumièges – 3 ; Saint-Wandrille – 4)*** ou du Vexin ***(abbaye de Mortemer – 5 ; de Fontaine-Guérard – 6).*** Des châteaux forts ensuite (en tout cas leurs vestiges) : ceux de ***Gisors (7), Falaise (8)*** ou le ***Château-Gaillard (9)*** aux Andelys. Sans parler des superbes cathédrales de ***Coutances (10), Sées (11), Rouen (12)*** et ***Bayeux (13).*** Bayeux, qui abrite la célèbre tapisserie, est par ailleurs une ravissante cité, une des rares dans ce coin de Normandie à avoir été épargnées par les bombardements de l'été 1944. À ***Rouen (12),*** les amateurs d'histoire médiévale seront comblés : la cité où Jeanne d'Arc fut jugée et brûlée consacre à la sainte un musée pas banal : l'Historial. Ils pourront découvrir aussi un fascinant cliché de la ville au Moyen Âge au Panorama XXL. Et, bien sûr, il y a aussi tous les sites liés au Débarquement et à la bataille de Normandie, mais ça, on n'a pas fini de vous en parler…

Budget serré

En bien des endroits, la Normandie est un musée à ciel ouvert, que ce soit les vieux quartiers de ***Rouen (1),*** l'architecture de Perret ***au Havre (2),*** les ***villas de la Côte Fleurie (3),*** les ravissants ***villages du pays d'Auge (4)*** ou ***les plages du Débarquement (5).*** La très belle ***Maison du parc Normandie-Maine*** à ***Carrouges (6)*** est gratuite, pour sa part ; grâce à elle, vous comprendrez mieux l'environnement naturel, culturel et architectural de ce beau parc naturel régional. Pour la promenade ou le farniente, vous aurez l'embarras du choix côté ***plages.*** On ne se lasse pas de contempler les falaises blanches de la ***Côte d'Albâtre (7)*** et cette mer incroyablement verte. En revanche, pour les châteaux de sable, préférez les plages du Calvados ou de la Manche : le galet règne en maître en Seine-Maritime. Vous trouverez une ambiance plus parisienne et plus chic sur la ***Côte Fleurie (3),*** plus familiale et locale sur la ***Côte de Nacre (8)*** ou dans la Manche. Pour les étendues de sable à perte de vue, vous trouverez votre bonheur entre ***Granville*** et ***Port-Bail (9).***

La médiévale rue Martainville à Rouen

Avec des enfants

En général, les enfants adorent les ***plages du Débarquement (1)*** (oui, encore !), où ils peuvent grimper sur des chars et courir au milieu des batteries et des casemates. Mais il y a aussi ceux qui vous tanneront pour aller au zoo ! Par chance, celui de ***Champrepus (2)*** ou le ***parc animalier*** de ***Clères (3)*** devraient séduire les parents autant que les enfants. Plus culturel : la ***ferme-musée du Cotentin*** à ***Sainte-Mère-Église (4)*** ou le ***château de Vendeuvre (5)*** et son musée de meubles miniatures ainsi que son étonnante collection de niches à chien. Autre possibilité : partir sur les traces de Guillaume le Conquérant. Parmi les incontournables : le ***château de Falaise (6)*** et, surtout, la ***tapisserie de Bayeux (7).*** La Normandie est aussi la première région de France où furent découverts des dinosaures : à Villers-sur-Mer, le ***Paléospace (8)*** leur est en partie dédié. Mais si votre rejeton, c'est se défouler qu'il veut, direction ***Granville (9)*** ou ***Barneville-Carteret (10)*** pour les activités de voile. Il préfère le vélo ? Allez donc pédaler en toute sérénité sur une des nombreuses voies vertes de la région, comme la très jolie ***Avenue Verte London-Paris (11)*** dans le pays de Braye.

Envie de vert

Votre vert, vous le voulez nature ou domestiqué ? Côté jardins, la Seine-Maritime est particulièrement riche, avec une concentration étonnante de parcs à ***Varengeville-sur-Mer (1)*** ou dans les environs de ***Ry (2).*** Dans l'Eure, il serait criminel de ne pas mentionner le ***jardin de Monet*** à ***Giverny (3)*** ou les parcs du ***domaine d'Harcourt (4)*** et du ***château du Champ-de-Bataille (5).*** Le Cotentin, dans la Manche, abrite aussi quelques perles, dont le parc du ***château des Ravalet (6)*** à Cherbourg ou le ***Jardin botanique*** de ***Vauville (7).*** Si vous préférez la nature, l'Orne et l'Eure ont encore toutes deux de très belles forêts, comme celles de ***Lyons (8),*** de ***la Trappe (9)*** ou de ***Bellême (10)*** pour n'en citer que trois. Enfin, si au vert vous souhaitez ajouter une touche de bleu, le magnifique ***sentier des douaniers (11)*** de 80 km entre Urville-Nacqueville et Surtainville au cap de la Hague vous attend. Et puis il y a aussi le ***pays d'Auge (12),*** la ***Suisse normande (13),*** les ***parcs naturels régionaux*** et on en passe. La Normandie est tellement verte ! Et elle se parcourt à pied, à cheval ou à vélo !

Cidrerie traditionnelle

Le phare de Goury

COMMENT Y ALLER ?

EN VOITURE

Les autoroutes

Pour connaître les tarifs des principaux tronçons autoroutiers, consulter le site • *autoroutes.fr* •

Le covoiturage

Le principe est simple, économique et écologique. Il s'agit de mettre en relation un chauffeur et des passagers afin de partager le trajet et les frais, que ce soit de manière régulière ou de manière exceptionnelle (pour les vacances, par exemple).
• *blablacar.fr* •

EN BUS

▲ **OUIBUS**
• *ouibus.com* •
Filiale de la SNCF, Ouibus est un réseau de lignes d'autocars desservant à petits prix les grandes villes européennes, mais aussi, de plus en plus, françaises. Rouen, Le Havre et Caen sont ainsi reliés quotidiennement à Paris (Paris-La Défense pour les 3, ainsi que Paris-Bercy pour les 2 premières).

EN TRAIN

Au départ de Paris et de la province

➢ Pour la Normandie, départ de Paris ***gares Saint-Lazare*** ou ***Montparnasse 3-Vaugirard*** pour Vernon, Rouen, Le Havre, Évreux, Caen, Cherbourg, Lisieux, Deauville-Trouville, Granville, Argentan, Vire, Alençon, Cabourg, Bayeux, Fécamp et Dieppe.
➢ Il est possible de rejoindre ***Rouen*** depuis ***Avignon, Lille, Lyon, Marseille*** et ***Valence.***

Pour préparer votre voyage

– ***e-billet :*** réservez, achetez et imprimez votre e-billet sur Internet.
– ***m-billet :*** plus besoin de support papier, vous pouvez télécharger le code-barres de votre voyage correspondant à votre réservation directement dans votre smartphone, à l'aide de l'application *SNCF Direct.*
– ***Billet à domicile :*** commandez votre billet par Internet ou par téléphone au ☎ 36-35 *(0,40 €/mn, hors surcoût éventuel de votre opérateur)* ; la SNCF vous l'envoie gratuitement à domicile sous 48h, en France.

Pour voyager au meilleur prix

La SNCF propose des tarifs adaptés à chacun de vos voyages.
➢ ***Prem's :*** des petits prix disponibles toute l'année, jusqu'à 90 jours avant le départ. Billets non échangeables et non remboursables (offres soumises à conditions). Impossible de poser des options de réservation sur ces billets : il faut les payer immédiatement.
➢ ***Les IDTGV :*** des prix mini, à saisir sur Internet uniquement.
➢ ***Les tarifs Loisirs :*** une offre pour programmer votre voyage tout en gardant des billets modifiables : ils sont échangeables et remboursables. Pour

bénéficier des meilleures réductions, pensez à réserver vos billets à l'avance (les réservations sont ouvertes jusqu'à 90 jours avant le départ) ou à voyager en période de faible affluence.

➢ ***Les cartes de réduction :*** pour ceux qui voyagent régulièrement, profitez de réductions garanties tout le temps avec les cartes Enfant +, Jeune 12-17, Jeune 18-27, Week-end ou Senior + (valables 1 an).

Renseignements et réservations

– ***Internet :*** *• voyages-sncf.com •*
– ***Téléphone :*** ☎ *36-35 (0,40 € TTC/mn).*
– Également dans les gares, les boutiques SNCF et les agences de voyages agréées.

Le Transport express régional (TER)

– En janvier 2016, la Basse-Normandie (soit le Calvados, l'Orne et la Manche) a fusionné avec la Haute-Normandie (composée de la Seine-Maritime et de l'Eure) pour ne former plus qu'une seule et même région : la Normandie. Les offres de la SNCF et la région Normandie sur réseau le TER pour découvrir les principaux sites touristiques régionaux font, cependant, encore la distinction entre les deux anciennes régions.

En complément des tarifs nationaux, la carte *Visi'ter* permet donc de voyager seul ou accompagné de 1 à 4 personnes en ***Basse-Normandie,*** toute l'année, les samedis, dimanches et fêtes. Cette carte est vendue 8 € et vous permet d'obtenir des billets à 50 % pour le titulaire de la carte et le deuxième accompagnateur ; les 3 accompagnateurs suivants ne paient que 0,15 € l'aller-retour. Pour découvrir toutes les offres et obtenir les informations utiles sur les horaires TER, rendez-vous dans les gares et boutiques de Basse-Normandie, sur le site *• ter-sncf.com/basse_normandie •* ou appelez Contact TER Basse-Normandie au ☎ *0800-100-244 (appel gratuit depuis un poste fixe).*

– En Haute-Normandie, *HN'go liberté* vous permet de bénéficier de 25 % de réduction du lundi au vendredi et de 50 % les week-ends et jours fériés pour le titulaire de la carte et jusqu'à 3 accompagnants. La carte est valable 1 an et coûte 31 €. Pour tout savoir, ***Aléorégion*** : ☎ *0825-000-276 (0,15 €/mn) ou • ter-sncf.com/haute_normandie •*

▲ TRAINLINE

Une nouvelle façon simple et rapide d'acheter vos billets de train sur le web, mobile et tablette. Réservez vos billets pour voyager en France et dans plus de 20 pays européens. Consultez les tarifs et les horaires dans une interface claire et sans publicités. Trainline compare les prix de plusieurs transporteurs européens pour vous garantir le meilleur tarif.

Réservations et paiements sur *• trainline.fr •* et sur mobile avec l'application Trainline pour iPhone et Android.

Et pour répondre à vos questions : *• guichet@trainline.fr •*

EN AVION

▲ HOP! AIR FRANCE

Rens et résas sur • hop.com • ou • airfrance.fr •, dans ttes les agences de voyages, ainsi qu'aux centres d'appel du ☎ 3654 (0,35 €/mn – tlj) et du ☎ 0892-70-22-22 (0,35 €/mn – tlj).

➢ Depuis Caen, vols directs vers Lyon et Nice, et vols saisonniers vers Figari.

10% de réduction sur votre voiture Hertz !
En France et dans la plupart des pays du monde, bénéficiez de voitures récentes et d'un service de qualité supérieure.
Réservation sur hertz.fr ou au 0 825 861 861
(0,18 € TTC/mn).
Code de réduction
CDP 967130
Offre valable en indiquant le code de réduction CDP 967130. La réduction s'applique sur les tarifs week-end et semaine dans la plupart des pays du monde (hors pays franchisés). Non cumulable avec toute autre remise ou promotion. Les conditions générales de Hertz s'appliquent.
Hertz

BON À SAVOIR AVANT LE DÉPART

INFOS UTILES

Adresses et infos utiles

ℹ **_Comité régional du tourisme de Normandie :_** _14, rue Charles-Corbeau, 27000_ **_Évreux._** ☎ _02-32-33-79-00._ • _normandie-tourisme.fr_ • Vous y trouverez les brochures en ligne ainsi que des suggestions d'escapades.

ℹ Pour les **_comités départementaux du tourisme,_** se référer aux chapitres correspondants.

■ **_Savoir-faire et Découverte :_** _1, rue de Preslay, 27140_ **_Gisors._** ☎ _09-70-80-52-62._ • _lesavoirfaire.fr_ • Organise des séjours et week-ends pour découvrir et pratiquer des savoir-faire traditionnels et écologiquement responsables : pain au four à bois, rénovation du bâti ancien, utilisation des plantes sauvages... en tout, plus de 60 propositions dans toute la Normandie. Nombreux ateliers aussi pour les plus jeunes _(sur inscription ; payant)._

Carte d'adhésion internationale aux auberges de jeunesse (carte FUAJ)

Cette carte vous ouvre les portes des 4 000 auberges de jeunesse du réseau _HI-Hostelling International_ en France et dans le monde. Vous pouvez ainsi parcourir 90 pays à des prix avantageux et bénéficier de tarifs préférentiels avec les partenaires des auberges de jeunesse _HI._ Enfin, vous intégrez une communauté mondiale de voyageurs partageant les mêmes valeurs : plaisir de la rencontre, respect des différences et échange dans un esprit convivial. Il n'y a pas de limite d'âge pour séjourner en auberge de jeunesse. Il faut simplement être adhérent.

Renseignements et inscriptions

- **_En France :_** • _hifrance.org_ •
- **_En Belgique :_** • _lesaubergesdejeunesse.be_ •
- **_En Suisse :_** • _youthhostel.ch_ •
- **_Au Canada :_** • _hihostels.ca_ •

Si vous prévoyez un séjour itinérant, vous pouvez réserver plusieurs auberges en une seule fois en France et dans le monde : • _hihostels.com_ •

Carte internationale d'étudiant (carte ISIC)

Elle prouve le statut d'étudiant dans le monde entier et permet de bénéficier de tous les avantages, services et réductions dans les domaines du transport, de l'hébergement, de la culture, des loisirs, du shopping...

La carte ISIC permet aussi d'accéder à des avantages exclusifs (billets d'avion spécial étudiants, hôtels et auberges de jeunesse, assurances, cartes SIM internationales, location de voiture...).

Renseignements et inscriptions

- **_En France :_** • _isic.fr_ • _13 € pour 1 année scolaire._
- **_En Belgique :_** • _isic.be_ •
- **_En Suisse :_** • _isic.ch_ •
- **_Au Canada :_** • _isiccanada.com_ •

BUDGET

Nous vous indiquons ci-dessous l'échelle des tarifs auxquels nous nous référons pour l'ensemble de nos guides France.

Les plus belles chambres d'hôtes sont dans Le Routard
Nos meilleures chambres d'hôtes en France
+ de 950 adresses à moins de 70 € !
Le Routard
hachette
routard.com
©alle12
Dont 950 adresses à moins de 70 € petit déjeuner compris
et plus de 300 adresses avec piscine

Hébergement

D'une manière générale, nous indiquons des fourchettes de prix allant de la chambre double la moins chère en basse saison à celle la plus chère en haute saison. Ce qui implique parfois d'importantes fourchettes de prix, pas toujours en adéquation avec la rubrique dans laquelle l'établissement est cité. Le classement retenu est donc celui du prix de la majorité des chambres et de leur rapport qualité-prix. À noter que lorsque les lieux d'hébergement sont équipés d'un accès Internet et/ou wifi, nous le mentionnons.

- Les tarifs des ***campings*** sont calculés sur la base d'un emplacement pour deux avec voiture et tente, selon la saison. Ils sont classés en tête de rubrique « Où dormir ? ».
- Les ***auberges de jeunesse*** et ***gîtes d'étape*** pratiquent en règle générale des tarifs « Bon marché » pour une nuitée en dortoir (avec ou sans les draps). Le tarif indiqué est celui du lit en dortoir et/ou parfois de la chambre double, quand il y en a.
- En ***chambres d'hôtes,*** les prix sont donnés sur la base d'une chambre double. Ils incluent le petit déjeuner. Les cartes de paiement sont rarement acceptées. Dans les cas contraires, nous indiquons « petit déj en sus » et « CB acceptées ».
- Concernant les ***hôtels,*** la base reste celle d'une nuit en chambre double (sans petit déjeuner), sauf exception, notamment pour les chambres familiales.
- ***Bon marché :*** moins de 50 €.
- ***Prix moyens :*** de 50 à 80 €.
- ***Chic :*** de 80 à 120 €.
- ***Plus chic :*** de 120 à 150 €.
- ***Beaucoup plus chic :*** plus de 150 €.

Restos

Au restaurant, notre critère de classement est le prix du premier menu servi le soir (hors boissons). Les notions de « Prix moyens » ou « Plus chic » n'engagent donc que les prix. Autrement dit, certains restos chic proposant parfois d'intéressantes formules, notamment au déjeuner, pourront malgré tout être classés dans la rubrique « Plus chic ».

- ***Très bon marché :*** moins de 15 €.
- ***Bon marché :*** de 15 à 25 €.
- ***Prix moyens :*** de 25 à 35 €.
- ***Chic :*** de 35 à 50 €.
- ***Plus chic :*** plus de 50 €.

Recommandation à ceux qui souhaitent profiter des réductions et avantages proposés dans le *Routard* par les hôteliers et les restaurateurs.

À l'hôtel, pensez à les demander au moment de la réservation ou, si vous n'avez pas réservé, **à l'arrivée.** Ils ne sont valables que pour les réservations en direct et ne sont pas cumulables avec d'autres offres promotionnelles (notamment sur Internet). Au restaurant, parlez-en **au moment** de la commande et surtout **avant** que l'addition ne soit établie. Poser votre *Routard* sur la table ne suffit pas : le personnel de salle n'est pas toujours au courant et une fois le ticket de caisse imprimé, il est souvent difficile de modifier le total. En cas de doute, montrez la notice relative à l'établissement dans le *Routard* de l'année et, bien sûr, ne manquez pas de nous faire part de toute difficulté rencontrée.

LIVRES DE ROUTE

Commençons par un incontournable de la littérature française : ***Madame Bovary*** est le livre de chevet sur la Normandie – quoique Flaubert parlât aussi du Calvados dans ***Bouvard et Pécuchet*** ou dans ***Un cœur simple.*** Son fils spirituel et compatriote, Guy de Maupassant, qui avait une maison à Étretat, décrivait son matériau humain avec des touches aussi subtiles qu'un paysage normand (en y ajoutant quand même un trait de vitriol). De nombreux passages d'***À la recherche du temps perdu*** (tous les volumes sont disponibles en livre de poche) se déroulent en Normandie : Cambremer, Carquethuit, les marines d'Elstir et Cabourg – où Proust s'emprisonna au *Grand Hôtel* –, le Balbec mondain d'***À l'ombre des jeunes filles en fleurs.*** On retrouve tout cet esprit à travers les ouvrages de Dominique Bussillet, ***Marcel Proust du côté de Cabourg*** (Cahiers du Temps ; d'autres très beaux ouvrages sur la Normandie dans cette maison d'édition basée à Cabourg : • *cahiersdutemps.com* •).

La station balnéaire d'Étretat fut lancée par les romans d'Alphonse Karr, où se déroule également l'action de ***L'Aiguille creuse*** (LGF, Le Livre de Poche), le meilleur des Arsène Lupin (de Maurice Leblanc). La campagne de L'Aigle imbibe les romans de la comtesse de Ségur, et le Cotentin ceux de Barbey d'Aurevilly ***(L'Ensorcelée...),*** tandis qu'André Maurois décrit la bourgeoisie industrielle d'Elbeuf dans ***Bernard Quesnay*** (Gallimard, coll. Blanche). Jean de La Varende (***Nez-de-cuir,*** LGF, Le Livre de Poche) est le hussard (avant la lettre !) du pays d'Ouche. Raymond Queneau place ***Un rude hiver*** (Gallimard) dans Le Havre du début du XXe s. Martine-Marie Muller, de l'école de Brive, inscrit ses histoires dans le pays de Caux (Robert Laffont). Flaubert, Maupassant et Maurois ont revu (et corrigé) leur Normandie au charbon. Mais le plus méchant reste Octave Mirbeau : les ***Contes de la chaumière*** dépeignent le Perche comme un véritable enfer ! Philippe Delerm, quant à lui, a mis à l'honneur « sa » Normandie à travers notamment ***La Première Gorgée de bière*** (Gallimard), célébrant la cueillette des mûres ou la fin de l'été normand. Maxime Chattam nous fait frissonner au mythique, mais non moins énigmatique, Mont-Saint-Michel, avec ***Le Sang du temps*** (Pocket). Et c'est à Jérôme Garcin, en cavalier émérite et meneur de troupe du « Masque et la Plume », de dresser un émouvant portrait du pays d'Auge équestre et sensuel dans ***La Chute de cheval*** (Gallimard, Folio) et ***Théâtre intime*** (Gallimard, Folio). Didier Decoin, quant à lui, dans ***Avec vue sur la mer*** (Pocket), nous parle avec humour et tendresse de son refuge à La Roche, hameau du bout du monde, près du port de Goury, dans la péninsule de la Hague. Ce magnifique coin du Cotentin est aussi le cadre du roman ***Les Déferlantes*** de Claudie Gallay (J'ai lu), œuvre sur laquelle souffle un vent fort plein de mystères.

De son côté, Janine Montupet nous fait revivre une époque, le XIXe s ouvrier dans l'Orne, à travers une belle saga, ***La Dentellière d'Alençon*** (Pocket).

Sur les pas de Guillaume le Conquérant (Nouv. Éd. Latines), partons de la Normandie vers l'Angleterre en 1066. ***1066, l'Histoire secrète de la tapisserie de Bayeux,*** c'est justement le titre choisi par A. Bridgeford pour son roman historique (Éd. du Rocher). Il allègue le fait que le point de vue des vaincus anglo-saxons transparaît, codé, entre les fils. Toujours sur la tapisserie de Bayeux, Adrien Goetz, dans ***Intrigue à l'anglaise*** (LGF, Le Livre de Poche), s'amuse à élucider le mystère des 3 m manquants de la tapisserie ; une enquête pleine de rebondissements (et d'humour) menée par Pénélope Breuil, conservatrice au musée de la Tapisserie. Au rayon des polars encore, Michel Bussy nous entraîne chez Monet et les impressionnistes dans le Giverny d'hier et d'aujourd'hui dans son époustouflant ***Nymphéas noirs*** (Pocket).

Pour vous permettre d'en savoir plus sur le Débarquement et la bataille de Normandie, nous vous recommandons les différents ouvrages passionnants clairs, précis et pédagogiques de l'historien spécialiste de la question, ***Jean Quellien,*** notamment *La bataille de Normandie,* 6 juin-25 août 1944 (Éd. Tallandier). Citons aussi *Les Civils dans la bataille de Normandie* (OREP éditions), coécrit avec Françoise Passera, qui offre un nouveau regard sur les événements de l'été 1944 en s'attachant à l'aspect non pas militaire, mais humain.

PERSONNES HANDICAPÉES

Le label Tourisme et Handicap

Ce label national, créé par le secrétariat d'État à la Consommation et au Tourisme en partenariat avec les professionnels du tourisme et les associations représentant les personnes handicapées, permet d'identifier les lieux de vacances (hôtels, campings, sites naturels, etc.), de loisirs (parcs d'attractions, etc.) ou de culture (musées, monuments, etc.) accessibles aux personnes handicapées. Il apporte aux touristes en situation de handicap une information fiable sur l'accessibilité des lieux. Cette accessibilité, visualisée par un pictogramme correspondant aux quatre types de handicaps (moteur, visuel, auditif et mental), garantit un accueil et une utilisation des services proposés avec un maximum d'autonomie dans un environnement sécurisant.

Pour connaître la liste des sites labellisés : • *rendezvousenfrance.com* • (rubrique « Tourisme et Handicap »).

TOURISME & HANDICAP

Par ailleurs, dans notre guide, nous indiquons par le logo ♿ les établissements qui possèdent un accès ou des chambres pouvant accueillir des personnes handicapées. Certaines adresses sont parfaitement équipées selon les critères les plus modernes. D'autres, plus simples, plus anciennes aussi, sans répondre aux normes les plus récentes, favorisent l'accueil des personnes handicapées en facilitant l'accès à leur établissement, tant sur le plan matériel que sur le plan humain. Évidemment, les handicaps étant très divers, des lieux accessibles à certaines personnes ne le seront pas pour d'autres. Appelez donc auparavant pour savoir si l'équipement de l'hôtel ou du resto est compatible avec votre niveau de mobilité.
Malgré les combats menés par les nombreuses associations, l'intégration des personnes handicapées à la vie de tous les jours est encore balbutiante en France. Il tient à chacun de nous de faire changer les choses. Une prise de conscience est nécessaire, nous sommes tous concernés.

SITES INSCRITS AU PATRIMOINE MONDIAL DE L'UNESCO

Organisation des Nations Unies pour l'éducation, la science et la culture

En coopération avec le centre du patrimoine mondial de l'UNESCO

Pour figurer sur la liste du Patrimoine mondial, les sites doivent avoir une valeur universelle exceptionnelle et satisfaire à au moins un des 10 critères de sélection. La protection, la gestion, l'authenticité et l'intégrité des biens sont également des considérations importantes.
Le patrimoine est l'héritage du passé dont nous profitons aujourd'hui et que nous transmettons aux générations à venir. Nos patrimoines culturel et naturel sont deux sources irremplaçables de vie et d'inspiration. Ces sites appartiennent à tous les peuples du monde, sans tenir compte du territoire sur lequel ils sont situés. Pour plus d'informations : • *whc.unesco.org* •
Pour le guide *Normandie* sont concernés : Le Mont-Saint-Michel et sa baie (1979) ; Le Havre, la ville reconstruite par Auguste Perret (2005) ; la tour du fort de la Hougue et la tour Vauban de l'île Tatihou dans le cadre du classement des fortifications de Vauban (2008).

SITES INTERNET

• ***routard.com*** • Le site de voyage n° 1 avec 750 000 membres et des millions d'internautes chaque mois. Partagez vos expériences avec la communauté de voyageurs : forums de discussion, avis, bons plans et photos. Pour s'inspirer et s'organiser, plus de 250 fiches pays actualisées avec les infos pratiques, les incontournables et les dernières actualités, ainsi que des reportages terrains et des carnets de voyage. Enfin, vous trouverez tout pour vos vols, hébergements, activités et voitures pour réserver votre voyage au meilleur prix. Routard.com, votre voyage de A à Z !

• ***normandie-tourisme.fr*** • Le site officiel du comité régional du tourisme de Normandie. Nombreux liens sur la Normandie (hôtels, restaurants, visites, manifestations...).

• ***normandie-web.com*** • Le site de l'association *Curieuse Idée* propose toutes sortes d'informations axées sur la vie culturelle et artistique en Normandie.

• ***paysdubessin.com*** • Un site très bien fait sur le Bessin, comprenant un peu d'histoire et de géographie sur la région, et pas mal d'infos sur la politique économique.

• ***chambre-agriculture-normandie.fr*** • Tout sur l'or blanc normand, les cultures, l'élevage et les produits de la mer, sur le site de la chambre régionale d'agriculture.

• ***mondes-normands.caen.fr*** • Un survol de l'histoire des Normands tout à fait intéressant, avec généalogies, bibliographie à l'appui.

• ***lafabuleuseepopee.com*** • Petits et grands trouveront-là toutes les infos nécessaires pour partir sur les traces de Guillaume le Conquérant dans le Calvados.

VÉLOROUTES

Aux quatre coins de la France, les véloroutes se développent. Ces itinéraires adaptés à la petite reine, fédérant un réseau de prestataires (loueurs de vélos, hébergements, sites...) à proximité, alternent voies vertes (réservées aux vélos) et petites routes peu fréquentées. Ainsi, l'itinéraire *Véloscénie* relie Paris au Mont-Saint-Michel, en traversant l'Orne et la Manche. On peut aussi rouler jusqu'au Mont depuis les plages du Débarquement ; par l'itinéraire du même nom, à cheval entre Calvados et Manche. *L'Avenue Verte London-Paris,* elle, suit l'ancienne voie de chemin de fer entre Paris et Dieppe et traverse le pays de Bray (Seine-Maritime). Enfin, la *Vélo Francette* part de Ouistreham dans le Calvados et rejoint La Rochelle, en passant par l'Orne. • *veloscenie.com* • *lavelofrancette.com* • *avenuevertelondonparis.com* •

L'EURE

- Carte de l'Eure *p. 46-47*

ABC de l'Eure

- ***Superficie :*** 6 040 km².
- ***Préfecture :*** Évreux.
- ***Sous-préfectures :*** Les Andelys, Bernay.
- ***Population :*** 595 000 hab.
- ***Particularité :*** presque un cinquième des agriculteurs a des origines belges.

Créé artificiellement après la Révolution et composé d'une dizaine de pays différents, l'Eure est probablement le département qui offre la plus grande variété de paysages dans la région. À l'est, la vallée de l'Eure, le Vexin normand et l'adorable village de Lyons-la-Forêt, ou encore Giverny. Au centre, autour d'Évreux, un vaste plateau céréalier, battu par les vents, sorte de petite Beauce normande. Au sud, c'est le pays d'Ouche, cher à l'écrivain La Varende, une campagne plus intime de bois secrets et de prés humides. À l'ouest, au-delà de Bernay et de la prestigieuse abbaye du Bec-Hellouin, on entre dans le Lieuvin, un autre bocage verdoyant qui annonce déjà le pays d'Auge, où l'insolente vallée de la Risle se jette dans les bras de la Seine. Dans un ultime méandre de celle-ci se love le Marais-Vernier, la plus importante tourbière de France ; un monde à part, quadrillé de délicieux chemins d'eau, où se cachent des chaumières de contes de fées.
L'Eure, pays d'eau et de vallées, est aussi traversé par la plus surprenante des routes de Normandie, le fleuve légendaire chargé d'histoire : sa majesté la Seine, si chère aux impressionnistes, qui déroule ses plus beaux méandres, créant des îlots de verdure, dissimulant dans le silence de ses rives de romantiques demeures et de poétiques moulins à eau…
Les forêts de l'Eure, département le plus boisé de Normandie, couvrent un cinquième de son territoire (Lyons, Bord-Louviers, Évreux, Breteuil, Conches, etc.). Ses délicieuses vallées (l'Eure, la Risle, la Charentonne, l'Avre et l'Iton), sa luxuriante nature et sa kyrielle de châteaux lui donnent un petit côté vieille France, avec une ineffable nature « jardinée à l'anglaise », quadrillée de chemins buissonniers. L'Eure, cependant, ne se réduit pas à ce rôle de refuge champêtre pour citadins ; elle reste une terre agricole avant tout. À la fin du XVIIIe s, les premiers négociants en textile d'Europe, des Belges, introduisirent la culture industrielle du lin sur le plateau d'Évreux et finirent à leur tour par s'y implanter. C'est pourquoi on trouve autant de noms de famille à consonance flamande dans l'annuaire départemental.

Adresses et infos utiles

Eure Tourisme – Comité départemental du tourisme de l'Eure : *3 bis, rue de Verdun, 27003* ***Évreux*** *Cedex.* ☎ *02-32-62-04-27.* • *eure-tourisme.fr* • *Lun-ven 9h-12h30, 14h-17h.* Leur site, leurs publications et l'application mobile « Geni » rassemblent tout ce dont un visiteur peut avoir besoin pour préparer son séjour dans l'Eure : visites, loisirs, fêtes et manifestations, adresses utiles, hébergements et circuits à thème.

■ ***Gîtes de France de l'Eure :*** *9, rue de la Petite-Cité, CS 80882, 27008* ***Évreux*** *Cedex.* ☎ *02-32-39-53-38.* • *gites-de-france-eure.com* •

➢ ***Voies vertes :*** pour des balades à pied, à vélo ou à rollers sur la vallée de la Risle (Évreux/Pont-Authou), la vallée de la Charentonne (Bernay/Broglie), la vallée d'Epte (Gisors/Gasny/Vernon), des Bois-Francs (Verneuil-sur-Avre/Les Barils), la vallée d'Eure (Saint-Georges-Motel/Breuilpont), de la Seine à l'Eure (Poses/Pinterville ou Pont-de-l'Arche).

Circuler en bus dans l'Eure

Plusieurs compagnies de bus complètent le réseau ferroviaire pour visiter le département. Pour connaître les lignes régulières intra et extra-départementales qui passent par les principales villes de l'Eure, les horaires et les tarifs : • *vtni.fr* • Attention, peu de liaisons le dimanche. Chacune de ces villes dispose ensuite d'un réseau urbain propre plus ou moins étendu.

ÉVREUX

(27000) 49 360 hab. *Carte Eure, C3*

• Plan *p. 50-51*

Savez-vous que l'interminable zone commerciale et industrielle d'Évreux cache le siège de l'un des évêchés les plus vieux et les plus importants de France ? Que les habitants s'appellent les Ébroïciens ? Que c'est une ville pétrie d'histoire, comme en témoignent l'intéressant musée de l'ancien évêché et ses vestiges gallo-romains ?
À moitié détruite de 1940 à 1944, Évreux est à la fois trop proche de Paris pour être typiquement normande, et trop enracinée pour se sentir « francilienne ». À découvrir à pied, un jour de marché ou, mieux, le jour de la foire Saint-Nicolas (début décembre).

Adresses et info utiles

Office de tourisme *(plan C2) :* *1 ter, pl. du Général-de-Gaulle (pl. de l'hôtel de ville).* ☎ *02-32-24-04-43.* • *grandevreuxtourisme.fr* • ♿ *Lun-sam 9h30-18h30 (18h hors saison) ; plus dim et j. fériés de mi-juin à mi-sept 10h-12h30.* Propose des visites thématiques gourmandes ou sur le patrimoine un samedi par mois, un rallye découverte et des visites guidées pour enfants *(mer en été),* les vendredis « Mystérieux Évreux » en été à 21h *(8 € ; durée 1h30).* Location d'audioguide *(3 €)* pour une découverte libre de la ville. Également une belle boutique du terroir.

Gare routière *(plan C4) :* *bd Gambetta.* ☎ *02-32-39-40-60.* • *vtni.fr* • Bus pour Rouen, Alençon, Honfleur, Vernon, Louviers, etc.

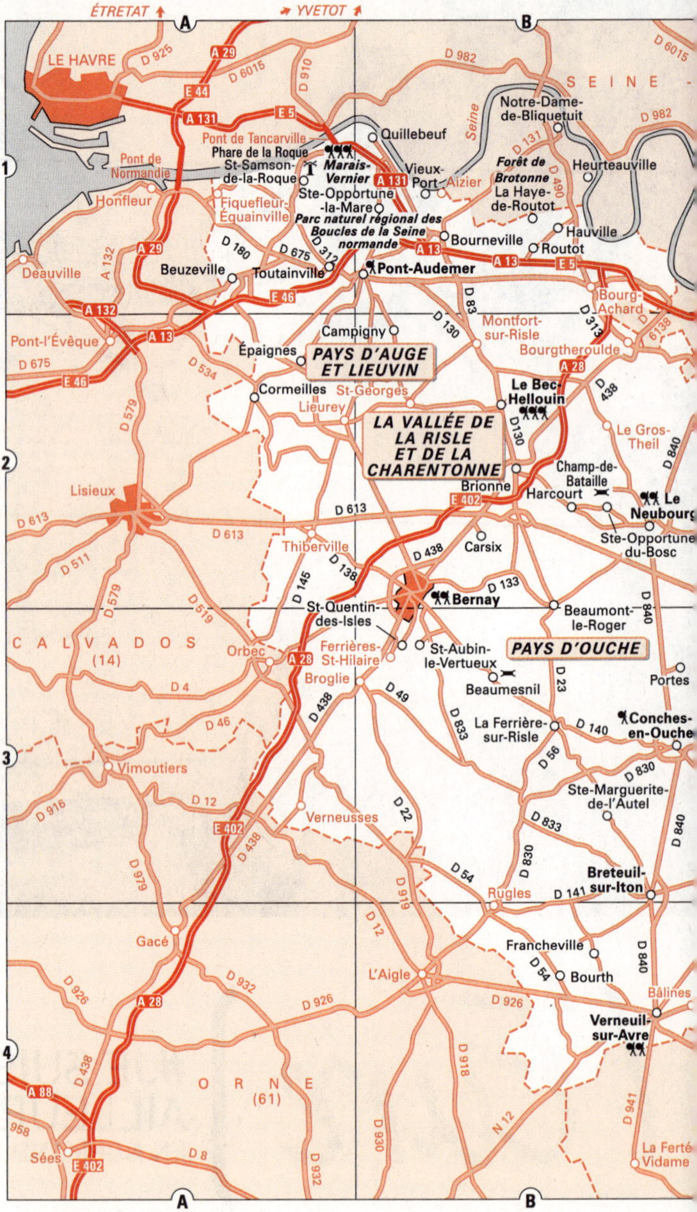
ÉTRETAT
YVETOT
A
B
LE HAVRE
D 925
A 29
D 6015
D 910
D 982
D 6015
SEINE
E 44
A 131
E 5
Notre-Dame-de-Bliquetuit
Seine
D 982
Pont de Tancarville
Quillebeuf
Phare de la Roque
D 131
Pont de Normandie
St-Samson-de-la-Roque
Marais-Vernier
Vieux-Port
Aizier
Forêt de Brotonne
D 490
Heurteauville
A 131
La Haye-de-Routot
Honfleur
Fiquefleur-Équainville
Ste-Opportune-la-Mare
Parc naturel régional des Boucles de la Seine normande
Hauville
D 180
Bourneville
Routot
A 29
D 675
D 312
A 13
A 13
E 5
Deauville
A 132
Beuzeville
Toutainville
Pont-Audemer
E 46
D 83
Bourg-Achard
A 132
D 130
D 313
6138
Pont-l'Évêque
A 13
Campigny
Montfort-sur-Risle
Épaignes
PAYS D'AUGE ET LIEUVIN
Bourgtheroulde
D 675
D 534
A 28
E 46
Cormeilles
St-Georges
Le Bec-Hellouin
D 438
Lieurey
D 579
LA VALLÉE DE LA RISLE ET DE LA CHARENTONNE
D130
Le Gros-Theil
D 840
Champ-de-Bataille
Brionne
Lisieux
Harcourt
Le Neubourg
E 402
D 613
D 613
D 613
Ste-Opportune-du-Bosc
Thiberville
Carsix
D 438
D 511
D 138
D 145
D 133
Bernay
D 579
D 519
St-Quentin-des-Isles
Beaumont-le-Roger
D 840
CALVADOS (14)
PAYS D'OUCHE
Ferrières-St-Hilaire
St-Aubin-le-Vertueux
Orbec
A 28
Broglie
Beaumesnil
Portes
D 4
D 23
D 438
D 49
D 46
D 833
La Ferrière-sur-Risle
D 140
Conches-en-Ouche
Vimoutiers
D 56
D 830
D 916
D 12
Ste-Marguerite-de-l'Autel
Verneusses
D 22
D 833
E 402
D 438
D 840
D 979
D 830
D 54
Breteuil-sur-Iton
Rugles
D 141
D 919
D 12
Gacé
Francheville
D 840
D 54
Bourth
L'Aigle
D 932
D 926
D 926
A 28
D 926
Bâlines
Verneuil-sur-Avre
D 918
D 438
ORNE (61)
A 88
N 12
D 941
958
D 930
Sées
D 8
D 932
La Ferté-Vidame
E 402
1
2
3
4

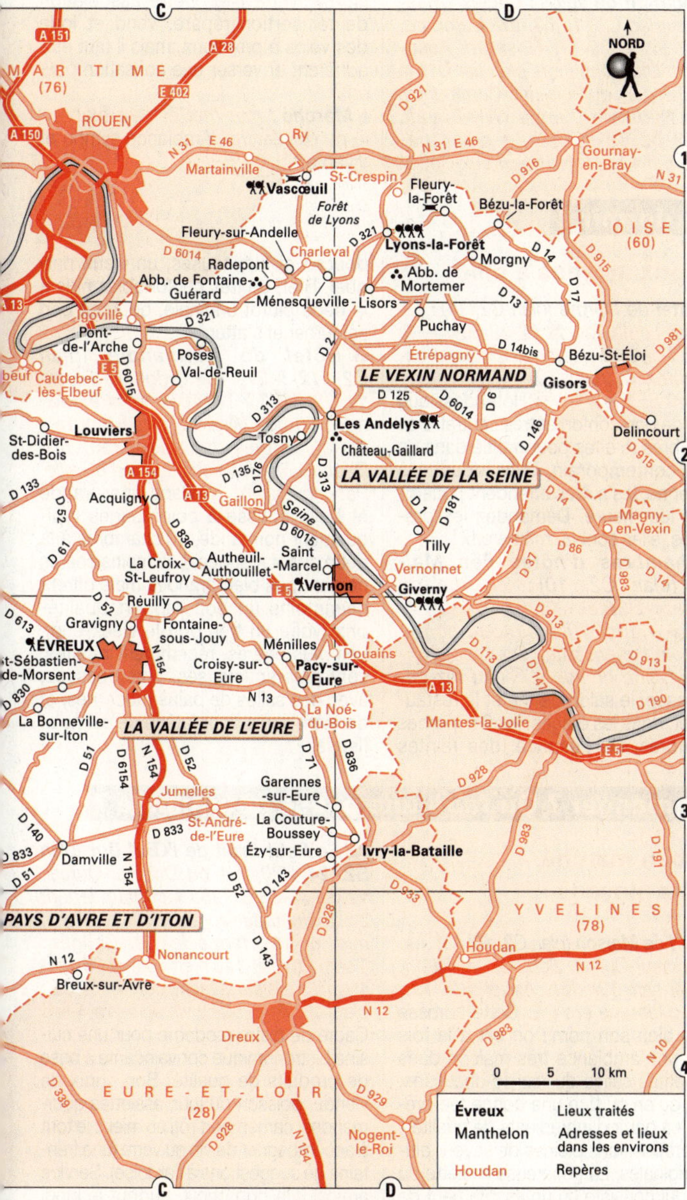
NORD
MARITIME (76)
ROUEN
Ry
Martainville
Vascœuil
St-Crespin
Forêt de Lyons
Fleury-la-Forêt
Bézu-la-Forêt
Gournay-en-Bray
OISE (60)
Fleury-sur-Andelle
Charleval
Lyons-la-Forêt
Morgny
Radepont
Abb. de Fontaine-Guérard
Abb. de Mortemer
Ménesqueville
Lisors
Igoville
Pont-de-l'Arche
Puchay
Étrépagny
Bézu-St-Éloi
Poses
Val-de-Reuil
Caudebec-lès-Elbeuf
LE VEXIN NORMAND
Gisors
Louviers
St-Didier-des-Bois
Tosny
Les Andelys
Château-Gaillard
Delincourt
LA VALLÉE DE LA SEINE
Acquigny
Gaillon
Seine
Magny-en-Vexin
La Croix-St-Leufroy
Autheuil-Authouillet
Saint-Marcel
Tilly
Vernonnet
Vernon
Giverny
Réuilly
Gravigny
Fontaine-sous-Jouy
ÉVREUX
St-Sébastien-de-Morsent
Ménilles
Douains
Croisy-sur-Eure
Pacy-sur-Eure
La Noé-du-Bois
Mantes-la-Jolie
La Bonneville-sur-Iton
LA VALLÉE DE L'EURE
PONTOISE
PARIS
Jumelles
Garennes-sur-Eure
St-André-de-l'Eure
La Couture-Boussey
Ézy-sur-Eure
Ivry-la-Bataille
Damville
PAYS D'AVRE ET D'ITON
YVELINES (78)
Houdan
Nonancourt
Breux-sur-Avre
Dreux
EURE-ET-LOIR (28)
Nogent-le-Roi
0 5 10 km
Évreux Lieux traités
Manthelon Adresses et lieux dans les environs
Houdan Repères

L'EURE

■ ***Location de vélos :*** *Cycles Chasserez (plan C1, **1**), 63, rue Isambard. ☎ 02-32-33-32-17. Tlj sf lun.* ***Association Cicérone*** *(hors plan par D1), la PEPITE, parc du Bois-des-Communes, ZI de Nétreville, 73, rue Willy-Brandt. ☎ 02-32-39-39-95. • cicerone-tandem.fr • Sur la N 154 Évreux-Rouen (sortie Nétreville).* Cette association de réinsertion répare, vend et loue des vélos à prix doux, mais il faut être adhérent et verser une cotisation *(7 €/an).*

– ***Marché :*** *mer mat et sam mat sur la pl. du Marché.* Ambiance sympa et vivante.

Où dormir ?

De prix moyens à chic

Hôtel de l'Orme *(plan C2, **11**) : 13, rue des Lombards. ☎ 02-32-39-34-12. • hotel-de-lorme@orange.fr • hotel-delorme.fr • Doubles 49-76 € selon saison (49-55 € le w-e).* Hôtel classique mais de bon confort et très central. Des chambres refaites pour moitié dans un style contemporain, avec douche à l'italienne, les autres attendent patiemment leur heure. Demandez les premières, elles sont au même prix !

Chambres d'hôtes Fée Maison *(plan C2, **10**) : 21, rue du Docteur-Oursel. ☎ 02-32-30-24-14. • ingrid27000@icloud.com • Résa indispensable. Doubles 100-110 € selon chambre.* Au rez-de-chaussée, le salon de thé et le restaurant et, dans les étages, les 2 superbes chambres. De l'espace, des teintes douces et lumineuses, un vieux parquet. Bref, de très confortables nids à la déco plutôt originale, où il fait bon séjourner et s'attarder.

Hôtel de Normandie *(plan C2, **12**) : 37, rue Édouard-Feray. ☎ 02-32-33-14-40. • hotel-de-normandie27@orange.fr • hotel-restaurantdenormandie-evreux.fr • Doubles 55-90 € selon confort et taille. Parking payant.* Dans une grande et belle bâtisse à colombages typiquement normande, 20 chambres à la déco plutôt rustique. Les moins chères ne sont pas bien grandes mais offrent néanmoins un bon rapport qualité-prix (voire un très bon le week-end). Les plus chères, récemment refaites, sont plus spacieuses, plus cossues, avec des salles de bains modernes, et donnent sur la cour intérieure calme et fleurie.

Où manger ? Où faire une pause gourmande ?

De bon marché à prix moyens

Fée Maison *(plan C2, **10**) : 21, rue du Docteur-Oursel. ☎ 02-32-30-24-14. Mar-sam 12h-18h. Assiette du jour 15 €, pâtisserie env 6 €.* Cette adresse porte bien son nom : on est à la fois dans une ambiance très maison dans les petites salles du rez-de-chaussée, alors qu'en cuisine une bonne fée prépare – à partir d'ingrédients de qualité – des propositions pleines de saveur plutôt originales. La généreuse assiette du jour, qui consiste en un assortiment de plusieurs plats, est vraiment complète. Il serait cependant dommage de faire l'impasse sur le fameux gâteau à l'orange, la spécialité de la maison.

Le Petit Bruit de l'Œuf Dur *(plan B2, **24**) : 20, rue du Docteur-Oursel. ☎ 02-32-33-31-25. • contact.lepetitbruitdeloeufdur@orange.fr • Lun-ven, midi et soir, fermé le w-e. Congés : 1 sem en mai, 3 sem en août et 25 déc-1er janv. Formule et menu déj 14,50-18 € ; plats 13,50-15,50 € ; vin au verre 4-6 €.* Cadre de bistro moderne pour une cuisine bistronomique convaincante à base de produits de qualité. Bon choix de viande, poisson du jour, assiettes gourmandes, camembert rôti au miel... le tout à accompagner de vin au verre (une trentaine de suggestions à l'ardoise). Service amical. Un bon choix, surtout le lundi quand les autres restos sont fermés.

Côté Rôtisserie *(plan C2, **23**) : 3, rue Saint-Louis. ☎ 02-32-39-62-63. • coterotisserie27@orange.fr • Tlj sf* *dim, lun soir et j. fériés. Congés : 2 sem en août et 25 déc-1er janv. Menus déj en sem 15,90 €, puis 19,90 € (sf w-e et j. fériés) et 27-35 €.* Dans une grande salle à la déco contemporaine ou dans une véranda sur l'arrière, on se régale d'énormes entrecôtes grillées, de cochon de lait à la broche et autres plats de boucher plus à même d'assouvir les grosses faims carnivores que les appétits d'oiseau ! L'assiette est joliment dressée et le personnel, accueillant.

De prix moyens à chic

|●| *La Gazette* *(plan B2,* ***21****) : 7, rue Saint-Sauveur. ☎ 02-32-33-43-40. • xavier.buzieux@wanadoo.fr • ♿ Tlj sf sam midi, dim-lun et j. fériés. Congés : 3 premières sem d'août. Résa conseillée le w-e. Formule déj 21 € ; menus 24-39 €.* Dans une jolie maison à colombages au cadre moderne, on déguste une cuisine délicate à base de produits frais du terroir qui s'éloigne avec brio des grands standards régionaux. Une pointe d'originalité, un zeste de touche personnelle, une bonne dose de gentillesse dans l'accueil, et le tour est joué.

|●| *La Vieille Gabelle* *(plan C2,* ***22****) : 3, rue de la Vieille-Gabelle. ☎ 02-32-39-77-13. ♿ Tlj sf lun, sam midi et le soir des dim et j. fériés. Formule déj en sem 16,50 €, puis menus 24,50-39 €.* Une longue façade fleurie à colombages, et 2 salles à la déco remise au goût du jour avec poutres blanchies. Le cadre est posé, il ne reste plus qu'à savourer la bonne cuisine semi-gastronomique et raffinée, variant au fil des saisons. Bon choix de vins dans une grande cave vitrée.

L'EURE

Où dormir ? Où manger dans les environs ?

⌂ *Chambres d'hôtes Clair Matin :* *chez Amaïa et Jean-Pierre Trevisani, 19, rue de l'Église, 27930* ***Reuilly.*** *☎ 02-32-34-71-47. • bienvenue@clairmatin.com • clairmatin.wix.com/clairmatin • À 10 km au nord-est d'Évreux ; accès par la D 316, direction Gaillon. Doubles 65-70 € ; des familiales également.* Un mur d'enceinte, un jardin très fleuri, une ferme normande du XVIIIe s et un couple charmant qui loue 3 chambres très bien tenues à la déco plutôt rustique.

|●| *Le Vieux Morsent :* *13, rue de l'Église, 27180* ***Saint-Sébastien-de-Morsent.*** *☎ 02-27-34-19-48. • auvieuxmorsent@yahoo.fr • Dans le centre, sur la droite de la D 830 en venant d'Évreux. Tlj sf dim soir et lun. Menus déj en sem 13,50-16,50 €, puis 20-32,50 €.* Cette longère de style normand, avec sa terrasse donnant sur un jardin, abrite une belle adresse, à l'ambiance agréable et familiale. Bonne cuisine, inventive et joliment présentée, concoctée par un chef inspiré. Pour le vin, on va choisir soi-même sa bouteille à la cave !

|●| *Restaurant Le Saint-Nicolas :* *38 ter, rue Aristide-Briand, 27930* ***Gravigny.*** *☎ 02-32-38-35-15. • lesaintnicolas27@orange.fr • ♿ À env 2 km au nord d'Évreux, sur le côté droit de la D 155, direction Louviers. Tlj sf dim soir, lun et mer soir. Congés : 1re sem de nov. Formules déj en sem 18-23 €, puis 24,50-49 €. Café et sorbet maison offerts sur présentation de ce guide.* La façade discrète côté route cache de petites salles au décor sobre et, en été, une agréable salle-terrasse en bordure de jardin. Le chef propose ici une savoureuse cuisine personnelle, en mettant un point d'honneur à utiliser des produits de première qualité au gré du marché et des saisons. Très belle carte des vins.

Où boire un verre ?

🍷 ♪ *Le Matahari Bar-lounge* *(plan C2,* ***26****) : 15, rue de la Petite-Cité. ☎ 02-32-38-49-88. • lebarmatahari@gmail.com • matahari-bar.fr • Tlj sf dim 10h-minuit.* Installé dans une ancienne ferronnerie, ce grand bar la joue plutôt branché et décalé avec sa déco originale mêlant l'esprit brocante

■ Adresses utiles

- Office de tourisme
- 1 Cycles Chasserez

Où dormir ?

- 10 Chambres d'hôtes Fée Maison
- 11 Hôtel de l'Orme
- 12 Hôtel de Normandie

Où manger ? Où faire une pause gourmande ?

- 10 Fée Maison
- 21 La Gazette
- 22 La Vieille Gabelle
- 23 Côté Rôtisserie
- 24 Le Petit Bruit de l'Œuf Dur

Où boire un verre ?

- 25 Le Hastings
- 26 Le Matahari Bar-lounge

Où acheter de bonnes confiseries ?

- 30 Chocolatier Auzou

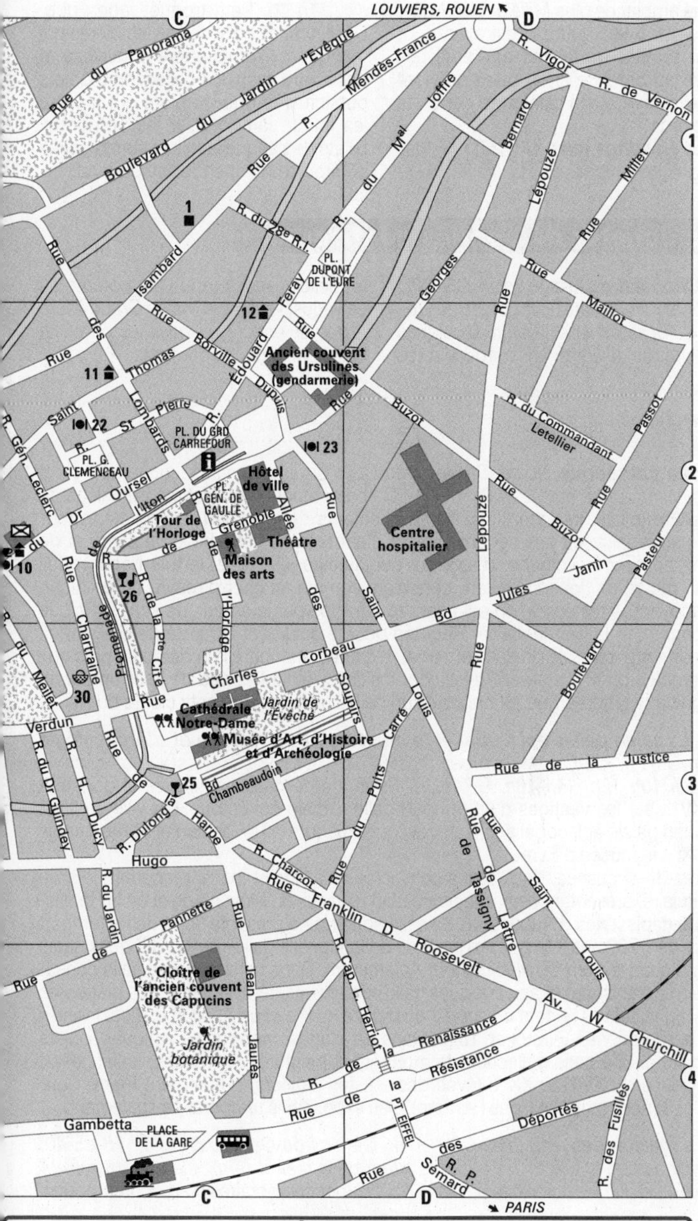
LOUVIERS, ROUEN
C
D
1
2
3
4
PARIS
Rue du Panorama
Boulevard du Jardin l'Évêque
Rue P. Mendès-France
R. Vigor
R. de Vernon
Rue du Mal Joffre
Bernard
Lépouzé
Rue Miltet
Rue Isambard
R. du 28e R.I.
R. Feray
PL. DUPONT DE L'EURE
Rue Georges
Rue Maillot
Rue des Lombards
Rue Thomas
Rue Borville Dupuis
R. Édouard
Ancien couvent des Ursulines (gendarmerie)
Rue Buzot
R. du Commandant Letellier
Rue Passot
Saint
St Pierre
PL. DU GRD CARREFOUR
R. Gén. Leclerc
R. PL. G. CLEMENCEAU
Oursel
Dr
Hôtel de ville
PL. GÉN. DE GAULLE
Allée
Rue Saint
Centre hospitalier
Lépouzé
Rue Buzot
Rue Janin
Pasteur
l'Iton
Tour de l'Horloge
Grenoble
Théâtre
Maison des arts
R. de
Rue de
R. de la Pte Cité
l'Horloge
Promenade
Rue Chartraine
R. du Meilet
Bd Jules
Corbeau
Rue Charles
des Soupirs
Louis
Rue Boulevard
Cathédrale Notre-Dame
Jardin de l'Évêché
Musée d'Art, d'Histoire et d'Archéologie
Rue du Puits Carré
Verdun
R. du Dr Guindey
R. H. Ducy
Rue de la Harpe
Bd Chambeaudoin
Rue de la Justice
R. Dulong
Hugo
R. Charcot
Rue Franklin D. Roosevelt
Rue de Tassigny
Rue de Lattre
Rue Saint Louis
R. du Jardin
Pannette
Rue Jean Jaurès
Rue de
Cloître de l'ancien couvent des Capucins
Jardin botanique
R. Cap. L. Herriot
Av. W. Churchill
la Renaissance
R. de la Résistance
Rue de la
PT EIFFEL
Gambetta
PLACE DE LA GARE
Rue des Déportés
R. P. Sémard
R. des Fusillés
1
12
11
22
23
10
26
30
25

ÉVREUX

à une ambiance plus *Mille et Une Nuits.* Mais aux beaux jours, c'est avant tout pour profiter de la très agréable terrasse au bord de l'Iton que l'on vient ici. Propose aussi quelques concerts ou expos.

🍷 ***Le Hastings*** *(plan C3, **25**)* **:** *17, rue de la Harpe. ☎ 02-32-39-06-22. Tlj sf dim 11h-1h.* Petit troquet façon pub. D'ailleurs, ce ne sont pas les bières qui manquent ! Atmosphère conviviale et déco rétro avec une collection d'objets publicitaires pour la bière qui tapisse les murs, sans oublier les nombreux billets de banque jaunis et autres objets hétéroclites suspendus au plafond.

Où acheter de bonnes confiseries ?

Chocolatier Auzou *(plan C3, **30**)* **:** *34, rue Chartraine. ☎ 02-32-33-28-05. ♿ Tlj sf dim ap-m et lun.* Quelques spécialités d'antan incontournables (et délicieuses, surtout) : la pomme au calvados, les *Macarons de Grand-Mère Auzou* ou encore la *Louise,* un chocolat avec une ganache pomme....

À voir

La cathédrale Notre-Dame *(plan C3)* **:** *♿ (sur demande, ouverture d'un battant du portail nord). Tlj 8h30-19h.* Ce beau monument, victime des aléas de l'Histoire (plusieurs incendies, bombardements de juin 1940, tempêtes), a toujours su renaître de ses cendres. Avant d'entrer dans cette bible de pierre et de verre, admirer le « clocher d'argent » qui culmine à 73 m, et le très beau portail nord, œuvre de Jehan Cossart, considéré comme un chef-d'œuvre du gothique flamboyant. À l'intérieur, on est avant tout frappé par le chœur, de style gothique rayonnant, et la tour-lanterne. Réputée pour la qualité et la rareté de ses vitraux (le jaune d'Évreux) et de ses verrières, la cathédrale abrite l'un des plus précieux ensembles du XIVe s. Avant de quitter les lieux, n'oubliez pas de jeter un œil au magnifique grand orgue. Sur le côté sud de la cathédrale, un petit cloître du XVIe s.

L'ancien palais épiscopal et le musée d'Art, d'Histoire et d'Archéologie *(plan C3)* **:** *6, rue Charles-Corbeau. ☎ 02-32-31-81-90. ♿ Tlj sf lun et certains j. fériés 10h-12h, 14h-18h. GRATUIT.* Situé à côté de la cathédrale et construit au XVe s sur les vestiges d'un rempart gallo-romain qui entourait la ville au IIIe s, l'ancien palais épiscopal servit aux évêques jusqu'à la Révolution et abrite depuis le XIXe s le musée d'Évreux.

Au rez-de-chaussée, deux salles consacrées à l'histoire locale précèdent la salle capitulaire, présentant des collections d'art religieux du Moyen Âge et de la Renaissance (tapisseries d'Aubusson). La salle souterraine présente 30 m de ce rempart vieux de 1 700 ans, témoin poignant du brillant passé gallo-romain d'Évreux, jadis connu sous le nom de *Mediolanum Aulercorum.* Dans cette superbe salle consacrée à la préhistoire et aux époques gallo-romaine et mérovingienne, les pièces les plus significatives restent un *Jupiter* en bronze du Ier s et un *Apollon* du IIe s, trouvés sur le site du Vieil-Évreux en 1840. Dans les étages, mobilier, céramiques, objets d'art (dont une belle collection de montres) et peintures flamandes, italiennes et françaises du XVIIe au XXe s (avec des artistes majeurs, notamment Pierre Soulages, Simon Hantaï et Hans Hartung). Des expositions temporaires également.

La Maison des arts *(plan C2)* **:** *pl. du Général-de-Gaulle. ☎ 02-32-78-85-40. ♿ Mar-sam 10h-12h, 14h-18h (sans interruption mer et sam) ; plus le dim suivant l'ouverture d'une nouvelle expo. GRATUIT.* Expos temporaires d'art contemporain.

L'église Saint-Taurin *(plan B3)* **:** *pl. Saint-Taurin. Tlj 9h-18h (19h en été).* Cette église, à l'histoire elle aussi mouvementée, faisait à l'origine partie d'une grande abbaye fondée au Xe s. Avant d'entrer, remarquer le portail sud, malheureusement très endommagé. À l'intérieur : grandes arcades romanes. Si elle n'est pas conservée au musée, vous pourrez aussi y admirer la célèbre *châsse de saint Taurin*, évangélisateur et premier évêque d'Évreux vers le Ve s ; c'est une merveille d'orfèvrerie du XIIIe s, en argent et feuilles d'or, enrichis d'émaux, qui représente une Sainte-Chapelle, large de 1 m et haute de 1,20 m ! Ses bas-reliefs racontent la vie du saint.

Le Jardin botanique *(plan C4)* **:** agréable halte au calme dans cet espace vert en pente doté de jeux pour enfants.
– ***Le cloître des Capucins* :** jouxtant le Jardin botanique, les bâtiments de l'ancien couvent furent reconstruits à la fin du XVIIe s. L'édifice, qui abrite aujourd'hui l'École nationale de musique et d'art dramatique, comporte un très agréable cloître que l'on peut visiter.

À faire

➢ ***Circuits à vélo ou à pied* :** l'office de tourisme et le CDT proposent de nombreux circuits ; les fiches techniques détaillées sont téléchargeables sur Internet. Parmi eux, une *voie verte* de 43 km entre Évreux et Le Bec-Hellouin suit le tracé de l'ancienne voie ferrée Évreux-Honfleur.

Fêtes et manifestations

– ***Le Rock dans tous ses états* :** *dernier w-e de juin.* • *lerock.org* • Festival rassemblant près de 20 000 personnes et proposant des concerts mêlant belles têtes d'affiches et groupes locaux.
– ***Rassemblement de Harley-Davidson* :** *sept, le même w-e que les Journées du patrimoine.* Des centaines de Harley pétaradent dans les rues de la ville.
– ***Les Fêtes normandes* :** *1er w-e d'oct.* Mise à l'honneur de l'artisanat, de la gastronomie, de l'agriculture et du terroir normands.

LA VALLÉE DE L'EURE

La vallée de l'Eure n'est pas la même que l'on soit au nord ou au sud de Pacy-sur-Eure. Au sud, entre Évreux et Ivry-la-Bataille, un certain nombre de pavillons et autres résidences sans caractère s'agglutinent le long de l'Eure (particulièrement vers Ivry-la-Bataille) et de nombreuses prairies humides ont été retournées. Alors qu'au nord, entre Pacy et Louviers, la campagne se fait douce, très riante, et les villages deviennent extrêmement coquets.

IVRY-LA-BATAILLE (27540) 2 550 hab. *Carte Eure, D3*

Traversée en plusieurs endroits par l'Eure, la jolie petite ville d'Ivry a vu son nom composé après la bataille remportée en 1590 par Henri IV sur le duc de Mayenne, son principal adversaire pendant les guerres de Religion.

À l'entrée de l'église Saint-Martin, une cloche de 1,5 t fondue en 1538 : c'est elle qui sonna la victoire d'Henri IV, qui sonna, quant à elle, le glas de la Ligue catholique.

Où dormir dans les environs ?

Chambres d'hôtes Le Clos des Gallinettes : *12, rue du Docteur-Roux, 27780* ***Garennes-sur-Eure.*** *☎ 02-32-34-14-81. • leclosdesgallinettes@gmail.com • le-clos-des-gallinettes.com • À env 5 km au nord d'Ivry-la-Bataille par la D 836 ; dans le village, continuer en direction de Bueil et Anet, puis tourner à droite après le pont. Double 90 €. Table d'hôtes 30 €.* 2 chambres dans une maisonnette au fond du jardin paysager, à côté de la piscine. Celle du rez-de-chaussée jouit d'une superbe petite terrasse bordée par l'Eure. L'autre, à l'étage, peut accueillir une famille dans 2 pièces séparées. L'ensemble offre espace, confort et beaucoup de charme. Très bel accueil.

À voir

L'église : elle date de la fin des XVe et XVIe s. C'est d'abord Diane de Poitiers qui fit ériger un chœur avec abside à trois pans et deux bas-côtés et une partie de la nef de style gothique flamboyant dédiés à saint Martin. La flèche et les voûtes furent frappées par la foudre en 1664, et une partie de la toiture s'effondra à la suite de l'ouragan de 1688. On consolida les fondations du clocher au XIXe s et, pourtant, il penche. À l'intérieur, une succession élégante de grandes arcades en plein cintre donnent beaucoup d'espace et de volume. Belle charpente en bois en coque de bateau renversée.

Les ruines du château : *derrière l'église.* Promenade jusqu'aux vestiges du château du Xe s construit sur les hauteurs d'Ivry par le comte Raoul de Bayeux.

DANS LES ENVIRONS D'IVRY-LA-BATAILLE

Le musée des Instruments à vent : *27750* ***La Couture-Boussey.*** *☎ 02-32-36-28-80. • lacoutureboussey.com • D'Ivry, prendre la D 833, direction Saint-André-de-l'Eure (6 km N-O). Dans un pavillon récent, face à l'église. Tlj sf lun 14h-18h ; visites guidées à 14h30 et 16h. Fermé 1er mai et de mi-nov à fin janv. Entrée : 4 € (audioguide musical inclus) ; réduc.* Ce petit musée municipal retrace l'histoire de La Couture-Boussey et de la fabrication de ses flûtes, hautbois et clarinettes renommés. À la fin du XIXe-début XXe s, plus de la moitié de la population locale travaillait en effet dans les manufactures d'instruments et les ateliers indépendants. Ces derniers ont aujourd'hui totalement disparu ; il ne reste plus qu'une manufacture dans le village et deux autres dans les environs. La collection d'instruments à vent présentée ici, datant du XVIIIe s à nos jours, est unique. En entrant dans la pièce, l'œil est immédiatement attiré par les deux fleurons du musée : une clarinette octocontrebasse de 1939 et une clarinette octocontralto de 1971. Fabriquées par les établissements Leblanc, ces magnifiques et impressionnants instruments sont en fait des prototypes qui ne furent jamais commercialisés.
– Programmation annuelle de concerts et animations, allant de la musique baroque à la musique contemporaine.

La Manufacture – musée du Peigne : *bd Gambetta, 27530* ***Ézy-sur-Eure.*** *☎ 02-37-64-64-69. • musee-du-peigne.pagesperso-orange.fr • Mer 14h-18h ; w-e et j. fériés 10h-12h, 14h-18h. Visites guidées à 10h30 (le w-e), 14h30 et 16h15. Derniers billets à 17h. Fermé 1er mai et de mi-déc à mi-fév. Entrée : 5,50 € ; réduc.*

La visite s'articule autour de deux axes : les ateliers de l'ancienne manufacture où étaient fabriqués des peignes en bois, corne, ivoire et écaille, et les collections du musée. Celles-ci vont du XVIIe au XXe s et sont composées d'insolites peignes à cils, à moustaches (!) et même à poux, ainsi que de parures du XIXe s. Également une expo retraçant l'évolution de l'outillage au fil des siècles.

PACY-SUR-EURE

(27120) 4 580 hab. *Carte Eure, C3*

Pacy-sur-Eure est une petite ville pas désagréable et plutôt vivante, mais ce sont surtout ses environs qui sont très jolis. L'Eure y paresse dans le fond de la vallée, se glissant sous des tunnels de verdure, le plateau normand s'y métamorphose en douces collines boisées, les maisons s'isolent dans des recoins de verdure, les villages, repliés autour de leur clocher, somnolent, et toujours quelques petits châteaux discrets. En remontant tranquillement vers Louviers, on traverse les beaux villages de *Cocherel, Autheuil-Authouillet, La Croix-Saint-Leufroy* et *Acquigny* (superbes parc et jardins du château Renaissance).

Adresse et info utiles

i *Office de tourisme :* *pl. Dufay. ☎ 02-32-26-18-21. • cape-tourisme.fr • Avr-sept, mar-sam 10h-12h30, 14h-17h30 ; oct-mars, mar-ven 10h-12h30, 14h-17h.*

– ***Marché :*** *jeu mat.*

Où dormir ? Où manger dans les environs ?

Autant vous prévenir d'emblée, vous êtes ici à proximité de Giverny, d'où le prix des hébergements...

Chambres d'hôtes La Chaiserie : *chez Michèle et Éric Deleu, 37, rue de Pacy, 27490* ***La Croix-Saint-Leufroy.*** *☎ 02-32-31-62-38. • michele.deleu@orange.fr • gite-lachaiserie.fr • Dans le village, au bord de la route principale, mais accès par derrière (au 2 bis, rue du Pressoir ; fléché). Double 77 €, suite familiale également.* Une jolie cour au calme avec son jardin fleuri et des chambres coquettes avec une double au rez-de-chaussée et 2 autres sous les toits (d'où les portes pas très carrées !). Couleurs douces, ambiance lumineuse, de belles salles de bains et, pour compléter le tout en beauté, un accueil charmant.

Chambres d'hôtes Les Granges Ménillonnes : *2, rue de la Grand'Cour, 27120* ***Ménilles.*** *06-70-46-87-57. • chant.mich.marchand@wanadoo.fr • lesgranges27.com • En sortant du village par la D 65, direction Croisy-sur-Eure, prendre la route à droite avt le pont (rue du Gué) ; c'est au bout de celle-ci. Double 73 €, suites familiales également. Bolée de cidre offerte sur présentation de ce guide.* Au détour de ravissants villages, on arrive dans cette ancienne ferme ceinte de hauts murs dont les granges (et celle de la propriété voisine !) ont été transformées en 5 chambres simples et agréables. Les propriétaires tiennent aussi une boutique de produits du terroir *(ouv mar-dim midi)* sur la grande place du village.

Chambres d'hôtes L'Aulnaie : *29, rue de l'Aulnaie, 27120* ***Fontaine-sous-Jouy.*** *☎ 02-32-36-89-05. • contact@aulnaie.com • aulnaie.com • À 1,5 km du centre du village, direction Saint-Vigor (prendre le petit pont à côté du lavoir). Double 100 €.* Dans un ravissant village avec maisonnettes à colombages et toits de chaume, cette ancienne ferme restaurée, blottie dans un vaste et beau jardin, abrite 2 jolies chambres tout confort.

Auberge À l'Orée du Bois : *2, route de Saint-Aquilin, 27120* ***Croisy-sur-Eure.*** *☎ 02-32-36-03-40. • oreeduboiscroisy@aol.com • odubois.fr • À l'entrée de Croisy, sur la gauche du petit rond-point en venant de Pacy. Resto fermé lun-mar et le soir dim et j. fériés. Sur résa slt le soir et hors saison. Congés : Noël-janv. Double 79 €. Formule déj en sem 18,50 € ; menu 31,80 € ; carte 25-35 €. Parking fermé.* Une auberge familiale chaleureuse et tranquille abritant 4 chambres simples et spacieuses. Dans la salle à manger rustique, Hervé, le propriétaire, expose de vieux outils et objets datant de l'époque où ses grands-parents vivaient ici. Avec Loli, son épouse, ils vous concocteront une cuisine maison fraîche et généreuse au gré de leur inspiration et des produits de saison.

La Ferme des Isles : *7, chemin des Isles, 27490* ***Autheuil-Authouillet.*** *☎ 02-32-36-66-14. 06-63-46-00-45. • lafermedesisles@gmail.com • laferme desisles.com • Dans Autheuil-Authouillet, prendre en direction de la zone industrielle, soit la rue du Bout-des-Murs. Doubles 98-165 €, suite familiale également. Table d'hôtes 45 €.* Au cœur d'un parc de 8 ha traversé par l'Eure, cette belle propriété normande propose 4 chambres, une suite et un studio dans une maisonnette indépendante. De l'espace, du confort, beaucoup de charme, un esprit champêtre et une déco aux touches amusantes et très personnelles (notamment dans la suite). Dans un coin à l'écart, ponton de baignade pour se rafraîchir dans la rivière. À table, plats confectionnés par monsieur à partir des produits du potager ou des fermes proches. Bel accueil.

À voir dans les environs

Le parc du château d'Acquigny : *1, rue Aristide-Briand, 27400* ***Acquigny.*** *☎ 02-35-50-23-31. • chateau-acquigny.fr • Avr-oct, w-e et j. fériés 14h-18h ; juil-août, tlj 14h-19h. Visite commentée à 15h et 16h30 en juil-août. Entrée : 7,50 € ; réduc ; gratuit moins de 8 ans.* Ce grand parc remarquable de 16 ha, qui sert d'écrin à un château Renaissance (ne se visite pas) mêle avec poésie des éléments classiques, paysagers et romantiques. À l'ombre d'arbres séculaires, des rivières, des serpentines et des cascades bruissent de toutes parts. Une grande orangerie accueille une belle collection d'agrumes et un jardin méridional. Également un étonnant potager-verger et des jardins médicinaux.

À faire

➢ Pour découvrir ces beaux paysages, rien de mieux qu'une escapade au rythme paisible d'un ***petit train touristique.*** *☎ 02-32-36-04-63. • cfve.org • Départ de la gare de Pacy-sur-Eure, av. des Poilus. Fonctionne mar-jeu et dim en juil-août ; également quelques sorties thématiques au cours de l'année (voir programmation sur le site). Tarif : 9 € ; réduc ; gratuit moins de 4 ans ; pass famille 28 €.* Deux circuits commentés possibles (l'un vers Breuilpont, l'autre vers Cocherel). Compter de 1h30 à 2h30.

LOUVIERS

(27400) 17 700 hab. *Carte Eure, C2*

S'étirant dans le fond de la vallée de l'Eure, la ville ne fut pas épargnée par les bombardements de juin 1940, d'où son architecture typique de l'après-guerre dans la région. Toutefois, une vingtaine de bras de rivière (naturels ou artificiels) quadrillent la ville et confèrent un certain charme à une petite partie de

son centre ancien, surtout le quartier autour de la cathédrale, vraiment mignon. On peut encore y admirer quelques vieilles maisons à pans de bois, autrefois habitées par des manufacturiers. Louviers était alors un centre industriel textile de première importance, réputé pour la fabrication du drap de laine.

Adresse utile

Office de tourisme : *La Maison du Fou du Roy, 10, rue du Maréchal-Foch. ☎ 02-32-40-04-41. • tourisme-seine-eure.com • Lun-sam (sf j. fériés) 9h30-12h30, 14h-18h (17h30 nov-mars). Également une antenne à Poses, sur le chemin de halage, ouv tlj juil-août, le w-e slt avr-juin et sept.* Propose des visites guidées de la ville (voir programmation sur le site internet).

Où dormir ? Où manger dans les environs ?

Campings

Camping Le Bel Air : *9054, route de La Haye-Malherbe, 27400 Louviers. ☎ 02-32-40-10-77. • campinglebelair@aol.com • camping-lebelair.fr • À env 4 km de Louviers, sur la D 81, direction La Haye-Malherbe. Ouv de mi-mars à mi-oct. Compter 15,80-19,50 € pour 2 avec tente et voiture ; hébergements locatifs 4-5 pers 382-582 €/sem. 90 empl.* Un petit camping très nature, bien ombragé, proposant de beaux emplacements. Espace très intime pour certains, car bordés de hautes haies, et pelouse arborée « à partager » pour d'autres. Sanitaires un rien vieillissants mais néanmoins corrects, et, en été, une jolie piscine ronde. Également quelques mobile homes et chalets qui ont le mérite d'être vraiment retirés dans leur coin.

Camping de Léry-Poses : *route de Saint-Pierre, 27740* ***Poses.*** *☎ 02-32-59-11-86. • camping.smb@hotmail.fr • lery-poses.fr • À 1,5 km du centre de Poses. Ouv avr-fin oct. Compter 17,50 € pour 2 avec tente et voiture. 160 empl.* Ce camping au bord du lac du Mesnil est presque séparé en deux : d'un côté les mobile homes loués à l'année ; et de l'autre les emplacements destinés aux campeurs. Coup de chance, c'est ce second espace, sur de grandes pelouses et sous les arbres, qui est de loin le plus sympa. Un endroit simple, agréable, avec des blocs sanitaires de qualité et parfaitement tenus.

De bon marché à prix moyens

Chambres d'hôtes Le Vieux Logis : *1, pl. de l'Église, 27370* ***Saint-Didier-des-Bois.*** *☎ 02-32-50-60-93. 06-70-10-35-76. • levieuxlogis5@orange.fr • levieuxlogis.fr • À 15 km à l'ouest de Louviers par la D 81, direction La Haye-Malherbe ; en face de l'église. Double 55 € ; des familiales également. Table d'hôtes 17 €.* Dans un charmant presbytère à colombages du XVIe s et ses dépendances, 4 chambres un peu datées, mais spacieuses et meublées d'ancien (même famille depuis 7 générations !). Agréable jardin et accueil adorable.

Hôtel de la Tour : *41, quai Maréchal-Foch, 27340* ***Pont-de-l'Arche.*** *☎ 02-35-23-00-99. • hotel-de-la-tour@orange.fr • hoteldelatour.org • Double 85 € ; des familiales également. Un petit déj/chambre offert sur présentation de ce guide.* Les façades de ces 2 maisons réunies par un sas ont été conservées et s'accordent joliment avec leurs voisines alignées sur le quai. Les couleurs, la décoration et les petits détails rendent le séjour confortable. Que la chambre donne sur les remparts ou sur la rive verdoyante de l'Eure, le calme est absolu. Petit jardin en terrasses à l'arrière. Accueil chaleureux.

Plaisir Gourmand : *3, pl. Hyacinthe-Langlois, 27340* ***Pont-de-l'Arche.*** *☎ 02-35-23-44-13. Au cœur du village. Fermé dim soir et lun.*

Formule et menu déj en sem 12-15 € ; menus 26-37 €. Sympathique resto à la déco contemporaine, avec une petite terrasse au mobilier coloré sur rue. Bien pour une pause gourmande le midi (du genre bruschetta, tartare de bœuf ou grosse salade), plus élaborée le soir avec un filet de dorade sébaste ou un risotto aux champignons qui ne décevra pas les gourmands, ni les amateurs d'assiette au dressage sophistiqué.

Auberge du Halage : *34, chemin du Halage, 27740* ***Poses.*** *☎ 02-32-59-38-40. • contact@aubergeduhalage.fr • Au bord de l'eau. Fermé lun soir, mer, dim soir et j. fériés, plus mar soir hors saison. Congés : 25 déc-1er janv. Formules et menu déj en sem 15-18,70 € ; menus 27-32 €. Parking.* Une petite cuisine pas désagréable et variée, lorgnant sur des saveurs méridionales. Il faut cependant avouer que c'est avant tout la situation qui est idéale, juste au bord de l'eau. Une des salles a même ses pilotis plantés dans la Seine.

À voir

L'église Notre-Dame : ses parties les plus anciennes remontent au XIIIe s, et les plus récentes au XVIe s. On remarque d'emblée le superbe porche sud de style gothique flamboyant et la tour-beffroi, bel exemple d'architecture militaro-religieuse. L'intérieur abrite, quant à lui, une très belle série de vitraux du XVIe s, superbement restaurés, œuvres des meilleurs peintres verriers et ateliers d'alors ; ceux-ci témoignent de la richesse de Louviers à cette époque. Les vitraux des fenêtres hautes dans la nef sont beaucoup plus récents, puisqu'ils datent de 1987 et sont de Gérard Lardeur, qui a cherché à rappeler dans leur structure celle des tissus de Louviers.

À LA SOUPE !

L'église Notre-Dame abrite une sculpture du XVIe s emblématique, le Bonhomme-Louviers ou, comme on l'appelle ici, le Maqueux d'soupe. Elle aurait été réalisée pour se moquer des Lovériens, qui perdirent la ville pendant qu'ils mangeaient leur soupe ! Mais elle illustre peut-être également le surnom de « mangeurs de soupe » attribué aux habitants de Louviers, car ils étaient prospères et pouvaient donc manger plusieurs fois par jour.

Le Musée municipal : *pl. Ernest-Thorel (la place de l'hôtel de ville). ☎ 02-32-09-58-55. Tlj sf mar 14h-18h. Fermé 1er janv, 1er mai et 25 déc. GRATUIT. Le 1er dim du mois, visite guidée gratuite.* La ville de Louviers doit en partie sa renommée au drap de laine qu'elle fabriquait. D'ailleurs Balzac, qui aimait les belles choses, portait une redingote bleue en drap fin de Louviers. Ce musée met en évidence tout un pan économique et artistique de cette région avec, dans une petite salle, l'exposition d'appareils mécaniques et l'explication de la fabrication du drap (de la tonte du mouton jusqu'au produit fini).

Le cloître des Pénitents : *1, rue des Pénitents, entre la poste et le palais de justice.* Ce cloître du XVIIe s serait le seul en Europe à être établi sur l'eau. Il abrite aujourd'hui l'école de musique, et le contemporain s'y mêle magnifiquement à l'ancien : un grand miroir qui, en journée, reflète le ciel vous révèle ce qui se passe à l'intérieur de l'école une fois la nuit tombée.

La rue Ternaux : *en plein vieux quartier des manufactures, face au cloître des Pénitents, sur une île.* Plusieurs maisons de manufacturiers et de tanneurs de différentes époques. Noter les pans de bois et les greniers qui servaient à entreposer les draps. Au bout de la rue, charmant jardin (autre entrée rue du Quai), avec de jolis petits ponts.

DANS LES ENVIRONS DE LOUVIERS

Pont-de-l'Arche : agréable petite cité médiévale moins marquée que Louviers par les destructions de la guerre. Dominée par son église, elle laisse encore voir les vestiges de ses remparts, et c'est avec plaisir que l'on déambule dans le petit centre de cette ville posée au bord de l'eau. Son grand pont vous menant tout droit en Seine-Maritime enjambe à la fois l'Eure et la Seine (rien que ça !).
➢ Sur place, ***location de canoës, kayaks, embarcations à pédales ou bateaux électriques*** pour une petite navigation sur la Seine, ainsi que de ***vélos*** pour une balade jusqu'à Poses (6,5 km) par le chemin de halage de la ***voie verte*** *(avec **Aux Plaisirs de mon Moulin** ; ☎ 02-32-34-18-82 ; 📱 06-86-52-04-03 ; • plaisirsdemonmoulin.com • ; tlj juil-août, le w-e mai-juin et sept).*

L'abbaye de Bonport : *27340* ***Pont-de-l'Arche.*** *☎ 02-35-02-19-42. • abbayedebonport.com • À la sortie de Pont-de-l'Arche, direction Elbeuf. Par l'autoroute, sortie n° 20, Pont-de-l'Arche. Visite guidée (env 1h) ou libre ; juil-août, tlj sf sam 14h-18h30 ; avr-juin et sept, dim et j. fériés 14h-18h30. Entrée : 4 € ; réduc.* Située dans un grand parc, cette abbaye cistercienne fut fondée au XIIe s par Richard Cœur de Lion. Et, fait rare en France, les bâtiments monastiques du Moyen Âge y subsistent encore aujourd'hui : salle capitulaire, salle de travail, cellier, cuisines et le magnifique réfectoire voûté du XIIIe s. D'une grande beauté.

Poses : cet ancien village de bateleurs, bordé par un bras de Seine paisible, fermé par un barrage réalisé par Gustave Eiffel, offre une magnifique balade bucolique le long de son ***chemin de halage,*** face à des îles sauvages. Sur les berges poussent des nénuphars qui inspireront les photographes et autres peintres amateurs. On pourra d'ailleurs faire une pause à l'atelier de Michèle Ratel pour apprécier sa peinture valorisant ces lieux ainsi que ses panneaux d'information qui donnent les clés techniques de la peinture impressionniste *(**Atelier-galerie du Bord de Seine** ; 12, chemin du Halage ; ☎ 02-32-59-38-54 ; • mratel.fr • ; entrée libre).* Plus loin, la visite commentée des péniches-musées *Midway II* et *Fauvette,* proposée par une association de mariniers, retrace l'histoire de la batellerie sur la Seine et la vie à bord d'un remorqueur fluvial *(**musée de la Batellerie** ; 60, chemin de Halage ; ☎ 02-32-61-02-13 ; visite guidée mai-oct, dim et j. fériés 14h30-18h ; entrée : 4 €, réduc).*
➢ Sur place, possibilité de faire une croisière promenade de 2h sur la péniche *Guillaume-le-Conquérant (avec **Rives de Seine Croisières** ; ☎ 02-35-78-31-70 ; • bateau-guillaume-le-conquerant.fr • ; juil-août, départ à 15h30 le dim ; tarif : 20 €, réduc ; propose également des croisières-repas).*

La base de loisirs de Léry-Poses : *route de Savoie, 27740* ***Poses.*** *☎ 02-32-59-13-13. • lery-poses.fr • ♿ À 14 km de Louviers ; par l'A 13, sortie n° 19, Incarville. Direction Val-de-Reuil ou Pont-de-l'Arche. Avr-sept, tlj 9h30-19h (20h juil-août). Entrée : 4 €/voiture.* Dans un cadre verdoyant, sur le lac des Deux-Amants. Nombreuses activités : canoë, catamaran, bateau électrique, VTT, téléski nautique, vague à surf, paddle, *élasto trampoline,* minigolf, etc.

Biotropica : *base de loisirs, butte de la Capoulade, 27100* ***Val-de-Reuil.*** *☎ 02-32-40-71-44. • biotropica.fr • ♿ Tlj 9h30-18h (19h avr-sept). Parking commun avec la base de loisirs de Léry-Poses : 4 €. Entrée : 13,50 € adulte, 9 € enfant ; réduc.* Sous une serre tropicale de 6 000 m², on voit comment s'effectue l'équilibre biologique entre certaines espèces animales et leur contexte végétal d'origine, ici tropical. Sur le parcours extérieur, vous croiserez des pandas roux, des loutres, des manchots de Humbolt et des wallabies, mais aussi de petites chèvres. Nouvel espace « Brousse africaine » avec 70 animaux tropicaux. Renseignez-vous sur l'heure du repas des animaux, à heures fixes pour chacun d'eux. Une initiative ludique et instructive.

À 5 km de la base de loisirs, les passionnés de bêtes à plumes ne manqueront pas d'aller faire un tour à la ***réserve ornithologique de la Grande-Noë*** : *chaussée de l'Andelle, 27100* ***Val-de-Reuil.*** ☎ *02-32-59-16-27.* • *grande.noe.gonm.org* • Plusieurs postes d'observation ainsi qu'un certain nombre d'animations proposées durant l'année.

LE PAYS DU VEXIN NORMAND

L'EURE

À cheval sur l'Eure et sur le Val-d'Oise, ce plateau crayeux est délimité au sud-ouest par la Seine qui, bien que paresseuse, y découpe de hautes falaises blanches pittoresques. Au nord s'étend la belle forêt de Lyons, ses châteaux et ses abbayes environnantes. Gisors, la « capitale » du Vexin, en est aussi la porte d'entrée, à l'est. Sur tout ce plateau verdoyant recouvert de limon se sont développées des cultures intensives qui font la richesse économique de ce bout de Normandie, à découvrir doucement, au rythme du fleuve ou de ses petites rivières qui donnent tant de saveur au paysage.

ON NE CHOISIT PAS SES PARENTS

Edmond, un jeune chevalier, sauva une charmante demoiselle du nom de Caliste des attaques d'un sanglier vindicatif. Bien sûr, ils tombèrent amoureux. Le papa de la fille, le seigneur du coin, exigea du damoiseau qu'il portât sa bien-aimée tout en haut de la colline pour lui accorder sa main. Edmond mourut d'épuisement, et son amoureuse... de chagrin. Rongé par le remords, le seigneur construisit une chapelle. C'est malin !

LA FORÊT DE LYONS

Une forêt splendide, un des plus beaux coins proches de la région parisienne, et bordée par la Seine-Maritime au nord (Rouen n'est qu'à une vingtaine de kilomètres de Vascœuil et Ry à 5 km). C'est une forêt « claire », c'est-à-dire à majorité de hêtres plusieurs fois centenaires, aux troncs élancés qui laissent passer les rayons du soleil, d'où une luminosité des sous-bois sans égale. Les possibilités de promenades sur de petites routes désertes sont illimitées. De nombreux virages offrent des points de vue merveilleux sur d'adorables villages où églises normandes et colombiers se disputent un quart de ciel.

LYONS-LA-FORÊT (27480) 750 hab. *Carte Eure, D1*

En plein cœur de la forêt de Lyons, la plupart des maisons de ce village très coquet ont conservé leur caractère normand avec de jolies façades aux

colombages parfois sculptés et beaucoup de maisons anciennes en brique également. Bref, le visiteur a l'impression de se balader dans un décor d'opérette. Ravel tira parti d'une atmosphère si douce et calme et s'y installa dans les années 1920 pour travailler. De son côté, Claude Chabrol y trouva le site idéal pour tourner quelques séquences de son film *Madame Bovary* en 1991, là même où Jean Renoir avait réalisé sa propre version en 1933.

Adresses utiles

Office de tourisme : *25 bis, pl. Benserade. ☎ 02-32-49-31-65. • paysdelyons.com • Pâques-sept, lun-sam 9h30-12h30, 14h-18h ; dim 10h-13h, 14h-17h30. Le reste de l'année, ferme 1h plus tôt.* Propose des visites guidées du village *(env 5 €)*, sinon demander le dépliant pour une visite libre, avec historique de nombreux monuments et maisons. Infos et cartes des sentiers de randonnée de la région également.

Location de vélos : quelques VTT loués au *camping municipal Saint-Paul* (voir ci-dessous).

Où camper ?

Camping municipal Saint-Paul : *2, route Saint-Paul. ☎ 02-32-49-42-02. • camping-saint-paul@orange.fr • camping-saint-paul.fr • À 1 km du centre de Lyons, sur la D 321, direction Le Tronquay. Ouv avr-oct. Compter 14-17 € pour 2 avec tente et voiture ; chalets 5-6 pers 210-430 €/sem. CB refusées. 100 empl.* Réparti sur un domaine verdoyant et fleuri de 3 ha, bordé par les bras de la Lieure, un camping idéal pour le repos ou les visites alentour. Emplacements bien ombragés et séparés par de hautes haies. Très bien équipé et entretenu. Accueil sympathique. Location de VTT et piscine chauffée couverte.

Où manger ? Où boire un verre ?

Café du Commerce – Restaurant La Halle : *19 et 6, pl. Benserade. ☎ 02-32-49-49-92. Café fermé lun ; resto fermé mer (ouv mer soir juin-sept). Congés : 2de quinzaine de nov (resto). Au café, formule et menu 14-18 € ; au resto, menus 19,90-29,90 €.* Un café et un resto en vis-à-vis sur la place Benserade. Pour prendre un pot à l'une des terrasses les mieux placées de Lyons ou pour se restaurer d'une bonne petite cuisine traditionnelle du marché, servie avec le sourire.

Le Bistrot du Grand Cerf : *31-32, pl. Benserade. ☎ 02-32-49-50-50. • contact@grandcerf.fr • Ouv mer-dim. Formule déj en sem 20 € ; menus 33-45 €.* Ce petit frère du restaurant et hôtel chic voisin, *La Licorne,* (ainsi que des *Lions de Beauclerc*) propose une correcte cuisine de terroir, au rapport qualité-quantité-prix malheureusement un peu surestimé. Cadre mêlant joliment l'ancien et le moderne.

Où dormir ? Où manger dans les environs ?

De bon marché à prix moyens

Chambres d'hôtes La Cacheterie : *chez Mme Follet, 2, chemin des Pâtures, hameau La Boulaye, 27480* ***Fleury-la-Forêt.*** *☎ 02-32-48-01-26. • ferme.cacheterie@gmail.com • ferme-cacheterie.com • À env 8 km au nord-est de Lyons, après le village de Fleury-la-Forêt (fléché). Double*

61 €. Dans un hameau calme, une belle ferme normande construite en matériaux naturels, indépendante de celle des propriétaires, et une poignée de chambres simples mais bien tenues, avec salles de bains nickel. La ferme, en activité, élève près de 200 brebis. La laine, déjà utilisée pour l'isolation thermique et la literie, est traitée également pour le tricot (des cours gratuits sont proposés). Cuisine à dispo et vente de produits maison (gigot et côtelettes d'agneau, œufs...). Une belle adresse, très nature, idéal pour se mettre au vert !

Chambres d'hôtes La Ferme du Cardonnet : *chez Emmanuel Boquet, Pont-Saint-Pierre, 27380* ***Fleury-sur-Andelle.*** *☎ 02-35-79-88-91. • contact@ticketvert.com • ticketvert.com • Plusieurs accès possibles ; bien fléché à partir de Romilly-sur-Andelle par la D 126 (direction Rouen) puis, en haut de la longue côte, par la 294 A (direction Radepont) ; attention, le carrefour est raide à prendre. Doubles 50-55 € ; également des familiales à prix doux.* Perdue en pleine campagne, au sein d'une vraie ferme (mais pas d'animaux), une maisonnette à part composée de 4 chambres avec salon et cuisine à disposition. Ensemble tout simple mais agréable, bien tenu, et le prix est une vraie bénédiction dans ce coin. Le cadre, quant à lui, est beau, avec l'étang au milieu de la cour et plein d'espace tout autour.

Au Relais de la Lieure : *1, rue du Général-de-Gaulle, 27850* ***Ménesqueville.*** *☎ 02-32-49-06-21. • info@relaisdelalieure.com • relaisdelalieure.com • À env 8 km au sud-ouest de Lyons ; avt l'entrée du village, au bord de la D 321. Doubles 72-80 € selon confort ; des familiales également.* Certes, cet hôtel n'a pas le cadre pour lui (un bord de route), ni vraiment le charme des vieilles bâtisses (une sorte de pavillon), mais peut-être est-ce pour cette raison qu'on ne vous bombarde pas sur les prix, alors que le confort des chambres est réel et l'ensemble très bien tenu. Les chambres, situées dans une annexe à l'arrière, sont toutes différentes, avec une déco mêlant plutôt habilement éléments anciens et d'autres très contemporains. Fait resto également.

American Grill : *centre équestre de la Forêt, route du Defens, 27150* ***Puchay.*** *☎ 02-32-27-96-35. • americangrill27@gmail.com • Au sud de Lyons ; par la D 6 (direction Etrepagny), puis suivre le fléchage dans Puchay. Tlj sf lun-mar. Congés : 1re quinzaine de janv et de sept. Formules déj en sem 11-14,50 €, menu 22 €. Café offert sur présentation de ce guide.* Installer un resto-grill à l'américaine en pleine campagne normande, il fallait oser ! Et avec le club équestre que l'on voit depuis le resto, on se croirait presque dans le Grand Ouest américain ! Intérieur tout en bois avec un écran diffusant de vieux westerns (sans le son). Dans l'assiette, de la viande, de la viande et aussi une belle sélection de hamburgers à la viande !

Ferme-auberge Vauroux : *91, le Vauroux, 27480* ***Bézu-la-Forêt.*** *☎ 02-32-55-89-76. Accès par la D 316 entre Bézu-la-Forêt et Morgny (bien fléché). Repas sam soir et le midi des dim et j. fériés ; boutique : lun-ven 9h-12h, 14h-17h30, sam 10h-12h. Résa impérative. Menus 22,50-33,50 €.* La spécialité de cette ferme, c'est le canard, et il est évidemment le roi de la carte, mais d'autres belles pièces de viande sont également proposées. Ambiance simple et conviviale, mais pas trop intime car la salle, installée dans une construction récente, est vraiment grande. Accolée au resto, la boutique vend les produits de la ferme, ainsi que ceux d'autres producteurs locaux.

De prix moyens à chic

Chambres d'hôtes du château de Fleury-la-Forêt : *27480* ***Fleury-la-Forêt.*** *☎ 02-32-49-63-91. • info@chateau-fleury-la-foret.com • chateau-fleury-la-foret.com • Doubles 85-120 € selon confort. Réduc de 10 % sur le prix de la chambre sur présentation de ce guide.* L'adresse idéale pour jouer au châtelain, d'autant qu'une petite partie du château est vraiment réservée aux hôtes. Les 5 chambres proposées sont toutes très différentes mais ont en commun leur confort, y compris les salles de bains refaites dans un style moderne. La moins chère, avec un beau lit à baldaquin, est d'un rapport qualité-prix exceptionnel ! Petit déj servi dans les magnifiques cuisines. Accueil charmant.

🍽 ***Auberge de la Forêt :*** *55, rue Saint-Adrien, 27150* ***Morgny.*** *☎ 02-32-27-27-37. • bruno.his@wanadoo.fr • ♿ À env 12 km à l'est de Lyons. Congés : 1re quinzaine de juil et vac scol de Noël. Tlj sf lun-mar et le soir dim et j. fériés. Menu déj en sem 19,90 €, puis 32-43 €. Café offert sur présentation de ce guide.* Une adresse un peu à l'écart des sites les plus connus, mais qui mérite le détour. Ici défilent allègrement des plats copieux et goûteux, entrecoupés, dans le menu, d'un trou normand. Un bon rapport qualité-prix-convivialité.

À voir

Voir les ***vieilles halles*** et les belles ***maisons,*** comme celle du poète et académicien Isaac de Benserade, beau spécimen de demeure bourgeoise normande du XVIIe s. Dans la rue de l'Hôtel-de-Ville... l'***hôtel de ville !*** Tout en brique, il fut restauré à la demande du duc de Penthièvre vers 1780. Possibilité de visiter la salle du Tribunal (salle de bailliage), qui date du XVIIIe s, et le cachot (aux heures d'ouverture de la mairie). Rue d'Enfer s'élève la belle propriété (elle ne se visite pas) où Ravel travailla à l'orchestration des *Tableaux d'une exposition* de Moussorgski. Située un peu à l'écart du village, l'***église*** *(ouv slt pdt les offices)* fut construite au XIIe s avec le silex, matériau du pays, mais des ajouts furent effectués aux XVe et XVIe s. Triple toit et flancs du clocher en ardoises. Vierge à l'Enfant en pierre au-dessus du portail. À l'intérieur, belle statue en bois de saint Christophe, du XVIe s.

Vue dominante sur Lyons depuis ***Notre-Dame-de-la-Paix,*** à 1,5 km du centre de Lyons si vous empruntez la route de Vascœuil par Les Taisnières et Les Hogues.

DANS LES ENVIRONS DE LYONS-LA-FORÊT

Lisors : *à env 7 km au sud de Lyons.* Petit village aux maisons en brique ou toutes blanches, Lisors s'étire le long du Fouillebroc. On en découvre l'aspect charmant en venant de Mesnil-Verclives. Noter la mignonne *église* du XVe s qui se tient un peu à l'écart. L'alternance des matériaux de construction (silex et calcaire) dessine de beaux graphismes réguliers. Clocher en bois et ardoise. À l'intérieur, belle Vierge en pierre du XIVe s.

L'abbaye de Mortemer : *à env 2 km de Lisors. ☎ 02-32-49-54-34. • mortemer.fr • Parc ouv mai-août, tlj 11h-18h30, le reste de l'année lun-ven 13h30-18h, le w-e 11h-18h ; entrée 6 €. Visite guidée du musée des Légendes et Fantômes mai-août, tlj 14h30-17h30 ; le reste de l'année, slt w-e et j. fériés sur rdv. Entrée (parc, musée + train) : 9 € ; réduc. Dernier départ 1h avt fermeture de l'abbaye. Durée : env 35 mn et 15 mn de promenade en petit train. Grande fête médiévale le w-e du 15 août et nombreuses animations (payantes) et Nuits de fantômes les w-e d'été.*

LES FANTÔMES DE L'ABBAYE

Savez-vous que les murs de l'abbaye de Mortemer regorgent de fantômes ? Pendant la Révolution, les sans-culottes égorgèrent les quatre derniers moines, au milieu des barriques de vin. On prétend que, pour l'éternité, les fantômes des religieux vont du cellier au pigeonnier. Mais le fantôme le plus célèbre est celui de Mathilde, connue sous le nom de Dame Blanche et grand-mère de Richard Cœur de Lion. Elle apparaît, de temps en temps, les nuits de pleine lune. Mieux vaut ne pas la croiser.

Tapies dans un vallon séduisant, au détour d'une route étroite, les ***ruines*** de l'ancienne abbaye cistercienne s'élèvent dans un superbe environnement romantique qui invite à une promenade presque mystique. L'abbaye tire son nom de la « mer morte » (marécages) qui inondait jadis la région. Elle fut transformée en carrière après la Révolution, et ses pierres servirent à construire le village de Lisors. Il ne reste que quelques pans de l'église du XIIe s édifiée par Henri Ier, quatrième fils de Guillaume le Conquérant. Plus tard, un riche imprimeur acheta ce qu'il restait de l'abbaye et la transforma en petit château. C'est dans cet édifice qu'est installé le musée.

– ***Le musée :*** dans une bâtisse de la fin du XVIIe s. Dans les sous-sols, grâce à un système audiovisuel, on passe en revue les scènes de la vie des moines. Quant à la petite fontaine des célibataires, il suffit de jeter une pièce pour trouver l'âme sœur. Noter d'ailleurs, sur le mur, les petits mots envoyés par les jeunes gens ayant trouvé chaussure à leur pied après leur passage ici. Plus loin, une superbe Vierge sculptée du XVIe s, qui allaite. Elle est assise et couronnée, chose rare. Plusieurs pièces ont été ingénieusement aménagées pour présenter les contes et légendes liés à l'abbaye ou à la région, grâce à un système son et lumière. Fort bien fait, et les mômes adorent. L'ancien réfectoire, à l'étage, comporte quatre pièces agencées par les différents propriétaires. Le mobilier n'a évidemment rien à voir avec l'abbaye. À noter tout de même, un superbe antiphonaire (recueil de chants liturgiques) du XVe s.

– Dans le ***parc,*** un ***colombier*** du XVe s remanié au XVIIe s, à la remarquable charpente en bois de châtaignier. Son lanterneau date du XVIIe s. Ses 937 trous de boulins en torchis abritaient les pigeons qui servaient parfois à nourrir les voyageurs d'antan. Noter l'échelle tournante qui permettait d'aller chercher les plus dodus. Au fond du parc, un étang avec de nombreux oiseaux et des daims. Un petit train (tiré par un tracteur !) longe la pièce d'eau.

L'abbaye de Fontaine-Guérard : *à* ***Radepont.*** *06-86-08-04-67. À 16 km au sud-ouest de Lyons et 2 km à l'ouest de Radepont. Mai-juin et sept, dim et j. fériés 14h-18h ; juil-août, tlj 14h-18h30. Parcours ludique gratuit destiné aux enfants. Entrée : 5 € ; réduc ; gratuit moins de 7 ans ; réduc de 1 € accordée sur présentation de ce guide.*

Cette abbaye cistercienne de moniales fut fondée au XIIe s, édifiée au XIIIe s et classée Monument historique en 1937. Bâtie au pied d'une source abondante aux vertus dermatologiques (« la fontaine qui guérit »), elle est située dans une nature préservée de la vallée de l'Andelle. On découvre à flanc de colline la chapelle Saint-Michel (XVe s), surmontant le cellier troglodytique où les religieuses gardaient leur vin. De l'abbaye subsistent l'église abbatiale qui a conservé son chœur et ses murs latéraux, ainsi que le bâtiment des moniales.

On visite la salle capitulaire à trois nefs, élégante et étroite, de style gothique anglo-normand, le parloir et la salle de travail en croisées d'ogives. Un escalier mène à la chambre de l'abbesse et au dortoir des moniales à la superbe charpente en coque de bateau renversée. À l'est, le jardin des plantes médicinales de l'infirmerie, le jardin de méditation, et des sculptures qui évoquent les moniales aujourd'hui disparues. De l'ensemble se dégage une merveilleuse impression de quiétude et de sérénité. Des concerts et expositions sont organisés en saison.

– À 400 m de l'abbaye, extraordinaire ruine de la ***filature Levavasseur.*** Bâtie en 1861 dans le style néogothique anglais (!), elle ne servit guère, détruite par un incendie en 1874. Il ne reste qu'une sorte de cathédrale industrielle, flanquée de tours aux quatre angles. Étonnant et beau. La C 92 qui part de l'abbaye et longe la filature est réservée aux vélos et aux piétons les 1er et 3e dimanches du mois.

Le château de Fleury-la-Forêt : *à 7 km au nord-est de Lyons-la-Forêt. ☎ 02-32-49-63-91. • chateau-fleury-la-foret.com • Juil-août, tlj 14h-18h ; avr-juin et sept, w-e et j. fériés 14h-18h. Visites guidées tlj en juil-août. Entrée : 7 € ; 4-16 ans 6 € ; tarif réduit accordé sur présentation de ce guide. Un livret d'informations historiques est à disposition sur demande.* De ce château classique à la façade en brique rouge et silex, on visite une dizaine de pièces meublées de différents styles mais datant globalement du XVIIe s. Bureau Louis XV, chambre Empire, remarquable cuisine du XIXe s avec une superbe collection de faïences, porcelaines et près de 145 pièces en cuivre. Le château abrite également un *musée des Poupées anciennes,* dont les poupées sont entourées de leur mobilier. C'est la passion de la châtelaine. Il y en a des centaines, certaines d'une valeur inestimable. Toutes les époques, tous les pays et toutes les scènes de la vie sont évoqués. Dans la cour du château, voir encore le *lavoir,* bien reconstitué, et la *chapelle.* Rappelons que le château propose aussi de belles chambres d'hôtes.

VASCŒUIL

(27910) 340 hab. *Carte Eure, C1*

Pour commencer et afin de ne pas avoir l'air trop parachuté, prononcer « Vacœuil » (avaler le « s »). Ce joli village, situé au nord-ouest de la forêt de Lyons, abrite l'un des plus vivants centres d'art et d'histoire de Normandie.

Où dormir ? Où manger ?

Rappelons que Vascœuil n'est qu'à 5 km de Ry (en Seine-Maritime), où se trouvent aussi quelques beaux hébergements (ou dans ses environs proches).

Chambres d'hôtes L'Épicerie du Pape : *5, rue de la Ferme. ☎ 02-35-23-64-37. • lepiceriedupape@club.fr • lepiceriedupape.com • Dans le village (fléchage discret). Doubles 82-87 € ; plus 10 € pour un séjour d'une seule nuit.* Côté rue, la façade est noyée dans la verdure. À l'intérieur de cette maison où les matous sont rois, 2 jolies chambres à la déco soignée. Également une originale petite cabane rouge dans le jardin, joliment aménagée en chambre cosy, avec salle de bains, dans un esprit scandinave. Une caravane vintage et insolite, mitoyenne à la cabane, peut servir de couchage pour des enfants (location en sus). Petite cuisine d'appoint à disposition de tous dans une véranda. Une piscine est en projet... Accueil très sympa.

Salon de thé La Cascade : *dans le parc du château en bordure de rivière. ☎ 02-35-23-62-35. Réservé aux visiteurs, tlj en juil-août, slt w-e et j. fériés de mi-mai à sept.* Idéalement situé devant une petite cascade. Après s'être gavé de culture, place aux quiches, tartes ou crêpes à dévorer dans la jolie salle colorée ou en terrasse.

Où acheter de bons produits ?

Graine des Champs : *20, rue de la Gare. ☎ 02-32-91-19-72. • grainedeschamps.com • Mar-sam 9h30-13h, 15h30-19h ; dim 9h30-13h. Congés : 3 sem en août.* Un petit magasin organisé en coopérative et vendant les produits d'une cinquantaine de producteurs de la région. Fait aussi traiteur et propose plein de bonnes choses pour se faire un bon pique-nique gourmand. De bonnes soupes maison également. Hmm !

À voir

Le château : *8, rue Jules-Michelet. ☎ 02-35-23-62-35. • chateauvascoeuil.com • (sf château). Avr-nov, mer-dim 14h30-18h ; juil-août, tlj 10h30-13h, 14h-18h30. Entrée : 9,50 € ; réduc ; gratuit moins de 8 ans ; forfait famille 25 €.*

Modeste dans ses proportions mais charmant et élégant, ce château fut bâti entre les XVe et XVIIe s. Aujourd'hui centre d'art et d'histoire, il accueille des expositions temporaires d'artistes de renommée mondiale, dont les œuvres sont présentées dans de superbes salles lumineuses. Au sommet de la tour octogone du XIIe s, reconstitution fidèle du cabinet de travail de l'historien Jules Michelet (1798-1874). Également une librairie-boutique-galerie.
– ***Le parc et le jardin à la française*** *(site classé)* **:** traversés par les méandres d'une rivière, ils ont été transformés en galerie ouverte de sculptures où dialoguent une cinquantaine de bronzes, marbres, céramiques et mosaïques d'artistes illustres du XXe s (Braque, Dalí, Volti, Vasarely, Corneille, Chemiakin, Folon, Szekely...).
– ***Le colombier :*** du XVIIe s. Massif et pas très haut, il n'en dégage pas moins une certaine élégance. À l'intérieur, expos temporaires. Noter la superbe charpente et l'échelle tournante qui donnait accès aux boulins, martelés à la Révolution.
– ***Le musée Michelet :*** unique musée de France dédié au célèbre historien qui séjourna dans ce domaine pendant 20 ans et y écrivit une bonne partie de ses ouvrages. Le musée abrite souvenirs, diplômes, caricatures, objets, livres, et la reconstitution d'une séance de lecture par Michelet à sa chère amie Adèle Dumesnil, châtelaine de Vascœuil en 1842 (cires de Daniel Druet).

LA VALLÉE DE L'EPTE

La route, doucement vallonnée, mène à *Aveny* (pont du XVe s), *Berthenonville* (église du XVIe s, classée, et vieux moulin du XVIIIe s), *Château-sur-Epte,* qui possède des ruines du château construit par le deuxième fils de Guillaume le Conquérant, *Dangu* (église décorée de boiseries du XVIIIe s et de panneaux peints ; beau plan d'eau aménagé), *Neaufles-Saint-Martin* et son imposant donjon et, pour finir, *Gisors.* Au retour, une variante permet de traverser de jolis villages typiques du Vexin : Fours-en-Vexin, allée couverte de Dampmesnil, Bus-Saint-Rémy, Fourges.

GISORS

(27140) 11 480 hab. *Carte Eure, D2*

Bien qu'ayant perdu de son charme à la suite des destructions de la Seconde Guerre mondiale, la vieille capitale du Vexin normand reste une cité agréable, avec sa belle église et les ruines de son château.

Adresse et info utiles

Office de tourisme : *4, rue du Général-de-Gaulle. ☎ 02-32-27-60-63. ● tourisme-gisors.fr ● Tte l'année, lun-sam 9h-12h, 14h-18h ; plus dim et j. fériés avr-sept 10h-12h, 14h-16h.* Nombreuses brochures, fiches touristiques et boutique de produits régionaux. Organise les visites guidées du château et de l'église *(5 € chacune, 9 € les 2 ; réduc).*
– ***Marché :*** *lun tte la journée et ven mat.*

Où dormir dans les environs ?

Chambres d'hôtes : *mairie, 61, rue de la Vallée, 60240* ***Delincourt.*** *☎ 03-44-49-03-58. ● mairie.delincourt@wanadoo.fr ● À 4 km de Gisors (direction Cergy), dans le délicieux village de Delincourt, face à* *l'église et au 1er étage de la mairie. Pour les résas, s'adresser à la mairie lun-ven 10h-12h, 15h-19h. Double env 35 €.* 2 chambres d'hôtes à tout petit prix, simples et propres, l'une avec un grand lit, l'autre avec 2 lits de 1 personne. Douche et w-c communs. Pas de petit déj, mais réfrigérateur, cafetière et four à micro-ondes à disposition pour les 2 chambres.

Chambres d'hôtes Domaine des Prés du Hom : *chez Caroline Boury, 73, route de Gisors, 27660* ***Bézu-Saint-Éloi.*** *☎ 02-32-55-61-19. 06-70-65-09-87. • lespresduhom@orange.fr • presduhom.com • À 7 km de Gisors. Doubles 75-85 € selon confort ; des familiales également. Table d'hôtes (sur résa) 35 €.* 3 belles chambres aménagées dans l'ancienne orangerie d'une demeure bourgeoise du XIXe s, en bordure d'un jardin verdoyant. De la clarté, de l'espace, du charme... L'accueil est excellent, le petit déj généreux. Vous pourrez même vous initier à la peinture et, pour les sportifs, ping-pong et location de VTT.

Où manger ?

Restaurant Le Cappeville : *17, rue Cappeville. ☎ 02-32-55-11-08. • sppotel@orange.fr • Tlj sf mer-jeu. Formule déj en sem 16,50 € ; menus 30,50-52 €.* Une très bonne étape pour un repas de haute tenue, dans la droite ligne de la tradition régionale. Il faut dire que le chef, Pierre Potel, a travaillé avec les plus grands. Intérieur à la déco soignée et accueil souriant.

Où acheter de bons produits ?

Brasserie de Sutter : *19, rue du Grand-Champ-Fleury. ☎ 02-32-27-57-17. • brasseriedesutter.com • À proximité du centre-ville ; accès par la route de Paris. Tlj sf dim 10h-12h30, 13h30-19h. Visite de la brasserie le sam à 10h30 (5 €).* Brasserie artisanale créée par 2 frères et proposant des bières dotées d'un petit caractère bien corsé.

À voir

Le château fort : *dans l'enceinte d'un parc paisible. ☎ 02-32-27-60-63. Accès libre au parc 8h-19h30 (17h oct-mars). Fermé le 3e w-e de mai, le dernier w-e d'août et déc-janv. L'accès au donjon et aux caves est réservé aux visites guidées (fév-nov, tlj à 10h et 14h30 ; 5 € ; durée : 50 mn ; pas de nombre min de visiteurs requis). Son et lumière « Gisors la légendaire » organisé dans l'enceinte du château le 3e sam de mai ; billets en vente à l'office de tourisme.* Ensemble castral de 3 ha, témoin de l'architecture militaire de la fin du XIe au XVIe s. La première fortification de terre est construite par le fils de Guillaume le Conquérant en 1097 dans le cadre de la fortification de la frontière anglo-normande face au roi de France. Sous Henri II Plantagenêt, un rempart de 800 m muni de tours lui est ajouté, doublé au XVIe s d'un boulevard d'artillerie. Lorsque Philippe Auguste reconquiert la ville en 1193, puis la Normandie, le site devient logis royal et une place administrative importante.

L'église Saint-Gervais-et-Saint-Protais : *tlj 9h-18h. Entrée libre. Visite guidée fév-nov, tlj à 16h ; 5 €. Durée : 50 mn.* Alors que tout le quartier alentour fut bombardé en 1940, l'église a pu faire l'objet, malgré des destructions importantes, d'une restauration miraculeuse. Commencée au XIIIe s, la construction se poursuivit aux XVe et XVIe s. Très belle façade encadrée, à gauche, d'une tour au style gothique flamboyant et, à droite, d'une tour Renaissance. Côté nord de l'église, un remarquable portail ciselé (1520) de style Renaissance également. À l'intérieur, le chœur de 1249 au style très pur contraste avec la nef de style flamboyant.

Les chapelles du côté sud sont dotées de très beaux piliers sculptés dont le plus travaillé est dû aux tanneurs de la ville. Tout au fond, la première chapelle abrite un bel *Arbre de Jessé* de la fin du XVIe s : Jessé, à terre, sert de racine à l'arbre dont l'extrémité des branches accueille des apôtres, et le sommet l'Enfant Jésus. Une autre chapelle abrite un curieux gisant représentant un corps décharné, saisissant de réalisme. Enfin, noter le remarquable vitrail grisaille-or, à droite de la sacristie.

Visite du centre historique : *demander à l'office de tourisme le dépliant détaillé du circuit de visite libre.* Il subsiste quelques belles ***maisons médiévales à colombages*** dans la rue de Vienne, la rue principale. Au bas de cette dernière, presque à l'angle avec la rue des Argilières, remarquer le vieux lavoir à charpente en bois du XVe s, dont la courbe suit celle de la rivière. À voir également, la *chapelle Saint-Luc-de-la-Léproserie* et quelques autres vestiges intéressants.

LA VALLÉE DE LA SEINE

Cette vallée sinueuse et encaissée, dominée par les hautes falaises de calcaire, offre des points de vue de toute beauté. On y trouve aussi les premières villes vraiment agréables à l'ouest de Paris, non loin finalement des dernières banlieues de la capitale : Vernon, Giverny, à l'ombre duquel prospéra le travail de Claude Monet, et Les Andelys, dominés par le célèbre Château-Gaillard.

VERNON

(27200) 24 770 hab. *Carte Eure, C-D2-3*

• Plan *p. 69*

Vernon fut construite au IXe s sur des fondations gallo-romaines par Rollon, Viking fasciné par la Normandie et premier chef normand. Plus tard, la ville plut beaucoup à Louis IX, alias Saint Louis, qui venait s'y repaître de cresson, la culture locale (on en voit trois bottes sur les armoiries de la ville). Vernon fut ensuite occupée par les Anglais au XVe s. Si la ville souffrit fortement des bombardements de la Seconde Guerre mondiale et perdit beaucoup de son cachet avec la reconstruction moderne du centre, quelques vestiges intéressants du vieux Vernon demeurent.

Adresse et infos utiles

Office de tourisme *(plan B1) : 36, rue Carnot. ☎ 02-32-51-39-60. • cape-tourisme.fr • À côté de la collégiale. Avr-sept, lun-sam 10h-18h ; dim et j. fériés 10h30-13h30, 14h30-16h. Le reste de l'année, lun-sam 10h-12h30, 14h-17h.* Bonne documentation notamment sur les nombreuses randonnées autour de Vernon.

De/vers Giverny : à la gare de Vernon, une navette relie Vernon à Giverny (*☎ 0800-27-27-00 ; • cape27.fr •*). De fin juin à début nov, 4 allers/j. (5 le w-e) 9h20-15h20 et 7 retours (8 le dim) 10h-19h10 (8 € l'A/R). Le *Givernon,* un petit train touristique, relie aussi les 2 villes (*06-25-23-56-26 ; • givernon.fr •*). De fin mars à la Toussaint, 4-5 fois/j., ttes les 2h, 9h15-15h15 de Vernon, 9h45-17h15 pour le retour de Giverny (6 € l'A/R).

– *Marché :* *mer mat et sam tte la journée.*

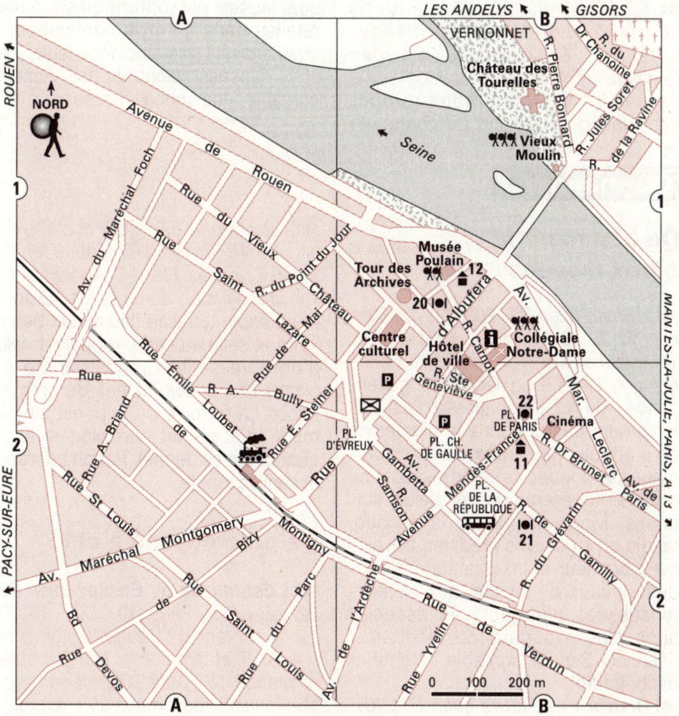

VERNON

Adresse utile	12 Chambres d'hôtes Villa Géraldine
Office de tourisme	**Où manger ?**
Où dormir ?	20 L'Envie et Bistrot des Fleurs
11 Hôtel Normandy – Le Cottage	21 La Halle aux Grains
	22 L'Estampille by Érissay

Où dormir ?

De prix moyens à chic

Chambres d'hôtes Villa Géraldine (plan B1, **12**) : *5-7, rue du Pont. ☎ 02-32-71-14-77. 06-83-04-50-56. • noelle.pariel@free.fr • Congés : fêtes de fin d'année. Double 75 € ; des familiales également.* Jolie et paisible propriété d'époque Napoléon III dans un jardin clos aux arbres centenaires. Chambres agréables avec lits de style Restauration ; 2 d'entre elles (louées ensemble) partagent la salle de bains sur le palier. Copieux petit déjeuner servi dans le vaste jardin d'hiver. Bien qu'en plein centre-ville, une adresse qui donne l'impression d'être hors du temps. Accueil discret et attentionné.

Hôtel Normandy – Le Cottage (plan B2, **11**) : *1, av. Pierre-Mendès-France.*

☎ 02-32-51-97-97. • contact@normandy-hotel.fr • normandy-hotel.fr • ♿ Double 98 € ; des familiales également. Parking privé payant. 💻 📶 Grand hôtel proposant une cinquantaine de chambres spacieuses et confortables, toutes refaites dans un style contemporain standardisé. Belle ambiance feutrée et cosy dans les salons du hall. Accueil agréable. Une bonne adresse.

Où manger ?

De bon marché à prix moyens

I●I *L'Envie* *(plan B1, **20**) : 71, rue Carnot. ☎ 02-32-51-16-80. • restaurant.lenvie@bbox.fr • Tlj sf dim-lun. Formule et menu 20-26 €.* La déco « lounge tendance » du rez-de-chaussée n'est pas forcément ce qui donne le plus envie de s'attabler ; il serait pourtant dommage de bouder cette adresse et sa cuisine qui réserve de très belles surprises. Monsieur assure le service, tandis qu'en cuisine madame travaille avec bonheur et imagination les produits locaux de saison, aux saveurs rehaussées par quelques associations plus exotiques ou méditerranéennes. Service agréable, attentif et décontracté.

I●I *Bistrot des Fleurs* *(plan B1, **20**) : 73, rue Carnot. ☎ 02-32-21-29-19. • bistrotdesfleurs@dbmail.com • Tlj sf dim-lun. Menus 21 €, plus 38 € sur résa.* Cadre très sympa, genre petit bistrot rustique et chaleureux, offrant une cuisine simple mais bonne. Terrasse sur rue.

I●I *La Halle aux Grains* *(plan B2, **21**) : 31, rue de Gamilly. ☎ 02-32-21-31-99. • lahalleauxgrains@wanadoo.fr • ♿ Tlj sf le soir dim-lun. Formule et menu déj en sem 16,50-19,50 € ; menus 26,50-31,50 € ; pizzas 11-14 €. Apéritif offert sur présentation de ce guide.* Grande et agréable terrasse fleurie aux beaux jours et salle au cadre rappelant celui d'une brasserie. Grande variété de pizzas et viandes grillées de premier choix. La formule du midi est simple mais efficace (un bon plan le lundi quand tout est fermé). Patron adorable et service rapide.

De prix moyens à chic

I●I *L'Estampille by Érissay* *(plan B2, **22**) : 6, pl. de Paris. ☎ 02-77-19-00-12. • contact@restaurantlestampille.fr • ♿ Tlj sf dim soir et lun. Formules et menus 18,50-26,50 € (sf sam soir et dim midi) ; puis menu 39 €.* La toute dernière adresse de la maison Érissay. Cadre forcément très contemporain et belle terrasse sur le toit, accessible par ascenseur ! Dans l'assiette une cuisine bistronomique moderne et savoureuse avec notamment de fameuses ravioles de homard (le plat signature). On y trouvera aussi un Bento japonais à 3 étages (entrée, plat, dessert). Une adresse à la mode.

Où dormir ? Où manger dans les environs ?

Camping

⛺ *Camping Les Fosses Rouges :* *chemin de Réanville, 27950 **Saint-Marcel.** ☎ 02-32-51-59-86. 📱 06-22-42-19-11. • camping@cape27.fr • cape-tourisme.fr • En périphérie de Vernon, sur les hauteurs de Saint-Marcel (traverser tt le village, bien fléché). Ouv mars-oct. Compter 9 € pour 2 avec tente et voiture ; « Pods » 1-3 pers 35 €/nuit ou 245 €/sem. 60 empl.* Tranquille et bien situé, en surplomb de la vallée de la Seine, un camping simple et agréable avec des emplacements semi-ombragés un brin à l'écart des quelques caravanes installées à l'année. Possibilité de louer 3 « Pods », des sortes de roulottes sans roues, ingénieuses et rigolotes (et pratiques par temps de cochon). Location de vélos. Patron très sympa.

De bon marché à prix moyens

La Ferme des Ruelles : *chez Michel et Chantal Galmel, les Ruelles, 27510* ***Tilly.*** *☎ 02-32-77-46-71. • ch.galmel@orange.fr • fermedesruelles.com • À env 10 km de Vernon (et Giverny) ; accès par la D 181 (direction Gisors), puis la D 646 ; à l'entrée de Tilly (bien fléché). Double 75 € ; tarif dégressif dès la 2e nuit. Verre de cidre de la production offert sur présentation de ce guide.* Loin de toute agitation, en pleine campagne, dans une belle ferme, 2 chambres spacieuses, avec entrée indépendante, installées dans d'anciens greniers. Ensemble simplement mais joliment restauré, avec murs blancs, plafonds mansardés, poutres en bois et sols en coco. Vous trouverez aussi tous les produits maison dans la jolie boutique *(ouv à ts, tlj sf dim),* où sont également vendus les produits des fermes « amies ». Toutes ont pour souci commun le développement durable, à travers l'agriculture raisonnée et les circuits courts. Michel Galmel, quant à lui, privilégie aussi les haies et les mares sur son terrain afin de diversifier la flore et la faune. Il s'est même lancé dans la culture du Miscanthus pour se chauffer. Ses explications sont convaincantes et passionnantes !

Crêperie La Fermette : *2, pl. des Anciens-Combattants, 27950* ***Saint-Marcel.*** *☎ 02-32-51-30-17. • contact@creperielafermette.fr • À la périphérie de Vernon, dans le vieux village de Saint-Marcel, entre la mairie et l'église. Ouv le midi mar-sam, plus le soir ven-sam. Congés : 3 sem de fin juil à mi-août et 24 déc-2 janv. Résa fortement conseillée. Repas env 15 €. Café offert sur présentation de ce guide.* On ne sait pas si le bonheur est dans le pré, mais un repas à La Fermette rend heureux : sous le regard bienveillant des vaches et des gallinacés, dans une jolie déco toute verte, on se régale de galettes et de crêpes maison. Priorité aux produits faits maison (comme le caramel au beurre salé, la crème d'amande, etc.) ou locaux, certains bio. Accueil charmant.

À voir. À faire

➢ ***Circuit touristique du centre-ville :*** demander à l'office de tourisme le dépliant très bien fait pour une visite libre sur la thématique des impressionnistes.

L'église collégiale Notre-Dame *(plan B1-2)* **:** *rue Carnot, à côté de l'office de tourisme.* Elle date du XIIe s mais fut sans cesse remaniée. Sur la façade du XVe s, admirable rosace flamboyante entre deux galeries. Tour centrale du XIIIe s. À l'intérieur, nef élancée encerclée d'un triforium. Au fond, dans le chœur, une série d'arcades romanes supportant un étage du XVIe s. Orgue magistral composé de 13 panneaux de bois sculpté et superbe maître-autel provenant de la chartreuse de Gaillon. Vitraux figuratifs du XVIe s dans l'une des chapelles de droite.

Le musée municipal Alphonse-Georges-Poulain *(plan B1)* **:** *12, rue du Pont. ☎ 02-32-21-28-09. Avr-oct, mar-dim 10h30-18h ; le reste de l'année, mar-ven 14h-17h30, le w-e 14h30-17h30. Entrée : 4,80 € ; gratuit moins de 26 ans et pour ts le 1er dim du mois ; billet couplé avec le musée des Impressionnismes 8,50 € ou avec la fondation Claude-Monet 11,50 €, tous les 2 à Giverny.* Dans un bel hôtel particulier des XVe et XVIIIe s. Au rez-de-chaussée, expo sur l'archéologie locale, du Néolithique au Moyen Âge. Au 1er étage, une salle présente des paysages impressionnistes de l'école de Giverny et des œuvres américaines, comme celles de Mary Fairchild, Frederick William MacMonnies, Will Hickok Low ou encore Theodore Earl Butler. Le clou de la visite revient à Falaise à Pourville et au petit Nymphéas rond de 1908, légués par Monet lui-même. On ne manquera pas, au passage, les tableaux de sa belle-fille, Blanche Hoschedé-Monet, ni les peintures réalisées par ses amis (Bonnard, Vuillard, Vallotton...). Intéressant cabinet des dessins. Le dernier étage est dédié à la peinture et à la sculpture animalière (section unique en Normandie). Des expos temporaires également.

En traversant le pont principal, on voit en contrebas le ***Vieux Moulin*** *(plan B1),* une maison ancienne en encorbellement posée sur les deux arches du pont du XIIe s aujourd'hui détruit. L'édifice semble défier les lois de la pesanteur ! Un tableau à lui tout seul !

GIVERNY

(27620) 500 hab. *Carte Eure, D2-3*

C'est principalement à Monet que Giverny doit sa gloire, lorsqu'il choisit d'y vivre de 1883 jusqu'à sa mort, en 1926. Il repose d'ailleurs dans le cimetière paroissial. Sous son impulsion, nombre d'artistes (dont beaucoup d'Américains) vinrent à Giverny.
On se demande si les gens qui, dans les années 1970, achetèrent une maison dans ce tout petit village tranquille s'étageant sur une douce colline en bordure de Seine soupçonnaient qu'un jour celui-ci pourrait devenir un des hauts lieux du tourisme national, vivant au rythme des marées humaines qui y affluent d'avril à octobre et s'en retirent à la fermeture du jardin et du musée. Les habitants jouent le jeu, tout y est très fleuri, très propret, et le système des parkings pour endiguer le flots de ces visiteurs du monde entier plutôt bien organisé.

MONET À GIVERNY

Si Giverny doit une fière chandelle au peintre, l'inverse n'est pas vrai. Difficilement accepté par les autochtones, Monet vivait sans véritable contact avec eux. Ils lui faisaient même payer très cher les meules de foin qu'il souhaitait coucher sur la toile. Il avait besoin de la nature pour peindre, de la lumière qui s'en dégage aux différentes heures de la journée, et plus particulièrement tôt le matin. Il fut l'un des premiers, conseillé par Eugène Boudin, à peindre sur le site même, symbolisant les images à l'extrême pour les « réduire » à une impression lumineuse, à un effet de lumière. La manière de peindre dépasse le sujet peint. *Impression, soleil levant* est la toile qui donna naissance à l'impressionnisme. Si Boudin se rapprochait déjà fortement de cette lecture si délicate de la lumière naturelle, Monet en devint le grand maître. Dans le jardin qu'il créa entièrement, il peignit certaines de ses toiles les plus célèbres, notamment la série des *Nymphéas.*

AVOIR L'ŒIL !

À la fin de sa vie, Monet commençait à souffrir de la cataracte. Alors qu'il perdait progressivement la vue, l'intensité des couleurs échappait à celui qui avait mis tout son art à jouer avec la lumière. Pour ses tableaux, il rangeait avec ordre ses tubes de peinture et se fiait aux étiquettes pour choisir ses teintes. Grâce à son ami Clemenceau, il accepta finalement de se faire opérer (mais d'un seul œil !).

À Giverny, Monet s'installa dans cette longue maison rose aux volets verts. Il se levait avant le jour, prenait un copieux petit déjeuner et se hâtait d'étudier la lumière avant qu'elle ne se défilât. Souvent, il travaillait sur plusieurs tableaux à la fois, captant pour un même sujet les nuances de chaque heure. Par la suite s'installeront à Giverny de nombreux artistes français, mais aussi américains, qui logeront pour certains à l'*hôtel Baudy,* devenu aujourd'hui un resto-musée.

Adresse et infos utiles

Maison du tourisme Normandie-Giverny : *80, rue Claude-Monet. ☎ 02-32-64-45-01. • normandie-giverny.fr • Sur la rue principale, entre le musée et la fondation Claude-Monet, dans la cour de la Capucine. Avr-oct, tlj 10h-17h45.* Demander le dépliant du circuit de découverte du village et de ses proches environs, une belle balade de 4 km à faire en 1h30 environ.

➢ Si vous êtes sans voiture, il existe une navette depuis la gare de Vernon (voir plus haut « Adresse et infos utiles » à Vernon).

– Plusieurs parkings gratuits autour du village. Attention, pas de distributeur de billets à Giverny.

Où dormir ?

Si la fréquentation touristique s'envole, le prix des hébergements aussi, malheureusement. Nous rappelons que Vernon est tout près et qu'on y trouve, ainsi que dans ses environs, des hébergements plus abordables.

Chambres d'hôtes

Chambres d'hôtes Au Bon Maréchal : *chez Mme Boscher, 1, rue du Colombier. ☎ 02-32-51-39-70. • boscher.marie-claire@orange.fr • À l'angle de la rue Claude-Monet, non loin de l'ancien hôtel Baudy. Congés : de mi-nov à mi-mars. Résa conseillée. Doubles 85-95 € selon la chambre. Parking fermé.* Dans une grande maison de village qui était un café à l'époque de Monet. Au 1er étage, chambres spacieuses, agréables et confortables, récemment refaites. L'une dispose d'un balcon qui s'ouvre sur le jardin fleuri, l'autre sur la maison de Monet un peu plus loin. Dans l'ancien four à pain, face à la piscine (hors sol), une belle suite indépendante.

Chambres d'hôtes Les Jardins d'Hélène : *chez Sandrine Chifman, 12, rue Claude-Monet. ☎ 02-32-21-30-68. • lesjardinsdhelene@free.fr • giverny-lesjardinsdhelene.com • Au début de la rue Claude-Monet en venant de Vernon. Congés : nov. Résa conseillée. Doubles 90-110 € selon confort et saison ; suite familiale également. Table d'hôtes (sf dim-lun) 20 €/pers.* Dans un beau jardin à l'anglaise, une maison du début du XXe s offrant 4 belles chambres, très bien tenues. De la romantique avec toile de Jouy à la plus campagnarde, aux teintes printanières, chacun y trouvera son bonheur. Bon petit déj et table d'hôtes très soignée, où tout est fait maison. Accueil charmant.

Chambres d'hôtes La Pluie de Roses : *chez M. et Mme Chauveau, 14, rue Claude-Monet. ☎ 02-32-51-10-67. • lapluiederoses@giverny.fr • givernylapluiederoses.fr • Au début de la rue Claude-Monet. Ouv avr-oct. Résa conseillée. Doubles 130-135 €.* Dans un magnifique parc de 6 000 m² arboré d'essences variées et de roses anciennes, impressionnante demeure à la déco chinée, avec un atelier d'artiste si l'envie de peindre vous prenait. Salon avec grande verrière attenante offrant une vue panoramique, et chambres raffinées et romantiques aux noms évocateurs, comme « Pastorale » ou « Arlequinade ».

Chambres d'hôtes La Réserve : *chez M. et Mme Jouyet, bois de la Réserve. ☎ 02-32-21-99-09. • mlreserve@gmail.com • giverny-lareserve.com • ♿ À 2 km au nord de Giverny, sur les hauteurs. Dans le centre, monter la rue du Colombier qui passe devant la mairie, continuer tt droit en direction de Bois Jérôme et suivre fléchage. Ouv avr-oct. Doubles 140-170 € selon confort ; tarif dégressif à partir de 2 nuits. Loc gîte 7 pers.* Dans une vaste et charmante demeure de style bordelais, entourée d'un beau parc, de vergers et d'une forêt, 6 chambres personnalisées, à l'atmosphère raffinée (parquet, meubles anciens, etc.). Petit déj gourmand et accueil charmant. Une belle adresse de charme, assez onéreuse mais le calme et la détente sont assurés.

Chic

Hôtel La Musardière : *123, rue Claude-Monet. ☎ 02-32-21-03-18. • resa@lamusardiere.fr • lamusardiere.fr • Résa indispensable. Doubles 85-99 € ; des suites familiales également ; petit déj 11 €. Parking gratuit.* Disons-le d'emblée : cet hôtel installé dans une grande maison bourgeoise avec terrasse, véranda et dans un jardin ombragé par de vénérables tilleuls, n'a de « chic » que le prix. Les chambres, en effet, bien que plutôt spacieuses et agréables, se révèlent au final assez simples.

Où manger ?

Au risque de déplaire, avouons que les foules de touristes semblent ici avoir eu raison de la qualité dans ce domaine. Par conséquent, pour éviter les déceptions, le mieux est peut-être de préparer votre pique-nique. Rappelons aussi que vous trouverez de bonnes petites tables à Vernon, à 6 km...

À voir

La fondation Claude-Monet (maison et jardin de Monet) : *84, rue Claude-Monet. ☎ 02-32-51-28-21. • claude-monet-giverny.fr • (jardins slt). Avr-oct, visite de la maison et des jardins tlj 9h30-18h (fermeture du guichet à 17h30). Entrée : 9,50 € ; réduc ; gratuit moins de 7 ans ; billet couplé avec le musée des Impressionnismes 16,50 € ou le musée Alphonse-Georges-Poulain à Vernon 11,50 €.* ***Pour éviter les files d'attente interminables, achetez au préalable vos billets en ligne (impossible pour le jour même !).*** *Le billet couplé avec le musée des Impressionnismes est aussi un billet coupe-file : en achetant votre billet au musée (où les files d'attente sont normalement beaucoup moins longues), vous pourrez accéder directement au jardin, sans faire la queue. Interdit aux animaux.* Une plongée au cœur même de l'imaginaire de Monet : la maison et les jardins ont gardé leur aspect d'origine ; à tout moment, on s'attend à ce qu'apparaisse le maître. Vous n'y verrez aucune œuvre originale, uniquement des reproductions. Mais on vient ici avant tout pour admirer les superbes jardins fleuris. Deux secteurs bien distincts : le jardin d'eau orientaliste, où l'artiste peignit les Nymphéas (à la saison des nénuphars, émotion garantie), et, plus proche de la maison, le « clos normand ». Avouons que, sans l'explosion de couleurs du jardin, la visite perd grandement de son intérêt. L'étang aux nénuphars, situé de l'autre côté de la route, est accessible par un passage souterrain. Au temps de Monet, l'endroit était bien plus romantique, puisque seuls un chemin de terre et une voie ferrée (rares étaient les trains) séparaient le jardin du célèbre plan d'eau. Dans la maison, noter la belle salle à manger éclatante de jaune et les cuisines habillées d'azulejos. Monet était un fin gourmet et il aimait à préparer lui-même les dîners lorsqu'il recevait. Ses carnets de cuisine, écrits avec sa compagne Alice Hoschedé, témoignent de son amour des bonnes choses. Quand ils appréciaient un plat au restaurant, ils demandaient la recette au chef, tout simplement. Outre le mobilier dans les chambres, on peut admirer de superbes estampes japonaises, collection personnelle de Monet. Une merveille ! Pour la petite histoire, sachez que Monet n'est jamais allé au Japon. Il découvrit la beauté des estampes lors d'un voyage aux Pays-Bas. Boutique de la fondation dans l'atelier.

Le musée des Impressionnismes – Giverny : *99, rue Claude-Monet. ☎ 02-32-51-94-65. • mdig.fr • De fin mars à début nov, tlj 10h-18h (dernière entrée à 17h30). Entrée : 7 € ; réduc ; gratuit moins de 7 ans et pour ts le 1er dim du* *mois ; possibilité de billet couplé avec la fondation Monet 16,50 € ou le musée de Vernon 8,50 €. Audioguide 3,50 €.* À l'exception de quelques œuvres au sous-sol, dont trois tableaux de Monet et un de Sisley, ce beau musée ne présente que des expositions temporaires ayant pour principale vocation de mettre en lumière la richesse et la diversité de l'impressionnisme. Toujours passionnantes, ces expos méritent d'être vues. À l'extérieur, très beaux jardins en visite libre et un champ protégé de coquelicots ou de meules selon la saison. Beaux livres d'art dans la librairie-boutique.

L'INVENTION DE LA PEINTURE EN TUBE

Autrefois, les peintres fabriquaient eux-mêmes leurs couleurs, ce qui demandait du temps et un matériel énorme. En 1841, un Américain, John Goffe Rand, inventa la peinture en tube, donc transportable. Enfin, les peintres pouvaient installer leur chevalet en pleine nature ou face à la mer. Cette invention permit l'impressionnisme.

L'ancien hôtel Baudy : *81, rue Claude-Monet. ☎ 02-32-21-10-03. Fin mars-début nov, tlj 10h-21h30. Malheureusement, le site n'est accessible que pour les clients du resto...* C'est l'ancien hôtel où résidèrent plusieurs peintres américains. Derrière, le grand jardin en pente (7 000 m²) a été recomposé comme à l'époque. C'est en 1886 que le premier peintre américain vint ici chercher une chambre. Il s'appelait Metcalf. D'autres suivirent, nombreux. Chaque week-end, ils venaient depuis Paris par le train. L'hôtel Baudy devint un lieu de rencontres artistiques : Robinson, Butler, Mary Cassatt, McMonnies, Sargent et bien d'autres y séjournèrent. Puis l'établissement accueillit Renoir, Rodin, Sisley et Pissarro. Monet et Clemenceau y devisaient souvent de longues heures dans le parc. Jolie roseraie un peu sauvage et jardins superbes.

La tombe de Monet : *en retrait du cimetière communal, derrière l'église.* Bordée de marbre blanc, elle recueille, à l'image du jardin de Monet, une grande variété de fleurs.

Manifestations

– ***Festival de musique de chambre :*** *sur 10 j., la 2de quinzaine d'août. • musiqueagiverny.fr •* Autour d'un compositeur invité, belle programmation de concerts réunissant des musiciens venus du monde entier. Concerts à Giverny et dans la région, et possibilité d'assister aux répétitions.
– ***Festival de Giverny :*** *sur 2 w-e, la 2de quinzaine d'oct. • festivaldegiverny.org •* Dans le cadre enchanteur (et intime) d'une ancienne grange. Festival qui rassemble des auteurs-compositeurs-interprètes de la nouvelle chanson française (rock, pop, jazz, blues).
– Pour connaître les autres festivals ou manifestations de Giverny : *• normandiegiverny.fr •*

LES ANDELYS

(27700) 8 190 hab. *Carte Eure, C-D2*

Célèbre pour son château fort surplombant la boucle de la Seine. De là-haut, superbe panorama sur les falaises de craie encadrées de bois, les rives verdoyantes, la forêt de vieux toits du village, la Seine s'étalant langoureusement dans son méandre. Balzac, Hugo, Ingres, Monet, Signac, Léger vinrent souvent y chercher l'inspiration.

Et, au fait, pourquoi « Les » Andelys ? Tout simplement parce que la ville est scindée en deux : Le Petit-Andely au bord de la Seine, de loin le plus charmant, protégé par les ruines de Château-Gaillard, et Le Grand-Andely, qui lui fait suite jusqu'à 3 km à l'intérieur des terres et qui a beaucoup souffert lors de la Seconde Guerre mondiale.

Adresses et info utiles

Office de tourisme : *rue Raymond-Phélip, Le Grand-Andely.* ☎ *02-32-54-41-93.* • *lesandelys-tourisme.fr* • *Derrière le terrain de sport et l'avion. Tte l'année, tlj 10h-12h (13h sam-dim), 14h-18h (17h dim) ; fermé dim oct-mars.* Organise des visites guidées (payantes) de Château-Gaillard.

Piscine découverte : *en bordure de Seine, proche du pont. Ouv mai-août slt.* Bien agréable.

– **Marché :** *sam.*

Où dormir ? Où manger ? Où grignoter ?

Camping

Camping de l'Île des Trois Rois : *1, rue Gilles-Nicolle.* ☎ *02-32-54-23-79.* • *campingtroisrois@aol.com* • *camping-troisrois.com* • ♿ *En bordure de Seine, au pied du pont enjambant le fleuve, rive droite. Ouv de mi-mars à mi-nov. Compter 23-27 € pour 2 avec tente et voiture ; bungalows et mobile homes pour 4-6 pers 350-560 €/sem selon saison. 300 empl.* Dans une vaste prairie ombragée, admirablement située entre un grand étang d'un côté et la Seine de l'autre. Snack-bar, 2 piscines chauffées, jeux d'enfants avec structures gonflables et location de vélos.

Chambres d'hôtes

Villa Aliénor : *1, rue Grande, au Petit-Andely.* ☎ *02-32-54-90-13.* 📱 *06-84-07-54-66.* • *lateltin.eric@wanadoo.fr* • *villa-alienor.fr* • *Doubles 75-110 € ; suite familiale également.* Ce magnifique relais du XVIIIe s, recouvert de vigne vierge, côtoie la Seine, qui coule au fond de son paisible jardin. Les 5 chambres affichent un style campagnard et romantique, jouant sur les couleurs pastel et les tons bois. Confortables et plutôt spacieuses, on aime y cocooner quand la pluie normande fait des siennes ou se prélasser sur la terrasse quand le soleil darde ses rayons. Sur place, un espace détente pour se refaire une santé.

De prix moyens à plus chic

Hôtel de Paris – Restaurant Le Castelet : *10, av. de la République, Le Grand-Andely.* ☎ *02-32-54-00-33.* • *h.thierry@wanadoo.fr* • *hotel-andelys.fr* • *Resto fermé lun midi, mer et dim soir, plus ven midi en basse saison. Doubles 64-79 € selon confort et jour de la sem ; des familiales également. Menus 28-47,50 €.* À l'entrée du centre-ville, en bordure de la rue principale, cette maison normande plus que centenaire, en brique et au parquet qui craque, abrite des chambres cossues pour celles qui ont été refaites, moins convaincantes pour les autres. Au fond du jardin, 3 chambres d'hôtes dans la maison du patron, plus fraîches et tranquilles. Côté resto, dans une salle à la déco un peu datée, prolongée par un bow-window, on se régale d'une cuisine traditionnelle, agrémentée de plantes et fleurs comestibles, concoctée avec passion par le chef Jacques Thierry.

Hôtel de la Chaîne d'Or : *25-27, rue Grande, au Petit-Andely.* ☎ *02-32-54-00-31.* • *chaineor@orange.fr* • *hotel-lachainedor.com* • *Face à l'église Saint-Sauveur. Resto fermé mer, plus mar et dim soir de mi-oct à mi-avr. Congés : vac de fév. Résa conseillée le w-e. Doubles 79-130 € selon vue ; junior suite également ; petit déj 13 €. Menus déj en sem 23-30 €, puis 49-65 €. Parking gratuit.* Dans une maison fondée en 1751 qui abritait jadis les bureaux de péage pour traverser la Seine. La gigantesque chaîne, qui marquait l'octroi situé à cet endroit, rapportait tant d'argent qu'on l'appela la « chaîne d'or », d'où le nom de l'hôtel. Les chambres, cossues, toutes différentes et joliment meublées, donnent soit sur la Seine, soit sur la place de l'église. La savoureuse cuisine du jeune chef créatif est servie dans la belle salle aux baies vitrées offrant une vue plongeante sur les péniches. Une bonne adresse, bien qu'un peu onéreuse.

Mistral : *26, rue Grande, au Petit-Andely. ☎ 02-32-54-09-00. • deborah.dubuc@orange.fr • À deux pas de l'église. Avr-sept, tlj sf dim soir. Fermé oct-mars. Formule et menu déj en sem 12,50-16 € ; menu le w-e 25 €.* Petit resto proposant une cuisine traditionnelle à base de bons produits locaux, concoctée avec un grand savoir-faire. C'est frais, c'est bon et le service est très amical. Cadre moderne de bistrot avec une gentille véranda sur l'arrière. Attention, le soir la cuisine ferme à 21h !

Fort de Thé : *3, rue Richard-Cœur-de-Lion. ☎ 02-32-54-03-67. • evelyne-castaing@orange.fr • Jeu-dim 14h-19h. Congés : déc-mars.* En ville, mais juste au pied de la longue montée vers Château-Gaillard, dans une belle maison en brique rouge qui hébergea le dramaturge et poète Paul Fort en 1913. Une belle sélection de thés, quelques gâteaux et biscuits maison bio, le tout à savourer dans un cadre très coquet ou dans l'adorable jardinet offrant une vue panoramique sur la Seine. Accueil aussi délicieux que les gâteaux !

L'EURE

Où acheter de bons produits dans les environs ?

Le Pressoir d'Or : *57 bis, route des Andelys, à Saint-Jean-de-Frenelles, 27150* ***Boisemont.*** *☎ 02-32-69-41-25. • pressoirdor.com • ♿ À 8 km au nord-est des Andelys sur la D 316 (direction Gournay), après le carrefour avec la D 6014. Tlj sf dim, j. fériés et le mat des mer et sam 9h-12h, 14h-18h.* Splendide domaine des XVIIe-XVIIIe s de 27 ha, comprenant un verger de plus de 19 000 arbres (15 variétés) et une cave-musée avec un pressoir à pommes. Ici, on fabrique du cidre selon des méthodes raisonnées. À la boutique, plein de bons produits de la maison (cidre de glace, vinaigre, gelées, jus, confit de cidre, etc.), mais aussi d'autres producteurs.

À voir. À faire

Château-Gaillard : *☎ 02-32-54-41-93 (office de tourisme). On s'y rend à pied depuis la rue Richard-Cœur-de-Lion par un chemin qui démarre au centre du Petit-Andely, ou en effectuant un détour en voiture par Le Grand-Andely et les collines environnantes (suivre « Parking Château-Gaillard »). Fin mars-Toussaint, tlj sf mar 10h-13h, 14h-18h. Entrée : 3,20 € ; réduc ; gratuit moins de 7 ans ; billet couplé avec le musée Nicolas-Poussin : 5 €. Visite guidée 4,50 €. Tte l'année, accès libre à la cour basse et à l'ouvrage avancé. Le billet permet d'entrer dans la haute cour et le donjon, un peu mieux conservé que le reste. Des animations et spectacles sont organisés en saison.*

LES PRISONNIÈRES DU CHÂTEAU

En 1314, Château-Gaillard servit de prison aux belles-filles de Philippe le Bel, Marguerite et Blanche de Bourgogne, coupables d'adultère. Blanche y passa 7 ans enfermée et finit ses jours dans un couvent. Marguerite fut étranglée ici même, à l'aide de ses longs cheveux, sur ordre de son époux Louis X, dit le Hutin. Depuis, les Lumières et le féminisme sont passés par là. Ouf !

Forteresse édifiée par Richard Ier dit Cœur de Lion, duc de Normandie et roi d'Angleterre, pour prévenir les attaques de Philippe Auguste, roi de France. Aujourd'hui, le château est en ruine, mais il offre l'une des visions les plus magiques de la vallée de la Seine. Sa construction prit un peu plus de 1 an. Le site fut choisi en raison de l'escarpement et de la configuration stratégique du paysage. Richard se serait écrié, une fois l'œuvre achevée : « Que voilà un château gaillard ! », d'où le nom... Philippe Auguste attendit la mort de Richard pour attaquer le château, en 1203. Après un siège de plusieurs mois, l'assaut fut donné en février 1204. Eu égard à l'épaisseur des murs et à la qualité des défenses, il aurait irrémédiablement échoué si quelques soldats n'avaient trouvé une faille en passant courageusement par les fenêtres basses situées sous la chapelle. La chute de Château-Gaillard précipita celle de Rouen, et Philippe Auguste reconquit la Normandie.
L'ouvrage militaire, malgré l'ordre de démantèlement d'Henri IV, présente des restes magnifiques qui donnent une idée de sa puissance. On distingue encore quelques éléments des remparts extérieurs. L'enceinte intérieure, bien conservée, présente une suite de saillies rondes contiguës et enveloppe le gros donjon de 8 m de diamètre intérieur. Ses murailles ont 4,50 m d'épaisseur à la base. Initialement, le donjon comptait trois étages et présentait une conception géniale : sa base était en plan incliné, avec des contreforts triangulaires supportant le chemin de ronde. Cet appareillage permettait aux projectiles lancés des mâchicoulis de ricocher et de rebondir vers l'ennemi sans qu'il puisse prévoir leur trajectoire. La restauration de l'enceinte de la haute cour fait très bien ressortir la spécificité de ces murailles festonnées.

L'église Saint-Sauveur : *au Petit-Andely. Tlj 9h-18h.* Petite église en forme de croix grecque, réalisée selon le style gothique au début du XIIIe s. Le clocher s'est effondré lors d'un orage, en 1973, mais a été entièrement refait. Remarquez la simplicité des lignes du chœur. Son orgue du XVIIe s est l'un des plus anciens de France encore en fonctionnement.

La collégiale Notre-Dame : *au Grand-Andely. Tlj 9h-19h (17h30 en hiver).* Façade à trois portails, flanquée de deux tours, nef et chœur dans le style gothique du XIIIe s, révélant une parfaite harmonie dans les proportions. Les croisillons du transept et les chapelles sont de style gothique flamboyant dans la nef de droite et Renaissance dans celle de gauche. Cette opposition se retrouve plus nettement dans les transepts : à droite, rosace et balustrade élégantes, à gauche règnent la géométrie et le classicisme. Tour centrale du XVe s. À l'intérieur, magnifique buffet d'orgue Renaissance en chêne sculpté, dont les panneaux représentent les vertus chrétiennes, les arts libéraux, les sciences et les divinités mythologiques. La chapelle immédiatement à droite de l'entrée abrite une belle *Mise au tombeau* du XVIe s et un *Christ aux liens* du XVe s.

Le musée Nicolas-Poussin : *rue Sainte-Clotilde, au Grand-Andely. ☎ 02-32-54-31-78. Derrière la mairie. Avr-oct, tlj sf mar, 14h-18h. Entrée : 3,20 € ; réduc ; billet couplé avec Château-Gaillard : 5 €.* Ce petit musée abrite des souvenirs liés au « Raphaël français » (né à Villers, hameau des Andelys), ainsi qu'une de ses toiles célèbres : Coriolan. Collection de tableaux de peintres normands contemporains (dont des œuvres remarquables d'Eugène Clary et quelques fauves) et de mobilier Régence et Louis XVI.

– **Sortie en bateau sur la Seine :** *avec* ***Liberté Seine,*** *06-71-32-18-14. • liberte-seine.fr • Plusieurs itinéraires proposés soit au départ des Andelys, soit des Muids. Prix : 70-165 € pour 1h-3h, pour un groupe de 1-6 pers.* Dominique Polny, le capitaine du *Fjord,* est un homme qui a consacré une grande partie de sa vie au fameux fleuve ; autant vous dire que c'est un puits d'anecdotes qui aime partager sa passion.

Fête et manifestation

– ***Foire-à-tout :*** *en général, 2e w-e complet de sept.* Antiquaires et brocanteurs de la région s'y donnent tous rendez-vous.
– ***Fête de l'Automne :*** *pl. Saint-Sauveur, un dim fin oct.* Marché normand avec animations.

DANS LES ENVIRONS DES ANDELYS

La brasserie Duplessi : *13, rue aux Moines, 27700* ***Tosny.*** *☎ 02-32-51-55-75. À env 4 km au sud-ouest des Andelys, de l'autre côté de la Seine ; accès par la D 176. Dans le village, fléchage discret (en direction de la mairie et de l'école). Tlj 9h-12h, 14h-19h à la vente, mais visites (gratuites) sur rdv slt.* Visite d'une brasserie qui produit entre autres la Richard Cœur de Lion, une bière artisanale brune, blonde ou ambrée assez douce et très parfumée.

LE PAYS D'AVRE ET D'ITON

C'est en fait la partie extrême sud du département de l'Eure avec deux belles rivières, l'Avre et l'Iton, qui traversent la campagne et de charmants villages reposants.

VERNEUIL-SUR-AVRE (27130) 6 270 hab. *Carte Eure, B4*

Tout au sud-ouest de l'Eure, cette petite ville, encore entourée de ses anciens fossés et de sa – discrète – ligne de remparts, est la porte d'entrée de la Normandie, du Perche et du pays d'Ouche (rien que ça !). Épargnée par la Seconde Guerre mondiale, on peut encore y admirer une superbe tour d'église, d'anciennes maisons en bois, des hôtels particuliers de la Renaissance et la sérénité d'une ancienne abbaye qui semblent protéger la ville du tapage extérieur. Classée « Plus Beaux Détours de France », cette petite cité tranquille constitue également une excellente base pour explorer la région (ou plutôt les régions, devrions-nous dire, puisqu'elle est presque à cheval sur trois d'entre elles).

Adresses et infos utiles

Office de tourisme : *129, pl. de la Madeleine. ☎ 02-32-32-17-17. • normandie-sud-tourisme.fr • À gauche du parvis de l'église. Lun-sam 9h30-13h, 14h-17h (18h avr-sept) ; plus dim en juil-août 9h30-18h.* Propose des visites guidées thématiques de la ville *(pdt vac scol et w-e mai-sept)* permettant d'accéder à des endroits autrement fermés au public. Demander le petit fascicule gratuit des 2 circuits-découverte de Verneuil et celui du parcours à faire en vélo « Sur les pas de Vlaminck ». Possibilité également de balade commentée en calèche dans le centre-ville *(mer, jeu et dim en juil-août ; durée : 45 mn ; 6 €/adulte, 4 €/3-11 ans).*
Gare SNCF : *au bout de l'av. Victor-Hugo. ☎ 36-35 (0,34 €/mn). À 5 mn à pied du centre.* Trains directs pour Paris-Montparnasse (env 1h15).
– ***Marché :*** *sam mat, pl. de la Madeleine et rue Clemenceau, plus marché de petits producteurs dim mat avr-sept.*

Où dormir ?

Chambres d'hôtes

La Trimardière : *366, rue Gambetta. ☎ 02-32-30-28-41. • contact@latrimardiere.com • latrimardiere.com • Dans le centre, peu après le rond-point entre la D 926 et la D 840. Doubles 110-130 € selon confort.* En ville, dans une belle demeure joliment restaurée, des chambres élégantes, douillettes et vraiment très spacieuses pour la plupart (sans parler de la suite et de ses 2 vraies chambres). Tommettes pour certaines, vieux parquet pour d'autres. Un très bel équilibre trouvé entre le confort moderne et la déco plus classique d'une maison de caractère.

De bon marché à prix moyens

Motel Saint-Martin : *181, rue du Petit-Versailles. ☎ 02-32-32-19-88. • accueil@motel-saint-martin.com • motel-saint-martin.com • Au bord de la N 12. Résa fortement conseillée. Double 40 €.* Certes, on connaît plus glamour comme environnement que le bord de la N 12. N'empêche, ce motel installé dans des bâtisses en bois genre grand chalet offre un rapport qualité-prix imbattable. Les doubles ne sont pas grandes, mais insonorisées, très bien tenues et il y a tout ce qu'il faut. Pour un peu plus cher, chambre plus spacieuse, en duplex, pouvant accueillir une personne supplémentaire sur la mezzanine. Fait aussi resto. Accueil charmant. Bref, une aubaine dans son genre !

Hôtel du Saumon : *89, pl. de la Madeleine. ☎ 02-32-32-02-36. • hotel.saumon@wanadoo.fr • hoteldusaumon.fr • Sur la pl. de l'Église. Fermé dim soir. Congés : 2 sem fin juil-début août et de mi-déc à début janv. Doubles 48-74 € selon confort, des familiales également. Menus 12 € (sf sam soir et dim), puis 19-58 €. Café offert sur présentation de ce guide.* Une bonne maison, bien tenue et à la qualité constante. Chambres confortables nickel. Celles côté place sont plus jolies et plus grandes (mais plus chères aussi). Côté cour, elles sont plus calmes... L'établissement propose aussi une bonne table avec, à la carte, des ris de veau, des fruits de mer et du saumon, bien sûr.

Où manger ?

Le Beauclerc : *6, pl. de la Madeleine. ☎ 02-32-32-36-33. • lebeaucler@free.fr • Sur la grande place. Ouv le midi lun-sam, plus le soir ven-sam. Fermé dim. Formule déj 10,90 € ; menus 13,90-17,90 € ; carte env 20 €. Café offert sur présentation de ce guide.* Une brasserie appréciable pour sa terrasse, idéalement posée sur la place principale, mais aussi pour son choix étendu, pour tous budgets. Des plats simples mais plutôt bien préparés, à base d'ingrédients de qualité provenant, au maximum, de producteurs locaux.

Le Madeleine : *206, rue de la Madeleine. ☎ 02-32-37-91-81. • lemadeleine.verneuil@orange.fr • Tlj sf mer. Menus déj en sem 16 €, puis 21-29 €. Café offert sur présentation de ce guide.* Ici, pas d'esbroufe, juste l'amour du métier, bien fait. Un cadre un brin daté, un accueil authentique et une cuisine à base de produits du terroir, revisitée de manière personnelle. Mention spéciale pour les poissons, à la cuisson précise, bons et bien présentés. Une belle petite affaire.

Le Collectionneur Gourmand : *ruelle de l'Abreuvoir, 63, rue Gustave-Roger. ☎ 02-32-60-11-11. Mai-sept, tlj ; hors saison, tlj sf lun et dim soir. Menu en sem 16 €, plats 15-22 € à la carte.* En voilà une adresse originale, cachée dans un charmant recoin du vieux Verneuil ! Le patron est un collectionneur invétéré de figurines en plomb : il y en a partout, méticuleusement rangées dans des vitrines qui tapissent les murs, jusqu'aux toilettes. Mais il y a aussi des maquettes d'avions et de bateaux. En cuisine, le chef concocte des plats simples mais inventifs et pleins de fraîcheur. Agréable terrasse. Bon rapport qualité-prix-convivialité.

Où dormir ? Où manger dans les environs ?

Chambres d'hôtes La Ferme de la Troudière : *chez M. et Mme Leroy, La Troudière, impasse du Fournil, 27570* ***Breux-sur-Avre.*** *☎ 02-32-32-50-79. • brunolry@aol.com • latroudiere.free.fr • À env 13 km à l'est de Verneuil par la N 12 en direction de Dreux ; à Breux, suivre le panneau « La Troudière » puis le fléchage. Double 50 €.* Une bonne ambiance et un accueil chaleureux dans cette ferme en activité qui abrite 2 chambres confortables, au calme. Prêt de vélos et possibilité d'acheter les bons produits de la ferme.

Auberge Chanteclerc : *6, pl. de l'Église, 27580* ***Bourth.*** *☎ 02-32-32-61-45. • auberge.chanteclerc27@orange.fr • À 12 km à l'ouest de Verneuil. Tlj sf dim soir, lun (hors j. fériés) et mer soir. Menus déj en sem 19 €, puis 29-42 €.* La jolie façade recouverte de géraniums et de pétunias met tout de suite en confiance... et on n'est pas déçu ! Du traditionnel au créatif, il y en a pour toutes les papilles. Déclinaison autour du foie gras, mais aussi ris de veau aux morilles... Terrasse en été.

La Maison de la Ferrière : *pl. de l'Église, 27160* ***Francheville.*** *☎ 02-32-58-39-80. • maison.de.la.ferriere@wanadoo.fr • À env 8 km au nord-ouest de Verneuil par la D 56. Tlj sf lun-mar. Congés : 2 sem fin août-début sept. Menus 36-50 €.* Dans l'ancienne école de cet adorable village fleuri, face à la mairie. Salle au décor moderne dans des tonalités gris et mauve, ou en terrasse sur la placette. Une cuisine simple et fraîche servie dans une atmosphère conviviale.

À voir

L'église de la Madeleine : *accès à la tour dim mai-sept, inscription préalable à l'office de tourisme (3 € ; gratuit moins de 12 ans).* C'est sa tour qui est impressionnante : chef-d'œuvre du gothique flamboyant (fin du XVe s), elle est finement sculptée et ornée d'une trentaine de statues sur ses contreforts. De là-haut (212 marches à monter, quand même !), jolie vue sur la ville, ses belles maisons et leurs jardins bien cachés. L'intérieur de l'église mérite aussi un peu d'attention pour ses vitraux des XVe et XVIe s. Noter l'admirable buffet d'orgue du XVIIIe s, l'un des plus importants de Normandie. Il est l'œuvre de Jean-Baptiste-Nicolas Lefebvre, issu d'une famille de facteurs d'orgues rouennais réputés. Belle Mise au tombeau polychrome du XVIe s.

De (très) belles ***maisons*** dans la rue de la Madeleine. À l'angle de la rue du Canon, à deux pas du chevet de la Madeleine, une magnifique bâtisse à tourelle est dotée d'un beau damier (silex, brique, calcaire) en façade ; elle abrite la *bibliothèque municipale.* Attenants à celle-ci, l'*hôtel de Bournonville* (XVIIIe s), l'*hôtel de Gensac* (à pans de bois, du XVIe s) et l'*hôtel de la Rousserie* (du XVIIIe s, où Charles X, partant pour l'exil, passa la nuit du 5 août 1830). En empruntant la rue du Canon, remarquer le cinéma installé dans l'ancien hôtel-Dieu. À deux enjambées, sur la place Saint-Laurent, l'***ancienne église Saint-Laurent*** du XVIe s accueille des expos temporaires et organise des concerts de musique classique *(avr-sept).*

La Tour grise : *à 150 m de l'église Saint-Laurent. Avr-sept, tlj sf lun 14h-19h. Entrée : 3 €, réduc.* À vrai dire, cette Tour grise est plutôt de couleur brune. C'est l'un des plus beaux donjons cylindriques du XIIIe s, construit à la demande de Philippe Auguste. Noter l'épaisseur des murs (3,85 m) et la pierre de grison, caractéristique du pays d'Ouche. À l'intérieur, expo sur l'histoire médiévale de Verneuil et la bataille de 1424, avec maquette de la ville et quelques armes et armures. Possibilité de monter au sommet de la tour.

L'église Notre-Dame : *pl. Notre-Dame.* Construite et modifiée du XIIe au XIXe s. Son intérieur, très riche, comprend une remarquable collection de statues de bois et de pierre (du XIIIe au XVIe s).

L'ancienne abbaye Saint-Nicolas : *124, pl. Notre-Dame (à env 100 m de l'église Notre-Dame).* Cette ancienne abbaye, fondée en 1627, abrita jusqu'en 2001 une communauté de religieuses bénédictines. Depuis le départ des moniales, l'église et ses beaux vitraux, la crypte, le parloir et la bibliothèque ne se visitent plus que lors des visites guidées proposées par l'office de tourisme. Un projet d'ouverture d'un musée dédié à Maurice de Vlaminck est à l'étude pour 2020 (le fameux peintre vécut de 1925 à sa mort en 1958, à Rueil-la-Gadelière, près de Verneuil). Il devrait présenter un fonds de 67 œuvres cédées à la municipalité par sa fille, Godelieve.

BRETEUIL-SUR-ITON

(27160) 3 300 hab. *Carte Eure, B3*

Charmante petite bourgade commerçante, principalement remarquable pour son hôtel de ville installé dans une chapelle gothique. À voir également pour les férus d'histoire, l'église Saint-Sulpice où fut célébré au XIe s le mariage d'Adèle, la fille de Guillaume le Conquérant, avec le comte de Blois. Elle reçut également la visite de Louis VIII, Philippe le Bel, Philippe de Valois et, en quatre occasions, Saint Louis.

Où manger ?

Le Grain de Sel : *76, pl. Laffitte. ☎ 02-32-29-70-61. Face à la mairie. Ouv le midi mar-dim, plus le soir ven-sam. Formule déj en sem 17,50 € ; menus 23,50-38,50 €.* Dans un intérieur simple et intimiste, cuisine traditionnelle de qualité à des prix raisonnables. Délicieuses préparations aux escargots, provenant d'un élevage proche. Accueil et service attentifs.

À voir

En plein centre du village, sur la place Laffitte, on ne peut pas manquer l'***hôtel de ville,*** un édifice surprenant et original qui s'apparente à une belle chapelle gothique.

L'église Saint-Sulpice : une longue nef avec bas-côtés, en forme de croix, construite en belle pierre appelée le « grison du pays d'Ouche », qui lui donne un caractère original. La charpente est en bois polychrome et historié du plus bel effet. Le chemin de croix est lui aussi rare. Grand orgue original du XVIe s.

LA SÉPARATION DE L'ÉGLISE ET DE L'ÉTAT ?

Au-dessus de l'entrée de ce qui ressemble à une chapelle gothique, dans le centre de Breteuil-sur-Iton, sont fièrement inscrits « Hôtel de Ville » et notre chère devise républicaine, « Liberté, Égalité, Fraternité ». Une mairie dans une église ? Est-ce bien catholique tout ça ? Pourtant, aucune entorse n'est faite à la loi de 1905 : c'est juste un architecte fantaisiste qui s'est inspiré, en 1860, du style gothique pour construire l'hôtel de ville, qui n'a jamais connu d'activités religieuses !

Le jardin public : *dans le centre.* Beau parc à l'anglaise, planté d'arbres centenaires et entourant un grand étang. L'Iton traverse l'ensemble. Çà et là, quelques pans de muraille de l'ancienne forteresse et des coins pique-nique.

LE PAYS D'OUCHE

Prenez un plateau à céréales, frais en hiver, doux au printemps, lourd en été, piquez-le de bosquets, de haies vives, mettez-y beaucoup d'herbe grasse, coupez le tout de quelques vallées aux noms évocateurs, Risle, Charentonne, Iton, ajoutez de l'eau pour que les verts soient plus tendres, saupoudrez d'une ribambelle de jolis manoirs et gentilhommières, d'églises aux clochers pointus et de façades à damier de silex, de brique et de pans de bois, n'oubliez pas le grison, pierre typique de couleur brune, et placez le tout autour d'un grand massif forestier presque continu (forêts de Conches, de Breteuil et de Beaumont-le-Roger, toutes domaines privés), habité par les sangliers et les chevreuils : vous avez la recette du pays d'Ouche.

CONCHES-EN-OUCHE

(27190) 4 980 hab. Carte Eure, B3

Fille de la forêt, la petite capitale du pays d'Ouche aux rues bordées de maisons à pans de bois domine la région du haut de sa colline. La promenade dans les allées ombragées de son grand parc y est particulièrement agréable. Noter que le sous-sol de Conches est un vrai gruyère creusé d'innombrables caves, souterrains, passages obscurs... Conches était aussi une étape prestigieuse sur la route de Saint-Jacques-de-Compostelle.

Adresse et info utiles

Maison du tourisme du pays de Conches : *pl. Aristide-Briand, dans l'enceinte de la Maison des arts. ☎ 02-32-30-76-42. • conches-en-ouche.fr • Face au donjon (qui ne se visite pas). Juil-août, mar-sam 9h30-12h30, 14h-17h30 ; mars-juin et sept-oct, mar-ven 14h-17h30, sam 9h30-12h30, 14h-17h30 ; nov-fév, lun-ven 14h-17h30.* Dépliant sur l'histoire de la ville et topoguides gratuits pour les balades pédestres et à vélo dans le coin (100 km de sentiers balisés). Expos temporaires gratuites à l'étage.

– ***Marché :*** *jeu mat et dim mat.*

Où dormir ? Où manger dans le coin ?

Hôtel-restaurant La Grand' Mare : *13, av. de la Croix-de-Fer. ☎ 02-32-30-23-30. • lagrandmare@orange.fr • lagrandmare.com • Dans le centre-ville. Resto tlj sf lun, mar soir et dim soir. Congés : 2 sem fin déc. Double 63 €. Formules déj en sem 13-15 € ; menus 23-43 €.* Face à la grande mare et ses jets d'eaux, un très bon hôtel à la façade à colombages rouges. Les chambres, toutes refaites, sont confortables, spacieuses et colorées. Côté resto, une grande table qui propose dès le 1er menu une cuisine créative de haut vol. Des plats savoureux, au dressage élégant, servis dans une salle tout en boiserie ou dans une cour intérieure aux beaux jours.

Hôtel-restaurant de Normandie : *10, rue Saint-Étienne. ☎ 02-32-30-04-58. • normandie.conches@wanadoo.fr • conches-hotel.com • À quelques pas du donjon. Resto tlj sf lun midi, ven et le soir des dim et j. fériés. Congés : 2 sem en août, 1 sem en nov et en déc. Doubles 62-66 € ; des familiales également. Petit déj 12 €. Formule déj en sem 16 € ; menus 21-38 €.* Les chambres, spacieuses pour la plupart, bénéficient de tout le confort et d'une déco différente pour chacune. Réparties dans 2 bâtiments avec galerie en bois, en vis-à-vis, elles donnent sur un petit jardin intérieur très bien entretenu. Le patron cuisinier confectionne une bonne cuisine normande traditionnelle servie dans une salle vaste et claire. Accueil amical.

Chambres d'hôtes La Marguerite Rouge : *181, rue du Bout-aux-Rabets, 27160* ***Sainte-Marguerite-de-l'Autel.*** *☎ 02-32-37-44-53. • bienvenue@la-marguerite-rouge.com • la-marguerite-rouge.com • À 15 km au sud-ouest de Conches par la D 61 ; puis la D 23 sur la droite, avt Sainte-Marguerite (direction La Ferrière-sur-Risle), et 2e à gauche. Double 70 € ; tarif dégressif dès la 2e nuit. Table d'hôtes 26 €.* Dans un hameau tranquille en pleine nature, 2 suites en duplex situées dans une mignonne dépendance à colombages, dans un beau jardin. Atmosphère douillette et reposante. À la table d'hôtes, repas confectionné avec les légumes et fruits du potager, accompagné de cidre maison. Accueil chaleureux.

Chambres d'hôtes La Grenouillère : *22, rue de la Garenne, 27190* ***Portes.*** *☎ 02-32-30-66-39. 06-01-33-36-81. • lagrenouillere27@yahoo.fr • lagrenouillere-portes.com • À 9 km au nord de Conches par la D 840 et la D 142 ; sur la gauche en entrant dans le village. Double 65 € ; tarifs fortement dégressifs dès la 2e nuit. Assiette gourmande 15 € et table d'hôtes 25 €.* La belle longère entourée d'un jardin abrite 2 chambres de plain-pied : la romantique « Rose d'Antan » et la « Souffle d'Or » avec ses tommettes et ses petites touches dorées. À l'étage, une suite familiale aux couleurs ludiques pouvant être louée en gîte (cuisine équipée, coin salon). Au fond du jardin se cache, à l'étage d'une petite grange-atelier, la « Nid d'amour », qui porte bien son nom. Bref, une très belle adresse, à l'atmosphère sereine.

Au Gré des Champs : *chez Charlotte et Frédéric Gangnon, 1, rue de la Garenne, 27190* ***Portes.*** *• contact@augredeschamps.fr • augredeschamps.fr • À 9 km au nord de Conches par la D 840 et la D 142 ; en arrivant dans le village, continuer toujours tt droit (direction Ferrières-Haut-Clocher) ; la ferme est sur votre droite. Double 70 €.* Les 3 chambres ravissantes se trouvent dans une dépendance de la ferme. Couleurs pimpantes et draps de lin pour tout le monde (vous êtes chez un producteur de cette noble tige, quand même !), parquet clair et murs de brique rouge pour les 2 grandes chambres sous les toits (pouvant accueillir une famille) et béton lissé pour celle en rez-de-jardin avec sa petite terrasse privée. C'est frais, coquet, confortable. Et cerises sur le gâteau : la terrasse, le beau jardin et la cuisine à disposition.

À voir. À faire

L'église Sainte-Foy : *tlj 9h-19h.* Coiffée d'une haute flèche de 52 m, elle fut entièrement reconstruite à la fin du XVe s. Elle abrite de remarquables vitraux du XVIe s (un petit guide les détaillant est disponible à la Maison du tourisme).

Le musée du Verre : *route de Sainte-Marguerite. ☎ 02-32-30-90-41. Mars-nov, mer-dim 14h-18h. Entrée : 3 € ; gratuit moins de 16 ans.* Soufflé, moulé, taillé, sablé... ici, le verre devient œuvre d'art. Ce musée présente de superbes pièces contemporaines créées par des maîtres verriers de renommée internationale (François Décorchemont, Antoine et Étienne Leperlier, Claude Monod, Marisa et Alain Bégou), certains originaires de la région. Nouvelles expos d'artistes chaque année.

Le musée du pays de Conches : *rue Paul-Guilbaud. ☎ 02-32-37-92-16. Juin-sept, mer-dim 14h-18h. Entrée : 3 € ; gratuit moins de 16 ans ; le billet donne accès gratuitement au musée du Verre.* Maison à l'architecture typique de la région offrant un cadre idéal pour reconstituer un intérieur avec objets ménagers, mobilier et costumes. On découvre le savoir-faire des artisans et des paysans normands, avec une dizaine de corps de métiers représentés (apiculteurs, cordonniers, bourreliers...). À l'extérieur, un pressoir et un four à pain (régulièrement allumé le week-end), sans oublier le magnifique arboretum.

DANS LES ENVIRONS DE CONCHES-EN-OUCHE

La Ferrière-sur-Risle : *à 14 km à l'ouest de Conches.* Au fond de la belle vallée de la Risle, aux versants boisés, Ferrière recèle une jolie halle du XIVe s et une église romane du XIIIe s coiffée d'une tour-clocher.
– Le 3e dimanche du mois, adorable petit marché du terroir (le matin) et aux antiquités (l'après-midi).

Le château de Beaumesnil : *à 21 km au nord-ouest de Conches-en-Ouche, sur la route de Bernay. ☎ 02-32-44-40-09. • chateaubeaumesnil.com • Pâques-mai, w-e, j. fériés et tlj pdt vac scol 11h-18h ; juin-août, tlj 10h-19h ; sept, tlj sf lun 14h-18h ; vac scol Toussaint tlj 14h-18h. Entrée : 8,50 € ; réduc. Dim ap-m et tlj pdt vac scol, possibilité d'assister à la fabrication de caramels normands et de les déguster.* Ce « Versailles normand » est le plus beau château construit en Normandie sous le règne de Louis XIII (de 1633 à 1640). Il est situé dans un parc de plus de 60 ha dessiné par La Quintinie, assistant de Le Nôtre à Versailles. Sa façade en brique et en pierre, la richesse de la décoration, la profusion baroque des têtes sculptées au-dessus des fenêtres, le curieux labyrinthe de buis sur la droite et les reflets sur les eaux des bassins donnent une impression esthétique très forte, presque troublante. À l'intérieur de cette demeure inspirée (et meublée), on peut voir un étonnant escalier suspendu entre deux étages, une fort belle bibliothèque et un *musée de la Reliure* présentant au fil des salles des pièces de toutes époques et de différents pays. Enfin, ce beau château baroque est également surnommé « Le Château des Gourmands » avec une galerie de cuisiniers célèbres, une histoire de la gastronomie, des démonstrations de fabrication de caramel suivies de dégustations et une boutique gourmande.
– Juste à côté du château (dont il ne dépend pas) se trouve le ***potager conservatoire*** *(☎ 02-32-46-02-54 ; • 1001legumes.com • ; de mi-mai à juin et sept, le w-e 14h-18h ; juil-août, tlj sf lun-mar 14h-18h ; entrée 4 €),* où les visiteurs peuvent découvrir près de 500 variétés de légumes anciens ou méconnus. Propose également des animations.

Le Chocolatrium : *av. de Conches (D 140), 27240* ***Damville.*** *☎ 02-32-35-20-75. • cluizel.com • ♿ À 13 km au sud-est de Conches-en-Ouche, juste avt Damville. Mar-sam sf j. fériés 10h-18h (dernière entrée à 16h45) ; boutique ouv tte l'année, lun-sam sf j. fériés 10h-18h. Entrée : 5,50 € ; réduc ; gratuit moins de 6 ans.* Cet espace entièrement dédié au chocolat est installé dans un bâtiment moderne, en bord de route, au cœur de la manufacture du fameux artisan chocolatier Michel Cluizel. Une salle d'expo en accès libre retrace l'histoire du chocolat et de sa fabrication sous forme de B.D. La visite guidée débute par la projection d'un film de 35 mn qui dévoile le parcours de la fève de cacao du cacaofévier au chocolatier, puis se poursuit dans une salle vitrée ouverte sur un atelier de fabrication. Un jeu de questions-réponses ludique et amusant est organisé par le guide, avec chocolats à la clé pour ceux qui ont bien assimilé leur « formation », suivi d'un atelier de dégustation. Mhhh ! Des ateliers de pâtisserie sont également organisés. Vraiment sympa !

– ***La base de loisirs de la Noë :*** *1, route d'Évreux,* **La Bonneville-sur-Iton.** *☎ 02-32-37-61-97. À 9 km de Conches ; accès par la D 830, direction Évreux. Juil-août, tlj 10h-19h ; juin, slt le w-e. Accès : 2 € ; réduc.* Dans un environnement verdoyant, un beau lac pour la baignade, l'embarcation à pédales, le canoë-kayak ou la pêche (activités payantes). Également des tennis.

LA VALLÉE DE LA RISLE ET DE LA CHARENTONNE

LE NEUBOURG

(27110) 4 210 hab. *Carte Eure, B2*

Capitale d'une des régions agricoles les plus riches de Normandie, on peut encore y voir les vestiges de son ancien château (qui ne se visitent pas) et découvrir l'église ainsi que le musée de l'Écorché d'anatomie. Mais surtout, ne pas manquer le château du Champ-de-Bataille, dans les environs.

DES BERGERS SORCIERS

Dans la région du Neubourg, au XVIIe *s, plusieurs procès en sorcellerie furent organisés contre des bergers, accusés de pratiquer de terribles messes noires avec des hosties consacrées. Ces bergers avaient la faiblesse de vivre souvent seuls et de n'avoir aucune famille pour les défendre... et aussi de posséder des troupeaux que l'on pouvait récupérer.*

Adresse et infos utiles

Office de tourisme : *pl. du Maréchal-Leclerc, dans l'ancienne gare du Neubourg. ☎ 02-32-35-40-57. • tourisme.paysduneubourg.fr • Un peu excentré mais bien indiqué. Juin-août, lun-sam 10h-12h30, 14h-17h ; le reste de l'année, horaires restreints. Fermé j. fériés.* Propose pas mal de doc, détaillée et intéressante.

– ***Marché :*** *mer mat, autour de l'église.* Un des marchés les plus importants du département.

– ***Marché au foie gras :*** *1 sam mat/mois oct-déc.*

Où dormir ? Où manger ?

Acadine Hotel : *le Mont Rôti, 11-13, route de Conches. ☎ 02-32-36-00-36. • hotelacadine@orange.fr • hotel-acadine-le-neubourg.com • À la sortie de la ville, en direction de Conches. Double 73 €.* Oui, c'est une chaîne ; oui, c'est un peu excentré ; oui, l'environnement n'est pas vraiment exaltant ; mais tout cela, on l'oublie une fois passée la façade anonyme. Les chambres, en effet, sont fraîches, plutôt classe, très confortables et impeccables. Accueil pro et agréable.

La Longère : *1, rue du Docteur-Couderc. ☎ 02-32-60-29-83. • restaurantlalongere@gmail.com • Dans une ruelle qui part de la pl. de l'Église. Tlj sf dim soir et lun. Congés : 3 sem en sept. Formule et menu déj en sem 18,50-23,50 €, menus 30-49 €.* La bonne table de la ville, où un jeune chef créatif travaille avec dextérité des produits frais et de saison. Une cuisine moderne et raffinée, servie dans une salle à la déco épurée ou dans un joli jardin aux beaux jours.

À voir

L'église Saint-Paul : *tlj sf dim 9h30-17h.* Église du XVe s à l'abside triangulaire inhabituelle. Intéressant portail sud en anse de panier avec accolade flamboyante. Vantaux datant du XVIe s. À l'intérieur, vitraux superbes et riche mobilier : 18 stalles, autels latéraux et lutrin, tous du XVIIe s. Beau saint Jean-Baptiste en pierre polychrome du XVe s. Près du baptistère, émouvant saint Paul en bois du XVe s, complètement rongé par les éléments (il resta quelques siècles dehors !).

Le musée de l'Écorché d'anatomie : *espace culturel, 54, av. de la Libération. ☎ 02-32-35-93-95. Mer-dim et j. fériés 14h-18h. Fermé de mi-déc à mi-janv. Entrée : 4,50 € (audioguide inclus) ; réduc ; gratuit moins de 10 ans.* Voici un musée bien insolite ! Le corps humain sous toutes ses coutures ! Muscles, vaisseaux, organes... Mais, rassurez-vous, un corps humain « artificiel » : telle fut l'invention du docteur Auzoux au début du XIXe s. Les pièces exposées proviennent de la fabrique qu'il a créée. Une vidéo retrace l'histoire du génial médecin et des processus de production utilisés jusqu'à nos jours. Il est assez incroyable, quand on y pense, qu'un homme ait pu, en pleine campagne et à cette époque, atteindre une telle perfection. Toutes ces pièces de carton-pâte-liège avaient pour seul but de vulgariser l'anatomie sans avoir forcément à passer par la dissection. Également quelques spécimens, version faune et flore : mouche tsé-tsé, boa, abeille, fougère, etc.

DANS LES ENVIRONS DU NEUBOURG

Le château du Champ-de-Bataille : *à* ***Sainte-Opportune-du-Bosc,*** *27110 Le Neubourg. ☎ 02-32-34-84-34. • lechateauduchampdebataille.com • À 5 km au nord-ouest du Neubourg par la D 39. Château ouv Pâques-Toussaint, w-e et j. fériés 14h30-17h30 ; juil-août, tlj. Jardins ouv mars-déc, mer-dim 11h-18h ; mai-août, tlj 10h-19h. Entrée : 12 € (jardins) ; 24 € avec la visite du château (audioguide) ; réduc. CB refusées.* Au milieu d'un parc de 40 ha, superbe château ducal du XVIIe s, l'une des plus fastueuses demeures de Normandie. Habité et ouvert au public, il fut racheté en 1992 par le célèbre architecte d'intérieur Jacques Garcia. À l'intérieur, riches décor et mobilier qui donnent une idée précise de l'art de vivre au XVIIIe s. Mais pour notre part, on est encore pétri d'admiration devant les jardins à la française récemment réaménagés. Un endroit où le rêve un peu fou, la passion tenace, la poésie, l'imaginaire et la réalité ont fusionné pour créer une « œuvre contemporaine » unique en Normandie. Ne cherchez pas les traces des anciens jardins, il n'en reste presque pas. Seules les dentelles de buis ont été restaurées selon les plans de Le Nôtre. Tout n'est donc que pure création et symboliques. Ici, les végétaux sont mis en scène à travers de remarquables perspectives. Là, ils épousent la forme de reptiles. Plus loin, le visiteur se perd dans le labyrinthes. Opéra en plein air en juin. Un site majeur de l'Eure.

Le domaine d'Harcourt : *13, rue du Château, 27800* ***Harcourt.*** *☎ 02-32-46-29-70. • harcourt-normandie.fr • (arboretum et extérieurs du château). De mi-juin à mi-sept, tlj 10h30-18h30 ; de mars à mi-juin et de mi-sept à mi-nov, tlj sf mar 14h-18h. Entrée : env 4 € ; 1,50 € enfant ; gratuit moins de 6 ans ; réduc.*

Extérieurs en cours de restauration au niveau de la basse cour. Caché au milieu d'arbres centenaires, ce château a deux visages : d'un côté, une forteresse médiévale caractéristique de l'architecture militaire des XIIIe et XIVe s en Normandie ; de l'autre, une résidence classique du XVIIe s. Les murs d'enceinte, protégés par de profonds fossés, ont conservé plusieurs tours de défense. Dans la cour, puits à roue du XIVe s. À l'intérieur, expo sur l'histoire du lieu, au fil de superbes salles. On y apprend tout de l'architecture du château, particulièrement intéressante. Dans le Jardin remarquable qui l'entoure, un arboretum de toute beauté, considéré comme le plus ancien de France, rassemble 500 essences, notamment des séquoias et de magnifiques cèdres du Liban du début du XIXe s. Et aussi des hêtres tortillards, des cyprès chauves... Animations pour les enfants et les familles d'avril à octobre.

LE BEC-HELLOUIN (27800) 420 hab. *Carte Eure, B2*

Adorable village avec ses maisons à colombages entourées de verdure. Blotti dans une vallée paisible où coule le Becquet, petit ruisseau de moins de 10 km de long aux eaux canalisées par les moines, ce site labellisé « Les Plus Beaux Villages de France » est aussi l'un des lieux les plus touristiques de la région durant l'été.

Où dormir ? Où manger dans le coin ?

***Camping Saint-Nicolas :** 15, rue Saint-Nicolas, Le Bec-Hellouin. ☎ 02-32-44-83-55. 06-84-75-70-32. • campingstnicolas@orange.fr • campingsaintnicolas.fr • À env 2 km du bourg ; accès par la D 281, direction Malleville-sur-le-Bec. Ouv de mi-mars à mi-oct. Selon saison, compter 13,60-15,80 € pour 2 avec tente et voiture ; mobile homes 215-520 €/sem. 106 empl.* Paumé en pleine campagne, avec le chant des zoziaux en fond sonore, un très grand pré avec, çà et là, des pommiers parmi lesquels on aurait disséminé des bosquets de rosiers ; le tout traversé par une petite route goudronnée. C'est dans ce coin tranquille et soigneusement tenu (sanitaires compris) que vous planterez votre tente. Sur place, une piscine couverte, un snack, une petite épicerie et un tennis (vieillissant). Loin dans leur coin, des mobile homes et autres locations à l'année.

***Le Logis de Brionne :** 1, pl. Saint-Denis, à **Brionne** (27800). ☎ 02-32-44-81-73. • lelogisdebrionne@free.fr • lelogisdebrionne.com • À 7 km au sud du Bec-Hellouin, sur un rond-point, dans un quartier résidentiel à 200 m du centre-ville. Resto tlj sf lun, mar midi, sam midi et dim soir. Congés : 3 sem en août. Doubles 85-120 € selon confort. Menu déj en sem 19,50 €, puis 39-62 €.* Un resto gastro de solide réputation où le chef, Alain Depoix, travaille des produits de grande qualité qu'il aime accompagner des savoureux légumes de son jardin. Le « menu bistrot » servi le midi en semaine est d'un rapport qualité-prix exceptionnel ! Cadre feutré, service impeccable et bon accueil de madame. À l'étage, une douzaine de chambres de bon confort, refaites pour certaines, mais les anciennes (moins chères) sont encore très bien !

À voir. À faire

***L'abbaye Notre-Dame du Bec :** dans le village. ☎ 02-32-43-72-60. • abbayedubec.com • Visite libre (mais on ne voit pas grand-chose) tlj 9h-20h. Visites guidées tte l'année, tlj sf mar : lun et mer-sam à 10h30, 15h et 16h (plus 17h juin-sept sf sam), dim et fêtes à 12h, 15h et 16h. Entrée : 5,50 € ; réduc ; gratuit*

moins de 18 ans. En attendant la visite guidée, on peut se promener dans le parc. Offices chantés en grégorien et en français avec, les dimanche et jours de fêtes, la présence des moniales de Sainte-Françoise-Romaine.
Fondée en 1034 par le père Herluin (appelé aussi Hellouin), l'abbaye devint vite l'un des hauts lieux de la pensée occidentale. Particulièrement riche, elle exerça une grande influence dans toute la région. La guerre de Cent ans occasionna de graves dommages. Transformée en caserne pendant la Révolution, elle fut ensuite vendue par Napoléon qui fit détruire l'église abbatiale : on n'aperçoit plus que la base de ses piliers et quelques arcades gothiques sur la pelouse principale. La nouvelle église est aménagée dans l'ancien réfectoire. Magnifique salle voûtée. Au milieu du chœur, un sarcophage en pierre renferme le corps du fondateur. Aux fenêtres, encore quelques carreaux à l'ancienne.
Le *cloître* a gardé une belle porte gothique ainsi qu'un escalier monumental.
Une boutique vend des poteries peintes à la main et des lithographies, toutes œuvres de belle facture exécutées par les moines qui vivent encore dans l'abbaye.

➢ Une ***voie verte*** relie Pont-Authou (juste au nord du Bec-Hellouin) au Neubourg et à Évreux (43 km au total) en suivant l'ancienne voie ferrée Évreux-Honfleur.

BERNAY

(27300) 10 880 hab. *Carte Eure, B2-3*

• Plan *p. 91*

Labellisée « Ville d'art et d'histoire », une charmante petite cité miraculeusement épargnée lors de la Seconde Guerre mondiale. Bourgade commerçante et animée, véritable « petite capitale ». Un beau musée et un festival de demeures anciennes vous y attendent.

DEVINETTE

Pourquoi de nombreux établissements en France portent-ils le banal nom de Lion d'Or ? Parce qu'initialement, afin d'informer les illettrés sur la destination d'un établissement, la mention « Au lit on dort... » était gravée sous forme de rébus sur les façades des auberges.

Adresses et infos utiles

Office de tourisme *(plan A1)* **:** *29, rue Thiers.* ☎ *02-32-43-32-08.* • *bernaytourisme.fr* • *De mi-juin à mi-sept, lun-sam 9h30-18h, dim et j. fériés 10h-13h ; hors saison, lun-sam 9h30-12h30, 14h-17h30.* Bonne doc sur Bernay et la région, notamment sur les voies vertes. Visites guidées de la ville en saison *(mer ou sam).*

***Gare SNCF* :** *bd Dubus.* ☎ *36-35 (0,34 €/mn).* Trains directs pour Paris-Saint-Lazare (env 1h30).

– ***Marché* :** *sam mat.* Un des plus intéressants du département. Aux quatre coins de la ville, fleurs, légumes, volailles et artisanat, avec de nombreux camelots.

Où dormir ? Où manger ? Où boire un verre ?

Camping

Camping municipal *(hors plan par A2,* ***10****)* **:** *rue des Canadiens.* ☎ *02-32-43-30-47.* • *camping@bernay27.fr* • *ville-bernay27.fr* • *Prendre la direction de Broglie, puis suivre les panneaux. Ouv mai-fin sept. Env 14,50 € pour 2 avec tente et voiture ; mobile homes 302-382 €/sem. 50 empl.* Camping aux limites de la ville, entre un quartier pavillonnaire et le stade municipal. Emplacements ombragés séparés par des haies, répartis sur 1 ha. Bien tenu. Location de mobile homes possible au week-end, même en été. Piscines couverte et découverte à 800 m et tennis à 500 m. Accueil dynamique et très sympa.

De bon marché à chic

Le Lion d'Or (plan A2, **11**) : *48, rue du Général-de-Gaulle. ☎ 02-32-43-12-06. • hotelliondor@wanadoo.fr • hotel-liondor-bernay.com • Congés : 25 déc-1er janv. Doubles 67-96 € selon confort ; familiales également. Parking payant dans la cour intérieure.* Cet ancien relais de poste du XVIIIe s, avec son grand porche pour les diligences, abrite une vingtaine de chambres très confortables à la déco contemporaine sobre. Mention spéciale pour la déco des parties communes à l'ambiance digne d'une maison d'hôtes.

La Ferme en Ville (hors plan par A2, **12**) : *428, rue de Saint-Nicolas. ☎ 02-32-47-14-03. • lafermeenville@outlook.com • lafermeenville.eu • À la sortie du centre-ville en direction de Broglie et L'Aigle, fléché sur la droite. Doubles 75-90 € selon confort ; une suite également. Table d'hôtes tlj sf dim-lun. Résa conseillée. Formule déj 20 €, menus 26-35 €.* Dans un joli manoir en lisière de la ville, 5 chambres d'hôtes très confortables, à la déco contemporaine soignée. Agréable terrasse pour se poser dans le parc. Fait également table d'hôtes, ouvertes aux non-résidents, pour déguster une cuisine semi-gastro concoctée par un chef consciencieux.

L'Odassiette (plan A1, **13**) : *10, rue Gaston-Folloppe. ☎ 02-32-43-42-32. Tlj sf sam soir, dim et lun. Résa conseillée. Formule déj 15 €, menu 21 €.* Dans un cadre contemporain, un excellent resto qui met à l'honneur des produits d'exception comme du jambon ibérique de Bellota, du foie gras maison, de la côte de bœuf (de 300 g !) accompagnée de pomme grenaille de Noirmoutier... La cuisson est précise, le service est efficace et l'accueil chaleureux. À ce prix, on devient vite un habitué !

Le Bistrot (plan A1, **14**) : *21, rue Gaston-Folloppe. ☎ 02-32-46-23-60. • robertbe@free.fr • Tlj sf dim-lun. Congés : de mi-juil à début août. Résa conseillée. Formules 11,50-14,50 € (déj en sem), puis 19,50-26,50 €. Kir maison offert sur présentation de ce guide.* Une jeune équipe tient les commandes de ce petit resto au cadre médiéval, dans une maison du XVe s, avec une cheminée imposante. On trouve des plats à base de fromage, de foie gras maison et de recettes traditionnelles... Rien de bien compliqué, mais l'endroit est sympa.

Le Brin d'Zinc (plan A1, **15**) : *32, rue Gaston-Folloppe. ☎ 02-32-43-68-00. Tlj sf dim-mar, 11h30 (18h le w-e)-1h.* Les lieux festifs ne sont pas monnaie courante dans l'Eure ! Une aubaine que ce bar à bières super convivial, tenu par le très accueillant Hervé qui organise régulièrement des concerts rock de bonne qualité, y compris improvisés au retour du marché le samedi matin. Un lieu idéal pour faire des rencontres sympas.

Où manger dans les environs ?

La Calèche : *54, rue Saint-Nicolas, 27170* ***Beaumont-le-Roger.*** *☎ 02-32-45-25-99. • lacaleche27@wanadoo.fr • À 17 km à l'est de Bernay par la D 133. Tlj sf mar-mer et dim soir. Congés : 3 sem en janv et en juil. Menus déj en sem 19 €, puis 25-35 €.* Dans une petite salle à la déco simple, on déguste une cuisine gastronomique inspirée, qui se termine en apothéose par des desserts à tomber (fondant au chocolat, soufflé aux fruits de saison...). Le chef est également un grand pâtissier ! Accueil chaleureux et ambiance conviviale.

L'Hostellerie du Moulin Fouret : *2, route du Moulin-Fouret, 27300* ***Saint-Aubin-le-Vertueux.*** *☎ 02-32-43-19-95. • lemoulinfouret@wanadoo.fr • À env 3 km au sud de Bernay.*

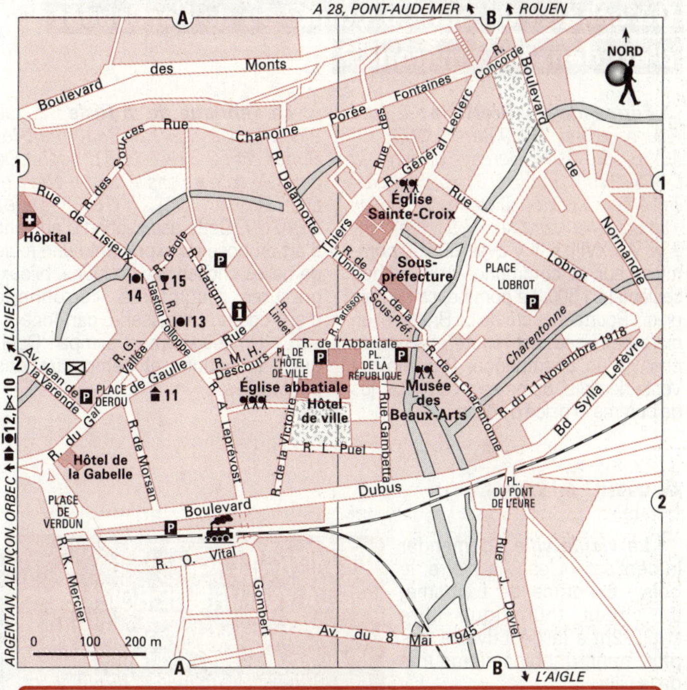

BERNAY

■ **Adresse utile**	**11** Le Lion d'Or
Office de tourisme	**12** La Ferme en Ville
Où dormir ? Où manger ? Où boire un verre ?	**13** L'Odassiette
	14 Le Bistrot
10 Camping municipal	**15** Le Brin d'Zinc

Tlj sf dim soir et lun, plus mar oct-mars. Formule et menus 20-26 € (midi en sem)-45 €. Café offert sur présentation de ce guide. Dans ce vieux moulin à aubes du XVIe s, blotti au fond d'un vallon en bordure de la Charentonne, une salle au décor exquis, particulièrement intime près de la cheminée. On apprécie la cuisine généreuse de François Déduit, à la fois simple et élaborée. Parmi ses spécialités : le foie gras chaud, les ris de veau... Terrasse aux beaux jours dans le superbe parc.

|●| *La Pommeraie :* *D 438, 27270 Saint-Quentin-des-Isles. ☎ 02-32-45-28-88. • sebastien-rodrigue@orange.fr • À env 3 km au sud-ouest de Bernay par la D 438 (direction Broglie). Tlj sf dim soir et lun. Formules et menus en sem 13-25 €, puis 28-59 €.* Au bord d'une grosse départementale et entouré d'un jardin, un établissement au cadre chic et paisible. Vaste salle claire donnant sur le jardin et un plan d'eau où barbotent des canards. Cuisine de terroir (déclinaison de foie gras) avec quelques accents exotiques.

Où acheter de bons produits ou de l'artisanat d'art dans les environs ?

Ferme de La Bretterie : *2, rue Alaune, Le Bret, 27300* ***Carsix.*** *☎ 02-32-46-16-25. ♿ De Bernay, prendre la D 438 (9 km), puis la D 31 sur la droite. Traverser Carsix et suivre les panneaux « La Bretterie » sur 1 km. Tlj 9h-12h, 14h-18h.* Au XVIIIe s, il y avait 80 000 pommiers sur la commune. Aujourd'hui, seulement 1 500. La pomme, ça ne paie plus... Pourtant, le cru de La Bretterie, un cidre demi-sec, est réputé et s'approche... d'un champagne. Pas moins ! Vente de cidre, pommeau, calvados, jus de pomme et gelée de cidre.

La Fabrique de la Risle : *2, rue Albert-Parissot, 27170* ***Beaumont-le-Roger.*** *☎ 02-32-47-19-31. • fabriquedelarisle.com • Dans le centre-ville (fléché). Mer-dim 14h-17h (18h30 le w-e). GRATUIT.* Cette association d'artisans d'art propose en expo-vente une foule de belles choses : céramiques, bijoux, gravures, sculptures, ferronnerie d'art, couture, tapisserie, cartonnage, jeux... Un lieu vraiment sympa ! Quelques animations et démonstrations ponctuelles.

À voir. À faire

➢ ***La vieille ville :*** demander le dépliant « L'eau, la pierre, le bois » à l'office de tourisme, un circuit touristique libre (1h30-2h) à la découverte des plus remarquables demeures de la ville.

LE MITRAILLAGE DE LA VOITURE DE ROMMEL

Le 17 juillet 1944 (6 semaines après le Débarquement), la voiture du chef des armées allemandes, Rommel, fut mitraillée par un avion allié. Celui-ci reçut quelques soins à l'hôpital de Bernay et s'en sortit très diminué. On apprit en 1990 seulement que le pilote était français.

Le musée des Beaux-Arts de Bernay *(plan B2) : pl. Guillaume-de-Volpiano. ☎ 02-32-46-63-23. De mi-juin à mi-sept, mar-dim 11h-18h ; reste de l'année, mar-dim 14h-17h30. Fermé 1er janv, 1er mai et 25 déc. Entrée : 4 € ; réduc ; gratuit moins de 12 ans et pour ts mer et 1er dim du mois. Le prix du billet inclut l'entrée dans l'église abbatiale et l'expo temporaire en cours.*

Magnifiquement installé dans l'ancien logis abbatial, le musée présente de riches collections de peintures et de mobilier, et met en avant les grands collectionneurs qui ont participé à sa création et à son développement.

– ***Rez-de-chaussée :*** la première salle retrace l'histoire de Bernay, du musée et de l'abbaye depuis la Révolution. On pourra y voir un sarcophage, découvert dans le chœur de l'abbatiale, attribué à Judith de Bretagne (grand-mère de Guillaume Le Conquérant). La salle suivante, dédiée à André Mare (artiste cubiste du début du XXe s), présente des œuvres de grande valeur artistique, mêlant peintures, sculptures, quelques pièces de la Compagnie des arts français et deux études attribuées aux ateliers de Nicolas Poussin et Charles Lebrun. Plus loin, une section est consacrée aux œuvres religieuses de l'ancien directeur des Ateliers d'art sacré, Henri de Maistre (1891-1953).

– ***1er étage :*** conçu au XIXe s sur le modèle du Louvre avec une enfilade de salles aux murs rouge pompéien, parquet craquant et salon carré orné d'une corniche gréco-romaine, c'est la partie la plus ancienne du musée. Une salle est consacrée aux dépôts d'État, puis la collection de l'avocat Eugène Lobrot dévoile son goût pour la mythologie, l'art religieux et les paysagistes contemporains comme Diaz de La Peña (école de Barbizon) et Constable. Après un passage sous le regard de l'archéologue et peintre autodidacte Lottin de Laval (1810-1903), la visite se termine par l'impressionnante collection de faïences du XVIe au XIXe s, cédée à la ville par le premier conservateur du musée, Alphonse Assegond.

L'église abbatiale *(plan A-B2) :* *en accès libre en été, sinon entrée comprise avec celle du musée des Beaux-Arts ; mêmes horaires.* C'est la plus ancienne des grandes églises romanes de Normandie. Mieux, c'est en quelque sorte le berceau de l'art roman de la région ; c'est ici en effet que de nombreuses techniques architecturales furent expérimentées. L'abbaye elle-même fut fondée entre 1008 et 1017, et l'église construite au cours du XIe s. Aujourd'hui, la mairie et le tribunal occupent les bâtiments (du XVIIe s) de l'abbaye ayant survécu à la Révolution, la salle capitulaire reçoit les expositions temporaires du musée. L'église abbatiale, quant à elle, faillit bien disparaître. Très mutilée, elle servit d'entrepôt. On peut en admirer le grand vaisseau, ses larges arcades sur chapiteaux corinthiens, les baies géminées, les fenêtres hautes laissant entrer une superbe lumière. Intéressant bas-côté sud, voûté de coupoles sur trompe. Certains chapiteaux présentent de belles sculptures figuratives ou à motifs végétaux.

L'église Sainte-Croix *(plan B1) :* du XIVe s. Façade et belle tour du XVIIe s de style flamboyant avec lanternon. À l'intérieur, splendides dalles funéraires des abbés du Bec-Hellouin. Dalle de Guillaume d'Auvilliers (datant de 1418) dans le transept droit ; elle reçut une polychromie en 1833. Maître-autel de 1683 avec baldaquin. En hauteur, statues d'apôtres et d'évangélistes du XIVe s.

SAINT NAPOLÉON ET LA SAINTE-CROIX

En 1808 fut créée une statue de Saint Louis avec les traits de l'empereur Napoléon Bonaparte (elle est placée à gauche du chœur de l'église Sainte-Croix). Quant à Cambacérès, il fut représenté en saint Jean-Baptiste. Après la chute de l'Empire, on préféra cacher ces illustres modèles pas vraiment en odeur de sainteté...

Fête et manifestations

- ***Salon des antiquaires :*** *w-e de Pâques (ven-lun).*
- ***Déjeuner sur l'herbe :*** *dernier dim de juin.* Animations autour d'un pique-nique champêtre, jeux anciens, guinguette.
- ***Festival Côté cour - Côté jardin et Festival de la marionnette :*** *1re quinzaine de juil.*
- ***Fête de la Voie verte :*** *dernier dim de sept.* Nombreuses activités proposées autour de la voie verte Bernay-Broglie.

LE PAYS D'AUGE ET LE LIEUVIN

Au sud de Pont-Audemer, entre le Calvados et la Risle, s'étend une très jolie région. Cette « Eure augeronne » est traversée par de nombreux petits cours d'eau (les *doults* ou *douets*) qui se jettent dans la Calonne, la seule rivière du département à ne pas dépendre de la Seine. Région présentant de pittoresques petites vallées encaissées où musardent d'adorables

routes étroites. Chemins creux et futaies attendent les randonneurs. C'est un peu le Far West de l'Eure, sauvage et calme...
La sympathique petite ville de *Cormeilles* mérite une escale pour se balader dans ses rues pentues, ou chiner chez les quelques antiquaires et brocanteurs encore présents.

LA HYÈNE DE LA GESTAPO

Violette Morris fut une grande championne toutes catégories : natation, javelot, vélo... Elle se fit même retirer les seins pour mieux piloter lors des rallyes. Elle tomba vite dans la collaboration et fut une adepte de la torture au chalumeau. Sa Traction 15 fut sulfatée par la Résistance, près de Beuzeville dans le Lieuvin, au printemps 1944.

Adresse utile

Office de tourisme du canton de Cormeilles : *21, pl. du Général-de-Gaulle, 27260* **Cormeilles.** *☎ 02-32-56-02-39. • office-tourisme-cormeilles.com • Juil-août, lun-sam 10h-19h, dim et j. fériés 10h-13h ; hors saison, mar-sam 10h-13h, 14h-18h.* Organise des balades nature dans les environs.

Où dormir ? Où manger dans le coin ?

Hôtel-restaurant Le Cochon d'Or : *64, rue des Anciens-d'Afrique-du-Nord, 27210* **Beuzeville.** *☎ 02-32-57-70-46. • aubergeducochondor@orange.fr • le-cochon-dor.fr • Resto fermé lun, plus dim soir de mi-sept à mi-juil. Doubles 63-69 € selon saison. Formule et menu en sem 15,50-20,50 €, puis 32-48 €. Café et mignardise maison offerts sur présentation de ce guide.* En plein centre, une belle maison de maître avec 6 chambres confortables dans un style épuré ou classique selon les goûts, aux sols en coco. Mais l'auberge est avant tout une très bonne table où le chef émérite, Jean-Marie Vendel, concocte une cuisine d'inspiration gastro à base de bons produits de producteurs locaux et de poissons frais de mareyeurs de Honfleur, servie dans une vaste salle rustique ou en terrasse couverte.

Auberge de la Houssaye : *1, route des Anglais, 27260* **Épaignes.** *☎ 02-32-20-46-83. • aubergedelahoussaye@gmail.com • hotelepaignes.com • Resto fermé lun-mar et dim soir. Double 74 €. Formules déj en sem 14,50-16,50 €, puis menus 22-29 €. Kir maison offert sur présentation de ce guide.* Au cœur du village, une petite auberge toute proprette proposant des chambres à la déco standard, mais confortables et avenantes. Au resto, la spécialité est le foie gras. Il faut dire que le propriétaire des lieux en est producteur – d'ailleurs, il possède aussi une boutique dans le village *(ouv ven-dim)* –, et ici les produits passent directement de la ferme à l'assiette. Possibilité de visiter la ferme sur demande.

Auberge du Président : *70, rue de l'Abbaye, 27260* **Cormeilles.** *☎ 02-32-57-80-37. • aubergedupresident@wanadoo.fr • hotel-cormeilles.com • Resto fermé lun midi, plus dim soir hors saison. Congés : 1re quinzaine de janv. Doubles 88-95 € selon confort ; des familiales également. Menus lun-sam midi 22,50 €, puis 26,50-40 €. Parking.* Une vieille auberge normande avenante, tout comme ses propriétaires qui font tout pour vous accueillir au mieux. Chambres cosy et confortables, donnant sur la belle cour-terrasse du resto. Salle à manger d'un rustique un tantinet chic où l'on sert une cuisine traditionnelle gourmande. Excellent petit déj et espace spa inclus dans le prix ! Un très bon hôtel.

|●| ***Gourmandises :*** *29, rue de l'Abbaye, 27260* ***Cormeilles.*** *☎ 02-32-20-63-42. Fermé lun-mer midi. Congés : 1 sem en janv, juin et oct. Menu déj en sem 19 €, menus à l'aveugle 29-35 €, carte 35-40 €.* C'est dans ce resto discret à la façade à colombages que s'est installé le jeune et talentueux chef Alexis Osmont pour exprimer sa grande créativité dans une ambiance de franche camaraderie. Un cadre bistrotier avec cuisine ouverte et de belles propositions à la carte, mais foncer sur le menu à l'aveugle pour de très belles surprises en 4-5 plats. Pour accompagner, faites encore confiance au chef pour ses bons vins de petits producteurs, proposés au verre à prix démocratiques. Un gros coup de cœur pour cette table devenue en quelques années une référence dans le département. À ne pas manquer !

À voir

Distillerie Busnel : *route de Lisieux, 27260* ***Cormeilles.*** *☎ 02-32-57-80-08. • distillerie-busnel.fr • Boutique ouv de mars à mi-nov, plus le w-e jusqu'à fin déc 10h-12h30, 14h30-19h. Visite guidée à 10h15, 11h30, 14h45, 16h15 et 17h30 (mieux vaut réserver pour ne pas se retrouver avec un gros groupe). Tarifs : 2 €, dégustation incluse.* Créée en 1820, cette fameuse distillerie produit un calvados et un pommeau de bonne qualité. La visite guidée dresse l'historique de la maison, passant par le musée, les silos, la salle des fûts, puis d'embouteillage et se termine, comme il se doit, par une dégustation. Hips !

LE PARC NATUREL RÉGIONAL DES BOUCLES DE LA SEINE NORMANDE

Situé entre Rouen et la mer, le parc naturel régional des Boucles de la Seine normande regroupe 74 communes de l'Eure et de la Seine-Maritime. Sur son territoire, mais toutes en Seine-Maritime, trois forêts domaniales gérées par l'*Office national des forêts* : la forêt de Brotonne, qui se niche dans l'une des boucles de la Seine, face à Caudebec, celle du Trait-Maulévrier et celle de Roumare. Plusieurs itinéraires pédestres et cyclistes permettent de découvrir les paysages de cette vallée. Et n'oublions pas la très belle route des Chaumières, qui sillonne le parc depuis la Maison du parc (voir ci-dessous) jusqu'au Marais-Vernier, ainsi que la route des Fruits, jusqu'à Duclair (en Seine-Maritime). Nombreux sites, villages et écomusées à visiter.

Adresse utile

■ ***Maison du parc*** *(carte Eure, B1) :* *692, rue du Petit-Pont, 76940* ***Notre-Dame-de-Bliquetuit.*** *☎ 02-35-37-23-16. • pnr-seine-normande.com • ♿ À la sortie nord du village. Tte l'année, lun-ven*

9h-12h30, 13h30-18h (sans interruption avr-sept) ; ouv aussi w-e et j. fériés avr-sept 11h-17h. Centre d'accueil et de renseignements sur les activités du parc (musées, sorties à thème, randonnées, fêtes traditionnelles de village, etc.). Location de vélos toute l'année.

PONT-AUDEMER

(27500) 8 940 hab. *Carte Eure, B1*

Comme bon nombre de villes dans cette région, Pont-Audemer fut bombardée pendant la Seconde Guerre mondiale. Son centre, cependant, fut assez préservé et se révèle plutôt animé grâce à ses commerces le long de la rue principale. On découvre, en furetant un peu, de belles maisons à colombages ainsi que plusieurs petits cours d'eau auxquels la ville doit son surnom de « Venise normande » (ce qui est, certes, un peu exagéré !). Lors de vos déambulations, goûtez donc à la spécialité locale : le *mirliton,* une sorte de cigarette fourrée de mousse pralinée et enrobée de chocolat aux extrémités...

Adresse et info utiles

ℹ ***Office de tourisme :*** *pl. du Général-de-Gaulle. ☎ 02-32-41-08-21. • ville-pont-audemer.fr • Tte l'année, lun-sam 9h30-12h30, 14h-17h30, plus dim 10h-12h juin-sept.* Juillet-août, visite guidée de la ville le vendredi soir *(env 3 €).* Demander le fascicule gratuit du circuit-promenade (1h30) pour découvrir la ville et son histoire. Organise également des sorties dans les étangs à la découverte de la faune et la flore. Excellent accueil et plein de bons conseils.

– ***Marché :*** *lun et ven mat.*

Où dormir ? Où manger ?

Camping

⛺ ***Risle-Seine, Les Étangs :*** *19, route des Étangs. ☎ 02-32-42-46-65. • infos@camping-risle-seine.com • camping-risle-seine.com • ♿ Ouv avr-fin oct (fin déc pour les loc). Compter 14,50-18,50 € pour 2 avec tente et voiture ; cottages 6 pers 196-616 €/sem selon saison. 71 empl.* Agréable camping pas trop grand et bien équipé, juste à côté de la Risle et du chemin de halage. Emplacements séparés par une petite haie. Mention spéciale pour les cottages tout en bois et sur pilotis plantés dans un bel environnement à proximité des lacs. Piscine et club nautique à côté (voile, kayak, etc.). Dommage que l'on entende un peu la rumeur de l'autoroute.

De bon marché à prix moyens

🍴 ***Au P'tit Étal :*** *1, rue Place-de-la-Ville. ☎ 02-77-18-21-04. Accès par un passage discret, rue de la République, face à l'église. Tlj sf dim-lun. Plats à l'ardoise 11-15 €.* Dans une ruelle calme, un brin caché, un petit bistrot gourmand à la façade à colombages, fréquenté par les habitués. Petite salle au cadre chaleureux, tout en vieilles poutres, et quelques tables en terrasse. Propose une cuisine moderne et savoureuse, et notamment de belles suggestions marines, le tout servi avec le sourire.

Où dormir ? Où manger dans les environs ?

De chic à beaucoup plus chic

Chambres d'hôtes du Domaine Le Hêtrey : _4, chemin du Hetrey, 27500 **Toutainville.** 06-51-87-54-07. • domainelehetrey@gmail.com • À 5 km à l'ouest de Pont-Audemer par la D 675, à gauche après la petite gare, puis traverser la voie ferrée (inactive), et la longer en sens inverse. Doubles 95-120 € selon la chambre._ Dans un calme vallon, une très belle maison d'architecte au cœur d'un vaste parc paysager avec un étang de pêche. Grande chambre à la déco très contemporaine au rez-de-chaussée et 2 autres à l'étage partageant une salle de bains et une terrasse avec vue panoramique (plus pour une famille ou avec des amis). L'une d'elles possède une chambre en mezzanine pour les enfants. Dans une annexe, une maison d'hôtes avec cuisine, salon et cheminée et 2 chambres très élégantes proposées pour 2 nuits minimum. Une adresse de charme, assez onéreuse mais de grand confort.

Restaurant Risle-Seine : _5, pl. de la Mairie, 27500 **Bourneville.** 02-32-42-30-22. • risle.seine@free.fr • À 10 km à l'est de Pont-Audemer par la D 139 ; à côté de l'office de tourisme. Tlj sf mar-mer. Congés : vac de la Toussaint. Résa conseillée le w-e. Formule déj en sem 13,90 € ; menus 18,80-33,50 €._ On s'est laissé tenter par la façade avenante. Bonne pioche ! La cuisine est bien comme annoncée « de tradition aux accents du terroir normand » (croustillant de camembert, pressé de rognons de veau et andouille...). Service discret et attentionné.

Hôtel Le Petit Coq aux Champs – Restaurant L'Andrien : _400, chemin du Petit-Coq, la Pommeraie-Sud, 27500 **Campigny.** 02-32-41-04-19. • info@lepetitcoqauxchamps.fr • lepetitcoqauxchamps.fr • À env 6 km au sud-est de Pont-Audemer ; accès par la D 810 (direction Bernay), puis la D 29 vers Campigny. Oct-mars, fermé lun et dim soir. Congés : 20 déc-20 janv. Doubles 119-210 € selon confort et saison. Menus 36-74 € ; carte env 65 €. Parking. Trou normand et crème brûlée offerts sur présentation de ce guide._ En pleine campagne, voici une chaumière de charme aux chambres confortables, doublée d'une table délicieuse, accueillante et décontractée tout en étant raffinée. Le chef, Jean-Marie Huard, brille d'inventivité pour associer plaisir des yeux et plaisir du palais. La carte change au fil des saisons et privilégie le terroir et les produits de la mer. Côté hôtel, le style des chambres varie selon leur situation. Celles à l'étage, les plus classiques, presque austères, disposent d'un petit balcon. Notre préférence va à celles du rez-de-chaussée, plus contemporaines mais aussi plus chaleureuses et très élégantes. Jardin paysager, piscine de plein air chauffée et cheminée pour les soirées d'hiver.

À voir

L'église Saint-Ouen : _rue de la République. **Fermée pour travaux de restauration.**_ Des XIe et XVe s, de style on ne peut plus hybride et jamais achevée, comme en témoigne la façade. À l'intérieur, chœur roman aux vitraux modernes et nef gothique avec de magnifiques verrières.

Le musée Alfred-Canel : _64, rue de la République. 02-32-56-84-81. Lun et mer-ven 14h-18h (oct-avr slt mer et ven) ; le w-e 10h-12h30, 14h-18h. Fermé 1er janv, 1er mai et 25 déc. GRATUIT. Visite guidée : 2,50 € ; réduc ; gratuit moins de 26 ans._ Un joli petit musée dédié à Alfred Canel et aménagé dans son ancienne maison. Le temps y semble suspendu. Né en 1803, cet homme de lettres humaniste et républicain, archéologue, député de l'Assemblée constituante qui défendit avec ardeur l'école laïque, fut d'abord avocat. Seulement voilà, son discours trop libéral au goût de certains et son opposition politique à Napoléon III lui valurent quelques ennuis. Assigné à résidence, il se consacra à sa passion : la collecte de livres. À sa mort, il légua l'intégralité de sa bibliothèque à la municipalité, soit près de 6 000 ouvrages sur la Normandie, dont certains très rares. Ils rejoignirent les 15 000 livres anciens de la bibliothèque municipale qu'il avait lui-même créée, et cette dernière fut installée dans sa maison. Au 1er étage, une galerie des arts et des sciences présente une collection de peintures de paysages normands, des sculptures, des pièces archéologiques, des collections de sciences naturelles et industrielles. Aux 2e et 3e étages, expos temporaires d'histoire de l'art ou d'art contemporain.

DANS LES ENVIRONS DE PONT-AUDEMER

La Haye-de-Routot : à l'orée de la forêt de Brotonne, ce joli petit village a vu naître la *Confrérie des amis de l'ortie (● lesamisdelortie.fr ●).* Grâce à celle-ci, des recettes de cuisine à base de cet urticant aux vertus bienfaisantes furent mises au goût du jour et se retrouvent aujourd'hui sur les tables des grands chefs. Dans la rue principale, un petit cimetière avec deux grands ifs millénaires et trois tout petits sites touristiques se font face *(ouv début mars-fin nov, dim et j. fériés 14h-18h ; tlj 14h-18h30 de mi-juil à fin-août. Entrée : 2,50 € pour 1 site ; 4,50 € pour 2 ; 6 € pour l'ensemble ; réduc ; gratuit moins de 16 ans).* Tout d'abord ***le four à pain*** *(☎ 02-32-57-07-99),* de 1845, remis en route pour des démonstrations de fabrication et de cuisson du pain selon les méthodes traditionnelles. En face, ***le musée du Sabot*** *(☎ 02-32-57-59-67),* installé dans une demeure traditionnelle au toit de chaume. Pittoresque collection de sabots et reconstitution d'un atelier. À côté, ***la Chaumière aux orties*** abrite des expos temporaires. Sa grande cheminée permet de cuire ou de réchauffer des préparations faites avec les plantes du ***Jardin des herbes sauvages*** situé à l'arrière.

Vieux-Port : au nord-est de Pont-Audemer, en bord de Seine, un adorable village, sans doute le plus beau de la *Route des chaumières.* Empruntez le sentier de randonnée (compter 30 mn) ponctué de panneaux explicatifs jusqu'à la ***chapelle Saint-Thomas,*** une ancienne léproserie médiévale en ruine dans la forêt d'Aizier.

UN FEU DE JOIE... OU PAS

Lors du feu de Saint-Clair, on allume une pyramide de bois vers 23h. Selon la tradition : si la croix au sommet du bûcher (de plus de 15 m) brûle, l'année sera difficile ; si elle ne brûle pas, c'est bon signe, une année prospère s'annonce. Dans les deux cas, vous serez autorisé à emporter un brandon (morceau de bois calciné) et à le déposer près de votre cheminée pour vous protéger de la foudre...

La Maison du lin : *2, pl. du Général-Leclerc, 27350* ***Routot.*** *☎ 02-32-56-21-76. ● lamaisondulin-en-normandie.fr ● ♿ Au rdc de la mairie. Juil-août, tlj 14h-18h30 plus mer 9h30-12h ; avr-juin et sept, tlj sf mar 14h-18h ; mars et oct, w-e 14h-18h. Tarif : 3 € ; réduc.* La Normandie est la première région du monde productrice de lin, une fibre datant de 36 000 ans av. J.-C. Les salles d'expo et un document audiovisuel vous font vivre son histoire, sa culture et toutes ses applications artisanales et industrielles. Remarquer l'ourdissoir à ruban inventé par Léonard de Vinci. Belle boutique qui ravira les amateurs de linge de maison. Expos temporaires également. C'est aussi à Routot que se tient le ***Festival du lin*** *(2e dim de juin).* Défilé de mode, vente de tissu au mètre et de fabrications artisanales, ateliers, etc.

Le moulin à vent et la Maison du meunier : 2, route du Moulin, 27350 ***Hauville.*** *☎ 02-32-56-57-32. • moulinavent27.wixsite.com/hauville • À 1,5 km du village. Juil-août et vac scol Pâques et Toussaint, tlj 14h30-18h30 ; mai-juin et sept-oct, dim 14h30-18h30. Entrée : 2,50 € ; réduc.* Ce moulin restauré, datant du XIIIe s, appartenait autrefois à l'abbaye de Jumièges, que l'on peut atteindre par le bac de Port-Jumièges. Sans doute le plus vieux moulin de France qui fonctionne encore. Il moud de la farine pour les visiteurs quand le vent souffle. À côté, quelques plantations de céréales anciennes. Maison du meunier avec présentation des moulins à vent et à eau de Normandie.

Heurteauville : un petit détour par la Seine-Maritime, à l'ouest de Jumièges. Les marais qui entouraient cette dernière au XIXe s furent à l'origine d'un commerce de... sangsues ! Le joli village tout en longueur, quant à lui, suit la Seine. On peut y voir une belle ***grange dîmière,*** en pierre avec son toit de chaume, entièrement restaurée, datant du XIIIe s (elle se trouve après la mairie, en allant vers le nord). Elle appartenait autrefois à l'abbaye. C'est aussi à Heurteauville que l'on trouve un des bacs pour traverser la Seine.

LE MARAIS-VERNIER

Carte Eure, A-B1

L'un des sites les plus pittoresques de Normandie, un paysage très particulier situé au sud du pont de Tancarville et au nord de Pont-Audemer. Henri IV confia à des Hollandais l'assèchement de ce marais situé dans la dernière boucle de la Seine. Ils construisirent une digue (dite des Hollandais) correspondant au parcours de la D 103, qui délimite un amphithéâtre de verdure parfait avec les collines environnantes. Cette cuvette de 4 500 ha tiendrait son nom du « verne », autre appellation pour l'aulne, arbre adapté aux sols humides. On découvre ici une autre Normandie, peu connue, vivant « presque en marge », et parmi les plus belles fermes et maisons rurales de la région. Certaines possèdent la même physionomie depuis plusieurs siècles. Leur aspect, les matériaux utilisés, révèlent une technique de construction sans sophistication, à la fois très « terre à terre » et très pratique. Aucune ne ressemble vraiment à une autre. À pied, à vélo, en prenant le temps d'observer, on peut distinguer tout ce qui fait l'originalité des fermes du Marais-Vernier dans un désordre poétique, notamment les iris qui poussent sur le toit des maisons pour les protéger de l'humidité, accrochant le faîte grâce à leurs racines noueuses.
Le meilleur moment pour visiter le Marais-Vernier est le printemps quand les iris et les pommiers sont en fleurs.

Où dormir ? Où manger ?

Camping

Camping Domaine de la Catinière : *route de la Morelle, 27210* ***Fiquefleur-Équainville.*** *☎ 02-32-57-63-51. • info@camping-catiniere.com • camping-honfleur.com • Accès par Beuzeville et D 22 vers Fiquefleur. Ouv d'avr à mi-oct. Selon saison, compter 18-31 € pour 2 avec tente et voiture ; hébergements locatifs 290-850 €/sem. 130 empl.* Tranquille et intime, situé dans une vallée verdoyante, au bord d'une rivière. Location d'une jolie chaumière pour 2 à 6 personnes, ainsi que 16 mobile homes dont certains insolites en forme de tonneaux. Piscine et toboggan aquatique.

Chambres d'hôtes

Chambres d'hôtes du Marais-Vernier : *chez M. et Mme Étienne Blondel, 1731, route de la Grand-Mare, La Vallée, 27680* ***Sainte-Opportune-la-Mare.*** *☎ 02-32-42-12-52. 06-70-98-59-03. • ejblondel@free.fr • chambres-marais-vernier.com • À 2,5 km du village de Sainte-Opportune-la-Mare : prendre le chemin qui descend presque en face de l'église, puis à gauche (fléché ensuite). Double 65 € ; 60 € à partir de 2 nuits. Table d'hôtes (avec les produits de la ferme) 23 €. Cidre maison offert sur présentation de ce guide.* 3 chambres mansardées (dont une pour 3-4 personnes) dans une chaumière reconstruite poutre par poutre par les proprios. Déco très classique mais bon confort et accueil fort sympathique. Frigo et micro-ondes à disposition, ainsi qu'une belle pelouse avec des transats et vue sur la réserve ornithologique.

Chambres d'hôtes Les Cigognes : *211 bis, chemin du Roy, 27680* ***Marais-Vernier.*** *☎ 02-32-42-88-92. 06-68-03-39-39. • idavar@orange.fr • 211bis.fr • Double 65 €, des familiales également ; « Pod » 99 €. Table d'hôtes 28 €.* Située en plein cœur du Marais, cette belle chaumière remontée de toutes pièces et sa grange restaurée abritent 5 chambres toutes différentes, dont une en duplex pour une famille. Également un *Pod,* une sorte de roulotte sans roue avec sanitaires mitoyens et bains à remous. Petit déj copieux, salle commune dans la véranda avec petit coin cuisine, sauna et jacuzzi extérieur (payants), location de vélos : dans ce havre de paix, tout est fait pour rendre votre séjour agréable.

De bon marché à prix moyens

Auberge de l'Étampage : *Le Bourg, 27680* ***Marais-Vernier.*** *☎ 02-32-57-61-51. Tlj sf lun, plus mar hors saison. Menu 22 €.* Un gros coup de cœur pour cette auberge de village pleine d'authenticité, tenue par Cécile, une Biterroise au caractère bien trempé. Un bar bien dans son jus, une salle à la déco un brin kitsch tout en baies vitrées, et surtout une terrasse offrant une vue panoramique d'exception sur le marais Vernier. Choix à l'ardoise de plats très copieux du genre tartare d'andouille, joue de porc confite, souris d'agneau... Une cuisine franche et sincère à base de très bons produits, travaillés avec un grand savoir-faire. On est ressorti repus et heureux. Une adresse incontournable !

Restaurant du Phare : *4, route de Tancarville, 27680* ***Saint-Samson-de-la-Roque.*** *☎ 02-32-57-67-30. Au pied de la falaise, proche du phare de la Roque. Tlj sf dim soir et lun (hors j. fériés). Congés : fin janv et 2 sem en oct. Menus 18 € (mar-sam midi), puis 28-40 €.* Complètement isolée en bord de route, à proximité du phare qui domine l'extrémité ouest du Marais-Vernier, la maison paraît banale, mais sa clientèle ne s'y trompe pas. C'est en effet avec subtilité que Gregory Fantou travaille les saveurs et les produits normands, auxquels il mêle quelques touches venues d'ailleurs. Le 1er menu est déjà d'un bon rapport qualité-prix. Et le service mené par la souriante Élise, son épouse, est dynamique.

À voir. À faire

Le point de vue de Bouquelon : *juste avt le village du Marais-Vernier, sur la D 103, sur la droite en venant de Pont-Audemer.* Table d'orientation et panneaux d'interprétation sur le patrimoine naturel et humain du marais.

Le phare de la Roque : *à 1,5 km du village de Saint-Samson-de-la-Roque (bien fléché).* Sa falaise de plus de 50 m domine la vallée de la Seine et ses ponts. Table d'orientation et, au loin, le pont de Normandie.

➢ **Balade dans la réserve naturelle nationale du Marais-Vernier :** *visite avec un animateur nature, mer ap-m en juil-août pour groupe de 6-20 pers. GRATUIT. Résa indispensable auprès de la Maison du parc, 76940* ***Notre-Dame-de-Bliquetuit.*** *☎ 02-35-37-23-16. • pnr-seine-normande.com •* Balade de 4 km en pleine nature, dans la réserve. Compter 3h30. Bien pour les enfants à partir de 10 ans. Prévoir des bottes par temps humide. Tout au long de la randonnée, explications très intéressantes sur la formation du marais, son histoire, la faune, la flore et, d'une manière générale, sur l'intérêt écologique des milieux naturels.

Quillebeuf : on ne peut rêver contraste plus saisissant qu'entre ce petit port de pêche (ancien village viking) et les installations pétrolières et industries chimiques de Port-Jérôme, de l'autre côté du fleuve. La rue principale possède toujours un certain cachet avec ses demeures anciennes (dont la célèbre *maison Henri-IV*). Un sentier du patrimoine permet de parcourir la cité. Des plaques sur certaines maisons racontent leur histoire. Belle *église Notre-Dame-de-Bon-Port,* avec un intéressant portail roman. Splendide clocher également, avec tourelle d'angle. Et à l'intérieur, des dessins de bateaux gravés sur les murs et des maquettes évoquant l'histoire de la navigation sur la Seine aux XVIIIe et XIXe s. À l'entrée du village, un bac traditionnel assure toujours le transport des véhicules sur la Seine.

UN PRIVILÈGE ROYAL

Pour les remercier d'avoir aidé la France pendant la guerre de Cent Ans, le roi avait accordé aux habitants de Quillebeuf le privilège du pilotage de la Seine. Quiconque voulait devenir pilote devait donc être né ici et baptisé avec l'eau de la Seine. On disait à l'époque : « Sur 100 pilotes, 99 naissent dans le village. Le centième, c'est Dieu ! »

LA SEINE-MARITIME

• Carte *p. 104-105*

ABC de la Seine-Maritime

- ***Superficie :*** 6 278 km².
- ***Préfecture :*** Rouen.
- ***Sous-préfectures :*** Le Havre, Dieppe.
- ***Population :*** 1 251 280 hab.
- ***Particularité :*** **1er producteur de lin en France** avec environ 18 000 ha (soit un tiers des surfaces semées de lin en France).
- ***Gentilé :*** les habitants de la Seine-Maritime s'appellent les Seino-marins.
- ***Un des plus courts fleuves de France coule en Seine-Maritime :*** la Veules (1,15 km), qui, à une époque, eut jusqu'à 10 moulins en activité sur ses rives.

Un fleuve aux courbes paresseuses, des falaises à la hautaine blancheur, des colombiers où la brique et le silex s'harmonisent en frise, des abbayes presque millénaires que les guerres n'ont pu anéantir, une hêtraie touffue où les rois, jadis, aimaient chasser... Et tout au bout, la mer : bronze, argent, presque blanche. Ce n'est pas pour rien que des poètes et écrivains exprimèrent leur amour pour cette région et que des peintres en traquèrent la lumière. La Seine-Maritime se découvre aujourd'hui en suivant les routes secondaires. Elle vous révèle alors de jolis hameaux, des vallons oubliés, de splendides jardins, d'imposantes fermes ou manoirs d'une grande beauté, des châteaux bien cachés, preuves de la richesse et de la puissance passées de ces terres.
N'allez pas penser pour autant qu'elle soit purement rurale : c'est aussi un bassin industriel, et rares sont les départements à pouvoir se targuer d'abriter deux villes d'une telle importance et aussi intéressantes d'un point de vue historique, culturel et architectural, bien qu'aux antipodes l'une de l'autre : les vieilles pierres de Rouen contre le béton du Havre.

Adresses utiles

Comité départemental du tourisme de Seine-Maritime : *28, rue Raymond-Aron, 76824* ***Mont-Saint-Aignan.*** *☎ 02-35-12-10-10. • seine-maritime-tourisme.com • Lun-ven 9h-12h30, 14h-17h30.* Riche doc sur tout le

département : activités culturelles, sportives, idées week-ends, gîtes, chambres d'hôtes, etc.

■ ***Gîtes de France :*** *8 rue Linus-Carl-Pauling, BP 80, 76824* ***Mont-Saint-Aignan****.* ☎ *02-35-60-73-34.* • *gites-normandie-76.com* •

■ ***Clévacances :*** *28, rue Raymond-Aron, BP 52, 76420* ***Mont-Saint-Aignan*** *Cedex.* ☎ *02-35-12-16-10.* • *clevacances.com* • Locations de vacances (studios, appartements, maisons...), mais aussi des chambres d'hôtes dans tout le département.

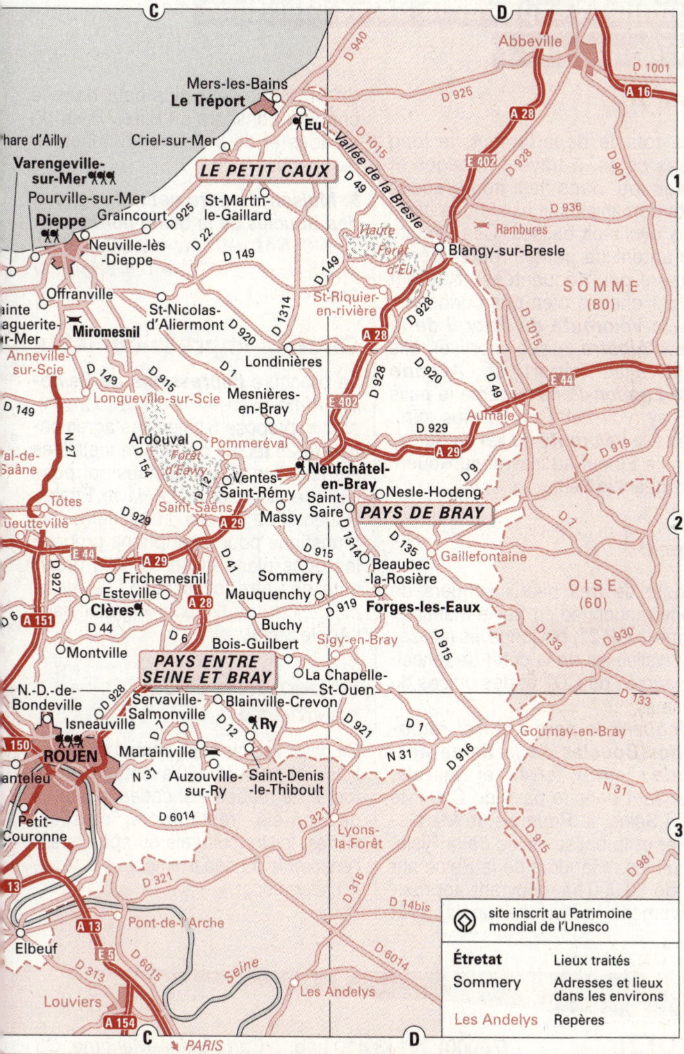

LA SEINE-MARITIME

Circuler en bus en Seine-Maritime

Plusieurs compagnies desservent quelque 40 lignes à travers le département. Tarif d'un voyage quelle que soit sa distance : 2 €. Carnet de 10 tickets : 12 €. Pour connaître les itinéraires, horaires, etc. : • *seinemaritime.net* •

Comment explorer la Seine-Maritime différemment ?

À vélo

Dans tout le département, le long de ses côtes, à travers bocages et vallées ou dans les nombreuses forêts domaniales, il existe des itinéraires cyclistes balisés. Ces circuits empruntent de petites routes généralement peu fréquentées et offrent sur leur chemin bien des curiosités. Ainsi la ***Véloroute du littoral de la Côte d'Albâtre*** (assez sportive) relie Le Havre au Tréport. Et l'***Avenue Verte London-Paris*** traverse le pays de Bray (voir cette partie plus loin). Quant à la ***Véloroute du val de Seine,*** elle relie Elbeuf au Havre via Rouen, en longeant la Seine.

À pied

Il existe de très beaux sentiers de grande randonnée en Seine-Maritime, comme le GR 21, qui longe les falaises et les valleuses de la côte. Se renseigner auprès du CDT et des offices de tourisme.

– ***Découvrir le parc naturel régional des Boucles de la Seine normande :*** entre terres et marais, s'étendant dans le pays de Caux, le val de Seine, le Roumois, le Marais-Vernier et la basse vallée de la Risle. On suit les méandres de la Seine sur plus de 80 000 ha, couvrant approximativement la surface de la forêt de Brotonne (voir plus haut dans le chapitre consacré à l'Eure). Plein de balades et de belles randonnées en perspective !

■ ***Maison du parc naturel régional des Boucles de la Seine normande :*** *76940* ***Notre-Dame-de-Bliquetuit.*** *☎ 02-35-37-23-16.* • *pnr-seine-normande.com* •

Circuits impressionnistes

La brochure ***Impressions de Seine-Maritime*** *(• seine-maritime-tourisme.com •)* propose 5 itinéraires agrémentés de 29 tables de lecture installées sur les sites où les peintres ont posé leur chevalet (Dieppe, Le Havre, Étretat, Rouen et La Bouille). Le guide mobile touristique pour smartphone propose les bons plans et adresses à proximité de votre localisation : • *seine-maritime-tourisme.mobi* • (gratuit dans l'Apple Store).

Rouen *Mon Pass en liberté*

Ce *pass,* valable 1 an, permet de bénéficier de plus de 260 avantages sous forme de réductions, cadeaux auprès des hôtels, restaurants, musées, visites, loisirs culturels ou sportifs sur l'ensemble du département. • *monpassenliberte.com* •

ROUEN

(76000) 113 410 hab. *Carte Seine-Maritime, C3*

• Plan *p. 108-109*

Cinquième port français (et premier port céréalier), la ville qui vit naître Pierre Corneille et Gustave Flaubert, cultive avec soin son image bourgeoise.
Ville martyre durant l'Occupation, elle a fidèlement restauré les témoins de son glorieux passé, laissant à la rive gauche l'essentiel des installations liées à son développement industriel. Car Rouen cache bien son jeu :

une fois franchi le front de Seine et ses barres de béton construites dans l'urgence de l'après-guerre, on découvre la flèche de son incomparable cathédrale, le charme discret de ses vieux quartiers et l'âme vénérable de ses 2 000 maisons à pans de bois ; tout cela en déambulant au fil des nombreuses rues piétonnes. Corneille et Flaubert auraient certainement du mal à reconnaître la ville de leur enfance, mais malgré les bombardements et les incendies qui la défigurèrent, malgré le développement industriel, la vieille cité n'en reste pas moins vraiment très belle. Et surtout, n'hésitez pas à vous éloigner des rues du centre-ville les plus fréquentées, car de superbes surprises vous attendent aussi au détour de quartiers un peu plus excentrés ou même sur les hauteurs.

UN PEU D'HISTOIRE

Créée selon toute vraisemblance par les Gaulois, *Rotumagos* (ou *Ratumacos*) est, dès ses débuts, un site stratégique très convoité, puisque la future Rouen est située sur une boucle de la Seine, légèrement en hauteur. Prise par les Romains, la ville se développe avant d'être christianisée, au IIIe s. Les Normands la pillent plusieurs fois à partir du IXe s. ***L'un de ces envahisseurs venus du Nord, Rollon,*** se voit échoir par mariage une partie de la région par Charles le Simple ; il devient le ***premier duc de Normandie*** et choisit Rouen comme ***capitale.*** Il fait combler les marais, édifier les quais, il organise le développement de la ville. Rouen va dès lors jouer un rôle important, économiquement (commerce avec Londres), administrativement, mais aussi spirituellement, puisque de nombreuses communautés religieuses y sont installées.
Au début du XIIIe s, la ville et la région sont rattachées au royaume de France. On reconstruit la cathédrale, symbole de la puissance rouennaise. L'essor de la ville (port, draperie) attire de plus en plus de monde : Rouen devient la deuxième ville de France ! Mais tout âge d'or a une fin : ***la population est décimée au cours du XIVe s*** par des inondations et des épidémies de peste noire. S'ensuivent alors des révoltes, les habitants n'étant plus assez nombreux pour payer les lourdes charges fiscales réclamées par le royaume. Pour punir la ville après les émeutes de 1382, Charles VI supprime son statut de commune. Rouen n'aura donc plus de maire pendant... 310 ans ! Un comble pour une ville de cette importance. Arrive alors la guerre de Cent Ans. ***Les Anglais assiègent Rouen en 1419.*** Affamés, les habitants se rendent au bout de 6 mois.

Le procès du siècle

Les Anglais occupent la ville pendant 30 ans. ***En 1431, on leur livre Jeanne d'Arc,*** capturée par les Bourguignons à Compiègne, puis revendue pour 10 000 écus ! On lui intente un procès religieux, en la condamnant pour hérésie ; les Anglais font perdre toute légitimité divine à Charles VII, son souverain. ***Le jeune roi d'Angleterre Henri VI devient alors le seul prétendant crédible au trône de France,*** et le tour est joué ! D'abord enfermée dans une tour du château de Rouen, la Pucelle est présentée au tribunal de l'Inquisition, présidé par un homme à la solde des Anglo-Bourguignons, le tristement célèbre Pierre Cauchon, évêque de Beauvais.
Cauchon réunit des jurés vendus à sa cause et n'autorise même pas la petite Jeanne à prendre un avocat. En mars 1431, elle est inculpée de sorcellerie et... de dévergondage. Pas mal pour une pucelle ! Mais elle tient tête à ses accusateurs et résiste même à une séance de torture. Elle ne fait que renoncer au port de l'habit masculin, après avoir été publiquement exposée sur un échafaud, dans le cimetière de l'abbaye de Saint-Ouen. L'héroïne est tout d'abord condamnée à la prison à perpétuité, mais le verdict ne plaît pas aux autorités anglaises, qui imposent à Cauchon une nouvelle sentence : ***le 29 mai, Jeanne est officiellement déclarée***

22
A
B
NORD
Maison de Ferdinand Marrou
PLACE TISSOT
R. Verte
Rue Pouchet
Rue Bouquet
R. Saint-Maur
R. Guy de Maupassant
Rue Crevier
Rue Saint Gervais
Rue Saint André
Rue du Renard
Rue Lecat
Rue de Stanislas
Boulevard de la Marne
R. du Donjon
37
PLACE CAUCHOISE
la Madeleine
Hôtel-Dieu
Musée Flaubert
Rue de Buffon
R. du Lieu de Santé
Rue Girardin
Av. Gustave Flaubert
Saint-Patrice
Rue Saint Patrice
R. Abbé-Cochet
Rue d'Arc
R. Morand
Musée de la Céramique
R. du Bailliage
Square Verdrel
Musée des Beaux Arts
Rue Étoupée
Rue Lecanuet
R. du Sacre
Rue Jeanne
A 2
R. du Contrat Social
Belges
R. de Crosne
Rue Cauchoise
R. Fontenelle
R. des Bons Enfants
R. de l'Anc. Prison
51
R. des Basnages
R. de l'Écureuil
Musée maritime, fluvial et portuaire
Panorama XXL
Rue de Nostre
Rue des
R. de la Pie
Maison natale de Pierre-Corneille
32
34
PL. DU VIEUX-MARCHÉ
Sainte-Jeanne-d'Arc
Rue Guillaume le Conquérant
Écuyère
R. Percière
Al. E.-Delacroix
30
PL. FOCH
R. Rollon
Palais de justice
Rue Saint Lô
R. Socrate
R. Eugène Boudin
LE HAVRE, A 150, DIEPPE
LE HAVRE
Boulevard
Rue Fontenelle
Rue Racine
Palais
Hôtel de Bourgtheroulde
Temple St Eloi
PL. DE LA PUCELLE
PLACE MARTIN-LUTHER KING
R. du Vicomte
Rue du Gros
R. du Tambour
15
Gros-Horloge
Rue aux Juifs
54
R. des Vergetiers
Horloge
R. Anatole France
Rue de
R. du Vieux
PLACE HENRI IV
R. d'Harcourt
Rue St Eloi
du Gén. Giraud
R. de la
21
Tour St André
Rue aux Ours
11
R. Champmeslé
PL. DE LA CATHÉDRALE
20
Quai du Havre
Saint-Vincent (vestiges)
Rue des Charrettes
Théâtre des Arts
Rue du Général
PL. LELIEUR
Pont
R. de la Tour de Beurre
R. du Bac
1
60
LE HAVRE, ÉVREUX, CAEN, PARIS, A 13
Seine
Quai de la Bourse
36
R. de la
16
Grand
R. de la Savonnerie
PL. DU GAILLARDBOIS
PL. DE LA BASSE-VIEILLE-TOUR
Quai
Pierre
Quai Cavalier de la Salle
Prairie Saint-Sauveur
PONT JEANNE-D'ARC
PONT BOIELDIEU
3
R. Pierre Chirol
PL. LE MOYNE-D'IBERVILLE
Bd d'Orléans
Rue Amiral Cécille
Av. Jacques Cartier
Quai Jean Moulin
Cité administrative
Rue Saint Sever
Hôtel du Département
PLACE JOFFRE
LE HAVRE, ÉVREUX, CAEN, PARIS, A 13
Jardin des plantes

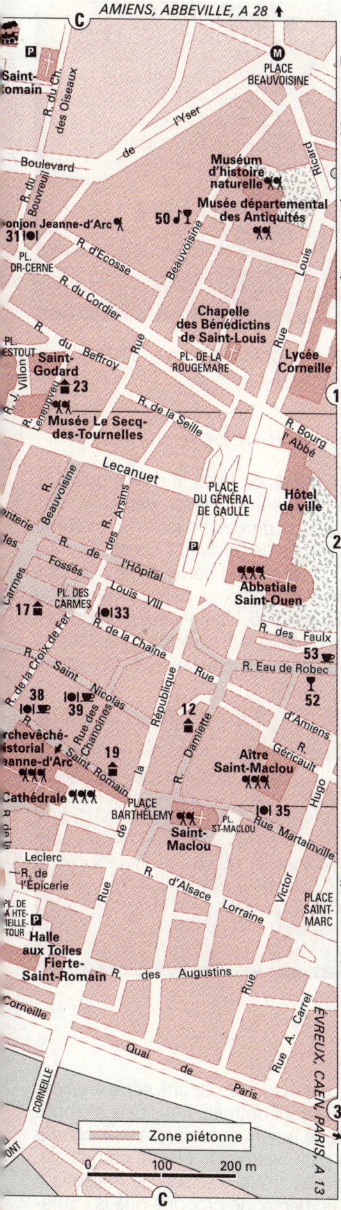

ROUEN

Adresses utiles

- Rouen Normandy Tourisme & Congrès
- 1 Réseau Astuce

Où dormir ?

- 10 Auberge de jeunesse
- 11 Abracadabrant
- 12 L'Encorbellement
- 13 La Boulangerie
- 14 Le Clos Jouvenet
- 15 Hôtel Les Initiés
- 16 Hôtel Arts et Seine
- 17 Hôtel des Carmes
- 19 Hôtel de la Cathédrale
- 20 Le Cardinal
- 21 Hôtel de l'Europe
- 22 Hôtel Ermitage Bouquet
- 23 L'Alcôve des Beaux-Arts

Où manger ?

- 20 Brasserie Paul
- 30 Citizen Coffee
- 31 Pommes d'Épices
- 32 La Place
- 33 Trend Burger Café
- 34 Gill Côté Bistro
- 35 La Petite Auberge
- 36 Le 37
- 37 Restaurant Origine
- 38 Dame Cakes
- 39 La Rose des Vents

Où boire un bon café ?
Où boire un verre ?
Où sortir ?
Où écouter de la musique ?

- 50 L'Emporium Galorium
- 51 La Boîte à Bières
- 52 La Buvette du Robec
- 53 Couleur Café
- 54 Le Delirium Café
- 60 Le 106 – Scène de musiques actuelles

hérétique, donc passible du bûcher. Elle est brûlée vive le lendemain même, sur la place du Vieux-Marché de Rouen et, pour éviter tout objet d'adoration, les Anglais font disperser ses cendres dans le fleuve...

En 1449, une fois les occupants chassés de la ville, Charles VII (qui, ne l'oublions pas, fut sacré à Reims grâce à Jeanne) ordonne un nouveau procès. Changeant son fusil d'épaule, l'Église réhabilite solennellement Jeanne d'Arc en 1456, la béatifie bien plus tard (en 1909) et la canonise en 1920. Près d'un siècle après, elle reste l'héroïne de la ville.

JEANNE D'ARC, UNE SAINTE ?

Le Vatican n'a jamais vraiment aimé notre Jeanne nationale. D'abord, ce serait contredire l'évêque (Cauchon) qui l'a condamnée au bûcher. Ensuite, elle pensa au suicide (péché mortel). Il fallut attendre le célèbre historien Michelet pour lui donner toute sa notoriété. Il la déclara « sainte... laïque ». C'en était trop pour le clergé qui décida alors de la canoniser en 1920... donc 500 ans après sa mort !

Renaissance et décadence d'une ville bourgeoise

On peut presque dire que Rouen renaît des cendres de Jeanne d'Arc, puisque, dès le départ des Anglais, la ville connaît une prospérité qui ne se démentira pas pendant plus d'un siècle, à tel point qu'elle devient la ***deuxième ville du royaume*** – une position qu'elle conserve jusque sous le règne de Louis XIV. C'est l'époque des belles maisons en encorbellement qui font encore la fierté de la ville, des églises reconstruites dans le style flamboyant et des édifices publics, comme le superbe palais de justice, inauguré par Louis XII en 1506. L'archevêque de Rouen, Georges d'Amboise, qui est également vice-roi du Milanais, introduit l'architecture italienne, faisant ainsi de Rouen l'un des tout premiers fers de lance de la Renaissance en France.

La ville ne connaît pas de difficultés financières : son port, passage obligé vers Paris, prospère grâce au sel, au poisson et à la laine. Ses marins sillonnent les mers du globe, rapportant des produits de l'Ancien comme du Nouveau Monde. Les guerres de Religion vont cependant troubler cette situation enviable, car Rouen compte un nombre important de protestants.

LA DOUCHE, UNE INVENTION ROUENNAISE

Le docteur Merry Delabost, médecin chef de la prison de Rouen, inventa la douche dans les années 1870 afin d'améliorer l'hygiène des détenus. Le procédé permettait de laver beaucoup de monde en même temps tout en dépensant peu d'eau.

La tragédie de 1939-1945

En juin 1940, l'arrivée des Allemands à Rouen est marquée par une ***série impressionnante d'explosions*** : le port, puis les ponts sont détruits. Mais cela n'empêche pas les panzers de se répandre dans la cité tandis qu'un premier ***incendie*** ravage la vieille ville et va jusqu'à lécher son plus beau symbole : la cathédrale. Architecturalement, la catastrophe est irréparable : des dizaines de maisons à pans de bois s'effondrent ce jour-là. Si Hitler en personne ordonne que la cathédrale soit sauvée, autour de la vieille dame, pendant 10 jours, 15 ha de la ville brûlent, parmi lesquels 900 maisons...

En 1941 et 1942, des centaines de Rouennais périssent sous les bombes, anglaises cette fois-ci. L'année fatale reste cependant celle du Débarquement. Dans la

nuit du 18 au 19 avril 1944, 345 bombes tombent sur la vieille ville, provoquant un nouvel incendie. On compte 900 victimes et plus de 500 immeubles détruits, parmi lesquels des hôtels des XIVe et XVe s. Le somptueux palais de justice ne conserve plus qu'une façade noircie par les flammes.
Un mois seulement après cette nuit d'effroi, une semaine de terreur achève de désemparer les Rouennais. Le 30 mai, 160 bombes éventrent les quartiers de la Seine. Le 31 mai, 140 torpilles explosent. Le 1er juin, le feu se propage dans les vieux quartiers et la cathédrale brûle. En effet, le toit de la tour Saint-Romain s'effondre, avec ses cloches, puis les flammes menacent la flèche, orgueil de la ville. Une dizaine de jeunes Rouennais, menés par un certain Georges Lanfry, futur héros local, combattent le feu toute la nuit, à l'aide de sable et d'eau : la cathédrale est sauvée. Ce ne sera malheureusement pas le cas de l'église Saint-Maclou, qui s'écroule sous les bombes 2 jours plus tard. Malgré le Débarquement, l'occupant est toujours là et les Alliés ont du mal à le chasser. Coincés, les blindés allemands ne peuvent franchir la Seine (les ponts de Rouen étant détruits) : ils sont pilonnés le 25 août par l'aviation anglaise. Les 26 et 27, les bombes achèvent de chasser l'ennemi, à raison de quatre explosions par minute ! Les Allemands quittent définitivement Rouen le 30 août, non sans avoir mis le feu au port. Le même jour, les troupes canadiennes entrent dans la ville. Le 1er septembre 1944, Georges Lanfry hisse un immense drapeau tricolore au sommet de la flèche de la cathédrale. À ses pieds, une ville en ruine, qui a perdu 3 000 de ses enfants et près de 10 000 maisons pendant cette guerre.

Petit précis des transports en commun rouennais ou comment ne pas perdre son temps dans les bouchons

Comme dans toute bonne grosse ville qui se respecte, la circulation en voiture dans Rouen est pénible et le stationnement compliqué. Nous vous conseillons donc de sillonner la ville à pied ou en transports en commun, ces derniers étant bien développés et efficaces. Quelques pistes cependant pour vous y retrouver dans leurs noms parfois trompeurs ou peu évocateurs. Le ***métro de Rouen,*** en surface sur une grande partie de son trajet, ressemble davantage à ce qu'on appellerait dans d'autres villes un tramway. Le ***TEOR*** (Transport est-ouest rouennais) ressemble lui aussi à un tramway (50 % du parcours de ses 3 lignes s'effectuent en effet dans des couloirs qui lui sont réservés, avec des arrêts bien marqués), mais n'est en fait qu'un bus plus confortable et plus ponctuel. Les lignes du métro et du TEOR sont complétées par celles des bus traditionnels. Parmi celles-ci, citons les 5 ***lignes FAST,*** qui desservent l'agglomération du nord au sud, elles aussi rapides et efficaces. Voilà pour les transports en commun.
Passons aux parkings maintenant. Ceux du centre sont payants. Le mieux en arrivant est de déposer votre voiture dans l'un des ***parkings relais*** (signalés par des panneaux bleus ***P+R***) aux abords de la ville. Gratuits, ils sont très bien reliés au centre-ville par les transports en commun. Citons les 2 plus grands : celui ***de la place Boulingrin*** *(hors plan par C1),* dans le prolongement du boulevard de l'Yser, se situe à côté de la station de métro Boulingrin ; celui ***du Mont-Riboudet*** *(hors plan par A2),* sur l'avenue Mont-Riboudet (dans le prolongement du quai du Havre), à côté du palais des sports Kindarena, est relié presque en continu au centre-ville par le TEOR.

Adresses et infos utiles

ℹ ***Rouen Normandie Tourisme & Congrès*** *(plan B2)* **:** *25, pl. de la Cathédrale.* ☎ *02-32-08-32-40.* • *rouentourisme.com* • *Mai-sept, lun-sam 9h-19h, dim et j. fériés 9h30-12h30, 14h-18h ; le reste de* *l'année, lun-sam 9h30-12h30, 13h30-18h, fermé dim et j. fériés sf pdt les manifestations importantes (14h-18h).* Dans un hôtel Renaissance (ancien bureau des finances de la ville) du XVIe s. Fait billetterie de spectacles, vend la carte de réduction *Mon Pass en liberté* (voir plus haut la rubrique « Comment explorer la Seine-Maritime différemment ? »), dispose d'une boutique et propose des visites guidées thématiques de la ville *(7 €)* ainsi que la location d'audioguides *(5 €)*.

■ **Réseau Astuce** (plan B3, **1**) : *9, rue Jeanne-d'Arc.* ☎ *02-35-52-52-52.* • *reseau-astuce.fr* • Centre d'info et de vente pour tous les transports en commun de la Métropole rouennaise.

■ ***Location de vélos :*** **Cy'clic,** ☎ *0800-087-800 (n° Vert).* • *cyclic.rouen.fr* • Vous trouverez dans Rouen 250 vélos en libre-service répartis sur 22 stations. La 1re demi-heure est gratuite quel que soit l'abonnement. Compter 1 € la demi-heure suivante, 2 € la demi-heure d'après, puis 4 € toutes les 30 mn supplémentaires. Abonnement allant de 1 jour à 1 an. Paiement direct par CB sur les bornes pour un abonnement court, et formulaire à remplir sur Internet pour un abonnement de 6 mois ou 1 an.

■ ***Location de voitures :*** **Hertz** *(plan B-C1), pl. Bernard-Tissot (la place de la gare).* ☎ *02-35-70-70-71.*

– ***Marchés :*** *dim mat, sur la pl. Saint-Marc (plan C3).* Tous les producteurs du coin. Très populaire. *Sinon, sous les halles de la pl. du Vieux-Marché (plan A-B2). Tlj sf dim ap-m et lun.* Crémerie, volailles, fruits, légumes et poissonnerie.

Où dormir ?

Auberge de jeunesse

Auberge de jeunesse (hors plan par C2, **10**) : *3, rue du Tour.* ☎ *02-35-08-18-50.* • *rouen@hifrance.org* • *hihostels.com* • *Du centre, TEOR n° 2 (direction Tamarelle Bihorel) ou 3 (direction Durécu-Lavoisier), arrêt Auberge-de-Jeunesse ; env 20-25 mn. À env 25 mn à pied du centre et station de vélos juste en face, au niveau de l'arrêt du TEOR. Tte l'année sf 25 déc et 1er janv. Nuitée à partir de 19,60 €, petit déj inclus. (dans les parties communes).* Une belle AJ confortable et impeccable (voire un peu aseptisée, tellement c'est propre), installée dans une ancienne teinturerie du XVIIIe s et son annexe moderne, en surplomb de la voie ferrée. Chambre de 2, 4, 6 ou 7 lits ainsi qu'une laverie et une petite cuisine à disposition. Ambiance plus studieuse et calme que fêtarde.

Chambres d'hôtes

La Boulangerie (hors plan par C2, **13**) : *59, rue Saint-Nicaise.* *06-12-94-53-15.* • *aminata.boulangerie@gmail.com* • *laboulangerie.fr* • *Fermé dim soir hors saison. Doubles 77-92 € ; pour 4-5 pers 154-174 €.* Dans un quartier très plaisant, la vieille maison abrite 3 chambres (dont une grande familiale) très bien tenues et chaleureusement arrangées. Poutres apparentes pour tout le monde et, ici et là, les objets chinés par Aminata et les photos de Franck. 2 d'entre elles ont la salle de bains ouverte sur la chambre. L'ancienne boulangerie d'angle du quartier existe encore un peu grâce à l'énergie du couple qui l'a rachetée et fait dépôt de pain, de viennoiseries et de bonbons (!) pour le voisinage tous les matins. Quant à vous, vous y prendrez votre petit déjeuner. Atmosphère conviviale et familiale. Également 2 apparts pour les plus longs séjours.

L'Encorbellement (plan C2, **12**) : *43, rue Damiette.* ☎ *02-35-07-00-96.* *06-85-40-29-53.* • *benoist.planage@wanadoo.fr* • *lencorbellement.fr* • *Double 90 €. Réduc de 10 % sur le prix de la chambre sur présentation de ce guide.* En plein centre mais tranquille, dans une vieille bâtisse de la fin du Moyen Âge à la façade classée. À l'intérieur, la déco des jolies petites chambres mêle meubles chinés dans les brocantes et touches bien d'aujourd'hui. Sinon, ce sont bien des chambres chez l'habitant, puisque la salle du petit déjeuner est aussi le séjour de la famille. Accueil décontracté et souriant du proprio, qui possède le magasin d'antiquités du rez-de-chaussée.

L'Alcôve des Beaux-Arts *(plan C1,* ***23****) : 14, rue Charles-Lenepveu. ☎ 02-35-70-99-80. • benedicteet philippe.marchand@sfr.fr • Doubles 90-100 €, 160 € 5 pers. Apéritif offert sur présentation de ce guide.* Idéalement placé, juste derrière le musée de Beaux-Arts, cet hôtel particulier du XVIIIe s abrite 2 belles suites familiales (dont une avec cuisine à disposition). Accueil aux petits soins dans cette maison où les couleurs délicates, le mobilier ancien, les pavés patinés par les années et les tableaux diffusent une douce ambiance un peu hors du temps.

Le Clos Jouvenet *(hors plan par C1,* ***14****) : chez Catherine et Baudouin de Witte, 42, rue Hyacinthe-Langlois. ☎ 02-35-89-80-66. • leclosjouvenet@gmail.com • leclosjouvenet.com • Congés : de mi-nov à mi-fév. Doubles 120-130 € ; tarif dégressif à partir de 2 nuits. Apéritif offert sur présentation de ce guide.* Une belle maison de maître datant de 1846. Les chambres, douillettes, élégantes et raffinées, offrent un confort feutré, idéal pour un week-end en amoureux. Salon de lecture, jardin d'hiver et beau parc arboré avec vue sur Rouen et ses clochers... Une adresse de charme au calme, dans un quartier très agréable à quelques longues enjambées du centre-ville.

Abracadabrant *(plan B2,* ***11****) : chez Philippe et Annick Aunay, 45, rue aux Ours. ☎ 02-35-70-99-68. • aunay_philippe@orange.fr • Double 70 €.* Venir chez Annick et Philippe, c'est entrer dans un monde inénarrable, très personnel et chargé d'histoire... ; chargé tout court, d'ailleurs ! On trouve dans leur vieille demeure à colombages du XVIIe s, dans la famille depuis 1893, une chambre bien arrangée au 1er étage, et un petit appartement avec cuisine et cheminée pour environ 5 personnes au 3e étage. Petit déj servi dans la bibliothèque, véritable petit musée, rempli de souvenirs, de statues religieuses et de tableaux accumulés par vos hôtes. Quant à l'histoire de Rouen, Philippe est incollable !

De prix moyens à un poil chic

Hôtel Les Initiés *(plan B2,* ***15****) : 45, rue aux Juifs. ☎ 02-35-71-54-21. • lesinitiesrouen.fr • Double 74 €.* Au-dessus d'une sympathique brasserie, une dizaine de chambres pas très grandes, à la déco simple mais contemporaine, toutes assez différentes. Certaines, à l'angle et avec 2 fenêtres, donnent sur le superbe palais de justice, et les moins chères se trouvent sous les toits. Petit déjeuner servi dans le bar, parmi les habitués qui viennent là boire leur petit café du matin.

Hôtel Arts et Seine *(plan B3,* ***16****) : 4-6, rue Saint-Étienne-des-Tonneliers. ☎ 02-35-88-11-44. • artsetseine@gmail.com • artsetseine.com • Selon saison, doubles « économique » 45-55 €, puis 58-69 € ; familiales (4 pers) 78-108 € ; lit en dortoir 25 €.* Derrière une façade somme toute banale se cachent des chambres propres et fonctionnelles réparties sur 4 étages (sans ascenseur). Les petites perchées tout en haut, sous les toits, abritent 2 minidortoirs (de 4 lits pour les garçons et 3 lits pour les filles), parfaits pour les budgets serrés. Au rez-de-chaussée, joli petit espace convivial à la déco tournée vers l'Asie faisant office à la fois de bar, de salle de petit déjeuner et de salon. Mention spéciale pour l'accueil, vraiment très agréable.

Hôtel des Carmes *(plan C2,* ***17****) : 33, pl. des Carmes. ☎ 02-35-71-92-31. • info@hoteldescarmes.com • hoteldescarmes.com • Doubles 62-74 € selon confort et étage. Remise de 10 % sur la chambre (nov-mars) sur présentation de ce guide.* Sur une petite place animée, un hôtel où le patron vous accueille avec le sourire. La réception expose les tableaux de la patronne, artiste peintre, qui a d'ailleurs aussi personnalisé certaines chambres. Ces dernières (certaines donnant sur la cathédrale) sont simples et un peu désuètes mais bien tenues dans l'ensemble. Également 2 belles chambres (dont une avec un salon) plus contemporaines et plus chères dans une autre maison de la place *(doubles 83-108 €).*

De chic à plus chic

Le Cardinal (plan B2, **20**) **:** *1, pl. de la Cathédrale. ☎ 02-35-70-24-42. • hotelcardinal.rouen@wanadoo.fr • cardinal-hotel.fr • Doubles 88-118 € selon confort ; familiale 165 € ; petit déj 10 €.* Pour qui aime vibrer au son des cloches, on peut difficilement faire mieux : les chambres toutes belles, toutes propres, à la déco lumineuse très zen, donnent presque toujours sur la cathédrale ! Seul petit bémol pour cette maison sérieuse à l'accueil très agréable : les salles de bains, parfois très étroites (mais toujours aussi nickel !). Nos lecteurs les plus argentés s'offriront les chambres tout en haut : grandes, elles disposent d'une belle terrasse pour un tête-à-tête avec la cathédrale. Probablement l'un des meilleurs rapports qualité-prix de la ville.

Hôtel de la Cathédrale *(plan C2,* **19**) **:** *12, rue Saint-Romain. ☎ 02-35-71-57-95. • contact@hotel-de-la-cathedrale.fr • hotel-de-la-cathedrale.fr • Doubles 95-125 € selon confort ; petit déj 11 €. Remise de 10 % sur la chambre sur présentation de ce guide.* Dans une rue piétonne qui longe la cathédrale, un petit hôtel au calme et très bien situé, dans une jolie bâtisse et disposé autour d'un agréable patio fleuri. Chambres assez étroites (mais c'est le bâtiment qui veut ça !) à la déco plutôt cosy, dont la rénovation est en cours. Très bon accueil.

Hôtel Ermitage Bouquet *(hors plan par B1,* **22**) **:** *58, rue Bouquet. ☎ 02-32-12-30-40. • contact@hotel-ermitagebouquet.com • hotel-ermitagebouquet.com • À proximité de la gare en montant vers Saint-Aignan. Double 97-130 € ; petit déj 11 €. Parking payant. Remise de 10 % sur la chambre (ven-dim) sur présentation de ce guide.* Dans un quartier résidentiel calme, un hôtel de charme, en briquettes rouge et or, à l'intérieur tout en boiserie. Chambres plutôt confortables, aux couleurs chaudes. Beau petit déj-buffet, servi dans une salle sans fenêtre malheureusement.

De plus chic à beaucoup plus chic

Hôtel de l'Europe (plan B2, **21**) **:** *87-89, rue aux Ours. ☎ 02-32-76-17-76. • contact@h-europe.fr • h-europe.fr • Doubles 99-149 € selon affluence et confort. Remise de 10 % sur la chambre sur présentation de ce guide.* Certes, cet hôtel se trouve dans les quartiers tristounes de la reconstruction. Les chambres n'ont donc pas le charme des bâtisses anciennes, mais elles n'en ont pas non plus les inconvénients ! Impeccables, bien équipées, elles bénéficient de tout le confort moderne. Accueil souriant et pro.

Où manger ?

Bon marché

La Rose des Vents *(plan C2,* **39**) **:** *37, rue Saint-Nicolas. ☎ 02-35-70-29-78. Tlj sf dim-lun 12h30-19h. Repas 20-25 €.* On pourrait se laisser abuser par la vitrine et penser qu'il ne s'agit que d'une sympathique brocante spécialisée dans le mobilier des années 1950-1960. Mais l'œil attentif remarquera l'espace resto-salon de thé au fond de la boutique, au cadre convivial et informel. Minimenu à l'ardoise qui change toutes les semaines. La cuisine se veut sans prétention, mais les petits plats proposés sont d'une fraîcheur terriblement réjouissante et réellement savoureux !

Trend Burger Café (plan C2, **33**) **:** *28, pl. des Carmes. ☎ 02-35-63-93-82. • trendburger@yahoo.fr • Tlj sf dim-lun. Le midi, menu salade ou burger env 14,90 € ; carte env 15 €. Café offert sur présentation de ce guide.* Ambiance branchée surfant avec succès sur la vague du *burger* gourmet : propositions variées, originales, voire végétariennes ; le tout composé à base de pains artisanaux, de fromages au lait cru, et à accompagner de frites maison et de bières normandes. Jolies salades dans le même esprit. Pour les déguster, la salle vitrée et son mur tapissé de fleurs ou, aux beaux jours, l'agréable terrasse (chauffée).

Pommes d'Épices *(plan C1, **31**) : 66, rue du Bouvreuil. ☎ 02-35-71-73-57. • pommesdepices@hotmail.fr • ♿ Ouv le midi lun-ven, plus le soir mer-ven et j. fériés. Formules déj en sem 13,50-16,50 € ; carte slt le soir, env 25 €. Apéritif maison offert le soir sur présentation de ce guide.* Une cuisine simple et sans prétention, servie avec le sourire. La carte est courte et change toutes les semaines. Cadre soigné et chaleureux.

Dame Cakes *(plan C2, **38**) : 70, rue Saint-Romain. ☎ 02-35-07-49-31. • damecakes@orange.fr • Tlj sf dim 10h30-19h. Congés : fin sept. Formules déj 15,90-24,50 € ; carte env 20 €.* Superbe maison ayant appartenu à un ferronnier qui s'est donc fait sa pub sur la façade (le même ferronnier qui a réalisé les clochetons de la cathédrale). Un cadre très anglais, avec points de croix et broderies dans tous les coins ! Grand choix de thés extrêmement goûteux, de cakes sucrés ou salés, de pâtisseries très fines... et de chocolats ! Attente certains jours pour avoir une table, mais les subtils parfums des pâtisseries encore chaudes aident à patienter. Aux beaux jours, petit jardin à l'arrière.

Citizen Coffee *(plan B2, **30**) : 4, rue de l'Écureuil. ☎ 02-35-71-. • stephanie-vadaine@gmail.com • Tlj sf dim 7h30 (9h sam)-19h. Formules 9-15 €.* Un café tout vitré, un peu à l'américaine, où l'on vient faire sa pause devant un très bon café (préparé sous toutes les formes possibles et imaginables) ou un jus de fruits maison, accompagné d'un petit plat ou d'une pâtisserie eux aussi maison. Le tout dans une déco semi-industrielle bien d'aujourd'hui où l'on retrouve dans le mobilier quelques formes bien connues du design. Aux beaux jours, le café investit la place.

De bon marché à prix moyens

Gill Côté Bistro *(plan B2, **34**) : 14, pl. du Vieux-Marché. ☎ 02-35-89-88-72. • gillcotebistro@orange.fr • Ouv tlj. Menus 23-30 €.* Le chef étoilé rouennais Gilles Tournadre (*Gill*, quai de la Bourse) supervise ici une cuisine de bistrot revue dans un cadre moderne dominé par le bois et le noir des banquettes. Rien de bouleversant, mais dans l'ensemble c'est bon. Service souriant et efficace.

Brasserie Paul *(plan B2, **20**) : 1, pl. de la Cathédrale. ☎ 02-35-71-86-07. • brasseriepaul@wanadoo.fr • Tlj jusqu'à 23h. Formule et menu déj 15,90-24,90 € ; carte env 27 €. Verre de cidre fermier offert sur présentation de ce guide.* Idéalement située, face à la cathédrale, cette brasserie existe depuis 1898 et en a vu passer du beau monde ! Claude Monet, Apollinaire, Marcel Duchamp et Simone de Beauvoir l'ont ainsi fréquentée. Depuis, le décor a évolué, tout en gardant son style rococo, mais l'adresse reste un classique de la ville, même si le rapport qualité-prix n'y est pas toujours évident, et le service pas toujours souriant !

La Petite Auberge *(plan C2-3, **35**) : 164, rue Martainville. ☎ 02-35-70-80-18. Tlj sf lun. Congés : vac scol d'hiver et juil. Menus 23-37 €.* Une auberge coup de cœur à l'intérieur bas de plafond décoré de tableaux impressionnistes. Une cuisine traditionnelle dans le meilleur sens du terme : on retrouve la saveur et l'excellence de plats tels que la tête de veau ravigote, l'entrecôte sauce camembert et un vaste choix d'escargots. Service impeccable et sans chichis.

La Place *(plan B2, **32**) : 26, pl. du Vieux-Marché. ☎ 02-35-71-97-06. • laplacerestauration@orange.fr • Tlj sf dim-lun. Formules env 20 € le midi en sem, env 25 € le soir ; carte 25-30 €.* Cadre contemporain noir et blanc sobre, acidulé par des touches de couleur sur les chaises et les tableaux, le tout largement ouvert sur la place. La carte bistrotière change régulièrement et il souffle parfois sur celle-ci un petit vent d'ailleurs.

Petite carte de cocktails, thés et chocolats pour accompagner le dessert.

De prix moyens à chic

I●I **Le 37** *(plan B3,* ***36****) : 37, rue Saint-Étienne-des-Tonneliers.* ☎ *02-35-70-56-65. • contactle37@orange.fr • Tlj sf dim-lun et j. fériés. Congés : août. Résa conseillée. Menus (sf sam soir) 19,80-25 € ; carte 40-45 €.* Ne vous attendez pas à trouver dans ce bistrot, à la déco zen et design, les grands standards de la cuisine normande ! On vous propose, bien au contraire, une cuisine moderne, pleine de saveurs, tantôt sage, tantôt audacieuse, qui varie suivant les saisons et l'humeur du chef.

I●I **Restaurant Origine** *(plan A1,* ***37****) : 26, rampe Cauchoise.* ☎ *02-35-70-95-52. Tlj sf sam-dim et certains j. fériés. Congés : août. Résa conseillée. Menus déj 30-35 €, puis 49-97 €.* Le chef Benjamin Le Chevallier aime les bons produits, de saison évidemment, et les travaille avec talent et imagination pour mettre en valeur toute leur saveur, se plaisant pour cela à jouer avec les textures et à mettre dans les plats salés des ingrédients que l'on attendrait plus en dessert, et vice versa. Un régal ! Le tout à déguster dans une jolie salle rassemblant aussi bien des hommes d'affaires que des familles ou des gourmets de tous âges.

Où dormir ? Où manger dans les environs ?

Chambres d'hôtes Le Domaine de la Muette : *chez Danielle et Jacques Auffret, 1057, rue des Bosquets, 76230* ***Isneauville.*** ☎ *02-35-60-57-69. • domainedelamuette@gmail.com • charmance-lamuette.com • Du bourg, prendre la route de la Muette (D 47), le chemin est à gauche 1 km plus loin (fléché). Ouv de mi-mars à mi-oct. Doubles 80-90 € selon taille.* Un véritable coup de cœur pour cet éden de 1,5 ha avec roseraie, jardin d'eau, verger et potager familial, ainsi que de petits coins de repos spécialement agencés. Passionnés de jardinage, les charmants proprios ont aménagé dans un vaste bâtiment à colombages indépendant de leur maison une poignée de chambres personnalisées, spacieuses et raffinées, réparties sur plusieurs niveaux autour d'une vaste pièce à vivre avec cuisine, salon, cheminée et billard.

Manoir de Captot : *42, route de Sahurs, 76380* ***Canteleu.*** ☎ *02-35-36-00-04. • captot76@yahoo.fr • captot.com • À la sortie du village, en direction de Sahurs (D 351) ; après le stade, prendre à droite, par la grande grille ouvrant sur une longue allée. Double 95 €. Réduc de 10 % sur le prix de la chambre oct-mars sur présentation de ce guide.* Tout proche de Rouen, majestueux manoir du XVIIIe s situé à la lisière de la forêt de Roumare. 2 chambres d'hôtes confortables, meublées à l'ancienne, pour mener la vie de château. Possibilité de loger les enfants dans une petite chambre supplémentaire, attenante à celle du 2e étage.

I●I **Restaurant Le 1900 :** *33, rue Guynemer, 76500* ***Elbeuf.*** ☎ *02-35-77-07-27. • le1900@orange.fr • Tlj sf jeu soir, sam midi, dim soir et lun. Formule déj en sem 17,50 € ; menus 23,50-36 €.* Si les produits du pays sont bien au menu, le chef n'hésite pas à explorer d'autres territoires en les acoquinant volontiers à des saveurs pas franchement normandes. Le décor, quant à lui, est plutôt simple et classique. Attention toutefois à ne pas vous tordre le cou en admirant les belles au plafond...

Où boire un bon café ? Où boire un verre ? Où sortir ? Où écouter de la musique ?

Pour aller boire un verre ou sortir, vous trouverez deux ambiances complètement différentes selon que vous dirigerez vos pas vers le quartier de la rue Eau-de-Robec *(plan C2)* ou vers celui de la place du Vieux-Marché.

Le premier, plus bohème, à l'atmosphère festive mais cool, conserve une ambiance de village où tout le monde semble se connaître ; l'école des Beaux-Arts, qui se trouvait jadis à côté, a visiblement laissé sa marque avec, notamment, des vernissages plus ou moins formels, qui ont tendance à se prolonger. L'ambiance autour de la place du Vieux-Marché est plus électrique, plus jeune, un peu plus bourgeoise, et plus touristique aussi.

Couleur Café *(plan C2,* ***53****) : 130, rue Eau-de-Robec. ☎ 09-81-85-12-07. Mar-ven 8h-19h, w-e 9h-18h. Fermé lun.* L'antre des amateurs de café (torréfié sur place), mais aussi des chocolats ou des thés préparés de mille et une façons, ou encore des milk-shakes et des *smoothies.* Et pour déguster ces jus de toutes les sortes, un cadre cosy et confortable où il fait vraiment bon se (re)poser. Aux beaux jours, difficile de résister à la terrasse dans la très jolie rue piétonne.

La Buvette du Robec *(plan C2,* ***52****) : 219, rue Eau-de-Robec. ☎ 02-35-07-72-28. Tlj sf dim 16h-minuit (lun 18h-22h). Une assiette de grignotage en accompagnement de la consommation (pour l'ensemble de la table) offerte sur présentation de ce guide.* En voilà une buvette bien sympathique, où l'on vient volontiers tailler une bavette ! À vrai dire, l'intérieur évoque davantage un chaleureux salon vintage que la salle d'un quelconque troquet. Sympathique petite terrasse dans la rue.

La Boîte à Bières *(plan A1,* ***51****) : 35, rue Cauchoise. ☎ 02-35-07-76-47. • laboiteabieresrouen@gmail.com • laboiteabieres.fr • Mar-sam 17h-2h.* Belle maison à colombages sur 4 niveaux, ouverte à tous les jeunes ayant la passion du houblon (pas moins de 180 types de bouteilles différentes et 10 bières à la pression !). Musique rock, billard, fléchettes, salon TV, dans un style très pub irlandais. Un classique qui a vu défiler moult générations d'étudiants...

Le Delirium Café *(plan B2,* ***54****) : 30, rue des Vergetiers. ☎ 02-32-12-05-95. Tlj 18h-2h (23h dim).* Juste sous le Gros-Horloge, un bar sur 3 niveaux plébiscité par les étudiants et entièrement dédié à la bière, belge de préférence. Au choix, 20 bières à la pression et quelque 250 autres en bouteille.

L'Emporium Galorium *(plan C1,* ***50****) : 151, rue Beauvoisine. ☎ 02-35-71-76-95. • emporium-galorium.com • Mar-mer 20h-2h, jeu-sam 20h-3h. Congés : 3 sem en août.* Il se passe presque toujours quelque chose dans ce bar situé dans une vieille demeure du XVIIe s aux vénérables colombages : soirée *blind test* musical le mardi, soirée *shooter* le mercredi, soirée étudiante le jeudi, concerts toutes tendances confondues (parfois payants), etc. Un bar sympa à l'ambiance survoltée !

Le 106 – Scène de musiques actuelles *(hors plan par A3,* ***60****) : 106, quai Jean-de-Béthencourt. ☎ 02-32-10-88-60. • le106.com • Ⓜ Joffre-Mutualité. Desservi par les bus de nuit T1, N2 et N3.* Dans un ancien hangar de stockage de marchandises, c'est la scène consacrée aux musiques actuelles ; une grande salle modulable pour accueillir les pointures, et une autre plus confidentielle pour les jeunes talents. Pas mal de concerts donc, mais aussi quelques expos, des projections de documentaires, des conférences... Également un café.

LA SEINE-MARITIME

À voir

Les centres d'intérêt sont cités selon un circuit (plus ou moins) logique. Pour ceux qui aiment découvrir une ville, sa vie, son architecture, en flânant au gré des rues, Rouen a aussi beaucoup à offrir, c'est pourquoi nous indiquons plus bas des suggestions de promenades.

Le Gros-Horloge *(plan B2) : rue du Gros-Horloge. ☎ 02-32-08-01-90. Avr-oct, mar-dim 10h-13h, 14h-19h ; nov-mars, mar-dim 14h-18h. Dernière entrée 1h avt fermeture. Entrée : env 7 € ; réduc ; gratuit moins de 6 ans ; audioguide inclus.* C'est la carte postale la plus expédiée de Rouen ! Merveilleuse construction où se mêlent les époques : l'arche sculptée enjambant la rue et le pavillon orné

de chaque côté d'un riche cadran d'horloge datent du XVIe s ; le beffroi leur est antérieur (XIVe s), tandis que l'atelier de l'horloger à côté remonte au XVIIe s et la fontaine au XVIIIe s. Au XIVe s déjà, le beffroi abritait le mécanisme du Gros-Horloge qui permet encore aujourd'hui de sonner l'heure et les quarts d'heure ; c'est le plus vieux mécanisme à sonner les quarts d'heure existant encore en Europe. L'horloge en plomb doré était autrefois à l'intérieur du beffroi, jusqu'à ce qu'on décide de la montrer. Les premiers cadrans furent installés en 1410, puis remplacés au XVIe s par ceux que l'on peut encore admirer aujourd'hui. L'aiguille des heures fait son petit bonhomme de chemin sur le cadran, tandis qu'en dessous le jour de la semaine est représenté par « sa » divinité (Mars pour mardi, Mercure pour mercredi...) ; chaque jour, à midi, on peut voir le semainier bouger.
L'espace muséographique à l'intérieur du Gros-Horloge est passionnant. Il vous dévoile de façon claire et succincte les secrets d'une des plus vieilles horloges d'Europe : son histoire, son architecture, son fonctionnement... et vous plonge dans l'univers du XVIe s : visite du logis du gouverneur, de l'échoppe, de l'atelier de l'horloger, de la salle des cadrans ou encore de la chambre des cloches. Panorama insolite sur les toits de Rouen depuis le sommet du beffroi.

La ***rue du Gros-Horloge*** (« rue du Gros » pour les intimes ; *plan B2*) est évidemment la plus connue de la ville. La première rue piétonne de tout le sud de l'Europe (1970) ! Au niveau du Gros-Horloge, belle maison à pans de bois. Les demeures accolées au beffroi sont toutes parées du charme des siècles passés. Avec ses nombreux commerces, elle est souvent bondée, surtout le week-end.

La cathédrale *(plan B-C2-3) :* • *rouentourisme.com* • *rouen.catholique.fr* • *Avr-oct, lun 14h-19h, mar-sam 9h-19h, dim et j. fériés 8h-18h ; nov-mars, mar-sam 9h-12h, 14h-18h, dim-lun et j. fériés 14h-18h. Déambulatoire fermé 30 mn avt fermeture.*
– ***Cathédrale de lumière :*** *ts les soirs, de mi-juin à sept. GRATUIT.* Projections grandioses sur la cathédrale Notre-Dame, avec, pour thématiques, Jeanne d'Arc, les Vikings et, nouveauté 2017, Guillaume le Conquérant.
Une élégante dentelle de pierre, tout en majesté et en finesse, édifiée sur plus de trois siècles. C'est l'une des plus belles constructions de style gothique français. On peut encore distinguer par endroits des traces de polychromie.
– La *façade,* qui inspira tant Monet, présente une série de clochetons et de fenestrages ajourés, encadrée par deux grandes tours de styles différents. À gauche, la *tour Saint-Romain,* du XIIe s, de style gothique primitif et de facture simple, sauf dans sa partie supérieure qui date du XVe s, s'élève à 82 m. À droite, la *tour de Beurre,* datant du XVe s, s'élève à 75 m dans le plus pur style gothique flamboyant. Elle doit son nom à la taxe perçue auprès des gens qui souhaitaient consommer du beurre pendant le carême et grâce à laquelle elle fut édifiée.

CE COQUIN DE MONET !

Il exécuta 28 tableaux différents de la cathédrale de Rouen. La plupart furent peints à l'étage du magasin de lingerie féminine Lévy, sur le parvis (aujourd'hui l'office de tourisme). On y avait installé un paravent pour cacher les corps dénudés à la vue de l'artiste. En retrouvant ce paravent, bien plus tard, on se rendit compte que Monet y avait percé un orifice...

– Au centre, les trois *portails,* chefs-d'œuvre de ciselage, véritable féerie de pierre, présentent toutes les variétés de l'art gothique. Les portails Saint-Jean (à gauche) et Saint-Étienne (à droite) datent du XIIe s mais leurs tympans sont du XIIIe s. Celui du portail Saint-Étienne représentait la lapidation du saint, celui du portail Saint-Jean raconte le festin d'Hérode (noter l'acrobate) et la décollation de saint Jean-Baptiste. Belles arabesques et décoration de feuilles d'acanthe. Le portail central, modifié au début du XVIe s, est brodé de sculptures et on trouve au tympan un bel *Arbre de Jessé.*

– La *tour centrale* et la *flèche,* d'un raffinement extrême, très visibles de la rue du Change, s'élèvent avec élégance à 151 m. C'est la plus haute de France. Il faut prendre du recul pour mieux l'admirer, encadrée par ses quatre clochetons d'angle. La tour lanterne en pierre date du XIIIe au XVIe s, mais la flèche actuelle est du XIXe s. Sur ce même flanc droit, le *portail de la Calende,* merveilleuse réalisation du XIVe s.
En empruntant de l'autre côté la rue Saint-Romain, au niveau du transept, un portail de pierre de style gothique flamboyant ouvre sur la cour des Librairies (où étaient autrefois vendus les livres religieux). Tout au fond de celle-ci, le très beau *portail des Librairies* se compose de 150 petits quadrilatères représentant un bestiaire fantastique. La partie supérieure est consacrée à la création du monde, avec Adam et Ève.
– *L'intérieur :* après le raffinement de l'extérieur, on est frappé par la sobriété de l'intérieur. La nef très haute, dépouillée, de style gothique primitif, est soutenue par d'épaisses colonnes mais d'une grande légèreté, grâce aux nervures qui les affinent. À la croisée du transept, 51 m vous séparent de la voûte. Dans le transept de gauche, élégant escalier qui donne accès à la librairie. Chœur très sobre du XIIIe s. Derrière le chœur, emprunter le déambulatoire. On y trouve la *chapelle de la Vierge,* un des clous de la cathédrale. Elle accueille des pièces remarquables : sur la droite de l'autel de la chapelle, les tombeaux des cardinaux d'Amboise (sculptés au XVIe s). S'y trouvent Georges Ier d'Amboise (archevêque de Rouen et ministre de Louis XII) ainsi que Georges II, son neveu. Le soubassement représente les Vertus. Dans le déambulatoire, à gauche de la chapelle, quatre vitraux admirables du XIIIe s, aux coloris très soutenus (démontés pendant la guerre) ; ce sont les plus anciens vitraux en place qu'on puisse trouver en Normandie.

LES MESURES AU MOYEN ÂGE

Avant l'apparition du système métrique, les mesures différaient d'une construction à l'autre. On se référait à la morphologie du maître d'œuvre. Une fois fixée, chaque mesure était inscrite sur une réglette, et tous les ouvriers d'un même chantier l'utilisaient. En revanche, les proportions entre les mesures étaient partout identiques (ex : un pied = 12 pouces).

– Attenant à la cathédrale, un square très agréable dans les *jardins de la cour d'Albane.*

L'Historial Jeanne-d'Arc (plan C2) **:** *7, rue Saint-Romain. ☎ 02-35-52-48-00. • historial-jeannedarc.fr • Sept-avr, mar-ven 11h-19h, w-e et j. fériés 10h-19h, dernière visite à 17h15 ; mai-juin fermeture à 19h30, dernière visite à 17h45 ; juil-août ouv à 10h. Visite (1h15) par petits groupes avec départ ttes les 15 mn ; résa sur Internet conseillée pour éviter l'attente. Entrée : 9,50 € ; réduc ; billet couplé avec Panorama XXL : 15 €, réduc, tarif « tribu » (4 pers) 26 €.* Dans l'archevêché, sur le site même où eurent lieu les trois procès de Jeanne d'Arc. Une remarquable scénographie audiovisuelle évoque son procès en réhabilitation, demandé par le roi (qui l'avait sacrément laissée tomber !), 25 ans après la mort de la petite bergère qui voulait bouter les Anglais hors de France. Des projections et effets sonores permettent de comprendre que bien des témoignages étaient biaisés, voire faux. À la fin, quatre historiens répondent en vidéo aux grandes questions telles que « Jeanne d'Arc était-elle une bâtarde de sang royal ? », ou encore évoquent le statut des femmes, les voix divines. Très dense (à éviter avec de jeunes enfants) mais passionnant. La visite est aussi l'occasion d'admirer une partie de l'intérieur du magnifique archevêché, le dernier en France à être encore relié directement à sa cathédrale.

– Au détour de la rue Saint-Romain, avant l'église Saint-Maclou, jetez un œil sur la gauche à la ***rue des Chanoines,*** une des rues les plus étroites de la ville. Si les constructions médiévales en encorbellement permettaient de grappiller un peu de surface dans des villes densément bâties et ceinturées par des murailles, et de jeter ses eaux usées sans qu'elles ruissellent sur ceux du dessous, on pouvait aussi quasiment embrasser le voisin d'en face !

L'église Saint-Maclou (plan C2-3) : *sam-lun 10h-12h, 14h-18h (17h30 nov-mars). Fermé 25 déc et 1er janv. Entrée libre.* Ce splendide édifice de la fin du XVe s de style gothique flamboyant donne une impression de grâce et de légèreté. Fortement endommagé pendant la Seconde Guerre mondiale, il a heureusement conservé intact son grand porche à cinq arcades avec des vantaux Renaissance de toute beauté. La façade légèrement arrondie contribue à l'homogénéité du lieu. Le médaillon du vantail de gauche représente le Bon Pasteur éloignant les voleurs de la Bergerie. Dans celui du centre, deux médaillons évoquent la circoncision et le baptême du Christ. L'ensemble est encore plus beau à contempler le soir, quand il est éclairé. L'intérieur, en comparaison, est moins fascinant, malgré sa magnifique tribune d'orgue de 1521 aux délicates boiseries Renaissance (concerts en été) et son élégant escalier à vis sculpté du XVIe s.

L'aître Saint-Maclou (plan C2) : *186, rue Martainville. ♿ Tlj 9h-18h. Dans la rue qui longe le flanc gauche de l'église Saint-Maclou. L'aître se trouve au fond de la cour intérieure.* Cet admirable ensemble architectural du XVIe s, bordant une grande cour plantée d'arbres composé de maisons à pans de bois, fut autrefois un cimetière de pestiférés. C'est l'un des derniers témoins des charniers urbains en Europe. Le terrain fut acheté en 1348, lors de la Peste noire, pour compléter le petit cimetière situé derrière l'église Saint-Maclou. Il fut clos afin d'éviter que les cochons et les chiens du quartier ne viennent déterrer les corps qui étaient enterrés dans des tranchées dans la cour ; en période d'épidémie, il pouvait y avoir jusqu'à cinq ou six couches de cadavres superposées. Une fois les corps décomposés, les ossements étaient récupérés et mis dans l'ossuaire. Celui-ci se trouvait dans la partie en bois entre les deux étages des galeries (à l'époque, celles-ci n'étaient pas fermées). Sur certaines colonnes soutenant les galeries, on distingue encore des sculptures représentant des figures macabres. Toutes les poutres sont ornées de frises où apparaissent têtes de morts, tibias entrecroisés, pelles pour creuser les tombes, haches, croix... Étonnant ! Plus étonnant encore, il fut un temps où l'aître abritait aussi l'école paroissiale, avec donc le cimetière dans la cour. Après guerre, et pendant 70 ans, l'école des Beaux-Arts occupa les lieux.

Le musée national de l'Éducation (hors plan par C2) : *185, rue Eau-de-Robec. ☎ 02-35-07-66-61. • reseau-canope.fr/mne • ♿ Lun et mer-ven 13h30-18h15 ; le w-e 10h-12h30, 13h30-18h15. Fermé mar et j. fériés. GRATUIT.* Dans cette belle demeure du XVe s sont rassemblés de nombreux objets relatifs à l'enfant et à son éducation depuis le XVIe s (peintures, estampes, travaux d'élèves et mobilier scolaire d'époque). La salle de classe 1900 nous transporte avec émotion dans l'atmosphère de l'école de grand-papa. Le plus intéressant reste cependant les expos temporaires sur l'éducation, qui occupent une grande partie de l'espace.

L'abbatiale Saint-Ouen (plan C2) : *tlj sf lun et ven 10h-12h, 14h-18h (17h nov-mars). Fermé 25 déc et 1er janv.* Ancienne abbatiale du XIVe s. Encore un des joyaux du gothique français. Délicate à l'extrême, avec de beaux arcs-boutants dessinés comme des arcs-en-ciel. Deux belles tours octogonales surmontées d'une flèche de pierre. À la base des tours, des dizaines de tourelles de toutes tailles sont autant de demoiselles d'honneur à leur majesté. La tour centrale est surmontée d'une couronne. Le portail du transept, appelé « porche des Marmousets », possède une jolie frise ainsi que de curieuses clés pendantes. À l'intérieur, nef élancée soutenue par une forêt de fines colonnes. Vitraux du XVIe s, légers et aériens, aux couleurs douces. Dans le chœur, fermé par une grille élégante et dépouillée du XVIIIe s, est conservé l'un des plus beaux ensembles de vitraux du XIVe s en France.

– Si vous souhaitez souffler un peu ou pique-niquer, il y a un joli parc derrière l'abbatiale.

Le musée des Antiquités (plan C1) : cloître Sainte-Marie, 198, rue Beauvoisine. ☎ 02-76-30-39-50. • museedesantiquites.fr • ♿ Mar-sam 13h30-17h30, dim 14h-18h ; vac scol et expo temporaires, ouv aussi le mat 10h-12h15, sf dim. GRATUIT (sf expos temporaires). Installé dans un ancien couvent du XVIIe s, ce passionnant musée obtient déjà un bon point dès le début de la visite, grâce à ses petits panneaux retraçant avec concision et clarté l'histoire de la Normandie. Ce qui permet ensuite de mieux apprécier les éléments exposés, ceux-ci allant de l'âge du bronze à la Renaissance. Les XVe et XVIe s sont bien représentés par une série d'admirables vitraux et de chapiteaux provenant de plusieurs églises de la région, de sculptures en bois polychrome et en ivoire, de pavements armoriés, de retables peints et sculptés... Belle salle abritant la tapisserie des *Cerfs ailés*, superbes pièces du XVIe s. Jeter encore un coup d'œil à la salle de la mosaïque antique, trouvée à Lillebonne, dans la vallée de la Seine. Également de belles collections d'antiquités grecques et égyptiennes et des expos temporaires.

Le Muséum d'histoire naturelle de Rouen (plan C1) : 198, rue Beauvoisine. ☎ 02-35-71-41-50. • museumderouen.fr • ♿ Tlj sf lun et certains j. fériés 13h30-17h30, dim 14h-18h. GRATUIT. Dans l'ancien couvent des sœurs de la Visitation (1640), le Muséum de Rouen a conservé sa muséographie du XIXe s : vitrines en chêne, dioramas, alignements de mammifères et d'oiseaux naturalisés, boîtes d'insectes (coléoptères, papillons...). Certes, certains lui reprocheront son aspect vieillot, mais on ne peut s'empêcher de nourrir une certaine affection pour ce type d'endroits hors du temps, et, surtout, la diversité des espèces présentées est impressionnante ! On n'est guère surpris d'apprendre que le musée abrite la deuxième plus grande collection dans ce domaine après Paris. Au 3e étage, la galerie des continents expose des objets et animaux d'Amérique, d'Asie, d'Océanie, avec notamment de magnifiques oiseaux exotiques. Propose aussi des expos temporaires.

La gare (plan B-C1) : elle fut construite en 1928 à l'emplacement d'une première gare devenue trop petite face à l'engouement des Parisiens pour la Normandie. Typiquement Art déco avec ses lustres, ses boiseries et son beffroi, elle abrite depuis 1967 des fresques colorées de Robert Savary illustrant le port et la cathédrale de la ville.

Le donjon ou tour Jeanne-d'Arc (plan B-C1) : rue du Bouvreuil. ☎ 02-35-98-16-21. **En travaux** ; réouverture prévue en avr 2017. Mar-sam 10h-12h30, 14h-18h (17h oct-mars) ; dim 14h-18h30 (17h30 oct-mars). GRATUIT. C'est le dernier vestige en élévation du château édifié au XIIIe s par Philippe Auguste, au lendemain de sa conquête de la Normandie. À l'intérieur, expo sur l'histoire de la forteresse. Contrairement à ce que dit la légende, Jeanne ne fut pas enfermée ici mais dans une autre tour de l'enceinte (dans la cour du 102, rue Jeanne-d'Arc). En revanche, c'est dans la salle basse du donjon qu'on lui présenta les instruments de torture, en mai 1431. Au printemps 2017, un nouveau jeu d'énigmes ludique, interactif et pédagogique pour découvrir ce monument emblématique de l'époque médiévale et l'histoire de la ville.

Le musée Le Secq-des-Tournelles (plan C1-2) : à l'intérieur de l'église Saint-Laurent, 2, rue Jacques-Villon. ☎ 02-35-88-42-92. • museelesecqdestournelles.fr • ♿ (partiel, accès rue Deshays). Tlj 14h-18h. GRATUIT (sf expos temporaires). Installé dans une ancienne église du XVIe s et consacré à la ferronnerie d'art, toutes techniques confondues. Tous ces objets avaient un usage dans le domaine domestique, militaire ou religieux. Plus de 12 000 pièces léguées en 1920 à la Ville de Rouen par un collectionneur... féru (le musée porte son nom) : des clés romaines aux serrures, présentées de façon chronologique (ça commence au gallo-romain !), en passant par les ustensiles de la vie domestique, les enseignes (très importantes jusqu'à la fin du XVIIIe s, quand la numérotation des maisons se généralisa), grilles (voir celle de l'église d'Ourscamp, chef-d'œuvre de ferronnerie

romane), jouets, outillages de différents corps de métiers, articles de fumeur, bijoux en fonte de Berlin... Ces derniers sont nés de l'invasion de la Prusse par les armées napoléoniennes : les Prussiennes furent invitées à déposer leurs bijoux au Trésor contre une réplique en fonte ; un geste de patriotisme qui mit ces bijoux à la mode.
Des objets exceptionnels comme cette clé du cabinet de Marie-Antoinette, avec chiffre et dauphins, et d'autres tout à fait insolites (demandez qu'on vous les indique) : serrure pince-voleur du XVIIe s, porte de coffre-fort avec un système d'alarme-pistolet, coffre à correspondance privée avec une serrure pour l'émetteur et une autre pour le récepteur... Une collection unique au monde, dans un lieu original.

Le musée des Beaux-Arts *(plan B-C1) : esplanade Marcel-Duchamp. ☎ 02-35-71-28-40. • mbarouen.fr • ♿ (accès 26 bis, rue Lecanuet). Tlj sf mar et j. fériés 10h-18h. GRATUIT (sf expos temporaires).*
Très bel ensemble de peintures européennes, sculptures, dessins et arts décoratifs du XVe s à nos jours. Quelques chefs-d'œuvre à ne pas manquer dans les peintures du XVIIe s, comme *Le Christ à la colonne* du Caravage. La lumière provenant d'en haut dévoile une scène d'un grand réalisme : très forte présence physique des personnages cadrés de près, beaucoup de mouvement dans la scène, épuisement du Christ, dont la tête inclinée semble prête à sortir du tableau. Le *Démocrite* de Vélasquez – initialement le portrait d'un bouffon de cour brandissant un verre de vin comme l'a révélé la radiographie – illustre l'attitude cynique du philosophe sur la façon dont va le monde ; une des deux seules œuvres du peintre que l'on peut découvrir en France. Du côté des salles impressionnistes, le musée abrite une des plus importantes collections de France en la matière. On peut y admirer des œuvres parfois majeures de Monet *(Portail de la cathédrale de Rouen par temps gris)*, Sisley *(Inondation à Port-Marly, La Seine à La Bouille)*, Degas, Renoir, Pissarro, Caillebotte... À propos de Monet, il souhaitait vendre la série des 28 cathédrales dans son intégralité. Il la proposa à Félix Faure, alors président de la République, mais ce dernier préféra acheter la table de nuit de Napoléon !
Toutes les écoles du XIXe s sont également superbement représentées : le romantisme avec Géricault et Delacroix, l'école de la nature avec Corot et Huet, les préimpressionnistes avec Jongkind, Boudin et Lépine, l'école de Rouen avec Lebourg, Delattre, Angrand. Le traitement des couleurs dans les œuvres de Guillaumin, Pinchon ou Fréchon, les rapproche des fauves. Une partie du rez-de-chaussée est consacrée aux œuvres contemporaines, avec notamment un petit espace dédié aux Duchamp (originaires des environs de Rouen). Le musée possède en effet un fonds particulièrement riche consacré à cette famille qui, sur une fratrie de six enfants, ne comptait pas moins de quatre artistes : Jacques Villon, Raymond Duchamp-Villon, Suzanne Duchamp et Marcel Duchamp.

DÉBOIRES D'UN MARI INFIDÈLE

En 1909, François Depeaux, industriel dans le charbon, voulut faire une donation somptueuse de 250 tableaux impressionnistes au musée des Beaux-Arts de Rouen. Se sentant dépossédée, sa femme obtint par voie de justice que toutes ces œuvres soient vendues aux enchères. Plus fidèle à ses tableaux qu'à son épouse, Depeaux en racheta quelques dizaines qu'il offrit enfin au musée. On perdit quelques fleurons, dont de magnifiques Renoir.

Le musée de la Céramique *(plan B1) : dans l'hôtel d'Hocqueville, 1, rue Faucon ou 94, rue Jeanne-d'Arc. ☎ 02-35-07-31-74. • museedelaceramique.fr • Tlj sf mar et j. fériés 14h-18h. GRATUIT (sf expos temporaires).*
Mis en scène dans un bel hôtel particulier donnant sur un jardin ornemental réaménagé sur le modèle de ceux du XVIIe s, ce musée devrait intéresser autant les

passionnés que les néophytes. Toute la céramique racontée à travers 900 objets divers et éléments de vaisselle, depuis les fragments archéologiques à l'aide desquels sont expliquées les étapes de fabrication, jusqu'aux plus belles réalisations de la faïence de Rouen, évidemment à l'honneur. Dès le milieu du XVIe s, on trouvait à Rouen un « émailleur en terre », précurseur de la faïence française, Masséot Abaquesne. Louis XIV et Colbert favorisèrent le développement de cet artisanat. À Rouen, les fabriques se multiplièrent à la fin du XVIIIe s, mais la concurrence de la faïence britannique, puis celle de la porcelaine, finirent par détrôner la ville française. La couleur qui domine est le bleu, privilégié car l'oxyde de cobalt utilisé est ce qui résiste le mieux à la cuisson.
Les vitrines présentent des pièces rares, superbes par leur finesse, leur souci du détail, leur finition... Faïence de Delft, de Sèvres, porcelaines de Chine ou italienne, le musée montre également les influences des techniques et des formes entre l'Orient et l'Europe. Parmi les pièces les plus extraordinaires : deux globes terrestres, un violon et trois bustes en faïence du XVIIIe s, réalisés à Rouen.

Le palais de justice – Parlement de Normandie (plan B2) : *pl. Foch.* Encore un chef-d'œuvre de l'architecture gothique datant du début du XVIe s. La façade de la cour d'honneur avec sa tourelle centrale à pans découpés est d'une grande richesse décorative. En bas, fenêtres sobres en anse de panier. À l'étage, c'est déjà plus travaillé et, au niveau supérieur, on finit par une superbe orgie de tourelles, de pinacles, d'arcs-boutants. Il fut presque entièrement reconstruit après la guerre.

La place du Vieux-Marché *(plan A-B2)* : la place où tous les condamnés étaient exécutés au Moyen Âge et où Jeanne d'Arc fut brûlée vive en 1431. Revêtue de pavés, elle garde un certain caractère avec ses massifs arborés qui jouxtent l'église Sainte-Jeanne-d'Arc. Sur la place proprement dite, cet important bâtiment moderne intègre sous le même toit église et marché couvert ; un des endroits les plus vivants de la ville. Juste à côté de la place, au 4, rue de la Pie, la *maison natale de Pierre Corneille* *(tlj 9h30-12h30, 14h-18h).*

LE TOUR DE COCHON DE L'ÉVÊQUE CAUCHON

Difficile pour un évêque de condamner Jeanne d'Arc, cette femme si croyante. On la fit jurer de ne plus porter le pantalon. Puis, en prison, on la dénuda de force en ne laissant à sa disposition que des habits masculins. Les ayant repris (évidemment), elle fut accusée de parjure et condamnée au bûcher. Sachez, mesdames, que la loi française interdisant le port du pantalon ne fut abrogée qu'en janvier... 2013 ! Vous avez échappé au bûcher.

– ***L'église Sainte-Jeanne-d'Arc*** : *tlj sf ven mat, dim mat et pdt les offices.* Elle a recueilli les beaux vitraux Renaissance d'une église rasée en 1944. Si son architecture extérieure trouve nombre de détracteurs, l'intérieur est fort réussi, avec une organisation originale de l'espace et une belle charpente de bois en forme de coque de bateau ; avec les ardoises du toit en écailles de poisson, c'est la mer et la symbolique chrétienne du poisson qui sont évoquées. La forme du toit figure quant à elle les flammes du bûcher.

L'hôtel de Bourgtheroulde *(plan A-B2)* : *sur la pl. de la Pucelle.* Un petit bijou de la Renaissance construit au XVIe s par Guillaume II le Roux, conseiller au Parlement. C'est aujourd'hui un hôtel de luxe aménagé de façon très contemporaine à l'intérieur. Dans la cour, de très beaux bas-reliefs sculptés relatent une célèbre rencontre de 3 semaines entre les rois de France et d'Angleterre en 1520, près de Calais. La rencontre, dite « entrevue du Drap d'or » – du faste de la tente tendue de drap d'or de François Ier –, avait pour but de convaincre le souverain anglais (Henri VIII) de s'allier à lui contre Charles Quint ; l'entrevue fut un échec pour François Ier.

Le musée Flaubert et de l'Histoire de la médecine (plan A1) **:** *51, rue de Lecat. ☎ 02-35-15-59-95. Dans l'enceinte de l'ancien hôtel-Dieu (la préfecture aujourd'hui). Mar 10h-18h, mer-sam 14h-18h. Fermé dim-lun et j. fériés. Entrée : 4 € ; réduc. Audioguide 4 €.* Petit musée établi dans la maison natale de l'écrivain, dont le père était chirurgien à l'hôtel-Dieu. Souvenirs personnels ainsi qu'une joyeuse palette d'instruments chirurgicaux et d'anciens pots de pharmacie en faïence de Rouen. Pièces de collection étonnantes, comme ce lit d'hôpital à six places ou le mannequin d'accouchement de Mme du Coudray, qui servit, au XVIIIe s, à former 5 000 sages-femmes à travers la France. Jardin de plantes médicinales.

Panorama XXL (hors plan par A2) **:** *quai de Boisguilbert. ☎ 02-35-52-95-29. • panoramaxxl.com • TEOR n°s 1, 2 ou 3, arrêt Pasteur-Panorama. Tlj sf lun 10h-18h (19h mai-sept). Fermé 1er janv, 1er mai et 25 déc. Entrée : 9,50 € ; réduc ; tarif « tribu » 26 € ; billet couplé avec l'Historial Jeanne-d'Arc : 15 €.* Les panoramas étaient autrefois une grande distraction populaire qui fut supplantée par l'arrivée du cinéma. Le bâtiment, créé en collaboration avec l'artiste et architecte allemand Yadegar Asisi, peut sembler un brin démesuré au premier abord, mais le résultat n'en est pas moins impressionnant. Dans cette immense rotonde de 35 m de haut et 34 m de diamètre, depuis plusieurs plateformes (dont la plus haute perchée à 15 m de haut), vous contemplerez jusqu'au 10 septembre 2017 un panorama spécialement créé pour la ville (un autre sera ensuite proposé) : une vue de Rouen en 1431, année où Jeanne d'Arc fut brûlée vive sur la place du Vieux-Marché. À l'aide de photos, de l'infographie et de scénettes reconstituées, Asisi, qui travaille avec un vrai souci de réalisme et de rigueur historique, vous plonge dans un autre monde, une autre époque. Surtout, prenez le temps d'observer, et ce depuis les différentes plateformes : avec les changements de perspectives et de lumières, l'image fixe prend étrangement vie et le regard découvre sans arrêt de nouvelles scènes ou détails.

Le Musée maritime, fluvial et portuaire (hors plan par A2) **:** *quai Émile-Duchemin, hangar portuaire n° 13. ☎ 02-32-10-15-51. • info@musee-maritime-rouen.asso.fr • TEOR n°s 1, 2 ou 3, arrêt Mont-Riboudet Kindarena. ♿ Direction Le Havre par la nationale (av. du Mont-Riboudet), puis fléché. Mar-dim 14h-18h. Entrée : 5 € ; réduc ; gratuit moins de 6 ans.* Situé en bord de Seine, ce musée retrace l'histoire du port de Rouen et celle de la Seine. Grâce aux riches collections du musée, différents thèmes sont abordés : l'activité portuaire, la construction navale, la navigation fluviale... Nombreuses maquettes de bateaux. Dans le *Pompon Rouge,* une ancienne péniche restaurée, expo consacrée à la batellerie sur la Seine.

Le Jardin des plantes (hors plan par B3) **:** *114 ter, av. des Martyrs-de-la-Résistance. ☎ 02-32-18-21-30. Bus F1 ; arrêt Jardin-des-Plantes. ♿ Tlj 8h30-19h45 (17h15 en hiver). Accès libre.* Créé en 1691, ce jardin à l'histoire tumultueuse passa de mains en mains de riches propriétaires qui y organisaient de somptueuses fêtes agrémentées de feux d'artifice et d'envols de montgolfières. Renommé « jardin du Trianon » puis racheté par Napoléon Ier en 1811, il sert alors à la culture et à la préservation d'espèces végétales issues des cinq continents. Jardin à la fois à l'anglaise et à la française, il demeure sans conteste l'un des plus beaux parcs publics de France. Sur plus de 8 ha, il recèle 5 600 espèces de végétaux et diverses curiosités architecturales et décoratives. Outre les serres construites en 1839 pour accueillir des plantes d'orangeries et des espèces exotiques, une grange à pressoir du XVIIIe s à colombages, ainsi qu'un kiosque à musique où orphéons et harmonies viennent

TOUR D'ABANDON

À l'entrée Germont du CHU de Rouen (à l'est de la ville). Ce tourniquet en bois, logé dans le mur de l'hospice, permettait de déposer les bébés abandonnés. Le système fut arrêté en 1904. Ces tourniquets sont réapparus en Allemagne... en 1999.

jouer aux beaux jours. On s'y promène le long des volières qui hébergent perruches, perroquets et faisans dorés, ou autour du plan d'eau orné de statues, à la recherche d'une énigmatique pierre runique venue de Norvège.

À faire

➢ ***Promenade au fil des rues :*** commençons à l'ouest de la place du Vieux-Marché, dans les *rues de Fontenelle, du Vieux-Palais, de Crosne* ou *avenue Flaubert,* qui abritent une concentration de belles maisons à colombages. Celles-ci appartenaient principalement à de riches négociants. Beaucoup de ces demeures furent rénovées après guerre et, une fois éliminés plâtres et enduits, dévoilèrent leurs beaux colombages. On en trouve aussi à côté de la cathédrale, dans la *rue Saint-Romain* ou dans la très étroite *rue des Chanoines.* De l'autre côté de la *rue de la République,* autre bel alignement de maisons à colombages contre l'église Saint-Maclou, dans la *rue Martainville.* L'œil attentif constatera que ces maisons ne sont pas forcément médiévales, comme on tend à le croire. En effet, la date de construction souvent indiquée sur les sablières permet de voir que façades du XVIe, XVIIe ou XVIIIe s s'y côtoient allègrement. La *rue Damiette,* quant à elle, présente de jolies boutiques d'antiquaires. Plus haut, la *rue Eau-de-Robec* tire son nom du ruisseau qui y coulait jadis. Il alimentait les teinturiers dont les greniers-étentes subsistent et sont un témoignage des constructions caractéristiques à pans de bois. Un cours d'eau artificiel rappelle cette époque. C'est aujourd'hui une rue piétonne particulièrement agréable et vivante avec ses bars et ses restos. En poussant jusque derrière l'abbatiale Saint-Ouen et l'hôtel de ville, vous découvrirez le *quartier des monastères* et la belle atmosphère régnant autour de la petite *rue Abbé-de-l'Épée* ou encore la *rue Saint-Nicaise.* De là, les plus courageux passeront le boulevard de l'Yser et partiront explorer les jolies petites rues du *quartier Boulingrin.* Les autres rejoindront la paisible *place de la Rougemare,* avec ses maisons de toutes les époques et son théâtre (ah, s'il n'y avait pas toutes ces voitures !). De la *rue Beauvoisine,* on peut repartir vers la *rue Saint-Patrice* et ses beaux hôtels particuliers (le quartier était celui des parlementaires au XVIIe s), puis redescendre doucement vers la *place du Vieux-Marché,* en passant par la *rue des Bons-Enfants* et celle *de la Ganterie.*

➢ Les ***quais de Rouen*** sont désormais voués à la promenade, au farniente, voire au shopping sur le quai rive droite, où les anciens entrepôts sont peu à peu réinvestis par des cafés, des restos, des boutiques avec, tout au bout, le grand *centre commercial Dock 76.* Pour le farniente pur et dur et la contemplation, il faut traverser la Seine et rejoindre le *quai Saint-Sever* et la *prairie Saint-Sever,* entre les ponts Boieldieu et Corneille, d'où vous aurez vue sur le centre-ville et la cathédrale depuis les beaux espaces verts aménagés au bord de l'eau. Cette rive a aussi le mérite d'être plus calme car coupée de la route.

– ***Atelier de peinture « Peignez la cathédrale à la façon de Monet » :*** initiation à la peinture impressionniste face à la cathédrale de Rouen, là où Monet avait son atelier en 1892. Il n'est pas nécessaire de savoir peindre ou dessiner. Une artiste plasticienne accompagne chaque participant pour l'aider à appréhender la technique du maître.

Fêtes et manifestations

– ***Les 24 Heures motonautiques de Rouen :*** *2 j. début mai.* Impressionnant ballet de formule 1 d'eau douce sous les ponts de la Seine.
– ***Fêtes Jeanne d'Arc :*** *dernier w-e de mai.*
– ***Armada de la liberté :*** *prochaine édition 6-16 juin 2019.* Magnifique rassemblement de voiliers.

LA SEINE-MARITIME

– ***Rouen sur mer :*** *juil.* Concerts, spectacles, cinéma en plein air... et plage installée sur les quais bas rive gauche.
– ***Fête du Ventre et de la Gastronomie normande :*** *un w-e mi-oct.* Cet événement phare de la cité rouennaise a remis au goût du jour une fête qui existait déjà dans les années 1930. Pendant tout un week-end, le quartier de la place du Vieux-Marché grouille de monde et d'animations en lien avec la bonne chère.

DANS LES ENVIRONS DE ROUEN

Le pavillon Flaubert : *18, quai Gustave-Flaubert, Dieppedalle-Croisset, 76380* ***Canteleu.*** *☎ 02-76-08-80-88. • rnbi.rouen.fr • À 4 km à l'ouest du centre de Rouen. Prendre la D 982 et sortir avt la côte à Canteleu-Croisset, puis longer le fleuve. Mai-juin et sept, le w-e 14h-18h ; juil-août, mer-dim 14h-18h ; oct-avr, sur résa slt 14h-18h. Fermé déc-janv. GRATUIT.* De la belle propriété de famille, rasée par un promoteur après la mort de l'écrivain, il ne reste que ce minuscule pavillon classé Monument historique. Ruinés, les héritiers de Flaubert eurent la malencontreuse idée de revendre le terrain à un homme d'affaires qui y fit construire... une distillerie ! Les admirateurs de l'écrivain trouveront quelques reliques réunies dans ce petit musée (copies de manuscrits, meubles d'origine, photos, objets et souvenirs relatifs à la Tunisie qui l'inspirèrent pour *Salammbô,* etc.).

MEETIC

À Belbeuf, au sud de Rouen, la chapelle Saint-Adrien est accolée à la falaise. Les jeunes filles viennent prier saint Bonaventure pour trouver l'âme sœur. Il suffit d'accrocher sa demande sur le coussin près de la statue. On vient aussi implorer saint Bonaventure pour récupérer le (la) conjoint(e) parti(e) à l'aventure.

Le musée industriel de la Corderie Vallois : *185, route de Dieppe, 76960* ***Notre-Dame-de-Bondeville.*** *☎ 02-35-74-35-35. • corderievallois.fr • À 6 km au nord de Rouen par la D 927. TEOR n° 2 (Théâtre-des-Arts), arrêt Mairie-Victor-Schœlcher, puis 800 m à pied ; ou bus n° 16, arrêt Musée-de-la-Corderie. ♿ Tlj 13h30-18h. Fermé 1er janv, 1er mai, 1er nov, 11 nov et 25 déc. Visite guidée 1h-1h30. Mise en marche des machines à 14h, 15h, 16h et 17h. GRATUIT (sf expos temporaires).* Construite en 1820 en pans de bois, l'usine fut d'abord une filature, puis, de 1881 à 1978, une corderie industrielle. L'ensemble des machines (datant pour la plupart de 1880) a été conservé et fonctionne grâce à la roue à aubes actionnée par l'eau du Cailly. On est littéralement plongé dans l'ambiance de travail du XIXe s.

La Maison des Champs – Musée Pierre-Corneille : *502, rue Pierre-Corneille, 76650* ***Petit-Couronne.*** *☎ 02-35-68-13-89. • museepierrecorneille.fr • ♿ (rdc). À env 8 km au sud de Rouen. Suivre la direction de l'A 13 Paris-Caen, puis sortie Petit-Couronne ; ou bus nos 6, 27 ou 31, arrêt Porte-des-Tourelles. Tlj sf lun-mar et dim mat 10h-12h30, 14h-18h (17h30 oct-mars). GRATUIT (sf expos temporaires).* Cette adorable demeure à colombages du XVIIe s était la maison de campagne de la famille Corneille. Remeublée avec du mobilier normand de l'époque, elle évoque la vie quotidienne et l'œuvre de Pierre Corneille à travers des

UNE FAMILLE AU CARACTÈRE BIEN TREMPÉ

Sur les six enfants qu'eut Corneille, seule sa fille Marie lui donna deux petits-enfants. Et dans cette descendance, qui retrouve-t-on quelques générations plus tard ? Charlotte Corday, celle qui assassina Marat dans sa baignoire.

gravures, des portraits, des sculptures et des éditions originales. Pour compléter la visite, agréable verger, jardin fleuri et potager reconstitué dans l'esprit du XVIIe s, ainsi qu'un puits et un four à pain au toit de chaume.

La Fabrique des savoirs : *7, cours Gambetta, 76500* ***Elbeuf.*** *☎ 02-32-96-30-40. ● lafabriquedessavoirs.fr ● Mar-dim 14h-18h. GRATUIT (sf expos temporaires). Visites guidées et ateliers pédagogiques payants. Pour les visites « Découverte », résa conseillée.* Elbeuf fut une grande cité drapière. L'industrie textile y joua un rôle clé jusque dans les années 1960, où elle commença à péricliter. Cet étonnant musée, très bien conçu, est installé dans les anciens ateliers de l'usine textile Blin. Fondée en 1875, celle-ci devint peu à peu une véritable usine-quartier qui employa jusqu'à 2 000 personnes. Peu après sa fermeture, en 1975, la municipalité, consciente de la valeur de ce patrimoine, racheta les locaux et les terres avant d'en reconvertir progressivement une partie en logements sociaux, puis une autre en médiathèque, d'y installer également un IUT dans les années 2000 et, enfin, ce passionnant musée. Celui-ci consacre évidemment une grande partie de son espace d'exposition au drap d'Elbeuf et à l'industrie textile. Mais il traite aussi de la connaissance en général, que ce soit sur la Seine à ses origines et les transformations de son environnement, ou encore sur l'évolution du patrimoine architectural et des matériaux.

LA VALLÉE DE LA SEINE ET LE PAYS DE CAUX INTÉRIEUR

De son entrée dans la région normande (à Vernon) jusqu'à son embouchure (au Havre), la Seine décrit 10 grands méandres paresseux, se frayant ainsi un chemin dans une vallée pourtant large (environ 12 km), devenue parc naturel régional. La Seine déroule son long et lent ruban gris, bronze, argent ou bleu selon les endroits, à toute petite vitesse puisque, à Vernon, il ne lui reste que 16 m de dénivelée pour charrier ses masses d'eau à bon port. Rongeant la falaise crayeuse blanchâtre à la base ou inondant des terrasses planes comme le Marais-Vernier, le fleuve continue à jouer avec ses contours.

Passe ton bac !

On ne peut rêver plus pittoresque pour traverser la Seine que ces bacs. En prime, ils sont gratuits ! Il existe 8 points de franchissement. Les plus touristiques sont La Bouille/Sahurs, Duclair/Berville et Jumièges/Heurteauville. Ils fonctionnent toute l'année (sauf le 1er mai), avec une fréquence allant de 10 mn à 1h, selon la saison et le lieu de passage. Celui reliant La Bouille à Sahurs fonctionne de 6h30 (7h le week-end) à 22h.

– Pour plus d'infos sur le trafic : ☎ 0800-876-876 (service et appel gratuits). ● seinemaritime.fr/docs/horaires-bacs.pdf ●

LA BOUILLE (76530) 770 hab. *Carte Seine-Maritime, B3*

Ancien port de mer situé à une quinzaine de kilomètres en aval de Rouen, sur la rive gauche de la Seine, et sommeillant au pied des falaises qui bordent le plateau du Roumois. Son essor date du XVe s. Trait d'union entre Rouen et la basse Seine, La Bouille est alors un carrefour très animé. Avec les premiers bateaux à vapeur débarquent les peintres et les promeneurs du dimanche. Hector Malot (l'auteur de *Sans famille*) est né ici et décrit dans son œuvre les foules pittoresques qui se pressent alors aux terrasses des auberges.
De nos jours, le site (tout petit) reste éminemment touristique, et on le comprend : le village offre une plongée directe dans l'époque médiévale et semble respirer un autre air. Allez à la recherche de la plus belle maison à colombages, de l'encorbellement le plus majestueux, du pignon le plus pittoresque et du... menu gastronomique le plus alléchant. Eh oui ! à La Bouille, on a gardé du passé une bonne tradition culinaire !

Où dormir ?

Hôtel Le Bellevue : *13, quai Hector-Malot. ☎ 02-35-18-05-05. • reservation@hotel-le-bellevue.com • hotel-le-bellevue.com • En bord de Seine. Congés : dernière sem d'août et 3 sem autour de Noël. Doubles 78-86 € selon vue et confort ; petit déj 11 €.* Grande maison blanche à fière allure, proposant des chambres pas toujours bien grandes mais jolies et bien tenues, avec vue sur la Seine ou le village. Accueil agréable.

Où manger ?

La Maison Blanche : *1, quai Hector-Malot. ☎ 02-35-18-01-90. • la_maisonblanche@yahoo.fr • Fermé lun-mar, plus dim soir hors saison. Formules 17-21 € le midi en sem, 26 € le soir (sf w-e), puis 33-44 €.* En bord de Seine, une jolie petite salle fraîche à l'étage, pour admirer les bateaux qui passent. Les meilleures tables sont donc près de la fenêtre ! Le chef à la barre ne travaille que des produits frais de producteurs locaux et maîtrise l'utilisation des épices. Il mêle avec subtilité cuisine gastronomique française et influences d'Afrique du Nord. Service impeccable.

Les Gastronomes : *1, pl. du Bateau. ☎ 02-35-18-02-07. • lesgastronomes-labouille@orange.fr • Juste à droite de l'église. Tlj sf mer-jeu. Menus 23 € (sf dim et j. fériés), puis 33 €.* Petit bistrot chic proposant une savoureuse cuisine de saison. On sent une réelle volonté de bien faire et de proposer les meilleurs produits.

À voir

À vous de flâner dans les ruelles pour découvrir les mille détails et raffinements de l'***architecture médiévale.*** Trouvez, ***place Saint-Michel,*** cette belle maison à l'angle orné d'un archange sculpté dans la masse. Admirez l'***ancienne mairie,*** rue du Grenier-à-Sel, avec son toit à clochetons. Toutes les vieilles demeures sont abondamment fleuries, et beaucoup possèdent encore une poulie servant à monter le grain ainsi que de pittoresques toits à lucarnes. Dans l'***église,*** de beaux vitraux et deux ex-voto représentant des bateaux en pleine tempête.

Sur le quai et dans les ruelles du bourg, de nombreux peintres exposent dans leurs ***galeries*** *(ouv généralement en ap-m le w-e).* Sans oublier le ***Grenier-à-Sel,*** lieu mythique pour ses expos temporaires.

SAINT-MARTIN-DE-BOSCHERVILLE

(76840) 1 440 hab. *Carte Seine-Maritime, B3*

Ce charmant petit village abrite une belle abbaye bénédictine bâtie au XIIe s par Guillaume de Tancarville, grand chambellan du duc de Normandie, sur une ancienne collégiale. Elle accueillit au XIIe s une trentaine de moines bénédictins. Le bâtiment conventuel fut reconstruit au XVIIIe s par les moines mauristes. L'église abbatiale dut sa survie au mauvais état de l'église du village : on vint alors célébrer la messe ici, au couvent.

Où dormir ? Où manger dans le coin ?

De bon marché à prix moyens

Chambre d'hôtes Le Jardin Brodé : *chez Jacqueline et Guy Pelvillain, 29, route du Brécy. ☎ 02-35-34-51-79. • jacqueline.pelvillain@orange.fr • lejardinbrode.fr • À 200 m de l'abbaye (fléché). Double 65 €.* Ce jardin brodé d'innombrables fleurs, à découvrir en toute saison, est un véritable havre de paix ! Belle chambre d'hôtes avec accès indépendant dans une demeure du XVIIIe s. Lumineuse, agréablement meublée, elle possède un petit coin de jardin privatif pour prendre son petit déjeuner avec les nombreux oiseaux ravis de trouver une mangeoire bien pleine chaque matin.

Chambres d'hôtes Les Hostises de Boscherville : *1, route Quevillon. ☎ 02-35-34-19-81. • hostises.boscherville@gmail.com • chambrehotenormandie.com • Doubles 70-80 € ; tarif dégressif dès la 2e nuit. Repas 16-28 €. Remise de 10 % sur la chambre (oct-mars) sur présentation de ce guide.* Au cœur du village, les chambres ont vue sur leur voisine directe : à savoir la belle abbaye et ses jardins. Tommettes rouges pour la chambre du rez-de-chaussée, parquet pour les 3 autres à l'étage, mais partout les quelques meubles anciens se fondent dans la déco bien d'aujourd'hui, sobre et pleine de fraîcheur. Et pour l'accueil, c'est avec beaucoup de gentillesse et un grand sourire.

La Belle de Mai : *pl. de l'Abbaye. ☎ 02-32-80-18-38. • labelledemai76@orange.fr • Tlj sf mer 8h-19h. Formule 13 € ; galettes 5-10 €. Café offert sur présentation de ce guide.* Sympathique crêperie-salon de thé, stratégiquement et joliment située : aux beaux jours, son agréable terrasse se trouve sur le parvis de l'église.

Plus chic

Chambres d'hôtes Les Buis de Boscherville : *1169, route de Duclair, 76840* ***Hénouville.*** *• contact@lesbuis76.fr • lesbuisdeboscherville.fr • À 5 km de Saint-Martin-de-Boscherville. Doubles 120-150 € selon confort.* D'abord le parc aux grandes pelouses plantées d'arbres majestueux qui protègent la maison de la départementale. Puis, aux abords des terrasses entourant la belle demeure, une superbe végétation dense et variée. L'intérieur se révèle aussi soigné que l'extérieur, avec 5 chambres baignant toutes dans une ambiance différente. Des plus classiques (façon de dire) à celles d'inspiration orientale, elles ont cependant en commun un véritable confort, la qualité des matériaux et le mobilier soigneusement choisi.

À voir

L'abbaye Saint-Georges et son jardin monastique de Boscherville : *au cœur du village. ☎ 02-35-32-10-82. • abbaye-saint-georges.com • Avr-oct, tlj 9h-18h30 ; nov-mars, tlj 14h-17h. Fermé 1er janv et 25 déc. Entrée libre pour l'abbatiale. Tarifs pour le reste de l'abbaye : 6 € avr-oct, 5,50 € reste de l'année ; 4,50 € sur présentation de ce guide ; gratuit moins de 12 ans et demandeurs d'emploi. Avr-oct, visite guidée sam-dim et j. fériés à 16h ; nov-mars, visite guidée dim et j. fériés à 15h. Audioguide compris dans le prix d'entrée.*
Très agréable balade dans le jardin monastique, reconstitué d'après les plans du XVIIe s (potager, plantes médicinales et aromatiques, vergers, jardin des senteurs...). Du haut du coteau, promontoire offrant une vue dégagée sur l'abbaye et son environnement. De ce très beau site, on retiendra surtout la belle *abbatiale* à l'architecture et aux proportions particulièrement harmonieuses. Elle possède une façade équilibrée, sobre, remarquable pour son portail roman. À l'intérieur, nef d'une grande harmonie, dont les beaux piliers dépouillés et élégants sont reliés par des arcades romanes. Chaque bras de transept est soutenu par un pilier massif dont le chapiteau présente des motifs végétaux, animaliers ou humains. En regardant juste au-dessus des colonnes, on voit de chaque côté un petit bas-relief. À gauche, il s'agit d'un évêque donnant la bénédiction ; à droite, d'un combat singulier.
À gauche de l'abbatiale, un chemin mène au bâtiment conventuel des bénédictins, aujourd'hui transformé en accueil et boutique. Au 1er étage, expos temporaires. Ensuite, on visite, entre autres choses, la salle capitulaire du XIIe s aux chapiteaux raffinés et la chapelle des chambellans qui contient une maquette de l'abbaye au XVIIe s.

DANS LES ENVIRONS DE SAINT-MARTIN-DE-BOSCHERVILLE

Le manoir de Villers : *30, route de Sahurs, 76113* ***Saint-Pierre-de-Manneville.*** *☎ 02-35-32-07-02. ♿ (sf 1er étage). À 7 km au sud de Saint-Martin-de-Boscherville. Manoir ouv avr-oct, sam 14h30-17h30, dim et j. fériés 15h-18h30 ; entrée (manoir et parc) : 7 €, réduc. Visite du parc mai-sept, tlj sf jeu-ven 14h30-17h30 ; entrée : 5 €.* Typique manoir normand du XVIe s, avec des parties néo-normandes construites au XIXe s et inscrites au titre des Monuments historiques. Visite guidée très intéressante et pleine de courtoisie qui s'appuie sur le patrimoine familial pour passer en revue l'évolution des arts décoratifs du XVIe au XIXe s, mais toujours en lien avec l'histoire. Dans le parc, jardins de roses et de plantes vivaces, pièce d'eau romantique, enclos de camélias, jardin secret, théâtre de verdure avec une glacière et un ravissant « chalet » du XIXe s accueillant de temps en temps des expos temporaires.

Le Centre d'art contemporain du château de Saint-Pierre-de-Varengeville : *425, rue du Château, 76480* ***Saint-Pierre-de-Varengeville.*** *☎ 02-35-05-61-73. À 11 km au nord de Saint-Martin-de-Boscherville. Tte l'année, mer-dim sf j. fériés 13h-19h. GRATUIT.* La Matmut, propriétaire de ce château du XIXe s, y a ouvert en 2012 un centre d'art contemporain, rénovant pour cela deux salles du rez-de-chaussée ainsi que celles, voûtées et en brique, en rez-de-jardin. Pour l'occasion, celles-ci ont troqué leur déco châtelaine pour des apparats beaucoup plus contemporains, bien plus en phase et adaptés aux quatre expos temporaires qu'elles accueillent dans l'année.

JUMIÈGES

(76480) 1 750 hab. *Carte Seine-Maritime, B3*

Un site hautement touristique, et à juste titre, car il abrite sans conteste l'une des plus admirables abbayes de France. Bien que largement ruinée, celle-ci n'en conserve pas moins une majestueuse prestance dans un superbe environnement.

IL ÉTAIT UNE FOIS...

Fondée au VIIe s par saint Philibert sur l'ordre du roi Dagobert (sic !), l'abbaye bénédictine de Jumièges accueillit une centaine de moines chargés d'évangéliser la population. Très vite, on en compta 800. En 841, l'abbaye de Jumièges fut incendiée par les Vikings ; elle fut reconstruite plus tard sous l'influence du moine lombard Volpiano (qui fonda l'abbaye de Fécamp) et consacrée en 1067 en présence de Guillaume le Conquérant. L'abbaye ne cessa de prospérer et de s'agrandir jusqu'à la Révolution, époque à laquelle la communauté monastique se dispersa. Elle fut ensuite utilisée comme carrière de 1802 à 1824. Un nouveau propriétaire, touché par l'état de grâce, cessa les destructions en 1852. Des travaux de consolidation des ruines furent alors entrepris.

L'ABBÉ ÉTAIT ASTRONOME

Sachez que la position de sept abbayes de l'Eure et de la Seine-Maritime formerait la constellation de la Grande Ourse. Maurice Leblanc en parle dans son aventure d'Arsène Lupin La Comtesse de Cagliostro.

Où dormir ?

Campings

⛺ ***Camping de la base de loisirs de Jumièges :*** *4, route du Manoir. ☎ 02-32-13-30-00. • baseloisirsjumieges@gmail.com • basedejumieges.com • ♿ À 2 km de Jumièges (fléché). Ouv de mi-mars à mi-nov. Selon saison, compter 10,50-12,50 € pour 2 avec tente et voiture. 115 empl.* Le camping se situe légèrement à l'écart de la base de loisirs, qui offre 90 ha de plan d'eau pour la baignade et 30 ha aménagés en espaces sportifs, de détente et de loisirs. Simple, en partie ombragé, il n'est pas désagréable, mais aux beaux jours, la base et le parc aventure (payant) drainent les foules, ce qui ne favorise pas franchement le calme. Plus paisible à la mi-saison.

⛺ ***Camping de la Forêt :*** *rue Mainberte. ☎ 02-35-37-93-43. • info@campinglaforet.com • campinglaforet.com • ♿ À 300 m du centre du village (fléché). Ouv avr-fin oct. En hte saison, compter 19,50-24,10 € pour 2 avec tente et voiture ; loc de chalets et mobile homes. 111 empl.* Sur les hauteurs de Jumièges, en lisière de forêt, un camping très bien équipé et entretenu, avec piscine et pataugeoire chauffées que l'on peut couvrir ou découvrir selon le temps. Un vrai lieu de repos dans un cadre bucolique.

Chambres d'hôtes

🏠 ***Chambres d'hôtes Le Relais de l'Abbaye :*** *chez Brigitte et Patrick Chatel, 798, rue du Quesney. ☎ 02-35-37-24-98. • relaisdelabbaye@orange.fr • relaisdelabbaye.com • Longer l'enceinte de l'abbaye vers le sud. Bien fléché. Double 65 €.* Très calme. Une fermette de style normand, disposant de petites chambres agréables avec accès indépendant. Petite préférence pour celles mansardées à l'étage. Belle salle à manger à la déco rustique et coin bistrot dans le pigeonnier. Joli jardinet fleuri pour le petit déj. Très bon accueil.

Où manger ? Où boire un verre ?

Auberge du Bac : *2, rue Alphonse-Callais, en bord de Seine, devant le départ des bacs. ☎ 02-35-37-24-16. • aubergedubac@orange.fr • ♿ Tlj sf lun-mar hors saison. Résa vivement conseillée. Menus en sem 13,50 €, puis 18,50-37 €. Café offert sur présentation de ce guide.* Cuisine régionale honorable dans une salle rustique, mais avouons qu'on vient surtout ici pour la terrasse avec vue sur le quai du bac ; hélas, elle est souvent prise d'assaut par les groupes.

Auberge des Ruines : *17, pl. de la Mairie. ☎ 02-35-37-24-05. • christophe_mauduit@yahoo.fr • Tlj sf mer-jeu et dim soir. Menus 25-77 €.* L'adresse gastronomique de Jumièges où le chef Christophe Mauduit se plaît à travailler les meilleurs produits et les plantes du terroir de façon peu traditionnelle. Même si on lui sent une petite préférence pour les poissons, les viandes ne sont pas absentes du menu. Que ce soit dans les salles claires ornées de peintures contemporaines ou sur la petite terrasse aux beaux jours, ambiance chic et soignée.

À voir

L'abbaye : *☎ 02-35-37-24-02. • abbayedejumiege.fr • ♿ De mi-avr à mi-sept, tlj 9h30-18h30 ; reste de l'année, tlj 9h30-13h, 14h30-17h30. Fermeture de la billetterie 30 mn avt. Fermé 1er janv, 1er mai, 1er et 11 nov, et 25 déc. Entrée : 6,50 € (prix incluant l'accès au logis abbatial en saison) ; réduc ; gratuit moins de 18 ans, demandeurs d'emploi et pour ts le 1er dim du mois nov-mars. Visites guidées comprises dans le prix, régulières en juil-août, ou sur demande ; durée 1h. Loc de tablette (5 €) : reconstitution de l'abbaye telle qu'elle était avt sa destruction (Jumièges 3D).*

LA MORT ÉTONNANTE D'AGNÈS SOREL

La favorite de Charles VII est morte en couches, à Jumièges, à 28 ans. En 2005, une autopsie révéla qu'elle était décédée à la suite d'une absorption massive de mercure. Ce métal liquide était à la fois un poison et un médicament administré lors des accouchements difficiles et contre les maux de ventre. Le doute demeure...

L'imposante *église Notre-Dame* garde entière sa façade flanquée de deux tours (hautes de 46 m) et la majeure partie de la nef. L'impression est grandiose dans cette église à ciel ouvert. De la tour centrale, il ne subsiste qu'un pan de mur et surtout un arc d'entrée. Lorsqu'on élève le regard, la perspective est saisissante. Le style roman de l'ensemble est très dépouillé. La nef s'élevait à 25 m, ce qui est comparable en proportions à la cathédrale de Rouen. De-ci, de-là, on devine quelques voûtes et chapelles gothiques qui furent ajoutées au XIVe s.
Du chœur, il ne reste presque plus rien, hormis des vestiges du déambulatoire et de deux chapelles. Sur le côté droit du chœur, on trouve le passage de Charles VII, menant aux ruines de l'*église Saint-Pierre,* dont un mur date de l'époque carolingienne (soit du début du IXe s). Le porche d'entrée est encadré de deux portes permettant l'accès aux tours et galeries par de petits escaliers. Une galerie s'ouvrait sur la nef par des baies jumelées en plein cintre. Retour devant la façade de l'abbatiale : sur le côté droit des tours, quelques visages sculptés au XIIe s. La végétation s'est évidemment emparée de l'ensemble. Arbres, taillis et pelouse fusionnent avec la pierre. Si vous souhaitez avoir une idée de ce à quoi ressemblait l'abbaye autrefois, vous pouvez louer une tablette numérique à l'accueil ou, **plus facile et gratuit, télécharger l'application « Jumièges 3D » avant de venir.** Outre la reconstitution, vous y trouverez aussi de nombreuses explications. En saison, surtout, ne négligez

pas les belles expos photos dans le logis abbatial, présentées parmi quelques-unes des sculptures qu'abritait l'ancien musée lapidaire autrefois hébergé entre ces murs.
Belles promenades également à faire dans le parc paysager à l'anglaise, sur 15 ha bordés de 2,5 km de clôture (les pique-niques sont autorisés, mais à l'écart des ruines).

DANS LES ENVIRONS DE JUMIÈGES

***Le musée Août 44** : château du Taillis, hameau de Saint-Paul, 76480 **Duclair**. ☎ 02-35-37-95-46. 06-83-82-22-89. • chateau-du-taillis.com • Sur la D 982, à env 2 km de Duclair, en direction du Trait. De mai à mi-oct, mer-dim (tlj juil-août) 10h-12h, 14h-17h. Entrée : 5 € ; réduc.* Aménagé dans les anciennes écuries du château, ce musée retrace les événements d'août 1944 en vallée de Seine. Différents dioramas à partir d'objets d'époque retrouvés dans la région et collectés par un passionné qui resitue ses trouvailles dans le contexte local. Le musée n'est pas grand mais bien senti et, au final, vraiment intéressant pour ceux qui désirent en savoir plus sur cette période de l'histoire dans la région. Le parc à l'anglaise du château (5 ha) se visite librement (arbres remarquables, séquoia, tulipier de Virginie, cèdre...).

SAINT-WANDRILLE-RANÇON

(76490) 1 180 hab. *Carte Seine-Maritime, B2*

À 3,5 km à l'est de Caudebec, cet adorable village vous invite à la visite d'une abbaye bien différente de celle de Jumièges, puisqu'elle accueille toujours une cinquantaine de moines. Encore une halte à ne pas manquer, tant pour la messe du matin, chantée en grégorien, que pour la visite guidée.

Où dormir ?

Pour info, les adresses « Où dormir ? » dans les environs d'Yvetot ne sont pas très loin de Saint-Wandrille.

***Chambres d'hôtes Duck House** : 38, rue de Caillouville. ☎ 02-32-70-00-13. • contact@duck-house.fr • duck-house.fr • Dans le village, en direction de Betteville, sur la droite, peu après le feu. Double 60 € ; familiale 4 pers 108 €. Table d'hôtes 28 €. Réduc de 5 % à partir de 2 nuits et de 10 % à partir de 3 nuits sur présentation de ce guide.* Dans cette maison, les canards en peluche, en bois, en peinture ou encore en porcelaine se nichent un peu partout, mais en toute discrétion. Très sincèrement, on les comprend d'avoir élu domicile ici plutôt que dans une mare quelconque : si le rez-de-chaussée, largement occupé par le métier à tisser de madame, est assez sombre, les chambres, elles, jouissent d'une jolie déco lumineuse, où quelques touches de couleur réveillent les teintes naturelles et claires des murs, des sols et du mobilier. 2 des chambres peuvent accueillir 3 ou 4 personnes dans des pièces habilement cloisonnées pour préserver une certaine intimité tout en conservant l'impression d'espace.

À voir

***L'abbaye** : ☎ 02-35-96-23-11. • abbaye@st-wandrille.com • Accès libre aux ruines (sf 13h-14h), mais on ne voit pas grand-chose. Pour visiter le monastère avec son cloître magnifique, s'adresser à l'accueil (porte du Pélican), à gauche* *du portail principal. 21 mars-Toussaint : visite guidée tlj à 15h30, plus à 11h30 dim et j. fériés (juil-août, visites à 11h30, 15h et 16h). Entrée : 4 € ; gratuit pour l'église abbatiale. Messe chantée en grégorien tlj à 9h45 (10h dim et j. de fête) dans la « nouvelle » église abbatiale. L'abbaye accueille ceux qui souhaitent faire une retraite ; écrire au père hôtelier (abbaye Saint-Wandrille, 76490 Saint-Wandrille ; • hotellerie@st-wandrille.com • pour les hommes ou • st.joseph@st-wandrille.com • pour les femmes et les couples).*

Tout comme Jumièges, elle est fondée au VIIe s par saint Wandrille (ministre du roi Dagobert) sous le nom d'« abbaye de Fontenelle » – du nom de la petite rivière qui la traverse – et connaît les mêmes vicissitudes, notamment la destruction par les Vikings au IXe s. Au XVIe s, l'abbaye périclite doucement et il faut attendre les deux siècles suivants pour que l'ensemble soit restauré et agrandi. L'église se voit transformée en carrière après la Révolution. Les moines en reprennent possession en 1894, mais ne s'y réinstallent définitivement qu'en 1931. Dans l'intervalle, plus précisément dans les années 1910, la comédienne Georgette Leblanc, sœur cadette de Maurice, le père d'Arsène Lupin, loue l'abbaye avec son amant Maurice Maeterlinck. Ils y reçoivent Sarah Bernhardt, Réjane, Lucien Guitry...

TOUJOURS PRÊT !

En 1954, l'abbaye fit la fortune de louveteaux qui, lors d'un jeu de piste, trouvèrent, en descellant certaines pierres gravées d'un signe, des jarres remplies de louis d'or très rares.

En 1969, après bien des difficultés administratives, la communauté acquiert une ancienne grange seigneuriale située dans l'Eure. Celle-ci, démontée et remontée pièce par pièce sur le site de l'abbaye, devient la nouvelle église, superbe par sa simplicité et ses proportions. Admirez la splendide charpente du XVe s, entièrement montée au moyen de chevilles de bois, sans un clou. Les moines résidant à Saint-Wandrille appliquent la règle de saint Benoît : « Prie et travaille. » Ils se consacrent à présent à l'archivage numérique ainsi qu'à la restauration de tableaux.

Visite fort intéressante, où l'on passe en revue les principaux points d'intérêt, dont le cloître, très élégant. Sur trois côtés, splendide dentelle de pierre mi-gothique, mi-Renaissance, dont les remplages offrent un décor toujours différent. Au fond, admirable statue de Notre-Dame de Fontenelle (XIVe s). À côté, superbe tympan de la même époque.

YVETOT (76190) 11 730 hab. *Carte Seine-Maritime, B2*

Une « grande petite ville » sans trop de charme, mais que sa situation au cœur du pays de Caux rend incontournable. Fortement endommagé en juin 1940 par les bombes allemandes, il est difficile aujourd'hui de croire que le royaume d'Yvetot eut naguère des privilèges (voir encadré). La ville se développa au cours des siècles grâce à ses foires auxquelles assistaient tous les villageois de la région, et grâce à ses industries de tissage.

LE ROYAUME D'YVETOT

L'origine de ce royaume est bien floue mais il est cité dès le XIVe s. Il bat monnaie, lève des troupes, rend justice et est exempt d'impôts royaux. Ces privilèges disparurent en 1789, tout comme la famille régnante.

Adresse utile

Office de tourisme : 8, pl. du Maréchal-Joffre. ☎ 02-32-70-99-96. • plateaudecauxmaritime.com • Dans l'ancien tribunal de commerce, au cœur de la ville. Avr-sept, tlj sf dim-lun (ouv lun ap-m juil-août) 9h-12h30, 14h-18h ; oct-mars, mar-sam 9h-12h30, 14h-17h30. Abrite également le petit musée municipal des Ivoires (lire la rubrique « À voir ») et des salles d'expositions temporaires.

Où dormir ? Où manger à Yvetot et dans les environs ?

De bon marché à prix moyens

Chambres d'hôtes de la Ferme de la rue Verte : *chez M. et Mme Quévilly, 21, rue Verte, 76970* ***Flamanville.*** *☎ 02-35-96-81-27. À 6 km à l'est d'Yvetot ; dans une rue partant derrière l'église du village. Env 13 € pour 2 avec tente et voiture. Double 60 € ; familiale 80 €.* Une maison calme datant du XVIe s, en briquette et pierre, tenue par un gentil couple de retraités. Si la déco de ses chambres sous les combles est un brin désuète, celles-ci n'en restent pas moins agréables, et l'atmosphère est très « comme à la maison ». Sur les 4, une seule a sa salle de bains privée à l'intérieur. Possibilité aussi de planter sa tente sur le tapis de pelouse dans le joli jardin plein de pommiers.

Château du Verbosc : *chez M. Allard, 425, chemin du Verbosc, 76190* ***Touffreville-la-Corbeline.*** *☎ 02-35-95-18-85. • verbosc@neuf.fr • verbosc.atspace.eu • À 5 km d'Yvetot ; accès par la D 5 direction Fréville et Duclair, puis par la D 104. Doubles 55-65 €.* Au fond d'un beau parc planté de pommiers, un petit château du XVIIe s, de brique et de pierre, dégageant beaucoup de charme, entièrement meublé à l'ancienne, avec des trophées de chasse... Une authentique halte pour jouer au châtelain sans devoir casser sa tirelire pour autant.

Hôtel La Croisière : *route du Bourg, D 131, 76490* ***Louvetot.*** *☎ 02-32-70-33-64. • contact@hotellacroisiere.fr • hotellacroisiere.fr • Double env 56 €.* Certes, l'allure de ce petit paquebot en rase campagne peut surprendre, et sa situation, au bord de la D 131, n'est pas des plus charmante. Mais on vous accueille simplement, proprement et avec le sourire. C'est déjà pas mal, non ?

La Fontaine Gourmande : *70, rue Bellanger, à Yvetot. ☎ 02-35-96-11-01. Tlj sf lun, jeu et dim soir ; hors saison fermé aussi sam mais ouv dim. Menus 11,90 € le midi en sem, 20,90-26,90 € le soir ; carte env 25 €.* Bien caché dans le centre d'Yvetot, ce resto installé dans une petite salle tout en longueur propose une cuisine à la fois simple et (ré)créative, à base de produits frais. En plus des menus, petit choix de hamburgers à la sauce normande.

Chic

Auberge du Val au Cesne : *140, route départementale 5, 76190* ***Croix-Mare.*** *☎ 02-35-56-63-06. • valaucesne@hotmail.com • valaucesne.fr • À env 4,5 km au sud-est d'Yvetot. Ouv tlj. Double 90 € ; petit déj 11 €. Menus 29-60 € ; carte env 56 €.* Une adresse pas comme les autres, en bord de route mais paumée dans la campagne, au creux d'un vallon. À l'extérieur, des animaux de ferme s'ébattent dans un univers bucolique. D'un côté, le resto, où est servie l'excellente cuisine régionale, et de l'autre, dans une petite maison en colombages, les 5 jolies chambres à l'ancienne, confortables et parfaitement tenues. Entre les deux, un ravissant jardin à la végétation généreuse qui vous porte dans un autre univers. Certes, on entend un peu les voitures, mais cette adresse a vraiment de la personnalité. Atmosphère détendue et petit déj de qualité au son des pépiements d'oiseaux.

À voir

L'église Saint-Pierre : *tlj sf dim ap-m 8h30-12h, 14h-18h. Audioguide gratuit disponible à l'office de tourisme.* Moderne prototype architectural symbolique des années 1950, elle se présente comme une vaste arène de béton rose, avec un clocher indépendant. Si l'extérieur ne force pas l'enthousiasme, de l'intérieur se dégage une vraie émotion : plus de 1 000 m² de vitraux signés Max Ingrand, colorés, géométriques et résolument modernes. Toute l'histoire religieuse de Normandie est évoquée sur cette fantastique toile de verre. L'aspect circulaire de l'ensemble, jusqu'à la forme des bancs, contribue à l'originalité de cette œuvre peu commune.

Le musée municipal des Ivoires : *8, pl. du Maréchal-Joffre. ☎ 02-35-95-08-40. Dans les locaux de l'office de tourisme. Mêmes horaires d'ouverture. Entrée : 2,35 € ; réduc ; gratuit moins de 10 ans. Audioguide inclus dans le billet d'entrée.* Dans la première des deux petites salles, plus de 200 pièces en ivoire à l'effigie de grands personnages historiques (Henri II, Marie de Médicis, Napoléon Ier...), des statuettes reliquaires, des objets de la vie quotidienne (bijoux, boîtes et râpes à tabac...). Parmi les plus remarquables, ces anciennes boules de billard ou encore ces statuettes représentant les Polletais (les anciens pêcheurs de Dieppe). Dans la seconde pièce, terres cuites, dont certaines signées du célèbre sculpteur Graillon, faïences et un authentique livre (1572) de Martin Du Bellay, le dernier roi d'Yvetot.

Le parc et le manoir du Fay : *rue des Zigs-Zags. Parc ouv avr-sept 8h30-20h, oct-mars 8h30-17h30. Accès libre.* Située au cœur d'un clos-masure préservé, cette belle et imposante bâtisse typiquement cauchoise fut construite en 1612 par Pierre Houel de Valleville, grand-oncle du dramaturge Pierre Corneille. Le corps de logis est entouré d'un beau jardin clos et d'un verger de pommiers.

DANS LES ENVIRONS D'YVETOT

Le chêne millénaire d'Allouville-Bellefosse : *à env 7 km à l'ouest d'Yvetot (office de tourisme : ☎ 02-35-95-08-26).* Ce serait le plus vieux d'Europe, avec ses 12 siècles d'existence, ses 13 m de hauteur et ses 15 m de circonférence. Il abrite dans son tronc creux deux chapelles superposées, édifiées par l'abbé Delalande en 1696. Un escalier de bois qui tourne autour en permet l'accès. Le chêne est classé Monument historique en 1867 et « site naturel » en 1932. La municipalité a fait d'importants travaux afin de le sauver, notamment la mise en place d'étais en inox en 1991 et le collage de petites lattes de bois sur le pourtour du tronc pour le protéger des intempéries.

Le manoir du Catel : *244, rue du Manoir-du-Catel, 76190* ***Écretteville-lès-Baons.*** *06-10-21-33-14. • manoirducatel.com • De mi-juil à fin août, tlj sf lun 10h-13h, 14h30-17h30, ainsi qu'aux Journées du patrimoine. Entrée : 5 € ; réduc ; gratuit moins de 12 ans.* Visite libre ou guidée, au choix, mais sincèrement, on vous recommande chaudement de vous laisser conter l'histoire assez extraordinaire de ce manoir pour mieux prendre toute la dimension des lieux (et du boulot de Frédéric Toussaint, le « fou » à l'origine de sa renaissance – ou plutôt, même, de sa non-disparition !). Bâti au XIIIe s par Richard de Treigots, le 10e abbé de Fécamp, pour y rendre la haute justice, il est en effet le plus ancien manoir seigneurial de Seine-Maritime et de l'Eure et abrite un exceptionnel corpus de graffitis des XVe et XVIIIe s. Racheté par son propriétaire en 2000 alors que, défiguré par les outrages du temps mais aussi par la négligence et les ajouts du propriétaire précédent, il menaçait de tomber en ruine. Toujours en chantier, il retrouve peu à peu sa « tête » et sa beauté d'origine. Depuis 2010, il est même classé Monument historique (alors qu'au début des travaux son propriétaire s'était opposé au classement pour avoir les coudées un peu plus franches !).

CAUDEBEC-EN-CAUX

(76490) 2 270 hab. *Carte Seine-Maritime, B2*

Bien que la reconstruction de cette ville presque entièrement rasée lors de la Seconde Guerre mondiale ne soit pas un modèle d'imagination, le site se révèle plutôt agréable grâce à la Seine, omniprésente. À proximité, la forêt de Brotonne qu'on gagne par le pont de Brotonne (gratuit pour tous les véhicules). Caudebec est aussi le point de départ de nombreuses promenades et randonnées entre Seine et forêt.

QUÉZACO ?

Savez-vous ce qu'est un caudebec ? Il s'agit d'un chapeau de pluie fait en laine d'agneau ou de poils de chameau. Ce couvre-chef était populaire à la cour du roi. C'est d'ailleurs grâce à la confection des gants et des chapeaux que Caudebec-en-Caux connut son heure de prospérité au XVIIe s.

Adresses utiles

Office de tourisme : *sur les bords de Seine, pl. du Général-de-Gaulle. ☎ 02-32-70-46-32. • normandie-caux-seine-tourisme.com • Juin-sept, tlj 10h-12h30, 13h30-18h30 ; reste de l'année, mar-sam 10h-12h30, 13h30-17h.*

Location de vélos : ***Velhano,*** *10, rue de la Vicomté. ☎ 09-63-42-48-72. Sinon, loc à la* ***Maison du parc*** *à* ***Notre-Dame-de-Bliquetuit,*** *☎ 02-35-37-23-16.*

Où dormir ? Où manger ?

De prix moyens à chic

Le Cheval Blanc : *4, pl. René-Coty. ☎ 02-35-96-21-66. • le-cheval-blanc-info@wanadoo.fr • le-cheval-blanc.fr • Resto fermé ven, sam midi et dim soir. Double 62 € ; familiale 80 €. Menus déj en sem 14 €, puis 24,50-34 €. Garage à vélos clos. Parking à voitures payant. Réduc de 10 % sur le prix de la chambre ou apéritif maison offert sur présentation de ce guide.* Une maison sérieuse (mais sans vue sur la Seine !), à l'accueil très agréable et aux tarifs raisonnables. Les chambres, un peu inégales et à la déco désuète pour certaines, ont le mérite d'être bien tenues. Celles mansardées au 2e étage sont plus petites. Fait aussi resto.

Chambres d'hôtes À Livre Ouvert : *1, cavée Saint-Léger. ☎ 02-77-28-10-84. 📱 06-84-18-65-73. • jeannine@scup.pro • alivreouvert.eu • Remonter la rue de la République en direction d'Yvetot ; ce sera sur votre droite. Double 87 €. Repas sur résa 30 €. Une bouteille de cidre ou un livre offert sur présentation de ce guide.* Ce sont des libraires qui tiennent ces chambres « écolo-littéraires », comme ils les appellent joliment ; alors comment s'étonner que les livres soient ici à tous les étages ? Les grands écrivains de la région ont même donné leur nom aux 4 chambres coquettes et relativement spacieuses. Joli jardinet tout en pente sur l'arrière. Accueil charmant.

Beaucoup plus chic

Manoir de Rétival : *2, rue Saint-Clair. 📱 06-50-23-43-63. • david@restaurant-ga.fr • restaurant-ga.fr • Fermé dim soir-mar hors saison. Congés : janv. Résa indispensable. Chambres pour 2 pers 180-260 €.*

Menus 70-149 €. Brasserie Au Coin Perdu de Rétival *ouv le midi mer-ven et dim : formule et menus 29-49 €. Digestif offert sur présentation de ce guide.* Dans un magnifique petit manoir encore doté de sa chapelle, sur les hauteurs de Caudebec, avec vue sur la Seine, une adresse pas comme les autres. Côté chambres, 1 seule double ; les autres hébergements sont de superbes suites ou appartements disséminés dans une tour ou encore dans une maisonnette. Mais c'est surtout au niveau de la table d'hôtes que ce manoir se distingue, avec des repas pris dans la cuisine alors que s'activent David Goerne et sa brigade. Les vins assortis (compris dans le menu... dans une certaine quantité tout au moins !) complètent à merveille les saveurs de cette cuisine de saison inspirée et préparée avec brio.

Où manger dans les environs ?

|●| ***Au Rendez-vous des Chasseurs :*** *1040, route de Sainte-Gertrude, 76490* **Maulevrier-Sainte-Gertrude.** ☎ *02-35-96-20-30.* • *alexandre.verstraeten@orange.fr* • *À 3 km de Caudebec-en-Caux. Tlj sf lun et mer. Formules 22-32 €.* Point de chasseurs ici, mais un agréable rendez-vous. Idéalement située dans la verdure face à l'église du village et non loin d'une bucolique rivière, cette jolie maison restaurée surprend par la qualité de sa cuisine. Le terroir y occupe une belle place, mais il est volontiers revisité ou accoquiné à des saveurs d'ailleurs. Aux beaux jours, quelques tables en terrasse sur le joli bout de pelouse.

|●| ***La Presqu'île :*** *2, rue Joseph-Hamel, 76940* **Malleraye-sur-Seine.** ☎ *02-35-75-23-62.* • *lapresquile@orange.fr* • *Au bord de la Seine. Tlj sf lun. Menus déj en sem 13 €, puis ardoise 17 €, menu 23 €.* Une adresse toute simple, tant pour son menu que pour le cadre, mais très agréablement située : sa petite salle en rotonde offre en effet une jolie vue sur la Seine.

À voir

****** ***L'église Notre-Dame :*** admirable église de style gothique flamboyant mâtiné de Renaissance, élevée aux XVe et XVIe s à l'emplacement d'une église romane et ayant par miracle échappé aux multiples destructions et incendies, dont celui qui, en 1940, détruisit 80 % de la ville. Henri IV l'appelait « la plus belle chapelle du royaume ». L'église de Caudebec était importante au XVIIIe s, car la ville était alors le siège du Grand Bailliage de Caux, juridiction couvrant les trois quarts du département de Seine-Maritime. Notables, institutions administratives et judiciaires s'y étaient installés.

À l'intérieur, imposante nef gothique, élégante par ses proportions, aux fenêtres flamboyantes. Dans la chapelle Saint-Jean-Baptiste, immédiatement sur la gauche, fonts baptismaux d'une exceptionnelle qualité. Un vrai poème de bois, sculpté sur deux niveaux. Toutes les scènes importantes de l'Ancien et du Nouveau Testament ciselées au XVIIe s. Dans la chapelle axiale, de forme hexagonale (derrière le chœur), voir l'extraordinaire clé de voûte pendante de 4,50 m et pesant 7 t, sculptée dans un seul bloc de pierre. À droite de cette chapelle, voir celle du Sépulcre, qui abrite un baldaquin gothique en pierre sous lequel repose un gisant du Christ. Entre les vitraux, une pietà du XVe s. Encore à droite de la chapelle du Sépulcre, la sacristie avec son beau portail en bois. Bel orgue du XVIe s, de style Renaissance, posé sur une tribune de pierre sculptée. De nombreuses chapelles sont éclairées d'admirables vitraux réalisés par des verriers de l'école flamande, la plupart datant des XVe et XVIe s.

– À côté de l'église, sur le flanc gauche, un groupe de maisons anciennes à colombages, seule survivance de l'époque médiévale, avec la *maison des Templiers (rue*

Thomas-Bazin) qui, comme son nom l'indique, aurait appartenu à des Templiers. Construite au XIIIe s, elle se compose de deux belles maisons de pierre à pignons pointus.

MuséoSeine : *av. Winston-Churchill. ☎ 02-35-95-90-13. • museoseine.fr • Juil-août, tlj sf lun 10h-18h30 ; le reste de l'année, tlj sf lun 13h-18h30. Fermé déc-janv. Entrée : 5 € ; visite guidée : 6 € ; réduc.* Un musée interactif qui, comme son nom l'indique, est entièrement dédié au fleuve, et plus précisément même à la basse Seine, ses paysages, son environnement, ses enjeux, son histoire et celle de ses habitants.

VILLEQUIER

(76490) 760 hab. *Carte Seine-Maritime, B2-3*

À 4,5 km de Caudebec. Un village s'étirant paresseusement sur une colline et en bord de Seine, dans une immuable douceur de vivre, avec la magnifique forêt de Brotonne occupant l'horizon. En longeant la Seine vers son embouchure, on découvre là un des panoramas les plus romantiques de Normandie. Villequier, cependant, est surtout connue pour la tragédie du 4 septembre 1843 qui vit la noyade de Léopoldine, la fille aînée de Victor Hugo, et de son mari, Charles Vacquerie. Le poète, alors en voyage à Rochefort, n'apprit l'accident que 5 jours plus tard en feuilletant *Le Siècle*. Brisé par ce deuil, il vint souvent se recueillir sur la tombe au petit cimetière du village. Sa statue s'élève aujourd'hui près du lieu du drame, dans un parc paysager spécialement aménagé à l'entrée de Villequier, en venant de Caudebec.

UN COUPABLE TOUT TROUVÉ

Contrairement à ce que tout le monde dit, la noyade de la fille de Victor Hugo n'est pas liée au mascaret, cette terrible vague formée par la rencontre des eaux douces et de la mer, et observée ici pour la dernière fois en 1963. Léopoldine et son mari essayaient une nouvelle embarcation, mal lestée, qui fut en fait renversée par un coup de vent !

Où dormir ?

Camping

Camping Barre-y-va : *route de Villequier. ☎ 02-35-96-26-38. • campingbarreyva@orange.fr • camping-barre-y-va.com • ♿ Au bord de la D 81, à 2 km du centre de Villequier, en direction de Caudebec-en-Caux. Ouv avr-oct. Selon saison, compter 16,50-22,70 € pour 2 avec tente et voiture ; hébergements locatifs 308-612 €/sem. 75 empl.* Petit camping familial tout en longueur et un peu tassé sur lui-même, séparé de la Seine par la route (très passante). Petits blocs sanitaires nickel et agréable piscine couverte. Loue aussi des mobile homes et des chalets. Ambiance détendue et très bon accueil.

Chambres d'hôtes

La Maison Blanche : *11, rue Jean-Le-Gaffric. ☎ 02-35-56-76-82. • gabriel.craquelin@orange.fr • Au bord de la grande route en arrivant à Villequier par Caudebec-en-Caux. Double 100 €.* Dans une demeure classée du XVIe s qui, perchée sur sa petite butte, domine la Seine coulant de l'autre côté de la route. Intérieur très sobre, tout de pierre blanche et de tommettes. Ici, au moins, vous avez peu de chances de vous cogner dans les meubles, car les pièces sont vastes ! Dans la grande suite, ambiance plus royale, avec le lit à baldaquin ; pièce attenante avec kitchenette, micro-ondes et frigo pour casser la croûte. L'autre chambre, plus petite (façon de dire !) mais pas moins jolie, peut accueillir jusqu'à 6 personnes !

À voir. À faire

L'église : elle date des XVe et XVIe s, mais elle a subi diverses modifications. Grosse tour d'angle à l'extérieur. Belle nef en coque de navire renversée, vitraux colorés du XVIe s, dont une intéressante bataille navale sur le côté gauche. Sur la droite de l'église, minuscule cimetière où reposent Adèle, femme de Victor Hugo, ainsi que sa seconde fille, Adèle elle aussi, et, derrière, Charles Vacquerie et Léopoldine.

Maison Vacquerie – musée Victor-Hugo : *☎ 02-35-56-78-31. • museevictorhugo.fr • Sur les bords de Seine, dans l'ancienne maison de famille des Vacquerie, au fond d'un beau jardin. Travaux prévus durant l'hiver 2016. Tte l'année, tlj sf mar, dim mat et certains j. fériés 10h-12h30, 14h-18h (17h30 oct-mars). Entrée : 4 € ; réduc ; tarif réduit accordé sur présentation de ce guide ; gratuit moins de 18 ans. Animations (voir le site).* Souvenirs, écrits, meubles d'époque évoquent les familles Vaquerie et Hugo. Y sont notamment abordées l'œuvre littéraire et journalistique d'Auguste Vacquerie et celle littéraire et dessinée de Victor Hugo.

➢ **_Promenade à vélo entre Caudebec-en-Caux et Petiville :_** de Caudebec-en-Caux, on peut rejoindre Villequier par une piste cyclable en bord de Seine, prolongée par la voie verte qui longe elle aussi le fleuve sur une dizaine de kilomètres ; la balade se termine sur la petite D 28 qui rejoint Petiville. En cours de route, on regarde passer les énormes cargos sur la Seine, qui semble alors bien étroite. Génial ! On peut même le faire à roller.

TANCARVILLE

(76430) 1 350 hab. *Carte Seine-Maritime, A-B3*

La petite ville de Tancarville, qui ne présente pas un intérêt démentiel, disons-le, est surtout connue pour son pont. Il fallut attendre 1959 pour que ce long ruban de béton suspendu au-dessus des eaux vienne enjamber l'estuaire de la Seine. Jusque-là, les communications rive droite-rive gauche se faisaient uniquement par les bacs. Le pont de Brotonne, un peu plus petit, qui relie Caudebec-en-Caux à la forêt de Brotonne, fut pour sa part achevé en 1977. Aujourd'hui, ces deux constructions font figure d'enfants de chœur à côté du pont de Normandie !

– Le passage du pont de Tancarville est toujours payant pour les véhicules : 5,40-6,30 € (tarif 2016) le passage ; dim et j. fériés (slt), jeton « Évasions » A/R : 7,60 €.

Où dormir ? Où manger ?

Hôtel-restaurant La Marine : *10, route du Havre. ☎ 02-35-39-77-15. • hoteldelamarine2@wanadoo.fr • lamarine-tancarville.com • Dans le bas de Tancarville, au bord de la D 982, direction Le Havre. Resto fermé sam midi, dim soir et lun. Doubles 80-85 € ; familiales 100-115 €. Formule en sem et en salle 18 € ; menus 25-52 €. Apéritif maison offert sur présentation de ce guide.* Oui, cette maison au bord de la route n'attire pas au premier abord, d'autant plus qu'il flotte dans l'air cette odeur de gaz propre aux environs du Havre ! Et pourtant, qu'il serait dommage de passer à côté ! L'hôtel, bien que standard et un peu vieille France, est confortable et parfaitement tenu. Quant au resto, c'est un vrai bonheur. Les produits régionaux de la meilleure qualité, associés à des épices exotiques ou à des saveurs plus méditerranéennes, y sont diablement bien travaillés et mis en valeur, et ce dès le 1er menu. Sans vous parler de l'accueil, charmant. Et cerise sur le gâteau : la terrasse dans le jardinet aux beaux jours, en bord de Seine, avec un superbe point de vue sur le fleuve et le pont de Tancarville.

Où dormir dans les environs ?

Chambres d'hôtes Le Manoir du Four à Chaux : *55, rue du Four-à-Chaux, 76430* ***La Cerlangue.*** *☎ 02-35-48-61-47. • ulrikeott76@aol.com • bnb-normandie.net • À 4 km de Tancarville ; dans le bourg (fléché). Double 55 € ; 83 € pour 4 pers. Remise de 10 % sur la chambre (nov-fév) sur présentation de ce guide.* Dans une gentilhommière à colombages enfouie dans la verdure, 2 chambres spacieuses et ravissantes, dont une de 2 pièces pouvant accueillir jusqu'à 5 personnes. Accueil adorable et toute une série d'attentions pour faciliter votre séjour, comme la kitchenette à disposition dans la maisonnette où sont servis les petits déj.

DANS LES ENVIRONS DE TANCARVILLE

L'amphithéâtre romain de Lillebonne : *pl. Félix-Faure, 76170* ***Lillebonne.*** *☎ 02-35-15-69-11. Visible depuis la rue, gratuitement en sem selon la présence des archéologues sur le site, ou encore dans le cadre d'une visite guidée (lire Juliobona, ci-dessous).* Quelle surprise de découvrir les beaux vestiges de cet amphithéâtre construit au Ier s en plein centre de cette petite ville qui, manifestement, dans l'Antiquité, était d'une tout autre importance ! Ceux qui souhaitent approfondir la visite iront découvrir *Juliobona,* juste en face.

Juliobona, musée gallo-romain : *pl. Félix-Faure, 76170* ***Lillebonne.*** *☎ 02-32-84-02-07. • musee-juliobona.fr • Ouv le w-e (mer-lun pdt les vac scol) 13h30-18h30. Entrée : 5 € (visite guidée 6 €, incluant l'amphithéâtre romain) ; réduc. Visite guidée dim à 15h, ainsi que mer et ven pdt les vac scol.* Juliona, nom antique de Lillebonne, était le chef-lieu du territoire correspondant à l'actuel pays de Caux sous l'empire romain. Une importante urbanisation s'est poursuivie entre les Ier et IVe s apr. J.-C. Aujourd'hui, une toute nouvelle scénographie présente quelque 300 pièces de collection relatives au patrimoine gallo-romain local de façon thématique (commerces, thermes...).

L'abbaye du Valasse : *route de l'Abbaye, 76210* ***Gruchet-le-Valasse.*** *☎ 02-32-84-64-64. • abbayeduvalasse.fr • Jardins en accès libre tlj 10h-19h. • normandie-caux-seine-tourisme.com •* Érigée au XIIe s, cette abbaye cistercienne a, comme beaucoup d'abbayes, connu une histoire mouvementée et de multiples vies : détruite au XVe s par les Anglais lors de la guerre de Cent Ans, reconstruite puis revendue à un négociant du Havre à la Révolution, elle devient un dépôt de cavalerie et un hôpital militaire pendant la Seconde Guerre mondiale, avant d'héberger la laiterie de Lillebonne des années 1960 à 1985, date à laquelle la municipalité rachète les lieux. Bref, elle revient de loin ! De l'abbatiale elle-même, en revanche, il ne reste plus rien : transformée en caserne à la Révolution, elle fut démolie en 1810. Si l'abbaye ne se visite que sur réservation, on peut toutefois admirer ses extérieurs en se promenant dans ses jardins.

Le parc de la Sauvagette : *459, D 6015, 76210* ***Lanquetot.*** *☎ 02-32-84-33-76. • lasauvagette.com • À 17 km au nord de Tancarville et à 2 km à l'est de*

Bolbec ; du « périphérique » de Bolbec, suivre la direction Yvetot, Rouen. Avr-sept, tlj 10h-19h ; oct, w-e et vac scol 11h-17h ; visite guidée à 14h30, tlj juin-août et pdt vac scol, le w-e avr-mai et sept-oct. Fermé nov-mars. Entrée : 8 € ; réduc ; gratuit moins de 5 ans. La famille à l'origine de ce parc entièrement dédié aux chiens élève des labradors, et les seuls chiots que vous verrez sont de cette race. Mais vous pourrez aussi découvrir une quarantaine d'autres races plus rares. Également plusieurs autres petites activités pour les familles en goguette : le miniranch (seule activité payante en sus), la miniferme et ses chèvres, la petite restauration simple mais bonne et respectueuse de votre porte-monnaie, le jardin des câlins où l'on peut entrer faire des mamours à des labradors. Et même un petit musée exposant 3 500 objets assez surprenants sur la thématique du chien. Même la bande-son ne dévie pas du sujet, avec une belle brochette de vraies chansons à la gloire des toutous (il faut l'entendre pour le croire !). Le tout très ludique et pédagogique, puisque, en plus des qualités propres aux chiens et à chaque race en général, on vous explique tout sur le fonctionnement du lieu. Bref, un lieu super avec des enfants jusqu'à 12-13 ans (sauf s'ils ont peur des chiens ! Encore que, c'est peut-être une façon pour eux de les apprivoiser).

Le pont de Normandie : *☎ 02-35-24-64-90. Gratuit pour les piétons, vélos et motos, il faut se rendre alors au péage côté Le Havre par le chemin de l'estuaire ou prendre la petite route face au supermarché* Leclerc *côté Honfleur. Sensations au rdv ! Pour les voitures : 5,40-6,30 € (tarif 2016) le passage ; dim et j. fériés (slt), jeton « Évasions » A/R : 7,60 €.* Voici la plus belle passerelle au-dessus de l'estuaire de la Seine. Le pont de Normandie relie Le Havre aux environs de Honfleur. D'une longueur totale de 2 141 m, presque équivalente aux Champs-Élysées, son tablier central s'étire sur 856 m, tandis que les viaducs nord et sud viennent compléter l'ensemble. Commencé en 1988 et achevé en 1995, il est haubané et non suspendu comme celui de Tancarville. Chaque pylône rappelle la forme d'un compas dont les éléments se rejoignent dans la partie haute. L'avantage : une faiblesse dans l'un des haubans n'implique pas l'arrêt total de l'utilisation du pont.

LA BAIE DE SEINE

Par le pont de Normandie, le visiteur découvre en hauteur la baie de Seine, bordée à l'extrémité nord par les falaises de la Côte d'Albâtre et au sud par la Côte Fleurie. Son nez détecte aussi immanquablement comme une odeur de gaz dans l'air en redescendant vers Le Havre : la baie de Seine abrite en effet un certain nombre d'industries, dont des raffineries de pétrole. Mais que cela ne vous dissuade pas d'explorer ce bout de Normandie qui recèle quelques endroits insolites et discrets, ainsi qu'une ville attachante et très intéressante : Le Havre.

LE HAVRE

(76600) 174 730 hab. *Carte Seine-Maritime, A2-3*

• Plan *p. 144-145*

Ce n'est pas au Havre que vous trouverez bâtisses vénérables et vieilles pierres. Son centre-ville fut en effet rasé à 85 % pendant la Seconde Guerre

mondiale et reconstruit sur une vingtaine d'années par un certain Auguste Perret, d'où une architecture en béton pas toujours facile à décrypter au premier abord. Et pourtant, très vite, on comprend pourquoi ses habitants disent que la ville est agréable à vivre. L'impression d'espace, l'air marin, ses espaces verts, son dynamisme... Il faut reconnaître, aussi, que le regard que l'on porte sur elle a radicalement changé depuis qu'en 2005 l'Unesco a inscrit son centre-ville au Patrimoine mondial de l'humanité. Avec le recul, cette prouesse d'urbaniste, devenue le témoignage d'une époque et d'une école architecturale, a acquis de la valeur aux yeux de tous. Des architectes en herbe et des touristes curieux viennent désormais décortiquer sous tous les angles cette ville ouverte sur le ciel et la mer. Pour comprendre cette architecture, il est important de garder en tête qu'il fallut reconstruire dans l'urgence toute une cité d'habitations cohérente, un centre industriel ainsi qu'un port moderne. Car, en effet, Le Havre est avant tout un port. Ne répète-t-on pas, y compris au sommet de l'État, qu'il « est le port naturel de Paris », à grand renfort de projets tous plus pharaoniques les uns que les autres ? La ville inspire aussi les architectes et les artistes d'aujourd'hui, qui lui redonnent peu à peu des couleurs, à l'instar de Jean Nouvel, qui y a conçu les formidables Bains des Docks, réplique moderne des thermes romains. C'est ainsi que les quartiers des docks qui entourent les différents bassins du port ont été complètement métamorphosés. Mais contrairement à de nombreux autres exemples en Europe et dans le monde, on ne se contente pas d'en faire des quartiers branchés, avec galeries d'art, centres commerciaux, restos chic et logements hors de prix. Au Havre, on s'attache à préserver les commerces, les écoles... et donc une riche vie de quartier qui s'accommode bien de ces bouleversements. Et s'il faut encore vous convaincre de l'intérêt de cette ville unique, précisons que le musée Malraux possède l'une des plus belles collections impressionnistes de France après Paris. C'est tout de même ici, à l'entrée du port, qu'un certain Claude Monet exécuta en 1872 une œuvre qu'il devait envoyer à Nadar pour être exposée au fameux Salon des refusés. Comme ce dernier lui demandait un titre, Monet, ne sachant comment l'intituler, opta pour Impression, soleil levant. L'impressionnisme était né. N'en déplaise à ce critique acerbe de l'époque qui, créant lui-même ce terme de façon ironique, crut ainsi enterrer cette nouvelle tendance artistique ! La Ville du Havre fut d'ailleurs la première à acquérir deux toiles de Monet.

GEORGE CLOONEY TRAVAILLE AU HAVRE ?

Certes, le café est toujours venu de loin (Inde ou Ceylan au XVIIIe s, Martinique, puis Brésil au XIXe s et Vietnam au XXIe s). Mais avant que vous ne buviez votre p'tit noir au comptoir, sachez qu'il transite quasi systématiquement par Le Havre, devenu premier port d'importation du café en France avec aujourd'hui environ 8 000 conteneurs par an. Cet or noir est ensuite torréfié sur place de manière semi-artisanale avant d'être vendu dans toute la France...

UN PEU D'HISTOIRE

Le Havre-de-Grâce

Le Havre n'est pas une ville très ancienne. Elle ne vit le jour qu'au début du XVIe s, en 1517 précisément, quand François Ier décida la construction d'un nouveau port en lieu et place de vastes marécages. La ville prit alors le nom de Havre-de-Grâce. En tant que gouverneur de la cité, Richelieu fit construire une citadelle, agrandir le port, creuser de nouveaux bassins. Au XVIIIe s, le commerce triangulaire fit

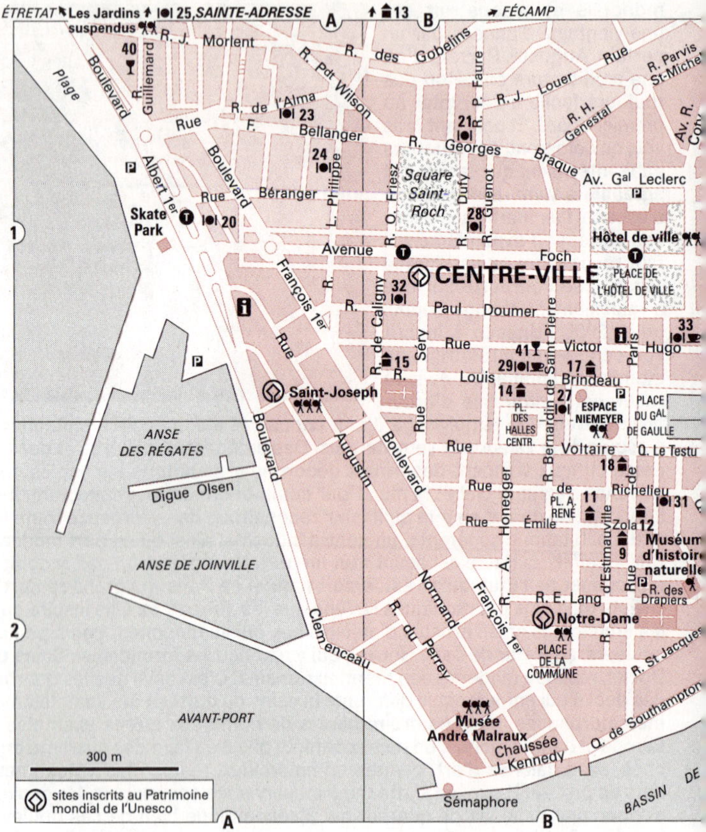

Adresses utiles

- Office de tourisme
- Maison du patrimoine – Ville d'art et d'histoire

Où dormir ?

- **9** Hôtel Ibis Styles Le Havre Centre Auguste Perret
- **10** Gîte de la Porte Océane
- **11** Hôtel Séjour Fleuri
- **12** Le Richelieu
- **13** Chambres d'hôtes Le Chat Perché
- **14** Le Petit Vatel
- **15** Hôtel Vent d'Ouest
- **16** Novotel Le Havre
- **17** Art Hotel
- **18** Hôtel Oscar
- **19** Eklo Hotels

Où manger ?

- **20** Restaurants saisonniers

la fortune du Havre, qui était le troisième port négrier le plus important de France, après Nantes et Bordeaux (et le premier port de pêche à la baleine !). D'ailleurs, à l'époque, l'actuelle place du Vieux-Marché s'appelait la place des Cannibales... Au XIXe s, révolution industrielle oblige, la ville – et surtout son port – connaît un développement fulgurant. Les chantiers navals se multiplient et le commerce fait

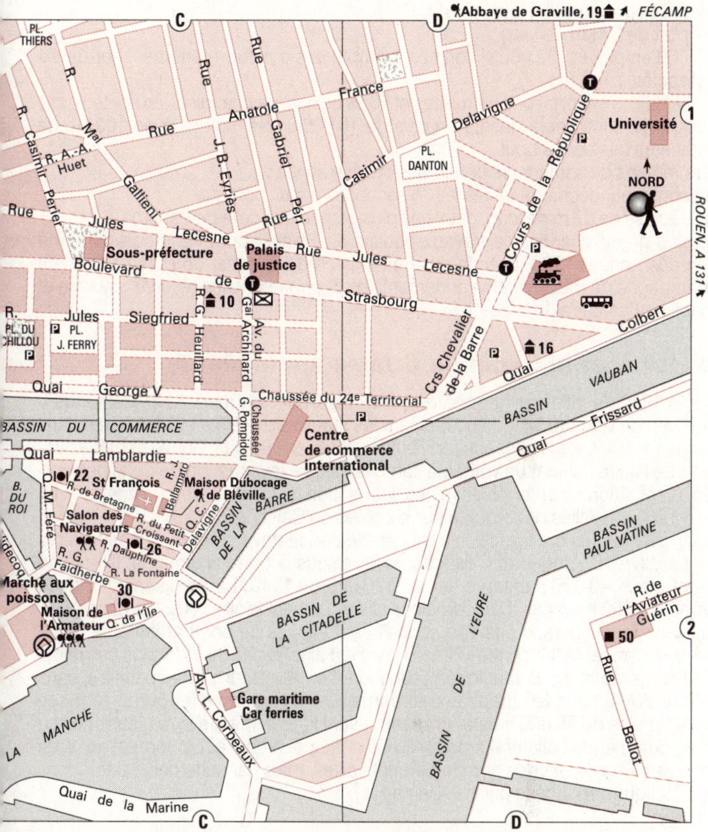

LE HAVRE

21 La Taverne Paillette	**31** Les Enfants Sages
22 Le Lyonnais	**32** Le Bouche à Oreille
23 Le Garde-Manger	**33** Salon de thé de la librairie La Galerne
24 Chez André	
25 La Petite Auberge	**Où boire un verre ? Où sortir ?**
26 À Deux Pas d'Ici	**40** L'Abri Côtier
27 Ristorante Al Dente	**41** L'Eau Tarie
28 Restaurant Jean-Luc Tartarin	
29 Le Bistrot de Quentin et Le Bouchon Normand	**Où piquer une tête ?**
30 Le Bistrot du P'tit Port	**50** Les Bains des Docks

un bond énorme. Au bout du compte, Le Havre doit tout à son port ; c'est lui qui lui a donné sa richesse et sa gloire, au point d'en faire une ville connue aujourd'hui dans le monde entier. Car n'oublions pas également que Le Havre, après avoir assuré les liaisons transatlantiques pendant plus de 120 ans, a à nouveau renoué avec les croisières, et accueille chaque année toujours plus d'escales !

Aujourd'hui, le port du Havre c'est :
- un port de 27 km de long ;
- 17 000 employés (32 000 si l'on tient compte des emplois maritimes, portuaires et associés) ;
- 40 % de nos importations pétrolières et 63 % de nos marchandises en conteneurs ;
- des porte-conteneurs géants de plus de 18 000 unités, soit plus de 100 km de conteneurs mis bout à bout ;
- des millions de conteneurs débarqués chaque année ;
- un conteneur déchargé toutes les 75 secondes par un portique ;
- une écluse de 67 m de long, deux fois plus grande que celle de Panamá...
- le plus grand chantier de travaux publics en France, dont l'agrandissement à la fin des années 1990, avec la mise en service du terminal de Port 2000, a été accompagné de mesures environnementales pour préserver la réserve naturelle et réhabiliter l'estuaire de la Seine !

Le Havre et la Seconde Guerre mondiale

En juin 1940, la ville est frappée de plein fouet par la guerre. Les Allemands y pénètrent en bombardant copieusement les stocks de pétrole et les navires dans la rade. En 1942, les Allemands fortifient les côtes en vue d'un nouveau débarquement. Le Havre devient un véritable camp retranché (évacuation de certains quartiers, disposition de champs de mines, inondation de la vallée de la Lézarde...). Le 6 juin 1944, les Alliés débarquent sur les côtes du Calvados.
Les armées alliées ont franchi la frontière allemande devant Aix-la-Chapelle, alors que Le Havre, Boulogne et Calais demeurent sous la botte allemande. Il reste en ville quelque 40 000 habitants sur les 170 000 de 1940. La garnison allemande compte 11 000 hommes. Deux divisions alliées cernent le site : du 2 au 12 septembre, date de sa libération, la ville connaît sept vagues de bombardements d'une intensité incroyable. Le centre-ville du Havre est ainsi rasé à 85 % lors de ces raids. Le 12 septembre, les Britanniques descendent en ville pour y être accueillis, sans embrassades, sous les drapeaux en berne. Le Havre a en effet perdu tout son centre, et plus de 35 000 habitants se retrouvent littéralement à la rue, sans compter les dommages collatéraux pour 45 000 autres personnes. Le port est lui aussi moribond. Pas du fait des bombardements alliés, mais par suite des destructions systématiques engagées par les Allemands.

Le Havre moderne

Après la Libération, 3,5 millions de soldats américains s'installent dans les fameux « camps cigarettes », des camps provisoires situés dans un triangle Le Havre/Rouen/Saint-Valery. Ils permettent le déblaiement des ruines du Havre en 2 ans, au lieu des 10 ans prévus, rétablissent et reconstruisent les structures du transport terrestre. Des milliers de tonnes de gravats de la guerre naît une ville nouvelle, une ville dessinée par Auguste Perret, nommé architecte en chef de la reconstruction par le ministère de la Reconstruction et de l'Urbanisme. Autour de l'atelier Perret, une centaine d'autres architectes viennent en

UN « CAMP CIGARETTE » DANS LE POUMON DE LA VILLE

Après la libération du Havre, l'état-major américain décida de créer des camps de transit pour retaper ses soldats. Celui du Havre fut installé dans la forêt de Montgeon, le poumon de la ville. Nommés « Lucky Strike » à Saint-Valery-en-Caux, « Philip Morris » à Gonfreville-l'Orcher, « Pall Mall » à Étretat, ces camps de 7 000 à 60 000 hommes, dotés de tentes, hôpitaux, bars, cinémas et théâtres, n'étaient pas sponsorisés par des marques de cigarettes : l'idée est de tromper l'ennemi tout en rassurant les soldats, un camp au nom d'une cigarette rendant moins mélancolique qu'un camp appelé « Hospital » !

renfort. Farouche adepte du béton, l'auguste architecte prône un triple concept : dépouillement, simplicité et luminosité. En vue d'une reconstruction rapide, il favorise aussi la standardisation et la préfabrication.
Bien sûr, la ville est austère, mais Perret parvint à allier plutôt harmonieusement les petits ensembles de quelques étages avec les vastes espaces verts, les tours (pas trop hautes et de tailles différentes pour laisser entrer le maximum de lumière dans les logements) avec des places aérées plantées d'arbres. Et puis il a essayé de créer un vrai centre-ville, généralement absent des cités nées de nulle part, et qui s'agence avec les nombreux bassins historiques du Havre. L'hôtel de ville a trouvé un juste équilibre, imposant mais pas écrasant.
Depuis, la plage a elle aussi été complètement réaménagée par une autre référence en matière d'urbanisme : l'architecte Chemetoff. Les Havrais se pressent désormais le long de la promenade qui mène à Sainte-Adresse. La ville a retrouvé des couleurs : outre le bleu de la mer et le vert des parcs et jardins, il y a même un peu de rose et d'ocre sur les façades rénovées de Perret.

Le Havre : le Hollywood normand ?

LH (prononcer « El Hedge »), comme la surnomme non sans humour ses habitants, n'a pas que sa situation de bord de mer en commun avec la Cité des Anges californienne. Depuis 1929, plus d'une centaine de films furent en effet tournés (entièrement ou en partie) dans la ville, et pas des moindres, puisque l'on compte parmi ceux-ci des chefs-d'œuvre comme *L'Atalante* (1934) de Jean Vigo ou *Le Quai des brumes* (1938) de Marcel Carmé avec Jean Gabin et Michèle Morgan (dont est extrait le fameux « T'as de beaux yeux, tu sais »). Le plus étonnant peut-être est que l'amour des cinéastes pour cette ville glamour avant guerre ne s'est pas démenti depuis, alors que Le Havre a totalement changé de visage. Il semblerait même que ce soit l'architecture de béton et ses lignes droites autrefois tant décriées qui aient attiré l'œil de nombre d'entre eux. Le plus bel exemple récent en la matière étant sans doute *Trente-huit témoins* (2012) de Lucas Belvaux, où ce dernier filme Le Havre comme il le ferait d'un acteur, en mettant en avant son extrême photogénie et faisant littéralement de la « musique » du port la musique du film. Bien évidemment, c'est aussi l'atmosphère particulière de la cité portuaire qui attire des réalisateurs comme le Finlandais Aki Kaurismäki (*Le Havre,* 2011) ou Fabien Onteniente pour *Disco* (2008) avec Franck Dubosc, lui-même originaire du coin. Pour Mathieu Amalric, Le Havre fut le point de départ du parcours suivi par une troupe d'effeuilleuses américaines, en route pour la capitale (différentes séquences de *Tournée*, réalisé en 2010, ont pour décor le Bassin du Commerce et le Volcan). Sans oublier, bien sûr, le tournage en 2015 et 2016 de l'adaptation par Katell Quillévéré du roman à succès *Réparer les Vivants,* de Maylis de Kerangal (Folio).
La ville compte également nombre de réalisateurs fidèles qui réinvestissent régulièrement les lieux le temps d'un un film ou de quelques scènes, comme Xavier Beauvois (le réalisateur de *Des hommes et des dieux* y ayant notamment tourné *Selon Matthieu* et quelques scènes du *Petit Lieutenant*) ou le trio de doux dingues Dominique Abel, Fiona Gordon et Bruno Romy, dont les trois derniers films (*L'Iceberg, Rumba* et *La Fée*) se déroulent sur ce bout de côte normande. Et la liste pourrait être encore longue, car la ville en a vu passer des stars du grand écran.

Adresses utiles

Office de tourisme *(plan A1)* **:** *186, bd Clemenceau. ☎ 02-32-74-04-04. • lehavretourisme.com • Avr-oct, tlj 9h30-13h, 14h-19h ; nov-mars, tlj sf lun mat 10h-12h30, 14h-18h.* Propose des plans pour les différentes visites de la ville. 2 excellentes applications iPhone et Android (téléchargeables gratuitement) : « Le Havre impressionniste et fauve » sur les pas de Boudin, Monet, Pissarro, Dufy, Marquet et Friesz ; « Le Havre grand écran », un circuit évoquant Le Havre et le cinéma. Sur résa, possibilité de visiter le « jardin japonais » *(6 € ; réduc).*

Maison du patrimoine – Ville d'art et d'histoire (plan B1) **:** *181, rue de Paris. ☎ 02-35-22-31-22. • lehavretourisme.com • Pour les animations et les visites guidées, compter 5-7 €/pers.* Toute l'année, différents thèmes sont abordés : le port, l'architecture, l'appartement-témoin Perret...

Gare routière (plan D1) **:** *à côté de la gare SNCF, 12, rue de Magellan. ☎ 02-35-22-35-00.*

Location de vélos : *dans les agences LIA (transports urbains), à la gare routière et près de l'hôtel de ville.*

Circuler et stationner

Le Havre est une ville aérée et la circulation y est fluide pour une cité de cette taille. Cela dépend des quartiers, mais le ***stationnement*** y est, aussi, relativement aisé. Payant un peu partout dans les rues du centre-ville, il ne l'est cependant que du lundi au samedi de 9h à 12h et de 14h à 17h30. Il n'est pas non plus trop onéreux (2 zones : la verte et la orange ; la 1re étant moins chère et moins contraignante que la 2de). Vous trouverez aussi plusieurs parkings gratuits en front de mer, près de l'office de tourisme et de la plage *(plan A1).*

Une petite mise en garde si vous êtes véhiculé : d'une part, certaines rues à double sens ne sont pas assez larges pour permettre à deux voitures de se croiser ; d'autre part, la ***priorité à droite*** s'applique presque partout !

Malgré son étendue et les distances qui peuvent sembler importantes sur la carte, le centre se parcourt aisément ***à pied.*** Pour aller plus vite, vous pouvez aussi profiter du bon réseau de ***pistes cyclables*** qui le traverse et qui vous permet même de rejoindre Sainte-Adresse. En revanche, une partie du Havre étant perchée sur les hauteurs, les montées sont parfois un peu raides (notamment dans le quartier des Jardins suspendus).

Le Havre dispose aussi d'un ***tramway*** reliant la gare à la plage (via l'avenue Foch) et la ville haute (forêt de Montgeon, centre commercial, etc.). Fréquence : ttes les 5-10 mn 4h30 (6h dim)-23h30 ou minuit. Ticket : 1,70 €. *• transports-lia.fr •*

Liaisons avec l'Angleterre

De/vers Portsmouth : avec la compagnie Brittany Ferries *(☎ 0825-828-828, service 0,15 €/mn + prix d'appel ; • brittany-ferries.fr •).* 1-2 ferrys/j. Trajet : 3h45-4h45 selon le type de navire.

Où dormir ?

De bon marché à prix moyens

Gîte de la Porte Océane *(plan C1,* ***10****)* **:** *24, rue Georges-Heuillard. ☎ 02-76-84-10-00. • association@sansdetour-lh.fr • sansdetour-lh.fr • Résa conseillée. Nuitée 19,90 €/pers, draps inclus.* Dans une ancienne maison de maître, une petite structure colorée et conviviale dotée de 34 lits superposés répartis dans 13 chambres pour 2 à 4 personnes. Celles en façade sont plus grandes et plus lumineuses. Cuisine à dispo, salon TV, courette et terrasses. Petit « jardin d'hiver » rigolo. Lave-linge et sèche-linge (payants). Accueil jeune et sympa.

Eklo Hotels (hors plan par D1, **19**) **:** *466, av du Bois-du-Coq. ☎ 02-35-42-27-33. • lehavre@eklohotels.com • eklohotels.com • Ⓣ Mare-Rouge. Doubles sans option 24-30 €. Parking payant.* C'est excentré, mais le tram s'arrête devant, et le rapport qualité-prix est du tonnerre ! Car le concept de l'hôtel à la carte est redoutable : au prix de base de la chambre (toute petite et neutre, mais quand même avec douche et w-c), on ajoute en fonction de ses besoins la TV, la connexion Internet, la serviette de bains, le petit déj... Le tout dans une vaste structure moderne (une centaine de chambres) en bois tendance écolo.

Hôtel Séjour Fleuri *(plan B2, **11**) : 71, rue Émile-Zola. ☎ 02-35-41-33-81. • sejourfleuri@wanadoo.fr • hotelsejourfleuri.fr • Fermé dim ap-m. Congés : dernière sem de l'année. Doubles 35 € (avec lavabo slt)-65 € selon confort et saison. Réduc de 10 % sur le prix de la chambre nov-Pâques sur présentation de ce guide.* On ne peut que saluer ce petit hôtel (situé dans un immeuble Perret, comme on aime le préciser par ici), tenu de main de maîtresse par une propriétaire au caractère affirmé. Chambres simples et convenables pour les non rénovées (les moins chères, avec w-c sur le palier), mais d'un très bon rapport qualité-prix pour les plus récentes à la déco sobre et moderne, avec une salle de bains nickel.

De prix moyens à chic

Chambres d'hôtes Le Chat Perché *(hors plan par B1, **13**) : 14, rue Germaine-Coty. ☎ 02-35-21-42-47. 📱 06-62-42-71-77. • corinne.picquaert@gmail.com • chambresduchatperche.com • Attention, la rue est un cul-de-sac étroit et pentu : se garer rue Monod et terminer à pied (50 m). Double 70 €.* La grimpette est sévère, mais le chat a bien choisi son perchoir : depuis la maison à flanc de colline, la vue sur la ville est exceptionnelle ! Alors ça vaut la peine, d'autant que l'accueil est charmant, que les chambres sont adorables (dans un style chalet très cosy et soigné) et qu'il y a différentes terrasses dans le jardin pour se ressourcer face au panorama.

Hôtel Oscar *(plan B2, **18**) : 106, rue Voltaire. ☎ 02-35-42-39-77. • info@hotel-oscar.fr • hotel-oscar.fr • Doubles 45-59 € (1 chambre slt, avec w-c sur le palier), puis 83-109 € selon confort et saison.* Prêt pour un retour dans les années 1950 ? Dès sa construction, ce petit établissement convivial fut conçu comme un hôtel, que les actuels propriétaires ont choisi de relooker comme à l'époque ! Le résultat est concluant : parquet d'origine et meubles chinés garantissent un style fidèle à celui de Perret... tandis qu'une foule de détails, comme des magazines vintage, permettent de se plonger encore un peu plus dans l'atmosphère 1950. L'ensemble est très confortable (il y a même un petit salon commun à l'étage), lumineux, avec des couleurs qui claquent. Le seul inconvénient : l'insonorisation un brin défaillante... mais c'est le lot de ce type de construction. Excellent accueil.

Le Richelieu *(plan B2, **12**) : 132, rue de Paris. ☎ 02-35-42-38-71. • hotel.lerichelieu@wanadoo.fr • hotellerichelieu.fr • Doubles 50-65 € selon confort et saison, familiales 70-85 €. Réduc de 10 % sur le prix de la chambre sur présentation de ce guide, ou (oct-mars) le w-e 2 nuits achetées avec petit déj, la 2e nuit est offerte.* Très bien situé en centre-ville, cet hôtel familial impeccable propose une vingtaine de petites chambres coquettes et toutes différentes. Cela va des tapisseries un rien psychédéliques à celles plutôt fleuries, en passant par une déco d'esprit balnéaire. Certaines d'entre elles disposent même d'un balcon. Pour couronner le tout, ce riche lieu est tenu avec gentillesse par une dame très accueillante !

Le Petit Vatel *(plan B1, **14**) : 86, rue Louis-Brindeau. ☎ 02-35-41-72-07. • contact@lepetitvatel.com • lepetitvatel.com • Doubles 60-97 € selon confort et saison. Un petit déj offert pour un petit déj acheté sur présentation de ce guide.* Hôtel central, à taille humaine, tenu par une équipe jeune et dynamique qui le rénove de fond en combles. Petit à petit, les chambres sont donc égayées par une agréable déco balnéaire. Les anciennes, plus simples, restent toutefois bien tenues et tout à fait convenables. Une bonne adresse, à l'image d'un accueil sympa et arrangeant.

Hôtel Ibis Styles Le Havre Centre Auguste Perret *(plan B2, **9**) : 121, rue de Paris. ☎ 02-35-41-72-48. • ibis.com • Doubles env 60-110 € selon confort et saison, avec petit déj.* Décidément, le style années 1950 fait des émules ! Unesco oblige, cet hôtel joue à fond la carte Perret et a été entièrement rénové et décoré pour plonger les visiteurs dans l'atmosphère de l'époque. Couleurs pop et mobilier vintage habillent désormais la quarantaine de chambres, toutes de confort vraiment très correct pour sa catégorie (coffre-fort, minibar...). Un look rétro très sympa qu'on retrouve également dans les parties communes, notamment dans la belle salle de petit déjeuner lumineuse, perchée en surplomb de la rue. Accueil souriant.

De chic à plus chic

Dans cette catégorie, beaucoup d'hôtels proposent des offres internet le week-end, favorisant souvent les séjours de 2 nuits (vendredi-samedi ou samedi-dimanche).

■ ***Hôtel Vent d'Ouest*** *(plan B1,* ***15****) : 4, rue de Caligny. ☎ 02-35-42-50-69. • contact@ventdouest.fr • ventdouest.fr • Doubles 100-150 € selon confort ; familiale 150 € ; petit déj 15 €.* C'est la belle adresse de la ville, cosy, pas trop grande, et tenue par une équipe aux petits soins. Mais c'est surtout la déco qui fait la différence ! Qu'il s'agisse des parties communes ou des chambres, tout est personnalisé et très soigné, à grands renforts de meubles cirés et de beaux bibelots qui évoquent la mer ou la montagne. Bon petit déj-buffet, dans un salon de thé tout aussi séduisant. Et pour se relaxer, un spa.

■ ***Art Hotel*** *(plan B1,* ***17****) : 147, rue Louis-Brindeau. ☎ 02-35-22-69-44. • contact@art-hotel.fr • art-hotel.fr • Doubles 99-129 € selon confort.* Ça vous dirait de séjourner dans l'un des derniers immeubles construits par Perret ? Pour une fois, et même si vous êtes au 1er étage, on vous encourage à prendre l'ascenseur... Au 6e et dernier étage, les chambres avec terrasse embrassent le bassin du Commerce et Le Volcan de Niemeyer. Chambres lumineuses, très sobres, à l'ameublement contemporain. Les moins chères sont toutefois exiguës, et par conséquent d'un rapport qualité-prix discutable. L'hôtel accueille par ailleurs des expositions de jeunes artistes havrais. Accueil pro et sympa.

■ ***Novotel Le Havre*** *(plan D1,* ***16****) : 20, cours Lafayette, angle quai Colbert. ☎ 02-35-19-23-23. • H5650@accor.com • novotel.com • ♿ Doubles 105-178 € ; petit déj 16,50 €.* Ce n'est pas tous les jours qu'on indique un Novotel dans le Routard, mais si la nouvelle génération d'hôtels de cette chaîne pouvait ressembler à celui-là, on en parlerait plus souvent : c'est un élégant paquebot aux agréables parois de verre signé de l'architecte Jean-Paul Viguier. Les chambres, confortables et lumineuses, sont toutes distribuées autour d'un puits de lumière. Belle terrasse. Autre avantage, l'hôtel se situe tout près de la gare. Pas donné, mais l'espace bien-être (sauna, hammam, jacuzzi) justifie en partie les tarifs.

Où dormir dans les environs ?

Voir aussi nos adresses « Où dormir ? » à Sainte-Adresse.

■ |●| ***Chambres d'hôtes La Moineaudière :*** *chez Nicole et Marcel Ropers, 15, rue de la Plaine-Saint-Jouin, 76930* ***Cauville-sur-Mer.*** *☎ 02-35-20-38-64. • nropers@wanadoo.fr • lamoineaudiere.com • À env 12 km du Havre, par la D 940 (direction Étretat). Après Cauville, continuer en direction d'Étretat sur 2 km, puis prendre à droite, direction Épaville ; au stop, à droite (fléché ensuite). Congés : de mi-nov à fin fév. Double 50 €. Repas sur résa 26 € tt compris.* Sur 2 étages, 2 suites pour 4 personnes très cosy et meublées à l'ancienne, composées chacune d'une salle de bains à partager entre 2 chambres (plus un coin salon TV pour l'une des suites), dans une agréable maison de famille entourée d'un grand jardin amoureusement entretenu. Très bon accueil des propriétaires, qui ne manqueront pas de vous conseiller pour vos balades. Un excellent rapport qualité-prix.

Où manger ?

Dans le centre, la plupart des crêperies se situent, fort logiquement, dans le quartier breton Saint-François, soit derrière la maison de l'Armateur *(plan C2)*. Sinon, pas mal de restos autour des halles et dans le quartier du Volcan (si vous sortez d'un spectacle, la brasserie *Grignot,* juste en face, sert jusqu'à minuit tous les jours sauf les dimanche et jours fériés). Sur le front de mer, d'avril à septembre (ou octobre, selon la météo...), une vingtaine de constructions provisoires pas toujours très réussies abritent des ***restaurants saisonniers*** *(plan A1,* ***20****)*.

Bon marché

🍽 ***Chez André*** *(plan A1,* ***24****) : 9-11, rue Louis-Philippe. ☎ 02-35-21-88-07. • poussierpatrice@yahoo.fr • Ouv le midi mar-ven, plus le soir jeu-sam. Formules déj 15,60-19,80 € ; un peu plus cher le soir (selon le marché).* Chez André, c'est une petite enclave gourmande discrète et fière de l'être, un repaire d'œnophiles avertis, un rendez-vous de copains qui se régalent dans une jolie salle de bistrot d'une bonne cuisine du jour et d'un vin au verre bien choisi. Terrines maison, entrecôtes, plumas... tout est savoureux et servi dans la bonne humeur. D'ailleurs, le vendredi soir, André fait table d'hôtes (buffet d'entrées et 3 plats au choix), et il n'est pas rare que la soirée se termine par un bœuf avec les amis musiciens !

🍽 ☕ ***Le Bistrot de Quentin*** *(plan B1,* ***29****) : 65, rue Bernardin-de-Saint-Pierre. ☎ 02-35-46-02-59. Tlj sf dim et j. fériés 7h30-20h30. Formule 14 € ; carte env 20 €.* Un petit bistrot plébiscité par les locaux pour son cadre chaleureux, sa terrasse sur la rue piétonne, son atmosphère jeune et décontractée, et sa carte courte et efficace. Chaque midi, le chef mitonne une petite cuisine traditionnelle simple, à base de bons produits et fort bien exécutée. Également une bonne sélection de vins et possibilité de faire une pause goûter dans l'après-midi. Accueil charmant.

🍽 ***Le Garde-Manger*** *(plan A1,* ***23****) : 40, rue de l'Alma. ☎ 02-35-47-39-72. • restaurant-legardemanger@orange.fr • Tlj sf mer midi, sam midi et dim. Formules déj 12,50-15,50 € ; menu 18,50 €.* Une petite cuisine simple, fraîche, joliment ficelée. Le tout à des prix contenus ! Le menu, très restreint (2 entrées et autant de plats et de desserts), change tous les jours selon ce que le patron trouve sur le marché. Pour couronner le tout, le cadre (quelques murs en brique, des banquettes, le bar au fond... et un vélo suspendu !) est à l'image de la cuisine et de l'accueil : sans effet de manche, chaleureux et convivial.

🍽 ***Le Bistrot du P'tit Port*** *(plan C2,* ***30****) : 11, quai de l'Île. ☎ 02-35-47-97-99. Ouv slt le midi, tlj sf lun. Menu 16,50 € en sem, 18,50 € le w-e.* La spécialité ici, c'est le poisson. Pas étonnant, vu que le bistrot est juste en face du marché et que le chef a ses habitudes chez les marins pêcheurs ! Alors on fait comme les nombreux locaux : on s'attable en terrasse ou dans la petite salle sans chichis, et on commande l'assiette de crustacés, les harengs pommes à l'huile, ou la soupe de poisson, avant d'attaquer la marmite du pêcheur ou le plat du jour. C'est vraiment tout simple, mais c'est frais et bon. Un bon plan dans sa catégorie.

🍽 ☕ ***Salon de thé de la librairie La Galerne*** *(plan B1,* ***33****) : 148, rue Victor-Hugo. ☎ 02-35-43-22-52. Tlj sf dim 10h-19h.*

Prix moyens

🍽 ***La Taverne Paillette*** *(plan B1,* ***21****) : 22, rue Georges-Braque. ☎ 02-35-41-31-50. • contact@taverne-paillette.com • Tlj 12h-minuit. Fermé le soir de Noël. Résa conseillée. Menu déj en sem 15 €, puis 20,50-30,90 €. Wi-fi Café offert sur présentation de ce guide.* C'est la brasserie incontournable de la ville, fondée en 1596 et réaménagée en 1956 par l'architecte Wilfried Baker. Son nom vient de la Brasserie Paillette, démolie dans les années 1980, qui se trouvait en face. La jolie salle du fond, avec ses photos et ses souvenirs, était d'ailleurs réservée au staff de l'usine.

Aujourd'hui, on s'y retrouve au coude à coude avec les Havrais pour se sustenter d'un plat de brasserie classique (tartare, moules, andouillettes...), d'une bonne choucroute ou de fruits de mer. Du débit, de l'animation, bref une affaire qui roule. Et on peut même déguster la bière Paillette depuis qu'un petit brasseur de Saint-Arnoult se charge de la faire revivre !

Le Bouche à Oreille *(plan B1, **32**) : 19, rue Paul-Doumer. ☎ 02-35-45-44-60. Tlj sf dim-lun. Formule déj en sem 16 €, puis formule et menus 21-31 € (40 € pour le menu dégustation).* Ce tout petit restaurant discret au cadre moderne tourne à plein régime. Son secret ? Un accueil sympathique et efficace, et surtout une cuisine qui reflète les efforts du jeune chef : tout est frais, bon et présenté avec application. Du classique modernisé en somme, au rapport qualité-prix indiscutable.

La Petite Auberge *(hors plan par A1, **25**) : 32, rue de Sainte-Adresse. ☎ 02-35-46-27-32. Tlj sf dim soir, lun et mer midi. Résa conseillée. Formule déj en sem (sf j. fériés) 25 € ; menus 35-43 €.* Une des valeurs sûres de la gastronomie havraise. On vient ici pour se régaler d'une excellente cuisine normande empreinte de modernité, présentée avec soin et servie dans un cadre classique et élégant.

À Deux Pas d'Ici *(plan C2, **26**) : 69, rue Dauphine. ☎ 02-35-43-44-81. • raynald.piquenot@cegetel.net • Tlj sf lun, sam midi et le soir dim et j. fériés. Congés : 3 sem début juil et 1 sem début sept. Résa conseillée. Formules déj en sem 18 €, puis 25-35 € ; carte env 35 €. Apéritif maison offert sur présentation de ce guide.* Dans le quartier Saint-François, un resto discret proposant de savoureuses spécialités normandes présentées avec soin (du genre filet de bœuf au livarot), dont certaines cuisinées à base de cidre et de pommeau. Intérieur classique agréable, à moins de préférer la terrasse à l'arrière.

Le Lyonnais *(plan C2, **22**) : 7, rue de Bretagne. ☎ 02-35-22-07-31. Tlj sf lun, sam midi et dim. Formule déj en sem 14,90 € ; menus 18,90-27,90 € ; carte env 30 €. Apéritif maison offert sur présentation de ce guide.* Un bouchon lyonnais dans le quartier breton de Saint-François, c'est un peu comme un oranger sur le sol irlandais, si vous voyez ce qu'on veut dire. Bonnes spécialités classiques (escargots de Bourgogne, rognons de veau, saucisson chaud, etc.) à savourer dans un décor de bistrot typique et chaleureux, avec les nappes à carreaux de rigueur. Accueil très sympa.

Ristorante Al Dente *(plan B1, **27**) : 41, rue Racine. ☎ 02-35-22-84-96. • contact@aldente-ristorante.com • Tlj sf dim-lun. Formule déj en sem 14,90 €, env 25 € le soir.* Un vrai resto italien, avec les couleurs, l'accent et le goût du pays. On retrouve la structure des cartes à l'italienne (antipasti, primi, secondi) ainsi que quelques bonnes pizzas (vendues aussi à emporter). Sous des atours un peu chic, avec sa salle cosy prolongée par une grande véranda sur la place, cette adresse accueille les Havrais de tous horizons venus profiter d'une très bonne cuisine à prix raisonnables. Un incontournable en ville.

Le Bouchon Normand *(plan B1, **29**) : 77, rue Louis-Brindeau. ☎ 09-52-15-23-73. Tlj 11h-23h sf dim soir. Formules et menus déj en sem 13,50-18 €, puis 24 €.* En plein centre, une grande brasserie moderne qui offre 2 avantages déterminants : des horaires pratiques et une ardoise composée de spécialités normandes élaborées avec des produits locaux. C'est par ailleurs l'un des rares endroits en ville où l'on propose des abats ! Qu'il s'agisse d'une escalope à la crème, de tripes ou d'une tête de veau, c'est simple, bon et servi avec le sourire.

Les Enfants Sages *(plan B2, **31**) : 20, rue Gustave-Lennier. ☎ 02-35-46-44-08. Tlj sf dim. Formule déj en sem 16 €. Plats env 15-24 €.* Le cadre compte pour beaucoup. Car il s'agit de l'ancienne maison du directeur de l'école voisine, construite en 1905 et posée au milieu d'un charmant petit jardin. En plein centre-ville, c'est une aubaine ! Quant aux différentes salles, elles sont séduisantes, dans un style rétro-chic chaleureux et un brin branché. Un lieu atypique au Havre, impeccable pour un café dans la journée ou un verre le soir. On y mange aussi, convenablement (tartares, tataki de thon, cochon de lait...), mais les tarifs sont en rapport avec le cadre soigné. Accueil très sympa.

Plus chic

Restaurant Jean-Luc Tartarin *(plan B1, **28**) : 73, av. Foch. ☎ 02-35-45-46-20. Tlj sf dim-lun. Congés : 2 sem en janv. Menu déj 38 €, puis menus 59-99 €.* Au Havre, c'est un monument. Forcément, 2 étoiles au compteur, ça ne laisse personne indifférent ! Alors, bien sûr, le cadre est à la hauteur (du contemporain sobre et élégant), et l'accueil aux petits soins. Élaborés avec soin, les menus se décomposent en assiettes graphiques mettant en scène les meilleurs ingrédients du secteur. Car monsieur Tartarin a bien les deux pieds dans son terroir, qu'il réinvente avec talent, originalité et modernité. Quant au menu du déjeuner, c'est une aubaine ! Certes, les produits sont moins nobles, ce qui ne les rend pas moins savoureux, mais pour le prix, on a droit aux pains maison. Avec un bon verre de vin (pas donné pour le coup), c'est le bonheur !

Où boire un verre ? Où sortir ?

Quelques bars en front de mer font le plein dès les beaux jours. Un coup de cœur : ***L'Abri Côtier*** *(plan A1, **40** ; 24, bd Albert-Ier ; ☎ 02-35-42-51-20 ; ♿ ; tlj jusqu'à 2h – 21h dim).* Ambiance chaleureuse et festive pour ce troquet coloré, souvent investi par les étudiants et les jeunes trentenaires qui profitent de sa terrasse en surplomb de la rue... et de la mer. Bonne musique balayée, en été, par les vents du large.

On peut aussi boire un verre à ***L'Eau Tarie*** *(plan B1, **41** ; 86, rue Victor-Hugo ; ☎ 02-35-41-39-83 ; ♿ ; tlj sf dim).* Un bar étudiant animé dans un cadre sympa, avec une terrasse sur la rue piétonne.

Où piquer une tête ?

■ **Les Bains des Docks** *(plan D2, **50**) : quai de la Réunion. ☎ 02-32-79-29-55. • lesbainsdesdocks.com • ♿ Tlj 10h-20h (22h ven). Entrée : env 5 € ; env 13 € avec l'espace balnéothérapie (sauna, hammam), vivement recommandé.* Sur le site des anciens hangars à café, un complexe balnéo-aquatique conçu par l'incontournable Jean Nouvel (lauréat du Pritzker 2008). Celui-ci a revisité les thermes romains, en version moderne, pour édifier cette remarquable architecture tout en lignes épurées. Formes cubiques, jeux des volumes, monochromie, lumières douces puisées à l'extérieur et cadre zen propice à la détente... Bassin extérieur de 50 m pour les sportifs réchauffés ; espace balnéo avec toboggans, bassins chauds et froids, sauna et pataugeoire pour les enfants. Même l'acoustique est meilleure que dans les piscines traditionnelles.

À voir

– La meilleure façon de découvrir Le Havre, son architecture, son histoire, c'est avec un guide. Vraiment. Profitez donc des visites organisées par le service Ville d'art et d'histoire (voir « Adresses utiles »). Vous verrez la ville d'un œil nouveau.

Le musée d'Art moderne André-Malraux *(MuMa ; plan B2) : 2, bd Clemenceau. ☎ 02-35-19-62-62. • muma-lehavre.fr • ♿ (prêt de fauteuil). Tlj sf mar et certains j. fériés 11h-18h (19h le w-e). Entrée avec audioguide : 5-10 € selon l'expo temporaire ; gratuit moins de 26 ans et pour ts le 1er sam du mois. Visite thématique avec une conférencière 1 jeu/mois à 12h15.*

Le grand musée du Havre se repère de loin. D'abord, parce le Signal, impressionnante sculpture monumentale d'Henri Georges Adam figurant un œil et installée sur le parvis en 1961, joue parfaitement son rôle retenant immanquablement l'attention des promeneurs ; ensuite, parce que le bâtiment lui-même n'a pas pris une ride : une vraie réussite architecturale !

Inauguré en 1961 par André Malraux, ce bel espace renferme une des plus importantes collections impressionnistes de France, réunie notamment grâce aux généreuses donations Senn-Foulds et Mathey.

Face à la mer, son architecture moderne, lumineuse et transparente, constituée d'acier et de grandes verrières, le tout fouetté par les embruns, est un écrin presque idéal pour une peinture qui « aspire » la lumière ou, comme dirait le slogan du musée, pour présenter de grands peintres « dans leur lumière ». Le bâtiment fut conçu par des élèves dissidents d'Auguste Perret (il y en eut !), l'architecte Guy Lagneau s'étant largement inspiré du « plan libre » de Le Corbusier et du Bauhaus. Sur le toit, le *paralume,* un ensemble de lames inclinées en aluminium qui atténue la luminosité entrant par le haut, est de Jean Prouvé.

1er étage

La visite commence avec un petit fonds d'œuvres à partir du XVIe s, avant d'attaquer les impressionnistes et les fauves. Les accrochages peuvent être modifiés en fonction des expositions temporaires, mais en principe, les œuvres citées restent visibles. Classicisme et Contre-Réforme y sont donc au rendez-vous avec une *Vocation de saint Matthieu,* de Ter Brugghen, inspirée du Caravage, *La Consécration de la Vierge* signée Charles de Lafosse, ou encore *La Chute de Simon le Magicien,* de Solimena, où saint Pierre ordonne aux diables de lâcher le prétentieux magicien, un rival de second ordre, sans doute... S'ensuivent quelques paysages classiques de Huysmans, Dughet (le gendre de Poussin), des œuvres de Volaire et Robert (fin XVIIIe s), d'un style particulièrement brûlant (c'est le cas de le dire), et, déjà, quelques natures mortes de Boudin, l'un des précurseurs de l'impressionnisme. Surtout, ne pas manquer *La Vague* de Courbet, datant de 1869. L'auteur de *L'Origine du monde* en réalisa plusieurs versions. On est loin de l'impressionnisme, mais le peintre, réaliste, provocateur et grand nageur devant l'Éternel, s'intéressait alors de plus en plus aux paysages, et notamment à ceux de Normandie (il peindra également les falaises d'Étretat). *La Vague* fut peinte au couteau, au bord de la plage, dans une cabane-atelier secouée par les vents impétueux. Courbet ouvrit ainsi la voie aux impressionnistes qui iront « sur le motif », c'est-à-dire sur les lieux mêmes de leur sujet. Après quelques toiles de l'école de Barbizon, proche de Courbet et attirée elle aussi par les extérieurs (Troyon, Daubigny), on entre de plain-pied dans les débuts de l'impressionnisme, avec une amusante série de vaches, signée Eugène Boudin. Ce dernier, né à Honfleur en 1824, vécut longtemps au Havre, où il fut d'abord papetier, demandant des conseils de débutant aux peintres qu'il exposait (Millet, Courbet...). Grande cimaise où l'on peut constater que, de la Normandie, il peignit beaucoup les vaches, d'accord, mais aussi les plages, les jeux d'enfants dans l'eau, les promenades familiales sur la jetée, les barques échouées à marée basse et les cieux. Toutes ces œuvres de petit format, dont certaines inachevées, préfigurent surtout les débuts de l'impressionnisme... Notez, par exemple, *L'Aiguille creuse* et *Les Falaises et barques jaunes à Étretat* (où il utilise le noir, contrairement aux futurs impressionnistes), ou encore *L'Entrée des jetées du Havre par gros temps,* peinte à proximité du musée.

La deuxième partie de l'étage rassemble la superbe ***donation Senn-Foulds,*** regroupant 205 œuvres, peintures, dessins, pastels, aquarelles et sculptures, dont beaucoup de toiles signées par les plus grands peintres préimpressionnistes, impressionnistes et fauves. Parmi les œuvres marquantes, signalons *Le Loing à Saint-Mammès,* de Sisley, le plus constant des impressionnistes puisqu'il le restera jusqu'au bout, contrairement à nombre de ses confrères ! Et puis on ne peut pas ne pas parler de Claude Monet au Havre. Sa famille s'y installe quand il a 5 ans. Sa tante (elle s'appelle Lecadre, incroyable, non ?) l'autorise à quitter l'armée en Algérie s'il prend des cours de beaux-arts à l'école du même nom. Il commence par vendre (très bien) des caricatures de ses professeurs et des notables de la ville... Vient ensuite la rencontre avec Eugène Boudin, décisive.

Certes, le fameux *Impression, soleil levant,* œuvre fondatrice de l'impressionnisme réalisée au Havre, au retour d'un voyage à Londres et d'une rencontre avec Turner, se trouve au musée Marmottan, à Paris. Mais vous pourrez tout de même admirer le maître, pour ne pas dire le père de l'impressionnisme, avec, par exemple, *La Seine à Vétheuil* (à comparer à *Soleil d'hiver à Lavacourt,* exposé au rez-de-chaussée), dans lequel on retrouve la fameuse vibration de la lumière et des couleurs propres aux impressionnistes. Passons ensuite aux trois Pissarro de la donation, dont *Carrefour à l'Hermitage Pontoise,* très proche de Cézanne, *Le Quai du Pothuis,* où l'on sent la tentation du pointillisme qui pointe, et *Soleil levant à Éragny,* dans lequel Pissarro revient vers l'impressionnisme sans perdre toute tentation pour son fameux pointillisme. Ne pas manquer ensuite l'une des pièces maîtresses du musée : le portrait de *Nini Lopez,* signé Renoir, en 1876, sans doute peint pour se renflouer après le krach boursier de 1875. Il représente un jeune modèle parisien, favorite de Renoir, surnommée à l'époque Nini Gueule-de-Raie ! La suite de la collection aborde les Nabis (mot signifiant « prophète » en hébreu), un groupe de peintres postimpressionnistes d'avant-garde qui jonglent avec les symboles. Voir notamment *La Valse* de Félix Vallotton (très Art nouveau, on est en 1893) ou *Le Berger Corydon* de Sérusier, cofondateur du mouvement nabi. On termine l'étage avec les fauves, héritiers des impressionnistes, en particulier Marquet, dont les toiles prouvent qu'il fut aussi un grand amoureux des ports, Bonnard avec son *Intérieur au balcon,* où la mer semble se répandre sur la table, et Vuillard avec le très délicat *Enfants lisant,* réalisé d'après une photo.

Rez-de-chaussée

On retrouve Monet avec *Les Nymphéas,* de forme carrée, ou encore le fameux *Fécamp, bord de mer* et *Soleil d'hiver à Lavacourt.* Parmi les autres œuvres importantes, signalons *Bateaux au soleil couchant* de Manet ; deux vues du *Port du Havre* par Pissarro ; *L'Excursionniste* de Renoir, où l'on sent déjà le retrait de l'artiste par rapport à l'impressionnisme ; *La Côte de Grâce à Honfleur,* le seul tableau de Braque, originaire du Havre, où l'impressionnisme semble digéré et le cubisme pas encore en vue. Enfin, impossible de quitter le musée sans admirer l'un des maîtres du fauvisme, Raoul Dufy, né en 1877 au Havre. Voir notamment *Sorties de régates au Havre* (influence impressionniste), le très beau *Jeanne dans les fleurs* (couleurs saturées très fauves), *Les Gymnastes* (cézannesque et cubiste à la fois), *Casino Marie-Christine* (tentation cubiste dans les toitures et les barques hors de l'eau) ou encore *Pêcheurs aux haveneaux* (franchement cubiste). Finir par la série bleue de Dufy : *Baigneuse au Havre* (cubiste), *Les Sirènes* (avec un texte d'Apollinaire) ou encore *La Plage et l'estacade au Havre* pour son bleu saturé, ses noirs illustrant la cécité que procure la lumière contemplée de face et l'opposition entre le dessin et la couleur.

***La cathédrale Notre-Dame** (plan B2) :* rue de Paris. Pourtant située au cœur du périmètre le plus dévasté par les bombardements de la Seconde Guerre mondiale, Notre-Dame a curieusement réchappé en partie au désastre. Un miracle ! C'est peut-être ce qui lui valut d'être consacrée cathédrale en 1974...
Beau contraste avec la ville moderne reconstruite par Auguste Perret. C'est justement lui qui pensa à agrandir le parvis de la cathédrale pour la mettre en valeur. Il restait si peu de la ville ancienne ! On note d'ailleurs que la cathédrale est située 80 cm en contrebas de la rue : il s'agit en réalité de l'ancien niveau du Havre, la nouvelle ville ayant été bâtie sur les gravats de l'ancienne !
Originellement édifiée à la fin du XVIe s, Notre-Dame possède une structure gothique, mais de nombreux éléments trahissent une forte influence Renaissance. Noter la façade à colonnes ioniques, inspirée par le style jésuite du XVIIe s et flanquée d'une grosse tour carrée. À l'intérieur, superbe reconstitution du buffet d'orgue originel (milieu du XVIIe s), offert par Richelieu – alors gouverneur du Havre – et dont on voit les armes au sommet. Retables financés par Henri IV (inscription de 1605), vitraux ornés de frises marines et deux autres du XIXe s où sont représentés l'église et le quartier au début du XVIIe s. Également un chemin de

croix en bois sculpté qui provient de la chapelle du paquebot *Normandie* (1935-1942, paix à son âme). Au fond, Vierge ornementée d'attributs marins (cordages) et apôtres en bois réalisés par... un fabricant de figures de proue.

Le Muséum d'histoire naturelle *(plan B2) : pl. du Vieux-Marché. ☎ 02-35-41-37-28. • museum-lehavre.fr • ♿ (rdc). Mar-dim (sf jeu mat) 10h-12h, 14h-18h. GRATUIT.* Logé dans l'ancien tribunal de la ville du XVIIIe s, ce beau musée est dédié aux expositions temporaires. Les thématiques abordées, en lien avec le monde du vivant et l'ensemble des champs de la culture scientifique, bénéficient généralement d'une scénographie interactive très ludique. Idéal pour les familles ! Le musée possède également une riche collection de dessins du naturaliste havrais Charles-Alexandre Lesueur, réalisés lors de ses expéditions australes et américaines et visibles par roulement.

La maison de l'Armateur *(plan C2) : 3, quai de l'Île (quartier Saint-François). ☎ 02-35-19-09-85. Ouv tlj sf mar : 1er avr-1er nov 10h-12h30, 13h45-18h ; hors saison 10h30-12h30, 13h45-17h30. Entrée : 5 € ; gratuit moins de 26 ans et pour tous le 1er sam du mois ; pass avec l'abbaye de Graville : 7 €. Visite guidée sam à 11h (sf 1er sam du mois) et 15h30, dim à 11h.* Ancienne propriété du riche armateur Martin-Pierre Foache, c'est l'une des plus vieilles maisons du Havre, l'une des seules traces du XVIIIe s havrais, alors, forcément, ici, on y tient. Superbement restaurée (voir la projection à l'accueil de photos de la restauration), elle est célèbre pour son architecture exceptionnelle, avec sa façade Louis XVI et son incroyable puits de lumière autour duquel ont été conçues les pièces à vivre sur 5 niveaux, tout en arrondis. La maison, transformée en musée, évoque la vie havraise de 1750 à 1850 à travers les reconstitutions d'intérieur (le cabinet de travail, les chambres, les salons...), les cabinets de curiosités et les nombreux objets présentés au fil des pièces au mobilier d'époque. Noter le bel escalier de service en colimaçon qui double l'escalier principal, les portes arrondies (qui cachaient parfois des toilettes), le piano-forte Miquet de 1791 et les objets de marine du dernier étage. Une visite indispensable. Si le coin vous inspire, vous pouvez toujours faire vos courses au petit marché aux poissons (aux prix plus raisonnables que celui des halles dans le centre), juste en face.

Le musée de l'hôtel Dubocage de Bléville *(plan C2) : 1, rue Jérôme-Bellarmato. ☎ 02-35-42-27-90. Tlj sf mar : 1er avr-1er nov, 10h-12h30, 13h45-18h ; hors saison 10h30-12h30, 13h45-17h30. GRATUIT. Visite des salles d'expo dim à 15h30 : 2 € ; gratuit moins de 26 ans.* Ce bel hôtel particulier à pans de bois recouvert d'ardoises appartenait à l'armateur Michel-Joseph Dubocage de Bléville (1676-1727). Quelques salles accueillent à tour de rôle des expositions permanentes (notamment sur le sieur Dubocage) et temporaires (liées à l'histoire du Havre et au négoce maritime). Vaut le coup d'œil.

Le Salon des Navigateurs *(plan C2) : 1, rue du Petit-Croissant, à l'angle de la rue Jean-de-La-Fontaine. ☎ 02-35-42-12-71. Mar-ven 9h30-12h, 14h-18h30 ; sam 9h30-12h. Congés : 3 sem en août. GRATUIT car on est chez un vrai coiffeur !* Arrêt obligatoire dans le quartier Saint-François pour découvrir un salon de coiffure pas comme les autres. Car cette perle rare est tenue par Daniel Lecompte, ex-coiffeur sur le paquebot France, qui officie en tenue de marin ! Un vrai passionné qui a réuni une collection impressionnante de matériel ancien, de l'après-guerre jusqu'aux années 1960, et qui a reconstitué deux salons de coiffure quasiment à l'identique. Bigoudis chauffants pour mises en plis et indéfrisables, moule à gaufres et Babyliss... Quant à la 3e salle, elle accueille le musée de la Marine, un adorable fourre-tout où l'on déniche de belles maquettes de bateaux et des souvenirs, notamment du paquebot France dont le nom, ici, fait toujours rêver... Nostalgie et excellent accueil garantis. La « coupe mode » est à 20,60 €, alors laissez-vous tenter, et attendez votre tour avec les habitués sur les transats sur le trottoir !

L'hôtel de ville et la rue de Paris *(plan B1-2)* **:** classique et imposant sans être trop pompeux, l'hôtel de ville est adouci par la grande place rythmée d'espaces verts, de jeux pour enfants et de fontaines. Dans l'axe de l'hôtel de ville, la construction de la rue de Paris s'inspire clairement, avec sa conception du XVIIIe s, des commerces entresolés de la rue de Rivoli, à Paris justement. Seulement ici, la rue débouche sur le port et il n'est pas rare d'apercevoir d'impressionnants bateaux tout au bout. Sachez que dans la ville de Perret, le nombre d'or est 6,24. Tout est calculé à l'aune de cette « trame urbaine », car c'est la portée optimale d'une poutre en béton armé de l'époque.

L'appartement-témoin Perret *(plan B1)* **:** *rdv à la Maison du patrimoine, 181, rue de Paris. ☎ 02-35-22-31-22. Visite guidée (45 mn) tte l'année, mer et sam-dim ttes les heures 14h-17h, ainsi que juil-août, lun-mar et jeu-ven à 14h et 15h. Tarif : 5 € ; gratuit moins de 26 ans et pour ts le 1er sam du mois et Journées du patrimoine.* Après la guerre, un habitant sur deux au Havre est sans abri. L'État demande alors à Perret de reconstruire le centre-ville pour y loger la classe moyenne qui demande à être réintégrée rapidement là où elle vivait auparavant. L'autre grand nom envisagé à l'époque pour ce travail est Le Corbusier, mais l'État craint que celui-ci ne parvienne pas à maîtriser les coûts comme Perret, qui a déjà démontré dans le passé qu'il en était capable. Le rationalisme et le fonctionnalisme, maîtres mots de Perret, révolutionnent la conception de ces nouveaux appartements. La visite permet de découvrir l'une de ces habitations modèles, au sein d'un îlot résidentiel caractéristique... et entièrement habité, preuve de la pérennité du projet ! Mais une fois la porte de l'appartement poussée, on se retrouve bien en 1950, dans un logement destiné à un officier de marine. L'ensoleillement est optimisé par une double orientation, le chauffage est collectif et à air pulsé, le salon devient un « living », on crée une vraie salle de bains et la cuisine, remodelée pour une maîtresse de maison qui régente toute la maisonnée, devient une sorte de « laboratoire » simplifié. Le tout est équipé de blocs éviers en inox et de rangements prêts à être posés d'un seul tenant, de fenêtres survitrées et de volets galvanisés. Pour la première fois, le mobilier est conçu pour être produit en série et à bas coût. Le mobilier de l'appartement, de 1947, signé René Gabriel et Marcel Gascoin, est droit, avec seulement quelques arrondis très simples. Une visite intéressante qui permet d'aborder de nombreux sujets traitant du quotidien, de l'architecture, ou du règlement des dommages de guerre.

L'espace culturel Oscar-Niemeyer (Le Volcan *; plan B1-2)* **:** *à deux pas de l'hôtel de ville, juste devant le bassin du Commerce.* C'est l'espace culturel de la ville conçu par le fameux architecte Oscar Niemeyer (décédé le 5 décembre 2012, 10 jours avant ses 105 ans), célèbre pour avoir créé de toutes pièces Brasilia, la capitale du Brésil construite en plein désert. Ses sympathies communistes n'ayant jamais été un mystère, il s'exila en France sous la junte militaire, au pouvoir au Brésil dans les années 1960, et entreprit la construction de cet édifice au Havre, alors mairie communiste, ainsi que celle du siège du Parti communiste français, place du Colonel-Fabien, à Paris. Baptisé *Le Volcan* par l'un de ses ex-directeurs, ce lieu se résume en deux mots : courbes et asymétrie. Au béton bouchardé de Perret répond ici la blancheur lisse de l'édifice. Il est vrai qu'avec un beau ciel chargé de nuages l'effet de volcan est convaincant. Le site comprend en réalité deux espaces distincts : le Grand Volcan, qui accueille une Scène Nationale, et le Petit Volcan, où l'on a inauguré en 2015 une bibliothèque hors norme. « Hors norme », parce que le lieu est unique, et parce qu'il a été repensé... après avoir consulté le maître himself, l'indéboulonnable Niemeyer, centenaire toujours vaillant lors du lancement du projet !

L'église Saint-Joseph *(plan B1)* **:** *à l'angle des rues de Caligny et Louis-Brindeau. Tlj 10h-18h (sf offices religieux).* Fascinante église réalisée par Auguste Perret. Appliquant à l'art religieux ses préceptes architecturaux, il a utilisé le béton brut de décoffrage pour élever une tour-clocher haute de 107 m. On la voit de partout, quitte à la prendre parfois pour un gratte-ciel... L'extérieur ne soulève pas d'emblée l'enthousiasme (au sens strict), il faut entrer pour saisir la beauté et la modernité de l'édifice. Par exemple, pour se rendre compte que la forme de croix grecque se transforme en tour octogonale et que l'escalier qui démarre à droite de l'orgue se termine tout en haut de la tour ! À l'intérieur, ni ornementation ni chemin de croix. Le prêtre est situé au centre de l'église et les ouailles sont assises tout autour de lui sur des sièges dignes d'une salle de spectacle. Mais surtout, essayez de venir quand il fait beau pour voir l'église, et surtout son formidable clocher, baignés d'une lumière variant au rythme du soleil grâce aux 12 768 verres colorés de Marguerite Huré, complice d'Auguste Perret. Les spécialistes disent que l'on dénombre une cinquantaine de teintes, les couleurs chaudes se situant au sud et à l'ouest...

Les Jardins suspendus et les serres (hors plan par A1) **:** *rue du Fort et rue Albert-Copieux. Bus n° 3, arrêt Cochet, et n° 5, arrêt Copieux. Tlj 10h30-17h oct-mars, 20h avr-sept. Accès libre. Horaires un peu plus restreints pour les serres, dont l'accès est payant : 2 € ; gratuit moins de 12 ans accompagnés.* Aménagés dans un fort militaire du XIXe s, ces jardins profitent d'un superbe panorama sur la ville et l'estuaire. Par beau temps, on aperçoit même Deauville, Trouville et le C.H.U. de Caen ! Sur 17 ha, on part à la découverte des plantes les plus rares, et on voyage à travers les quatre coins du globe, symbolisés par les quatre bastions : Amérique du Nord, Asie (surtout la Chine), terres australes (Australie, Tasmanie, Chili...) et un bastion consacré aux explorateurs modernes. Un bel hommage aux botanistes qui ont rapporté de leurs voyages des spécimens autrefois méconnus, devenus aujourd'hui familiers. Ici, aucune plante hybride, uniquement des originales. Dans les serres municipales, toutes sortes de cactées, plantes succulentes ou carnivores, et puis le jardin d'essais où l'on teste de nouvelles variétés de plantes à massifs.

L'abbaye de Graville (hors plan par D1) **:** *rue de l'Abbaye. ☎ 02-35-24-51-00 ou 02-35-42-27-90. Depuis l'hôtel de ville, bus n° 2, arrêt Graville, ou n° 7, arrêt Sainte-Honorine. Tlj sf mar : 1er avr-1er nov, 10h-12h30, 13h45-18h ; hors saison 10h30-12h30, 13h45-17h30. Visites guidées dim à 11h et 16h. Entrée : 5 € ; réduc ; gratuit moins de 26 ans et pour tous le 1er sam du mois ; pass commun avec la maison de l'Armateur : 7 €.*

Sur les hauteurs de la ville, il s'agit du monument le plus ancien du Havre, avec son église du XIe s édifiée par Guillaume Mallet de Graville, porte-drapeau de Guillaume le Conquérant pendant la bataille d'Hasting. Les bâtiments conventuels, eux, datent du XIIIe s. Ils furent largement remaniés au XVIIe, puis fortement endommagés par un incendie avant la Révolution française : le réfectoire, le cloître et la bibliothèque ne sont plus aujourd'hui qu'une grande terrasse avec une superbe vue panoramique sur Le Havre. Les bombardements de la Seconde Guerre mondiale n'ont pas été non plus sans laisser de traces. L'abbaye mérite quand même une halte pour sa belle salle capitulaire, les salles basses (dont la plus vaste coiffée d'une remarquable voûte en berceau brisée) et ses différentes collections. Plus que la statuaire religieuse et les objets liturgiques qui y sont présentés, c'est l'étonnante collection Gosselin qui a retenu notre attention. Ce Jules Gosselin (1863-1936) développa une véritable passion pour l'architecture après l'Exposition universelle de 1889 et réalisa plus de 200 maquettes de maisons. S'attachant d'abord à ce qu'il connaissait (des maisons à colombages normandes), il laissa de plus en plus de place à son imagination et finit par reproduire les bâtisses de pays où il n'avait jamais mis les pieds. Insolite !

Après avoir visité l'église (désormais dédiée aux expos temporaires) et avant de quitter le site, jetez un œil à la Vierge noire à l'entrée. Selon la légende, elle aurait été coulée dans le bronze des canons prussiens. Les mères du Havre auraient, en effet, promis d'ériger une statue de la Vierge si Le Havre résistait à l'envahisseur pendant la guerre franco-prussienne... et la ville résista. La statue un peu moins : composée à l'origine de zinc et d'étain, elle commença par noircir (d'où son nom) avant d'être fortement endommagée pendant la Seconde Guerre mondiale et remplacée (les fragments d'origine sont conservés dans l'église).

Le port : port d'escale de croisières (plus d'une centaine d'escales de paquebots internationaux de mars à décembre), mais aussi port de pêche, de plaisance, de commerce...
Aujourd'hui, pour des raisons évidentes de sécurité, le port s'est considérablement barricadé. Néanmoins, pour découvrir une partie des installations portuaires, et ça vaut le coup, trois possibilités s'offrent à vous : en bateau ou en bus (voir « À faire »), ou encore seul, mais à condition d'être véhiculé et de dénicher une carte précise (c'est très grand !).
En bateau, le moyen le plus naturel pour aborder un port, on profite de très beaux points de vue, mais on ne va pas partout. Seules les visites autorisées en bus permettent d'accéder à certaines zones sensibles, comme le port en eau profonde de Port 2000. Finalement, les deux sont complémentaires. Dans tous les cas, s'il n'y a pas de visite guidée (en bateau ou en bus) programmée lors de votre passage, il faut au moins y aller par ses propres moyens (en voiture ou à vélo, mais gare aux camions) pour découvrir un univers fascinant, où tout est synonyme de gigantisme. *Bon à savoir :* on voit les portiques de loin ; s'ils sont relevés, cela signifie que les quais sont vides.
Du centre, l'avenue Lucien Corbeau longe l'ancienne gare maritime (où l'on embarquait pour New York à l'époque glorieuse des traversées du paquebot *France*) et conduit au Môle central, ouvert à tous. Ici, c'est le domaine du charbon, déchargé et convoyé jusqu'à la centrale thermique voisine sur des tapis roulants suspendus à bonne hauteur. Au bout du môle, on distingue une curieuse structure en forme de rampe pour skateboard, mais au format XXXL : il s'agit d'un brise-lames, construit pour protéger les bateaux à quai. Puis on poursuit la visite jusqu'à l'énorme écluse François-Ier (avenue Amiral-du-Chillou) pour voir passer les bateaux, avant de profiter du spectacle des porte-conteneurs amarrés quai de l'Atlantique, à côté. Ce ne sont pas les plus gros, mais ça vaut largement le coup d'œil. Quant aux fameux géants, on les retrouve à Port 2000 (dans le cadre d'une visite guidée seulement), un bassin à la mesure de ces colosses de 400 m de long, d'un tirant d'eau de 14 m et d'une capacité de 18 000 conteneurs (ou EVP pour les pros, ce qui signifie Équivalent Vingt Pieds). Avec un peu de chance, vous pourrez y observer les portiques abaissés, tels de grands échassiers guettant leur proie, et le ballet incessant des « cavaliers » qui déchargent les conteneurs à un rythme effréné... Puis, en fonction de leur destination, les conteneurs sont chargés sur des camions, des trains, des péniches, ou des bateaux plus petits. C'est ici que l'on prend conscience de la situation stratégique du port, de son importance dans la chaîne de distribution et de traitement des marchandises. Une impression renforcée en reprenant la route de l'estuaire, jalonnée de différents terminaux (comme le terminal roulier où patientent des nuées de véhicules).
Dans un tout autre registre, repérer sur la droite, à mi-parcours entre le Port 2000 et le pont de Normandie (entre le rond-point du terminal roulier et le feu rouge), l'entrée d'un chemin truffé de nids-de-poule. Passée la voie ferrée, il conduit... à un observatoire à oiseaux ! On ne s'en doute pas, mais une grande partie des 27 km du port fait partie d'une réserve naturelle. Étonnant, surtout lorsqu'on décide de retourner en ville par la route de la Plaine et la route de la Chimie, où les cheminées des installations pétrochimiques crachent littéralement d'impressionnantes langues de flammes. De nuit, l'effet est saisissant !

JEAN VALJEAN ÉTAIT HAVRAIS !

C'est l'une des légendes locales qui a le plus de succès : pour créer Jean Valjean, héros des Misérables, *Victor Hugo se serait inspiré d'un certain Régnault, homme d'affaires bien intégré dans la bourgeoisie havraise, qui préféra se suicider après avoir été reconnu par un ancien détenu prêt à dévoiler son passé de bagnard ! Sa tombe est dans le cimetière de Graville, à l'ombre de l'abbaye.*

Balades et points de vue

Balade le long de quelques maisons et édifices typiques du Havre : si vous redescendez à pied des Jardins suspendus, ce que l'on vous conseille, jetez donc un œil à la *maison des Gadelles* et, sur le front de mer, à la *maison de l'écrivain Armand Salacrou,* plutôt originale avec ses sortes de grottes encastrées dans la construction. Sur le front de mer toujours, vous devriez repérer les ferronneries Art nouveau de la *maison du père de Georges Braque,* qui date de 1904. Enfin, plus loin, quelques *bâtiments au style paquebot,* plus récents mais très représentatifs de l'architecture havraise moderne.

Sur les pas du Havre moderne : on vous conseille de faire cette balade, qui devrait vous mener du quartier de la gare au port du Havre en passant par le quartier des docks, avec le service culturel Ville d'art et d'histoire (voir « Adresses utiles »). Jeter ensuite un œil à l'élégant modernisme du *Novotel,* conçu par l'architecte Jean-Paul Viguier, tout en pensant qu'après la guerre on voyait la mer depuis cet endroit... Ne pas manquer l'original *bâtiment de la chambre de commerce et d'industrie (CCI),* conçu par René Dottelonde et les frères Duflo, très bien éclairé la nuit. Puis aller voir le beau quartier des docks, avec les *Docks Café* et les *Docks Océane,* joliment réhabilités. Pour regarder dans le rétroviseur et saisir un peu du passé havrais des ouvriers dockers, lisez donc, quai de Saône, la *plaque consacrée à Jules Durand,* syndicaliste accusé à tort de meurtre. Défendu par l'avocat René Coty, futur président de la République, son cas fut considéré comme une affaire Dreyfus du monde du travail et racontée par l'écrivain havrais Armand Salacrou dans *Boulevard Durand.*

Les panoramas du Havre et de Sainte-Adresse : superbes vues sur la ville, l'entrée de l'estuaire et « de l'autre côté de l'eau », comme disent les gens d'ici. Premier panorama, avec table d'orientation, dans le quartier du « Nice havrais », boulevard Félix-Faure sur la commune de Sainte-Adresse, et l'autre à l'angle des rues Georges-Lafaurie et du 329e-RI (au Havre). On peut ensuite se rendre à Sainte-Adresse par une agréable balade le long de la plage.

LA SEINE-MARITIME

À faire

– **Sorties en mer :** *rens auprès de la société* ***Tourisme et Loisirs maritimes*** *(06-16-80-24-10 ; • tlm76@wanadoo.fr • visiteduport-lehavre.fr •). Embarquement au 125, bd Clemenceau ; digue Olsen (plan A2).* Avec la vedette Le Havre II (145 passagers), on peut visiter le port avec commentaires ; compter 1h15 de balade *(env 14 €/pers).* En juillet-août, promenade en mer jusqu'au cap de la Hève *(35 mn ; 8 €/pers).*

– **Point Plage :** *à côté des* Bains maritimes, *en été. ☎ 02-35-41-49-76.* Location de kayaks, stand-up paddles, funboard, skimboard.

La forêt de Montgeon : ce poumon de la ville, qui s'étend sur 270 ha, abrite une véritable forêt sauvage, avec sentiers de jogging, grandes pelouses, lacs, arboretum, aires de jeux... Le rendez-vous dominical de tous les citadins.

– Le Havre fait partie des villes les plus « nature » de France, avec quelque 750 ha d'espaces verts, répartis entre 96 parcs, jardins et squares. Informations sur les principaux parcs et jardins à l'office de tourisme.

La plage (plan A1) **:** *à 500 m du centre-ville, surveillée tlj de mi-juin à mi-sept.* Deux kilomètres de plage de galets et de sable, joliment réaménagée par l'architecte Chemetoff. En saison, les heureux propriétaires d'une cabane de plage viennent la remonter pour l'été. Chaque année, de mi-mai à fin septembre, celles-ci se parent d'une expo photo sur un thème différent. Animations estivales. Douches et nombreux restos saisonniers. Grand *skate park*. Les *Bains maritimes* proposent un accès (payant) à des douches, toilettes et vestiaires.

Manifestations

– ***Festival Le Goût des autres :*** *sur 4 j. en janv.* Festival littéraire au Magic Mirror.
– ***Dixies Days :*** *w-e de la Pentecôte, sur la plage du Havre et à Sainte-Adresse.* Festival de jazz. Belle atmosphère.
– ***Les Prieurales :*** *dernier w-e de juin.* Festival de musique médiévale à l'abbaye de Graville.
– ***Festival Moz'aique :*** *3-4 j. (jeu soir-dim) mi-juil.* Dans les Jardins suspendus, festival de musiques du monde, tous genres confondus (aussi bien du jazz que du classique ou de la pop).
– ***Corsiflor :*** *le dim suivant le 15 août.* Le plus ancien corso fleuri de France.
– ***Festival international de la glisse :*** *dernier w-e- d'août.*
– ***La Mer en fête :*** *1er w-e de sept.*
– ***Ouest Park :*** *oct.* Musiques actuelles au Tétris, fort de Tourneville.
– ***Transat Jacques Vabre :*** *ts les 2 ans, fin oct-début nov, sur une dizaine de jours.* Le port et la ville tout entière sont en fête pour célébrer le départ des marins au long cours en route vers l'Amérique du Sud.

DANS LES ENVIRONS DU HAVRE

★★★ 👪 ***L'abbaye de Montivilliers et l'aître de Brisgaret :*** *76290* ***Montivilliers.*** *☎ 02-35-30-96-66. • abbaye-montivilliers.fr • ♿ Accessible depuis la gare du Havre par la LER. Tte l'année, lun-ven 10h-18h (17h oct-mars), w-e et j. fériés (sf 1er janv et 25 déc) 14h-18h. Fermé lun oct-mars. Entrée avec audioguide : 5 € ; réduc ; 4 € sur présentation de ce guide. Un autre parcours dans la ville est proposé avec audioguide, « La promenade de l'abbaye » (1h), pour découvrir la vie des moniales et des habitants au XVIe s (2 € ; ou 1 € si couplé avec la visite de l'abbaye).*
Fondée en 684 pour accueillir des femmes, l'***abbaye de Montivilliers*** était l'une des plus belles et des plus prestigieuses abbayes de Normandie, avant de subir, comme les autres, les affres de la Révolution et de servir un temps de prison, puis de garnison. Les bâtiments romans et gothiques furent peu à peu récupérés par les habitants du village, qui s'en servirent à la fois comme entrepôt, filature, raffinerie, brasserie, garage, etc. Aujourd'hui restaurée avec soin, l'abbaye propose au public une visite interactive, originale, ludique et passionnante sur l'histoire de la Normandie. Après avoir admiré au rez-de-chaussée une partie des bâtiments conventuels (le superbe réfectoire gothique dédié aux expos temporaires, la belle façade du logis des abbesses du XVIIIe s, sans oublier le joli cloître et la salle capitulaire du XIe s avec son imposante voûte romane), on découvre à l'étage l'ancien dortoir qui accueille désormais un parcours scénographique très bien conçu. Maquettes, diaporamas et commentaires audio illustrent les étapes du développement de l'abbaye depuis sa fondation par saint Philibert jusqu'à la Révolution, en passant par les raids vikings et la guerre de Cent Ans. Pour conclure cette excellente visite, une section entière est consacrée au mouvement monastique en Normandie (son rôle, son architecture, son rayonnement), avec comme principaux exemples Jumièges, Fécamp et Juaye-Mondaye. Très complet.
Avant de quitter Montivilliers, faites donc un détour par le cimetière (rue Aldric-Crevel) pour découvrir l'***aître de Brisgaret.*** Établi à la suite des épidémies de peste qui ravageaient le pays, c'est l'un des rares exemples en France de lieu de sépulture médiéval à avoir conservé sa galerie. Celle-ci, destinée à accueillir un ossuaire dans les combles et à abriter la population lors des cérémonies, est

coiffée d'une superbe charpente et a conservé les traces de graffitis du XVIe s. Notez également les sculptures qui ornent certains des piliers.

L'église Saint-Sauveur : *à* ***Montivilliers.*** *En plein centre.* C'est l'ancienne église de l'abbaye. Façade reconnaissable grâce à sa tour romane agrémentée de tourelles d'angle et à son porche gothique surmonté d'un curieux gable sectionné à mi-hauteur (faute de sous pour le terminer !). L'entrée principale présente un beau portail roman à voussures et frise gothiques. Curieux intérieur composé d'une nef gothique à gauche et d'une nef romane au centre, caractérisée par sa voûte en bois reconstruite au XIXe s, à la suite d'un incendie déclenché par la foudre en 1888. Cette double nef s'explique par le fait qu'il y avait autrefois deux églises, réunies plus tard.

SAINTE-ADRESSE (76310) 7 500 hab. *Carte Seine-Maritime, A2*

Le « rocher de Monaco » local, comme le surnomment certains, se trouve juste au bout de la plage du Havre. On peut d'ailleurs s'y rendre à pied en 20 mn, mais ça grimpe pas mal ensuite si l'on veut admirer le paysage du sommet. Port de pêche au Moyen Âge, devenu lieu de villégiature des Havrais dès le XVIIIe s. C'est Alphonse Karr, alors directeur du Figaro, qui lance la station en 1841, transformant Sainte-Adresse en « Nice havrais ». Très vite, les artistes fréquentent l'endroit : Sarah Bernhardt (on peut encore y voir sa villa gravée des lettres « S » et « B »), Eugène Sue, Raoul Dufy et, bien sûr, l'incontournable Claude Monet qui y peint la célèbre Terrasse de Sainte-Adresse, détenue par le Metropolitan Museum of Art de New York. Pendant la Première Guerre mondiale, le gouvernement belge, chassé par les Allemands mais accueilli par le gouvernement français, s'exile à Sainte-Adresse. Il emménage dans l'immeuble Dufayel, du nom d'un homme d'affaires parisien qui y a ouvert un complexe balnéaire luxueux, Le Nice Havrais, toujours visible. Aujourd'hui, la station se refait une jeunesse : c'est l'un des meilleurs spots de funboard en France...

SAINTE-ADRESSE, ADRESSE ÉPHÉMÈRE DE LA BELGIQUE

Entre 1914 et 1918, avec l'exil de leur gouvernement, ce sont 15 000 citoyens belges qui s'installèrent à Sainte-Adresse. Le gouvernement disposait même d'un bureau de poste qui utilisait des timbres belges ! Une sainte adresse... postale, donc. Aujourd'hui encore, le drapeau belge flotte à côté du drapeau français, derrière la statue d'Albert Ier et sur le blason de la ville.

Où dormir ? Où manger ? Où boire un verre ?

Hôtel des Phares : *29, rue du Général-de-Gaulle. ☎ 02-35-46-31-86. • reservation@hoteldesphares.com • hoteldesphares.com • Doubles env 60-99 € selon confort et saison ; prix très flexibles : consulter le site. Parking (6 places).* Située à deux pas de la plage, cette belle villa du XIXe s a été convertie en hôtel. Les chambres sont par conséquent toutes différentes, de taille variable (salles de bains parfois riquiqui), mais dans l'ensemble pleines de cachet ; celles des 2 annexes dans la cour sont en revanche beaucoup plus standard et fonctionnelles. Pittoresques pièces communes, à l'ancienne également, sympas pour prendre le petit déj-buffet.

Hôtel Les Voiles : *3, pl. Clemenceau. ☎ 02-35-54-68-90. • reservation@*

hotel-lesvoiles.com • hotel-lesvoiles.com • ♿ Doubles 80-275 € selon confort et saison ; petit déj 11,50 €. Promos régulières sur Internet. 📶 C'est le seul hôtel de Sainte-Adresse (et donc du Havre, par extension !) donnant directement sur la mer. Bien sûr, mettre les voiles, ça se paie... Chambres douillettes aux noms de marine : « Cabine 1re classe » (côté rue), « Cabine sous-officier » avec vue sur mer (avec ou sans balcon) et « Cabine officier » sans ou avec terrasse selon le prix. Bref, du chic à thème, bien classique, mais élégant et tout confort.

Le Chat Bleu : *6, rue du Roi-Albert. ☎ 02-35-47-10-24. • contact@lechatbleu-aubongout.fr • Mar-sam 11h-20h (23h jeu-ven, 19h dim). Formule env 12 €.* On adore l'esprit bohème de cette petite adresse chaleureuse. La déco fait dans la brocante, avec un entassement improbable de bibelots et de mobilier hétéroclite, mais la vraie bonne surprise, c'est la terrasse à l'étage, braquée sur la mer. Impeccable pour grignoter sans hâte la quiche du jour et des tapas, avant de siroter un bon cocktail. Vraiment sympa, comme l'accueil.

Le Bar du Bout du Monde : *1, bd Foch (au bord de la plage en contrebas du boulevard).* Dès que le soleil est de la partie, la terrasse de cette ancienne cabane de pêcheurs est la préférée de quantité de Dyonisiens et de Havrais. Il faut dire que l'emplacement est imparable : en surplomb du chemin, face au grand large, avec le bruit des vagues en fond sonore. Vraiment top, d'autant que l'on peut étoffer l'apéro avec quelques petits snacks bienvenus.

À voir. À faire

➢ ***Petite balade impressionniste :*** si vous arrivez par la promenade de la plage, côté Havre, n'oubliez pas de marcher sur les traces des impressionnistes. Plusieurs panneaux reproduisent quelques-uns de leurs chefs-d'œuvre sur le lieu même (« le motif ») où ils ont été peints, tout en donnant des indications. Vous verrez ainsi les reproductions de *La Plage de Sainte-Adresse* et *La Terrasse de Sainte-Adresse,* réalisées par Claude Monet en 1867, à l'âge de 26 ans. À voir également, la repro de *L'Estacade à Sainte-Adresse* (1901), de Raoul Dufy, peinte avant son évolution vers le fauvisme. Un thème d'ailleurs repris un peu plus loin sur la promenade par son ami Marquet, qui recrée le même motif en 1906.

➢ ***Grimpette jusqu'au Pain de Sucre et Notre-Dame-des-Flots :*** poursuivez donc la balade en grimpant jusqu'au sommet de Sainte-Adresse. De la promenade du front de mer, prenez la sente Alphonse-Karr qui passe derrière le resto *Les Clapotis,* puis la sente du Pain-de-Sucre qui, comme son nom l'indique, grimpe (sec) jusqu'à ce curieux monument tout blanc en forme de cône. Il fut érigé par la veuve du général Lefebvre-Desnouettes, cousine de Napoléon, afin d'éviter les naufrages aux navigateurs du secteur (son mari périt en mer sur les côtes d'Irlande en 1822, ceci explique cela). De là, une petite visite s'impose à la charmante chapelle Notre-Dame-des-Flots *(tlj 8h-18h),* un peu plus haut, remplie d'ex-voto marins.

LA CÔTE D'ALBÂTRE

Partie intégrante du pays de Caux (du Havre jusqu'à Dieppe), puis du Petit Caux (de Dieppe au Tréport), la Côte d'Albâtre doit son nom à la blancheur de ses falaises. Paysage unique au monde que ces 120 km de falaises qui courent pratiquement tout le long de la côte, arrêtant à peine leur chevauchée

pour reprendre leur souffle au débouché des vallées, avant de repartir plus belles, plus hautes, offrant à chaque fois un superbe panorama.
Seuls trois fleuves ont eu la force de creuser des brèches suffisantes pour permettre l'établissement de vraies villes : Fécamp s'est installée dans la faille de la Valmont, Dieppe dans celle de l'Arques, tandis que Le Tréport s'est moulé dans les étroites formes de la vallée de la Bresle. La grande magie de cette côte réside dans son accessibilité. Sur une bonne partie de son parcours, de petites routes longent la mer au plus près, offrant sans cesse des points de vue grandioses ou intimistes.
Mieux : les amateurs de randonnées comme les marcheurs du dimanche pourront suivre le fabuleux GR 21, qui longe la côte d'Étretat jusqu'à Berneval-le-Grand, à quelques kilomètres au nord de Dieppe. Vous pourrez ainsi profiter des sites qui envoûtèrent tant d'artistes.

FALAISES, GALETS, VALLÉES ET VALLEUSES

Haut mur de calcaire s'élevant de 60 à 120 m au-dessus de la mer en barres parfaitement verticales, les falaises sont souvent lardées de veines de silex noir. La mer les attaque et gagne du terrain depuis toujours. Par endroits, elle conquiert 1 m par an, en rongeant le pied des falaises à coups de vagues incessantes. Alors, la partie haute cède, ne s'appuyant plus sur rien. La craie de la falaise se dissout dans les eaux, leur donnant cette couleur gris bronze laiteux, tandis que les parties dures, les morceaux de silex libérés, vont être roulés et érodés par les flots à l'infini, jusqu'à devenir ces merveilleux galets aux formes ovales parfois proches de la perfection. Longtemps considéré comme un métier parmi d'autres, comme le prouve la statue kitsch de Saint-Jouin-Bruneval, le ramassage des galets est désormais interdit depuis 1985.
La mer n'est cependant pas la seule à ronger la falaise. Les fleuves côtiers l'ont entaillée aussi, ouvrant à Fécamp, à Dieppe et au Tréport de larges estuaires où les villes se sont développées. Images singulières de la Normandie, les valleuses sont ces petites vallées étroites et sèches où courait autrefois un ruisseau. La falaise, en cédant du terrain sur la mer, les a laissées en quelque sorte suspendues. Au fond, on trouve de charmantes petites plages isolées.

ET VOGUE LE GALET

Les galets de la région entrent dans la composition de nombreux produits : dans la porcelaine, l'industrie chimique pour fabriquer du béton, le papier de verre, la peinture des bandes blanches qu'il vaut mieux ne pas franchir sur la route, et même dans l'agent blanchissant du dentifrice ! Rien ne se perd, tout se transforme...

ÉTRETAT

(76790) 1 440 hab. *Carte Seine-Maritime, A2*

Presque une légende tant l'arche de craie plongeant dans la mer fait partie des images les plus ancrées dans nos mémoires. Sans oublier cette aiguille, juste derrière, dont Arsène Lupin tente de percer le secret dans l'une de ses aventures... C'est aussi une station balnéaire à l'air vivifiant, et sa plage de galets a été chantée ou couchée sur toile par maints artistes. Mais avec les artistes... viennent les touristes ! Le lecteur avisé, dans la mesure du possible, évitera Étretat en été et durant les week-ends ensoleillés tout au long de l'année. Ainsi, il sera plus tranquille, les prix seront plus doux et les

falaises sont tellement plus romantiques sous la pluie ! Si vous n'avez pas la chance de pouvoir les découvrir hors saison, partez les arpenter tôt le matin pour pouvoir en apprécier toute la beauté. Enfin, été comme hiver, pensez à réserver votre hôtel à l'avance.

UN PEU D'HISTOIRE

Au début du XIXe s, on parle déjà de la petite ville normande dans les milieux mondains, surtout depuis que la reine Hortense et la duchesse de Berry y ont lancé la mode des bains de mer. Alphonse Karr, comme à Sainte-Adresse, met aussi le village à la fête. Les Parisiens débarquent, potentiels clients pour les paysagistes qui commencent à s'intéresser aux falaises. Le peintre Isabey y vient en précurseur, sans doute dès 1822. Eugène Le Poittevin, à sa suite, y peint autant les lavandières sur les galets que les élégantes en crinoline, des thèmes bientôt repris par Boudin. Courbet y réalise une vingtaine de toiles de sa fameuse *Vague,* peinte au couteau en tant que motif unique. De 1883 à 1886, Claude Monet s'installe à Étretat. Ici, il préfère l'hiver à l'été et les paysages aux cercles mondains importés de Paris. D'ailleurs, à la mort de sa femme Camille, en 1879, les personnages disparaissent de ses tableaux... Seuls le paysage, grandiose, et les éléments, souvent tumultueux, l'inspirent. Grâce à l'invention du tube de peinture, il quitte son atelier et plante son chevalet en plein air, au plus près du motif, quitte à mettre les pieds dans l'eau, à frôler le vide ou à affronter les rafales de vent ! Fasciné par la porte d'Aval et la Manneporte, il y réalisera au moins une soixantaine de toiles.

Et puis il y a Maupassant, installé à Étretat depuis que sa mère s'est séparée de son père quand il avait 10 ans. Le futur écrivain, qui vit « comme un poulain échappé », selon sa sœur, et fréquente largement tous ces artistes (il est cousin avec Le Poittevin), dépeindra plus tard leur travail dans son roman *Fort comme la mort.* Il décrira aussi l'aspect sociologique de la « cohabitation » parfois épineuse entre bourgeois et *péqueux* (« pêcheurs » en cauchois), qui ne se mélangent pas. Les lavandières restent sur leurs galets tandis que les bourgeois se baignent tout habillés à l'autre bout de la plage ! Car, parallèlement à cette vogue artistique, la plage devient l'une des plus réputées de France durant la seconde moitié du XIXe s. Les villas poussent comme des champignons, la bourgeoisie s'installe, attirant tout le gratin parisien : Offenbach (qui y donne de délirantes fiestas), ou encore André Gide (qui y épouse sa cousine en 1895)... Inspirant tout ce beau monde, Étretat fera le tour du globe sous forme de cartes postales, de toiles de maîtres, et même, grâce à Maurice Leblanc (papa d'Arsène Lupin), de romans policiers !

MARIUS JACOB, ALIAS ARSÈNE LUPIN

Marius Jacob est né en 1879. Rapidement, il entama une carrière de généreux cambrioleur anarchiste, qui ne volait que les policiers ou les bourgeois. Après maintes aventures rocambolesques et un long séjour au bagne de Cayenne, il se réfugia auprès de sa mère en Berry. Il s'y suicida avec son chien en 1954, laissant une lettre pleine d'humour. Maurice Leblanc s'inspira de ce personnage pour créer celui d'Arsène Lupin.

Arriver – Quitter

En bus

➢ ***De/vers Fécamp, Le Havre :*** ligne n° 24.

En train

➢ ***De/vers Paris, Rouen, Le Havre :*** ☎ *36-35 (0,34 €/mn).* Ligne

Rouen-Le Havre. Arrêt à Bréauté. Tlj en saison, liaison en car Bréauté-Étretat (ligne 17) ; hors saison, slt w-e. Ligne 24 régulière au départ du Havre.

Adresse utile

Office de tourisme : *pl. de la Mairie. ☎ 02-35-27-05-21. • etretat.net • De mi-juin à mi-sept, tlj 9h30-18h30 ; de mi-sept à mi-juin, tlj 10h-12h, 14h-18h (fermé dim de mi-nov à mi-mars sf pdt vac scol). (tablette).* Propose deux circuits pédestres sur Étretat, ainsi qu'un rallye (2h) à faire en famille ou entre amis pour découvrir la ville en sortant des sentiers battus.

Où dormir ?

Campings

Camping municipal d'Étretat : *69, rue Guy-de-Maupassant. ☎ 02-35-27-07-67. À l'entrée de la ville, sur la D 39, côté droit. Ouv d'avr à mi-oct. Compter env 12,50 € pour 2 avec tente et voiture. 73 empl.* Un camping très simple, sur un espace vert et plat, mais sans beaucoup d'ombre ni de charme et à côté de la route. Sanitaires chauffés et corrects. En dépannage donc, d'autant que la résa n'est pas possible (1er arrivé, 1er servi).

Camping L'Aiguille Creuse : *24, résidence de l'Aiguille-Creuse, 76790* ***Les Loges.*** *☎ 02-35-29-52-10. • camping@aiguillecreuse.com • campingaiguillecreuse.com • À 6 km d'Étretat par la D 940 en direction de Fécamp. Ouv avr-sept. Compter 17-31,50 € pour 2 avec tente et voiture ; hébergements locatifs 266-735 €/sem. 80 empl.* Si l'aiguille chère à Arsène Lupin est creuse, ici, le terrain est plat et plutôt vaste, avec des emplacements séparés par des haies, ainsi que des hébergements locatifs. Bon entretien et bonne infrastructure au calme (groupes refusés et aucune animation). Dépôt de pain et de viennoiseries. Piscine.

Chambres d'hôtes

Maison d'hôtes « Villa sans Souci » : *chez Jocelyne et Jean-Pierre Milan, 27 ter, rue Guy-de-Maupassant. ☎ 02-35-28-60-14. • villa-sans-souci@orange.fr • villa-sans-souci.fr • Doubles 120-165 €. Remise de 10 % sur la chambre à partir de 2 nuits (hors vac scol et j. fériés) sur présentation de ce guide.* Plantée au milieu d'un grand parc arboré à 400 m des falaises, cette villa du XIXe s, pleine de charme avec sa façade à pans de bois, rappelle l'époque de Maupassant et des impressionnistes. Les dynamiques propriétaires y proposent des chambres originales et de bon confort, ainsi qu'une cabane romantique dans le jardin. Chacune porte le nom d'un film, qui donne le ton de la déco, terriblement soignée. La large terrasse, ouverte sur le parc, est idéale pour s'adonner au farniente. Une maison qui porte bien son nom.

De prix moyens à chic

Détective Hôtel : *6, av. George-V. ☎ 02-35-27-01-34. • contact@detectivehotel.com • detectivehotel.com • Doubles 59-139 € selon confort. Apéritif offert sur présentation de ce guide.* Avec ses chambres aux noms, à la décoration et aux accessoires évocateurs, cet hôtel hors norme fait dans l'insolite et le ludique... Serez-vous tenté par les nostalgiques « Miss Marple » et « Nestor Burma », par la « Danny Wilde », plus sexy, ou par « Les Experts », plus froide et plus rationnelle ? Et puis essayez donc de trouver la salle de bains dans les chambres « Arsène Lupin » et « Sherlock Holmes », les plus drôles peut-être ! Courette-jardin et petit salon-bar avec TV, jeux d'échecs et bouquins. Bon, au fait, qui a tué le colonel Moutarde ?

Hôtel d'Angleterre : *35, av. George-V. ☎ 02-35-28-84-97. • etretathotelangleterre@gmail.com •*

etretat-hotel-angleterre.com • Doubles 59-119 € selon confort. Café offert sur présentation de ce guide. Petit hôtel de charme à l'ambiance feutrée dans une belle demeure de 1850. Le prix des chambres varie selon leur taille, leur situation et le niveau de confort, mais, à l'exception de la petite au rez-de-chaussée (située sur un lieu de passage et donc un peu bruyante), toutes restent très agréables. On retrouve partout les mêmes teintes apaisantes, mais à chacune son petit caractère et son thème. Quant à la belle salle de petit déjeuner, elle est agrémentée de maquettes de bateaux. Une bonne adresse.

Hôtel La Résidence : *manoir de la Salamandre, 4, bd René-Coty. ☎ 02-35-27-02-87. • manoirdelasalamandre@voila.fr • hotelresidenceetretat.com • Doubles 48-98 € selon confort et saison. Un petit déj/pers et par nuit offert (résa directe slt) sur présentation de ce guide.* De l'extérieur, c'est l'un des plus beaux hôtels de Normandie, photogénique à souhait avec ses boiseries sculptées. Il s'agit d'une maison du XIVe s bâtie à Lisieux et remontée en 1912 à Étretat. À l'intérieur, c'est l'éclectisme qui prime. Les chambres sont toutes différentes, à tous les prix, et par conséquent très inégales. Certaines sont joliment décorées avec lits à baldaquin, alors que d'autres sont mansardées ou ont carrément la douche sur le palier. Quant à l'isolation, elle est à revoir. Bon accueil.

De chic à beaucoup plus chic

Domaine Saint-Clair – Le Donjon : *chemin de Saint-Clair. ☎ 02-35-27-08-23. • info@hoteletretat.com • hoteletretat.com • Doubles 90-270 € selon confort et saison. Parking. Remise de 10 % sur la chambre (dim soir-ven soir hors j. fériés) sur présentation de ce guide.* Petit château posé sur l'un des points culminants d'Étretat. Cet hôtel (très) chic et charme jouit d'une vue plongeante sur la mer, l'Aiguille et le bourg d'Étretat, notamment depuis le jardin, le restaurant et quelques chambres. Réparties entre la maison principale et une villa, toutes ont un décor différent (dédié à une personnalité littéraire), dans un style cosy très XIXe s ou plus moderne. Musique d'ambiance, peignoirs, balnéo dans la plupart ou jacuzzi pour les plus luxueuses. Agréables salons pour bouquiner et se détendre, et piscine chauffée. Restaurant chic sur place (1er menu abordable).

Où dormir dans les environs ?

Le Manège : *756, route du Tilleul, 76280* ***Sainte-Marie-au-Bosc.*** *☎ 02-35-27-18-61. • etretat-le-manege.com • À 4 km au sud d'Étretat ; dans le village, prendre le chemin creux passant à gauche de l'église (fléché). Double 65 € ; familiale 5 pers 120 €.* Dans un ancien manège joliment restauré et entouré d'un parc soigné, 3 chambres classiques, agréables et parfaitement tenues. Un bon point de chute au calme.

Hôtel Le Saint-Christophe : *rue du Maréchal-Leclerc, 76790* ***Le Tilleul.*** *☎ 02-35-28-84-29. • contact@saintchristophehotel.fr • saintchristophehotel.fr • À 2 km d'Étretat sur la route du Havre. Congés : 1er janv-10 fév et 19 sept-28 oct. Doubles 58-63 €. Apéritif offert sur présentation de ce guide.* Un petit établissement convivial tout proche d'Étretat... mais à prix doux ! Du coup, les habitués sont légion, accueillis par une équipe très sympa qui s'efforce de bien faire, à l'image des chambres simples, fonctionnelles et très bien tenues. Quant à la route qui passe à côté, pas de panique, la nuit, c'est le calme plat !

Le Clos des Hautes Loges : *1047, la Grande-Rue, 76790* ***Les Loges.*** *☎ 02-35-10-83-03. • contact@leclosdeshautesloges.fr • leclosdeshautesloges.fr • À env 6 km à l'est d'Étretat. Doubles 80-95 € ; roulotte 95-100 €. Un café ou une boisson offert sur présentation de ce guide.* Ça vaut la peine de s'éloigner d'Étretat : l'environnement verdoyant est paisible, la maison a de l'allure (une demeure du XVIIIe s et ses dépendances) et les chambres décorées avec soin sont cosy à souhait. Il y a même une roulotte de luxe pour les voyageurs dans l'âme ! Ajoutez à cela un âne qui plaît beaucoup aux enfants, un petit déj copieux et un accueil aux petits oignons, et vous obtenez un formidable point de chute.

Où manger ?

🍽 ***Crêperie Lann-Bihoué :*** *45, rue Notre-Dame. ☎ 02-35-27-04-65. • nicolas.valerie76@orange.fr • À deux pas du centre. Ouv tlj pdt vac scol ; fermé mar-mer hors saison. Congés : 2 sem début janv. Formule 10,90 € ; menus 14,90-17,90 €. Café offert sur présentation de ce guide.* C'est la valeur sûre du secteur dans sa catégorie. Bonnes galettes et crêpes pour tous les goûts, certaines baptisées de noms impressionnistes. Le tout à déguster dans un cadre pimpant, avec une petite terrasse logée dans une cour de poche. Accueil très sympa.

🍽 ***Le Bistretatais :*** *17, rue Adolphe-Boissaye. ☎ 02-35-28-89-43. • nicolas.valerie79@orange.fr • Tlj sf mer, plus mar hors saison. Congés : 1er-15 janv. Formules déj 14,90-18-50 € ; menus 25,50-29,90 €. Café offert sur présentation de ce guide.* À deux pas du front de mer, cette petite brasserie contemporaine s'efforce de bien faire : le cadre est agréable, le service efficace et sympathique, et surtout la cuisine est élaborée avec des produits frais, au maximum locaux. C'est sans complication (moules-frites, andouillettes, délicieuses rillettes de poisson maison...), mais c'est bien fait et d'un bon rapport qualité-prix.

🍽 ***Restaurant du Golf :*** *au bord du golf, route du Havre. ☎ 02-35-27-04-56. À la sortie d'Étretat (direction Le Havre), suivre l'indication (très discrète) du golf ; c'est tt en haut (il faut passer la* Dormy House*). Tlj sf le soir dim-lun (nov-mars ouv slt sam soir ou sur résa). Formule déj 19 € ; menus 25-36,60 €.* Même si vous n'êtes pas un adepte du golf, ce resto vaut le détour, ne serait-ce que pour le cadre et la vue imprenable à travers les baies vitrées. D'un seul coup d'œil, on embrasse toutes les falaises... et son voisin, tellement on est content ! Quant à la cuisine, elle est tout à fait honorable, à base de produits frais, et le menu varie régulièrement. Ambiance sympa qui n'a rien de guindé.

🍽 ***Le Romain d'Étretat :*** *1, rue Georges-Bureau. ☎ 02-35-28-45-97. • contact@leromaindetretat.com • Tlj sf mar-mer. Congés : 3 sem de fin nov à mi-déc. Formules et menus 13,90-23,50 € ; carte env 25 €. Café offert sur présentation de ce guide.* Cette petite adresse discrète, tenue par une équipe jeune et très souriante, est une bonne solution pour se restaurer correctement sans se ruiner : les plats (principalement italiens) sont simples et convenables, de même que les généreuses pizzas. Quelques tables en terrasse.

Où manger dans les environs ?

🍽 ***Auberge du Puits Fleuri :*** *route d'Yport, 76111* ***Vattetot-sur-Mer.*** *☎ 02-35-28-31-02. • puitsfleuri@gmail.com • ♿ À 7 km au nord par la route côtière vers Fécamp (D 11). Tlj sf dim soir et lun en saison (plus mar hors saison). Congés : 3 sem en fév-mars. Menus en sem 15,50 €, puis 23,50-31 € ; carte 30-35 €.* Face à la jolie mairie de Vattetot, une petite auberge de campagne bâtie en brique et silex, bien agréable avec son jardin, son puits fleuri (ben oui) et sa véranda pour les beaux jours. Mais c'est surtout son excellente cuisine régionale qui fidélise les gourmands et justifie le détour. Une vraie bonne adresse.

🍽 ***Le Tilleulais :*** *759, route du Havre, 76790* ***Le Tilleul.*** *☎ 02-35-27-10-48. ♿ À 3 km d'Étretat sur la route du Havre, au centre du village. Tlj sf dim soir et lun (plus mar hors saison).*

Congés : 3 sem en avr, 15 j. à Noël. Menus déj en sem 13,90 €, puis 19,50-29,90 €. Digestif maison offert sur présentation de ce guide. Certes, le resto est sur une rue passante et le cadre est assez désuet, mais on y mange une bonne cuisine familiale, concoctée par un cuistot breton et servie par une patronne normande. Service très nature et cuisine maison de bonne facture, dans tous les sens du terme. Comme quoi c'est possible près d'Étretat...

Le Belvédère : *route du Belvédère, 76280* ***Saint-Jouin-Bruneval.*** *☎ 02-35-20-13-76. ♿ À 8 km au sud d'Étretat par la D 940, puis la D 111. Tlj sf mer soir, jeu et dim soir (plus le soir lun-mar hors saison). Congés : janv. Menus 25 € (sf sam soir et dim), puis 35-45 €.* Situation exceptionnelle pour ce restaurant chic perché au-dessus des falaises et... du terminal pétrolier d'Antifer ! La salle moderne tout en baies vitrées jouit d'une vue géniale sur la mer, tandis que la cuisine de tradition élégante et très soignée garantit un repas des plus savoureux.

Où boire un verre ?

Les Caloges : *sur le perrey (le front de mer). ♿ Ouv slt Pâques-sept.* Un petit bar tout simple, portant le nom de ces barques traditionnelles recouvertes d'un toit de chaume, où boire un p'tit vin blanc accompagné d'huîtres, de moules ou de crevettes.

Le bar de la Dormy House : *route du Havre. ☎ 02-35-27-07-88. Accessible par la petite route qui monte au golf, mais visible du front de mer. En principe, tlj 10h-minuit.* Cet hôtel chic de charme perché sur sa hauteur a aussi un bar avec intérieur en bois et fauteuils en cuir ainsi qu'une terrasse offrant une très belle vue.

À voir. À faire

LES FALAISES

Incontournables, bien sûr ! On ne se lasse pas de les découvrir sous la lumière changeante, de l'aube au crépuscule. Et, à la tombée de la nuit, elles sont éclairées.

– ***Petit avertissement :*** ne vous approchez pas trop près du précipice ! La falaise recule d'année en année et les bordures sont friables. Ne vous prenez pas pour Monet, vous risqueriez de planer au-dessus des falaises avec votre chevalet ! Pour se repérer, savoir qu'à gauche de la plage d'Étretat se trouve la falaise d'Aval (avec sa fameuse arche) et à droite la falaise d'Amont... Quant à la balade par le bas, elle est interdite car très dangereuse.

En aval

➢ ***La falaise d'Aval :*** *sommet (71 m) accessible par un sentier puis un escalier situés à gauche de la digue.* À la fin du XIXe s, une curieuse tour dominait la falaise (on la voit sur d'anciennes cartes postales). C'était un fort qui fut dynamité en 1911. À l'extrémité, un ancien blockhaus. Cette superbe falaise est bordée d'un chemin de randonnée, le GR 21, qui court du Havre au Tréport. Cette portion est l'une des plus belles. Le vaste espace tout autour est occupé par un golf, face à la mer. Quel charme !

➢ ***La porte d'Aval :*** splendeur d'Étretat, considérée comme l'une des merveilles naturelles du monde. C'est une arche à l'incroyable harmonie, à la délicate découpe. Contrairement à ce que l'on pourrait imaginer, c'est principalement une rivière souterraine qui a provoqué cette belle érosion. Certes, aidée par la mer...

Et contrairement à ce que l'on colporte généralement, ce n'est pas cette porte de calcaire que Maupassant comparait à un éléphant plongeant sa trompe dans la mer mais la porte d'Amont (voir plus loin) !

➢ ***L'Aiguille :*** *un peu en retrait, derrière la porte, visible depuis la plage.* Pour mieux l'admirer, ne pas manquer de monter au sommet de la falaise d'Amont. L'Aiguille mesure 42 m de haut mais n'est pas creuse, contrairement à ce qu'affirmait Arsène Lupin. Taillée comme un obélisque par la mer et le temps, c'est la dureté de son calcaire qui lui a permis de ne pas disparaître totalement. Symboliquement, c'est le complément parfait de la porte d'Aval : le plein, le creux ; le mâle, la femelle...

➢ ***Le trou à l'Homme :*** *grotte nichée au pied de la falaise d'Aval.* Immense, elle est pavée de pierre blanche et tapissée de mousse. On la surnomme ainsi depuis qu'un matelot, seul survivant du naufrage d'une goélette nordique, y fut retrouvé (vivant) à la fin du XVIIIe s. Tout près, Marie-Antoinette implanta des parcs à huîtres, dont on peut encore voir quelques vestiges à marée basse.

➢ ***La Manneporte :*** *à gauche de la falaise d'Aval. Accès en 25 mn depuis le perrey.* Arche imposante, moins élancée que celle d'Aval et surtout moins connue puisqu'elle est située derrière. Maupassant, toujours lui, affirmait déjà en son temps qu'un navire pouvait passer sans problème sous cette « grande porte » (d'où son nom, dérivé de *Magna Porta*). C'était aussi l'un des « motifs » de prédilection de Claude Monet.

LA SEINE-MARITIME

En amont

➢ ***La falaise d'Amont :*** *accès à pied par un escalier situé à l'extrémité droite de la plage.* Là-haut, on trouve un calvaire, la charmante petite chapelle Notre-Dame-de-la-Garde, datant de 1950, reconstruite après son bombardement en 1942 (la chapelle d'origine datait de 1854, construite en mémoire des marins) et une flèche blanche pointée vers le ciel, monument dédié aux aviateurs Nungesser et Coli. *L'Oiseau blanc,* leur biplan Levasseur de 5 t (dont 4 t de carburant), s'élança sur la piste du Bourget le 8 mai 1927 à 5h22 pour tenter de traverser l'Atlantique nord. La dernière fois qu'on les vit, c'est au large d'Étretat. Certains pensent que leur avion s'est écrasé près de Saint-Pierre-et-Miquelon, d'autres que la mafia américaine (on est à l'époque de la prohibition) aurait pu dézinguer leur zinc... Le 20 mai 1927, à bord du *Spirit of Saint Louis,* Charles Lindbergh accomplit finalement l'exploit de relier New York à Paris sans escale, soit 12 jours à peine après la tentative des deux Français. Du bord de la falaise, panorama d'un romantisme absolu sur la ville, bordée par la falaise d'Aval, l'arche et l'Aiguille. Belle brochette d'aiguilles avec le clocher de la chapelle, la flèche du monument et l'Aiguille en enfilade... Également un espace d'exposition bénéficiant d'un très bel éclairage naturel *(ouv en saison).*

GOERING REVANCHARD !

Lors de la Première Guerre mondiale, le pilote de guerre Nungesser sortit vainqueur d'un combat singulier contre un certain Hermann Goering. Plus tard, il croisa de nouveau l'aviateur allemand et, le trouvant particulièrement grossier, le gifla en public. Nungesser disparut en mer peu après avec Coli. Devenu maréchal au sein du IIIe Reich, Goering vint à Étretat en 1942. Découvrant le monument élevé à la mémoire des deux aviateurs, il ordonna qu'on le fasse sauter à la dynamite... Mesquin !

➢ ***La porte d'Amont :*** *visible depuis la falaise d'Amont.* C'est cette porte de calcaire que Maupassant comparait à une trompe d'éléphant plongée dans la mer.

➢ ***L'aiguille de Belval :*** *visible au bout de la falaise d'Amont.* Moins connue que l'aiguille d'Aval, l'aiguille de Belval est pourtant surprenante. On dirait un gigantesque menhir dévoré, à sa base, par les vagues, ou bien une incisive plantée dans la mer !

■ ***Natterra :*** *19, route de la Plaine, 76280* ***La Poterie-Cap-d'Antifer.*** *06-82-77-87-55.* • *natterra.fr* • Sorties nature, promenades, balades, randonnées avec un guide nature passionné qui vous accompagne sur les falaises en vous expliquant leur écosystème (oiseaux, effritement de la roche, etc.).

– ***Petit train :*** *en saison, tlj 10h-18h. Env 6 € l'A/R.* Permet d'aller jusqu'à la chapelle Notre-Dame-de-la-Garde (falaise d'Amont) en économisant son souffle !

À voir encore

Le Clos Lupin : *15, rue Guy-de-Maupassant. ☎ 02-35-10-59-53. Avr-sept, tlj sf lun 10h-12h30, 13h30-18h ; pdt vac scol, mar-dim ; hors saison, slt le w-e. Entrée : 7,50 € ; réduc ; sur présentation de ce guide réduc de 1,50 €.* C'est le plus grand des voleurs, oui, mais c'est aussi un gentleman, épaulé par son fidèle Grognard, qui vous accueille dans cette belle villa, où son papa Maurice Leblanc rédigea quelques-unes de ses célèbres aventures. Il vint ici écrire chaque été pendant 20 ans avant de s'exiler dans le Midi pendant la Seconde Guerre mondiale. La visite de 45 mn avec audioguide suit un itinéraire qui nous conduit de pièce en pièce pour vivre les tribulations d'Arsène Lupin. Dans de délicieuses ambiances, celui-ci nous conte ses secrets et ses aventures, nous parle de ses amours passionnées, tout en cherchant à élucider la fameuse énigme de l'Aiguille creuse. Très théâtral.

PARANOÏA

À la fin de sa vie, Maurice Leblanc était paniqué par cet Arsène Lupin qu'il avait inventé. Il entendait le gentleman-cambrioleur toutes les nuits, tentant de le dévaliser. Impossible de dormir. N'y tenant plus, l'écrivain finit par condamner la porte du jardin. Les clous sont encore là, en témoignage.

Les vieilles halles : *pl. du Maréchal-Foch.* Ce superbe bâtiment en bois de Brionne, construit par les compagnons de la Manche en 1926, abritait autrefois le marché. Jusqu'en 1940, on y trouvait les petits commerces (cordonnier, poissonnier, primeur, etc.) ; aujourd'hui, ce sont des échoppes de souvenirs et d'artisanat.

L'église Notre-Dame : *route de Bénouville. Ouv tlj.* Ancienne dépendance de l'abbaye de Fécamp, datant des XIe et XIIIe s et donc d'architecture romane et gothique. Remarquez la petite tour accrochée au flanc du clocher. Portail roman, assez mal restauré au siècle dernier. Orgue *Cavaillé-Coll* du XIXe s classé.

Nombreuses ***villas,*** de la fin du XIXe s et de la Belle Époque, dans et autour d'Étretat, toutes plus belles les unes que les autres. Les plus connues : la *villa Orphée,* rue Offenbach en direction de Fécamp, que fit construire Offenbach ; le *Clos Lupin,* c'est-à-dire la maison de Maurice Leblanc, au carrefour de la rue Guy-de-Maupassant et de la rue du Bec-Castel (voir plus haut) ; la *villa La Guillette,* 57, rue Guy-de-Maupassant, que l'écrivain fit construire ; la *villa La Chaufferette,* 10 bis, rue Notre-Dame, où habitait le peintre Eugène Le Poittevin ; la *maison de René Coty* (*La Ramée,* au début de la rue Offenbach, en direction de Fécamp) ; et puis aussi le *château des Aygues* (rue Offenbach, en direction de Fécamp, à environ 400 m du centre d'Étretat), où séjournèrent les reines d'Espagne, Marie-Christine et Isabelle II au XIXe s.

Manifestations

- ***Les Galetjades :*** *pdt env 6 mois, mai-oct.* Spectacles de rue, expositions, concerts, animations...
- ***Festival Hello Birds :*** *juil.* Concerts, balades.
- ***Festival Offenbach :*** *août.*

DANS LES ENVIRONS D'ÉTRETAT

Saint-Jouin-Plage : *sur la commune de* ***Saint-Jouin-Bruneval.*** Si vous voyagez avec des enfants, cette belle plage aménagée a le mérite d'être moins dangereuse que celle d'Étretat, et d'être surveillée en été. Vous y trouverez aussi des tables de pique-nique ou, s'il vous manque le pique-nique, de petites cahutes où casser la croûte. Quelques animations sur place (location de kayaks...). Et si vous êtes dans le coin, allez donc admirer le travail de l'artisan de ***Caux Vannerie*** *(à Saint-Jouin-Bruneval ; ☎ 02-35-20-78-03),* qui réalise de magnifiques paniers et corbeilles avec de l'osier cultivé sur place.

YPORT (76111) 960 hab. *Carte Seine-Maritime, A2*

À une dizaine de kilomètres au nord-est d'Étretat, c'est une petite station balnéaire familiale, pittoresque, intime et moins chère que sa célèbre voisine. Belles falaises là aussi. Plage de galets avec quelques barques colorées, les fameuses *doris* qui, accrochées aux trois-mâts, servaient à partir à la pêche à Terre-Neuve. Beaucoup de charme dans les ruelles de ce petit bourg grâce à plusieurs villas et jolies maisons de pêcheurs, ainsi qu'une petite église restaurée, avec une voûte en bois, remplie d'ex-voto.
D'où que l'on vienne, on atteint Yport par de charmantes routes sinueuses et vallonnées. Cependant, en direction d'Étretat, la ravissante route côtière D 211 cache de très jolis hameaux, comme celui de Vaucottes-sur-Mer.

ARTISTES ET IMPRESSIONNISTES À YPORT

Boudin, Corot, Gide et bien d'autres aimaient y séjourner. Dans son roman *Une vie,* Maupassant décrit la fameuse descente à Yport et ses odeurs de poisson. Il venait souvent écrire dans la surprenante villa blanche du XIXe s, le *Bordj El-Maboul,* d'influence mauresque (face au camping *Flower La Chênaie*). En 1883, un certain Alfred Abraham Nunès, cousin de Pissarro, originaire des Antilles et grand amoureux des arts (il sera aussi élu maire d'Yport en 1886), se passionne pour les paysagistes et, en particulier, pour les impressionnistes. C'est ainsi qu'il

CE « BON SCHUFF », L'AMI DE GAUGUIN

Les Rochers à Yport *est un tableau de Claude-Émile Schuffenecker (1851-1934). C'est à lui que Gauguin doit sa vocation de peintre, du temps où ils étaient tous deux agents de change. Et c'est « ce bon ami Schuff » qui poussa Gauguin dans les cours de dessin et les musées, allant jusqu'à le soutenir financièrement. Néanmoins, la réputation de Schuff fut aussi sulfureuse, puisqu'on le soupçonna d'avoir réalisé de faux Van Gogh revendus aux enchères !*

commande à Renoir non pas un paysage, mais deux portraits : celui de sa fille Aline, âgée de 8 ans *(Jeune fille à l'ombrelle)*, et celui de son fils Robert, 10 ans *(Jeune garçon sur la plage d'Yport)*. La même année, Renoir peint *Marée basse à Yport...* aujourd'hui au musée de l'Ermitage à Saint-Pétersbourg.

Adresse et info utiles

Office de tourisme : *rue Alfred-Nunès. ☎ 02-35-29-77-31. • fecamptourisme.com • Tte l'année, tlj (sf dim hors saison) 9h30-12h30, 14h-18h (14h30-18h30 en été).* Le plan *Yport au fil des rues* (gratuit) vous propose des itinéraires pour découvrir le village. Doc sur les balades dans le coin. Expos temporaires.

– **Marché :** *mer mat.*

Où dormir ? Où manger ? Où boire un verre ?

Campings

Camping Le Rivage : *rue André-Toutain. ☎ 02-35-27-33-78. • contact@camping-lerivage.com • camping-lerivage.com • Sur la D 211 (route côtière), en direction de Vattetot-sur-Mer. Ouv mars-oct. Selon saison, compter 14-16 € pour 2 avec tente et voiture ; hébergements locatifs 280-645 €/sem selon saison. 90 empl.* Waouh, quelle vue et quel site ! De votre emplacement, le regard embrasse (au propre comme au figuré, tellement c'est beau !) la falaise, la mer, Yport et les toits de ses maisons, ainsi que Fécamp au loin. Le tout dans un espace en terrasses, verdoyant et parfaitement tenu (mais sans vraies délimitations entre les emplacements). Pour couronner le tout, un chemin permet de rejoindre la plage en 5 mn (plus dur à la remontée). Sanitaires basiques en revanche.

Camping Flower La Chênaie : *rue Henry-Simon. ☎ 02-35-27-33-56. • camping.yport@flowercampings.com • camping-normandie-yport.com • Accès par la D 104 ; à l'entrée d'Yport, à 800 m du centre-ville. Ouv avr-sept. Selon saison et confort, compter 14-28 € pour 2 avec tente et voiture ; tentes en dur, chalets et mobiles homes 200-847 €/sem selon saison. 100 empl.* Camping très bien équipé et très bien tenu, où les campeurs s'installent sur les grandes pelouses, alors que les jolis chalets sont dispersés sous les arbres, sur une petite hauteur. Ambiance familiale, d'autant plus que les enfants ont de quoi s'amuser, entre l'agréable aire de jeux et la belle piscine couverte chauffée. Location également de sympathiques tentes « en dur » quasiment aussi bien équipées que des mobile homes, mais un peu plus nature. Face au camping, jolie maison blanche du XIXe s d'influence mauresque, où Maupassant venait écrire.

Aire naturelle de camping La Pâture : *rue André-Toutain. ☎ 02-27-30-68-03. 06-80-13-09-18. • lapature.yport@orange.fr • lapature.fr • Sur la D 211 (route côtière), en direction de Vattetot-sur-Mer. Ouv avr-sept. Compter 13-14 € pour 2 avec tente et voiture. Douche 1,10 €. 25 empl.* En pleine nature, au sommet de la falaise mais sans vue spectaculaire. Terrain basique plutôt plat, avec quelques parties plus pentues et parsemées d'arbres. Sanitaires anciens corrects. Service boulanger sur place le matin. Simple, paisible et verdoyant.

Prix moyens

Chambres d'hôtes Le Petit Navire : *chez M. et Mme Isaac, 26, rue Emmanuel-Foy. ☎ 02-35-28-00-94. • contact@le-petit-navire.com • lepetitnavire.com • Double 65 €.* À deux pas de la mer, cet ancien atelier de *ramendage* (réparation de filets de pêche) est devenu une chambre d'hôtes de charme. Le rez-de-chaussée abrite une très jolie salle de petit déj, tandis que l'étage est dévolu aux chambres, toutes différentes et pleines de personnalité, comme la « Marine », avec son insolite cabane-douche ! La « Gourmandine », une belle suite familiale avec petite chambre d'appoint, offre une vue sur les toits d'Yport et les bois. Excellent accueil.

Le Nautique : *73, rue Alfred-Nunès. ☎ 02-35-29-76-10. • contact@lenautique.fr • Face à l'église et à l'office de tourisme. Tlj (sf mer hors saison). Fermé 15 j. fin oct. Formule en sem 13 € ; menus 19-25 €. Un café offert sur présentation de ce guide.* Un joli bistrot de village avec un zinc en bois, une déco marine et une courette de poche à l'arrière avec vue sur l'église. Tout simple et souvent plein. À la carte, spécialités de moules à toutes les sauces (notamment au cidre et aux pommes), fruits de mer, coquillages, ou tout simplement une grosse tartine avec salade. Service sympa. Propose aussi des concours de tarot et diverses animations !

Fête

– ***Feu d'artifice et fête de la Mer et de la Peinture :*** *14-15 août.* Avec messe et bénédiction, procession avec les ex-voto et vente aux enchères des peintures réalisées dans la journée.

FÉCAMP

(76400) 19 900 hab. *Carte Seine-Maritime, A2*

• Plan *p. 175*

Nichée au creux de la Valmont qui a fendu les falaises, Fécamp est une petite ville industrieuse doublée d'un port de pêche, de commerce et de plaisance. Ville au passé prestigieux, elle fut l'ancienne résidence des ducs de Normandie avant qu'il ne leur prît l'envie de traverser la mer et de bâtir une véritable industrie de la pêche, celle des terre-neuvas. Riche de son passé industriel et maritime, la ville séduit le voyageur par sa forte personnalité. Il faut dire qu'elle possède des sites et des musées qui méritent vraiment le détour.

FÉCAMP, BORD DE MER

En 1849, Delacroix s'emballait déjà pour « cette grande ligne bleue, verte, rose, de cette couleur indéfinissable qui est celle de la vaste mer ». Le préimpressionniste Jules Noël, qui peint *Crinolines sur la plage* en 1870, y soigne particulièrement les effets lumineux. L'hyperactif Claude Monet s'attaque aux falaises en 1881, d'où sortira *Fécamp, bord de mer,* visible au musée Malraux du Havre, et une vingtaine d'autres toiles peintes sur les hauteurs de Grainval et du cap Fagnet.

UNE FEMME CHEZ LES IMPRESSIONNISTES

Enfin une femme chez les impressionnistes ! Berthe Morisot, arrière-petite-nièce de Fragonard, étudie avec Corot, apprend le métier en copiant des chefs-d'œuvre au Louvre, où elle rencontre Fantin-Latour, qui lui présente à son tour le très scandaleux Édouard Manet, dont elle devient le modèle favori. Elle expose en 1874 chez Nadar, au fameux Salon des refusés, entrant dans le cercle des impressionnistes. La même année, elle séjourne à Fécamp chez sa tante Boursier, qui possède alors une grande maison sur la falaise. Elle épouse le frère de Manet, Eugène, dont elle a une fille, Julie. Victime d'une pneumonie en 1895, elle confie le destin

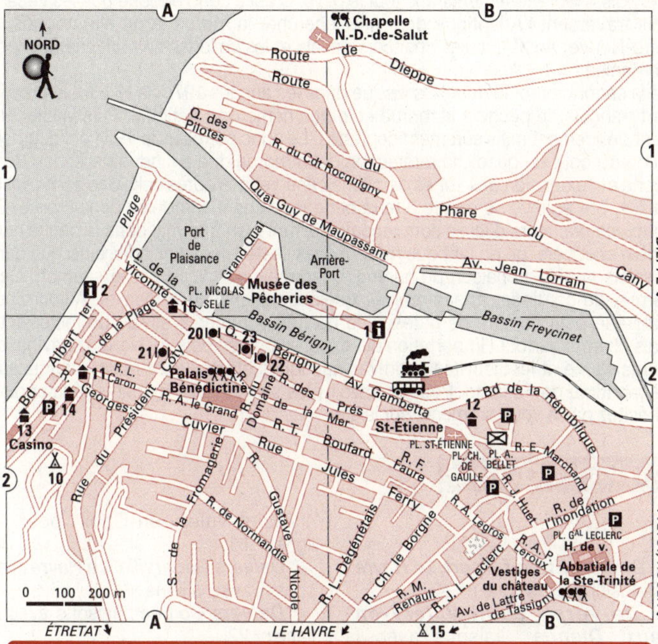

FÉCAMP

Adresses utiles

- 1 Office intercommunal de tourisme
- 2 Point information

Où dormir ?

- 10 Camping de Reneville
- 11 Hôtel de la Plage
- 12 Hôtel Normandy
- 13 Hôtel de la Mer
- 14 Hôtel d'Angleterre
- 15 Woody Park
- 16 Hôtel Le Grand Pavois

Où manger ?

- 20 Chez Nounoute
- 21 Le Vicomté
- 22 Le Piano de Jean-Noël
- 23 Le Barbican

de son enfant à Mallarmé et à Renoir, léguant ses œuvres à tous ses amis artistes, dont Monet et Degas. Sur son certificat de décès, pourtant, il sera mentionné « sans profession »... Dans ses toiles, Berthe Morisot s'intéresse particulièrement aux scènes familiales, aux femmes et aux enfants, comme dans *Le Berceau* ou *Jeune femme en toilette de bal,* tous deux visibles au musée d'Orsay, à Paris. Elle va souvent peindre aux Petites-Dalles et à Saint-Pierre-en-Port. Son style, libre et fluide, est qualifié de « légèreté picturale ». C'est tout de même elle qui réussit à convaincre Manet de peindre en plein air et sur le motif...

FÉCAMP, PORT DE PÊCHE

« Fécamp, port de pêche qui entend le rester. » Cette phrase du général de Gaulle est toujours d'actualité. Ici, on ne plaisante pas avec la mer. Du stade artisanal, on passe au fil des siècles à une quasi-industrie puisque, au XVIe s, le port distribue son poisson pratiquement dans tout le pays. C'est à cette époque que les Fécampois traversent l'Atlantique pour aller chercher la morue là où elle abonde : à Terre-Neuve. Au XVIIe s, les chantiers navals et les voileries se multiplient, le port s'organise.

De la seconde moitié du XIXe s jusque dans les années 1970, la ville fut le premier port français de pêche à la morue et le quatrième port national. Puis la situation s'est doucement mais sûrement dégradée. Le choc pétrolier de 1974 et l'augmentation du coût du gasoil, la raréfaction de la morue due à l'industrialisation de la pêche et l'extension des zones de pêche canadiennes après celle des zones islandaises, ont achevé de mettre à terre cette industrie fécampoise de la morue. Du coup, les pêcheurs d'ici se sont reconvertis tant bien que mal dans la pêche hauturière et côtière, qu'en tant que terre-neuvas ils dédaignaient jadis, ainsi que dans la salaison et la fumaison du hareng, désormais remplacé par le saumon. Cela permet de continuer à faire tourner quelques saurisseries locales. Aujourd'hui, malgré le petit nombre de bateaux, le port de commerce essaie de rester actif. Mais ce sont surtout l'importation et l'exportation des bois du Nord, la navigation de plaisance et les activités sportives nautiques qui assurent maintenant la survie maritime de Fécamp. Pour en savoir plus sur l'histoire maritime fécampoise, n'hésitez pas à vous promener sur le site *● fecamp-terre-neuve.fr ●*

Arriver – Quitter

En bus

➢ ***De/vers Étretat, Yport, Le Havre :*** liaisons tlj avec la ligne n° 24.

➢ ***De/vers Saint-Valery-en-Caux, Dieppe :*** liaisons avec la ligne n° 60. Pour la liaison Fécamp-Dieppe, changement de ligne à Saint-Valery-en-Caux pour la ligne n° 61.

➢ ***De/vers Goderville, Le Havre :*** liaisons tlj avec la ligne n° 23.

➢ ***De/vers Bolbec :*** liaisons avec la ligne n° 22.

➢ ***De/vers Yvetot :*** liaisons avec la ligne n° 25.

Adresses et info utiles

🛈 ***Office intercommunal de tourisme*** *(plan B2, **1**)* ***:*** *quai Sadi-Carnot. ☎ 02-35-28-51-01. ● fecamptourisme.com ● Avr-oct, tlj 9h (10h le w-e)-18h ; le reste de l'année, lun-sam 9h-12h30, 14h-18h (plus dim pdt vac scol).* 💻 📶 Dans un bel espace moderne et bien conçu avec tablettes tactiles et écrans vidéo. Consigne à bagages, billetteries, boutique.

🛈 ***Point information*** *(plan A1, **2**)* ***:*** *sur le front de mer, en saison.* Plus insolite, en saison, la ville ajoute un point d'info itinérant : un cavalier aux fontes regorgeant de brochures !

■ ***Location de vélos :*** *à l'office de tourisme. Ouv avr-sept.*

– ***Marché :*** *sam tte la journée, pl. Bellet.*

Où dormir ?

Campings

⛺ ***Camping de Reneville*** *(plan A2, **10**)* ***:*** *chemin de Nesmond. ☎ 02-35-28-20-97. ● reneville@aliceadsl.fr ● campingdereneville.com ● ♿ À 2 km de la gare ferroviaire ; en bord de mer. Prendre la direction d'Étretat, puis fléché sur la droite. Ouv avr-oct. Selon saison, compter 14-19,50 € pour 2 avec tente et voiture ; hébergements locatifs 4-6 pers 198-654 €/sem. 157 empl.* 📶 Un beau et confortable camping superbement situé dans une impasse sur les hauteurs de la ville, tel un amphithéâtre naturel offrant une vue formidable sur la mer. Propose aussi des chalets en bois, des mobile homes et des roulottes. Un court sentier mène directement à la mer. Très bon accueil.

⛺ ***Woody Park*** *(hors plan par B2,* ***15****) : 198, av. du Maréchal-de-Lattre-de-Tassigny. ☎ 02-35-10-84-83. • contact@woody-park.com • woody-park.com • À env 1,5 km du centre-ville ; suivre la direction de l'hôpital et du lycée Guy-de-Maupassant. Ouv avr-sept. Résa indispensable. Env 60 € pour 2.* Après la cabane dans les arbres, la tente suspendue dans les arbres ! Dans un parc accrobranche mais à l'écart des parcours, ces curieux igloos sont perchés à 3 ou 6 m au-dessus du sol. Pour monter, il faut le harnais, et une fois en haut de l'échelle, il faut se « propulser » à l'intérieur : les tentes, en effet, ne sont pas fixes et se balancent légèrement (ce qui peut être un peu éprouvant au début si vous souffrez du vertige). À l'intérieur, un matelas confortable. À vous d'apporter la literie (duvet ou couette et oreillers), ainsi que la lampe pour l'éclairage. Chaque tente bénéficie, au sol, de son espace pique-nique avec barbecue. Bloc sanitaire commun simple mais parfaitement tenu. Excellent accueil, pro et à l'écoute. Attention, pour des questions de sécurité, âge minimal requis : 16 ans.

Prix moyens

🏠 ***Hôtel de la Plage*** *(plan A2,* ***11****) : 87, rue de la Plage. ☎ 02-35-29-76-51. • hoteldelaplagefecamp@wanadoo.fr • hoteldelaplage-fecamp.com • Résa fortement conseillée. Doubles 59-70 € selon confort et saison.* 📶 Les chambres sont simples mais propres et chacune a son petit caractère : la patronne a laissé parler son inspiration du moment, et là que je te colle une grande Africaine, ici un vol d'oiseaux ou une grande fleur rougeoyante qui mange tout un mur. C'est gai, frais et charmant, comme l'accueil ! Le prix varie selon la taille des chambres et certaines disposent même d'un tout petit bout de vue sur la mer.

🏠 ***Hôtel Normandy*** *(plan B2,* ***12****) : 4, av. Gambetta. ☎ 02-35-29-55-11. • info@normandy-fecamp.com • normandy-fecamp.com • Doubles 67-73 € selon saison. Parking.* 📶 *Remise de 10 % sur la chambre, sur présentation de ce guide.* Une gentille petite adresse à l'écart de l'agitation du bord de mer. La réception, comme le resto de la maison, a un petit côté rétro sympa. Les chambres, quant à elles, sont modernes, simples, propres sur elles et avenantes. Bon accueil.

🏠 ***Hôtel de la Mer*** *(plan A2,* ***13****) : 89, bd Albert-Ier. ☎ 02-35-28-24-64. • pannier.georges@wanadoo.fr • hotel-dela-mer.com • Congés : 3 sem en janv. Doubles 53 € (1 seule avec w-c et sdb sur le palier), puis 68-73 € selon confort et vue.* 📶 *Remise de 10 % sur la chambre (15 oct-15 mars, hors w-e et j. fériés) sur présentation de ce guide.* Un petit hôtel fonctionnel et sans prétention mais tout à fait correct, qui a le mérite d'être situé en front de mer. Chambres simples et classiques, certaines disposant même d'un balcon avec vue sur le large. En revanche, l'insonorisation est parfois un peu juste, d'autant que l'établissement possède un resto-bar au rez-de-chaussée. Accueil charmant.

De prix moyens à chic

🏠 ***Hôtel d'Angleterre*** *(plan A2,* ***14****) : 93, rue de la Plage. ☎ 02-35-28-01-60. • hotel-d-angleterre@orange.fr • hotelangleterre.com • Congés : 18 déc-7 janv. Doubles 75-103 € selon confort et saison.* 📶 *Kir normand offert sur présentation de ce guide.* Un hôtel convivial à deux pas du front de mer, aux chambres très cosy et colorées, voire fleuries. Les privilégiés auront même droit à un petit bout de mer de leur fenêtre, ou à un petit balcon. Bon confort général, malgré une isolation un peu juste. Pub sympa au rez-de-chaussée. Bon accueil.

De chic à beaucoup plus chic

🏠 ***Hôtel Le Grand Pavois*** *(plan A1,* ***16****) : 15, quai de la Vicomté. ☎ 02-35-10-01-01. • le.grandpavois@wanadoo.fr • hotel-grand-pavois.com • ♿ Doubles 103-229 € selon vue et saison.*

LA SEINE-MARITIME

Parking. Sur le port de plaisance de Fécamp, dans un bâtiment moderne fonctionnel, de très belles chambres tout confort, spacieuses et lumineuses, dont les larges baies vitrées ouvrent sur des balcons. Déco contemporaine plutôt épurée et très zen. Accueil charmant.

Où dormir dans les environs ?

Auberge Les Tonnelles : *Grainval, 76400* ***Saint-Léonard.*** *☎ 02-35-28-77-18. • les-tonnelles12@orange.fr • hotel-lestonnelles-etretat.com • À env 3 km de Fécamp : route du Havre, puis à la sortie de Saint-Léonard, à droite pour Grainval. Double env 64 €.* Proche de tout mais hors des sentiers battus, cette toute petite auberge familiale est idéale pour se poser au calme. Les chambres se comptent presque sur les doigts de la main. Classiques et confortables, elles se répartissent entre la maison principale et une annexe de plain-pied. Simple et sans chichis, comme le bon petit déj et l'accueil sympathique et discret. Impeccable... surtout avec la mer au bout du chemin !

Où manger ?

Bon marché

Le Barbican (plan A2, **23**) **:** *97, quai Bérigny. ☎ 02-27-30-59-95. Tlj sf mer et le soir dim-lun et jeu. Résa conseillée. Fish & chips + verre de vin 13,50 €. Formule et menu 14,95-18 €.* Le jeune patron est anglais, et sa spécialité... c'est le *fish & chips* ! Frites maison maousses, bon poisson frais, c'est un must dans son genre. Sinon, c'est l'ardoise du jour : 2 plats au choix (une viande ou un poisson) élaborés avec soin en fonction du marché et de l'humeur. Simple et délicieux. Du coup, c'est vite complet, d'autant que la salle aux couleurs de la mer n'est pas bien grande.

Chez Nounoute (*Françoise Jouen ; plan A2,* **20**) **:** *3, pl. Nicolas-Selle. ☎ 02-35-29-38-08. Tlj sf mer hors saison. Formule déj en sem 14 € ; menus 20-38 €.* Nounoute est un personnage emblématique à Fécamp... Elle vous accueille avec sa gouaille gentiment maternelle et vous met tout de suite à l'aise. Ex-poissonnière reconvertie, elle propose le meilleur de la pêche fécampoise. Vous ne pouvez rêver mieux pour vous régaler de maquereaux marinés, de harengs fumés, de morue fraîche et on en passe... Terrasse en été, qui prolonge une salle toute simple toujours bondée. Bonne humeur et convivialité assurées.

Le Vicomté (plan A2, **21**) **:** *4, rue du Président-Coty. ☎ 02-35-28-47-63. Tlj sf mer, dim et j. fériés. Congés : 1 sem à Pâques, 2de quinzaine d'août et 2 sem fin déc. Menu unique 21 €.* Un petit bistrot très chaleureux et plein de charme, avec ses nappes à carreaux et ses affiches du *Petit Journal.* Dans cette ambiance rétro très plaisante, les habitués se régalent d'une excellente cuisine de marché, chaque jour différente. Choix entre 2 entrées, 2 plats, fromage et dessert. Un excellent rapport qualité-prix et un service impeccable.

Le Piano de Jean-Noël (plan A2, **22**) **:** *63, quai Bérigny. ☎ 02-35-10-86-06. Tlj sf lun-mar (plus dim soir nov-mars). Menu 22 € le midi, 27 € le soir et le w-e.* Épatant ! Derrière son piano, Jean-Noël joue une partition qui frise la perfection : produits de qualité, cuissons parfaites, mélanges des saveurs bien équilibrés, dressages élégants. Difficile de ne pas succomber à cette cuisine de marché spontanée et savoureuse, servie à prix d'amis dans une petite salle sans chichis façon bistrot marin.

À voir

Si vous logez sur l'une des communes de Fécamp/Valmont de mi-mars à mi-novembre, procurez-vous le ***livret gratuit Carte d'hôte,*** qui vous donnera des réductions sur les entrées des musées et diverses activités dans la région.

LA SEINE-MARITIME

➢ ***Circuits du patrimoine historique :*** les monuments et édifices patrimoniaux de la ville font l'objet d'un balisage avec panneaux explicatifs à la clé.

UN ABBÉ TRÈS ATTACHÉ AUX FILLETTES DU ROI

Doué d'un charisme extraordinaire, l'abbé de Fécamp, Jean Balue, gravit rapidement les échelons de l'Église, puis devint même le Premier ministre de Louis XI. Cependant, il usait aussi de son charme auprès des femmes et fut compromis dans un complot contre le roi, organisé par Charles le Téméraire... Finalement, Louis XI le fit enfermer près de Blois, pendant 11 ans, dans une petite cage en fer, attaché à de lourdes chaînes appelées « fillettes du roi ». Sans doute pour qu'il médite sur les notions d'attachement et de fidélité !

L'abbatiale de la Sainte-Trinité *(plan B2)* **:** *tlj 9h-17h30. Juil-août, visite guidée jeu et dim à 15h.*
Sur un édifice construit au VIIe s et abandonné face à la menace des Vikings se sont accumulés des siècles d'architecture et de décoration. Pas d'unité donc, mais un merveilleux ensemble de pierre dont l'histoire s'étale dans le temps. Au XIIe s, les ducs de Normandie (qui étaient rois d'Angleterre) décidèrent sa reconstruction après un grand incendie. L'abbatiale devint alors l'un des centres les plus importants de réforme de l'institution monastique.
L'édifice, sur le plan extérieur, impose son humble dépouillement et son austérité, caractéristiques du premier style gothique prévalant à l'époque. Sur le flanc sud, le tympan du portail, de style gothique également. La façade, en revanche, fut reconstruite au XVIIIe s dans un style jésuite.
En entrant, on est frappé par l'ampleur de la nef de plus de 127 m de longueur et 23 m de hauteur. L'intérieur recèle quelques pièces rares : dans le transept de droite, remarquable Dormition de la Vierge du XVIe s ; sur sa droite, une amusante sculpture de pierre en forme de tourelle abrite une scène dite « du Pas de l'Ange ». Transept rehaussé d'une belle *tour-lanterne,* caractéristique des clochers normands. Dans le sanctuaire, voir le beau *baldaquin* en bois doré finement ciselé, que supportent quatre colonnes de marbre, offert par Louis XV.
Les chapelles du déambulatoire sont ceintes de clôtures de pierres sculptées à motifs floraux et fantastiques, du XVIe s. La *chapelle* absidiale *de la Vierge* (située dans le déambulatoire, juste dans l'alignement du chœur) reste le clou de la visite. D'un style gothique flamboyant cohérent, car elle fut entièrement élevée au XVe s et recouverte de panneaux de bois. Face à la chapelle, noter le *tabernacle* Renaissance qui contient le *Précieux Sang* du Christ qu'on aurait trouvé dans le tronc d'un figuier échoué à Fécamp. En poursuivant, deux chapelles romanes dont l'une possède une porte à décor flamboyant admirable. Dans le transept de gauche, levez la tête : intéressante *horloge* du XVIIe s indiquant les marées (disques noirs ou verts selon celles-ci) et les phases de la Lune.
Face à l'abbatiale, vestiges du palais des ducs de Normandie (XIIe s).

Le palais, le musée et la distillerie Bénédictine *(plan A2)* **:** *110, rue Alexandre-Le-Grand. ☎ 02-35-10-26-10. • benedictinedom.com • ♿ (partiellement). De mi-fév à fin mars et vac de Noël, tlj 10h30-12h30, 14h30-17h30 ; début avr-début nov, tlj 10h-13h, 14h-18h30 (10h-18h45 en été) ; de début nov à mi-déc, tlj 14h30-17h. Fermé 1er mai, 25 déc et de début janv à mi-fév. Durée de la visite (libre) : env 1h30. Entrée : 12 € ; réduc ; gratuit moins de 12 ans. Également des expos temporaires : 5 € (gratuit si couplé à la visite).*
En 1863, Alexandre Le Grand (rien à voir avec l'autre, bien plus grand) retrouve la formule d'une liqueur mise au point par un moine bénédictin de l'abbatiale de Fécamp au XVIe s, et perdue pendant la Révolution. Ce moine d'origine vénitienne, dom Bernardo Vincelli, avait eu la riche idée de concocter un élixir de santé à base de trois plantes cauchoises : la mélisse, l'angélique et l'hysope, mélangées à des

épices orientales. Cette liqueur, composée au total de 27 plantes et épices, devint la Bénédictine, bien connue des amateurs de digestifs (mais dont, aujourd'hui, 95 % de la production sont exportés, notamment vers les États-Unis)... Le Grand est un visionnaire : en 1864, il dépose la marque, et dans la foulée il fait de la publicité dans les journaux ! Enrichi, il fait construire ce vaste palais « romantique » mâtiné de néogothique et de néo-Renaissance, destiné à accueillir à la fois ses unités de production et son musée personnel, car Le Grand était aussi un collectionneur averti.

– ***Le musée :*** on pénètre d'abord dans la *salle gothique* à l'étonnante charpente, véritable coque de navire renversée, réalisée par les charpentiers du port. Parmi les merveilles, dans le désordre : une très belle tête de saint Jacques en pierre du XIVe s, de délicats ivoires de Dieppe, un monumental antiphonaire (recueil de chants religieux) du XVIe s avec un marque-page du XIXe s taillé dans un seul morceau de chêne, des émaux de Limoges et des statues polychromes des XVe-XVIIIe s. La *salle du Dôme* est à signaler pour son amusant vitrail représentant le fondateur confiant sa bouteille de Bénédictine à La Renommée, la main posée sur le globe afin de développer ses exportations ! Plus insolite, la *salle Renaissance* réunit la cinquième collection de ferronneries de France provenant de divers châteaux de la Loire. Remarquez les coffres de mariage du XVIe s avec leur incroyable système de verrous. Dans le cabinet des manuscrits, voir les chartes, manuscrits et autres livres d'heures enluminés. Ensuite, l'oratoire avec les vestiges du jubé de l'église abbatiale de Fécamp, d'un gothique absolument flamboyant, la cuve baptismale en plomb du XIIIe s et la Nativité en marbre blanc du XVIe s. Enfin, la *pinacothèque,* avec quelques peintures du XVIe s, dont un polyptyque de l'école de Cologne. Dans la *salle des Abbés,* les 16 principaux sont représentés, dont le cardinal puis archevêque Jean Balue que Louis XI fit enfermer. On notera aussi le vitrail illustrant l'accueil réservé à François Ier en 1534.

– La deuxième partie de la visite est consacrée à ***l'histoire puis à l'élaboration de la Bénédictine.*** L'histoire est évoquée au gré de différents panneaux thématiques, dans une vaste salle qui abrita jusqu'en 1972 la mise en bouteilles. Parmi les curiosités, noter la vitrine rassemblant les contrefaçons repérées aux quatre coins du globe ! Puis on aborde la fabrication, détaillée dans une vidéo, avant de découvrir quelques-unes des plantes et épices nécessaires à l'élaboration de la liqueur. Vient alors le moment de pénétrer dans le cœur de la maison : la distillerie aux alambics de cuivre martelé et les vastes caves à foudres de chêne centenaire où vieillissent les alcools. La visite s'achève, logiquement, par une dégustation (réservée aux personnes majeures) dans un beau jardin d'hiver !

La chapelle Notre-Dame-de-Salut et le panorama sur le cap Fagnet *(plan A-B1)* **:** *sur la falaise nord.*
Même sans la chapelle, il faudrait y grimper pour découvrir le panorama incroyable sur Fécamp, le cap Fagnet et les falaises s'étirant vers le sud. Bien sûr, on peut y accéder en voiture et se garer au parking face au parc d'éoliennes, mais il est bien plus agréable d'emprunter, à partir du quai Guy-de-Maupassant (entre les nos 64 et 66), la sente aux Matelots.

TOUT TRAVAIL MÉRITE SALAIRE

En remerciement à Notre Dame de Salut pour sa miséricorde, des marins rescapés de naufrages passaient commande d'ex-votos auprès de peintres de marines. Le plus célèbre d'entre eux était le « portraitiste de navires » Eugène Grandin. Selon la somme que pouvait payer le marin, le peintre peaufinait plus ou moins son tableau, d'où la qualité très variable des peintures votives de la chapelle Notre-Dame-de-Salut !

Cette chapelle fut bâtie au XIe s par Robert le Magnifique, duc de Normandie. Rescapé d'un naufrage, il s'était juré de faire bâtir trois chapelles dans la région, dont celle-ci, plus la Délivrande à Caen et Notre-Dame-de-Grâce à Honfleur. Reconstruite plusieurs fois et même étayée par des mâts de navire en 1790, elle vaut plus

pour le symbole qu'elle représente que pour son architecture lourde et massive. Elle servait de point de repère aux navigateurs et fut de tout temps fréquentée par les marins qui venaient y prier avant de prendre la mer.
Sur les parois, une série de peintures votives parmi lesquelles de nombreuses toiles signées Eugène Grandin représentant des bateaux affrontant d'incroyables tempêtes. D'autres furent réalisées par des marins eux-mêmes, avec ferveur et naïveté. La plupart représentent des tragédies de terre-neuvas à la fin du XIXe et au début du XXe s.

À faire

➢ ***Promenade à pied sur les estacades :*** *tt au bout de la digue.* Superbes estacades de bois, d'où vous pouvez apercevoir Étretat. Jolie vue sur le port et la plage.

➢ ***Randonnée à pied et à vélo à Fécamp et dans sa région :*** nombreuses boucles de chemins balisés à faire à pied, à VTT ou à vélo classique. *Rens et brochure à l'office de tourisme.*

- ***Sorties en zodiac :*** *rens auprès de* La Mer pour tous *(📱 06-79-17-49-91 ; • lamerpourtous.fr •). En saison, départs à 10h, 14h30 et 17h (5 pers min). Env 30 €/pers.* Balade commentée de 2h en bateau rapide (un semi-rigide abrité de 14 places) jusqu'à Étretat, avec, cerise sur le gâteau, un passage sous les fameuses arches !

- ***Balade en voilier :*** *avr-oct. Résa à l'office de tourisme. Env 28-49 € selon sortie.* Sorties découverte de 2h (dont une au coucher de soleil) ou croisières jusqu'à l'Aiguille creuse d'Étretat à bord d'un vieux gréement, un ancien bateau de pêche restauré par des passionnés.

➢ ***Les ouvrages du mur de l'Atlantique :*** un circuit randonnée « 39-45 » balisé par des bornes permet de découvrir de nombreux blockhaus et un curieux « hôpital allemand » creusé dans la craie, vestiges du mur de l'Atlantique. *Visite guidée ou audioguidée des ouvrages mer et sam à 15h en juil-août.*

Fête et manifestation

- ***Le Saint-Pierre des Marins :*** *1er dim de fév.* Célébration datant du XIXe s annonçant le début de la saison morutière (les bateaux partant pour Terre-Neuve en mars). Bénédiction de la mer célébrée dans le port.
- ***Fête du Hareng – Faîtes du boucan :*** *dernier w-e de nov.* Autour de la criée, sur la presqu'île du Grand-Quai, autour des anciennes boucanes. Animations avec chants de marins.

VALMONT

(76540) 1 030 hab. *Carte Seine-Maritime, B2*

Valmont est l'archétype du gros village de Seine-Maritime dont les racines s'ancrent profondément dans l'histoire de la région. Il connut un certain essor au XIIe s grâce à la famille d'Estouteville, des descendants de Vikings. De ce passé, il reste un château en parfait état et le chœur restauré d'une abbaye bénédictine où séjourna Delacroix. Les fidèles s'y pressent encore le dimanche pour la messe chantée en grégorien.

Où dormir ? Où manger à Valmont et dans les environs ?

Camping Les 3 Plages : *le Hêtre, 76540* ***Sassetot-le-Mauconduit.*** *☎ 02-35-27-40-11. • diville.regine@orange.fr • À 6 km de Valmont ; de Valmont, prendre la D 17 en traversant la D 925 puis une petite route à gauche (panneaux). Ouv d'avr à mi-oct. Env 15 € pour 2 avec tente et voiture. 65 empl.* Les 3 plages de Petites-Dalles, Grandes-Dalles et Saint-Pierre-en-Port ne sont qu'à quelques kilomètres du site, mais on ne les voit pas. Beau terrain de 4 ha avec de vastes emplacements sur de grandes pelouses où courent quelques haies, à l'ombre des peupliers pointant haut dans le ciel. Les sanitaires ne sont plus tout jeunes, mais ils sont propres et en nombre suffisant. Pour les amateurs de structures simples, tranquilles et en pleine campagne.

Chambres d'hôtes et gîte du domaine de l'Orval : *20, route du Bec-de-Mortagne, hameau d'Orval, 76540* ***Thiergeville.*** *06-36-85-14-62. • domainedelorval@yahoo.fr • domainedelorval.fr • Double 67 €.* Dans les dépendances d'une grande maison de 1850, avec une vaste cour en brique et silex, des chambres pimpantes aux couleurs gaies, spacieuses et très confortables. Tout autour, des champs avec des ânes, des chèvres et des poules. Très sympa, comme l'accueil.

Chambres d'hôtes Le Clos des Ifs : *chez Nathalie Tiennot, 11, rue de la Forge, 76540* ***Thiétreville.*** *☎ 02-35-29-63-31. • leclosdesifs@gmail.com • leclosdesifs.com • Dans un minuscule village à 2 km de Valmont ; au monument aux morts, prendre à gauche la rue Émile-Bens et suivre les panneaux « Gîtes de France ». Double 65 €.* Dans une grande maison de maître du XIXe s tapissée de plantes grimpantes, nichée dans un jardin clos aux massifs bien taillés, 4 chambres avec déco à l'ancienne, sobre et élégante. Bibliothèque, thé et jardin à disposition. Belle salle de petit déj avec une cheminée monumentale et un piano. Accueil courtois.

Le Bec au Cauchois – Restaurant Pierre Caillet : *22, rue André-Fiquet (ancienne route de Fécamp). ☎ 02-35-29-77-56. • contact@pierrecaillet.com • lebecaucauchois.com • À 1,5 km de Valmont par la D 150, direction Fécamp. Resto fermé mar-mer. Congés : 24 déc-24 janv. Doubles 95-115 € selon confort et saison. Formule déj en sem 35 € ; menus 48,50-88 € ; carte env 70 €.* L'étoilé Pierre Caillet a choisi de s'installer dans cette tranquille bâtisse du XIXe s, restaurée et cossue, avec étang et jardin bucolique, où il cultive un jardin d'herbes aromatiques. Évidemment, on les retrouve dans l'assiette ! C'est d'ailleurs le péché mignon de ce chef talentueux qui ose des mélanges détonants dès le 1er menu. Une vraie fête des sens ! Pour ceux qui voudraient rester dormir, 5 chambres impeccables, aux noms de fleurs.

À voir

L'abbaye de Valmont, Notre-Dame-du-Pré : *12, rue Raoul-Auvray. ☎ 02-35-27-34-92. • abbayevalmont.free.fr • Site ouv tlj sf mar 14h30-17h. Chapelle ouv juil-sept 15h-17h. Entrée : 3 €.*

Fondée au XIIe s par un membre de la famille d'Estouteville, anéantie au XIIIe et reconstruite à la fin du XVe s dans le style gothique. Conséquences de la guerre de Cent Ans, des retards dans la construction et un style Renaissance qui se mêle petit à petit au gothique. Une grande partie de l'édifice est détruite par un incendie au XVIIe s et le toit de chaume est balayé par une tornade au siècle suivant. En 1793, la Révolution met tout le monde dehors. En 1830, les lieux sont rachetés par un certain M. Bataille, puis par M. Bornot. Tous deux sont des cousins

d'Eugène Delacroix, d'où les vitraux de la rosace, que l'artiste dessine en 1832. Il y réalise aussi plusieurs toiles et aquarelles jusqu'en 1850. Malheureusement, les fresques de ce précurseur de l'impressionnisme ne sont plus à l'abbaye. Et puis, pendant l'Occupation, les Allemands récupèrent le plomb des toitures des chapelles nord, ce qui provoque l'effondrement des voûtes. C'est enfin l'implantation, en 1994, d'une communauté de sœurs bénédictines venue de Lisieux qui a permis la restauration de l'église et la renaissance de Valmont, de nouveau rendue au culte et à la vie cénobitique (vie communautaire).
De toute l'abbatiale, seule la *chapelle de la Vierge* est restée intacte. Les vitraux du XVIe s, d'une grande finesse, retracent la vie de la Vierge. Remarquable retable de pierre ciselée comme un décor de théâtre, illustrant l'Annonciation dans un style Renaissance. Voir les vitraux de la rosace, au-dessus de l'entrée, dessinés par Delacroix. Voûte en forme de fleurs, très élégante.

LE PAYS DE CAUX MARITIME

Décrit avec amour et passion par Maupassant dans les années 1880, le pays de Caux est la plus grande sous-région de Seine-Maritime. Il suit la vallée de la Seine de Rouen jusqu'au Havre et bute contre les falaises de la Côte d'Albâtre jusqu'à Dieppe. Il sinue ensuite de Dieppe à Rouen sur un axe nord-sud. Ce vaste plateau fertile, un des fleurons de l'agriculture française, cultive l'image d'une nature généreuse et d'un bien-vivre champêtre : des vaches grasses aux mamelles gorgées de lait, de vieux manoirs en brique et pierre, des colombiers superbes, des abbayes aux ruines mangées par la verdure, des fermes en torchis et au toit de chaume, des champs de blé et des cultures de lin...
Canevas de hameaux, de villages et de bourgades tissant partout une toile régulière, le pays de Caux doit sa fertilité à son sol calcaire recouvert d'argile et de limons. Doucement baignée par une humidité importante et de fortes précipitations annuelles, la région garde sa fraîcheur et sa verdeur en toute saison et, si le soleil est plus rare qu'ailleurs, les vagues de chaleur estivale sont fréquentes. Les hivers humides ont contraint les fermes à se protéger des vents marins par de longues et fières rangées de hêtres dressés sur des levées de terre (les « clos-masures »).

LE PAYS DU LIN

Début juin, nombre de champs du pays de Caux se parent de bleu ou de blanc : c'est la période de floraison du lin, dont, chaque jour, la belle fleur bleue vit et meurt, renaissant le lendemain.
Le pays de Caux, en effet, est le premier producteur de lin fibre en France, trouvant dans ses sols et son climat humide les conditions idéales pour la culture de cette fibre naturelle de grande qualité, très prisée par le secteur textile, notamment la haute couture. Aujourd'hui, il est aussi utilisé dans les matériaux composites destinés au secteur automobile.

Chaque année, plusieurs villages fêtent le lin lors de la ***fête du Lin de Doudeville*** (qui, normalement, se déroule le 3e week-end de juin) et le ***Festival du lin et de l'aiguille*** dans plusieurs communes de la vallée du Dun (le 1er week-end de juillet). À ces occasions, défilés de mode, randos dans les champs de lin, conférences et visites de la coopérative linière Terre de lin à Saint-Pierre-le-Viger sont organisés. Si vous voulez en savoir plus, mettez donc le cap sur Doudeville, la capitale du lin, et son Carrefour du lin (voir « Dans les environs de Saint-Valery-en-Caux »).

LA VALLÉE DE LA DURDENT

Faisons comme les saumons, remontons le cours d'une petite rivière, la Durdent, qui rejoint la Manche à Veulettes-sur-Mer. Cette jolie vallée tout en douceur vit au rythme de la rivière, large d'à peine 1 m à certains endroits. Des prairies humides, beaucoup d'arbres le long des berges ombragées, beaucoup de fraîcheur... Un paysage enchanteur jusqu'à Héricourt... Pour en profiter pleinement, mieux vaut partir de l'intérieur des terres vers la mer. Effectivement, les façades des maisons étant orientées vers le sud, vous risquez de ne voir que leur dos en partant de la côte !

VEULETTES-SUR-MER

(76450) 330 hab. *Carte Seine-Maritime, B1*

À 12 km à l'ouest de Saint-Valery-en-Caux, une toute petite station familiale populaire en bord de mer, située au pied de la falaise. De vastes prés où ruminent de bonnes grosses vaches, une longue jetée, un casino pour vider ses poches et quelques demeures du début du XXe s, qui se dissimulent sur les pentes verdoyantes. Les maisons sur la digue sont en fait d'anciennes cabines de bains, aujourd'hui habitées, donnant à la plage un style « congés payés ».

Où dormir ? Où manger ?

Camping

Maison du Campeur, camping municipal : *8, rue de Greenock. ☎ 02-35-97-53-44. • campingmunicipal-veulettes-sur-mer@orange.fr • À deux pas du centre et à 5 mn de la plage. Ouv d'avr à mi-oct. Env 14,20 € pour 2 avec tente et voiture. Mobile homes 350-480 €/sem. 115 empl.* Situé dans le creux de la vallée et dominé par de jolies maisons, un camping simple et classique, plutôt bien équipé pour le prix.

De prix moyens à chic

Hôtel Les Frégates : *3, digue Jean-Corruble. ☎ 02-35-97-51-22. • lesfregatesveulettes@gmail.com • les-fregates.com • Congés : 9 déc-9 fév. Doubles 88-118 € selon saison. Apéritif offert sur présentation de ce guide.* Une jolie maison blanche en front de mer, à laquelle ont été accolées des annexes. Les chambres, modernes et agréables, ont pour la majorité vue sur le large. Bon confort général, même si l'insonorisation est parfois un brin déficiente. Bien, mais un peu cher en haute saison quand même.

Restaurant de la Mer : *13, digue Jean-Corruble. ☎ 02-35-97-96-28. • restaurantdelamer76@orange.fr • Tlj sf lun. Congés : déc-janv. Formule en sem 13 € ; menus 25-45 €. Apéritif maison offert sur présentation de ce guide.*

Belle salle de restaurant au 1er étage, avec vue sur la mer. Le poisson et les fruits de mer de saison tiennent le haut de l'affiche, mais que ce soit eux, les légumes ou les viandes, tout vient de producteurs ou de pêcheurs locaux !

Où dormir dans les environs ?

Camping

Camping municipal Les Mouettes : *76450* ***Saint-Martin-aux-Buneaux.*** *☎ 02-35-97-96-16. • camplesmouettes@orange.fr • saint-martin-aux-buneaux.fr • À 7 km au sud de Veulettes par la D 79 et la D 68. Ouv avr-sept. Env 11,50 € pour 2 avec tente et voiture ; hébergements locatifs 200-250 €/sem selon saison. CB refusées. 63 empl.* Un tout petit camping dans le bourg, avec des emplacements délimités par de hautes haies. Sanitaires très bien tenus, une épicerie dans le village, des barbecues, une machine à laver. Bref, tout ce qu'il faut ! Bon accueil familial.

DANS LES ENVIRONS DE VEULETTES-SUR-MER

Les Petites-Dalles : *à 8 km à l'ouest de Veulettes-sur-Mer.* On adore ce petit bout de village coincé au creux d'une étroite valleuse, avec son charme paisible et ses belles résidences secondaires du début du XXe s. D'ailleurs, les Boudin, Monet, Berthe Morisot et autres Pissarro ne nous ont pas attendus pour s'en inspirer ! Ici se trouve résumé tout l'enchantement de la Côte d'Albâtre. Hors saison, calme parfait.

CANY-BARVILLE (76450) . 3 100 hab. *Carte Seine-Maritime, B2*

Jusqu'au XIXe s, Cany-Barville fut la capitale du lin normand. Les riches négociants venaient de Belgique pour y acheter la production locale réputée pour sa qualité. Étonnamment, de ce passé, la ville ne porte plus trace. Si elle ne déborde pas de charme, elle n'en est pas moins plutôt sympathique avec, notamment, ses jolies halles et leur architecture intéressante, ainsi que son château qui, lui, mérite le détour.

Adresse et info utiles

Office de tourisme : *32, pl. Robert-Gabel. ☎ 02-35-57-17-70. • plateaudecauxmaritime.com • Avr-sept, tlj sf lun ap-m et mar 9h30-12h30, 14h-18h ; hors saison, horaires restreints (voir le site).* Propose le dépliant du circuit « Cany au fil de l'eau » pour découvrir librement le patrimoine de la ville, et des visites commentées le lundi en juillet-août à 15h *(3 €).*

– ***Marché :*** *lun mat.* Bons producteurs locaux.

Où dormir à Cany-Barville et dans les environs ?

Camping

Camping municipal de Cany-Barville : *15, route de Barville. ☎ 02-35-97-70-37. 06-17-18-03-46. • camping@cany-barville.fr • cany-barville.fr • Accès par la D 268, direction Yvetot. Ouv avr-sept. Env 11,50 € pour 2 avec tente et voiture. 100 empl.* Un grand camping bien aménagé, avec des

LA SEINE-MARITIME

emplacements un peu plus bétonnés pour les camping-cars et les caravanes, et plus verts pour les tentes. Certains sont séparés par des haies, d'autres sont dispersés sur les pelouses, sous les arbres. Bien qu'on soit en ville, le site est bien vert et joliment paysagé. Quant à l'équipement et l'entretien, rien à redire, surtout pour le prix.

Chambres d'hôtes

L'Estable : *chez Nicole et Jean-Luc Thonnat, 57, impasse de l'Église, 76450* ***Ouainville.*** *☎ 02-35-97-73-49. • nthonnat@aol.com • gite-estable.com • À 3 km à l'ouest de Cany-Barville, accès par la D 925 puis la D 71 ; juste derrière l'église. Ouv avr-oct. Double 75 €.* En plein bourg mais en pleine campagne ! Dans une ancienne ferme du XVIIIe s, aux différentes bâtisses dispersées dans un superbe jardin, 3 chambres dans une maison à colombages chaleureuse et pleine de caractère. Au rez-de-chaussée, réservé aux hôtes, un grand salon cossu avec piano, bibliothèque et beaux meubles de famille. Ameublement que l'on retrouve aussi dans les jolies chambres à l'étage. Bel accueil.

Où manger un bon gâteau ? Où boire un petit verre ?

Et si c'est la faim qui vous tenaille, faites donc le détour par la ***boulangerie-pâtisserie Boinet*** *(dans la rue principale ; 57, rue du Général-de-Gaulle ; ☎ 02-35-97-71-86 ; tlj sf mer).* Ses gâteaux ne manquent pas d'intérêt, notamment son « camembert » (voir l'anecdote dans l'introduction de Veules-les-Roses), particulièrement fameux.

Si vous vous sentez le gosier sec, pourquoi ne pas faire le crochet par le modeste mais étonnant ***Café des Glaces*** *(9, pl. du 8-Mai ; ☎ 02-35-97-68-92 ; tlj sf mar),* avec son petit intérieur Art déco ?

À voir. À faire

Le château de Cany-Barville : *☎ 02-35-97-04-60.* ***Fermé pour travaux.*** Très beau château Louis XIII, édifié en 1640 sur des plans que l'on attribue à Mansart. Il fut construit en 6 ans, encadré par deux longs corps de bâtiments (écuries et lavanderie). Autour, on creusa des douves alimentées par la Durdent et, à deux extrémités, on construisit deux gros pavillons carrés et symétriques, une chapelle et un chartrier. C'est le prototype parfait du bon gros château Louis XIII, sis au milieu d'un grand parc de 50 ha.

– ***La base de loisirs du lac de Caniel :*** *au bord du lac de Caniel, 76450* ***Vittefleur.*** *☎ 02-35-97-40-55. • lacdecaniel.com • Tte l'année ; juil-août, tlj à partir de 11h pour les activités (sf le téléski) ; celles-ci sont suspendues début oct-début avr (en fonction de la météo).* Idéal pour un après-midi en famille. On trouve ici la nature et l'air pur, mais surtout plein d'activités sportives (payantes) : ski nautique, luge d'été, barque, canoë, bowling, embarcations à pédales, location de vélos... D'autres activités sont gratuites, comme la baignade (surveillée en été), le parcours nature, l'espace roller, l'aire de jeux pour les petits... Resto sympa au bord du lac.

DE SAINT-VALERY-EN-CAUX À DIEPPE

De Saint-Valery-en-Caux à Dieppe, la route côtière est très pittoresque et assez accidentée. Elle croise de charmantes valleuses qui se jettent dans

la mer. Des cours d'eau minuscules creusent le plateau crayeux, et les dénivellations qu'il vous faudra franchir atteignent souvent 100 m. Les valleuses encaissées offrent des panoramas exceptionnels et toujours variés. Sur ce magnifique itinéraire, encore quelques maisons à colombages et toits de chaume, mais la brique du Nord fait timidement son apparition.

SAINT-VALERY-EN-CAUX

(76460) 4 650 hab. *Carte Seine-Maritime, B1*

Malgré son architecture d'après guerre, Saint-Valery se révèle être une station balnéaire agréable, notamment en saison, quand son port de pêche et de plaisance crée une certaine animation sur les quais. Celui-ci, en s'enfonçant 800 m dans les terres, sépare la ville en deux : en aval, ce qui reste de l'ancien Saint-Valery ; en amont, la partie récente, construite après la guerre et composée de petits immeubles dans le style de ceux du Havre, avec sa grande promenade du front de mer. Joliment aménagée et très sympa avec ses terrains de jeux, ses tables, ses fauteuils et ses bancs plutôt originaux, elle est en revanche étonnamment peu exploitée par l'industrie touristique : seuls le casino, assez discrètement posé tout au bout de celle-ci, et un hôtel-restaurant s'y sont installés ; le reste n'est qu'appartements privés et bureaux. De la plage, vue splendide sur les falaises qui s'étirent à perte de vue.

LA BATAILLE DE SAINT-VALERY

Elle débute le 7 juin 1940. Ce jour-là, un général allemand encore inconnu, Erwin Rommel, perce le front et parcourt tout le département pour atteindre la côte aux Petites-Dalles. Une flottille de navires reçoit l'ordre de rallier Saint-Valery et Veules-les-Roses pour embarquer les troupes de la 51st Highlanders Division. Mais le 11 juin, Rommel a déjà pris position sur le plateau dominant la ville. Un bombardement intense enflamme une partie de celle-ci et l'évacuation devient de plus en plus difficile. Environ 3 200 soldats sont malgré tout évacués. Cependant, les Highlanders venus d'Écosse étant dépourvus de tout ravitaillement et de tout équipement, la bataille elle-même devient impossible. Le 12 juin au matin, un drapeau blanc est hissé au clocher de l'église. La bataille est terminée, la ville détruite à près de 70 %. Commence alors la longue période de l'Occupation. Mais les Highlanders n'ont pas dit leur dernier mot.
La revanche sonne 4 ans plus tard, presque jour pour jour, quand la 51st Highlanders Division commence à poser le pied en Normandie. Elle participe aux batailles de Caen et de Falaise, avant de se tourner vers la Seine et d'arriver, sans avoir à tirer un coup de feu, à Saint-Valery-en-Caux le 2 septembre. Elle y reçoit un *wonderful welcome* de la part de ces Français qui se souviennent des jours noirs de juin 1940.

JONGKIND, PRÉCURSEUR DE L'IMPRESSIONNISME

Lors d'une visite au château du Mesnil-Geoffroy, à Ermenouville, ne manquez pas le dessin aquarellé sur papier bleu de Johan-Barthold Jongkind, intitulé *Les Bateaux au large de Saint-Valery-en-Caux,* réalisé en 1862 à l'occasion d'une rencontre décisive avec Boudin et Monet sur la côte normande. Jongkind (1819-1891), paysagiste et postromantique hollandais, venu en France à la demande du peintre Eugène Isabey, tombe d'abord amoureux de Paris. Puis, à partir de 1850, il s'éprend de la côte normande et accentue son travail de décomposition de la lumière, travaillant de plus en plus par petites touches et renonçant aux ciels bas et sombres de ses débuts. Monet, son élève, dira qu'il lui doit « l'éducation définitive de son œil ». Manet, son ami, tout comme Baudelaire et Zola, encense ce précurseur de l'impressionnisme qui élève l'aquarelle (au début préparatoire à l'œuvre terminée en atelier) au rang d'œuvre à part entière. Exilé dans le Dauphiné après la guerre de 1870, avec sa femme Joséphine Fesser, peintre hollandais qui tente de l'aider à surmonter ses troubles psychiques, il meurt en 1891, sombrant dans l'alcool et la paranoïa. Pourtant, au Salon des refusés de 1879, il était déjà si coté que de faux Jongkind s'y arrachaient comme des petits pains !

Arriver – Quitter

En bus

➢ ***De/vers Fécamp :*** ligne n° 60.

➢ ***De/vers Dieppe :*** ligne n° 61.

Adresses et info utiles

Office de tourisme : *1, quai d'Amont. ☎ 02-35-97-00-63. • plateaudecauxmaritime.com • Tlj 9h30-12h30, 14h-18h (18h30 avr-sept) ; fermé dim oct-mars.*

Location de vélos : ***Eureka,*** *route du Havre. ☎ 02-35-97-48-43. Tlj sf lun.*

– ***Marché :*** *ven mat tte l'année, ainsi que dim mat de mi-mai à fin sept.* Autour de la chapelle, sur la place du Marché, comme il se doit.

Où dormir ?

Camping Etennemare : *21, hameau d'Etennemare. ☎ 02-35-97-15-79. • contact@camping-etennemare.com • camping-etennemare.com • ♿ Ouv Pâques-Toussaint. Selon saison, compter 18,50-26 € pour 2 avec tente et voiture ; chalets et cottages 4-6 pers 340-750 €/sem selon saison. 116 empl.* À une certaine distance du centre mais encore en ville, un camping bien équipé tout indiqué pour les familles : aire de jeux sympa, et surtout un espace aquatique avec toboggan et piscine couverte chauffée. Emplacements séparés par des haies, mais sans ombre.

Hôtel Henri IV : *16, rue du Havre. ☎ 02-35-97-19-62. • hotelhenri.4@orange.fr • Du centre, prendre la direction de Fécamp et Cany-Barville ; l'hôtel est rapidement sur la gauche. Doubles avec sdb 49-62 € selon confort.* Un vent de bonne humeur souffle sur cette grande maison en brique recouverte de vigne vierge. Si les chambres dans l'annexe en bois à l'arrière sont plus calmes et moins chères, elles sont aussi plus sombres et ont moins de caractère que celles de la maison principale, avec leur déco à l'ancienne. Certaines jouissent même d'une jolie vue sur le port de plaisance ou le parc du château. Comme bien souvent dans les vieilles maisons, insonorisation moyenne, heureusement compensée par la qualité de la literie et de l'accueil exceptionnel, littéralement aux petits soins ! Une petite adresse chaudement recommandée.

Hôtel du Casino : *14, av. Clemenceau. ☎ 02-35-57-88-00. • contact@hotel-casino-saintvalery.com • hotel-casino-saintvalery.com • ♿ Fermé dim soir. Doubles 107-112 € selon vue et saison. Un petit déj/chambre et par nuit offert sur présentation de ce guide.* Malgré son nom, l'hôtel ne se trouve pas à proximité du casino mais au bout du port, à 800 m du front de mer. Un établissement d'apparence mastoc et moderne, mais l'intérieur est bien conçu et agréable. Chambres contemporaines de bon confort, les plus chères offrant une superbe vue panoramique sur les bateaux de plaisance. Accueil pro et charmant.

Où dormir dans les environs ?

Mer et Campagne : *49, Grande-Rue, 76460* ***Ingouville-sur-Mer.*** *☎ 02-35-57-26-45. • nathalieouin@aol.com • mer-et-campagne.jimdo.com • À env 3 km au sud de Saint-Valery-en-Caux. Doubles 59-63 €.* La mer est effectivement toute proche, mais ici, c'est la campagne ! Les animaux paissent dans les champs et cette jolie ferme typique tenue par des gens charmants abrite désormais de belles chambres modernes, soignées et tout confort. Mais le vrai plus, c'est l'espace commun avec coin salon et cuisine équipée à disposition des hôtes.

Au Gré du Temps : *2, rue du Ruissel, 76740* ***Houdetot.*** *☎ 02-35-97-58-44. 06-69-46-90-02. • fauchersandrine@orange.fr • À env 10 km de Saint-Valery-en-Caux. Doubles 59-64 €. Également 2 gîtes récents 6-8 pers 290-770 €.* Dans une ravissante maison en brique rouge et à colombages bleus, 3 chambres douillettes, lumineuses et fraîches (dont une vaste suite à l'étage), où les meubles anciens se mêlent joliment à la blancheur des murs et de la literie. Et pour parfaire le tout, un vaste et beau jardin.

Le Clos Saint-Vincent : *434, rue du Bois, 76460* ***Manneville-ès-Plains.*** *06-74-04-75-94. • leclossaintvincent@yahoo.fr • le-clos-saint-vincent.com • À env 3 km de Saint-Valery-en-Caux, dans le village. Double 80 €.* Proche de l'animation des plages mais dans un village paisible, cette ancienne écurie noyée dans les fleurs est un bon point de chute : l'accueil est très sympa, les chambres sont de bon confort et joliment aménagées, et il y a même une cuisine à disposition pour se préparer les repas.

LA SEINE-MARITIME

Où manger ?

Ô Clair de nos Terres : *1 bis, route de Dieppe. ☎ 02-35-57-46-78. • thierry-equilbec@orange.fr • À deux pas du centre ; du port, suivre la direction de Dieppe. Tlj en saison ; sinon ouv le midi mer-sam (dim midi sur résa), plus le soir ven-sam. Formules et menus 11,50-25 €.* Un « fast-food » du terroir, il faut oser le concept ! On vous rassure, du fast-food l'endroit n'a que l'idée de la vente à emporter. Car côté cuisine et produits, on est bien loin de la malbouffe puisque le patron-cuistot-serveur s'approvisionne chez quelques producteurs locaux. C'est très simple, le choix se limite à un plat du jour, des assiettes de fromage, de charcuterie ou d'huîtres. En dessert, les fromages blancs fermiers et les divines glaces de la ferme des Follet. Tandis qu'il prépare les assiettes dans sa petite cuisine très « comme à la maison », Thierry discute avec ses hôtes qui partagent de grandes tablées et se régalent avec un fond musical très jazz, au milieu des vieilles cartes scolaires et des B.D. Et puis certains soirs, c'est la fête, on se réunit pour un concert, ou une soirée à thème. Super !

Crêperie La Gouanière : *5, rue Jacques-Angot. ☎ 02-35-57-01-38. • lagouaniere@hotmail.fr • Tlj en juil-août ; fermé lun soir-mar hors saison. Résa conseillée (c'est tt petit) ! Formule déj 11,90 € ; carte env 15 €. Café offert sur présentation de ce guide.* Dans une ruelle située sur le flanc de la chapelle, une minuscule crêperie au décor pimpant proposant de bonnes galettes et crêpes à prix doux. Également une poignée de tables en terrasse.

La Passerelle : *1, promenade Jacques-Couture. ☎ 02-35-57-84-11. • restaurant@casino-saintvalery.com • Tlj tte l'année. Résa conseillée. Formule déj en sem 19 € ; menus 24-38 € ; carte 35-40 €.* C'est le resto du casino tout vitré, avec sa grande baie qui s'avance vers le large. L'occasion de bien manger dans un cadre plutôt contemporain et chic mais pas guindé, et avec une superbe vue. Plats classiques, joliment présentés et agrémentés, ici et là, de saveurs qui nous font traverser les océans (vanille, gingembre, épices). Évidemment, cuisine très axée sur la mer et le poisson (pris chez les pêcheurs du coin), mais les amateurs de viande y trouveront aussi leur compte.

Côté Sud : *14, av. Clemenceau. ☎ 02-35-57-88-00. • contact@hotel-casino-saintvalery.com • Tlj, sf dim soir en hiver. Formule déj en sem 17 € ; menus 23-36 €.* Il s'agit en fait du resto de l'*hôtel du Casino.* Sa grande salle élégante et contemporaine, à l'ambiance feutrée, est cachée à l'arrière du bâtiment, et ses baies donnent sur l'agréable terrasse et le jardinet à l'arrière. Cuisine soignée, tant dans la préparation que dans la présentation, avec un 1er menu offrant déjà un rapport qualité-prix intéressant. Service agréable, pro et efficace.

Où boire un verre ?

Le bar du casino : *1, promenade Jacques-Couture.* Précisons d'emblée que si le cadre est plutôt classe, l'ambiance de ce casino n'a rien de sélect et le prix des consommations y est tout à fait raisonnable. Il serait donc dommage de bouder une terrasse ensoleillée offrant une telle vue !

À voir. À faire

La maison Henri-IV : *3 bis, quai de la Batellerie. ☎ 02-35-57-14-13. (rdc slt et fiches malvoyants). Avr-sept, mer-dim (tlj juil-août) 10h15-12h30, 14h-18h15 ; hors saison, slt w-e, j. fériés et vac scol (mer-dim) 10h-12h30, 14h-16h45. Fermé en janv. Entrée : 2 € ; gratuit moins de 10 ans et expos temporaires.* C'est la plus belle demeure de Saint-Valery-en-Caux. Elle fut édifiée en 1540 par l'armateur Guillaume Ladiré, sous François Ier. Henri II aurait été accueilli dans cette maison lors de son séjour en Normandie, en 1550, levant d'ailleurs la taxe sur la gabelle à cette occasion. Quant à Henri IV... peut-être en 1593, mais rien n'est certain ! Quoi qu'il en soit, la sublime façade en chêne évoque le négoce avec le Brésil, appelé alors « France antarctique », dont les forêts de bois rouge faisaient l'objet d'un riche commerce. Une partie des sculptures sont d'origine. Au rez-de-chaussée, vous trouverez les saints catholiques puis, en montant, sur les *pigeards,* statuettes verticales avec des masques, des têtes simiesques ou des personnages sud-américains. À l'étage, un bateau aux voiles relevées, un bûcheron coupant du bois du Brésil, des danseurs sud-américains, ou encore un personnage en extase devant le Soleil (le plus beau peut-être !). Également des *rinceaux,* frises à décoration florale, ainsi que des sirènes et des guerriers scarifiés. Quant aux formes géométriques de la maison, elles correspondent à deux types d'ouvrage : les écharpes (bois posés en biais) et les croix de Saint-André (car le saint fut crucifié sur une croix de cette forme), qui assurent la bonne stabilité de l'édifice. Enfin, le musée évoque le passé de la ville et de sa région, ses artistes, son activité maritime, etc.

Le quartier autour du quai d'Aval : le seul quartier de Saint-Valery épargné par les bombardements, qu'un petit parcours fléché vous permet de découvrir. Jeter un œil à la cour du *couvent des Pénitents,* fondé au XVIIe s par l'ordre des Pénitents de Saint-François d'Assise. S'il n'est pas toujours ouvert au public, on peut toutefois l'admirer par la grille. Pour l'anecdote : bien que le couvent soit devenu le club des Jacobins à la Révolution, puis une caserne et une prison militaire, un frère obstiné s'accrocha à son poste de jardinier jusqu'à sa mort, en 1816, pour ne jamais quitter les lieux...

La falaise d'Aval : *accès depuis le quai d'Aval, par la sente des Douaniers.* Balade superbe et vue extraordinaire de là-haut sur une bonne partie de la côte. Par beau temps, on aperçoit même Veules et Sotteville et, la nuit, le phare de Varengeville.

La falaise d'Amont : *accès par la sente des Douaniers et le GR 21.* De là-haut, vue sur Saint-Valery. Cela dit, elle est plus jolie à voir d'en bas, depuis le casino ou la plage...

Fêtes et manifestation

- **Festival du lin :** *3 j. en juin à Doudeville, ou 3 j. en juil dans la vallée du Dun.*
- **Fête du Maquereau :** *2e w-e de juil.*
- **Fête de la Mer :** *3 j. autour du 15 août.*
- **Festival de l'image :** *4 j. autour du 1er w-e d'oct.*
- **Fête du Hareng et du Cidre :** *3e dim de nov.*

DANS LES ENVIRONS DE SAINT-VALERY-EN-CAUX

Le château du Mesnil-Geoffroy : *chez le prince et la princesse Kayali, 76740* ***Ermenouville.*** *☎ 02-35-57-12-77. • chateau-mesnil-geoffroy.com • À 8 km au sud de Saint-Valery par la D 20 puis la D 70. Mai-sept, roseraie et parc ouv tlj sf lun-mar 14h30-18h, château ouv slt ven-dim et j. fériés. Entrée : 9 €, réduc ; 7 € parc, roseraie et potager slt, réduc, gratuit moins de 7 ans.* Ce château du XVIIIe s, classé Monument historique, ayant appartenu au prince de Montmorency, accueillit Victor Hugo et Saint-Exupéry, qui y aurait peut-être écrit *Vol de nuit*... Très belles boiseries sculptées dans les pièces de réception et beau mobilier familial. Visite centrée sur la vie quotidienne des châtelains au XVIIIe s. Il abrite également l'aquarelle *Les Bateaux au large de Saint-Valery-en-Caux,* de Jongkind, l'un des précurseurs de l'impressionnisme (voir le texte en introduction à la ville). Son parc dessiné par Colinet, le neveu de Le Nôtre, abrite la plus grande roseraie privée de Normandie, soit 2 900 rosiers et près de 2 000 espèces différentes qui embaument de juin à septembre. Également un potager romantique de légumes anciens.

Le Carrefour du lin : *4, rue Cacheleu, 76560* ***Doudeville.*** *☎ 02-35-95-68-64. À 18 km au sud de Saint-Valery-en-Caux par la D 20. Avr-sept et vac scol, mar-sam (plus lun juil-août) 9h30-12h30, 14h-18h. GRATUIT.* Toutes les infos en rapport avec le lin. Également deux films intéressants (de 15 mn chacun) sur la culture du lin, sa transformation et ses débouchés, ainsi que des vitrines renfermant différents produits fabriqués dans les environs. Idéal pour donner des pistes d'achats.

La Ferme Au Fil des Saisons : *route de Yémanville, 76560* ***Amfreville-les-Champs.*** *☎ 02-35-56-41-46. • lafermeaufildessaisons.fr • À env 22 km de Saint-Valery-en-Caux et à 4 km de Doudeville ; fléché à partir d'Amfreville (attention à la patte-d'oie bizarre !). Tte l'année, mer et ven 14h-18h30, sam 9h30-12h, 14h-18h30. GRATUIT pour les individuels – sur résa et payant pour les groupes. Tte l'année visite commentée de l'écomusée mer à 14h (4 €/pers).* Un lieu où chacun devrait trouver son bonheur, puisqu'il s'agit à la fois d'un petit écomusée du lin (vous êtes sur une exploitation de lin tenue par un passionné !), d'une ferme pédagogique et d'une épicerie vendant les produits de l'exploitation, mais aussi ceux d'autres producteurs dûment choisis (bio pour la plupart, ou en passe de l'être) : confitures, jus de fruits (dont un étonnant et délicieux nectar de rhubarbe), alcools, volaille, fromages, légumes... Bref, de quoi préparer votre pique-nique ou vos futurs repas ! Dans la ferme pédagogique, un sentier découverte permet, entre autres, d'approcher différents animaux comme les poules, les chevaux ou les lapins (et même de caresser ces derniers si vous parvenez à les attraper !). Un autre, de 2 km, permet de comprendre la structure des clos-masures, l'intérêt des mares, de découvrir la forêt et son environnement. Les deux ânes de la maison, Colibris et Albert, peuvent même être attelés pour une petite promenade. Un lieu vraiment très sympa.

VEULES-LES-ROSES

(76980) 550 hab. *Carte Seine-Maritime, B1*

Petite station balnéaire vraiment adorable, située dans une vallée verdoyante, lancée par la comédienne de la Comédie-Française Anaïs Aubert qui, en 1826, lasse de sa vie parisienne, aurait demandé à son cocher de « l'amener à la mer ». Celui-ci l'aurait alors déposée à Veules-les-Roses, qu'elle découvrit avec ravissement et dont elle parla si bien à son retour à Paris que ses nombreux amis y accoururent. Une colonie de peintres russes y séjourna aussi au début du XXe s. Leurs toiles représentant le pays de Caux et des entrées de fermes typiquement normandes sont exposées aujourd'hui... au musée de l'Ermitage, à Saint-Pétersbourg (pas la porte à côté !). Eh oui, Veules ne comptait pas moins de 300 chambres d'hôtel avant la Seconde Guerre mondiale. Le plus grand d'entre eux, l'*Hôtel des Bains,* eut la chance d'être épargné par les affrontements qui détruisirent le front de mer.

Aujourd'hui, le charme de Veules tient autant au village lui-même qu'à sa plage. Pour le découvrir, surtout, ne vous aventurez pas en voiture dans la rue principale. Garez-vous dans l'un des parkings que vous trouverez en arrivant. De là, vous aborderez le village de la plus jolie façon, par les petites rues, où de nombreux panneaux vous content l'histoire des lieux.

LE CAMEMBERT DU PÂTISSIER

C'est un boulanger de Veules-les-Roses qui a inventé ce gâteau que l'on retrouve désormais dans plusieurs boulangeries du coin et qui ressemble bigrement à un « vrai » camembert. Il s'agit en réalité d'une meringue recouverte de sucre glace avec, en son centre, de la crème fouettée et du caramel liquide. Délicieusement écœurant... et très difficile à manger proprement !

« LE PLUS PETIT FLEUVE DE FRANCE »

Le village est traversé par la Veules, un fleuve né de la résurgence d'une nappe phréatique. Si celui-ci, avec ses 1,15 km de long, n'est peut-être pas, comme on aime à le répéter dans la région, le plus petit fleuve de France, il est en revanche le plus petit à avoir été autant exploité et à avoir autant contribué à l'économie d'un village : 11 moulins furent en effet construits sur ses rives et jusqu'à 10 fonctionnèrent en même temps. Bien que le dernier ait cessé son activité en 1952, on peut encore régulièrement voir la roue de plusieurs d'entre eux tourner. Depuis le XIVe s, c'est aussi à la source de cette petite Veules que l'on cultive le cresson. Le spectacle de ces cressonnières adossées aux jolies maisons mérite le coup d'œil !

Adresse et info utiles

i ***Office de tourisme :*** *27, rue Victor-Hugo.* ☎ *02-35-97-63-05.* • *veules-les-roses.fr* • *Juil-août, tlj 9h30-12h30, 14h-18h30 ; avr-juin et sept, mer-dim 9h30-12h30, 14h-18h ; oct-mars, mer mat, ven ap-m et sam.* Propose un plan-guide du village (gratuit) et différents circuits pédestres à Veules et dans les environs (plan-randonnée payant). En juillet-août, visite guidée du village *(mar à 10h30, 3 €).*

– ***Marché :*** *mer mat.*

Où dormir ?

Camping

Camping Les Mouettes : av. Jean-Moulin. ☎ 02-35-97-61-98. • contact@camping-lesmouettes-normandie.com • camping-lesmouettes-normandie.com • Ouv Pâques-Toussaint. Selon saison, compter 14,20-23,70 € pour 2 avec tente et voiture ; hébergements locatifs 330-860 €/sem selon saison. 152 empl. Un vaste camping bien tenu et bien équipé (piscine couverte et chauffée, espace bien-être, et tout et tout), avec des emplacements semi-ombragés et délimités par des haies. Sanitaires un peu justes toutefois. Bon accueil.

Chambres d'hôtes et résidence

Le Moulin des Cressonnières : *chez Chantal de Crépy, 74, voie Charles-de-Gaulle. ☎ 02-35-97-60-27. • chantal.decrepy@orange.fr • veulesmoulin.fr • À l'entrée de Veules en venant de Saint-Valery-en-Caux. Doubles 85-99 € selon chambre ; tarifs dégressifs (2 nuits min mai-août).* Dans les dépendances d'une ravissante maison adossée aux cressonnières, 2 chambres. L'une assez sobre mais tout confort, avec une belle salle de bains. L'autre, avec plus de caractère grâce à son mur de pierres apparentes, peut être louée à toute une famille puisqu'elle dispose, en duplex, d'une chambre sous les toits dotée de 3 lits et de son propre petit cabinet de toilette. Une belle adresse, au calme, tenue avec beaucoup de gentillesse.

Résidence Douce France : *13, rue du Docteur-Pierre-Girard. ☎ 02-35-57-85-30. • contact@doucefrance.fr • doucefrance.fr • En plein centre. Doubles 129-159 € ; gratuité pour la 4e nuit consécutive (hors juil-août). Appartement 4 pers 239 €. Petit déj en sus.* Une adresse de charme située dans un ancien relais de poste du XVIIe s, admirablement restauré. L'immense bâtisse fortifiée en brique et bois vert clair entoure une jolie cour verdoyante, avec, sur le côté, un jardin cloîtré au bord de la Veules. Les chambres (quasiment des suites) sont spacieuses et douillettes, avec kitchenette pour le plus grand nombre. Certaines en duplex et mansardées, d'autres avec vue sur la Veules ! Salon de thé, bien appréciable pour profiter du cadre.

LA SEINE-MARITIME

Où manger ? Où boire un thé ?

Atelier 2 : *2, rue du Bouloir. ☎ 02-35-97-07-95. Ouv le w-e et pdt vac scol.* La galerie de monsieur d'un côté et le salon de thé de madame de l'autre. Au programme, thés de qualité et bons gâteaux maison... bref, l'endroit parfait pour un vrai *tea time* en terrasse dans le jardinet, dans la plus pure tradition anglaise !

Fanthézie : *12, pl. de l'Église. ☎ 02-77-24-60-72. Ouv en principe tlj, 11h-17h30. Congés : janv. Repas env 15 €.* Si le cadre est un peu froid, on apprécie l'accueil qui, lui, ne l'est pas ! L'été, les tables sur la place offrent un atout supplémentaire. Petits plats du jour, soupes, salades, café gourmand, à toute heure.

Un Jour d'Été : *25, rue Victor-Hugo. ☎ 02-35-97-23-17. À gauche de l'office de tourisme. Ts les w-e et tlj vac scol, 11h-19h. Congés : janv-fév. Formule 15-20 €.* Dans une courette fleurie, au pied de l'ancien « chalet suisse », une jolie maison à lambrequins, quelques tables pour prendre le thé et le temps de vivre. Et même de grignoter des plats composés de produits locaux, tartes et gâteaux, tout est fait maison.

Le P'tit Veulais : *1, rue du Docteur-Pierre-Girard. ☎ 02-35-97-59-19. Tlj 12h-14h30, 19h-21h30, sf lun (tte l'année) et mar (hors saison). Formules 15-20 € en sem ; à la carte 20-25 €.* Une adresse toute simple qui fait l'unanimité et fréquentée aussi bien par les gens du coin que par ceux de passage. Au menu, une cuisine normande sans chichis, mais bonne et copieuse. Ambiance chaleureuse.

Les Galets : *3, rue Victor-Hugo. ☎ 02-35-97-61-33. • restaurantlesgalets-veuleslesroses@orange.fr • Tlj sf mar, plus mer hors juil-août. Formule déj en sem (sf j. fériés) 30 € ; menus 39-53 € ; carte env 60 €.* C'est le resto gastronomique de Veules-les-Roses. Cadre classique, dans un style feutré contemporain et chic, en harmonie avec une cuisine élégante et soignée élaborée avec de beaux ingrédients locaux.

Où dormir ? Où manger dans les environs ?

Camping

Les Garennes de la Mer : *12, route de Luneray, 76740* ***Le Bourg-Dun.*** *☎ 02-35-83-10-44. • info@lesgarennes.fr • lesgarennes.fr • Par la D 237 puis la D 101 en direction d'Avremesnil. Ouv d'avr à mi-oct. Selon saison, compter 13-18 € pour 2 avec tente et voiture ; hébergements locatifs 220-480 €/sem. CB refusées. 90 empl.* En contrebas du terrain de foot et du tennis municipal, un petit camping familial, tranquille et dans un environnement agréable. Les hébergements locatifs, un peu tassés, ont le mérite d'être à l'écart ou retirés dans le fond du site. Sanitaires impeccables. Accueil très gentil.

Chambres d'hôtes

Les Deux Chênes : *chez Jana et François Hennetier, 8, rue de l'Église, 76740* ***Crasville-la-Roquefort.*** *☎ 02-35-97-63-31. • francois.hennetier@wanadoo.fr • chambres-jana.fr • À env 11 km au sud de Veules-les-Roses par la D 142. Congés : janv-mars. Double 50 €. Table d'hôtes sur résa 20 €.* Au centre du bourg, dans une maison de maître en brique, des chambres simples mais soigneusement tenues, colorées et agréables, chacune avec sa petite touche romantique. Un rapport qualité-prix étonnant.

Atelier Green Valley : *18, route de la Vallée-du-Dun, 76740* ***Saint-Pierre-le-Vieux.*** *06-71-75-41-29. • greenvalley@wanadoo.fr • ateliergreenvalley.eu • À 9 km au sud de Veules-les-Roses, un peu avt le panneau d'entrée dans la ville, sur la gauche en venant du Bourg-Dun. Doubles 50-55 €. Table d'hôtes sur résa 20 €. Remise de 10 % sur la chambre (une nuitée) sur présentation de ce guide.* Dans une croquignolette maison en brique et silex, 3 chambres confortables et colorées où l'on retrouve la patte de sculpteur de l'hôte des lieux. Leur déco pleine de personnalité tranche avec ce que l'on peut voir d'ordinaire ! Un jardinet fleuri pour se poser et, dans la maison au bord de la route, l'atelier du propriétaire. Une adresse chaleureuse, un tantinet bohème.

Chambres d'hôtes et gîte Le Chat chez qui j'habite : *chez Marie-Odile Hocquigny, 67, hameau de la Saline, 76740* ***Saint-Aubin-sur-Mer.*** *☎ 02-35-84-43-26. 06-62-48-67-36. • lechatchezquijhabite@orange.fr • lechatchezquijhabite.com • À 5 km à l'est de Veules ; à l'intersection de la D 75 et de la D 237, à la sortie de Saint-Aubin-sur-Mer. Congés : janv. Double 95 €.* Une étonnante maison d'artiste que ce manoir où les chambres entièrement décorées par la propriétaire pourraient être tirées d'un album illustré pour enfants, avec une féerie de couleurs agrémentée de personnages de petites filles ou du fameux chat qui a donné le nom au lieu. Cuisine et véranda à disposition, ainsi qu'un hammam (en supplément) et 2 tennis dans le beau parc bien touffu et orné d'œuvres d'art.

Très bon marché

Le Champêtre : *321, Grande-Rue, 76740* ***La Chapelle-sur-Dun.*** *☎ 02-35-97-60-21. Fermé le soir mer et dim (plus dim midi hors saison). Congés : 10 j. en juin, 10 j. en oct.*

Menu (complet !) 13 €. Café offert sur présentation de ce guide. Récemment repris mais pour continuer dans le même esprit : d'un côté, il y a l'épicerie, une échoppe qui en a vu d'autres ; de l'autre, le café avec son comptoir sans âge ; et tout au fond, la salle à manger de poche donnant sur une terrasse. Plus qu'un resto, c'est un vrai lieu de vie, où les nombreux habitués s'installent sur les tables communes pour profiter d'une cuisine du jour sans chichis, généreuse et maison. Génial et pittoresque... à l'image des w-c dans la cabane au fond de la cour, à l'ancienne !

Achats

Si vous avez de la place, c'est le moment d'en profiter pour rapporter un joli rosier « pompon » (entre autres) qui s'épanouira dans votre jardin, chez le pépiniériste de Veules.

Le Relais des Artistes : *10, rue Jean-Lamy. ☎ 02-35-97-83-66. Tlj en saison et jeu-lun hors saison, 10h30-13h, 15h-19h.* On y trouve de belles choses à rapporter, de la déco aux jouets en passant par les accessoires de cuisine, jardin et autres... Une vraie caverne d'Ali Baba !

DANS LES ENVIRONS DE VEULES-LES-ROSES

Sotteville-sur-Mer : minuscule village à l'est de Veules-les-Roses, aux maisons éparpillées sur la falaise. Le calme parfait. À 1 km de l'église, petit parking, puis une sympathique volée de 231 marches permettant d'accéder à une petite plage de galets à l'aplomb de la falaise.

VARENGEVILLE-SUR-MER

(76119) 1 020 hab. *Carte Seine-Maritime, C1*

À 8 km de Dieppe, charmant village qui s'étire le long de la route et de la valleuse de Vastérival. Certainement l'endroit de la côte qui recèle le plus de petites merveilles. Atmosphère champêtre et bourgeoise à la fois, grâce à de superbes demeures du début du XXᵉ s bien camouflées derrière des écrans d'arbres. Chance supplémentaire, la terre plutôt acide favoriserait, paraît-il, le développement des plantes rares. Dans le genre, ne manquez surtout pas le parc du Bois-des-Moutiers et ses rhododendrons géants, ni la collection Shamrock, la plus grande collection d'hortensias au monde.
Enfin, l'un des plus beaux cimetières marins qui soient, celui où Braque est inhumé, au pied de l'église dont il dessina les vitraux. C'est là tout le charme de Varengeville, un petit bout de Normandie largement célébré par les artistes.

UN AIMANT POUR LES ARTISTES

La liste des artistes ayant séjourné ou travaillé à Varengeville est réellement impressionnante. Côté littérature : Dorgelès, Saint-John Perse, Prévert, Proust, Breton, Cocteau, Gide, Virginia Woolf... Du côté des musiciens : Debussy, Ravel, Satie ou encore Albert Roussel, qui a sa tombe au cimetière marin... Et puis une belle palette du côté des peintres : Isabey, Corot, Monet, qui y a peint plus d'une centaine de toiles, Renoir, Pissarro, le portraitiste Jacques-Émile Blanche, Degas,

Picasso, Léger et, chez les Anglais, Turner, Whistler, Sickert... Miró, captivé par les cieux étoilés, y séjourna de 1937 à 1940 et s'inspira de ce coin pour réaliser son cycle *Constellations* et ses œuvres *Varengeville 1* et *Varengeville 2*. Enfin, Braque, le seul peintre exposé au Louvre de son vivant, y avait même son atelier. C'est lui qui a dessiné le vitrail de l'*Arbre de Jessé* dans l'église jouxtant le cimetière marin, où il repose face à la mer. Aujourd'hui, signalons Michel Ciry, l'auteur du *Christ rédempteur* exposé dans l'église, qui vit et travaille à Varengeville.

Où manger ? Où boire un verre ?

Bon marché

Le Piment Bleu : *la Cidrerie, château de Varengeville, route de Dieppe. ☎ 02-35-83-38-95. Au carrefour de la route menant au manoir d'Ango et à la collection Shamrock. Tlj en juil-août 10h-19h, fermé jeu hors saison. Formule 12 €.* Dans un cadre à la fois grandiose (on est dans le parc du château, quand même), simple et décontracté, c'est l'endroit idéal pour une pause, que ce soit pour le déjeuner, un café, le goûter. Aux beaux jours, on s'installe en terrasse dans la jolie cour. Sinon, ça se passe à l'intérieur, au milieu des produits en vente (plus provençaux que normands) et au son, dans les moments de creux, du métier à tisser de Ghislaine du Tertre qui, en plus de vous mitonner une bonne petite cuisine familiale sans complication et autres gâteaux à prix doux, crée les tissus des vêtements en vente sur place.

La Maison de Jules : *1, pl. des Canadiens. ☎ 02-35-84-28-97. • contact@lamaisondejules.com • Tlj sf mar hors saison, 10h-21h env (selon affluence : le soir, mieux vaut téléphoner). Formule 15 € ; carte 15-20 €.* Logé dans une longue maison en brique, doté d'une chapelle de silex et d'une galerie d'art, ce salon de thé et bar à vins cosy propose une petite restauration toute simple, du genre quiche du jour et assiettes de charcuterie et fromages. Convenable et, gros avantage, servi à toute heure.

Où dormir ? Où manger dans les environs ?

Voir aussi nos adresses « Où dormir dans les environs ? » et « Où manger dans les environs ? » à Dieppe.

Chambres d'hôtes Le Manoir de Tessy : *chez Marie-Agnès Fritsch, le Tessy, 76860* ***Ouville-la-Rivière.*** *☎ 02-32-06-34-44. • lemanoirdetessy.com • À env 7 km au sud-ouest de Varengeville par la D 123, direction Ambrumesnil. Doubles 66-88 €. Table d'hôtes 20 €. Une bouteille de cidre offerte sur présentation de ce guide.* Dans une belle propriété verdoyante, un manoir du XVIe s restauré et modernisé, avec un colombier en excellent état, une cave à cidre, des dépendances en pierre et en brique, et un grand et beau jardin. Impeccables et avenantes, les chambres ont moins de cachet que la bâtisse elle-même, mais leur prix reste tout à fait raisonnable. Toutes donnent sur le grand potager qui alimente les repas de bonne qualité proposés en table d'hôtes. Accueil souriant et d'une grande gentillesse.

Chambres d'hôtes Fenêtres sur Mer : *220, rue aux Juifs, 76119* ***Sainte-Marguerite-sur-Mer.*** *06-70-29-83-38. • fenetres.sur.mer@orange.fr • fenetres-sur-mer.fr • À env 3 km à l'ouest de Varengeville par la D 75. Fermé 1er janv-11 fév. Doubles 105-125 € ; tarifs dégressifs. Une bolée de cidre offerte sur présentation de ce guide.* La vue est exceptionnelle car cette belle maison d'architecte n'a pas de vis-à-vis : elle domine les falaises et la mer. Depuis les terrasses, ou carrément installé dans le jacuzzi tout en baies vitrées, c'est vraiment le top ! Repos garanti, d'autant que les chambres sont cosy et soignées, et que l'accueil est très relax.

Hôtel de la Plage : *1, route de la Mer, 76860* ***Quiberville-sur-Mer.***

☎ *02-35-83-37-46.* • *hoteldelaplage76@orange.fr* • *À l'ouest de Varengeville par la D 75. Doubles 85-95 €.* Au bout du front de mer, ce petit hôtel convivial profite d'un emplacement de choix face au grand large. En salle pour le petit déj ou dans les jolies chambres de style sobre et contemporain, on ne s'en lasse pas ! Fait aussi resto. Accueil très sympa.

Achats

Lin et l'Autre : *pl. des Canadiens.* ☎ *02-35-04-93-37.* • *linetlautre-normandie.fr* • *En face de* La Maison de Jules. *En saison, tlj 10h-13h, 14h-19h.* Une boutique d'articles en lin, quoi de plus naturel dans le 1er département producteur de France ? Cette boutique, qui fabrique elle-même ses vêtements, n'utilise, bien sûr, que du lin régional, réputé pour sa qualité. Vêtements, écharpes, tissu au mètre et même des rideaux sur commande.

À voir

Le parc du Bois-des-Moutiers : *sur la D 27 vers la mer. Rens sur répondeur pour les floraisons en cours :* ☎ *02-35-85-10-02.* • *boisdesmoutiers.com* • *De mi-mars à mi-nov, billetterie tlj 10h-12h (mai-août 13h), 14h-18h. Visite libre du parc : 11 € ; réduc ; gratuit moins de 7 ans. Pour la maison : 6 € ; 4 visites guidées/j. en juil-août, résa conseillée. Chiens acceptés en laisse.*
Le Bois-des-Moutiers, c'est environ 50 000 visiteurs chaque année et l'un des trois jardins les plus visités de France... et pour cause ! À la fin du XIXe s, Guillaume Mallet, le propriétaire, fut l'initiateur d'un jardin aux essences multiples et lointaines. Planté de fleurs et d'arbres provenant de Chine, d'Amérique du Nord, du Chili et du Japon, ce magnifique parc de 12 ha occupe une charmante valleuse débouchant sur la mer, au bout de laquelle Monet a peint *La Maison du douanier à Varengeville.* Pour mener à bien son projet, il fit appel à de jeunes artistes britanniques : Edwin Lutyens, architecte, et Gertrude Jekyll, paysagiste dont le nom inspira Robert Louis Stevenson quand il créa sa célèbre personnalité schizophrénique, double de Mr Hyde... C'est ainsi qu'en 1898 fut construit en pleine Normandie un chef-d'œuvre de l'école *Arts & Crafts,* l'équivalent anglais de l'Art nouveau. C'est même le seul exemple en Europe occidentale, hors d'Angleterre. Le mouvement anglais est fortement marqué par le Moyen Âge, et on retrouve dans l'architecture l'aspect massif et quelque peu austère des châteaux forts. Il s'agissait pourtant d'une maison résolument d'avant-garde. Ne manquez pas le salon monumental, avec le piano sur lequel jouait 5h par jour le grand-père de l'actuel propriétaire. Notez les plaques de plâtre coloré et les innombrables détails de ferronnerie et d'ébénisterie qui sont autant de chefs-d'œuvre d'ingéniosité... De nombreux artistes fréquentèrent les lieux à l'époque : Rodin, Picasso, Miró, Cocteau... On vous conseille vivement la visite guidée de cette merveilleuse demeure, héritage d'une passion familiale.
Vous apprendrez que Guillaume Mallet était un adepte de la théosophie, enracinée chez Platon et reprise aujourd'hui jusque dans le new age. C'est un syncrétisme de plusieurs idées, telles la conscience une et universelle, la réincarnation, l'immortalité de l'âme, le karma, etc. Son nombre d'or est le 7, d'où les 7 niveaux d'évolution possibles en soi et les 7 niveaux du jardin du Bois-des-Moutiers. Pas étonnant que Krishnamurti (1895-1986), maître de sagesse de la théosophie, soit venu ici, s'installant généralement devant les trois fenêtres (chiffre symbole) de la cage d'escalier en forme d'amphithéâtre, où l'on venait s'asseoir et l'écouter...
Et maintenant, passons au jardin, si vous le voulez bien... à travers les chemins qui zigzaguent dans de superbes massifs aux couleurs éclatantes. Des parcours permettent de suivre la floraison en fonction de la date de votre passage, mais ne venez pas uniquement pour voir des fleurs. C'est aussi un jardin d'arbres et

l'œuvre d'une véritable paysagiste. La pleine floraison s'étale de mi-mars à mi-novembre. De mi-mai à mi-juin, le parc est certes paradisiaque à cause de l'éclosion des rhododendrons géants, mais l'automne lui sied tout autant, quand le calme revient et que les arbres se parent de belles couleurs orangées. Prévoir au minimum 1h de visite.

L'église et le cimetière marin : *suivre la route qui passe devant le parc du Bois-des-Moutiers.* Elle aboutit à une petite église du XIIe s, d'où la vue est époustouflante. À l'intérieur, curieuse double nef, traditionnelle à gauche et en coque de navire renversée à droite. Deux jolies colonnes torses symbolisant le cordage marin, agrémentées de coquilles Saint-Jacques. Sur l'une d'elles apparaissent une sirène et des têtes de marins. Au fond de la nef, sur la droite, un vitrail représentant l'*Arbre de Jessé,* que l'on doit à Braque. Sur l'autel, tabernacle en émaux, de Braque également. Voir aussi le *Christ rédempteur* de Michel Ciry, peintre mystique vivant à Varengeville. L'attachant *cimetière marin* qui entoure l'église servit de décor à de nombreux films. Les perspicaces chercheront la tombe de Braque et celle d'Albert Roussel. Ne manquez pas non plus celle du soldat du Premier Empire... devenu percepteur (curieuse inscription).

NE NOUS BRAQUONS PAS !

Ils créèrent ensemble le cubisme et pourtant ils se détestaient. Au vernissage d'une expo de tableaux de Picasso, Braque s'exclama : « C'est bien accroché. » Et à celui des céramiques de Picasso, Braque ajouta : « C'est bien cuit. »

La collection Shamrock : *route de la Cayenne (bien fléché). ☎ 02-35-85-14-64. • hortensias-hydrangea.com • De mi-juin à mi-sept, tlj sf mar mat 10h-12h, 14h30-18h ; la 2de quinzaine de sept, slt l'ap-m sf mar. Entrée : 7 €, de mi-juil à mi-août 8 € ; réduc ; gratuit moins de 15 ans.* Avec plus de 1 200 variétés présentées ici, il s'agit de la plus grande collection d'hortensias du monde, rassemblée par Robert et Corinne Mallet, spécialistes passionnés qui ont parcouru le monde à la recherche d'espèces rares qu'ils ont réussi à acclimater en Normandie. Le berceau de l'hortensia, c'est l'Asie, mais une partie de la collection est consacrée aux espèces américaines. La période de pleine floraison (de mi-juillet à fin août) est bien sûr le moment idéal pour visiter la collection, mais le début et la fin de la saison offrent des formes et des couleurs assez exceptionnelles.

Le manoir d'Ango : *chemin de la Cayenne. ☎ 02-35-83-61-56. 📱 06-61-20-87-25. • manoirdango.fr • Tlj de mi-avr à fin sept et slt le w-e oct-4 nov (tlj vac scol de la Toussaint) 10h-12h30, 14h-18h. Entrée : 5,50 € ; réduc ; gratuit moins de 12 ans.*
Incendié à la Révolution, transformé un temps en ferme (et même en auberge !), l'ancien palais d'été de l'armateur Jehan Ango est sauvé par Prosper Mérimée en 1862 quand celui-ci l'inscrit sur la même liste que le Louvre et Notre-Dame de Paris parmi les premiers sites classés Monuments historiques en France... En 1927, André Breton y écrit des pages de *Nadja,* en compagnie d'Aragon qui travaille sur son *Traité de style.* Le manoir est

LE VOLEUR VOLÉ

En 1522, Cortés déroba le fabuleux trésor de Moctezuma, le dernier empereur aztèque. Il remplit trois caravelles destinées à Charles Quint. Mais tout cet or fut ensuite intercepté en mer par le grand armateur dieppois Jehan Ango, ami de François Ier. Outre cette fabuleuse capture, la plus importante de l'histoire maritime, on découvrit alors les cartes des Espagnols qui avaient repéré les Antilles. C'est l'origine de la conquête de la Martinique et de la Guadeloupe... Bonne pêche !

finalement racheté par une riche famille d'industriels textiles du Nord, en 1928, les Hugot, qui entreprend sa restauration, aujourd'hui reprise en main par les héritiers. Jehan Ango, proche de François Ier, lança ses navires et une ribambelle de découvreurs sur toutes les mers du globe, quitte à armer aussi des corsaires contre Charles Quint et les Anglais ! Surnommé le « Médicis dieppois », il se fit bâtir ce palais d'été de 1530 à 1544, en utilisant les matériaux locaux : le grès et le silex (la brique ne fut ajoutée qu'ultérieurement). Ce vaste rectangle est conçu sur le modèle de la Renaissance italienne, une rareté en Normandie. Au sud, la partie noble autour de la cour d'honneur et, au nord, les communs. Notez les médaillons représentant François Ier, Ango et leurs épouses respectives au-dessus des voûtes d'entrée de l'aile est et le long de la façade sud. À l'intérieur, on visite les salles en partie meublées du rez-de-chaussée, où figurent des panneaux explicatifs sur les grandes découvertes de l'armateur. Voir les cheminées Renaissance, notamment celle, monumentale, de la salle des gardes, la petite salle de bains 1900 (un peu anachronique) et la loggia avec vue sur la cour. Le clou de la visite reste cependant le colombier, à l'époque le plus grand de France avec ses 1 600 boulins capables d'accueillir autant de couples de pigeons. Sachant que seule la noblesse avait ce droit à l'époque, cela donne une petite idée de la puissance d'Ango ! Superbe architecture, que ce soit la toiture byzantine, la charpente ou les motifs géométriques polychromes.

Le musée Michel-Ciry : *6 bis, rue Marguerite-Rolle. ☎ 02-32-90-01-52. • museemichelciry.com • Mai-sept, tlj sf mar 14h-18h ; avr et oct, le w-e slt 14h-18h. Entrée : 5 € ; réduc.* Un bâtiment contemporain tout en bois abrite les huiles, aquarelles, dessins et gravures de ce peintre mélomane et écrivain établi à Varengeville-sur-Mer et dont on peut aussi admirer le *Christ rédempteur* dans l'église du village.

LA SEINE-MARITIME

DIEPPE

(76200) 30 600 hab. *Carte Seine-Maritime, C1*

• Plan *p. 200-201*

L'un des ports les plus actifs de Normandie, et la plage la plus proche de Paris (à 180 km) ! La ville, dont le front de mer fut en partie détruit par les bombardements, ne manque pas de charme. Il suffit de s'intéresser un tant soit peu à l'histoire pour trouver dans son petit centre quelques pépites. Parmi celles-ci : une belle église et un passionnant château-musée.
Enfin, Dieppe possède une longue plage et un bord de mer unique, déjà apprécié des Vikings qui nommèrent le profond estuaire *djepp,* plus tard transformé en Dieppe. Entre la plage et les immeubles qui la bordent, on trouve aussi 8 ha de pelouses qui s'étirent en longueur. Une aire de calme étonnante avec quelques snacks et restos provisoires, en saison, pour admirer la grande bleue, souvent verte d'ailleurs...

LE CARAMEL DE POMMES DIEPPOIS

Cette pâte à tartiner n'a rien d'une recette ancestrale, mais son histoire est plutôt belle et son goût délicieux ! Le maître chocolatier dieppois Jean-Pierre Roussel avait comme spécialité un chocolat fourré au caramel de pommes. Une fois à la retraite, il décida de transformer ce caramel en pâte à tartiner et d'en confier le secret et la fabrication aux marmitons en difficulté dans un Centre d'aide par le travail (CAT) en périphérie de Dieppe.

■ Adresses utiles

- Office de tourisme
- Animation du patrimoine-Dieppe Ville d'art et d'histoire

Où dormir ?

- 10 Hôtel de la Plage
- 11 Les Arcades
- 12 Au Grand Duquesne

Où manger ?

- 20 Le Bistrot des Barrières
- 21 Le Calvados
- 22 Brasserie Divernet
- 23 Le Bistrot du Pollet
- 24 Le Comptoir à Huîtres
- 25 Le Turbot

Où boire un verre ? Où sortir ?

- 30 Le Bar O Mètre
- 31 L'Epsom

■ Où piquer une tête ? Où faire un peu de balnéo ?

- 40 Le Carré

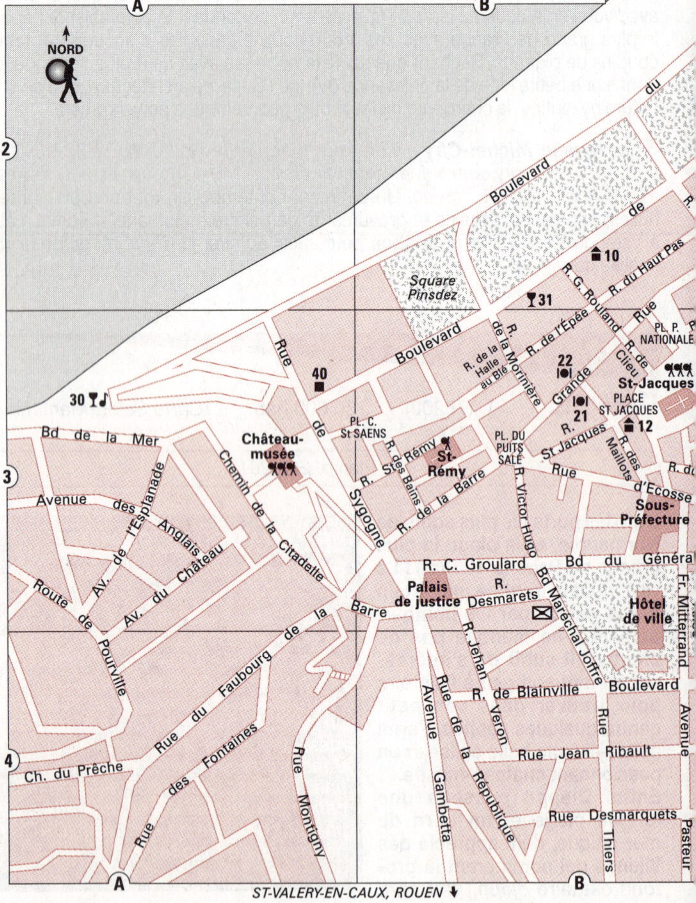

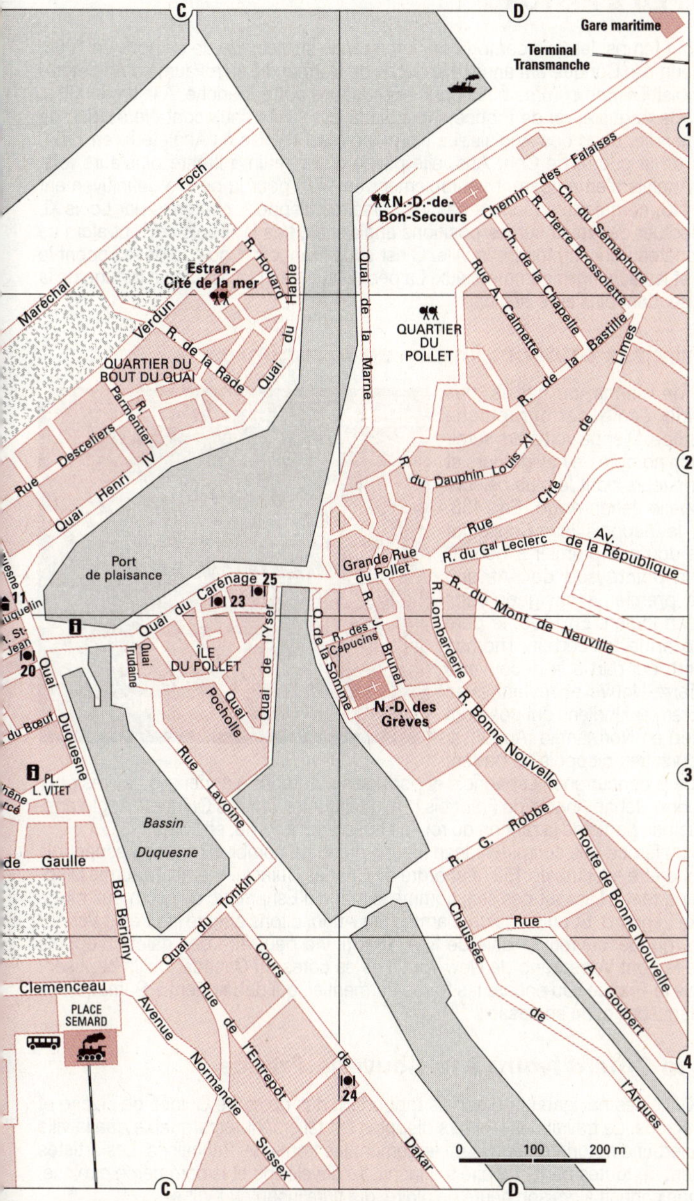
C
D
Gare maritime
Terminal
Transmanche
1
2
3
4
Chemin des Falaises
N.-D.-de-
Bon-Secours
Ch. du Sémaphore
R. Pierre Brossolette
Ch. de la Chapelle
Rue A. Calmette
R. de la Bastille
Limes
de
Cité
Foch
Maréchal
Estran-
Cité de la mer
R. Houard
Quai du Hable
Quai de la Marne
QUARTIER
DU
POLLET
Verdun
R. de la Rade
QUARTIER DU
BOUT DU QUAI
R.
Parmentier
Descellers
Rue
Quai Henri IV
R. du Dauphin Louis XI
Rue
Av.
de la République
R. du Gal Leclerc
Grande Rue
du Pollet
R. du Mont de Neuville
Port
de plaisance
Quai du Carénage
25
23
11
Duquesne
Duquelin
R. St-
Jean
20
Quai
Trudaine
ÎLE
DU POLLET
Quai de l'Yser
Q. de la Somme
R. des
Capucins
R. J. Brunel
R. Lombarderie
N.-D. des
Grèves
R. Bonne Nouvelle
Quai
Pocholle
du Bœuf
Quai Duquesne
PL.
L. VITET
Rue Lavoine
Bassin
Duquesne
de Gaulle
R. G. Robbe
Route de Bonne Nouvelle
Chaussée
Rue
A. Goubert
de
l'Arques
Quai du Tonkin
Bd Bérigny
Cours
Clemenceau
PLACE
SEMARD
Avenue
Normandie
Sussex
Rue de l'Entrepôt
de
24
Dakar
0
100
200 m

DIEPPE

UN PEU D'HISTOIRE

De tout temps, les rois comprirent l'importance stratégique de ce port. En 1066, Guillaume le Conquérant annexe le duché de Normandie au royaume d'Angleterre et choisit Dieppe comme base pour ses relations outre-Manche. À la fin du XIIe s, Philippe Auguste, roi de France, incendie la ville, alors sous contrôle du duc de Normandie, donc des Anglais. La Normandie est reprise à l'Angleterre en 1204. Lors de la guerre de Cent Ans, elle passe d'une main à l'autre plusieurs fois. Les Anglais s'en emparent véritablement en 1420 pour la perdre définitivement en 1443, ce qui n'empêchera pas les corsaires dieppois, soutenus par Louis XI, d'effectuer des raids sur les positions anglaises... Les Dieppois édifient alors ce fier château qui surplombe la ville. C'est sous François Ier que se développent le port et les échanges commerciaux. La pêche au hareng va assurer la fortune de la ville pendant plusieurs siècles.

Corsaires et découvreurs en tout genre

Cité de marins, où naît la plus grande école cartographique d'Europe, Dieppe voit alors surgir un bon nombre de navigateurs et d'armateurs dont le plus célèbre s'appelle Jehan Ango. En 1488, déjà, le Dieppois Jean Cousin fut sans doute le premier à découvrir la pointe sud de l'Afrique et le premier à naviguer dans l'océan Indien. En 1508, le père Ango arme un certain Thomas Aubert, qui part à la découverte de Terre-Neuve et revient avec les premiers Indiens qui poseront le pied en Normandie. Au XVIe s, les corsaires dieppois se battent contre la concurrence espagnole et portugaise. Autorisé à armer ses navires pour la guerre, Jehan Ango aide François Ier à lutter contre Charles Quint et l'Angleterre. Il paie une partie de la rançon du roi, fait prisonnier à Pavie, en 1525.

Le plus féroce des corsaires, Jean Fleury, prend de nombreux galions espagnols avant d'être exécuté en 1527 sur ordre de Charles Quint lui-même. D'autres Dieppois partent à l'assaut des îles, comme le marin d'Esnambuc ou le fameux pirate Pierre Legrand. Et puis, toujours armés par Ango, citons encore les frères Verrazzano, qui découvrent la baie de New York (il y a peut-être des galets dieppois dans le pont Verrazzano de New York !) et les côtes du Canada, qu'ils baptisent Nouvelle-France. Ou encore les frères Parmentier, qui débarquent à Sumatra et à Madagascar, et on en passe !

SPLENDEUR ET DÉCADENCE DE JEHAN ANGO

Pour remercier Jehan Ango des services rendus, François Ier le nomma gouverneur de Dieppe. Ango devint corsaire au nom du roi et lança ses navires à l'assaut du Brésil, de Terre-Neuve, de l'Afrique et des Antilles... Tombé en disgrâce, il fut emprisonné en 1549 mais sortit l'année suivante pour aider au siège maritime de Boulogne... endetté et privé de son soutien royal, il mourut néanmoins ruiné à Dieppe en 1551.

De la Côte d'Ivoire à la Nouvelle-France

Au XVIe s, les navigateurs dieppois rapportent des côtes de Guinée de l'ivoire et des épices. Le travail des ivoiriers dieppois est tellement remarquable que la ville acquiert une notoriété dépassant largement les frontières françaises. Les artistes affluent de toutes parts. La cité s'enrichit, se développe et le commerce explose. Dieppe connaît alors son heure de gloire, qui dure jusqu'au XVIIe s.

À cette époque, la ville est aussi l'un des principaux ports de commerce à destination de la Nouvelle-France, l'actuel Canada, ouvrant la voie à une longue relation avec nos lointains cousins, notamment autour de la pêche et du commerce de la peau de castor. C'est ainsi que l'on retrouve encore au Québec de nombreux noms dieppois, tels Hébert, Bonhomme, Carpentier et autres Lemoyne... Mais, en 1668, la peste décime une bonne partie de la population, et les activités redoublées des trop actifs corsaires provoquent le bombardement de la ville en 1694 par la flotte anglo-hollandaise, qui détruit Dieppe à 90 %. La ville met 20 ans à s'en remettre. Louis XIV fait appel à Vauban pour la reconstruire, mais elle ne retrouvera jamais le faste du siècle précédent. Quelques corsaires s'illustrent encore, comme dans un chant du cygne, tandis que le jeune Dieppois Gabriel de Clieu implante le café aux Antilles, dont il devient le gouverneur...

Les premiers Anglais et les premiers bains de mer

Une fois la paix revenue avec l'Angleterre, en 1815, la traversée transmanche Dieppe-Newhaven (près de Brighton) devient un atout pour la ville. Une colonie anglaise investit la ville et apporte avec elle le goût du golf et des courses hippiques, mais aussi des infrastructures : elle fait bâtir l'hippodrome, les hôtels, certaines églises, et organise des régates qui attirent parfois jusqu'à 10 000 spectateurs. Si, aujourd'hui, Dieppe ne figure plus au palmarès des stations balnéaires, elle est tout de même la première ville à avoir bénéficié de la mode des bains de mer, avec les fameux bains Caroline. Quand les Anglais lancent la mode des bains de mer dans un but curatif, la duchesse de Berry, fille de Charles X, lance véritablement la station en venant tremper ses fesses dans la Manche tous les étés à partir de 1824. Ce sont les fameux bains « à la lame ». On se rend compte que les vagues fouettent le sang et sont vivifiantes. Précisons qu'à l'époque, on se baigne encore habillé (non mais !), en se tenant à une corde (car on ne sait pas nager).
Les étonnantes et sympathiques pelouses du bord de plage sont dues à l'impératrice Eugénie, qui les dessina en 1853.
Les grands peintres (Delacroix, Turner), puis les impressionnistes, viennent aussi capturer la lumière éphémère des paysages dieppois. Dans son manoir du Bas Fort Blanc, au bout du front de mer, le portraitiste Jacques-Émile Blanche reçoit Monet, Degas ou Renoir, venu peindre les portraits de la famille Bérard au château de Derchigny-Graincourt. Pissarro loue un appartement et peint *L'Avant-port de Dieppe,* qu'il offre à la ville. Enfin, Boudin, se sachant déjà atteint d'un cancer, peint ici même *Les Falaises du Pollet.* Ces deux dernières toiles sont visibles au château-musée.

19 août 1942, opération *Jubilee*

Les Anglo-Canadiens l'appelèrent opération *Jubilee.* En France, on le qualifia du « plus grand des petits débarquements ». Ce fut en effet la plus importante opération réalisée avant le *D-Day.* Sur les 6 000 officiers et hommes engagés sur le sable et les galets dieppois, on compta 4 963 Canadiens, 250 commandos britanniques, un groupe de Français libres et une section de rangers américains. Les troupes débarquèrent sur les plages le 19 août, au petit matin, et y restèrent 9h.
La bataille de Dieppe compte parmi les plus sanglantes et les plus brèves de la dernière guerre. L'objectif était de préparer le « vrai » débarquement en analysant les forces et faiblesses de celui-ci. Selon certains, le sacrifice fut démesuré compte tenu de son utilité. Pour d'autres, il contribua en grande partie à la réussite du débarquement de juin 1944.
Ce sont les survivants de cette opération qui se joignirent à la 3e division d'infanterie canadienne débarquée sur les plages de Juno Beach, le 7 juillet 1944. La hiérarchie leur confiera la juste revanche de libérer Dieppe.

DIEPPE, VILLE MARITIME

L'activité portuaire revêt donc, dans l'histoire dieppoise d'hier et d'aujourd'hui, une importance primordiale. Dans la période actuelle, économiquement difficile pour la ville, les Dieppois restent cependant convaincus que la voie de la réussite passe d'abord par la bonne santé du port. Le poisson dieppois a toujours été prisé à Paris. Ne dit-on pas d'ailleurs ici : « Poissons dieppois, poissons de choix » ? La capitale était autrefois ravitaillée par les chasse-marée (attelages de quatre chevaux), plusieurs fois relayés et assurant ainsi un approvisionnement parfaitement frais en turbots, soles et coquilles Saint-Jacques, même si les *Lettres* de Mme de Sévigné nous rappellent la fin tragique du fameux cuisinier Vatel, qui se suicida à cause du retard d'un arrivage dieppois... Certes, la pêche à la morue terre-neuvienne et le commerce de la banane sont aujourd'hui tombés dans l'oubli, mais Dieppe reste un des ports français les plus importants pour la coquille Saint-Jacques, et la liaison transmanche est un atout économique essentiel.

Arriver – Quitter

En bus

Gare routière *(plan C4) : à côté de la gare SNCF.*
➢ ***De/vers Saint-Valery-en-Caux :*** ligne n° 61.
➢ ***De/vers Fécamp :*** aucun bus direct, il faut changer à Saint-Valery-en-Caux, d'où part la ligne n° 60.
➢ ***De/vers Eu et Le Tréport :*** ligne n° 68.

En train

➢ ***De/vers Paris, Rouen :*** *☎ 36-35 (0,34 €/mn).* Quelques trains directs/j. Paris-Dieppe, ou avec changement à Rouen.

En bateau

Embarcadère *(plan D1) : sur le quai Gaston-Lalitte.*
➢ ***De/vers Newhaven :*** avec la compagnie *DFDS Seaways Ferries (☎ 0800-650-100, service 0,15 €/mn + prix d'appel ; • dfdsseaways.fr •).* 2-3 ferries/j. Durée du trajet : 4h.

Adresses et info utiles

Office de tourisme *(plan C3) : pont Jehan-Ango, quai du Carénage. ☎ 02-32-14-40-60. • dieppe tourisme.com • Mai-sept, lun-sam 9h-13h, 14h-18h (9h-19h juil-août), dim et j. fériés 9h30-13h, 14h-17h30 ; le reste de l'année, lun-sam 9h-13h, 14h-17h.* Bonne documentation touristique, culturelle et pratique. Visites guidées thématiques. Juste à gauche de l'office, possibilité de comparer le paysage peint par Pissarro dans *L'Avant-port de Dieppe* et celui d'aujourd'hui.

Animation du patrimoine – Dieppe Ville d'art et d'histoire *(plan C3) : pl. Louis-Vitet. ☎ 02-35-06-62-79.* Propose des animations et visites guidées de la ville.

– ***Les marchés :*** le grand marché du samedi *(plan B3)* est l'une des manifestations les plus pittoresques de Dieppe *(pour l'alimentaire, sam mat, rue de la Barre, Grande-Rue, rue Saint-Jacques et pl. Nationale ; pour les vêtements et babioles, sam ap-m autour de l'église Saint-Jacques et de la pl. Nationale).* Pour faire le plein de produits de la mer on ne peut plus frais : la vente directe des pêcheurs sur le quai Trudaine *(plan C3 ; tlj 8h-12h).*

Où dormir ?

Prix moyens

Au Grand Duquesne *(plan B3,* ***12****) : 15, pl. Saint-Jacques. ☎ 02-32-14-61-10. • augrandduquesne@orange.fr • au-grand-duquesne.fr • Double 64 €.* Très bien placé, juste à côté de la belle église Saint-Jacques, un petit hôtel sans prétention tenu par une équipe jeune et dynamique. Chambres pas bien grandes mais tout confort et rénovées dans un style moderne agréable.

De prix moyens à chic

Hôtel de la Plage *(plan B2,* ***10****) : 20, bd de Verdun. ☎ 02-35-84-18-28. • plagehotel@wanadoo.fr • plagehotel-dieppe.com • Doubles 77-120 € selon confort, vue et saison.* Hôtel moderne de front de mer, où dès l'entrée on sent la jolie adresse fort bien tenue. Les parties communes sont lumineuses et agréables, à l'image des chambres modernes, élégantes et tout confort (belles salles de bains). Les plus onéreuses ont vue sur mer et une terrasse. Accueil souriant et efficace.

Les Arcades *(plan C2,* ***11****) : 1-3, arcades de la Bourse. ☎ 02-35-84-14-12. • contact@lesarcades.fr • lesarcades.fr • Doubles 74-90 € selon confort et vue.* Les atouts de cet hôtel sont sa situation, en plein centre, face au port, et le réel confort de ses chambres à la déco très sobre dans les tons chocolat et crème. Un mauvais point pour le petit déj, indigent pour le prix, mais un très bon pour l'accueil, pro et charmant.

Où dormir dans les environs ?

Campings

Camping municipal du Colombier : *parc du Colombier, 453, rue Loucheur, 76550* ***Offranville.*** *☎ 02-35-85-21-14. • mairie-offranville@wanadoo.fr • À 8 km au sud de Dieppe par la D 925 puis la D 55. Ouv d'avr à mi-oct. Compter 12,85 € pour 2 avec tente et voiture ; hébergements locatifs 210-320 €/sem selon saison. CB refusées. 100 empl.* La municipalité a eu la riche idée d'ouvrir ce camping dans le superbe cadre du parc du Colombier, sur une partie des 8 ha de l'ancien château du domaine Fournier. Toute une partie du site est réservée aux hébergements locatifs ou à l'année, mais les emplacements destinés aux gens de passage sont bien à l'écart. Spacieux, abrités par de hautes haies, très verts, très calmes, ils ont tout pour nous plaire ! Plusieurs activités dans le parc : aire de jeux, minigolf, tennis, centre équestre, location de vélos (à la brasserie), sans compter le parc floral et le musée Jacques-Émile-Blanche pour le côté culturel.

Camping Le Marqueval : *1210, rue de la Mer, à Pourville-sur-Mer, 76550* ***Hautot-sur-Mer.*** *☎ 02-35-82-66-46. 06-32-30-57-98. • contact@campinglemarqueval.com • campinglemarqueval.com • À 1,2 km de la plage. Ouv de mi-mars à mi-oct. Selon saison, compter 18-24 € pour 2 avec tente et voiture ; hébergements locatifs 290-763 €/sem. 290 empl.* Au calme, un beau camping verdoyant et agréable, avec sa rivière et ses étangs où l'on peut pêcher. Sanitaires corrects, espace bien-être, salle de sport et piscine chauffée en saison. Diverses locations : mobile homes, roulottes et bungalows.

De prix moyens à plus chic

Chambres d'hôtes chez Colette Marchand : *295, allée Jean-Marchand, Pourville-sur-Mer, 76550* ***Hautot-sur-Mer.*** *☎ 02-35-84-14-29. • colette.marchand@wanadoo.fr • gite-pourville.com • À 5 km à l'ouest de Dieppe, juste après le belvédère. Double 61 € ; cabanon pour 2 pers 99 €/nuit ou 450-595 €/sem ; gîtes 4 pers 600-750 € selon saison.* Belle maison d'architecte des années 1950 tapie sur la falaise et ouverte sur la mer. À l'intérieur, des chambres simples, colorées et confortables. Également une magnifique piscine couverte, 2 gîtes et le « cabanon » avec, eux aussi, cette vue magique.

Le Château de Miromesnil : *76550* ***Tourville-sur-Arques.*** *☎ 02-35-85-02-80. • chateaumiromesnil.com • À 8 km au sud de Dieppe par la D 927, puis à gauche par la D 70.* *Voir plus loin « Dans les environs de Dieppe ».*

Chambres d'hôtes Le Manoir de Graincourt : *10, pl. Ludovic-Panel, 76370* ***Derchigny-Graincourt.*** *☎ 02-35-84-12-88. • manoirgraincourt@gmail.com • manoir-de-graincourt.fr • À 8 km à l'est de Dieppe* *par la D 925. Doubles 100-137 €. Repas sur résa 20-37 €.* C'est à deux pas d'ici, dans le château de Wargemont, que Renoir séjourna à la demande de Paul Bérard, diplomate, banquier et mécène. L'artiste réalisa de nombreux portraits de la famille et profita de ses séjours pour peindre également les rosiers de Wargemont et la plage de Berneval, entre autres. Allez voir les panneaux consacrés à Renoir à la mairie de Derchigny pour en savoir plus... C'est Marguerite, l'une des filles Bérard représentées par Renoir, qui fit construire la partie XIXe s du manoir de Graincourt. Dans ce bel édifice à colombages normands, des chambres élégantes, tout confort et donnant sur un agréable parc divisé en petits jardins abrités du vent. Également une chambre mansardée installée dans les anciennes écuries. Les prix un peu élevés sont compensés par le très bon accueil de vos hôtes. À disposition, une salle de jeux, un billard et un salon de lecture.

Où manger ?

– Vous trouverez sur le quai Henri-IV *(plan C2)* toute une brochette de restos proposant globalement le même type de menus, dont le sempiternel moules-frites servi à toutes les saisons (pour info, la vraie saison des moules normandes, qu'elles soient pêchées en mer – comme la moule de Barfleur – ou d'élevage – comme la moule de bouchot –, c'est l'été, de mai-juin à fin septembre-début octobre). Avantage de ces restos : pas mal d'entre eux sont ouverts le dimanche soir.

De bon marché à prix moyens

Le Calvados *(plan B3,* ***21****) : 17-19, rue Lemoyne. ☎ 02-35-84-20-11. • lecalvados@orange.fr • Ouv le midi slt, sf dim hors saison. Formule (sf dim en saison) 11,90 € ; carte 15-20 €.* Une grande cantine de quartier à la devanture toute rouge qui s'étend jusque dans la Grande-Rue où, aux beaux jours, la terrasse prend ses quartiers. Petits plats de brasserie classiques et très honnêtes. Accueil et service sympas.

Brasserie Divernet *(plan B3,* ***22****) : 138, Grande-Rue. ☎ 02-35-84-13-87. • info@divernet-traiteur.com • Ouv le midi slt, sf lun. Formule 13,80 € ; carte env 14 €. Apéritif maison offert sur présentation de ce guide.* Au 1er étage de la pâtisserie-chocolaterie *Divernet*. Le lieu a bien changé depuis qu'Oscar Wilde, en exil, le fréquentait sous le nom de brasserie *Grish*... Aujourd'hui, c'est un agréable salon de thé-brasserie chic style Art déco, qui sied à une clientèle de bureau et d'hommes d'affaires, attirés par l'avantageuse formule déjeuner. Le rapport qualité-prix est indiscutable. En été, terrasse en bordure de la rue piétonne très commerçante... à moins de préférer s'attabler sur le balcon.

De prix moyens à chic

Le Bistrot des Barrières *(plan C3,* ***20****) : 5/7, arcades de la Poissonnerie. ☎ 02-35-40-46-83. • hue.francois76@gmail.com • Tlj sf dim et le soir lun-mar. Congés : 1 sem en mars, 15 j. en juin, 1 sem en oct. Menu déj en sem 16,50 € ; le soir, carte slt, env 30 €. Café offert sur présentation de ce guide.* Un vrai bistrot pour les gourmands-gourmets proposant une cuisine de saison et de marché à la fois simple, goûteuse et pas radine ! À la carte, des classiques comme l'entrecôte et l'andouillette, mais aussi de savoureux poissons selon l'arrivage, car le chef sait comment traiter la bête pour séduire les palais. Pour ne rien gâcher, le cadre est charmant et convivial.

Le Turbot *(plan C2,* ***25****) : 12-14, quai de la Cale. ☎ 02-35-82-63-44. Tlj sf dim-lun. Menu 15,90 € ; le soir, plats env 17-28 € ; compter 40 € à la carte.* Une petite adresse conviviale qui tourne à guichet fermé, surtout le midi grâce à son fameux buffet d'entrées bien fraîches qui aligne bulots, crevettes et autres harengs. Ajoutez un excellent plat du jour (du genre aile de raie et purée maison, ou une viande pour les amateurs) et un bon dessert, et vous obtenez l'un des meilleurs rapports qualité-prix du coin ! Le soir, c'est plus cher, mais les poissons sont plus nobles, et toujours issus de la pêche locale.

Le Bistrot du Pollet *(plan C2,* ***23****) : 23, rue Tête-de-Bœuf, sur l'île du Pollet. ☎ 02-35-84-68-57. Tlj sf dim-lun. Résa conseillée. Formule déj en sem 23 € ; menu 30 € ; carte env 35 €.* Dans la catégorie bistrot marin, c'est une référence. Cuisine de marché soignée et savoureuse, axée sur les produits de la mer selon l'arrivage du jour.

Le Comptoir à Huîtres *(plan D4,* ***24****) : 12, cours de Dakar. ☎ 02-35-84-19-37. Tlj sf dim-lun. Formule déj en sem (plat du jour + dessert) 20 € ; carte env 40 €.* L'adresse est improbable, dans une zone désolée du port, mais cet ancien café de marin devenu bistrot chic a su conserver un petit quelque chose de l'âme première des lieux, et c'est l'un de ses charmes. L'autre, ce sont ses produits d'une extrême fraîcheur et son excellente cuisine de la mer, joliment préparée et accompagnée. Les viandes, plus rares au menu, n'en sont pas moins délicieuses.

Où manger dans les environs ?

Auberge du Vieux Puits *: 15, av. Alexandre-Dumas, 76370* ***Neuville-lès-Dieppe.*** *☎ 02-35-84-47-35. • info@puys.fr • Tlj avr-sept ; fermé mar-jeu midi hors saison. Menus 27,50-39,50 €. Apéritif offert sur présentation de ce guide.* Toute proche de Dieppe, cette auberge coquette et conviviale profite d'un environnement remarquable, en surplomb de la mer. Mais la vue géniale depuis la terrasse ou la jolie salle rustico-chic ne fait pas tout ! Ce qui justifie le détour, c'est la cuisine du chef : du classique élégant, parfois revisité avec des saveurs asiatiques, et toujours préparé avec les meilleurs produits du coin selon le marché. Un excellent rapport qualité-prix.

Le Colombier *: parc du Colombier, 76550* ***Offranville.*** *☎ 02-35-85-48-50. • lecourski@wanadoo.fr • À 8 km au sud de Dieppe. Tlj sf dim soir et mer ainsi que mar hors saison. Résa conseillée. Formule déj en sem 26 € ; menus 28 € (sf sam soir, dim et j. fériés), puis 32-80 €. Pas de carte. Café offert sur présentation de ce guide.* L'une des adresses incontournables du secteur. Un peu pour la belle bâtisse du XVIe s, qui ravira les inconditionnels des maisons normandes à colombages, et beaucoup pour la cuisine ! Vive, élégante et pleine de fraîcheur, elle jongle avec bonheur entre traditions et modernité. Le rapport qualité-prix des 1ers menus est absolument épatant !

Où boire un verre ? Où sortir ?

Le Bar O Mètre *(plan A3,* ***30****) : 51, rue Alexandre-Dumas. ☎ 02-32-90-12-31. Avr-sept slt, tlj 9h-22h.* Un petit bar sur le front de mer. C'est l'endroit idéal pour prendre la température de la Manche. Venir au coucher du soleil pour l'avoir en pleine poire... Musique et ambiance un poil rock. Bière pas donnée-donnée, mais c'est un bar saisonnier.

L'Epsom *(plan B2,* ***31****) : 11, bd de Verdun. ☎ 02-35-84-12-27. Tlj 12h-1h (2h ven-sam).* Sur l'immense front de mer dieppois, une brasserie connue pour ses cocktails, ses *bruschette* et ses petits concerts *(ven ts les 15 j.).*

Où piquer une tête ? Où faire un peu de balnéo ?

Le Carré *(plan A3,* ***40****) : 101, bd de Verdun. ☎ 02-35-82-80-90. • lecarre-dieppe.fr • Horaires très variables selon saison. Tarif (centre aquatique slt) : env 6,50 € ; réduc.* Tout près de la mer, un grand centre aquatique avec une piscine extérieure à l'eau de mer (chauffée), des bassins intérieurs avec balnéo et relaxation, une pataugeoire avec jeux, un jacuzzi et un toboggan. Et un resto pour profiter de la vue dégagée sur le grand large !

À voir. À faire

– ***Animation de l'architecture et du patrimoine – Dieppe Ville d'art et d'histoire*** *(plan C3,* ***2****) : pl. Louis-Vitet. ☎ 02-35-06-62-79.* Propose des animations et visites guidées de la ville.

★★★ L'église Saint-Jacques *(plan B3) : pl. Saint-Jacques.*
Elle fut édifiée du XIIe au XVIe s selon les proportions d'une cathédrale, et elle illustre bien le passage du gothique à la Renaissance. Sur la façade du XIVe s, de style gothique flamboyant, admirez la rosace majestueuse et les tourelles finement travaillées. La tour sur la droite fut ajoutée au XVe s, mais elle ne rompt pas l'harmonie. Jetez un œil aux élégants arcs-boutants ajourés, ainsi qu'à la tour-lanterne massive et carrée, typique des clochers normands.
Dans le chœur, nombreux éléments de style Renaissance, belle nef du XIVe s avec ses colonnes aux chapiteaux ornés de pétales et ses voûtes remarquables.
– *Le mur du Trésor :* dans la nef de gauche, au niveau de l'autel. Ce mur et sa porte donnent accès à la sacristie. Entièrement sculpté dans un style mêlant gothique et Renaissance. Cette petite merveille possède dans sa partie haute (apportez une échelle !) une longue frise évoquant la vie des indigènes d'Amérique, d'Afrique et de l'océan Indien. Rappelons que Dieppe comptait de célèbres armateurs et navigateurs qui ramenèrent de précieuses informations sur les Indiens. En voici un témoignage.

★ L'église Saint-Rémy *(plan B3) : à l'ouest du centre-ville, à deux pas de la plage. Pour les visites guidées, s'adresser au service Dieppe Ville d'art et d'histoire (voir « Adresses et info utiles »).* Sa construction débuta au XVIe s. Sa façade principale et sa nef, inspirées du baroque romain, reflètent l'influence de la Contre-Réforme. À l'intérieur, joli chœur caractéristique du gothique flamboyant. Et puis superbe collection des maîtres verriers du XIXe s. Orgue monumental de Parizot (concerts gratuits en été). En allant vers la mer, par la rue des Bains, voir la *porte des Tourelles* sur le front de mer : deux tourelles massives en grès et silex avec leurs toits en poivrière, seule porte subsistant des anciens remparts du XVe s.

★★★ Le château-musée *(plan A3) : rue de Chastes. ☎ 02-35-06-61-99. • dieppe.fr • Sur la falaise ouest. On y accède à pied par un itinéraire bien fléché qui emprunte de longs escaliers, ou en voiture en prenant la route de Veules-les-Roses. Juin-sept, tlj sf mar 10h-18h ; oct-mai, tlj sf mar 10h-12h, 14h-17h (18h dim et j. fériés). Entrée : 4,50 € ; réduc ; gratuit moins de 25 ans. Visite du château et des terrasses gratuite et accessible à ts (en revanche, le musée ne convient pas aux personnes à mobilité réduite, ni aux poussettes, du fait des nombreuses marches).*
De là-haut, beau point de vue sur le front de mer et les pelouses.
Une première forteresse, sans doute édifiée au XIIe s, fut détruite par Philippe Auguste. Afin de défendre la ville contre les Anglais pendant la guerre de Cent Ans, on reconstruisit un château au XVe s à partir d'une tour du XIVe, toujours dans un style très défensif. Notez que celui-là englobe les vestiges de la première église Saint-Rémy, à l'entrée du château. Les tourelles d'angle joufflues et les toits en poivrière donnent du sel à ce gros édifice de grès et de silex. Il changea sans cesse d'affectation : caserne, logis des gouverneurs, prison pendant la Révolution et, enfin, musée à partir de 1923 pour abriter les collections municipales. La visite commence... aux toilettes, à l'entrée de la cour, où de récentes restaurations ont dégagé une fresque du XVIIe s figurant un échiquier ! Puis direction l'accueil et les consignes, pour admirer cette fois les colombages du XVe s et l'intérieur de la tour primitive du château.

Et le musée alors ? Vaste et très riche, il présente d'abord une série de ***peintures des XIXe et XXe s.*** Les amateurs d'impressionnisme ne seront pas déçus ! Selon les accrochages, on peut y admirer des œuvres de Renoir, Pissarro, Boudin, Sisley et Eva Gonzalès. Les prémices de l'impressionnisme se décèlent déjà dans les toiles de Vollon *(Vapeur au large de Dieppe, L'Avant-port de Dieppe)* et dans *Falaises au soleil couchant* de Daubigny (falaise phosphorescente, épaisses couches de peinture brute).

Dans une succession de trois salles, vient ensuite une ***exceptionnelle collection d'objets en ivoire,*** reposant sur un fonds de quelque 2 000 objets. Dès que les Dieppois investirent les côtes africaines, ils en rapportèrent de l'ivoire. Ainsi naquit à Dieppe, au XVIe s, une tradition d'ivoiriers dont le travail fut rapidement reconnu. La ville en compta jusqu'à 230 ; de 12 au début du XXe s, ils sont passés à 2 aujourd'hui (rue Ango) ! Parmi toutes les merveilles proposées, ne ratez pas les bateaux entièrement en ivoire (y compris les voiles, les haubans, les filins et les personnages !), les médaillons délicatement ciselés représentant les ports de Dieppe et de Nantes au XVIIIe s, les cadrans à boussoles des XVIe-XVIIe s, ou encore quelques étonnantes râpes à tabac dotées d'une iconographie paillarde ou religieuse.

On parvient ensuite à la grande salle de marine, restaurée en 2014. Elle présente des peintures du ***XVIIe au XIXe s et des maquettes anciennes*** évoquant la grande aventure maritime de la Renaissance au Second Empire. Au fond, un salon est dédié au compositeur Camille Saint-Saëns (voir son premier piano, qu'il offrit au musée). À sa suite, une pièce est consacrée aux œuvres de Pierre-Adrien Graillon, un peintre-sculpteur du XIXe s, né au Pollet (portraits sculptés dans l'os de baleine, la terre crue ou cuite, selon les moyens dont il disposait alors !). Contrairement à la norme académique de l'époque, cet artiste né dans la misère s'attacha à représenter l'autre réalité de Dieppe, bien loin de la bourgeoisie, à savoir celle des travailleurs, des pêcheurs, des mendiants... Remarquez toute la tristesse et la dureté des traits dans l'expression des visages.

Dans l'escalier, impossible de rater *L'Écuyère* de Van Dongen, une pièce maîtresse du musée, réalisée en 1926. Puis on découvre de nombreuses estampes de Braque, notamment sur la thématique des oiseaux, dans une salle dédiée.

À l'étage inférieur, dans un espace consacré à la thématique maritime, quelques natures mortes aux poissons, des écoles française, hollandaise et italienne du XVIIe au XXIe s, côtoient des œuvres modernes et contemporaines, et notamment des portraits d'hommes de mer.

Enfin, au bas du deuxième escalier, se détache un bâtiment contemporain, destiné aux expositions temporaires.

Un musée incontournable, donc !

Le quartier du Bout du Quai *(plan C1-2)* **:** *situé à l'ouest du chenal. À la fin du quai Henri-IV, monter l'escalier jusqu'à la ruelle Beauregard.* À cause d'une tempête au XVIIe s, le chenal se déplaça et laissa ici un banc de galets, bientôt consolidé et investi par les habitants. Après la rue de la Rade, le quartier fut appelé le « Petit Veules », car les habitants de Veules s'y installèrent à la suite de l'incendie de leur village. C'était aussi un quartier hollandais. Voir l'adorable place Louise-Michel, celles du Moulin-à-Vent et du Petit-Enfer ou encore la rue des Bonnes-Femmes...

L'Estran – Cité de la mer *(plan C1-2)* **:** *37, rue de l'Asile-Thomas. ☎ 02-35-06-93-20. • estrancitedelamer.fr • Tlj 9h30-18h (fermeture 12h30-13h30 w-e et j. fériés). Fermé 1er janv et 25 déc. Entrée : 7,50 € ; réduc. Sur résa, possibilité de visite guidée (payante). Sinon, balades commentées gratuites sur résa le long du littoral (avr-fin sept sur résa).*

L'*estran* est la bande de sable recouverte à marée haute et découverte à marée basse. Cette ambitieuse *Estran – Cité de la mer* est un vaste espace éclectique, qui aborde aussi bien les techniques de pêche que la construction navale, la géologie ou la faune locale.

Après une introduction sur la première femme océanographe, Anita Conti, marraine du musée, la visite commence par la marine locale : le type de bateaux utilisés, la construction navale, l'évolution des techniques (on peut même faire fonctionner un moteur et son hélice !). Cordages, maquettes, moteurs et objets de marine. La reconstitution d'une passerelle (nom technique de la cabine de pilotage) permet d'introduire les instruments de navigation, anciens et modernes... Les techniques de pêche sont elles aussi évoquées, y compris celle de la pêche industrielle. Projection d'un film sur Dieppe et maquette de la ville.
La section suivante est consacrée aux falaises (leur érosion, la faune et la flore et leur récupération sur le plan industriel), avant d'aborder la thématique de la pollution et de l'environnement avec une insolite cabane de dépollution. Enfin, les enfants apprécieront les petits et grands aquariums où nage la faune aquatique locale : méduses, daurades, étonnants syngnathes... Essayez d'ailleurs d'être là à 10h30 (sauf le dimanche), c'est l'heure du nourrissage en direct !
Enfin, la dernière exposition permanente traite des énergies marines renouvelables et du potentiel énorme de l'océan avec ses courants, vents, marées, houle... qui font l'objet de nombreux projets.

Le quartier du Pollet et la chapelle Notre-Dame-de-Bon-Secours *(plan D1-2)* **:** *situé à l'est du chenal.* Cet ancien quartier de pêcheurs concentrait, au XIVe s, le négoce des épices et de l'ivoire. Il devint ensuite celui des pêcheurs jusqu'à la Première Guerre mondiale, puis il perdit sa spécificité. Voir aussi le pont Colbert de la fin du XIXe s, le dernier grand pont tournant à système hydraulique en Europe. C'est de ce quartier que l'on accède par la falaise à la chapelle Notre-Dame-de-Bon-Secours. Se garer au Pollet et prendre l'escalier. De là-haut, point de vue panoramique époustouflant sur la ville, et au loin jusqu'au phare d'Ailly. À l'intérieur de la chapelle, mur d'ex-voto. Une balade romantique en diable que l'on peut prolonger en longeant la falaise (attention avec des enfants) par le chemin des douaniers jusqu'à la plage de Puys, rendue célèbre par George Sand et Alexandre Dumas (qui y avait une maison).

QUIQUENGROGNE

Cette rue du quartier du Pollet a repris le cri des corsaires de la Manche au XVe s. Ce mot terrifiant à l'époque signifiait : « Qui s'en plaint ? » Une manière de provoquer ceux qui subissaient leurs exactions.

➢ En été, une fois par semaine, possibilité de **_balade commentée le long du littoral._** *Rens auprès de L'Estran – Cité de la mer (voir plus haut). GRATUIT.*

➢ **_L'Avenue Verte London-Paris :_** *voir l'introduction du pays de Bray plus loin.*

Manifestations

– **_Festival international de cerfs-volants :_** *ttes les années paires, sur 10 j. en sept.* Le plus grand festival au monde dans son genre. Sur les grandes pelouses du front de mer, spectacle merveilleux durant lequel virevoltent des dizaines de cerfs-volants (une quarantaine de délégations du monde entier). C'est la fête du rêve. Démonstrations époustouflantes de beauté et de technicité. Certains ne s'arrêtent qu'après avoir coupé le fil du concurrent avec leur cerf-volant !
– **_Foire aux harengs et à la coquille Saint-Jacques :_** *face au port de plaisance, quai Henri-IV. Le w-e qui suit le 11 nov.* Foire traditionnelle et populaire qui rassemble beaucoup de monde.

DANS LES ENVIRONS DE DIEPPE

Le musée Jacques-Émile-Blanche : *parc du Colombier, 76550* ***Offranville.*** *☎ 02-35-85-19-58 ou 02-35-85-40-42 (mairie). À 8 km au sud de Dieppe.*

Avr-sept, tlj 11h (10h juil-août)-18h (22h30 ven-sam) ; hors saison, ouv slt ven-dim. Fermé janv-mars. Entrée : 2,50 € ; avec le parc floral : 5 € ; gratuit moins de 12 ans. Dans un surprenant complexe municipal comprenant un camping, un centre équestre, un golf miniature, le beau parc floral William-Farcy dédié à la rose ancienne et ce musée, le tout disséminé dans les dépendances et les 8 ha de l'ancien château du domaine Fournier (XVIe-XIXe s). Voir notamment les neuf colombiers, surtout celui de 1702, bien restauré et lieu d'expos temporaires, ainsi que le vieux mécanisme en bois du moulin datant de la fin du XVIIIe s. Le petit musée, quant à lui, est installé dans l'ancienne *charretterie* de 1773 où vous trouverez également un bar et une petite brasserie *(ouv tlj en saison, avec des formules bon marché à déguster en terrasse)* qui organise des apéros-concerts *(1er ven du mois avr-oct).*

Né en 1861 à Paris, Jacques-Émile Blanche vécut 40 ans à Offranville, où il mourut en 1942. Sachant dès l'âge de 18 ans qu'il serait peintre, il devint l'ami et le portraitiste de nombreuses célébrités. Le musée des Beaux-Arts de Rouen expose une vingtaine de ses portraits. Ici, dans cette toute petite salle d'exposition qui lui est consacrée, les sujets sont plus variés : natures mortes, marines, scènes d'intérieur... Impressionniste après l'heure, il peint *La Plage de Dieppe* et *Dieppe, la plage matin orageux,* ou encore *Dieppe, la place du Puits-Salé,* de 1920 à 1934. Fauve en passant, il réalise *Les Roses à Offranville* en 1931. La vraie surprise, c'est peut-être de (re)découvrir sur une affiche que c'est à Blanche que l'on doit le fameux portrait de Proust, dont l'original se trouve à Orsay ! Mais le tableau qui résume le mieux le contexte familial dans lequel il vivait, c'est le portrait de Mme Lemoinne et de ses filles : au centre, la belle-mère de Blanche, avec son regard dur ; à côté d'elle, Rose, son épouse, dont le regard semble presque maternel ; à droite, Catherine, belle-sœur célibataire un peu garce ; et enfin, à gauche, cachée dans l'ombre du tableau, Marie, dite Yoyo, l'autre belle-sœur, vieille fille insupportable pour Jacques-Émile...

Le musée de l'Horlogerie : *48, rue Édouard-Cannevel, 76510* ***Saint-Nicolas-d'Aliermont.*** *☎ 02-35-04-53-98. • musee-horlogerie-aliermont.fr • ♿ À 13 km au sud-est de Dieppe par la D 1 puis la D 56. Juin-sept, tlj sf lun 10h-12h, 14h-18h ; reste de l'année, mer-dim 14h30-18h. Fermé de janv à mi-fév et certains j. fériés. Entrée : 4 € ; réduc ; gratuit moins de 14 ans ; audioguide 1 €. En juil-août, visite guidée mar et jeu à 15h (comprise dans le prix d'entrée).* Ce beau musée moderne, dont les extensions de verre intègrent habilement un ancien corps de ferme, abrite une superbe collection d'horloges anciennes, hommage au savoir-faire des artisans de Saint-Nicolas-d'Aliermont. C'est ici, en effet, que fut inventé au début du XVIIIe s le mouvement à balancier court, dérivé du mouvement de cartel apparu en 1657, année de l'invention du pendule. Plus petit que celui d'une comtoise, son mécanisme plat est constitué de deux platines de laiton et d'un système de sonnerie simple et robuste. Sa force motrice constante et son moindre poids (2,5 kg contre 4 kg pour la comtoise) demandent moins d'énergie à son balancier pour effectuer son fameux mouvement. Connaissant un grand succès régional à partir du XVIIIe s, l'activité est relancée en 1807 pour lutter contre le chômage local (déjà !) grâce à Honoré Pons, un jeune maître horloger parisien missionné par un certain de Champagny, alors « ministre des Horloges et des Pendules » ! Outre la collection d'horloges, vous pourrez admirer des pendulettes de voyage de la fin du XVIIIe s, une superbe série de réveille-matin dont les réveils Bayard des XIXe et XXe s, et enfin l'atelier d'entretien des pièces du musée.

LE RÉVEILLE-MATIN

Antoine Rédier, horloger à Saint-Nicolas-d'Aliermont déposa le brevet du réveille-matin en 1847. On dit que le tic-tac faisait tellement de boucan... que l'appareil tenait son propriétaire éveillé toute la nuit ! En tout cas, l'invention assura la prospérité de la ville.

LA SEINE-MARITIME

Le château de Miromesnil : *76550* ***Tourville-sur-Arques.*** *☎ 02-35-85-02-80. • chateaumiromesnil.com • À 8 km au sud de Dieppe par la D 927, puis à gauche par la D 70. Avr-oct, tlj 10h-12h, 14h-18h. Entrée : 10 € pour la totale (château, chapelle, parcs et jardins en visite guidée), 5 € pour le parc et les jardins (visite libre) ; réduc. Pour les enfants, pensez à demander le* Carnet de l'explorateur.
C'est dans cette très belle demeure du XVIIe s que naquit Guy de Maupassant. Bâtie à l'emplacement d'un ancien château fort, elle appartint longtemps à la famille de Miromesnil, dont un membre fut président du parlement de Normandie et garde des Sceaux sous Louis XVI.
La visite guidée vaut le détour, puisque cette belle et élégante bâtisse possède l'une des plus pures façades Louis XIII de la région, en brique rose de Varengeville, décorée de guirlandes de fleurs, de masques, de pilastres et de vases sur la corniche. On pénètre d'abord dans le hall où sont regroupés quelques souvenirs de l'écrivain, qui y vécut jusqu'à l'âge de 3 ans. Puis la visite se poursuit dans plusieurs salles et salons, qui sont autant d'occasion d'aborder des thématiques comme le jeu au XVIIIe s, la mode, les repas (à l'image de la table dressée dans la salle à manger). Dans le coquet cabinet de travail, un registre terrier, un bréviaire offert par Louis XVI et des livres de poésie. Sur l'arrière, on découvre la façade sud, très dépouillée, ainsi que le beau parc et son gigantesque cèdre du Liban.
Dans le beau jardin potager, aménagé à l'anglaise, alternent légumes, arbres fruitiers et fleurs. En traversant une majestueuse forêt de hêtres, on parvient enfin à la chapelle du XVIe s. Extérieur austère, mais à l'intérieur, quel ravissement ! Boiseries délicatement sculptées, vitraux, voûte en bois, élégante grille de fer forgé...
Nathalie, châtelaine dynamique, propose également de nombreuses manifestations tout au long de l'année, ainsi que des ***chambres d'hôtes*** de charme *(double 125 €)*. Vastes et très romantiques, avec leur beau mobilier de famille, elles disposent d'un bon niveau de confort (salles de bains complètes, plateau de courtoisie). Et, bien évidemment, la visite guidée est offerte aux hôtes !

LE PETIT CAUX

La plus petite des sous-régions de Seine-Maritime, bien souvent intégrée au pays de Caux, possède des limites bien définies, en tout cas sur trois côtés : de Dieppe au Tréport, le Petit Caux s'étend entre la Béthune au sud et la Bresle au nord, qui marque d'ailleurs la limite entre la Normandie et la Somme. C'est un harmonieux plateau sillonné par la vallée de la Bresle, qui abrite la splendide forêt d'Eu, divisée en trois massifs.

LA BASSE VALLÉE DE LA BRESLE

La vallée de la Bresle se plaint souvent d'être oubliée. Sa situation géographique, coincée entre Normandie et Picardie, est la seule explication qui tienne la route. Le Tréport, ville d'ouvriers et de marins, est loin d'avoir le charme de Honfleur, mais en échange, elle reste plus authentique et conserve le caractère désuet des premières vacances du Front populaire. Grâce à ses forêts qui fournissaient le bois nécessaire, la vallée de la Bresle est aussi – et ce depuis le XVe s – un grand centre artisanal et industriel.

LA VALLÉE DE LA BRESLE : PREMIER PÔLE MONDIAL DU FLACONNAGE DE LUXE

La tradition du travail du verre dans la vallée de la Bresle remonte au Moyen Âge, et les usines des environs ont pourvu de nombreuses cathédrales et églises en vitraux. La vallée, qui au XIXe s commença à se spécialiser dans les flacons pour les parfums et les cosmétiques, fabrique aujourd'hui plus de 75 % de la production mondiale du flaconnage de luxe (pour la parfumerie, mais aussi pour les spiritueux et l'industrie pharmaceutique). Au plus fort de son activité, la vallée compta jusqu'à une quarantaine de verreries, une ville comme Blangy-sur-Bresle en abritant jusqu'à quatre à elle seule (contre deux aujourd'hui). L'apparition des machines semi-automatisées dans les années 1920, puis la mécanisation complète ont cependant transformé ce secteur jusqu'alors manuel et artisanal, et de nombreuses verreries fermèrent leurs portes dans les années 1930. S'il ne reste plus aujourd'hui dans la vallée que quelques verreries (dont la dernière en France à travailler en semi-automatique à Blangy-sur-Bresle) et deux souffleurs de verre, le secteur emploie encore quelque 7 000 personnes.

LE TRÉPORT (76470) 5 270 hab. *Carte Seine-Maritime, C1*

Avec Dieppe, Le Tréport possède la plage la plus proche de Paris et si elle reste une ville de pêcheurs, parfois un peu âpre, on s'y attache vite. Certains artistes succombèrent d'ailleurs à son charme, comme le préimpressionniste Antoine Vollon, qui y réalisa de nombreuses toiles, ainsi que Turner, reçu par Louis-Philippe. Chaque été et les week-ends aux beaux jours, des milliers de visiteurs envahissent les ruelles de la cité et les quais de son petit port, avant d'aller profiter des plaisirs de la plage et du centre aquatique sur le front de mer *(● o2falaises.fr ●).*

UN PEU D'HISTOIRE

Le Tréport se développa grâce à son port, détruit plusieurs fois par les Anglais ainsi que par les protestants de Dieppe au XVIe s. Jamais il ne fut une ville aussi importante que Dieppe, mais il connut son heure de gloire au XIXe s, quand Louis-Philippe, qui résidait régulièrement à Eu, venait y profiter de la plage. La cité devint alors une station balnéaire assez courue, avant de tomber dans l'oubli et d'être ensuite relancée par les premiers congés payés.
Aujourd'hui la ville vit toujours de la mer, puisque son port accueille en réalité trois ports à vocations différentes : le port de pêche, le port de commerce et le port de plaisance.

Adresses utiles

i *Office de tourisme :* *quai Sadi-Carnot, face au port de plaisance. ☎ 02-35-86-05-69. ● letreport-tourisme.fr ● Juil-août, tlj 9h30-18h30. Avr-juin et sept, lun-sam sf jeu mat 9h30-12h, 14h-18h ; dim 9h30-12h30, 14h30-17h. Oct-mars, lun-sam sf jeu 10h-12h, 14h-18h ; plus dim mat pdt vac scol.* Renseignements sur les nombreuses activités que propose Le Tréport, comme les promenades et la pêche en mer ou les visites commentées.

i *Bureau du funiculaire :* *rue de l'Amiral-Courbet. Juil-août, lun, mer, ven-dim 9h30-12h30 (10h-12h lun et mer), 14h-18h ; avr-juin et sept-oct, sam-dim 9h30-12h30, 14h-18h.*

Où dormir ?

Quand arrivent les beaux jours, des nuées de touristes viennent nicher le long des falaises de la côte. On vous encourage donc à réserver votre nid douillet bien à l'avance.

Camping

⛺ ***Camping municipal Les Boucaniers :*** *rue Pierre-Mendès-France. ☎ 02-35-86-35-47. • camping@ville-le-treport.fr • camping.ville-le-treport.fr • ♿ À 1 km du centre-ville ; sur la route de Mers-les-Bains, près du stade (bien fléché). Ouv avr-sept (tte l'année pour les loc). Selon saison, compter 16,50-18 € pour 2 avec tente et voiture ; chalets 235-570 €/sem. 246 empl.* Grand camping sans vue sur la mer mais joliment aménagé, bien équipé et très bien entretenu, dans un coin vert. Emplacements plats, herbeux et délimités par des haies. Pour une fois, les jolis chalets se fondent très bien dans le décor et forment comme un agréable petit village sous les arbres.

De prix moyens à chic

🏠 |●| ***Hôtel-restaurant La Villa Marine :*** *1, pl. Pierre-Sémard. ☎ 02-35-86-02-22. • infos@hotel-lavillamarine.com • hotel-lavillamarine.com • ♿ De l'autre côté du port par rapport au centre-ville. Resto fermé sam midi, plus dim hors saison. Congés : fêtes de fin d'année sf 31 déc. Doubles 71-179 €. ½ pens demandée pdt les ponts. Menus 25-43,90 €.* L'hôtel jouit d'un emplacement privilégié, avec vue sur le port et la ville en face. Chambres pas toujours bien grandes, mais les plus récentes sont très plaisantes avec leur belle déco tendance, style bord de mer. Les moins onéreuses ont vue sur l'arrière, et les autres sur le port. Restaurant classique sur place. Excellent accueil.

🏠 ***Hôtel Le Saint-Yves :*** *pl. Pierre-Sémard. ☎ 02-35-86-34-66. • hotel.lesaintyves@wanadoo.fr • hotellesaintyves.com • ♿ De l'autre côté du port par rapport au centre-ville. Double 85 €. Petit déj offert aux enfants jusqu'à 9 ans, sur présentation de ce guide.* Cet hôtel parfaitement tenu propose des chambres très confortables, à la déco classique agrémentée de quelques touches modernes et colorées. Les plus chanceux auront droit à une vue sur le port. Accueil pro.

🏠 ***Hôtel de Calais :*** *1-5, rue de la Commune-de-Paris. ☎ 02-27-28-09-09. • info@hoteldecalais.com • hoteldecalais.com • Doubles 61-95 € selon confort ; familiales 3-4 pers 67-170 €. Un petit déj/chambre et par nuit offert (hors juil-août, j. fériés et ponts), ou réduc de 10 % sur le prix de la chambre 15 nov-10 fév (sf pdt vac de Noël), sur présentation de ce guide.* Perché au-dessus du port depuis près de deux siècles, cet ancien relais de poste a accueilli bien du monde, de Victor Hugo aux GI du Débarquement ! Il rassemble aujourd'hui 3 bâtiments imbriqués, le tout formant un dédale de couloirs desservant des chambres classiques, à l'ancienne, de bon confort... et la plupart avec vue. Très sympa, comme l'accueil.

Où manger ? Où acheter de bons produits ?

De bon marché à prix moyens

|●| ***La Calypso :*** *47, quai François-Ier. ☎ 02-35-86-31-31. Tlj sf lun soir-mar hors saison. Menus 15,90-23,90 €.* Sur le quai, cette adresse se distingue par son accueil pro et souriant, et surtout par ses menus honorables. Dans l'assiette, des spécialités normandes et picardes classiques, copieuses et bonnes (savoureux harengs marinés). À moins de se laisser tenter par des moules-frites sans chichis !

|●| ***La Pile d'Assiettes :*** *1-3, rue Gambetta. ☎ 02-35-84-65-61.*

• lapiledassiettes@free.fr • Tlj sf mer et le soir sf ven-sam. Congés : vac de la Toussaint et de Noël. Menu env 23 €. Dans ce cadre lumineux et coloré, le chef apporte une petite touche d'originalité à la restauration locale, avec à l'occasion des notes de salé-sucré et des épices pour rehausser le tout. Il aime particulièrement travailler les légumes du marché et les légumes oubliés. Quant à l'accueil en salle, il ne manque pas de caractère !

Poissonnerie municipale du Tréport : *sur le port. Tlj en saison ; fermé mar hors saison (sf pdt vac scol).* Un petit édifice en brique qui propose des produits frais de la mer à prix très raisonnables.

Où dormir ? Où manger dans les environs ?

Centre d'hébergement municipal du château de Chantereine : *rue de Chantereine, 76910* ***Criel-sur-Mer.*** *☎ 02-35-50-18-46. • chantereine.criel@wanadoo.fr • À 8 km au sud-ouest du Tréport. En bus, liaison Dieppe-Le Tréport. Fermé 24 déc-2 janv et dim soir en basse saison. Résa conseillée. Nuitée 18-22,15 €/pers selon confort ; draps fournis ; petit déj 4,70 €. Repas 12,30 € sur demande. (dans la salle commune).* Une sorte d'AJ municipale installée dans un beau château du XVIIIe s ! Certes, l'intérieur, rénové de façon « moderne », a perdu de son cachet, mais c'est propre et fonctionnel. Une cinquantaine de chambres ou dortoirs pouvant accueillir 2 à 8 personnes avec douches privées ou communes et toilettes sur le palier. Installations sportives à proximité (parc, terrain de foot, salle de sport, ping-pong). Bref, un super plan pour les budgets serrés.

La cidrerie du Parc et le verger « Les Prés » : *chez Susan et Adrien Tailleux, 35-37, rue de Chantereine, 76910* ***Criel-sur-Mer.*** *06-66-75-74-05. • troisclos@yahoo.fr • 3clos.fr •* *Voir « Dans les environs du Tréport » plus loin.*

À voir. À faire

L'ancien quartier des Cordiers : *c'est le quartier situé derrière les restos.* Les cordiers étaient les pêcheurs pauvres qui, à défaut de pouvoir pêcher au filet, pêchaient au moyen de cordes garnies d'hameçons. Ils furent les premiers habitants de ce quartier populaire qui commença à se parer de belles villas quand Louis-Philippe « lança » la station balnéaire au XIXe s. On trouve encore de belles maisons à bow-windows ou à balcons en fer forgé. En remontant vers l'église Saint-Jacques, on arrive à l'ancien hôtel de ville avec sa voûte du XVIe s et sa tourelle du XIIIe. C'est de la petite place au pied du bâtiment que commencent les escaliers menant aux falaises. Remarquer au passage la grande fresque illustrant l'histoire du Tréport.

Le musée du Vieux-Tréport : *1, rue de l'Anguainerie. ☎ 02-35-86-13-36. Pâques-sept, w-e et j. fériés 10h-12h, 15h-18h. Entrée : env 3 € ; réduc.* Installé dans l'ancien hôtel de ville, ce vaste musée tenu par des passionnés regorge de souvenirs et de trésors. La visite commence par les prisons, avec les lits d'origine... et quelques mannequins pour l'ambiance ! Puis, au gré des étages, c'est toute l'histoire du Tréport qui défile : la pêche (matériel ancien, outils de charpentier, maquettes, cordages, nœuds), la vie des gens de mer (étonnants sacs de marin, personnalisés par chaque membre de l'équipage), les bains de mer (maillots 1900 hilarants), les activités traditionnelles (l'insolite ramassage de galets, la sculpture sur ivoire) et, bien entendu, quelques sections sur les guerres et la reconstruction. Une belle visite, à la fois nostalgique et émouvante.

Le funiculaire et les falaises : *rue de l'Amiral-Courbet. • letreport-tourisme.fr • De mi-juin à mi-sept, tlj 7h45-0h45 ; hors saison, dim-ven et j. fériés 7h45-20h45 (0h45 sam et veilles de j. fériés) ; ne fonctionne pas lorsque le vent dépasse les 80 km/h. GRATUIT.* Le funiculaire d'origine, inauguré en 1908 et mis hors service après la Seconde Guerre mondiale car trop coûteux à exploiter, fut remplacé en 1950 par un téléphérique monocâble. Celui-ci relie la ville basse à la ville haute. Panorama somptueux de la terrasse et sensations fortes lors de la traversée des falaises. Quant à la gare haute, elle accueille, dans un bâtiment annexe, l'atelier d'un souffleur de verre : la démonstration vaut le détour *(• atelier-du-verre.fr •)* !

L'église Saint-Jacques : *accessible du quai par une « rampe », puis par un escalier au coin de l'*Hôtel de Calais. Belle réalisation du XVIe s, à la façade en damier de grès et de silex. Un porche construit sous Louis-Philippe protège un portail Renaissance assez endommagé et dépouillé de toutes ses statues. À l'intérieur, splendides clés de voûte. À l'entrée de l'église, une Vierge polychrome du XVIe s. Ce sont les pèlerins de Saint-Jacques-de-Compostelle qui adoptèrent la coquille pour emblème (d'où le nom du coquillage, et non l'inverse !). Du coup, elle se répandit dans l'ornementation religieuse.

➢ **Balades commentées en mer :** *tlj en juil-août ; selon le temps le reste de l'année.* ***Charles Masson,*** *☎ 02-35-50-38-87 ;* ***Gautier Ricque,*** *06-38-69-03-67. Départs pl. de la Poissonnerie. Tarifs : 8,50 € (balade de 30 mn) ; réduc moins de 12 ans.*

LA SEINE-MARITIME

Fêtes et manifestations

- ***Pentecôte en kilt et Foire aux moules :*** *w-e de la Pentecôte, les années impaires.* Animations musicales avec des groupes celtes et dégustation de moules (pardi !) dans une ambiance populaire et bon enfant.
- ***Festival américain :*** *3e w-e de juin.* Rassemblement de vieilles motos et voitures américaines ainsi que de nombreuses animations avec, notamment, des groupes jouant de la musique style années 1960.
- ***Festival Pirate :*** *1er w-e de juil.* Animations sur le thème de la piraterie.
- ***Fête de la Mer :*** *3e w-e de juil (les années paires).* Procession en costumes traditionnels et bénédiction des bateaux, qui vont sur l'eau par dizaines.
- ***Foire au hareng :*** *1 w-e mi-nov.* Des journées festives sur le thème du hareng.

DANS LES ENVIRONS DU TRÉPORT

Mers-les-Bains *(80350) :* c'est la construction du chemin de fer qui, en 1872, bouleversa la vie et le destin de Mers-les-Bains en faisant de ce village, jouxtant Le Tréport, la station balnéaire la plus proche de Paris. La voie ferrée amena ici une foule de vacanciers à la recherche d'une villégiature agréable. De nos jours, Mers est plutôt une plage familiale, abritée des vents par une falaise crayeuse moins impressionnante qu'à Étretat mais dominant la mer d'une centaine de mètres. Belle plage de galets de 4,5 km de long. Mers est surtout l'un des rares fronts de mer intacts, avec un alignement admirable de plusieurs dizaines de villas Art nouveau, toutes plus croquignolettes les unes que les autres. Voir notamment *La Fée des Mers,* à l'angle de la promenade, bâtie par Gustave Eiffel lui-même. Nul promoteur ne viendra plus sévir ici, car les façades sont aujourd'hui classées ou protégées. Elles contribuent ainsi à redonner à la plage son luxe et son éclat d'antan.

La cidrerie du Parc et le verger « Les Prés » : *chez Susan et Adrien Tailleux, 35-37, rue de Chantereine, 76910* ***Criel-sur-Mer.*** *06-66-75-74-05. • troisclos@yahoo.fr • 3clos.fr • Boutique et parc ouv avr-11 nov : avr-mai et oct-nov, sam et* *j. fériés 15h-18h ; de juin à mi-juil et sept, w-e et j. fériés 15h-19h (18h sept) ; de mi-juil à août, tlj sf mer 15h-19h. Visite (libre) du parc : 7 € ; réduc. Visite guidée de la cidrerie avec dégustation sur résa (min 4 adultes) : 8 €.* Cette cidrerie artisanale est installée au cœur des prés salés. On peut s'approvisionner en excellents produits à la boutique (comme le délicieux apéritif aux noix et eau-de-vie) ou encore découvrir son beau parc paysager de 9 ha traversé par la rivière Yères, avec potagers, vergers et jardins à thème autour d'un manoir début XXe s. Celui-ci renferme par ailleurs de belles chambres d'hôtes, élégantes et tout confort, où l'on a plaisir à se reposer avant de profiter du petit déj servi par la sympathique et dynamique propriétaire *(doubles 75-95 € selon saison).*

EU

(76260) 7 350 hab. *Carte Seine-Maritime, C1*

Eu, à 4 km du Tréport, est une jolie petite ville tranquille, bordée par la forêt d'Eu, une ancienne forêt royale plantée de hêtres sur 10 000 ha. En 1845, Turner, invité au château avec la reine Victoria pour un banquet donné par Louis-Philippe, y réalisa une série de ses fameuses aquarelles. Plus prosaïquement, si vous êtes dans le coin dans les environs de la Toussaint, goûtez donc à la spécialité locale : le pâté aux poires de Fisée, une sorte de tourte en pâte feuilletée, farcie avec des poires confites.

UN PEU D'HISTOIRE

C'est dans la région d'Eu que se marièrent Guillaume le Conquérant et Mathilde de Flandres. En 1821, à la mort de sa mère, le duc d'Orléans (futur Louis-Philippe) hérite du château. En 1830, il est intronisé roi des Français et le château devient résidence royale. C'est ainsi que l'Entente cordiale qui lie la France à l'Angleterre d'une nouvelle amitié sous la monarchie de Juillet est signée à Eu et que Louis-Philippe invite à deux reprises la reine Victoria (en 1843 et 1845) en témoignage de ces fraternelles relations.

Adresse utile

Office de tourisme : *pl. Guillaume-le-Conquérant (au pied de la collégiale). ☎ 02-35-86-04-68. • ville-eu.fr/tourisme • Tte l'année : lun-sam 9h-12h30, 14h-17h30 (9h-18h juil-août) ; dim et j. fériés 10h-12h30 avr-oct, 10h-13h juil-août.* Brochures complètes pour des randonnées dans les vallées voisines et *Le Circuit du patrimoine* pour explorer la vieille ville.

Où dormir ? Où manger ?

Camping

Camping municipal du Parc du Château : *☎ 02-35-86-20-04. 06-88-59-65-85. • camping-du-chateau@ville-eu.fr • ville-eu.fr • Emprunter le chemin qui longe le flanc gauche du parc, à l'arrière du château. Ouv avr-oct. Forfait pour 2 7,50-12 € selon saison. 75 empl.* En pleine nature, dans le parc du château, entouré par de superbes arbres et en bordure de la rivière, ce camping familial bien équipé et soigneusement entretenu bénéficie d'un environnement rare avec ses beaux emplacements ombragés et délimités par des haies. Sanitaires plus tout récents mais propres.

Auberge de jeunesse

Auberge de jeunesse, centre des Fontaines : *1, rue des Fontaines.*

☎ 02-35-86-05-03. • auberge@centredesfontaines.fr • centredesfontaines.fr • À 10 mn à pied de la gare ferroviaire d'Eu. Env 17 €/pers, petit déj 4,50 €. Carte de membre obligatoire (en vente sur place). Situé dans les cuisines royales du château voisin, dans un cadre insolite, sous d'imposantes voûtes de brique. Au rez-de-chaussée, 3 grands dortoirs de 11 à 13 lits avec douche et lavabo, et 5 chambres de 5 ou 6 places à l'étage sans ou avec douche privée (et w-c toujours sur le palier). Pas de cuisine, mais un petit frigo et un micro-ondes à disposition. Petit salon TV et 2 pianos pour ceux qui préfèrent Chopin... à la chopine.

Chambres d'hôtes

Le Clos Sainte-Anne : *chez Évelyne Duminil, 6, rue Sainte-Anne. ☎ 02-35-50-75-56. 06-82-94-95-36. • evelyneduminil@aol.com • leclossainteanne.com • Double 68 € ; 20 €/pers supplémentaire. Apéritif offert sur présentation de ce guide.* Au cœur du Eu historique. Derrière l'austère façade de brique se cache une magnifique maison eudoise typique du XVIIe s, avec une courette pavée de silex et un jardin superbe, touffu et abondamment fleuri. Dans les étages ou au rez-de-chaussée, 3 charmantes chambres aux couleurs claires, très cosy. L'une d'elles possède une jolie poutre au beau milieu de l'espace ainsi qu'une grande terrasse privée. Pour couronner le tout, un très bel accueil. Un coup de cœur.

Manoir de Beaumont : *chez M. et Mme Demarquet, route de Beaumont. ☎ 02-35-50-91-91. 06-72-80-01-04. • catherine@demarquet.eu • demarquet.eu • À env 3 km du centre ; accès par la D 49 ; prendre la route à droite juste avt le panneau d'entrée dans Ponts-et-Marais, puis suivre le fléchage. Congés : janv. Doubles 55-67 € selon taille.* En pleine campagne, un ancien relais de chasse au milieu d'un immense parc avec une superbe vue dégagée au fond du jardin, d'où partent un certain nombre de randonnées en forêt. Dans l'agréable maison, 3 jolies chambres, spacieuses et confortables, à la déco classique et fleurie. Salon avec cheminée pour se poser en toute quiétude. Enfin, les maîtres des lieux, attentifs et charmants, sont très documentés sur la région et surtout intarissables sur ses sites et son histoire.

De bon marché à prix moyens

Hôtel-bistrot L'Étoile : *37, bd Thiers. ☎ 02-35-86-14-89. • bistroletoile@gmail.com • lebistrodeletoile.fr • Doubles 46-60 € selon confort.* Une petite adresse toute simple aux chambres sobres et bien tenues. Toutes sont équipées d'une douche, mais une chambre a les toilettes sur le palier et, dans les moins onéreuses, la cabine de douche se trouve directement dans la chambre. Les plus chères, quant à elles, sont vraiment spacieuses. Accueil fort sympathique.

Restaurant de la Poste : *5, rue de la Poste. ☎ 02-35-86-10-78. • alex.chrishele@orange.fr • Ouv le midi tlj sf lun, plus le soir sam. Congés : juil. Formule déj en sem 13 € ; menus 18,50-28 €. Café offert sur présentation de ce guide.* Cadre chaleureux pour cette petite adresse pimpante, appréciée des habitués pour sa cuisine classique, simple et bonne. Très bon accueil.

À voir

Le château d'Eu – musée Louis-Philippe : *au centre de la ville. ☎ 02-27-28-20-76 ou 02-25-04-10-14. • chateau-eu.fr • De mi-mars à nov, tlj sf mar et ven mat 10h-12h, 14h-18h. Entrée : 5 € ; réduc.* Ce château bâti sous Henri de Guise et Catherine de Clèves au XVIe s fut remanié et agrandi une première fois au XVIIe s par la cousine de Louis XIV – qu'on appelait alors la Grande Mademoiselle (ça devait faire chic dans les bals de l'époque) –, puis une seconde fois au XIXe s, sous Louis-Philippe, qui en fit une résidence royale. Le château (meublé) abrite aujourd'hui un musée consacré à Louis-Philippe et à la monarchie de Juillet, et la visite permet de découvrir le quotidien des propriétaires successifs, des Guise aux Orléans : la *galerie des Guise,* ancien salon d'apparat somptueusement restauré, avec 46 portraits de collection d'origine de la famille, le grand salon, l'escalier d'honneur, la salle à manger, la salle de bains, la chambre dorée de la Grande Mademoiselle, etc. Au rez-de-chaussée, dans le portique, vitraux dessinés par Viollet-le-Duc, dont ce fut le dernier chantier et dont on peut voir les talents non seulement d'architecte, mais aussi d'ingénieur et de décorateur. Dans le parc, vous pourrez voir la statue de Ferdinand, duc d'Orléans et fils de Louis-Philippe, mort dans un accident de... calèche ! Et puis ne manquez pas d'admirer le Guisard : planté vers 1588, il serait le plus vieux hêtre de France.

La collégiale Notre-Dame-et-Saint-Laurent : *pl. Guillaume-le-Conquérant. Avr-sept, tlj sf le mat dim-lun 9h30-12h30, 14h30-17h30 ; oct-mars, tlj sf dim mat et lun 9h30-12h30, 14h-16h30.* Un bâtiment compact et imposant, dans le style caractéristique du gothique primitif. Édifiée aux XIIe et XIIIe s, elle fut profondément remaniée au XIXe s par... Viollet-le-Duc (encore lui). À l'intérieur, la nef, lumineuse et aérienne, l'abside et les chapelles latérales remarquablement meublées méritent que l'on s'y attarde. Beau déambulatoire flamboyant et chaire du XVIIIe s. Ne pas manquer non plus de visiter la crypte.

LE PÉPÉ DE LAWRENCE D'ARABIE

Dans la collégiale Notre-Dame-et-Saint-Laurent, la plus émouvante découverte est sans doute la crypte du XIIe s, dernier vestige de l'abbaye d'où Guillaume le Conquérant s'embarqua pour l'Angleterre. Elle contient aussi le gisant du saint patron de la ville d'Eu, saint Laurent O'Toole, mort ici le 14 novembre 1180 et dont le descendant le plus contemporain était Peter O'Toole, l'incarnation mythique, au cinéma, de Lawrence d'Arabie !

Le petit théâtre à l'italienne : *☎ 02-35-50-20-97. Mer-jeu 14h30-17h30 ; ven 10h-13h, 14h30-17h30 ; sam 10h-13h. Fermé en août. GRATUIT.* Typique du XIXe s, toute une atmosphère. Spectacles et musique selon programmation.

La chapelle du collège des Jésuites : *rue du Collège, dans un charmant quartier historique. Tte l'année, mar-sam 10h-12h, 14h-18h30 ; dim (sf mars) 14h30-18h30.* Très marquée par l'église du Gesù à Rome, mère du style baroque romain, la chapelle conserve néanmoins un mélange de styles Renaissance et Louis XIII, avec une façade moins dynamique que son illustre modèle. L'utilisation de la brique n'y est pas étrangère. Elle abrite les monuments funéraires d'Henri de Guise et de Catherine de Clèves, sa femme. C'est d'ailleurs elle qui fit élever cette chapelle après l'assassinat de son mari par Henri III. Les deux mausolées de marbre noir et blanc se font face. Expos temporaires.

Le musée des Traditions verrières : *ruelle Sémichon, à côté de la salle M.-Audiard. ☎ 02-35-86-21-91. • traditions-verrieres.com • ♿ Pâques-Toussaint, mar, w-e et j. fériés 14h30-18h (plus mer juil-sept). En principe, visite guidée à 15h, 16h et 17h. Entrée : 4 € ; gratuit moins de 12 ans.* Installé dans d'anciennes écuries de cavalerie du XIXe s (les auges sont d'ailleurs toujours en bonne place), ce sympathique musée associatif retrace plus de 6 000 ans d'histoire de la verrerie. Au gré des différentes petites sections, vous apprendrez que l'homme a percé très tôt le secret du verre (sable et soude chauffés à 1 400-1 600 °C) et que si les techniques ont sans cesse évolué, le principe est, lui, resté le même, des premiers fours égyptiens à l'automatisme du XXIe s. Dans une deuxième salle, jolie collection de flacons de parfum (des factices et des miniatures). Quelques démonstrations de machines et, ponctuellement, de souffleurs de verre, ainsi que des vidéos sur le sujet.

Manifestations

– ***Feu de la Saint-Jean et fête de la Musique :*** *plus ou moins (!) au moment du solstice d'été.*
– ***Le Murmure du son :*** *début juil.* Festival de musiques actuelles.

DANS LES ENVIRONS D'EU

Renseignez-vous à l'office de tourisme sur les nombreuses possibilités de randonnées dans la forêt d'Eu ainsi que dans les belles vallées de la Bresle et de l'Yères.

Le jardin des Sources : *chez Pascal Dumont, hameau de Dragueville, 14, route des Sept-Meules, 76260* ***Saint-Martin-le-Gaillard.*** *☎ 02-35-50-93-44. Tlj sf lun 9h30-12h, 14h30-18h. GRATUIT.* Sur 2 ha, une jolie déambulation au milieu de plusieurs jardins à thème. Également une pépinière, l'activité principale du lieu, produisant entre autres la fameuse poire de Fisée, sévère au premier abord mais délicieuse une fois confite et intégrée dans le pâté aux poires local...

Le musée de la Verrerie et le Centre culturel du manoir de Fontaine : *rue du Manoir, 76340* ***Blangy-sur-Bresle.*** *☎ 02-35-94-44-79. • museedelaverrerie@orange.fr • À 22 km au sud-est d'Eu par la D 49 ; ou sortie n° 5 par l'A 28. De mi-mars à mi-nov, mer-ven 10h-12h, 14h-18h, sam-lun 14h-18h ; visite guidée avec démonstration du souffleur de verre à 10h30, 14h30, 15h30 et 16h30. Entrée : env 5 € ; réduc ; gratuit moins de 6 ans. Fête du Verre le 2e w-e d'août.* Assez étonnant ce manoir que la Ville de Blangy a entrepris de restaurer pour y installer plusieurs musées. Celui de la Verrerie présente toutes les étapes du travail manuel ou semi-automatisé du verre au moyen de petites mises en scène créées à partir de machines et de matériel récupérés dans les entreprises locales. C'est très bien fait et passionnant (surtout si vous pouvez profiter d'une visite guidée). La visite se termine au milieu des vitrines dans lesquelles est exposé un bel échantillon des pièces fabriquées dans la vallée (le musée en possède quelque 1 200, mais elles sont présentées par roulement), et vous ne serez pas sans reconnaître quelques flacons bien connus. Surtout, ne partez pas sans avoir jeté un œil à l'atelier, dans la cour, où travaille le maître verrier (en effet, même en dehors des visites guidées et des démonstrations, on peut l'admirer à l'œuvre).

LE PAYS DE BRAY

Situé dans le nord-est du département, le pays de Bray couvre les vallées de la Béthune, de l'Andelle et de l'Epte, et ses principales bourgades sont Neufchâtel-en-Bray, Forges-les-Eaux et Gournay-en-Bray. À cheval sur deux départements (Seine-Maritime et Oise), il offre une singulière diversité de paysages : vallons souriants, dépressions abruptes, bocages paisibles, bouquets d'arbres touffus sortis de nulle part, tout cela favorisé par cet étrange mélange du sous-sol. La vache normande s'y plaît particulièrement et son lait

crémeux a donné naissance à deux produits fameux : le neufchâtel et le petit-suisse.
Ce beau pays est aussi traversé par l'Avenue verte London-Paris. De Forges-les-Eaux à Arques-la Bataille (en périphérie de Dieppe), celle-ci a l'avantage d'être uniquement dédiée aux vélos. Aménagée sur l'ancienne voie de chemin de fer Paris-Dieppe, elle est ponctuée de plusieurs étapes sympathiques, aussi bien gourmandes que culturelles.
À ceux qui, au vélo, préféreraient la voiture, il suffit de se procurer dans un office de tourisme le fascicule de la route des Paysages : de beaux points de vue en beaux points de vue, avec à chaque fois une table d'orientation, elle vous amène à découvrir autrement ce coin injustement méconnu.

LA GRANDE HISTOIRE DU PETIT-SUISSE

C'est dans le pays de Bray, tout près de Gournay-en-Bray, à Villers-sur-Auchy, qu'au milieu du XIXe *s une gentille fermière eut l'idée d'ajouter de la crème fraîche au caillé. Comme ce nom ne l'indique pas, ce procédé est normand et non pas suisse ! La confusion vient d'un employé qui était effectivement suisse. Charles Gervais décida de produire industriellement ces petits délices, entourés de papier pour bien maîtriser l'humidité.*

NEUFCHÂTEL-EN-BRAY

(76270) 4 840 hab. *Carte Seine-Maritime, C2*

Une gentille bourgade, avec son lot de maisons à pans de bois et de petits immeubles d'après guerre, bâtis à la va-vite après les bombardements de 1940. Rien de véritablement palpitant, à part l'église, le sympathique Musée municipal... et, bien sûr, le neufchâtel, célèbre fromage dont la ville est le berceau.

LE FROMAGE DE NEUFCHÂTEL

Le plus ancien des fromages normands est né au début du XIe s. Tout comme ses collègues livarot, camembert et pont-l'évêque, le neufchâtel bénéficie de l'AOP et ne peut être fabriqué que dans un rayon d'environ 30 km autour de Neufchâtel. En revanche, il existe sous différentes formes, même si celle du cœur est la plus connue. On dit qu'au Moyen Âge, les jeunes filles de la région exprimaient leurs sentiments aux soldats anglais venus batailler dans le coin en le leur offrant... Mais méfiez-vous : sous son allure de tendre, ce fromage au lait de vache assez salé se révèle relativement puissant. Pour plus d'infos : ● *neufchatel-aoc.org* ●

Adresse et info utiles

Office de tourisme : *6, pl. Notre-Dame.* ☎ *02-35-93-22-96.* ● *ot-pays-neufchatelois.fr* ● *Face à l'entrée de l'église. Tte l'année : juil-août, lun-sam 9h (15h lun)-18h30, dim et j. fériés 10h-13h, 14h-17h ; de mi-avr à fin juin et de sept à mi-oct, mar-ven 10h-12h30, 14h-18h, sam 9h30-12h30, 14h-18h ; le reste de l'année, mar-sam 14h-17h et sam mat.* Propose divers circuits cyclotouristiques pour partir à la découverte de petits producteurs, ainsi que des itinéraires pédestres.

– ***Marchés :*** *sam mat. Dans la halle au beurre pour les produits fermiers. Autres bons marchés à* ***Gournay-en-Bray,*** *mar mat (le plus important, avec un marché aux volailles) et ven mat.*

Où dormir ? Où manger ?

Camping Sainte-Claire : *19, rue la Grande-Flandre. ☎ 02-35-93-03-93. • fancelot@wanadoo.fr • camping-sainte-claire.com • Accès par la D1 en direction de Dieppe. Ouv d'avr à mi-oct. Compter 13 € pour 2 avec tente et voiture. 100 empl.* À l'écart du centre-ville mais juste au bord de l'Avenue verte London-Paris, un camping bien tenu, tranquille, au cadre verdoyant agréable. Dans une maison de brique rouge, les sanitaires et, en saison, la brasserie dotée d'une jolie terrasse.

Chambres d'hôtes Le Cellier du Val Boury : *3, rue du Val-Boury. ☎ 02-35-93-26-95. 06-61-76-26-95. • xv.lefrancois@gmail.com • cellier-val-boury.com • En haut de la rue principale (fléché). Tte l'année. Doubles 72-85 € selon chambre ; familiales 3-6 pers 72-130 €.* Quelle surprise de découvrir, à deux pas du centre, cette ancienne ferme de caractère du XVIIe s devant laquelle s'étend une cour verdoyante délicieusement fleurie ! Au total, 5 chambres réparties dans 2 maisonnettes. Toutes sont mansardées et accueillantes, mais les plus onéreuses se révèlent un peu plus élégantes. Quelques chambres familiales également vraiment spacieuses. Seul inconvénient : il n'est pas rare, le week-end, que les chambres soient occupées par les gens ayant loué la salle de réception voisine.

Les Airelles : *2, passage Michu. ☎ 02-35-93-14-60. • les-airelles-sarl@wanadoo.fr • les-airelles-neufchatel.com • Face à la pl. Notre-Dame. Resto fermé lun midi en saison, dim soir et le midi lun-mar hors saison. Congés : vac scol de fév et de la Toussaint. Doubles 65-72 € selon saison. Menus en sem 17 €, puis 25-34 € ; carte env 50 €. Apéritif offert sur présentation de ce guide.* Un établissement à la façade élégante et fleurie qui évoque davantage une maison particulière cossue construite après guerre qu'un hôtel ! Chambres sans surprise mais bien tenues. Côté restauration, une cuisine traditionnelle qui se défend fort bien dans un cadre soigné, sage et élégant. Bref, vraiment une maison sérieuse. Aux beaux jours, délicieuse terrasse sur le devant.

Les Tables de la Gare de l'Avenue Verte : *rue de la Gare. ☎ 02-35-94-83-04. • creperie-delagare@orange.fr • Mer-jeu et ven-dim 12h-21h30 (19h). Env 8-13 €/pers.* Au bord de l'Avenue Verte, un lieu sympathique proposant quelques crêpes et galettes, mais aussi de bons desserts de la ferme (riz au lait, flan, yaourt ou tarte du jour). En résumé, l'endroit parfait pour requinquer des mollets un peu ramollos.

Où manger ? Où faire une pause dans les environs ?

Le Relais du Lion d'Or : *4, rue du Général-de-Gaulle, 76660* ***Londinières.*** *☎ 02-35-93-81-31. • relaisdu liondor@orange.fr • À 15 km au nord de Neufchâtel par la D 1314. Tlj sf lun soir, mar et mer soir. Congés : 3 sem en janv et 1 sem en juil. Menus 14,60 € (le midi en sem), puis 21-37,50 €.* Aisément repérable à sa façade à colombages et à son néon rose qui s'illumine en soirée, voici une sympathique petite adresse en dehors des grandes artères touristiques, dont on apprécie la cuisine généreuse, personnelle et joliment présentée. Intérieur rustique avec cheminée et cuivres rutilants aux murs. Le genre d'endroit aussi bien adapté à un repas en tête à tête que pour une tablée plus importante. Accueil à l'image des lieux : simple, pro et agréable.

Au Quai Gourmand : *409, route de Saint-Saire, 76270* ***Nesle-Hodeng.*** *☎ 02-35-93-49-14. • auquaigour mand@gmail.com • À env 7 km au sud de Neufchâtel ; de la D 1314, suivre la direction de Saint-Saire et non de Hesle-Hodeng. Mer-dim 10h30-17h,* *plus le soir ven-sam sur résa. Formules déj 13,50-15 € ; carte 20-25 €.* Une de ces anciennes gares le long de l'Avenue verte London-Paris joliment réinvestie par ce café de pays à l'intérieur lumineux et pimpant, avec livres et magazines à disposition. La petite ardoise change tous les jours, mais le principe reste le même : une bonne cuisine maison préparée à base de produits frais. Bien aussi pour une petite pause en journée.

Au Rendez-vous : *1024, route de Pommeréval, 76680* ***Ventes-Saint-Rémy.*** *☎ 02-35-34-27-38. • info@aurendezvous.fr • À env 13 km à l'ouest de Neufchâtel, au bord de la D 12 entre Saint-Saëns et Pommeréval. Ouv le midi tlj sf mer, plus le soir ven-sam sur résa. Menus 12 € en sem, 14 € le w-e.* Une petite adresse de bord de route, au cœur de la forêt d'Eawy, que l'on est heureux de trouver ! Ce café-bar-restaurant propose une cuisine toute simple, comme à la maison, mais fraîche et à prix agréablement doux. En plus, la terrasse est plaisante. Accueil en accord avec les lieux : souriant, sympathique, efficace.

LA SEINE-MARITIME

À voir

L'église Notre-Dame : en grande partie détruite pendant la guerre, elle fut ensuite complètement restaurée. On pénètre par un clocher-porche de style gothique flamboyant. Nef du XVIe s, surtout intéressante pour les chapiteaux Renaissance des piliers du bas-côté gauche. Chœur plus ancien (XIIIe s). Dans le bras droit du transept, Mise au tombeau en pierre sculptée polychrome du XVe s, surmontée d'un dais Renaissance.

Le musée municipal Mathon-Durand : *rue Saint-Pierre. ☎ 02-35-93-06-55. À deux pas de l'église en descendant la grande-rue Fausse-Porte. De mi-juin à mi-sept, tlj sf lun 14h-18h ; d'avr à mi-juin et de mi-sept à oct, sam-dim slt. Entrée : 4 € ; réduc enfants.* Dans une maison bourgeoise à colombages du XVIe s sont présentés tous les objets liés au monde rural normand depuis la fin du Moyen Âge jusqu'au début du XXe s. Outre celle consacrée au neufchâtel, les salles passent en revue le mobilier normand, le fer forgé, l'atelier du tonnelier, celui du sabotier, les outils liés au travail de la terre, des poteries de Martincamp, de la faïence de Forges-les-Eaux. Une maquette représentant l'ancien Neufchâtel est visible au 2e étage.

Fête et manifestations

- ***Guinguette au plan d'eau :*** *1er dim de juil.*
- ***Fête du Fromage :*** *3e dim de sept, pdt les Journées du patrimoine.*
- ***Foire Saint-Martin :*** *2e dim de nov.*

DANS LES ENVIRONS DE NEUFCHÂTEL-EN-BRAY

Le site de V1 de Val Ygot : *à* ***Ardouval,*** *en forêt d'Eawy, sur la D 99 entre Pommeréval et Bellencombre. Accès libre tte l'année.* Beau site abritant les nombreux vestiges d'une base de lancement de V1 allemands n'ayant (heureusement) jamais été utilisée car bombardée à partir de Noël 1943. Un parcours vous mène aux différents points d'intérêt avec, à chaque fois, un bref panneau explicatif.

– Pour accéder au site, pourquoi ne pas passer par ***Mesnières-en-Bray*** et admirer son superbe ***château Renaissance*** ? Lui et son beau parc se visitent en été (mais durant l'année scolaire, c'est un collège-lycée bouillonnant de vie !).

Le labyrinthe végétal Artmazia de Massy Guinguette : *25, route de Neufchâtel, 76270* ***Massy.*** Un parc de 2 ha avec, en son sein, un trèèès grand labyrinthe végétal (et permanent).

FORGES-LES-EAUX

(76440) 4 254 hab. *Carte Seine-Maritime, D2*

Si aujourd'hui Forges-les-Eaux doit surtout sa notoriété à son casino qui, après celui d'Enghien, reste le plus proche de la capitale, elle fut d'abord connue pour sa faïence et, surtout, pour ses eaux ferrugineuses (et c'est d'ailleurs afin d'occuper les curistes que le casino fut ouvert au XIXe s). En 1633, c'est Louis XIII qui vint y faire une cure, accompagné d'Anne d'Autriche et de Richelieu. Par la suite, ce fut la Grande Mademoiselle (mademoiselle de Montpensier, nièce de Louis XIII) qui fréquenta la station thermale, entraînant dans son sillage la cour et la haute bourgeoisie.
Avouons qu'aujourd'hui il est un peu difficile d'imaginer que cette petite ville, certes pas vilaine, ait pu être le centre de l'agitation mondaine...

UN PEU D'HISTOIRE

Aux XVe et XVIe s, Forges-les-Eaux vivait du fer extrait de son sol (d'où le nom de Forges). Ce n'est qu'après l'épuisement de ses gisements qu'elle a commencé à exploiter les vertus thérapeutiques de ses eaux ferrugineuses.

Adresse et info utiles

Office de tourisme : *rue Albert-Bochet, à côté de la mairie. ☎ 02-35-90-52-10. • forgesleseaux-tourisme.fr • Avr-sept, lun-sam 9h30-12h30, 14h-18h, dim et j. fériés (à partir de mai) 9h-13h ; oct-mars, mar-sam 9h30-12h30, 14h-17h.* Nombreuses brochures : randonnées pédestres, vélo, culture, produits du terroir, spectacles.... Vidéo sur l'histoire de la station thermale et visites guidées (également un rallye familial).
– ***Marchés :*** *jeu et dim. Marché aux bestiaux jeu (à partir de 7h).*

Où dormir ? Où manger ?

De prix moyens à plus chic

Hôtel-restaurant La Paix : *15, rue de Neufchâtel. ☎ 02-35-90-51-22. • contact@hotellapaix.fr • hotellapaix.fr • Resto fermé lun midi tte l'année, plus dim soir hors saison. Double 65 €. Formule mar-ven 16,70 € ; menus 23-39,90 €. Parking.* Un établissement certes classique et pas vraiment glamour, mais ce qu'il fait, il le fait sérieusement. Chambres simples et bien tenues. Côté resto, ambiance et cuisine plutôt traditionnelles, sans esbroufe, mais qui se tient. Accueil pro et très agréable.

Hôtel Continental : *110, av. des Sources. ☎ 02-32-89-50-50. • hotel-lecontinental@domainedeforges.com • domainedeforges.com • Face au casino. Doubles 70-85 € selon jour de la sem.* Imposante demeure rose à colombages, aux chambres globalement spacieuses. Déco très sobre et plutôt standard, mais ensemble vraiment confortable. Bien que le cadre ne le soit pas, l'ambiance un brin surannée rappelle les anciens hôtels de casino. Bon accueil.

Où dormir dans les environs ?

Chambres d'hôtes Le Coq à l'Âne : *1974, route de la Côte-du-Bastringue, 76440* **Beaubec-la-Rosière.** *☎ 02-35-09-17-91. • stebbal@orange.fr • lecoqalane.fr • À 5 km au nord de Forges-les-Eaux ; dans Beaubec, suivre la D 35 vers La Rosière, jusqu'à voir la petite route sur votre gauche. Double 55 €, 15 €/pers supplémentaire.* En pleine campagne, dans une petite bâtisse accolée à la maison des propriétaires, avec entrée et salon indépendant. 2 chambres chaleureuses où matériaux traditionnels et naturels, couleurs vives et clins d'œil plus contemporains font bon ménage. Coup de cœur aussi pour le gîte 5 personnes, où l'absence de réel salon est compensée par la grande terrasse abritée et le charme de ce beau nid confortable. Propose aussi des activités avec des ânes. Accueil charmant.

Chambres d'hôtes La Ferme de Bray : *chez Liliane et Patrice Perrier, 281, chemin de Bray, 76440* **Sommery.** *☎ 02-35-90-57-27. • fermedebray@orange.fr • ferme.de.bray.free.fr • À 6 km de Forges sur la route de Dieppe (D 915) ; la ferme est à 2 km à gauche avt Sommery ; sur l'A 28 et l'A 29, sortie « Les Hayons ». Congés : nov-Pâques. Double 60 € ; pour 4 pers env 85 €.* Depuis les années 1960, Patrice retape avec amour la ferme de son enfance et de ses aïeux, demeure familiale depuis le XVIIe s ! Magnifique ensemble de bâtiments plusieurs fois centenaires. Les 5 chambres restent vraiment dans leur jus avec vieilles tommettes, moulures, belles cheminées, mobilier de famille. La ferme, ouverte au public en journée, redevient très calme à partir de 18h.

Chambres d'hôtes Le Clos du Quesnay : *chez Sabine et Jean-François Morisse, 651, route de Rouen, Le Grand-Quesnay, 76440* **Mauquenchy.** *☎ 02-35-90-00-97. • morissejean@gmail.com • leclosduquesnay.fr • À 6 km de Forges, sur la D 919. Chambres 2-3 pers 90 €, 4 pers 130 €. Table d'hôtes 29 €.* Dans un ancien corps de ferme du XIXe s en brique et son très beau parc, 5 chambres agréables et tout confort. La maison est en bord de route, mais les chambres sont bien isolées. Propose également 4 roulottes de charme pour 4 personnes *(530 €/sem).*

LA SEINE-MARITIME

À voir

Le musée des Maquettes hippomobiles Jean-Guillot : *dans le parc de l'hôtel de ville. 06-33-01-75-73. Mai-sept, ven-sam 14h-17h, dim et j. fériés 14h30-18h. Entrée : 3 € ; réduc ; gratuit moins de 6 ans.* Petit musée composé d'une centaine de maquettes d'engins hippomobiles, machines agricoles ou moyens de transport de la fin du XIXe s, dans un décor qui restitue les paysages du pays de Bray. Également une collection de poupées historiques représentant la venue de Louis XIII à Forges-les-Eaux en 1633.

Dans le joli parc de l'hôtel de ville, après être passé sous la voûte, voir ce qui reste de l'**oratoire d'Anne d'Autriche** et, juste en face, la maison de ses gardes.

Le musée de la Résistance et de la Déportation : *rue du Maréchal-Leclerc. ☎ 02-35-90-64-07. (rdc). Tlj 14h-18h. Entrée : env 5 € ; réduc.* Beaucoup d'objets et de documents consacrés à la Seconde Guerre mondiale, à la Résistance et à la déportation : armes, tenues d'époque, postes à galène, matériel de sabotage et une galerie d'images éprouvantes susceptibles de choquer les enfants.

La collection de faïences de Forges : *hôtel de ville. ☎ 02-35-90-52-10. Dans la salle des mariages de la mairie. Tlj sf sam-lun, slt sur résa à l'office de tourisme. Entrée : 2,50 € ; réduc.* C'est George Wood, d'origine anglaise, qui installa la première faïencerie à Forges en 1797. Belle collection de 250 pièces du XVIIIe au XIXe s. Certaines sont réalisées avec de l'argile blanche dite *faïence fine,* d'autres avec de l'argile rouge dite *faïence épaisse* ou « culs noirs ». Le sujet des motifs varie selon l'argile utilisée. Là aussi, il y avait une distinction entre les riches et les pauvres ! Pour les connaisseurs.

Fêtes et manifestation

– ***Fête de la Nature :*** *5 j. en mai.* Sortie, expo, atelier...
– ***Juillet en fête :*** *pdt ts les w-e de juil.* Festival de marionnettes, fête du Cheval, rassemblement de voitures anciennes et concours de chant.
– ***Fête brévière :*** *1er w-e d'oct.* La grande foire annuelle de Forges.
– ***Fête du Cidre :*** *1er w-e des vac de la Toussaint.* Pour marquer le début du pressage traditionnel et déguster les premiers jus.

DANS LES ENVIRONS DE FORGES-LES-EAUX

La Ferme de Bray : *à **Sommery.** ☎ 02-35-90-57-27. • ferme.de.bray.free.fr • À 6 km de Forges sur la route de Dieppe (D 915) ; la ferme est à 2 km à gauche avt Sommery. Pâques-Toussaint, w-e et j. fériés 14h-19h (juil-août, tlj). Entrée : 6 € ; 5 € sur présentation de ce guide ; gratuit moins de 12 ans. Fait aussi chambres d'hôtes (voir « Où dormir dans les environs ? »).* Autour du manoir du XVIIe s s'ordonne un magnifique ensemble de bâtiments. Depuis le moulin à eau part une petite rue pavée d'époque, où le proprio a réaménagé la laiterie, la buanderie et la cuisine du meunier. Ne pas manquer non plus le pressoir à cidre du XVIIe s avec sa tour à piler encore en état de marche, son cellier, sa cave et sa salle d'infos où l'on apprend tout sur la fabrication du breuvage. La petite exposition « Une vie à Sommery » est, quant à elle, assez émouvante. Les enfants pourront, en outre, pêcher la truite d'élevage dans l'un des étangs *(payant).*

LE PAYS ENTRE SEINE ET BRAY

Ce petit coin de Seine-Maritime méconnu, aux portes de Rouen, enclavé entre le pays de Bray, le pays de Caux et la forêt de Lyons dans l'Eure, présente de multiples facettes. Il est, certes, traversé par les autoroutes, mais les plaines agricoles y alternent aussi avec de très jolis paysages de bocages, de bois et des vallons riants cachant quelques très jolis petits villages.

RY

(76116) 800 hab. *Carte Seine-Maritime, C3*

Cet adorable village serait le lieu où se déroula l'aventure immortalisée par Gustave Flaubert dans *Madame Bovary,* sous le nom de Yonville-l'Abbaye. L'écrivain s'inspira de l'histoire vraie de Delphine Couturier, née en 1822,

qui épousa à 17 ans Eugène Delamare, un médecin triste à mourir, alors qu'elle ne rêvait que de Paris et d'amour. Elle prit un amant et se mit à dépenser énormément. Quand elle comprit qu'elle avait ruiné son mari, elle préféra se suicider, à 27 ans. La rue principale de Ry évoque tout à fait celle de Yonville, bordée de jolies maisons normandes. Belle perspective sur la vallée du Crevon et sur le bourg de la route d'Elbeuf-sur-Andelle.

LE SCANDALE BOVARY

En 1856, Madame Bovary *fut publié en six épisodes dans la* Revue de Paris, *qui agaçait le régime impérial. Afin de faire couler le journal, un procès lui fut intenté pour atteinte aux bonnes mœurs et à la religion. Ce procès, gagné par Flaubert, contribua au succès inouï du roman paru en librairie l'année suivante.*

Adresse et info utiles

Office de tourisme : *pl. Flaubert. ☎ 02-35-23-19-90. • ot-ry-troisvallees.com • Mi-mai à mi-sept, mar-sam 10h-12h, 14h-17h30 (18h juil-août), dim et j. fériés 15h-18h. Reste de l'année, mar-sam 10h-12h, 14h-17h.* Brochures sur les randonnées et les promenades à faire dans le village et les vallées romantiques des alentours, dont les circuits « Sur les pas d'Emma Bovary » pour explorer Ry et « Promenade au pays d'Emma Bovary » pour ses environs. Également des expos temporaires et une boutique.

– ***Vente de produits fermiers :*** *lun à* ***Buchy*** *(à 14 km au nord de Ry), dans les superbes halles du XVIIe s ; sam mat à Ry.*

Où dormir ?
Où manger à Ry et dans les environs ?

Chambres d'hôtes Le Jardin de l'Ancienne Abbaye : *chez M. et Mme Mille, 707, rue de l'Ancienne-Abbaye, hameau de Salmonville, 76116* **Servaville-Salmonville.** *☎ 02-35-34-07-62. 📱 06-82-73-29-66. • patrick.mille5@wanadoo.fr • jardin.abbaye.free.fr • À 6 km à l'ouest de Ry (fléché). Double 58 € ; 4 pers 88 €. Réduc de 10 % sur le prix de la chambre juin-sept sur présentation de ce guide.* Dans un superbe parc fleuri, entretenu par un couple de paysagistes, 2 chambres d'hôtes aménagées dans un bâtiment à colombages indépendant de la résidence des proprios. Joli mobilier, cuisine équipée commune, et une suite familiale en duplex. Belle terrasse pour le petit déjeuner et une partie du jardin, à l'écart, réservée aux hôtes. Un lieu de charme, très calme.

Chambre d'hôtes Une Partie de Campagne : *878, route d'Héronchelles, 76750* **Bois-Guilbert.** *☎ 02-35-79-83-71. • unepartiedecampagne@yahoo.fr • chambresdhotes-normandie.fr • Double 75 € (70 € à partir de 2 nuits). Repas bio végétarien 25 €.* Poser ses bagages dans cette belle maison de brique nichée dans un très beau coin de nature avec chats joueurs et moutons-tondeurs, c'est entrer dans le monde de Marie et Christophe Guichard. Attention, il est bien difficile, ensuite, de le quitter ! Ici, on prend le temps de vous recevoir, de vous accueillir et de vous concocter des repas uniquement végétariens à base de produits bio et principalement du jardin. Des hôtes qui aiment à partager leur passion, que ce soit le jardin pour l'un ou les cours de couture ou de tricot pour l'autre.

Chambres d'hôtes Chez Tante Yvonne : *61, route de Blainville. 📱 06-68-68-62-60. • bonjour@tanteyvonne.com • Au cœur du village. Doubles 60-80 € selon chambre.*

Au rez-de-chaussée, le magasin de broderie. Dans les étages, 2 chambres ; la moins chère, sous les toits, n'est vraiment pas bien grande mais reste coquette et bien équipée. Au rez-de-chaussée, avec une entrée différente et indépendante, un petit studio pouvant accueillir 3 personnes. Partout une déco pimpante et printanière. Et la vraie valeur ajoutée : l'accueil de Muriel, qui aime recevoir.

Chambres d'hôtes Sur le Chemin d'Emma Bovary : *271, route de la Huchette, hameau de Villers, 76116* **Saint-Denis-le-Thibout.** *☎ 02-35-23-26-40. 06-33-50-46-09. • sylviepoidevinv76@gmail.com • À env 3 km de Ry ; de la D 93, tourner à gauche sur la N 31 (direction Gournay), puis encore à gauche dans une tte petite route. Double 70 €, 120 € pour 4 pers. Mise à disposition d'un frigo et d'un micro-ondes, sur présentation de ce guide.* Dans une maison à colombages trônant au milieu de son jardin fleuri, des chambres idéales pour les familles ou si vous voyagez à plusieurs. Sous les toits, la suite possède un très grand salon pouvant accueillir un certain nombre de personnes ; en revanche, la baignoire et le lavabo se trouvent directement dans la chambre. À l'étage inférieur, 2 autres jolies chambres lumineuses se partagent la salle de bains.

Auberge Bucheoise : *110, Grande-Rue, 76750* **Buchy.** *☎ 02-35-34-41-22. À 14 km au nord de Ry. Ouv le midi tlj sf mer, plus le soir dim, mar-mer. Formule déj en sem 12,90 € ; menus 17,90 € (sf sam soir, dim midi et j. fériés), puis 31,90-41,70 €.* Une cuisine soignée quel que soit le menu, mais pour s'évader des classiques, il faut renoncer au 1er menu. Ambiance plutôt feutrée et déco élégante. En revanche, les tables sont un peu trop rapprochées les unes des autres pour pouvoir jouir d'une réelle intimité.

À voir

L'église Saint-Sulpice : édifiée du XIIe au XVIe s. Elle possède une pièce unique : un porche en bois sculpté Renaissance, le plus beau de Normandie. Poutres et panneaux sont décorés de motifs sculptés en arabesque. Sous le porche, magnifique charpente en forme de carène de navire renversée, ornée d'anges et d'emblèmes des évangélistes. À l'intérieur, nombreuses statues anciennes. Chaire et autel du XVIIIe s aux panneaux sculptés.

DANS LES ENVIRONS DE RY

Le Jardin des sculptures : *1108, route d'Héronchelles, à* **Bois-Guilbert.** *☎ 02-35-34-86-56. • lejardindessculptures.com • À 15 km de Forges-les-Eaux. D'avr à mi-nov, mer-dim et j. fériés 14h-18h (fermeture du parc à 19h), juil-août ouv tlj et vac scol. Entrée : 8 € ; réduc. Stages de modelage et visite guidée sur résa pour les groupes tte l'année.* Dans un parc de 7 ha qui entoure un beau château du XVIIIe s, Jean-Marc de Pas, sculpteur et paysagiste, a laissé libre cours à son imagination et à sa créativité pour aménager ce jardin jadis fréquenté par des personnages illustres tels que Pierre Corneille. Un espace de respiration, de contemplation et de méditation, qui résonne comme un hymne à la nature et à l'art. Plus de 70 œuvres contemporaines de belle facture, mises en scène de manière poétique, jalonnent le parc. Différents espaces symboliques : la mare et son île, le cloître des quatre saisons, le labyrinthe de buis, le pavillon et la chapelle, ces deux derniers datant du XVIIe s... Organise aussi une biennale de sculpture (la prochaine en 2017) et des expos dans la galerie d'art contemporain au rez-de-chaussée du château.

La brasserie La Chapelle : *76780* **La Chapelle-Saint-Ouen.** *☎ 02-35-09-21-54. • northmaen.com • À 14 km au nord-est de Ry. Chemin d'accès sur la droite, juste après la mairie. Visite et dégustation gratuites sam à 15h30 ;*

durée : 45 mn. Brasserie ouv pour la vente lun-ven 9h-12h, 14h-18h, sam 10h-12h. Organise aussi la fête des Vikings, regroupant plus de 3 000 pers sur un w-e de juin (combats à l'épée, concerts et ripaille de sanglier et de cervoise !). Voici un brasseur qui fait une bière normande selon le procédé de la recette viking : brassage par infusion, fermentation en cuves ouvertes, filtration sur branches... Il cultive lui-même son orge et produit près de 4 000 l par jour. Fait aussi un whisky (testé et approuvé par votre fidèle serviteur !) : le *Thor Boyo.*

Le jardin Plume : *Le Thil, 76116* ***Auzouville-sur-Ry.*** *☎ 02-35-23-00-01. • lejardinplume.com • À 5 km au sud de Ry. À la sortie du bourg, sur la D 43 direction Perruel. Mai-oct, mer-dim 14h-18h, plus mer et sam 10h-12h. Entrée : 8,50 € ; gratuit moins de 10 ans.* Très beau jardin créé par des pépiniéristes, où l'on déambule parmi une grande variété de plantes vivaces et aromatiques, de graminées et de clématites. Un lieu romantique à souhait où l'on a aménagé de petits espaces enfouis dans la végétation, pour souffler, contempler, rêvasser... Les spécialistes de l'horticulture s'y retrouvent le dernier week-end de juin pour les *Plumes d'été (entrée : 2 €).*

Blainville-Crevon : *à 6 km de Ry.* Un village digne d'intérêt, avec l'ancienne collégiale Saint-Michel, du XVe s, de style gothique flamboyant. Portail avec porche surmonté d'une rosace. Sur le côté, belles fenêtres à meneaux et un autre petit porche de style flamboyant. À l'intérieur, une grande statue en bois de l'archange saint Michel terrassant le dragon et une quarantaine de stalles sculptées du XVe s. Dans le chevet, quelques vitraux très anciens. C'est ici que la véritable Emma (Bovary) se maria en 1839. Sur la place, à côté de l'église, belle maison d'enfance de Marcel Duchamp, dont le père était le notaire de Blainville-Crevon. Ne ratez pas non plus, dominant le village, les ruines du ***château de Blainville*** *(route de Buchy ; • chateau-blainville-76.com • ; visite slt pour les groupes, mais visible de l'extérieur),* château féodal du XIe s, d'abord forteresse puis demeure de grands seigneurs jusqu'à la Révolution, où il fut abandonné. Oublié pendant deux siècles, il resta enseveli sous les ronces jusqu'en 1967, année à partir de laquelle plus de 1 000 bénévoles se sont relayés pour le faire ressortir de terre. Depuis 1977, le site accueille aussi chaque année en juin le festival ***Archéo-jazz*** *(• archeojazz.com •),* qui a vu passer Dee Dee Bridgwater, Manu Dibango, Cesaria Evora, Stéphane Grappelli, Dizzy Gillespie, Claude Nougaro, Michel Petrucciani, Archie Shepp, Ayo et bien d'autres.

Le château de Martainville : *à 3,5 km de Ry, sur la route de Rouen.* Bâti en 1485 comme résidence secondaire par Jacques Le Pelletier, un armateur rouennais en quête de reconnaissance sociale. Le château possède un charme indéniable, avec ses dimensions modestes et son emplacement au milieu d'une cour fermée de bâtiments, à côté d'un remarquable colombier du XVIe s. Son architecture, marquée par le modèle médiéval du château fort à tours d'angle, se situe au croisement de l'art gothique (fenêtres de la chapelle), du monde flamand (utilisation de la brique, décors du porche, souches de cheminées extérieures) et de la Renaissance (plan intérieur, souci du confort). Malgré les guerres et les modes, il fut assez peu modifié dans son ensemble.
– ***Le musée des Traditions et Arts normands :*** *à l'intérieur du château. ☎ 02-35-23-44-70. • chateaudemartainville.fr • ♿ (rdc). Tlj sf mar, dim mat et certains j. fériés 10h-12h30, 14h-18h (17h oct-mars). Entrée : 4 € ; réduc ; gratuit moins de 18 ans ; une entrée à tarif réduit accordée sur présentation de ce guide. Audioguide inclus dans le billet d'entrée. Animations enfants payantes.* On y présente, au rez-de-chaussée et au 1er étage, dans de somptueuses salles reconstituées (cuisine, salle à manger, laiterie, cellule de couvent...), l'évolution du mobilier normand et des objets de la vie quotidienne du XVe au XIXe s : beaucoup de superbes armoires, de coffres, de buffets et de dressoirs. Au 2e étage : mobilier de ferme présenté par pays normands, de la poterie de Martincamp, des costumes, de la verrerie de la vallée de la Bresle, de la faïence de Forges-les-Eaux... Au 3e étage,

salles présentant le costume normand, l'histoire du textile et une dernière salle dédiée aux instruments de musique régionaux (voir la collection de lutherie miniature de 160 pièces !). Également des expos temporaires et une salle audiovisuelle. Dans les communs, collections de matériel agricole, le four à pain et la charretterie. Un lieu à l'atmosphère particulière, avec de bonnes odeurs de cire... Et à l'extérieur, un jardin d'inspiration renaissance.

CLÈRES (76690) 1 360 hab. *Carte Seine-Maritime, C2*

Une petite ville agréable, où tout semble organisé autour du château Renaissance entouré de son beau et étonnant parc animalier qui draine les foules en saison.

Adresse utile

i ***Office de tourisme :*** *59, av. du Parc. ☎ 02-35-33-38-64. • ot-cleres.fr • De mi-avr à sept, en sem 10h-12h (sf lun), 14h-17h30, w-e et j. fériés 14h-18h ; hors saison, lun-ven 14h-17h.*

Où dormir ? Où manger dans les environs ?

Chambres d'hôtes Le Domaine de la Muette : *chez Danielle et Jacques Auffret, 1057, rue des Bosquets, 76230* ***Isneauville.*** *Voir « Où dormir ? Où manger dans les environs ? » à Rouen.*

Le Bouche à Oreille : *28, pl. de la République, 76710* ***Montville.*** *☎ 02-35-33-57-57. • le.bouche.a.oreille.76710@bbox.fr • À 7 km au sud de Clères. Mar-sam à partir de 11h, sur résa le soir ven-sam. Menus 13,90-17,50 €.* Joli et accueillant petit café-brasserie à la déco de briques et de tôles ondulées. Au menu : une bonne cuisine du marché, à base de produits locaux.

Au Souper Fin : *1, route de Clères, 76690* ***Frichemesnil.*** *☎ 02-35-33-33-88. • info@souperfin.com • souperfin.com • À 4 km de Clères par la D 100. Fermé dim soir et mer-jeu. Doubles 80-100 € selon saison ; petit déj 12 €. Formule déj en sem 30 € ; menus en sem sf ven soir 36 €, puis 50-59 €.* Située à l'écart des circuits touristiques, cette belle auberge en briquettes rouges, recouverte de lierre, est une excellente adresse qui mérite un petit détour pour une pause gastronomique. Dans une élégante salle ou sur la belle terrasse donnant sur un jardin fleuri, le chef régale ses hôtes d'une cuisine raffinée et élaborée qui varie au gré des saisons. Possibilité de dormir dans l'une des 2 chambres d'hôtes de la maison.

À voir

Le parc animalier et botanique de Clères : *32, av. du Parc. ☎ 02-35-33-23-08. • parcdecleres.net • Avr-août, tlj 10h-19h (fermeture de la billetterie à 18h) ; sept-oct, tlj 10h-12h, 13h30-18h30. Fermé nov-mars. Entrée : 7,50 € ; réduc ; pass famille (2 adultes + 3 enfants) : 27,50 €. Sur présentation de ce guide, une entrée à tarif réduit offerte.* Un parc animalier peu commun, que l'on doit à l'ornithologue Jean Delacour qui, en 1919-1920, aménagea le parc du château pour y installer ses collections d'oiseaux et fit créer des terrasses à l'anglaise. Aujourd'hui, ce sont 1 500 oiseaux (dont un certain nombre en volières) et 200 mammifères qui vivent dans ce magnifique environnement et y évoluent en semi-liberté. Avouons que la vision de cervidés ou, plus encore, de wallabys se promenant sur les pelouses, avec le château et son manoir en toile de fond, a de quoi surprendre ! Sans parler des gibbons bien à l'abri sur leur île ou des paons qui se pavanent au milieu des promeneurs. Il y a même des pandas roux. Autant vous dire que les enfants adorent !

DANS LES ENVIRONS DE CLÈRES

Le centre Abbé-Pierre-Emmaüs, La Halte d'Emmaüs : *280, route de Cailly, 76690* ***Esteville.*** *☎ 02-35-23-87-76. 📱 06-28-27-65-04. • centre-abbe-pierre-emmaus.org • À 9,5 km à l'est de Clères. Tlj 10h-18h. Fermé 24 déc-3 janv. Entrée : 6 € ; réduc ; gratuit moins de 6 ans.* C'est dans ce village qu'aimait vivre le célèbre abbé et où il a souhaité être enterré aux côtés de ses premiers compagnons. Dans cet espace de mémoire et de vie, une scénographie présente le parcours de l'abbé Pierre, son œuvre et l'actualité de l'association. On découvre sa chambre en l'état, son atelier, la chapelle. Sur place, très jolie librairie, cafétéria, resto (sur résa) et un centre d'hébergement pour les plus démunis.

LE CALVADOS

• Carte *p. 234-235*

ABC du Calvados

- ❑ ***Superficie :*** 5 548 km^2.
- ❑ ***Préfecture :*** Caen.
- ❑ ***Sous-préfectures :*** Bayeux, Lisieux, Vire.
- ❑ ***Population :*** 685 300 hab.
- ❑ ***Particularités :*** près de 1 million de pommiers dans le Calvados, soit 1,5 pommier par habitant. Un haras tous les 4 km^2 et huit hippodromes. Un camembert sur cinq est fabriqué dans le Calvados.

Combien d'images se bousculent à la simple évocation de ce nom... D'abord les pommes, symboles du département : sans elles, ni cidre, ni pommeau, ni... calvados, bien sûr. Et sous les pommiers, on trouve les vaches, dont les taches brunes et blanches paraissent indissociables du vert profond des pâturages normands. Qui dit vaches dit crème, incontournable ici, et fromages : pont-l'évêque, livarot, camembert...

Par ailleurs, si nombre de villes, petites ou grandes, ont fortement souffert lors de la Seconde Guerre mondiale, le Calvados compte toujours plus de 900 Monuments historiques. Partout, le long des *douets* (ruisseaux) ou au creux des vallons, au détour d'une forêt ou dans les plaines fertiles, on découvre manoirs à colombages, fermes fortifiées, chapelles souriantes et villages d'un autre âge... Sans oublier la côte, qu'elle soit « Fleurie » ou « de Nacre », toujours appréciée pour ses plages presque à perte de vue, ses stations balnéaires ou ses ports de pêche romantiques. Un autre intérêt, en quelque sorte unique au monde, en fait un des départements les plus visités de France : les sites du Débarquement et de la bataille de Normandie.

MAIS QUI ÉTAIT EUGÈNE POUBELLE ?

Né à Caen, il devint préfet de la Seine en 1883. Il prit un arrêté obligeant les propriétaires d'immeubles parisiens à mettre à disposition de leurs locataires des récipients fermés, à format imposé, pour contenir les déchets ménagers communs. Il institua aussi le tri sélectif, qui fut généralisé... en 2000. Il existe une rue Eugène-Poubelle à Paris, qui a la particularité de n'avoir qu'un numéro (le n° 2).

Adresses utiles

ℹ *Comité départemental du tourisme (CDT) – Calvados Tourisme* *(hors plan Caen par A1,* ***2****)* ***:*** *8, rue Renoir, 14054* ***Caen*** *Cedex 4.*

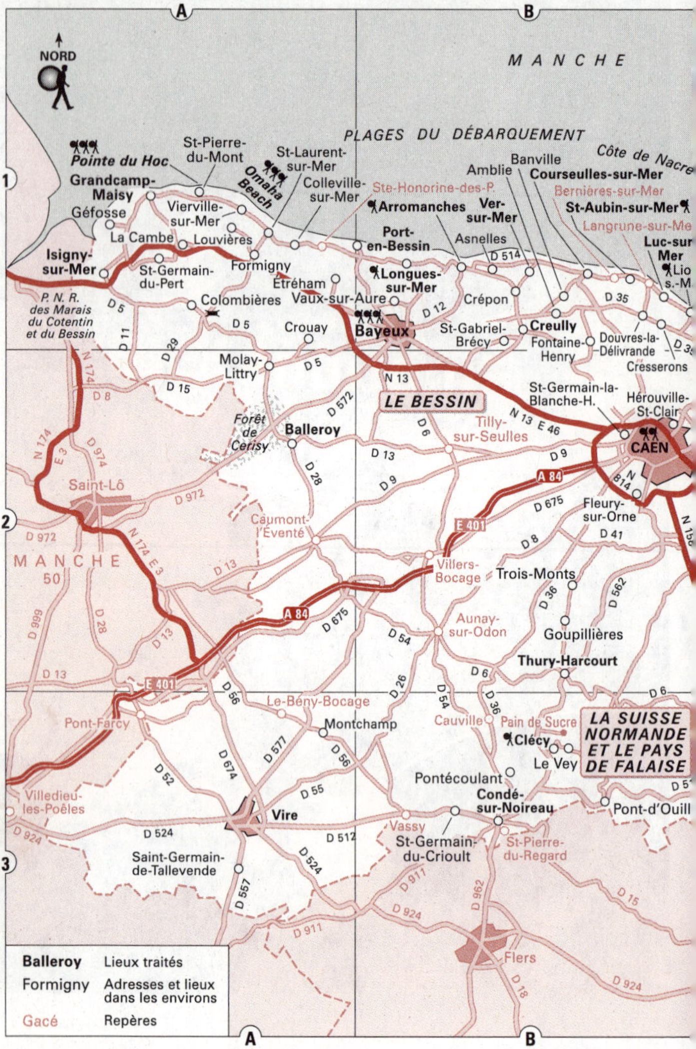

☎ *02-31-27-90-30.* • *calvados-tourisme.com* • *Lun-ven 8h30-12h30, 13h30-17h.* Liste des hébergements, catalogue Clévacances, *Guide du visiteur* présentant toutes les activités et les lieux de visite, brochures *Le Calvados à vélo* et *Sports et loisirs nautiques,* guide des plages du Débarquement et de la bataille de Normandie, et toutes les infos sur l'offre en matière

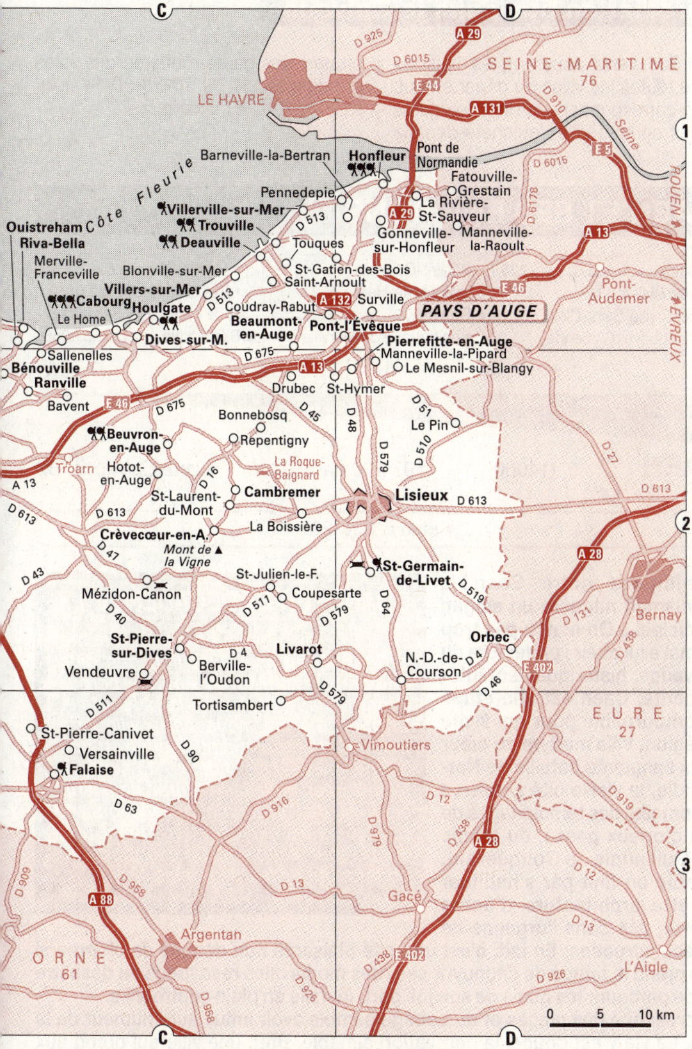

LE CALVADOS

de randonnées, les sites médiévaux liés à Guillaume le Conquérant, le programme des « Escapades Nature », etc.

■ ***Gîtes de France :*** *Campus Effiscience, 9, rue Sedar-Senghor, CS 70450, 14461* ***Colombelles*** *Cedex. ☎ 02-31-82-71-65. • gites-de-france-calvados.fr • Central d'information et de résa, lun-ven 9h-18h, sam 9h-13h.*

Circuler en bus dans le Calvados

Les *Bus verts* assurent les liaisons entre toutes les villes du département, avec correspondances dans les gares ou les centres-ville ; guichets dans la plupart des gares routières des villes principales. ☎ *09-70-83-00-14 (lun-sam 7h-20h).* • *busverts.fr* •

CAEN ET SES ENVIRONS

LE CALVADOS

CAEN (14000) 107 230 hab. *Carte Calvados, B2*

• Plan *p. 238-239*

« Rejoignez notre Caen ! », proclamait naguère un slogan municipal... On n'aura pas trop de mal à lui obéir : préfecture du Calvados, historiquement intéressante, Caen est une étape incontournable pour qui visite la région. Ville martyre au cœur de la sanglante bataille de Normandie, la vieille cité conserve néanmoins des témoignages de son glorieux passé, du temps de Guillaume le Conquérant. Et puis on finit par s'habituer à cette architecture d'après guerre, née dans l'urgence de la reconstruction. En fait, c'est une cité plaisante non dénuée de charme si l'on prend le temps de découvrir ses rues médiévales rescapées du désastre ou de parcourir les quais de son joli port, installé en plein centre-ville.

La proximité des plages et du bocage semble avoir influé sur l'humeur de la cité. La vie y est douce, la population aimable. Bref, une ville qui prend aux tripes (on n'a pas pu s'en empêcher), où la jeunesse est reine, grâce à son importante université drainant pas loin de 30 000 étudiants... Toutefois, malgré la bonhomie qui y règne, la ville n'oublie pas le passé : l'incroyable Mémorial de Caen nous rappelle fort à propos que le meilleur moyen de ne pas revivre la guerre reste encore de consolider la paix...

GRANDEUR ET DÉCADENCE

En 1087, les obsèques de Guillaume le Conquérant, pourtant l'un des plus grands rois du Moyen Âge, se déroulèrent dans la confusion la plus totale. Un incendie qui menaçait la ville vida d'abord l'église Saint-Étienne d'une bonne partie des fidèles. Ensuite, il fallut forcer pour faire entrer dans son cercueil un Guillaume devenu obèse. Et son ventre explosa, dégageant une odeur tout simplement insupportable pour ce qui restait de fidèles...

UN PEU D'HISTOIRE

Appelée *Cadomus* dans l'Antiquité (nom dérivé d'un mot signifiant « champ du combat »), Caen semble avoir été prédestinée à essuyer de meurtrières batailles.

Il est vrai qu'on s'y est pas mal étripé... La ville prend son essor au XIe s sous l'impulsion de Guillaume le Bâtard, qui prendra par la suite le pseudo plus flatteur de « Conquérant ». Duc de Normandie, il fait de Caen sa résidence d'élection et, lassé du camping, ordonne qu'on lui construise un château. Marié à Mathilde, une lointaine cousine, Guillaume encourt les foudres papales. Pour racheter leur faute, les époux incestueux fondent respectivement l'abbaye aux Hommes et l'abbaye aux Dames. Le pape ne les embêta plus. Comme quoi, aucun tabou ne résiste à une pieuse offrande...
Cité florissante au XIVe s, Caen suscite la convoitise des Anglais. Envahie et pillée en 1346 par les armées du roi Édouard III, puis par celles d'Henri V en 1417, elle ne retourne dans le giron français qu'en 1450. Française et... républicaine ! La Révolution trouve une ville acquise à sa cause. Refuge des Girondins luttant contre la Convention en 1793, Caen est aussi le point de départ de l'équipée de Charlotte Corday, qui s'achève dans un bain de sang (celui de Marat).

La bataille de Caen

Après le Débarquement allié en Normandie et le bombardement de Caen, la ville est en flammes. De violents affrontements opposent les occupants aux Alliés, bien décidés à s'emparer de cet important carrefour stratégique. Les Allemands défendent la ville avec détermination, avant de s'enfoncer dans la retraite. Malgré la libération de la cité par les Canadiens, les combats (et le pilonnage) se poursuivront encore au-delà du 20 juillet. Pendant ce temps, une grande partie des habitants se sont réfugiés dans l'abbaye aux Hommes, transformée en hôpital, mais surtout dans les carrières de Fleury, à quelques kilomètres de là. Ils y séjournent durant plus de 1 mois. Il faut attendre la libération totale de la cité par les Canadiens, le 9 juillet 1944, pour qu'ils retrouvent leur ville... détruite à 80 %. 10 000 habitants, parmi les 55 000 que la ville comptait avant la guerre, ont été ensevelis sous les ruines lors des terribles combats.

MÂCHICOULIS

Ces galeries en haut des fortifications étaient percées d'ouvertures. Le mot vient de « mâcher » qui signifie « broyer, écraser » et de « cou ». Le but de ces trous était d'y verser de l'huile bouillante ou des pierres afin de broyer le cou des ennemis.

Adresses et infos utiles

Office de tourisme (plan B2, **1**) **:** *pl. Saint-Pierre (face à l'église). ☎ 02-31-27-14-14. • caen-tourisme.fr • Avr-sept, lun-sam 9h30-18h30 (9h-19h juil-août), dim et j. fériés 9h30-13h30 (10h-13h, 14h-17h juil-août) ; reste de l'année, lun-sam 9h30-13h, 14h-18h (18h30 mars). Fermé 1er janv, 1er mai, 1er nov, 11 nov et 25 déc.* C'est ici qu'on réserve les visites guidées et autres animations proposées pendant la saison estivale. On peut aussi s'y procurer le *Pass Tourisme* : un carnet de réductions valables chez toutes sortes de prestataires. Possibilité aussi de télécharger sur leur site des balades audio.

Gare routière *(hors plan par C3)* **:** *à côté de la gare SNCF.* 3 réseaux se partagent le terrain : les *Bus verts* desservent tout le département *(☎ 09-70-83-00-14 ; • busverts.fr •)*, les *Bus Twisto* toute l'agglomération caennaise *(☎ 02-31-15-55-55 ; • twisto.fr •)*, et également départ de cars longue distance.
– ***Tramway :*** *☎ 02-31-15-55-55. • twisto.fr •* Une ligne unique (avec 2 ramifications, A et B) traverse Caen du nord au sud. Le tram part d'Hérouville et va jusqu'à Ifs (soit environ 15 km).

✈ ***Aéroport de Caen-Carpiquet*** *(hors plan par A2)* **:** *route de Caumont,*

■ Adresses utiles

- 🛈 1 Office de tourisme
- 🛈 2 Comité départemental du tourisme – Calvados Tourisme

Où dormir ?

- 10 Auberge de jeunesse
- 11 Le Clos Saint-Martin
- 12 Central Hôtel
- 13 Hôtel du Havre
- 14 Hôtel François d'O
- 15 La Maison de Famille
- 16 Hôtel des Quatrans
- 17 Hôtel Bristol
- 18 Hôtel Moderne
- 19 Le Dauphin

Où manger ?

- 16 L'Archidona
- 30 Aux Casseroles qui Chantent
- 31 Au Quai des Brumes
- 32 L'Avalou
- 33 La Manufacture
- 34 Le Chef et sa Femme
- 35 La Courtine
- 36 SéZame et Pavot
- 37 L'Embroche
- 38 Greedy Guts
- 39 Dolly's
- 40 Memoranda
- 41 La Véranda
- 42 Café Mancel
- 43 Au Double Blanc

Où boire un verre ? Où écouter de la musique ?

- 50 El Che Guevara
- 51 O'Donnell's Irish Pub
- 52 L'Écume des Nuits

COURSEULLES
LANGRUNE
NORD
HÉROUVILLE-ST-CLAIR, OUISTREHAM, RIVA-BELLA
CABOURG, DEAUVILLE, TROUVILLE
LISIEUX, ROUEN
ALENÇON, LE MANS
Université
Donjon
Château
Salle de l'Échiquier
Musée des Beaux-Arts
Musée de Normandie
Église St-Georges
Place de la Mare
Pte des Champs
Église du St-Sépulcre
Abbaye aux Dames
Musée d'Anthropologie
Église de la Trinité
Quartier du Vaugueux
Hôtel de Colomby
Quatrans
Maison des Quatrans
Tour Guillaume-le-Roy
Place Courtonne
Église du Vieux Saint-Sauveur
Notre-Dame-de-Froide-Rue
St-Pierre
Hôtel d'Escoville
Saint-Pierre
Hôtel de Than
Bassin Saint-Pierre
La Presqu'île
Bernières
Résistance
Pl. de la Résistance
Saint-Jean
Notre-Dame-de-la-Gloriette
Préfecture
Pl. de la République
Théâtre
Place Gambetta
Place d'Armes
Quai de Juillet
Place Foch
Les Rives de l'Orne
Hippodrome
Orne
Saint-Michel-de-V.
Rue de la Pigacière
Av. G. Clemenceau
R. des Cordes
Rue Basse
Rue Haute
Quai de la Londe
Quai de la Londe
Quai Vendeuvre
Rue de Bernières
Rue Saint-Jean
Av. du 6 Juin
R. du 11 Novembre
Prom. de Sévigné
Cours Gén. de Gaulle
Cours Maréchal Kœnig
Quai Amiral Hamelin
R. de la Gare
R. Saint Michel
Rue d'Auge
R. de Falaise
R. de Vaucelles
Pt de Bir-Hakeim
Pont Churchill
Bd Aristide Briand
Boulevard du Mar. Leclerc
Rue Écuyère
Pl. Malherbe
R. Demolombe
R. Vauquelin
R. Saint Laurent
R. Bertrand
Scamaroni
Rue Guillou
Noé
R. du Gaillon
Av. d'Édimbourg
Rue de la Délivrande
R. L. Lecornu
Espl. de la Paix
Rue du Vaugueux
R. de la Libération
R. Leroy
R. des Chanoines
R. des Cordeliers
R. des Croisiers
R. Calibourg
R. Gémare
Pl. J. Letellier
Rue Saint Pierre
Pl. St-Pierre
Bd des Alliés
R. M. Poissonnerie
R. Neuve Saint Jean
Rue Froide
Rue Bras
R. du Général Giraud
Rue de l'Oratoire
R. des Carmélites
R. des Jacobins
Rue Romain
R. des Équipes d'Urgence
R. des Martyrs
R. du Havre
Av. de Verdun
Rue de la Miséricorde
Rue Carnot
Pl. de l'Anc. Comédie
R. D. Huet
Carrières Saint Julien
Rue Julien
Pl. de la Reine Mathilde
Place St-Gilles
Rue de Geôle
Rue Saint Jean
Rue Saint Jean
Q. E. Meslin
1 2 3
B C
10 13 14 15 16 17 18 19 30 31 34 36 37 38 39 40 41 42 50 51 52 12

CAEN

14650 ***Carpiquet.*** *☎ 02-31-71-20-10. • caen.aeroport.fr • À env 10 km à l'ouest du centre-ville. Le bus Lianes 3 rejoint le centre-ville de Caen ttes les 15 mn en sem, 20 mn le sam et plusieurs passages le dim.* Liaisons avec Bordeaux, Ajaccio et Bastia ; vols directs vers Londres et Southend.

Taxis Abbeilles : *☎ 02-31-52-17-89.*

– ***Vélos :*** la ville met à votre disposition 350 vélos en libre-service répartis sur une quarantaine de stations. Avec la *Formule Liberté (1 €),* inscription nécessaire via votre téléphone portable ou sur Internet, et utilisation des vélos possible dans la foulée, après réception de vos codes d'accès. *• veol.caen.fr •* Première demi-heure d'utilisation gratuite. Circuits à télécharger *• maisonduvelocaen.fr •*

■ ***Location de voitures : Hertz*** *(plan C3), 24, rue de la Gare. ☎ 02-31-84-64-50.* ***Avis*** *(hors plan par C3), 44, pl. de la Gare. ☎ 0820-611-681 (0,15 €/mn + prix d'appel).* ***Europcar*** *(hors plan par C3), 36, pl. de la Gare. ☎ 02-31-84-24-64.*

– ***Marchés :*** la ville accueille un marché presque chaque jour de la semaine. Les plus importants et centraux sont ceux du vendredi matin sur la place Saint-Sauveur et le long des fossés Saint-Julien *(plan A2),* et du dimanche matin, place Courtonne et bassin Saint-Pierre *(plan C2).*

Où dormir ?

Attention : les nuits de veille de marchés (voir « Adresses et infos utiles » ci-dessus), ne garez surtout pas votre voiture sur la place Saint-Sauveur, le long des fossés Saint-Julien ou sur les parkings du port : fourrière garantie !

Auberge de jeunesse

Auberge de jeunesse *(hors plan par C3,* ***10****) : foyer des jeunes travailleurs Robert-Rème, 68, rue Eustache-Restout. ☎ 02-31-52-19-96. • auberge.frr@orange.fr • fuaj.org • Ⓣ Rostand-Fresnel, à 100 m de l'AJ (ligne B, direction Grâce-de-Dieu). Dans le quartier Grâce-de-Dieu, à 2 km au sud-ouest de la gare. Ouv juin-sept ; accueil 15h-20h. Env 12 €/nuitée (draps env 2,50 €).* Un peu excentré et dans un bloc de béton sans âme. Le rez-de-chaussée du foyer des jeunes travailleurs tient lieu, en été, d'AJ. Téléphoner avant de débarquer : c'est souvent complet. Chambres de 4 lits, chacune avec douche et placard, et un dortoir de 6 lits. Cuisine à disposition.

Chambres d'hôtes

La Maison de Famille *(plan B1-2,* ***15****) : 4, rue Élie-de-Beaumont. 📱 06-61-64-88-54. • maisonfamille@yahoo.com • maisondefamille.sitew.com • Ouv tte l'année. Doubles 75-100 € selon confort (2 nuits min mai-sept), familiales 95-150 € ; gîte 2-5 pers 560-840 €/sem. Parking.* Comme son nom l'indique, c'est une maison de famille. Et toutes les familles n'ont pas la chance de posséder un élégant hôtel particulier du XVIIIe s, cerné d'un petit jardin ! Les chambres sont tout simplement charmantes, très maison de famille effectivement avec bibelots et bouquins. Joli petit déj servi dans de la vaisselle (de famille ; mais vous vous en doutiez !). Et le tout est à des prix aussi gentils que l'accueil.

Le Clos Saint-Martin *(plan A2,* ***11****) : 18 bis, pl. Saint-Martin. 📱 07-81-39-23-67. • closaintmartin@free.fr • leclosaintmartin.com • Au nº 18, il faut passer le porche, c'est la maison du fond. Congés : vac de Noël. Doubles 108-138 €.* Dans une grande et vieille demeure magnifiquement restaurée, au cœur de Caen mais au calme et dans l'un des plus beaux quartiers de la ville, cette adresse de charme vous transporte le temps d'une ou plusieurs nuits dans l'univers à la fois délicat et chaleureux de ses chambres aux très beaux volumes, décorées avec soin et élégance. Avouons un véritable coup de cœur pour cette chambre d'hôtes pleine de caractère !

De bon marché à prix moyens

☗ ***Hôtel du Havre*** *(plan C2, **13**) : 11, rue du Havre. ☎ 02-31-86-19-80. • resa@caen-hotel.fr • caen-hotel.fr • Congés : 1 sem à Noël. Double 71 €. Parking.* 📶 *Réduc de 10 % sur le prix de la chambre pour tte résa en direct sur présentation de ce guide.* Petit hôtel tout propre et insonorisé, donc plutôt calme, même sur la rue. Déco assez classique, mais les chambres sont confortables et agréables (w-c sur le palier pour 2 d'entre elles). Excellent accueil.

☗ ***Hôtel François d'O*** *(plan B1-2, **14**) : 4, rue des Cordeliers. ☎ 02-31-86-37-15. • hotelfrancoisdo@orange.fr • Dans une tranquille ruelle, interdite à la circulation (on peut néanmoins y stationner le temps de déposer ses affaires). Doubles 70-85 € selon confort.* 📶 Cette vieille bâtisse abrite un hôtel à l'intérieur contemporain qui ne fait pas tache entre ces vieux murs. Jolie vue sur les toits et les flèches de l'église pour certaines chambres de la maison. Agréable petite terrasse-jardin dans la cour qui abrite d'autres chambres de plain-pied et bien au calme. Accueil impeccable.

☗ ***Central Hôtel*** *(plan B2, **12**) : 23, pl. J.-Letellier. ☎ 02-31-86-18-52. • accueil@centralhotel-caen.com • centralhotel-caen.com • Doubles 43-57 € selon confort.* 📶 L'immeuble n'a vraiment aucun charme, mais la petite place est tranquille. Chambres toutes différentes, très basiques. Les moins chères ont les w-c sur le palier tandis que bon nombre d'entre elles bénéficient d'un petit balcon.

De prix moyens à chic

☗ ***Hôtel des Quatrans*** *(plan B2, **16**) : 17, rue Gémare. ☎ 02-31-86-25-57. • contact@hotel-des-quatrans.com • hotel-des-quatrans.com • ♿ Congés : 24 déc-2 janv. Doubles 59-119 € selon confort et saison ; familiales 99-139 €.* 💻 📶 *Un petit déj/chambre et par nuit offert sur présentation de ce guide.* Derrière une façade quelconque, on découvre des chambres confortables, impeccablement tenues, bien équipées et au calme. La déco est standard mais plutôt classe. Les prix nous semblent cependant un poil surestimés au vu de la taille d'un certain nombre de chambres. Service pro et attentif.

☗ ***Hôtel Bristol*** *(plan C3, **17**) : 31, rue du 11-Novembre. ☎ 02-31-84-59-76. • hotelbristolcaen@gmail.com • hotelbristolcaen.com • Ouv tte l'année. Doubles 69-89 € selon confort.* 📶 *Réduc de 10 % sur le prix de la chambre pour tte résa en direct sur présentation de ce guide.* Adresse pile poil entre la gare et le centre. Façade tristoune, comme souvent à Caen. L'intérieur est plus riant. La réception et les couloirs sont dans le style un peu *British* que laisse imaginer le nom de l'hôtel. Les chambres sont, elles, au goût d'aujourd'hui. Le tout est impeccable. Un bon établissement, à l'accueil agréable et souriant.

De plus chic à beaucoup plus chic

☗ ***Hôtel Moderne*** *(plan B2, **18**) : 116, bd du Maréchal-Leclerc. ☎ 02-31-86-04-23. • info@hotel-caen.com • bestwestern-moderne-caen.com • ♿ Dans le centre. Ouv tte l'année. Doubles 105-265 € selon chambre et saison. Parking payant.* 💻 📶 Chambres de grand standing et d'excellent confort ; spacieuses pour la plupart, plutôt chic et élégamment décorées.

☗ ***Le Dauphin*** *(plan B2, **19**) : 29, rue Gémare. ☎ 02-31-86-22-26. • info@le-dauphin-normandie.com • le-dauphin-normandie.com • ♿ Doubles 120-230 € selon confort et saison ; petit déj-buffet de très grande qualité 16 € ou « rapido » 8 €. Parking clos gratuit dans la cour de l'hôtel.* 📶 Installé dans un ancien prieuré, ce 4-étoiles propose certaines chambres vraiment de charme, tandis que d'autres sont avant tout confortables mais sans vraie personnalité. La suite nº 11 conviendra particulièrement aux amoureux fortunés, avec son petit salon et ses vieilles poutres. Au rez-de-chaussée, élégante salle (mais à l'atmosphère un brin compassée) pour le resto, considéré comme l'une des bonnes tables de la ville.

Où manger ?

Les adresses du midi et de l'après-midi

Au Double Blanc (plan A2, **43**) : *7, rue Caponière. ☎ 02-31-86-29-74. Ouv slt le midi lun-sam. Congés : 3 premières sem d'août, 1 sem à Noël. Résa conseillée. Formules et menus 11-16 €.* Difficile de ne pas craquer pour ce resto de quartier dont le décor, improbable, pourrait servir de cadre à un vieil épisode de *Maigret*. Les prix sont, eux aussi, d'un temps révolu, et cela donne une adresse authentique et touchante. Cuisine de ménage bien dans le ton ; tout est maison : rillettes, pâtés, tripes, rognons au muscadet, tarte Tatin, volaille rôtie, etc.

Greedy Guts (plan B2, **38**) : *15, rue de Bras. ☎ 02-31-93-38-52. • elisetaylor@hotmail.fr • Tlj sf dim-lun. Résa conseillée le midi. Plat du jour 9,50 € ; carte env 16 €. Café offert sur présentation de ce guide.* Il est facile de passer à côté de cet antre végétarien, bien planqué au fond d'une impasse discrète (mais en plein centre piétonnier et commerçant). C'est tout petit, bas de plafond, la déco sympathiquement dépareillée et décalée, genre appartement d'une autre époque, avec une petite terrasse sur l'arrière aux beaux jours. Avouons que quelques phrases incongrues discrètement dispatchées ici et là nous ont mis en joie... Avant de vous installer, passer votre commande au comptoir. Au menu, chaque jour, selon l'inspiration du moment, une tarte, une soupe, des *wraps*, un hamburger, et pour la pause de l'après-midi, des gâteaux, citronnade maison et autres boissons chaudes. Pas donné, mais frais, parfumé et goûteux.

Memoranda (plan B2, **40**) : *19, rue des Croisiers. ☎ 02-31-86-51-28. • memoranda14@orange.fr • Repas slt au déj mar-ven (avt 13h) ; salon de thé l'ap-m sf dim-lun. Plat ou salade du jour 10 € ; formule env 15 €. Café offert en fin de repas sur présentation de ce guide.* Pour une petite pause gourmande et littéraire dans un café-librairie. Des murs et des murs de livres d'occase, et à l'étage quelques tables pour grignoter tartes et gâteaux accompagnés de leur thé ou café. L'endroit est vraiment charmant (même s'il est exigu et littéralement envahi de piles de bouquins !).

SéZame & Pavot (plan B2, **36**) : *10, rue Gémare. ☎ 02-31-46-26-30. Mar-sam 8h-19h30. Formules 6,80-8,30 €. Café offert sur présentation de ce guide.* Intérieur minuscule où l'on se bouscule pour goûter aux nombreux bons bagels maison, à base de produits frais et de saison et, surtout, aux délicieuses soupes qui varient au cours de la semaine. Le tout à consommer sur place (sur l'une des 2 tables à l'intérieur ou en terrasse quand le temps le permet) ou à emporter.

Au Quai des Brumes (hors plan par C2, **31**) : *60, av. Berthelot. ☎ 02-31-52-08-83. • clarissephebe@yahoo.fr • Lun-ven 10h-19h. Congés : 1er-23 août et 10 j. à Noël. Formules 12,80-15 € ; menu 17 € ; carte env 20 €. Café offert sur présentation de ce guide.* Le film *Le Quai des Brumes* se déroule au Havre et non à Caen, et pourtant, ce petit troquet-resto aurait très bien pu figurer dans le film, pour son cadre rétro et sa situation au bord du canal, au milieu des friches industrielles et des entrepôts, sur la Presqu'île, une zone en pleine mutation. Petite cuisine maison traditionnelle goûteuse et à prix doux (et aussi des toilettes à thème – on vous laisse deviner lequel).

De bon marché à prix moyens

L'Avalou (plan A2, **32**) : *21, rue Caponière. ☎ 02-31-86-40-45. Tlj sf dim et lun midi (plus mer hors saison). Formules déj en sem 9,90-12,50 € ; repas 15-20 €.* Une adresse d'habitués qui se retrouvent là entre copains ou en famille pour savourer de délicieuses galettes et crêpes aux noms plutôt charmants. L'art de la galette est ici parfaitement maîtrisé, raison de plus pour sortir des sentiers battus et proposer des compositions maison originales, à base de bons produits. Évidemment, la crêpière est seule dans sa minuscule cuisine, et comme tout est préparé sur l'instant, il faut parfois s'armer d'un peu de patience. Mais qu'importe quand l'ambiance est aussi décontractée et conviviale ?

La Véranda *(plan B2, **41**) : 30, rue du Général-Giraud. ☎ 02-31-23-83-89. • sarlveranda@gmail.com • Tlj sf dim-lun et j. fériés. Congés : 10-31 août. Menu 19 € ; carte env 22 €.* En plein centre-ville mais niché là où personne ne penserait à venir le chercher, ce bistrot aux longues banquettes de moleskine rouge vous propose une carte qui change toutes les semaines. Sous son apparente simplicité, la cuisine maison et de saison, bien d'aujourd'hui, se révèle inspirée et préparée avec doigté. Les tables très rapprochées ne favorisent pas les discussions intimes, mais l'ambiance se révèle simple et conviviale.

La Courtine *(plan A2, **35**) : 16, rue Caponière. ☎ 02-31-79-19-16. • lacourtinecaen@orange.fr • Tlj sf dim-lun et j. fériés et jeu soir. Congés : 3 sem juil-août et 2 sem à Noël. Résa conseillée. Formules 22-25 € ; carte env 38 €. Apéritif maison offert sur présentation de ce guide.* Une cuisine simple, fraîche et inspirée, dont on vous conte la préparation avant de prendre la commande. Le choix n'est pas énorme, mais il varie régulièrement au gré du marché et des saisons. Atmosphère reposante et détendue dans la jolie petite salle tout en longueur, aux murs de pierre apparente.

L'Embroche *(plan B1, **37**) : 17, rue Porte-au-Berger. ☎ 02-31-93-71-31. Tlj sf sam midi et dim-lun. Congés : 15 j. fin sept et vac de Noël. Formule déj en sem 19-22 € ; menu-carte 26 €. Digestif offert sur présentation de ce guide.* Dans ce secteur qui compte de nombreux restos de tous niveaux, en voici un bon. À l'ardoise, belle cuisine de marché, avec de l'imagination à revendre mais sans frime et tout en saveurs. Courte mais intéressante sélection de vins. Service efficace et charmant.

Le Chef et sa Femme *(plan C3, **34**) : 11, rue du 11-Novembre. ☎ 02-31-84-46-53. • anne.darcy@wanadoo.fr • ♿ Tlj sf dim et le soir lun-mer. Congés : 10 j. au printemps et 2 sem en août. Résa conseillée. Formules déj 14,60-18,70 € ; menu 25 € le soir.* Il y a donc un chef dans ce petit restaurant. Un chef qui sait travailler de bons produits, qui respecte la tradition mais qui ose y glisser quelques doses d'imagination. Il y a donc aussi sa femme, qui assure un service efficace et souriant dans une salle discrètement design, avec ses murs de brique blanche. Prix tenus pour ne pas gâcher le plaisir.

Dolly's *(plan B-C2, **39**) : 16-20, av. de la Libération. ☎ 02-31-94-03-29. • dollys_l@yahoo.fr • ♿ Tlj sf lun soir 10h-1h. Formules déj à partir de 12 €, 21 € le soir ; carte env 25 €. Apéritif offert en début de repas sur présentation de ce guide.* L'adresse à tout faire : le petit déj, le brunch (rare à Caen et idéalement placé, juste à côté du marché du dimanche), le déjeuner, le thé et le dîner... Cuisine « franglaise » faite maison, plutôt bio pour les légumes, avec pas mal de propositions végétariennes, à savourer dans plusieurs petites salles naturellement très cosy (mais pas forcément très confortables !) ou sur la terrasse (en surplomb de la rue très passante). On peut aussi y boire un verre. Dommage que l'accueil y soit inégal.

Aux Casseroles qui Chantent *(hors plan par C2, **30**) : 11, rond-point de l'Orne. ☎ 02-31-72-18-94. 📱 06-18-16-56-14. • ouvrard_elise@hotmail.com • Tlj sf dim-lun. Congés : 3 sem début août. Menus 21-30 €. Café offert sur présentation de ce guide.* Légèrement isolée, tout au bout du bassin Saint-Pierre, une petite adresse où le jeune chef s'emploie à offrir une cuisine personnelle plutôt fine et bien d'aujourd'hui, à prix vraiment doux pour le 1er menu. Dommage que l'on y insiste tant pour vous proposer l'apéritif, un autre petit verre de vin, le café...

De prix moyens à plus chic

La Manufacture *(plan A2, **33**) : 29, pl. Saint-Sauveur. ☎ 02-31-28-72-01. • contact@la-manufacture-caen.fr • Tlj sf dim-lun. Au bistrot, formules déj en* *sem 15-20 €, le soir 26-35 € ; au resto, formules déj en sem 22,50-32 €, puis 36 €.* Sur la plus belle place de Caen. Au rez-de-chaussée, le bistrot ; à l'étage, le resto. Dans l'un comme dans l'autre, la déco est plutôt chic, très soignée, mais les « abat-jour-bouteilles » donnent le ton : on est là, avant tout, pour se faire plaisir, et l'équipe en cuisine sait comment vous réjouir ! Les petits plats traditionnels du bistrot y sont fort joliment détournés et réinventés. Le restaurant, lui, joue la carte du gastro, dans un cadre élégant évoquant plus un appartement bourgeois qu'un resto.

L'Archidona *(plan B2, **16**) : 9, rue Gémare. ☎ 02-31-85-30-30. • contact@archidona.fr • Tlj sf dim-lun et le midi des j. fériés. Congés : Noël. Formules déj en sem 16-22 € ; menus 29-39 €. Apéritif maison offert sur présentation de ce guide.* Cuisine d'inspiration méditerranéenne travaillée avec amour, subtilité et créativité. Les produits de qualité et d'une fraîcheur absolue se marient harmonieusement aux épices et herbes que les papilles distinguent avec bonheur.

Café Mancel *(plan B1, **42**) : dans l'enceinte du château, juste à côté du musée des Beaux-Arts. ☎ 02-31-86-63-64. • cafe.mancel@orange.fr • Tlj sf dim soir et lun. Formule 19 € ; menus 26-37 €.* Le cadre design, illuminé par les baies vitrées en journée, distille le soir à la lumière des bougies une atmosphère beaucoup plus intime, même si l'endroit, très sonore, peut être bruyant. En été, on préférera sans doute la belle terrasse. Très belle cuisine de saison, actuelle, créative et parfumée, mettant en scène les meilleurs produits de Normandie et d'ailleurs. Seul petit reproche : les assiettes, pas toujours très copieuses. Pour un en-cas léger et rapide, chaque jour, quelques belles tartines au choix. Dîner-concert jazz 2 fois par mois (septembre-juin).

Où manger dans les environs ?

L'Espérance : *512, rue Abbé-Alix, quartier le Bourg, 14200 **Hérouville-Saint-Clair.** ☎ 02-31-44-97-10. • delesperance@orange.fr • Quitter Caen par la rue Basse et suivre le canal sur 500 m après le « Petit Lourdes ». Ou, depuis le périphérique, sortir porte d'Angleterre en direction de Ouistreham, puis prendre la 3e sortie (Colombelles), puis en bas à droite avt le pont tournant, direction « Petit Lourdes ». Tlj sf lun et le soir mar et dim. Congés : 15 j. début janv et 2de quinzaine d'août. Résa conseillée (par tél). Formules déj en sem 17-23 € ; menus 30-59 € ; carte 40-45 €.* Tout étoilé qu'il fut, le chef met un point d'honneur à proposer le meilleur au meilleur prix. Dans sa cuisine ouverte sur la salle, il mitonne une cuisine de terroir au sens noble du terme. De la belle gastronomie, généreuse et sans esbroufe, servie dans un beau cadre paisible, le long du canal et du chemin de halage, à quelques encablures du centre-ville.

L'Île Enchantée : *1, rue Saint-André, 14123 **Fleury-sur-Orne.** ☎ 02-31-52-15-52. • contact@ileenchantee.fr • À 5 km de Caen ; Fleury est fléché depuis « la Prairie » et le resto bien fléché dans Fleury. Tlj sf dim soir et lun-mar. Formules ou menus déj en sem 16,50-20 €, puis 27-45 €. Café offert sur présentation de ce guide.* Une belle auberge de campagne à la façade ruisselante de fleurs et de végétation. Avec ses présentations soignées, ses associations audacieuses et ses petites touches exotiques, la cuisine du chef revisite le terroir d'une bien belle façon. Et les fidèles sont nombreux à se retrouver ici en famille, afin de sacrifier au rite du déjeuner dominical. Il faut dire que la rivière, que l'on peut voir par les grandes baies vitrées, est une invitation à la balade ou à la sieste.

Où boire un verre ? Où écouter de la musique ?

La vie nocturne à Caen se répartit principalement entre 2 zones (2 territoires dirions-nous presque, car les adeptes d'un endroit fréquentent rarement l'autre !) : pour une ambiance plutôt bohème et décalée, vous irez vers les rues Saint-Pierre, Écuyère et Arcisse-de-Caumont *(plan A-B2)*, piétonnes pour les 2 premières, et leurs brochettes de cafés avec terrasse. Un peu plus loin, le bar de nuit ***L'Écume des Nuits*** *(plan B2,* ***52****; 11, rue des Croisiers ; tlj sf dim-lun, 23h-4h ou 5h)*, ou encore le très bien caché ***El Che Guevara*** *(plan B1,* ***50****; 53, rue Geôle, 6-8, rue du Tour-de-Terre ; ouv le soir mar-sam)*, beau bar à tapas et cocktails (chers), repaire des trentenaires et des danseurs de salsa. Sinon, le ***quai Vendeuvre,*** appelé aussi ***le port*** ou ***le bassin Saint-Pierre*** *(plan C2)*, abrite une brochette de bars « mode », « frime », mais aussi quelques pubs proposant des concerts, comme le ***O'Donnell's Irish Pub*** *(plan C2,* ***51*** *; 20, quai Vendeuvre)*.

🍷 Enfin, pendant l'année, les ***bars de la rue du Gaillon*** *(plan B1)*, juste à côté du campus, accueillent les étudiants entre 2 cours ou à l'heure de l'apéro.

À voir

Malgré les bombardements ravageurs de 1944, Caen conserve de nombreux attraits touristiques. Le centre-ville, peu étendu, regroupe l'essentiel, même si les deux principales curiosités historiques, l'abbaye aux Hommes et l'abbaye aux Dames, se trouvent de chaque côté du centre proprement dit. Le fameux Mémorial de Caen mérite à lui seul une bonne demi-journée, voire une journée entière.

– ***Le parcours numérique « Caen, été 44 » :*** accessible avec un smartphone ou une tablette, ce parcours pédestre d'environ 1h30 permet au fil de 12 étapes de mieux comprendre quelle fut la vie des Caennais pendant la bataille de Normandie. Deux autres parcours touristiques sont disponibles dans le guide de l'office de tourisme.

PRÉFÉREZ L'ORIGINAL

Pour la restauration des monuments de Caen (château, chemin de ronde...), on utilisa des pierres « comparables » à celles de la construction historique, mais pas issues de la même carrière. Malheureusement, ces pierres de substitution ne vieillissaient ni de la même façon ni au même rythme que la pierre d'origine. Elles engendrèrent de malheureux dégâts avec le temps. Il fallut donc rouvrir, en 1995, la vieille carrière de Cintheaux, au sud de la ville, dont étaient issues les pierres d'origine, afin d'être en harmonie avec l'ADN des pierres historiques.

Le château (plan B1) **:** *accès piéton principal face à l'église Saint-Pierre. Château ouv mar-sam 7h30-23h, dim-lun 22h (plus tôt en hiver). GRATUIT. Visites guidées en juil-août (infos à l'église Saint-Georges) : 6 €, gratuit moins de 9 ans.*

Bâti au XIe s pour Guillaume le Conquérant, duc de Normandie, le château fut peu à peu fortifié par ses successeurs. Il devint alors une véritable forteresse et subit plusieurs sièges durant la guerre de Cent Ans. L'ensemble devait être démoli par les Anglais au XVe s ; pris de remords, ils l'épargnèrent, tout comme la Révolution. L'occasion fut trop belle d'en faire une prison pour réfractaires à la cause révolutionnaire. La Convention donnera l'ordre d'en détruire le donjon quelques années plus tard.

UN RESCAPÉ DE L'HISTOIRE...

Avant les bombardements de 1944, des constructions insalubres et anarchiques dans les fossés du château le masquaient presque totalement, d'où le désintérêt de la population pour celui-ci. Après guerre, il s'en fallut de peu qu'il ne soit traversé par l'avenue du 6-Juin, la nouvelle grande artère reliant la gare à la nouvelle université. Devant l'opposition des Monuments historiques et d'Yves Guillou, le maire de l'époque, le projet fut finalement (et heureusement !) abandonné.

Quelque peu abandonné par la suite, il est doucement redevenu le point de mire du centre-ville. Mais il faut savoir que ce qu'on appelle aujourd'hui le château ne recèle que peu d'édifices médiévaux à l'intérieur de l'enceinte, excepté la grande salle de l'Échiquier et la petite église Saint-Georges. L'espace libre a été transformé en jardin public dont une partie abrite un sympathique jardin médiéval et un parking. On y a, en revanche, édifié le superbe *musée des Beaux-Arts* et le *musée de Normandie*. Le chemin de ronde (escalier à gauche après avoir passé le beau pont-levis de la porte Saint-Pierre) offre un panorama avantageux sur la ville et sur les remparts, qui sont progressivement restaurés.

L'église Saint-Georges – Centre d'interprétation du château *(plan B1) : située entre les 2 musées, elle abrite la billetterie de chacun d'entre eux. Juin-26 sept, lun-ven 9h30-12h30, 14h-18h ; w-e et j. fériés 11h-18h. 27 sept-31 mai, slt mer-ven, w-e et j. fériés. Fermé 1er janv, dim de Pâques, 1er mai, Ascension, 1er nov et 25 déc.* Très mignonne, elle fut édifiée à l'époque romane pour les habitants de la paroisse du château, mais son aspect actuel date des XVe et XVIe s. Portail et chœur flamboyants. Outre les billetteries, elle abrite aussi le centre d'interprétation qui permet de comprendre ce que le château représentait à sa grande époque.

Le musée de Normandie *(plan B1) : dans l'enceinte du château, dans le logis des Gouverneurs, à gauche après l'entrée par le pont-levis de la porte Saint-Pierre. ☎ 02-31-30-47-60. • musee-de-normandie.caen.fr • Juin-26 sept, lun-ven 9h30-12h30, 14h-18h ; w-e et j. fériés 11h-18h. 27 sept-31 mai, slt mer-ven, w-e et j. fériés. Fermé 1er janv, dim de Pâques, 1er mai, Ascension, 1er nov et 25 déc. Entrée : 3,50-5,50 € selon expo. Billet combiné avec le musée des Beaux-Arts : 6-8 € ; gratuit moins de 26 ans et pour ts le 1er dim du mois ; abonnement* pass'Murailles *15 € pour visiter le musée de Normandie et le musée des Beaux-Arts tte l'année. Billetterie dans l'église Saint-Georges.* Ce bâtiment en partie du XVIIe s est dévolu à la conservation du patrimoine historique, archéologique et ethnologique de la région. On l'aborde au travers de collections qui retracent l'évolution culturelle des hommes depuis la préhistoire jusqu'à nos jours. Plusieurs salles permettent également une approche intéressante des paysages et des différents types de fermes ou exploitations que vous rencontrerez en sillonnant la région. Les salles « Costumes et coutumes » sont quant à elles dédiées à la dentelle normande, blonde de Caen, chantilly de Bayeux, ainsi qu'aux vêtements traditionnels. On y découvre ainsi une vitrine consacrée à l'impression d'indienne, étoffe en vogue dans toute l'Europe à partir du XVIIe s et dont la Normandie devint au XIXe s un grand centre de production. À côté de grandes coiffes de cérémonies, on peut aussi admirer petites coiffes et bonnettes, du bonnet piqué à la bonnette de Bayeux ou de la Manche, encore portées au début du XXe s. Dans l'espace consacré à Jeanne Messager, fondatrice du groupe folklorique Blaudes et Coëffes de Caen, sont aussi exposés les dessins préparatoires qui lui ont servi à l'étude et à la conservation du costume régional normand. Les *salles du Rempart* accueillent également des expos temporaires et abritent un centre de documentation, une salle de conférence... On peut y observer quelques vestiges du vieux château (une forge, une maison médiévale...).

La salle de l'Échiquier *(plan B1) : au fond, après le musée de Normandie. Ouv en accès libre du printemps à l'automne.* Beau bâtiment en pierre du XIIe s et exemple peu répandu d'architecture romane non religieuse. C'est le seul vestige du palais ducal. C'est ici que se tenait la cour de justice du duché, appelée Échiquier. On ne s'y réunissait donc pas pour jouer aux échecs !

Le musée des Beaux-Arts *(plan B1) : dans l'enceinte du château, à droite après l'entrée piétonne Saint-Pierre. ☎ 02-31-30-47-70. • mba.caen.fr • 2 nov-31 mai, mer-ven 9h30-12h30, 14h-18h ; w-e et j. fériés 11h-18h. 1er juin-31 oct, lun-ven 9h30-12h30, 14h-18h ; w-e et j. fériés 11h-18h. Fermé 1er janv, dim de Pâques, 1er mai, Ascension, 1er nov et 25 déc. Entrée : 3,50 € pour la collection permanente ; suppléments pour les expos temporaires (compter 2,50 € en plus), les visites guidées (4 €) et les ateliers (6 €) ; réduc ; gratuit moins de 26 ans et pour ts le 1er dim du mois.*

Situé dans un bâtiment résolument contemporain à l'intérieur des remparts du château de Caen, le musée des Beaux-Arts, consacré aux collections de peinture ancienne, s'est ouvert à la création contemporaine... au cœur d'un parc de sculptures. La présentation des collections des XXe et XXIe s est régulièrement renouvelée, grâce à un partenariat avec le Frac de Normandie à Caen. Et en 2017, on découvre un nouvel accrochage des collections permanentes et l'ouverture d'une salle cubiste.

On apprécie le petit cartel explicatif qui accompagne beaucoup d'œuvres. Quelques noms piochés de manière tout à fait subjective :

– du côté des primitifs, voir le *Saint Jacques* de Cosme Tura, la *Vierge à l'Enfant* de Van der Weyden, et surtout le *Mariage de la Vierge* du Pérugin.

– Dans les salles consacrées aux Italiens du XVIe s, on relève les incontournables Tintoret (poignante *Descente de Croix*) et Véronèse (somptueuse *Tentation de saint Antoine*).

– Puis arrive le XVIIe s : Rubens, Van Dyck pour les Flamands, Luca Giordano *(L'Enlèvement d'Hélène)*, Andréa Sacchi *(Didon abandonnée)* pour les Italiens, Nicolas Poussin, Simon Vouet et Philippe de Champaigne pour les Français.

– Les salles du XVIIIe s proposent scènes bibliques ou mythologiques, paysages et natures mortes, et un superbe Tiepolo *(Ecce Homo)*.

– Les XIXe et XXe s ne sont pas en reste avec, entre autres, Géricault, Courbet, Delacroix, Isabey, Corot, Daubigny et l'école de Barbizon. Les paysages de Normandie furent une source d'inspiration inépuisable pour quelques grands peintres (Boudin, Moret, Monet et Dufy). Également une nouvelle salle consacrée au cubisme.

– Côté contemporains (rez-de-jardin), les accrochages sont renouvelés tous les 3 mois, soit pour exposer un artiste contemporain, soit pour présenter un dialogue entre les œuvres du musée et celle du Frac. Citons Metzinger, Soulages, Dubuffet, le *David et Goliath* emprunté au Caravage par Ernest Pignon-Ernest, Garouste, Pincemin, Vieira Da Silva, Joan Mitchell ou encore Rebeyrolle.

– Le *cabinet des estampes* regorge d'œuvres magnifiques présentées par roulement lors d'expositions thématiques ou monographiques. Pièces de Dürer, Rembrandt, Van Dyck et, bien sûr, Jacques Callot. C'est l'un des fonds les plus importants au monde.

– Le parc de sculptures, implanté à l'intérieur des remparts, évolue au fil du temps. En 2017, une œuvre en bois naturel réalisée par Jaakko Pernu, *Ceiling Light,* est venue rejoindre le néon de François Morellet et les sculptures de Rodin, Bourdelle, Marta Pan, et Huang Yong Ping.

I●I À la sortie du musée, on peut se restaurer ou se désaltérer au ***Café Mancel,*** du nom d'un libraire caennais qui, en 1872, légua à la Ville un bel ensemble d'œuvres exposées au musée (voir plus haut « Où manger ? »).

⚲ *La maison des Quatrans* *(plan B2)* **:** *31, rue de Geôle. Au pied du château.* On la remarque tout de suite : c'est l'une des plus belles maisons à pans de bois de la ville. Façade superbe et généreuse, mais elle seule est à pans de bois. Construite à la fin du XIVe s, elle fut restaurée après les bombardements de la Seconde Guerre mondiale.

LE PREMIER PEOPLE

Mort en exil à Caen en 1840, ruiné par le jeu et rendu fou par la syphilis, George Brummel est aujourd'hui presque oublié. On doit pourtant à ce Londonien l'invention du costume masculin tel qu'on le porte encore aujourd'hui : couleurs sombres et cravate. Ce pionnier du dandysme passait 5h à s'habiller et lustrait ses bottes au champagne. Célèbre sans être vraiment riche, beau ou talentueux, Brummel peut aussi être considéré comme le premier people de l'histoire.

⚲⚲ *La rue Froide* *(plan B2)* **:** l'une des plus vieilles de Caen. C'était la rue des Imprimeurs. Moins « foire aux touristes » que la rue du Vaugueux, mais tout de même animée et piétonne, elle eut la chance d'échapper aux bombardements et offre de bons exemples de ce qu'il est convenu d'appeler l'« architecture caennaise » : façades en pierre (de Caen), cours intérieures et escaliers typiques. N'hésitez pas à pousser les portes pour jeter un petit coup d'œil à l'intérieur. Au *n° 49,* franchir la porte mitoyenne à celle du salon de coiffure (à droite) pour surprendre un étroit escalier de pierre dans une maison du XVIIe s (au fond du couloir). Au *n° 41,* cour intérieure avec puits, escalier à vis du XVIIIe s, tourelle d'angle. Enfin, au *n° 10,* dans une cour intérieure, maisons du XVIIe s, dont une jolie à pans de bois.

L'église Notre-Dame-de-Froide-Rue *(plan B2)* **:** *à l'angle de la rue Froide et de la rue Saint-Pierre.* Elle existerait depuis le VIIe s, même si rien ne subsiste des premiers édifices, et aurait été reconstruite aux XIVe-XVe s. On l'appelle aussi église Saint-Sauveur. Rue Froide, remarquez le porche (aujourd'hui fermé), avec un beau portail flamboyant du XVe s et ce curieux escalier en spirale (sur la droite de la porte) qui ne conduit plus nulle part. Splendide tour élevée au XIVe s et terminée par une pyramide de trèfles et de rosaces. À l'intérieur, deux nefs parallèles mais pas symétriques, couvertes de voûtes en bois semblables à des coques de navires. Et des vitraux contemporains. C'est cet ensemble disparate qui finit par la rendre attachante.

LE CALVADOS

La rue Écuyère *(plan A-B2)* **:** moins bien préservée que la rue Froide, cette jolie voie typiquement caennaise conserve encore quelques curieux souvenirs du passé. On aime bien l'atmosphère qui s'en dégage entre boutiques d'antiquités, bars branchés et anciens hôtels particuliers. Remarquer, au *n° 9,* cette curieuse maison décorée de colonnes, balcons et lucarnes. Au *n° 42,* l'*hôtel des Écuyers* date de la fin du XVe s. Dans la jolie cour intérieure (la porte s'ouvre parfois dans la journée...), puits et fenêtres gothiques.

La rue aux Fromages *(plan A2)* **:** bel alignement de maisons anciennes, entre les n°s 7 et 11. Elle débouche sur la place Saint-Sauveur.

La place Saint-Sauveur *(plan A2)* **:** ancienne place du pilori, réaménagée au XVIIIe s et tout récemment encore, elle présente une très belle homogénéité. Au n° 2, coincé entre deux maisons, se dresse le portail de l'*église du Vieux-Saint-Sauveur.* Complètement détruite par les bombardements, cette église a désormais retrouvé la blondeur de sa pierre, mais elle n'ouvre ses portes qu'à l'occasion des expos et autres manifestations qui s'y tiennent. Transept et tour d'époque romane, chœur du XVe s. La place est également bordée de luxueux hôtels particuliers comme, au n° 20, l'*hôtel Fouet* construit vers 1740, à la déco classique et à l'élégant balcon en fer forgé. Voir aussi, au n° 19, l'*hôtel Canteil-de-Condé.* Marché extra le vendredi matin, dont la tradition remonte au XIe s.

Les quartiers Belle Époque *(plan A1)* **:** quelques rues autour de la place du Canada, sur laquelle fut construite l'ancienne gare où les premiers amateurs de bains de mer prenaient le train pour la Côte de Nacre. Villas et immeubles offrent d'ailleurs un petit avant-goût architectural des stations balnéaires. Bel immeuble à la façade typiquement Art nouveau à l'angle des rues Isidore-Pierre et Saint-Gabriel.

Le Jardin des plantes *(plan A1)* **:** *5, pl. Blot. Tlj à partir de 8h (10h w-e et j. fériés) ; fermeture variable selon saison. Serre tlj 13h-17h. Fermé 1er mai et 25 déc. Accès libre.* Créé au XVIIIe s, il abrite sur 5 ha plus de 5 000 espèces. Serre exotique, flore normande, orangeraie et quelques arbres spectaculaires.

CROIX ROUGE ET BOMBARDEMENTS

Plusieurs centaines de familles se réfugièrent dans l'abbaye aux Hommes du 6 juin au 9 juillet 1944, date de la libération de la ville par les Canadiens. Lors des bombardements alliés, pour éviter le carnage, une grande croix rouge fut peinte sur le toit, afin de signaler aux aviateurs que les lieux abritaient un hôpital. Ainsi fut épargnée, outre les réfugiés, l'abbaye elle-même.

L'abbaye aux Hommes *(plan A2) : entrée des bâtiments conventuels sur l'esplanade Jean-Marie-Louvel, par l'entrée de l'hôtel de ville.*
Comme on l'explique plus haut, Guillaume le Conquérant décida la construction de l'abbaye vers 1060, pour se réconcilier avec le Saint-Siège. L'ensemble (église et bâtiments) est, avec l'abbaye aux Dames, l'un des sites les plus intéressants de la ville. Belle harmonie architecturale du tout, même si les bâtiments conventuels, plus classiques, ont été reconstruits au XVIIIe s.
– ***L'abbatiale Saint-Étienne*** *(plan A2) : tlj sf dim mat et pdt les offices 9h30-12h30, 14h-18h30. Elle est incluse dans l'un des circuits de visite.*
L'église fut construite assez rapidement pour l'époque (de 1063 à 1077), ce qui explique son homogénéité de style. Symbole de l'art anglo-normand parvenu à maturité (on retrouve la même architecture dans la cathédrale de Canterbury), c'est aussi, par sa grandeur, une manifestation évidente de la puissance de son géniteur, le duc Guillaume, dont la dépouille est d'ailleurs pieusement conservée ici, dans le chœur même de l'église.
Notez l'austérité de la façade d'entrée : toute la majesté de la pierre taillée est mise en valeur, de même que la finesse des tours et des belles flèches de style gothique, qui inspirèrent nombre d'églises normandes. La même recherche d'harmonie se retrouve dans l'architecture générale extérieure. Toute la réussite de l'entreprise repose sur cet aspect extérieur de l'abbaye, gracieuse sans paraître imposante.
L'intérieur de l'église joue toujours sur le dénuement : grandeur et sobriété. Quelques éléments de richesse toutefois : la belle chaire de bois sculpté (XVIIe s) de la nef, sur la droite ; ou encore le marbre du maître-autel et le bronze de son bas-relief. À voir encore, le lutrin en fer forgé et l'énorme support de cierge pascal. Le chœur gothique est l'un des plus anciens de Normandie. Au centre, la tombe de Guillaume le Conquérant porte une inscription latine que l'on traduit pour les mauvais élèves : « Invaincu Guillaume le Conquérant, duc de Normandie, roi d'Angleterre et fondateur de cette maison, mort en 1087 »...
On remarquera encore, sur la gauche, une curieuse horloge dorée du XVIIIe s, coincée entre deux fenêtres intérieures à petits carreaux, aux belles boiseries sculptées. Les grandes orgues Cavaillé, du XIXe s, comptent près de 3 400 tuyaux. Elles sont soutenues par un monumental buffet dont les atlantes sont des copies d'œuvres de Puget.
– ***Les bâtiments conventuels de l'abbaye*** *(actuel hôtel de ville) : ☎ 02-31-30-42-81. ♿ (pour la quasi-totalité des 2 circuits de visite). Fermé 1er janv, 1er mai et 25 déc. Visites guidées slt : avr-juin et sept, tlj à 10h30, 14h et 16h ; juil-août, circuit de 1h30 tlj à 10h30, 14h, et 16h ; de 50 mn à 12h30, 15h et 17h30 – attention : le pressoir et la salle des gardes du XIVe s slt à 10h30 (en revanche, elle n'inclut pas la visite de l'abbatiale) ; entrée : 7 € pour 1h30 ; 5,50 € pour 50 mn ; visite libre de quelques salles tte l'année 2 ou 4 € si expo temporaire (horaires variables), réduc, gratuit moins de 18 ans. Oct-mars, visites lun-ven à 10h30 et 14h, plus dim pdt vac scol (avec une visite de plus à 16h) ; entrée : 4,50 €, réduc, gratuit moins de 18 ans.*
Il ne reste plus rien des bâtiments de l'époque romane. Néanmoins subsistent quelques témoignages de la période gothique, dont la salle des gardes du XIVe s (actuelle salle du conseil municipal). L'ensemble fut reconstruit au début du XVIIIe s par un moine architecte. Les moines furent mis à la porte pendant la Révolution, puis Napoléon Ier transforma l'abbaye en lycée. En 1965, la mairie prit possession des lieux. Un des plus beaux hôtels de ville de France (encore plus beau à la tombée de la nuit).
Majestueuse façade principale en pierre de Caen, de 105 m de long. Salles intérieures somptueuses, chacune dans un genre différent. Élégant escalier d'honneur dont la rampe est un chef-d'œuvre de ferronnerie. La grande salle des moines occupe une partie de l'aile gauche (expos temporaires). On observe d'abord une maquette de l'abbaye avant de pénétrer dans la *salle des mariages* (ancienne salle capitulaire) pour ses magnifiques boiseries. Belles boiseries et grandes peintures également dans la sacristie. Un peu plus loin, un curieux mannequin de cire représentant... Guillaume (devinez d'après qui le portrait a été réalisé ?).

LE CALVADOS

Au cours de la visite guidée, vous verrez encore l'escalier des matines, le cloître avec, dans un angle, le superbe « tableau des offices », le parloir où les sons résonnent, la grande salle du réfectoire où, au fond, une toile fait apparaître Guillaume en empereur romain (la folie des grandeurs, toujours...).

– ***L'Artothèque*** *(plan A2)* **:** *dans le palais ducal, impasse Duc-Rollon. ☎ 02-31-85-69-73. • artotheque-caen.net • Mar, jeu et sam 14h-18h30 ; mer et ven 11h30-18h30. GRATUIT.* Avant d'accueillir des œuvres d'art, cette belle bâtisse du XIVe s ayant miraculeusement survécu aux bombardements de 1944 accueillait les hôtes de marque reçus à l'abbaye aux Hommes. Transformée en écurie et en grenier à blé au XVIIe s, elle abrite ensuite l'École normale de 1862 à 1961. Aujourd'hui, on vient y emprunter des œuvres, mais aussi contempler les expos proposées dans ses belles salles restaurées.

– L'hôtel de ville abrite également un petit ***musée d'Initiation à la nature*** *(☎ 02-31-30-43-27 ; ♿ ; vac de Pâques-vac de la Toussaint, lun-ven 14h-18h ; reste de l'année, mer ap-m slt ; GRATUIT),* consacré à la faune et à la flore de Normandie.

LE CALVADOS

🚶 De l'autre côté de l'esplanade Jean-Marie-Louvel, l'***église Saint-Étienne-le-Vieux*** *(plan A2)* ne se visite pas mais présente un aspect émouvant. Romane puis gothique, elle a subi les assauts des obus de la Seconde Guerre mondiale, témoin du sacrifice et du martyre de la ville. Un bout de nef, quelques contreforts et arcades sauvent fièrement l'honneur.

🚶 ***L'église Saint-Nicolas*** *(plan A2)* **:** ouverte seulement lors de concerts, spectacles, expos et Journées du patrimoine. Bâtie au XIe s, elle est aujourd'hui désaffectée, mais son intérieur est resté d'une grande pureté. Le cimetière, sur son flanc nord, dégage une poésie toute romantique. Belle vue sur les tours de Saint-Étienne.

🚶 La ***rue Saint-Pierre*** *(plan B2)* offre elle aussi un bel alignement de maisons en pierre de Caen. Au no 52, deux splendides maisons à pans de bois. Un peu plus loin, au no 98, la belle façade classée de la *Librairie générale du Calvados.*

🚶🚶 ***L'hôtel d'Escoville*** *(plan B2)* **:** *pl. Saint-Pierre, il abrite aujourd'hui l'office de tourisme.* Construit dans la première moitié du XVIe s par « le seigneur le plus opulent de la ville » qui fit fortune dans le commerce des céréales. M. d'Escoville était aussi alchimiste et sa demeure regorge de symboles ésotériques. Cette noble demeure passe pour être l'un des exemples les plus accomplis de l'art de la Renaissance en Normandie. Le flanc droit offre de nombreuses statues représentant des personnages mythologiques et bibliques. Lucarnes sculptées. Difficile d'imaginer le massacre qu'a subi le bâtiment pendant les bombardements. La qualité du travail de restauration est remarquable.

🚶 ***L'hôtel de Than*** *(plan B2)* **:** *bd du Maréchal-Leclerc. Ne se visite pas.* Construit peu avant l'hôtel d'Escoville, il marque une période de transition entre les styles gothique flamboyant et Renaissance. Bien observer les lucarnes, décorées de volutes et de bas-reliefs. Pour l'anecdote, les propriétaires de ces deux hôtels voisins (celui d'Escoville et celui-ci) ne pouvaient pas se supporter. Au point que celui de l'hôtel de Than, pour bien montrer son mépris, fit sculpter sur sa façade un personnage se déculottant en direction de l'hôtel d'Escoville ! Y'a pas de petites bassesses.

🚶🚶 ***L'église Saint-Pierre*** *(plan B2)* **:** *entrée par la pl. Saint-Pierre.*

COMMENT SORTIR GRANDI DE LA GUERRE ?

Le clocher de l'église Saint-Pierre fut détruit dans la nuit du 8 au 9 juin 1944, non pas par les bombardements alliés, mais par un obus tiré depuis la côte. Il fut restauré grâce aux bénéfices de la vente des épaves du Débarquement. Et ces bénéfices durent être élevés car la flèche y gagna quelques mètres ! Celle d'origine mesurait en effet 72 m de haut, contre 80 aujourd'hui !

Tlj sf dim ap-m. Construite du XIIIe au XVIe s, elle joue elle aussi sur la transition des styles : gothique rayonnant et flamboyant, puis Renaissance. Superbe clocher du XIVe s, de près de 80 m de haut, qui rendit cette église célèbre. En contournant l'église, on remarque la finesse de la façade principale, mais aussi la richesse de l'ornementation du chevet édifié sur pilotis au XVIe s (de style Renaissance particulièrement chargé).
Bel intérieur où la profusion des sculptures impressionne. Très jolie frise ciselée comme de la dentelle, qui court le long du chœur. Les chapelles autour du chœur tranchent avec le reste de l'église : voûtes Renaissance avec clé particulièrement pendantes et fort travaillées. Certains chapiteaux méritent d'être détaillés.

Le quartier du Vaugueux (plan B-C1) **:** ce vieux quartier populaire (les grands-parents d'Édith Piaf y tenaient un bistrot), caché au pied du château, complètement restauré, est devenu un îlot piéton voué au tourisme flâneur. Beaucoup de jolies maisons à admirer, dont une du XVIe s à pans de bois et plusieurs petites demeures en pierre de taille du XVIIIe s. Un monde fou certains soirs (la place accueille de nombreux restos aux terrasses bien agréables en été).

L'abbaye aux Dames (plan C1) **:** *pl. de la Reine-Mathilde.*
Alter ego de l'abbaye aux Hommes, puisque sa construction fut commandée par l'épouse de Guillaume, Mathilde, quelques années avant celle aux Hommes, et pour le même motif (à savoir la validation de leur mariage par le pape). Pourtant, l'aspect d'ensemble diffère totalement de celui de l'abbaye aux Hommes, même si les bâtiments conventuels édifiés bien plus tard, au XVIIIe s, furent conçus par le même architecte, Guillaume de La Tremblaye.
- ***L'église de la Trinité :*** érigée pour l'essentiel au XIe s, comme sa consœur, puis remaniée aux XIIe et XIIIe s, elle fut restaurée au XIXe s. Plus massive d'aspect que l'église Saint-Étienne, c'est tout de même un très bel exemple d'architecture romane normande. Elle était autrefois entièrement recouverte de peinture. Grande nef romane presque blanche, lumineuse, dont la voûte gothique du XIIe s, sur croisée d'ogives, est l'une des premières réalisées dans la région. À noter, les chapiteaux aux décorations florales ainsi que les représentations animalières de l'abside tirées du bestiaire (centaures, éléphant, lions...). La reine Mathilde (morte en 1083) a, elle aussi, droit aux honneurs du chœur : ses restes reposent sous un beau marbre noir de Tournai. Mais le clou de la visite reste la *crypte* : élégantes rangées de colonnes aux chapiteaux finement sculptés, un vrai petit chef-d'œuvre. Observez le premier chapiteau en entrant. Personnages d'une grande simplicité, dont l'un représente l'archange saint Michel accueillant les morts sortant de leur tombe, évocation du Jugement dernier, thème récurrent au Moyen Âge.
- ***Les bâtiments conventuels de l'abbaye :*** ☎ *02-31-06-98-98. Visites guidées slt, tlj (sf 1er janv, 1er mai et 25 déc) à 14h30 et 16h. Durée : env 1h15 mn. GRATUIT.*
Reconstruit au XVIIIe s par Guillaume de La Tremblaye, le monastère abrite de nombreux édifices d'une grande sobriété, tous bâtis dans la même pierre de taille (de Caen, bien sûr). Superbe ! Élégant jardin à la française dans la cour du cloître, d'où l'on a un bon aperçu des façades. C'est la Révolution qui ruina les bâtiments. Ils devinrent tour à tour caserne militaire, dépôt de mendicité, hôtel-Dieu, puis hospice. On s'y réfugia pendant les bombardements de juin 1944. C'est désormais le siège du Conseil régional de Normandie. Cette ancienne abbaye compta, parmi ses pensionnaires, une certaine Charlotte Corday. La visite permet de voir le cloître, le *lavatorium* (curieux lavabos de marbre noir, dans de grosses coquilles qui servaient à se laver les mains avant de passer au réfectoire), le grand escalier encadré de deux tableaux bibliques (« Marthe et Marie » et la « Samaritaine »).
La visite permet également (quand elle n'est pas de sortie) d'admirer la collection « Peindre en Normandie », riche de plus d'une centaine d'œuvres d'artistes inspirés par la région (Corot, Boudin, Courbet, Dufy, Monnet et Renoir pour les plus connus).

Le bassin Saint-Pierre *(plan C2)* **:** c'est l'un des cinq bassins du port de Caen, distincts les uns des autres le long d'un canal qui relie la ville à la mer. Le long de ce bassin, consacré exclusivement à la plaisance, on se croirait vraiment au bord de la mer, surtout quand de nombreux voiliers y sont amarrés. Agréable promenade le long des quais. Le dimanche s'y tient un grand marché.

L'église Saint-Jean *(plan C2)* **:** *rue des Martyrs. En général toujours ouverte dans la journée.* Édifice du XVe s, de style gothique flamboyant (observer les « flammes » des vitraux). À l'intérieur, nef superbe et curieuse tour-lanterne aux parois sculptées, d'époque Renaissance, qui tranchent nettement avec la sobriété de la nef. Une église toute tordue (voir encadré) dont le particularisme se voit très nettement en deux endroits : à l'extérieur, devant la façade, et à l'intérieur, en se plaçant derrière le chœur, dans le déambulatoire, d'où la nef semble littéralement s'ouvrir ! Clocher-porche légèrement incliné, et arcs du transept complètement déformés. Sincèrement, le spectacle mérite le coup d'œil.

UNE ÉGLISE TOUTE DE GUINGOIS !

Ce ne sont pas les bombardements qui sont responsables du surprenant aspect de l'église Saint-Jean, mais le sol marécageux sur lequel elle est bâtie. Avant la Seconde Guerre mondiale, des pilotis formés de chênes entiers s'enfonçaient dans la vase jusqu'au sol ferme. L'église tanguait déjà. Ils furent remplacés par du béton après la guerre. Mais rien n'y fit, l'église continue à bouger et à s'ouvrir, doucement mais sûrement.

La Prairie *(plan A-B3)* **:** *à côté de l'hippodrome.* Une autre originalité de ce centre-ville plein de surprises. Ce vaste espace d'herbes sauvages est préservé depuis le Moyen Âge. Deux raisons à cela : l'herbe servait à nourrir les chevaux, et l'emplacement, depuis le XIe s, permettait d'installer les chapiteaux d'une importante foire. Les chevaux sont restés (hippodrome), la foire (-expo) a toujours lieu, mais à côté, et le site est désormais classé. Belle promenade le long de l'Orne (au fond de la Prairie, côté est), sous la grande allée de platanes, le long du cours du Maréchal-Kœnig.

Plus au nord

Le Mémorial de Caen (Cité de l'histoire pour la paix) : *esplanade du Général-Eisenhower. ☎ 02-31-06-06-45. • memorial-caen.fr • Ⓣ Université (depuis la gare) puis bus n° 2. ♿ Accès en voiture : par le bd périphérique nord (sortie n° 7) ; très bien fléché du centre-ville. 4 fév-4 nov, tlj 9h-19h ; 5 nov-31 déc, tlj sf lun 9h30-18h. Fermeture annuelle du 7 au 29 janv 2018. Entrée : 19,50 € ; tarif familial (2 adultes et nombre d'enfants illimité) : 51 €. Audioguide : 4 €. Vente des derniers billets 2h avt fermeture du site.*

« ÉPRON, VILLAGE DE LA RADIO »

Telle est l'inscription que l'on peut lire en passant devant cette petite ville juste au nord de Caen, quand on se dirige vers la Côte de Nacre. Mais pourquoi donc, vu qu'il n'y a aucune radio ? Épron fut très endommagé lors du Débarquement. En 1948, l'animateur Jean Nohain fut consterné par les conditions de vie de ses habitants. Il lança à la radio une souscription nationale grâce à laquelle les maisons purent être reconstruites en quelques mois.

Il existe par ailleurs plusieurs formules pour découvrir le Mémorial et les plages du Débarquement : en été, ½ journée au Mémorial combinée à ½ journée d'excursion guidée sur les plages.
- ***Spécial enfants :*** *une garderie gratuite au sein du musée accueille les bambins de moins de 10 ans.*

Inauguré le 6 juin 1988 par François Mitterrand, le Mémorial de Caen est devenu l'un des passages obligés de Normandie. Il s'agit davantage d'un centre pédagogique que d'un musée, d'un outil de réflexion sur la folie humaine et sur les tentatives de l'empêcher de se traduire par des guerres. C'est à la fois un centre culturel (musée, cinéma, expos...), un forum d'échanges, une banque de données (documentation, librairie spécialisée, bureau de recherches), un « monument » pour la paix, un lieu de rassemblement (conférences, concours international de plaidoiries d'avocats et de lycéens, concerts, etc.) et de promenades (dans les jardins canadien, américain et britannique).

Sobriété, clarté du propos, intelligence de la mise en scène, rigoureuse sélection des documents font du Mémorial un site unique et passionnant, dont la visite s'avère extrêmement enrichissante. Pas étonnant qu'un grand nombre des écoles de France mettent cette visite à leur programme. Le Mémorial se divise en deux grandes parties : d'une part, tout ce qui se rapporte à la *Seconde Guerre mondiale* et, d'autre part, tout ce qui touche à l'*après-guerre* (la guerre froide et les relations Est-Ouest, etc.). En tout, plus de 4 500 m^2 d'espaces consacrés aux XXe et XXIe s à partir de 1918.

Le plus cohérent est de visiter ces deux parties dans l'ordre chronologique ; cependant, commencer par la seconde partie permet souvent d'éviter la foule, surtout si vous venez le matin. Mais quand on arrive à l'ouverture, aucun problème.

- Le ***bâtiment*** proprement dit, construit sur les restes d'un bunker de commandement allemand, est une massive bâtisse en pierre de Caen. Premier symbole : la grande fracture centrale, évoquant la percée opérée par les Alliés dans le mur de l'Atlantique.
- ***La Seconde Guerre mondiale :*** la première partie présente la situation économique et sociale en Europe, la dégradation des relations internationales de 1918 à 1939 *(Faillite de la paix)* et le conflit lui-même *(La France des années noires ; Guerre mondiale/Guerre totale).* Puis viennent le retournement et la naissance de l'espoir avec *Le Débarquement et la bataille de Normandie.* L'ensemble s'appuie sur une muséographie vraiment réussie, des documents d'archives le plus souvent poignants (articles de presse, photos, correspondances, films), des maquettes, des véhicules et uniformes militaires. Ne ratez pas le film projeté dans cette partie : *Le jour J et la bataille de Normandie* (19 mn), avant de vous diriger dans l'espace consacré à cette dernière.
- ***Le monde après 1945 :*** on y aborde la période entre la fin de la guerre et la chute du mur de Berlin, avec des thèmes comme *le face-à-face des deux systèmes ; les temps, les lieux, les hommes de la guerre froide, les armes de la guerre froide,* puis *Berlin au cœur de la guerre froide.* Bien que sans doute un rien scolaire, cette section mérite vraiment qu'on s'y attarde car elle fait le lien de manière limpide entre la situation à la fin de la guerre et les tensions d'aujourd'hui. Vous y traverserez la *galerie des villes détruites* (espace de transition entre la fin de la guerre et l'après-guerre).
- ***Le bunker du général allemand Richter :*** le 6 juin 1944, une partie de l'état-major allemand était entassé dans cette sorte de long tunnel de métro sous la falaise. Aujourd'hui, une scénographie audacieuse y parle de l'Occupation et de la Résistance en Normandie. Après la visite, on peut s'accorder un instant de détente et de sérénité dans les jardins situés sur l'arrière.

À faire

➢ ***Le chemin de halage (ou GR 36) :*** belle promenade le long du canal de l'Orne, depuis le port de Caen, jusqu'à Ouistreham, à 15 km. Se fait à pied, à vélo ou à rollers. En chemin, on croise les célèbres *Pegasus Bridge* et *Café Gondrée* (voir plus loin, à Bénouville).

➢ ***La voie verte de la Suisse normande :*** depuis Caen, cette voie verte longe l'Orne et relie Thury-Harcourt (en Suisse normande), en passant par la jolie forêt de Grimbosq.

Manifestations

– ***Concours international de plaidoiries :*** *un w-e fin janv. Entrée libre.* Au Mémorial de Caen, avocats internationaux et équipes de lycéens viennent plaider en public pour les Droits de l'homme en choisissant un cas concret et d'actualité.
– ***Festival de Beauregard :*** *juil, au château de Beauregard, à* ***Hérouville-Saint-Clair.*** *• festivalbeauregard.com •* Joli cadre et ambiance familiale pour une programmation internationale variée et de qualité (dans le style pop-rock).
– ***Éclats de rue :*** *le soir jeu-ven juil-août. • eclatsderue.caen.fr • Gratuit.* Les arts de la rue investissent les parcs, jardins et quartiers de la ville.
– ***Nordik Impakt :*** *oct. ☎ 02-31-86-79-31. • nordik.org •* Festival de culture électronique.
– ***Les Boréales :*** *nov. • lesboreales.com •* Festival consacré aux littératures et cultures nordiques (Scandinavie, Finlande, Islande).

DANS LES ENVIRONS DE CAEN

Ornavik : *domaine de Beauregard, 14200* ***Hérouville-Saint-Clair.*** *☎ 02-31-52-40-90. • ornavik.fr • À 7 km au nord-est de Caen par la D 515 direction Ouistreham, sortie « Beauregard ». Ouv quelques w-e ou dim juil-août, 14h-19h. Entrée : 6 € ; réduc ; 4 € sur présentation de ce guide ; tarif famille 12 €.* Dans un joli coin de nature, un parc historique, dans l'esprit de celui du château de Guédelon en Bourgogne ; soit, étalée sur une dizaine d'années, la construction avec les techniques de l'époque d'un village carolingien, des embarcations de la flotte de Guillaume le Conquérant, d'une motte du XIe s... À ce jour, un campement viking s'est déjà installé sur le site. Et entre le forgeron qui fabrique des couteaux dans une maison semi-enterrée et la tireuse de runes devant sa tente, on se croirait transporté au IXe s, chez les premiers Normands ! Les premières maisons du village carolingien sont également sorties de terre. Il faudra attendre un peu pour que d'autres les rejoignent, puis une église, le cimetière, des champs cultivés... la reconstitution complète d'un village dont les traces ont été découvertes à quelques kilomètres de là. Et cette lente évolution (l'équipe est à 100 % bénévole) n'est pas un des moindres intérêts de cet étonnant endroit.

L'abbaye d'Ardenne : *14280* ***Saint-Germain-la-Blanche-Herbe.*** *☎ 02-31-29-37-37. • imec-archives.com • Bus no 10 ou 21, arrêt « Ardenne ». À 4 km au nord-ouest du centre ; suivre le fléchage « Mémorial », c'est indiqué ensuite. Accès libre à la cour mar-ven 9h-12h, 14h-18h et mar-dim lors des expos temporaires. GRATUIT.* La troisième grande abbaye de Caen, à la campagne, comme le voulait l'ordre des Prémontrés. Partiellement détruite au début du XIXe s et transformée en ferme, l'abbaye a également souffert des combats de la Seconde Guerre mondiale. Du monastère d'origine (XIIe s), il ne reste donc plus qu'une solide porte. L'ensemble des bâtiments abrite aujourd'hui les collections et les activités de l'IMEC (Institut Mémoires de l'Édition contemporaine), qui rassemble, préserve et met en valeur des fonds d'archives et d'études consacrés aux principales maisons d'édition, aux revues et aux différents acteurs de la vie du livre et de la création contemporaine. L'ancienne église abbatiale est ainsi devenue une très

contemporaine salle de consultation et de lecture. Et entre ses superbes arcades, l'imposante grange aux dîmes accueille d'intéressantes expos temporaires autour de la littérature.
– Jardin des Canadiens, en hommage aux soldats exécutés par les Allemands en juin 1944.

RANVILLE (14860) 1 610 hab. *Carte Calvados, C2*

À une dizaine de kilomètres au nord-est de Caen, un peu à l'écart de la route de Cabourg. À proximité d'un point stratégique (le canal de l'Orne), Ranville reste indissociable de l'histoire du Débarquement : contrairement à ce qui est souvent dit, c'est lui le premier village de la France continental à avoir été libéré (vers 2h30) le 6 juin, peu de temps après le largage des paras britanniques, et non Sainte-Mère-Église (libérée vers 6h30 !).
Les éclaireurs de la 6e Airborne furent parachutés par une trentaine d'appareils le long de la route Ranville-Bréville. Équipés de balises radio et de feux de signalisation, ils délimitèrent les aires de largage des 2 000 paras que devaient expédier 30 mn plus tard 110 avions de la Royal Air Force. Le 13e bataillon parachutiste se disposa rapidement autour du bourg, qu'il défendit jusqu'à la libération de Caen.
En souvenir de ses libérateurs, le cimetière du village abrite, au pied de son église du XVIe s, les corps de plus de 2 000 soldats britanniques.

Où dormir dans les environs ?

Chambres d'hôtes La Rivaudière : *1, rue du Lavoir, 14860* ***Bavent.*** *☎ 02-31-78-16-06. • larivaudiere@yahoo.fr • table-hotes-cabourg.fr • À 6 km de Ranville, dans le centre de Bavent, en face de la poste. Congés : oct. Double 65 €. Assiette gourmande sur résa 30 €.* Près d'un lavoir où batifolent les canards en toute tranquillité. Entourée d'arbres, une demeure normande en pierre et à colombages. Chambres à la déco simple et chaleureuse (on aime beaucoup la jaune et la rouge). Aux beaux jours, petit déjeuner sur la terrasse. Une belle adresse, très bien tenue, où l'on vous accueille avec le sourire.

À voir à Ranville et dans les environs

Le Mémorial-Pegasus : *av. du Major-Howard. ☎ 02-31-78-19-44. • normandy1944.com • Le musée, officiellement à Ranville, se situe en fait à la limite de Bénouville, juste à côté du Pegasus Bridge. Avr-sept, tlj 9h30-18h30 ; hors saison, tlj 10h-17h. Fermé de mi-déc à fin janv. Entrée : 7,50 € ; réduc ; 5,50 € sur présentation de ce guide. Visite guidée incluse dans le prix.* Musée consacré tout particulièrement à la 6e division aéroportée britannique, les premiers soldats débarqués dans la nuit du 5 au 6 juin 1944. Collection d'objets et de documents authentiques présentés dans une petite muséographie plutôt réussie. Une maquette géante permet de visualiser toutes les zones d'intervention de la 6e division. Le parc du musée abrite le « vrai » Pegasus Bridge, un pont Bailey (un pont provisoire) et la réplique grandeur nature d'un planeur Horsa (unique au monde) ; 352 d'entre eux atterrirent dans la région de Ranville-Bénouville. Expo temporaire à partir de juin dans l'un des baraquements.

LE CALVADOS

La batterie de Merville : *14810* ***Merville-Franceville.*** *☎ 02-31-91-47-53. • batterie-merville.com • À Merville-Franceville, petite station balnéaire construite entre l'estuaire de l'Orne (port de plaisance et réserve ornithologique) et Cabourg. Au sud du village. De mi-mars à mi-nov, tlj 9h30-18h30 (10h-17h d'oct à mi-nov). Entrée : 6,50 € ; gratuit moins de 6 ans.*

Sur un site de 16 ha protégé de barbelés, mines et fosses antitanks, ce dispositif fut l'un des plus impressionnants du mur de l'Atlantique. Dotée de quatre canons de 100 mm, la batterie protégeait tous les environs. Pas étonnant que les Britanniques en aient fait l'un de leurs principaux objectifs avant le débarquement sur les plages de Sword...

Petit rappel historique : dans la nuit du 5 au 6 juin 1944, la côte normande connut donc le bombardement le plus intense qui soit avec 109 avions Lancaster qui larguèrent plus de 1 000 bombes sur la batterie de Merville. À 4h30, les parachutistes furent largués. De sa prise dépendait en grande partie la réussite du débarquement de Sword Beach. En effet, la position de cette batterie permettait à la défense allemande de protéger Ouistreham ainsi que les plages d'Hermanville et de Lion-sur-Mer grâce à des canons d'une portée de 10 km. Elle fut prise de manière héroïque par les 150 paras de la 9e Airborne du colonel Otway. Le parcours qu'on explore aujourd'hui chemine sur le site de la batterie. Des panneaux d'information expliquent dans le détail cette aventure. Les quatre casemates abritent plusieurs petites expos ou reconstitutions ; parmi celles-ci, la plus impressionnante est la casemate n° 1, où un court son et lumière reconstitue l'attaque de la batterie de manière réaliste, avec fumée et son fracassant (interdit aux jeunes enfants). On peut aussi y admirer un C47 de l'US Air Force (visite en juillet-août), du même type que ceux employés par la Royal Air Force pour larguer le 9e bataillon de parachutistes britanniques. Après 64 ans d'errance, il doit son retour en Normandie à un petit groupe de passionnés, l'ayant sauvé d'une fin funeste à Sarajevo.

La Maison de la nature et de l'estuaire : *14121* ***Sallenelles,*** *à l'embouchure de l'Orne. Fléché sur la D 514. ☎ 02-31-78-71-06. • cpievdo.fr • Juil-août, tlj 10h-18h30 ; mai-juin et sept, tlj sf lun 10h-12h30, 14h-18h ; oct-avr, tlj sf lun 14h-18h ; ouv lun fériés et des vac scol de la zone B. Fermé de mi-déc à fin janv. Entrée : 2 € ; réduc. En été, plusieurs fois/sem, balades guidées (thèmes variés) sur le site naturel de l'estuaire ; tarif : env 4 €, réduc.*

À l'embouchure de l'Orne, la maison propose une expo sur la faune et la flore de l'estuaire et les activités humaines au fil du temps. Maquette de l'estuaire, explication du phénomène des marées, de la migration des oiseaux... Projection de courtes vidéos où des professionnels (ornithologue, chasseur, garde...) racontent leurs expériences. La visite se poursuit à l'extérieur par quelques panneaux sur les plantes et les animaux de la dune ou du marais.

Le GR 223 passe juste devant la maison, et d'autres chemins permettent de sillonner ce beau marais. Plan des circuits disponible.

BÉNOUVILLE

(14970) 2 040 hab. *Carte Calvados, C2*

À mi-chemin entre Caen et Ouistreham, cette petite cité des bords de l'Orne est célèbre pour son pont, le *Pegasus Bridge*. Ce nom lui fut donné en hommage à la division aéroportée britannique qui le libéra, la 6e Airborne, dont l'écusson était un cheval ailé. Ce pont historique, à la charpente métallique originale, a depuis été démonté pour être remplacé par une copie presque conforme. Le pont basculant d'origine, en effet, ne pouvait pas laisser passer les bateaux de plus en plus gros qui empruntent le canal. Rassurez-vous, vous pourrez voir le « vrai » Pegasus Bridge juste à côté, au *Mémorial-Pegasus* de Ranville.

UN PEU D'HISTOIRE

La conquête du site qui entra dans l'Histoire sous le nom de *Pegasus Bridge* fut confiée à la compagnie britannique du major John Howard, immortalisée par le film *Le Jour le plus long* (1962). Aux premières minutes du 6 juin, six planeurs atterrissent, à raison de trois par pont, entre l'Orne et le canal de l'Orne. Ils sont à moins de 50 m de la cible. En 10 mn, les ponts sont saisis, intacts. Le 7e bataillon parachutiste largué au-dessus de Ranville accourt, traverse le pont de Bénouville et tient la rive gauche du canal jusqu'à la jonction, attendue pour midi, avec les commandos débarqués à Colleville. Une fois sur place, les démineurs se rendirent compte que la dynamite n'avait pas encore été fixée sous le pont. Pour les Alliés, le site était capital puisqu'il assurait la protection du flanc est du Débarquement...

Où dormir ? Où manger ?

Hôtel-restaurant La Glycine : *11, pl. du Commando-N° 4. ☎ 02-31-44-61-94. • la-glycine@wanadoo.fr • la-glycine.com • Au centre-bourg, face à l'église. Resto fermé dim soir oct-mai. Double 82 €. Menus en sem 19 €, puis 29-59 €.* Dans une bâtisse en pierre couverte de glycine (évidemment !), cette auberge abrite de jolies chambres à la déco contemporaine. Quelques-unes, tout aussi agréables, se situent dans l'annexe en face. Côté table, une cuisine entre terre et mer, de tradition mais avec un ton d'aujourd'hui.

À voir

Le Café Gondrée : *dans le village, juste au niveau du pont. ☎ 02-31-44-62-25. Tlj avr-fin oct. GRATUIT, mais la moindre des choses est d'y prendre un petit verre. CB refusées. Photos interdites.* La première maison libérée le jour du Débarquement ! Les lieux furent d'ailleurs transformés en hôpital de campagne dès l'arrivée des Anglais. Bref, un endroit mythique, que l'on pourrait prendre pour un musée tant les souvenirs de l'époque débordent sur les murs : photos de soldats, écussons, mots de souvenirs, drapeau à l'effigie du cheval ailé, etc. Toujours tenu par la même famille, il y règne une sacrée ambiance à chaque anniversaire du *D-Day* !

BOIRE UN CANON

Le patron du Café Gondrée, pour fêter dignement la libération du village, apporta 3 000 bouteilles de champagne qu'il avait enterrées pour les cacher aux Allemands. Les troupes anglaises ne s'attendaient sans doute pas à un accueil so Frenchy !

LA CÔTE FLEURIE

Derrière la poésie du nom, c'est tout le faste des stations normandes les plus renommées (Deauville, Cabourg), mais aussi le charme désuet de la plupart d'entre elles (Houlgate, Trouville), voire le sympathique côté populaire de leurs voisines (Blonville, Villers-sur-Mer) et la modestie touchante des moins connues (Villerville, Cricquebœuf)... sans oublier la grâce du plus mignon des ports : Honfleur. On est ici au paradis des peintres impressionnistes. On marche dans les pas de Proust et de Baudelaire. Le subtil parfum déposé

LE CALVADOS

lors de la Belle Époque y flotte encore par moments. La Côte Fleurie semble protégée par deux remparts naturels : la mer et la campagne (le beau pays d'Auge). Derrière les pommiers... la plage !
Cette côte est principalement dévolue au tourisme (contrairement à la Côte de Nacre, à l'ouest de Caen, plus populaire mais aussi plus habitée à l'année par les Normands eux-mêmes). Ce qui explique le contraste pour la plupart de ces stations entre la saison et les week-ends, pleins de vie et d'animation, et le reste du temps, où la plupart des villes vous donneront l'impression de vivre au ralenti. Une activité qui explique la politique des prix sur toute cette côte : les prix haute saison sont le plus souvent appliqués aux week-ends, quel que soit le moment de l'année. Par ailleurs, si vous venez justement un week-end, mieux vaut réserver, car lorsque le soleil pointe son nez, l'hébergement dans ce secteur affiche vite complet.

La ligne n° 20 des *Bus verts* (*• busverts.fr •*) dessert toute l'année Caen, Cabourg, Dives-sur-Mer, Houlgate, Villers-sur-Mer, Deauville et Trouville. De là, navette pour Honfleur et Le Havre.

CABOURG (14390) 3 800 hab. *Carte Calvados, C1*

Au milieu du XIXᵉ s, un avocat parisien, séduit par la plage de Cabourg, eut l'idée d'y développer une station balnéaire. Construire sur du sable n'est pas chose facile, mais le projet aboutit. Cabourg devint une station balnéaire mondaine dès le début du XXᵉ s. Marcel Proust la décrivit sous le nom de Balbec dans *À l'ombre des jeunes filles en fleurs.* Le centre-ville avec ses magnifiques villas est pratiquement resté intact. Les parterres de fleurs, la promenade piétonne Marcel-Proust (qui longe la mer) et une belle plage accentuent le charme gentiment décadent de cette petite station si romantique.

Adresses et info utiles

Office de tourisme : *jardins de l'hôtel de ville. ☎ 02-31-06-20-00. • cabourg.net • Juil-août, tlj 9h30-19h ; le reste de l'année, lun-sam 9h30-12h30, 14h-18h, dim 10h-12h30, 14h-17h30 (vac scol, tlj 9h30-12h30, 14h-18h).* En été, l'office de tourisme propose diverses visites guidées sur l'histoire et l'architecture de Cabourg *(sur inscription, env 7 €).*

Gare SNCF de Dives-Cabourg : *à l'entrée de Dives, en venant de Cabourg. ☎ 36-35 (0,34 €/mn).*

Location de vélos : Nomadeshop, *41, bd des Belges. 06-61-38-83-35. Tlj pdt vac scol ; fermé lun-mer aux intersaisons ; ouv le w-e slt Toussaint-Pâques.* Location de VTT, VTC, carrioles, vélos électriques, sièges enfant, rollers, trottinettes... ***Le circuit de la Cabourg,*** *av. de la Divette. ☎ 02-31-28-32-32. Ouv le w-e tte l'année, tlj aux vac scol.* Location de VTT.

– ***Marché :*** *mer et dim mat tte l'année ; sous les halles ven mat et sam mat ; ts les mat des vac scol zone C.*

Où dormir ?

De prix moyens à plus chic

Hôtel La Villa Les Mots Passants : *24, av. du Général-Leclerc. ☎ 02-61-45-17-01. • info@hotel-cabourg-lesmotspassants.com • hotel-cabourg-lesmotspassants.com • Doubles 69-159 € selon confort et saison ; petit déj 10 €.* Au bord de la route et très légèrement hors du centre, cette adresse n'en reste pas moins le meilleur rapport qualité-prix-charme de la ville ! Déco en accord avec Cabourg la romantique, avec ses couleurs tendres et son mobilier blanc rétro. En revanche, si les nids sont douillets et apprêtés, les moins chers sont vraiment petits.

Hôtel de Paris : *39, av. de la Mer. ☎ 02-31-91-31-34. • info@hotel-de-paris-cabourg.fr • hotel-de-paris-cabourg.fr • ♿ En plein centre, dans la rue principale, dans une imposante maison à colombages qui fait l'angle. Congés : janv. Doubles 55-85 € selon confort et saison.* Le café au rez-de-chaussée, et l'hôtel dans les étages. Chambres pas toujours bien grandes mais relativement plaisantes, même s'il faut avouer que les prix, en haute saison, ne sont pas vraiment en rapport avec le confort proposé. Accueil agréable.

Résidence Odalys Les Dunettes : *29, bd des Belges. ☎ 02-31-93-98-32. • lesdunettes@odalys-vacances.com • Congés : janv. 3-pièces 6 pers à partir de 70 € la nuit (linge de lit et de toilette fournis, lits faits à l'arrivée et ménage quotidien).* Résidence récente à l'architecture typiquement normande, très bien située, au cœur de Cabourg, face à la place du marché et à 500 m de la plage. Piscine extérieure ouverte de juin à septembre. Accueil souriant.

Bien plus chic

Le Grand Hôtel de Cabourg : *jardins du Casino. ☎ 02-31-91-01-79. • H1282@accor.com • accorhotels.com • Doubles 150-345 € selon confort, vue et saison ; voir aussi les promos en cours ; petit déj 26 €. Brunch dim (12h30-14h) 72 €.* Palace rendu mythique par Marcel Proust, qui y avait ses habitudes et sa chambre réservée. Dans ce 5-étoiles, faisant face à la mer, les prix sont évidemment très élevés, mais les promotions sur Internet sont aussi nombreuses et, certains week-ends d'hiver, l'hôtel devient abordable. Le reste du temps, vous pourrez profiter de cette ambiance délicieusement surannée, le temps du brunch dominical (cher mais mémorable, avec, entre autres, un buffet de fruits de mer à volonté !) ou le temps d'un « goûter proustien ».

LE CALVADOS

Où manger ?

Le Biquet's : *promenade Marcel-Proust. ☎ 02-31-91-50-66. • lebiquets@gmail.com • Presque à l'extrémité ouest de la promenade, à 10 mn du centre. Tlj sf mar-mer en fév et oct. Congés : nov-début fév. Formules 16,50-25 € ; carte env 35 €.* En surplomb de la plage, avec sa terrasse vue sur mer, le genre d'adresse vers laquelle on dirige presque spontanément ses pas. En se disant qu'au moins il y aura le paysage... Bonne surprise, la cuisine, entre terre et mer, se tient plutôt bien, le service est d'une souriante efficacité et l'addition n'atteint pas les sommets auxquels Cabourg nous a (malheureusement) habitués.

Le Bouche à Oreille : *10, av. des Dunettes. ☎ 02-31-91-26-80. Ouv mar soir-dim midi, et tlj en saison. Fermé en janv. Formule déj en sem 19 €, menus 22-37 €. • cabourgrestaurant@orange.fr •* Au piano de ce *Bouche à Oreille*, père et fils concoctent une cuisine à quatre mains teintée de modernité (charlotte d'andouille de Vire à la crème de camembert, filet de daurade, tomate et tapenade d'olive, soufflé chaud au Grand Marnier cœur glacé à l'orange...) ainsi que des plats de bonne femme, le tout arrosé de vins de soif comme le saint-pourçain. Et on y vient aussi pour la belle ambiance et le sourire du patron.

Le Baligan : *8, av. Alfred-Piat. ☎ 02-31-24-10-92. • lebaligan@orange.fr • Depuis l'office de tourisme, descendre l'av. de la Mer et prendre la 2e rue à droite. Tlj sf mer hors saison. Congés : 13 nov-26 déc. Menus déj en sem 18,90 €, puis 29,90 € ; carte 35-40 €. Calvados offert sur présentation de ce guide.* Les produits de la mer sont ici traités avec amour et doigté. Les amoureux de la chose maritime pourront choisir dans le grand panier d'osier qu'on apportera à leur table, la belle pêche du jour : saint-pierre, sole, raie... On vous les prépare à votre convenance et vous payez au poids. Salle bistrot chic avec fresque sépia terre-mer. Fraîcheur des produits, professionnalisme dans le travail réalisé, bonne humeur dans le service.

Où manger dans les environs ?

IOI ***Au Pied des Marais :*** *26, av. du Président-René-Coty, Le Home, 14390* ***Varaville.*** *☎ 02-31-91-27-55. • aupied-des-marais@orange.fr • À 2 km à l'ouest de Cabourg sur la D 514. Tlj sf mar-mer (ouv le soir en juil-août). Congés : 24 janv-12 fév, 20-30 juin et 13-26 déc. Formule déj en sem et sam midi 20 € ; menus 37-57 € ; carte env 50 €. Café offert sur présentation de ce guide.* Le chef est bonhomme, tout comme sa cuisine (spécialité de pieds de cochon), qui exprime la douceur et l'amour du travail bien fait. Il choisit ses produits, élabore des recettes pour en dégager le meilleur et les présente avec beaucoup de soin. Et l'homme est aussi à l'aise pour travailler la plume, l'écaille et le poil ! Vraiment une belle adresse.

Manifestations

– ***Festival du film de Cabourg « Journées romantiques, Journées européennes » :*** *juin (mer-dim).* Un festival à la fois professionnel et grand public avec projections (payantes), pour certaines en plein air. Thème central : l'amour !
– ***Club Cabourg :*** *juil-août.* Programme de 30 activités hebdomadaires de sport, loisirs et détente pour tous (tarifs préférentiels).
– ***Cabourg mon Amour :*** *juil.* Festival de musique sur la plage, destiné à faire découvrir de nouveaux talents.
– ***Le Thé en costumes d'époque :*** *août.* Parée d'ombrelles, de corsets pour les dames et de canotiers lavallières pour les messieurs, Cabourg invite le public à remonter le temps à travers un bal et une reconstitution de bains de mer.
– ***Le Dîner sur la digue :*** *avt-dernier sam d'août.* 5 000 convices partagent un dîner sur 3 km le long de la promenade Marcel-Proust, agrémenté d'animations musicales et d'un feu d'artifice.
– ***Journées musicales Marcel-Proust :*** *ts les 2 ans (années paires), à l'automne. • amisdevinteuil.fr •* Trois journées qui, malgré leur intitulé, ne sont pas entièrement consacrées à la musique. Cabaret, théâtre, conférences et, évidemment, une programmation tournant autour de Proust et de son époque.

DIVES-SUR-MER

(14160) 5 940 hab. *Carte Calvados, C1*

Coincée entre Houlgate et Cabourg, au fond de l'estuaire de la Dives, cette bourgade étrangement éparpillée est de celles que l'on peut rater si l'on ne fait pas l'effort de s'y arrêter. Alors garez-vous et partez découvrir son centre croquignolet, concentré en quelques rues. Étonnamment, cette ville est sans doute la plus chargée d'histoire de la Côte Fleurie, puisqu'elle fut jadis un port de mer important.

DIVES-« PRESQUE »-SUR-MER

C'est de Dives que Guillaume le Conquérant partit à la conquête de l'Angleterre avec 7 000 soldats embarqués sur quelque 700 bateaux. Belle flotte ! Mais où est donc passée la mer ? Comme pour nombre de villes voisines, au fil des siècles celle-ci s'est retirée à plus de... 2 km. On conserva malgré tout le suffixe quelque peu abusif de la ville.

Adresses et info utiles

Office de tourisme : *dans le village d'art Guillaume-le-Conquérant. ☎ 02-31-91-24-66. • dives-sur-mer.fr • Mai-sept, tlj sf dim-lun 10h-12h30, 14h30-18h ; le reste de l'année, lun-ven (et sam pdt vac scol).* Visites commentées (1h) en juillet-août et vente d'un livret de jeu découverte du bourg pour les enfants.

Gare SNCF de Dives-Cabourg : *à l'entrée de Dives, en venant de Cabourg. ☎ 36-35 (0,34 €/mn).*

– **Marchés :** *sam mat tte l'année. Un autre marché lun mat en été, à Port-Guillaume.*

Où dormir ? Où manger ?

Camping

Camping du Golf : *route de Lisieux. ☎ 02-31-24-73-09. • info@campingdugolf.com • campingdugolf.com • À 2 km de Dives-sur-Mer, en suivant la route de Lisieux (mieux vaut être motorisé), puis par une petite route tte boisée. Ouv avr-sept. Compter 13,80-17 € pour 2 avec tente et voiture ; hébergement locatif 199-669 €/sem. 155 empl.* Perdu dans un joli coin de nature, un camping où l'on est un peu les uns sur les autres, mais soigneusement entretenu, fleuri et verdoyant. Bonnes informations sur la région également. Loue des cabanes, des mobile homes et même des tipis. Grande aire de jeux gonflable.

De bon marché à prix moyens

La Casalinga da Antonio : *64, rue du Général-de-Gaulle. ☎ 02-31-93-11-62. Au bord de la grande route qui traverse Dives. Tlj sf lun. Carte env 26 €.* Une façade bleue, une enseigne jaune et une salle qui ne paie pas de mine, mais l'important est dans l'assiette ! Ledit Antonio, originaire de Sardaigne, vous propose une vraie cuisine de son pays, avec ici et là une petite louche de crème fraîche pour respecter les habitudes locales ! Que ce soit les *antipasti,* les pâtes ou les pizzas, tout est préparé maison, à l'instant... et délicieux ! En plus, on ne lésine pas sur les portions, ni sur la gentillesse côté service.

Chez Le Bougnat : *27, rue Gaston-Manneville. ☎ 02-31-91-06-13. • lebougnatdives@gmail.com • Dans le centre. Avr-sept, tlj midi et soir ; le reste de l'année, fermé le soir (sf jeu-sam et j. fériés) hors vac scol zone C. Menus déj en sem 17,50 €, puis 28,50 € ; carte 20-35€.* Pas un bibelot n'a bougé depuis des années dans cet invraisemblable bric-à-brac qui occupe les 2 étages de cette ancienne quincaillerie. Cuisine solidement ancrée dans la tradition. Les viandes du Bougnat (pot-au-feu, rognons ou tête de veau) valent le détour. Pour ceux que la viande ne tente pas, la maison propose aussi le poisson du jour.

Où acheter de bons produits ?

La Cave de l'Abbaye : *2, pl. de la République. ☎ 02-31-28-04-37. • caveabbaye.com • Juste à côté des vieilles halles. Pâques-déc, mar-sam 10h-12h30, 15h-19h, et dim mat ; janv-Pâques, fermé dim-mar.* Dans les sous-sols de l'ancienne lieutenance, vente et dégustation de calvados du pays d'Auge et toutes les explications sur la fabrication du calvados et du pommeau.

À voir

Le village d'art Guillaume-le-Conquérant : *entre la rue d'Hastings et celle de la Baronnie, à deux pas des halles.* Une enfilade de petits commerces, restos, boutiques d'antiquités et d'artisanat, à l'atmosphère médiévale tout à fait plaisante. Les bâtiments, restaurés dans le plus pur style normand, donnent sur quatre cours intérieures, dont une (ravissante) de style Louis XIV. Nombreuses sculptures et quelques façades anciennes admirablement décorées : poutres sculptées, galerie en brique, petit clocher, fenêtres ouvragées, pots de fleurs, grilles en fer forgé, etc. Dans une cour, monumentale *table d'Apollon* en granit.

L'église Notre-Dame : *rue Hélène-Boucher. Remonter la rue Gaston-Manneville depuis la rue principale (Général-de-Gaulle).* Admirable édifice datant du XIe s. Dans un croisillon, on découvre le Christ Saint-Sauveur (du XVIIe s), reproduction (l'original ayant été brûlé par les protestants) d'une statue trouvée dans la mer au XIe s. Placé dans une chapelle, ce christ attira très vite un nombre considérable de pèlerins et il fallut, pour les accueillir, construire cette église (grâce aux dons de Guillaume le Conquérant). Détruite, elle fut reconstruite au XVe s. Elle abrite toujours, gravée à l'intérieur au-dessus de l'entrée sur 24 m, la liste des principaux participants à son expédition. Le style gothique flamboyant domine. À l'intérieur, on est frappé par la lumière émanant des vitraux, d'une grande finesse. Un escalier de pierre mène à une galerie d'où l'on a un bel aperçu de la nef. Dans le mur de la première travée du chœur, le « trou aux lépreux », creusé au XIVe s pour leur permettre de suivre les offices de l'extérieur sans contaminer les autres fidèles ! Riche mobilier : tableaux, Vierge polychrome, lutrin en bois doré du XVIIIe s.

Les halles : *en sortant de l'église, reprendre la rue Gaston-Manneville puis la rue Paul-Canta.* Impressionnantes par les dimensions de leur toiture et leur superbe charpente. Construites aux XIVe et XVe s, elles sont encore utilisées aujourd'hui. Elles ont conservé des stands de bois usé et quelques vieilles enseignes en fer forgé : cochon, cheval, coq... Ne pas manquer le marché du samedi.

Fêtes et manifestation

- **Festival de la marionnette :** *mi-juil.* Plus d'une vingtaine de spectacles présentés pendant 1 semaine.
- **Fêtes de Guillaume :** *août.* Manifestations médiévales.

HOULGATE (14510) 2 100 hab. *Carte Calvados, C1*

Séduisante station construite à la fin du XIXe s le long d'une plage de sable fin. Coincée entre l'estuaire de la Dives et les falaises des Vaches-Noires, la petite ville a échappé à la « défiguration » immobilière. Elle conserve l'un des plus beaux échantillons de villas de toute la côte normande, ainsi qu'une très belle plage. Sur le front de mer autant qu'aux flancs des collines voisines, ce ne sont que chalets fantaisistes, manoirs de la fin du XIXe s et hôtels somptueux, témoins du passé prestigieux d'Houlgate, du temps où banquiers et têtes couronnées venaient y prendre l'air. Napoléon III, Debussy, Saint-Saëns, Sacha Guitry et toute l'aristocratie européenne visitèrent ou séjournèrent à Houlgate. Zola s'y promenait en fiacre et Proust allait y acheter ses fleurs ! Depuis cette grande époque, Houlgate s'est transformée en station plus modeste, qui s'assoupit lourdement hors saison. Elle garde néanmoins un charme indéniable.

Adresses et info utiles

Office de tourisme : *10, bd des Belges.* ☎ *02-31-24-34-79. • houlgate-tourisme.fr • À côté de la mairie. Mai-sept et vac scol Pâques et Toussaint, tlj 10h-13h, 14h-18h (18h30 juil-août) ; vac scol fév et Noël, lun-sam ;*

oct-avr, lun-sam 9h30-13h, 14h-17h30. Pendant les vacances scolaires, propose des visites guidées pour les familles et des rallyes découverte de la ville, ainsi que des promenades commentées *(1h30 ; résa indispensable ; env 5 €/adulte ; réduc ; pour les visites famille, 5 €/adulte, réduc, gratuit moins de 12 ans).*

Gare SNCF : *av. de la Gare. ☎ 0-800-100-244.* La gare accueillant aujourd'hui des expos, les billets se prennent dans le train ou à la gare de Dives-sur-Mer (voir « Adresses et info utiles » à Dives).

– **Marché :** *sous les halles, les jeu, sam et dim mat tte l'année ; tlj pdt vac scol.*

Où dormir ?

Houlgate abrite avant tout des villas familiales transmises de génération en génération, ce qui peut expliquer le choix relativement maigre d'hébergements. N'hésitez pas à vous éloigner un peu dans la campagne ou dans les villes voisines, somme toute très proches.

Campings

Camping de la Plage : *59, rue Henri-Dobert. ☎ 02-31-28-73-07. • campingplagehoulgate@orange.fr • camping-houlgate.com • Ouv avr-début nov. Selon saison, compter 12-15,50 € pour 2 avec tente et voiture ; hébergements locatifs 161-690 €/sem. 67 empl.* Camping avec vue et accès direct à la plage. Autre avantage : pour les non-motorisés, il est carrément en ville (mais quand même dans la nature), avec tous les services à portée de pieds. Certains emplacements sont destinés aux tentes (des terrasses leur sont réservées), tandis que le front de mer est occupé par les camping-cars. Équipement et espace limités, mais sanitaires en bon état (douches payantes). Location de chalets et de mobile homes, avec terrasse et vue sur la mer ; plus original, la location de tipis et de roulottes. Au fond du camping, belle vue sur les falaises des Vaches-Noires.

Yellow Village Camping de la Vallée : *88, route de la Vallée. ☎ 02-31-24-40-69. • camping.lavallee@wanadoo.fr • campinglavallee.com • Derrière le CREPS. Ouv avr-nov. Selon saison, compter 18-46 € pour 2 avec tente et voiture ; mobile homes et bungalows 273-1 673 €/sem. 353 empl.* Dans un très beau site verdoyant, entouré des collines boisées de la ville, ce grand camping ressemble trop à un minivillage pour nous séduire totalement (même avec des maisons à colombages !), mais tout y est nickel et bien organisé. Piscine.

De chic à plus chic

Hôtel La Maison d'Émilie : *25, av. des Alliés. ☎ 02-31-57-24-15. • lamaisondemilie@yahoo.fr • lamaisondemilie.net • Dans une rue perpendiculaire à la rue principale. À 100 m de la plage. Doubles 79-130 € selon confort et saison ; familiale 4 pers 160-200 €. Parking offert sur présentation de ce guide.* Dans l'escalier en bois de cette pittoresque villa balnéaire de 1880, on s'attendrait presque à croiser des messieurs à moustaches en maillot de bain rayé. Le salon est lui aussi resté dans son jus avec ses boiseries et une belle curiosité : sa tapisserie peinte d'origine. Les chambres, en revanche, ont subi une complète transformation. Confort d'aujourd'hui et meubles d'hier, elles s'avèrent aussi charmantes que l'accueil.

Hôtel Villa Les Bains : *31, rue des Bains. ☎ 02-31-24-80-40. • info@hotelhoulgate.fr • hotelhoulgate.fr • Dans la rue principale. Doubles 98-135 € selon taille et saison ; petit déj 12 €.* Bien bel établissement dans une maison de ville classique, réhabilitée avec intelligence. Atmosphère zen, presque moderne, bien dans les tons du moment (taupe et gris avec des touches orange pour les luminaires, des petits aquariums à la réception). On retrouve ce charme tranquille dans les chambres, pas immenses mais très bien équipées. Au choix, dans la bâtisse principale (avec vue sur rue pour le 1er étage, sur mer pour les suivants) ou à l'arrière, dans la courette. Toutes possèdent le même confort. Bout de terrasse sur rue. Accueil très agréable.

Où manger ?

De bon marché à prix moyens

Le Royalty : *2, rue des Bains. ☎ 02-31-28-09-15. Avr-sept et vac scol, tlj tte la journée ; hors saison, fermé mer-jeu. Congés : 10 j. en mars et 2 sem fin nov. Menus déj en sem 16,50-25 €. Digestif offert sur présentation de ce guide.* Une brasserie qui fait du bon boulot : carte variée et bien équilibrée, qualité régulière, cadre agréable, bonne atmosphère et tarifs abordables. Que demander de plus ?

L'Éden : *7, rue Henri-Fouchard. ☎ 02-31-24-84-37. • nicolas-tougard@wanadoo.fr • Dans une petite rue parallèle à la rue principale. Tlj sf lun (plus mar hors saison). Congés : janv et 1re sem d'oct. Formule en sem 25 € ; menus 32-42 € ; carte env 60 €. Digestif offert sur présentation de ce guide.* Une bonne adresse discrètement installée dans une petite rue. Une salle plutôt cossue et un patio fermé, plus décontracté. Produits (de la mer, en général) d'une éclatante fraîcheur, travaillés avec sérieux et joliment présentés. Service très stylé (mais pas toujours pressé...).

LE CALVADOS

À voir

La plage : belle étendue de sable, longée par la promenade Roland-Garros. Au bout, le croquignolet casino. Derrière, l'ancien *Grand Hôtel,* construit en 1859 et considéré comme le premier palace de la côte. Transformé en résidence, il conserve son architecture particulière, de brique et de pierre, qui évoquerait presque un château (grande tourelle en rotonde).

Les villas : l'un des attraits essentiels de la station. Même si les villas furent construites au cours d'une courte période (de 1860 à 1914), les styles diffèrent suffisamment pour satisfaire tous les goûts. Houlgate compte près de 300 villas dignes d'intérêt. On peut notamment s'offrir une courte balade le long de la rue Henri-Dobert (parallèle à la plage) pour découvrir, au nº 26, le bel ensemble des villas dites « américaines » *(Tacoma, Juniata Minnehama, Merrimac, Columbia)* et, juste en face, aux nos 15 et 13, les curieuses villas jumelles *Sirènes* et *Courlis*... Tout en haut de l'avenue du Sporting, juste à côté du lui aussi très rétro club de tennis (fondé en 1906), on trouve, au nº 32, la superbe *villa Le Castel,* à colombages et tourelles. Un peu plus loin, route de la Vallée, ne pas manquer le *manoir Beuzeval* ou la haute *villa Madeleine,* noyée dans le lierre, et le fabuleux *moulin Landry* (un peu planqué le long de l'adorable et déjà campagnard chemin de la Cascade), ancien moulin agrandi en 1850, puis en 1890 pour devenir une résidence... Circuit découverte disponible à l'office de tourisme.

ÉCLECTIQUE

Durant la seconde partie du XIXe s, à l'heure où l'architecture était peu imaginative, les bourgeois qui désiraient se faire édifier des demeures en bord de mer, fiers d'afficher leur nouvelle richesse, puisèrent dans des styles variés : cottages anglais, manoirs gothiques, châteaux rococo, chalets suisses, palais médiévaux, maisons mauresques... À cette variété architecturale, on finit par trouver un nom : le style éclectique ! Manière pudique de qualifier un style... très mélangé !

Beau panorama : en partant de la rue des Bains, vers Dives, prendre à gauche la rue de Neufville puis à droite celle de Caumont jusqu'à l'avenue Foucher-de-Careil et continuer. Le château est privé, mais la butte offre une vue splendide.

Manifestations

– ***Plein Vent :*** *au printemps. Gratuit.* Festival d'activités liées au vent : cerf-volant, kitesurf, char à cerf-volant, parapente, etc. Démonstration et initiation.
– ***Les Kiosqueries estivales :*** *début juil-fin août.* Une série de concerts gratuits le vendredi, proposés au kiosque à musique, dans le parc de loisirs, près de la gare. Styles de musique très variables.
– ***L'Été musical :*** *juil-août.* Concerts payants à l'église Saint-Aubin.
– ***FestiJazz :*** *août.* Concerts gratuits de jazz New Orleans un peu partout dans la ville.
– ***Festival du film européen :*** *5 j. en oct.* Projections (payantes) au cinéma et au casino d'une sélection de films européens en avant-première. Également une programmation enfants.

VILLERS-SUR-MER

(14640) 2 680 hab. *Carte Calvados, C1*

Agréable station balnéaire regorgeant de monde en été, qui se distingue par son immense plage, longée sur près de 2 km par une digue-promenade. Son joli petit centre, tout fleuri aux beaux jours, abrite de nombreuses villas balnéaires, belles et d'une autre époque. Il a eu la chance d'être en grande partie épargné par les promoteurs qui se sont déchaînés, mais concentrés, dans la partie est de la ville (celle que l'on nomme « Villers 2000 »). Le méridien de Greenwich traverse la ville au niveau de la borne se trouvant sur la digue. Les marcheurs se promèneront avec plaisir sur la plage à marée basse le long des étonnantes falaises des Vaches-Noires, autour de l'île aux oiseaux au marais de Villers ou encore sur le chemin du moulin, au bord d'un ruisseau enchanteur...

Adresses et info utiles

Office de tourisme : *pl. Jean-Mermoz, face à la plage. ☎ 02-31-87-01-18. • villers-sur-mer.fr • Tlj 9h30-12h30, 14h-18h (9h-19h juil-août ; 17h nov-fév) ; fermé dim ap-m en janv et de mi-nov à mi-déc. (payant).* Brochure complète sur la station et calendrier annuel des manifestations. Propose des visites guidées. Fait aussi boutique.

Location de vélos : ***La Villersoise,*** *av. Jean-Moulin (à côté du Paléospace). ☎ 02-31-81-91-11.*

– ***Marché :*** *pl. du Marché, tlj en saison, mar et ven mat hors saison.*

Où dormir ? Où manger ?

Camping

Camping Le Bellevue : *route de Dives. ☎ 02-31-87-05-21. • camping-bellevue@wanadoo.fr • camping-bellevue.com • À 1,5 km du centre-ville, sur les hauteurs de Villers, vers Houlgate. Ouv avr-oct. Selon saison, compter 19-26 € pour 2 avec tente et voiture ; mobile homes*

280-760 €/sem. 257 empl. Camping propre et bien équipé. Le terrain, un peu vallonné, légèrement envahi par les mobile homes, baigne dans la verdure et laisse à chaque emplacement son espace vital privé. Piscine.

Chambres d'hôtes

Chambres d'hôtes Les Champs Rabats : *route de Beaumont. ☎ 02-31-87-10-47. • contact@fermeleschampsrabats.com • fermeleschampsrabats.com • À la sortie de Villers par la D 118, direction Pont-l'Évêque (suivre le fléchage « Simar »). Doubles 65-70 € ; familiale 3 pers 90 €.* Dans une charmante ferme en activité, 4 belles chambres, dont certaines familiales. Toutes portent des noms d'oiseaux : « Mésange », « Rossignol »... Literie bien confortable et jolis meubles. Dans la salle à manger, la baie vitrée permet de contempler la mer et Villers de haut. Accueil très gentil. Une sympathique adresse bien au calme.

Chambres d'hôtes Villa Le Montivert : *chemin du Château. ☎ 02-31-87-14-84. 06-87-22-58-73. • edith.bidard@gmail.com • lemontivert.com • Sur les hauteurs de Villers (suivre la direction Lisieux par la D 27) ; fléché sur la gauche après être passé sous le petit pont. Doubles 110-130 € ; 30 €/pers supplémentaire.* Une haute gentilhommière de caractère, dotée d'une généreuse pelouse sur le devant. 5 chambres, chacune portant le nom d'une des grands-mères de la famille. L'une d'elles possède une jolie vue sur la mer, au loin. Toutes sont peintes de couleurs douces et chaudes, et meublées à l'ancienne. Petit déj bio-nature avec les produits du jardin et de la basse-cour, crêpes et pain maison. Calme total évidemment, et accueil tout en douceur.

Bon marché

La Terrasse du Marais : *av. Jean-Moulin. ☎ 02-31-81-77-56. À côté du Paléospace. Ouv mar-dim midi. Congés : 3 sem en janv. Formules et menus 20-30 €. Digestif offert sur présentation de ce guide.* Comme son nom l'indique, ce resto possède une jolie terrasse donnant sur un lac où se promènent des cygnes (et des moustiques aussi, parfois, malheureusement !). Bonne cuisine soignée, pleine de fraîcheur et servie, pour ne rien gâcher, avec le sourire.

De prix moyens à plus chic

Hôtel des Falaises : *15, rue du Maréchal-Foch. ☎ 02-31-88-15-15. • info@hoteldesfalaises.com • hoteldesfalaises.com • Congés : janv. Doubles 62-75 € selon confort et saison ; familiales 81-102 €. Réduc de 10 % sur le prix de la chambre sur présentation de ce guide.* Un adorable petit hôtel dans le centre (mais sans vue sur la mer) qui a conservé, malgré une rénovation réussie, son charme rétro. Une dizaine de chambres mignonnes, fraîches et pimpantes, tout comme l'accueil. Un bon rapport qualité-prix en toute saison.

Hôtel et salon de thé Outre-Mer : *1, rue du Maréchal-Leclerc. ☎ 02-31-87-04-64. • resa@hoteloutremer.com • hoteloutremer.com • Face à la mer et à deux pas du centre-ville. Salon de thé tlj pdt vac scol zone C, slt sam sinon. Doubles 79-189 € selon confort, vue et saison ; suites et familiales 158-219 € ; petit déj de qualité 14 €. Parking privé gratuit. (dans les espaces communs).* Dès l'entrée, on tombe sous le charme des couleurs acidulées (rose, vert...) et des éléments de décoration savamment choisis et agencés (fauteuils en osier, guirlandes...). Le rêve en couleurs se poursuit dans les chambres, toutes différentes et toutes réussies ! Certaines d'entre elles ont même une terrasse avec vue sur la mer.

Où boire un verre ?

Hurricane Bar : *22, rue du Maréchal-Foch. ☎ 006-60-03-54-56. En saison et vac scol, tlj sf jeu, de la fin de matinée (ou début d'ap-m) jusqu'à* *minuit-2h en fonction de l'affluence ; hors saison, slt le w-e.* Un lieu coloré et bohème, décoré façon bric-à-brac et tenu par une équipe sympa comme tout. Service à l'arrache, mais on s'en fiche, on s'y sent bien. S'il fait beau, on se met en terrasse ; sinon, on peut profiter des dizaines de jeux mis à la disposition des clients. Bières de toutes provenances et plein de cocktails de fruits. Conférences et apéros-concerts réguliers.

À voir

L'église Saint-Martin : *dans le centre de Villers.* Imposante construction au clocher néogothique. À l'intérieur, ne pas manquer les très beaux vitraux du XIXe s. En contrebas, presbytère à pans de bois du XVIIIe s.

Voir aussi les ***belles villas d'architecture balnéaire*** sur le front de mer, les petites rues en pente et autres volées de marches, ou encore les hauteurs boisées de Villers. La villa *Durenne* (1854), la plus ancienne de Villers, abrite l'office de tourisme. Le cœur de bourg a lui aussi conservé son charme d'antan avec ses anciens bains publics typiquement Art nouveau, ses voies piétonnes et son marché.

Les falaises des Vaches-Noires : *accès par la plage de Villers à marée basse.* Étonnantes falaises de craie et de marnes grises d'une centaine de mètres de haut, qui s'achèvent en chaos dans la mer. Le nom provient de l'aspect des blocs de calcaire tombés dans l'eau puis recouverts par les algues, et qui ressemblent, avec beaucoup d'imagination, à un troupeau de bovidés. Ces falaises datent de 90 à 155 millions d'années et recèlent un gisement de fossiles de renommée mondiale dont on peut admirer quelques beaux spécimens au Paléospace L'Odyssée.

Le marais de Villers : marais littoral de 110 ha qui constitue le seul espace vert naturel de la Côte fleurie. Marais d'eau douce alimenté par les cours d'eau qui abrite une faune et une flore diversifiées et sauvegardées. Chemins aménagés, aires de jeux, ferme pédagogique...

Le Paléospace L'Odyssée : *av. Jean-Moulin. ☎ 02-31-81-77-60. • paleospace-villers.fr • Au cœur du marais, à la sortie de la ville, direction Deauville. Juil-août, tlj 10h-19h ; mai-juin, tlj 10h-18h ; fév-avr et sept-oct, mer-dim 10h-18h ; nov-déc, w-e et tlj pdt vac scol. Fermé en janv. Entrée : 7,90 € ; réduc ; 6,90 € pour un adulte et 4,70 € pour un enfant sur présentation de ce guide ; gratuit moins de 3 ans. Visites libres, avec audioguide ou guidées (appeler pour les horaires ; 3 € en plus). Ateliers pour enfants organisés régulièrement pdt les vac scol.*
Dans un bâtiment tout en légèreté et transparence, moderne et particulièrement lumineux, voici non pas un musée, mais plutôt un espace de compréhension, interactif et original, en lien étroit avec la nature ! Quatre espaces sont proposés.
– La ***partie paléontologique*** présente des fossiles issus des falaises des Vaches-Noires. En effet, c'est ici, sur les flancs de ces falaises, que furent trouvés, il y a plus de deux siècles, des fossiles du jurassique et du crétacé. Coupes de terrain, explications sur les marqueurs stratigraphiques, nombreuses reconstitutions de squelettes suspendus de crocodiles et de prédateurs du jurassique. Celui de l'ichthyosaure est d'une grande rareté (noter ces yeux gigantesques). Nombreuses expériences interactives.
– ***Le temps mesuré et le méridien de Greenwich*** constituent le deuxième temps fort du Paléospace : une méridienne, qui passe par le plafond du Paléospace, indique 12h au sol lorsque le soleil est au plus haut, grâce à un ingénieux mécanisme. Dans les vitrines, collection d'instruments de mesure marine (fin XVIIIe et XIXe s) : beaux sextants, globe céleste, bâton de Jacob, longue-vue, horloge atomique qui donna l'heure mondiale dans les années 1980.
– La troisième partie est consacrée aux ***temps des hommes et des marais.*** Présentation et jeux interactifs pour observer le temps de la nature et le façonnement de la nature par l'homme. Une salle d'expositions temporaires complète intelligemment les collections présentées.

– La quatrième partie est réservée aux ***dinosaures de Normandie,*** première région de France où furent découverts des dinosaures. Petit topo (avec une reproduction du squelette de la bête) sur le *Rhamphocephalus bucklandi,* soit un ptérosaure... comment, vous ne savez pas ce qu'est un ptérosaure ? C'est un reptile volant, ni dinosaure ni oiseau (puisqu'il n'est même pas l'ancêtre de ces derniers). Présentation également du *Streptospondylus,* le premier dinosaure à avoir été découvert aux Vaches-Noires.
Par ailleurs, et toujours en complément de la visite, possibilité de faire une balade dans les marais, sur les sentiers aménagés juste derrière le Paléospace. Balades guidées possibles, ludiques et pédagogiques, avec jumelles et épuisette.

Fête et manifestations

– ***Festival Sable Show :*** *mar et ven à 21h en juil-août.* Musiques actuelles en plein air, face à la mer.
– ***Festival des Nouveaux Talents et Invités :*** *1 petite sem en août.* Concerts quotidiens de musique de chambre par de jeunes musiciens, lauréats de prix du Conservatoire national de Paris ou de concours internationaux.
– ***Fête de la Coquille Saint-Jacques :*** *dernier w-e d'oct.* Fête gastronomique autour de la coquille Saint-Jacques et des fruits de mer. Animations, concerts, marché de produits gastronomiques, etc.

DEAUVILLE (14800) 3 820 hab. *Carte Calvados, C1*

• Plan *p. 269*

La station balnéaire chic par excellence, fréquentée depuis ses débuts (sous le Second Empire) par un nombre impressionnant d'artistes et de vedettes. Deauville fut immortalisée au cinéma par Lelouch dans *Un homme et une femme* (tchabada-bada...). Les causes de son succès ? Sa magnifique plage de sable fin, longue de 2 km, bordée par les célèbres Planches, mais aussi son casino royal, ses palaces, ses villas et son champ de courses. Certains se damneraient pour passer un week-end au *Normandy,* assister aux galas et flamber le reste au casino. Mais il y a aussi ceux que son seul nom agace...

UN PEU D'HISTOIRE

La station naît en 1860 seulement, à l'emplacement de marais en contrebas d'un petit village fermier. À la tête de l'opération, un triumvirat de promoteurs visionnaires, parmi lesquels un certain duc de Morny, demi-frère de Napoléon III et petit-fils de Talleyrand. On assèche les marais et on construit l'hippodrome de la Touques. Vite lancée, Deauville commence à décliner en même temps que le

LA CHANCE TOURNE

Un soir d'août 1930, André Citroën, poursuivi par une chance insolente au casino de Deauville, se retrouva en 1h avec une centaine de plaques de 100 000 F devant lui. Du coup, il offrit une 10-CV aux chefs de parties, une 5-CV aux croupiers, et distribua généreusement ses gains aux clochards, aux religieuses et, pour finir, aux filles du quartier de la gare. Puis il se mit à jouer de manière inconsidérée. Un jour de folie, il engagea même ses usines comme mise, toujours avec le sourire... Il perdit tout.

DEAUVILLE

Adresses utiles

- Office de tourisme
- 1 Cycles Lucas
- 2 Cycles Jamme

Où dormir ?

- 10 Hôtel Les Sports
- 11 Hôtel Le Chantilly
- 12 Le Patio
- 13 Hôtel du Polo
- 14 Hôtel de la Côte Fleurie

Où manger ?

- 20 Le Drakkar
- 21 Le Comptoir et la Table
- 23 La Péniche
- 24 L'Essentiel

Où déguster une glace ?

- 30 Martine Lambert

Où boire un verre ? Où écouter de la musique ?

- 31 Brok Café

Second Empire... et que la mer, qui recule de plusieurs centaines de mètres, laissant un vaste banc de sable !

La station renaît au début du XXe s, avec l'apparition d'un casino et de deux immenses hôtels de luxe, le *Normandy* et le *Royal.* Pendant la Première Guerre mondiale, ces hôtels, réquisitionnés par l'armée, servent d'hôpitaux. Après une seconde période de déclin, Deauville explose pendant les Années folles.

On imagine mal le succès de cette station dans les années 1920. Tous les continents se donnent rendez-vous sur la côte normande. Princes slaves, rajahs indiens, rois de l'industrie américaine, sportifs de tout poil, stars de cinéma, don Juan d'opérette, gigolos, artistes et joueurs invétérés s'y retrouvent. Le jeu fait renaître la ville, car tout ce petit monde se retrouve autour des tables du casino.

UNIVERS IMPITOYABLE

En règle générale, les croupiers de casinos ont les poches cousues. Ils n'ont pas le droit de rester dans la salle s'ils ne travaillent pas. Enfin, un micro vérifie leurs conversations avec les clients.

Les Planches, véritables Champs-Élysées normands, sont construites en 1923. En 1931, l'aéroport donne à la ville le statut de station internationale, complété par l'extension du port de plaisance. Depuis, malgré des périodes de crise financière, Deauville n'a cessé d'attirer les grands de ce monde. On y vit défiler, entre autres : la Bégum, le roi Farouk, le shah d'Iran, l'Aga Khan, Elizabeth II et Churchill, les peintres impressionnistes (Boudin, Dufy, etc.), les photographes Jacques-Henri Lartigue et les frères Séeberger, Flaubert, Colette et Apollinaire. L'écrivain Françoise Sagan, qui aimait tant Deauville, son casino, sa plage et ses chevaux, était de ceux qui en parlaient aussi très bien. Depuis 1975, avec le Festival du cinéma américain, les stars du septième art, à leur tour, font revivre Deauville : Robert De Niro, Elizabeth Taylor, Kirk Douglas, Clint Eastwood, Steven Spielberg, Roger Moore, Harrison Ford, George Clooney, Keanu Reeves, Orlando Bloom, Jessica Chastain...

Adresses et infos utiles

Office de tourisme (plan A2) **:** *112, rue Victor-Hugo, pl. de la Mairie (fin 2017, l'office de tourisme déménage sur le quai de l'Impératrice-Eugénie). ☎ 02-31-14-40-00. • deauville.fr • Tlj sf 1er janv et 25 déc : juil-début sept, lun-sam 9h-19h, dim et j. fériés 10h-18h ; le reste de l'année, lun-sam 10h-18h, dim et j. fériés 10h-13h, 14h-17h.* En saison, propose des visites de la ville, ainsi que des visites thématiques *(5 €/pers).*

Gare de Deauville-Trouville et gare routière (plan B2) **:** *☎ 36-35 (0,34 €/mn).* Jolie petite gare d'un autre temps, avec ses colombages. Consigne pour quelques sacs à dos.

Taxis : *Central Taxis,* *☎ 02-31-87-11-11.* ***AAABN Taxis Jérôme,*** *06-07-84-29-30.*

Location de vélos : *Cycles Lucas* *(plan B2, **1**), 92, av. de la République. ☎ 02-31-88-53-55.* ***Cycles Jamme*** *(plan B2, **2**), 11 bis, av. de la République. ☎ 02-31-88-40-22. Dans ces 2 boutiques, compter 18 €/j. et env 50 €/sem.*

– ***Marchés*** (plan B2) **:** *pl. Morny. Tlj en juil-août ; mar et ven-sam hors saison, ainsi que dim mai-oct.* Les beaux produits de la région, avec, en retrait, le marché aux poissons (derrière le passage).

Où dormir ?

De prix moyens à chic

Le Patio *(plan A2, **12**)* **:** *180, av. de la République. ☎ 02-31-88-25-07. • contact@hotel-lepatio.fr • hotel-lepatio.fr • Congés : 6-22 janv. Doubles 67-93 € selon confort et saison.* Hôtel confortable et coquet installé dans une grande bâtisse blanche dont le patio fleuri et ombragé dispense une fraîcheur agréable. Le tarif des chambres varie selon leur taille et leur situation (patio ou pas patio, là est la question). Les moins chères, même si elles sont étroites, n'en restent pas moins douillettes, et leur déco fraîche et lumineuse. Le tout à des tarifs relativement doux pour la ville.

Hôtel de la Côte Fleurie *(plan*

B2, **14**) : *55, av. de la République. ☎ 02-31-98-47-47. • info@hoteldelacotefleurie.com • hoteldelacotefleurie.com • Congés : janv. Doubles 67-95 € selon saison ; 3-4 pers 92-139 €. Un petit déj/chambre et par nuit offert sur présentation de ce guide.* Dans une jolie maison, de belles chambres très claires, accueillantes et à la déco personnalisée. Délicieuse courette, fleurie aux beaux jours, où vous pourrez vous prélasser au calme et sur laquelle donne une grande chambre double, un peu plus chère que les autres mais exquise. Une excellente adresse où l'on se sent plus à la maison qu'à l'hôtel.

Hôtel Les Sports (plan B2, **10**) : *27, rue Gambetta. ☎ 02-31-88-22-67. Double 69 €. Formule déj en sem 13,20 € ; carte env 12-15 €.* Une poignée de chambres seulement au-dessus de ce sympathique café populaire. Côté déco, difficile de faire plus sobre (lino gris, murs blancs), mais au moins c'est net, plutôt confortable, et l'accueil y est avenant.

Hôtel du Polo (plan B2, **13**) : *33, bd Mauger. ☎ 02-31-98-16-02. • hotelpolo@free.fr • deauville-hotel-du-polo.com • Doubles 62-90 € selon confort et saison.* Assez loin de la mer mais dans un quartier tranquille. Petit hôtel gentiment tenu par un couple sympathique et accueillant. Quelques chambres (celles de plain-pied dans la courette, par exemple) s'avèrent même plutôt agréables. Ambiance très familiale.

Hôtel Le Chantilly (plan A-B2, **11**) : *120, av. de la République. ☎ 02-31-88-79-75. • hchantilly@orange.fr • hotel-deauville-le-chantilly.fr • Doubles 69-89 € selon saison. Café offert sur présentation de ce guide.* Si la réception est assez sombre, les chambres sont plus pimpantes et d'un honorable confort (certaines en annexe). Un peu de bruit à prévoir, toutefois, côté rue.

LE CALVADOS

Où dormir dans les environs ?

Résidence Prestige Odalys La Ferme de Deauville : *D 27, 14800 Saint-Arnoult. ☎ 02-31-49-18-69. • lafermedeauville@odalys-vacances.com • À 3 km au sud de Deauville. À partir de 70 € la nuit le 2-pièces 4-5 pers (linge de lit et de toilette fournis, lits faits à l'arrivée et ménage quotidien).* À deux pas du golf et de l'hippodrome, cette jolie résidence de 59 appartements jouxte Deauville. Sur place, piscine couverte chauffée où il fait bon piquer une tête après une journée de visite sur les plages du Débarquement, dans le pays d'Auge ou le long de la Côte Fleurie.

Où manger ?

Ici, la bonne cuisine ne manque pas, mais la cuisine bon marché se fait discrète. Heureusement, Trouville est toute proche et permet de se rassasier à des prix un peu plus raisonnables.

De prix moyens à chic

Le Comptoir et la Table (plan B1, **21**) : *1, quai de la Marine. ☎ 02-31-88-92-51. Tlj sf mer hors saison. Congés : en nov. En sem, formule 15 € et menu 20 € ; le soir sf sam, menu 30 € ; carte env 50 €. Digestif maison offert sur présentation de ce guide.* On aime bien ce troquet de marins, à l'ambiance populo-chic avec sa terrasse sur le port et ses habitués agglutinés autour du zinc. Cela donne le midi une jolie brasserie, simple et conviviale, ce qui semble une gageure à Deauville. Le soir, le week-end et à la carte, les prix montent singulièrement, mais il faut reconnaître que les portions sont belles, et les produits tout ce qu'il y a de plus noble.

La Péniche (plan A1, **23**) : *bd de la Mer. ☎ 02-31-98-52-75. • piquenetmag@orange.fr • Tlj sf mer et dim soir hors saison. Congés : fin nov-début déc. Formules déj en sem 17,50-22 € ; menus 24-34 €.* En voilà une bonne idée, une péniche ancrée dans le port ! Les baies vitrées offrent une vue agréable, tandis que les assiettes proposent des réalisations classiques et pas mal tournées, que ce soit au rayon salades ou dans la partie poissons. Service pro et rapide.

L'Essentiel (plan B2, **24**) : *29-31, rue Mirabeau. ☎ 02-31-87-22-11. • contact@lessentieldeauville.com • Tlj sf mar-mer hors juil-août. Formules déj en sem 22-30 €, le w-e 30 € ; menu découverte 60 € ; carte 50-55 €.* Un restaurant à la réputation amplement méritée. Très inventive, la cuisine fraîche et de saison combine intelligemment les saveurs asiatiques et normandes. Passé par la case William Ledeuil *(Ze Kitchen Galery)*, le chef a su tirer l'essentiel de cet enseignement pour livrer une partition précise et riche en goûts surprenants. En outre, vous voilà accueilli dans un beau resto entièrement refait à neuf. Que demander de plus ?

Le Drakkar (plan A2, **20**) : *77, rue Eugène-Colas. ☎ 02-31-88-71-24. • central-hotel@wanadoo.fr • Tlj sf 24 déc (au soir) et 25 déc. Formule déj en sem 15,40 € ; menu 30,70 € ; carte env 46 €. Digestif maison (le Pointu) offert sur présentation de ce guide.* Une des brasseries institutionnelles de Deauville. Cadre luxueux et clientèle distinguée. Terrasse chauffée. On vient ici avant tout pour le poisson et les fruits de mer, d'une qualité régulière. Mais cela se paie ! On peut, pour faire au plus juste, se contenter d'une copieuse salade ou d'un petit plat.

Où déguster une glace ?

Martine Lambert (plan A2, **30**) : *76 bis, rue Eugène-Colas. ☎ 02-31-88-94-04. Juil-août, tlj 9h-minuit ; sept, tlj 10h-20h (le w-e 9h-minuit). Hors saison : w-e et vac scol 10h-20h. Congés : janv.* Une cinquantaine de parfums de glaces et de sorbets ! Du plus classique au plus créatif et original. Artisanales, on s'en doute, ces glaces sont élaborées à base de bons produits fermiers, de fruits frais et d'arômes naturels. Mais les prix se chargeront eux aussi de vous rafraîchir et calmeront votre ardeur gourmande !

Où boire un verre ? Où écouter de la musique ? Où danser dans le coin ?

Brok Café (plan A2, **31**) : *14, av. du Général-de-Gaulle. ☎ 02-31-81-30-81. Tlj 17h30-2h en été, 18h30-2h hors saison.* Pour la déco, c'est La Havane en Normandie ; dans les verres, c'est caïpirinhas, margaritas et mojitos (dont un au champagne, *so chic !*) en place du pommeau et du calva. Musique latino, bien entendu. Un bar sympathique qui s'anime pas mal le week-end, fréquenté par quelques people et les joueurs de polo de l'hippodrome voisin.

Les Planches : *domaine du Bois-Lauret, 14910* ***Blonville-sur-Mer.*** *06-67-59-72-75. • lesplanches.com • À env 6 km de Deauville, dans l'arrière-pays. Prendre la route de Blonville, tourner à gauche au feu (en bas de la côte) et continuer sur 3 km jusqu'à un carrefour, puis à droite (bien fléché). Navette gratuite sur résa depuis Deauville. Ts les soirs en été et pdt vac scol, slt le w-e hors saison, 23h-7h. Entrée : à partir de 18 € (avec une conso) selon notoriété des DJs invités.* Discothèque archiconnue de la jeunesse dorée parisienne branchée. Bâtiment immense avec piscine chauffée et jacuzzi. La clientèle débarque rarement avant minuit. Un monde fou le week-end. Ambiance house et techno. Le propriétaire possède aussi la discothèque ***Le Point Bar,*** dans le centre-ville de Deauville *(94, av. de la République)*, laquelle s'adresse à une population un peu plus âgée mais toujours branchée.

À voir

La plage *(plan A1)* **:** l'une des plus belles de Normandie. Les parasols multicolores ajoutent une touche photogénique, au point d'être devenus le symbole de la station. ***Les Planches,*** autre symbole marquant, longent la plage sur un peu plus de 1 km. On remarque également le patio fleuri des bains publics, le jardin des lais de mer après les Planches *(● deauville.fr/un-jardin-en-bord-de-mer ●),* les superbes ***Bains pompéiens,*** etc.

À LA MODE D'HOLLYWOOD

Pastichant Los Angeles, pour remercier les stars hollywoodiennes d'être venues lors du Festival du cinéma américain, Deauville choisit d'inscrire leurs noms sur les cabines de bains situées le long des Planches. Bette Davis, Liz Taylor, Rock Hudson, Clint Eastwood et Kirk Douglas ont déjà été mis à l'honneur. Chez les plus jeunes, Jessica Chastain, Cate Blanchett et Matt Damon.

L'hôtel de ville *(plan A2)* **:** *20, rue Robert-Fossorier, au croisement des rues Eugène-Colas et Victor-Hugo.* Sur une ravissante placette fleurie, décorée de pommiers. Charmant bâtiment normand à tourelle, aux colombages sertis de briquettes.

Le casino *(plan A2)* **:** *bd Eugène-Cornuché.* Immense et luxueuse bâtisse de style Louis XV, bâtie à partir de 1912. Il fut inauguré par les Ballets russes, Nijinsky et Chaliapine, et a vu défiler depuis bien du beau monde. À découvrir de préférence le soir, quand les guirlandes électriques illuminent la façade. Franchement, ça a plus de classe que les casinos américains... Malgré la démocratisation des lieux avec l'arrivée de 360 machines à sous, il arrive encore d'y croiser du monde en smoking et robe de soirée.

Les palaces *(plan A2)* **:** de chaque côté du casino, les deux plus beaux fleurons de la chaîne Lucien-Barrière, à savoir le *Royal Barrière (1913)* et le *Normandy Barrière (1912).* Le premier, somptueux, porte bien son nom. Mais on peut préférer l'architecture du second, plus typique avec ses colombages auxquels une rénovation a redonné leurs couleurs d'origine, soit blanc et vert. Les suites portent des noms mythiques : « Jane Russell », « Robert De Niro », etc.

LE TAUX DE REDISTRIBUTION

Les machines à sous sont programmées pour redistribuer un pourcentage précis (85 % minimum en France). Ce taux est contrôlé par la police des jeux. Intéressant de savoir que certaines machines sont plus généreuses que d'autres, notamment le long des couloirs très fréquentés. Les casinos populaires sont plus généreux que les endroits chic.

Les villas balnéaires : originales ou somptueuses, on en croise à chaque coin de rue ou presque (555 bâtisses ont été recensées, valorisées et protégées), et les découvrir offre aussi l'occasion de croiser les fantômes de tous ceux qui ont fait la légende de Deauville, d'Isadora Duncan à Jean Gabin. Grosse concentration le long du boulevard Eugène-Cornuché *(plan A1-2).* Les plus remarquables : la villa *Griselidis* au n° 7, la villa *Camélia* au n° 11, dans l'esprit chalet, ou sa voisine Art nouveau, *Les Abeilles,* au n° 9 du boulevard Cornuché. À deux pas, la villa *Suzanne* au 2, rue Olliffe (bas-reliefs sur la façade). Au 8, rue Olliffe, la maison à pans de bois, dotée d'un porche, que se fit construire Eugène Boudin. Le grand peintre s'y est éteint en 1898.

La villa Strassburger *(hors plan par A2)* **:** *en retrait de l'av. Strassburger, derrière l'hippodrome. Visite possible sur résa slt (☎ 02-31-88-20-44), juil-août mer-jeu à 15h, sf jour de réception. Entrée : 4,20 € ; réduc ; gratuit moins de 12 ans.* L'une des plus belles villas de Deauville, de style normand et à clochetons. Construite en 1907 pour les Rothschild à l'emplacement d'une ferme qui appartenait à Flaubert, la propriété fut ensuite rachetée en 1924 par un homme de presse américain, Ralph Strassburger, également époux de l'héritière des machines à coudre Singer. Elle fut léguée à la Municipalité, qui en fit un lieu de réception et de visite. On peut découvrir, dans un salon, des œuvres (peintures et sculptures) d'Enrico Campagnola.

Les jetées : bombardées mais reconstruites à l'identique après la guerre, c'était l'un des lieux de prédilection d'Eugène Boudin, qui aimait y peindre, y observer la lumière changeante et le va-et-vient des bateaux. La plus grande, mesurant 550 m, se trouve du côté de Deauville ; la plus petite est à Trouville.

Manifestations

- ***Festival Livres & Musiques :*** *avr-mai.* Célèbre les écrivains inspirés par la musique autour d'un grand thème. Dédicaces, rencontres et concerts bien sûr.
- ***Festival de Pâques :*** *3 sem en avr. • musiqueadeauville.com •* Une douzaine de concerts classiques et baroques.
- ***Jump'In :*** *juin.* Grand concours national de saut d'obstacles.
- ***Courses :*** elles ont fait la célébrité de la station, qui compte deux hippodromes (celui de la Touques et celui de Clairefontaine). La saison commence début juillet pour s'achever en octobre et s'étire même en hiver avec la piste en sable fibré huilé.
- ***Août musical :*** festival de musiques classique et baroque accueillant de jeunes solistes parrainés par les musiciens du Festival de Pâques.
- ***Championnat international de polo :*** *août, sur l'hippodrome de la Touques. • deauvillepoloclub.com •* Toujours intéressant à voir, d'autant que Deauville est la capitale française du polo depuis 1950.
- ***Festival du cinéma américain de Deauville :*** *début sept. • festival-deauville.com • Ouv au public avec des forfaits à la journée ou pour la durée du festival.* Presque inutile de faire les présentations ! Une centaine de films à l'affiche, dont certains en exclusivité mondiale. À la différence de Cannes, tout le monde peut assister aux projections. Beaucoup de monde (et de stars) : dur de trouver une chambre à cette époque-là !
- ***Rallye Paris-Deauville de voitures de collection :*** *début oct, et depuis 1967.* Des De Soto, Talbot, Dodge et autres Bugatti. Une quarantaine d'automobiles, antérieures à 1960, viennent de toute l'Europe exposer leurs rutilantes carrosseries en ville.
- ***Planche(s) Contact :*** *oct-nov.* Rendez-vous autour de la photographie, avec des expos d'artistes renommés.
- ***Grande parade et bain du 1er janvier :*** à seulement quelques heures de fêter le Nouvel An, des milliers de personnes se rassemblent pour la grande parade, un spectacle de rue théâtralisé en grand format. Le lendemain, tout le monde se retrouve sur la plage pour le bain du 1er janvier afin d'encourager les baigneurs.
- ***Concours de dressage et de saut d'obstacles :*** ils ont lieu au Pôle international du cheval, lieu entièrement dédié aux sports équestres et à l'équitation. Des concours pour amateurs et professionnels, dont une dizaine de concours internationaux, y sont organisés régulièrement toute l'année.

TROUVILLE

(14360) 4 800 hab. *Carte Calvados, C1*

• Plan *p. 277*

Indissociable de Deauville, dont elle n'est séparée que par une rivière (la Touques), Trouville a pourtant réussi à se créer une identité bien à elle. Ancien village de pêcheurs devenu lieu de villégiature grâce à sa grande plage de

sable fin, la station connaît un essor remarquable à la fin du XIXᵉ s, bien avant Deauville. On y découvre les premiers bains de mer, les joies (et les méfaits) du casino, les chalets puis les villas... Parallèlement, les artistes viennent y faire trempette ou y trouver l'inspiration. On y voit d'abord Alexandre Dumas, puis Flaubert, suivi des impressionnistes, de Maupassant et de Marguerite Duras. Depuis, de nombreuses personnalités ont fait de Trouville leur résidence privilégiée.
Curieusement, après une longue période de décadence, due essentiellement à la concurrence effrénée de Deauville, Trouville est redevenue à la mode. Le charme de son port de pêche et son petit côté familial font de plus en plus d'adeptes chez une certaine bourgeoisie en quête de simplicité. Parce que Trouville a su, semble-t-il, trouver le fragile équilibre entre tourisme et activités traditionnelles.

Adresses et info utiles

Office de tourisme *(plan B3) : 32, quai F.-Moureaux. ☎ 02-31-14-60-70. • trouvillesurmer.org • Juil-août, lun-sam 9h30-19h, dim et j. fériés 10h-18h ; sept-juin, lun-sam 10h-18h, dim et j. fériés 10h-13h30 (vac scol mêmes horaires, j. fériés 10h-16h, fermé dim). Fermé 1er janv et 25 déc.* Documentation disponible sur la ville et la région. Visites commentées et promenades à thème, animations pour les enfants pendant les vacances scolaires.

Gare SNCF et gare routière *(plan A-B3) : ☎ 36-35 (0,34 €/mn).*

– ***Marchés*** *(plan A-B2) : quai F.-Moureaux. Mer mat et dim mat pour le grand marché, et tlj pour le marché aux poissons.* L'un des plus sympas de la côte pour ses coquillages et son poisson frais, mais aussi de bons produits du terroir. ***Marché nocturne :*** *jeu, en juil-août.* ***Marché bio :*** *sam mat.*

Où dormir ?

De prix moyens à chic

Hôtel de la Paix *(plan B3,* ***6****) : 4, pl. F.-Moureaux. ☎ 02-31-88-35-15. • hoteldelapaix@hotmail.com • hotel-trouville-deauville.com • Congés : 15-28 déc. Doubles 54-92 € selon confort et saison ; familiales 85-123 €. Garage pour motos. Remise de 10 % sur la chambre à partir de 2 nuits, hors saison et hors vac et ponts, sur présentation de ce guide.* Établissement accueillant et bien tenu qui, peu à peu, fait peau neuve. Les chambres sont claires et agréables, et les plus grandes ont vue sur le port.

La Maison Normande *(plan A-B2,* ***3****) : 4, pl. de Lattre-de-Tassigny. ☎ 02-31-88-12-25. 06-75-14-46-58. • lamaisonnormande@outlook.fr • la-maison-normande.com • Dans un coin tranquille du centre. Doubles 55-97 € selon confort (les moins chères avec w-c sur le palier) et saison ; familiales 105-130 €.* Maison... normande, donc à colombages (à l'extérieur, jetez un coup d'œil aux colonnes sculptées). Charme indéniable dès le hall d'entrée, né de la réunion de 2 anciennes boutiques. La maison et les chambres sont tout doucement rénovées, en respectant l'ambiance du lieu.

Hôtel Le Reynita *(plan A2,* ***1****) : 29, rue Carnot. ☎ 02-31-88-15-13. • info@hotelreynita.com • hotelreynita.com • Ouv de mi-fév à nov. Doubles 59-95 € selon taille et saison. Café-croissant pour 2 offert sur présentation de ce guide.* À 50 m de la plage, dans un quartier plutôt calme. Belle maison à l'architecture début XXᵉ s assez typique. Chambres de tailles variables, souvent dans un esprit assez cosy. Atmosphère familiale et accueil très professionnel.

Le Trouville *(plan B2,* ***5****) : 1, rue Thiers. ☎ 02-31-98-45-48. • info@hotelletrouville.com • hotelletrouville.com • Congés : de mi-nov à mi-déc. Doubles 55-77 € selon confort* *et saison ; familiales 4 pers 100-120 €. Garage payant.* *Garage offert sur présentation de ce guide, dans la limite des places disponibles et sur résa.* Un petit 2-étoiles sans charme aux chambres toutes simples mais claires, propres et plutôt confortables. Certaines, plus spacieuses, peuvent même accueillir des familles.

De chic à beaucoup plus chic

Hôtel Le Fer à Cheval (plan A2, **4**) : *11, rue Victor-Hugo. ☎ 02-31-98-30-20. • info@hotel-trouville.com • hotel-trouville.com • Doubles 91-129 € selon confort et saison ; familiales 127-228 € ; petit déj 12,50 €.* Dans une belle maison du début du XXe s à la façade en partie en brique et embellie par de beaux balcons fleuris, des chambres accueillantes et claires, d'une coquetterie plutôt classique pour certaines, contemporaines pour d'autres. Quelques-unes disposent d'un petit balcon donnant sur la rue.

Hôtel Le Flaubert (plan A2, **2**) : *rue Gustave-Flaubert. ☎ 02-31-88-37-23. • hotel@flaubert.fr • flaubert.fr • Ouv de mi-fév à mi-nov. Doubles 120-200 € selon étage, confort et vue (promos hors saison).* *Remise de 30 % en fév, mars et oct (lun-jeu, sur rue slt, hors vac, j. fériés et w-e) sur présentation de ce guide.* Sur les Planches, quasiment les pieds dans l'eau, un hôtel qui domine le front de mer. Pour un week-end romantique, demandez la chambre en angle, afin de profiter inlassablement de la jetée et du ballet incessant des voiliers qui entrent et sortent du port. Les autres, décorées avec grand soin, sont elles aussi ravissantes.

Hôtel Le Central (plan A-B2, **7**) : *5-7, rue des Bains. ☎ 02-31-88-80-84. • central-hotel@wanadoo.fr • le-central-trouville.com • Au-dessus de la brasserie du même nom ; entrée dans la petite rue sur le côté, et réception au 1er étage. Fermé 24-25 déc. Doubles 103-137 € selon confort et saison. Parking payant.* Belles chambres tout confort, lumineuses et soigneusement décorées. Les plus jolies ont vue sur le port, mais celles donnant sur l'arrière (plus calmes) ne manquent pas non plus de charme. Quant à celles situées au dernier étage, elles sont joliment mansardées. Bon accueil.

Où manger ?

Sur le pouce

Halle aux poissons (plan A2, **12**) : *bd F.-Moureaux, côté parking. Tlj 9h-19h30.* Situés le long du port de pêche, les stands mettent à disposition des tables et chaises hautes pour une dégustation de fruits de mer. On choisit la composition de son plateau selon la pêche du jour, en l'accompagnant d'un petit verre de blanc.

De bon marché à prix moyens

Brasserie Le Central (plan A-B2, **7**) : *158, bd F.-Moureaux. ☎ 02-31-88-13-68. • central-hotel@wanadoo.fr • Tlj 7h30-minuit. Fermé 24 déc au soir et 25 déc. Menus 20,50-31,10 € ; carte env 40 €.* *Kir offert sur présentation de ce guide.* Grande salle typiquement parisienne avec terrasse face au port. Les serveurs sont speedés mais efficaces, la clientèle est très mélangée et la carte longue comme le bras. On peut s'en tirer à des prix tout à fait convenables car les plats sont copieux et un seul peut suffire. Notre péché mignon : la friture de pays encore toute croustillante, qui se mange avec les doigts, accompagnée d'un verre de sancerre... le bonheur !

Les Mouettes (plan B2, **17**) : *9-11, rue des Bains. ☎ 02-31-98-06-97. • central-hotel@wanadoo.fr • Tlj jusqu'à 23h. Fermé 24 déc au soir et 25 déc. Menu 14,80 € et formule 30,80 € ; carte env 26 €. Digestif maison (le Pointu) offert sur présentation de ce guide.* C'est une annexe, en plus intime, de la brasserie *Le Central*. Accueil cordial, déco genre bistrot parisien et, aux

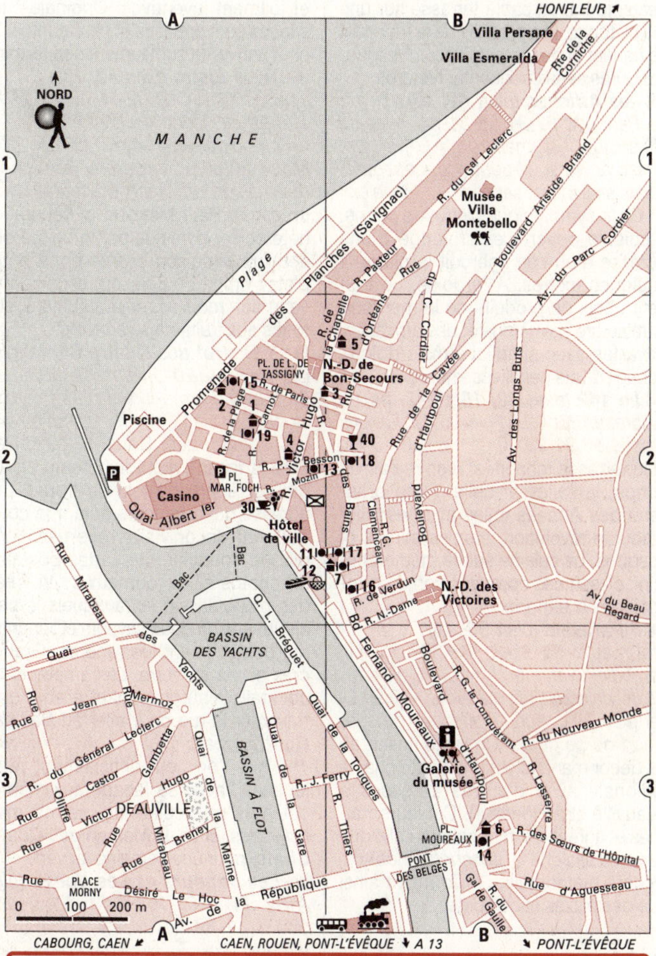

TROUVILLE

Adresse utile

- Office de tourisme

Où dormir ?

1. Hôtel Le Reynita
2. Hôtel Le Flaubert
3. La Maison Normande
4. Hôtel Le Fer à Cheval
5. Le Trouville
6. Hôtel de la Paix
7. Hôtel Le Central

Où manger ?

7 Brasserie Le Central
11 Les Vapeurs et Les Voiles
12 Halle aux poissons
13 Tivoli Bistro
14 Il Parasole
15 Les Affiches
16 Le 142
17 Les Mouettes
18 Bistrot des Quatre Chats
19 La Petite Auberge

Où manger d'excellentes glaces et pâtisseries ?

30 Pâtisserie Charlotte-Corday, Tutti Frutti et Martine Lambert

Où acheter de bons produits ?

12 Halle aux poissons

Où boire un verre ?

40 Bar des Quatre Chats

beaux jours, agréable terrasse sur une rue piétonne. Les produits de la mer sont de rigueur et de toute fraîcheur. Marguerite Duras aimait fréquenter l'endroit.

🍽 ***Les Affiches*** *(plan A2,* ***15****) : 6, rue de Paris. ☎ 02-31-98-31-94. • lesaffichestrouville@gmail.com • Tlj sf lun, plus mar hors juil-août. Congés : janv, 1 sem en juin et 1 sem en nov. Carte env 25 €.* Un sympathique bistrot de poche, à cuisine ouverte et prolongé d'une terrasse d'où l'on aperçoit la plage, à quelques mètres. À l'ardoise, un tout petit choix de produits de la mer (surtout) au gré du marché et des arrivages, travaillés avec simplicité mais doigté. Accueil d'une gentillesse hors pair.

🍽 ***Le 142*** *(plan B2,* ***16****) : 142, bd F.-Moureaux. ☎ 02-31-88-05-14. Ouv tlj. Menus 13,90-29,90 € ; carte 35-50 €.* Si la terrasse (chauffée) respire l'air du temps, la salle est celle d'une brasserie des Années folles avec escalier à double révolution, amples miroirs et fresques. La cuisine suit le même chemin : classiques éprouvés comme propositions à la mode.

🍽 ***Il Parasole*** *(plan B3,* ***14****) : 2, pl. F.-Moureaux. ☎ 02-31-87-33-87. • il.parasole@wanadoo.fr • ♿ Tlj. Formules déj en sem 11 €, puis 16,90-19,90 € ; carte 25-30 €. Apéritif offert sur présentation de ce guide.* Un resto italien au joli décor marin (c'est une petite chaîne régionale avec d'autres adresses à Deauville et à Honfleur). Couleurs fraîches et agréables, tant dans la salle que dans les assiettes. *Bruschetta* tricolore, *piccata* piémontaise, *fritto misto* ainsi que des pizzas et des pâtes.

De prix moyens à chic

🍽 ***La Petite Auberge*** *(plan A2,* ***19****) : 7, rue Carnot. ☎ 02-31-88-11-07. • lapetiteauberge.trouville@wanadoo.fr • Tlj sf mar-mer (tlj en août). Congés : 2de quinzaine de juin. Formule déj 29 € ; menu 40 € ; carte env 65 €.* La meilleure adresse de Trouville est aussi l'une des plus discrètes. On ne va pas à *La Petite Auberge* pour se faire voir, mais pour savourer une vraie cuisine normande, comme à la maison. Si les produits sont excellents, on note également un réel travail sur les assiettes, à la fois simples et joliment inventives. Originales, les sauces sont précises et percutantes. Le chef réinvente subtilement son terroir.

🍽 ***Tivoli Bistro*** *(plan A2,* ***13****) : 27, rue Charles-Mozin. ☎ 02-31-98-43-44. Tlj sf mer-jeu. Congés : 2 sem en juin et de mi-nov à début déc. Formule 17 €. Menu 30,50 € ; carte env 38 €. Apéritif maison offert sur présentation de ce guide.* Petit bistrot à la décoration hétéroclite, dominée par le bois. Poisson fumé maison et très bons petits plats : gratin de poisson, escalope de veau aux morilles, sole meunière, clafoutis aux fruits de saison, etc.

🍽 🍷 ***Bistrot des Quatre Chats*** *(plan B2,* ***18****) : 8, rue d'Orléans. ☎ 02-31-88-94-94. ♿ Fermé lun-jeu hors saison, sinon mar-mer. Congés : 2 sem en janv et 2 sem en déc. Carte 40-45 €.* Derrière la façade aux tons crème et vert qui se repère de loin se trouve une adresse qui a toujours autant la cote ! Salle au décor vieux rose usé, remplie de bouquins, de cartes postales, de photos et de journaux... On y sert des plats classiques auxquels le chef ajoute une ou deux saveurs étonnantes qui bouleversent les repères. Grands crus servis au verre. Les amateurs de cocktails n'auront, quant à eux, qu'à traverser la rue pour aller au ***Bar des Quatre Chats*** *(plan B2,* ***40****; ouv 18h-1h),* que l'on peut difficilement rater, lui aussi, avec sa façade aux mêmes couleurs que celles du bistrot, mais inversées. Enfin, la ***Maison des Quatre Chats,*** pour une semaine au vert.

🍽 ***Les Vapeurs et Les Voiles*** *(plan A-B2,* ***11****) : 160-162, bd F.-Moureaux. ☎ 02-31-88-15-24. • jmeslin@lesvapeurs.fr • ♿ Tlj (sf 25 déc) 12h-1h. Résa indispensable le w-e. Carte 30-40 €. Les Vapeurs,* c'est sans conteste la brasserie la plus connue de Trouville, fondée en 1927. *Les Voiles,* à côté, c'est l'annexe ! Aujourd'hui, il n'est pas un acteur américain venant au festival de la ville d'en face qui ne s'arrête ici. Et la salle ne désemplit pas, même si le rapport qualité-prix est loin d'être toujours évident. Les spécialités maison : les moules crème normande et les crevettes cuites. Tout est frais : normal, les chalutiers sont à 10 m. Les tripes valent également le coup, surtout avec un petit verre de saumur.

Où dormir ? Où manger dans les environs ?

Auberge Le Cheval Blanc : *35, rue des Brioleurs, 14135* ***Saint-Gatien-des-Bois.*** *☎ 02-31-65-16-67. • auberge-lechevalblanc14@orange.fr • hotel-lechevalblanc.com • À env 10 km au sud-est de Trouville (et Deauville) ; dans le centre du village, en face de l'église. Fermé lun soir, plus le soir mar et dim hors saison. Doubles 55-75 € selon saison. Menu déj à la brasserie 12,50 € ; menus au resto 25-35 €.* Une vraie auberge de village. Les chambres se comptent sur les doigts de la main et toutes se situent dans 2 annexes à l'arrière. La déco n'a peut-être pas changé en 20 ans, c'est très simple, mais les chambres sont parfaitement tenues, et de tels tarifs dans ce coin de Normandie, c'est une aubaine ! Idem côté restaurant. Le cadre reste plutôt à l'ancienne, avec la brasserie très simple d'un côté et le resto de l'autre. La brasserie fait dans le traditionnel sans fioriture, mais du traditionnel bon et bien préparé. Côté resto, les saveurs s'affinent et les menus sont plus élaborés, pour un résultat aussi heureux. Rien à redire, vraiment, une adresse sérieuse et un accueil charmant.

Où manger d'excellentes glaces et pâtisseries ?

Pâtisserie Charlotte-Corday *(plan A2,* ***30****) : 172, bd F.-Moureaux. ☎ 02-31-88-11-76. Tlj sf jeu, plus mer hors saison, 8h-19h ; vac scol tlj.* C'est ici que vous trouverez de fameux caramels au beurre salé. Également de succulentes tartes *Antoine* à l'abricot et à la pistache.

Tutti Frutti *(plan A2,* ***30****) : pl. Foch. ☎ 02-31-81-29-00. Tlj en saison, 9h-minuit. Hors saison, 9h-18h sf mar et mer (vac scol tlj). Congés : janv.* Très bonnes glaces de fabrication artisanale.

Juste à côté, en juillet-août, une petite boutique ***Martine Lambert*** (voir plus haut, à Deauville).

Où acheter de bons produits dans le coin ?

Halle aux poissons *(plan A2,* ***12****) : bd F.-Moureaux. Tlj.* Victime d'un incendie en 2006, cette institution de Trouville a été reconstruite à l'identique, dans le style néonormand choisi par ses architectes de 1937. Parmi les étals, passage presque obligé à la *poissonnerie Pillet-Saiter (☎ 02-31-88-02-10)* ouverte depuis 1887. Pour y faire provision, comme les connaisseurs, de bocaux de la soupe de poissons de la grand-mère Jeannette.

Les Marianik's : *8, quai Monrival, 14800* ***Touques.*** *☎ 02-31-88-29-18. Tlj sf dim et j. fériés.* Le lieu peut surprendre, puisque la boutique est à l'étage d'une maison. Cet artisan chocolatier propose notamment le fameux *Camembert de Honfleur* (un chocolat à la pâte d'amande et à l'anis).

À voir

Le musée Villa Montebello *(plan B1) : 64, rue du Général-Leclerc. ☎ 02-31-88-16-26. Juin-sept, mer-dim 10h-12h, 14h-17h30 ; oct-mai, mer-ven 14h-17h30, w-e, vac scol et j. fériés 10h-12h, 14h-17h30. Entrée : 3 € ; réduc.* Dans une villa balnéaire du Second Empire, typique de la côte normande, les collections de ce musée (tableaux, affiches, dessins, etc.) vous content l'histoire de la station et le développement de la mode des bains de mer. On peut notamment y voir les œuvres du peintre Charles Mozin, qui découvrit Trouville en 1825. Toute l'année, animations culturelles.

La galerie du musée : *à l'intérieur de l'office de tourisme. ☎ 02-31-88-16-26. Juil-août, lun-sam 9h30-19h, dim et j. fériés 10h-18h. Sept-juin, lun-dim mat 10h-18h (13h30 dim et j. fériés) ; vac scol 10h-16h, fermé dim et j. fériés. GRATUIT.* Expos temporaires consacrées à Raymond Savignac ou aux arts graphiques en général.

Les villas *(plan A2-B1)* **:** Trouville a eu la bonne idée de protéger depuis 1989 son patrimoine architectural balnéaire. On trouve donc ici nombre de ces villas et grands hôtels révélateurs de l'aisance dans laquelle on vivait au XIXe s sur la côte. On peut en découvrir quelques beaux exemples en se baladant le long de la promenade des Planches (rebaptisée promenade Savignac), en partant de l'extravagant mais charmant casino : la très éclectique *villa Sidonia* de 1868 aux médaillons à figure humaine en façade, à peine plus loin, le *manoir Normand* dont on aime bien le damier qui habille tout le rez-de-chaussée. La promenade Savignac s'achève avec la *villa Esmeralda* (à colombages), la *villa Persane* (de style oriental) et la *tour Malakoff* accolée à une maison gothique construite pour le peintre Mozin. En grimpant quelques marches, on découvre *Les Roches Noires,* prestigieux palace transformé depuis en résidence. Parmi les anciens pensionnaires, Marguerite Duras, qui y a vécu 30 ans et écrit nombre de ses romans.

Le centre historique : peu fréquenté, hormis les quelques rues autour du port (qui ne sont pas, disons-le d'emblée, les plus charmantes), il serait dommage de ne pas partir à sa découverte. Si vous avez arpenté Deauville, vous ne pourrez qu'être frappé par la différence entre les deux villes, qui s'explique par leur histoire (Trouville était un village de pêcheurs construit à flanc de colline avant de devenir une station balnéaire, alors que Deauville, construit sur le plat, fut conçue dès l'origine comme une station balnéaire) ; autant les rues de Deauville sont plutôt rectilignes et larges, avec d'imposantes villas se déployant tout le long, autant le haut de Trouville est un réseau de ruelles étroites, parfois pentues, et bordées d'un alignement de jolies maisonnettes beaucoup plus modestes. Dans la *rue des Rosiers,* des maisons de pêcheurs aux couleurs pastel. L'*escalier du Serpent,* dit « des 100 marches », offre de belles échappées sur la ville et la mer. La *rue Berthier* et la *rue Mogador* sont, quant à elles, d'anciens quartiers ouvriers.

➢ **La Corniche :** jolie route le long des collines menant vers Honfleur. Beaux panoramas sur Trouville et la mer.

À faire

La plage : longue de 2 km et profonde. Au XIXe s, on en parlait dans les journaux comme de la plus belle de France avec son sable doux et fin, la comparant à un parquet que la mer prend soin de balayer tous les jours. Des planches, comme à Deauville, longent la plage depuis 1867 pour faciliter les promenades.

– **Le casino Barrière** *(plan A2)* **:** *pl. du Maréchal-Foch. ☎ 02-31-87-75-00. • lucienbarriere.com • À l'entrée de la plage. Tlj 10h-2h (4h ven-sam). Tenue correcte exigée après 21h. Carte d'identité obligatoire.* Architecture genre Louis XVI, rénové dans un style assez crème Chantilly, inspiré des casinos de Louisiane. Déco assez marrante avec deux roues à aubes géantes dans l'entrée.

Le bac de Trouville-Deauville (plan A2) **:** *sur le quai Albert-Ier, vers le casino. 📱 06-83-78-95-94. • le-bac-de-trouville-deauville.fr • Tlj 9h-22h en saison ; 9h-19h le reste de l'année. Aller : 1,20 €/pers.* Un petit bateau de pêcheur qui, depuis 1889, permet de traverser la Touques en un instant, sans faire à pied le long tour du port. À marée haute, bien sûr. À marée basse, on emprunte une petite passerelle *(0,50 €/pers).*

➢ ***Promenades en mer :*** *avec la vedette* Gulf Stream II *de M. Perchey, quai Albert-Ier. 06-07-47-14-12. • gulfstream2-trouville.com • Ouv fév-nov. Balade : 8 € ; réduc.* En route pour une promenade le long de la côte entre Trouville et Deauville (30 mn). Départ quai Albert-Ier, juste derrière le casino à l'heure de la marée, sauf en cas de mauvais temps. Et aussi, visite des ports de Deauville et Trouville en chaloupe (6 €, réduc).

Fête et manifestation

– ***Fête de la Mer et du Maquereau :*** *fin juil ou début août selon marées.* Bénédiction des bateaux de pêche, pavoisés. Le soir, chants de marins et repas de maquereaux grillés.
– ***Festival Off-Courts :*** *début sept. ☎ 02-31-14-39-05. • off-courts.com •* Films courts de tous les pays. Projections gratuites dans la salle des congrès de Trouville. À l'origine, ce festival se posait comme une sorte de « off » au Festival de Deauville qui tombait en même temps, avec une programmation « non cinématographiquement correct » et ne touchant pas forcément le même public.

VILLERVILLE-SUR-MER

(14113) 745 hab. *Carte Calvados, C1*

Une station modeste qui a certainement souffert du succès de ses prestigieuses voisines (Honfleur et Trouville), mais aussi de l'étroitesse de sa plage. En effet, celle-ci disparaît presque totalement à marée haute. Cela dit, la tendance est en train de s'inverser, puisque les people sont de plus en plus nombreux à trouver refuge ici, faisant de nouveau de Villerville une station cotée, voire huppée. Comment ne pas craquer pour l'atmosphère désuète de ce bourg, avec ses vieilles rues, ses maisons colorées, certaines à pans de bois ? Belle église en pierre datant pour partie du XIIe s, dotée d'un clocher en batière. *Un singe en hiver* y fut tourné en 1962, d'après l'œuvre d'Antoine Blondin, avec Jean Gabin, Jean-Paul Belmondo et Suzanne Flon. Les fans sont nombreux à venir réciter en chœur les dialogues croustillants d'Audiard au zinc du *Cabaret Normand,* toujours ouvert.

Où dormir ? Où manger ?

🏠 |●| ***Le Bellevue :*** *7, allée du Jardin-Madame. ☎ 02-31-87-20-22. • bien dormir@bellevue-hotel.fr • bellevue-hotel.fr • ♿ Tlj sf le midi mar-jeu. Congés : de janv à mi-fév. Doubles 95-135 € selon taille, vue et saison ; suites 165-195 € ; petit déj 14 €. Menus 29-50 € ; carte env 45 €.* À deux pas de la plage, cette grande villa fut jadis la propriété de l'ancien directeur de l'Opéra-Comique. De cette belle époque révolue, il reste une atmosphère qui n'est pas sans rappeler les pensions de famille d'antan. Les chambres, à la déco assez standard, n'en bénéficient pas moins d'un confort tout ce qu'il y a de plus moderne. La plupart ont vue sur la mer. Petit jardin panoramique. Au resto, une bonne cuisine du terroir, concoctée par un disciple d'Escoffier.

|●| ***Le Cabaret Normand :*** *2, rue Daubigny (ou carrefour d'*Un singe en hiver*). ☎ 02-31-87-20-57. • lagarde.annie@yahoo.fr • En saison, tlj sf lun 11h-19h ; hors saison, w-e et j. fériés. Congés : 15-30 juin et à Noël. Moules-frites et autres petits plats env 13 € ; carte 25-30 €. Kir normand offert sur présentation de ce guide.* Pèlerinage

obligatoire pour tous les fans d'Audiard ! Rien ou presque ne semble avoir changé depuis le tournage. L'ambiance reste celle d'un bistrot de village. Petite carte, très classique, autour des produits du coin.

Où manger ? Où acheter de bons produits dans les environs ?

Le Moulin Saint-Georges : *chemin de la Mer, route de Trouville, 14600* ***Pennedepie.*** *☎ 02-31-81-48-48. • info@moulinsaintgeorges.fr • À env 3,5 km de Villerville, sur la route de Honfleur par la côte. Tlj juil-août, sf lun-mar hors saison. Formule déj en sem 19 € ; menus 28-35 €. Café offert sur présentation de ce guide.* Dans une maison que vient presque frôler la route, salles accueillantes où se mêlent murs de brique et colombages, avec le bar à l'entrée et la terrasse sur l'arrière aux beaux jours. L'endroit est accueillant et la cuisine traditionnelle rend honneur aux bons produits de la région : beaux plateaux de fruits de mer, petite mais belle sélection d'huîtres de la région, et des plats aussi simples que l'entrecôte normande ou les moules (en saison) accompagnées de leurs frites maison. La tradition, oui, mais l'ambiance et l'équipe, elles, ne sont en rien figées dans le terroir et le passé. Service attentif et tout sourire.

Le Manoir d'Apreval et son Pique-nique sous les Pommiers : *14600* ***Pennedepie.*** *☎ 02-31-14-88-24. • apreval@apreval.com • À 5,5 km à l'ouest de Honfleur par la D 513. Pique-nique 14 juil-31 août ; env 16,50 €/adulte et 11,20 €/enfant. Boutique ouv tte l'année sf vac de Noël.* Ce producteur de (délicieux !) jus de pomme, cidre et calvados propose, durant l'été, des paniers au bon goût du pays d'Auge. Tout est prévu, même la nappe à carreaux ! Quelques pas à faire et vous pourrez vous étaler dans les vergers, à l'ombre des pommiers... Un déjeuner sur l'herbe digne de Manet ! Pour couronner le tout : un accueil à la boutique vraiment extra.

LE CALVADOS

HONFLEUR

(14600) 8 125 hab. *Carte Calvados, D1*

• Plan *p. 284-285*

Le plus mignon, le plus fou, le plus choucard des petits ports normands... pour ne pas dire français. Depuis le XIXe s, la ville natale d'Alphonse Allais fut le lieu d'élection des écrivains (Baudelaire, Flaubert...), des musiciens (Satie naquit ici) et des peintres (Boudin, enfant du pays, mais aussi Monet, Dufy...), séduits par la lumière changeante de l'embouchure de la Seine et par la verdure de la campagne augeronne. Honfleur est en fait une cité à deux visages : pendant la semaine, avec ses pêcheurs, et le week-end ou pendant les vacances, avec ses touristes. Mais il n'y a pas que la mer, le fleuve, l'arrière-pays et les basses collines de son site, encore vierges (par quel miracle ?) de toute colonisation immobilière... Il y a surtout l'atmosphère si dense d'une petite ville pourtant si fréquentée, et ce cachet unique parmi les ports normands, avec ses bassins intérieurs, ses vieux gréements et ses grosses barques de pêche, ses vieilles maisons aux écailles d'ardoise, son clocher d'opérette et ses ruelles de traviole...

Adresse et info utiles

🛈 ***Office de tourisme*** *(plan B3) : quai Lepaulmier. ☎ 02-31-89-23-30. • ot-honfleur.fr • Pâques-juin et sept, lun-sam 9h30-12h30, 14h-18h30, dim et j. fériés 10h-12h30, 14h-17h ; juil-août, lun-sam 9h30-19h, dim 10h-17h ; oct-Pâques, lun-sam 9h30-12h30, 14h-18h (ouv dim mat pdt vac scol hors saison).* Petite brochure très complète sur la ville. Organise de nombreuses animations dont d'intéressantes visites de nuit avec lampes tempête (« Histoire et Légendes »).

– ***Marchés :*** *ts les sam, sur la pl. Sainte-Catherine (plan B2) et le cours des Fossés (plan B3). Marché nocturne mer soir (juil-août). Également un* ***marché bio*** *mer, pl. Sainte-Catherine (plan B2) et un* ***marché aux poissons*** *jeu-dim, selon arrivages de la pêche, sur la jetée de transit (plan C2). Voir plus bas « Achats ».*

Où dormir ?

Trouver des chambres bon marché à Honfleur semble peine perdue. Autre problème : les hôtels sont vite pleins en été et en général chaque week-end, et ce parfois dans un rayon très étendu...

Chambres d'hôtes

La Cour Sainte-Catherine *(plan A2,* ***4****) : 74, rue du Puits. ☎ 02-31-89-42-40. • coursaintecatherine@orange.fr • coursaintecatherine.com • Ouv tte l'année (salon de thé avr-sept). Double 120 € ; familiales 3-4 pers 140-170 €. Parking payant. Bouteille de cidre offerte sur présentation de ce guide.* Au calme et pourtant dans la vieille ville, voici une excellente adresse de charme, tapie dans une courette autour de laquelle s'organisent les chambres. C'est cosy et chaleureux, avec une touche marine dans les chambres et une atmosphère de brocante chic dans le salon du petit déjeuner : vieux pressoir équipé d'un sympathique comptoir de troquet dans un angle et des fauteuils club dans un autre. Courette très verte, aménagée agréablement, avec tables et quelques transats. Fait également salon de thé avec plat du jour, tartes salées ou sucrées... Simplicité et charme. 2 autres petites maisons entièrement équipées peuvent accueillir 2 à 6 personnes.

Le Fond de la Cour *(plan A2,* ***13****) : 29, rue Eugène-Boudin. 📱 06-72-20-72-98. • amanda.ferguson@orange.fr • lefonddelacour.com • Doubles 99-150 € ; 3-4 pers 150-200 €.* Autour d'une cour agréablement fleurie et tranquille, une accueillante famille écossaise (même le gros chien de la maison semble avoir le sourire !) a aménagé d'agréables chambres d'hôtes, fraîches et pimpantes, dans une ancienne écurie. Si vous souhaitez rester quelques jours, le studio (avec petite cuisine) ou le cottage peut s'avérer un bon plan (d'autant que ce dernier possède son jardin perso).

Le Clos Bourdet *(hors plan par B3,* ***2****) : 50, rue Bourdet. ☎ 02-31-89-49-11. 📱 06-07-48-99-67. • info@leclosbourdet.com • leclosbourdet.com • Doubles 150-160 € selon confort ; suite terrasse 2 pers 195 €, 4 pers couplé avec une 2e chambre 295 €. Parking fermé.* Un peu sur les hauteurs de la ville mais à proximité du centre, cette haute et hautaine maison de maître allie le charme et la tranquillité. Une pelouse sur le devant, une autre sur l'arrière qui descend en pente douce, avec une terrasse de bois et quelques pommiers taillés comme il faut. Un aménagement bien pensé, qu'on retrouve dans les espaces communs et les chambres. Il y a un côté magazine de déco ici, certes, mais sans tomber dans la caricature. Bien au contraire, tout y est très personnalisé, du linge de maison aux boutons de porte, des tableaux du salon aux photos du couloir.

De prix moyens à chic

Hôtel Monet *(plan A2,* ***5****) : charrière du Puits. ☎ 02-31-89-00-90. • contact@hotel-monet-honfleur.com •*

Le jardin des Personnalités
A
B
1
2
3
TROUVILLE, DEAUVILLE
Chapelle N.-D.-de-Grâce
ÉQUEMAUVILLE, TROUVILLE, PONT-L'ÉVÊQUE
10
Ancien phare
PL. JEAN DE VIENNE
Naturospace
Chapelle de l'hôtel-Dieu
Boulevard Charles V
Maisons Satie
Piscine
Jardin public
Jetée de l'Ouest
R. Alphonse Allais
Rue de l'Homme de Bois
Rue Haute
R. Varin
R. Delarue Mardrus
Musée Eugène-Boudin
25
20
PL. AUGUSTE NORMAND
Maison natale d'Alphonse Allais
AVANT-PORT
12
Rue Albert Ier
Rue des Capucins
Rue Boulanger
Rue Barbel
R. des Lingots
Clocher Ste-Catherine
Sainte-Catherine
21
PL. HAMELIN
7
Q. des Passagers
R. Bucaille
R. Jean Doublet
Maison du corsaire J.-F. Doublet
PL. STE CATHERINE
9
R. des Logettes
40
Lieutenance
PL. P. BERTHELOT
Rue du Puits
23
6
41
Q. de la Quarantaine
4
Q. Sainte Catherine
VIEUX BASSIN
Hôtel de ville
5
13
R. Eugène Boudin
11
Rue Brûlée
R. Dauphin
42
R. Traversière
R. St-Étienne
R. St-Antoine
PL. A. BOUDIN
24
St-Étienne Musée de la Marine
R. des Petites Boucheries
Manoir de Roncheville
PL. JEANS
R. de la Bavole
R. de la Foulerie
R. du
3
R. Montpensier
Musée d'Ethnographie
Greniers à sel
Rue de la République
R. de la Chaussée
Cours
8
R. de la Ville
des Fossés
Rue de la
PL. DE LA PORTE DE ROUEN
Q. Lepaulmier
R. P. et Ch. Bréard
22
Rue Cachin
Rue N-Dame
Le Grand Bouloir
R. des Buttes
PL. ST LÉONARD
St-Léonard
PLACE ALBERT SOREL
2

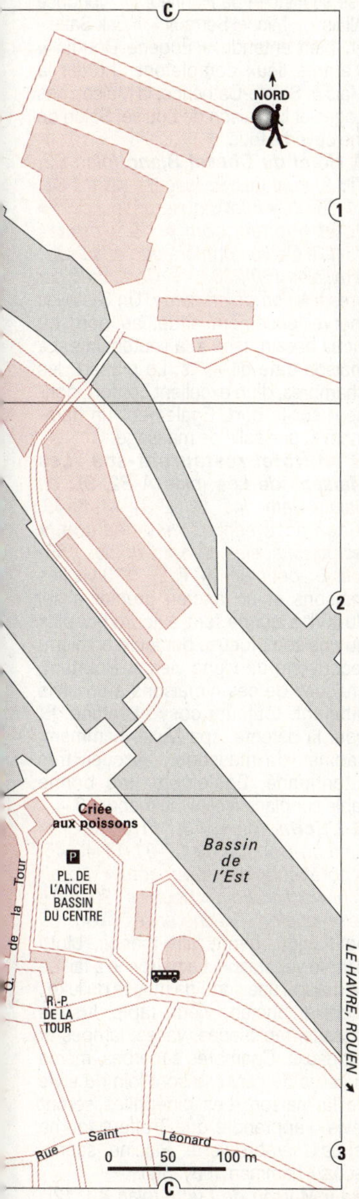

Adresse utile

- Office de tourisme

Où dormir ?

1 Hôtel L'Absinthe
2 Le Clos Bourdet
3 Odile Domin
4 La Cour Sainte-Catherine
5 Hôtel Monet
6 Hôtel Le Dauphin
7 Hôtel du Cheval Blanc
8 Hôtel Les Cascades
9 Hôtel-restaurant-spa Les Maisons de Léa
10 Ex-Voto
11 L'Écrin
12 La Maison de Lucie
13 Le Fond de la Cour

Où manger ?

9 Restaurant Les Maisons de Léa
10 Ex-Voto
20 Au P'tit Mareyeur
21 La Cidrerie
22 L'Endroit
23 Le Bréard
24 Au Bouillon Normand
25 La Tortue

Où manger sur le pouce ?
Où déguster une glace ?
Où boire un verre ?

40 Bar L'Albatros
41 Le Perroquet Vert
42 Glace de la ferme du Bois Louvet

LE CALVADOS

HONFLEUR

hotel-monet-honfleur.com • Dans un cadre verdoyant, situé sur les hauteurs de Honfleur, entre Côte-de-Grâce et Mont-Joli. Doubles 69-110 € selon saison ; familiales 85-160 €. Parking privé. Cet hôtel familial offre une quinzaine de jolies chambres indépendantes, confortables et soigneusement entretenues. Bon accueil. Une belle petite halte romantique.

Odile Domin *(plan B3,* ***3****)* ***:*** *1, rue de la République. 06-80-42-28-25. • domin.et.fils@wanadoo.fr • locationdecharme.com • Ouv tte l'année. 3 apparts 203-426 €/sem. CB refusées. Hors saison, 3e nuit du w-e offerte sur présentation de ce guide ou mid week, 4 nuits 155 €.* Tous les ingrédients sont là pour vous permettre de vivre une escale de rêve. Embarquement immédiat... Pour chacun un style et un nom : « Le Carré », notre chouchou, est aménagé et décoré en cabine de vieux gréement. Une très belle adresse.

Hôtel Les Cascades *(plan B3,* ***8****)* ***:*** *19, cours des Fossés. 02-31-89-05-83. • info@lescascades.com • lescascades.com • Selon saison, doubles 70-110 € ; 4 pers 90-140 €.* En plein centre, un petit hôtel discret aux chambres proprettes, plutôt agréables avec leur déco dans l'esprit d'aujourd'hui et surtout à prix doux.

Ex-Voto *(hors plan par A3,* ***10****)* ***:*** *8, pl. Albert-Sorel. 02-31-89-19-69. • honfleurexvoto@gmail.com • 4 chambres assez simples 65-90 €, petit déj inclus. Café offert sur présentation de ce guide. Voir « Où manger ? ».*

De chic à beaucoup plus chic

Hôtel Le Dauphin *(plan B2,* ***6****)* ***:*** *10, pl. Pierre-Berthelot. 02-31-89-15-53. • info@hotelhonfleur.com • hotelhonfleur.com • Doubles 89-129 € selon confort. Un petit déj offert pour un petit déj payé sur présentation de ce guide.* Un hôtel installé dans une maison du XVIIe s, avec sa façade à colombages, typique de Honfleur, mais à l'intérieur contemporain. Toutes les chambres portent le nom d'une personnalité liée à l'histoire de Honfleur : « Alphonse Allais », « Michel Serrault », « Erik Satie » et, bien entendu, « Eugène Boudin ». 3 autres lieux complètent l'hôtel : la Maison Sainte-Catherine, la Maison des Loges et la Maison de Louise. Salon de thé ouvert à tous.

Hôtel du Cheval Blanc *(plan B2,* ***7****)* ***:*** *2, quai des Passagers. 02-31-81-65-00. • info@hotel-honfleur.com • hotel-honfleur.com • Doubles 75-179 € selon confort, vue et saison ; familiales 160-280 €. Café offert sur présentation de ce guide.* Un 3-étoiles merveilleusement situé, au bord du vieux bassin, face à la lieutenance. La maison date du XVe s. La plupart des chambres, d'un excellent confort, donnent sur le port. Également un hammam et une salle de massage.

Hôtel-restaurant-spa Les Maisons de Léa *(plan A-B2,* ***9****)* ***:*** *pl. Sainte-Catherine. 02-31-14-49-49. • contact@lesmaisonsdelea.com • lesmaisonsdelea.com • Doubles 155-195 € ; petit déj 18 €.* 3 vieilles maisons et un ancien grenier à sel du XVIe s qui ne font aujourd'hui plus qu'une somptueuse demeure en pierre recouverte de vigne vierge. Pourtant, chacune de ces 4 maisons a un style différent, toujours cosy et raffiné. Et pour la détente, spa *Nuxe,* hammam, cabines de massage... Accueil très attentionné. Également une bonne table sur place (voir « Où manger ? »).

L'Écrin *(plan A3,* ***11****)* ***:*** *19, rue Eugène-Boudin. 02-31-14-43-45. • hotel.ecrin@honfleur.com • hotel-ecrin.honfleur.com • Doubles 120-250 € selon confort. Parking privé.* Un vrai petit bijou, genre villa-manoir, blotti dans la végétation. La patronne a fait de sa maison une sorte de musée du luxe : mobilier ancien, vieux tapis, lustres massifs, tapisseries, vases, lampes et tableaux... Chambres superbes, même si celles de l'annexe sont loin du style de la maison. Les cinéphiles seront ravis d'apprendre que Truffaut tourna ici *La Chambre verte.* Piscine, sauna, jacuzzi, hammam (payants).

La Maison de Lucie *(plan A2,* ***12****)* ***:*** *44, rue des Capucins. 02-31-14-40-40. • info@lamaisondelucie.com • lamaisondelucie.com • Doubles 170-200 € selon confort ; suites*

250-330 € ; petit déj 14-22 €. Parking payant. Apéritif maison offert sur présentation de ce guide. Dans l'ancienne maison magnifiquement restaurée de la poétesse Lucie Delarue-Mardrus, un écrin de calme et de volupté sur les hauteurs de Honfleur. Charme des tentures, des carreaux de céramique, des lustres à pampilles, parquets et autres robinets 1930. Sans parler des lits, moelleux à souhait ! Et de cette touche d'exotisme oriental, à l'ombre du palmier, sous les ventilateurs des salons, bien calé dans les canapés Chesterfield, un thé à la menthe à la main, ou dans le spa aux allures de hammam marocain.

Hôtel L'Absinthe *(plan B3,* ***1****) : 1, rue de la Ville. ☎ 02-31-89-23-23. • reservation@absinthe.fr • absinthe.fr • Congés : de mi-nov à mi-déc. Doubles 130-265 €.* Adorable hôtel de poche qui allie le chic, la chaleur et la modernité. La partie située rue de la Ville (où l'on trouve la réception) est la plus ancienne, alliant les vieilles poutres, un côté très cosy et une baignoire balnéo pour le confort. Les chambres donnant sur le quai sont dans le même esprit mais plus récentes. On perd en charge historique ce qu'on gagne en vue. Du charme et de la discrétion.

Où manger ?

Ce ne sont pas les adresses qui manquent dans un endroit aussi touristique. Revers habituel de la médaille, les prix ne sont pas forcément proportionnels à la qualité de la cuisine, notamment autour du vieux bassin, hélas ! Mais on trouve heureusement de bonnes adresses...

De bon marché à prix moyens

La Cidrerie *(plan B2,* ***21****) : 26, pl. Hamelin. ☎ 02-31-89-59-85. • lacidrerie.honfleur@gmail.com • Service continu à partir de 12h. Fermé mer-jeu hors saison. Congés : 3 janv-3 fév. Repas env 15 €. Café offert sur présentation de ce guide.* Une salle genre bonne vieille taverne où l'on boira tout ce qu'il est possible de fabriquer avec des pommes (et des poires !). Spécialité de « galichot », sorte de galette à base de froment et de seigle. Galettes et crêpes faites sous vos yeux.

Ex-Voto *(hors plan par A3,* ***10****) : 8, pl. Albert-Sorel. ☎ 02-31-89-19-69. • honfleurexvoto@gmail.com • Tlj sf mer. 4 chambres assez simples 65-90 €, petit déj inclus. Formules 16-22,50 € ; carte env 20 €. Café offert sur présentation de ce guide.* Authentique petit bistrot de quartier aux banquettes de moleskine. La maîtresse de maison, une véritable Augeronne, mijote avec amour au gré du marché : pot-au-feu, goulasch, andouille... Également quelques omelettes et salades de saison... Pour notre plus grand bonheur, elle a su constituer une véritable clientèle d'habitués et créer une ambiance conviviale. Pour en profiter, il faut arriver assez tôt, car la salle n'est pas très grande. Petite terrasse en été.

Au Bouillon Normand *(plan B3,* ***24****) : 7, rue de la Ville. ☎ 02-31-89-02-41. • aubouillonnormand@gmail.com • Tlj sf mer ; plus dim soir hors saison. Congés : 2 sem en janv. Résa conseillée en saison. Formule sf dim 16,50 € ; menu 22 € ; carte env 22 €. Café offert sur présentation de ce guide.* Une terrasse et une petite salle façon vieux bistrot, jaune et bois. Pas de carte, juste 2 menus à prix réfléchis pour une cuisine qui revivifie la tradition et offre un bon rapport qualité-prix. En revanche, il n'est pas rare de devoir attendre un peu (c'est ce qu'on appelle la rançon du succès).

De prix moyens à plus chic

L'Endroit *(plan B3,* ***22****) : 3, rue P.-et-Ch.-Bréard. ☎ 02-31-88-08-43. • lendroit.honfleur@gmail.com • Formule déj en sem 25,50 €, menu 29,50 € ; carte 40-45 €.* Un loft esprit bistrot ou un bistrot esprit loft, au choix, où la table avec nappe à carreaux côtoie la grande table en verre et ses fauteuils Chesterfield, ou encore

LE CALVADOS

le comptoir en tôle ondulée. Un mélange des genres vraiment réussi, à la fois classe et chaleureux, notamment grâce au bel éclairage. Dans l'assiette, une cuisine aussi belle que savoureuse et bien d'aujourd'hui, où les légumes ne sont en rien négligés. Le choix du menu, intéressant, n'est pas très étoffé mais les plats à la carte sont généreux et d'un excellent rapport qualité-prix. Ce dernier est cependant beaucoup moins flagrant quand on ouvre la carte des boissons...

|●| *La Tortue* *(plan A2,* ***25****) : 36, rue de l'Homme-de-Bois. ☎ 02-31-81-24-60. • restaurantlatortue@laposte.net • En saison, fermé le midi lun-mer ; hors saison, fermé lun-mar. Congés : janv. Résa conseillée le w-e. Menus 27-41 €.* Dans l'une des rues les plus fréquentées du centre historique, ce resto au cadre raffiné et soigné propose, dans une atmosphère à la fois paisible et musicale, une cuisine traditionnelle de qualité et même un menu végétarien, ce qui n'est pas si courant dans ces contrées.

|●| *Le Bréard* *(plan B2,* ***23****) : 7, rue du Puits. ☎ 02-31-89-53-40. • lebreard@wanadoo.fr • Fermé le midi lun-jeu en saison ; plus lun soir hors saison. Congés : 3 sem en janv. Menus 32-63 € ; carte env 60 €.* Revenu au pays, Fabrice Sébire n'en a pas pour autant oublié ses passages au *Grand Véfour,* à *La Tour d'Argent* ou encore chez *Lucas-Carton.* Il a également rapporté de ses voyages de nombreuses épices et dissidences de goût qui font le plaisir de nos palais. C'est imaginatif, inventif, toujours renouvelé et inspiré. Plats toujours bien présentés, service souriant et agréable jardin d'hiver.

|●| *Restaurant Les Maisons de Léa* *(plan A-B2,* ***9****) : pl. Sainte-Catherine. ☎ 02-31-14-49-40. • restaurant@lesmaisonsdelea.com • Tlj sf lun et le midi mar-mer hors saison. Résa conseillée en saison. Formule déj 24 € ; menus 30 € (en sem)-58 € ; carte env 43 €.* Situation exceptionnelle pour cet établissement qui flirte avec l'église Sainte-Catherine. Dans une ambiance cosy et *so British,* le temps s'est arrêté. Imaginez partager, dans le salon-bibliothèque (enquillant les rayons de vieux livres), une cuisine semi-gastronomique en compagnie d'Alphonse Allais ou de Charles Baudelaire. Les meilleurs produits du marché sont soigneusement sélectionnés, et la cuisine est fraîche, franche et gourmande. Belle terrasse, côté place.

|●| *Au P'tit Mareyeur* *(plan B2,* ***20****) : 4, rue Haute. ☎ 02-31-98-84-23. • resa.mareyeur@gmail.com • Tlj sf mar-mer. Résa en saison. Menus 28 € le midi et 35 € le soir ; carte env 40 €.* Bonne cuisine, fine et recherchée. Le chef met ici un point d'honneur à la préparation et à la présentation de ses plats. Carte renouvelée régulièrement, mais gare aux suppléments ! Endroit chaleureux, à la déco chic et stylée mais pas trop pompeuse. Service rapide et souriant.

Où dormir ? Où manger dans les environs ?

Plusieurs des adresses ci-dessous se trouvent à Gonneville-sur-Honfleur, à 4 km de Honfleur par la D 144. Pour vous aider dans le repérage de ce village, sachez qu'il est divisé en plusieurs quartiers. Certains se trouvent de l'autre côté de l'autoroute.

Chambres d'hôtes

⌂ *Le Phare* *: 27210* ***Fatouville-Grestain.*** *☎ 02-32-57-66-56. 📱 06-89-23-56-59. • pharedefatouville@orange.fr • pharedefatouville.fr • À 7 km à l'est de Honfleur en allant vers le pont de Normandie. Sur résa, 3 mois à l'avance. Double 73 €.* 5 chambres dans la maison des gardiens. Seuls les clients peuvent admirer, du haut des 32 m, l'embouchure de la Seine et le pont de Normandie. Adresse exceptionnelle, notamment pour les amoureux... les jours de tempête !

⌂ *Chambres d'hôtes Chez Chantal et Jean-Pierre Guigouresse* *: lieu-dit la Côte-Maillard, 14600* ***Gonneville-sur-Honfleur.*** *☎ 02-31-89-06-31. 📱 06-89-04-22-21. 100 m après la sortie Gonneville (dans le prolongement de la rue de l'école), côté route C 6. Ouv tte l'année. Double 60 €.* Amateurs de verdure, vous ne serez pas en reste... Nichée dans un charmant petit village, cette maison à colombages et pierres apparentes offre 3 chambres mansardées pouvant accueillir 2 ou 3 personnes. L'une est située à l'étage de la maison principale (accès par un escalier extérieur) et les 2 autres dans un bâtiment indépendant, plus récent. Sourire et gentillesse au rendez-vous.

Le Val Marin : *quartier de Prêtreville, 14600* ***Gonneville-sur-Honfleur.*** *☎ 02-31-89-23-63. 06-79-98-44-50. • flambard.philippe@wanadoo.fr • levalmarin-honfleur.com • ♿ Depuis Gonneville, emprunter la D 144a en direction de Prêtreville, puis tourner tt de suite à droite après le pont et suivre le fléchage. Doubles 59-85 € selon saison ; jusqu'à 5 pers 105-115 €.* Si une bonne petite sieste à l'ombre des pommiers vous tente et si le cœur vous en dit, offrez-vous une halte dans cette élégante chaumière pleine de charme, installée au milieu de vertes prairies. 5 chambres dont une suite familiale, confortables et calmes, où dominent la pierre et le bois. L'ensemble peut être loué en gîte (12 à 18 personnes).

La Cour de Bas : *chez Serge Bunel, chemin de la Moulière, 14600* ***Barneville-la-Bertran.*** *☎ 02-31-89-03-64. • resacour2bas@yahoo.fr • cour2bas.com • À 4,5 km au sud-ouest de Honfleur par la D 579. Congés : 20 déc-10 mars. Doubles 86-115 € selon chambre ; 20 €/pers supplémentaire. Également 2 gîtes 2-6 pers 550-650 €/sem. Apéritif offert sur présentation de ce guide.* Dans un vieux pressoir joliment restauré où pierres apparentes, brique et colombages se mêlent harmonieusement, 3 chambres à la décoration exotique très réussie. On a une petite préférence pour la « Touareg », vraiment dépaysante, ou la chambre « Zen » avec sa baignoire balnéo. Beau jardin verdoyant et fleuri où prendre le petit déj (bio) aux beaux jours. Source d'eau fraîche pour les grandes chaleurs, sentiers GR et forêt à deux pas. Calme assuré et accueil affable.

Ailleurs sous les Étoiles : *616, route de l'Ermitage, La Petite Campagne, 27210* ***Manneville-la-Raoult.*** *☎ 02-77-18-53-80. • contact@ailleurssouslesetoiles.com • ailleurssouslesetoiles.com • À 10 km au sud de Honfleur et à 3 km au nord de Beuzeville. Sur la D 22 direction Beuzeville, tourner à droite vers la D 104 peu après Fiquefleur-Équainville. Congés : 3 janv-2 mars. Doubles 95-130 € selon saison ; gîtes 4-6 pers 525-995 €/sem selon taille et saison. Apéritif offert sur présentation de ce guide.* Vous rêvez d'un p'tit coin de Normandie avec pommiers et vallons verdoyants pour seul horizon ? Que l'agitation et la foule de Honfleur semblent loin quand on pose ses valises dans la maison de maître en brique rouge (pour les chambres d'hôtes) ou ses dépendances en colombages (pour les gîtes) ! Les 2 chambres marient confort, sobriété et caractère. Et aux beaux jours, possibilité de se prélasser dans le magnifique jardin ou, même, de piquer une tête dans la piscine.

De bon marché à un poil plus chic

La Fraîchette : *chemin de Crémanville, 14600* ***La Rivière-Saint-Sauveur.*** *☎ 02-31-89-37-36. • info@lafraichette.com • lafraichette.com • ♿ À 4 km au sud-est de Honfleur par la D 580. Bien fléché depuis le village. Resto fermé en principe jeu midi en juil-août, mer-jeu hors saison. Congés : janv. Doubles 60-100 €. Formule déj en sem 16,90 € ; menus 23-27 €. Café offert sur présentation de ce guide.* Dans une petite maison noyée dans la végétation, où l'on se sent à des kilomètres de l'animation de Honfleur. Accueil charmant. Salle à manger joliment arrangée. Les repas sont servis près de la cheminée en hiver et sur la terrasse en été. Bonne petite cuisine maison à base de produits très frais mettant en valeur goût et qualité. Également 10 chambres dans le ton de la maison, spacieuses et agréables, certaines avec terrasse privative.

Ferme de la Grande Cour : *côte de Grâce, à* ***Équemauville,*** *14600 Honfleur. ☎ 02-31-89-04-69. • fermedelagrandecour@wanadoo.fr • fermedelagrandecour.com • ♿ (resto slt). Bien fléché en arrivant dans le village. Tlj. Doubles 65-85 €.*

LE CALVADOS

½ pens demandée le w-e et en hte saison 65-90 €/pers. Menus 23 € (sf dim et j. fériés), puis 30-49 €. Apéritif maison offert sur présentation de ce guide. Jolie maison en pierre, brique et ardoise, qui de tout temps fut un hôtel, comme en témoigne l'antique kiosque à musique dans le jardin. Calme total dans cet environnement boisé et arboré, au fond d'une grande allée où gambadent quelques chevaux. Les chambres sont agréables, simples, mais au confort suffisant. Celles dans l'édifice au fond du jardin sont un peu moins agréables. Aux beaux jours, délicieuse et verdoyante terrasse.

IOI *L'Assiette des Mondes :* *39, chemin de la Croix-Rouge, dans le village d'**Équemauville,** 14600 Honfleur. ☎ 02-31-81-52-11. • info@assiettedesmondes.fr • Tlj sf mer, plus mar soir hors saison. Résa conseillée le soir. Formule déj en sem 12,50 € ; menus 19-29 € ; carte 30-40 €. Apéritif offert sur présentation de ce guide.* Une jolie adresse, à l'écart des usines à bouffe de la côte. Il suffit de faire 2 km pour trouver ce lieu aéré et zen, entouré de verdure, aux tables espacées, à la cuisine libre, mélangeant allègrement les saveurs d'ici et d'ailleurs, aussi bien normandes que marocaines, avec parfois quelques détours vers l'Asie. Des assiettes bien tournées, pleines de saveur, copieuses, appuyées par un service cool.

LE CALVADOS

Beaucoup plus chic

IOI *Auberge de la Source :* *chemin du Moulin, 14600 **Barneville-la-Bertran.** ☎ 02-31-89-25-02. • contact@auberge-de-la-source.fr • auberge-de-la-source.fr • À 6,5 km de Honfleur par la D 279. En basse saison, resto fermé le midi lun-mer. Congés : de mi-nov à mi-déc. Doubles 115-250 € selon confort et saison ; familiales (2 adultes, 2 enfants) 200-280 € ; petit déj 15 €. Menu unique 39 €. Boisson d'accueil offerte sur présentation de ce guide.* Difficile d'imaginer plus bucolique, plus charmant, plus impressionniste ! À quelques encablures de la côte, au cœur du bocage normand, cette auberge de charme est un véritable havre de paix. Une ferme à colombages et une demeure de brique rouge enserrent un jardin fleuri et un bassin poissonneux ; l'ensemble, pour sûr, n'aurait pas déplu à Monet. Les chambres, plus ou moins spacieuses, allient confort moderne et charme rustique, dans un esprit et des tons actuels. Resto sur place, proposant un menu unique, à base de produits frais. Vélos à disposition.

Où manger sur le pouce ?
Où déguster une glace ? Où boire un verre ?

Glace de la ferme du Bois Louvet *(plan B2, **42**) : 4, pl. de l'Hôtel-de-Ville. ☎ 02-32-57-66-76. • gboislou@orange.fr • De Pâques à mi-mai et oct-déc, sam 12h-20h ; de mi-mai à sept, tlj. Congés : janv-mars.* Qu'on aime la simplicité de cette adresse qui tranche avec les adresses si bien léchées de Honfleur ! Et on aime encore plus les glaces faites avec le lait de la ferme et de vrais fruits !

Bar L'Albatros *(plan B2, **40**) : 32, quai Sainte-Catherine. ☎ 02-31-89-25-30. • martignyr@wanadoo.fr • Tlj. Petits déj 3,50-15 €.* Ce bar de marins, jeune et sympa, est l'endroit favori des amateurs de bonne musique et autres philosophes qui, confortablement installés, refont le monde tout en sirotant une « eau chaude » (spécialité du coin : façon soft et originale de découvrir le calva)... Quelques tables face aux bateaux.

Le Perroquet Vert *(plan B2, **41**) : 52, quai Sainte-Catherine. ☎ 02-31-89-14-19. • perroquet-vert@wanadoo.fr • Tlj 8h-2h (1h hors saison).* Situé à tribord de *L'Albatros,* ce bar, ambiance taverne, tenu par un vieux loup de mer, propose d'excellentes mousses (une centaine au catalogue) à déguster sur fond de musique rock. Chaleur humaine assurée le week-end et les soirs de régate. En fin d'après-midi, installez-vous en terrasse et contemplez le ballet permanent des plaisanciers.

Achats

Fromages Maître Pennec *(plan B2)* **:** *au marché, pl. Sainte-Catherine, sam mat.* L'étal est superbe et l'esprit truculent. Au programme, coup de pied au cul (fromage au calva), cul terreux, vierge folle, puant normand (un panonceau précise : le nez dans le cru !), etc. Sans oublier l'indispensable claquos au calvados. Sinon, on peut acheter ces produits à la ***fromagerie Maître Pennec de Saint-Benoît-d'Hébertot*** *(sur la route D 675,* ***Les Barquets,*** *entre Beuzeville et Pont-l'Évêque ; ☎ 02-31-64-39-49).*

Gribouille *(plan B2)* **:** *14, rue de l'Homme-de-Bois (rue Haute). ☎ 02-31-89-29-54. Tlj 9h30-13h, 14h-19h, fermé mer en hiver.* Une jolie boutique où le patron (de bon conseil) propose tout ce que le terroir normand produit de meilleur : cidre fermier, pommeau, calvados (impressionnante sélection !), poiré, tripes en bocal comme confitures et autres gourmandises.

Gris Pomme *(plan B3)* **:** *32, rue de la Ville. ☎ 02-31-89-39-99. En face de la médiathèque. Ouv tlj en saison 10h-13h, 14h-19h ; fermé lun-mar, hors vac scol et 15 nov-15 fév.* Des vêtements aux matières confortables et des accessoires pour femmes, de créateurs précurseurs mais aussi de plus méconnus... Déco et ambiance dans l'esprit.

À voir

Un pass (à acheter dans l'un des musées concernés) donne accès aux 4 musées de la ville : 10,30 €/adulte ; réduc. Intéressant, même si vous ne visitez que 2 musées (sf s'il s'agit des musées d'Ethnographie et de la Marine, pour lesquels il existe un billet jumelé à 5,30 €).

Les greniers à sel *(plan B3)* **:** *rue de la Ville.* Superbes entrepôts du XVIIe s, aux murs épais édifiés avec les pierres de démolition des remparts, et à la remarquable charpente. On peut les voir pendant les expositions (intéressantes) qui s'y tiennent ou lors de visites guidées de la ville.

Le musée de la Marine *(plan B3)* **:** *quai Saint-Étienne. ☎ 02-31-89-14-12. ♿ De mi-fév à fin mars et oct-nov, mar-ven 14h30-17h30, le w-e 10h-12h, 14h30-17h30 ; avr-sept, tlj sf lun 10h-12h, 14h-18h30. Entrée : env 4,10 € ; réduc.* Dans la jolie petite église Saint-Étienne, le long du vieux bassin. Des documents et des objets soulignent le rôle des marins de Honfleur dans la découverte et la colonisation du Nouveau Monde : pêche à la morue, à la baleine, traite négrière... Maquettes de bateaux, canons, une figure de proue, coffres de marine, un superbe scaphandre...

Le musée d'Ethnographie *(plan B3)* **:** *rue de la Prison. ☎ 02-31-89-14-12. Mêmes horaires et tarifs que le musée de la Marine.* Dans neuf pièces, reconstitution d'intérieurs normands avec meubles anciens, costumes et faïences. La visite se termine par l'échoppe du mercier, véritable boutique du XIXe s dans une maison du XVIe s. Dans la cour, un curieux puits à roue sous sa charpente en bois, ainsi que la prison et ses cachots.

Le vieux bassin *(plan B2-3)* **:** l'endroit le plus connu de la ville, premier au hit-parade des couvertures de calendriers des postes. Créé sous Louis XIV sur ordre de Colbert, il a gardé un cachet tout particulier. Il est bordé par le quai Sainte-Catherine qui aligne ses hautes maisons étroites revêtues d'ardoise, aux étages en saillie, tassées les unes contre les autres. Chacune possède deux entrées, l'une donnant sur le quai, l'autre, au 3e étage, s'ouvrant sur la rue du Dauphin ou la rue des Logettes. Certaines atteignent sept niveaux avec seulement deux fenêtres en façade. Le quai Saint-Étienne lui fait face.

La lieutenance *(plan B2)* **:** cet étonnant bâtiment construit sur le quai, avec des tourelles d'angle, veille sur le vieux bassin. Vestige d'un castel du XVIIe s, c'était la résidence du lieutenant du roi. Enclavée dans la construction, la porte de Caen permettait l'entrée dans la ville. Sur le mur face à la mer, une plaque à la mémoire de Champlain qui partit pour le Canada en 1608 et qui fut à l'origine de la fondation du Québec.

L'église Sainte-Catherine *(plan B2)* **:** *tlj 8h30-18h (19h en été). Clocher (en fait, une dépendance du musée Eugène-Boudin) ouv aux mêmes horaires que le musée ; billet jumelé avec le musée.* Sans doute le monument le plus original de Honfleur. La façade extérieure est recouverte de bardeaux (tuiles de bois). L'ancien clocher, très pittoresque, est séparé de l'église par une petite place. La raison du divorce, au dire de certains Honfleurais, serait que l'église lui reprochait de sonner trop fort... et que ça lui flanquait le bourdon... En réalité, c'est simplement que le clocher était trop lourd pour cette charpente en bois. Construit en bois et consolidé par des poutres de châtaignier, on craignait aussi qu'un incendie ne se propage en cas de foudre. Sa forme rappelle certaines églises norvégiennes. L'église fut donc reconstruite vers 1468 ; à la fin de ce même siècle, il fallut lui ajouter une deuxième nef, car elle était devenue trop petite. L'ensemble fut restauré par un élève de Viollet-le-Duc, puis quelque peu modifié au début du XXe s. À l'intérieur, objets et costumes liturgiques.

DU PROVISOIRE QUI DURE !

Après le départ des troupes anglaises, il ne restait que des ruines de l'église Sainte-Catherine. Pour la reconstruire à moindre coût, on employa le bois de la région et on fit appel aux charpentiers de marine. Voilà pourquoi l'intérieur fait penser à une immense coque de bateau renversée. Reconstruite à la hâte et de manière provisoire, elle tient le coup depuis plus de... six siècles.

La rue des Lingots *(plan A-B2)* **:** derrière le clocher, l'une des rues les plus caractéristiques de la vieille ville. Elle a conservé son pavage, et la plupart de ses maisons de bois sont anciennes. La maison du no 30 accueillit promptement, en 1802, le général Bonaparte, alors Premier consul.

Le musée Eugène-Boudin *(plan A2)* **:** *pl. Erik-Satie. ☎ 02-31-89-54-00. ♿ (en partie). De mi-mars à sept, tlj sf mar 10h-12h (13h juil-août), 14h-18h ; reste de l'année, lun et mer-ven 14h30-17h30, le w-e 10h-12h, 14h30-17h30. Entrée : 4,50-8 € selon saison ; réduc ; gratuit moins de 16 ans. Audioguide : 2 €. Le billet donne accès au clocher Sainte-Catherine.*

Musée consacré – bien sûr – à l'enfant du pays, Boudin, mais aussi à tous ceux qui formèrent ce que l'on appela « les rencontres de Saint-Siméon », avant-garde de l'impressionnisme. C'est dans une charmante auberge des environs (aujourd'hui luxueux *Relais & Châteaux*) que Boudin retrouvait ses amis, dont Courbet. Baudelaire se joignit à eux en 1859 et y écrivit sa fameuse *Invitation au voyage*.

– ***Au 1er étage :*** la salle Désiré-Louveau, qui réunit une collection d'ethnographie normande, est fermée en 2017 pour rénovation. Vêtements traditionnels, coiffes, bonnets d'enfants (certains du XVIIIe s), vaisselle ancienne, dentelle, poupées en peau et porcelaine du XIXe s. Une salle consacrée aux artistes ayant vécu à Honfleur (Jean Driès, Fernand Herbo, Hermi de Saint-Delis) fait une large place aux œuvres de Paul-Élie Gernez, l'un des grands pastellistes du XXe s.

– ***Au 2e étage :*** les peintures. Les Boudin sont dans le fond après la chapelle. En tout, près d'une centaine d'œuvres (peintures et dessins) qui évoquent Honfleur et le pays d'Auge. Boudin y est entouré de ses amis, Courbet, Monet, Jongkind, Cals, Dubourg, Pécrus et Michel-Lévy. Dans une vitrine, les études de ciels (couvert ou couchant, lever de lune...) de Boudin montrent de façon évidente le rôle précurseur de ce peintre dans le mouvement impressionniste. Un escalier permet

LE CALVADOS

de gagner une salle largement consacrée à André Hambourg, peintre du XXe s qui affectionnait les marines. Et un cabinet de dessins et de gravures, avec une centaine d'œuvres à « feuilleter ».

– ***Au 3e étage :*** des toiles du Nabi Vallotton, des fauves Duby ou Friesz, et de quelques-uns des piliers de l'école de Rouen (proches du néo-impressionnisme), Fréchon, Couchaux ou Louvrier.

Enfin, la chapelle accueille régulièrement des expos temporaires. L'occasion de découvrir des œuvres habituellement conservées dans les réserves du musée : jouets, affiches, peintures...

Les maisons Satie *(plan A1) : 88, rue Haute. ☎ 02-31-89-11-11. Tlj sf mar 10h-19h en saison, 11h-18h hors saison. Fermé du 1er janv à mi-fév. Entrée : 6,30 € ; réduc ; gratuit moins de 16 ans. Compter 1h de visite.*

Erik Satie, musicien dont les artistes d'avant-garde (jusqu'à la techno !) revendiquent aujourd'hui encore l'influence, est né à Honfleur en 1866.

Découvrez l'univers personnel et artistique du musicien, précurseur du dadaïsme et du surréalisme, à travers un stupéfiant parcours. D'abord il y a la musique (chaque visiteur est muni d'un casque à infrarouge) : des célèbres *Gymnopédies* et autres *Gnossiennes* pour piano aux *Musiques d'ameublement,* toute l'œuvre de Satie est donnée à entendre. En même temps, on se balade de pièce en pièce, croisant une poire géante qui s'envole à tire-d'aile, découvrant 100 000 traces de pas au sol d'une chambrette, pédalant sur un bizarre carrousel, assistant sur une banquette à une houleuse représentation du ballet *Parade*... Un lieu qui se vit autant qu'il se visite, et dont on sort en méditant encore longtemps sur les aphorismes et pensées de Satie délivrés pendant la visite par la voix de Michael Lonsdale : « Chérie, si tu trouves mon style décousu, fais-y un point »...

Tout à côté, une 2de maison accueille la boutique du musée et une petite sélection d'œuvres originales de Satie et d'artistes ayant travaillé avec lui : Cocteau, Derain... *Avr-oct, aux mêmes horaires. Accès libre.*

Le jardin des Personnalités *(hors plan par A1) : à la sortie de Honfleur ; direction Deauville, à côté du Naturospace (un parc tropical dédié aux papillons) ; entrée piétonne par la jetée ouest et la digue promenade ouest ou par le parking du Naturospace. Mai-août, tlj 8h-21h ; sept-avr, tlj 8h-19h. GRATUIT.* Espace pédagogique de 10 ha avec vue imprenable sur l'estuaire. Ce parc propose une vingtaine de jardins rendant hommage aux illustres personnalités qui sont nées et ont vécu à Honfleur, tels Monet, Baudelaire... À chaque personnage sont associées plantes et essences symbolisant leur caractère, leur vie et leurs œuvres.

ELLE GAGNA ET FUT PERDUE

Le 8 août 1958, ce 8e mois, Françoise Sagan misa sur le 8 au casino de Deauville. Elle remporta 80 000 francs. À 8h du matin, elle acheta un manoir avec un parc de 8 ha à Équemauville, près de Honfleur. Sa passion du jeu la ruina.

À faire

Les plages : celle de Honfleur, accessible par la route de la côte et la jetée. À 2 km du centre, la *plage du Butin,* au pied du phare du même nom. Plus loin, à quelques kilomètres, par la corniche en direction de Deauville, la *plage de Vasouy,* un peu moins fréquentée (avec vue imprenable sur les installations du port du Havre !).

➢ ***Promenades en mer :*** *avec les vedettes* L'Évasion III *et* La Lieutenance, *quai des Passagers. 06-14-96-37-95. Ou avec le* Jolie France *(de l'autre côté du bassin ; 06-71-64-50-46). D'avr à mi-oct, min 4 départs/j. Balade 1h30. Tarif : env 10 €/adulte ; réduc.*

➢ ***Croisière entre Paris et la Côte Fleurie : CroisiEurope,** 147, bd du Montparnasse, 75006 Paris. ☎ 01-44-32-06-60. • croisieurope.com • Compter min 5 j. (4 nuits).* Une autre façon de découvrir la côte normande, au fil de l'eau. Au départ de Honfleur, on peut remonter la Seine jusqu'à Paris, en s'arrêtant à Duclair, Rouen et Les Andelys. D'autres parcours sont possibles.

Fêtes et manifestations

– ***Fête des Marins :*** *chaque année, pdt le w-e de la Pentecôte.* Le dimanche, à l'heure de la marée, bénédiction de la mer, face au port. Pêcheurs et plaisanciers décorent leurs bateaux de roses en papier puis forment un cercle dans l'estuaire. Une gerbe pour les personnes ayant péri en mer est jetée d'un avion. Le lendemain à 9h, procession jusqu'à la chapelle de la Côte de Grâce..
– ***Jazz aux greniers :*** *mi-août. • jazzauxgreniers.com •* Amateurs de jazz, ne manquez pas ce rendez-vous annuel.
– ***Estuaire d'en rire :*** *6 j. fin sept. • estuairedenrire.com •* Festival... comique.
– ***Fête de la Crevette :*** *un w-e fin sept-début oct. ☎ 02-31-81-88-00 ou 02-31-89-23-30.* Autour du vieux bassin. Célébration d'une pêche traditionnelle du port de Honfleur : celle de la « petite grise ». Rassemblement de vieux gréements et démonstration de techniques anciennes. Concerts de chants de marins.

LE PAYS D'AUGE

Région enchanteresse de Normandie, voici l'arrière-pays conforme à toute image idéalisée de la campagne française : toits de chaume, vaches grasses, pommiers en fleur, vert profond des doux pâturages, adorables fermettes à pans de bois, villages proprets, cuisine à la crème et bonnes bouteilles d'eau-de-vie de derrière les fagots...
Le pays d'Auge, les habitués de la Côte Fleurie le connaissent bien. On trouve dans le pays augeron tous les ingrédients du week-end réussi : manoirs de rêve, ruisseaux vagabonds, chemins de traverse (qui semblent avoir été inventés pour le cheval et le VTT), chapelles rafraîchissantes et paisibles hameaux échappés des gravures des siècles passés. Quant aux fromages qui ont fait, avec le cidre et le calva, la renommée du coin, leurs fiefs (Livarot, Pont-l'Évêque, etc.) parlent d'eux-mêmes !

PONT-L'ÉVÊQUE

(14130) 4 620 hab. *Carte Calvados, D1*

La capitale historique du pays d'Auge a réussi à conserver un certain dynamisme et la proximité de l'autoroute a permis son désenclavement. Le centre

offrira quelques surprises à qui prendra la peine de s'y dégourdir un peu les jambes : le quartier de Vaucelles et ses maisons à pans de bois, le joli jardin médiéval du couvent des dominicaines ou celui de la Touques, près de l'église Saint-Michel et de la rivière. Les environs de Pont-l'Évêque recèlent également moult coins intéressants et des adresses de charme que l'on quitte à regret. Mais le pont-l'évêque, c'est aussi une pâte onctueuse, à base de lait provenant principalement de vaches normandes, et qui fait encore fantasmer les adorateurs de fromages. Il est réputé depuis plus de 700 ans – on en parlait déjà dans le *Roman de la rose* ! –, et il est protégé par une AOP. Dommage toutefois que l'AOC accepte désormais l'usage de lait pasteurisé au détriment du lait cru. C'est l'identité même du fromage qui est ainsi remise en cause.

Adresses et infos utiles

Office de tourisme de Blangy-Pont-l'Évêque : *16 bis, pl. Jean-Bureau. ☎ 02-31-64-12-77. • blangy-pontleveque.com • En plein centre. Juil-août, lun-sam 9h30-13h, 14h-18h30, plus dim mat ; le reste de l'année, lun-sam 10h-12h30, 14h-18h, plus dim mat mai-juin et sept. (payant).* Distribue un dépliant-visite pour découvrir le vieux quartier de Pont-Lévêque. En juillet-août, « Visite commentée de la ville » tous les mardis à 15h *(5 €/pers).* Dépositaire de tickets *Bus verts.*

Gare SNCF : *un peu excentrée, au sud-est du centre-ville. ☎ 36-35 (0,34 €/mn).*

Cycles Jocelyn : *1, pl. Robert-de-Flers. ☎ 02-31-65-14-27.*

– **Marchés :** *lun mat, sur la pl. Foch.* **Marché campagnard à l'ancienne :** *pl. des Dominicaines, dim 10h-13h à Pâques, à la Pentecôte, ainsi qu'en juil-août.* Produits du terroir (fromages, cidre, pommeau, calvados), marchands en costumes traditionnels, danses folkloriques, démonstrations de vieux métiers, etc.

Où dormir ?

Camping

Camping du Lac : *au lac de Pont-l'Évêque. ☎ 02-31-64-31-31. • info@lacdepontleveque.com • lacdepontleveque.com • Au sud de Pont-l'Évêque, direction Lisieux, par la D 48 ; à 15 mn à pied du centre. Ouv mars-oct. Compter 18,80 € pour 2 avec tente et voiture ; cabanes flottantes 4 pers 80-120 €/nuit selon saison. 280 empl.* Près du lac. Terrain vert et arboré. Bien que le cadre soit assez beau, on s'y sent un peu à l'étroit. Plage de sable à deux pas. Un peu bruyant les soirs de fête au resto voisin. Également de sympathiques cabanes flottantes que l'on gagne en barque ou en embarcations à pédales.

De bon marché à prix moyens

Hôtel de France : *1, rue de Geôle. ☎ 02-31-64-30-44. • info@hotel-pontleveque.fr • hotel-pontleveque.fr • Dans une petite rue tranquille, perpendiculaire à la rue principale. Fermé le dim nov-mars. Congés : 2 sem en fév. Doubles 45 € (w-c sur le palier)-62 € selon confort et saison; familiales 62-82 €.* Petit établissement tout propre, accueillant, aux couleurs vives et chaudes. Chambres pimpantes, qu'elles soient avec salle de bains privée ou sur le palier. Certaines offrent même une gentille vue sur les douillettes prairies normandes et leurs inévitables vaches. Vraiment un très bon rapport qualité-prix.

Où manger ?

Le Bouchon Normand – Auberge Le Saint-Mélaine : *7, rue Saint-Mélaine. ☎ 02-31-64-01-64. • albert.pradel1514@gmail.com • Tlj sf lun et dim soir, plus jeu soir hors juil-août. Résa fortement conseillée. Formule déj* *en sem 17,30 € ; menus 16,50-27 €.* Une toute petite salle façon bistrot (où les tables jouent un peu des coudes). De bonnes viandes et autres abats (le chef est fils de boucher) dans la grande tradition : de la blanquette à la tête de veau. La cuisine comme le service prennent leur temps ; faites de même...

Où dormir ? Où manger dans les environs ?

Chambres d'hôtes Le Prieuré Boutefol : *313, route de Rouen, 14130* ***Surville.*** *☎ 02-31-64-39-70. • info@prieureboutefol.com • prieureboutefol.com • À la sortie de Pont-l'Évêque, prendre direction Rouen. Env 800 m après Intermarché, sur la gauche. Sur résa slt. Doubles 80-105 € selon confort ; suite familiale 5 pers 150 €.* Dans un écrin de verdure sur 3 ha, un prieuré et ses écuries transformées en chambres d'hôtes. Toiles de Jouy pour tout le monde, mais à chacune sa couleur et sa déco de caractère. La suite familiale est vraiment adaptée aux familles ; à vrai dire, il ne lui manque qu'une cuisine pour ressembler à un petit appartement coquet ! Piscine également dans le parc, où se prélasser en écoutant les gazouillis des oiseaux.

Auberge Saint-Martin : *route de Rouen, 14130* ***Surville.*** *☎ 02-31-64-03-77. • info@aubergesaintmartin.com • À la sortie de Pont-l'Évêque, prendre la direction Rouen. À 900 m après Intermarché, sur la droite. Tlj sf mer midi (plus le soir mar-mer et dim hors saison). Formule déj en sem 15 € ; menus 21-27 €. Apéritif maison offert sur présentation de ce guide.* Une petite auberge de bord de route, sans prétention, où l'on vient d'abord pour le petit menu du midi. Cuisine maison, de saison et de terroir, à déguster dans une salle coquette et agréable.

Les Fleurs : *route de Lisieux, 14130* ***Manneville-la-Pipard.*** *☎ 02-31-64-09-00. À 4 km au sud-est de Pont-l'Évêque par la D 579a. En face de l'église. Ouv le midi slt, tlj sf sam hors saison. Menus 12,90 €, 18-24 € dim et j. fériés ; carte env 30 €. Sorbet au calva offert sur présentation de ce guide.* Une auberge de campagne pas touristique pour un sou. Bistrot dans son jus au rez-de-chaussée pour le roboratif menu du jour. Petite salle typique (avec colombages et nappes à carreaux) à l'étage pour les agapes du dimanche quand on se retrouve autour d'une solide cuisine de tradition, à base de produits frais.

LE CALVADOS

À voir. À faire

L'église Saint-Michel : construite à la fin du XVe s. Curieuse tour carrée, couronnée d'ardoises. Façade gothique et haute nef unique. À l'intérieur, vitraux modernes qui contrastent avec l'ensemble.

La place du Tribunal : conserve quelques souvenirs anciens, maisons à pans de bois et beaux bâtiments du XVIe s notamment. Admirez la fontaine totalement restaurée et remise à flot.

L'ancien couvent des Dominicaines : *à côté du tribunal. ☎ 02-31-64-89-33. Juil-août, tlj 10h30-12h30, 14h30-18h ; avr-juin*

LA « JOYEUSE » PRISON

La prison, construite en 1823, de style néoclassique, fut le théâtre de l'arrestation du braqueur René la Canne en 1949. Le geôlier était tellement sympa que les prisonniers participaient à la bonne marche de la maison. Balayages, fiches de paie, etc. D'ailleurs la porte était toujours ouverte ! Quand René la Canne s'évada plus tard, il scia les barreaux, fit le mur, pour être « en règle » avec son statut de prisonnier. C'eût été trop facile sinon, et surtout, ça aurait porté préjudice à son ami geôlier ! Ce sera le scénario du film La Joyeuse Prison *d'André Berthomieu avec Michel Simon et Darry Cowl en 1956.*

et sept, mer-dim 10h30-12h30, 14h30-18h ; oct-mars, mer-dim 14h30-18h. Entrée : 3,50 € ; réduc. De ce couvent, détruit en grande partie par les révolutionnaires, subsiste une belle bâtisse de style Renaissance à colombages, avec balustrade et escalier de pierre, totalement restaurée et désormais transformée en espace culturel. Petite expo ludique retraçant l'histoire de la ville. Ainsi apprend-on les différentes hypothèses concernant l'origine du nom de la ville, que l'on vous laisse découvrir par vous-même ! D'autres expos temporaires au rez-de-chaussée. Abrite aussi l'artothèque.

Le jardin du couvent : *à l'arrière du couvent. Accès libre.* Création bien menée d'un jardin médicinal tel qu'il aurait pu exister aux XVIIe et XVIIIe s. Chaque plante a une valeur thérapeutique indiquée et toutes sont disposées autour d'un corps humain imaginaire. On découvre, par exemple, que les « maladies des femmes » étaient soignées à l'époque grâce à l'ortie blanche, la camomille, les pois, l'armoise et les haricots !

L'hôtel Montpensier : *à hauteur du 38, rue Saint-Michel.* Anne Marie Louise d'Orléans, duchesse de Montpensier et nièce de Louis XIII, plus connue sous le surnom de la Grande Mademoiselle, n'y a jamais mis les pieds ! Mais cet hôtel présente une belle façade du XVIIe s, de brique rose et de pierre blanche, derrière laquelle s'abrite aujourd'hui la bibliothèque municipale. L'hôtel de ville est lui aussi installé dans un élégant ancien hôtel particulier : l'*hôtel de Brilly*.

La base de loisirs du lac : • *lacdepontleveque.com* • Nombreuses activités aquatiques (payantes Pâques-Toussaint). Resto sur place. Possibilité de faire le tour du lac (3,5 km) et de rallier la ville par un sentier (2,4 km) le long de la Touques.

LE CALVADOS

Fête et manifestations

- ***Festival du film d'animation :*** *avr.* Au cinéma de Pont-l'Évêque.
- ***Fête du Fromage :*** *2e w-e de mai.* Concours du meilleur pont-l'évêque, dégustation-vente de produits régionaux.
- ***Foire aux arbres :*** *nov (Sainte-Catherine).* Vente et exposition de nombreux arbres et plantes.

DANS LES ENVIRONS DE PONT-L'ÉVÊQUE

Calvados Christian Drouin – Domaine Cœur de Lion : *1895, route de Trouville, 14130* ***Coudray-Rabut.*** *☎ 02-31-64-30-05.* • *calvados-drouin.com* • *Sur la D 677, entre Pont-l'Évêque et Deauville, sur la gauche. Visites guidées pour les particuliers lun-sam 9h-12h, 14h-18h. GRATUIT.* Une distillerie artisanale et familiale à l'architecture augeronne typique du XVIIe s. Voir cet alambic à roulettes datant de 1946, qui servait à la distillation dans les fermes, ou bien ces fûts de chêne, aux formes peu conventionnelles dans les chais : la forme ovoïde permettait aux producteurs de tricher quelque peu sur la contenance exacte de leurs tonneaux ! Dégustation gratuite de cidre, pommeau et calvados, et une gamme unique de vieux millésimes qui remonte jusqu'à 1939.

BEAUMONT-EN-AUGE (14950) 440 hab. *Carte Calvados, C1-2*

À 6 km à l'ouest de Pont-l'Évêque. Village mignon comme tout, aux belles maisons anciennes, bâti sur une colline offrant une jolie vue sur la vallée de la Touques. Beaucoup de visiteurs par beau temps, ce qui se comprend, vu la proximité de Deauville et de ses consœurs.

Où dormir ? Où manger ?

Le P'tit Beaumont : *20, rue du Paradis. ☎ 02-31-64-80-22. • ptit.beaumont@orange.fr • leptitbeaumont.fr • Resto ouv le midi lun-sam, plus le soir ven-sam. Doubles 75-95 €. Menus env 14,50 € le midi en sem, 21,90 € le soir et sam midi.* Un petit bistrot de campagne revu et corrigé. La salle se prend pour un loft modèle réduit, la terrasse dans le jardin est des plus agréable, et la cuisine – entre plats un peu mode et classiques de toujours – s'en sort fort bien. Le rapport qualité-prix est presque stupéfiant pour la région. Évidemment, tout ça se sait dans le coin et pas mal d'artisans en ont fait leur cantine. Résa conseillée donc (même en semaine, même en hiver...). Quelques chambres, plaisantes, pour qui ne souhaiterait plus repartir.

Où manger dans les environs ?

La Haie Tondue : *au lieu-dit du même nom, 14130* ***Drubec.*** *☎ 02-31-64-85-00. • la-haie-tondue@orange.fr • À 2 km au sud de Beaumont-en-Auge, à l'intersection de la D 675 et de la D 58 ; au bord du rond-point. Fermé lun soir et mar, plus lun midi hors saison. Congés : 2 sem en janv, 1 sem en juin et 1 sem en nov. Formule déj lun-sam 18,50 € ; menus 29,50-44,50 €.* Belle maison ancienne couverte de vigne vierge et très bonne table à prix relativement démocratiques. Cadre traditionnel, raffiné et agréable avec ses murs à colombages et ses poutres. Service impeccable, bonne cave et plats bien exécutés. Les desserts nous ont particulièrement conquis. Les menus changent tous les mois.

LE CALVADOS

À voir

L'église : la principale curiosité du village, avec les maisons voisines. La moitié du bâtiment a disparu, d'où l'étrange impression laissée par la disposition intérieure (pas de chœur, par exemple). Les fondations de cet ancien prieuré dateraient du XIe s. Nef bizarrement tronquée mais beau plafond voûté, en pierre. Stalles en bois (à l'entrée), chapiteaux sculptés et vitraux modernes et lumineux. Remarquer également le clocher à tourelle.

PIERREFITTE-EN-AUGE

(14130) 160 hab. *Carte Calvados, D2*

Absolument exquis. Bâties à flanc de coteau dans un site vallonné et feuillu, quelques habitations surplombent la vallée de la Touques. Au milieu du village, église du XIIIe s. Les poutres soutenant la voûte furent peintes au XVIIe s.

Où dormir dans les environs ?

Chambres d'hôtes Ferme de la Pomme : *14590* ***Le Pin.*** *☎ 02-31-61-96-09. 📱 06-87-17-16-12. • contact@fermedelapomme.com • fermedelapomme.com • Depuis Pierrefitte (à 12 km), suivre la D 51 jusqu'à Blangy-le-Château, puis Le Pin jusqu'à la sortie du village. Ouv avr-oct. Double 70 € ; familiale 3-4 pers 90-120 €. Également une roulotte tt confort 95 € pour 2 ; 85 € à partir de 2 nuits. Table d'hôtes sur résa mar-mer et ven-sam*

28 € tt compris. Dans une ancienne ferme du XVIIe s, 3 jolies chambres douillettes, dont une suite pour 4 personnes. Déco fraîche et colorée. Jardin fleuri et coquet avec chaises longues et cuisine d'été. Accueil charmant.

DANS LES ENVIRONS DE PIERREFITTE-EN-AUGE

Saint-Hymer et son église : encore un village tout mignon, niché au creux d'un vallon. En face de l'église, bassin-lavoir et maisons à pans de bois, avec la forêt tout autour. Quant à l'église, elle est d'une richesse surprenante pour un aussi petit village. Chœur du XIVe s, de style gothique rayonnant. Nef tout en longueur (mais pas franchement droite et au plafond très ondulant !). Autel du XVIIIe s et vitraux du XVe s. Statues polychromes du XVIIIe s. Belles stalles sculptées dans le chœur et jolie chaire dans une tourelle intérieure.

« VEDETTE » DU PETIT ÉCRAN

Dans le cimetière que l'on traverse pour entrer dans l'église Saint-Hymer est enterrée une star : la Mère Denis ! Eh oui, la vedette du « Ça c'est vrai, ça ! » de la pub TV des années 1970 qui vantait une machine à laver du même nom, a terminé sa vie ici, dans l'ancien prieuré transformé en maison de retraite. L'histoire ne dit pas si elle y faisait la lessive.

Le Mesnil-sur-Blangy : *à 5 km à l'est de Pierrefitte.* Minuscule village isolé, auquel on accède par une petite route verdoyante. Ne manquez surtout pas l'intérieur de sa très belle ***église*** romane en pierre et au clocher de brique et d'ardoises. Sa décoration est étonnante. Plafond en arceau, entièrement en bois. La voûte, célèbre dans la région, fut peinte au XIXe s. Les poutres sont décorées de têtes de dragons.

LISIEUX

(14100) 21 390 hab. *Carte Calvados, D2*

• Plan *p. 301*

Actuelle « capitale » du pays d'Auge, cette vieille cité a longtemps vécu du commerce agricole. Il ne reste, hélas, pas grand-chose de son passé, la ville ayant été rasée par les bombardements de la Seconde Guerre mondiale. Les nouveaux bâtiments fleurissent toujours, comme cette médiathèque au toit soufflé d'une vague verte assez étrange. Au sous-sol de celle-ci, les curieux pourront admirer les vestiges de l'ancienne voie romaine qui passait à Lisieux (accès gratuit).
Lisieux s'est reconvertie dans le tourisme religieux, avec sainte Thérèse. Et même si la ville fait de vrais efforts pour ne pas être réduite à cette image, ceux qui par hasard auraient une sainte horreur des démonstrations de foi pourront se contenter d'une balade dans les rues. Les autres auront du pain (bénit) sur la planche.

UN PEU D'HISTOIRE

Depuis les temps les plus reculés, Lisieux semble placée sous le double signe de la guerre et de la religion. Bombardée 13 fois à la Libération, la ville flambe. Indemne (certains ont crié au miracle !), la basilique trône sur des arpents de décombres. La cathédrale Saint-Pierre, elle aussi, est épargnée. Dieu doit beaucoup aimer son église ici !

De tout temps, en tout cas, Lisieux fut terre d'élection de l'Église catholique. Les fameux évêques de Lisieux étaient riches et puissants. On les redoutait dans toute la Normandie. À tel point qu'ils firent fortifier le quartier qui leur était dévolu, au Moyen Âge, avant que la ville elle-même n'ait une enceinte pour la protéger des guerres et des épidémies !

SAINTE THÉRÈSE... DE LISIEUX

Autre camp retranché, le Carmel voit le jour en 1838. Un demi-siècle plus tard, en 1888, ce couvent d'un genre particulier reçoit la plus célèbre de ses pensionnaires : celle qu'on n'appelle encore que Thérèse Martin. Très tôt orpheline de sa mère (elle avait 4 ans et demi), la petite Thérèse quitte Alençon, sa ville natale, avec le reste de sa famille pour s'installer à Lisieux. Gravement malade à l'âge de 10 ans, elle voit aux Buissonnets la statue de la Vierge lui sourire : elle est guérie et dès lors n'a plus qu'une obsession : prendre le voile. Malgré son jeune âge (15 ans), elle y sera autorisée par l'évêque de Bayeux en personne. Grande mystique, elle passe 9 ans enfermée au Carmel, priant, jeûnant et se mortifiant, selon la règle de l'ordre. Le film d'Alain Cavalier *Thérèse* (prix du jury à Cannes en 1986) raconte merveilleusement cette histoire édifiante. Emportée par la tuberculose à l'âge de 24 ans, sainte Thérèse de l'Enfant-Jésus est aujourd'hui considérée dans le monde entier comme la plus grande sainte des temps modernes (dixit Pie X). Et évidemment, Lisieux ne l'oublie pas en accueillant plus de 800 000 pèlerins par an. Béatifiée en 1923, canonisée 2 ans plus tard, glorifiée par l'édification de la basilique en 1929, la petite Thérèse fut déclarée docteur de l'Église le 19 octobre 1997. Ses parents, Louis et Zélie Martin, furent béatifiés en octobre 2008, puis les premiers à être canonisés en tant que couple en 2015. Trois saints dans la même famille, pas mal non ?

VOYAGES EN KIT

Près de 2 000 églises, chapelles ou instituts religieux sont dédiés à sainte Thérèse dans le monde. Pour que chacun puisse rendre hommage à la sainte, depuis 1994, une partie des reliques voyage à travers le monde : les foules de 35 pays sur les cinq continents ont déjà accueilli quelques pièces de cet étrange puzzle.

LE CALVADOS

Adresses utiles

Office de tourisme *(plan A-B2) : 11, rue d'Alençon. ☎ 02-31-48-18-10. • lisieux-tourisme.com • Juil-août, lun-sam 8h30-18h30, dim et j. fériés 9h30-12h30, 14h-16h30 ; avr-juin, sept-oct 9h-12h30, 13h30-18h (plus dim 9h-13h juin et sept) ; hors saison, horaires restreints (fermé lun mat nov-fév).* Organise en haute saison de nombreuses visites de Lisieux et du pays d'Auge, dont des visites nocturnes et musicales de la cathédrale Saint-Pierre (payant) et des visites de haras. Suivre aussi le parcours pédestre « Sur les pas de sainte Thérèse », matérialisé par une ligne bleue au sol. Location d'audioguide (durée : environ 2h pour une trentaine de sites du centre-ville). Brochure avec plan.

Cycles Billette *(plan B1, **1**) : 20, rue au Char. ☎ 02-31-31-45-00.*

Où dormir ?

Camping

Camping de la Vallée *(hors plan par A1, **10**) : 9, route de la Vallée, au lieu-dit la Vallée. ☎ 02-31-62-00-40. 06-62-91-62-40. • tourisme@lintercom.fr • lisieux-tourisme.com • Bus depuis la pl. François-Mitterrand, arrêt*

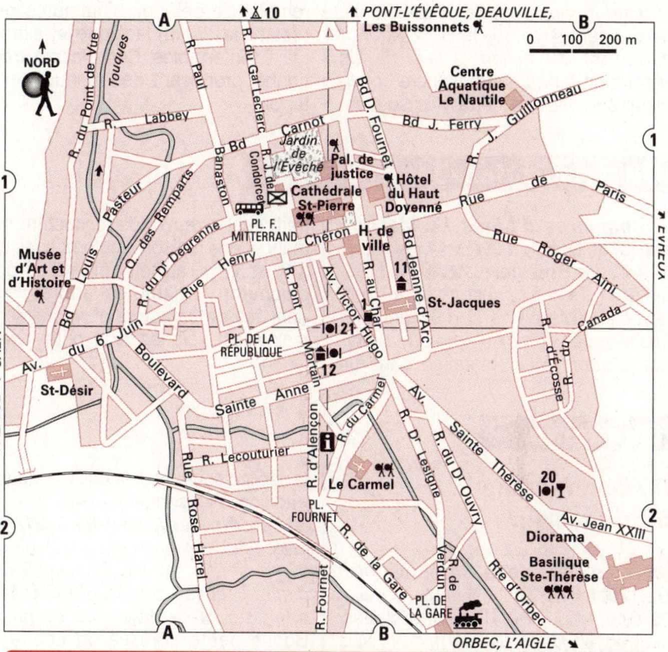

LISIEUX

■ **Adresses utiles** 🛈 Office de tourisme 1 Cycles Billette ⛺ 🏠 **Où dormir ?** **10** Camping de la Vallée	**11** Hôtel Saint Louis **12** La Coupe d'Or 🍴 🍷 **Où manger ?** **20** Le Café de la Basilique **21** Aux Acacias

Lycée-Paul-Cornu. À 2 km à l'est de la ville ; de la pl. François-Mitterrand, suivre la rue du Général-Leclerc, puis la rue Paul-Cornu (au niveau du garage Renault). Ouv avr-début oct. Compter 11,30 € pour 2 avec tente et voiture ; mobile homes 250-399 €/sem selon saison. CB refusées. 73 empl. À 20 mn à pied du centre. Pas cher, mais équipement limité et un peu près de la route.

De bon marché à prix moyens

🏠 ***Hôtel Saint Louis*** *(plan B1, **11**) : 4, rue Saint-Jacques. ☎ 02-31-62-06-50. • soferron@hotmail.fr • hotelsaintlouis-lisieux.com • Doubles 60-80 € selon confort ; triple 80 €. Café offert sur présentation de ce guide.* Un petit hôtel d'après guerre doté d'un vrai charme et d'un réel cachet, et qui parvient, malgré tout, à maintenir des prix doux. La douzaine de chambres, réparties sur 3 étages (sans ascenseur), bénéficient d'une déco personnalisée. Une adresse adorable (comme l'accueil) qui tranche résolument avec l'hôtellerie locale.

🏠 🍴 ***La Coupe d'Or*** *(plan A-B2, **12**) : 49, rue Pont-Mortain. ☎ 02-31-31-16-84. • lacoupedor@orange.fr • la-coupe-dor.com • Resto ouv le soir tlj* *sf dim-lun midi. Double 68 €. Formule 14 €. Menus 15,50-36 €. Apéritif offert sur présentation de ce guide.* Un hôtel bien tenu à l'atmosphère conviviale, au cœur de cette ville souvent remplie de pèlerins. Chambres propres, à la déco classique et simple, mais confortables. Resto assez traditionnel proposant des menus mer et terroir.

Où dormir dans les environs ?

Chambres d'hôtes Le Manoir : *chez Paul Delort, route des Monceaux, 14340* **La Boissière.** *☎ 02-31-32-20-81. À 7 km à l'ouest de Lisieux par la D 613 puis par la D 103, direction Les Monceaux, sur 1 km. Ouv mars-oct. Double 59 €.* Installée dans un petit chef-d'œuvre d'architecture normande, une maison à colombages des XIVe et XVe s, au toit coiffé d'un petit clocheton. Chambres sobres, non dénuées de caractère et au calme (la maison est éloignée de la route). Grand jardin.

Où manger ?

De bon marché à prix moyens

Le Café de la Basilique (plan B2, **20**) : *31-33, av. Sainte-Thérèse. ☎ 02-31-62-07-44. • cafedelabasilique@orange.fr • Ouv le midi tlj, plus le soir jeu-sam. Fermé mer. Formules ou menus 17,90-24,90 €.* Bar-brasserie posé, comme son nom l'indique, à une petite centaine de mètres de la basilique et, pour rester dans l'esprit (saint), associé à une boutique de souvenirs. Les salles sont un peu design, le service souriant et la cuisine, dans la tradition, s'en sort plutôt bien.

Aux Acacias (plan A-B1-2, **21**) : *13, rue de la Résistance. ☎ 02-31-62-10-95. Tlj sf dim soir-lun. Menus 19 € (sf dim et j. fériés), puis 26,50-53 €. Café offert sur présentation de ce guide.* Bonne petite adresse du centre de Lisieux, au décor très champêtre, presque *British.* Ce cadre frais tranche agréablement avec le gris qui domine en ville. Les 1ers menus offrent un bon rapport qualité-prix et permettent de goûter à une honnête cuisine de terroir, quelque peu allégée.

À voir. À faire

➢ **Balades à travers la ville :** un circuit « ligne bleue » suit les pas de sainte Thérèse *(brochure à l'office de tourisme).*

La cathédrale Saint-Pierre (plan A-B1) : *pl. François-Mitterrand. (accès côté sud). Tlj 9h30-18h30.* Construite du XIIe au XVIe s, la cathédrale conserve néanmoins un style gothique, comme en témoignent la façade et le chœur, tous deux du XIIIe s. Grande et haute nef, et plan en croix aux élégantes proportions. Les lieux eurent une certaine importance dans l'histoire religieuse. On prétend qu'Henri II et Éléonore s'y seraient mariés. En tout cas, c'est bien ici que le fameux évêque Pierre Cauchon (qui mena le procès de Jeanne d'Arc) est enterré. La petite Thérèse, avant de devenir sainte, aimait beaucoup s'y recueillir. D'ailleurs, le maître-autel fut offert par son père. L'église possède une décoration intérieure assez riche : nombreux tableaux du XVIIIe s, bas-reliefs du XVe s, quelques vitraux du XIIIe s et, dans les chapelles, statues du XVIIe s. Derrière la cathédrale, joli jardin de l'Évêché (voir, plus loin, le texte consacré au palais de justice).

L'hôtel du Haut Doyenné (plan B1) : *rue Henry-Chéron, derrière la cathédrale. Ne se visite pas.* Construite au XVIIIe s pour loger le no 2 de l'épiscopat, cette noble bâtisse en brique et en pierre de taille fait montre d'un luxe peu compatible avec le vœu de pauvreté...

🕵 ***Le palais de justice*** *(plan A-B1) : cour Matignon, entre la poste et la cathédrale.* Le porche donne sur une belle cour carrée. Il s'agit en fait de l'ancien palais épiscopal du XVIIe s. Juste derrière s'étend le vaste ***jardin de l'Évêché,*** à la française (dessiné, paraît-il, par Le Nôtre). Un chouette endroit où pelouses et jets d'eau attirent dès les beaux jours tous les lycéens du coin et les enfants qui viennent profiter des aires de jeux.

🕵 ***Le musée d'Art et d'Histoire*** *(plan A1) : 38, bd Pasteur. ☎ 02-31-62-07-70. Tlj 14h-18h (13h juil-août). GRATUIT.* Situé dans l'une des dernières maisons à pans de bois qui subsistent dans la ville, il présente, suivant un parcours chronologique, l'histoire de la ville des origines à nos jours et aborde la multiplicité de ses visages : la cité gallo-romaine, médiévale et classique, la cité textile, les figures illustres, la reconstruction... Deux parenthèses thématiques sont dédiées aux évêques et à l'habitat lexovien. Une histoire illustrée par plus de 300 objets, tableaux, photographies...

Le parcours du pèlerinage

Régulièrement, les fervents admirateurs de sainte Thérèse se rendent à Lisieux pour revivre les moments phares de sa vocation. *Pour tt rens sur les lieux de visite : ☎ 02-31-48-55-08. • therese-de-lisieux.com • En juil-août (sf le 15), pèlerinage guidé au départ de la basilique (14h-17h, gratuit) qui permet de découvrir les 3 lieux emblématiques.*

🕵 ***La maison de sainte Thérèse – Les Buissonnets*** *(hors plan par B1) : 22, chemin des Buissonnets, bd Herbet-Fournet. Pâques-début oct, tlj 9h-12h, 14h-18h ; hors saison, tlj 10h-12h, 14h-17h (16h nov-janv). Fermé 1er janv, de mi-nov à mi-déc et 25 déc. GRATUIT.* Pavillon du XIXe s où la sainte passa une grande partie de son enfance. Chaque objet y est pieusement conservé : son lit, ses jouets, sa robe de communiante, etc.

🕵🕵 ***Le Carmel*** *(plan B2) : 35, rue du Carmel. Ouv tte l'année, tlj 7h20-18h30 (19h de mi-mars à fin oct). Accès libre.* Le Carmel tel que l'a connu Thérèse a fait l'objet d'importants travaux de restauration. Désormais, outre la chapelle dans laquelle peut être admiré le tombeau de sainte Thérèse, les visiteurs découvrent un espace de visite très contemporain : des films, des objets personnels de la sainte et des documents anciens permettent d'appréhender la vie des carmélites, de l'époque de Thérèse à aujourd'hui.

🕵🕵🕵 ***La basilique Sainte-Thérèse*** *(plan B2) : à l'écart du centre, derrière la gare SNCF. ♿ Tlj 9h-19h30 juil-août, 19h mai-juin et sept, 18h30 avr et oct, 17h30 nov-mars. Accès libre. Prévoir 1,50 € pour l'accès au dôme (slt en juil-août, tlj 14h-18h30) et 2 € pour voir dans la salle de cinéma un film sur la vie de sainte Thérèse (projection à 14h, 15h et 16h Pâques-oct ; le reste de l'année, au centre d'accueil). Voir aussi le diorama, musée de cires qui, en 11 scènes, présente l'histoire de la vie de Thérèse. Visites audioguidées gratuites avr-oct, tlj 14h-18h.* Difficile de la rater, vu ses proportions. Et encore plus de nuit, quand elle est illuminée d'un bleu étrange. Elle ressemble curieusement au Sacré-Cœur de Paris ! Construite à partir de 1929 dans un style romano-byzantin, elle reste l'une des églises (catholiques) les plus monumentales du XXe s. L'édifice détient un secret : il est en béton. Résultat : aucun pilier intérieur, une hauteur sous voûte qui culmine à 37 m (seulement 33 m pour Notre-Dame de Paris) et des dimensions qui laissent bouche bée le seuil à peine franchi. À l'intérieur, mosaïques impressionnantes. Le dôme atteint presque 100 m de hauteur (les courageux pourront y grimper – 300 marches jusqu'au sommet). À la droite de la nef, un *reliquaire* (cadeau de Pie XI) cerné de fleurs et de milliers de bougies renferme les os du bras droit de Thérèse ! Ne pas manquer la *crypte* (ressortir et prendre à droite des escaliers) aux superbes mosaïques multicolores qui renferme le reliquaire des parents de Thérèse, Louis et Zélie Martin, canonisés en 2015.

Fêtes et manifestations

– ***Foire aux arbres :*** *début mars.* Une foire qui affiche 1 000 ans d'existence ! Pépiniéristes et paysagistes y exposent pendant 3 jours.
– ***Festival de musique ancienne :*** *début juil, dans l'hôtel du Haut Doyenné.*
– ***Critérium du Tour de France :*** *mar après l'arrivée du fameux Tour.* Tous les grands de la Boucle viennent s'y dégourdir les jambes.
– ***Les Mercredis de l'été :*** *l'ap-m en juil-août.* Artistes, artisans et professionnels des métiers de bouche présentent leurs œuvres au centre-ville. Marché avec produits du terroir. Concerts le soir.
– ***Foire aux picots :*** *1er dim d'août.* Encore une foire populaire et traditionnelle autour des picots (comprendre dindons !) et autres volailles.
– ***Jazzitude :*** *fin août.* Stages, concerts dans toute la ville.
– ***Grandes Fêtes thérésiennes :*** *fin sept.* Conférences, concerts, veillées, processions, messes à la basilique, etc.

LES MANOIRS DU PAYS D'AUGE

Entre Lisieux et Livarot, le pays d'Auge se pare de nombreux châteaux ou fermes-manoirs, le plus souvent à colombages, typiques de l'architecture normande. Même si l'on ne peut pas toujours les visiter, les amateurs du genre se régaleront. Il est de coutume d'inclure dans ce circuit les très beaux châteaux de Vendeuvre et de Mézidon-Canon : nous les avons traités dans les environs des villages qui en sont proches.

SAINT-GERMAIN-DE-LIVET

(14100) 790 hab. *Carte Calvados, D2*

À 6 km au sud de Lisieux. Minuscule village connu pour son château, l'un des plus gracieux de Normandie et, en tout cas, le plus étonnant. Pour avoir un aperçu d'ensemble du site, absolument superbe, n'oubliez pas, après la visite, de prendre à gauche la petite route qui conduit sur les hauteurs du vallon (direction Le Mesnil-Germain, puis Saint-Germain-Mairie). Cadre enchanteur avec ses collines, ses fermes et ses champs. Au milieu, le château, ses douves et ses jardins, la grosse ferme et l'église du village, mignonne comme tout.

Où dormir ? Où grignoter ? Où boire un verre ?

Aux 3 Gourmands du Château : *cours du Château.* ☎ *02-31-62-83-50.* *06-85-52-55-33.* • *contact@aux3gourmandsduchateau.fr* • *Resto ouv tlj sf lun 11h30-18h30. Double 140 €, petit déj inclus. Repas env 15 €. Apéritif offert sur présentation de ce guide.* À côté du château, on recommande vivement le chaleureux salon de thé-crêperie installé dans une maison ancienne, au bord des douves en eau. Déco raffinée avec 3 salons aux styles Michel-Ange, baroque, classique... Terrasse avec vue privilégiée sur la forteresse. Un endroit en marge du temps, qui revendique une démarche *slow food*. On y passe pour prendre un verre et on n'en décolle plus ! Accueil enthousiaste. Également une très belle chambre d'hôtes sur place avec la maison pour soi tout seul. Le rêve !

À voir

Le château-musée : *☎ 02-31-31-00-03 (☎ 02-31-62-07-70 hors saison). Avr-juin et sept-6 nov, tlj sf lun 11h-13h, 14h-18h ; juil-août, tlj 11h-18h. Visite guidée (1h) slt, dernier départ 1h avt fermeture. Entrée : 7,30 € ; réduc ; gratuit moins de 26 ans et pour ts le 1er dim du mois. Accès au parc : 2 €, réduc.* Véritable joyau du pays d'Auge, ce château se distingue par son architecture. Entouré de douves, il réunit un manoir à pans de bois de la fin du XVe s et une construction en pierre et brique vernissée du Pré-d'Auge, de la fin du XVIe s. À l'intérieur, la salle des offices, particulièrement remarquable, a conservé de superbes fresques de la fin du XVIe s. Le château-musée présente l'ameublement et les collections de la famille Riesener-Pillaut, qui fit don du domaine à la Ville de Lisieux en 1957. Conjuguant mobilier et œuvres d'art, l'intérieur témoigne du raffinement et de l'art de vivre au XIXe s, et nous fait découvrir le parcours artistique et personnel du peintre Léon Riesener (1808-1878), petit-fils de l'ébéniste Jean-Henri Riesener (ébéniste de Marie-Antoinette) et cousin d'Eugène Delacroix. Et pour clore la visite, rien de tel qu'une promenade dans le beau parc fleuri et arboré.

ORBEC

(14290) 2 300 hab. *Carte Calvados, D2*

Charmante petite cité un peu assoupie mais empreinte de souvenirs historiques. Ses vieilles rues offrent à la contemplation de ceux qui sauront descendre de leur voiture de ravissantes maisons à pans de bois et des hôtels particuliers. Un charme qui inspire, puisque Racine a choisi Orbec comme cadre à sa pièce *Les Plaideurs* et que Debussy y a composé *Jardins sous la pluie*... Aujourd'hui, Orbec est également réputée pour sa marque de fromages Lanquetot.

Adresse utile

Office de tourisme : *6, rue Grande. ☎ 02-31-32-56-68. • tourisme-normandie.fr • Juil-août, lun-sam 9h30-12h30, 14h-18h30, dim 9h30-13h ; reste de l'année, lun-sam en horaires restreints, plus le mat des j. fériés.* Vente de topoguides de randonnées autour d'Orbec et nombreuses randonnées guidées de mai à septembre.

Où dormir ?

Camping

Camping Les Capucins : *av. du Bois, stade des Capucins. ☎ 02-31-32-56-68. 06-48-64-78-56. • camping.sivom@orange.fr • Au nord de la ville (suivre direction Rouen, c'est fléché ensuite). Ouv de mi-mai à début sept. Compter env 10 € pour 2. 35 empl.* Près d'une forêt, petit camping municipal tout simple et propre, situé comme souvent juste à côté du stade municipal. Tennis et centre équestre dans le coin.

Chambres d'hôtes

Côté Jardin chez Lorette : *62, rue Grande. ☎ 02-31-32-77-99. • georges.lorette@gmail.com • cote-jardin-lorette.com • Double 80 €. Bouteille de cidre offerte sur présentation de ce guide.* Belle surprise en plein centre. Derrière le lourd portail de cette maison bourgeoise du XIXe s se cache un grand et beau jardin à l'anglaise où coule un discret ruisseau. En tout, 5 chambres (pouvant loger 3-4 personnes) dispersées dans plusieurs petits bâtiments annexes. Toutes disposent de sanitaires privés et d'un minifrigo. Chambres à thème joliment décorées d'une touche bien personnelle et originale.

Le Manoir de l'Engagiste : *15, rue de Saint-Rémy. ☎ 02-31-32-57-22. • engagiste@wanadoo.fr • manoir-engagiste.fr • Dans une rue perpendiculaire à la rue principale (fléché). Double 125 €. Remise de 10 % sur la chambre (oct-mars) sur présentation de ce guide.* Christian et Annick Dubois ont acheté la maison que beaucoup rêvent d'avoir un jour : un manoir des XVIe et XVIIe s. Colombages, murs blancs, porte cochère, rien ne manque. À l'intérieur, salon avec mezzanine qui court autour de l'immense cheminée, meubles en rotin et, à l'étage, billard et fauteuils « vaches » (décidément, elles sont vraiment partout !). La décoration mélangeant l'ancien et le moderne est plutôt réussie. Chambres (dont une pour 4) décorées dans le même esprit.

Où manger ?

L'Orbecquoise : *60, rue Grande. ☎ 02-31-62-44-99. • herve.doual@wanadoo.fr • Tlj sf mar soir, mer et dim soir (tlj 14 juil-15 août). Formule déj en sem 11,50 € ; menus 19,50-35 € ; carte env 45 €.* Dans une maison normande à colombages du XVIIe s, une adresse bien cachée derrière ses légers rideaux blancs et ses 2 pots à lait. Cuisine généreuse du terroir, sincère et pleine de saveur (salade de livarot rôti à l'andouille et aux pommes, magret de canard à la crème de calvados). Service souriant et aux petits soins.

Où acheter de bons produits ?

Les Biscuits d'Orbec : *73, rue Grande. ☎ 02-31-32-83-41. • a.j.j.27@orange.fr • De juil à mi-oct et pdt vac scol, tlj sf dim ap-m et lun 10h-19h ; hors saison tlj sf dim ap-m et lunmer. Dégustation de produits offerte sur présentation de ce guide.* Une pâtisserie fondée en 1880, qui n'a pas beaucoup changé depuis les années 1920. Longtemps tenue par la famille Domer (pâtissier à l'hôtel *George-V,* s'il vous plaît), cette bonbonnière accueille aujourd'hui un pâtissier qui s'en est allé donner des cours jusqu'au Japon. Succulentes douceurs qui s'inscrivent dans l'histoire du lieu : tartelette citron comme sablés au beurre d'Isigny, chocolats (hum ! le *Bouchon Normand* et le *Diamant d'Orbec* !) ou pâtes de fruits. Le samedi, ne pas manquer le millefeuille maison à la vanille bourbon. Salon de thé à l'étage et petit musée sur la pâtisserie.

À voir

Le Vieux Manoir : *107, rue Grande. ☎ 02-31-32-58-89. À l'angle de la rue Guillonnière. Ouv w-e en avr et mer-dim mai-fin sept 10h-12h30, 15h-18h. Entrée : 2 € ; gratuit moins de 18 ans.* On ne peut pas le rater : c'est une superbe maison à colombages, toute de travers ! Cet étonnant manoir fut construit au XVIe s avec

LE CALVADOS

des poutres sculptées, de petites briques et des pierres triangulaires. On y a installé le *Musée municipal* (artisanat et histoire locale). Expositions temporaires chaque année.

Un peu plus loin, l'***hôtel-Dieu Saint-Rémy*** fondé en 1290 et sa chapelle du XVe s, immanquable avec son clocher de brique.

L'hôtel de l'Équerre : *19, rue Grande, après le croisement avec la rue du Docteur-Pellerin, sur la droite.* Ancienne auberge du XVIe s, aux beaux colombages à encorbellement.

L'hôtel de Croisy : *7, rue Grande.* On n'en verra pas grand-chose d'autre que le mur d'enceinte... Dommage pour l'élégante façade du XVIIe s et le jardin décoré à la française.

L'église Notre-Dame : *au bout de la rue Grande.* Dominée par sa haute tour Renaissance, elle fut construite du XVe au XVIe s. Ne pas manquer le très bel intérieur, aux fières colonnes de pierre supportant une voûte de bois peinte « à pénétration directe » (sic !). Remarquer les « rageurs », ces têtes de dragons peintes placées de chaque côté des poutres. Beaux vitraux Renaissance et riche mobilier.

Il faut aussi se glisser dans quelques (charmantes) ***ruelles*** perpendiculaires (cours, passages pavés, etc.), comme la *rue des Osiers* ou la *rue des Religieuses,* qui cache l'ancien couvent des Augustines (désormais centre culturel) et la maison du Bailliage, du XVe s. Faufilez-vous aussi dans la *rue de Geôle* en longeant la venelle du vieux château, sans manquer la *rue de la Rigole,* originale avec son bassin.

LE CALVADOS

LIVAROT

(14140) 2 230 hab. *Carte Calvados, C2*

Bourgade mondialement connue pour son fromage. L'usine *Graindorge* (pub gratuite) en produit à elle seule près de 80 000 par jour. Figurez-vous qu'il faut 5 l de lait pour en fabriquer un. Sa mise au point est des plus complexe, et il faut attendre plus de 3 mois pour qu'il soit à point...

Adresse utile

Office de tourisme : *1, pl. Georges-Bisson. ☎ 02-31-63-47-39. • paysdelivarot.fr • Lun-sam 9h30-12h30, 14h-18h ; plus dim et j. fériés 10h-13h Pâques-fin sept.* En vente, brochures et topoguides sur les randos autour de Livarot.

Où dormir ? Où manger dans les environs ?

Chambres d'hôtes La Boursaie : *14140* ***Tortisambert.*** *☎ 02-31-63-14-20. • laboursaie@gmail.com • laboursaie.com • À 6 km au sud-ouest de Livarot. D 4 vers Saint-Pierre-sur-Dives sur 1 km, puis D 38 vers Heurtevent. Env 1,5 km après Heurtevent, prendre à gauche (« La Boursaie » est peint sur la petite maison en brique et colombages qui fait l'angle). À env 600 m, prendre à droite, puis faire 500 m en forêt (chemin un peu délicat par endroits). Double 68 € ; familiales 3-4 pers 88-108 €. Également 5 gîtes dans des bâtiments d'époque. Table d'hôtes 28 € sur résa plusieurs jours avt. (espace commun).* Cette ancienne cidrerie du XVIe s genre cottage à l'anglaise (les proprios, comme les clients, sont d'ailleurs largement anglophones !), au milieu des prairies, dans une vallée magnifique, est un petit îlot de paix perdu dans la belle campagne normande. Chambres d'esprit champêtre, aménagées dans les anciennes écuries et entourées d'un jardin un peu fou. Dans d'autres dépendances, la plupart des gîtes disposent d'une belle cheminée en état de marche. On a un faible pour « Le Pressoir », le plus grand.

Le Tourne-Broche : *14140* **Notre-Dame-de-Courson.** *☎ 02-31-32-31-65. ● letournebroche@yahoo.fr ● À 11 km au sud-est de Livarot par la D 4. Dans le village. Fermé mar soir et mer tte l'année (plus lun soir hors saison). Menus 17-40 €.* La bonne auberge de campagne dans un village hors des circuits touristiques. Au programme, un accueil chaleureux, un service dans la tradition et des plats de toujours, généreux et bien tournés : tripes à la mode de Caen et la fameuse *teurgoule.*

À voir

Le Village Fromager – Fromagerie E. Graindorge : *42, rue du Général-Leclerc. ☎ 02-31-48-20-10. ● graindorge.fr ● Avr-juin et sept-oct, lun-sam 9h30-13h, 14h-17h30 ; juil-août, lun-sam 9h30-17h, dim 10h30-17h30 ; en hiver, lun-ven 9h30-12h30, 14h-17h, sam 10h-13h. GRATUIT (avec audioguide) ; visite conseillée le mat (sf ven) pour voir le max d'ateliers en fonctionnement.* Une visite instructive de la fromagerie pour tout apprendre de la fabrication des quatre AOP régionales : livarot, bien sûr, mais aussi pont-l'évêque, neufchâtel et camembert de Normandie. On passe au-dessus des lignes de production, de l'arrivée du lait (130 producteurs !) au conditionnement, tout en suivant un parcours audiovisuel. Cette entreprise familiale travaille avec du lait cru et a entrepris depuis quelques années un virage développement durable. Tout cela est habilement mis en scène avant d'arriver... à la boutique du terroir où l'on vous offre la dégustation des quatre délicieux fromages normands.

À VOS ORDRES, MON COLONEL !

Le livarot, une des trois gloires normandes avec le camembert et le pont-l'évêque, est communément surnommé « colonel » parce que son pourtour est serti de cinq fines lanières de roseau, rappelant les cinq galons d'un colonel.

Manifestation

– ***Foire aux fromages :*** *1er w-e d'août.* Livarot fête son fromage, mais aussi tous les autres fromages normands ou d'autres régions françaises (et les vins qui vont avec !). Plus d'une centaine d'exposants !

SAINT-PIERRE-SUR-DIVES

(14170) 3 650 hab. *Carte Calvados, C2*

Avec ses maisons presque toutes construites en pierre, Saint-Pierre-sur-Dives (d)étonne dans un pays d'Auge abonné aux colombages. C'est pourtant une plaisante bourgade commerçante, dynamique et empreinte d'un charme certain. Saint-Pierre fut un centre religieux important, comme en atteste sa belle abbaye. Les environs, là aussi, sont riches en somptueux châteaux.

LE CALVADOS

Adresse et info utiles

Office de tourisme : 23, rue Saint-Benoist. ☎ 02-31-20-97-90. • mairie-saint-pierre-sur-dives.fr • Installé dans les superbes bâtiments conventuels de l'abbaye. Lun-ven 9h30-12h30, 13h30-18h (17h30 hors saison) ; plus sam 10h-12h30, 14h30-17h de mi-avr à mi-oct. Organise des visites de l'abbaye et des halles.

– ***Marché :*** *lun mat sous la halle et pl. du Marché.*

Où dormir ? Où manger ?

Hôtel Les Agriculteurs : *118, rue de Falaise. ☎ 02-31-20-72-78. • info@lesagriculteurs.com • lesagri culteurs.com • À la sortie du bourg, direction Falaise. Resto fermé ven et dim soir. Doubles 52-60 €. Formule en sem 14,50 € ; menus 16,50-26,50 €. Parking privé. Café offert sur présentation de ce guide.* Petit hôtel de campagne proposant des chambres toutes simples mais pas désagréables et une honnête cuisine de terroir.

Où dormir ? Où manger dans les environs ?

Chambres d'hôtes

La Ferme de l'Oudon : *12, route d'Écots, 14170* ***Berville-l'Oudon.*** *☎ 02-31-20-77-96. • contact@ferme deloudon.com • fermedeloudon.com • Congés : janv. Double 160 € ; suites luxueuses jusqu'à 300 €. Loc 3 gîtes 4-8 pers tt confort 1 400-1 680 €/ sem. Réduc de 10 % sur le prix de la chambre sur présentation de ce guide.* 5 belles chambres, dont 3 suites, dans cette vieille ferme magnifiquement restaurée, où les proprios n'ont pas hésité à mêler ancien et contemporain. Sous sa verrière, la cuisine est toute lumineuse avec vue directe sur le potager. Les gîtes sont élégants, chaleureux et spacieux. Hammam, spa et piscine intérieure chauffée viennent compléter cette adresse de charme.

De bon marché à prix moyens

Hôtel Saint-Pierre : *74, pl. Charles-de-Gaulle, 14270* ***Mézidon-Canon.*** *☎ 02-31-40-47-94. • hotel. saint-pierre-mezidon@orange.fr • lesaint-pierre.fr • Resto fermé lun midi, sam midi et dim soir. Double 76 €. Formules déj en sem 12-15,50 € ; menus 25-33 €.* Immeuble sans cachet au cœur d'un village qui n'en a pas beaucoup non plus (le château se cache un peu plus loin). Mais l'intérieur a beaucoup plus de peps : design et couleurs acidulées côté bar et resto. Chambres d'un vrai confort, dans les tons chocolat et ivoire. Cuisine plutôt enlevée, avec de l'idée (sinon quelques audaces). Dommage que la jeune équipe semble parfois se laisser déborder...

Auberge de la Levrette – La Puce à l'Oreille : *48, rue de Lisieux, 14140* ***Saint-Julien-le-Faucon.*** *☎ 02-31-63-81-20. • aubergedelalevrette@ orange.fr • Entre Saint-Pierre-sur-Dives et Lisieux. Près de la pl. centrale. Fermé lun et le soir des dim et j. fériés, plus le soir mar-ven nov-mars. Congés : 1 sem en mars, 2 sem en juil, 1 sem en nov et pdt les fêtes de fin d'année. Menus 22-35 €. Café offert sur présentation de ce guide.* L'une des très bonnes tables normandes où la fraîcheur, l'accueil et le cadre sont de concert pour une mélodie parfaite. La cuisine du terroir, dans une version un peu plus légère, et les menus variant au gré des saisons sauront vous conquérir. Jolie déco rustique et bourgeoise pour cet ancien relais de chasse du XVIe s. Après, ou avant, faites un tour au petit musée attenant, *La Puce à l'Oreille,* centré sur la musique mécanique 1900-1960.

À voir

La halle : *pl. du Marché. Tlj 9h-19h (sf manifestation spéciale).* Magnifique bâtiment en pierre du XIe s, d'une originalité architecturale certaine. Imposante charpente. Pittoresque marché le lundi.

L'église abbatiale : *tlj 9h30-18h (sf pdt les offices).* Bâtie au début du XIe s puis reconstruite aux XIIe et XIIIe s, elle conserve de nombreux éléments de cette période, malgré des modifications au XVIe s. Beaucoup d'allure, notamment grâce à ses hautes tours typiquement normandes. À l'intérieur, stalles sculptées (Renaissance), maître-autel doré (du XVIIe s) et fresques murales de l'une des chapelles. Admirer dans le chœur le pavement médiéval en terre cuite émaillée, joyau de l'ornementation au XIIIe s.

Les bâtiments conventuels de l'abbaye : *entrée rue Saint-Benoist (derrière l'église). Mêmes horaires que l'office de tourisme, situé dans les mêmes bâtiments.* À voir : la salle capitulaire du XIIIe s et le joli cloître du XVIIIe s.

Le jardin conservatoire : *rue Saint-Benoist, à l'emplacement des anciens jardins de l'abbaye. ☎ 02-31-20-41-84. Mai-sept, lun-sam 10h-12h, 14h-18h (17h sam). GRATUIT. Visite guidée sur rdv.* Le chou-fleur, vous connaissez. Mais le chou canne, le chou à moelle, le chou grappu de Normandie ? Autant de légumes oubliés qu'on découvre dans ce potager où ils ont été plantés selon leurs utilisations en cuisine. Plus de 450 variétés de fleurs et de légumes, traditionnellement cultivées en pays d'Auge.

MANOIRS ET CHÂTEAUX DANS LES ENVIRONS DE SAINT-PIERRE-SUR-DIVES

Le musée et le jardin du château de Vendeuvre : *☎ 02-31-40-93-83. • vendeuvre.com • ♿ (musée et cuisines). À 6 km au sud de Saint-Pierre-sur-Dives par la D 511 vers Falaise. Sur la droite (bien fléché). Avr pour le Festival de la tulipe et pdt vac de la Toussaint, tlj 14h-18h ; mai-sept, tlj 11h-18h ; oct, dim slt (ainsi que 1er nov) 14h-18h. Entrée : 10,90 € la visite complète ; 4 visites : 9,90 € ; 3 visites : 8,90 € ; réduc.*

Élégante demeure du XVIIIe s dans un joli parc de 14 ha avec jardins à la française et jeux d'eau « surprises », qui jaillissent du bec des colombes ou de la gueule des tortues ! Gare à Cléanthe... Une grotte aux coquillages, de splendides topiaires, un pont chinois, un jardin psychologique comme au XVIIIe s où l'on se perdait dans un labyrinthe pour oublier ses soucis. Mieux qu'une séance de thérapie ! Les enfants peuvent même partir à la recherche d'un lapin caché. Sans oublier un ***jardin exotique*** avec plus de 150 plantes tropicales venues d'Afrique du Sud, d'Australie et de Chine (à voir surtout en juillet-août).

Dans le château, salons au mobilier d'époque, qui reconstituent, à l'aide d'automates, la vie d'une famille aristocratique du XVIIIe s. Ne pas manquer le lustre de la salle des pastels avec son poisson rouge. Au sous-sol, une cuisine d'époque.

– Originale collection de niches à chien et ***musée des Meubles miniatures*** (situé dans l'orangerie du château), unique en son genre : plus de 700 chefs-d'œuvre de meubles miniatures du monde entier.

Le parc et les jardins du château de Canon : *à* ***Mézidon-Canon.*** *☎ 02-31-20-65-17. 📱 06-64-65-13-83. • chateaudecanon.com • ♿ À 10 km au nord-ouest de Saint-Pierre-sur-Dives par la D 40 (vers Caen) jusqu'à Vieux-Fumé et Cauvigny. Avr et oct, w-e et j. fériés 14h-18h ; mai-sept, tlj sf mar 14h-19h (11h-13h, 14h-19h juil-août). Entrée : 7 € ; gratuit moins de 12 ans ; 5 € sur présentation de ce guide. Le billet donne droit à des réduc dans d'autres sites partenaires grâce au « Passeport réduction » (château de Crèvecœur, Falaise, Cambremer...).*

En juil-août, visite guidée de l'intérieur du château tlj à 15h. Jolie boutique-salon de thé, jeu-enquête à résoudre pour les 7-12 ans et nombreuses animations en été. Classée Monument historique, cette belle propriété typique du XVIIIe s fut conçue pour un ami de Voltaire, l'avocat Jean-Baptiste-Élie de Beaumont, qui désirait appliquer à la lettre les théories économiques des physiocrates (la terre comme source essentielle de richesse). Splendide parc avec miroir d'eau, « fabriques » (temples, kiosque chinois), avenues, vergers, ribambelle de statues ainsi que les chartreuses, une célèbre enfilade de jardins clos fleuris unique en son genre.

– ***Cave et ferme pédagogique :*** *mars-nov, tlj 9h-19h ; dégustation et visite guidée sur appel : 06-15-41-85-90. Tarif château et ferme : 9 €.* Dans l'une des dépendances du château. Découverte des animaux et petite boutique de produits fermiers.

Le manoir de Coupesarte : *à 8 km au nord-est de Saint-Pierre-sur-Dives par la D 511 (vers Lisieux) jusqu'à Saint-Julien-le-Faucon (d'où c'est fléché). L'intérieur ne se visite pas, mais les propriétaires autorisent les visites extérieures jusqu'à 21h. GRATUIT.* Coupesarte est le plus typique, le plus romantique et sans doute le plus attachant des manoirs du pays d'Auge. Tout le charme de cette admirable demeure, aux colombages sertis de fines briquettes entrecroisées, réside dans ses imperfections : murs de guingois, dessin irrégulier, poutres difformes, etc. Contournez-la par le côté gauche : un sentier longe les douves jusqu'à une petite écluse d'où l'on peut voir le manoir se refléter dans l'eau. Adorables petites tourelles en encorbellement.

CRÈVECŒUR-EN-AUGE

(14340) 515 hab. *Carte Calvados, C2*

Joli village, célèbre pour son château. On est ici au cœur du pays d'Auge, à mi-chemin entre Caen et Lisieux. Un carrefour idéal, dans une région vallonnée aux petites départementales de rêve.

Où dormir ? Où manger ?

Auberge du Cheval Blanc : *44, route de Saint-Pierre-sur-Dives. ☎ 02-31-63-03-28. • aubergechevalblanc14@orange.fr • Dans le village, en direction de Saint-Pierre-sur-Dives. Tlj sf lun. Congés : janv. Double 63 €. Menus 14,50-38 €. Apéritif offert sur présentation de ce guide.* Un tout petit hôtel dans une maison traditionnelle, avec seulement 5 chambres. Ensemble simple à la déco un peu passée mais pas désagréable, d'autant que les lits sont confortables. Côté table, une cuisine plutôt traditionnelle de bonne facture. Au final, une sympathique étape, notamment grâce à l'accueil, frais et charmant.

À voir

Le château de Crèvecœur : *fléché du village. ☎ 02-31-63-02-45. • chateau-de-crevecoeur.com • (partiel). Dernier w-e de mars-fin sept, tlj 11h-18h (19h juil-août) ; oct, dim slt 14h-18h (tlj pdt vac de la Toussaint). Entrée : env 8 € ; sur présentation de ce guide 7 € ; réduc ; gratuit moins de 7 ans. Le billet donne droit à une réduc au château de Canon et inversement. Audioguide 2 €.*

Ce site classé, dont les origines remontent au XIe s, fut patiemment restauré et remis en valeur par la famille Schlumberger pour devenir un lieu culturel actif. Il a conservé son plan d'origine en deux parties : le château proprement dit (une petite forteresse en pierre, entourée de douves) et les dépendances à pans de bois disposées en cercle, dont chaque bâtiment est consacré à un thème précis.
- Une grande *ferme* du XVe s, avec ses grosses poutres et sa monumentale cheminée. Expo sur l'histoire de Crèvecœur et sur l'architecture à pans de bois.
- À côté, *colombier* carré du XVe s également, à la curieuse toiture, qui contient 1 500 niches : une par couple ! Cette double toiture (ou essentage) avait deux buts : protéger le bois et le torchis de l'eau, mais aussi les œufs de pigeons des rongeurs !
- Dans une *grange* du XVIe s, exposition consacrée à l'aventure des frères Schlumberger.
- Au pied de la motte du château, une charmante *chapelle* en pierre, du XIIe s. Portail roman et voûte en arc, rappelant la carène d'un bateau. Exposition temporaire.
- Enfin, le *logis seigneurial,* posé sur une motte. Remparts en partie ruinés. Dans le corps principal, du XVe s, exposition sur la reconstitution historique.
- Dans le verger, 36 variétés de pommiers représentatifs du pays d'Auge et, dans la cour, reconstitution d'une bergerie, d'un four de potier, d'un four à pain.
La fondation du musée organise des manifestations toute l'année : *fête des Œufs (à Pâques), Le Moyen Âge en fête (3 sem en juil), Les Médiévales* et *Les Impériales (en août), Les Traditions (le 3e w-e de sept).*

LA ROUTE DU CIDRE

Voici un circuit fléché très prisé, parmi les plus séduisants de Normandie. On peut se procurer la petite brochure des routes touristiques du Calvados dans les offices de tourisme. Cet itinéraire d'une quarantaine de kilomètres est ponctué de ravissants villages (Beuvron, Cambremer), de petites églises, de châteaux (Victot, La Roque-Baignard) et d'étapes gourmandes. Certaines fermes sont signalées par un panneau « cru de Cambremer » : on peut y acheter cidre (bien sûr), calvados, pommeau et autres produits du terroir.

LE CIDRE, VOUS CONNAISSEZ ?

On fait le cidre en combinant les qualités de plusieurs variétés de pommes que l'on mélange le plus harmonieusement possible. Les fruits, recueillis à parfaite maturité, sont triés, lavés, brassés puis pressés : 100 kg de pommes donnent environ 70 l de jus. La fermentation se déroule en caves fraîches et transforme le sucre en alcool. Si cette fermentation est arrêtée lorsque le jus atteint 3° d'alcool, on obtient du cidre doux. Au contraire, en prolongeant la fermentation, le cidre sera demi-sec ou brut. Il existe deux types de cidre : le cidre (industriel ou de marque), gazéifié et stabilisé par pasteurisation, qui représente environ 85 % de la production, et le cidre fermier à prise de mousse en bouteille, qui peut revendiquer une AOC et la mention « cidre de Cambremer », à acheter directement au producteur.

BEUVRON-EN-AUGE (14430) 240 hab. *Carte Calvados, C2*

Certainement l'un des plus jolis villages de la région... et c'est pour cette raison qu'il est aussi devenu l'un des plus touristiques ! La place principale

avec ses halles et leur curieuse allure est si typique qu'on l'imagine sortie d'un décor de cinéma. Elle est entourée de maisons fort bien restaurées et fleuries avec soin. La plus connue, appelée *Vieux Manoir,* est ornée de poutres sculptées (XVe s). L'ancienne école communale (avenue de la Gare) accueille, quant à elle, un espace de métiers d'art (ouvert toute l'année, mais chaque atelier a ses propres horaires) où sont regroupés des ateliers d'artisans : un relieur-restaurateur de livre, un joaillier, un céramiste et un décorateur sur porcelaine que l'on peut voir à l'œuvre.

De Beuvron, les amateurs de randonnée pourront grimper jusqu'à la *chapelle de Clermont-en-Auge* et profiter du superbe panorama sur les vallées alentour.

UN MONUMENT PAS TRÈS HISTORIQUE !

Les halles d'origine de Beuvron, qui dataient du XVIIIe s, furent détruites en 1958 afin de construire un parking sur la place... Un nouveau maire s'émut de ce scandale. Aussi, profitant que le tracé de la toute nouvelle autoroute passait non loin, il démarcha les démolisseurs et récupéra toutes sortes de matériaux anciens, provenant des nombreux bâtiments, maisons, granges, etc., détruits par les bulldozers. C'est ainsi que de nouvelles halles, plus vraies que nature, virent le jour en 1975.

Adresse utile

Point d'information – Relais de la route du Cidre : *2, pl. Woolsery.* ☎ *02-31-39-59-14.* • *beuvroncambremer.com* • *Juil-août, tlj 10h-13h, 14h-19h (17h dim et j. fériés) ; hors saison, se renseigner.* Sur place, également le *Relais de la route du Cidre* avec produits du terroir à la vente et dégustations en saison avec des producteurs ou un animateur.

Où dormir ? Où manger ?

Chambres d'hôtes Le Clos Fleuri : *23, pl. M.-Vermugnen.* ☎ *02-31-39-00-62.* • *hamelinmonique@wanadoo.fr* • *leclosfleuri-14.fr* • *Double 72 €. Prix dégressif à partir de 4 nuits.* Sur la place du village. Ancienne ferme à pans de bois, superbement restaurée, séparée de la rue par un haut mur de pierre. Jardin intérieur adorable. Accueil d'une grande gentillesse. Les chambres, douillettes comme tout, sont installées dans l'ancien cellier et la bouillerie. L'une des 2 dispose même d'une kitchenette.

Le Pavé d'Auge : *le Bourg.* ☎ *02-31-79-26-71.* • *info@pavedauge.com* • *Tlj sf lun (plus mar hors saison). Menus 42-62 €.* Une des meilleures tables du département. Le chef a les pieds ancrés dans le terroir normand et, du produit le plus rustique, il fait une merveille de délicatesse. Son « petit » menu, avec sa farandole de mises en bouche et de mignardises, est un véritable enchantement. Atmosphère un peu bourgeoise et compassée. Propose également des chambres d'hôtes.

Où dormir dans les environs ?

Chambres d'hôtes

Les Vignes : *les Vignes, 14430* **Hotot-en-Auge.** ☎ *02-31-79-22-89.* *06-16-33-26-42.* • *chambreslesvignes@gmail.com* • *chambreslesvignes.fr* • *De Beuvron, suivre la direction du Ham. La ferme se trouve 1 km avt Le Ham, sur la D 78. Doubles 67-87 € selon confort ; gîte*

5 pers 250-400 €/sem. Quel plaisir de passer quelques jours dans cette ferme typique du coin dans un bel environnement boisé et tout vert ! 3 des chambres se trouvent à l'étage de la maison des proprios. Sobres, fraîches et coquettes avec, dans les espaces communs, le vieux parquet qui craque. L'une d'entre elles a ses toilettes sur le palier et les autres ont la douche directement dans la chambre. La 4e chambre, tout aussi agréable mais en rez-de-chaussée, fait bande à part. Loue également un plaisant petit gîte. Accueil direct et agréable.

Domaine de la Cour au Grip : *14340* **Repentigny.** *☎ 02-31-63-85-85. • lacouraugrip@gmail.com • normandieinsolite-lacouraugrip.fr • Doubles 70-95 € ; tarif dégressif selon nombre de nuitées. Une bouteille de cidre offerte sur présentation de ce guide.* Dans un environnement superbe, entouré de bocages et offrant une vue dégagée sur la vallée. Une ancienne ferme cidricole à pans de bois du XIXe s, modernisée avec réussite. Quelques chambres très différentes : la plus grande (pour 4) est située à l'étage de la demeure principale. Une autre est nichée dans une jolie maisonnette juste à côté, avec lit en rondins et système de volets pour cloisonner la salle de bains. Également 2 gîtes douillets, dont l'un peut être couplé avec une des chambres d'hôtes (pour 2). Et puis, plus insolite bien qu'assez chère, une chambre aménagée dans un foudre (soit un tonneau de 10 000 l) posé au milieu d'une grande pelouse. Original... mais pas bien grand. Ne pas compter mettre en œuvre l'intégralité du *Kamasutra* ! Sanitaires privés, situés à l'extérieur. Accueil extra de Paulette.

LE CALVADOS

Fête et manifestations

– **Festival de boogie-woogie :** *une soirée au printemps et une soirée à l'automne. Au haras de Sens. • manoirdesens.com •*
– **Foire aux géraniums :** *1er dim de mai.*
– **Fête du Cidre et Grand Marché :** *1 journée en oct.* Marché à l'ancienne et démonstration de la fabrication du cidre.

CAMBREMER (14340) 1 130 hab. *Carte Calvados, C2*

À 15 km à l'est de Beuvron-en-Auge. La capitale du cidre et du calvados se présente comme un paisible bourg non dénué de charme et de bonhomie. Église massive à la jolie tour romane.

Adresse et infos utiles

Office de tourisme : *16, rue Pasteur. ☎ 02-31-63-08-87. • beuvroncambremer.com • Face à l'église. Juil-août, mar-sam 9h30-13h, 14h-18h, dim 10h-13h (j. fériés 10h-13h, 14h-17h) ; hors saison se renseigner.* En été, circuits de découverte qui révèlent des lieux habituellement inaccessibles.
– **Marché :** *ven mat.*
– **Marché à l'ancienne :** *à Pâques, le 1er dim de mai, à la Pentecôte, en juil-août, dim mat à partir de 10h.*

Où dormir ? Où manger dans le coin ?

Chambres d'hôtes

Les Marronniers : *4235, route d'Englesqueville. ☎ 02-31-63-08-28. • marronnierscambremer@yahoo.fr • les-marronniers.com • Depuis*

Cambremer, suivre la D 85 direction Dozulé et Rumesnil et, après env 3,5 km, au panneau « stop à 150 m », prendre à gauche et suivre les panneaux « Les Marronniers ». Fermé à Noël. Doubles 65-115 € selon confort ; familiale 3 pers 92 €. Également un beau gîte pouvant accueillir jusqu'à 6 pers. *Jus de pomme du domaine offert sur présentation de ce guide.* Dans un manoir du XVIIe s, 5 chambres de charme (dont 2 familiales), aménagées dans une ancienne écurie. La « Deauville » dispose d'une terrasse privative, d'une baignoire balnéo et d'un sauna. Depuis la chambre « Honfleur », belle vue sur la vallée de la Dives avec au loin, par temps très découvert, un petit morceau de mer (si, si !). Un endroit bien au calme, au cœur de la campagne normande.

La Vignerie : *chemin d'Englesqueville, 14340* ***Saint-Laurent-du-Mont.*** *☎ 02-31-63-08-65. • mfhuet@club-internet.fr • lavignerie.free.fr • À 1,5 km au sud de Cambremer ; de Saint-Laurent, prendre la D 50 vers Caen, puis tourner à droite après 700 m ; c'est 500 m plus loin, en pleine campagne. Tlj en saison ; nov-mars, slt le w-e. Double 53 €.* *Réduc de 10 % sur le prix de la chambre à partir de 3 nuits sur présentation de ce guide.* Dans un très bel environnement, 5 chambres aménagées dans un beau pressoir du XVIIe s. C'est très simple, sans fioriture, mais les chambres sont spacieuses et l'accueil charmant. Ambiance toutefois plus « gîte » que chambres d'hôtes.

Le Champ-Versant : *manoir du Champ-Versant, 14340* ***Bonnebosq.*** *☎ 02-31-65-11-07. • celine.letresor@gmail.com • À 8 km au nord-est de Cambremer ; accès par la D 16 ; à 3 km de Bonnebosq, vers Valsemer, prendre une petite route à droite. Résa conseillée. Double 68 € ; triple 78 €. Gîte 4 pers 550-750 €/sem.* Le cadre qui entoure ce très beau manoir normand du XVIe s est vraiment magnifique. Les 2 chambres, quant à elles relativement simples mais confortables, ont conservé leur charme campagnard.

Prix moyens

Au P'tit Normand : *pl. de l'Église. ☎ 02-31-32-03-20. • huguette.besnard@orange.fr • Tlj sf lun, plus dim soir hors saison. Formule déj en sem 16 € ; menu 27 € ; carte env 35 €. Apéritif maison offert sur présentation de ce guide.* En plein centre de Cambremer, une jolie petite salle moutarde et bleu proposant une cuisine normande goûteuse et copieuse. Entre autres spécialités, l'entrecôte sauce camembert, préparée par maman, qui œuvre aux fourneaux tandis que sa fille s'occupe de la salle.

LE CALVADOS

Où acheter de bons produits ?

Fromages de chèvre : *à la ferme de la Mimarnel, sur la D 50. ☎ 02-31-63-00-50. • lamimarnel.motte@laposte.net • Ouv mars-oct. Passer un petit coup de fil avt d'y aller.* De très bons produits.

L'Épicerie : *pl. de l'Église. ☎ 02-31-32-08-99. Tlj sf lun et dim ap-m 9h15-13h, 15h-19h.* Propose une belle sélection saisonnière de produits de Normandie. Et si jamais vous vouliez vous réapprovisionner une fois les stocks épuisés, vous pouvez aussi acheter en ligne !

À voir

Les jardins du Pays d'Auge et leur écomusée : *av. des Tilleuls. 06-84-43-59-29. • lesjardinsdupaysdauge.com • Mai-sept, tlj 10h-18h30 (dernière entrée) ; avr et oct, lun-ven 10h-17h. Entrée : 8,50 € ; 7 € sur présentation de ce guide.* Sur une prairie de 3 ha, les propriétaires, pépiniéristes, ont créé ce bel ensemble labellisé « Jardin remarquable ». Parallèlement, ils « récupèrent » dans la région les bâtisses traditionnelles abandonnées qu'ils rapatrient sur leur terrain et restaurent, reconstituant de fil en aiguille un village d'antan. On peut actuellement voir la boulangerie, le musée des Outils anciens, la forge, la bouillerie, la vieille grange et la ferme des animaux. Chapeau !

I●I Également un ***restaurant*** sur place (crêperie et saladerie), au cas où la visite vous aurait creusé l'appétit.

Manifestation

– ***Les Rencontres de Cambremer – Festival des AOC et AOP en Normandie :*** *début mai.* Concours de cidres du pays. Visites de caves, randonnées gourmandes, etc. Six produits augerons AOC-AOP à l'honneur : calvados, cidre, pommeau, camembert, pont-l'évêque et livarot. « Trois pour la pomme, trois pour le lait, pas mal pour un seul terroir ! »

LA CÔTE DE NACRE ET LES PLAGES DU DÉBARQUEMENT

● Carte « Les plages du Débarquement » *p. 318-319*

Entre Ouistreham et Courseulles-sur-Mer s'étend la Côte de Nacre. Cette dernière abrite neuf petites stations balnéaires, plus populaires et moins glamour que celles de la Côte Fleurie, mais aussi moins lisses et plus familiales. Certaines de ces stations vous charmeront par leur front de mer coquet, habillé de vieilles et belles villas (d'un style plus modeste que celles de la Côte Fleurie), mais sachez que la plupart d'entre elles ont beaucoup souffert lors du Débarquement, dont elles gardent encore les marques...

LES PLAGES DU DÉBARQUEMENT

Sur des dizaines de kilomètres, des étendues de sable clair dont tout le monde connaît les images, ponctuées de-ci de-là par des falaises de craie. Des plages que l'occupant tenta de noyer dans le béton : ces sites, superbes pour certains, sont désormais associés aux centaines de blockhaus, casemates et autres batteries...

Ici se déroulèrent des combats sans merci pour la libération de l'Europe. Des moments d'héroïsme dignes des récits médiévaux, comme la fameuse prise de la pointe du Hoc. Des exploits techniques aussi incroyables qu'inédits, tels que la construction du port artificiel d'Arromanches. Des catastrophes militaires, comme l'hécatombe des soldats américains à Omaha Beach, dite « la Sanglante ».

Près de 80 ans après le Débarquement, ces plages ont conservé leurs cicatrices : cratères de bombes, blocs de béton armé, abris souterrains inexpugnables... Des chars alliés, sortis des eaux, ont été transformés en glorieux monuments. Plus parlantes encore, les tombes de dizaines de milliers de victimes, des deux camps. Le sable nettoyé des champs de combat, les bunkers transformés en musées et les villes reconstruites n'ont plus grand-chose à voir avec ces journées terribles de notre histoire. Mais les cimetières nous rappellent l'essentiel.

COMMENT REVIVRE LE JOUR J ?

Plusieurs communes se partagent le territoire des cinq plages aux noms de code (Sword, Juno, Gold, Omaha et Utah). L'ensemble de la visite, soyons francs, pourrait paraître indigeste à des visiteurs se sentant peu concernés. Mais l'essentiel du circuit (les musées les plus importants, le port d'Arromanches, le site de la pointe du Hoc et les principaux cimetières) vaut vraiment la visite, tant l'émotion est poignante.
Nous conseillons de commencer la visite des sites liés au Débarquement par l'indispensable Mémorial de Caen et, en passant par Ranville et Bénouville, de suivre l'estuaire de l'Orne jusqu'à Ouistreham, pour ensuite longer la côte jusqu'à Longues-sur-Mer, de faire une incursion obligatoire à Bayeux, puis de retrouver la côte.
Voir également « Les plages du Débarquement (suite) » dans le Bessin, ainsi que dans la Manche.

Arriver – Quitter

➢ La carte *Liberté* permet de circuler librement sur tout le réseau *Bus verts* pendant 1 journée et peut s'avérer pratique pour rallier quelques-uns des différents sites du Débarquement, tout au moins dans le Calvados. • *busverts.fr* •
– Le Mémorial de Caen propose également des circuits (voir le texte consacré à ce musée).

LE CALVADOS

OUISTREHAM, RIVA-BELLA

(14150) 9 460 hab. *Carte Calvados, C1*

Un village ancien ainsi que son port – Ouistreham – et une station balnéaire – Riva-Bella. La proximité de Caen et la gare maritime permettent à cette petite ville de rester relativement vivante toute l'année. On apprécie également sa vaste plage de sable fin sans algues, contrairement aux autres rivages de cette côte. C'est aussi l'une des portes ouvertes sur l'Angleterre, avec des liaisons régulières en ferry pour Portsmouth.

UN PEU D'HISTOIRE : L'OPÉRATION *SWORD*

Le 6 juin, l'assaut fut rude pour s'emparer des plages d'Hermanville, Colleville et Riva-Bella !
Ces trois plages (nom de code *Sword Beach*) sont les plus à l'est de l'opération *Overlord.* Les forces alliées y débarquent à 7h25. L'unité de commandos de lord Lovat compte parmi ses rangs les 177 Bérets verts français du commandant Philippe Kieffer, qui sont courtoisement invités à débarquer les premiers, histoire de ne pas blesser l'orgueil national. Les hommes bondissent de leurs barges devant Colleville de manière à contourner par la route de l'intérieur les 60 ouvrages bétonnés de Ouistreham, le long du boulevard Aristide-Briand. Premier objectif : attaquer les blockhaus qui ont remplacé le casino. Une fois la ville nettoyée, la troupe réussit à assurer la jonction, à 13h30, avec les paras qui attendent à Pegasus Bridge...
À Colleville même, dans les premières minutes du débarquement, le 2nd East Yorkshire perd près de 200 hommes. Des chars amphibies sont en flammes dès l'abord de la plage. Les obstacles en bois, surmontés de mines (selon la méthode

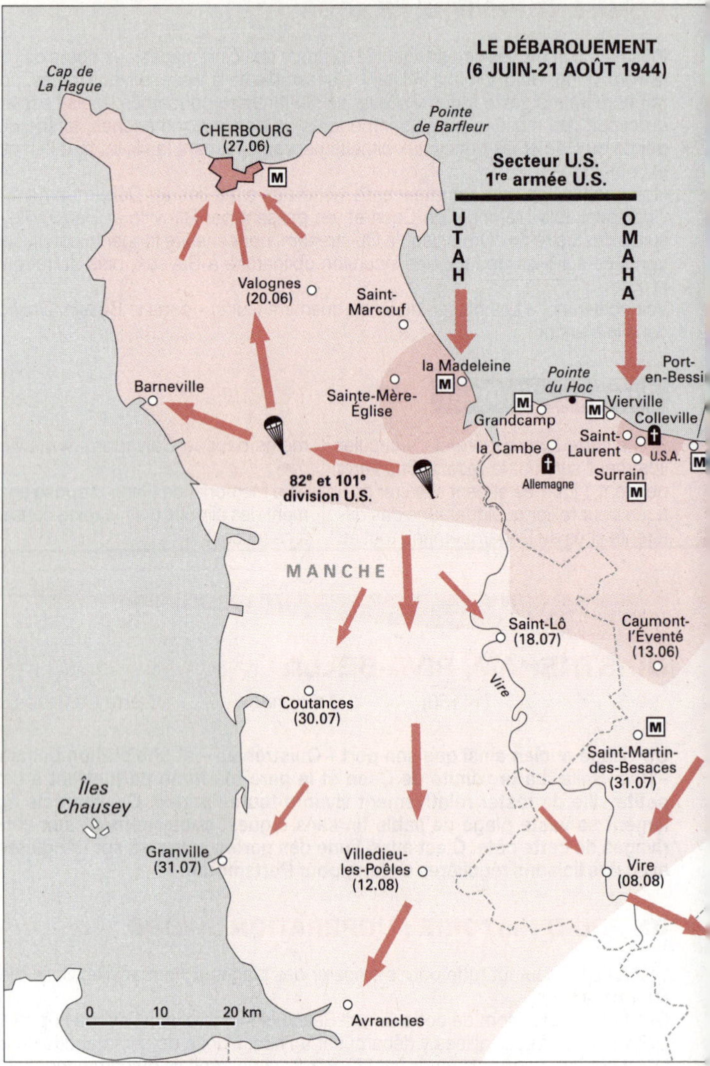

des « asperges » mise au point par Rommel), entravent la marche vers Riva-Bella. La marée monte et recouvre bientôt les véhicules, désorganise les plans et compromet, pour 33 jours, la libération de Caen. À Hermanville, la 1st South Lancashire (dernière unité à avoir évacué Dunkerque en juin 1940) débarque au même

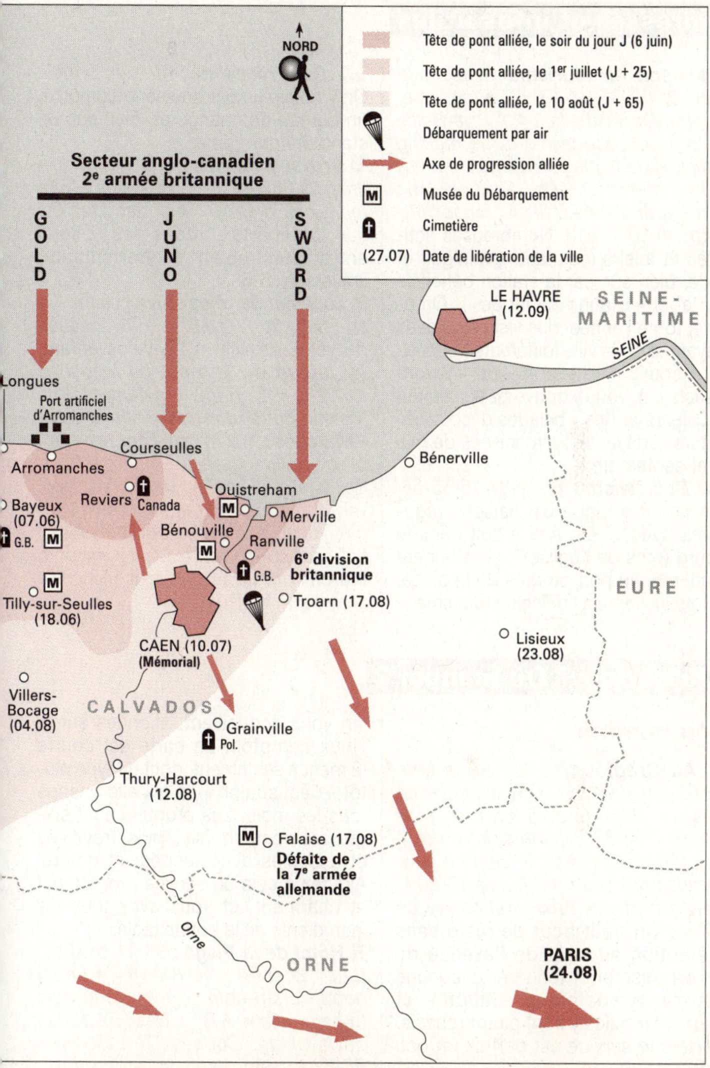

LES PLAGES DU DÉBARQUEMENT

moment, en proie au mal de mer et trempée jusqu'à l'os par les embruns déferlant dans les chalands. Ses hommes se ruent jusqu'à l'actuelle rue du Havre, appuyés par les chars lance-flammes et les chars-mortiers. Par le premier chenal neutralisé, ils atteindront Hermanville à 9h30.

Adresses et infos utiles

Maison du tourisme : *esplanade Lofi. ☎ 02-31-97-18-63. • tourisme.ouistreham-rivabella.fr • À Riva-Bella, juste à côté du casino et du parking principal de la plage. Avr-sept, tlj 10h-13h, 14h-18h30 (10h-19h juil-août) ; le reste de l'année, tlj sf j. fériés 10h-13h, 14h30-17h30.* Nombreuses activités et loisirs (équitation, minigolf et voile, bien sûr, car la station bénéficie du label « Station nautique »). Organise, toute l'année, des visites guidées payantes de la ville (différents thèmes : « Le bourg », « Le port » ou « Sword Beach »...). Vous y trouverez également le calendrier des « balades découverte nature » (payantes), organisées de mai à mi-septembre.

Bus Twisto : *☎ 02-31-15-55-55. • twisto.fr •* Ligne 61, liaisons régulières avec Caen. Arrêts soit dans le bourg (près de l'église), soit à la gare maritime, au port ou près de la plage. Billets en vente à l'office de tourisme.

Gare maritime : *rue des Dunes.* On y trouve un bar brasserie-comptoir, un bureau de change et, bien sûr, un stand *Brittany Ferries.*

■ ***Brittany Ferries :*** *à la gare maritime. ☎ 0825-828-828 (service 0,15 €/mn + prix d'appel). • brittany-ferries.fr •* 3 départs/j. dans les 2 sens entre Ouistreham et Portsmouth. Traversée : 5-6h.

■ ***Location de vélos :*** ***Riva Loisirs,*** *77, av. Foch. ☎ 02-31-97-19-04.* Location de vélos de ville, VTT, vélos enfant. *Au* ***circuit de karting,*** *bd Maritime. ☎ 02-31-96-65-62. Également à la* ***Maison du tourisme,*** *esplanade Lofi.*

– ***Marchés :*** *mar et sam dans le bourg, pl. de la Grange-aux-Dîmes ; à Riva-Bella, pl. du Marché : ven hors saison, ven et dim mai-juin et sept, mer, ven-dim juil-août.* ***Marché aux poissons :*** *halle aux poissons ts les mat sur le port.* ***Marché nocturne :*** *juil-août, mer soir à l'entrée de la plage.*

Où dormir ? Où manger ?

Bon marché

Au Crépiou : *13, av. de la Mer. ☎ 02-31-80-43-67. Ouv tlj sf mer en saison ; sinon le midi lun-mar, ven-dim et j. fériés, plus le soir ven-sam et j. fériés. Congés : 1re sem de janv. Menus déj en sem 11 €, puis 16-20 €. Café offert sur présentation de ce guide.* Un petit bout de resto sans prétention au bout de l'avenue de la Mer, discret et tenu par une jeune équipe sympathique. Galettes et plats de moules y sont plutôt réussis. Certes, le service est parfois un peu lent.

De prix moyens à chic

La Table d'Hôtes : *10, av. du Général-Leclerc. ☎ 02-31-97-18-44. • latabledhotes@orange.fr • Tlj sf mar soir, mer et dim soir. Formule déj en sem 20 € ; menus 32-45 € ; carte 45-50 €.* Une maison à l'intérieur lumineux, où les bouteilles de vin vous accueillent, alignées sur le vieux comptoir. La carte est courte (2 menus seulement, dont un type plutôt « dégustation »), mais elle change tous les mois. Les produits sont soigneusement choisis, puis travaillés et associés avec respect et doigté. Ajoutez à cela un service pro, attentif et charmant, et vous avez tous les ingrédients de la bonne table.

Hôtel de la Plage : *39-41, av. Pasteur. ☎ 02-31-96-85-16. • info@hotel-ouistreham.com • hotel-ouistreham.com • À Riva-Bella ; à 100 m de la plage. Congés : fév. Doubles 65-87 € selon saison et confort ; familiales 3-4 pers 87-112 €. Parking clos.* Hôtel installé dans une ancienne villa balnéaire du XIXe s à la façade fleurie de géraniums. Un certain charme, donc. Chambres claires, à la déco discrète mais coquette. Aux beaux jours, petit déj servi sur la terrasse.

Le Normandie : *71, av. Michel-Cabieu. ☎ 02-31-97-19-57. • hotel@

lenormandie.com • lenormandie.com • Dans la rue face au grand parking entre le canal et la gare maritime. Congés : nov-fév. Doubles 73-80 € selon saison. Formules 12,90-28,90 €. Parking gratuit. Hôtel traditionnel d'une vingtaine de chambres. Chambres à la déco classique, pas immenses mais bien équipées (même si certaines mériteraient quelques petits travaux). Au resto, une cuisine plutôt tournée vers la mer avec quelques bonnes idées.

À voir

Le Grand Bunker – Musée du Mur de l'Atlantique : *av. du 6-Juin. ☎ 02-31-97-28-69. Oct-mars, tlj 10h-18h ; avr-sept, tlj 9h-19h. Fermé début janv (après les vac de Noël)-début fév. Entrée : 7,50 € ; réduc ; gratuit moins de 6 ans.* Sur cinq niveaux, dans une impressionnante tour-blockhaus ayant servi de poste de direction de tir aux Allemands. On visite la salle des filtres anti-gaz, le poste de direction des batteries, puis l'infirmerie (nombreux souvenirs sur la vie quotidienne des soldats). Dans la salle radio, expo sur l'assaut des Alliés et la libération de Ouistreham. Au dernier étage, le poste d'observation avec son télémètre géant. On imagine un peu mieux, d'ici, le choc qu'ont dû ressentir les Allemands en voyant foncer sur eux les milliers de navires alliés. Devant le musée, une péniche restaurée pour le film *Il faut sauver le soldat Ryan.*

L'église Saint-Samson : *pl. Lemarignier, dans le bourg.* Belle et vaste, elle fut édifiée par les seigneurs normands aux XIIe et XIIIe s, témoignant de la richesse du bourg à cette époque. Clocher massif, typique des débuts du gothique dans la région. Sa hauteur ainsi que ses contreforts (rares dans les petites villes), qui lui ont valu l'appellation d'église-forteresse, s'expliquent par le fait qu'elle devait à la fois guider (comme un phare) et protéger les marins. Elle témoigne également de la prospérité du bourg dans le trafic maritime au Moyen Âge, grâce à l'exportation de la « pierre de Caen ». Façade remarquable pour ses rangées de piliers imposants, surmontés de chapiteaux, aux voûtes en partie boisées. Originale aussi, la galerie intérieure creusée dans le mur. Arcatures dans le chœur roman. Un très beau triforium avec une galerie de circulation court autour de l'édifice.

À faire

➢ ***Le chemin de halage (ou GR 36) :*** belle promenade le long du canal de l'Orne, du port jusqu'à Caen, à 15 km. Se fait à pied, à rollers ou à vélo. C'est le début de la véloroute « Vélo Francette » qui relie Ouistreham à La Rochelle.

La pointe du Siège : à l'est du port de plaisance, une avancée de bancs de sable bordée par l'estuaire de l'Orne, rendez-vous des eaux marines et fluviales. Le site, riche en oiseaux, est une réserve naturelle. Cette très belle promenade (compter 2h) permet d'apercevoir échassiers (curieuses avocettes au bec effilé), canards (notamment des tadornes colorés), oiseaux migrateurs et mouettes rieuses (oui, comme dans *Gaston Lagaffe* !). Flore également originale, grâce à la haute teneur en sel : arbousiers et salicornes, surnommées ici « cornichons de la mer ». Une tour d'observation offre une très belle vue sur l'estuaire.

On peut compléter cette visite par les autres sites naturels de l'estuaire de l'Orne, à *Merville-Franceville* et à *Sallenelles* *(Maison de la nature et de l'estuaire ;* *lire plus haut « À voir à Ranville et dans les environs »**).*

LUC-SUR-MER (14530) 3 065 hab. *Carte Calvados, B1*

Bienvenue chez les Lutins ! C'est en effet ainsi que se nomment les habitants de cette agréable station thermale réputée pour la pureté de son air iodé. Luc a réussi à se développer autour de son centre de thalasso et de son casino. Jolie petite ville et belle plage, sur laquelle vint s'échouer, en 1885, la plus grande baleine trouvée en Europe. Son squelette trône désormais dans le parc municipal.

UN PEU D'HISTOIRE

Le 6 juin 1944, le bourg est resté entre deux secteurs d'assaut alliés : *Sword* (à l'est) et *Juno* (à l'ouest). C'est dans cette brèche que réussirent à s'infiltrer des chars allemands de la 21e division de panzers, le soir du 6 juin. Mais ils seront obligés de faire demi-tour, faute de renforts ! Dans la soirée du 7, un commando britannique débarqué à Saint-Aubin le matin même libère Luc-sur-Mer après avoir triomphé des résistances de la Wehrmacht, au lieu-dit Petit-Enfer (qui portait bien son nom), recueillant une soixantaine de prisonniers, sans subir la moindre perte. Par la suite, la station s'organisa en base de détente et de convalescence pour permissionnaires et blessés.

Adresse utile

Office de tourisme : *pl. du Petit-Enfer. ☎ 02-31-97-33-25. • terresdenacre.com • Juil-août, tlj 10h-13h, 14h-19h (18h dim) ; le reste de l'année, lun et jeu-sam 10h-12h30, 14h-18h, dim (avr-oct) 10h30-12h30, 14h-17h.*

Où dormir ? Où manger ?

Camping

Camping La Capricieuse : *2, rue Brummel. ☎ 02-31-97-34-43. • info@campinglacapricieuse.com • campinglacapricieuse.com • Dans le village (indiqué). Ouv avr-sept (loc jusqu'à fin oct). Selon saison, compter 15-18 € pour 2 avec tente et voiture ; chalets et mobile homes 334-783 €/sem. 232 empl.* Camping délimité d'une part par des pavillons et d'autre part par les champs. On lui préfère la partie du fond, plus retirée, mieux ombragée et à l'ambiance un peu plus « campagne ».

De prix moyens à chic

Hôtel Beau Rivage : *1, rue du Docteur-Charcot. ☎ 02-31-96-49-51. • beau.rivage@sfr.fr • hotel-beaurivage-lucsurmer.fr • Doubles 69-89 € selon vue et saison. Menus en sem 19 €, puis 27 €, carte env 35 €. Apéritif offert sur présentation de ce guide.* Grande bâtisse toute rose, face à la mer. Chambres classiques, pas désagréables, certaines avec vue sur l'eau. Au resto, très bonne cuisine de tradition, soignée comme on dit. Excellent accueil et atmosphère toute familiale.

Où dormir ? Où manger dans les environs ?

Camping Oasis : *bd National, 14780* ***Lion-sur-Mer.*** *☎ 02-31-97-21-36 ou 02-31-24-22-12. • contact@oasis-camping.fr • campings-plage.fr • À la sortie du bourg en venant d'Ouistreham. Ouv avr-sept. Compter*

16,90-18,90 € pour 2 avec tente et voiture ; mobile homes 320-600 €/sem. 139 empl. Grand camping réparti de part et d'autre de la grande rue qui traverse Lion. Le principal intérêt est l'accès direct à la promenade de la plage, dont dispose l'une des 2 parties (la plus agréable, selon nous, même si elle est plus exposée au bruit). Piscine.

Chambres d'hôtes Le Vivier : *27, rue Bertin, 14780* ***Lion-sur-Mer.*** *☎ 02-31-23-98-66. 06-50-14-39-06. • marie@demeurelevivier.com • demeurelevivier.com • Dans le bourg. Double 110 € ; chambre 4 pers 180 €. Réduc de 10 % sur le prix de la chambre à partir de 3 nuits hors saison sur présentation de ce guide.* 2 chambres au 2e étage de cette maison de maître à l'aspect sévère et protégée par 2 colonnes, mais dont l'intérieur révèle une grande élégance et beaucoup de douceur. Chambres charmantes comme tout. Le caractère très minéral de la maison est compensé à l'arrière par une généreuse pelouse et une terrasse. Accueil charmant.

La Taverne : *15, pl. Clemenceau, 14780* ***Lion-sur-Mer.*** *☎ 02-31-96-27-05. • latavernesp@orange.fr • À 6 km à l'ouest de Ouistreham ; à 30 m de la plage. Tlj 14 juil-31 août ; fermé dim soir et lun hors saison. Congés : 15 j. en fév et 15 j. en oct. Menus en sem et sam midi 13,50 €, puis 19,50-31 €. Café offert sur présentation de ce guide.* La petite station balnéaire de Lion-sur-Mer est l'une des jolies surprises de cette côte, avec son agréable digue-promenade toujours bordée de belles villas. Elle a aussi le mérite d'abriter cette petite adresse, absolument sans prétention mais à l'ambiance conviviale (c'est la cantine du village), où les plats traditionnels sont bons, notamment grâce à la qualité des produits utilisés. Et si vous voulez goûter au dessert de la maison, la fameuse île flottante, n'arrivez pas trop tard, car elle passe rarement l'étape du 1er service !

La Valise Gourmande : *7, rue de Lion-sur-Mer, 14440* ***Cresserons.*** *☎ 02-31-37-39-10. • contact@lavalisegourmande-caen.com • À 3 km au sud de Luc-sur-Mer. Tlj sf dim soir, lun et mar midi. Menus 24-49 € ; carte env 40 €.* Dans une belle maison du XVIIIe s avec jardin et terrasse. Cuisine sophistiquée et clientèle chic. Le chef revisite le terroir normand en travaillant, avec un brio certain, poisson et fruits de mer.

À voir

Le parc de l'Hôtel-de-Ville : *45, rue de la Mer. Tlj 9h-19h (18h oct-mars). Accès libre.* Joli petit parc fleuri et ombragé, avec jeux pour enfants et bancs pour amoureux. On y a également installé quelques oiseaux et animaux (volailles, chèvres et paons en liberté). C'est ici que l'on peut admirer le squelette de la baleine venue s'échouer à Luc en 1885.

La Maison de la baleine : *dans le parc. ☎ 02-31-97-55-93. • maisondelabaleine.com • Juil-août, tlj sf dim mat 10h-12h30, 14h30-18h30 ; avr-juin, w-e, j. fériés et tlj pdt vac scol 15h-18h. Entrée : env 3 € ; enfant 1,50 €.* La maison abrite un amusant petit *musée* évoquant l'univers des cétacés. Le tunnel d'entrée donne l'impression de pénétrer dans le ventre d'une baleine... À l'intérieur, légendes et anecdotes sur les baleines, mémorandum sur la chasse et la protection des cétacés, etc.

DANS LES ENVIRONS DE LUC-SUR-MER

Lion-sur-Mer : *à 3,5 km à l'est de Luc.* L'une des plus anciennes stations balnéaires de Normandie, que fréquentèrent en leur temps Anatole France et Émile Littré pour sa longue plage et son air chargé d'iode. Agréable promenade le long de la digue piétonne bordée de jolies villas.

Douvres-la-Délivrande : à 3 km de Luc-sur-Mer, dans les terres. Petite cité réputée dans tout le Calvados pour son pèlerinage et sa basilique Notre-Dame. Construite pendant la seconde moitié du XIXe s, cette église aux vastes proportions abrite une Vierge noire sculptée en 1580. Nef aux volumes harmonieux et vitraux aux couleurs originales. Bonne pâtisserie en face (aucun rapport, mais on la signale tout de même) et, à 30 m de la basilique, dans la rue du Général-de-Gaulle, remarquez l'extraordinaire façade Art nouveau de la pharmacie, décorée par Guimard (eh oui ! celui du métro parisien). Belle découpe en courbe des fenêtres, grille ouvragée et ardoises peintes, le tout dans un vert éclatant. Étonnant dans un lieu pareil... Encore plus surprenant, la chapelle Notre-Dame-de-Fidélité (un peu à l'écart du centre), aux splendides verrières en pâte de verre immaculée signées René Lalique, tout simplement ! Les sœurs sont très fières de ce cadeau fait par l'artiste à leur communauté et elles vous ouvriront gentiment les portes de la chapelle.

SAINT-AUBIN-SUR-MER

(14750) 2 190 hab. *Carte Calvados, B1*

Ancien village de pêcheurs qui s'est transformé en station balnéaire familiale au charme indéniable, avec un lacis de venelles qui servaient autrefois à étendre les filets, et une belle promenade bordée de jolies villas, le long de la grande plage. Ici aussi, tout est prévu pour des séjours de détente : hôtels, camping, commerces, casino, tennis...

LE *D-DAY* À SAINT-AUBIN

Englobée sous l'appellation *Juno,* c'est la plus orientale des plages affectées aux unités de la 3e DI canadienne. L'objectif du major-général Keller est d'occuper le soir même du 6 juin une position dominante à Putot-en-Bessin (entre Caen et Bayeux). Le North Shore Regiment débarque à 7h40 pour s'en prendre essentiellement à l'abri bétonné que l'on peut encore voir aujourd'hui à l'extrémité ouest de la plage. Le site sera nettoyé à 11h30, mais les escarmouches se prolongeront jusqu'en fin de journée.

Adresse utile

Office de tourisme : *digue Favreau. ☎ 02-31-97-30-41. • terresdenacre.com • Juil-août, tlj 10h-13h, 14h-19h (18h dim) ; le reste de l'année, mer-sam 10h-12h30, 14h-18h, dim (avr-oct) 10h30-12h30, 14h-17h.* Dans un rigolo petit pavillon sur le front de mer. Location de vélos en saison et expos toute l'année.

Où dormir ? Où manger ?

Bon marché

Côté Sable : *20, rue Pasteur. ☎ 02-31-97-55-59. Devant la promenade, face à l'office de tourisme. Tlj en saison ; fermé le soir dim-mer et le midi mar hors saison. Congés : de mi-nov à début fév. Formule déj en sem 12,90 € ; menus 13,40-16,40 €. Apéritif maison offert sur présentation de ce guide.* Dans les tons sable, une coquette petite adresse qui sert crêpes et salades de bon aloi. Fait salon de thé dans l'après-midi. Terrasse couverte face à la mer.

De prix moyens à chic

🏠 🍽 ***Le Clos Normand :*** *89, rue Pasteur. ☎ 02-31-97-30-47. • closnormand@wanadoo.fr • closnormandhotel.com • ♿ Ouv tlj mais fermetures ponctuelles en fév-mars et oct-nov. Congés : de mi-nov à mi-fév. Doubles 80-110 € selon confort, vue et saison. Formule déj en sem 26 € ; menu 44 €.* Bâtisse en L, à peine séparée de la plage par une promenade piétonne et sa terrasse. Chambres classiquement coquettes, petites pour certaines et pas terriblement bien insonorisées (vieille maison oblige). Cuisine dans l'air du temps.

🏠 ***Hôtel Saint-Aubin :*** *26, rue de Verdun. ☎ 02-31-97-30-39. • hotelsaintaubin@wanadoo.fr • hotelsaintaubin.com • Au bout de la digue, face à la plage. Doubles 60-150 € selon confort, vue et saison. Parking dans l'enceinte de l'hôtel. Café offert sur présentation de ce guide.* Bâtiment banal en forme de cube mais face à la mer. Chambres classiques plutôt agréables, fonctionnelles et confortables. La moitié d'entre elles donnent sur la mer.

COURSEULLES-SUR-MER

(14470) 4 180 hab. *Carte Calvados, B1*

Importante station balnéaire connue pour son port, sa plage... et ses huîtres (ne pas manquer le marché aux poissons sur le port !). La ville est particulièrement bien équipée pour le tourisme, mais son bord de mer a largement été saccagé par le béton. C'est à Courseulles-sur-Mer que vous quittez la Côte de Nacre et entrez dans le Bessin et ses plages sauvages.

JUIN 1944 : UNE PETITE VILLE AU CŒUR DES ÉVÉNEMENTS

Les Courseullais auront du mal à oublier ce mois de juin. Tout y a défilé, du modeste homme de troupe aux grands de ce monde ! Ça commence, bien entendu, le 6 au matin. Le port, protégé par 26 constructions bétonnées surarmées, nécessite deux attaques. Après d'épuisants combats de rues, les Allemands cèdent vers 10h. Mais les pertes humaines sont lourdes. Une des compagnies ne compte plus qu'un capitaine et une poignée d'hommes. Le port de Courseulles, en attendant que celui d'Arromanches soit prêt, voit défiler quantité d'hommes et de matériel.

« WHO'S WHO »

En quelques jours, les habitants de Courseulles furent épatés. Imaginez un peu : le 12 juin 1944, sidérés, ils voient débarquer Winston Churchill, venu vérifier les premiers résultats du Débarquement. Deux jours plus tard, c'est au tour du général de Gaulle, qui prononce son premier discours à Bayeux. Puis, le 16 juin, apothéose, Sa Majesté le roi d'Angleterre, George VI en personne, débarque sur la plage pour féliciter ses hommes. Une folle semaine.

Adresse et infos utiles

ℹ ***Office de tourisme :*** *5, rue du 11-Novembre. ☎ 02-31-37-46-80. • courseulles-tourisme.fr • ♿ Juil-août, tlj 10h-18h ; avr-oct et vac scol,* *tlj 10h-12h30, 14h-18h ; nov-mars, mar-sam (fermeture à 17h) et tlj vac scol.*

– ***Marchés :*** *mar et ven, pl. du Marché.* Important, et très bien approvisionné en saison. *En juil-août, également dim mat sur le port.* ***Marché aux poissons :*** *le long du port. Tlj en hte saison ; w-e et j. fériés reste de l'année.* Poisson, moules, huîtres et homards... ***Marché nocturne :*** *sam soir sur le port en juil-août.*

Où dormir ? Où manger ?

Camping

⛺ ***Camping du Champ de Courses :*** *av. de la Libération. ☎ 02-31-37-99-26. • contact@campingcourseulles.com • campingcourseulles.com • ♿ Entre le golf miniature et le centre équestre ; fléché. Ouv début avr-début oct. Env 15 € pour 2 avec tente et voiture ; bungalows 170-690 €/sem selon saison. 383 empl.* Vaste terrain plat sans grand charme mais confortable, avec des emplacements délimités par des haies, et des sanitaires propres. Location de bungalows bien séparés du camping traditionnel. Piscine à 200 m.

De bon marché à prix moyens

🏠 🍽 ***Les Alizés :*** *4, quai Ouest. ☎ 02-31-36-14-14. • les-alizes.net • ♿ Sur le port. Résa conseillée. Doubles 39-54 € selon confort, vue et saison. Formules 12-16 € ; menus 18,50-26,50 € ; le soir ven-sam, buffet de la mer à volonté avec fromage et dessert env 27 €. Wi-fi Kir normand offert sur présentation de ce guide.* Des chambres à la déco un peu bricolo mais bien tenues, d'un honorable confort et toutes un peu différentes. Gentille cuisine d'inspiration régionale principalement axée sur le poisson et les fruits de mer, déclinée au travers de multiples formules à prix tenus. Terrasse sur la rue et face au port. Excellent accueil.

🍽 ***Les Embruns :*** *6, pl. du 6-Juin. ☎ 02-31-37-46-81. • anniemartial-becker@wanadoo.fr • Tlj sf mer en saison ; fermé lun-mar hors saison. Congés : janv. Formule déj 12,50 € ; menus 13,90-25 €.* Une gentille petite adresse qu'on remarquerait à peine tant le style du lieu est passe-partout. Mais l'habit ne fait pas le moine : copieuse choucroute de la mer, joli panaché de poissons fumés et des moules à toutes les sauces.

De prix moyens à plus chic

🍽 ***Le Bistrot du Port :*** *12, quai Ouest. ☎ 02-31-97-26-02. Tlj sf mar-mer. Congés : fév et 1 sem en juin. Résa conseillée. Menus 28-36 €. Apéritif ou café offert sur présentation de ce guide.* Aux commandes de ce petit bistrot comptant une poignée de tables, des proprios ayant œuvré dans de prestigieuses maisons. Au menu, qui change toutes les semaines, une cuisine de marché et un beau plateau de fromages. Ici, pas d'effet de manche, mais du savoir-faire et l'amour du travail bien fait mis au service du produit de saison. Accueil et service aux petits soins, et un chef qui n'hésite pas à sortir de sa cuisine exiguë ouverte sur la salle pour donner des précisions. Vente à emporter.

🏠 🍽 ***La Pêcherie :*** *7, pl. du 6-Juin. ☎ 02-31-37-45-84. • pecherie@wanadoo.fr • la-pecherie.com • Doubles 90-150 € selon confort et saison. Formule déj en sem 19,50 € ; menus 29,50-38 € ; carte env 35 €. Wi-fi Remise de 10 % sur la chambre sur présentation de ce guide.* Petit hôtel (7 chambres) assez chic, avec une déco évoluant autour du thème de la cabine de bateau, et quelques objets en série, comme ces pendules arrêtées dans la salle de resto ou ces anciens postes de radio à l'accueil. Les 5 autres chambres de l'annexe (une villa du XIXe s) sont dans un style plus baroque-design. Ensemble charmant et plutôt original, même si les chambres ne sont pas bien grandes. Au resto, verrière à l'ancienne et cuisine qui respire l'air du large, mais on a failli boire la tasse en lisant le prix des boissons.

Où dormir dans les environs ?

Chambres d'hôtes de la ferme Le Petit Val : *24, rue du Camp-Romain, 14480* ***Banville.*** *☎ 02-31-37-92-18. 06-87-03-85-52. • fermelepetitval@wanadoo.fr • ferme-le-petitval.com • À 4 km de Courseulles par la D 12 ; dans le village. Doubles 63-71 € ; gîte 8 pers env 550-1 100 €/sem.* Sur une exploitation agricole, dans une jolie maison du XVIIIe s en pierre de Caen, 5 chambres coquettes : 3 dans une dépendance et 2 dans la maison des proprios (une préférence pour la chambre « Camomille »). Petit déj servi sur la terrasse donnant sur l'agréable jardin ; aire de pique-nique avec barbecue et vélos à la disposition des hôtes.

LE CALVADOS

À voir. À faire

Le centre Juno Beach : *voie des Français-Libres. ☎ 02-31-37-32-17. • junobeach.org • Oct-mars, tlj 10h-17h (18h mars et oct) ; avr-sept, tlj 9h30-19h. Avr-oct, visite guidée du parc Juno sur la plage à 11h30 et 15h30 ; juin-août, tlj à 11h, 15h, 16h et 17h. Fermé janv et 25 déc. Entrée : 7 € (11 € avec la visite guidée du parc Juno) ; réduc.* Musée canadien fort bien conçu, en grande partie financé par des fonds privés canadiens (les donateurs ont tous leur petite plaque sur les colonnes devant le bâtiment). L'accueil est lui aussi assuré par des jeunes à l'accent chantant. Ce vaste bâtiment de titane en forme de feuille d'érable fut d'abord construit en souvenir des 45 000 soldats canadiens morts durant la Seconde Guerre mondiale (il ne faut pas moins de 13h30 pour voir tous les noms défiler sur un écran, en fin de visite...). Dans la partie muséographique, présentation très parlante du Canada au XXe s, son entrée dans la guerre aux côtés des Alliés, sa position, son action et les influences de cette guerre sur la société canadienne. Imaginez : l'armée canadienne ne comptait que 8 000 hommes en 1939 ! Suite à la déclaration de guerre, des milliers de jeunes s'engagèrent et, en 1945, 1 million d'hommes et de femmes avaient revêtu l'uniforme de l'armée. Le centre est l'un des rares lieux sur les plages du Débarquement que l'on peut visiter avec des enfants, qui suivront un parcours aussi ludique qu'instructif en compagnie de deux personnages virtuels, Peter et Madeleine. L'intéressante visite du parc de Juno Beach permet, elle, de revivre les événements du débarquement sur la plage et de visiter un blockhaus d'observation allemand. Expos temporaires. Boutique avec pas mal de produits canadiens.

Aux Régals de l'Île : *route d'Arromanches, juste après le petit pont à la sortie de la ville vers Graye-sur-Mer (et non le pont tournant sur le port). Vente à emporter (huîtres, coquillages, crustacés, plateaux de fruits de mer sur commande) tlj 9h-12h30, 14h30-19h.* Ces parcs à huîtres, qui couvraient autrefois 10 ha, étaient au XIXe s un vrai parc d'attractions avec balançoires et chevaux de bois. Détruits par les bombardements, ils sont à nouveau exploités depuis les années 1950.

Le musée du Vieux Courseulles : *centre culturel, 17, rue Amiral-Robert. ☎ 02-31-37-70-00. Dans le haut de la ville. De mi-juin à mi-sept, tlj sf mar 15h-19h. GRATUIT.* Expositions temporaires organisées autour de l'histoire locale.

LE BESSIN

LE CALVADOS

Le Bessin s'étend à l'ouest de la plaine caennaise et au nord du bocage normand. Moins homogène que le pays d'Auge, le Bessin est un pays à la fois côtier et rural. D'où la diversité des produits qui ont fait sa réputation, dont le beurre et la crème (Isigny), les fruits de mer (Port-en-Bessin), sans oublier le cochon (Bayeux), qui a bien failli disparaître. Le Bessin a, comme le pays d'Auge, sa propre production de cidre. On y trouve peu de villes, si ce n'est Bayeux, mais une ribambelle de jolis villages dotés de superbes fermes fortifiées, des stations balnéaires, des forêts et, bien sûr, des prés (93 % dans la région d'Isigny !).

BAYEUX

(14400) 14 129 hab. *Carte Calvados, B1*

• Plan *p. 329*

Vollà une ville gâtée. D'abord, c'est l'une des très rares dans ce coin de Normandie à ne pas avoir souffert des destructions de la Seconde Guerre mondiale. La vieille ville est donc restée intacte, on se croirait presque au XVIIIe s ! Par ailleurs, la capitale du Bessin attire beaucoup de touristes, ne serait-ce que pour sa fameuse tapisserie et sa fastueuse cathédrale. Mais ne vous contentez pas de ces deux trésors : le centre-ville abrite un nombre considérable de vieilles maisons médiévales et de superbes hôtels particuliers, ainsi que le passionnant musée d'Art et d'Histoire Baron-Gérard, et celui consacré à la bataille de Normandie. Et cerise sur le gâteau, l'Aure, qui la traverse nonchalamment (et dont les rives sont aménagées en promenade), lui donne un petit cachet supplémentaire.

UN PEU D'HISTOIRE

« Ici Londres... » Non, l'appel du 18-Juin n'a pas été lancé de Bayeux ! Mais la capitale du Bessin reste associée dans l'histoire à l'un des plus fameux discours du général de Gaulle et... à l'Angleterre.
La ville fut d'abord gauloise : ici se réunissaient les *Bajocasses,* dont les natifs de Bayeux ont gardé le nom. Au Xe s, c'est au tour des Vikings de s'y intéresser.
Mais l'Angleterre dans tout ça ? Bayeux est la ville de l'évêque Odon, demi-frère de William (pardon, Guillaume) qui, comme on le sait, conquit la perfide Albion

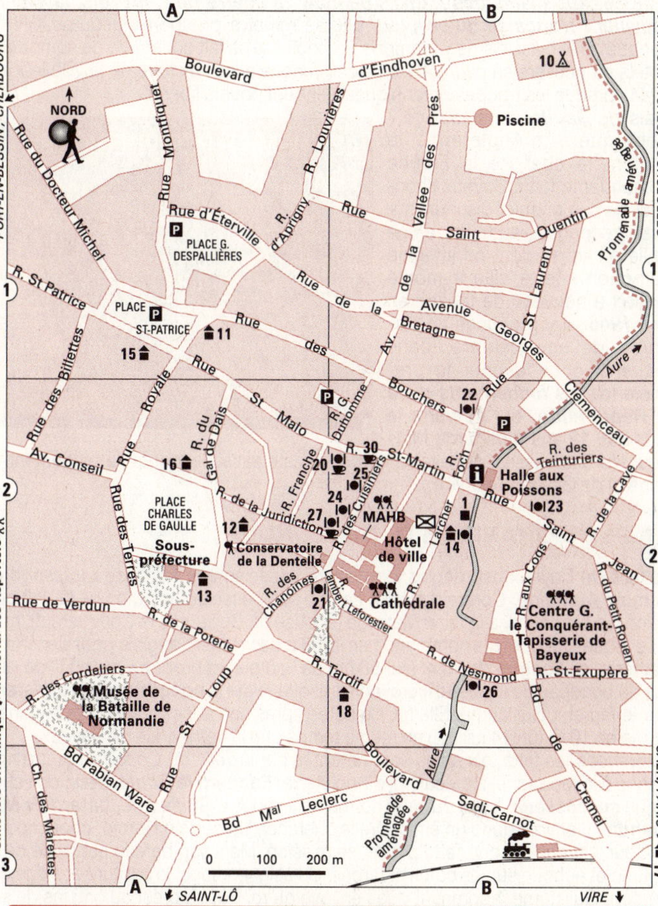

BAYEUX

Adresses utiles

- Office de tourisme
- 1 Vergers de l'Aure (location de vélos)

Où dormir ?

- 10 Camping des Bords de l'Aure
- 11 Hôtel Mogador
- 12 Le Petit Matin
- 13 Logis Les Remparts
- 14 Hôtel de la Reine Mathilde
- 15 Hôtel d'Argouges
- 16 Hôtel Particulier Poppa
- 17 Château de Bellefontaine
- 18 Hôtel Le Bayeux

Où manger ?

- 20 Café Inn'
- 21 L'Assiette Normande
- 22 L'Angle Saint-Laurent
- 23 L'Alchimie
- 24 Le Pommier
- 25 L'Insolite
- 26 Le Moulin de la Galette
- 27 Chez Paulette

Salons de thé

- 20 Café Inn'
- 27 Chez Paulette
- 30 La Reine Mathilde

en 1066. ***Aux mains des Anglais pendant la guerre de Cent Ans, la ville ne redevient française qu'en 1450.*** Elle se remet à prospérer jusqu'au XVIIIe s, époque où le classicisme y triomphe : la noblesse se fait construire de somptueux hôtels particuliers en pierre. L'Angleterre renoue avec l'histoire de la ville le 7 juin 1944, lorsque les troupes britanniques y entrent pour la libérer.

Mais ***de Gaulle*** dans tout ça ? Débarqué... d'Angleterre, le 14 juin, le chef de la France combattante fait à Bayeux l'honneur de son premier discours sur le sol reconquis, au milieu d'une foule en liesse dont on imagine l'émotion. Cette ville symbole lui sert à nouveau de théâtre en ***juin 1946*** : il y prononce un discours devenu célèbre, dans lequel il énonce pour la première fois les ***fondements de la Ve République,*** qui ne verra le jour que 12 ans plus tard ! Mais pour les Bajocasses, cet événement manifeste aussi ce jour-là l'attachement du général de Gaulle à leur ville...

LE PREMIER PÉRIPHÉRIQUE FRANÇAIS

En juin 1944, les milliers de véhicules alliés ne pouvant passer dans la cité médiévale aux rues étroites, le génie britannique construisit en 3 semaines le bypass (le « bipass » dans la bouche des habitants de Bayeux), une route contournant la ville... soit le premier périphérique français, une route toujours utilisée aujourd'hui.

LE CALVADOS

LA PLUS GRANDE B.D. DU MONDE

La ville de Bayeux est, depuis longtemps, associée à la fameuse ***tapisserie de la reine Mathilde.*** Contrairement à ce que l'on pense souvent, on ne la doit pas, selon les historiens, à la reine Mathilde (épouse de Guillaume le Conquérant), mais à l'évêque Odon, qui la commanda en 1066 à des ateliers anglais pour décorer sa cathédrale ! ***Longue de 70 m*** (sur 50 cm de hauteur) et brodée avec du fil de laine sur un bandeau de lin, cette incroyable fresque relate la ***conquête de l'Angleterre*** par le fameux Guillaume. Elle fut exécutée après son accession au trône et inaugurée en 1077 (un 14 juillet !) en même temps que la cathédrale de Bayeux.

Reprenons les faits tels qu'ils sont racontés par la *Telle du Conquest* (autre nom donné à la tapisserie) : le vieux roi d'Angleterre, ***Édouard le Confesseur,*** doit choisir un ***successeur.*** Ayant du sang normand, il songe à ***Guillaume, bâtard de Normandie.*** Il envoie donc un émissaire le chercher. Un certain Harold, chouchou de la Cour, est choisi pour cette périlleuse mission. Mais son bateau est dévié de sa course et échoue sur les côtes picardes. Un seigneur local le capture et exige une rançon. Guillaume, apprenant que l'envoyé du roi Édouard est aux mains de son voisin, parvient à le faire libérer. Il emmène ensuite Harold au Mont-Saint-Michel (Normandie), puis en Bretagne pour guerroyer (l'un des plaisirs de l'époque) : les Normands prennent Dinan et Rennes. En hommage au courage de Harold sur les champs de bataille, Guillaume le fait chevalier.

Pour le remercier, ***Harold jure de l'aider à obtenir la couronne d'Angleterre.*** Il rentre alors faire son rapport au vieux roi Édouard, qui meurt peu après. Mais ensuite, renversement de situation : la Cour propose à Harold de devenir lui-même roi ! Le félon accepte. Cependant, après son couronnement, le ciel envoie un signe de mauvais augure : la comète de Halley (on voit le passage de l'étoile sur la tapisserie) !

Guillaume, trahi, ne va pas se laisser faire : il fait construire 450 vaisseaux de guerre et, à la mi-juillet 1066, quelque 7 000 hommes et 700 navires quittent l'estuaire de la Dives (Dives-sur-Mer aujourd'hui) pour Saint-Valéry-sur-Somme, d'où l'armée de Guillaume au complet va traverser la Manche. Le camp est établi à Hastings, puis les combats ont lieu. Les cavaliers normands ont vite le dessus sur les fantassins anglais. Harold, le traître, meurt après avoir reçu une flèche dans l'œil... Ainsi s'achève la conquête.

Si vous souhaitez avoir un autre regard sur Guillaume le Conquérant et en apprendre davantage sur ses jeunes années, nous vous recommandons aussi le film *Guillaume, la jeunesse du Conquérant* de Fabien Drugeon *(plus d'infos sur • guillaumeleconquerant.fr •).*

Adresses et info utiles

Office de tourisme *(plan B2) : pont Saint-Jean. ☎ 02-31-51-28-28. • bayeux-bessin-tourisme.com • Juil-août, lun-sam 9h-19h, dim et j. fériés 9h-13h, 14h-18h ; sept-juin, tlj 9h30-12h30, 14h-18h (dim et j. fériés 10h-13h, 14h-18h ; nov-mars, fermeture à 17h30).* Programme détaillé des visites et des animations estivales.

Location de vélos : Vergers de l'Aure *(plan B2, **1**), impasse de l'Islet, face à l'office de tourisme. ☎ 02-31-92-89-16. Loc à la journée à partir de 10 €.* **La Maison du Vélo :** *41, bd Sadi-Carnot ☎ 02-31-22-96-76. Loc à la journée à partir de 10 €.* **Loc Vélo,** *multiples points de distribution. 06-46-34-37-21. Loc à la journée à partir de 13 €.*

– **Marchés :** *pl. Saint-Patrice sam mat, et* **petit marché** *rue Saint-Jean mer mat.*

Où dormir ?

Camping

Camping des Bords de l'Aure *(plan B1, **10**) : bd d'Eindhoven. ☎ 02-31-92-08-43 ou 02-31-51-60-78 (hors saison). • campingmunicipal@mairie-bayeux.fr • camping-bayeux.fr • Ouv avr-Toussaint. Compter 15,10 € pour 2 avec tente et voiture ; mobile homes 309-630 €/sem. 145 empl.* Un camping tout simple, bon marché et propre. Terrain ombragé mais un peu trop près d'une route passante. Piscine municipale attenante.

Chambres d'hôtes

Le Petit Matin *(plan A2, **12**) : pl. Charles-de-Gaulle. ☎ 02-31-10-09-27. 06-08-28-65-59. • lepetitmatin@hotmail.fr • chambres-hotes-bayeux-lepetitmatin.com • Doubles 90-100 € selon saison.* Dans le quartier historique de la ville, très belle demeure des XVIIe et XVIIIe s abritant 5 grandes chambres élégantes, contemporaines et délicatement décorées. Jardin avec terrasse pour les hôtes. Accueil souriant et soigné.

Logis Les Remparts *(plan A2, **13**) : 4, rue Bourbesneur. ☎ 02-31-92-50-40. • lecornu.bayeux@gmail.com • lecornu.fr • Doubles 65-130 €.* Christèle et François Lecornu vous accueillent dans leur maison du XVIIIe s, au cœur du quartier historique de Bayeux. 3 chambres (dont une familiale) à la déco soignée. Notre préférence va à la jolie chambre mansardée, très intime... bien qu'on aime aussi celle, très royale, avec lit à baldaquin. À côté, la cave-magasin du couple qui produit du cidre et du calvados.

Hôtel Particulier Poppa *(plan A2, **16**) : 32, pl. Charles-de-Gaulle. ☎ 02-31-22-41-90. • contact@hotel-poppa.com • hotel-poppa.com • Doubles 95-160 €.* C'est donc un hôtel particulier du XVIIIe s, posé face à cette jolie place arborée où le général de Gaulle prononça son célèbre discours. Si la façade peut paraître un peu sévère, l'intérieur est tout autre. Beaux volumes, cheminées, hautes fenêtres qui guignent vers la cathédrale, carrelages qui semblent d'époque, adorable jardin sur l'arrière. La décoration mélange habilement meubles anciens et design contemporain. L'accueil se révèle aussi charmant que l'endroit.

De prix moyens à chic

Hôtel Mogador *(plan A1, **11**) : 20, rue Alain-Chartier, pl. Saint-Patrice. ☎ 02-31-92-24-58. • lemogador@gmail.com • hotel-mogador-bayeux.fr • Congés : 15 déc-31 janv. Doubles*

55-63 € selon confort ; familiales 3-4 pers 68-94 €. Remise de 10 % sur la chambre, sur présentation de ce guide. Un petit hôtel discret à peine à l'écart du centre touristique. Chambres classiques, confortables et d'une vraie tranquillité pour celles qui s'ordonnent autour d'une petite cour intérieure. L'accueil décontracté et sympa du patron nous a franchement séduit.

Hôtel de la Reine Mathilde *(plan B2,* ***14****) : 23, rue Larcher. ☎ 02-31-92-08-13. • emerick.luckas@orange.fr • hotel-bayeux-reinemathilde.fr • Fermé 24-25 déc. Doubles 50-95 € selon saison. Menus 17 € (déj en sem)-26 € ; carte env 26 €.* À deux pas de la cathédrale et de la tapisserie, de jolies chambres bien d'aujourd'hui : du beige et du marron, un sobre design contemporain. Quelques-unes, très tranquilles, occupent une annexe, dans une verdoyante allée piétonne. Resto style brasserie-crêperie-pizzeria avec une agréable terrasse (où peut prendre le petit déj). Accueil dynamique.

Hôtel Le Bayeux *(plan B2,* ***18****) : 9, rue Tardif. ☎ 02-31-92-70-08. • reception@hotellebayeux.com • hotellebayeux.com • Doubles 50-160 € selon confort, taille et saison ; familiales 3-6 pers 79-240 €. Parking payant.* À deux pas du cœur historique, un petit hôtel tout simple, propre, fonctionnel, pratique pour un petit groupe d'amis (lits superposés dans les grandes chambres) ou une grande famille (nombreuses chambres familiales). Accueil particulièrement serviable.

De chic à beaucoup plus chic

Hôtel d'Argouges *(plan A1,* ***15****) : 21, rue Saint-Patrice. ☎ 02-31-92-88-86. • hotel.dargouges@gmail.com • hotel-dargouges.com • Doubles 85-132 € selon taille, confort et saison ; familiales 3-5 pers 150-200 €.* Un ancien hôtel particulier du XVIIIe s, en plein centre mais au calme, au fond d'une grande cour pavée. Boiseries, cheminées anciennes : les chambres sont franchement réussies. Une dizaine de chambres dites « standard » se trouvent dans l'annexe. Et pour une fois, il ne s'agit pas d'un bâtiment anodin mais d'une vieille et belle bâtisse dévorée par le lierre. Salle à manger somptueuse mais, quand il fait beau, prendre le petit déj dans le jardin fait partie de ces petits bonheurs qu'on ne se refuse pas.

Château de Bellefontaine *(hors plan par B3,* ***17****) : 49, rue Bellefontaine. ☎ 02-31-22-00-10. • info@hotel-bellefontaine.com • hotel-bellefontaine.com • À 800 m au sud-est du centre-ville, en retrait de la route pour Caen (N 13). Doubles 100-180 € selon confort et saison.* Chambres raffinées et de style classique dans une demeure du XVIIIe s entourée d'un beau parc traversé par un canal. Certaines, plus spacieuses, disposent d'une cheminée et donnent sur le parc. Également, dans les anciennes écuries, des duplex pour 4 personnes, élégants, spacieux, à la déco moderne et épurée. Accueil souriant. Tennis et location de vélos. Calme assuré.

Où dormir dans les environs ?

Chambres d'hôtes

Côté Campagne : *le Lieu-Aubin, 14400* ***Vaux-sur-Aure.*** *06-17-39-13-56. • cote.campagne@wanadoo.fr • campagneennormandie.com • À 5 km de Bayeux par la D 6 direction Port-en-Bessin ; à Maisons, tourner à droite, la ferme se trouve sur la gauche, 2 km plus loin. Double 60 € ; familiale 4 pers 98 €. (véranda). 5e nuit offerte sur présentation de ce guide.* En pleine campagne, autour de la cour-jardin fleurie d'une ferme, 5 chambres d'hôtes, très simples pour 2 d'entre elles ; petit coup de cœur pour celle avec baies vitrées et balconnet. Petit déj servi dans une agréable véranda, le nez dans la verdure. Cuisine et salon (un peu tristounets) à disposition.

Les Chaufourniers : *la Calverie, 14400* ***Crouay.*** *☎ 02-31-21-31-65. • leschaufourniers.com • À env 9 km de Bayeux ; accès par la D 5 (direction Le Molay-Littry) et la D 207. Double 88 €, familiales 3-5 pers 123-153 €.*

Table d'hôtes sur résa 29 €. Dans un hameau perdu en pleine campagne, un ancien corps de ferme du XIXe s dont la maison principale est mangée par le lierre. Celle-ci abrite 3 belles chambres et une superbe suite familiale, tout en longueur, sous les toits. Confort douillet, ambiance paisible, couleurs sereines et par petites touches, les souvenirs de voyage des propriétaires. Loue également 2 beaux gîtes, dans le même ton.

Où manger ?

Bon marché

I●I ☕ ***Chez Paulette*** (plan A-B2, **27**) : *44, rue des Cuisiniers. ☎ 09-80-32-03-94. • chezpaulette@outlook.fr • Ouv juil-août lun 12h-18h, et mar, jeu, ven, sam midi et soir ; se renseigner pour les horaires le reste de l'année. Formules 10,50-15,50 €.* Une adresse d'angle tout en baies vitrées presqu'en face de la cathédrale. Le décor vintage acidulé – et très chargé – détonne au milieu des vénérables maisons moyenâgeuses environnantes. Mobilier dépareillé, objets – et matériaux ! – du quotidien d'un autre temps que les moins de 20 ans ne peuvent pas connaître... « Les Paulettes » ont créé une atmosphère conviviale, et proposent une restauration sur le pouce (feuilleté jambon-poireaux, bagel saumon-concombre, tarte chocolat-noix, clafoutis nectarine miel...), version salon de thé l'après-midi. Bon et très sympa !

I●I ☕ ***Café Inn'*** (plan A-B2, **20**) : *67, rue Saint-Martin. ☎ 02-31-21-11-37. Tlj sf dim 9h-18h30. Formule 11,90 € ; carte env 12-15 €.* Le menu comprend une salade bien fraîche, une tarte salée et un dessert, le tout fait maison. Également des omelettes, sandwichs ou de délicieux gâteaux. 2 petites tables en terrasse sur la rue. Cette boutique vendant thés et cafés sert aussi les petits déj le matin et devient salon de thé au déjeuner et l'après-midi. L'endroit est reposant, parfait pour une petite pause, même si l'accueil, aimable, manque un peu de chaleur.

I●I ***L'Insolite*** (plan B2, **25**) : *16, rue des Cuisiniers. ☎ 02-31-51-71-16. ♿ Tlj sf lun, plus mar hors saison. Congés : janv. Menus 10-20,50 € ; carte env 12 €.* Une salle plutôt moderne (à laquelle on n'a rien trouvé d'insolite) derrière une vitrine à l'ancienne. « Crêperie artisanale », annonce l'enseigne, et c'est vrai. Produits frais et souvent locaux pour de bonnes galettes et autres crêpes maison. Tranquille terrasse sur l'arrière.

I●I ***Le Moulin de la Galette*** (plan B2, **26**) : *38, rue Nesmond. ☎ 02-31-22-47-75. Vac de Pâques-août, tlj ; hors saison, tlj sf mar soir et mer. Repas 15-20 €.* Les galettes sont originales, de qualité (produits locaux, vins bio), l'accueil est agréable et, en plus, l'endroit bénéficie d'une charmante terrasse, en surplomb de l'Aure. Tout cela mérite bien un petit arrêt, non ?

De prix moyens à chic

I●I ***L'Alchimie*** (plan B2, **23**) : *49, rue Saint-Jean. ☎ 02-14-08-03-97. • lalchimie.bayeux@gmail.com • Tlj, sf dim et jeu hors saison. Formules déj en sem 12-18 € ; menus 25-35 € ; carte 35-40 €.* Dans les petites salles gris et blanc, l'ardoise égrène des plats bien tournés et bien dans leur époque : les plats classiques y sont volontiers revisités et relevés d'une petite touche d'exotisme. La formule du midi change toutes les semaines, les menus tous les 3 mois, histoire de ne pas lasser les nombreux habitués qui se donnent rendez-vous ici autour d'une cuisine pleine de saveurs, à base de bons produits.

I●I ***L'Angle Saint-Laurent*** (plan B2, **22**) : *4, rue des Bouchers. ☎ 02-31-92-03-01. • langlesaintlaurent@gmail.com • Tlj sf sam midi, dim midi et lun (plus dim soir hors saison). Formule déj en sem 16 € ; menus 30-51 €.* Jolie cuisine d'époque qui accompagne de saveurs nouvelles cochon de Bayeux, andouille de Vire ou volaille au cidre. De belles trouvailles dans la carte des vins, un accueil et un service qui savent trouver le juste équilibre entre élégance

LE CALVADOS

et décontraction, et une salle entre hier et aujourd'hui où on se sent tout simplement bien.

Le Pommier (plan B2, **24**) : *40, rue des Cuisiniers. ☎ 02-31-21-52-10. • lepommier14@orange.fr • ♿ Résa conseillée. Formules déj en sem 15-21 € ; menus 28-34 € ; carte env 42 €. Café offert sur présentation de ce guide.* Des produits normands soigneusement sélectionnés et bien cuisinés. À la belle saison, pour les déguster, vous aurez le choix entre la terrasse sur le trottoir au pied de la cathédrale, celle dans la courette intérieure, ou encore les 2 salles à la déco harmonieuse et intemporelle.

L'Assiette Normande *(plan A2, **21**) : 3, rue des Chanoines. ☎ 02-31-22-04-61. ♿ Tlj sf dim-lun hors saison. Congés : janv. Formule déj en sem 13,90 € ; menus 17,90-33,90 €. Apéritif maison offert sur présentation de ce guide.* Au pied de la cathédrale, une auberge traditionnelle qui offre une cuisine de terroir sans prétention ni complications. À signaler tout de même, 2 menus mettant à l'honneur l'andouille de Vire et le cochon de Bayeux. Très fréquentée par les locaux, elle accueille aussi des groupes à l'étage ; le service s'en ressent parfois : un peu speedé mais toujours souriant.

LE CALVADOS

Salons de thé

La Reine Mathilde (plan B2, **30**) : *47, rue Saint-Martin. ☎ 02-31-92-00-59. Tlj sf lun 9h-19h30 (13h dim).* Pour une pause sucrée dans un cadre chic et coquet où plafond peint, lustres et petites tables blanches caressent votre œil tandis que les tartes, gâteaux et confiseries font soupirer de contentement le palais et l'estomac des becs sucrés.

Chez Paulette (plan A-B2, **27**) : *44, rue des Cuisiniers. ☎ 09-80-32-03-94. • chezpaulette@outlook.fr • Ouv juil-août lun 12h-18h, et mar, jeu, ven, sam midi et soir ; se renseigner pour les horaires le reste de l'année. Voir « Où manger ? »*

Café Inn' (plan B2, **20**) : *67, rue Saint-Martin. ☎ 02-31-21-11-37. Tlj sf dim 9h-18h30. Voir « Où manger ? »*

Où manger d'excellentes glaces dans les environs ?

Les Glaces de la Ferme de la Haizerie : *la Haizerie, 14400* ***Vaux-sur-Aure****. ☎ 02-31-51-77-09. À env 5 km de Bayeux. En saison, tlj 10h-19h ; le reste de l'année, lun-ven 10h-18h. Visite de la ferme mar-ven à 17h (appeler avt) : 3 € avec une glace 2 boules ; compter 1h.* Le concept est simple : les glaces, sans conservateur, sont préparées à base de fruits frais dans la mesure du possible, du lait et de la crème de l'exploitation. Le résultat ? Délicieux !

À voir. À faire

– Si vous prévoyez de visiter plusieurs musées, sachez qu'il existe un billet combiné pour la tapisserie, le MAHB et le musée-mémorial de la Bataille de Normandie : *compter 12 € pour la visite de 2 musées et 15 € pour les 3 ; réduc. • bayeuxmuseum.com •*

La tapisserie de Bayeux *(plan B2) : centre*

LEÇON DE COUTURE

Un rectificatif s'impose. Communément appelé « tapisserie », le chef-d'œuvre de Bayeux n'en est pourtant pas une, car il n'est pas tissé. C'est plus exactement une broderie réalisée sur une toile de lin. Nous ferons, cependant, comme tout le monde, et l'appellerons « tapisserie » !

Guillaume-le-Conquérant, rue de Nesmond. ☎ 02-31-51-25-50. ♿ Mars-oct, tlj 9h-18h30 (19h mai-août) ; le reste de l'année, tlj 9h30-12h30, 14h-18h. Fermeture de la billetterie 45 mn avt. Fermé en janv, 24 déc (ap-m)-26 déc (mat) et 31 déc (ap-m)-2 janv (mat). Entrée : 9 € ; réduc ; gratuit moins de 10 ans. Excellent audioguide inclus dans le billet, dont un spécialement destiné aux enfants ; durée : 25 mn.
Incroyable bande dessinée brodée, longue de 70 m, inscrite au registre de la Mémoire du monde établi par l'Unesco.
La salle, plongée dans la pénombre, met parfaitement en valeur la grande broderie, protégée par une vitre blindée et éclairée de l'intérieur. En suivant cette bande lumineuse, on croirait presque assister à un dessin animé. Les coloris (intacts), le relief donné aux dessins par les « points », le mouvement de certaines scènes (de combat notamment) entretiennent l'illusion. La naïveté des traits et la déformation des proportions expliquent la comparaison, souvent faite, avec la bande dessinée. On trouve même des textes tout au long de la broderie, que les forts en latin pourront décrypter sans trop de mal ! Mais il s'agit avant tout d'un chef-d'œuvre pictural. La force et l'originalité de l'ensemble sont évidentes, ainsi que la qualité des matériaux (qui ont résisté plus de 900 ans) et l'impressionnant travail fourni, digne de Pénélope... Les détails dans les costumes, la robe des chevaux, sans oublier le fabuleux bestiaire imaginaire, sont absolument époustouflants ; surtout si l'on songe que seuls trois colorants végétaux ont donné quelque 10 teintes de fil ! La tapisserie fut pourtant plusieurs fois rapiécée au cours des siècles. Il aurait même été prévu de s'en servir comme d'une vulgaire bâche pendant la Révolution... En tout cas, l'œuvre semble inachevée : il manque apparemment une partie à la fin, celle censée représenter le couronnement du duc Guillaume, devenu roi d'Angleterre. Notez bien que l'audioguide saute des passages entiers de la tapisserie. N'hésitez donc pas, pour apprécier au mieux l'infinité de détails, à effectuer un second passage à votre rythme.
Les salles situées aux étages donnent les clés de ce fabuleux récit, en le resituant dans son contexte historique (lire la rubrique « La plus grande B.D. du monde » dans l'intro à la ville). Des maquettes, des outils, des costumes, une maquette de navire d'inspiration viking (échelle 1) et des infos sur la vie quotidienne de l'époque plongent le visiteur dans l'Angleterre au temps de Guillaume. Également une borne tactile permettant de zoomer sur des scènes numérisées de la tapisserie. On peut compléter la visite en allant voir l'excellent film pédagogique de 15 mn consacré à l'histoire relatée par la tapisserie (projection toutes les 40 mn).

ጸጸጸ ***La cathédrale*** *(plan B2) : entrée rue du Bienvenu. Tlj 8h30-19h (18h en hiver), sf pdt les offices. Visites guidées en juil-août et vac scol (5 €, réduc, gratuit moins de 10 ans ; rens auprès de l'office de tourisme).*
– Rendez-vous à la cathédrale : de mi-juil à août, les mar, jeu et sam ; GRATUIT.
Mise en lumière et projections d'images monumentales sur la cathédrale et l'arbre de la Liberté. Très réussi.
Cette cathédrale, l'une des plus belles de France, fut élevée au XIe s. On en doit l'essentiel à Odon, évêque de Bayeux et accessoirement demi-frère de Guillaume le Conquérant. Très belle façade principale avec ses cinq portails décorés de sculptures. On est saisi dès l'entrée par les vastes proportions de la nef (102 m de long, tout de même). Remarquables sculptures aux murs, caractéristiques de l'art roman mais remplies de réminiscences anglo-saxonnes, scandinaves et même orientales. Dans la nef, bel exemple de juxtaposition architecturale avec des arcades romanes en plein cintre et, au-dessus, des fenêtres hautes ouvertes par des arcs brisés. Outre les frises, on remarque des motifs décorant les chapiteaux : personnages grimaçants, animaux fantastiques, trèfles à quatre feuilles, etc. C'est sous les grandes arcades que l'évêque Odon avait décidé d'installer la tapisserie. Elle y était accrochée une fois par an (et cela pendant quatre siècles). Chœur d'une grande luminosité, sur trois niveaux, d'époque gothique. Au plafond, peintures du XIIIe s. Dans les chapelles du déambulatoire, fresques restaurées des XIIIe et XVe s. Riche mobilier un peu partout. Dans la nef, jolie chaire sculptée (XVIIIe s) ; dans le chœur,

une cinquantaine de stalles Renaissance et un maître-autel très travaillé du XVIIIe s. Dans l'une des chapelles (côté gauche) subsistent des vitraux du XIIIe s.
– *La crypte :* sous le chœur. Les trois petites nefs sont séparées par des colonnes peintes aux chapiteaux sculptés (art roman là aussi). Fresque du XVe s au plafond. À l'occasion des visites guidées proposées par l'office de tourisme, vous pourrez accéder à la salle du Trésor et à la salle du Chapitre.

Le MAHB (musée d'Art et d'Histoire Baron-Gérard *; plan B2)* **:** *37, rue du Bienvenu, attenant à la cathédrale. ☎ 02-31-51-25-50. Mai-sept, tlj 9h30-18h30 ; le reste de l'année, tlj 10h-12h30, 14h-18h. Fermeture de la billetterie 45 mn avt. Fermé en janv, 24 déc ap-m, 25 déc et 31 déc ap-m. Entrée : 7 € ; réduc ; gratuit moins de 10 ans. Plan de visite à demander à l'accueil.* Un bien beau musée. Depuis l'entrée par la plus ancienne chapelle du palais épiscopal (XIIIe s), la visite chronologique fait voyager le visiteur dans différentes périodes de l'art européen, de la préhistoire au XXe s, et dans différentes ambiances. Au rez-de-chaussée, décors peints de plusieurs pièces d'une villa gallo-romaine de Bayeux au IIe s. L'escalier d'honneur avec ses grilles en fer forgé mène à l'étage où la dentelle fait son défilé ! Ensuite tribunal, chapelle épiscopale et verrière présentent les peintures et estampes du XVe au XXe s, dont le superbe *Portraits à la campagne* de Caillebotte, et les pièces de porcelaine de Bayeux, mises en valeur par un jeu de vitrine et de lumière. D'ailleurs, si vous êtes séduit par cette porcelaine, allez découvrir comment Aline Gineste *(7, rue des Cuisiniers ; ☎ 02-31-21-98-00)* s'inspire de ces motifs aujourd'hui. De nombreuses bornes tactiles présentent virtuellement environ 20 000 œuvres numérisées.

Le musée-mémorial de la Bataille de Normandie *(plan A2)* **:** *bd Fabian-Ware. ☎ 02-31-51-25-50. Mai-sept, tlj 9h30-18h30 ; le reste de l'année, tlj 10h-12h30, 14h-18h. Dernière visite 1h avt fermeture. Fermé en janv, 24 déc ap-m, 25 déc et 31 déc (ap-m)-2 janv. Entrée : 7 € ; réduc ; gratuit moins de 10 ans.* Ce vaste bâtiment moderne présente un panorama complet et passionnant des opérations militaires de 1944. La scénographie met l'accent sur la tactique, la logistique, la stratégie et le déroulement de cette grande bataille de Normandie, le tout à grand renfort de couleurs et de cartes. On y trouve également des archives, des photos, des témoignages. Un vibrant hommage est aussi rendu au général de Gaulle, chef de la France combattante, « visionnaire rebelle » qui lui-même rendit de nombreux hommages à la ville. On apprend qu'il revint en France libérée à bord du destroyer *La Combattante.* Puis qu'il prononça à Bayeux (sur la place qui porte aujourd'hui son nom) un discours qui enflamma les esprits : « Nous allons tous ensemble, bouleversés et fraternels, [...] remonter du fond des abîmes... » Il revint dans la ville en 1945 pour accueillir les déportés, mais c'est son passage du 14 juin 1944 qui aura le plus de portée historique.
Le choix de Bayeux pour ce musée était évident : première ville (continentale) libérée, elle fut choisie par le général de Gaulle comme « capitale territoriale du gouvernement provisoire de la République ». C'est également ici (juste en face du musée) que reposent le plus grand nombre de combattants de la couronne britannique morts en Normandie.

Le cimetière britannique *(hors plan par A2)* **:** *de l'autre côté de la route, quasiment face au musée de la Bataille de Normandie.* Sous de sobres stèles

ET TOC !

Décidément, ces Anglais ne manquent pas d'humour, y compris dans les endroits où on l'attendrait le moins. Sur le monument juste en face du cimetière britannique, on peut ainsi lire l'inscription suivante (en latin) : Nos a Gulielmo victi victoris patriam liberavimus, *soit « Nous, vaincus par Guillaume, avons libéré la patrie du vainqueur »... Ou comment mettre en boîte « l'ennemi » héréditaire avec la plus grande élégance !*

blanches reposent près de 4 700 soldats du Commonwealth morts pour libérer la France. Un monument entretient la mémoire de quelque 2 000 disparus.

Le mémorial des Reporters (hors plan par A2) : *à côté du cimetière britannique.* Ce lieu, entièrement dédié aux reporters et à la liberté de la presse, en collaboration avec « Reporters sans frontières », est le seul de ce genre en Europe. Le site est constitué d'une promenade paysagère ponctuée de pierres blanches sur lesquelles seront gravés les noms de plus de 2 000 journalistes tués sur la planète dans l'exercice de leur fonction depuis 1944. La ville de Bayeux organise d'ailleurs chaque année une rencontre des correspondants de guerre (voir « Fêtes et manifestations »).

Le conservatoire de la Dentelle de Bayeux (plan A2) : *maison Adam et Ève, 6, rue du Bienvenu. ☎ 02-31-92-73-80. • dentelledebayeux.free.fr • Face à la cathédrale. Tlj sf dim et j. fériés 9h30-12h30, 14h30-18h (17h lun et jeu). Démonstration du travail. GRATUIT.* Tout sur la célèbre dentelle de Bayeux, presque aussi connue que la tapisserie. Un art qui remonte à la seconde moitié du XVIIe s, apparu chez les sœurs de la Providence. Dans les années 1950, Bayeux assiste à la disparition des dernières dentellières... Seule subsista, jusque dans les années 1970, l'école de dentelle. Aujourd'hui, les passionnés peuvent à nouveau s'initier à la fabrication de la dentelle traditionnelle pour apprendre à faire de somptueux napperons ou motifs décoratifs !

LE CALVADOS

La vieille ville

➢ Des maisons médiévales à pans de bois au classicisme des hôtels particuliers du XVIIIe s, il y en a pour tous les amateurs d'architecture ! Sachez que l'office de tourisme propose un plan-circuit, jalonné de bornes explicatives pour découvrir ce précieux patrimoine qui mérite vraiment le coup d'œil.

➢ ***Flâner sur les rives de l'Aure*** qui traverse la ville, grâce à une jolie balade pédestre, aménagée et pavée. Compter 15-20 mn de marche depuis l'office de tourisme jusqu'au boulevard d'Eindhoven. Cette balade le long de l'Aure interrompue en plein centre-ville, reprend, pour un tronçon tout récemment aménagé et vers le sud cette fois, à partir du rond-point à l'intersection des boulevards Sadi-Carnot et du Maréchal-Leclerc (à 2 mn à pied de la cathédrale). Cheminement et passerelles en bois, quelques animaux dans les champs... une immersion en pleine nature aux portes de la ville très réussie.

Fêtes et manifestations

– ***D-Day Festival :*** *autour du 6 juin.* Célèbre la libération de la ville.
– ***Fêtes médiévales :*** *1er w-e de juil.* Animations et Salon du livre médiéval. Ambiance vraiment festive et conviviale.
– ***Rendez-vous à la cathédrale :*** *de mi-juil à fin août, les mar, jeu et sam.* Fabuleux son et lumière, avec projection à 360°.
– ***Prix Bayeux-Calvados des correspondants de guerre :*** *2e sem d'oct.*

CREULLY

(14480) 1 700 hab. *Carte Calvados, B1*

Ce vieux bourg situé dans un beau coin de verdure, à environ 12 km à l'est de Bayeux, est surtout connu pour son château. À l'abri de l'agitation du bord

de mer ou des villes, il constitue une bonne base pour explorer les plages du Débarquement, Bayeux et sa campagne, ou même Caen.

Où dormir ? Où manger ?

Camping

Camping des Trois Rivières : *route de Tierceville.* ☎ *02-31-80-90-17.* • *contact@camping-des-3-rivieres.com* • *camping-des-3-rivieres.com* • *Ouv de mi-mars à mi-nov. Env 15-20,60 € pour 2 avec tente, voiture et électricité ; mobile homes 4 pers 200-550 €/sem selon saison.* Un sympathique endroit joliment arboré, modeste mais bien tenu. Tennis et pétanque. Le château est à 800 m.

De prix moyens à plus chic

Hostellerie Saint-Martin : *6, pl. Paillaud.* ☎ *02-31-80-10-11.* • *hostellerie.st.martin@wanadoo.fr* • *hostelleriesaintmartin.com* • *Congés : 18 déc-8 janv. Double 63 € ; familiale 80 €. Formules 15-17,50 € (sf sam soir et dim midi), puis 24-36 €.* Une auberge traditionnelle accueillante. Construite au XVIe s, la maison servit d'abord de halle. Chambres simples, plutôt conventionnelles mais bien tenues. Dans la superbe salle à manger (voûte de pierre du pays, cheminée, vieux dallage...), ceux qui en ont les moyens goûteront surtout les délicieuses spécialités proposées à la carte : feuilleté d'andouille, escalope de foie gras au pommeau...

LE CALVADOS

Où dormir ? Où manger dans les environs ?

Ferme de la Rançonnière : *9, route de Creully, 14480* ***Crépon.*** ☎ *02-31-22-21-73.* • *ranconniere@wanadoo.fr* • *ranconniere.fr* • *(1 chambre). À 3 km au nord de Creully, vers Arromanches. Resto fermé en janv. Doubles 80-280 € selon confort et saison. Voir les offres spéciales sur le site. Menus 24 € déj en sem, puis 32-44 €. Surclassement selon disponibilités sur présentation de ce guide.* Dans un petit village tranquille, belle et imposante ferme fortifiée dont les parties les plus anciennes remontent au XIIIe s. 35 chambres dans le genre rustique douillet, mignonnes comme tout avec leurs vénérables poutres et leurs meubles qu'on jurerait de famille. Dans la salle à manger en pierres apparentes, cuisine du terroir.

À voir

Le château : *en plein centre.* ☎ *02-31-80-18-65.* • *chateau@creully.fr* • *Juil-août, mar-ven 10h-12h30, 14h30-17h45. Visites guidées de 45 mn. Entrée : 6 € ; réduc. Tte l'année, accès libre au parc.*
Fief de Hamon le Dentu, l'un des puissants chefs normands qui, à la mort du duc Robert le Magnifique au début du XIe s, se liguèrent contre celui qu'il avait désigné comme héritier : son fils Guillaume dit « le Bâtard », futur Guillaume le Conquérant, alors enfant. Cela n'empêcha point Robert Fitz Haimon, fils de Hamon le Dentu, de se rallier à la cause de Guillaume et de l'accompagner à la bataille d'Hastings. La construction, à mi-chemin entre le manoir et la forteresse, est des plus originale. À l'arrière, terrasse donnant sur la campagne environnante. Différents styles marquent l'architecture générale, des remparts du XIIIe s (longés par des fossés) à la tour du XVIe s, en passant par une tour du XVe s et un donjon du XIVe s. À l'intérieur, belle salle aux voûtes romanes. Le château compta, parmi ses propriétaires,

un certain Colbert... Après le Débarquement, les correspondants de guerre de la *BBC* s'y installèrent pour transmettre les nouvelles du front. Leur studio y a été reconstitué et un petit musée de la Radio rappelle également cette aventure.

DANS LES ENVIRONS DE CREULLY

H_2O Parapluies : *7, route de Creully, 14480* **Crépon.** *☎ 02-31-92-89-61. • h2oparapluies.fr • Visite libre lun-sam 9h-12h, 14h-19h. Fermé en janv.* Fabrication artisanale de parapluies. Apprécier les deux créations maison : le *Passvent* et la *Canapluie !*

Le château de Fontaine-Henry : *3, pl. du Château, 14610* **Fontaine-Henry.** *☎ 02-31-26-93-67. • chateau-de-fontaine-henry.com • De mi-juin à mi-sept, mer-lun 14h30-18h30 ; de Pâques à mi-juin et 15-30 sept, w-e et j. fériés 14h30-18h30. Visite guidée : 8,50 € (intérieur et parc ; env 45 mn) ; réduc ; gratuit moins de 7 ans ; sur présentation de ce guide 7,50 € ; visite du parc et des dépendances : 5,50 €. De mi-juil à août, également des animations.* Ce château Renaissance a fière allure. Ses toits sont considérés comme les plus hauts et les plus pentus de France. Remarquez cette curieuse tourelle au chapeau pointu incroyablement effilé. Agencement vraiment original. Les sculptures de la façade principale sont également remarquables. À l'intérieur, tableaux et mobilier ancien. Dans le parc, intéressante chapelle du XIIIe s, jeux anciens et salles basses gothiques.

Les jardins du château de Brécy : *☎ 02-31-80-11-48. Peu après Rucqueville, tourner à gauche sur la D 158c direction Saint-Gabriel. De Saint-Gabriel, suivre la D 35 en direction de Bayeux puis tourner à gauche sur la D 158c (rue de Brécy). Visite Pâques-Toussaint mar, jeu, dim et j. fériés 14h30-18h30 (plus sam en juin). Entrée : 8 € ; gratuit moins de 12 ans.* Sans doute la plus belle propriété de la région, grâce à ses jardins en terrasses (créés vers 1660), décorés de sculptures. Le site enchanta, entre autres, La Varende et Jacques de Lacretelle. Le château, de la fin du XVIIe s (ne se visite pas), rappelle le style de Mansart. Portail sculpté exceptionnel.

LES PLAGES DU DÉBARQUEMENT (SUITE)

• Carte « Les plages du Débarquement » *p. 318-319*

VER-SUR-MER (14114) 1 580 hab. *Carte Calvados, B1*

Ver-sur-Mer, avec les hameaux de la Rivière et du Hamel, constitue, à l'aube du 6 juin 1944, l'entité stratégique du secteur Gold Beach. L'opération est confiée aux unités de la 50e division d'infanterie britannique. Objectif : prendre la crête de Saint-Léger, entre Caen et Bayeux. La Rivière, sévèrement bombardée, est complètement détruite lorsque débarquent les fusiliers. Il faut faire appel à l'artillerie navale pour pilonner les ouvrages camouflés. Après plusieurs heures, le site sera nettoyé au prix de nombreuses victimes. Les soldats débarqués à Ver rencontrent moins d'obstacles : ils s'emparent tout de suite des canons de la Mare-Fontaine, les artilleurs allemands ayant quitté leur poste pour se rendre, traumatisés par des heures de bombardements. Au Hamel, le 1st Hampshire ne s'empare du site qu'à 16h, après s'être

LE CALVADOS

heurté à des retranchements protégés et diverses fortifications. L'église d'Asnelles servira d'hôpital ce jour-là.
Si, aujourd'hui, la plage de Ver ne présente rien d'exceptionnel, le petit village, en retrait dans les terres, a en revanche beaucoup de charme.

Adresse utile

Office de tourisme : *2, pl. Amiral-Byrd. ☎ 02-31-22-58-58. • versurmer.fr • Au cœur du bourg, dans les terres. Avr-oct, tlj sf mar (tlj en juil-août) ; horaires variables en hiver.*

Où dormir ?

Chambres d'hôtes

Castel Provence : *7, rue de la Libération. ☎ 02-31-22-22-19. • castelprovence.fr • Dans les terres, au cœur du village près de l'église. Résa indispensable. Congés : janv. Doubles 75-80 €. Remise de 10 % pour un séjour de 3 nuits consécutives (hors juil-août), sur présentation de ce guide.* Dans une grande maison mangée par le lierre, 2 chambres, dont l'une est un vrai petit studio : kitchenette très bien équipée donnant sur le beau parc. Le petit déj est, quant à lui, servi dans une belle cuisine avec cheminée.

Le Mas Normand : *8, impasse de la Rivière. ☎ 02-31-21-97-75. • lemasnormand@wanadoo.fr • lemasnormand.com • Congés : 15 nov-26 déc. Doubles 85-125 € ; 3-4 pers 130-155 €.* Au fond d'une impasse, dans un secteur assez résidentiel et bordé par un ru, 2 coquettes maisons autour d'une minuscule courette prolongée par une pelouse. 3 chambres à la déco des plus variée (azulejos mexicains pour l'une par exemple) et une merveille de roulotte. Transats colorés dans la courette aux beaux jours.

À voir

Le musée America Gold Beach : *2, pl. Amiral-Byrd. ☎ 02-31-22-58-58. • goldbeachmusee.org.uk • Dans le bourg, dans les mêmes locaux que l'office de tourisme. Avr-oct, tlj sf mar (tlj en juil-août) 10h30-17h30 ; dernière entrée à 17h. Entrée : env 4,50 € ; réduc.*
Un petit musée surtout intéressant pour son espace consacré aux traversées aériennes transatlantiques. L'épisode du Fokker *America,* peu connu, est largement évoqué ici : maquette et pièces de l'*America,* premier sac postal transporté entre les deux continents... Ce musée rappelle aussi toute la fabuleuse histoire de l'Aéropostale à travers quelques figures célèbres (Daurat et Saint-Exupéry). Il est toujours utile, à l'heure d'Internet, de se remettre en mémoire les risques énormes qu'ont pris ces hommes, simplement pour qu'une lettre arrive un peu plus vite...
L'espace « Gold Beach » évoque, bien sûr, les moyens mis en œuvre par l'*Intelligence Service* britannique pour préparer le Débarquement et rend hommage

TIMBRÉS, CES AVIATEURS !

Le 29 juin 1927 (peu après le premier record de Lindbergh), quatre aviateurs décollèrent de New York pour tenter d'assurer la première liaison aéropostale entre les États-Unis et la France. À bord d'un Fokker, *ils réussirent à traverser l'Atlantique mais, en panne d'essence, perdus dans le brouillard, ils achevèrent leur aventure par un amerrissage forcé au large de Ver-sur-Mer. On récupéra tout de même, outre les hommes, le tout premier sac postal qui traversa l'Atlantique... un peu mouillé.*

aux soldats anglais qui débarquèrent à Ver-sur-Mer pour libérer la première ville continentale française (Bayeux). Diorama sur un soldat anglais débarquant et un autre sur la prise des batteries allemandes des Roquettes. Modèles de chars amphibies et de chars lance-flammes.

ARROMANCHES (14117) 570 hab. *Carte Calvados, B1*

Cette toute petite station de la côte normande n'est pas une plage du Débarquement à proprement parler, comme on l'imagine souvent à tort. Elle fut libérée... par voie terrestre le soir du 6 juin, mais la garnison allemande d'Arromanches continua de résister quelque temps.
Arromanches est devenue l'un des hauts lieux de l'espace historique de la bataille de Normandie, grâce à l'inimaginable port flottant qui y fut installé, considéré comme la plus grande prouesse technique de la guerre, et au débarquement qui s'ensuivit. On découvre bien ce qu'il en reste depuis la route côtière, avant d'entrer dans le bourg.

L'INCROYABLE HISTOIRE DU PORT ARTIFICIEL

« Qui tient les ports tient l'Europe », disaient les Allemands. Le Havre, Brest, Cherbourg étant entre leurs mains, un quelconque débarquement en France ne pouvait être longtemps tenable faute d'approvisionnement... Malins comme tout, Churchill et lord Mountbatten avaient trouvé la parade : on ne peut pas prendre les ports, trop bien gardés, alors autant en apporter un ! Le *Mulberry B*, vaste port flottant préfabriqué, est construit en Angleterre en 1943, dans le plus grand secret. Le projet est à la mesure de l'enjeu : 146 caissons géants en béton armé (appelés Phoenix), pesant chacun environ 7 000 t, serviront de brise-lames, sur 8 km de long ; 22 plateformes métalliques supportées par des béquilles accrochées au fond de la mer feront office de quais de déchargement ; d'immenses routes sur flotteurs (dont l'une de 1 200 m), reliées aux plages par éléments télescopiques, permettront de faire circuler le matériel et les troupes. En même temps, 60 navires seront volontairement sabordés au large d'Arromanches, pour former un abri contre la houle. Le 9 juin, les éléments arrivent, tirés par 200 remorqueurs...
Si le port d'Arromanches est une merveille de technologie, son rôle réel pendant la guerre est en revanche à nuancer. Celui joué par les ports de Courseulles ou de Port-en-Bessin, par exemple, fut en effet plus important, tout comme celui d'Omaha Beach. Ce dernier, également temporaire et beaucoup moins sophistiqué mais plus efficace que celui d'Arromanches, assura 30 % du trafic allié contre 17 % pour Arromanches.

LA JEEP, VÉHICULE À TOUT FAIRE

Sortie en 1941, la GP (General Purpose, « à tout faire », prononcez « jeep ») fut fabriquée par Bantam, petit constructeur inconnu qui remporta le marché. Comme il ne pouvait suivre la cadence de production, elle fut fabriquée en parallèle par Ford. Son écart de roues réduit lui permettait de circuler sur les rails, une fois les pneus démontés. Chaque véhicule avait un format cubique pour être transportable dans une caisse.

Adresse et info utiles

Office de tourisme : 2, rue du Maréchal-Joffre. ☎ 02-31-22-36-45. • ot-arromanches.fr • Tte l'année, tlj (sf 25 déc et 1er janv) 10h-12h, 14h-17h (légères variations selon les mois).

– ***Le stationnement à Arromanches :*** en haute saison, le stationnement et la circulation dans le centre, aux rues étroites, peuvent être pénibles. Des vacances de printemps au 11 novembre, un parking payant *(6 €/j.)* sur les hauteurs du village, juste à côté du cinéma circulaire *Arromanches 360,* permet d'éviter d'entrer dans le centre en voiture.

Où dormir ? Où manger ? Où boire un verre ?

Camping

Camping municipal : *av. de Verdun. ☎ 02-31-22-36-78. 06-86-53-53-09. • camping.arromanches@wanadoo.fr • arromanches.com • À la sortie d'Arromanches, direction Bayeux par la D 514. Ouv avr-nov. Env 15 € pour 2 avec tente et voiture ; mobile homes 400-470 €/sem. 124 empl.* Camping tranquille, tout simple et très classique avec ses petites haies pour diviser les emplacements. Bordé d'une zone pavillonnaire, à 5 mn à pied du centre et de la plage. Sanitaires bien tenus.

De prix moyens à beaucoup plus chic

Hôtel Le Mulberry – Restaurant Les P'tites Assiettes : *6, rue Maurice-Lithare. ☎ 02-31-22-36-05. • courrier@lemulberry.fr • lemulberry.fr • Resto ouv le soir slt sf dim. Congés : de janv à mi-fév. Doubles 56-99 € selon confort et saison. Formules 21-29 €.* Petit établissement proposant un bouquet de chambres fonctionnelles, proprettes et tranquilles. La moitié donnent sur la rue, mais le soir c'est calme (en revanche, les cloches de l'église juste à côté sonnent dès 7h du matin !). Au resto, dans une jolie salle, cuisine simple avec un petit menu du terroir variant au gré des saisons.

Hôtel-restaurant La Marine : *1, quai du Canada. ☎ 02-31-22-34-19. • hotel.de.la.marine@wanadoo.fr • hotel-de-la-marine.fr • Sur la digue. Ouv tlj. Congés : de mi-nov à mi-fév. Doubles 61-91 € selon vue et confort ; petit déj 12 € (en réalité, on vous proposera d'office un forfait comprenant les petits déj). Menus 25-38 €.* Grosse maison blanche à l'ambiance un brin huppée, posée sur la digue, face à la mer. Un tiers des jolies chambres donnent de ce côté-là, comme les tables installées près des grandes baies vitrées d'où l'on voit la plage jalonnée par les pontons du Débarquement. La terrasse jouit aussi d'une des plus belles vues sur la mer de toute la région. Dans l'assiette, des produits de qualité bien travaillés. On peut aussi se contenter d'y boire un verre, puisque la maison fait bar. Propose également une maison d'hôtes au cœur du village, avec 4 chambres luxueuses.

Où dormir ? Où manger dans les environs ?

Chambres d'hôtes Le Pressoir d'Asnelles : *chez Catherine et Patrick Reverdi, 1, rue de l'Église, 14960* ***Asnelles.*** *☎ 09-50-32-70-46. • c.reverdi@wanadoo.fr • reve14.fr • À 4 km d'Arromanches. Congés : janv. Double 110 €.* En plein village, mais avec la mer qui danse tout au bout de la rue. Dans cette belle ferme en U typique de ce coin de Normandie, on ne presse plus les pommes, pas plus qu'on n'y élève des bêtes, mais on y cultive un réel art de vivre : les 3 chambres, installées dans l'ancienne étable, mêlent avec bonheur l'ancien et le contemporain, tant au niveau des matériaux que du mobilier. Et pour se rafraîchir : une jolie petite piscine extérieure, elle aussi ceinte de murs.

La Cale : *28, rue de Southampton, 14960* ***Asnelles.*** *☎ 02-31-21-48-78.*

LE CALVADOS

● lacale3@gmail.com ● Tlj ; fermé lun en demi-saison, dim soir-mar en hiver. Congés : 2de quinzaine de nov. Formules déj en sem 11,50 €, menus 27,50-39 € ; carte 35-40 €. « Cuisine d'hier et d'aujourd'hui », annonce la carte. Effectivement. Moderne et décontractée, voici une vraie réussite culinaire que le bouche-à-oreille suffit à remplir. Inutile de jouer sur la présentation, les goûts sont dans les plats et les saveurs dans la bouche. Que du bon, servi avec le sourire.

Ô Dunes Zen : *2, rue Maurice-Schumann, 14960* ***Asnelles.*** *☎ 02-31-51-71-26. Fermé lun juil-août ; sinon lun et le soir mar, dim et j. fériés. Congés : janv. Formules déj sf dim 13-15 € ; menus 19-27,50 €. Digestif offert sur présentation de ce guide.* Le cadre ne paie pas de mine, la carte ne cherche pas à vous impressionner, et pourtant on ressort d'ici avec le sourire. Grâce à l'accueil, charmant, et à un repas simple mais bon : poissons et produits de la mer sont évidemment à l'honneur, tout comme la bonne crème fraîche qui accompagne volontiers les plats.

Où acheter de bons sablés dans les environs ?

Les Sablés d'Asnelles : *17, rue de Southampton, 14960* ***Asnelles.*** *☎ 02-31-22-32-09. Lun-ven (tlj juil-août) 9h-12h30, 14h-17h (19h juil-août). Congés : petites vac scol. Visites guidées, sur rdv uniquement.* Un détour pour des sablés ? Oui, mais quels sablés ! Et des recettes supplémentaires en été : sablés confiture, tarte aux fruits rouges, rochers, cookies...

À voir

Le port artificiel : ou ce qu'il en reste, une partie ayant été démontée juste après la guerre et la mer se chargeant, peu à peu, d'engloutir le reste. Les vestiges, léchés par les flots depuis plus de 70 ans, témoignent tout de même de la solidité du système. Les caissons les plus éloignés (à 2 km du rivage !) montrent à quel point le port pouvait être étendu... On se rend mieux compte du dispositif de l'époque après avoir vu les maquettes exposées au musée de la ville.

Le musée du Débarquement : *pl. du 6-Juin, face aux vestiges du port. ☎ 02-31-22-34-31. ● info@musee-arromanches.fr ● ♿ Juin-sept, tlj 9h-19h (18h sept) ; mars et oct, tlj 9h30-12h30, 13h30-17h30 ; le reste de l'année, tlj 10h-12h30, 13h30-17h. Fermé en janv. Entrée : 8 € ; réduc. Visite guidée 1h15. Arriver tôt, car les visiteurs sont nombreux !* Le musée présente des dizaines de vitrines et des souvenirs d'époque, rares pour certains. Encore plus intéressant, animation 3D du port, alignement de maquettes, très bien faites, sur le fonctionnement du port artificiel. Le personnel commente la visite et fait fonctionner routes et quais flottants miniatures. Ensuite, un diorama de 7 mn, exposé très clair relatant les premières manœuvres du Débarquement. Puis un film d'archives de 15 mn, produit à l'époque par l'armée britannique, sur la construction du port. Passionnant.

DES CHARS QUI NE MANQUENT PAS D'AIR

Pour ne pas compromettre la réussite du Débarquement, les Alliés lancèrent une vaste opération d'intoxication – « Fortitude » – dont le but était de laisser croire aux Allemands que le Débarquement aurait lieu dans le Pas-de-Calais. Les Britanniques s'employèrent donc, dans les mois qui précédèrent le jour J, à fabriquer chars gonflables et camions en contreplaqué qu'ils laissèrent bien en vue autour de Douvres pour tromper la reconnaissance de l'aviation ennemie. Les Allemands mordirent à l'hameçon, en concentrant leurs divisions dans le Pas-de-Calais.

Arromanches 360 : *cinéma circulaire sur les hauteurs d'Arromanches, en venant d'Asnelles. ☎ 02-31-06-06-45. • arromanches360.com • Attention, le parking (payant) à côté n'est pas celui du musée. Mai-août, tlj 9h40-18h10 ; avr et oct, tlj 10h10-17h40 ; sept, tlj 10h10-18h10 ; nov-mars, tlj (sf lun de nov à mi-déc) 10h10-17h10 ; séances à 10 et 40 de chaque heure. Fermé 3 sem en janv et 25 déc. Entrée : 6 € ; réduc ; gratuit moins de 10 ans ; possibilité de billet combiné avec le Mémorial à Caen. Mai-sept, départs d'une navette gratuite devant le musée du Débarquement. Attention, les images projetées et, surtout, le niveau sonore ne sont pas adaptés aux plus jeunes enfants.* Film de 20 mn racontant la bataille de Normandie à partir d'images d'archives, la plupart inédites, parmi lesquelles on retrouve les 11 photos du Débarquement de Robert Capa. Le tout projeté sur un écran à 360°. Les images sont d'un réel intérêt, dommage cependant qu'on ne réussisse pas forcément à les relier entre elles et, surtout, que les possibilités techniques qu'offre le cinéma circulaire ne soient guère plus exploitées. Cela dit, la montée jusqu'au cinéma vaut ne serait-ce que pour la vue plongeante que l'on y a sur Arromanches !

LONGUES-SUR-MER

(14400) 640 hab. *Carte Calvados, B1*

Charmant village construit autour de sa vieille abbaye, en retrait de la mer (malgré son nom). Ici, pas de plage, mais de jolies criques au milieu de hautes falaises dans un site sauvage battu par les vents, où les Allemands construisirent une redoutable batterie. Ce fut l'une des rares de la côte normande à tirer sur la marine alliée. Aujourd'hui, elle est aussi la seule de la région à avoir conservé ses canons.

HISTOIRE DE CANONS

Édifiée en septembre 1943, la batterie de Longues aurait pu nuire au bon déroulement du Débarquement si elle avait été achevée. Mais l'aviation alliée troubla fortement la fin des travaux, et les bombardements sur le site redoublèrent peu avant le *D-Day*. Les artilleurs de Longues furent pourtant les seuls à répondre à l'artillerie de marine à l'aube du 6 juin : ils manquèrent d'ailleurs de peu le navire transportant le commandant du corps d'armée allié ! La batterie fut réduite au silence par les canons de l'*Ajax* après 20 mn de duel. Mais ses quatre pièces de 152 reprirent ensuite le feu, jusqu'à ce qu'un croiseur français mette deux coups au but. Le 7 juin, toute la garnison allemande de Longues se rendit aux Britanniques venus d'Arromanches. Et les habitants retrouvèrent le sommeil...

Adresse utile

Office de tourisme : *site de la Batterie. ☎ 02-31-21-46-87. • bayeux-bessin-tourisme.com • Avr-oct, tlj 10h-13h, 14h-18h.*

À voir

La Batterie : *à la sortie du village, vers la mer. ☎ 02-31-21-46-87 ou 02-31-51-28-28. GRATUIT. Visite libre. Possibilité de visite guidée (téléphoner à l'office de tourisme de Bayeux) : tlj juil-août, le w-e avr-juin et sept-oct ; tarifs : 5 €/pers, réduc, gratuit moins de 10 ans.* Il s'agit de quatre casemates en béton et de leur poste de commandement. La première est en ruine, mais les autres conservent leurs longs canons. Impressionnant. Plus loin, en continuant vers la mer, un chemin mène à une petite crique de galets, au pied d'une falaise surnommée « le Chaos ». Joli cadre de verdure.

L'ancienne abbaye de Sainte-Marie : *en contrebas du village. ☎ 02-31-21-78-41. • bayeux-gite.com • Propriété privée. Pâques-Toussaint, visite jeu 14h-18h (1er-20 juil et 10-30 sept, lun-sam 14h-18h). Entrée : 5 € ; gratuit moins de 18 ans.* Bâtiments conventuels bien restaurés. Au fond du jardin monastique, chapelle en ruine, dont subsistent un beau portail normand et quelques frises. Fondée au XIIe s, l'abbaye fut plusieurs fois remaniée. Dans la salle du chapitre, superbes carreaux de pavement du XIIIe s et fresques du XVIe s.

Manifestations

– ***D-Day Festival :*** *5 juin au soir.* Au-delà des cérémonies commémoratives et pour que le 6 juin ne tombe jamais dans l'oubli, festivités populaires et gratuites pour tous les publics : concerts, spectacles, sons et lumières, bals, animations, cinéma.
– Sur le site de la Batterie, ***feu d'artifice*** (gratuit) : « La nuit où ils sont arrivés ».

PORT-EN-BESSIN (14520) 1 995 hab. *Carte Calvados, A-B1*

Premier port de pêche artisanale du Calvados, troisième de Normandie. Presque toute la population active vit du poisson. Le nombre de pêcheurs qu'on voit parfois réparer les filets sur le port permet de s'en rendre compte. Son site vaut le coup d'œil, port naturel niché entre deux hautes falaises érodées, couvertes d'un velours vert (ça doit être de l'herbe) ; il inspira plusieurs néo-impressionnistes, dont Seurat et Signac. Spécialisée, entre autres, dans la coquille Saint-Jacques (Label Rouge de baie de Seine), la ville connaît une activité économique importante au regard de sa modeste taille. La criée a été informatisée : un vrai *Wall Street* de la pêche désormais ! Un beau film (récompensé par deux césars), *Angèle et Tony,* d'Alix Delaporte, sorti au cinéma en 2011, y a été tourné ; pour l'occasion, de nombreux habitants se sont mués en acteurs.

L'HISTOIRE DE PORT PENDANT LE DÉBARQUEMENT

Port-en-Bessin est libéré le 7 juin au soir par le 47th Royal Marine Commando. Avant d'entrer dans la ville, les soldats anglais durent livrer de durs combats entre Le Hamel et les collines est de Port. Ils peuvent enfin établir un contact avec le 5e corps US, ce qui offre aux Alliés une bande littorale continue sur 56 km. En attendant une autre liaison avec les Américains débarqués à Utah Beach, qui n'aura lieu que le 12 juin, à Carentan.

LE PLUTO SERA LE MIEUX

Afin de pourvoir les forces alliées en carburant au plus vite et de manière continue, les Britanniques mirent au point un système d'oléoducs sous la Manche, entre l'île de Wight et Cherbourg, qui répondit au nom de Pluto. Rien à voir avec le chien de Mickey. C'était en fait les initiales de « pipe line under the ocean ».

Une fois libéré, le port est transformé en terminal pétrolier, pour alimenter en carburant les forces alliées. En attendant l'ancrage du Pluto (voir encadré),

Port-en-Bessin est donc un centre important de l'intendance alliée où sont déchargés des bidons et des bidons de gasoil. Il servira jusqu'en octobre 1944.

Adresses et info utiles

Office de tourisme : *quai Baron-Gérard. ☎ 02-31-22-45-80. • bayeux-bessin-tourisme.com • Avr-oct, tlj 10h-13h, 14h-18h (18h45 juil-août) ; nov-mars, ven-dim 10h-13h, 14h-17h.* D'avril à octobre, les plaisanciers en escale y trouveront aussi douches, sanitaires et kitchenette à disposition (payant).

■ **Centre culturel Léopold-Sédar-Senghor :** *2, rue du Croiseur-Montcalm. ☎ 02-31-21-92-33. • visites@portenbessin-huppain.fr • Mar-sam 10h-12h30, 14h-18h ; dim 14h30-18h.* Propose des visites guidées thématiques payantes *(résa conseillée)* : « La débarque sous criée », « Le port de pêche », « Faune et flore du bord de mer », « Atelier de mareyage », « Sur les pas de Signac et Seurat » et « Le port en juin 44 ».

– **Marchés :** *marché traditionnel dim mat et* ***marché aux poissons*** *ts les mat sf lun.*

Où dormir ? Où manger ?

Camping

Camping Sunelia Port'Land : *chemin du Castel. ☎ 02-31-51-07-06. • campingportland@wanadoo.fr • camping-portland.com • ♿ À la sortie de Port-en-Bessin, direction Grandcamp-Maisy. Ouv avr-début nov. Compter 23-31 € pour 2 avec tente et voiture ; cottages ou mobile homes 420-1 335 €/sem. 256 empl.* Propre et accueillant, ce camping nage dans la verdure, avec de petits étangs (dont un avec une plage). L'avantage : on peut rejoindre le centre de Port-en-Bessin à pied, à 600 m de là. Piscine.

De prix moyens à chic

Le 6.3 Resto Home : *63, rue de Bayeux. ☎ 02-31-92-17-66. Resto ouv le soir ven-sam et le midi dim et j. fériés hors saison ; ts les soirs sf lun en juil-août. Double 80 €, petit déj inclus. Formules 22-28 €. Café offert sur présentation de ce guide.* Une jolie petite structure, à cheval entre la chambre d'hôtes et l'hôtel, où les 5 chambres jouissent d'une déco pimpante et moderne. En revanche, côté table, la qualité de la cuisine et le professionnalisme sont bien ceux d'un vrai resto, et pour cause : le chef a déjà fait ses preuves ailleurs. Les produits de première fraîcheur y sont finement travaillés, la présentation soignée, comme le service, pro et attentionné.

Le Bistrot d'à Côté : *12, rue Lefournier. ☎ 02-31-51-79-12. • le.bistrot@barque-bleue.fr • Au centre-bourg, à 100 m du port. Tlj sf lun, plus dim soir hors saison. Congés : de mi-janv à mi-fév. Menus 30-37 €.* Cadre réussi de... bistrot (inévitablement un peu bruyant...), avec une salle réservée aux enfants. Cuisine pleine de saveurs iodées, avec poissons et fruits de mer au menu. Maîtrise dans les préparations ainsi que dans le choix des produits. L'ardoise évolue presque quotidiennement en fonction des arrivées à la criée.

Fleur de Sel : *6, quai Félix-Faure. ☎ 02-31-21-73-01. • lespagnol.thierry@bbox.fr • Tlj sf mer, plus mar oct-mai. Congés : début janv-début fév. Menus en sem 18,50 €, puis 27,50-37,50 €.* Sur 2 niveaux, 2 salles à la déco d'humeur marine. Le resto donnant sur le port, l'idéal quand le temps le permet est de s'installer en terrasse. En cuisine, priorité aux poissons et aux fruits de mer avec pour résultat des plats pas mal balancés. Si seulement le service avait le sourire plus facile...

Hôtel de la Marine : *quai Letourneur. ☎ 02-31-21-70-08. • hoteldelamarine14@wanadoo.fr • hoteldelamarine.fr • Congés : 4 janv-12 fév. Doubles 55-95 € selon vue et saison. Formule 19 € ; menus 25-38 € ; carte* *env 35 €.* Un hôtel sur lequel il souffle un vent de fraîcheur, au propre comme au figuré, puisque toute la structure est peu à peu refaite. Côté resto, une cuisine fine faisant honneur aux poissons, à la mer et à ses fruits ! Pas donné, mais le cadre élégant est agréable et la vue superbe !

Où camper dans les environs ?

Nombreux campings sur la route de Colleville, dont celui-ci, dans les terres :

Camping Reine Mathilde : *route de Sainte-Honorine, lieu-dit le Marais, 14400* ***Étréham.*** *☎ 02-31-21-76-55. 06-12-73-50-92. • campingreinemathilde@gmail.com • camping-normandie-rm.fr • Ouv avr-fin sept. Selon saison, compter 18,90-21,90 € pour 2 avec tente et voiture ; hébergements locatifs 190-730 €/sem. 115 empl.* Camping en campagne vraiment agréable et s'organisant autour d'une belle maison couverte de lierre. Confortable, bien équipé, une adresse qu'on aime beaucoup. Loue aussi des mobile homes, des chalets et des bungalows toilés. Piscine.

À voir. À faire

Les falaises : visibles de la jetée, elles semblent protéger le port de chaque côté. À certains endroits, ces monstres de calcaire atteignent 70 m. *Attention :* il arrive que des couches d'argile s'effondrent dans la mer ! L'accès est donc interdit par arrêté. Pour votre sécurité, respectez le tracé de la randonnée « Autour de Port-en-Bessin-Huppain » (fiche disponible à l'office de tourisme).

La tour Vauban : elle veille sur le port, du haut de son monticule. Construite à la fin du XVIIe s par Descombe, assistant de Vauban, elle permettait de protéger le port contre les corsaires et les incursions anglaises. C'est au pied de cette tour que Zanuck tourna la scène de l'attaque du casino de... Ouistreham dans *Le Jour le plus long.* Cherchez-en les vestiges...

La débarque sous criée : *quai Général-de-Gaulle, au fond du port. Résa (obligatoire) et rens au centre culturel Senghor (voir « Adresses et info utiles »). Mar ts les 15 j. (ts les mar en juil-août), en soirée (min 10 pers). Visite : 5,50 € ; réduc.* C'est tard le soir que l'on peut venir assister à ce spectacle, toujours pittoresque, du tri des poissons et crustacés. Ambiance garantie. Environ 8 000 t sont débarquées ici chaque année !

Le musée des Épaves : *route de Bayeux. ☎ 02-31-21-17-06. Accès par la D 514 (fléché). Juin-sept, tlj 10h-19h ; mai, w-e et j. fériés aux mêmes horaires. Entrée : 7 € ; réduc ; gratuit moins de 7 ans.* Une foule d'objets collectés au cours d'un quart de siècle d'explorations sous-marines. Évidemment beaucoup de vestiges du Débarquement, souvent encore couverts de coquillages, du char d'assaut (à l'extérieur) au paquet de rations d'un soldat dont la trace avait été retrouvée aux États-Unis par le plongeur fondateur de ce musée. On y découvre aussi ce qui a été récupéré d'un cargo coulé pendant la Première Guerre mondiale, d'un trois-mâts du XIXe s...

➢ ***Pêche en mer :*** *06-03-02-00-42 (Régis). Compter 25 € pour 2h et 40 € pour 4h (matériel en supplément).* Sorties suivant les heures de marées (disponibles à l'office de tourisme).

Manifestations

– ***Feux d'artifice de la tour Vauban :*** *ts les ven en juil-août.* Près de 5 000 personnes se massent sur les quais pour profiter du spectacle.

– ***Bénédiction de la mer :*** *ts les 5 ans, autour du 15 août ; la prochaine en 2018.* Une des plus importantes manifestations de ce genre en France, avec 25 000 participants en moyenne. Pour cette fête qui existe depuis 1908, rues et maisons se parent de filets multicolores. Une procession grimpe jusqu'à la statue de la Vierge Notre-Dame des Flots, puis les bateaux décorés de milliers de roses de papier confectionnées par les habitants sortent en mer pour se recueillir autour d'un catafalque flottant, symbolisant les disparus en mer.
– ***Festival Le Goût du large :*** *2e w-e de nov.* Fête de la coquille Saint-Jacques et des produits de la pêche, et festival Musique sous les embruns. Seul moment de l'année où la criée s'ouvre à la vente aux particuliers.

OMAHA BEACH

Carte Calvados, A1

Sous le nom de code d'Omaha, entré dans la légende, les plages de trois villages paisibles (d'ouest en est) : Vierville-sur-Mer, Saint-Laurent-sur-Mer et Colleville-sur-Mer. Les Américains qui débarquèrent ici connurent les pires conditions : mer agitée, obstacles meurtriers dressés partout (mines, barbelés...), site quasi imprenable (falaises truffées de bunkers, dunes fortifiées), ennemis plus nombreux que prévu, etc. Omaha, seule plage où le réembarquement fut envisagé (au risque de compromettre les opérations futures), reste le symbole de la détermination des militaires américains. Mais aussi, avec le bilan le plus catastrophique du *D-Day* (on estime le nombre de blessés, tués et disparus à environ 3 000), le symbole du prix payé pour libérer l'Europe. Ce n'est pas pour rien que le site qui surplombe la plage (concession américaine à perpétuité) fut choisi pour accueillir le cimetière : ici reposent les corps de plus de 9 000 Américains tués sur les champs de bataille normands... Aucune construction entre le cimetière, en surplomb, et la plage, qui en est d'autant plus superbe.
Le plus étrange : ces plages au passé tragique sont certainement aussi parmi les plus belles du Calvados. Au pied de collines verdoyantes, du sable fin à perte de vue. Méfiance, cependant, ces plages peuvent être dangereuses pour les baigneurs du fait des baïnes qui se créent à marée montante. Celle de Saint-Laurent est surveillée en été, mais pas les autres.

LE BOUCHER D'OMAHA BEACH

Avec 3 000 soldats américains tués le premier jour du débarquement, Omaha Beach reste le symbole de l'horreur. Ce n'est qu'en l'an 2000 qu'on apprit que le soldat allemand Severloh en tua plus de 1 000 à lui seul avec sa mitrailleuse. Jamais inquiété mais rongé de remords, il révéla cette horreur en publiant ses mémoires.

Où dormir ? Où manger dans les environs ?

Chambres d'hôtes

La Ferme du Mouchel : *14710 Formigny. ☎ 02-31-22-53-79. 06-15-37-50-20. • odile.lenourichel@orange.fr • ferme-du-mouchel.com • Par la D 517 depuis Omaha, puis suivre les indications sur la gauche, avt d'arriver à Formigny. Doubles 65-70 € ; familiale 75-110 €. Bouteille de cidre offerte sur présentation de ce guide.* Environnement paisible et, dans une belle maison en pierre, 4 chambres (certaines familiales) confortables à la déco rustique. Petit déj super. Plein de conseils fournis par Odile, toujours souriante, pour partir à la découverte des environs. Un accueil sincère et bien sympathique.

La Ferme de Vacqueville : *14170* ***Vierville-sur-Mer.*** *☎ 02-31-22-13-88. 06-15-40-87-53. • elisabeth.dherou ville@wanadoo.fr • vacqueville.free.fr • Depuis Omaha, D 30 vers Trévières, jusqu'au hameau de Vacqueville. Double 55 € ; triple 70 € ; 16 €/pers supplémentaire. Loue aussi, en face, dans l'ancienne boulangerie, un gîte 4 pers (350-450 €/sem selon saison) ou 8 pers (env 1 200 € en saison).* Dans une ferme du XVIIIe s typique de la région, 2 chambres, chacune jumelée avec une autre et pouvant toutes 2 accueillir jusqu'à 5 personnes. Déco sobre et plaisante, avec quelques meubles anciens et un joli jardin. Demandez à Élisabeth de vous raconter l'intéressante histoire des lieux, et notamment ce qui arriva à la maison en juin 1944. Coin cuisine à disposition.

Le Château de Saint-Pierre-du-Mont : *chez Jean Beck, 14450* ***Saint-Pierre-du-Mont.*** *☎ 02-31-22-63-79. • chateaustpierre@orange.fr • chambresdhotes-bayeuxarromanchesgrandcamp.com • Congés : de mi-nov à fév. Doubles 78-90 € ; familiale 130 €. CB acceptées. Remise de 5 € à partir de la 2e nuit sur présentation de ce guide.* C'est un superbe petit château, fermé par une muraille, avec sa haute tour et sa façade un rien austère. Vos hôtes, eux, ne le sont pas du tout. Souriants et accueillants, ils proposent de vastes et confortables chambres, aux larges fenêtres qui ouvrent sur la campagne. Celle tout en haut, mansardée, offre même un panorama des 2 côtés : sur les champs et sur la mer.

Chic

La Sapinière : *100, rue de la 2e-Infanterie-US, 14710* ***Saint-Laurent-sur-Mer.*** *☎ 02-31-92-71-72. • sci-thierry@wanadoo.fr • la-sapiniere.fr • Ouv de mi-mars à mi-nov. Résa conseillée le w-e et le soir en saison. Doubles 100-110 € selon taille ; petit déj 14 €. Formule déj en sem 10,50 €. Carte 30-35 €. Kir normand offert sur présentation de ce guide.* Idéalement située à deux pas de la plage, une adresse conviviale. Les chambres, aménagées dans de petits chalets modernes en bois, sont grandes, lumineuses, sobrement décorées et disposent toutes d'une terrasse. Pour ne rien gâcher, les lits sont vraiment confortables. On adore la salle du resto, très conviviale, avec ses baies vitrées, la cheminée et la terrasse aux beaux jours. Les prix, en revanche, sont élevés pour une carte somme toute assez simple, de type brasserie (moules-frites, belles salades, etc.). Sandwichs et gaufres (16h-18h ; extra les gaufres !) à emporter. Terrasse et jardin avec transats, pétanque et table de ping-pong très prisés en été pour l'apéro en famille après la plage. Atmosphère chaleureuse et familiale.

Hôtel du Casino : *rue de la Percée, 14710* ***Vierville-sur-Mer.*** *☎ 02-31-22-41-02. • hotel-du-casino@orange.fr • hotel-omaha-beach.fr • Ouv avr-13 nov. Doubles 105-135 €. Menu et formule 29-35 €.* Une bâtisse d'allure extérieure un peu vieillotte (elle a ouvert en 1955), mais ô combien superbement située, face à un coin de mer où s'est écrite l'une des pages les plus sanglantes du Débarquement. Depuis 3 générations, la même famille a accueilli des clients tels que D. D. Eisenhower, Bradley, ainsi que de nombreux vétérans.

LE CALVADOS

À voir dans le coin

Le cimetière américain : *à* ***Colleville-sur-Mer,*** *au bord de la falaise. ☎ 02-31-51-62-00. • info@abmc.gov • Prêt de fauteuils roulants. Tlj 9h-17h (18h 15 avr-15 sept). Fermé 1er janv et 25 déc. GRATUIT. Tenue correcte exigée (et chiens interdits).*

Le site se compose en fait de quatre parties : le *Visitor Center* ; le *mémorial,* hommage solennel aux soldats, puis le *cimetière* proprement dit et, enfin, les *falaises* depuis lesquelles la vue se prolonge sur la plage et la mer. Ne pas hésiter à consacrer du temps à cet ensemble, sorte de point d'orgue à la compréhension humaine de ce qui se joua ici.

IL FAUT SAUVER LE SOLDAT NILAND

Le nom de Ryan est gravé sur nombre de croix blanches du cimetière américain de Colleville. Ryan, comme le soldat qu'il fallait sauver dans le film de Stephen Spielberg. Dans la réalité, ce soldat s'appelait Frederick Niland. Ses frères Robert et Preston, tombés les deux premiers jours du Débarquement, reposent côte à côte à Colleville. Un autre de ses frères, Edward, qu'on pensait à l'époque disparu, était en fait prisonnier des Japonais.

– ***Visitor Center :*** situé en sous-sol. L'exposition a l'intelligence de mettre de la vie dans ce lieu de mémoire et de mort. S'y rendre avant la visite proprement dite du cimetière donne un éclairage plus humain et poignant à ces milliers de croix blanches qui semblent si présentes. On a alors le sentiment que tout s'est joué hier. Juste hier. Un excellent film (diffusé en permanence dans le grand auditorium) met l'accent sur quelques jeunes militaires embringués dans l'aventure du Débarquement et qui ne revinrent jamais. De simples troufions d'à peine 20 ans, tout sourire, dont l'histoire est racontée par le biais de courriers écrits à leur famille, de vidéos, de photos d'eux dans leur cadre quotidien et d'interviews de leurs proches, parfois toujours vivants. Bouleversant. Par ailleurs, une vaste salle à l'éclairage doux présente, par le biais d'une muséographie de qualité, l'enchaînement des événements (organisation, préparation, stratégie, logistique...). Un film d'époque rappelle le difficile choix de la date du Débarquement par Eisenhower (le 5 ou le 6 ?). Pour finir, on traverse un couloir de béton où les noms de tous les jeunes Américains morts sur le sol français sont égrenés. Quand on retourne à la lumière, les croix blanches du cimetière prennent vie.

– ***Le mémorial :*** composé d'un monumental péristyle néogrec, d'une statue de bronze de 7 m de haut (symbolisant l'*Âme de la jeunesse américaine*), d'un « jardin des Disparus » et d'un plan d'eau. Sur les murs encadrant le portique, d'immenses cartes sculptées retracent les opérations du Débarquement.

– ***Le cimetière :*** le plus grand, le plus connu et le plus émouvant des cimetières du Débarquement. Cette vaste nécropole, étendue sur environ 70 ha, fut achevée en 1956 pour qu'y soient réunis les corps des soldats initialement enterrés dans les différents cimetières temporaires. Le cimetière, avec sa majestueuse esplanade de gazon verdoyant, donne accès aux alignements de croix blanches (9 387, dont celles de 307 soldats inconnus) et d'étoiles de David (pour les soldats juifs). Il faut vraiment prendre le temps de se promener sur ce vaste espace où règne aujourd'hui une étrange quiétude. Pour finir, allez vous balader du côté des *falaises,* où une table d'orientation indique l'emplacement des différentes plages attaquées le 6 juin. Du parking extérieur, un chemin conduit à un monument commémoratif avant de mener à la plage.

Overlord Museum : *rond-point d'accès au cimetière américain, 14710* ***Colleville-sur-Mer.*** ☎ *02-31-22-00-55.* • *overlordmuseum.com* • *Juin-août, tlj 9h30-19h (18h sept) ; avr-mai et sept, tlj 10h-18h30 ; oct-mars, tlj 10h-17h30. Fermé quelques jours à Noël et de janv à mi-fév. Entrée : 7,80 € ; réduc ; gratuit moins de 10 ans.* L'ouverture de ce musée, en 2013, est l'aboutissement du projet familial de la famille Leloup et d'une passion dont on vous laisse découvrir la genèse. Des effets de soldats jusqu'aux plus gros blindés de l'époque, les six armées en présence en Normandie y sont présentées au travers de décors et de scènes reconstitués avec le déploiement de 35 véhicules, chars et canons. Les mannequins, aux postures plus mobiles que ce qu'on peut voir habituellement, donnent vie à ces scènes. La plupart des pièces exposées ont été retrouvées dans la région, où le gros matériel avait souvent été adapté pour servir aux travaux agricoles. Ce qui l'a préservé de la dégradation. Cheminement fluide et sans surcharge muséographique. On regrette juste que si peu de photos soient légendées.

Le musée-mémorial Omaha Beach : *les Moulins, av. de la Libération, 14710* ***Saint-Laurent-sur-Mer.*** *☎ 02-31-21-97-44. • musee-memorial-omaha.com • ♿ De mi-fév à mars, tlj 10h-17h (18h mars) ; avr-15 nov, tlj 9h30-18h30 (19h juin, 19h30 juil-août, 18h oct-nov). Fermé du 16 nov à mi-fév. Entrée : 6,90 € ; 6,20 € sur présentation de ce guide ; réduc.* Sur 1 200 m², le musée vous plonge au cœur de l'histoire du 6 juin 1944 avec la mise en scène de véhicules militaires, de mannequins en uniforme, mais aussi une foule de souvenirs et de documents rares, certains passionnants (comme ce drapeau nazi pris par les Américains le jour du Débarquement), des véhicules, des armes, amassés pendant des années. Côté militaire, une importante collection de mines, obus, bombes et autres engins de mort allemands. Reconstitution d'une « scène de plage » le 6 juin : mannequins en uniforme au milieu des obstacles. À la fin, un film de 25 mn accompagné de témoignages de vétérans américains retrace le débarquement sur Omaha et la pointe du Hoc. Sur le parking, des canons, un char, une barrière belge et une péniche pour compléter l'ensemble.

À ***Vierville-sur-Mer*** et à ***Saint-Laurent-sur-Mer,*** on peut remarquer (à marée basse seulement) les ***vestiges du premier port artificiel.*** Il devait avoir la même fonction que celui d'Arromanches, mais, suite à la grosse tempête du 19 au 21 juin 1944, celui-ci ne fonctionna pas à plein temps ; cependant, 600 000 hommes réussirent à débarquer jusqu'en février 1945. Une partie est exposée à Vierville, le long de la route qui mène à la plage.

Le musée D-Day Omaha : *route de Grandcamp, 14710* ***Vierville-sur-Mer.*** *☎ 02-31-21-71-80. Juin-août, tlj 10h30-19h ; avr-mai et sept, tlj 10h-19h. Entrée : 5,70 € ; 4,70 € sur présentation de ce guide ; réduc ; gratuit moins de 8 ans. CB refusées.* Installé dans un ancien baraquement qui servit d'hôpital aux Américains pendant le débarquement, il fut transformé en cinéma par les habitants du village après guerre. Ce qu'il resta jusque dans les années 1950. Il abrite aujourd'hui la collection à laquelle Michel Brissard consacra 50 années de sa vie. Celle-ci contient quelques pièces extrêmement rares, comme la fameuse machine de déchiffrement Enigma ou encore cette moto pliante avec son caisson ou, dans le même genre, le scooter rétractable. Ces engins étaient largués avec les parachutistes anglais. Également un Goliath, minichar allemand filoguidé qui déposait à l'endroit voulu les charges explosives et dont il ne reste plus aujourd'hui que très peu d'exemplaires (soit l'engin s'autodétruisait en explosant, soit les alliés les détruisaient systématiquement).

LA POINTE DU HOC

Carte Calvados, A1

L'un des plus beaux sites naturels de la côte normande. Imaginez une falaise abrupte, atteignant 35 m de haut à certains endroits, constamment battue par les vents. Ce lieu sublime, qui permettait une bonne surveillance de la côte ouest et est, fut choisi par les Allemands pour l'implantation d'une puissante batterie de canons, particulièrement bien gardée. L'héroïque prise du site par les rangers américains allait faire de l'assaut de la pointe du Hoc l'une des pages les plus lues de l'histoire du Débarquement.

UNE ATTAQUE AU GRAPPIN

La délicate mission de prendre ce site réputé imprenable fut confiée à un Texan, le colonel James Rudder, ancien entraîneur de foot d'un lycée ! Il existe en Angleterre une falaise comparable à celle du Hoc. Les 225 rangers américains, durant des semaines, vont y simuler des attaques, tout en mettant au point un équipement spécial : lance-grappin, échelles emboîtables et cordes à nœuds. Le 6 juin, peu de choses se passent comme prévu. Le débarquement est retardé à cause du brouillard, puis une erreur de navigation oblige la troupe à passer sous le nez de l'ennemi ! Les vagues de 1 m de haut coulent même l'une des péniches. À 7h10, les hommes de Rudder mettent enfin pied à terre et il suffit de quelques minutes à la plupart des soldats pour atteindre le sommet de la falaise. Mais le plus dur reste à faire : déloger l'ennemi, replié dans ses casemates de béton armé. Il faudra plus de 2 jours pour y parvenir. Le 7 juin, le poste de direction de tir est dégagé au lance-flammes. Le commandant, caché dans une position antiaérienne, résistera jusqu'au lendemain. Une fois le site en main, les rangers ne comptent plus parmi eux que 90 hommes valides.

LA MISSION LA PLUS PÉRILLEUSE

Escalader une falaise de 35 m pour mettre hors d'état six dangereux canons de 150 mm relevait de l'héroïsme. Cette batterie mettait en péril les débarquements d'Omaha et d'Utah. L'échec était inenvisageable. Après de lourdes pertes, on se rendit compte que les canons étaient inopérants puisque cachés dans les champs, par crainte des bombardements !

LE CALVADOS

Adresse utile

■ ***Accueil (Visitor Center) :*** *à la pointe du Hoc, 14450* ***Cricqueville-en-Bessin.*** *☎ 02-31-51-62-00 (cimetière américain d'Omaha). • abmc.gov • Normalement mêmes horaires que le cimetière américain, tlj 9h-17h (18h de mi-avr à mi-sept).* Un court documentaire réunit les témoignages de vétérans de l'assaut de la pointe.

À voir

Le site de la pointe du Hoc : *à 5 km à l'est de Grandcamp. Accès par la D 514. GRATUIT tte l'année. Beaucoup de monde en saison ; arriver tôt (ou tard). Application smartphone « Pointe du Hoc by ABMC » disponible pour mieux découvrir le site.* Entièrement protégé et balisé, le site est une concession à perpétuité, propriété des États-Unis. Cas suffisamment rare dans l'histoire du Débarquement pour être souligné, il est resté en grande partie intact, c'est-à-dire dans l'état même où il avait été laissé par les rangers le 8 juin 1944. Exception faite, bien sûr, du monument élevé à la gloire des héroïques rangers, des sentiers de promenade, des panneaux explicatifs, et un bâtiment d'accueil (*Visitor Center* ; lire plus haut). On visite donc un champ de bataille où se mêlent bunkers en ruine et cratères de bombes, barbelés et amas de rocaille, et béton criblé de balles. Certains des bunkers, restés intacts, peuvent être visités, notamment le grand poste

ON NE PEUT PAS TOUT PRÉVOIR...

On le sait, lors de la prise de la pointe du Hoc, rien ne se passa comme prévu. Les soldats s'étaient entraînés avec leur lance-grappin à escalader une falaise comparable. Mais durant le « vrai » combat, ils eurent la cruelle surprise de s'apercevoir que les cordes des grappins, alourdies par l'eau de mer (ce qu'ils n'avaient pas prévu), ne pouvaient atteindre le haut de la falaise, compliquant encore, s'il le fallait, la terrible ascension.

de direction de tir. On vous conseille de venir tôt le matin ou en fin d'après-midi, quand le site retrouve sa tranquillité (et que l'on y croise plus de lapins que de touristes !). Beau panorama même si l'accès à la pointe proprement dite est interdit.

GRANDCAMP-MAISY (14450) 1 740 hab. *Carte Calvados, A1*

Petite station animée, sans charme évident, mais à l'atmosphère plaisante grâce à son port et sa grande plage. Ici, les pêcheurs traquent surtout la coquille Saint-Jacques. En outre, le sentier du littoral offre de belles promenades. Et comme l'histoire colle à la peau dans la région, sachez qu'au cimetière de la ville repose le commandant Philippe Kieffer, Compagnon de la Libération. Ce fondateur des commandos français était à la tête des seules troupes françaises ayant participé au Débarquement.

Adresse et info utiles

Office de tourisme : *pl. des Anciennes-Écoles. ☎ 02-31-22-62-44. • isigny-grandcamp-intercom.com • De juin à mi-sept, tlj (sf dim ap-m en juin et sept) 10h-13h, 14h30-18h30 ; avr-mai et de mi-sept à oct, mer-sam 9h30-12h30, 14h-17h30, plus mar mat ; le reste de l'année, horaires restreints.* Location de vélos. Renseignements pour la visite de parcs à huîtres *(juil-août)* et vente des billets pour les *Bus verts*. Renseignements et résa pour pêche en mer et promenade.

– ***Marché aux poissons :*** *tte l'année, ts les mat (8h30-11h30) à la halle.*

Où dormir ? Où manger à Grandcamp et dans les environs ?

Campings

Aire naturelle de camping Le Pont du Hable : *route de Vierville, le Hable. ☎ 02-31-22-62-31. 06-87-85-39-62. • bernard.pinchon@wanadoo.fr • campinglepontduhable.fr • Sur la D 514 à l'entrée de Grandcamp, direction la pointe du Hoc. Ouv de mi-avr à mi-oct. Compter 15 € pour 2 avec tente et voiture. 25 empl. CB refusées.* Confort rudimentaire pour ce petit camping situé en bord de mer. Pour les amateurs de camping (presque) sauvage ! Mais si les équipements sont succincts, vous trouverez quand même sur place, à disposition, micro-ondes, barbecue, pain frais, sèche-cheveux et douches chaudes. Ambiance conviviale le soir, autour des feux de camp. Le GR du littoral passe juste devant, mais les jours de grand vent, ça souffle ! Petit cours d'eau où l'on peut taquiner le poisson. Petite piscine démontable.

Camping du Joncal : *quai du Petit-Nice. ☎ 02-31-22-61-44. 06-08-06-66-98. • campingdujoncal@hotmail.fr • campingdujoncal.com • Entre le port et la plage. Ouv avr-sept. Compter 17,70 € pour 2 avec tente et voiture ; mobile homes 300-500 €/sem. 300 empl. CB refusées. Une bouteille de cidre offerte sur présentation de ce guide.* Camping assez bien équipé. Emplacements de taille moyenne, bien ombragés. La mer est à deux pas et le bruit des mouettes est là pour vous bercer...

Chambres d'hôtes

Chambres d'hôtes La Ferme de Savigny : *chez Régine et Jacques Ledevin, 14230* ***La Cambe.*** *☎ 02-31-21-12-33. • info@ferme-de-savigny.fr • ferme-de-savigny.fr • À 4,5 km au sud de*

Grandcamp par la D 113, sur la droite. Doubles 60-85 € ; 20 €/pers supplémentaire. Ferme-manoir bien située pour découvrir le coin ; très beaux corps de bâtiments du XVIIIe s s'articulant autour d'une cour verdoyante. Accessibles par un escalier du XVIe s, les 4 chambres soigneusement tenues ont une surface qui varie du simple au quadruple, avec des prix en conséquence. À vous de voir si vous préférez privilégier votre porte-monnaie ou disposer d'une chambre plus contemporaine et plus confortable. Jacuzzi extérieur, coin cuisine. Un beau tableau que viennent compléter le paisible chien Volcan et les quelques animaux de basse-cour. Accueil simple et aimable.

De bon marché à prix moyens

La Trinquette : *7, route du Joncal. ☎ 02-31-22-64-90. • restaurant-la-trinquette@wanadoo.fr • En allant vers le camping, juste à côté du port. Pâques-août, tlj sf lun ; le reste de l'année, tlj sf lun-mar. Congés : déc (après la fête de la Coquille). Menus 26-40 €.* Un p'tit resto dont la réputation ne s'est pas démentie depuis la cabane de bois qui l'accueillait à la fin des années 1960. La salle est aujourd'hui plaisante, dans l'air du temps, et les produits toujours d'une éclatante fraîcheur. La mer, évidemment, est à l'honneur. Accueil sympathique.

La Belle Marinière : *9, rue du Petit-Maisy. ☎ 02-31-22-61-23. Dans une petite rue, à 50 m du port. Congés : janv. Résa conseillée hors saison. Formule déj 17 € ; menus 24,50-27,50 €. Café offert sur présentation de ce guide.* Salle rustique toute simple, mais en été on peut se faire servir dans la petite cour au calme. Parmi les spécialités : huîtres gratinées au pommeau, duo de poisson à la crème de poireaux. Un bon rapport qualité-prix.

Hôtel-restaurant Le Duguesclin : *4, quai Crampon. ☎ 02-31-22-64-22. • duguesclin3@wanadoo.fr • ledugueslin.eu • Doubles 52 € (w-c sur le palier)-90 € selon confort. Menus 13-35 €, carte 21-34 €. Café offert sur présentation de ce guide.* Posé sur le front de mer, un petit hôtel aux chambres simplement confortables. Celles donnant sur la mer sont spacieuses et agréables, mais équipées de Velux (rassurez-vous, vous verrez quand même les flots bleus !). Évitez cependant celle qui se trouve juste au-dessus de la cuisine. Cuisine de tradition sans prétention mais pas mal tournée dans une salle panoramique plutôt élégante. Accueil chaleureux.

Brasserie de la Plage : *52, quai Crampon. ☎ 02-31-22-12-19. Tlj sf dim soir et lun hors juin-août. Menus à partir de 10,50 € ; carte 20-25 €. Café offert sur présentation de ce guide.* Une petite salle à la déco marine et une terrasse face à la mer. Frédéric et Agnès, les sympathiques propriétaires, organisent des concerts de temps en temps. Souvent bondé en été. Une adresse bien agréable.

DANS LES ENVIRONS DE GRANDCAMP-MAISY

Le cimetière militaire allemand : *à* **La Cambe,** *à 7 km au sud de Grandcamp. ☎ 02-31-22-70-76. Une fois au village de La Cambe, prendre la N 13 direction Isigny sur 1 km ; l'entrée du cimetière est à gauche de la route. Tlj 8h (9h le w-e)-17h (19h avr-oct).* L'un des plus grands cimetières allemands de France. Près de 21 300 soldats, issus de 1 400 communes d'outre-Rhin, sont enterrés ici.

DES SOLDATS CAMÉS

Pendant la Seconde Guerre mondiale, l'armée allemande distribua des millions de doses de méthamphétamine à ses soldats. Cette drogue de synthèse, particulièrement dangereuse, donne un sentiment de puissance, d'euphorie... et d'inconscience. La phase descendante provoque paranoïa et, parfois, tentative de suicide. Hitler en était un fervent utilisateur.

Site poignant, dans un genre radicalement différent de celui de Colleville (lire plus haut « À voir dans le coin » à Omaha Beach). Pleine de sagesse, la devise du cimetière est *Réconciliation par-dessus les tombes...*

ISIGNY-SUR-MER

(14230) 2 800 hab. *Carte Calvados, A1*

Voilà un nom qui évoque immédiatement le beurre, et pas n'importe lequel, puisque l'appellation Isigny regroupe l'essentiel des productions laitières du Bessin. On est d'ailleurs accueilli, en arrivant, par l'immense laiterie d'Isigny-Sainte-Mère. Située au confluent de la Vire et de l'Aure, la petite bourgade a su tirer profit de ses marais et polders en y faisant paître ses vaches, profitant ainsi de l'herbe bien grasse donnant toute son identité au terroir d'Isigny.
Mais, bombardée à 60 % en juin 1944, elle ne conserve que peu de témoins du passé, à l'exception d'un ancien palais transformé en mairie et des petites maisons de pêcheurs du quartier des Hogues.
Signalons qu'Isigny peut se prévaloir d'être le berceau de la famille Disney, le célèbre créateur de Donald et Mickey. En effet, à l'époque de Guillaume le Conquérant, deux frères Deisigni figurent parmi les compagnons du roi. Et c'est de cette lointaine branche, devenue américaine, que naîtra le célèbre Walt.

Adresse utile

Office de tourisme : *16, rue Émile-Demagny. ☎ 02-31-21-46-00. • isigny-grandcamp-intercom.com • De mi-avr à mai, mer-sam 9h30-12h30, 14h-18h et le mat mar et dim ; de juin à mi-sept, tlj 10h-13h, 14h30-18h30 ; de mi-sept à mi-avr, mar mat et mer-sam 9h30-12h30, 14h-17h.*

Où dormir ? Où manger ?

Camping

Camping Le Fanal : *rue du Fanal. ☎ 02-31-21-33-20. • info@camping-lefanal.com • camping-normandie-fanal.fr • Ouv avr-fin sept. Selon saison, compter 13,50-32,50 € pour 2 avec tente et voiture ; hébergements locatifs 224-938 €/sem. 200 empl.* Un camping qui, mine de rien, bénéficie d'un environnement agréable (plan d'eau) et d'un bon équipement (dont une petite piscine – pas toujours très remplie, certes ! – avec toboggans). Les tarifs sont donc assez élevés mais plutôt justifiés. Location de chalets et de mobile homes.

Prix moyens

Hôtel de France : *13, rue Émile-Demagny. ☎ 02-31-22-00-33. • info@hotel-france-isigny.fr • hotel-france-isigny.fr • Dans le centre. Doubles 65-80 € ; familiales 78-85 €. Menu du jour (sf dim et j. fériés) 15,50 €, puis 19,80-31,80 €. Réduc de 10 % sur le prix de la chambre sur présentation de ce guide.* Chambres de plain-pied dans un petit bâtiment annexe, style un peu motel ; quelques chambres aussi dans le bâtiment principal, à l'étage. Au resto, huîtres gratinées au cidre ou choucroute de la mer.

Où dormir dans les environs ?

Chambres d'hôtes

La Ferme de Jaro : *14230* ***Géfosse-Fontenay.*** *☎ 02-31-22-65-05. • jeanine.blestel1@orange.fr • gitelacampagne.fr • D'Isigny, prendre la N 13 vers Bayeux ; à 2 km, tourner à gauche (D 200) vers Géfosse. Double 55 € ; familiale 4 pers 77 €. Également un grand gîte 8 pers (avec vue sur mer).* Dans une agréable ferme recouverte d'ampélopsis, à proximité de la mer et des parcs à huîtres. Intérieur rustique et accueillant. Accueil convivial.

Le Clos Monfort : *chez Thérèse Fauvel, le Clos Monfort, 14710* ***Colombières.*** *☎ 02-31-22-20-53. • leclosmonfort@wanadoo.fr • leclosmonfort.fr • À 10 km d'Isigny par la D 5, direction Le Molay-Littry. Tourner à gauche env 1,5 km avt Colombières et suivre les indications. Double 58 € ; 18 €/pers supplémentaire. Gîte 2-4 pers 295-395 €/sem. Remise de 10 % sur le prix de la chambre à partir de 4 nuits (hors juil-août) sur présentation de ce guide.* Dans une ancienne ferme bien restaurée. Une suite familiale de 2 chambres avec salle d'eau intérieure, et 2 autres se partageant la salle de bains dans le couloir. Déco réduite au minimum. Ce qui compte ici, et ce qui importe à Thérèse, c'est l'atmosphère. Sa maison et le jardin un peu fou et très fleuri sont avant tout un lieu de sérénité.

Le Manoir de l'Hermerel : *14230* ***Géfosse-Fontenay.*** *☎ 02-31-22-64-12. • hermerel@orange.fr • manoir-hermerel.com • À 5 km de Grandcamp par la D 514 direction Isigny, puis la D 199a direction Géfosse. Ouv d'avr à mi-nov. Double 80 € (2 nuits min).* Dans un manoir du XVIIe s, ravissantes chambres d'hôtes, chacune dans un style différent : l'une fort belle, en mezzanine et mansardée, l'autre petite, dans les tons rose pâle et aux jolis pavés de pierre blanche... Dans la cour, un vieux pigeonnier et une sublime petite chapelle du XVe s (dans laquelle est installé un salon d'été) ! L'endroit ne manque ni de charme ni de caractère.

À voir. À faire

La laiterie Isigny-Sainte-Mère : *2, rue du Docteur-Boutrois. ☎ 02-3110-12-06. • isigny-ste-mere.com • Magasin ouv lun-sam 10h-13h, 14h-19h.* Avec quatre produits AOP et deux Label Rouge, *Isigny-Sainte-Mère* vend ses 70 ans de savoir-faire, ses vaches normandes qui broutent de la vraie herbe et des camemberts moulés à la louche. Cela dit, si certains sont moulés à la main, la plus grande partie de la production est automatisée (eh oui ! un brevet fut déposé en 1985 pour robotiser le louchage). Le magasin vend toute l'année les produits de la maison et, en été, ne vous étonnez pas d'y voir la queue ; les locaux sont légion à venir en famille se délecter de glaces à l'italienne élaborées avec la crème fraîche d'Isigny.

Société Caramels d'Isigny : *zone artisanale Isypôle, rue du 19-Mars-1962. ☎ 02-31-51-39-89. Magasin ouv tte l'année, lun-sam 9h-19h. Pour les visites : fév-mars et oct, lun-ven 10h-13h, 14h-17h ; avr-juin et sept, lun-sam 9h-13h, 14h-17h ; juil-août, lun-sam 9h-18h. Entrée : 3 € ; réduc moins de 18 ans.* Ici, on fabrique le vrai caramel d'Isigny au lait entier et au beurre doux ou salé. D'un côté, vous avez le magasin de vente. De l'autre, sur 350 m², tout un espace pédagogique dédié à l'histoire d'Isigny, à la coopérative d'Isigny-Sainte-Mère, mais surtout aux délicieux produits maison, avec la découverte des ateliers de fabrication à travers une baie vitrée. Dans les années 1930 et jusque dans les années 1990, deux entreprises se partageaient le marché du caramel à Isigny : les Galliot et la société Dupont-d'Isigny. Quand, en 1994, cette dernière partit s'installer à Carentan, la chambre de commerce et la coopérative laitière œuvrèrent pour que la production de caramel ne cesse pas. C'est ainsi que naquit l'entreprise *Caramel d'Isigny* qui, aujourd'hui encore, travaille main dans la main avec la laiterie. Si les caramels restent bons, le marché, lui, n'est plus tout à fait le même : on ne produit aujourd'hui plus que 1,5 t de caramels par jour contre 5 t dans les années 1930.

DANS LES ENVIRONS D'ISIGNY-SUR-MER

Les Vergers de Romilly : *14230* ***Saint-Germain-du-Pert.*** *☎ 02-31-22-71-77. • info@vergersduromilly.com • les-vergers-de-romilly.com • Suivre la direction « Cimetière militaire allemand ». C'est juste derrière. Dégustation et vente tlj sf dim 9h-19h en hte saison ; le reste de l'année 9h-12h, 14h-19h. GRATUIT. Visite guidée mer à 14h30. Fermé déc-mars.* Une trentaine de pommes différentes poussent ici sur des pommiers basse tige ou haute tige (c'est sous ceux-là que paissent les vaches). On poursuit la visite dans la cave. Les divers modes de culture du pommier sont présentés (greffage, récolte, production...), la fabrication du cidre, du pommeau et du calvados est également abordée à l'aide d'un petit film. À noter cette année, une nouveauté : la visite d'un alambic fraîchement installé. Dégustation des liqueurs 44 et de vieux garçon ainsi que du confit de cidre.

Le château de Colombières : *14710* ***Colombières.*** *☎ 02-31-22-51-65. • chateau-colombieres.fr • À 10 km à l'est d'Isigny. Juil-août, lun-jeu 14h-18h30 ; sept, le w-e aux mêmes horaires. Visites guidées slt : env 6 € ; réduc ; gratuit moins de 12 ans.* Une superbe forteresse médiévale édifiée à la fin du XIVe s, flanquée de tours et de douves toujours en eau. La visite est limitée puisque le château est toujours habité. On découvre la salle à manger, la cuisine, sa cheminée monumentale et son four à pain, et le très bel escalier à vis du XVIe s.

BALLEROY

(14490) 970 hab. *Carte Calvados, A2*

Voilà une commune qui n'est pas sans rappeler... Versailles ! Toutes proportions gardées, bien sûr. Les plans du bourg de Balleroy furent tracés uniquement en fonction de son important château. D'où cette étrange impression quand on pénètre dans cette petite bourgade : les maisons semblent n'avoir été construites que pour mettre en valeur l'imposante avenue qui mène au parc du château... Une belle perspective architecturale, unique en son genre en Normandie. Le château, où régnèrent pendant 300 ans les marquis de Balleroy, fut construit par Mansart dans la première moitié du XVIIe s pour le conseiller du roi, Jean de Choisy, qui demanda évidemment à Le Nôtre de dessiner les jardins (remaniés depuis par Henri Duchêne).
Dans les années 1970, la somptueuse propriété fut acquise par un personnage haut en couleur, le milliardaire américain Malcom Forbes (1919-1990), éditeur de *Fortune* et fana de montgolfières. Il y créa un musée consacré à sa passion et organisa, dans l'immense parc, des festivals de dirigeables qui firent de Balleroy la rivale d'Albuquerque (aux États-Unis) !

À voir

Le château et le musée : *☎ 02-31-21-60-61. • chateau-balleroy.fr • (musée des Ballons). Avr-sept, mer-dim (tlj juil-août) 10h45-18h. Billet* *combiné musée + château + parc : 9 € ; réduc. Billet château : env 7 € ; réduc. Billet musée : 4,50 € ; réduc. Billet parc : 3 €.*

– ***Le musée des Ballons :*** dans le pavillon d'entrée du château. C'est, paraît-il, le seul au monde dans son genre. À l'étage, l'histoire des ballons à air chaud et à gaz, depuis le premier vol (1783) jusqu'aux différents records, aux expéditions phares et à l'utilisation des dirigeables pendant les guerres. On y apprend que, pendant la Seconde Guerre mondiale, Londres fut protégée des bombardements par un bouclier de 444 ballons ! Forbes n'est pas absent de son propre musée : il fut le premier à traverser les États-Unis en ballon.

– ***Le château :*** cette construction en pierre, aux proportions harmonieuses, passe pour être un exemple typique du style Louis XIII. Elle est la troisième œuvre de l'architecte François Mansart. Beau parterre à la française encadré par les communs et des douves. On peut admirer une importante collection d'œuvres des plus grands maîtres (Baudry, Juste d'Egmont, Vignon...). Magnifique salle à manger décorée de boiseries représentant les *Fables* de La Fontaine. Dans le fumoir, Forbes a fait poser au plafond une toile tendue décorée de ballons. Ça contraste un peu avec le mobilier d'époque ! Au 1er étage, très beau salon d'honneur connu pour ses tableaux de rois et son plafond peint, celui-ci, au XVIIe s. On peut aussi découvrir les jardins à la française et le parc à l'anglaise, ainsi que le colombier.

DANS LES ENVIRONS DE BALLEROY

Le musée de la Mine : *rue de la Fosse-Frandemiche, 14330* ***Le Molay-Littry.*** *☎ 02-31-22-89-10. • ville-molay-littry.fr • Mai-sept, tlj sf mar et ven, 10h-12h, 14h-18h. Entrée : 5 € ; réduc ; gratuit moins de 6 ans. Visite audioguidée.* Situé sur l'unique bassin houiller de Normandie, qui fonctionna jusqu'au milieu du XXe s, ce musée est particulièrement intéressant. D'abord parce que, à l'aide d'outils, d'objets et de documents anciens, on y découvre la vie quotidienne des « gueules noires du bocage », quand la mine était une vraie ville avec son monument au directeur (!) et sa société philharmonique. Ensuite, on s'y balade dans une reconstitution très réussie de galerie qui permet d'appréhender l'évolution (considérable !) des techniques d'extraction depuis 1740. Enfin, sont exposées ici quelques pièces exceptionnelles : une machine à vapeur de 1800 servant à l'extraction de la houille, unique en France, et une maquette au 1/10 du carreau de mine de la fosse no 5 de Bruay-en-Artois (dans le Pas-de-Calais), construite pour l'Exposition universelle de 1900.

VIRE

(14500) 11 936 hab. *Carte Calvados, A3*

Capitale du bocage virois, Vire est une sous-préfecture paisible et construite dans un joli site. La ville fut, hélas, détruite en grande partie en 1944. Il reste toutefois quelques monuments, parmi lesquels sa curieuse porte-horloge. Vire est surtout connue pour son andouille, grande rivale de celle de Guéméné (Morbihan). Sa fabrication remonte au moins au XVIe s et la recette a peu varié depuis.

VIRE ET SON ANDOUILLE

L'origine de l'andouille se perd dans la nuit de l'histoire. Qu'importe, elle est toujours bonne, fumée à souhait. Car tout le secret réside dans le fumage de cette charcuterie composée de l'estomac, de l'intestin grêle et du gros intestin du porc. Pas moins de 1 mois passé dans une cheminée alimentée de bois de hêtre est indispensable. L'andouille perd alors plus de 50 % de son poids et de son volume. Heureusement, on trouve encore des artisans à avoir conservé ce savoir-faire séculaire de l'andouille. Et tous les ans, au mois de novembre, lors d'une énorme foire, Vire rend hommage à cette spécialité qui a fait sa réputation dans les ventres du monde entier.

VIRE OU GUÉMÉNÉ ?

Faudrait tout de même pas confondre ! Sachez que l'andouille de Vire semble toute chiffonnée quand on la tranche. C'est parce qu'on enfile les bouts d'intestins (le gros, le grêle et la panse) à l'intérieur les uns des autres et qu'on tire l'ensemble par une ficelle pour le placer dans un boyau plus large ! Tandis qu'à Guémené (Bretagne) on utilise uniquement, les gros intestins, qu'on enroule les uns sur les autres. Maintenant, tentez le CAP de charcutier (comme Alain Delon).

Adresses et info utiles

Office de tourisme du Bocage normand : *sq. de la Résistance.* ☎ *02-31-66-28-50.* • *bocage-normand.com* • *Pâques-Toussaint, lun-sam 9h30-12h30, 13h30-18h (17h sam) ; le reste de l'année, lun ap-m-ven.* Petit livret de promenades dans la ville.

Gare SNCF : *rue de la Gare.* ☎ *36-35 (0,34 €/mn).* Vire se trouve sur la ligne Paris-Granville, à quelque 2h30 de la capitale.

– **Marché :** *ven mat dans le centre-ville.* Très sympa.

Où dormir ? Où manger ?

Hôtel de France : *4, rue d'Aignaux.* ☎ *02-31-68-00-35.* • *info@hoteldefrancevire.com* • *hoteldefrancevire.com* • *Dans le centre. Resto tlj sf lun midi, ven soir et dim soir. Doubles 60-90 € selon orientation et saison. Menus 17,50-33 €.* Une vingtaine de chambres au confort classique. Côté cuisine, on retrouve l'andouille à tous les menus, ainsi qu'une cuisine du terroir joliment revisitée.

Au Vrai Normand : *14, rue Armand-Gasté.* ☎ *02-31-67-90-99.* • *restaurant@auvrainormand.com* • *Tlj sf mar soir, mer et dim soir. Formules déj en sem 16-18,50 € ; menus 25,90-35,60 €.* Une belle maison sympathique, à la salle élégante, où l'on sert une bonne cuisine régionale avec quelques petites surprises, comme cette andouille chaude sur fondue de poireaux et la tarte fine aux pommes au sorbet à la figue.

Où dormir ? Où manger dans les environs ?

Chambres d'hôtes du Champ Fleury : *le Champ-Fleury, 14350* ***Montchamp.*** ☎ *02-31-68-24-95.* • *chambres.vire@gmail.com* • *chambres-hotes-vire.fr* • *À env 15 km au nord-est de Vire ; accès par la D 577, puis par la D 56 ; juste avt d'entrer dans Montchamp, prendre à droite dans le virage et continuer env 1 km. Double 51 €.* Dans une maison au milieu des champs et entourée d'un joli jardin, 3 chambres coquettes et parfaitement tenues, 2 à l'étage de la maison et la 3e (avec lits séparés) dans la petite dépendance face à la piscine transformée en mare à poissons.

Ferme-auberge La Petite Fosse : *la Petite-Fosse, 14500* ***Saint-Germain-de-Tallevende.*** ☎ *02-31-67-22-44. À 2 km du centre-ville de Vire en direction de Rennes (D 577), prendre la C 4 sur 1 km puis c'est* *indiqué. Résa indispensable. Double 45 €, petit déj inclus. Repas tlj, mais sur résa slt et de préférence assez tôt pour les w-e, 17-26 €. Apéritif et café offerts sur présentation de ce guide.* Sur une exploitation agricole et avec un jardin offrant une jolie vue sur le bocage vallonné, 2 chambres d'hôtes dans une petite annexe revêtue de bois et 2 autres (un peu plus bruyantes) dans la maison qui sert aussi de restaurant. Leur style n'est pas des plus récent, mais toutes sont parfaitement tenues. Côté cuisine, Anne-Marie prépare des repas copieux et d'un bon rapport qualité-prix. Avis aux amateurs de calme : on y trouve souvent des groupes... Excellent accueil.

Où acheter une véritable andouille de Vire... et la vaisselle pour la manger ?

Au ***marché*** et chez les nombreux artisans charcutiers du centre-ville. Parmi eux, ***Maison Danjou*** : *5, rue André-Halbout. ☎ 02-31-68-04-00. Tlj sf dim-lun (ouv lun ap-m en été).*

Magasin d'usine Guy Degrenne : *zone commerciale, av. de Bischwiller. ☎ 02-31-66-45-55. Tlj sf dim 10h-12h30, 14h-19h.* C'est à Vire que s'est installée une des premières usines Guy Degrenne. Vous trouverez dans ce magasin d'usine les dernières collections de vaisselle à prix normal, les fins de série et les produits très légèrement défectueux vendus à des prix intéressants.

LE CALVADOS

À voir

La porte-horloge : *entre la rue du Général-Leclerc et l'église Notre-Dame. Ouv slt en été pour présenter les expos à thème qu'elle abrite chaque année.* Porte fortifiée construite au XIIIe s. Entre les deux grosses tours crénelées, un clocher d'une trentaine de mètres de haut, ajouté au XVe s. Beau point de vue.

L'église Notre-Dame : bel édifice construit du XIIIe au XVIe s. Portail du XIVe s. À l'intérieur, nef aux voûtes élégantes, décorée de colonnes et de chapiteaux.

Le donjon : *pl. du Château (derrière l'église).* Construit au XIIe s par les Normands, le château fort qui dominait la vallée de la Vire fut rasé par la suite. Le donjon résista plus longtemps et il en reste de belles ruines.

Le musée de Vire : *2, pl. Sainte-Anne. ☎ 02-31-66-66-50. • museedevire.blogspot.fr • (rdc). Mai-oct, mer-dim 10h-12h30, 14h-18h. Entrée : 3 € ; réduc ; gratuit moins de 26 ans et pour ts le 1er dim du mois.* Un complément culturel idéal après la visite de la région. Installé dans l'hôtel-Dieu du XVIIIe s, il s'agit à la fois d'un musée des beaux-arts, d'histoire et d'ethnographie. Les belles collections évoquent surtout la vie domestique, professionnelle et culturelle dans le bocage virois. À voir, notamment, des ateliers reconstitués d'artisans, des meubles normands, des costumes et bijoux anciens et, au dernier étage, le fonds d'atelier du peintre-caricaturiste Charles Léandre. Les expos temporaires, quant à elles, dépassent volontiers les frontières régionales ou artistiques. Mais comme ce petit musée dynamique aime à changer ses expositions, l'agencement de ses salles, le mieux pour suivre son actualité est encore de consulter son blog.

Manifestations

– ***Les Virevoltés :*** *1re quinzaine de juil. • lesvirevoltes.org •* Festival de spectacles de rue qui anime toute la ville. Cet événement très sympa et populaire dans toute la région attire beaucoup de monde.
– ***Foire à l'andouille et produits du terroir :*** *w-e de la Toussaint.*

DANS LES ENVIRONS DE VIRE

La route des gorges de la Vire : cette route touristique fléchée de 35 km permet de découvrir un pays sauvage, infiniment secret et plein de charme (qui se prête très bien aux randos ou aux balades à vélo). La Vire, petite rivière dont le cours musarde, lent et sinueux, se gonfle dans le Bocage d'un tas d'affluents et de ruisseaux vagabonds, et dévale furieusement dans un corridor de granit – les gorges proprement dites –, avant d'aller se jeter dans la Manche.

LA SUISSE NORMANDE ET LE PAYS DE FALAISE

LA SUISSE NORMANDE

Carte Calvados, B3

Cette région touristique s'étend le long de l'Orne (le fleuve), à cheval sur les départements du Calvados et de l'Orne. Paysage évidemment verdoyant, parsemé de cours d'eau et ponctué de falaises, certaines impressionnantes, comme le fameux Pain de Sucre. Rendez-vous des varappeurs, des randonneurs et des pêcheurs, la Suisse normande propose aussi les charmes de ses petits villages, des routes pittoresques et toutes les activités nécessaires aux vacanciers. Très fréquenté en plein été ou le week-end par les gens de la région.

Adresses utiles

Vous trouverez dans les offices de tourisme toutes les informations sur les nombreuses activités sportives, ainsi que des topoguides pour la randonnée pédestre, le VTT et l'escalade.

Office de tourisme de la Suisse normande : *2, pl. Saint-Sauveur, 14220* **Thury-Harcourt.** ☎ *02-31-79-70-45. • suisse-normande-tourisme.com • Ouv tte l'année, mar-sam et dim mat (tlj juil-août) 10h-12h30, 14h-18h (17h oct-vac de Pâques).*

Office de tourisme de la Suisse normande : *pl. du Tripot, 14570* **Clécy.** ☎ *02-31-69-79-95. • suisse-normande-tourisme.com • Ouv Pâques-Toussaint. Avr-sept, mar-sam et dim mat (tlj juil-août) 10h-12h30, 14h-18h (17h sept-vac de Pâques et de Toussaint).*

À faire

La Suisse normande est un petit paradis pour les promeneurs et les sportifs. Vous pourrez y pratiquer diverses activités.

– ***Canoë-kayak :*** les villes de Thury-Harcourt et Pont-d'Ouilly sont réputées pour leurs très bonnes équipes de kayak-polo et leur club « fournisseurs officiels de l'équipe de France, championne du monde », comme disent certains en plaisantant. Des balades sur l'Orne très sympas sont à faire entre ces deux villes.

LE CALVADOS

À Clécy, guinguettes et beaux sites (Rochers des Parcs, le Pain de Sucre, l'Éminence...) pour clore la balade. Quelques adresses où vous trouverez encadrement et location de matériel :

– ***Base de plein air*** *à* ***Pont-d'Ouilly,*** *☎ 02-31-69-86-02, • pontdouilly-loisirs.com • ;* ***Kayak Club*** *à* ***Thury-Harcourt,*** *☎ 02-31-79-40-59 ;* ***Capaventure,*** *au centre de pleine nature Lionel-Terray, à* ***Clécy,*** *☎ 02-31-69-11-68 ;* ***Beau Rivage,*** *☎ 02-31-69-79-73. Il existe également plusieurs boutiques louant ces petites embarcations à* ***Clécy.***

VTT : tout un réseau de circuits s'étend de Saint-Laurent-de-Condel à la Roche d'Oëtre. Topoguide de 38 circuits labellisés FFC en vente dans les offices de tourisme de la Suisse normande.

➢ ***Randonnée pédestre :*** de nombreux sentiers pour muscler vos petits mollets. Topoguide en vente dans les offices de tourisme (randos de 5 à 16 km).

– ***Vélorail :*** *gare de Pont-Érambourg, 61790* ***Saint-Pierre-du-Regard.*** *Lire « À voir. À faire » dans la partie consacrée à la Suisse normande de l'Orne.*

LE CALVADOS

CONDÉ-SUR-NOIREAU (14110)

Entre Vire et Pont-d'Ouilly, c'est l'une des portes d'entrée de la Suisse normande. Condé est la patrie de Dumont d'Urville, explorateur qui découvrit la terre Adélie et qui rapporta en France l'*Aphrodite* de Milos, connue surtout sous son pseudo : la *Vénus de Milo.* Shakespeare s'inspira également d'une figure locale de Condé : John Falstolf, qui fut gouverneur de la ville sous l'occupation anglaise pendant la guerre de Cent Ans. Et le bon William fit de lui Falstaff. Complètement rasée pendant la guerre, la ville a heureusement été reconstruite en respectant l'architecture du pays.

Où dormir ? Où manger dans les environs ?

Auberge Saint-Germain : *1, route de Condé-sur-Noireau, 14110* ***Saint-Germain-du-Crioult.*** *☎ 02-31-69-08-10. • sarl.nadelo@orange.fr • auberge-saint-germain.com • ♿ (resto). À 3 km de Condé-sur-Noireau sur la D 512, direction Vire. Congés : 2de quinzaine de juil. Double 65 €. Formule déj en sem 17 € ; menus 26-45 €.* Une petite adresse en bord de route qui fait les choses simplement et bien. La maison principale abrite le resto à la salle accueillante, tout comme ceux qui vous y reçoivent, avec au menu une cuisine mêlant terroir et inspiration du chef. Les chambres simples, agréables et très bien tenues, se trouvent quant à elles dans un bâtiment annexe sur l'arrière (et donc au calme).

À voir à Condé et dans les environs

L'espace-musée Charles-Léandre : *9, rue Saint-Martin. ☎ 02-31-69-41-16. • musee-charles-leandre.fr • Mar-ven 9h30-12h15, 14h-18h30 ; sam 10h-18h ; 1er dim du mois en principe 14h30-18h. GRATUIT.*
Sur trois niveaux, un excellent musée consacré à la mémoire locale et à l'une de ses gloires, le peintre caricaturiste Charles Léandre, ainsi qu'à la peinture contemporaine normande.
– ***Rez-de-chaussée :*** entièrement consacré à Léandre (1862-1934). Belle atmosphère intimiste pour présenter les beaux portraits et les scènes de genre de ce peintre touche-à-tout. Beaucoup de délicatesse dans les pastels, où les regards sont particulièrement tendres. La superbe huile *Je dors mais mon cœur veille* est

une composition empreinte d'un amour puissant. Sympathique étude du monde paysan dans *Repas de noces.* Toute une partie est aussi consacrée à la carrière de caricaturiste de Léandre. On y découvre un artiste moqueur mais jamais cynique.
– ***1er et 2e étages :*** au 1er étage, expositions temporaires. Au 2e, œuvres d'Eduardo-Leon Garrido (1856-1949) et de son fils Louis-Édouard Garrido (1893-1982). Paysages et marines témoignent de l'attachement à la Normandie de ces peintres postimpressionnistes. Dans le prolongement, une salle récente, consacrée au peintre contemporain paysagiste Jack Mutel (1935-2016).
– ***3e étage :*** excellente exposition, bien que modeste en taille, consacrée à l'histoire locale. Intéressante maquette de la ville avant son bombardement, réalisée sur les plans du début du XXe s. L'histoire et l'évolution de la ville sont racontées sous forme de petits films d'archives bien choisis. Quelques figures locales comme le typographe Maximilien Vox et l'importance de l'industrie locale sont évoquées avec intelligence : papeterie, tissage, imprimerie, les grandes grèves.

Le château de Pontécoulant : *14110* ***Pontécoulant.*** *☎ 02-31-69-62-54. À 6 km au nord-ouest de Condé-sur-Noireau par la D 105. Mai-sept, tlj sf lun 10h-12h, 14h30-18h (hors saison 14h30-17h30). Fermé de mi-nov à mi-mars. Entrée : 3,80 € ; gratuit moins de 12 ans.* Belle demeure des XVIe et XVIIIe s, complétée par deux pavillons d'entrée et un colombier ; un domaine qui engloba jusqu'à 343 ha de terres ! La dernière descendante de la famille Pontécoulant a légué la propriété et l'ensemble de son mobilier en 1896 au département, sous réserve de l'ouvrir au public. Mobilier représentatif de différentes époques, de Louis XV à l'Empire, et une pièce au mobilier asiatique. L'ensemble est impeccablement entretenu, même si, n'étant plus habité depuis longtemps, il y manque bien sûr un peu de vie. Salon de thé en haute saison. Très beau parc à l'anglaise et tables de pique-nique, et possibilité de faire une balade familiale en boucle.

CLÉCY *(14570)*

Petite « capitale de la Suisse normande », Clécy est un charmant village, construit dans un site superbe. Une partie de la ville (la plus touristique) borde les rives de l'Orne et jouxte le hameau du Vey. Le « centre-ville » proprement dit est à l'écart, un peu plus haut.

Adresse utile

Office de tourisme de la Suisse normande : *pl. du Tripot.* *Voir plus haut la rubrique « Adresses utiles » au début de « La Suisse normande ».* Organise un circuit patrimoine découverte de la ville et de ses trésors cachés.

Où dormir ? Où manger à Clécy et dans les environs ?

Camping

Camping Les Rochers des Parcs : *8, rue du Viaduc, la Cour. ☎ 02-31-69-70-36. • camping.normandie@gmail.com • camping-normandie-clecy.fr • ♿ Ouv avr-sept. Selon saison, compter 16,65-18,50 € pour 2 avec tente et voiture ; hébergements locatifs 793 €/sem en hte saison. 90 empl.* Joli petit camping bien aménagé, juste au bord de l'eau. Au menu des locations : chalets, mobile homes et même des vélos et des canoës-kayaks !

De bon marché à chic

Chambres d'hôtes La Ferme du Vey : *Isabelle et Pierre Brisset, 90, route de Saint-Laurent, Le Bas-du-Vey,*

14570 ***Le Vey.*** *☎ 02-31-69-71-02. 06-18-47-45-74. • fermeduvey@gmail.com • fermeduvey.fr • Double 49 €. Gîtes également.* Dans une ferme cidricole à quelques minutes à pied de Clécy, 3 chambres simples et bien tenues à prix vraiment doux. Accueil aimable.

Au Site Normand : *2, rue des Châtelets. ☎ 02-31-69-71-05. • site normand@orange.fr • hotel-clecy.com • Congés : 15 déc-20 janv. Doubles 75-115 € selon confort ; quadruple 135 €. Carte-menus 25-40 €, dégustation 53-67 €. Café offert sur présentation de ce guide.* Au cœur du village, dans une maison à colombages aux couloirs étroits. Les chambres non plus ne sont pas très grandes dans l'ensemble, ce qui ne les empêche pas d'être avenantes et bien tenues. Bonne table avec, en cuisine, un chef qui, au fil du marché, ajoute sans excès sa touche personnelle aux grands classiques régionaux tout en valorisant au mieux les produits des petits producteurs locaux. Accueil véritablement charmant.

À voir. À faire

Les bords de l'Orne : *en contrebas de Clécy-centre, à env 800 m.* Ça rappelle curieusement les bords de la Marne. Ambiance de week-end champêtre avec guinguettes et embarcations à pédales. Terrasse agréable.

Le Chemin de fer miniature : *entre les bords de l'Orne et Clécy-centre. ☎ 02-31-69-07-13. • chemin-fer-miniature-clecy.com • Ouv Pâques-oct ; voir les horaires détaillés sur le site. Entrée : 8,50 € ; 6,50 € 3-12 ans.* Sur plus de 300 m², l'une des plus grandes maquettes d'Europe, avec des centaines de wagons, locos, maisonnettes et décors divers, pour faire rêver petits et grands. Également un petit tour en train le long des anciennes carrières, visite libre des fours à chaux et, pour finir, d'énormes jeux gonflables pour les enfants.

LE CALVADOS

THURY-HARCOURT *(14220)*

Petite cité des bords de l'Orne et porte d'entrée de la Suisse normande. Son bourg a conservé une ***église*** du XIIIe s et les souvenirs de son ancien ***château.*** Belles balades à faire dans les environs.

Où dormir ? Où manger à Thury-Harcourt et dans les environs ?

Le Relais de la Poste : *7, rue de Caen. ☎ 02-31-79-72-12. • contact@hotel-relaisdelaposte.com • hotel-relaisdelaposte.com • Dans le centre. Resto ouv tlj sf ven et le midi mar-mer. Doubles 65-100 € selon confort. Formule 15 €. Menus 18-39 €.* Une dizaine de chambres assez exiguës mais coquettes. Les moins onéreuses ont une salle de bains en 2 parties (pas très pratique, avouons-le). Côté restaurant, la salle élégante distille une ambiance cosy dans laquelle les hôtes savourent une cuisine délicate, jouant avec les produits du terroir mêlés à des saveurs exotiques. Accueil prévenant.

Chambres d'hôtes Aux Logis de Trois Monts : *route de l'Église, 14210* ***Trois-Monts.*** *☎ 02-31-79-78-98. 06-09-92-18-51. • bernard.more@free.fr • auxlogisdetroismonts.com • À env 9 km au nord de Thury-Harcourt (accès par la D 212) ; légèrement à l'extérieur du village (de la route principale, prendre à gauche au calvaire). Double 60 € ; gîte 2-4 pers 250-335 €/sem selon saison. Sur présentation de ce guide, une bouteille de cidre bouché offerte (il faudra donc la déboucher !).* Dans un joli paysage vallonné, avec l'église en contrebas, la maison et ses dépendances sont disposées autour d'une cour toute fleurie en saison. Une bâtisse accolée à la maison principale abrite 2 chambres d'hôtes pimpantes pouvant accueillir 2 à 4 personnes.

Auberge du Pont de Brie : *14210* ***Goupillières.*** *☎ 02-31-79-37-84.* *• contact@pontdebrie.com • À env 10 km au nord de Thury-Harcourt (accès par la D 562, puis la D 171 jusqu'au lieu-dit la Halte-de-Grimbosq). Ouv le midi mer-dim et j. fériés, plus le soir ven-dim et j. fériés ; hors saison fermé mer-jeu et ven soir. Formule en sem 19 € ; menus 28-39 €. Café offert sur présentation de ce guide.* Établissement posé là, tout seul, au milieu d'une belle nature (dont la terrasse permet de profiter aux beaux jours). Une très bonne table proposant une cuisine aussi authentiquement normande qu'agréable. Salle classique mais plutôt pimpante. Service impeccable et accueil très gentil.

FALAISE

(14700) 8 340 hab. *Carte Calvados, C3*

Située en plein cœur de la Normandie, Falaise bénéficie d'une position géographique favorable, entre pays d'Auge et Suisse normande. La ville naît au Moyen Âge et se développe autour de son château fort. Cité natale de Guillaume le Conquérant, duc de Normandie et roi d'Angleterre, elle joua un rôle économique important grâce à ses activités artisanales telles que la pelleterie, la draperie, la bonneterie ou encore la tannerie. La ville, durant tout le Moyen Âge, profita de la grande renommée que lui apportèrent ses célèbres foires qui se tenaient dans le quartier de Guibray.

De cette époque prospère, Falaise conserve, en dépit de l'importante destruction subie lors de la Seconde Guerre mondiale, un beau patrimoine : hôtels particuliers, édifices religieux et, bien sûr, son incontournable château fort. 90 % de l'enceinte médiévale de la ville s'étend aujourd'hui encore sur 2 km (mais elle est discrète, et il faut parfois ouvrir l'œil pour la voir). En 2016, la ville a inauguré un nouveau musée, consacré aux civils durant la guerre, le Mémorial des Civils dans la Guerre.

UN PEU D'HISTOIRE PAILLARDE

À l'âge de 17 ans, le jeune duc Robert traînait souvent au pied du donjon familial dans le seul but de reluquer en douce la jolie Arlette, la fille du tanneur du village, qui venait régulièrement y laver son linge. Fou d'amour, le futur Robert le Magnifique parvint à faire entrer la jeune fille au château. Selon la légende, Arlette eut par la suite un rêve étrange : elle accouchait d'une forêt, qui envahissait la Normandie et l'Angleterre ! En réalité, à Noël, elle enfanta un petit bâtard, dans la cellule du donjon... On l'appela Guillaume. D'abord élevé au château, il fut contraint, une fois son père mort, de se réfugier dans les environs. Mais en lui bouillonnait un sang ducal : il finit par s'emparer de force du château paternel et restaura sa qualité de duc de Normandie. Cet instinct de conquête le poursuivra jusqu'à celle de l'Angleterre.

UNE JUSTICE BIEN BÊTE

À l'époque médiévale, les animaux coupables d'homicides ou d'agressions devaient subir la justice des hommes. En 1386, à Falaise, on condamna une truie qui avait mutilé un bébé de 3 mois. On la supplicia devant le peuple en la suspendant par les pattes arrière, puis on l'étrangla.

LA « POCHE » DE FALAISE

En 1944, après le Débarquement et la percée du bocage, les Alliés, soutenus par l'entrée en ligne de l'armée de Patton, arrivent dans la région de Falaise début août. Les panzers allemands contre-attaquent mais, en quelques jours, les voilà coincés par les Anglais et les Canadiens au nord, par les Américains à l'ouest et bientôt par les Français (la 2e DB de Leclerc) et les Polonais au sud ! Cet étau allié forme alors une poche, dans laquelle les Allemands ne tardent pas à étouffer... Mais ça, c'est une autre histoire, qu'on vous raconte dans le paragraphe consacré à Chambois et au mont Ormel (voir le chapitre « L'Orne »). La ville de Falaise, elle, n'est libérée que le 17 août par les Canadiens, au prix de destructions massives (80 % de la ville).

Adresse utile

Office de tourisme du pays de Falaise : *5, pl. Guillaume-le-Conquérant. ☎ 02-31-90-17-26. • falaise-tourisme.com • Juste à côté du château. Mai-sept, lun-sam 9h30-12h30, 13h30-18h30 (juin-sept, ouv aussi dim et j. fériés 10h30-12h30, 14h-16h) ; oct-avr, lun-sam 9h30-12h30, 13h30-17h30.* Pour les randonneurs et les VTTistes, cartes et topoguides en vente. Propose aussi des visites guidées, théâtralisées et gourmandes.

LE CALVADOS

Où dormir ? Où manger ?

Camping

Camping du Château : *au Val-d'Ante. ☎ 02-31-90-16-55. • camping@falaise.fr • camping.falaise.fr • Au pied du château ; fléché. Ouv mai-fin sept. Compter 13,50-15,20 € pour 2 avec tente et voiture. 66 empl.* Au calme, dans un site verdoyant agréable, juste au pied du château de Guillaume le Conquérant ! Tennis au camping (ou plutôt camping dans le club de tennis !).

Bon marché

Le Vauquelin : *2, rue Vauquelin. ☎ 02-31-42-66-26. • vauquelin.contact@gmail.com • À côté de la poste et du musée des Automates. Tlj sf dim-lun et mer soir. Formules 17,90-22,90 €.* Une petite adresse dynamique qui, chaque semaine, propose une ardoise différente : les produits normands sont bons, mais pourquoi ne pas les accommoder à des sauces volontiers un peu plus exotiques ou à des ingrédients un peu moins communs ? Voilà ce que vous concocte la maison, avec, à la fois, simplicité, légèreté, maîtrise des cuissons et beaucoup de fraîcheur.

De prix moyens à chic

La Fine Fourchette : *52, rue Georges-Clemenceau. ☎ 02-31-90-08-59. • finefourchette-falaise@orange.fr • Tlj sf mar soir hors saison. Congés : de mi-janv à début fév. Formules et menus 18,80-29 € (sf j. fériés), puis 35-43,50 €.* Les couleurs chatoyantes de la salle mettent en joie le voyageur qui s'arrête ici. Cuisine créative et de qualité, aux recettes toujours renouvelées par les 2 chefs (père et fils). L'accueil est vraiment sincère, le service souriant. Et, une fois n'est pas coutume, le 1er menu permet déjà d'avoir un bon aperçu de ce qu'on sait faire en cuisine.

Hôtel de la Poste – Restaurant Ô Saveurs : *38, rue Georges-Clemenceau. ☎ 02-31-90-13-14. • hotel.delaposte@orange.fr • hoteldelaposte-osaveurs.com • Resto fermé sam midi, dim soir et lun. Doubles 60-78 €. Menus env 21 € (déj en sem), puis 30-80 €.* On sent bien que cet hôtel-restaurant ne date pas d'hier, mais peu à peu, il fait peau neuve. Côté hôtel, les chambres restent assez classiques. Sobres, pas très grandes, elles sont néanmoins agréables, bien tenues et dotées d'une bonne literie. Côté table, en revanche, on passe dans une tout autre sphère, même si la déco reste un peu tristoune. Le chef en cuisine refuse la facilité, il aime les bons produits, les travailler, les mettre en scène, jouer avec toute une palette de saveurs et de textures. En voyant les assiettes, on peut craindre que ce soit un peu trop de saveurs mélangées, de la déco pour la déco... eh bien non ! En tout cas, on retrouve en bouche tous les ingrédients annoncés, les cuissons sont à point, et même les touches de déco ont du goût ! Quant aux desserts, ils permettent de finir le repas en beauté.

Où dormir dans les environs ?

Chambres d'hôtes Domaine de la Tour : *la Tour, 14700* ***Saint-Pierre-Canivet.*** *☎ 02-31-20-53-07. • info@domainedelatour.fr • domainedelatour.fr • À env 4 km au nord-ouest de Falaise, accès par la D 6 (ne pas entrer dans Saint-Pierre-Canivet). Doubles 70-80 € selon saison ; 3-5 pers 90-120 €.* Seule au milieu des champs, dans une très belle campagne, cette magnifique propriété du XVIIIe s joliment restaurée abrite 5 chambres claires et accueillantes, dont une suite. Toutes ont gardé leur parquet et de jolis meubles de style plutôt rustique ou ancien. Un endroit vraiment reposant et à l'accueil souriant. Également 2 beaux gîtes sur place, pour 8 personnes chacun, à louer dans les autres dépendances, ainsi qu'une salle de réception. Loue aussi à la semaine ou à la nuitée dans un village voisin 5 gîtes situés dans une tour à l'entrée de la cour d'un château du XVIIe s. Ils peuvent accueillir de 2 à 5 personnes, ou jusqu'à 30 personnes en louant toute la tour : *• chateauturgot.net •*

À voir

Le château : *☎ 02-31-41-61-44. • chateau-guillaume-leconquerant.fr • (slt le bâtiment d'accueil et visite virtuelle avec la tablette numérique). Tlj 10h-18h (19h 8 juil-3 sept 2017) ; billetterie fermée 1h avt. Fermé en janv. Entrée : 8 € ; réduc et forfait famille. Visite guidée (sans supplément) à 15h30 w-e, vac scol et j. fériés ; à 10h30, 15h30 et 17h en été. Parcours avec tablette numérique inclus dans le prix, mais « dans la limite des stocks disponibles ». Compter 1h30 de visite. Nombreuses animations en saison.*

Sur son éperon rocheux se dresse une imposante forteresse construite dès le Xe s et agrandie au XIIe s par les descendants de Guillaume le Conquérant à l'emplacement de l'ancien château. Celle-ci fut transformée et agrandie au siècle suivant sous Philippe Auguste, puis faiblement remaniée pendant les guerres de Religion. Abandonné au XVIIe s, le château était dans un état de délabrement avancé à la fin du XIXe s quand il fut classé aux Monuments historiques. Quand le site a rouvert ses portes au public dans les années 1990, les travaux entrepris par l'architecte Bruno Decaris étaient loin de faire l'unanimité, notamment les énormes blocs de béton disposés sur la façade (qui rappellent plus le mur de l'Atlantique que l'esthétique médiévale !). Les trois donjons sont protégés par la dizaine de tours encore visibles de l'enceinte castrale. Hautes murailles, épaisses de 4 m à certains endroits. Un immense donjon se distingue du reste des remparts.

La scénographie réussie associe textes, objets sous vitrines, courtes séquences filmées projetées sur les murs des différentes pièces et, le clou, des tablettes tactiles. Celles-ci offrent au visiteur un voyage dans le temps grâce aux merveilles de la réalité augmentée. Inclus une petite chasse au trésor pour les enfants. Le déplacement de la tablette dans la pièce permet d'opérer le même mouvement d'exploration virtuelle. On découvre un aménagement étonnamment coloré, un feu qui crépite... Quant aux catapultes, trébuchets et autres armes de sièges de l'époque, dont on découvre des maquettes de bonne taille, leur mécanisme se met miraculeusement en branle sur l'écran. Un procédé aussi pédagogique que vivant, donc. Même expérience à l'extérieur, grâce à une poignée de jumelles en relief. Un film, proposé à l'entrée du site, permet aussi de suivre l'évolution de la fortification, de l'an 1000 au XVe s. Également des projections de courts récits émanant de Guillaume et Mathilde, ou de leurs descendants ; si l'idée est bonne, c'est pourtant là que la scénographie se révèle la plus faible : selon la fréquentation de la pièce, on entend plus ou moins bien, et l'image projetée est de qualité variable selon les aspérités des murs ; dommage.

Les églises : la ville en compte quatre. La plus importante, celle de la *Sainte-Trinité* (dans le centre-ville), possède un beau porche flamboyant, représentatif des débuts de la Renaissance. Si vous faites le tour de cette église du XIIIe s dont la nef et le chœur furent reconstruits entre 1438 et 1510, vous découvrirez qu'une petite rue passe sous une partie de celle-ci. Elle date de l'époque où l'on voulut agrandir l'édifice : pour éviter de bloquer la rue qui bordait l'édifice, on décida de l'enjamber.

UN LIEU BÉNI DES DIEUX !

En levant le nez, vous noterez que l'église de la Sainte-Trinité n'a plus de clocher. Celui-ci fut abattu par deux bombardiers en 1944. Sous la violence du choc, le clocher tomba, les vitraux explosèrent et l'orgue fondit. Par miracle, parmi les 600 à 800 personnes réfugiées sous l'église, personne ne fut ni blessé ni touché.

L'église *Notre-Dame-de-Guibray* est connue pour son orgue de Parizot du XVIIIe s, superbe. L'église *Saint-Gervais,* au nord-est du centre, illustre l'évolution de l'architecture religieuse normande des XIe et XVIe s. Enfin, l'église *Saint-Laurent* offre un bel exemple de l'art roman normand au XIe s.

Le Mémorial des Civils dans la Guerre : *pl. Guillaume-le-Conquérant. ☎ 02-31-06-06-45. • memorial-falaise.fr • ♿ 4 fév-4 nov, tlj 9h-19h ; 5 nov-31 déc, tlj sf lun 9h30-18h. Fermé nov-janv. Entrée : 7,50 € ; réduc.* Ouvert en 2016, le Mémorial des Civils dans la Guerre porte un regard inédit sur le deuxième conflit mondial. Une guerre totale et moderne qui, pour la première fois, fit davantage de victimes civiles que militaires ; une donnée méconnue et un véritable tournant dans l'histoire. Le mémorial restitue ce que fut le quotidien des Normands, à l'aide de nombreux témoignages et archives ; des réalités personnelles à portée universelle. Durant l'Occupation, si le quotidien est considérablement dégradé, la vie ordinaire continue, et il faut (sur)vivre en attendant la libération. La mémoire collective se souvient de la fin de la guerre comme d'un événement heureux et a occulté la violence des derniers mois de conflit et l'origine alliée de la majorité des bombardements. La ville de Falaise a été détruite à plus de 80 % et le nombre de victimes considérable ; ce fut le chaos. La visite s'achève sur une projection dans une salle à plancher de verre qui laisse découvrir les vestiges d'une maison bombardée. À travers ce parcours, le mémorial tente de sensibiliser au sort des civils qui subissent des conflits armés, ceux d'hier, mais aussi les conflits contemporains.

Automates Avenue : *bd de la Libération. ☎ 02-31-90-02-43. • automates-avenue.fr • ♿ Près du Forum. Avr-juin et sept, tlj 10h-12h30, 13h30-18h ; juil-août, tlj 10h-18h ; oct-mars, w-e et j. fériés 10h-12h30, 13h30-18h (tlj en déc et pdt vac scol). Fermé 2 dernières sem de janv-1re sem de fév. Entrée : 7 € ; 5 € 4-12 ans ; pass famille 20 €.* Depuis qu'un fabricant d'automates a proposé au *Bon Marché* de créer une vitrine animée pour rendre hommage à Peary, premier homme à atteindre le pôle Nord en 1909, des générations de gamins ont collé leur nez aux vitrines des grands magasins parisiens. Ce musée en a récupéré une dizaine (créées du début du XXe s aux années 1950). Ces vitrines animées mettaient à contribution, outre les fabricants d'automates, les grands illustrateurs de l'époque. La *Sérénade à la fée* signée Peynet (oui, celui des Amoureux) avec un crabe qui se fait les ongles (pardon, les pinces !), la poétique *Naissance des poupées* de Jean Effel ou encore la très rafraîchissante scénette du printemps à l'étage s'adressent à ceux qui ont gardé une âme d'enfant. Un petit musée magique !

Le musée Lemaître : *bd de la Libération. Dans le même bâtiment que* Automates Avenue *(mêmes horaires). Entrée : 5 € ; gratuit moins de 12 ans.* Expose environ 90 œuvres de ce peintre normand né à Falaise. Nombreux paysages normands et des nus.

Fêtes et manifestations

– ***Festival Danse de tous les sens :*** *avr.* Spectacles de danse contemporaine dans le pays de Falaise.
– ***Fête du Cheval nature :*** *juin.*
– ***Fête de la Randonnée :*** *juil.*
– ***Festival d'orgue baroque :*** *juil-sept, dim ap-m.* Concerts gratuits à l'église Notre-Dame-de-Guibray.
– ***Festival Musique en pays de Falaise :*** *juil.* Stages de musique qui se concluent tous les soirs par des spectacles et concerts gratuits.
– ***Fête médiévale des Jeux :*** *août.* Fête médiévale avec spectacles équestres, jeux d'adresse et de stratégie, campement médiéval, marché artisanal.
– ***Les Hivernales de Falaise :*** *déc.* Spectacles, marché de Noël, etc.

LA MANCHE

• Cartes de la Manche : partie nord *p. 372-373* et partie sud *p. 374-375*

ABC de la Manche

- ***Superficie :*** 5 938 km².
- ***Préfecture :*** Saint-Lô.
- ***Sous-préfectures :*** Avranches, Cherbourg-en-Cotentin, Coutances.
- ***Population :*** 518 000 hab.

La Manche est un département trop mal connu. Qui sait que Cherbourg-en-Cotentin en est la ville principale ? Quant à Saint-Lô, la préfecture... mieux vaut ne pas poser la question ! Sans parler du Mont-Saint-Michel, pourtant le monument le plus visité de France, que tout le monde (sauf les Normands !) situe en Bretagne, alors que l'adage dit bien « le Couesnon en sa folie mit le Mont en Normandie » !

Quelques souvenirs reviennent pourtant lorsqu'on évoque le débarquement du 6 juin 1944. Il a eu lieu en Normandie, c'est sûr, mais où ? Sûrement sur les côtes du Calvados. On oublie celles de la Manche. Pas grand monde sait situer Utah Beach, Sainte-Mère-Église, hauts lieux de ce *D-Day.* En fait, pour beaucoup, la Normandie, c'est Deauville, les falaises d'Étretat, les églises de Rouen, Honfleur, la tapisserie de Bayeux... ce n'est pas la Manche. Ils ne savent pas ce qu'ils ratent !

Il faut dire que, pendant longtemps, les Manchois n'ont pas fait grand-chose pour attirer les hordes de touristes sur leurs plages qui s'étendent souvent à perte de vue, sous des ciels admirables ; ce qui explique sans doute en partie pourquoi les 350 km de côtes de ce département (le plus maritime de France) sont aussi bien préservés. Mais pas seulement, c'est aussi grâce au Conservatoire du littoral, qui y a racheté un des plus grands nombres de côtes au niveau national.

L'HABITANT DE LA MANCHE, MANCHOIS OU MANCHOT ?

Vous entendrez les deux. Le terme « Manchot », régulièrement utilisé par les locaux eux-mêmes, serait plus ancien que « Manchois », mais le Larousse et nombre de textes officiels préfèrent ce dernier... peut-être plus politiquement correct ?

Toutefois, ce pays maritime est aussi profondément rural et détient d'ailleurs le plus grand nombre d'exploitations agricoles de la région. Un pays qui n'est jamais complètement plat, ni réellement vallonné. Des clos entourés de haies vives où poussent, bien sûr, des pommiers ; de vertes prairies où paissent les meilleures laitières de France, des chevaux presque partout.

Question climat, la Manche est aussi le pays de l'équilibre : il n'y gèle quasiment jamais, ce qui permet la culture maraîchère, dans le val de Saire notamment. Le soleil est bien plus présent que ce que prétendent les mauvaises langues. Certes il y pleut, mais rarement très longtemps. Presqu'île effilée lancée dans la mer en travers des vents dominants d'ouest, la Manche n'arrête pas longtemps les gros nuages.
Sachez, enfin, que le département est en fait l'addition de microrégions aux charmes différents. Au centre, un petit pays de tradition qui, le long de la vallée de la Vire et de ses affluents, comme autour de Coutances, incarne une certaine douceur de vivre. Au nord pointe le Cotentin. De la Hougue à la Hague, de Carentan à Cherbourg, c'est la véritable presqu'île. Au sens propre du mot, car le pied du Cotentin n'est qu'un vaste marais qu'il suffit d'inonder pour le couper du reste du pays. Le spectacle de ces terres marécageuses, qui « blanchissent » en hiver lorsqu'elles sont recouvertes d'eau, est somptueux. Même s'il est très divers, des petits murets de pierre sèche de la Hague aux plages de Barneville-Carteret en passant par le bocage et la côte du Plain, le Cotentin a une unité. C'est, en dehors du Mont-Saint-Michel, la partie la plus touristique du département ; c'est aussi la plus originale. Le sud du département, enfin, avec à l'ouest la baie du Mont-Saint-Michel et à l'est le Mortainais, qui appartient déjà à la Normandie armoricaine. Arpentez donc tous ces pays à pied ou à vélo, les sentiers balisés abondent.
Et puis côté papilles, le terroir regorge de produits de qualité ; passer à côté serait dommage...

Adresses et infos utiles

- ***Manche Tourisme – Comité départemental du tourisme :*** *Maison du département, 98, route de Candol, 50008* ***Saint-Lô*** *Cedex. ☎ 02-33-05-98-70. • manchetourisme.com •* Brochures touristiques disponibles sur demande.
- ***Relais des Gîtes de France et locations Clévacances :*** *Maison du département, 98, route de Candol, 50008* ***Saint-Lô*** *Cedex. ☎ 02-33-05-99-01 (rens) ou 02-33-56-28-80 (résas). • gites-de-france-manche.com • clevacances-manche.com • Lun-ven 9h-12h30, 13h30-17h30 (17h ven) ; centrale de réservation lun-ven 9h-17h30 (17h ven) et permanence tél le sam.* Brochures *Gîtes de France* et *Clévacances* disponibles sur place, par téléphone ou par courrier.
- ***Manéo :*** *• transports.manche.fr •* Compagnie de transports assurant les liaisons en autocar dans le département. Billet à l'unité : 2,30 €.
- – ***Site internet :*** *• manche.fr/tvmanche.asp •* Une TV exclusivement consultable sur Internet. Pour être au plus près de toutes les actualités du département.
- – Une ***véloroute*** de 230 km relie les plages du Débarquement au Mont-Saint-Michel. 2 points de départ (ou d'arrivée) : d'Utah Beach (via Carentan, Saint-Lô et Pont-Farcy) ou d'Arromanches (via Bayeux et Villers-Bocage). Les 2 routes se rejoignent avant Vire, au niveau des superbes paysages des gorges de la Vire, et cheminent ensuite jusqu'au Mont-Saint-Michel.

SAINT-LÔ ET LA VALLÉE DE LA VIRE

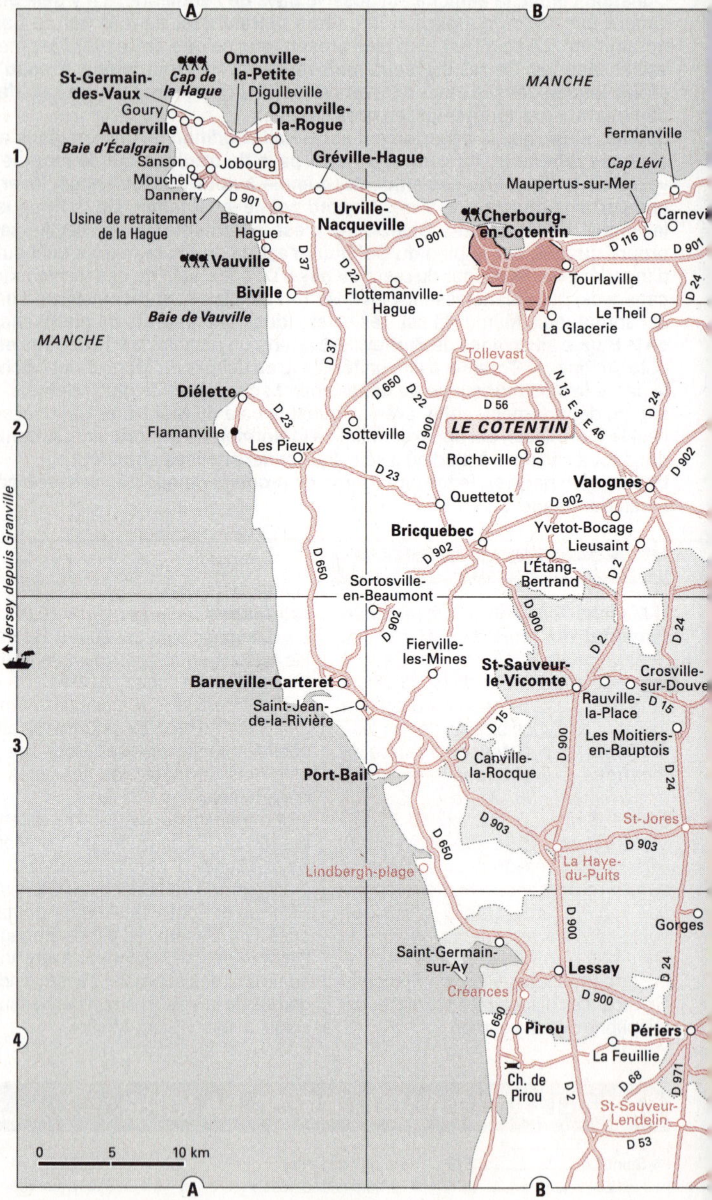

MANCHE
Omonville-la-Petite
Cap de la Hague
St-Germain-des-Vaux
Digulleville
Goury
Omonville-la-Rogue
Auderville
Baie d'Écalgrain
Sanson
Jobourg
Gréville-Hague
Mouchel
Dannery
D 901
Usine de retraitement de la Hague
Beaumont-Hague
Urville-Nacqueville
Cherbourg-en-Cotentin
Fermanville
Cap Lévi
Maupertus-sur-Mer
Carnevi
D 116
D 901
Tourlaville
Vauville
D 37
D 22
Biville
Flottemanville-Hague
La Glacerie
Le Theil
D 24
Baie de Vauville
MANCHE
Tollevast
D 37
D 650
D 22
N 13 E 3 E 46
D 56
Diélette
Flamanville
D 23
Sotteville
D 900
LE COTENTIN
Les Pieux
Rocheville
D 50
D 23
Valognes
D 902
Quettetot
D 902
Bricquebec
Yvetot-Bocage
Lieusaint
D 902
L'Étang-Bertrand
D 650
D 2
Sortosville-en-Beaumont
D 900
D 902
D 24
D 2
Fierville-les-Mines
St-Sauveur-le-Vicomte
Crosville-sur-Douve
Barneville-Carteret
Rauville-la-Place
D 15
Saint-Jean-de-la-Rivière
D 15
Les Moitiers-en-Bauptois
D 900
Canville-la-Rocque
Port-Bail
D 24
D 903
St-Jores
D 650
D 903
La Haye-du-Puits
Lindbergh-plage
D 900
Gorges
Saint-Germain-sur-Ay
Lessay
D 24
Créances
D 900
D 650
Pirou
Périers
La Feuillie
Ch. de Pirou
D 68
D 971
D 2
St-Sauveur-Lendelin
D 53
0
5
10 km
A
B
1
2
3
4
Jersey depuis Granville

LA MANCHE

MANCHE – Partie nord

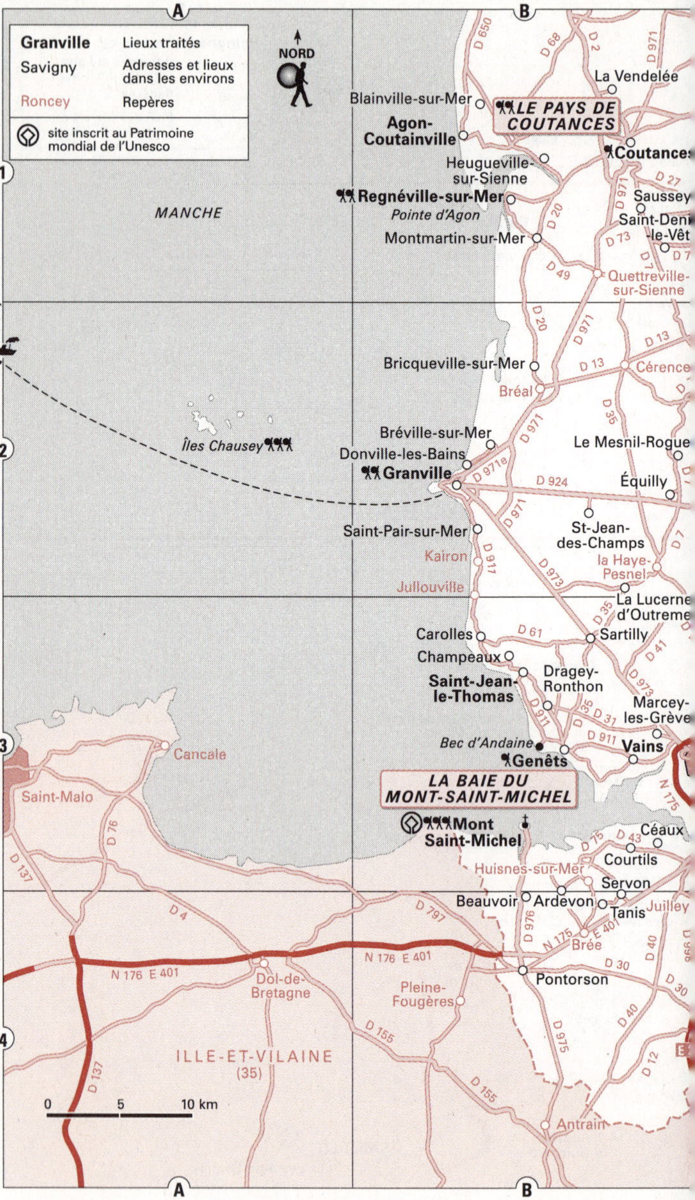

Granville Lieux traités
Savigny Adresses et lieux dans les environs
Roncey Repères
site inscrit au Patrimoine mondial de l'Unesco
NORD
A
B
1
2
3
4
MANCHE
Jersey
Îles Chausey
LE PAYS DE COUTANCES
LA BAIE DU MONT-SAINT-MICHEL
Blainville-sur-Mer
La Vendelée
Agon-Coutainville
Coutances
Heugueville-sur-Sienne
Regnéville-sur-Mer
Pointe d'Agon
Saussey
Saint-Denis-le-Vêtu
Montmartin-sur-Mer
Quettreville-sur-Sienne
Bricqueville-sur-Mer
Bréal
Cérences
Bréville-sur-Mer
Donville-les-Bains
Granville
Le Mesnil-Rogues
Équilly
St-Jean-des-Champs
Saint-Pair-sur-Mer
Kairon
Jullouville
la Haye-Pesnel
La Lucerne-d'Outremer
Carolles
Sartilly
Champeaux
Saint-Jean-le-Thomas
Dragey-Ronthon
Marcey-les-Grèves
Bec d'Andaine
Genêts
Vains
Mont Saint-Michel
Céaux
Courtils
Huisnes-sur-Mer
Servon
Beauvoir
Ardevon
Tanis
Juilley
Brée
Pontorson
Cancale
Saint-Malo
Dol-de-Bretagne
Pleine-Fougères
ILLE-ET-VILAINE (35)
Antrain
N 176 E 401
N 175
D 650
D 68
D 2
D 971
D 20
D 27
D 73
D 49
D 13
D 35
D 971e
D 924
D 911
D 973
D 61
D 41
D 31
D 43
D 75
D 976
D 40
D 30
D 975
D 12
D 76
D 137
D 4
D 797
D 155
0 5 10 km

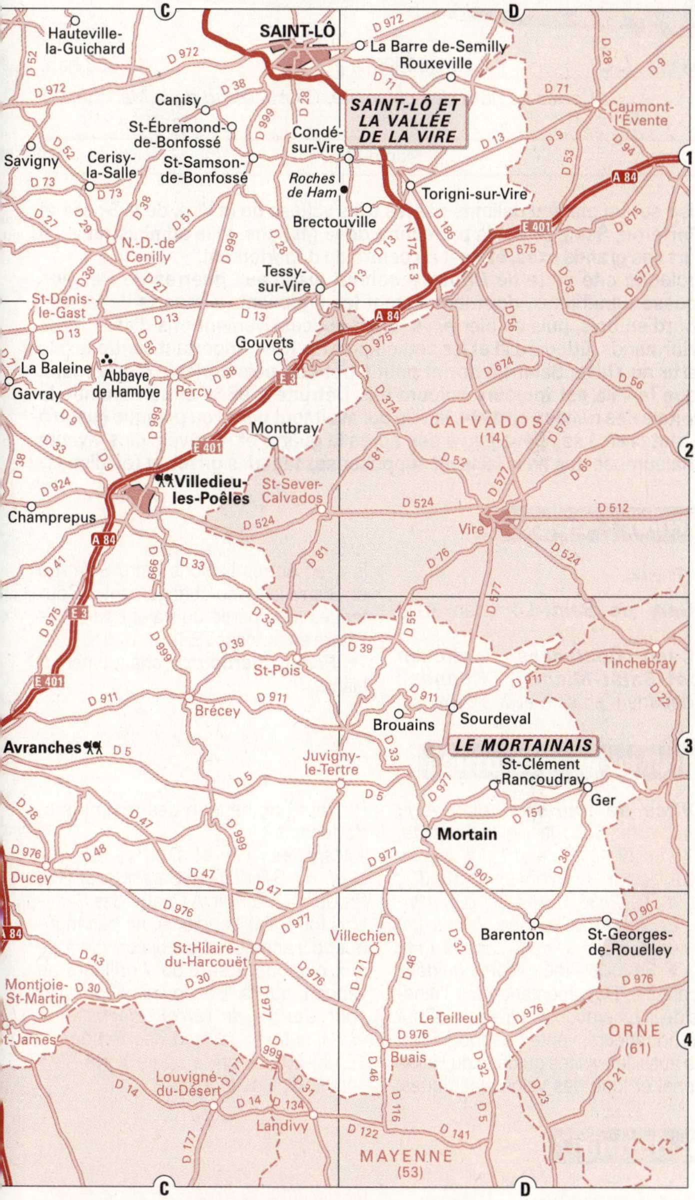

MANCHE – Partie sud

SAINT-LÔ

(50000) 18 880 hab.

Cartes Le nord de la Manche, C4 et Le sud de la Manche, C1

• Plan *p. 377*

Assise sur un plateau délimité par les trois vallées de la Vire, de la Dollée et du Torteron, Saint-Lô est la préfecture de la Manche. Ville administrative, à l'écart des grands axes, elle est au centre du département.
L'ancienne cité celte de *Briovère* connut jusqu'aux guerres de Religion un passé tumultueux, dont témoignent les imposants remparts de la ville. D'abord en bois, puis en pierre, ils furent successivement pris d'assaut par les Normands, Édouard III et les catholiques en 1574. Important centre textile à partir du XIIIe s, Saint-Lô devint petit à petit un pôle agricole d'envergure, ce que la ville est toujours aujourd'hui. Détruite à 95 % et surnommée la « capitale des ruines » en 1944, la ville qui avait tout perdu ou presque (jusqu'à son état civil...) se releva peu à peu après la guerre et se révèle plus vivante et chaleureuse que ne le laissent supposer ses façades grises et rectilignes.

Arriver – Quitter

En train

Gare de Saint-Lô *(plan A1)* **:** *☎ 36-35 (0,34 €/mn).*

➢ ***Caen, Coutances, Pontorson (Mont-Saint-Michel), Rennes :*** 3-4 départs/j. en sem et 2-3 départs/j. le w-e ; autres liaisons entre Saint-Lô et Granville, avec changement à Coutances (une partie du trajet en train et l'autre en autocar TER).

➢ ***Paris, Cherbourg :*** changement à Lison.

Adresse et info utiles

Office de tourisme *(plan A1)* **:** *plage Verte, 60, rue de la Poterne. ☎ 02-14-29-00-17. • ot-saintloagglo.fr • Juil-août, lun-ven 9h30-18h30 ; sam 9h30-12h30, 15h-18h ; dim 10h-13h. Le reste de l'année, fermé lun mat (lun nov-fév), le midi, sam ap-m et dim.* En juillet-août, visites guidées en calèche. Documentation sur l'itinéraire de la Libération, la voie verte. Pour les randonneurs, vente de topoguides. Gère aussi les visites guidées du Haras national et loue des vélos électriques. Parcours numérique des remparts et de l'enclos.

– *Marchés :* *ven et sam 9h-13h, sur la pl. du Général-de-Gaulle (plan B1).* Produits du terroir. À l'instar des Saint-Lois (ou Saint-Laudiens), ne pas manquer d'y acheter un sandwich saucisse aux oignons, que 6 ou 7 grilleurs ne vendent que là. Bonne animation. *Juil-août, **Jeudis du terroir** (dégustation et animations au pied des remparts), 16h30-20h30 sur la plage Verte (derrière l'office de tourisme).*

Où dormir ?

De bon marché à prix moyens

Armoric Hôtel *(plan B2,* ***10****)* **:** *15, rue de la Marne. ☎ 02-33-05-61-32. • nelly.guenon@orange.fr • hotel-armoric.com • Résa conseillée. Doubles avec sdb 50-54 € ; avec bain bouillonnant 63 € ; familiales 3-4 pers 61-72 €.*

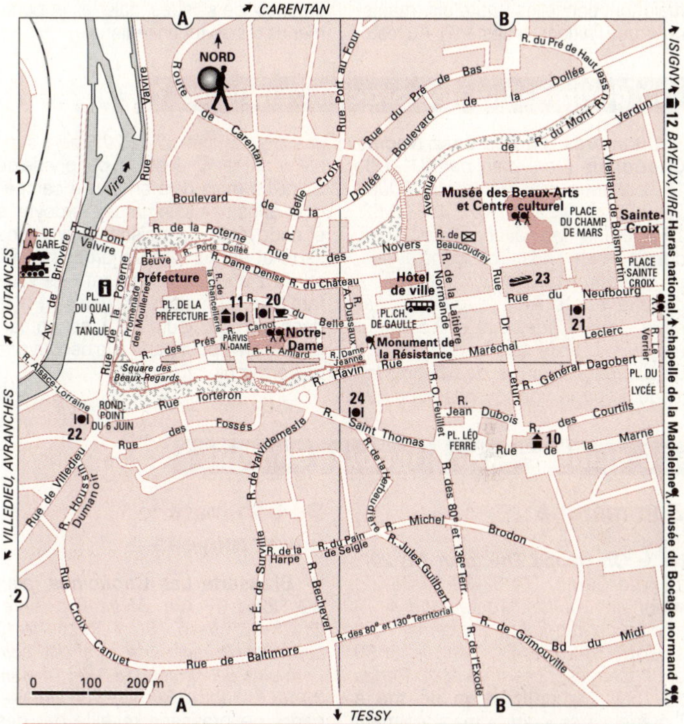

SAINT-LÔ

Adresse utile	**Où manger ? Où grignoter un bout ?**
Office de tourisme	20 Oh Happy Thé
Où dormir ?	21 Le Bistrot de Paul et Roger
10 Armoric Hôtel	22 Brasserie Les Capucines et L'Intuition
11 Hôtel-restaurant La Crémaillère	23 Crocoleone & Co
12 Chambres d'hôtes chez Nadine Chouquais	24 Crocoleone Pizzeria-ristorante

Parking privé gratuit. Dans un immeuble années 1950, en terrasse, derrière un jardinet. Ambiance de pension de famille à l'ancienne avec des chambres à la déco un peu passée, mais plutôt avenantes et confortables. Certaines d'entre elles ne sont certes pas bien grandes et leur « cabine de bains » non plus, mais l'ensemble persiste à présenter un bon rapport qualité-prix.

Hôtel-restaurant La Crémaillère *(plan A1,* ***11****) : 10, rue de la Chancellerie. ☎ 02-33-57-14-68. • rffr@hotmail.fr • lacremaillere-stlo.com • (au resto slt). Réception ouv à partir de 18h, mais en réservant, possibilité de retirer sa clé à une borne à l'extérieur hors des horaires d'ouverture. Resto ouv lun-ven sf j. fériés. Doubles avec sdb 39-75 € selon fréquentation. Formule déj en sem 14 € ; le soir, carte env 25 €.* Petit hôtel tenu par un couple sympathique. Chambres simples, pas bien grandes

LA MANCHE

mais fonctionnelles (toutefois, maniaques des finitions, s'abstenir). Au resto, un choix de salades, galettes et petits menus d'inspiration régionale.

Où dormir dans les proches environs ?

Chambres d'hôtes chez Nadine Chouquais *(hors plan par B1, **12**) : 150, chemin des Pénitents, 50000 Saint-Lô. ☎ 02-33-57-02-74. 06-62-10-80-46. • nadinechouquais@gmail.com • À env 4 km du centre-ville, en direction de Bayeux ; tourner à gauche après* Aldi *(direction chapelle de la Madeleine) et continuer toujours tt droit sur la petite route de campagne (la rue de Martinville), jusqu'à voir le nom du chemin sur la gauche. Double 55 € ; 20 €/pers supplémentaire.* Juste en périphérie de Saint-Lô mais déjà en pleine campagne, dans une jolie nature verdoyante et ondoyante. La maison, couverte de lierre et entourée d'un jardin soigné, abrite 2 chambres formant une suite familiale. Lumineuses, gaies et à la déco bien d'aujourd'hui, c'est un parfait petit nid pour partir à la découverte des environs.

Où manger ? Où grignoter un bout ?

Bon marché

Oh Happy Thé *(plan A1, **20**) : 12, rue Carnot. ☎ 02-33-56-36-22. • tiphaine.roulland@gmail.com • Tlj sf dim-lun juin-juil et sf lun-mar hors saison 10h-18h30 (14h30-18h30 dim). Congés : 3 sem en août. Repas 11-15 €.* Un petit salon de thé à l'intérieur très « *girly* » mais vraiment accueillant. L'endroit idéal pour une pause gourmande en journée ou un déjeuner léger le midi. Délicieux gâteaux maison et belle sélection de thés. Superbe terrasse bien cachée à l'arrière.

Le Bistrot de Paul et Roger *(plan B1, **21**) : 42, rue du Neufbourg. ☎ 02-33-57-19-00. • fauchard.ph@wanadoo.fr • Tlj sf sam soir, dim, lun soir et j. fériés. Menus 14,80-20 € ; carte 25-30 €.* Même si les nappes de la sympathique terrasse sortent dès les premiers rayons de soleil, il serait dommage de ne pas risquer un œil à l'intérieur ou vers la mezzanine. Pour découvrir un décor 1900 où s'amoncelle un bric-à-brac à rendre vert de jalousie le moindre brocanteur... L'ambiance est celle d'une bande de copains et la cuisine propose des plats de ménage et de bistrot. Assure aussi, le lundi soir, des cours de cuisine thématique et saisonnier, suivi du repas.

De bon marché à prix moyens

Brasserie Les Capucines *(plan A2, **22**) : 1, rue Alsace-Lorraine. ☎ 02-33-05-15-36. • brasserielescapucines@orange.fr • Tlj sf dim soir. Formules déj en sem 15-19 € ; menus 20-28 € ; carte 30-50 €.* Un vrai cadre de brasserie réveillé par des murs orange vif et les fleurs fraîches posées sur chaque table. La carte est, elle aussi, celle d'une brasserie, mais ici les produits de première qualité viennent de producteurs locaux et sont finement travaillés. Pour grimper encore en gamme et en prix, il suffit de monter à l'étage, au restaurant ***L'Intuition*** *(tlj sf lun, sam midi et dim soir ; formules déj en sem env 25 €, puis 39-67 €).*

Crocoleone Pizzeria-ristorante *(plan B2, **24**) : 18, rue Saint-Thomas. ☎ 02-33-05-03-76. Tlj sf sam midi, dim et j. fériés. Résa conseillée. Formule déj en sem 15 € ; carte 20-30 €. Café offert sur présentation de ce guide.* Cadre chaleureux chez les Crocoleone, avec des murs rougeoyants tapissés de stars du grand écran au portrait tiré en noir et blanc. À quelques exceptions près (les bons burgers, notamment), carte d'inspiration italienne avec pâtes, pizzas et quelques plantureuses salades

LA MANCHE

qui sortent de l'ordinaire. Une adresse où se presse le Tout-Saint-Lô, toutes générations confondues. Pour les en-cas du midi, la maison possède aussi une épicerie italienne, ***Crocoleone & Co*** *(plan B1,* ***23*** *; 25, rue de Neubourg ; tlj sf dim 9h-20h)* avec d'excellents *pizzette,* salades, sandwichs et desserts à emporter *(5-6 €).*

À voir. À faire

➢ ***L'itinéraire de la Libération :*** *fascicule disponible à l'office de tourisme.* Itinéraire composé de 16 sites (dont la porte de la prison et la chapelle de la Madeleine) pour parcourir la ville sur les traces des libérateurs (à pied dans le centre et en voiture pour certains sites plus éloignés). Du souterrain à la première pierre de la reconstruction, du carré des victimes civiles à l'hôpital mémorial sur la route de Villedieu, aborder la ville sous cet angle se révèle vraiment intéressant.

La porte de la prison *(monument de la Résistance ; plan B1) :* *pl. du Général-de-Gaulle.* Un des symboles de la ville. Cette imposante porte est tout ce qui subsiste de la prison du XIXe s, détruite dans la nuit du 6 au 7 juin 1944. Les troupes allemandes y avaient laissé enfermées près de 150 personnes, dont beaucoup de résistants. Cet unique vestige, volontairement conservé, est devenu monument départemental de la Résistance et mémorial en l'honneur des victimes de la répression nazie. Au pied de la porte est scellée une urne contenant les cendres de déportés. Juste à côté, couronné de l'emblématique licorne de Saint-Lô, un moderne *beffroi* symbolise quant à lui la reconstruction de la ville (inaccessible au public).

UN HÔPITAL CLASSÉ

À l'origine des bombardements dévastateurs qui ont pilonné Saint-Lô en 1944, les Américains, collectèrent après la guerre, des dons pour reconstruire un hôpital. Inauguré en 1956, il était couramment désigné par les spécialistes comme « l'hôpital le plus moderne de France, voire d'Europe » ; une monumentale mosaïque de Fernand Léger à la mémoire des soldats américains tombés lors de la libération de la ville orne un mur proche de l'entrée. Le peintre bas-normand avait été associé à la décoration de l'hôpital par l'architecte franco-américain Paul Nelson, d'où les fenêtres multicolores du bâtiment classé Monument historique.

L'église Notre-Dame *(plan A1) :* *parvis Notre-Dame.* Construite aux XVe et XVIe s, elle fut cruellement endommagée lors de la Seconde Guerre mondiale, et sa façade mutilée le rappelle de façon pathétique. Émotion renforcée par les façades modernes de la reconstruction s'effaçant volontairement derrière les vestiges du bâtiment ancien, dont il subsiste l'élégante chaire extérieure gothique. À l'intérieur, beaux vitraux du XVe s, dont le grand vitrail royal. Plusieurs autres vitraux contemporains signés Max Ingrand ou Jean Couturat. Sur une poutre de gloire traversant le chœur, impressionnant christ, miraculeusement rescapé des destructions de 1944. Petit musée lapidaire, dans le bas-côté nord : pierres, statues, objets retrouvés dans les décombres et impressionnantes photos de l'« avant ».

Les remparts *(plan A1-2) :* *fascicule à l'office de tourisme.* On en a une belle vision d'ensemble depuis les quais, sur les bords de la Vire. De l'église Notre-Dame, on peut pousser jusqu'au square des Beaux-Regards. Joliment aménagé, ce jardin public a conservé une vieille tour ronde qui offre une vue sympa sur la ville basse et la vallée de la Vire.

Le musée des Beaux-Arts *(plan B1) : centre culturel Jean-Lurçat, pl. du Champ-de-Mars. ☎ 02-33-72-52-55. Mar-dim 13h30-18h30. Entrée : 5,50 € ; réduc ; gratuit moins de 12 ans et pour ts le 1er dim du mois ; pass avec le musée du Bocage normand 7,50 €.* Moderne et intéressant. Vous tomberez d'abord immanquablement sur la tenture des *Amours de Gombault et Macée,* tapisserie de Bruges des XVIe-XVIIe s. Huit panneaux qui racontent, façon bande dessinée, et avec un humour certain, l'histoire de deux bergers (Molière, impressionné, y fit référence dans *L'Avare*). Pour rester dans la tapisserie, étonnantes œuvres de Jean Lurçat (refondateur de la tapisserie), sorte d'anachronisme dans l'évolution de l'art contemporain. Peintres des écoles françaises : *Académie masculine* de Jean-François Millet, *Le Havre, coucher de soleil* d'Eugène Boudin, *Paysage de rivière* de Théodore Rousseau, *Homère et les Bergers* et *L'Étang* de Corot, *La Mort de Sapho,* exquis petit Gustave Moreau. Cabinet des dessins : Géricault, Fernand Léger, Jacques Callot... Gustave Doré et son émouvant *Retour d'Ophélie.* Petite section historique sur l'histoire de la reconstruction de Saint-Lô, donation Octave-Feuillet (un cabinet de curiosités du XIXe s, avec miniatures, manuscrits, etc.), espace consacré au poète Jean Follain. Enfin, une galerie de portraits de la famille des Matignon rappelle que les Grimaldi, princes de Monaco, sont toujours barons de Saint-Lô ! Plusieurs expos temporaires par an.

Le Haras national *(hors plan par B1) : 437, rue du Maréchal-Juin. ☎ 02-14-29-00-17 (office de tourisme) ou 02-33-55-29-09. Visites guidées obligatoire de 1h tlj d'avr à mi-sept. Pour les horaires des différentes visites, s'adresser à l'office de tourisme.* Les Jeudis du haras *(spectacle musical) : certains jeu en été à 15h ; tarif 6 €, réduc.* Le premier dépôt (complètement détruit pendant la Seconde Guerre mondiale) fut créé en centre-ville en 1806. Le haras que vous visiterez est le second dépôt, ouvert en 1886. Plus particulièrement spécialisé dans le selle français (expert en concours hippiques), il abrite différentes races dont le cob normand (très apprécié des amateurs d'attelage), le trotteur français ou le percheron. Le Haras national, appelé aussi Pôle hippique de Saint-Lô, a pour mission de favoriser l'équitation de haut niveau, il est un centre de commercialisation de jeunes chevaux. La reproduction y est privatisée depuis 2013. D'ailleurs, la visite guidée passe par la salle d'insémination et celle de la récolte des semences (pleine activité de mi-mars à mi-juillet, période de reproduction des juments)... si vous n'avez pas encore réussi à expliquer à Junior qu'il n'était pas né dans un chou, c'est le moment ! Également une belle collection de voitures hippomobiles, un manège automatique où sont entraînés les chevaux, le manège couvert avec sa charpente métallique.

La chapelle de la Madeleine *(mémorial américain ; hors plan par B1) : av. de Paris. En direction de Bayeux, après le haras national ; juste derrière le supermarché Aldi. De juil à mi-sept (Journées du patrimoine), le w-e 14h30-18h30.* Étonnamment enchâssée dans un lotissement et dernier vestige d'une léproserie du XIVe s, cette chapelle est aujourd'hui un mémorial en l'honneur des soldats des 29e et 35e divisions qui ont libéré la ville.

Le musée du Bocage normand *(hors plan par B1) : ferme de Boisjugan, bd de la Commune. ☎ 02-33-56-26-98. À la sortie de la ville, direction Torigni-sur-Vire, à côté du centre aquatique (fléché). Avr-nov, tlj sf lun et j. fériés 13h30-18h30. Entrée : 5,50 € ; réduc ; gratuit moins de 12 ans ; pass avec le musée des Beaux-Arts 7,50 €.* À deux pas d'une zone artisanale, autour d'une belle cour rectangulaire, typique de la région, cette grande et belle ferme en schiste des XVIIe et XIXe s abrite un beau musée sur l'agriculture et son évolution depuis 1800. Sont présentés en particulier l'élevage du cheval et celui de la vache. Quelques bornes interactives (sur la faune et la flore, par exemple), des projections de films (on a un faible pour celui mettant en parallèle les anciennes machines et les nouvelles) et une reconstitution d'espaces (l'écurie, l'étable, l'atelier et la beurrerie). Un beau musée didactique (compter 1h30 de visite), qui n'apprendra peut-être pas grand-chose aux gens du terroir ou du métier (quoique...), mais une introduction idéale pour les citadins, petits et grands. Au fait, la langue étrange qui apparaît ici et là, c'est le normand (pour ceux qui auraient cru que, décidément, leur anglais était vraiment médiocre !).

LA VALLÉE DE LA VIRE

Autour de Saint-Lô, une jolie campagne bocagère où de petites rivières (la Vire bien sûr et ses affluents comme l'Elle) ont dessiné de gentilles vallées qui, ici ou là, s'escarpent franchement. Une paisible microrégion à découvrir au fil de discrètes départementales, ou, mieux, des anciens chemins de halage, joliment réhabilités.

Où dormir ?

Chambres d'hôtes

La Rhétorerie : *chez Marie-Thérèse et Roger Osmond, 2271, rue de la Vire, 50750* ***Saint-Ébremond-de-Bonfossé.*** *☎ 02-33-56-62-98. • rogerosmond@orange.fr • À 4 km de Saint-Lô ; direction Villedieu, puis prendre la D 38, direction Canisy. Double avec douche (w-c sur le palier) 50 €.* Dans une sympathique ferme typique du bocage, chez des agriculteurs à la retraite hauts en couleur, chaleureux et à l'accueil attentionné. Marie-Thérèse vous en dira plus sur la région que n'importe quel office de tourisme ! 2 chambres simples et confortables, et un copieux petit déj. Mise à disposition d'une salle de séjour avec coin cuisine.

Le Manoir des Arts : *chez Myriam et Michel De Aranjo, 2, hameau Bernard, 50570* ***Saint-Samson-de-Bonfossé.*** *☎ 02-33-56-52-92. • michel.aranjo@wanadoo.fr • manoirdesarts.com • À 9 km de Saint-Lô. À la sortie du bourg, en direction de Villedieu-les-Poêles, prendre la petite route à gauche de la pharmacie, puis suivre la direction du hameau Bernard. Double 60 € ; familiale 4 pers 96 €. Réduc de 10 % à partir de 2 nuits consécutives (hors juil-août) sur présentation de ce guide.* Le hameau à lui seul mérite le coup d'œil, rien que pour son ancienne et imposante fromagerie aujourd'hui en friche. Les patrons de celle-ci vivaient dans la curieuse demeure du XVIIIe s aux 2 tours à colombages rouges où Myriam vous reçoit aujourd'hui. Les chambres, de taille très modeste pour certaines, n'en sont pas moins des petits nids soignés tout colorés. Et quel calme !

Les Trois Tilleuls : *6, rue Robert-le-Magnifique, 50680* ***Cerisy-la-Forêt.*** *☎ 02-33-55-10-14. • troistilleuls@free.fr • troistilleuls.pms50.com • À 17 km au nord-est de Saint-Lô ; dans le village, à côté de la pl. du Marché, au bord de la route principale (la D 34). Double 75 €.* On soupçonne les propriétaires de cette demeure bourgeoise du XIXe s à l'intérieur assez contemporain d'avoir abattu quelques cloisons : toutes les pièces semblent communiquer et la lumière se faufile partout. Ambiance cocooning dans les chambres aux teintes claires perchées sous les toits. Très beau parc. Accueil agréable.

Le Clos des Matignon : *7, rue Robert-du-Mont, 50160* ***Torigni-sur-Vire.*** *☎ 02-33-57-17-21. • leclosdesmatignon@orange.fr • leclosdesmatignon.com • En venant de Saint-Lô ; en ville, sur la D 974, peu avt le château et sa grande place, tourner à droite dans la rue Thiers, puis à gauche. Congés : fêtes de fin d'année. Doubles 110-150 € ; suites 110 € (1 chambre), 185 € (2 chambres). Parking privé.* Vaste demeure cachée par d'épais murs de pierre, autrefois dépendance du château de Torigni. L'imposant hall avec son lustre monumental, la volée de marches de pierre et la balustrade en fer forgé donnent le ton. Grand siècle ! Toutefois, les 2 chambres et la suite affichent un look cosy contemporain : épaisses tentures dans les tons gris, beige et marron, lit *king size,* couettes. Toutes donnent sur le parc au gazon impeccable. Les petits déj sont servis dans la cuisine-salle à manger commune ou sur la terrasse aux beaux jours.

Où manger ?

|●| ***Crêperie des Roches de Ham :*** *les Roches-de-Ham, 50160* ***Brectouville.*** *☎ 02-33-56-51-57. • catherine.marie.leo@orange.fr • ♿ Pour l'accès, lire la rubrique « À voir. À faire ». Congés : nov-mars. En saison, tlj en continu à partir de 12h, sf dim ; le soir, passer un petit coup de fil pour réserver ou vérifier que c'est bien ouvert. Formule déj 8,90 € ; repas env 10 €.* Sur un petit replat, noyée dans la verdure, juste au-dessus de la falaise. Très joli cadre naturel donc (et une terrasse afin de bien en profiter) pour cette sympathique petite crêperie, spécialisée dans les vraies galettes du pays. Le cidre maison est, lui aussi, bien normand ! C'est tout simple et bon.

À voir. À faire

LA MANCHE

L'église de La Barre-de-Semilly : *à 6 km à l'est de Saint-Lô.* Belle église romane du XIIe s. Appareillage de pierres original en « arêtes de poisson ». Grosse tour trapue. À l'intérieur, voûte en bois façon coque de bateau et intéressants chapiteaux sculptés.

L'abbaye bénédictine Saint-Vigor : *rue Sangles, 50680* ***Cerisy-la-Forêt.*** *☎ 02-33-57-34-63. • abbaye-cerisy.fr • ♿ (église abbatiale slt). À env 17 km au nord-est de Saint-Lô. Ouv avr-oct. Pour plus d'infos sur les horaires, consulter le site ou les appeler. Visite libre : 4 € ; réduc.* L'un des chefs-d'œuvre de l'art normand roman, en bord de forêt de Cerisy. Abbaye fondée en 1032 par le duc Robert le Magnifique en hommage à saint Vigor. Elle perdit au début du XIXe s ses quatre premières travées ainsi que son porche gothique. Ne pas manquer le point de vue sur l'abside exprimant tout à la fois solidité, harmonie et équilibre. Chœur remarquable avec ses 15 baies romanes réparties sur trois niveaux d'élévation, les plafonds droits charpentés ont été restitués à la configuration d'origine. Anges musiciens à la retombée des arches. Stalles du début du XVe s. À l'extérieur, il reste cependant un beau logis conventuel du XIIIe s. Petit musée lapidaire. Ravissante chapelle de l'Abbé, du XIIIe s (mais déjà gothique), ornée de fresques du XVe s. Expo permanente sur les siècles romans en Normandie, ainsi que des expos temporaires et des concerts.

➢ À deux pas, entre Manche et Calvados, la ***forêt de Cerisy*** est un superbe lieu de balades.

Le parc des sources d'Elle : *50180* ***Rouxeville.*** *☎ 02-33-56-17-90. À 12 km à l'est de Saint-Lô par la D 11. Mars-oct, tlj 7h30-19h. Entrée : 2 €/véhicule. Visite libre.* Joli parc privé situé en plein bocage, parcouru de sources (eh oui, qui donnent naissance à l'Elle) et d'étangs entourés de prairies et de bois. Avant tout, paradis des pêcheurs qui viennent y taquiner la truite dans l'un des huit étangs qui parsèment le parc, c'est aussi un très agréable lieu de balade familiale. Des sentiers aménagés parcourent ce domaine de 35 ha planté de nombreuses espèces arboricoles, et notamment de splendides massifs de rhododendrons. Aires de pique-nique.

Les roches de Ham : *de Torigni-sur-Vire, suivre la direction de Tessy-sur-Vire, puis de Brectouville.* Falaises saisissantes et tourmentées dominant les gorges de la Vire d'une centaine de mètres. La vue sur la rivière qui serpente en contrebas et le bocage environnant mérite franchement le détour. Outre la simple beauté du site, il y a ici de belles balades à faire, une sympathique crêperie aux beaux jours. En revanche, l'escalade, devenue dangereuse, n'est plus possible.

Le château de Canisy : *à env 10 km au sud-ouest de Saint-Lô par la D 999, puis la D 38. ☎ 01-44-05-09-81. • canisy.com • Ne se visite pas, mais parc libre d'accès juin-sept (il faut néanmoins suivre un parcours fléché), tlj 10h-18h.* Du XIe s, remodelé à la fin du XVIe s par François Gabriel, ancêtre de la fameuse famille d'architectes. Il en émane une impression de solidité et d'élégance tout à la fois, avec ses murs en belle pierre grise du pays et les encadrements de fenêtres en bossage de couleur améthyste.

➢ **Balade le long du chemin de halage :** *le chemin de halage – voie verte – dans son intégralité va de la baie des Veys (près de Carentan) à Pont-Farcy et s'étend sur 65 km. On peut le prendre à partir de* **Tessy-sur-Vire,** *et descendre la Vire jusqu'à Saint-Lô (26 km).* Un chemin agréable, accessible aux piétons, aux cyclistes et aux cavaliers. À Saint-Lô, le chemin prend naissance au pied du pont Merveilleux-du-Vigneaux, à deux pas de la gare SNCF. Autre accès à la base de canoës de Condé-sur-Vire et à la Chapelle-sur-Vire à Troisgots (aire de loisirs et de pique-nique). *Festival des Bords de Vire* tous les 2 ans (œuvres artistiques in situ). Carte du chemin de halage à l'office de tourisme.

➢ **Descente de la Vire en canoë-kayak :** *à* **Condé-sur-Vire.** *☎ 02-33-57-33-66 ou 02-33-55-20-84. 📱 06-58-21-17-22. Mai-sept, tlj 9h-12h, 14h-17h (9h-18h juil-août).* Dynamique base de loisirs de l'Écluse, où l'on peut louer des canoës et des kayaks pour découvrir les roches de Ham par le bas. Plusieurs parcours, de 4 à 26 km.

LA MANCHE

LE COTENTIN

LE PARC NATUREL RÉGIONAL DES MARAIS DU COTENTIN ET DU BESSIN

Côté Manche, le parc naturel régional des Marais du Cotentin et du Bessin est compris grosso modo dans un triangle Quinéville/Lessay/Pont-Hébert

(il s'étend jusqu'à Trévières dans le Calvados). Paysage de bocages et de vastes prairies, sillonnés par une multitude de rivières et de fossés au centre, le parc naturel régional s'ouvre de part et d'autre sur la mer. Le marais du Cotentin, c'est la région la plus basse de la Manche. Si le niveau de la mer s'élevait de 1 m, le Cotentin serait vraiment une île. D'ailleurs, les hivers très pluvieux, plus de 14 000 ha de terres se retrouvent complètement inondés. 30 communes autour de Saint-Sauveur-le-Vicomte, Marchésieux, Rémilly-sur-Lozon, Graignes ou encore Carentan ont régulièrement en hiver le marais blanc (nom donné au marais inondé) sous leurs yeux. Une région pittoresque qui offre une palette variée de paysages, une intéressante architecture rurale et de nombreuses occasions de randonnées. On y pratique encore, à Rémilly-sur-Lozon, la vannerie artisanale à partir de l'osier qui pousse dans les marais.

UN GRAND PATCHWORK !

En fait, les marais se révèlent plutôt comme un grand patchwork. Du bocage à perte de vue et des tourbières. Des haies coupe-vent, mais surtout les « limes » (fossés emplis d'eau) délimitent les parcelles, remplissant la fonction des talus dans le bocage. Ici, le remembrement fut brillamment évité, pour le plus grand plaisir des yeux. En effet, compte tenu de la platitude de la région et de son exposition aux tempêtes à la fois d'ouest et d'est, conserver les haies reste la seule façon de protéger le bétail du vent.

LE DÉBARQUEMENT DES CIGOGNES

Dans le parc naturel régional des Marais du Cotentin et du Bessin, la prolifération de grenouilles attesterait que la pollution des terrains est en train de disparaître. Or ces batraciens sont un mets très prisé des cigognes, qui arrivent désormais de plus en plus fréquemment par colonies, notamment entre Marchésieux et Tribehou, pour faire ripaille.

Le parc possède des dizaines d'espèces animales et végétales originales. Des millions d'oiseaux migrateurs choisissent le marais du Cotentin pour se reposer ou comme zone d'hivernage et de nidification.

Autre intérêt du parc, l'habitat. Le parc comprend plus de 10 000 édifices construits en terre crue (technique de la bauge). L'utilisation de la terre trouvée sur place se révèle ainsi non seulement économique, mais aussi profondément respectueuse de l'environnement. Les belles nuances rouges, ocre, orange, mordorées de la terre réchauffent le paysage. Autour de Graignes (au sud de Carentan), on trouve plus de 50 % de demeures en terre. Dans les environs du Mesnilbus, de nombreuses fermes proposent un intéressant compromis granit-terre.

LA MANCHE

Adresse et info utiles

i ***Maison du parc des Marais du Cotentin et du Bessin :*** *3, village Ponts-d'Ouve, 50500* ***Saint-Côme-du-Mont.*** *☎ 02-33-71-65-30. • parc-cotentin-bessin.fr • À côté de Carentan, au cœur des marais. De mi-avr à juin et sept, tlj 10h-13h, 14h-18h30 ; juil-août, tlj 10h-18h30 ; de fin sept à mi-avr, tlj sf lun 9h30-13h, 14h-17h30. Congés : vac de Noël. Fermeture des sentiers d'interprétation 26 sept-7 oct.* Un point de départ idéal pour organiser votre séjour. Toutes les informations utiles pour découvrir de façon traditionnelle ou insolite les richesses du parc. On peut ainsi y consulter (ou acheter) une documentation sur la faune, la flore, l'histoire et les traditions des marais, mais aussi se renseigner sur les multiples sentiers de randonnée (large choix de cartes et topoguides à la boutique), les promenades en bateau, les activités découverte, les sites culturels ou encore les possibilités d'hébergement et de restauration à l'intérieur du parc. Vente du topoguide *Marais du Cotentin et du Bessin – Parc naturel régional à pied* (éditions FFRP). Abrite également un espace de découverte (voir « Dans les environs de Carentan »).

– La Manche et, particulièrement, le Cotentin et le parc des Marais sont propices aux ***randonnées pédestres, à vélo ou à cheval*** : GR 223 (superbe !) qui longe les côtes, plus de 250 km de voies vertes plus familiales qui empruntent les anciennes voies de chemin de fer ou chemins de halage, randos thématiques accompagnées... *Rens : auprès de* Manche Tourisme. *• mancherandonnee.com •*

CARENTAN (50500) 6 000 hab. *Carte Le nord de la Manche, C3*

Porte d'entrée des marais du Cotentin, cité commerçante, gros marché au bétail à un important carrefour de routes et port de plaisance. Carentan a payé un lourd tribut à la libération du pays. La ville fut prise le 12 juin après un assaut à la baïonnette des parachutistes américains.

LA MANCHE

Arriver – Quitter

Gare SNCF : *bd de Verdun (sur la route principale).* Carentan se trouve sur la ligne Cherbourg-Bayeux-Caen : une dizaine de trains/j. ; quelques directs/j. avec Paris.

Manéo : *• transports.manche.fr • Arrêt des bus à la gare SNCF ou à la mairie selon destinations.* Carentan se trouve sur la ligne Cherbourg/Valognes/ Sainte-Mère-Église/Carentan/Saint-Lô.

Adresse et info utiles

Office de tourisme : *24, pl. de la République. ☎ 02-33-71-23-50. • ot-baieducotentin.fr • Juil-août, lun-sam 9h-18h30, dim 10h-13h ; avr-juin et sept, lun-sam 9h30-12h30, 14h-18h ; oct-mars, fermé le w-e.* Billetterie pour les îles anglo-normandes et Chausey, la Cité de la mer, réservations pour la promenade fluviale sur la Taute, sur la Douve et pour les sorties en mer dans la baie des Veys à bord du *Flipper II* depuis le port de plaisance... Vente du Pass'Baie du Cotentin *(1 €)* avec des réductions. Circuits de visite de la ville téléchargeable sur smartphone. Location d'iPad *(8 €, caution 250 €)* pour suivre le « circuit historique 44 », ou le « circuit des trésors de Carentan ».

– ***La Fête aux Normands :*** *2 j. fin sept.* Un rassemblement de Normands avec concerts et danses traditionnels, et spectacles, organisé par l'association Dreknor (voir plus bas « Sorties en mer»).

Où dormir ?

Camping

Flower Camping Le Haut Dick : *30, chemin du Grand-Bas-Pays. ☎ 02-33-42-16-89. • contact@camping-lehautdick.com • camping-lehautdick.com • Près du port de plaisance ; à 400 m du centre-ville (fléché). Ouv avr-sept. Selon saison, compter 13-28 € pour 2 avec tente et voiture ; mobile homes 2-6 pers 196-749 €/sem. 120 empl.* Un beau site, assez vaste mais sans qu'on s'y perde, vraiment situé entre la ville, la campagne et le port (le canal passe juste derrière le camping). Les tentes se partagent les grandes pelouses sous les arbres, et les camping-cars les emplacements entre 2 haies. Location de mobile homes, tous avec un petit coin de verdure privé. Barbecues à disposition. Aire pour les camping-car. Piscine à proximité et location de vélos ou VTT.

Chambres d'hôtes

Chambres d'hôtes de la 101e : *chez Nancy Fourault, 26, rue 101e-Airborne. ☎ 02-33-71-00-43. • chambres. carentan@bnb-normandie.com • bnb-normandie.com • Au bord de la route principale, la D 974. Congés : 15 oct-15 mars. Double 65 € ; 20 €/pers supplémentaire.* En bord de route, certes, mais vous l'oublierez une fois dans cette belle grosse maison à l'intérieur vivant et chaleureux. On se sent vraiment accueilli chez les propriétaires, avec les photos de famille ici et là, les bibliothèques dans les couloirs. Les chambres parquetées, qui ne manquent pas de caractère avec leurs meubles traditionnels, sont de bonne taille, coquettes, colorées et confortables (notre coup de cœur pour la nº 5, avec vue sur le jardin et la terrasse). Certaines d'entre elles ont conservé le souvenir de leur ancien occupant (la collection de petites voitures sur l'étagère, les peluches). Bon petit déj, servi dans une jolie salle vitrée donnant sur la petite cour intérieure fleurie. Accueil soigné.

Maison d'hôtes La Roselière : *21, rue Lepelletier. ☎ 02-50-70-02-49. 07-81-82-55-08. • didierbourgcois@neuf.fr • laroseliere.e-monsite.com • En face du centre aquatique Aquadick, à deux pas du port. Doubles 80-100 € selon chambre ; quadruple 160 €.* Dans une belle demeure bourgeoise du XIXe s qui a conservé ses vieux parquets et ses meubles à l'ancienne, mais où la charmante propriétaire a apporté sa touche personnelle. Déco fleurie et déclinant un peu toutes les nuances de rose. 3 chambres de belle taille (sans parler des salles de bains !), dont une familiale avec son propre petit salon et éventuellement une autre chambre en annexe. Atmosphère très sereine.

De bon marché à chic

Hôtel Le Vauban : *7, rue Sébline (pl. Vauban). ☎ 02-33-71-00-20. • hotelvauban50500@outlook.fr • Très central, face à la poste. Double avec sdb 44 €.* Une quinzaine de chambres au total, pas toujours très grandes mais toutes avenantes et parfaitement tenues. 4 d'entre elles ont une déco un peu plus ancienne, mais quoi qu'il en soit, le rapport qualité-prix reste bon, même excellent !

Hôtel L'Escapade : *28, av. de la Gare. ☎ 02-33-42-02-00. • escapadehotelrestaurant@orange.fr • hotelrestaurantescapade.com • Résa conseillée. Doubles 39-70 € selon confort. Parking gratuit.* Derrière une pittoresque façade colorée, des chambres pimpantes et confortables (à défaut d'être toutes immenses).

L'Auberge Normande : *11, bd de Verdun. ☎ 02-33-42-28-28. • auberge-normande@wanadoo.fr • aubergenormande.com • Tte l'année. Doubles 45-89 € selon confort ; quadruple 125 €. Remise de 10 % sur la chambre (nov-fév), sur présentation de ce guide.* Une poignée de chambres dispersées dans de petites maisons autour d'une courette enfouie sous les fleurs. C'est coquet, intime et très parme !

Où manger dans les environs ?

Chez Hubert : *9, rue Saint-Jean, 50620* ***Saint-Jean-de-Daye.*** *☎ 02-33-05-64-54. Au bord de la N 174, entre Carentan et Saint-Lô. Tlj sf lun. Repas le midi 13-19 € ; carte le soir env 25 €.* Serait-ce là un banal routier ? Un troquet où les habitués viennent s'abreuver ? Pas vraiment. La petite salle aux murs décorés de délicates têtes de sangliers se révèle être une adresse un rien insolite... Les petites poupées polonaises et autres babioles du même type vous situent la nationalité des propriétaires. La carte restreinte vous propose une cuisine polonaise simple, bien préparée et joliment présentée. Alors si l'envie d'un goulasch, de *pierogi* (de délicieux raviolis au fromage ou à la viande) vous saisit, rendez-vous dans ce petit lieu à l'accueil discret et sympathique.

À voir. À faire

➢ ***Balade dans le vieux Carentan :*** *départ de l'office de tourisme. Place de la République,* neuf belles arcades gothiques, vestiges d'un marché couvert du XIVe s. Avec la *ruelle Saint-Germain* (qui possède toujours son tracé original), elle constitue le cœur de la ville médiévale. *Rue du Château,* quelques demeures en pierre du XVIe s, mais très restaurées. *Rue de l'Église,* côté impair, un ensemble de nobles et sobres demeures. La dernière, au no 7 (juste devant l'église), servit de cadre en 1836 à une nouvelle de Balzac (il y logeait), *Le Réquisitionnaire.*

🚶🚶 ***L'église Notre-Dame :*** bâtie sur l'emplacement d'un ancien sanctuaire romain, elle a gardé des XIIe et XIIIe s quelques gros piliers à partir desquels l'édifice gothique du XVe s fut édifié. Architecture assez originale.
Sur le flanc sud (façade principale), pignons et pinacles créent un certain rythme. Sur les pignons, des anges musiciens. Au milieu, le transept et sa grande baie flamboyante. Côté chœur, trois amusantes gargouilles. Remarquable clocher de 60 m de haut. Tour carrée surmontée d'une élégante flèche octogonale. Petits clochetons renforçant sa « mise en orbite ». Sur la façade ouest (à gauche quand on tourne le dos à la rue de l'Église), porche finement sculpté du XIIe s. La grande baie au-dessus fut percée tardivement. À droite du porche, restes d'une chaire extérieure (aujourd'hui murée).
À l'intérieur, trois nefs avec dans le chœur une belle envolée de voûtes ogivales. Vitraux anciens, mais seuls les rouges et bleus ont résisté au temps. Poutre de gloire de 1816. Stalles sculptées. Autel baroque aux ors bien patinés. Curieuses figures sculptées entre les arcades du chœur. Et un déambulatoire copieusement graffité par les visiteurs d'aujourd'hui (du boulot pour les archéologues du futur)...

🚶 ***Le lavoir des Fontaines :*** *passer sous la voie de chemin de fer ; accès par la rue Tilloloy ou la rue des Fontaines.* Grand lavoir de 1784 fort bien restauré.

➢ ***La mer en drakkar :*** le *Dreknor,* réplique historique d'un des plus grands navires de guerre vikings du haut Moyen Âge, est la copie de ceux qui abordaient les côtes de Neustrie au IXe s pour y fonder la Normandie. L'association qui le gère organise des sorties en mer, dans la baie des Veys. *Sur résa mai-sept ; compter env 3h30. Pour le programme des sorties, rens : 📱 06-85-48-04-13. • dreknor.fr • Compter 15 € ; moins de 12 ans 10 €.*

DANS LES ENVIRONS DE CARENTAN

🚶🚶🚶 👪 ***D-Day Experience, Centre historique des parachutistes du jour J :*** *2, village de l'Amont, 50500* ***Saint-Côme-du-Mont.*** *☎ 02-33-23-61-95. • paratrooper-museum.org • À quelques centaines de mètres de la Maison du parc, dans un hangar à avions noir. Ouv tlj : oct-fin mars, 10h-18h ; avr-fin sept 9h30-19h. Tarif : 12 €, 6-17 ans 9 € ; gratuit pour les moins de 6 ans.* ♿
6 juin 1944 : la 101e Airborne, division américaine aéroportée, doit s'emparer des accès à la plage et du nœud de communication que constitue Carentan pour appuyer le débarquement à Utah Beach. Les paras sautent sur la zone de saut « D » : Saint-Côme-du-Mont (Beaumont). Parmi eux, le peloton le plus légendaire de toute l'armée des États-Unis, les célèbres « 13 salopards » à coupe iroquoise et peintures de guerre, une unité de démolition chargée de faire sauter

LA MANCHE

ponts et écluses. Pour un de ces bataillons, sous le commandement du lieutenant colonel Wolverton, le parachutage est un carnage. C'est l'épopée – finalement victorieuse, mais à quel prix – de ces parachutistes qui est mise en scène grâce à une importante collection d'objets originaux. Une scénographie moderne et accessible, des photos impressionnantes, et du matériel qui semble tout juste rapporté du champ de bataille, un briefing virtuel : tout est là pour s'immerger dans cette nuit cruciale. Point d'orgue, on embarque dans un véritable C47 (avion de transport de troupes) pour une simulation de vol avec paysage extérieur en vidéo, depuis le départ aux États-Unis jusqu'au largage dans la « Drop Zone maudite »... Un cocktail parfait de rigueur historique, d'émotion et de divertissement.
On complète la visite au Dead Man's Corner Museum, maison carentaise qui abritait le pendant allemand de la 101e Airborne, les « diables verts ». Même principe : des scènes minutieusement reconstituées, du matériel original. Et pour qui en redemande, « circuit historique 1944 » dans les environs qui reconstitue la bataille atroce que livrèrent les Américains pour déloger les Allemands de Carentan. Un tableau complet sur un événement précis aux personnages mythiques, joint à une montée d'adrénaline : succès assuré.

La Maison du parc des Marais du Cotentin et du Bessin : *50500* ***Saint-Côme-du-Mont.*** *(film, expo et certains observatoires). À env 3 km au nord-ouest de Carentan par la N 13, au cœur des marais. Voir plus haut l'introduction consacrée au parc. Entrée : 5 € ; réduc ; gratuit moins de 6 ans. Visites guidées (6 €) dim à 10h, plus mar-jeu à 10h juil-août. Chiens non autorisés.* Espace de découverte où exposition et projection d'un film (20 mn) permettent de tout savoir sur le patrimoine naturel et culturel du parc. Un espace pour des expos temporaires pédagogiques et interactives (« Auprès de mon arbre » en 2016). Pour prolonger cette instructive visite, une centaine d'hectares aménagés de sentiers de découverte avec bornes pédagogiques et observatoires, ce qui permet de découvrir de plus près les diverses espèces d'oiseaux présentes dans le marais (cigogne blanche, sarcelle d'été, chevalier combattant, busard des roseaux... au printemps et en été ; bécassine, butor étoilé, canard siffleur... en automne et en hiver). Également un jardin pédagogique, parsemé de conseils pour ceux qui ont la main verte... ou qui voudraient l'avoir.

Le manoir de Donville : *50500* ***Méautis.*** *☎ 02-33-42-03-22. 06-47-51-02-69. • manoirdedonville.com • À 3 km au sud-ouest de Carentan. Sept-juin, lun-mar 13h30-18h, ven-dim 10h30-18h ; juil-août et pdt vac scol, tlj. Résa souhaitée. Entrée : 7,50 € ; réduc ; sur présentation de ce guide 7 €. Compter 45 mn à 1h15.* Un manoir en bauge dont l'origine remonte au XIe s, largement remanié au XVIIIe s. Très bien restauré par les propriétaires (avec meubles d'époque et souvenirs de famille), il est aujourd'hui possible de le visiter, et de façon plutôt originale, en optant pour l'une des thématiques proposées : histoire du manoir depuis le Moyen Âge ou la bataille de Bloody Gulch. Propose également des visites de nuit en février, septembre et novembre. Sur place également, le ***mémorial de Bloody Gulch,*** un musée archéologique de la Seconde Guerre mondiale « in situ ». Le propriétaire en personne, très investi dans son projet, vous guidera et vous racontera la nuit du 5 au 6 juin 1944 telle qu'elle fut vécue d'après les notes manuscrites du couple qui vivait dans le manoir, ainsi que les violents combats qui eurent lieu sur place. On découvre ainsi les vestiges laissés dans la terre après la bataille (12 t de matériels retrouvés). Chaque année, en juin, un camp américain est reconstitué pour commémorer la bataille de Normandie avec diverses animations.

PÉRIERS (50190) 2 380 hab. *Carte Le nord de la Manche, B4*

Commune autrefois placée sur la route royale menant de Coutances à Carentan. C'est l'un des bourgs martyrs de 1944.

Adresse utile

Bureau information tourisme : *41, rue de Saint-Lô. ☎ 02-33-47-82-57. • seves-taute.com • Pâques-nov, en principe tlj sf sam ap-m et dim.*

Où dormir dans les environs ?

Chambres d'hôtes Le Tertre : *chez Chantal Lebrun, 3, rue de la Mer, 50190* ***La Feuillie.*** *☎ 02-33-47-94-39. 06-80-25-00-99. • le-tertre.fr • À 4 km à l'ouest de Périers par la D 94 ; à l'église, direction Pirou puis 1re maison sur la gauche. Double 58 € ; familiales 3-4 pers 75-95 €. Table d'hôtes sur résa 20 €.* D'un côté, la maison en pierre du XVIIIe s, à la façade mangée par le lierre, aux parquets bien cirés, beaux volumes et grandes fenêtres, et de l'autre, le beau corps de bâtiment dans le grand jardin avec verger entretenus au cordeau. Les jolies chambres sont réparties entre les 2. Côté table d'hôtes, Chantal vous régale de bons produits fermiers. Sinon, des petits plus non négligeables, comme la cuisine et la machine à laver le linge à disposition.

À voir. À faire

L'***église*** des XIIe et XVe s, aux belles proportions, qui arracha, en 1836, un cri d'admiration à Victor Hugo : « J'ai vu hier deux beaux clochers de gothique anglais, celui de Carentan et celui de Périers... Les admirables flèches de Coutances semblent avoir repoussé çà et là, avec quelques variantes, en divers points de ce pays... Quand l'une d'elles, taillée à jour et d'une charmante couleur blonde, surgit tout à coup derrière une colline, c'est une magnifique aventure dans le paysage ! » Intéressante vue du chevet avec ces hautes baies flamboyantes et son inhabituelle tourelle sur l'abside. À l'intérieur, ravissante Vierge à l'Enfant du XIVe s et vestiges d'une fresque romane découverts en 1945.

➢ Au départ de Périers, des ***chemins de randonnée*** empruntent les tracés d'anciennes voies romaines.

CIRCUIT EN BOUCLE AU DÉPART DE PÉRIERS

Gorges : *au nord de Périers, par la D 24, départementale qu'on quitte au bout d'env 10 km pour de petites routes hors des sentiers battus.* Ne pas manquer l'église et son retable, symbole du catholicisme triomphant au XVIe s (au moment de la Contre-Réforme). Il rappelle la coupole des Invalides. Jolie pietà du XVe s (noter, à genoux, le donateur). Au nord de Gorges, la ***tourbière de Baupte,*** où l'on peut observer la cigogne blanche, des hérons ou autres échassiers (vanneau huppé, bécassine des marais...).

Marchésieux (50190) **:** *la porte d'entrée sud du marais, à 8 km à l'est de Périers.* Son ***église*** appartient à un prieuré fondé au XIe s. L'édifice actuel remonte au XIIIe s. Le chœur propose un ensemble exceptionnel de fresques du XIVe s. Notamment, sur fond rouge, une présentation du Christ au Temple. Au-dessus et en dessous, la *Fuite en Égypte* et le *Massacre des Innocents.* On y trouve aussi la ***Maison des marais*** *(rue Chardin ; 07-81-69-69-73).* Il s'agit d'une longue bâtisse traditionnelle de 1773 à l'intérieur de laquelle est présentée la « vraie » vie dans les marais jusqu'au début du XXe s. Malheureusement, elle est rarement ouverte, mais on peut se promener tout autour, et un sympathique sentier de découverte du marais Saint-Clair démarre juste à côté.

Le musée Tancrède-de-Hauteville : *ancien presbytère, 50570* ***Hauteville-la-Guichard.*** *☎ 02-33-47-88-86 (en saison) ou 02-33-19-19-19. Entre Saint-Sauveur-Lendelin et Marigny. Juin-sept, tlj sf lun-mar et dim mat 10h-12h30, 14h-18h30 ; hors saison, ouv certains dim 14h-18h. Fermé en déc-janv. GRATUIT.*
Un petit musée pas tape-à-l'œil, qui retrace la fantastique épopée de Tancrède de Hauteville et de sa nombreuse descendance. De manière un peu austère et ardue, malgré les couleurs vives des salles ! Une mine d'or pourtant pour les passionnés.
Né à Hauteville aux environs de l'an 1000, Tancrède est un modeste seigneur normand, qui n'a pratiquement aucune fortune à léguer à ses 15 enfants. Quelques-uns de ses fils (ils étaient 12 !) cherchent alors gloire et puissance en se faisant embaucher comme mercenaires dans les armées qui font route, en cette époque de croisades, vers Jérusalem. Points de passage obligés des croisés : l'Italie du Sud et la Sicile, où les fils de Tancrède finissent par s'installer. En 30 ans, ils deviennent les maîtres de la région, composant intelligemment avec les autochtones et tirant parti des connaissances des différentes civilisations implantées à ce carrefour méditerranéen : juristes, géographes, artistes arabes et byzantins rejoignent la cour de ce qui devient bientôt le plus solide royaume de la Méditerranée. Une puissance fondée sur la richesse économique (la Sicile est un grenier à blé), une stabilité politique à faire pâlir d'envie la IIIe République (le royaume normand de Sicile restera en place jusqu'en 1266), et une intense vie culturelle. Car, une fois les armes déposées, les Normands se révèlent être d'excellents architectes et bâtisseurs, comme en témoignent en Sicile les palais de la Ziza, la Cuba à Palerme ou la cathédrale de Cefalù, superbes mélanges d'art roman, byzantin et arabe. Jardin d'inspiration médiévale où flâner parmi les plantes aromatiques, médicinales et les fleurs... Au cours de l'année, ateliers de broderie au point de Bayeux, d'enluminure et de vitrail.

La Maison de la brique : *3, la Briqueterie, 50190* ***Saint-Martin-d'Aubigny.*** *☎ 02-33-07-61-95 ou 73-92 (mairie). À 2 km à l'est de Périers (D 900). Juil-août, tlj 14h30-18h30 ; de mi-juin à fin juin et sept, dim 14h30-18h30. Entrée : env 3 € ; réduc ; gratuit moins de 8 ans. Expos et animations temporaires.* Cette ancienne fabrique de briques du début du XXe s, entièrement réhabilitée, propose un circuit de découverte des différentes étapes de fabrication (extraction de l'argile, séchage, cuisson, etc.), mais aussi de l'utilisation de la brique à travers les âges... Présentation intéressante et très didactique, avec un film témoignage du dernier briquetier.

Le village des années 1930 : *base touristique centre Manche, D 900 vers Saint-Lô, 50190* ***Saint-Martin-d'Aubigny.*** *06-07-81-77-80. • villagedesannees30.fr • À 5 km à l'est de Périers (D 900). Avr-juin et sept-fin oct, mer, ven-dim et j. fériés 14h30-18h ; juil-août, tlj 14h-18h30. Entrée : 4 € ; réduc.* Un lieu créé à l'origine par Édouard Dennebouy, qui a passé des milliers d'heures de travail sur l'ensemble des décors, les 370 personnages, les maquettes... et la soixantaine de scènes présentées ici. Le tout représente un véritable retour dans le passé avec les métiers anciens, la mine de charbon, la vie quotidienne, le moulin à vent... Avec la minutie du détail et des machines animées (plus de 80 moteurs électriques). Un lieu étonnant ! Sur place également, petite boutique du terroir et location de vélos.

LESSAY (50430) 2 025 hab. *Carte Le nord de la Manche, B4*

Sympathique bourgade construite autour d'une abbaye bénédictine. En septembre, grande foire, l'une des plus anciennes de Normandie.

Adresses utiles

Office de tourisme : *11, pl. Saint-Cloud. ☎ 02-33-45-14-34. • canton-lessay.com • Juil-août, lun-sam ; hors saison, lun-ven horaires variables.* Organise chaque été des animations autour du patrimoine architectural et de l'environnement.

Centre permanent d'initiatives pour l'environnement : *30, rue de l'Hippodrome. ☎ 02-33-46-37-06. • cpiecotentin.com • Lun-ven 9h-12h, 14h-18h.* Des passionnés de la nature et de la région organisent diverses activités et balades axées sur la découverte des équilibres écologiques locaux, faune et flore confondues.

Où dormir ? Où manger dans les environs ?

Chambres d'hôtes Home 19 : *19, rue des Mézières, 50430* ***Saint-Germain-sur-Ay.*** *06-20-89-38-42. • n.gambier@sfr.fr • home-19.fr • À env 6 km au nord-ouest de Lessay ; accès par la D 72, entre Lessay et le bourg. Doubles 59-70 € selon confort ; 20 ou 23 €/pers supplémentaire ; réduc à partir de 3 nuits, pour les suites. Table d'hôtes sur résa 18 € (à base de produits locaux et bio de préférence).* Si cette ancienne grange trapue presque accolée à la route (peu passante) date du XVIIIe s, l'intérieur, lui, est aménagé de façon bien contemporaine. Jamais, pourtant, on ne tombe dans le travers du catalogue de déco ou du trop clinquant ; on sent une vraie patte personnelle derrière tout ça. Le respect des matériaux d'origine apporte aussi une réelle chaleur au lieu, tout comme l'accueil. 2 des chambres (des suites, en réalité, pouvant accueillir jusqu'à 6 personnes) sont situées de part et d'autre de la salle à manger, sous les toits, et la 3e se trouve au rez-de-chaussée. Beaucoup plus petite, elle est aussi plus intime, genre cocon douillet.

La Ferme des Mares : *26, rue des Mares, 50430* ***Saint-Germain-sur-Ay*** *(bourg). ☎ 02-33-17-01-02. • contact@la-ferme-des-mares.com • la-ferme-des-mares.com • À env 8 km au nord-ouest de Lessay par la D 72. Ouv le soir tlj, plus le midi dim. Congés : janv et 1 sem à Noël. Doubles 85-156 € selon confort, taille et saison. Menus 26,50-47 € ; carte env 45 €. Parking.* Cette adresse possède nombre d'atouts pour elle. Le très beau cadre d'une ancienne ferme (cercle équestre), d'une part, mais aussi le calme et le confort moderne de chambres spacieuses et coquettes aux touches design. La table offre qualité et fraîcheur pour se hisser au niveau du décor, élégant et classique. Idéal pour des soirées cocooning au retour de belles balades. Accueil charmant.

Chambre d'hôtes L'Biao Cotentin : *19, rue de la Tirelière, 50430* ***Bretteville-sur-Ay.*** *☎ 02-33-45-87-90. 06-60-04-17-71. • biao-cotentin.fr • À 11 km au nord-ouest de Lessay par la D 650. Doubles 62-66 €, suite familiale 92-132 €. Table d'hôtes sur réservation 15-22 €, moins de 12 ans 12 €.* Un lieu charmant, militant, dont les proprios sont adeptes de la permaculture. Chaleureux et écolo (label Ecogîte), l'intérieur est meublé dans un style campagnard épuré. Espaces communs cosy, comme le salon et sa bibliothèque de beaux livres, la cuisine avec sa cheminée où peuvent rôtir poulets et gigots. Logiquement, la table d'hôtes est fournie en produits du verger, du potager, bio ou locavores. Et une collection de bottes de toutes tailles qui attend les... Également un gîte pour 6 personnes disposant de son propre espace vert. Accueil enthousiaste.

LA MANCHE

À voir

L'église abbatiale Sainte-Trinité de Lessay : *☎ 02-33-45-14-34 (office de tourisme). Tlj 9h-19h. Visite libre. Visites guidées (payantes) proposées pdt*

vac scol (elles permettent d'accéder aux parties privées de l'abbaye – cloître, jardins) ; intéressant, d'autant que sinon, depuis l'église abbatiale, on ne peut même pas les apercevoir, puisque depuis la Révolution française les anciens bâtiments conventuels sont une propriété privée. De larges panneaux très bien faits retracent l'histoire de l'abbaye.
L'un des chefs-d'œuvre de l'art roman en Normandie. Fondée en 1056 par les barons de La Haye-du-Puits, elle connut les ravages de la guerre de Cent ans et des guerres de Religion. Des siècles plus tard, les bombardements de 1944 et les mines allemandes la ravagèrent cruellement, au point qu'il fut presque envisagé de la laisser en l'état, toute restauration semblant impossible. Sensible aux vœux de la population de Lessay et à l'intérêt architectural de l'abbatiale, la commission supérieure des Monuments historiques décida finalement de sa reconstruction. Celle-ci dura 13 ans (1945-1958), sous la direction de l'architecte en chef Y.-M. Froidevaux. Les nombreux documents photographiques existants aidèrent à remettre chaque chapiteau, clé de voûte, modillon à sa place. On alla jusqu'à reproduire scrupuleusement les défauts architecturaux de la construction initiale.
Extraordinaire harmonie des proportions. Se mettre dans l'axe du chevet pour s'en convaincre. À l'intérieur, très grande rigueur architecturale, totale pureté des lignes, équilibre des volumes, volonté de dépouillement propre à transcender les âmes les plus endurcies.
Chapiteaux stylisés pour ne pas altérer la simplicité de l'architecture bénédictine. En même temps, l'impression de rigoureuse austérité est tempérée par le chaud calcaire blond qui prend des tons mordorés lorsque le soleil pénètre l'abbatiale. Triforium surmonté d'une galerie courant tout au long.
– Durant la saison estivale, l'abbaye accueille les *Heures musicales,* un festival de musique classique.

LA MANCHE

La fromagerie Réo : *1, rue des Planquettes. ☎ 02-33-46-41-33. Juil-août, visites lun-ven (sf j. fériés) ttes les heures 9h-13h. Entrée : env 3 € ; gratuit moins de 14 ans.* Depuis sa fondation par Théodore Réaux en 1931, cette petite fromagerie fabrique une merveille de camembert au lait cru moulé à la louche. Autrement dit, une espèce en voie de disparition ! De l'emprésurage à l'emballage, on assiste en 1h (en réalité, il faut 14 jours) à toute la série d'opérations nécessaires à la fabrication d'un camembert digne de ce nom, le tout au milieu d'odeurs propres à vous faire défaillir de bonheur ! Un peu de patience, la dégustation est au bout, et vous comprendrez alors pourquoi le camembert Réo a atteint le record historique de neuf médailles d'or aux Salons de l'agriculture 1992, 1993, 1994, 1998, 1999, 2004, 2006, 2008 et 2009 ! Pour les « tyrosémiophiles », belle collection d'étiquettes anciennes sur demande !

Foire

– ***La Sainte-Croix :*** *2e w-e de sept. Rens à l'office de tourisme ou auprès de la mairie de Lessay au ☎ 02-33-76-58-80.* Créée au XIIe s par les moines bénédictins de l'abbaye, cette foire presque millénaire est l'une des plus importantes et populaires de l'Ouest, sinon de France. Elle accueille près de 400 000 visiteurs ! Énorme fête rassemblant paysans et forains pendant 3 jours avec feu d'artifice le vendredi. Plus de 50 rôtisseurs (on y mange de l'agneau de pré salé en côtelettes) et 1 500 « déballeurs ». Vente de chevaux le vendredi et de chiens tout le week-end. Un spectacle assez édifiant ! On y trouve de tout. Pour le côté authentique, venir tôt le vendredi matin. Attention à la circulation dans les environs : les embouteillages sont fréquents. Et évidemment, difficile de se loger dans le secteur, à moins d'avoir réservé très, très longtemps à l'avance.

PIROU

(50770) 1 560 hab. *Carte Le nord de la Manche, B4*

Ministation balnéaire dotée d'une immense plage (longue de 6 km) et d'un étonnant château. C'est aussi le début d'une grande zone de maraîchage, où l'on cultive, entre autres, la délicieuse carotte de Créances, qui est aux légumes ce que l'agneau de pré salé est à la viande ! (Elle pousse, en effet, dans les terres très sableuses du bord de mer.)
À *Pirou-Plage,* joli spectacle des bateaux de pêche, au mouillage devant l'estran, ou tentant de rejoindre l'eau à marée basse, tirés par des tracteurs. Une bonne partie de ces embarcations sont des « bulotiers », bien que l'on pêche aussi une jolie palette de fruits de mer : étrilles, tourteaux, araignées, homards, seiches...

Adresse utile

Office de tourisme : *4, pl. des Bocagers. ☎ 02-33-46-30-47 ou ☎ 02-33-45-14-34 (Lessay). Ouv sam tte la journée et dim mat aux intersaisons ; tlj juil-août.*

Où dormir ? Où manger ?

Campings

Camping à la ferme : *1, la Morinière. ☎ 02-33-07-87-15. 06-84-41-42-92. • marie.massu@wanadoo.fr • Indiqué de la D 650, entre Pirou et Agon-Coutainville. Ouv d'avr à mi-sept. Selon saison, compter 10,10-13,10 € pour 2 avec tente et voiture. CB refusées. 25 empl.* Camping bien éloigné de la route et à 800 m de la mer à travers champs et dunes. Terrain herbu et arboré à côté de la ferme. Sanitaires impeccables. Possibilité d'acheter lait, œufs, légumes et cidre bouché. Bon accueil.

Le Clos Marin : *2, rue des Bergeronnettes. ☎ 02-33-46-30-36. • le-clos-marin.pirou@wanadoo.fr • ville-pirou.fr • Dans le village, en bord de mer ; bien fléché. Ouv avr-fin oct. Selon saison, compter 12,90-16 € pour 2 avec tente et voiture ; mobile homes 305-565 €/sem. 250 empl.* À touche-touche avec la plage, un grand terrain tout simple, aux pelouses qui ondulent légèrement. Plantez bien vos sardines, car le vent souffle généreusement sur ce lieu peu abrité. Et préparez votre crème solaire (ou un parapluie bien costaud !). En effet, à l'exception d'un petit espace sous les arbres, l'ombre est très rare. Sanitaires bien tenus. Quelques mobile homes en location. Piscine.

Chic

Restaurant de la Mer : *2, av. Fernand-Desplanques, Pirou-Plage. ☎ 02-33-46-43-36. • restaurantdelamer-pirou@orange.fr • Devant la plage, face à la mer. Tlj sf mer, plus le soir dim-jeu hors saison. Congés : dernière sem de déc-fin janv. Formule déj en sem 25 € ; menus 34-44 €.* Excellentes spécialités de fruits de mer. Cuisine de qualité et produits frais, mais service parfois longuet.

À voir

Le château de Pirou : *bien indiqué. ☎ 02-33-46-34-71. • pirou@chateau-pirou.org • Avr-sept, vac de la Toussaint et Noël, tlj sf mar 10h-12h, 14h-18h30 ; ferme à 17h Toussaint et Noël. Entrée : 6 € ; réduc ; gratuit moins de 7 ans ; forfait famille 19 €.*

Construit au XIIe s (à l'emplacement d'un camp viking, semblerait-il), un adorable petit château sur une île au milieu d'un étang. Couvert de lierre, transformé en bâtiment agricole, il fut tout à fait oublié jusqu'en 1966. Il s'agit d'une des très rares forteresses médiévales encore visibles dans la Manche. Elle fut prise en 1370 par les Anglo-Navarrais et occupée par les Anglais de 1418 à 1449.
Étonnante bâtisse : on passe d'abord trois portes fortifiées (il y en eut cinq par le passé), puis on la découvre effectivement toute petite, râblée, bien proportionnée. On distingue encore les deux rainures du pont-levis. Une des tours possède une forme originale (supportée en partie par une trompe). À l'intérieur, à droite, le vieux logis datant d'Henri IV. Beau corps de bâtiment avec lucarnes ouvragées. Devant, puits vénérable. Salles avec hautes cheminées à tablier de granit ou cheminées géantes. Dallage très ancien. De mai à septembre, expo d'une tapisserie inspirée par celle de Bayeux. Elle raconte l'épopée des Tancrède en Italie du Sud et en Sicile (voir plus haut le texte sur le musée Tancrède-de-Hauteville à Hauteville-la-Guichard dans « Circuit en boucle au départ de Périers »).
En face de l'entrée du château, les longs bâtiments des communs à l'appareillage de pierre serré. On y trouve la boulangerie, le pressoir, la chapelle, la salle des plaids et, en retour d'équerre, la charreterie avec trois belles arches.

À faire

– ***Avis aux amateurs de pêche :*** Pirou possède des eaux qui permettent de pratiquer des types de pêche plus que variés : le *surf casting,* à l'entrée des estuaires, tous types de pêche en bateau... Bars, plies, soles, mulets... Pour les mordus, un centre de pêche sportive propose même des stages à la journée ou à la semaine (spécialité : la pêche au bar et au lancer)... *Rens : Bertrand Gaujé, 27, les Miellettes. 06-63-32-96-27.*

SAINT-SAUVEUR-LE-VICOMTE

(50390) 2 120 hab. *Carte Le nord de la Manche, B3*

Gros bourg tranquille dont on situe la place dans l'histoire dès que pointent les tours du château médiéval. Aux XIe et XIIe s, la ville fut le siège de la vicomté du Cotentin, titre attribué à la famille Néel de Saint-Sauveur par les ducs de Normandie, consistant en une délégation de l'administration du Cotentin. En participant à la tentative d'assassinat de Guillaume le Bâtard en 1047, Néel II trahit son seigneur et perdit sa charge de vicomte, faisant du même coup perdre son influence à Saint-Sauveur. Pourtant, la ville resta longtemps une place stratégique à la frontière du bocage et du marais, et l'imposant château construit au Xe s en fit souvent les frais. Il fut d'abord rasé par Philippe II de Valois. Reconstruit par Godefroy d'Harcourt, il subit le siège de 1375, par l'armée de Du Guesclin, et le siège de 1450, peu avant la défaite et le départ définitif des Anglais. Au XVIe s, même enjeu pendant les guerres de Religion où Henri IV dut le reprendre aux huguenots... Saint-Sauveur est également la patrie de l'écrivain Jules Barbey d'Aurevilly, qui y naquit en 1808.

Adresse utile

Office de tourisme du canton de Saint-Sauveur : *dans la chapelle du château. ☎ 02-33-21-50-44. • saint-sauveur-le-vicomte.stationverte.com •*

encotentin.fr • Juin, lun-sam 10h-12h30, 14h-18h ; juil-août, lun-sam 10h-12h30, 14h-18h30 (17h sam), dim 9h-13h ; hors saison, tlj sf ven ap-m et sam-lun 10h-12h30, 14h30-17h30. Fermé pdt vac de Noël.

Où dormir ? Où manger ? Où boire un verre ?

Camping

Camping municipal du Vieux Château : *av. Division-Leclerc. ☎ 02-33-41-72-04 ou 02-33-21-50-44 (hors saison). • mairie-ssv@wanadoo.fr • ville-saint-sauveur-le-vicomte.fr • ♿ Au pied du château. Ouv juin-sept. Compter 12 € pour 2 avec tente et voiture. CB refusées. 57 empl.* Petit camping tout simple et bien tenu, blotti au pied de la butte du château, en plein centre ville donc, dans un joli cadre de verdure. On entend un peu la route, mais vraiment rien d'affolant.

De bon marché à prix moyens

Auberge du Vieux Château : *9, av. Division-Leclerc. ☎ 02-33-41-60-15. • vieux.chateau@infonie.fr • auberge-vieux-chateau.fr • Resto fermé lun midi en été, sam midi et dim soir hors saison. Fermé de mi-fév à mi-mars. Doubles 65-80 € selon saison. Formules 12,80 € (déj en sem)-16 € ; menus 24,80-34,80 €. Parking.* Derrière une façade dévorée par le lierre, face au château et dos à la campagne, l'hôtel du bourg – dont le nom pourrait laisser présager une adresse vieillotte – propose 7 chambres lumineuses et dominées par des teintes taupe et chocolat, donnant sur le château (côté rue, bonne insonorisation) ou sur les marais. Bonne cuisine, servie dans une agréable salle à manger baignée de lumière. Accueil charmant en prime.

Les Écuries Mécaniques : *6, rue Le Marinel. 07-61-48-45-98. • stephanie@les-ecuries-mecaniques.fr • les-ecuries-mecaniques.fr • Double 60 € ; familiale 5 pers 100 €. Sachet de petits financiers de la* Maison du Biscuit *offert sur présentation de ce guide.* L'ancienne grange restaurée, en face de la maison des propriétaires, abrite un grand salon-cuisine ouvert au rez-de-chaussée, très lumineux car traversant, ainsi qu'une chambre familiale. À l'étage, 3 chambres doubles thématiques. Également une belle chambre familiale. Le tout d'une grande fraîcheur, à 3 mn à pied seulement du centre du bourg. Une escale particulièrement bien adaptée aux familles. Accueil très sympa.

Le Rideau Cramoisi : *31, rue Bottin-Desylles, pl. de l'Église. ☎ 02-33-41-62-37. À 50 m du musée Barbey-d'Aurevilly. Resto ouv slt le midi ; bar fermé mer soir et dim. Menu déj 12,60 €. Café offert sur présentation de ce guide.* Déco iconoclaste pour ce bistrot, QG du fan-club de Dionysos et d'Épicure, à l'ambiance de vieille auberge de village. Le nom du resto est le titre d'une nouvelle du recueil *Les Diaboliques* de Barbey d'Aurevilly. Cadre chaleureux, groupes live de temps à autre... Pour l'assiette, c'est du simple, comme à la maison, et du solide, à déguster sur la terrasse si le temps le permet. Pizzas à consommer sur place ou à emporter.

Où dormir ? Où manger dans les environs ?

Chambres d'hôtes La Cour : *chez Monique Tardif, La Cour, 50390* **Rauville-la-Place.** *☎ 02-33-41-65-07. • mt.lacour@wanadoo.fr • chambres-lacour.com • À 3 km de Saint-Sauveur-le-Vicomte, sur la D 2, direction Valognes ; prendre à droite vers Saint-Clair. Fermé janv-mars. Doubles 58-65 € ; ½ pens 80-95 €. (salle commune).* Dans un manoir du XVe s restauré avec soin, 5 chambres de belle taille, même si la « Pivoine » et l'« Hirondelle », au 2e étage, sont mansardées et un rien

LA MANCHE

plus petites. Et contrairement à ce que la façade pourrait laisser penser, elles se révèlent plutôt lumineuses. On ne vient pas ici pour mener la vie de château, car l'ensemble est sobre, mais pour profiter d'un lieu de caractère et de lits bien fermes pour des nuits dans le silence le plus complet. Beau jardin, avec pièce d'eau et... ânes ! Idéal pour les familles. Accueil doux et discret.

Auberge de l'Ouve : *village Longuérac, 50360* ***Les Moitiers-en-Bauptois.*** *☎ 02-33-21-16-26. • auberge.jeanne@free.fr • aubergedelouve.com • À 14 km au sud-est de Saint-Sauveur-le-Vicomte par la D 15 et la D 24 (très bien fléché). Avr-sept, tlj sur résa. Formule env 13 € ; menus 19-35,50 € ; carte env 20 €. Café offert sur présentation de ce guide.* Au bord de l'Ouve, quelques maisons anciennes en brique, des chevaux qui gambadent, une haie d'arbres au bord de l'eau, des barques qui tanguent sous le vent, des couchers de soleil romantiques... et cette charmante auberge loin de tout pour s'attabler près de la cheminée (où grillent viandes et anguilles – la spécialité) devant une cuisine de terroir simple et généreuse. Beau cadre, atmosphère chaleureuse et bonne franquette. Si l'envie vous prend de prolonger votre escale, quelques canoës et barques à louer, et 2 chambres toutes simples, qui se partagent la salle de bains *(env 45 € pour 2),* ouvertes sur le marais...

Où acheter de bons produits ?

Lait Douceur de Normandie : *24, route d'Auréville. ☎ 02-33-41-07-11. Tte l'année, jeu-sam 9h30-12h30, 14h-19h ; de mi-avr à mi-sept et vac scol de la Toussaint, tlj sf dim ; déc, tlj.* Un ancien corps de ferme abrite atelier et production : confiture de lait, confit (oignons, mangue...), bonbons, chocolats, alcools, confitures.

À voir

Le vieux château : *visite libre des extérieurs tte l'année. Visites guidées de l'intérieur juil-août, lun-sam à 11h, 15h et 16h30, dim à 15h. Entrée : 3 € ; réduc.* Endommagé lors de la dernière guerre, il impressionne pourtant toujours, avec sa grosse tour ronde de 4 m d'épaisseur à la base, ses hautes meurtrières et son donjon carré de 25 m de haut. Au milieu, une élégante porterie. Aujourd'hui, il abrite l'office de tourisme. À sa droite part un chemin menant au tout petit cimetière où repose Barbey d'Aurevilly. Devant le château, son buste par Rodin.

Le musée Barbey-d'Aurevilly : *64, rue Bottin-Desylles. ☎ 02-33-41-65-18. Ouv 7 fév-9 mars, w-e de Pâques, début avr-fin oct, dim-lun, mer-ven 14h-18h. Entrée : 5 € ; gratuit moins de 18 ans et étudiants.* Installé dans la maison familiale de l'écrivain. Manuscrits, autographes, souvenirs, vêtements. On y découvre surtout la *Disjecta Membra,* grosse compilation de 200 pages de poèmes, notes et réflexions diverses, ainsi qu'un intéressant travail photographique illustrant des passages de ses œuvres dont l'action se situe dans la région.

L'abbaye : *à peine à l'écart du centre (c'est fléché). ☎ 02-33-21-63-20. • mmpostel.com • Toujours en activité, elle abrite la maison mère de la congrégation Sainte-Marie-Postel et un collège. Abbaye ouv au public tlj 10h-12h, 14h-18h ; audiovisuel sur l'histoire de l'abbaye (sur résa). GRATUIT.* Construite au XIe s, et en grande partie détruite au XIXe s, l'abbaye connut bien des vicissitudes (guerre de Cent Ans, Révolution française, bombardements de 1944...), mais se releva toujours. Seule l'église abbatiale se visite.

DANS LES ENVIRONS DE SAINT-SAUVEUR-LE-VICOMTE

Le château de Crosville-sur-Douve : *à* ***Crosville-sur-Douve.*** *☎ 02-33-41-67-25. • chateau-crosville.fr • À 5 km à l'est de Saint-Sauveur-le-Vicomte. Début avr-oct, tlj 14h-18h. Entrée : 6 € ; gratuit moins de 12 ans.* Un lieu plein d'âme réhabilité par des passionnés chaleureux. Inhabité à partir de 1742, ce superbe château servit de dépendance à la ferme qui, elle, resta en activité ! Lors de sa mise en vente dans les années 1980, ce sont d'ailleurs les fermiers qui le rachètent, poussés par leur fille, Michèle Lefol, qui, depuis, se démène pour le restaurer amoureusement et lui redonner vie. Le château a conservé son aspect brut (on peut y admirer les charpentes dans certaines salles), mais de superbes frontons moulurés, des fenêtres à meneaux, un escalier monumental en granit, des portes et plafonds peints de scènes de la mythologie, et bien d'autres surprises attendent les amateurs de belles choses... Également un salon de thé sur place.

SAINTE-MÈRE-ÉGLISE

(50480) 1 625 hab. *Carte Le nord de la Manche, C3*

Une des villes symboles du Débarquement, popularisée par le film *Le Jour le plus long* et l'aventure de John Steele, le parachutiste américain glorieusement entré dans l'histoire pour être resté accroché par son parachute au clocher de l'église. Devant l'hôtel de ville, la borne 0 de la voie de la Liberté.

UN PEU D'HISTOIRE

C'est à partir de 0h15, le mardi 6 juin 1944, que les parachutistes des 82e et 101e divisions sautent au-dessus du Cotentin, précédés par quelques éclaireurs. Ils ont pour objectif de s'emparer de la zone comprise entre la côte est du Cotentin et les marais d'Amfreville, et préparer ainsi le terrain aux troupes débarquant à Utah Beach. Malgré des largages très imprécis qui éparpillent les paras sur un périmètre de près de 60 km de large, quelques groupes isolés arrivent à s'emparer de points stratégiques importants. Parmi eux, le 3e bataillon du 505e régiment qui atterrit sur la place centrale de Sainte-Mère-Église et qui, dès 4h30, hisse le premier drapeau américain de la journée.

LE CRIQUET DU *D-DAY*

Les parachutistes américains disposaient chacun d'un criquet. Le clic-clac leur permettait de se retrouver sans être repérés par les Allemands. L'État-major n'a pas eu le bon déclic : il n'y a jamais eu de criquets en Normandie, ces insectes préférant les zones plus sèches.

Adresse et info utiles

Office de tourisme : *6, rue Eisenhower. ☎ 02-33-21-00-33. • ot-baieducotentin.fr • Avr-juin et sept, lun-sam 9h-13h, 14h-18h, dim et j. fériés 10h-13h ; juil-août, lun-sam 9h-18h30, dim et j. fériés 10h-16h ; oct-mars, lun-ven 9h30-12h30, 13h30-17h, plus sam vac scol 10h-13h, 14h-17h. Même* *billetterie qu'à Carentan et vente du Pass' Baie du Cotentin (1 €) avec des réductions.* 💻 *(payant).* 📶

– ***Marché :*** *jeu mat. Marché du terroir et de l'artisanat mar soir en juil-août.*

Où dormir ? Où manger ?

Camping

⛺ ***Camping Sainte-Mère :*** *6, rue Airborne.* ☎ *02-33-41-35-22.* • *smecamping@gmail.com* • *camping-saintemere.fr* • ♿ *À 500 m du centre. Ouv avr-oct. Selon saison, compter 12-15 € pour 2 avec tente et voiture ; hébergements locatifs 4-6 pers 350-590 €/sem. 69 empl.* Un petit camping aux emplacements bien plats, dont on embrasse l'ensemble d'un seul coup d'œil ; calme, tout simple et bien tenu. De l'herbe moelleuse à fouler et l'ombre des pommiers pour se reposer. Bel accueil.

Prix moyens

🏠 🍽 ***Auberge Le John Steele :*** *4, rue du Cap-de-Laine.* ☎ *02-33-41-41-16.* • *auberge-lejohnsteele@orange.fr* • *aubergejohnsteele.com* • *Fermé dim soir, lun hors juil-août. Doubles 54-60 € selon saison (le D-Day 80 €) ; familiales 63-69 €. Menus déj en sem 18,50 €, puis 25,50-32,90 €.* 📶 *Réduc de 10 % sur le prix de la chambre nov-fin fév sur présentation de ce guide.* Une vraie auberge de campagne, à la façade cachée sous la végétation et à l'intérieur nécessairement rustique. Une poignée de chambres au-dessus du resto (un peu vieillottes et mal insonorisées) ou dans le bâtiment annexe, toutes fraîches celles-ci, dans des teintes taupe-chocolat. Au resto, une cuisine régionale de qualité. Équipe professionnelle et bon accueil.

Où dormir dans les environs ?

Chambres d'hôtes

🏠 ***La Ferme de Riou :*** *chez Virginie et Cyrille Colin, 1, Riou.* ☎ *02-33-41-63-40.* 📱 *06-88-82-20-59.* • *fermederiou@hotmail.fr* • *fermederiou.com* • *À 1,5 km de Sainte-Mère, direction Ravenoville (D 15). Double 75 €. Également un gîte 6-8 pers.* 📶 *Remise de 10 % sur la chambre, sur présentation de ce guide.* Dans un beau corps de ferme rénové avec des matériaux de qualité, les propriétaires ont aménagé 3 chambres d'hôtes et un gîte. 2 chambres avec kitchenette, thématiques : « Brocanteur » et « D-Day ». Couleurs douces et déco bien pensée, avec 2 souvenirs particulièrement touchants dans la « D-Day ». Dans un petit bâtiment attenant à la maison principale, une chambre familiale sur 2 niveaux, tout aussi soigneusement arrangée. Et pour chacun, une entrée indépendante, et de quoi s'installer dehors avec son bouquin ou un café.

🏠 🍽 ***Manoir de Magneville :*** *chez Murielle et Philippe Bazillou-Cabras, 50310* ***Fresville.*** ☎ *02-33-01-02-24.* • *murfil@wanadoo.fr* • *manoirdemagneville.fr* • *À 7 km de Sainte-Mère-Église. Sur la N 13, prendre la sortie pour la D 69 (Écausseville), puis la D 69 direction Fresville. Congés : janv. Doubles 85-100 € ; familiales 3-6 pers 120-195 €. Table d'hôtes sur résa 25 € (boissons comprises).* 💻 Dans une ravissante demeure, vivante et chaleureuse, des pièces aux beaux volumes et à la déco éclectique. Les chambres les plus simples sont plutôt d'un moins bon rapport qualité-prix. Jacuzzi, hammam et sauna sont à votre disposition pour finir de faire de cette maison un lieu de détente et de repos (gratuit pour ceux qui optent pour la table d'hôtes). Accueil ouvert et souriant.

🏠 ***Manoir de Beaucron :*** *chez Anne-Laure Guerche, 1, rue de l'Église, 50480* ***Brucheville.*** ☎ *02-33-42-40-25.* • *contact@manoirdebeaucron.com* • *manoirdebeaucron.com* • *À 11 km au sud-est de Sainte-Mère-Église. Double 89 € ; familiale 3-4 pers 100-138 €.* 📶 D'emblée, la majesté de cet ensemble architectural organisé autour d'un manoir du XVIe s vous saisit. À l'intérieur, 4 chambres fraîches, minutieusement et joliment arrangées, et relativement lumineuses malgré les petites fenêtres d'époque. Accueil posé et très aimable.

À voir. À faire

Le Musée à ciel ouvert (MACO) : *se procurer le visioguide à l'office de tourisme de Sainte-Mère (8 €/appareil à la journée, 250 € de caution et pièce d'identité). Demander le livret pédagogique pour les enfants. Prévoir une demi-journée.* Le visioguide, équipé d'un GPS, vous emmène à travers un itinéraire de 50 km autour de Sainte-Mère-Église et Utah Beach, sur les sites stratégiques, et ceux moins connus, du Débarquement, le tout à votre rythme. Diaporama, repérages cartographiques, commentaires audio et témoignages aident à comprendre les évènements. Le livret pédagogique permet aux enfants une participation ludique et instructive, ils seront imbattables.

L'église : édifiée aux XIIe et XVe s. S'attarder sur le portail. Sur les chapiteaux, lapin, feuillages sculptés. Archivoltes tombant sur des modillons bizarres, presque obscènes... L'une des figures, à droite, semble se tenir les testicules. À gauche, on jurerait qu'une autre exhibe ses fesses ! Chaire et retable du XVIIIe s. Le lutrin, du XVIIIe s également, est l'un des plus beaux du département.

GUERRE ET PAIX

Deux vitraux inhabituels dans l'église de Sainte-Mère-Église attirent l'attention : l'un représente des parachutistes avec les écussons, symboles des troupes Airbone, et saint Michel, patron des paras. L'autre, qui honore le Débarquement, est probablement le seul vitrail au monde avec une Vierge à l'Enfant entourée d'avions et de parachutistes... Une vraie B.D. !

Airborne Museum : *14, rue Eisenhower, dans le bourg. ☎ 02-33-41-41-35. • airborne-museum.org • Mai-août, tlj 9h-19h ; avr et sept, tlj 9h30-18h30 ; oct-mars, tlj 10h-18h. Fermé en déc-janv sf pdt vac scol. Entrée : 8 € ; réduc ; gratuit moins de 6 ans.* Histoire du parachutage sur Sainte-Mère-Église et de sa libération. Nombreuses vitrines avec souvenirs, documents, photos, armes et uniformes. Parmi les pièces exposées les plus spectaculaires : un C-47 « Dakota » transport de troupes, un des 512 planeurs Waco qui participèrent à l'attaque, char Sherman, half-track, jeeps, etc. Une partie plus récente du musée vous fait aussi vivre le jour J aux côtés des parachutistes américains des 82e et 101e Airborne. De la préparation du Débarquement en Angleterre, jusqu'aux combats qui menèrent à la liberté, vous accompagnez les troupes aéroportées dans leur chemin vers la victoire. Encore un musée très bien fait et vraiment intéressant.

La ferme-musée du Cotentin : *chemin de Beauvais. ☎ 02-33-95-40-20. Avr-juin, sept et pdt vac scol de Pâques et de la Toussaint, tlj sf sam 14h-18h ; juil-août, tlj 11h-19h (dernière entrée 1h avt la fermeture). Entrée : 4,50 € ; 3 € sur présentation de ce guide (offre valable pour 2 pers max) ; réduc.* Coup de cœur pour ce musée installé dans une bien belle ferme des XVIIe et XVIIIe s. Belle expo qui revoit tous les clichés sur la Normandie

OH, LA VACHE !

Le saviez-vous ? La fameuse « vache normande » est en fait un « animal de laboratoire », issu du croisement de différentes races et destiné à obtenir la meilleure laitière possible. Par ailleurs, les recherches et expériences ont permis d'accroître la productivité de ces laitières : en 1852, une vache produisait 900 l de lait par an, en 1882, 1 500 l, et aujourd'hui... 5 500 à 6 000 l ! Et toujours avec un pis seulement !

(on y apprend notamment que, jusqu'au XIXe s, ce coin de France vivotait grâce à la culture des céréales et que l'« avènement de la vache » ne date que de la fin du XIXe s). Également une reconstitution visuelle, sonore et olfactive d'intérieurs du XIXe et du début du XXe s. Expo de matériel et outils agricoles, mobilier paysan, objets domestiques divers.

➢ 🚲 Au départ de Sainte-Mère-Église, des ***circuits à vélo.*** Excellents topo-guides disponibles (quelques-uns gratuitement) auprès du comité départemental du tourisme ou à l'office de tourisme.

Manifestation

– ***Anniversaire de la Libération :*** *ts les ans, vers le 6 juin.* De nombreuses commémorations et animations sont organisées pour fêter le Débarquement (cérémonies, rencontres et conférences, reconstitutions de camps militaires US, parachutages, bourses militaires, défilé de véhicules militaires, etc.).

DANS LES ENVIRONS DE SAINTE-MÈRE-ÉGLISE

La batterie d'Azeville : *la Rue, 50310* ***Azeville.*** *☎ 02-33-40-63-05. • patrimoine.manche.fr • Entre Sainte-Mère-Église et Montebourg. Avr, tlj 14h-18h ; mai (sf 1er mai), tlj 11h-18h ; oct et vac scol Pâques et Toussaint, tlj 14h-18h ; sept, tlj 11h-18h ; juin-août, tlj 10h-19h. Dernier billet 1h avt fermeture. Entrée : env 5,50 € ; 4,50 € sur présentation de ce guide, pour 2 pers max ; réduc ; gratuit moins de 7 ans. Audioguide inclus dans le prix.*
La batterie d'Azeville est située dans un environnement bucolique à souhait. Évidemment, ce n'est pas pour cette raison que les Allemands édifièrent une batterie pour la défense côtière à cet endroit dès 1941, dans le cadre du mur de l'Atlantique ! Celle-ci abritait une troupe de 170 hommes, dont 60 vivaient en permanence sur le site, tandis que le reste logeait chez les villageois d'Azeville (qui ne comptait à l'époque qu'une centaine d'habitants...). Atteinte de plein fouet par un obus du navire *Nevada* dans la nuit du 8 au 9 juin 1944, la batterie d'Azeville rendit les armes le lendemain.
On visite aujourd'hui les casemates où se trouvaient les canons et les souterrains, que l'on soupçonne à peine de l'extérieur et qui servaient de base logistique à la batterie. Les longs couloirs étroits sont particulièrement impressionnants (et anxiogènes pour les claustrophobes), et l'audioguide permet de reconstituer et d'imaginer ce que pouvaient contenir les pièces désormais vides (soutes à munitions, dortoirs, puits). Le camouflage en trompe l'œil des casemates, refait comme à l'époque, est lui aussi surprenant : pour tromper l'ennemi, celles-ci étaient en effet « déguisées » en fermes normandes détruites avec faux murs de pierre peints, etc. Pour clore la visite, film de 20 mn avec le témoignage des habitants d'Azeville (des enfants pour la plupart à l'époque) ayant vécu cette cohabitation avec les Allemands.

La batterie de Crisbecq : *sur la D 69, entre Ravenoville et Quinéville. 📱 06-68-41-09-04. • batterie-marcouf.com • Juil-août, tlj 10h-19h ; mai-juin et sept, tlj 10h-18h ; avr et oct-nov, tlj 11h-18h. Fermé 11 nov-mars. Entrée : 7 € ; réduc.*
Armée de trois canons de marine de 210, six pièces de 75 et un canon de 150, le tout servi par une garnison de 300 hommes, la batterie de Crisbecq était la plus importante position d'artillerie allemande de tout le secteur, s'étendant sur 1,6 km de longueur et 900 m de profondeur. On soupçonne à peine tout ce qui se trouve ici (et c'est bien là l'intérêt de la chose !). Dominant la côte de Saint-Vaast jusqu'à la baie des Veys, avec une portée de tir allant jusqu'à 33 km, la batterie de Crisbecq constituait un réel danger pour le débarquement sur la plage d'Utah. C'est pour cette raison que les Alliés bombardèrent le site sans discontinuer depuis le printemps 1944 jusqu'au Débarquement, faisant à l'occasion

d'importants « dégâts collatéraux » parmi la population du petit village voisin de Saint-Marcouf-les-Gougins (32 morts pendant la nuit du 5 au 6 juin). À plusieurs reprises, du 6 au 11 juin, les Américains tentèrent de s'emparer de Crisbecq. Peine perdue : ils durent renoncer à chaque fois devant l'opiniâtreté des défenseurs, ces derniers demandant même à leurs camarades d'Azeville de leur tirer dessus pour déloger les GI qui étaient parvenus sur le toit des casemates de Crisbecq. Dans la nuit du 11 au 12 juin, le commandant abandonna finalement sa position avec 78 hommes pour se retirer vers Cherbourg, laissant ses blessés aux bons soins des Américains.
Aujourd'hui, sur ce site historique de 4 ha, on peut déambuler à l'intérieur des blockhaus en jetant un œil sur les souvenirs exhumés de la garnison ou en balayant du regard le beau panorama qui porte jusqu'aux îles Saint-Marcouf. Dommage que l'audioguide n'apporte finalement que peu d'informations.

Le mémorial de la Liberté retrouvée : 18, av. de la Plage, 50310 ***Quinéville.*** *☎ 02-33-95-95-95. • memorial-quineville.com • Pâques-11 nov, tlj 10h-19h. Entrée : 7 € ; réduc, gratuit moins de 7 ans.* Quinéville, objectif le plus au nord de la zone du Débarquement. Sous-titre du musée : « La vie quotidienne des Français sous l'Occupation ». Avec la chute de Cherbourg le 19 juin 1940, l'Occupation commence ! Évocation émouvante, même si elle est statique, à travers une muséologie classique : photos, affiches, musique, objets du quotidien... Il faut prendre le temps de lire et d'expliquer aux enfants tous ces panneaux qui traduisent la réalité historique. Mais cela en vaut la peine. Le film et les mannequins, ainsi que la petite rue reconstituée ou le passage par la casemate d'origine, ouverte sur la plage, sensibilisent au devoir de mémoire.

UTAH BEACH

Carte Le nord de la Manche, C2-3

Le 6 juin 1944 à 6h25. Ils sont les premiers parmi les premiers à surgir de la mer pour poser pied sur le sol de France. Une plage dont ils ne connaissent que le nom de code – Utah –, voire une section de plage nommée, par exemple, « Uncle Red » ou « Tare Green ». En Normandie, on l'appelait la Madeleine : dunes, marécages et tarets (ruisseaux débouchant sur la mer). Vingt péniches de débarquement transportent l'avant-garde du 8e régiment d'infanterie américain du colonel James A. Van Fleet, et de la 4e DI du général Barton. Derrière suivent les compagnies A et B du 70e bataillon de chars Sherman. Le Débarquement proprement dit a vraiment débuté. Et pourtant, ils avaient débarqué à 2 km au sud du site prévu. Pendant ce temps-là, deux divisions américaines de parachutistes et la division britannique de Bérets rouges assurent la protection du front (80 km de plages d'assaut). Le soir du 6 juin, ils seront 23 250 à avoir pris pied sur Utah. Pour l'heure, l'adjoint au commandant de la 4e DI, le général Theodore Roosevelt, cousin éloigné du président des États-Unis, se promène de long en large sur la dune « comme s'il cherchait un terrain à acheter » et plante sa canne dans le sol en criant d'une voix rauque : « On commence ici ! » Le général ne se doute pas qu'il vient de désigner l'emplacement de la borne 00 de la voie de la Liberté.

Où dormir ? Où manger dans le coin ?

Camping

Camping de la Baie des Veys : *Le Grand-Vey, 50480* ***Sainte-Marie-du-Mont.*** *☎ 02-33-71-56-90. 06-12-18-55-94. • jerome.etasse@orange.fr • campinglabaiedesveys.com • À 7 km au sud-est par la D 913* *puis la D 115. Ouv avr-sept. Selon saison, compter 14-24 € pour 2 avec tente et voiture ; chalet 4-6 pers et roulotte 2-3 pers 208-789 €/sem selon hébergement et saison. 53 empl.* À deux pas d'un hameau, dans la nature, face à la mer (mais une mer cachée derrière une grande haie et pas vraiment propice à la baignade à cet endroit-là), un petit camping où hébergements locatifs et emplacements pour campeurs cohabitent gentiment. L'endroit est simple et bien tenu, avec un petit potager au milieu. Chalet pour 4 à 6 personnes avec une agréable terrasse et un bout de verdure. Également quelques hébergements insolites : une roulotte, des cabanes des marais pour 4 personnes, une tente Viking, etc. Piscine chauffée et location de vélos. Accueil vraiment adorable et atmosphère familiale.

Chambres d'hôtes

Chambres d'hôtes La Bedelle : *chez Nathalie et Bertrand Leconte, La Bedelle, 50480* ***Sainte-Marie-du-Mont.*** *☎ 02-33-71-52-99. • labedelle@laposte.net • D'Utah Beach, prendre la D 913, puis à gauche direction Pouppeville, c'est fléché ensuite. Tte l'année. Double 43 € ; 51 € pour 3.* Une grande et ancienne ferme, tout en pierre, au cœur d'une jolie campagne. 2 belles chambres très « maison de famille », avec bibelots et meubles anciens. Chiens et chats complètent le tableau. Cavaliers bienvenus (les proprios sont – comme beaucoup dans la région – des passionnés de cheval). C'est un « Gîte Panda », donc doc sur le parc naturel régional à disposition. Un excellent rapport qualité-prix.

Le Manoir de Juganville : *39, Les Mézières, 50480* ***Saint-Martin-de-Varreville.*** *☎ 02-33-95-01-97. • manoirjuganville@gmail.com • juganville.com • Congés : Noël-janvier. Doubles 75-95 € ; 123 € pour 4. Réduc de 5 % sur le prix de la chambre (résa en direct) sur présentation de ce guide.* Chantal et Pascal Jean ont aménagé dans leur demeure du XVIIIe s, au milieu d'un grand parc, 4 ravissantes chambres d'hôtes, chacune avec sa propre ambiance. La « Baldaquin », baignée de lumière, ou la « Chambre de la Tour », mansardée, avec ses poutres apparentes, sont nos coups de cœur, s'il faut choisir. Soins énergétiques sur demande.

Bon marché

Restaurant L'Eucalyptus : *14, route de la Mer, 50480* ***Ravenoville-bourg.*** *☎ 02-33-41-43-76. • eucalyptus-ravenoville@orange.fr • En direction de Ravenoville-plage. Tlj sf dim soir et lun. Congés : 30 nov-1er mars. Menus déj en sem 14,50 €, puis 19 € (sf dim)-28 €. Digestif maison offert sur présentation de ce guide.* Dans un pavillon en bord de route auquel est accolé un délicieux jardin ombragé ainsi qu'une cour intérieure avec piscine. Déco intérieure très... printanière, avec des murs couleur chlorophylle et des rideaux fleuris. Côté cuisine, cela va des propositions les plus simples dans le 1er menu (assiette bulots-crevettes, jambon grillé) à des suggestions un peu plus élaborées dans les suivants. Quoi qu'il en soit, les prix restent justes et les plats – même les plus simples – sont bons. Accueil agréable.

Crêperie Montoise : *52, pl. de l'Église, 50480* ***Sainte-Marie-du-Mont.*** *☎ 02-33-71-90-28. Devant l'église. Tlj sf lun. Congés : oct-mars. Menu 18,50 €. Repas env 16 €. Café offert sur présentation de ce guide.* Petite crêperie sympathique et fraîche : des crêpes très honnêtes et des salades, servies avec le sourire... voire en terrasse. Avec le sourire aussi.

De prix moyens à plus chic

Le Domaine du Grand Hard : *La Rivière, 50480* ***Sainte-Marie-du-Mont.*** *☎ 02-33-71-25-74. • contact@legrandhard.fr • legrandhard.fr • Accès par la D 913 en direction d'Utah Beach. D'avr à mi-nov, tlj. Résa conseillée. Doubles 107-120 € ; duplex 4 pers 170 €. Menu 25 € ; carte env 35 €.* En pleine campagne, une ncienne propriété agricole magnifiquement restaurée par un couple de Belges et un vaste domaine équestre entouré de prairies. Cadre enchanteur pour 11 chambres et 5 duplex de grand confort, répartis dans les différentes dépendances. Hôtel de charme, chambres spacieuses pour la plupart, personnalisées et meublées à l'ancienne. Cuisine inventive. Salon, bar, billard, terrasse et jardin avec étang pour la détente, terrain de pétanque, location de vélos et randonnées pour les actifs.

À voir

Le musée du Débarquement de Utah Beach : *50480* ***Sainte-Marie-du-Mont.*** *☎ 02-33-71-53-35. • utah-beach.com • Juin-sept, tlj 9h30-19h ; janv-mai et oct-nov, tlj 10h-18h. Fermé 1er déc-25 déc, 31 déc et 1er janv. Dernière entrée 1h avt fermeture. Entrée : 8 € ; sur présentation de ce guide 7 € – enfants 4 € ; réduc ; gratuit moins de 7 ans. Sur résa, visite guidée du musée et du site d'Utah.*

Construit sur la dune autour d'un blockhaus allemand, ce musée est consacré au débarquement sur la plage d'Utah. Sa grande superficie (3 000 m²) permet d'abriter une barge d'assaut et un chenillé amphibie restauré (pièce unique en Europe). Sous un énorme hangar de verre et d'acier, on peut observer l'un des cinq modèles restants du bombardier B26 Marauder qui participa à l'opération *Overlord,* et ce grâce à l'initiative et à la générosité de deux frères texans, fils d'un vétéran et héros du *D-Day.* Doté de moyens multimédias et de bornes interactives, le musée propose un parcours scénographique selon un cheminement chronologique. Avec panneaux, témoignages, films d'archives... Après six séquences, le visiteur « débarque » sur la plage dans une salle panoramique.

À l'extérieur, monuments commémoratifs et engins. Les routes et chemins autour du musée portent les noms de soldats morts le 6 juin, donnés par leurs camarades de combat.

LE BOCAGE

Petite région de transition entre le parc naturel régional des Marais et le val de Saire. On rencontre bien évidemment d'autres bocages en Normandie, mais cette appellation est, ici, historique. Dès le Moyen Âge, le terme désignait le « pays des bois », cette grande forêt remontant à l'époque gallo-romaine qui s'étendait au centre de la presqu'île du Cotentin. Une forêt sérieusement entamée dès le XVIe s par les besoins en bois de la construction navale et des verreries installées dans le secteur.

BRICQUEBEC (50260) 4 260 hab. *Carte Le nord de la Manche, B2*

Petite ville commerçante on ne peut plus tranquille, qui cache bien son jeu. Son fier château fort, l'un des mieux préservés de la Manche, est la seule trace d'un passé nettement moins paisible. Le premier seigneur de Bricquebec était Anslek de Bastembourg, le petit-neveu de Rollon le Viking, autrement dit pas du sang d'endormi ! Parmi ses descendants, Robert Bertrand Ier, dit le Tors, débarqua en Angleterre avec Guillaume le Conquérant ;

un autre s'empara de Jérusalem lors de la première croisade, avec Robert Courteheuse... Quelques lustres plus tard, un autre de ses rejetons, Robert Bertrand, le septième du nom (comme quoi, l'instinct guerrier...), conquit l'île de Guernesey pendant la guerre de Cent Ans. En 1418, le château fut pris par les Anglais et attribué à Guillaume de la Polle, comte de Suffolk, lequel fut fait prisonnier par Jeanne d'Arc en 1429 (quelle aventure...) !

Adresse et infos utiles

Office de tourisme : *13, pl. Sainte-Anne. ☎ 02-33-52-21-65. • otbv.fr • Ouv slt avr-sept.*

– **Marché :** *lun.* L'un des plus réputés de la région, il couvre une surface presque supérieure à celle de la ville elle-même.

– **Fête de Sainte-Anne :** *dernier w-e de juil.* Fête foraine, défilé de groupes et feu d'artifice. Le tout sur un thème en rapport avec l'histoire régionale.

Où dormir ? Où manger ?

Hôtel-restaurant Le Donjon : *2-4, pl. Sainte-Anne. ☎ 02-33-52-23-15. • hotelrestaurantledonjon@orange.fr • hotel-le-donjon.fr • ♿ (au resto slt). Face au château. Resto fermé dim. Congés : 3 sem-1 mois sur déc-janv. Doubles 44-49 € selon saison. Formule déj en sem 11,50 € ; menus 18-30 €.* Le bar-hôtel-resto de village, avec une sympathique terrasse donnant sur le château. À l'intérieur, la salle de resto claire et soignée, les tables nappées. Un beau petit cadre, tout simple pour goûter à la cuisine traditionnelle. Les chambres, à l'écart du bistrot-resto, sont calmes et, sous leur air modeste, plutôt confortables.

L'Hostellerie du Château : *cours du Château. ☎ 02-33-52-24-49. • lhostellerie.chateau@wanadoo.fr • lhostellerie-bricquebec.com • Dans l'enceinte du château. Resto ouv tlj. Congés : de mi-déc à fin janv. Doubles 89-99 € ; familiale 3-4 pers 120 € ; petit déj 12 €. Formules déj en sem 12 €, puis 23-42 €. Apéritif offert sur présentation de ce guide.* Envie de passer une nuit dans l'enceinte d'un château médiéval ? Atmosphère douillette dans toutes les chambres et, si certaines n'ont pas de caractère particulier, d'autres (plus spacieuses, dans l'ancienne partie du château) sont vraiment charmantes (surtout celle avec ses voûtes apparentes, où séjourna la reine Victoria) ; certaines salles de bains, en revanche, sont vraiment petites. Restaurant dans une superbe salle à manger à l'atmosphère médiévale. Accueil attentionné.

Où dormir ? Où manger dans les environs ?

Camping

Aire naturelle de camping L'Oraille : *L'Oraille, 50260* ***L'Étang-Bertrand.*** *☎ 02-33-40-30-37. 📱 06-72-90-07-05. • agdgougeon@gmail.com • sites.google.com/site/campingloraille • De Valognes ou Bricquebec, prendre la D 902, puis la D 167 en direction de L'Étang-Bertrand. Ouv de mi-avr à mi-oct. Compter 8 € pour 2 avec tente et voiture ; hébergements locatifs 150 €/sem. CB refusées. 25 empl.* Coup de cœur pour ce camping à la ferme perdu en plein bocage et tenu par une famille vraiment accueillante. Calme, dépaysement et repos assurés dans le grand champ à l'épaisse moquette émeraude. Bel ombrage sous les grands arbres. Sanitaires un poil vieillots mais bien tenus. Possibilité d'acheter quelques produits de la ferme (œufs, salade...).

De bon marché à prix moyens

Chambres d'hôtes de la Becterie : *chez Jean-Michel Darroux, 50, route de la Becterie, 50260* ***Quettetot.*** *☎ 02-33-04-08-15. 📱 06-33-01-86-19. • darrouxjm@club-internet.*

LA MANCHE

fr • la-becterie.com • ♿ À 4,5 km au nord-ouest de Bricquebec par la D 900 (direction Les Pieux) ; à Quettetot, D 23 vers Les Pieux et 1re à gauche. Double 65 €. Table d'hôtes (sf dim) sur résa 25 € tt compris. 📶 Réduc de 10 % sur le prix de la chambre pour tt séjour supérieur à 3 nuitées sur présentation de ce guide. L'océan Indien, la Polynésie et les lointains rivages signent la déco de cette ancienne ferme au calme dans un petit village. 3 belles chambres – dont une suite et une familiale – inspirées des voyages, mais pas forcément du bout du monde (chambre « Noirmoutier »). Une inspiration qui guide aussi Jean-Michel dans sa cuisine sur des accents sucrés-salés, aux épices bien dosées... Excellent accueil.

Auberge de la Vallée de la Douve : *la Rue, le Bourg, 50260* **L'Étang-Bertrand.** *☎ 02-33-94-52-70. • auberge.valleedouve@orange.fr • hotelvalleedeladouve.com • ♿ De Bricquebec, par la D 900 (direction Saint-Sauveur-le-Vicomte) puis la D 126. Resto fermé lun, mer et dim soir. Double env 55 €. Formule déj mar-sam 13 € ; menus 22-32 € ; carte 30-35 €. 📶* À la croisée de jolies routes de campagne, une gentille auberge du terroir. Des chambres d'une grande sobriété, plus fonctionnelles que charmantes mais impeccables. Au resto, la salle n'a gardé de traditionnel que la cheminée. Dans l'assiette, une cuisine de terroir d'antan remise au goût du jour. Bref, une adresse sans réelle surprise mais située dans un ravissant hameau.

Crêperie-restaurant Le Berlingot : *hameau Costard, 50270* **Sortosville-en-Beaumont.** *☎ 02-33-53-87-16. Sur la D 902, entre Bricquebec et Barneville-Carteret, juste avt* La Maison du Biscuit, *face à l'embranchement de la D 250. Fermé mar-mer. Congés : de mi-nov à mi-mars. Menus 11-25 € ; carte env 20 €.* Une petite auberge tapie au bord de la route qui, sous un air modeste mais pimpant, propose une cuisine très simple (viandes grillées dans la cheminée, omelette, galette) et plutôt goûteuse. Une salle sobre et chaleureuse qui se remplit vite. Accueil très aimable.

LA MANCHE

Achats dans les environs

La Maison du Biscuit : *hameau Costard, 50270* **Sortosville-en-Beaumont.** *☎ 02-33-04-09-04. Au bord de la D 902, direction Barneville-Carteret. Tlj 8h30-19h. Congés : janv.* Un vrai dépaysement d'abord que ces reconstitutions de façades de boutiques anciennes, un peu au milieu de nulle part, il faut bien le dire... Bons biscuits, cakes et gâteaux (pur beurre...), mais aussi beaucoup de produits d'épicerie fine, de la région et d'ailleurs (collection de whiskies, très belle gamme de thés, faïences de Gien). Difficile de ne pas craquer, malgré les prix assez élevés. On peut aussi goûter les douceurs maison (dont les délicieux financiers, spécialité de l'endroit) avec un thé ou un café dans le salon de thé *(fermé lun)* adjacent.

À voir. À faire

Le château : *pour les visites guidées, contacter l'office de tourisme (☎ 02-33-52-21-65).* Construit au XIIe s, le château en a vu passer des barbares en armes... Il possède encore son enceinte, huit tours et un énorme donjon polygonal. Accès par la ravissante tour de l'Horloge. Abrite un petit musée ethnographique et archéologique. Seule la cour est en accès libre.

➢ À quelques kilomètres au nord de Bricquebec, à ***Rocheville,*** prend naissance l'*ancienne voie ferrée* qui reliait Cherbourg à Coutances. Désaffectée, elle est désormais accessible aux randonneurs (à pied, à vélo, à cheval) jusqu'à Cambernon, au nord-est de Coutances. 65 km de ***voie verte*** avec arrêts buffet à Bricquebec, Saint-Sauveur, La Haye-du-Puits, Lessay et Périers.

VALOGNES (50700) 7 060 hab. *Carte Le nord de la Manche, B2*

À l'épicentre du Cotentin (pas moins de sept routes importantes s'y croisent). Malgré les destructions de la dernière guerre, une ville historique non dénuée de charme.

UN PEU D'HISTOIRE

D'abord importante cité romaine sous le nom d'*Alauna,* pour surveiller les turbulentes tribus unelles. Puis, au Moyen Âge, la ville accueille les nombreux séjours des ducs de Normandie ; en 1046, le jeune Guillaume le Bâtard, le futur conquérant de l'Angleterre, y échappe de justesse à une conjuration de barons révoltés. Au lendemain de la guerre de Cent Ans, les artisanats du drap et du cuir y prospèrent, et Valognes compte un hôtel-Dieu et un couvent de cordeliers. Au cours des XVIIe et XVIIIe s, la ville devient un centre administratif et religieux important. De nombreux hôtels particuliers d'aristocrates y sont édifiés et plusieurs abbayes s'y établissent. Véritable petite capitale à vie culturelle active, Valognes y gagne le surnom de « petit Paris » (elle est encore couramment qualifiée aujourd'hui de « Versailles normand »). Profondément marquée par la Révolution française, Valognes devient au XIXe s « la ville des spectres », chère aux rêveries de l'écrivain Jules Barbey d'Aurevilly. Sous le Premier Empire, elle accueille une éphémère fabrique de porcelaine et envoie à l'Assemblée nationale l'un de ses plus illustres députés, Alexis de Tocqueville. Les cruels bombardements en 1944 détruisent tout le centre-ville et de nombreux hôtels particuliers. Mais la reconstruction dans le matériau du pays (la belle pierre blanche de Valognes), ainsi que le respect des proportions antérieures ont permis à la ville de retrouver une grande partie de sa physionomie d'antan.

Adresses et info utiles

Office de tourisme : *25, rue de l'Église. ☎ 02-33-40-11-55. • otbv.fr • Avr-sept, lun-sam 9h30-12h, 14h30-18h (14h-18h30 juil-août, plus dim mat) ; oct-mars 10h-12h, 14h30-17h30, fermé aussi mer ap-m (sf vac scol) et sam ap-m.*

■ ***Pays d'art et d'histoire du Clos du Cotentin :*** *21, rue du Grand-Moulin. ☎ 02-33-95-01-26 (en sem). • pah.clos.cotentin@wanadoo.fr •* Installé dans une ancienne parcheminerie du XVIe s. Propose toute l'année des visites menées par des guides conférenciers.

– ***Marché :*** *ven mat.* Superbe marché, très animé.

Où dormir ? Où manger ?

Hôtel-restaurant de l'Agriculture : *16, rue Léopold-Delisle. ☎ 02-33-95-02-02. • hotelrestaurant.lagriculture@wanadoo.fr • hotel-agriculture.com • Dans le centre. Congés : vac de Noël. Doubles 66-75 € ; quadruples 85-95 €. Menus déj en sem 15 €, puis 23-33 €. Parking gratuit.* Derrière une belle façade couverte de vigne vierge, un hôtel aux chambres standard, nickel et bien confortables (bien qu'un peu étroites pour certaines), à défaut d'éblouir par leur charme. La belle salle à manger aux pierres apparentes a, en revanche, conservé un certain style. Cuisine de tradition, certes « mer », mais surtout « air-terre », bien amenée et réputée dans la région pour ses belles grillades au feu de bois. Bon accueil.

Où dormir ? Où manger dans les environs ?

Chambres d'hôtes

Le Haut-Pitois : *chez Ghislaine et André Mouchel, Le Haut-Pitois, 50700* ***Lieusaint.*** *☎ 02-33-40-19-92. À 5 km au sud de Valognes. Bien indiqué en prenant la D 2. Double avec sdb 51 € ; 4 pers 77 €. Réduc de 10 % sur le prix de la chambre, hors vac scol et à partir de la 4e nuit, sur présentation de ce guide.* Dans une grande ferme à la superbe architecture. Déjà, on entre par un porche du XVIe s... il faut vous y faire, ici, les fermes sont de vrais manoirs ! Les 5 chambres agréables, dont 2 familiales, donnent sur une cour verdoyante. Salle de séjour, cuisine aménagée. Bon petit déj avec confitures et gâteaux maison, et plateau de fromages. Bicyclettes sur place et sentiers pédestres débutant pas loin. Une adresse pleine de charme.

Manoir de Savigny : *chez Corinne et Éric Bonnifet, Savigny, 50700* ***Valognes.*** *☎ 02-33-08-37-75. 06-84-81-23-94. • reservation@manoir-de-savigny.com • manoir-de-savigny.com • À 4 km de Valognes par la D 974 vers Carentan ; fléché. Doubles 90-120 € selon saison ; 2 gîtes 3-4 pers 336-750 €/sem selon taille et saison.* Loin du bruit, au calme de la campagne, ce manoir du XVIe s superbement restauré abrite 5 chambres de charme (dont une suite familiale). Quelle que soit leur inspiration, africaine, marocaine ou romantique, les chambres dégagent la même chaleur, sous les vieilles poutres, dans les meubles de style. Un jardin paysager (et fleuri en saison) de 2,5 ha complète l'ensemble, avec 2 gîtes dans une ancienne maison de la propriété. Accueil charmant.

De bon marché à prix moyens

Auberge du Pont Cochon – La Route des Pâtes : *La Croix-des-Frênes, 50700* ***Flottemanville.*** *☎ 02-33-04-46-08. • sylvain.lebas50@orange.fr • De Valognes, D 2 direction Saint-Sauveur-le-Vicomte, puis D 24 à gauche direction Picouville et Pont-l'Abbé ; c'est dans un virage sur la gauche. Fermé lun, sam midi et dim soir (plus mar soir hors saison). Menus déj en sem 14 €, puis 30 €, carte env 38 €.* Une aubaine que cette bonne adresse dans un coin où elles sont plutôt rares ! On s'attable dans la salle, tout en longueur, avec ses tables de bistrot en bois, pour déguster une cuisine italo-normande (entre autres, pâtes fraîches, crustacés...) absolument délicieuse, offrant un rapport qualité-quantité-prix indéniable.

Crêperie du Moulin de la Haulle : *lieu-dit le Moulin-de-la-Haulle, 50700* ***Yvetot-Bocage.*** *☎ 02-33-40-21-37. À 2 km à l'ouest de Valognes par la D 902. Tte l'année, tlj. En saison ou le w-e, résa conseillée. Fermé de mi-déc à mi-janv. Repas compter 15-20 €.* Dans un ancien moulin à eau, au bord d'un petit étang, des galettes et crêpes de qualité (avec de la farine de châtaigne pour les crêpes) et pas chères, ou une belle entrecôte normande grillée. En retrait de la route, on s'attable dans un cadre rustique, genre pierre-poutres et cheminée, ou sur une jolie terrasse dans un cadre délicieusement bucolique aux beaux jours ; espace jeux pour les enfants dans le jardin. Service très efficace.

À voir

L'hôtel de Beaumont : *11, rue Barbey-d'Aurevilly. ☎ 02-33-40-12-30. • hoteldebeaumont.fr • À l'angle des rues Barbey-d'Aurevilly et du Petit-Versailles. Visite guidée slt. Juil-15 sept, tlj sf dim mat 10h30-12h, 14h30-18h30 ; ouv également les w-e de Pâques, Ascension et Pentecôte 14h30-18h30. Dernière entrée à 17h30. Entrée : env 7 € ; jardins slt 3,50 € (visite libre) ; réduc.* Le plus bel hôtel particulier de la ville, d'un grand raffinement, construit au XVIIIe s. Longue façade avec avant-corps à colonnes qui ondule. Élégant balcon en fer forgé et fronton triangulaire blasonné. À l'intérieur, un magnifique escalier à double révolution d'une prouesse inégalée et des pièces vivantes, abritant beaux meubles et objets d'art.

L'église Saint-Malo : *pl. Vicq-d'Azir.* Symbole des villes martyres. Elle fut en grande partie détruite par les bombardements de 1944 et pourtant, on a l'émotion de découvrir son chœur intact ! Parti pris de reconstruction d'une nef moderne d'un grand dépouillement. La transition architecturale s'effectue d'ailleurs en douceur grâce à la tour-lanterne. Belle lumière quand le soleil y pénètre. Remarquer le chevet en gothique fleuri avec gargouilles, pinacles et balustrade ajourée.

Le musée régional du Cidre : *rue du Petit-Versailles. ☎ 02-33-40-22-73. Avr-juin, sept et vac de la Toussaint, mer-dim 14h-18h15 ; juil-août, tlj 11h (14h dim)-18h15. Entrée : 4,50 € ; réduc. Billet commun avec le musée de l'Eau-de-Vie.* Situé en face de l'hôtel de Beaumont, le musée occupe la superbe maison dite « du Grand Quartier », bel exemple d'architecture médiévale du XVe s. Bâtie vers 1480, en bord de rivière, à usage de teinturerie, reconvertie en caserne de 1733 à 1848, elle hébergea aussi, après la Seconde Guerre mondiale, des familles victimes de la crise du logement, avant d'être inscrite à l'inventaire supplémentaire des Monuments historiques. Ses façades, toitures et cheminées sont aujourd'hui protégées.

Pour bien démarrer, ne pas manquer la vidéo (13 mn) contant l'histoire de « l'or blond des Normands ». Vient ensuite, au rez-de-chaussée, la salle du tour à piler (pour écraser les pommes), dont un magnifique tour en bois du XVIIIe s. Puis broyeurs en pierre du Cotentin et grands pressoirs.

Dans les étages sont exposés tous les systèmes de broyage utilisés jusqu'en 1950. Salle sur la commercialisation du cidre et collection d'affiches et documents consacrés à la pomme et au cidre.

Également une petite section d'arts et traditions populaires. Costumes, poteries et ustensiles en terre cuite, vaisseliers, buffets, etc. Reconstitution d'une chambre normande. Ne pas rater le fameux lit « croque la pomme », étonnant délire d'un original qui se fit un lit dans un tonneau, délicieusement sculpté... Manque de bol(ée) en revanche, pas de dégustation !

Le musée de l'Eau-de-Vie et des Vieux Métiers : *rue Pelouze. ☎ 02-33-40-26-25. À deux pas du musée du Cidre. Mêmes horaires ; un seul billet pour les 2 musées.*

Occupe l'hôtel de Thieuville du XVIIe s, qui connut de nombreuses fonctions (maison de charité, fabrique de dentelle, caserne de gendarmes, puis de pompiers...). Dans l'ancienne écurie, expo de tonneaux, foudres, pipes, barriques et alambics ambulants.

Salle de liquoristerie et de charronnerie. Au 1er étage, plusieurs salles sont consacrées aux vieux métiers : ceux du cuir, travail du fer, du bois et de la pierre, horlogerie... Collections d'ethnographie régionale (costumes, coiffes, etc.) et plusieurs petites reconstitutions (une épicerie, l'intérieur de l'horloger-bijoutier...). Pas de dégustation non plus, même avec modération !

VOUS REPRENDREZ BIEN UN P'TIT CANON ?!

Au musée de l'Eau-de-Vie et des Vieux Métiers, on trouve une impressionnante colonne de distillation. Capable de traiter 36 000 l de cidre en 24h et de produire 2 000 l d'alcool pur, cette colonne ne servait pas à la fabrication du calva mais à celle... de la poudre à canon. En effet, pendant la Première Guerre mondiale, les champs de betteraves (dont le sucre fournissait l'alcool) étant situés pour la plupart sur les lieux de combat, on se rabattit en catastrophe sur le cidre et le vin pour produire l'alcool nécessaire à la production de la poudre.

La rue de Poterie : elle donne une bonne idée de ce que fut le Valognes riche et prospère des XVIIe et XVIIIe s. Succession de demeures à la fois élégantes et d'une certaine sobriété architecturale, édifiées dans le beau calcaire de Valognes. D'autres maisons intéressantes rues de l'Hôtel-Dieu et Weleat.

L'abbaye de Valognes : *8, rue des Capucins. ☎ 02-33-21-62-84. Vente de pâtes de fruits, juil-août et déc, tlj 11h-12h15, 15h20-17h30 (17h dim) ; le reste de l'année, mar-sam 15h20-17h30, dim 11h15-12h15, 15h20-17h15.* Initialement construite pour une communauté de moines capucins, l'abbaye Notre-Dame-de-Protection est aujourd'hui le lieu de travail et de prière d'une communauté de sœurs bénédictines. À la suite des destructions occasionnées par les bombardements de 1944, une partie de l'abbaye fut reconstruite dans un style assez moderne, tout en respectant une certaine sobriété monastique. L'église se visite. Dans celle-ci, des sculptures et des vitraux du Grand Siècle côtoient des œuvres plus contemporaines. Selon la règle de saint Benoît : « Tous les hôtes qui surviennent au monastère doivent être reçus comme le Christ. » Allez donc profiter de cet accueil ; les sœurs en profiteront pour vous vanter les mérites de leurs pâtes de fruits.

Les thermes romains d'Alauna : *rue Pierre-de-Coubertin.* Les imposants vestiges des thermes de l'ancienne cité antique d'Alauna, élevés au Ier s de notre ère, témoignent de l'importance de Valognes à l'époque romaine. Conçu selon un plan symétrique, l'édifice possédait une dizaine de salles, dont une étuve, une piscine chaude et une piscine froide. Les maçonneries sont conservées en élévation sur une douzaine de mètres et montrent une mise en œuvre soignée, associant des assises de petits blocs de pierre cubiques et des lits de brique.

L'ancien hôtel-Dieu : *rue de l'Hôtel-Dieu.* La création de l'hôtel-Dieu de Valognes remonte à 1497. Le fondateur, Jean Lenepveu, « prestre, bourgeois et habitant de Vallongnes », obtint à cet effet le soutien de Jeanne de France, dame de Valognes, fille naturelle de Louis XI. La fondation, placée sous la tutelle de l'ordre des hospitaliers du Saint-Esprit, fonctionna jusqu'en 1687, date de la construction d'un nouvel hôpital. Passé la Révolution, l'édifice devint un casernement militaire puis, peu avant 1880, fut affecté à un haras. La chapelle gothique était accolée, côté sud, au bâtiment des malades, avec lequel elle communiquait par un portail latéral. Les vestiges de l'ancien hôtel-Dieu abritent désormais l'*Espace loisirs-culture*.

L'ancienne abbaye bénédictine royale (actuel hôpital) **:** *rue du 8-Mai-1945.* Chassées de Cherbourg par la peste en 1626, les bénédictines trouvent à Valognes un accueil enthousiaste, y compris financier (nombreuses donations). L'église fut consacrée en 1648. Sa façade s'agrémente d'un surprenant portail baroque, orné de deux ordres superposés à pilastres. Le logis de l'abbesse est un bel édifice régulièrement ordonnancé par des chaînes harpées et de longs bandeaux horizontaux. Les autres bâtiments conventuels s'organisent autour d'un cloître à galerie d'arcades. Confisquée à la Révolution, l'ancienne abbaye bénédictine abrite depuis 1810 l'hôpital de Valognes.

LE VAL DE SAIRE

À l'est du bocage, le rival en Cotentin du cap de la Hague. Autant la Hague apparaît sauvage, tourmentée, accidentée, souvent austère, autant le val de Saire donne une impression de quiétude et de bonhomie rurale. Vous y découvrirez un des plus beaux petits ports du Cotentin et nombre de châteaux, manoirs au milieu d'un paysage et de côtes étonnamment préservés.

SAINT-VAAST-LA-HOUGUE

(50550) 1 970 hab. *Carte Le nord de la Manche, C2*

Avant tout et pour faire local, prononcer « Saint-Va ». Important port de plaisance et de pêche et centre ostréicole renommé, tout autant que lieu de villégiature très prisé. Normal, le microclimat local favorise l'éclosion des fuchsias et mimosas, et les palmiers n'y sont pas rares. L'histoire y est particulièrement présente également puisque y débarqua, en 1346, Édouard III d'Angleterre en route pour vaincre les Français à la fameuse bataille de Crécy. En 1692, avec la bataille de la Hougue, la baie connut l'un des plus grands désastres navals de l'histoire de la marine française. Jacques II, roi déchu d'Angleterre, alors allié de Louis XIV en bisbille avec Guillaume d'Orange, y assista. Cela incita Louis XIV et Vauban à construire les forts de la Hougue et de Tatihou. En 1944, ce fut le premier port libéré.

Adresse utile dans les environs

Office de tourisme de la Pointe de Saire : *3, pl. de la Mairie, 50630 Quettehou. ☎ 02-33-23-19-32. • ot-pointedesaire.com •* Nombreuses infos et services (billetterie SNCF, pour les îles anglo-normandes, location de vélos).

Où dormir ? Où manger ?

De prix moyens à plus chic

Hôtel de France – Restaurant Les Fuchsias : *20, rue du Maréchal-Foch. ☎ 02-33-54-40-41. • reception@france-fuchsias.com • france-fuchsias.com • Resto fermé le midi lun et mar en saison ; lun, mar midi et dim soir hors saison. Doubles 61-138 € selon chambre et saison ; ½ pens 38 €/pers à ajouter. Formule sf sam soir 26 € ; menus 32-43 €. Parking.* Jolies chambres, de confort et de tailles très différents, réparties sur 3 bâtiments dont le « Pavillon fantaisie » et les « Feuillantines » au fond du grand jardin édénique qui abrite eucalyptus, bananiers, palmiers, mimosas et fuchsias centenaires. Beaucoup de charme donc pour cet ancien relais de poste dont la table propose une gastronomie subtile et créative, qui met en évidence les produits de la mer et les huîtres de Saint-Vaast. Accueil aimable et service attentionné.

La Granitière : *74, rue du Maréchal-Foch. ☎ 02-33-54-58-99. • cadet.isabelle@neuf.fr • hotel-la-granitiere.com • Doubles 82-135 € selon confort et saison.* Récemment repris. Maison traditionnelle cossue en granit, avec jardin, derrière les quais et suffisamment en retrait de la route pour être au calme. Les chambres, à la déco bourgeoise et vieille France, sont peu à peu rénovées. Un poil cher quand même.

La Criée du Tomahawk : *3 bis, quai Tourville. ☎ 02-33-54-09-08. • lacrieedutomahawk@gmail.com • Ouv tlj midi et soir en juil-août ; fermé dim soir et lun aux intersaisons. Congés : Toussaint-Pâques. Fish & chips env 11 €, la douzaine d'huîtres 15 €, filet a la plancha 12 €.* 2 rangées de tables bien alignées – ou une terrasse – et de belles et grandes photos sur toile de bâche qui vous séparent de la poissonnerie ; bon, évidemment, ça n'empêche pas les effluves et la température d'être bien ceux d'une poissonnerie, mais rien de bien gênant. Dans l'assiette, poissons entiers ou en filets, préparés *a la plancha* ou en matelote, *fish & chips,* soupe de poisson ou plateau de fruits de mer à composer soi-même ; et l'accompagnement au choix (hmm, les frites et la ratatouille). Simplicité et fraîcheur, et une poignée de desserts maison pour conclure. Accueil très aimable, même si le service est parfois un peu débordé en saison.

Où dormir ? Où manger dans les environs ?

Camping

Camping Le Rivage : *75, route de Sainte-Marie, 50630* ***Quettehou.*** *☎ 02-33-54-13-76. 07-86-52-39-61. • camping.lerivage@wanadoo.fr • camping-lerivage.fr • ♿ À l'entrée de Morsalines, par la D 14, au hameau le Rivage. Ouv avr-sept. Selon saison, compter 16,70-20,90 € pour 2 avec tente et voiture ; cottages 4-8 pers 233-693 €/sem. 140 empl.* À 400 m de la plage, un site pas très grand, tout simple, offrant de grands emplacements délimités par de hautes haies de chaque côté. Location de cottages plutôt coquets, avec quelques fleurs ici et là pour égayer leur petit espace vert équipé d'un barbecue. Location de vélos. Piscine.

De bon marché à prix moyens

Chambres d'hôtes Les Moulins de la Forge : *11, les Moulins, 50630* ***Le Vast.*** *☎ 02-33-23-97-58. • nadinegitedelaforge@orange.fr • sites.google.com/site/bienvenueauxpieris • À 9 km à l'ouest de Saint-Vaast. Double 53 €. Sur présentation de ce guide, remise de 10 % sur la boutique et plateau café, thé, gâteaux dans les chambres offert.* 2 petites maisons de poupée en pierre du pays, attenantes à celle des propriétaires, abritent les 3 chambres coquettes à la déco soignée. La « Pomme », spacieuse et claire, a carrément sa propre kitchenette ; les 2 autres en partagent une. Jardin bien fleuri et entretenu au cordeau. Beaucoup de charme et accueil souriant. Et comme Nadine a aménagé une petite épicerie de produits locaux, vous y trouverez de quoi grignoter sur le pouce. Prêt de vélos. Un excellent rapport qualité-prix !

La Chaumière : *6, pl. du Général-de-Gaulle, 50630* ***Quettehou.*** *☎ 02-33-54-14-94. • philippe.lefaudeux@orange.fr • chaumiere-normandie.com • ♿ (resto). À 2,5 km à l'ouest de Saint-Vaast par la D 1. Resto tlj de juil à mi-sept ; fermé mar soir et mer hors saison. Congés : 1 sem en fév et 2 sem en nov. Doubles 37-42 €, les moins chères avec w-c sur le palier. Formule en sem 12,50 €, puis 18,50-32 €. Café offert sur présentation de ce guide.* 5 chambres simples, un poil vieillottes mais plutôt agréables et à prix doux. Au restaurant, spécialités marines comme la choucroute de la mer. En dessert, goûtez donc à la spécialité : le *quettois* (chocolat et pain d'épice).

De prix moyens à plus chic

Au Moyne de Saire : *15, rue du Général-de-Gaulle, 50760* ***Réville.*** *☎ 02-33-54-46-06. • au.moyne.de.saire@orange.fr • au-moyne-de-saire.com • ♿ Sur la D 1, entre Saint-Vaast-la-Hougue et Barfleur. Resto ouv tlj en saison ; fermé lun midi, jeu midi et dim soir oct-mars. Congés : 15-21 avr. Doubles 59-97 €. Menus 19,50 € (sf sam soir-dim)-26,50 €. Café offert sur présentation de ce guide.* Un établissement très soigneusement tenu, offrant de jolies chambres fonctionnelles. Au resto, bonne cuisine saisonnière, très « mer » et normande.

Le Panoramique : *1, village de l'Église, 50630* ***La Pernelle.*** *☎ 02-33-54-13-79. • info@le-panoramique.fr • ♿ À 6 km au nord de Saint-Vaast. Tlj midi et soir, sf lun (hors saison, fermé le soir du dim au jeu). Formules en sem 16,90-22,90 € ; menus 34,90-44,90 € : menus-enfants 11 et 14,50 €.* Déjà, pour commencer, on ne se lasse pas de cette vue superbe, à 360°, qui s'étend de Barfleur à Saint-Vaast. Vue que l'on a de la terrasse, tout comme de la superbe salle tout en baie vitrée. À l'honneur : les produits de la région (huîtres de Saint-Vaast, pêche locale, filet de bœuf, canard...), qui viennent en direct des producteurs locaux aux cuisines du restaurant. Le tout servi par une équipe pro. Dans l'après-midi, quand le service est terminé, installez-vous en terrasse, si le temps le permet, vous pourrez manger sur le pouce (omelette, salade, moules...).

La Villa Gervaiserie : *17, route des Monts, 50760* ***Réville.*** *☎ 02-33-54-54-64. • la.gervaiserie@wanadoo.fr • lagervaiserie.com • Ouv 7 avr-30 sept. Doubles 93-137 € selon saison et étage, familiale 131 €. Petit déj 9,75 €.* Conçu de façon à vous offrir la plus jolie des vues, où que vous soyez, ce bâtiment à l'architecture moderne tranche avec l'habitat traditionnel du pays, tout en s'intégrant discrètement dans le paysage. Les chambres au confort sobre et élégant, au design contemporain, ont toutes baie vitrée et terrasse avec vue imprenable sur la plage (la seule de Normandie orientée au sud !) et, au loin, Tatihou et Saint-Vaast. Celles du rez-de-jardin baignent en plus dans une belle végétation. Les proprios possèdent aussi une ancienne ferme équestre, où vous pourrez faire dormir votre cheval en box si vous ne pouvez pas voyager sans lui.

LA MANCHE

Où acheter de bons produits ?

Épicerie Gosselin : *27, rue de Verrüe. ☎ 02-33-54-40-06. • maison-gosselin.fr • Tlj sf dim ap-m et lun (ouv lun en été) 9h-12h30, 14h30-19h.* Une belle affaire de famille, fondée il y a plus de 100 ans, qui sait conserver toutes les traditions. La maison torréfie elle-même son café, propose des spécialités régionales (calvados, caramels, cidres...), sélectionne ses thés, ses épices, son whisky, ses chocolats fins, ses fromages, ses fruits et légumes... Mais *Gosselin,* c'est aussi une cave exceptionnelle qui fait s'exclamer tous les Anglais (et il n'y a pas qu'eux) pour la qualité des vins. La maison a ouvert une succursale *(1, pl. Belle-Isle).*

À voir

Le port de pêche : troisième en importance en Normandie après Granville et Cherbourg. On peut y voir encore une dizaine de bateaux traditionnels de la baie de Saint-Vaast. Du port, jolie balade sur la grande jetée vers le phare. En chemin, s'arrêter à la charmante chapelle des marins, vestige du chœur roman de l'ancienne église paroissiale.

Le musée Paul-José-Gosselin : *1, rue des Thins. ☎ 02-33-54-45-22. Tte l'année, tlj 10h-12h, 15h-18h. Entrée : 2,50 €.* Paul-José Gosselin a ouvert sous son atelier ce musée (ou cet antimusée !) pour présenter son œuvre. Artiste engagé, il sait retranscrire les lumières de sa région dans un style issu de l'impressionnisme, mais aussi, et surtout, en revisite l'histoire au travers de gigantesques fresques, flamboyantes, lyriques, humoristiques et parfois même choquantes. Ne manquez pas de rencontrer cet original personnage !

– Pour continuer la visite, allez donc voir les toilettes du café-restaurant *Le Channel* (face au port), où Paul-José Gosselin vous offre de beaux et touchants points de vue du vieux Saint-Vaast (mesdames, n'hésitez pas à passer la tête dans les toilettes des hommes... et vice versa !).

– Enfin, partez à la découverte de l'***église de Rideauville*** *(de Quettehou, prendre la D 902 vers Barfleur ; puis la D 216, à droite ; entrée libre).* Cette église à ciel ouvert, sans chapeau ni vitres (d'autres parleraient de ruines... si ce n'est que les murs de celle-ci ont été remis en état !), plantée seule au milieu des champs, dégage une belle atmosphère, à laquelle l'artiste n'a pas résisté ! Certains étés, sur un thème différent, ses toiles habillent et animent l'intérieur.

Le fort de la Hougue : *à 1,5 km du port de Saint-Vaast.* Sa tour Vauban est classée au Patrimoine mondial de l'humanité par l'Unesco. Avec ses 20 m de hauteur et ses murs d'une épaisseur de 3 m, la tour de la Hougue est, avec celle de Tatihou, un très bel exemple d'architecture du XVIIe s. Superbe balade tout autour (balisée).

Manifestation

– ***Festival Ancre et Encre :*** *mi-juil. Rens à l'office de tourisme de la pointe de Saire.* Expos, dédicaces, projections de films, etc., dans le cadre exceptionnel du fort de la Hougue (lire ci-dessus).

L'ÎLE TATIHOU

Carte Le nord de la Manche, C2

Après la défaite de 1692 (voir plus haut l'introduction de Saint-Vaast), Vauban décide de fortifier l'île Tatihou. Dans les siècles qui suivent, elle abrite une garnison, un lieu de quarantaine pour des marins suspectés d'être porteurs de maladies (jusqu'en 1880, on les isolera dans le lazaret – un bâtiment dans lequel s'effectuent la quarantaine et le traitement des malades contagieux – construit lors de la grande peste de Marseille de 1723), des prisonniers allemands pendant la guerre de 1914-1918, des titis parisiens à la santé délicate pendant l'entre-deux-guerres et, enfin, des adolescents difficiles. Le laboratoire de biologie marine du Muséum national d'histoire naturelle s'installe même à demeure de 1887 à 1925. Après plusieurs années d'abandon, l'île est rachetée par le conseil général de la Manche, qui la transforme en un vaste et intelligent espace culturel et festif dédié à la mer.

Arriver – Quitter

En bateau amphibie : *rens et billetterie à l'accueil Tatihou, quai Vauban. ☎ 02-33-23-19-92. Résa conseillée, car l'accès de l'île est limité à 500 pers/j. pour protéger l'environnement. Chiens interdits sur l'île. Avr-sept, 1 aller ttes les heures à marée haute, tlj 10h-12h, 14h-17h pour les départs et jusqu'à 18h pour les retours (19h en été). Oct-Pâques, w-e, j. fériés et vac scol (sf à Noël), 14h-16h. Prix : 9 € ; 3,70 € 4-11 ans. Comprend le bateau A/R, l'entrée à la tour et au musée. Prix du billet pour la traversée A/R slt : adulte 7 €, enfant 3,40 €.* Ne soyez pas surpris si vous trouvez le bateau pour Tatihou campé sur ses gros pneus sur le quai. Ce surprenant véhicule vous prend et vous dépose à pied sec dans un vacarme étonnant.

➢ **À pied :** *se renseigner impérativement pour les marées (départ 1h30 avt la basse mer et retour 1h30 après ; 2-3h au total sur l'île). Dans ce cas, entrée payante au musée et à la tour (5 € ; réduc).* À marée basse, vous aviez deviné ! C'est-à-dire si le coefficient de marée est supérieur ou égal à 65.

Où dormir ? Où manger ?

Il est possible de dormir sur l'île Tatihou. Une trentaine de chambres très agréables et tout confort ont, en effet, été aménagées au sein même du **lazaret.** *En raison des contraintes d'accès à l'île, séjours en pension complète (93 €/pers) ou ½ pens (65 €/pers), boissons comprises. Rens : ☎ 02-33-54-33-33. • resa.tatihou@manche.fr • tatihou.manche.fr •*

La découverte de l'île

Le lazaret : construit en 1723. Dans un environnement ravissant, joliment planté d'arbres, fleurs et plantes diverses. Noter les grandes ouvertures à arcades qui devaient permettre la circulation rapide de l'air. Après les « suspects » et les scientifiques, il accueille aujourd'hui les classes de mer, où les enfants s'initient à tout ce qui touche la culture maritime.

Le Musée maritime : inauguré en 1992 pour le bicentenaire de la bataille de la Hougue, ce musée superbement aménagé témoigne du patrimoine maritime de l'île. Sur 200 m², une galerie d'histoire naturelle présente la biodiversité de l'île et offre aux visiteurs un parcours didactique et ludique permettant de découvrir les habitats naturels de la dune vers la haute mer.

La tour Vauban : du même modèle que celle de la Hougue. Également classée au Patrimoine mondial de l'Unesco depuis 2008. Grimper les 84 marches dans une atmosphère de mystère. Étage des petits matelots, celui des officiers et, en bas, magasin à munitions et vivres ainsi que les anciens cachots. Au sommet, par beau temps, à découvrir entre les créneaux, un splendide tour d'horizon à 360°. La cour recèle encore les découvertes réalisées lors de fouilles de la maison du gardien et de la tour d'angle en juillet 2010. La mise en valeur de cette cour et des vestiges des bâtiments qui la bordaient autrefois (avec restitution au sol, sans élévation) a été réalisée.

La balade vous mènera encore à un ***jardin botanique*** et à un ***observatoire pour oiseaux*** : goélands bruns, tadornes, rouges-queues noirs, bécasseaux violets, sternes pierregarin, eiders à duvet, huîtriers-pies, etc. La plupart installés sur l'îlet, le fort carré jouxtant l'île.

– De très agréables ***week-ends thématiques*** sont également organisés sur Tatihou, combinant découverte de l'île et atelier pratique autour d'un thème (enfants dès 6 ans). *Rens : ☎ 02-33-23-19-92. • tatihou.manche.fr •*

Manifestation

– ***Le festival Les Traversées Tatihou :*** *pdt 10 j. en fonction des grandes marées, en août. ☎ 02-33-54-33-33. • tatihou.manche.fr •* Une belle idée devenue un rendez-vous incontournable... Un *festival de musiques du large,* venues du monde celte, de la Réunion, du Québec, de Scandinavie ou d'ailleurs. Les « fidèles » et amateurs de tout poil sont invités à traverser les grèves séparant Saint-Vaast de Tatihou pour passer la soirée sur l'île, au rythme de chants de marins et de mélodies inspirées de l'air du large. Une nuit de bal et de concerts à terre ou sur l'île, selon les années.

BARFLEUR (50760) 640 hab. *Carte Le nord de la Manche, C1*

Ce ravissant petit port, classé parmi « Les Plus Beaux Villages de France », fut aussi le chouchou des peintres (Paul Signac y vécut longtemps). L'église et son petit écrin de nobles demeures de granit et toits de lauzes composent un

ensemble architectural austère mais ravissant. Et tout cela a fort bien résisté, à travers les siècles, aux furieuses tempêtes et coups de vent assassins.
Mais cette vision de carte postale ne doit pas faire oublier que Barfleur est aussi un important port de pêche, sans mareyeurs ni criée mais extrêmement actif. En dehors de la pêche traditionnelle des coquilles Saint-Jacques, poissons et autres crustacés, Barfleur se classe aussi comme le premier port moulier de France : 8 000 t de « Blondes de Barfleur », moules sauvages de haute mer, sortent des chalutiers chaque année ! Une jolie blonde qui a d'ailleurs obtenu le label de qualité « Normandie Fraîcheur Mer ». Ne pas manquer de faire un tour sur le port à l'heure de la « débarque » : spectacle et animation garantis !

UN PEU D'HISTOIRE

Dur à croire, mais Barfleur fut l'un des ports les plus importants de la Manche au Moyen Âge. Selon la légende, c'est d'ici que le duc Guillaume serait parti à la conquête de l'Angleterre en 1066. Et c'est toujours de Barfleur que, par la suite, les chevaliers normands embarquaient pour aller administrer leurs fiefs anglais. En 1120 cependant, la réputation de Barfleur prend un sacré coup : sur le rocher de Quillebœuf, à quelques encablures du port, la *Blanche Nef* fait naufrage, emportant dans les flots les deux petits-fils de Guillaume et toute leur suite. En 1346, nouveau coup du sort : Édouard III rase Barfleur, dont la population est ensuite décimée par la peste noire. Ça fait beaucoup pour une petite ville, non ?
Après cette chevauchée médiévale, Barfleur retombe dans un anonymat tranquille, long de plusieurs siècles, même pas troublé par les visites régulières que lui fait Jules Renard, qui y écrit la suite de *Poil de Carotte, L'Écornifleur,* dont les personnages et les décors lui sont inspirés par Barfleur. Comme nous, l'homme est sûrement tombé sous le charme du port « bleu d'eau de Javel, comme si un peuple de blanchisseuses venaient d'y laver leur linge » (*Journal* de Jules Renard, 1890).

Adresse utile

ℹ ***Office de tourisme :*** *2, rond-point Guillaume-le-Conquérant. ☎ 02-33-54-02-48. • barfleur.fr • Avr-sept, lun-sam 10h-12h30, 14h-18h30 (plus dim juil-août) ; oct-mars, mar-sam 10h-12h, 14h-17h.* Propose des visites commentées à travers le village (le port, l'église, l'architecture civile, etc.).

Où dormir ?

Camping

La Blanche Nef : *12, chemin de la Masse. ☎ 02-33-23-15-40. • lablanchenefY@wanadoo.fr • camping-barfleur.fr • Ouv de mi-fév à mi-nov. Selon saison, compter 9-16,50 € pour 2 avec tente et voiture ; bungalows toilés et mobile homes 4-6 pers 314-576 €/sem. 92 empl.* Camping tout juste assez en hauteur pour avoir une vue sur la mer, qui se trouve de l'autre côté de la route, et un bel aperçu du village de Barfleur. Très simple, de grandes pelouses où l'on s'installe à sa guise. Sans l'ombre d'un arbre et ouvert au vent, certes, mais quelle vue ! Très bien tenu et fleuri. Location de vélos, petite épicerie et une base nautique à côté. Très bon accueil.

De chic à plus chic

Hôtel Le Conquérant : *16-18, rue Saint-Thomas-Becket. ☎ 02-33-54-00-82. • contact@hotel-leconquerant.com • hotel-leconquerant.com •*

Dans la rue principale, à deux pas du port. Congés : nov-mars. Doubles 80-125 € ; petits déj 7,90-13,60 €. Parking payant. Pas de vue sur la mer, mais cette belle demeure du XVIIe s nous a néanmoins conquis. Derrière la sobre façade de granit se cache un vaste et magnifique jardin à la française où est servi le petit déj aux beaux jours. 10 chambres confortables (2 indépendantes, dont l'une avec terrasse privative), avec du cachet, donnant sur le jardin pour la plupart. Dans tout l'hôtel, des objets de déco chinés par les propriétaires, qui sont à vendre. Et, une fois n'est pas coutume, différentes formules pour le petit déjeuner.

Où dormir dans les environs ?

Chambres d'hôtes

Clémasine : *chez Dominique et Patrick Gancel, 49, rue de la Grandville, 50760* ***Montfarville.*** *☎ 02-33-22-08-63. • patrick.gancel@clemasine.com • clemasine.com • Sur la D 902 entre Barfleur et Quettehou, entrer dans Montfarville, laisser l'église sur la gauche, traverser le village, prendre la 2e route à droite (D 415) puis à gauche (D 1) et aller jusqu'au n° 49. Congés : 21 déc-5 janv. Doubles 75-95 € (dégressif selon durée) ; 20-25 €/pers supplémentaire. Réduc de 10 % sur la chambre à partir de 2 nuits consécutives (hors juil-août) sur présentation de ce guide.* Ancienne ferme tout en granit dont les origines remontent au XVIIe s. Si l'extérieur a conservé son caractère originel, l'intérieur se veut résolument moderne et lumineux, décoré de toiles de Patrick. 4 chambres élégantes avec sanitaires privés. 2 au 1er étage de la maison avec mezzanine pouvant accueillir une personne supplémentaire, 2 autres pour 4 personnes avec accès direct sur le jardin et mezzanine. Dominique organise régulièrement des stages de patchwork. Accueil convivial.

Chambres d'hôtes du Manoir de la Fèvrerie : *chez Marie-France Caillet, 4, route d'Arville, 50760* ***Sainte-Geneviève.*** *☎ 02-33-54-33-53. • lafevrerie@orange.fr • lafevrerie.fr • À 3 km de Barfleur par la D 901, puis à gauche par la D 10, et 1re à gauche. Doubles 75-85 €. Gîte 5 pers 340-530 €/sem selon saison. Remise de 10 % pour 2 nuits consécutives (hors hte saison) sur présentation de ce guide.* Maison de famille des XVIe et XVIIe s. Toute de granit jusqu'au solide escalier en pierre qui grimpe vers des chambres plus que confortables et décorées avec beaucoup de soin de façon très cosy, un peu campagne à l'anglaise. Accueil des plus charmant, et petit déj de rêve au coin de la cheminée...

Où manger ? Où boire un verre ?

Restaurant du Phare : *42, rue Saint-Thomas-Becket. ☎ 02-33-54-10-33. • bkl@wanadoo.fr • Tlj sf dim soir et lun hors saison. Menus 15,50 € (lun-ven midi), puis 22-41 €.* La table des habitués et des familles qui viennent profiter ici d'une cuisine traditionnelle tournée vers la mer et de saison. Également des pizzas. Épicerie fine et, au milieu des tables, la cave à vins et les whiskies en vrac. Petite terrasse sur la rue, et côté jardin.

Crêperie Chez Buck : *1, rue Saint-Thomas-Becket. ☎ 02-33-54-02-16. Sur le port. Tlj en été ; fermé mar et parfois mer soir hors saison. Congés : de mi-nov à mi-déc. Résa conseillée. Menus env 17-21 €.* Ceux qui sont allergiques aux crêpes (sévère handicap, nos condoléances...) pourront se rabattre sur des menus d'inspiration plus classique (moules ou escalopes normandes, andouillettes au cidre, maquereaux marinés, poisson...). Peu de tables, assez serrées d'ailleurs. Ou alors terrasse.

Café de France : *12, quai Henri-Chardon. ☎ 02-33-54-00-38. • cafe*

LA MANCHE

defrance-50@orange.fr • Tlj 8h-minuit vac de Pâques, grands w-e de mai et juil-août ; fermé mer et le soir en sem hors saison. Congés : janv. Menus 19,50-23,90 €. Un café-brasserie un peu rétro (avec terrasse en saison), sans éclat avec le comptoir en zinc et les petits pavés mais à l'ambiance chaleureuse, où se mêlent locaux, habitués et touristes de passage. La cuisine est basique mais généreuse (les petits appétits éviteront les menus !). Un lieu attachant, parfait pour boire un verre, où l'on vient davantage pour l'ambiance (et la vue sur le port) que pour la délicatesse des mets.

À voir. À faire

L'église Saint-Nicolas : construite du XVIIe au XIXe s. Son aspect ramassé et trapu est renforcé par l'absence de clocher, celui-ci ayant été rasé à la fin du XVIIIe s à la suite d'une très forte tempête. Superbes toits de lauzes. À l'intérieur, belle pietà du XVIe s et une *Visitation* de Maertens de Vos, superbe tableau de l'école flamande, du XVIe s.

➢ **_Balade dans le bourg :_** le charme de Barfleur réside avant tout dans sa simplicité, ses lignes rigoureuses, la beauté des matériaux utilisés (schiste et granit). Emprunter la pittoresque rue Saint-Nicolas, parallèle au port. La première maison, sur la droite, face à l'église, est celle où séjourna Paul Signac de 1930 à 1935. Poursuivre rue Saint-Thomas-Becket où s'alignent quelques-unes des plus belles demeures de Barfleur, comme la maison Alexandre (au nº 3). À la hauteur du nº 14, jeter un œil sur la cour Sainte-Catherine. Cour médiévale typique. Au nº 18, très belle maison XVIIe s, aujourd'hui l'hôtel *Le Conquérant.*

DANS LES ENVIRONS DE BARFLEUR

L'église de Montfarville : *à 2 km au sud de Barfleur par la D 155.* Du XVIIIe s. Revêtue à l'intérieur de pierres très claires qui procurent une luminosité particulière, elle abrite une étonnante suite de peintures de Guillaume Fouace, surtout connu pour ses natures mortes, qui représentent des scènes de la vie du Christ. Chapelle et clocher du XIIIe s. Belle Vierge polychrome du XIVe s.

LA CÔTE DU VAL DE SAIRE (DE BARFLEUR À CHERBOURG-EN-COTENTIN)

Une presqu'île à la côte granitique, certes moins spectaculaire, on l'a dit, que celle du cap de la Hague, mais qui, du phare de Gatteville à l'anse du Brick, offre son lot de pittoresque et quelques points de vue saisissants. En retrait, des villages tranquilles s'entourent d'herbages et de cultures maraîchères abritées derrière des murets de pierre.

Où dormir ?

Camping

⛺ ***Camping de l'Anse du Brick :*** *18, anse du Brick, 50330* ***Maupertus-sur-Mer.*** *☎ 02-33-54-33-57. • welcome@anse-du-brick.com • anse-du-brick.com • ♿ À 10 km à l'est de Cherbourg en longeant la côte. Ouv d'avr à mi-sept. Selon saison, compter 23-41 € pour 2 avec tente et voiture ; hébergements locatifs 4-6 pers 406-910 €/sem selon confort et saison. 180 empl.* Un magnifique site paysager dominant l'adorable anse du Brick qui, tout en offrant l'équipement haut de gamme d'un petit village fort bien tenu, réussit à conserver une ambiance vraiment bucolique. Plusieurs forfaits camping (un avec barbecue, transats...) ; certains emplacements sont en lisière de forêt. Les hébergements locatifs, du cottage au chalet en passant par la villa, sont à l'écart, eux aussi dans un bel environnement, avec une très, très belle vue sur la mer pour certains. Piscines, club enfants. Accès à la plage par une passerelle. Très bon accueil.

Chambres d'hôtes

🏠 🍽 ***Les Deux Caps :*** *chez Carine Heurtevent, 2, La Brasserie, 50330* ***Carneville.*** *☎ 02-33-54-13-81. • carine@gitedesdeuxcaps.com • gitedesdeuxcaps.com • Sur les hauteurs de Fermanville. Congés : de fin nov à mi-fév. Double 58 € ; 4 pers 90 €. Table d'hôtes sur résa 23 €.* 📶 Dans un joli corps de bâtiment, dans le même jardin que la maison des propriétaires, 5 chambres sobrement mais joliment décorées. Également une cuisine-salle à manger à disposition. Petit déj et table d'hôtes dans une vaste et chaleureuse salle à manger tout en baies vitrées qui donne dans le jardin. Et du jardin justement, une bien belle vue sur la mer. Accueil aimable, posé et atmosphère familiale.

🏠 ***Fort du Cap Lévi :*** *7, le cap Lévi, 50840* ***Fermanville.*** *☎ 02-33-23-68-68. 📱 06-80-44-33-27. • fortducaplevi@orange.fr • fortducaplevi.com • Une fois dépassé le petit port Lévi, continuer plein nord sur le chemin qui conduit jusqu'à cet ancien fort de la marine. Congés : de mi-déc à mi-janv. Résa indispensable. Doubles 75-85 € selon situation ; 4 pers 135 €.* Dans un cadre un peu austère, à l'abri des gros murs de granit de ce fortin construit sous Napoléon, désormais propriété du Conservatoire du littoral, 5 chambres confortables avec leur déco marine. Seule une chambre se situe à l'étage et offre une vue sur la mer. Vous vous consolerez en allant prendre le petit déj (tout simple) sous la superbe verrière qui surplombe la mer : vue imprenable sur le cap Lévi, son phare et la rade de Cherbourg. Et le sentier côtier qui peut guider les balades.

Où manger ?

🍽 ***La Maison Rouge :*** *16, anse du Brick, 50330* ***Maupertus-sur-Mer.*** *☎ 02-33-43-34-05. • davidetannabelle@restaurant-lamaisonrouge.fr • Tlj sf mer, plus dim soir hors saison. Congés : janv. Formules déj en sem 12-15 € ; menus 25-35 €.* Resto aménagé dans une belle maison du XIXe s, qui surplombe l'anse du Brick. Cadre sobre, lumineux et plutôt contemporain, et, dans l'assiette, des plats soignés et réussis. Pour compléter le tableau, une vaste véranda avec une bien belle vue sur la mer, ce qui ne gâche rien.

Où acheter de bons produits ?

🧺 ***Ferme du Moulin des Corvées :*** *chez Christine et Samuel Brostin, 9, route de Digosville, 50330* ***Le Theil.*** *☎ 02-33-20-05-46. Accès depuis*

LA MANCHE

la D 901, entre Saint-Pierre-Église et Cherbourg, prendre à gauche la D 24, puis la D 120, qu'on continue après Le Theil, direction Digosville. Tte l'année, mar et ven-sam 14h-18h ; possibilité de visite. Ici, tout se fait en famille, de la traite des vaches à la vente, en passant par la fabrication. Le camembert du Theil, avec sa belle pâte dorée, sent la vache, le foin, le lait : bref, la vraie ferme ! Christine Brostin vend aussi ses produits (beurre, crème...) sur les marchés de Saint-Pierre-Église (mercredi), Valognes (vendredi) et Beaumont-Hague-Cherbourg (samedi).

À voir en cours de route

Le phare de Gatteville : *☎ 02-33-23-17-97. Tlj 10h-12h, 14h-19h mai-août, 18h avr et sept, 17h mars et oct, 16h le reste de l'année. Fermé janv, de mi-nov à mi-déc, 1er mai et 25 déc. Entrée : 3 €.*
Au bout du val de Saire, au bout de Gatteville, au bout de sa digue, le phare fascine par sa haute silhouette solitaire. Ce n'est certainement pas pour rien que Jean-Jacques Beineix y tourna une scène de son film *Diva.* Construit de 1829 à 1834, il a pour particularité ses 365 marches, 52 ouvertures et 12 niveaux. Ça ne vous rappelle rien ? D'en haut, à 75 m au-dessus de la mer, le paysage est à couper le souffle (pour ceux qui en ont encore ou qui n'ont pas le vertige) : par temps clair, la vue porte jusqu'à Grandcamp. En bas, petite salle d'accueil avec vidéo sur le service des phares et balises, et exposition de quelques modèles de lampes anciennes. Devant le phare actuel se trouve l'ancien phare construit au XVIIIe s, désormais sémaphore de la Marine nationale.
En sortant, continuer vers le petit port de Gatteville, le contourner et suivre la route côtière pour profiter de la mer... à deux roues ou à pieds (de nombreux pêcheurs et camping-cars squattent les lieux).
En repartant par le village de Gatteville, arrêtez-vous dans la charmante chapelle des marins, Notre-Dame-de-Bon-Secours.

Saint-Pierre-Église : comme Tocqueville, Saint-Pierre-Église a aussi son penseur, en la personne de l'abbé de Saint-Pierre. Moins connu que les grands philosophes de l'époque, il peut cependant être considéré comme l'un des pionniers du Siècle des lumières. Partisan d'une Europe unie, il rédige un *Projet de paix perpétuelle pour l'Europe,* toujours d'actualité... Scientifique, humaniste, l'abbé est également l'un des tout premiers à militer contre le célibat des prêtres et pour la condition féminine. Tout cela valait bien une statue, à voir sur la place du village, superbe de simplicité. L'église présente une tour romane imposante, avec balustrade et tourelles carrées sur encorbellement. À 800 m du village, au bout d'une longue et élégante allée, beau château du XVIIIe s.

Le cap Lévi : belle balade jusqu'au phare, à travers les landes surplombant la mer. Devant le phare, on comprend ce qu'est l'angoisse d'une côte « mal pavée » pour un marin : ces rochers affleurant, au ras de l'eau, en ont coulé plus d'un... Derrière le cap, ***Fermanville,*** beau village aux nombreux hameaux et aux nombreux moulins.

Le moulin à eau Marie Ravenel : *la Coudrerie, 50330* ***Réthoville.*** *☎ 02-33-54-56-18. • moulinmarieravenel.fr • ♿ Avr-juin et sept, mer et w-e 14h-17h30 ; juil-août, tlj 14h-18h30 ; départ de la dernière visite guidée 1h avt fermeture. Entrée : 4 €.* Ce moulin du XVIIIe s tient son nom de la poétesse Marie Ravenel qui y vécut 31 années durant. Fermé en 1935, mais aujourd'hui entièrement restauré, on peut y admirer sa grande roue à auget et l'ensemble de son système d'engrenage ainsi que ses deux paires de meules d'origine. L'une d'entre elles fabrique encore quotidiennement de la farine. À voir également, une expo sur la vie quotidienne d'autrefois. Propose aussi de nombreuses animations autour du pain.

L'anse du Brick : *la D 116 s'y glisse entre Fermanville et Bretteville.* Le nom réveille immédiatement tout un imaginaire : pavillon à tête de mort, bandeau noir sur l'œil et coffre débordant d'or... Et le paysage de cette adorable petite baie ne déçoit pas : une eau presque turquoise qui ourle une langue de sable... On oublie les Caraïbes et les îles au trésor en découvrant ces gros rochers granitiques polis par les flots, qui parsèment la plage. C'est de ce même granit que sont faits les pavés sur lesquels suent sang et eau les coureurs cyclistes du Paris-Roubaix.

CHERBOURG-EN-COTENTIN

(50100) 83 000 hab. *Carte Le nord de la Manche, B1*

• Plan *p. 422-423*

Au fond de sa rade artificielle, la plus grande du monde, c'est depuis toujours un grand port grâce à sa position stratégique au bout du monde occidental. La montagne du Roule, qui surplombe Cherbourg, a fourni les milliers de blocs de « roule » (le grès brut) qui servirent à édifier les longues digues qui ferment le port (il fallut près d'un siècle pour l'achever !). Aujourd'hui, c'est le port français couvrant le plus d'activités : port militaire, port de commerce, port de pêche, port de voyageurs (avec l'Irlande et l'Angleterre) et port de plaisance (le deuxième de France, après Cannes !). Cette ville ne vous séduira peut-être pas au premier coup d'œil, mais elle dégage une ambiance vraiment particulière et de très belle surprises vous attendent au détour des rues de son centre-ville animé ou dans ses proches environs : d'ancienne demeures pleines de charme, de ravissants jardins, un musée d'Art qui mérite la visite...
En 2016, Cherbourg-Octeville est devenu Cherbourg-en-Cotentin, né de la fusion de Cherbourg et de ses quatre communes voisines : Équeurdreville, Tourlaville, La Glacerie et Querqueville. Un sacré pas de franchi, qui a fait passer la ville de 38 000 habitants à... 83 000 !

LES PARAPLUIES DE CHERBOURG

On se souvient du film de Jacques Demy, mais la fabrique de parapluies est née... après le film. L'usine est aujourd'hui célèbre pour son Parapactum : ce parapluie avec sa toile en Kevlar protège les personnalités, notamment le locataire de l'Élysée. Bon, 6 000 € quand même ! Est-il efficace contre la pluie ?

UN PEU D'HISTOIRE

Au moment de la conquête viking (IXe s), la ville devint l'un des importants points de colonisation des Northmen, puis ville normande stratégique. Construction d'un château au début de l'an 1000. Dès cette époque, tous les pouvoirs n'auront de cesse de faire de Cherbourg une place défensive. Pendant la guerre de Cent Ans, elle fut rarement prise. Même Du Guesclin, après 6 mois de siège, échoua. Idem pour Montgomery, le célèbre chef huguenot pendant les guerres de Religion.
Pour la construction de la grande digue, entreprise en 1783, Louis XVI vint lui-même assister au début des travaux. Un ingénieur avait imaginé de construire

d'immenses structures en bois en forme de cônes, remorquées en mer, chargées de milliers de blocs de pierre et qui devaient servir d'assises à la digue. Puis le port connut un va-et-vient incessant de personnalités et d'événements : Napoléon ordonna la militarisation de Cherbourg et vint lui-même en 1811, Marie-Louise lui succéda en 1813, le duc de Berry y rentra d'exil l'année suivante. Quant à Charles X, il l'utilisa pour son propre exil en 1830. En 1840, la rade vit le retour des cendres de Napoléon Ier de Sainte-Hélène.

CHERBOURG DANS LA BATAILLE DE NORMANDIE

Cherbourg fut, dans le plan du débarquement de juin 1944, l'un des éléments stratégiques. En effet, dans le choix des plages pour débarquer, il fallait nécessairement un port en eau profonde à proximité, pour remplacer rapidement les ports artificiels. Après d'âpres combats, la ville fut prise par le 7e corps américain les 26 et 27 juin. Aussitôt, avec l'aide de la Royal Navy, le port fut déminé et dégagé de ses épaves en un temps record pour permettre une remise en fonctionnement. Premier port libéré de France, Cherbourg fut pendant quelques mois le plus grand port du monde, avec quelque 25 000 t de matériel débarquées quotidiennement, et un flot ininterrompu d'hommes.
Un pipe-line (resté dans l'histoire sous le nom de Pluto), installé entre l'île de Wight et Cherbourg, commença début août 1944 à fournir une grande partie de l'essence nécessaire aux armées de libération. Puis la ville connut une incroyable activité portuaire.

Arriver – Quitter

En train

Gare ferroviaire *(plan B-C3) :* *☎ 36-35 (0,34 €/mn) ou, pour les TER, ☎ 0825-00-33-00 (service 0,15 €/mn + prix d'appel). • ter-sncf.com/basse_normandie •*
➢ ***De/vers Paris-Saint-Lazare via Valognes, Carentan, Lison, Bayeux, Caen.***
➢ ***De/vers Saint-Lô et Coutances :*** correspondance à Lison.

En car

Gare routière *(plan B-C3).*
➢ ***De/vers Barfleur, Saint-Vaast, Valognes, Portbail, Carteret, Bricquebec, Carentan, Coutances, Saint-Lô, Les Pieux, Flamanville et Siouville :*** avec la compagnie *Manéo Express. • transports.manche.fr •*
➢ ***Cherbourg-en-Cotentin :*** bus de ville avec la compagnie *Zéphir (☎ 0810-810-050, service gratuit + prix d'appel local ; • zephirbus.com •).*

En bateau

➢ ***De/vers Rosslare*** *(Irlande) :* avec *Irish Ferries (☎ 02-33-23-44-44 ; • ferry-irlande.com •).* Mai-sept, 1 départ ts les 2 j. ; oct-avr, 3 départs/sem. Liaisons assurées également par *Stena Line (☎ 02-33-43-23-87 ; • stenaline.fr •).*
➢ ***De/vers Poole*** *(Angleterre) :* avec *Brittany Ferries (☎ 02-33-88-44-88 ; • brittanyferries.com •).* 1 bateau/j. Durée : 4h30.
➢ ***De/vers Portsmouth*** *(Angleterre) :* avec *Brittany Ferries.* Mai-sept, 1-2 départs/j. Durée : 3h.

Adresse et info utiles

Office de tourisme *(plan B2) : 14, quai Alexandre-III. ☎ 02-33-93-52-02. • cherbourgtourisme.com • Juil-août, lun-sam 9h30-19h, dim 10h-17h ; 2de quinzaine de juin et 1re quinzaine de sept, lun-sam 9h30-12h30, 13h30-18h, plus dim mat 9h30-13h30 ; le reste de l'année, lun-sam 10h-12h30, 14h-18h,*

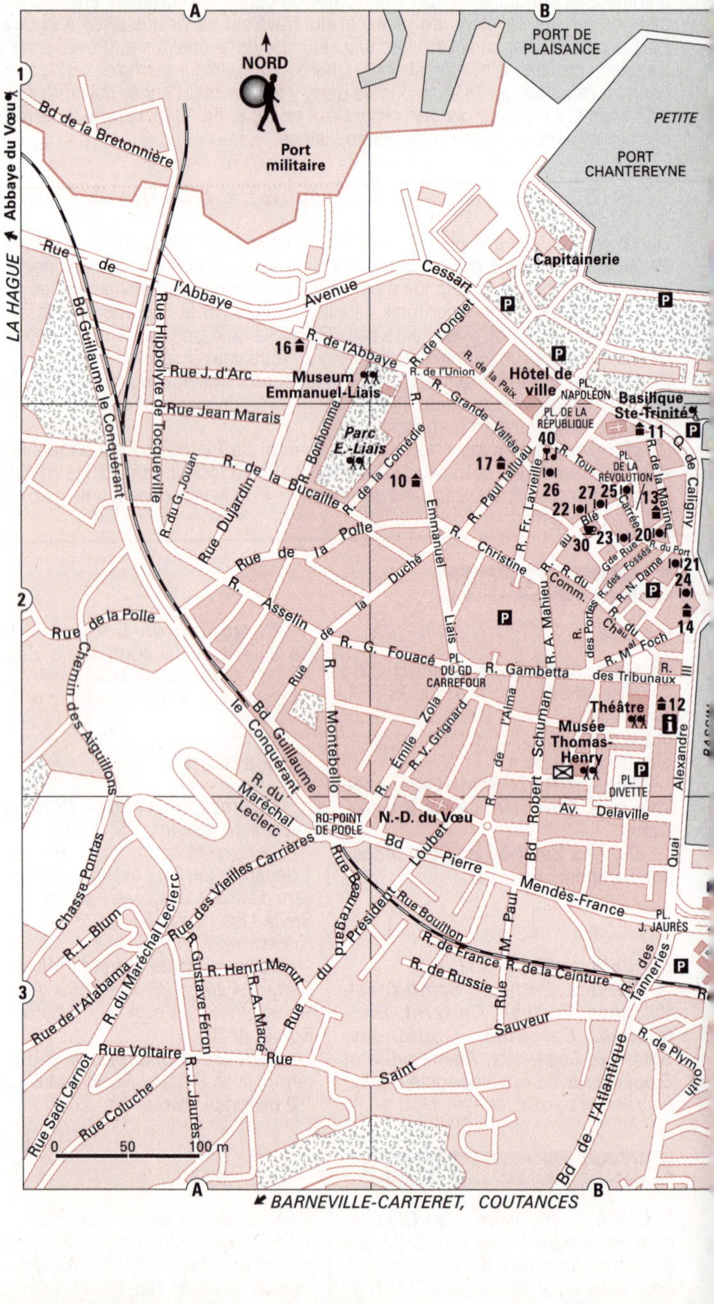

A
B
1
2
3
NORD
PORT DE PLAISANCE
PETITE
PORT CHANTEREYNE
Port militaire
Capitainerie
LA HAGUE
Abbaye du Vœu
Bd de la Bretonnière
Rue de l'Abbaye
Avenue Cessart
R. de l'Abbaye
R. de l'Onglet
R. de l'Union
R. de la Paix
Hôtel de ville
PL. NAPOLÉON
Basilique Ste-Trinité
PL. DE LA RÉPUBLIQUE
Rue J. d'Arc
Museum Emmanuel-Liais
Rue Jean Marais
Bd Guillaume le Conquérant
Rue Hippolyte de Tocqueville
R. Bonhomme
Parc E.-Liais
R. de la Comédie
R. Grande Vallée
R. Tour
PL. DE LA RÉVOLUTION
R. de la Marine
Q. de Caligny
R. du G. Jouan
Rue Dujardin
R. de la Bucaille
R. Emmanuel Liais
R. Paul Talluau
R. Fr. Lavieille
R. au Blé
Carrée
Gde Rue
R. des Fossés
R. du Port
Rue de la Polle
R. Christine
R. du Comm.
R. N. Dame
R. Asselin
R. de la Duché
R. A. Mahieu
R. des Portes
R. du Chau
R. Mal Foch
Rue de la Polle
R. G. Fouacé
PL. DU GD CARREFOUR
R. Gambetta
R. des Tribunaux
Chemin des Aiguillons
Rue de Montebello
R. Émile Zola
R. V. Grignard
R. de l'Alma
Robert Schuman
Théâtre
Musée Thomas-Henry
PL. DIVETTE
Quai Alexandre III
R. du Maréchal Leclerc
RD-POINT DE POOLE
N.-D. du Vœu
R. Loubet
Av. Delaville
Bd Pierre Mendès-France
Bd Robert Schuman
Rue Chasse Pontas
R. L. Blum
Rue des Vieilles Carrières
R. du Maréchal Leclerc
Rue de l'Atabama
Rue Beauregard
Rue du Président
Rue Bouillon
R. de France
R. de la Ceinture
R. de Russie
Rue M. Paul
PL. J. JAURÈS
R. des Tanneries
R. Gustave Féron
R. Henri Menut
R. A. Macé
Rue Saint Sauveur
Rue Voltaire
R. J. Jaurès
Rue Sadi Carnot
Rue Coluche
Bd de l'Atlantique
R. de Plymouth
0
50
100 m
16
10
17
40
26
27
25
22
13
30
23
20
21
24
14
11
12
BARNEVILLE-CARTERET, COUTANCES

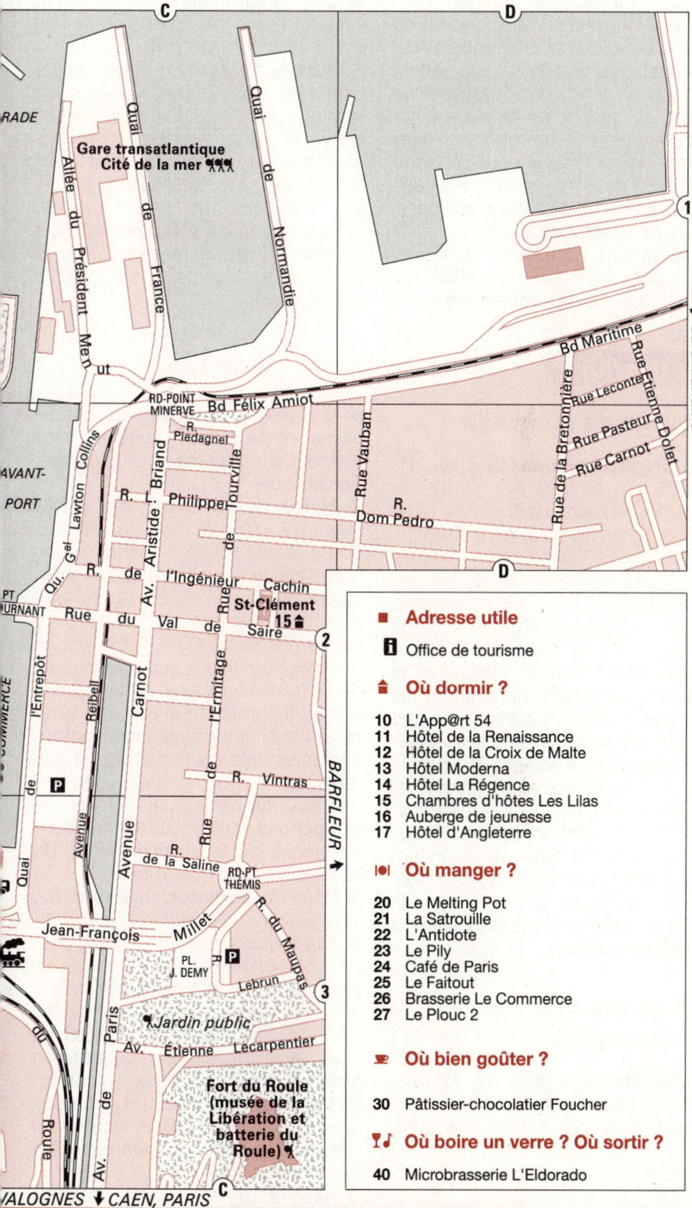

CHERBOURG-EN-COTENTIN

dim pdt vac scol et j. fériés 10h-13h. Propose des visites guidées du centre-ville ancien et des randonnées. Distribue aussi un dépliant qui permet aux inconditionnels des *Parapluies de Cherbourg* de faire un pèlerinage sur les différents lieux du tournage, ainsi qu'un rallye touristique pour découvrir Cherbourg de façon ludique. Boutique et billetterie pour les sites touristiques, croisières, spectacles, etc.

– Applications gratuites : « Château de Cherbourg » (détruit en 1689), qui permet une bonne immersion dans le Cherbourg médiéval ; « Le Grand Départ » (via le site internet de la ville • *ville-equeurdreville.fr* •).

– **Marchés :** *mar, jeu 8h-13h devant le théâtre et dans les rues avoisinantes ; sam pl. Centrale. Mar et sam, marché aux fruits, fleurs, légumes et produits du terroir ; jeu, grand marché ts produits confondus.* ***Marché aux puces*** *sur la pl. des Moulins, 1er sam du mois. Le* ***marché d'Octeville*** *(av. de Normandie, banlieue sud-ouest de Cherbourg), dim mat, vaut aussi le déplacement.*

Où dormir ?

Auberge de jeunesse

Auberge de jeunesse *(plan A1,* ***16****) : 55, rue de l'Abbaye. ☎ 02-33-78-15-15. • cherbourg@hifrance.org • En bus, ligne n° 3 ou 5, arrêt Chantier. Congés : 18 déc-1er janv. Avec la carte FUAJ (obligatoire et vendue sur place), nuitée 22,60 €, petit déj et draps inclus.* Installée dans d'anciens bâtiments de la Marine nationale, intelligemment rénovés. Chambres et locaux impeccables, notamment les sanitaires, mobilier moderne... l'endroit est vraiment agréable (bien que légèrement bruyant côté boulevard). En plus, l'accueil est efficace et souriant. Possibilité de restauration sur place et cuisine pour les « ajistes » cordons-bleus. 2 bons plans : la terrasse extérieure pour prendre son petit déj au soleil, et la possibilité de faire un stage à la station de voile de Cherbourg, située à quelques encablures.

De bon marché à prix moyens

Hôtel Moderna *(plan B2,* ***13****) : 28, rue de la Marine. ☎ 02-33-43-05-30. • hotel-moderna@wanadoo.fr • hotel-moderna.com • Doubles 68-70 € ; familiales 79-92 €. Réduc de 5 % sur le prix de la chambre sur présentation de ce guide.* Hôtel sympathique où règne une ambiance familiale. Ne vous fiez pas à l'entrée-réception, gentiment vieillotte : les chambres, elles, sont claires et ont même un certain cachet contemporain ; quelques-unes donnent sur la petite cour intérieure. Bon petit déj.

Hôtel de la Croix de Malte *(plan B2,* ***12****) : 5, rue des Halles. ☎ 02-33-43-19-16. • hotel.croix.malte@wanadoo.fr • hotelcroixmalte.com • Doubles 53-70 € selon taille et confort. Parking payant (gratuit pour motos). Remise de 10 % sur la chambre (oct-mars), sur présentation de ce guide.* Dans une petite rue piétonne, l'hôtel abrite plus d'une vingtaine de chambres de bon confort, agréables, très calmes et peu à peu refaites. Les moins onéreuses ont une salle de bains, mais minuscule. Les patrons vous accueillent personnellement, de façon charmante. Un excellent rapport qualité-prix.

Hôtel de la Renaissance *(plan B2,* ***11****) : 4, rue de l'Église. ☎ 02-33-43-23-90. • renaissance-cherbourg@hotmail.fr • hotel-renaissance-cherbourg.com • Congés : vac de Noël. Doubles 55-75 € selon confort ; familiales 75-115 €. Parking payant.* Très bien situé, avec des chambres (certaines assez petites) coquettes et confortables. Un excellent accueil et un bon rapport qualité-prix. Bien insonorisé, mais faire « patte de velours » : les planchers grincent !

Hôtel d'Angleterre *(plan B2,* ***17****) : 8, rue Paul-Talluau. ☎ 02-33-53-70-06. • contact@hotelangleterre-fr.com • hotelangleterre-fr.com • Doubles 49-58 € ; familiales 3-6 pers*

70-91 €. Grosse bâtisse au calme, malgré sa proximité avec le quartier des bars. Chambres au confort et à la décoration d'aujourd'hui, pas immenses mais plaisantes. Accueil agréable.

Chambres d'hôtes Les Lilas *(plan C2,* ***15****) : 163, rue du Val-de-Saire. ☎ 02-33-43-06-93. • maripier@laposte.net • les-lilas-cherbourg.com • Double 70 € ; familiale 3 pers 88 €. Café offert sur présentation de ce guide.* Dans une jolie maison de maître du XIXᵉ s, des chambres spacieuses et confortables (dont une familiale qui en réunit 2 autour d'une salle de bains), baignées de lumière, au mobilier chinois, rapporté d'un long séjour là-bas... et ailleurs. Agréable jardin fleuri, clos de murs, au cœur de la ville. Accueil charmant.

De chic à plus chic

Hôtel La Régence *(plan B2,* ***14****) : 42-44, quai de Caligny. ☎ 02-33-43-05-16. • laregencecherbourg@wanadoo.fr • laregence.com • Congés : 21 déc-16 janv. Doubles 85-120 € selon vue et confort. Remise de 10 % sur la chambre, sur présentation de ce guide.* Face au port, un élégant établissement à la déco *so British* avec beaucoup de boiseries et de petits salons cosy. Chambres pour la plupart luxueuses, pas toujours très grandes (au 3ᵉ sans ascenseur) mais au confort moderne, dans un labyrinthe d'étroits couloirs feutrés. Celles situées à l'arrière sont plus calmes la nuit, même si elles donnent sur le parking (ce qui est par ailleurs pratique...). Bel accueil.

L'App@rt 54 *(plan B2,* ***10****) : chez Pascale Marion, 54, rue Emmanuel-Liais. ☎ 02-33-78-91-60. 06-98-00-91-60. • contact@appart-hotel.net • appart-hotel.net • Apparts meublés 1-4 pers 86-139 €/nuit selon taille et saison. Réduc de 10 % sur présentation de ce guide.* Ex-professionnelle de l'hôtellerie de luxe, ex-Parisienne adoptée par le Cotentin, Pascale s'est lancé un défi ! Des appartements hyper fonctionnels et hyper équipés (notamment la cuisine), « très cocoon » (le plus grand avec douche-hammam), dans un esprit pension de famille pour se sentir chez soi chez elle ! Enfin presque, parce que Pascale habite en famille non loin de là ! Mais attentive, elle est présente sans l'être... pour prodiguer conseils et adresses. Elle privilégie la rencontre, dès l'accueil charmant, souriant, enthousiaste ! Location de vélos.

LA MANCHE

Où dormir dans les environs ?

Manoir de la Fieffe *(hors plan par B3) : chez Emmanuel de La Fonchais, La Fieffe, 50470* ***La Glacerie*** *(Tourlaville). ☎ 02-33-20-81-45. 06-15-06-83-42. • accueil@manoirdelafieffe.com • manoirdelafieffe.com • À 3,5 km du centre de Cherbourg, vers Valognes, puis D 410 à gauche ; fléché. Doubles 105-140 € selon confort et saison.* Sur les hauteurs de Cherbourg, au milieu des champs et des bois, un manoir où il fait bon vivre. Un cadre historique (manoir du XVIᵉ s), un accueil des plus charmant par des passionnés de botanique. D'ailleurs, les motifs floraux égaient chambres et pièces communes. Très belle adresse pour voyager encore... plus loin.

Où manger ?

Sur le pouce

Nombreux ***snacks, cafés, sandwicheries*** rues de la Paix et de l'Union *(plan B1-2)*, pas chers et fréquentés par les jeunes Cherbourgeois. De même, autour des halles, avec le ***Carré Café.***

De bon marché à prix moyens

Le Plouc 2 *(plan B2,* ***27****) : 59, rue au Blé. ☎ 02-33-01-06-46. • leplouc2@orange.fr • Fermé sam midi, dim soir et lun midi (plus dim midi en été).*

Congés : 3 sem en fév, 1 sem en sept. Formules déj en sem 16-20 € ; menus 20,90-36,90 €. Café offert sur présentation de ce guide. Une valeur sûre à Cherbourg, qui vous propose une carte plutôt courte, soignée et alléchante, et quelques associations de saveurs originales dans un cadre chaleureux et rustique, avec poutres apparentes. La cuisine est réussie, et le service aimable et pro. Et une petite terrasse pour couronner le tout.

Le Melting Pot *(plan B2, **20**) : 17, rue du Port. ☎ 02-33-01-24-09. • lemeltingpotcherbourg@sfr.fr • Tlj sf dim. Repas 15-20 €.* Petit resto proposant de bons plats à consommer sur place ou à emporter. La carte est courte, et des saveurs d'ailleurs s'invitent au menu : cela peut aller de la cuisine indienne ou thaïe à la cuisine antillaise ou d'Europe centrale. Plats copieux, que l'on accompagne ou non d'un dessert, selon l'appétit. Atmosphère vraiment conviviale et service sympa comme tout.

L'Antidote *(plan B2, **22**) : 41, rue au Blé. ☎ 02-33-78-01-28. • restaurantantidote@gmail.com • Mar-sam ; tlj en été. Formules déj 9,50-14,40 € ; menus 21,60-31,90 € ; carte env 30 €. Apéritif maison offert sur présentation de ce guide.* Au menu, des petits plats plaisants (malgré quelques irrégularités dans la qualité) et copieux que vous pouvez accompagner du verre de vin que le patron vous conseille dans la bonne humeur. Blottie dans l'enfilade de cours derrière les maisons de la rue au Blé, cette adresse affiche une déco riante et colorée. Aux beaux jours, paisible et jolie terrasse bien abritée.

Brasserie Le Commerce *(plan B2, **26**) : 42, rue François-Lavieille. ☎ 02-33-53-18-20. • lecommerce2@wanadoo.fr • Tlj sf dim 11h-minuit. Résa conseillée. Formule déj en sem 11,80 € ; menus 14-18 € ; carte env 25 €.* Cette grande brasserie comblera les appétits insatiables. Portions généreuses pour des classiques de brasserie et autres plats normands, simples mais plutôt de qualité. Service efficace, atmosphère agréable et décontractée. Résultat : c'est souvent bondé.

De prix moyens à chic

Le Faitout *(plan B2, **25**) : 25, rue Tour-Carrée. ☎ 02-33-04-25-04. • fredsergent@aol.com • Tlj sf dim, lun midi et mer midi. Congés : 1re sem de janv. Formule déj en sem 19 € ; menus 26-39 €.* L'âme du *Faitout* : une cuisine traditionnelle. Une cuisine que Fred fait évoluer à travers une grosse poignée de plats classiques (bourguignon, blanquette, pot-au-feu, foie gras poêlé...). Ses ris de veau sont à se damner ! Le menu Saint-Jacques aussi (en saison, bien sûr). *Le Faitout* mijote sa belle cuisine, tendance un rien fusion avec ses notes d'épices bien dosées. Le 1er menu change plusieurs fois par semaine ! 2 salles dont une au sous-sol. Également une terrasse. Service gentil, aimable et sans chichis.

La Satrouille *(plan B2, **21**) : 26, quai de Caligny. ☎ 02-33-43-13-76. • michelsatrouille@gmail.com • Tlj sf dim-lun. Formules déj 14 € (19 € le soir) ; menus 25-35 € ; carte env 40 €.* Petit resto proposant une cuisine de la mer respectueuse des saisons. Produits travaillés sobrement mais finement pour faire ressortir toutes leurs petites saveurs. Au-dessus de vos têtes, une ardoise vous indique même les différents fournisseurs (bio pour la plupart). Un seul menu, avec un assortiment de 3 petites entrées, le poisson du jour et le dessert du jour. Également quelques plats à la carte (mais du poisson, rien que du poisson). Le tout à déguster dans un cadre chaleureux de bistrot à l'ancienne, soigné mais sans chichis.

Café de Paris *(plan B2, **24**) : 40, quai de Caligny. ☎ 02-33-43-12-36. • cafedeparis.res@wanadoo.fr • Tlj sf lun midi, dim et j. fériés. Congés : 3 sem en mars et 3 sem en nov. Menus déj en sem 18,50 €, puis 22,50-38,50 €.* L'adresse est depuis longtemps l'institution cherbourgeoise et bourgeoise (navrés pour le vilain jeu de mots), et reste aujourd'hui une référence en matière de restaurant de fruits de mer de la ville, les produits étant assurément d'une très grande fraîcheur. Côté déco, vous avez intérêt à aimer le rose...

Le Pily *(plan B2, **23**) : 39, Grande-Rue. ☎ 02-33-10-19-29. En saison (21 juin-21 sept), tlj sf dim soir-lun* *midi ; hors saison, tlj sf dim soir-lun. Congés : 1 sem en janv, 4 sem en sept. Résa conseillée. Menus 45-80 €.* Dans un décor chaleureux, cosy et *lounge,* une cuisine gastronomique inventive et créative à base de produits du marché. La courte carte, renouvelée chaque mois, assure qualité et rigueur. Le résultat dans l'assiette le prouve, un vrai bonheur pour le palais et les yeux. Saveurs et goûts sublimés par l'utilisation subtile d'épices variées, connues et moins connues, comme le *chizo* (une algue séchée qui vient du Japon). Si le poisson est à l'honneur, les viandes ne sont pas en reste. Pierre Marion, le chef étoilé, rayonne sur Cherbourg et le Cotentin !

Où bien goûter ?

Pâtissier-chocolatier Foucher *(plan B2,* ***30****) : 12, rue au Fourdray. ☎ 02-33-94-82-35. Lun 13h-19h, mar-sam 9h-19h, dim 9h-13h.* Une adresse incontournable pour les becs sucrés. Le chocolat chaud est divinement bon et accompagne parfaitement les pâtisseries originales ou plus classiques. Également des chocolats, glaces et sorbets, et une poignée de places pour s'attabler. Du bien beau et bien bon.

Où boire un verre ? Où sortir ?

Dans un port digne de ce nom (et Cherbourg en est un, à l'évidence), difficile de ne pas consacrer un chapitre au meilleur ami du marin en escale : le bar, le bistrot, le rade, le pub, la taverne, la buvette, l'estaminet, le mastroquet... Les « rues de la Soif » locales sauront nourrir les envies de sensations fortes dès la tombée de la nuit : ***rue de la Paix*** et ***rue de l'Union,*** ou encore ***rue Tour-Carrée*** (près de la place de la République ; *plan B1-2*). Les lieux changent vite et les découvertes se font au gré de balades dans le cœur de la ville qui bat parfois bien tôt le week-end.

Microbrasserie L'Eldorado *(plan B2,* ***40****) : 52, rue François-Lavieille. ☎ 02-33-53-08-68. • leldo.fr • Tlj 10h-1h (2h juin-sept).* De confortables banquettes, une mezzanine, des salles de billard et une musique qui monte parfois en décibels ! On y vient pour l'ambiance et pour goûter aux bières maison à la pression (2 brassins par semaine dans les cuves visibles de la salle) ou piocher dans la belle collection de houblons bretons, français et belges. Belle blonde ! L'ambrée, la brune et la blanche complètent la gamme, avec les bières de saison. En cas d'abus de dégustation, la maison torréfie aussi d'excellents cafés, dans la grande tradition des torréfacteurs des ports.

LA MANCHE

À voir

La basilique Sainte-Trinité *(plan B2) : pl. Napoléon, face à la mer. Tlj 9h-18h30.* Bâtie par Guillaume de Normandie en 1035. En 1820, on remplaça la façade ouest et sa tour inachevée par le clocher-porche actuel, dans le style bien disgracieux de l'époque. Heureusement, il reste la remarquable façade sud avec sa baie et son portail, flamboyants, surmontée de sa petite forêt de pinacles en gothique fleuri, les dentelles des balustrades, les gargouilles.

UN MAUVAIS TOUR...

La tour de la basilique Sainte-Trinité ne fut jamais achevée : l'argent qui lui était destiné partit en effet à Madrid pour la rançon des enfants de François Ier (prisonniers à la place du roi). Les enfants, ça coûte cher.

À l'intérieur, nef aux piliers ronds peints au XIXe s. Sur les piliers du transept, cadres de pierre en gothique fleuri. De chaque côté de la nef, sur la galerie supérieure, ne pas manquer les bas-reliefs représentant une danse macabre d'un côté et des scènes de la Passion de l'autre. Beaux fonts baptismaux du XIVe s. La chaire, œuvre de Pierre Fréret (1758-1816), mérite l'attention, ainsi que le retable du maître-autel. Dans les tons gris, baptême du Christ éclairé par un puits de lumière. Enfin, à l'entrée du chœur, discrets mais superbes bas-reliefs en albâtre de Nottingham, du XVe s.

➢ ***Balade dans le vieux Cherbourg*** *(plan B2)* **:** voici un petit itinéraire pour découvrir le charme de certaines demeures et des rues d'une belle homogénéité par endroits.
– ***La rue du Port*** *(plan B2)* **:** c'est dans cette rue que se situe la boutique (au no 13) qui servit de décor principal au film *Les Parapluies de Cherbourg.* Aujourd'hui, on y trouve une boutique de patchworks.
– ***La Grande-Rue*** *(plan B2)* **:** au no 7, cour intérieure s'ouvrant sur un ancien grenier à sel du XVIe s. Porte basse sur un pittoresque escalier à vis. Parallèlement à la Grande-Rue, la rue des Fossés avec des impasses du XVIe s. Bel escalier à vis de la même époque au no 3.
– ***La rue des Portes*** *(plan B2)* **:** au no 18, entrée pour la cour Marie, bel ensemble architectural. Façades en schiste avec appareillages de pierre différents. Sur l'une d'elles, énormes linteaux de granit. Débouche sur l'impasse Aubry. Élégante demeure au-dessus du porche.
– ***La rue au Blé*** *(plan B2)* **:** du no 41 au no 65, l'ensemble médiéval le plus significatif de la ville. Joliment restauré. Les maisons possèdent souvent une façade XVIIIe s, mais dans les cours subsistent des bâtiments plus anciens (XVIe et XVIIe s). Tours, tourelles, escaliers à vis que l'on déniche en arpentant couloirs, passages, courettes, qui tous communiquent entre eux. Au no 63, enfilade de cours et placettes avec arbres. Au no 65, superbe cour avec tours. Au no 31, le passage Digard avec son entrée voûtée et ses quelques demeures du XVIIIe s. Au 32, rue au Fourdray, curieuse inscription datant de 1569.
– ***La place de la Révolution*** *(plan B2)* **:** à l'angle avec la Grande-Rue, aux nos 20-22, élégant édifice en schiste du XVIe s. Au no 18, façade avec arcades et encorbellement. Continuer rue des Moulins, rue d'Espagne, avec d'autres maisons du XVIIIe s. Rue Tour-Carrée, au no 14, l'hôtel de Garantot du XVIIe s, précédé d'un porche (cour pavée avec ancre de marine), fut une prison pendant la Terreur.
– ***La rue de la Marine*** *(plan B2)* **:** c'était la rue des armateurs. Beaux hôtels particuliers, même si certains sont encore recouverts de crépis. Au no 9, noter les flèches et carquois en fer forgé des balcons. Intéressant appareillage de schiste dans toutes les nuances de vert et bleu.
– ***La rue Grande-Vallée*** *(plan B1-2)* **:** si d'aventure vous passez par là (en chemin vers le jardin botanique, par exemple), jetez un coup d'œil aux nos 40 et 44, où habita Marie-Louise Giraud. Jusqu'à son arrestation par la police en octobre 1942, cette « faiseuse d'anges » procéda à 27 avortements. Condamnée à mort par le régime de Vichy, elle fut exécutée « pour l'exemple » le 30 juillet 1943 dans la cour de la prison de la Roquette. De cette histoire, Claude Chabrol a tiré son superbe film *Une affaire de femmes.*

Le théâtre *(plan B2)* **:** *se visite en juil-août, lors des visites guidées gratuites proposées par l'office de tourisme : ☎ 02-33-93-52-02.* Construit en 1882 par Charles de Lalande, élève de Garnier (celui de l'Opéra de Paris), c'est l'un des très rares théâtres « à l'italienne » de l'Hexagone. Superbe façade en calcaire, ornée de colonnes, chapiteaux et autres cariatides. À l'intérieur, imposant lustre de cristal, plafond peint par Georges Clairin, balcons et baignoires richement décorés. Bref, un théâtre superbe.

Le musée Thomas-Henry *(plan B2)* **:** *centre culturel Le Quasar, esplanade de la Laïcité. ☎ 02-33-23-39-33. • quasar-cherbourg.fr • Mar-ven 10h-12h30,*

LA MANCHE

14h-18h ; w-e 13h-18h. Entrée : 5 € ; enfant 3 €, gratuit tous les mer et sur présentation d'un justificatif (se renseigner). Expos temporaires.
Traverser l'esplanade qui mène au musée, c'est déjà se préparer à sa visite : un espace serein où la pierre répond à la terre cuite, la légèreté du bambou à la densité du bronze. De ce bronze émergent de puissants bustes de gloires normandes, comme Barbey d'Aurevilly ou Tocqueville (magnifiques œuvres de Christine Larivière). Un musée qui doit son existence à Thomas Henry (1766-1836), marchand d'art, mécène et lui-même artiste respectable, qui fit don de sa collection dans un but clairement pédagogique : il souhaitait « allumer le flambeau des arts » dans sa ville natale.
La donation de 164 œuvres (sur fond de murs gris), courant du XVe au XIXe s, représente les principaux courants de l'art européen. Pari réussi : un certain Jean-François Millet, né à Gréville-Hague, par exemple fréquenta le musée pour y copier des toiles de maître ! Un espace permanent est d'ailleurs dédié au fonds de cet artiste, le deuxième de France. On y observe l'évolution de ses œuvres, des commandes alimentaires à sa veine personnelle.
Au 2e étage, la collection de peinture française du XVIIe au XIXe s, dont un très académique et néanmoins très beau *Patrocle* de David. Appel aux graines de routards, le thème du voyage initiatique des jeunes bourgeois au XIXe se fait jour. Mention spéciale pour *L'Atelier de Houdon* peint par Louis Léopold Boilly ; certains des bustes, œuvres du sculpteur, peuvent toujours être vus aujourd'hui, comme une *Diane chasseresse* au Louvre !
Belle salle de marines et d'iconographie régionale, qui permet d'imaginer la vie normande au XIXe s – scènes de pêche – et l'arsenal de Cherbourg. Des peintures d'Armand-Auguste Frénet émanent force, lumière et paix.
Un condensé d'histoire de la peinture intelligemment conçu et agréablement accroché dans un bâtiment neuf sur mesure. Un plaisir des sens et de l'esprit.
En face, un vaste mur consacré au *street art*, support temporaire offert à différents artistes successifs. Une bouffée de modernité absolue qui complète la perspective historique du musée.

Le muséum Emmanuel-Liais *(plan A-B1)* **:** *19 ter, rue Bonhomme, parc Emmanuel-Liais. ☎ 02-33-53-51-61. Lun-ven 10h-12h30, 14h-18h (17h de mi-oct à janv) ; le w-e 13h-18h. GRATUIT.*
Il occupe la maison d'Emmanuel Liais, qui fut astronome et mathématicien, directeur adjoint de l'Observatoire de Paris et créateur de celui de Rio de Janeiro. Installé en 1910, le musée n'a presque pas changé et possède ainsi une espèce de charme désuet bien sympathique. Certaines parties rappellent les « cabinets de curiosités » des collectionneurs. Deux grandes sections : collections zoologiques, ornithologiques, minéralogiques et, au 1er étage, la section ethnographique.
– Oiseaux de tous les pays, du toucan du Para à l'aptéryx de Mantell (le kiwi, quoi !), en passant par le cotinga bleu. Animaux naturalisés dont quelques-uns, curieux, qui raviront les enfants (tatou, musaraigne pygmée, gerboise, maki catta de Madagascar, albatros hurleur, casoar, tortue-alligator, requins, iguanes). Pittoresques compositions florales et oiseaux colorés sous cloche.
– Pour routard(e)s rêveur(veuse)s : parmi la riche section ethnographique, au hasard, tenture funéraire chinoise, armes mélanésiennes, « couteaux à jet » africains, bijoux, fétiches, instruments de musique. Section Asie : armures de samouraï, étranges personnages de la mythologie chinoise sculptés dans des racines, rares planches xylographiques.

Le parc Emmanuel-Liais et les serres *(plan A-B1-2)* **:** *tlj. Accès libre. En juil-août, visite du parc commentée et gratuite.* Balade fort agréable parmi les essences rares, les rhododendrons, les magnolias et actinidias de Chine. Au passage, vous croiserez l'ancienne tour d'observation.
– **Les serres :** *lun-ven 10h-12h, 14h-17h ; mai-sept, ouv aussi w-e et j. fériés 10h-12h. GRATUIT. Visite libre ou guidée (sur rdv : ☎ 02-33-53-12-31).* Là aussi, musarder parmi les fougères arborescentes, broméliacées, cactées et solanacées diverses.

Le jardin public (plan C3) **:** av. de Paris. Au pied de la montagne de la Roule, riche d'essences nouvelles, d'arbres remarquables et de pièces d'eau. Parc animalier et aire de jeux pour enfants. Abrite aussi le dernier kiosque à musique de la ville ainsi qu'une roseraie.

La Cité de la mer (plan C1) **:** ☎ 02-33-20-26-69. • citedelamer.com • ♿ (accès limité dans le sous-marin). *Juil-août, tlj 9h30-19h ; mai-juin et sept, tlj 9h30-18h ; le reste de l'année et pour les périodes de congés annuels, consulter le site internet. Fermeture des caisses 1h30 avt. Congés : 1er-27 janv, certains lun de mars, nov et déc, ainsi que 25 déc. Tarifs : 18 € ; 13 € moins de 18 ans ; réduc ; gratuit moins de 5 ans ;* pass *à l'année. Billet valable à la journée. Sur présentation de ce guide, réduc de 1,50 € sur l'entrée (janv-déc 2017, non cumulable avec d'autres promos). Attention, pour des raisons de sécurité, les moins de 5 ans n'ont pas accès au* Redoutable. *Compter env 4h de visite (mais il faudrait la journée pour tt voir, tt lire). Parking gratuit.*
Le bâtiment était autrefois l'ancienne gare maritime transatlantique, construite pour répondre à l'énorme émigration des Européens vers les Amériques. Plusieurs trains quotidiens en provenance de Paris s'arrêtaient en face des paquebots à quai. Inaugurée en 1933, la gare était considérée à l'époque comme l'un des plus beaux bâtiments Art déco de France, accueillant les plus prestigieux paquebots, et constituait le plus vaste bâtiment de l'Hexagone après le château de Versailles ! Fortement endommagée par les Allemands en 1944, la gare transatlantique fut reconstruite après guerre et inaugurée à nouveau en 1952, pour revivre quelques années de rêve pendant lesquelles les grandes stars de Hollywood y défilèrent, avant que les vols commerciaux ne prennent le pas sur les traversées transatlantiques. Un temps menacé, l'édifice fut inscrit à l'inventaire des Monuments historiques en 1989, et abrite depuis 2002 la Cité de la mer.
Ce parc à thème a pour vocation d'expliquer et de faire partager l'aventure de l'homme sous la mer, depuis les mythes et légendes jusqu'aux sous-marins et aux techniques océanographiques les plus modernes.
On entre par l'ancien hall ferroviaire, devenu la « Grande Galerie des Engins et des Hommes », qui retrace l'épopée internationale de la découverte des grands fonds : engins, maquettes et témoignages inédits.
On y découvre par exemple le bathyscaphe *Archimède,* qui réalisa en 1962 une plongée à 9 545 m dans la fosse des Kouriles au Japon, et la maquette du *Nautile,* l'un des sous-marins qui a découvert l'épave du *Titanic* en 1987.
La Cité de la mer s'articule ensuite autour de plusieurs espaces.
– Un ***pôle Océan*** qui présente le monde sous-marin (faune, flore, géophysique, économie...), les relations que l'homme, de tout temps, a entretenues avec l'univers sous-marin, les techniques de l'archéologie sous-marine... Le tout illustré de manière didactique et ludique avec force photos, vidéos, bornes interactives, maquettes, quiz pour les enfants... Au centre, l'incroyable aquarium abyssal de 10,70 m de haut représentant une faille sous-marine et accueillant quelque 1 200 poissons multicolores de Tahiti, pour la plupart concentrés en surface (plus on descend, moins il y a de vie). Pour résister à la pression des 350 000 l d'eau de mer, les vitres font 33 cm d'épaisseur ! Autour, 16 autres bassins thématiques contiennent des méduses translucides, des murènes, des requins émissoles... bref, des espèces toutes plus surprenantes les unes que les autres. Cet espace ne sera pas accessible fin 2017 en raison du renouvellement des expos (voir le site).
– Un ***pôle sous-marin,*** dont la vedette incontestée est *Le Redoutable,* premier sous-marin nucléaire français (pour les accros, il s'agit d'un SNLE, sous-marin nucléaire lanceur d'engins), lancé à l'arsenal de Cherbourg en 1967 par Charles de Gaulle et désarmé en 1991. En 45 mn, équipé d'un audioguide qui diffuse les commentaires (souvent très techniques) du commandant de bord, on arpente les 128 m du bâtiment pour revivre de façon très réaliste le quotidien d'une patrouille en mer. Même les bruits et l'odeur sont au rendez-vous. Incroyable d'imaginer que 135 personnes cohabitaient là-dedans pendant 70 jours ! À la

sortie du *Redoutable,* une section sur l'histoire, les techniques de fabrication et la vie quotidienne à bord des sous-marins.
- ***On a marché sous la mer :*** l'animation virtuelle entraîne ses passagers dans les abysses, à bord de simulateurs de pilotage. Découverte des créatures prodigieuses des abysses pendant près de 1h. Accessible à tous (inscription à l'accueil). Ludique.
- ***L'espace Titanic :*** en 2012, Cherbourg a fêté le centenaire de la première escale continentale du célèbre paquebot dans la ville. La Salle des Bagages de la gare transatlantique présente désormais une expo consacrée à l'histoire de l'émigration entre l'Europe et l'Amérique aux XIXe et XXe s. Des tablettes interactives et des films d'archives projetés sur les murs permettent de mieux saisir la diversité des candidats à l'émigration. Puis on s'immerge dans ce qu'était la vie à bord du légendaire paquebot, des 1res aux 3es classes : film de synthèse reconstituant le dernier voyage du géant des mers, témoignages audio, images en relief, reconstitutions d'espaces, projection du grand escalier et de sa coupole, manipulation d'instruments de navigation. Très réussi.

Le port militaire de Cherbourg *(plan A-B1) : accès par la porte du Redan. ☎ 02-33-92-65-30 ou 09 (service communication Marine nationale). Ne se visite pas, excepté lors de journées portes ouvertes.* Composé de trois bassins, d'une multitude d'ateliers, de bureaux et de gigantesques nefs de construction et d'assemblage des sous-marins, l'arsenal de Cherbourg est une véritable ville dans la ville, qui emploie encore près de 4 000 personnes. Depuis 1797, plus de 400 navires y ont été construits et lancés. L'arsenal est spécialisé depuis 1899 dans la construction des sous-marins.

L'abbaye du Vœu *(hors plan par A1) : rue de l'Abbaye. ☎ 02-33-87-89-13. Ouv slt juil-août 14h-18h, sf lun lors de la visite guidée gratuite et le w-e jusqu'au 14 sept ; rens à l'office de tourisme.* Fondée au XIIe s par Mathilde, fille de Henri Ier roi d'Angleterre et petite-fille de Guillaume le Conquérant, gravement endommagée lors de la Seconde Guerre mondiale, elle est classée aux Monuments historiques. En cours de restauration, on ne peut qu'en faire le tour extérieur. Seule la visite guidée en juillet-août et lors des Journées du patrimoine donne accès à la ravissante salle capitulaire et à l'aile méridionale avec son cellier roman du XIIe s resté intact, ainsi qu'au vaste réfectoire du XIIIe s au 1er étage.

Le musée de la Libération – Fort du Roule *(plan C3) : montée des Résistants. ☎ 02-33-20-14-12. Au sommet (117 m d'altitude) de la montagne du Roule ; accès par le rond-point Thémis. Mar-ven 10h-12h30, 14h-18h ; le w-e 13h-18h. Fermé janv-fév. Entrée : env 4 € ; réduc ; gratuit moins de 26 ans et pour ts dim. Expos temporaires régulières.*
Construit de 1852 à 1857 pour résister à une éventuelle attaque anglaise, le fort du Roule servit d'abord de prison (à des communards en 1871, à des Allemands en 1914-1918). En 1940, il fut l'un des derniers bastions de la ville à tomber aux mains de Rommel. De là-haut, la vue imprenable sur la ville et le port permet de vérifier la véracité de l'adage local : « Qui tient le Roule tient Cherbourg. »
Le musée raconte l'étonnante épopée du port de Cherbourg lors de la Libération. Ce port, que les Allemands prirent soin d'anéantir avant leur reddition, fut pourtant réhabilité en quelques mois par les Américains, au point de devenir le premier port au monde en octobre-novembre 1944 ! Au 1er niveau, des affiches, photos, cartes, objets divers et petites mises en scène évoquent la vie quotidienne pendant l'Occupation, les préparatifs du Débarquement et la période de la reconstruction, tant du côté des Alliés que des Allemands. À noter, la présence d'un poste de TSF branché alternativement sur la BBC et Radio-Paris : la guerre des ondes en direct ! Le 2e niveau est consacré au Débarquement, à la progression des troupes américaines dans le Nord-Cotentin, et rappelle le rôle crucial que joua le port de Cherbourg dans la suite des opérations à base d'archives audiovisuelles et d'un dispositif multimédia tactile « Cherbourg 1944. Les lieux stratégiques de la Libération ».

La batterie du Roule (plan C3) *: montée des Résistants. 06-31-45-25-80. • exspen.com • En voiture, arriver par l'av. Étienne-Lecarpentier. Se garer au jardin public ou au musée de la Libération car l'espace parking est très limité à la Batterie. Sans résa : mai et sept, visite tlj à 14h30 ; juin, tlj à 14h30, plus 16h mer et sam ; juil-août, tlj à 14h30, 16h et 17h30. Ouv sur résa le reste du temps. Entrée : 6 € ; moins de 18 ans 5 €.* Clé de défense de la ville, le Roule tombe aux mains des Allemands en 1940, qui creusent des souterrains dans le roc et construisent des casemates équipées de canons qui devaient protéger la grande rade de Cherbourg. Découverte guidée de la vie à l'intérieur, les combats, la chute de la batterie. Une virée souterraine pour toute la famille, avec casque et lampe frontale.

Le chalutier Jacques Louise, musée de la Pêche : *quai de l'Entrepôt, bassin du Commerce. ☎ 02-33-93-32-29. 06-14-40-85-31. Juil-août, lun-ven 14h30-17h30, plus sam mat sur résa. Env 1h. Tarif : donation libre (pour participer à l'entretien du bateau).* Visites libres du *Jacques Louise,* ancien chalutier hauturier (pêche au large), classé Monument historique et seul navire de ce type visitable à flot en France.

– D'autres visites pour compléter la découverte de Cherbourg et de ses environs : ne pas manquer la ***Manufacture des parapluies de Cherbourg,*** quai Alexandre-III *(• parapluiedecherbourg.com •)* ; visite guidée en direct et découverte en temps réel de la fabrication d'un *Véritable Cherbourg* avec également, sur place, une boutique et un musée racontant l'histoire du parapluie et l'évolution du *Véritable Cherbourg.* Le ***centre d'art Éditeur – Le Point du Jour*** *(• lepointdujour.eu •),* premier centre d'art tourné vers la photographie (expos, éditions, formations...), et les nombreux parcs. Renseignements à l'office de tourisme.

LA MANCHE

En dehors du centre-ville

Le château des Ravalet : *à Tourlaville. ☎ 02-33-87-88-28. Pour s'y rendre en voiture, prendre la direction du Mesnil-au-Val ou de Saint-Pierre-Église (vers l'est) ; puis la rue des Alliés jusqu'à la rue du Château-des-Ravalet. Parc tlj, tte l'année, horaires variables : 8h-20h mai-août. Pdt la saison estivale, l'intérieur du château et les communs accueillent des expos temporaires (tlj sf lun 14h-18h ; GRATUIT). De mi-juin à mi-sept, sympathique café dans la tour de l'Horloge, 14h-18h.* Quel contraste de découvrir, à quelques centaines de mètres d'un ensemble de HLM sans grâce, dans un écrin de verdure romantique, ce ravissant château Renaissance construit de 1560 à 1575 par Jean II de Ravalet, seigneur de Tourlaville. Jolies fenêtres à meneaux, encadrées de pilastres corinthiens, festival de cheminées et élégantes lucarnes. Le château fut, de 1777 à 1906, propriété de la famille Tocqueville. Achetés par la Ville de Cherbourg en 1935, le château et le parc ne furent classés Monuments historiques qu'en 1995. Il était temps, car le château a beaucoup souffert des différents usages qui en furent faits (salle de réception, etc.). Le superbe parc paysager de 17 ha, labellisé « Jardin remarquable », avec deux jardins créés par Gilles Clément, est bichonné par les jardiniers. On l'adore, non seulement pour sa beauté, mais aussi pour la vie qui y règne, son ambiance de jardin public où les pelouses accueillent les siestes et les premiers pas des tout-petits... Des balades attelées vous sont même proposées autour du château tous les samedis en juillet et août.

Le musée Connaissance du Cotentin : *25, rue du Pontil, hameau Luce, à La Glacerie. ☎ 02-33-20-33-33 ou 02-33-22-27-15. Avr-juin et oct, dim et j. fériés 14h30-18h ; juil-sept, tlj sf lun, mêmes horaires. Entrée : 4 € ; réduc ; gratuit moins de 12 ans.* Musée d'ethnographie régionale, installé dans des bâtiments de ferme du XIXe s. Collection de coiffes normandes, bonnettes et dentelles. Expo sur les vieux métiers du Cotentin. Témoignages sur l'activité de l'ancienne Manufacture royale des glaces créée par Colbert et Louis XIV, ainsi que sur la corporation des couvreurs du passé et leur curieux outillage. Une exposition temporaire à thème y est également présentée chaque année.

L'église de Tollevast : *à env 10 km au sud de Cherbourg.* L'une des plus belles églises romanes du Cotentin. Édifiée au XIIe s. Clocher en bâtière et portail complètement usé. Détailler avec attention la remarquable frise de modillons qui court tout le long du toit, particulièrement sur l'abside (animaux fantastiques, boucs, dragons ailés). On retrouve les mêmes représentations sur les consoles supportant les ogives du chœur avec, de plus, des visages grimaçants ou truculents (l'homme aux moustaches) et des figures géométriques. Riche statuaire, dont un beau saint Sébastien du XVIe s, un saint Hubert du XVIIe s et une Vierge à l'Enfant du XVIIIe s.

Les digues de Cherbourg : elles constituent la plus grande rade artificielle du monde. On peut la découvrir depuis la digue du Homet (au bout du port de plaisance), de la passe de Collignon à Tourlaville ou de la digue de Querqueville. Pour cette dernière, suivre le front de mer vers la Hague ; à Querqueville, tourner à droite vers l'école des Fourriers de la Marine et se garer au petit port de Querqueville. Bien que propriété de la Marine nationale, on peut aller à pied jusqu'au bout de la digue ouest, laquelle, mine de rien, approche les 2 km. C'est là qu'on se rend compte de l'énormité de l'ouvrage et de l'immensité de la rade. Attention aux jours de tempête : ça souffle très fort.

LA MANCHE

À faire

➢ **Le tour de la rade de Cherbourg :** ceux qui ont le pied marin pourront avoir un bel aperçu de la rade en embarquant à bord du bateau *Adèle* pour une sympathique balade commentée d'environ 1h-1h15, selon le point d'embarquement. Organise aussi des sorties découverte des côtes de la Hague et d'originales sorties en mer, commentées ou théâtralisées. *Rens, horaires et résas auprès de l'office de tourisme : ☎ 02-33-93-52-02 ; 06-61-14-03-32 ; • hagueapart.com • Départ de la Cité de la mer et du pont tournant (port centre-ville), avr-sept.*

➢ **Tour de la rade de Cherbourg en voilier avec Skipper Aventure :** *sorties de 2h en rade mai-oct sur rdv. Possibilité également de loc à quai du voilier pour une nuit insolite. Rens, horaires et résas : 06-48-82-97-08 ; • skipper-aventure.com •*

– **Voile :** pour rester côté mer (il est difficile de passer outre, tellement celle-ci fait intimement partie de la culture de cette ville), signalons que Cherbourg est l'un des meilleurs camps de base pour « voileux » en Manche. Le port accueille régulièrement les grands classiques de la course au large : Course de l'Europe (open UAP), Tour de France à la voile, Solitaire Le Figaro, Tall Ships' Race (ancienne Cutty Sark)... D'excellents marins sont des enfants du pays, comme Halvard Mabire ou Thierry Lacour. La Grande Rade, parfaitement abritée de la houle du large, permet aux voiliers de petite taille de sortir dans les conditions de vent les plus difficiles. Le port de plaisance de Cherbourg (Chantereyne) accueille chaque année plus de 10 000 voiliers et bateaux (c'est le premier port français par le nombre d'escales). Si, avec ça, vous n'avez pas envie de goûter l'air du large... Les petits rusés sauront qu'en allant traîner leurs guêtres du côté de la capitainerie du port, il est toujours possible de trouver un embarquement... Chaque jour, des bateaux restent au port par manque d'équipiers (même peu qualifiés).

■ **Base nautique Albert-Livory :** *port Chantereyne. ☎ 02-33-94-99-00.* École de voile de Cherbourg, l'une des plus importantes de la région.

■ **Pôle nautisme de l'office de tourisme de Cherbourg-Cotentin :** *rue du Diablotin. ☎ 02-33-78-19-29. Entre la statue de Napoléon et la piscine.* Propose tout un éventail d'activités sportives axées autour de l'eau et du vent : parapente, funboard, char à voile, aviron et kayak de mer, plongée, etc.

En tout, plus d'une quinzaine d'activités à pratiquer en toute liberté (stages, baptêmes, location...) pendant 1h, 1 journée et jusqu'à 1 semaine. Idéal pour tâter de ces sports à priori peu accessibles et méconnus. • *contention-nautisme.fr* •

Fêtes et manifestations

– ***Le Mois des jardins :*** *en mai.* Visites guidées des parcs et jardins de la ville ; d'autant plus intéressant que le microclimat du coin permet de faire pousser des plantes exotiques.
– ***Festival du livre de jeunesse et de la B.D. :*** *en mai.*
– Très nombreuses manifestations au cours de l'année à Cherbourg et dans sa communauté urbaine. Citons : le ***Festival des cultures hispaniques*** *(janv),* le ***Mois de la photo*** *(mai),* la ***fête des Produits de la mer et du terroir*** *(nov)* et le ***marché de Noël*** *(déc). Rens à l'office de tourisme : ☎ 02-33-93-52-02.*

LA POINTE DE LA HAGUE

On a coutume de la comparer à une Irlande en miniature ! C'est vrai qu'elle en possède bien des traits. Au contraire du val de Saire, plat ou légèrement vallonné, la Hague est une terre déchirée, une longue échine décharnée entourée d'écueils. C'est un morceau d'Armorique évadé, Finistère le plus proche de Paris, véritable bout du monde tombant abruptement dans le raz Blanchard (le courant le plus violent de la Manche). Tiens, il faudrait presque qu'il bruine, qu'il vente. Par beau temps, à marée basse, son côté dramatique risque d'être estompé.
Est-ce cela qui incita les pouvoirs publics à décider d'y implanter la centrale nucléaire de Flamanville et l'usine de retraitement de déchets nucléaires de Beaumont-Hague (AREVA NC) ? Même si ces deux horreurs réapparaissent régulièrement (la construction du nouvel EPR de la centrale nucléaire défigurant même désormais un magnifique bout de falaise), le treillis de routes étroites qui les entourent plonge sans cesse dans les terres et les efface du paysage. Comme la mer d'ailleurs, qu'on sent plus souvent qu'on ne la voit... Vous découvrirez alors ces petites vallées riantes (comme à Omonville-la-Rogue) entaillant l'austère plateau de la Hague. En prime, des villages de cartes postales, une superbe architecture rurale à découvrir le long de sauvages sentiers des douaniers.

Adresse et info utiles

ℹ ***Office de tourisme de la Hague :*** *1, pl. de la Madeleine, 50440* ***Beaumont-Hague.*** *☎ 02-33-52-74-94. • lahague-tourisme.com • Tlj en saison ; fermé sam ap-m et dim hors saison. Également un point-accueil à* ***Goury,*** *au bout de la presqu'île ; ouv tlj juin-sept et pdt petites vac scol (sf*

*Noël). Et une autre antenne aux **Pieux,** 32, rue Centrale ; ☎ 02-33-52-81-60 ; tlj en saison 9h30-12h30, 14h-17h ; le reste de l'année, fermé sam ap-m et dim.*

– ***Une application smartphone, « La Hague tour » :*** • *lahague.mobi* • Itinéraires de balade, horaires des marées, activités sportives, hébergements, restaurants...

URVILLE-NACQUEVILLE

(50460) 2 190 hab. *Carte Le nord de la Manche, B1*

Deux communes qui n'en font plus qu'une depuis le milieu des années 1960. Dès le XIXe **s, elle devint la station balnéaire de prédilection des Cherbourgeois. Si le tramway qui amenait les citadins à la plage n'existe plus, le coin a conservé un charmant petit côté « bains de mer ». Jolie plage, souvent bousculée par des vents qui font le bonheur des amateurs de nouvelles glisses. Et jolie plongée vers la mer sur la route de Gréville à Landemer. Certes touristique, mais tellement beau sous la palette du peintre Jean-François Millet.**

Où dormir ?

Chambres d'hôtes La Blanche Maison : *874, rue Saint-Laurent. ☎ 02-33-03-48-79. • ipotel@blanchemaison.com • blanchemaison.com • À l'entrée du village à gauche, en venant de Cherbourg par la D 45. Double 75 € ; gîte 5 pers 280-510 €/sem selon saison. (dans la salle).* Les amateurs de botanique trouveront ici une stupéfiante variété de plantes cultivées avec passion par les propriétaires, véritables références : plusieurs jardins thématiques, plus de 300 variétés d'hydrangeas (collection classée) et autant d'autres espèces, sous le microclimat de Nacqueville. Noyée au milieu de cette verdure qui embaume, une bien belle chambre avec kitchenette à la déco contemporaine avec vue sur mer, petite terrasse et accès indépendant. Beau gîte tout aussi calme, avec terrasse également. Accueil charmant et attentionné.

Où observer les étoiles dans les environs ?

Planétarium Ludiver : *1700, rue de la Libération, 50460* ***Flottemanville-Hague-Tonneville.*** *☎ 02-33-78-13-80. • ludiver.com • Près de la route Cherbourg-Beaumont. Juil-août, tlj 11h-18h30 ; hors saison, tlj sf sam (hors vac scol) 14h-18h.* ***Fermé pour travaux janv-juin 2017.*** *1-3 séances/j. de planétarium selon saison. Entrée musée : 4,50 € ; réduc ; gratuit moins de 7 ans. Billet couplé musée + planétarium ou observation de nuit (horaires variables selon saison) : 8,50 € ; pass famille 23 €. Tarif groupe plus remise de 10 % sur présentation de ce guide.* Ateliers et animations réguliers. Un complexe entièrement dédié à tout ce qui régit l'Univers : les planètes, les étoiles, le temps, la météo... Expose une des 100 photos prises par le télescope Hubble. Les férus de la chose y trouveront leur compte grâce à l'équipement haut de gamme dont est pourvu *Ludiver* (deux télescopes de 600 et 300 mm pour des séances d'observation nocturnes, un planétarium de 7 000 étoiles, une liaison directe avec MétéoSat...), les novices y découvriront avec plaisir et étonnement comètes, éclipses et soleil de minuit. Que l'on soit pro ou profane, on y (ré)apprendra une foule de choses. Qu'est-ce que la tectonique des plaques ? Comment se forment les nuages ? Comment fonctionne le système solaire ?

GRÉVILLE-HAGUE

(50440) 770 hab. *Carte Le nord de la Manche, A1*

Village pittoresque où naquit le peintre Jean-François Millet, plus précisément au hameau de Gruchy. Buste sur le parking de la maison natale de Millet, vestige de la statue en pied du peintre qui fut fondue par les Allemands pendant la guerre. Une nuit, deux Haguais, aux âmes de nobles protecteurs du patrimoine local, vinrent scier ce qui restait de Millet, et cachèrent les vestiges de la statue en lieu sûr... Plus récemment, d'autres passionnés réunirent suffisamment d'argent pour faire reproduire par l'artiste Louis Debré une statue complète de Millet. Ainsi, depuis 1998, une statue en bronze, identique à l'originale, trône de nouveau près de l'église.

À voir

L'église Sainte-Colombe : intéressante petite église trapue, du XIIe s, modifiée au XVIe s. Chapelle à droite reliée au chœur par une double arcade. Voûtes d'ogives retombant sur les bustes des quatre évangélistes. Dans la chapelle de gauche, saint Michel terrassant le dragon. Juste avant, traces de fresques du XIVe s. Tout au fond, les fonts baptismaux où fut baptisé Millet, le 5 octobre 1814. À côté, Vierge à l'Enfant en calcaire.

La maison natale de Jean-François Millet : *hameau* ***Gruchy,*** *à 1 km du bourg (parking à 50 m). ☎ 02-33-01-81-91. Avr-juin, sept et vac scol (sf Noël), tlj sf lun 14h-18h ; juil-août, tlj 11h-18h. Fermé 1er mai. Entrée : 4,50 € ; réduc.*
C'est à travers un parcours mêlant objets ethnographiques, audiovisuels et objets dérivés, que l'on découvre la vie et l'œuvre du peintre des réalités paysannes. De la salle commune, où est évoquée l'enfance de Jean-François Millet en passant par les paysages, les travaux agricoles et domestiques, on part à la recherche des grands événements qui ont marqué le XIXe s et la vie artistique de l'époque. Le Cabinet d'arts graphiques présente une dizaine de dessins originaux de l'artiste. Enfin, revivez l'épopée incroyable de son plus célèbre tableau, *L'Angélus.* De belles expos temporaires également.
– Pour continuer sur les pas de Jean-François Millet, on vous encourage vivement après la visite à faire une agréable balade à pied qui vous conduit sur les lieux immortalisés par l'artiste – *Le Rocher du Castel Vendon, Le Bout du Village, L'Église de Gréville...*
– Au-dessous de Gruchy, en suivant le sentier littoral, on longe le *trou Sainte-Colombe,* ancien repaire de contrebandiers, hanté par de vieilles légendes...

OMONVILLE-LA-ROGUE

(50440) 510 hab. *Carte Le nord de la Manche, A1*

L'un des plus beaux villages de la Manche, niché dans une toute petite vallée verdoyante, bien protégée du vent. Dans le bourg à la remarquable architecture villageoise, les demeures en granit et grès aux toits de schiste composent un ensemble particulièrement homogène. Quelques passerelles devant les maisons enjambent un ru. En contrebas, l'adorable petit port du Hâble, en eau profonde, fondé à l'époque romaine.

Où dormir ? Où manger à Omonville et dans les environs ?

De bon marché à prix moyens

Gîtes du Sémaphore Jardeheu : *pointe Jardeheu, à **Digulleville.** 06-33-62-05-56. • gite@digulleville.fr • digul leville.fr • (onglet « Tourisme-gîtes »). Entre Omonville-la-Rogue (2 km) et Omonville-la-Petite, sur la D 45 ; fléché. 2 petits studios (2-3 pers) 45-55 €/nuit selon saison, à partir de 185 €/sem ; 2 gîtes 6-7 pers 414-738 €/sem selon taille et saison ; w-e et midweek possible hors vac scol.* Un site exceptionnel ! Une vue exceptionnelle ! Un calme que seul le ressac ou la tempête peut troubler... Les 2 gîtes familiaux (2 chambres chacun), « Esquinandra » ou « La Gravette », se situent de part et d'autre de la vigie. Les studios, quant à eux, ont un grand lit pour l'un et un lit superposé pour l'autre. Les logements, simplement meublés et bien équipés, sont avant tout fonctionnels, mais on vient dans ce sémaphore daté de 1860 pour le site lui-même. La commune loue 2 autres gîtes sympathiques (au hameau de la Rivière) à 500 m du sémaphore et de la plage.

Le Café du Port : *55, rue du Hable, le Port. ☎ 02-33-52-74-13. • b.leclerc588@laposte.net • Ouv mer-dim ; juil-août, tlj sf lun. Congés : 15 janv-10 fév. Formule déj en sem 15 € ; menus 29 et 42 €. Café offert en fin de repas sur présentation de ce guide.* L'endroit parfait pour se régaler d'une cuisine piochant dans les produits locaux et les bateaux de pêche voisins, mâtinée de saveurs plus exotiques. Quant à la vue... on ne s'en lasse pas.

À voir

L'église : édifiée au XIIIe s. À l'intérieur, un très rare et curieux trône d'abbé à baldaquin du XVIe s, décoré d'une bande dessinée sculptée polychrome d'un joyeux style primitif. À côté, reliques de saints rapportées des croisades dans de petits médaillons. Cuve baptismale en pierre sculptée avec sa vénérable cloche en bois.

Le Tourp (Maison de la Hague) : *☎ 02-33-01-85-89. • letourp.com • À 2 km d'Omonville-la-Rogue, sur la route de Gréville (D 45). Tte l'année, tlj 14h-18h (10h30-19h juil-août ; 10h30-18h30 vac scol). GRATUIT. Animations et ateliers réguliers en saison, le mer et certains sam le reste de l'année (poterie au tour, laine feutrée, pain ; programme en ligne).* Une belle ferme seigneuriale du XVIIe s, propriété du Conservatoire du littoral et des villages lacustres depuis 1994. Ce remarquable ensemble bien restauré accueille un espace muséographique consacré à la presqu'île. Plusieurs salles évoquent les activités traditionnelles, la géographie, la toponymie, les paysages – et ceux similaires de l'Ouest européen – et les bouleversements apportés par l'implantation de l'industrie nucléaire ou le tourisme ; également un jardin du Voyageur dédié à l'hémisphère austral... Expos temporaires (sculpture, peinture, photo) régulières.

OMONVILLE-LA-PETITE

(50440) 140 hab. *Carte Le nord de la Manche, A1*

Très joli village divisé en hameaux aux délicieuses maisons et fermes de schiste. C'est là que résidait Alexandre Trauner, le grand décorateur de cinéma *(Les Enfants du paradis, Les Portes de la nuit...)*, décédé en 1993.

C'est là aussi qu'est enterré, dans le petit cimetière, son grand copain Jacques Prévert (1900-1977). Tombe simple, fleurie et poétique, ça va de soi ! À côté, sa femme, Janine, et sa fille, Michèle.

Où dormir ?

De prix moyens à chic

Hôtel La Roche du Marais : *hameau Mesnil. ☎ 02-33-01-87-87. • larochedumarais@orange.fr • larochedumarais.fr • Congés : 2 sem début janv. Doubles 48-98 € selon saison, confort et vue. Apéritif offert sur présentation de ce guide.* Une grande maison isolée, en bord de route, entourée d'une douce campagne et d'un joli jardin. Au loin, la mer ; d'ailleurs, 5 des 19 chambres ont vue sur l'anse Saint-Martin. Derrière la vieille demeure fringante, une annexe dans une maison en pierre du pays, mais datant des années 1980. Chambres de bon confort (même si certaines sont un poil sonores). Salon de thé en saison et espace boutique. Location de VTT. Accueil gentil.

Chambres d'hôtes Maison du Chevalier de Rantot : *chez Yuiko et Jean-Marie Laneelle, hameau Fleury. ☎ 02-33-93-23-27. • jmlane@orange.fr • maisonduchevalierderantot.com • Ouv Pâques-Toussaint. Doubles 65-85 € selon confort ; 25 €/pers supplémentaire. Gîte 2 pers 400-500 €/sem selon saison.* Il souffle dans cette solide maison traditionnelle du XVIIe s l'air délicat du Japon, importé là par petites touches discrètes : de belles poteries japonaises, le thé à disposition dans les chambres, les lits. Délicat mais pas précieux pour deux sous : les chambres sont vastes mais extrêmement sobres. D'ailleurs, on serait tenté de parler de gîte (sans cuisine) plutôt que de chambres, puisque, à chaque fois, les hôtes ont droit à leur bout de maison avec un salon et 2 chambres se partageant la salle de bains. L'une d'entre elles, sous les toits, a vue sur la mer au loin et la salle de bains un étage plus bas, tandis que l'autre dispose d'une superbe terrasse privée avec, elle aussi, une fort jolie vue. Également un beau gîte, dans le même esprit. Accueil discret et charmant.

Hôtel La Fossardière : *hameau de La Fosse. ☎ 02-33-52-19-83. • lafossardiere.fr • À 500 m de la mer et 1,5 km de Digulleville ; accès fléché depuis la D 45. Congés : de mi-nov à mi-mars. Doubles 70-91 € selon saison ; petit déj 11 €. Pour un séjour de 3 nuits consécutives, petits déj offerts le 3e matin (hors mai-août) sur présentation de ce guide.* Au cœur d'une superbe nature, on est d'abord charmé par cet authentique et adorable petit hameau fleuri, à cheval sur le lit d'un ruisseau. Il suffit ensuite, pour se laisser définitivement séduire, de tester l'accueil chaleureux et décontracté, le confort et l'extrême tranquillité des chambres (2 d'entre elles se trouvent dans une petite maison, un peu plus loin, de l'autre côté de la route), ou encore le petit déj pris dans l'ancienne boulangerie du hameau. Pas de vue malheureusement. Un poil cher peut-être.

À voir

La maison de Jacques Prévert : *☎ 02-33-52-72-38. Avr-mai et vac scol (sf Noël), tlj 14h-18h ; juin-sept, tlj 11h-18h (19h juil-août). Parking obligatoire près de l'église ; accès à pied (10 mn). Entrée : env 4,50 € ; 3 € sur présentation de ce guide (offre valable pour 2 pers max) ; réduc ; gratuit moins de 7 ans. Visite virtuelle à disposition pour les personnes à mobilité réduite.* En 1970, Janine et Jacques Prévert, amoureux de la région, achètent une adorable maison dans ce petit coin de paradis qu'est Omonville-la-Petite. Couverte de lierre, respirant la modestie et l'humanité, à l'image du poète, la maison est aujourd'hui ouverte au public.

LA MANCHE

Au 1er étage, on peut retrouver intacte l'atmosphère qui fut celle de la famille Prévert. Au rez-de-chaussée, des expositions tournant autour de l'œuvre de Prévert approfondissent l'une ou l'autre de ses multiples collaborations artistiques.

L'église Saint-Martin : avec clocher-campanile. Au-dessus du porche, pietà du XVIe s, encadrée de deux statues complètement usées. À l'intérieur, une seule nef d'origine romane. Transept et chapelles latérales du XVIe s. Chœur reconstruit au XVIIIe s. Fonts baptismaux en pierre sculptée avec décor végétal et traces de polychromie sur quatre pieds. Dans le transept gauche, jolie sainte Hélène en bois.

SAINT-GERMAIN-DES-VAUX

(50440) 405 hab. *Carte Le nord de la Manche, A1*

Un bijou que cet adorable village, lové dans un écrin de verdure, où les maisons tapies au coude à coude dans des rues étroites sont séparées de la mer par les champs !
Avis à ceux qui dégainent leur téléphone portable plus vite que leur ombre : nos opérateurs hexagonaux n'ayant pas jugé bon de s'installer dans ce magnifique bout de monde, le réseau est... anglais ! Donc, si vous ne tenez pas à recevoir une facture qui donnerait un vilain arrière-goût à votre séjour dans cette belle contrée, éteignez la bête !

Où dormir ? Où manger ?

L'Erguillère : *Port-Racine.* *☎ 02-33-52-75-31. • contact@hotel-lerguillere.com • hotel-lerguillere.com • Congés : vac de fév. Doubles 59-155 € selon confort, vue et saison ; petit déj 16,50 €.* Discrètement nichée en léger contrebas de la route, on passerait devant cette maison sans la voir. Ce serait dommage : ce petit hôtel (10 chambres, dont 7 avec vue sur la mer) s'impose comme une adresse de charme : sobriété, luminosité, couleurs naturelles et beaux matériaux s'y mêlent avec élégance. Insonorisation moyenne en revanche. Même sans y résider, faites-y une pause sucrée : l'endroit est aussi un salon de thé *(ouv tlj juin-sept ; le w-e hors saison),* où la vue vaut à elle seule tous les gâteaux de la terre (ou presque)... un vrai régal ! De plus, quand la météo est clémente, elle se dévore – tout comme le délicieux petit déj d'ailleurs – de la belle terrasse. Dommage que les prix des chambres s'envolent excessivement en haute saison.

Bar-restaurant-épicerie Le Racine : *11, rue du Haut. ☎ 02-33-52-64-61. • contact@restaurant-le-racine.com • Tlj sf dim soir et lun (hors saison, mar et mer soir uniquement sur résa). Congés : 3 sem en janv et 2 sem en nov. Résa conseillée le soir. Formules 18-26 €.* Un bistrot de village, tenu par un couple franco-britannique, qui n'a l'air de rien et qui surprend d'autant plus quant à la qualité de ce qui y est servi. On recommande l'assortiment d'entrées de la maison qui comprend, entre autres bonnes choses, le saumon fumé par le chef lui-même. Sinon, c'est du costaud (jambon à l'os, terrines, mais aussi des salades), servi copieusement. Terrasse couverte et colorée en été.

À voir

Port-Racine : *sur la D 46 entre Omonville-la-Petite et Saint-Germain-des-Vaux.* Considéré comme le plus petit port de France. Un jour, un congre en a vraiment bouché l'entrée ! Il tient son nom de François Médard Racine, un solide corsaire (rien à voir donc, avec le dramaturge) qui se planquait ici avant de fondre sur les navires anglais.

Les jardins en hommage à Jacques Prévert : *Pâques-juin et sept, tlj sf ven 14h-19h ; juil-août, tlj 11h-19h. Entrée : env 5 € ; réduc.* Encore « un peu de Prévert » comme le chante Kent avec cette petite vallée où la famille et ses proches aimaient passer du temps, sinon faire la fête. Gérard Fusberti était de ceux-là. À la mort du poète, il eut, avec Janine, sa veuve, et Yves Montand, l'idée d'aménager ici un jardin où chaque arbre serait planté par un ami de Prévert : un thuya bleu pour Arletty, un tilleul pour Doisneau, des pins pour Montand... Ces arbres ont aujourd'hui poussé, ombrageant ce jardin un peu fantaisiste, parsemé de citations de Prévert et d'œuvres d'art...

AUDERVILLE (50440) 260 hab. *Carte Le nord de la Manche, A1*

Au bout, presque tout au bout de la presqu'île. Ravissante bourgade fleurie à l'architecture haguaise traditionnelle. Les demeures, d'apparence modeste, se révèlent être de solides constructions de grès et granit au style ramassé, serrées les unes contre les autres, le long de ruelles étroites et pentues pour mieux se protéger des vents marins violents assommant parfois ce Finistère bis. Afin de mieux leur résister, les fenêtres sont d'ailleurs petites. L'église et certaines maisons possèdent un toit de schiste.

Où dormir ? Où manger à Auderville et dans les environs ?

De bon marché à prix moyens

Chambres d'hôtes chez Delphine Lecouvey : *67, rue de l'Église. ☎ 02-33-01-56-39. • lecouvey.chambresetgites@live.fr • Dans la rue principale, à côté de l'*Hôtel du Cap. *Doubles 47-57 € ; triple 59-63 €. (salle commune).* 5 chambres en tout : 3 dans la maison des propriétaires, auxquelles on accède en grimpant un vieil escalier de pierre, et 2 dans la dépendance, en rez-de-jardin (les plus chères, mais elles disposent de leur propre petite terrasse et d'un bout de jardin). Mention spéciale pour la familiale, en mezzanine, à prix tout doux. C'est simple, agréable, très bien tenu, et l'accueil s'avère gentil comme tout. Que demander de plus ?

La Gravelette : *6, rue des Falaises, hameau Dannery, 50440* **Jobourg.** *☎ 02-33-01-25-77. • contact@lagravelette.com • De mi-mars à mi-nov, ouv tlj sf mar soir-mer (tlj en hte saison). Repas 15-20 €. Café offert sur présentation de ce guide.* Dans un pavillon qui ne paie pas de mine, mais à l'intérieur, aux murs de pierre, se révélant chaleureux, comme l'accueil. Les crêpes, à base de bons produits locaux, occupent bien sûr une large part du menu, mais on peut aussi s'y restaurer de salades et d'assiettes bien balancées entre terre et mer. Terrasse aux beaux jours.

La Bruyère : *16, pl. de l'Église, 50440* **Jobourg.** *☎ 02-33-52-78-24. Ouv le midi mar-ven et dim, plus le soir ven-sam (juil-août, tlj sf sam midi). Formule déj en sem 14,50 € ; menus 22-32 €.* Intéressante formule déjeuner, où les plats proposés sont soignés. Au menu, on peut par exemple trouver de la joue de porc lait de coco et lard ou du dos de cabillaud au beurre de chorizo, pain de chou-fleur, hmm... Cheminée dans la plus grande des 2 salles, plus bourgeoise. Accueil réservé.

De prix moyens à chic

Hôtel du Cap : *63, rue de l'Église. ☎ 02-33-52-73-46. • contact@hotelducap.net • hotelducap.net •*

♿ Doubles 74-118 € selon confort et saison. Parking. Pique-nique sur demande. 📶 Dans le haut du bourg, dans un jardin ceint de son mur de pierre, cette maison ancienne abrite 12 chambres, toutes avec vue sur mer (sauf celle du rez-de-chaussée, équipée pour les personnes handicapées). Bien nettes et confortables, leur déco s'avère plutôt classique, mais différente pour chacune d'entre elles. Petit déj parfois servi sur la terrasse. Bar à whiskies. Un hamac dans le petit bout de jardin.

DANS LES ENVIRONS D'AUDERVILLE

Pas de recette particulière : du camp de base d'Auderville, rayonnez alentour, à l'inspiration, le nez au vent, dans l'adorable treillis de routes entre Saint-Germain, Omonville et Jobourg. Sûr que des hameaux réussiront à vous échapper. Voici quand même une jolie balade possible.

D'abord un petit tour à ***Goury,*** devant le phare et le fameux *Gros du Raz.* Ici, le Cotentin se prend pour le Kerry. Cultures et pâturages viennent lécher la mer et confient leur protection à des murets de pierre sèche couverts de mousses et de lichens. En glissant entre ces murets, pliées en deux, nos lectrices se prendront pour les sœurs Brontë. Les amoureux d'humeur marine pourront observer, surtout au moment des grandes marées et à mi-marée, l'un des plus saisissants spectacles qui soient : les courants du ***raz Blanchard*** soulèvent souvent de véritables barrières d'écume, infranchissables pour beaucoup de bateaux. Le courant est ici l'un des plus puissants au monde (plus de 10 nœuds par coefficient de marée de 110). Pour la plupart des marins, franchir le raz Blanchard est toujours un moment d'émotion (ici ont péri des centaines d'embarcations...). À contre-courant, c'est le plus souvent impossible (pour les voiliers en tout cas). Par tempête d'équinoxe, le spectacle est total.
Tout au bout, le phare veillant sur ces méchants courants. Dans un édifice octogonal des années 1920, l'une des stations de sauvetage les plus modernes de l'Ouest. Impressionnant bateau tournant, prêt à s'élancer sur l'une des deux rampes.
En quittant Goury, prendre à droite la route minuscule qui va à ***La Roche,*** délicieux petit hameau à découvrir sur la pointe des pieds. Ou suivre le sentier littoral, dans le respect de ce site naturel...

Ensuite, revenu sur la sympathique D 401 (en haut du bourg, par la côte), cap plein sud pour le nez de Jobourg. Au passage, vous apprécierez l'un des plus savoureux paysages du coin : la ***baie d'Écalgrain.*** Suspendue entre nuages et vagues, la baie préside, dans son cadre éternel et romantique, à l'affrontement traditionnellement acharné de la mer et de la terre. N'hésitez pas, à Écalgrain, à faire un petit arrêt, en bas, sur l'une des plus belles plages de galets qui soient. Profitez-en pour reprendre à pied un bout du sentier des douaniers, le long des bruyères, des prairies, des massifs d'ajoncs...

➢ Et si vous avez (encore) des fourmis dans les jambes ou si vous voulez vous lancer sur les traces des contrebandiers, contactez ***Explorations Sports Environnements*** : *📱 06-31-45-25-80. • exspen.com • Tte l'année, résa indispensable, et selon horaires, variables en fonction des marées, randos pédestres et sportives. Tarifs : plus de 18 ans à partir de 30 € selon type de sortie et nombre de participants (45 € si 2 participants) ; réduc.* Propose plusieurs parcours sportifs, mais de difficulté variable : le bec de l'Âne, le creux du Mauvais-Argent et les grottes de Jobourg *(slt de mi-juil à mi-fév).*

Puis traversée des pittoresques hameaux ***Mouchel, Sanson*** et ***Dannery,*** avant de parvenir, par la D 202, au ***nez de Jobourg.*** Avec son voisin, le nez de Voidries, il possède, à quelque 128 m, les falaises les plus hautes d'Europe continentale. Par beau temps, on aperçoit l'île d'Aurigny. Au village de ***Jobourg,*** ne pas manquer la belle église du XIIe s avec son clocher haguais typique. Basse et trapue pour donner le moins de prise au vent. Millet disait d'elle : « On dirait que le temps s'est assis dessus. »

Beaumont-Hague et l'usine de retraitement AREVA NC : après bien des manœuvres dilatoires, on finit quand même par lui tomber dessus (D 901 incontournable par l'itinéraire sud !). Quelques mots donc du monstre, dont dépend tant l'économie haguaise. Pensez, il fournit 5 000 emplois à la région ! Créée au début des années 1960, l'usine de retraitement s'est progressivement étendue sur plusieurs centaines d'hectares. Il n'y en a que deux de ce type au monde. À partir des combustibles irradiés, on y sépare l'uranium, le plutonium, les produits de fusion et les enveloppes des matériaux nucléaires. Les déchets traités sont ensuite vitrifiés, puis stockés à grande profondeur. Les responsables de l'usine font un énorme travail de communication pour convaincre de la fiabilité totale des installations. Cela n'empêche pas un sentiment de légitime inquiétude, teinté de fatalisme chez un certain nombre de gens. Et l'installation remarquée de Greenpeace à Cherbourg. Mais hôteliers et restaurateurs bénissent cet énorme potentiel de clientèle. Quant aux habitants de la Hague, dans leur ensemble, vous en trouverez également peu pour souhaiter la disparition d'un aussi gros générateur... d'emplois.
– Possibilité d'assister (gratuitement) à la *visite buissonnière,* soit une petite conférence sur la finalité de l'usine et ses activités, suivie d'un film et d'une promenade en bus sur le site, portant sur la surveillance de l'environnement. *1 visite/sem en juil-août, 1 visite/mois le reste de l'année ; pour les résas, s'adresser à l'espace Information : ☎ 02-33-02-73-04.*

– ***ANDRA, centre de stockage des déchets radioactifs de la Manche :*** *☎ 0810-120-172 (service 0,06 €/mn + prix d'appel). Juste à côté de l'usine de retraitement. Accès par la D 901, zone industrielle de Digulleville. Tte l'année, lun-ven 9h-17h. Résa indispensable. GRATUIT. Compter env 2h.* De 1969 à 1994, 527 000 m^{3} de déchets radioactifs à durées de vie courte et moyenne ont été enterrés là, confinés dans des blocs de béton et d'acier, puis recouverts de plusieurs couches de matériaux divers. Parcours découverte environnement pour tout public dès 10 ans. Cette gigantesque décharge est censée perdre sa radioactivité dans 300 ans (au moins). Qu'y a-t-il à voir ? Rien, hormis une immense pelouse de 14 ha, les installations assurant la surveillance du site, et des expositions périodiquement organisées dans le bâtiment d'accueil, dont le sujet n'a en général pas grand-chose de commun avec ce qui dort à quelques pas, hormis l'invocation d'un vague alibi de conservation du « patrimoine industriel collectif ». Histoire de noyer le poisson ? Libre aux lecteurs d'en discuter avec les guides du centre.

LA BAIE DE VAUVILLE

Carte Le nord de la Manche, A1-2

Après le petit moment de déprime de l'usine de la Hague, on aurait tendance à vous conseiller d'aller vous décontaminer les mirettes au contact des superbes paysages que déroule cette ample baie, de Vauville au cap de Flamanville.

VAUVILLE (50440 ; 370 hab.)

On y accède depuis Beaumont-Hague par la D 318, qui traverse une ravissante vallée. Veloutée et verdoyante, la vallée ondule en pente douce vers l'une des plus belles plages de l'Ouest et ce superbe petit village de bord de mer plus que préservé de la gangrène touristique.

Où camper ?

Camping municipal de la Devise : *☎ 02-33-52-64-69 (mairie) ou 02-33-52-74-94 (office de tourisme). Au bord de la plage. Ouv de mi-juin à mi-sept. Env 9 € pour 2 avec tente et voiture. CB refusées. 57 empl.* Dans une cuvette, au milieu de nulle part, ce petit camping, entouré de sa maigre haie, se protège comme il peut du vent marin. Spartiate avec sa pelouse sans ombre, il a néanmoins des sanitaires tout à fait corrects et même une laverie et un fil à linge ! Le cadre : d'un côté, juste derrière la haie, une magnifique plage non surveillée et, de l'autre, des collines de verdure où paissent les vaches, au milieu desquelles apparaît le toit du château de Vauville (et les rabat-joie ne sont pas non plus obligés de scruter l'horizon pour distinguer, sur leur droite, l'usine de retraitement de la Hague et, de l'autre, la centrale nucléaire de Flamanville).

À voir

Le jardin botanique de Vauville : *☎ 02-33-10-00-00. • jardin-vauville.fr • Avr-sept, tlj 14h-18h (19h juil-août) ; oct, le w-e slt 14h-18h. Entrée : 7 € ; réduc, notamment de 1 € sur présentation de ce guide ; gratuit moins de 18 ans. En été, possibilité de visites guidées et de grignoter une pâtisserie et une boisson au salon de thé. Vente de plantes des pépinières du jardin et boutique sur le même thème.* Face à la mer, ce petit bijou de végétation (pas si petit que ça : 40 000 m^2), créé par les parents des actuels propriétaires, Guillaume Pellerin et Cléophée de Turckheim, abrite aujourd'hui plus de 1 000 espèces, toujours à feuillage persistant et souvent de l'hémisphère austral. Tantôt une petite palmeraie (la plus au nord d'Europe, merci le Gulf Stream !), tantôt un délicieux et surprenant jardin d'eau, le tout ondulant paisiblement vers la mer. Amaryllis, théâtre de bambous, aloès, étonnante collection d'hydrangeas... Certains lieux (la Demi-lune, la Voûte bleue) ne sont accessibles qu'avec les visites guidées. Le contraste avec les landes déchirées de la Hague est saisissant. Mais comment ont-ils réussi à faire pousser tout ça ? En créant (depuis 1950) des barrières végétales protégeant les espèces exotiques, comme les palmiers, des tempêtes de l'hiver. Un dépaysement à ne rater sous aucun prétexte, tant pour la beauté insolite de l'endroit que pour l'accueil chaleureux de ses propriétaires, passionnants et passionnés. On leur doit d'ailleurs d'autres réussites dans la région, dont la restauration du jardin de la maison de Christian Dior à Granville.

Le prieuré de Saint-Hermel : *au nord-est de Vauville.* Perché sur la colline (superbe point de vue), cet étonnant prieuré médiéval dépendait de l'abbaye de Cerisy-la-Forêt.

Le Grand-Thot : *au sud de Vauville, on y monte par une route (D 237) parallèle à la mer.* Panorama remarquable sur la mare de Vauville, réserve naturelle. Prairies qui se déroulent en bandes étroites vers la mer. Superbes nuances de vert, ourlées de l'immense plage déserte. Paysage serein, tout à fait unique en Normandie.

BIVILLE ET SES DUNES *(50440 ; 420 hab.)*

Petit village paisible, un peu perché au-dessus d'un stupéfiant massif dunaire. Vaste (plusieurs centaines d'hectares) et désertique, borné au nord par les falaises de la Hague et au sud par le cap de Flamanville, il offre une des visions les plus fascinantes du département, surtout par une fin d'après-midi ensoleillée, lorsque les dunes prennent du relief grâce aux ombres rasantes (le point culminant du site atteint 111 m !). Tout le coin est aujourd'hui classé réserve naturelle.

LA MANCHE

Pendant une trentaine d'années, une partie des dunes était un champ de tir appartenant au ministère de la Défense, et par conséquent interdit d'accès, ce qui explique grandement sa préservation. Étape ou lieu de résidence de nombreux oiseaux, il abrite une faune et une flore intéressantes, et un sentier balisé permet d'observer les quelque 30 espèces de libellules sur les 90 répertoriées en France ! Saisissant point de vue sur le massif depuis le calvaire des Dunes ; compter 45 mn à pied ; accès fléché depuis la rue longeant l'église.

LE PORT DE DIÉLETTE

Le seul où les bateaux peuvent faire relâche entre Goury et Carteret. Joli point de vue depuis la D 4 sur ce pittoresque port ancien au pied d'une falaise. Incroyable mais vrai ! Dans ce coin perdu de la Hague, une mine de fer fut exploitée (par à-coups) de 1855 à 1962. Encore plus incroyable mais toujours aussi véridique, les galeries de la mine étaient situées sous la mer ! Et comme il était impossible de transporter le minerai par voie ferrée, c'est par la mer qu'il était évacué. L'un des seuls vestiges encore visibles de toute cette activité est le wharf de chargement, situé à plusieurs centaines de mètres de la côte, près duquel venaient s'amarrer les cargos chargés d'emporter le minerai vers les hauts-fourneaux d'Allemagne et d'Angleterre. Le minerai de Diélette était réputé pour sa très haute teneur en fer : 600 g de fer pur par bloc de 1 kg !

Achats

Cidrerie Théo Capelle : *1, le Haut-de-la-Lande, à* ***Sotteville.*** *☎ 02-33-04-41-17. Accès depuis Diélette par la D 23 jusqu'aux Pieux, puis par la D 904 direction Cherbourg et la D 56 vers Couville (indiqué). Tlj sf dim 9h-12h30, 14h-19h. Visite sur résa à 11h, 15h et 17h ; tarif : 2,50 €, gratuit moins de 14 ans.* Une exploitation cidricole fondée en 1981 par Théo Capelle et reprise depuis 2007 par son fils Ludovic. Nombreux cidres, apéritifs, liqueurs, Calvados AOC en vente, et possibilité de se promener dans les jardins, d'y pique-niquer, d'y faire une sieste ou de la balançoire sous un pommier.

À voir. À faire dans le coin

➢ Le GR 223 de la Hague fait tout le tour du cap de Flamanville depuis Diélette. Au passage, dolmen de la Pierre-au-Roy, et l'inévitable centrale nucléaire de Flamanville...

La centrale nucléaire de Flamanville : bâtie sur le site de l'ancienne carrière de granit. L'électricité produite correspond à l'équivalent de la consommation annuelle de la Bretagne, du Calvados, de l'Orne et de la Manche. Bien sûr, la centrale déclencha en son temps moult polémiques, tant du point de vue sécurité que du point de vue esthétique. Polémiques et discussions relancées en 2005 par le projet de construction d'une nouvelle unité de production « Flamanville 3 » avec un réacteur de troisième génération de type EPR qui depuis, avec ses retards accumulés et ses coûts faramineux, n'a cessé de faire parler de lui. Entamé en 2007, le chantier censé durer 5 ans devrait finalement se terminer en 2018, avec une facture de 10,5 milliards d'euros, contre les 3,3 milliards initialement prévus. L'ensemble ne se visite pas pour cause de plan Vigipirate.

➢ De Diélette vers les îles Anglo-Normandes ***Guernesey*** et ***Aurigny,*** liaison maritime avec la compagnie *Manche-îles Express. Rens et résas : ☎ 0825-131-050 (service 0,15 €/mn + prix d'appel). • manche-iles.com • Avr-sept, env 1 liaison/j.*

avec Guernesey, mais les jours et horaires dépendent des marées. À partir de 45 mn de traversée avec un navire à grande vitesse. Aurigny est desservie directement ou via Guernesey, mais beaucoup plus rarement *(env 1 fois/sem juin-sept).*

LA CÔTE DES ISLES

BARNEVILLE-CARTERET

(50270) 2 290 hab. *Carte Le nord de la Manche, A3*

L'une des plus anciennes stations balnéaires françaises. Elle est « divisée » en trois parties : Carteret (port pour Jersey et Guernesey et, pour l'anecdote, village d'adoption de la fameuse « Mère Denis »), Barneville (le bourg) et Barneville-Plage. Le premier touriste fut, en 1820, Jules Barbey d'Aurevilly. En 1842, on notait déjà la présence de plus de 20 familles en vacances et la visite de Chateaubriand. En 1881, ouverture d'une ligne avec Jersey et, en 1889, le chemin de fer relie Paris à Carteret !

Arriver – Quitter

En car

Liaisons assurées par la compagnie des bus *Manéo (• transports.manche.fr •).*

En bateau

➢ ***De/vers Jersey et Sercq :*** avec *Manche Îles Express (☎ 0825-131-050, service 0,15 €/mn + prix d'appel ; • manche-iles-express.com •).* Traversées avr-sept. Avec les navires à grande vitesse, Jersey est à 1h de Barneville-Carteret ; attention, les liaisons dépendent des marais et ne sont pas quotidiennes. Quelques liaisons également avec Sercq.

Adresses et info utiles

Office de tourisme : *15 bis, rue Guillaume-le-Conquérant. ☎ 02-33-04-90-58. • otcdi.com • Juil-août, lun-sam 9h30-13h, 14h-19h ; dim 10h-12h30 (mais permanence au bureau situé au Pôle nautique, 2, promenade Barbey-d'Aurevilly 15h-19h). Avr-juin et sept, lun-sam 10h-12h30, 14h-17h30 ; dim 10h-12h30 (15h-18h dim avr-juin et sept au Pôle nautique). Le reste de l'année, lun-sam 10h-12h30, 14h-17h.* Vous y trouverez toutes les infos sur les randos et des topoguides. Possibilité de réserver un hébergement, des billets pour les îles anglo-normandes, la Cité de la mer à Cherbourg, le train touristique, des concerts...

Location de vélos : ***Le Suroît,*** *14, rue de Paris (☎ 02-33-53-84-93), ou* ***Le Tube,*** *4, rue des Halles, à Barneville-Carteret (☎ 02-33-03-61-94).* ***Vérosalies*** *(📱 06-03-07-04-97) à Saint-Jean-de-la-Rivière. Juil-début sept.*

– ***Marchés :*** *sam mat, dans le bourg de* ***Barneville.*** À recommander : belle ambiance. *À* ***Barneville-Plage,*** *marché dim mat en juil-août. À* ***Carteret,*** *jeu mat, pl. Terminus.*

Où dormir ? Où manger ?

Campings

Camping La Gerfleur : 2, rue Guillaume-le-Conquérant. ☎ 02-33-04-38-41. • lagerfleur.fr • Ouv avr-oct. Compter 18,50 € pour 2 pers. Locatifs jusqu'à 5 pers 320-590 €/sem. Loc au w-e possible. 90 empl. Un étang de pêche d'un calme impérial, un tapis de verdure, la touche pointilliste colorée des fleurs épanouies... et des bancs disposés autour de l'étang. Les mobile homes sont habilement dissimulés au regard. Et, bien sûr, tous les équipements qu'on est en droit d'attendre (aire de jeux, piscine chauffée, bar avec baby-foot et billard...). Dépôt de pain, crêperie ambulante le vendredi soir. Le tout à 5 mn en voiture du centre-ville. Accueil décontracté et efficace.

Camping Les Bosquets : rue du Capitaine-Quenault, à Barneville-Plage. ☎ 02-33-04-73-62. • camping-lesbosquetsbarneville@orange.fr • camping-lesbosquets.fr • Ouv d'avr à mi-oct. Compter 19,80 € pour 2 avec tente et voiture ; mobile homes 2-5 pers 300-570 €/sem. 331 empl. À 400 m de la plage, un beau site, vaste, espacé et aux paysages assez variés : ici, ce sont des haies qui ombragent le terrain, là des pins. Bien équipé avec, de surcroît, une jolie piscine. Location de mobile homes qui, s'ils ne bénéficient pas de l'endroit le plus agréable du camping, sont relativement espacés avec, pour chacun, un sympathique bout de pelouse et une table de pique-nique. Un bon rapport prix-confort.

De bon marché à prix moyens

Hôtel Jersey : 4, rue de la Sablière, à Barneville. ☎ 02-33-04-91-23. • contact@hotel-jersey.fr • hotel-jersey.fr • À deux pas du tennis municipal. Doubles 60-67 € selon saison ; familiales 72-85 €. Un hôtel très gentiment tenu, proposant une quinzaine de chambres sobres et contemporaines. Petit déj avec salade de fruits frais servi dans la salle à manger baignée de lumière ou sur la terrasse. Accueil aux petits soins.

Chambres d'hôtes La Tourelle : chez Gérard Lebourgeois, 5, rue du Pic-Mallet, à Barneville-Bourg. ☎ 02-33-04-90-22. Dans le bourg, derrière l'église. Doubles 60-65 €. Parking. Une jolie petite maison de pierre du XVIe s avec tout le charme de l'ancien : des parquets qui craquent, des meubles qui doivent bien être de famille. Une poignée de chambres adorables (dont 3 dans un autre bâtiment, à quelques dizaines de mètres) qui donnent sur un jardin. Et pour vous accueillir, un propriétaire véritablement aux petits soins.

Hôtel de Paris : 8, pl. de l'Église, à Barneville-Carteret (bourg). ☎ 02-33-93-17-60. • hoteldeparis@barnevillecarteret.com • hoteldeparis.barnevillecarteret.com • Resto fermé dim-lun. Congés : vac de Noël. Double 62 € (tarif de base, mais variant selon la fréquentation) ; également des familiales 4-6 pers. Possibilité de ½ pens. Oct-Pâques, menu 15 € servi midi et soir ; Pâques-oct, menu déj 15 €, carte 20-25 €. Parking privé gratuit. Hôtel proposant des chambres modernes confortables, même si celles de l'annexe et quelques-unes donnant sur la place sont un peu moins bien insonorisées. Petite préférence pour celles dont la vue se perd vers la campagne, comme la 2e salle de resto ! Au resto justement, le menu change quotidiennement selon l'humeur du chef. Une belle adresse.

Hôtel Le Cap : 6, rue du Port, à Carteret (port, près de la gare maritime). ☎ 02-33-53-85-89. • hotel-le-cap@wanadoo.fr • hotel-le-cap.fr • Congés : dernière sem de déc. Doubles 54-79 € selon vue et confort. Menus 20 € (sf w-e et j. fériés), puis 26-39 €. Des chambres confortables, certaines (plus onéreuses) avec vue sur le chenal et la mer, petites pour d'autres ; préférer celles du 2e étage. Mais c'est surtout pour la très bonne table que l'on vient, avec sa cuisine basée sur les produits ultra-frais de la mer et du marché. Spécialité : l'incontournable – au propre comme au figuré – plateau de fruits de mer et le homard grillé au feu de bois. Belle terrasse au soleil, alternative à la salle à manger classique et cossue, avec ses banquettes et ses petits salons. Service prévenant et agréable.

La Cale Marine (La Kalakiki) : *promenade Abbé-Lebouteiller, à Carteret. ☎ 02-33-53-82-50. Sur le quai devant le port de pêche. Tlj sf mar soir-mer hors saison. Congés : nov-janv. Formule en sem sf j. fériés 12,50 € ; carte env 26 €.* On patiente au bar en attendant qu'une table se libère (on ne réserve pas), et on mange ce pour quoi tous les autres clients sont là : de bonnes moules-frites, ultra-copieuses de surcroît. Décor tout en bois, comme dans la cale d'un bateau d'autrefois, chaude ambiance du comptoir qui ne tarde pas à déborder sur la salle. Pour les grincheux et les allergiques aux moules-frites, il y a aussi quelques alternatives (grillades, etc.).

De plus chic à beaucoup plus chic

Hôtel des Isles : *9, bd Maritime, à Barneville-Plage. ☎ 02-33-04-90-76. • hotel-des-isles@wanadoo.fr • hoteldesisles.com • Doubles 114-139 € selon saison ; familiales 149-199 €. Menu-buffet de hors-d'œuvre le midi en sem 18 € ; autres menus 28-35 €. (au rdc ; câble dans les chambres).* Une grande bâtisse grise joliment posée le long de la promenade du front de mer. Dans les étages de cette charmante adresse, les petites chambres douillettes ont un joli côté balnéaire : du blanc et bleu pour les couleurs, une armoire blanche qui évoque la cabine de bains ; c'est frais, beau, reposant. Certaines ont vue sur la mer, et les plus chanceux jouiront même d'une belle terrasse. Piscine extérieure chauffée. Au rez-de-chaussée, le sympathique bar-bistrot à la déco classe et tendance, où vous pourrez grignoter un morceau, et le resto, plus classique, où sont servies les inévitables spécialités de poisson et fruits de mer. Accueil adorable.

Hôtel des Ormes : *quai Barbey-d'Aurevilly, à Carteret. ☎ 02-33-52-23-50. • hoteldesormes@wanadoo.fr • hoteldesormes.fr • Congés : janv. Doubles 129-189 € selon saison.* Dans une belle maison du XIXe s restaurée, face au port de plaisance, un hôtel des plus agréable, à l'atmosphère cosy. Certaines chambres sont petites mais très joliment décorées, et l'accueil est charmant. Les chambres dans l'annexe *Le Rivage* (une ravissante maisonnette) sont particulièrement belles et spacieuses. Le jardin et le petit salon-bar très agréable ont achevé de nous séduire. Fait aussi resto.

Hôtel de la Marine : *11, rue de Paris, à Carteret. ☎ 02-33-53-83-31. • infos@hotelmarine.com • hotelmarine.com • Sur le port de Carteret. Resto fermé lun midi et jeu midi, plus soir dim et lun hors saison. Doubles 93-285 € selon vue, type de chambre et saison ; petit déj 16,50 €. Menus en sem (sf juil-août) 29,50 €, puis 43-79 €. Parking.* La grande bâtisse blanche domine le port, et sa vocation maritime se retrouve dans les couloirs évoquant les coursives d'un bateau. On vous rassure, la taille des chambres et leur déco n'ont rien de celles d'une cabine. Ces élégantes au design frais sont en tout point confortables. Les plus chères ont de magnifiques terrasses. Bref, une adresse chic sans être guindée, tenue de main de maître, et vous y serez traité comme un roi. À table aussi, d'ailleurs. Une cuisine bien d'aujourd'hui qui jongle avec terroir, mer, épices et saveurs d'ailleurs... Salles à manger « transatlantiques » élégantes et modernes, ouvertes largement sur la mer pour un moment d'exception.

LA MANCHE

Où manger dans les environs ?

Le Clos Rubier : *14, hameau Gaillard, 50270* ***Saint-Jean-de-la-Rivière.*** *☎ 02-33-04-98-10. • leclosrubier@orange.fr • À 2 km au sud-est de Barneville. Juil-août, tlj ; hors saison, tlj sf mar-mer. Menus déj en sem 12 €, puis 19-31,50 €.* Belle auberge de campagne, avec sa façade dévorée par la vigne vierge et son jardin fleuri. Salle rustique, avec une cheminée immense devant laquelle officie le patron. Vous êtes au royaume de la grillade conviviale. Tout le monde profite du spectacle des coquelets ou du bon gigot d'agneau en train de tourner sur leur broche. Pour les pressés : n'oubliez pas que si vous demandez une pintade rôtie, il faut laisser au feu le temps de la saisir... Alors prenez vos aises et admirez l'art du patron dans le maniement des braises.

À voir. À faire

L'église de Barneville : construite au XIIe s et classée Monument historique. Clocher fortifié. Belle frise de modillons tout autour. Dans la nef, intéressantes arches sculptées (motifs carrés ou en chevron). Beaux chapiteaux ciselés. Entre autres, côté chaire, le pittoresque décor végétal, les entrelacs, les divers personnages, monstres, animaux, ainsi que quelques chapiteaux historiés.

Les plages : celle de *Barneville* est relativement peu urbanisée, avec des villas et hôtels de taille et hauteur très mesurées. Longue plage, familiale et très fréquentée en saison (mais il y a de la place pour tout le monde). Petite plage à *Carteret,* également, avec ses cabines de bain au pied du cap. De Carteret, les amateurs d'espaces plus sauvages emprunteront le sentier des douaniers pour, au-delà du cap de Carteret, gagner l'immense et presque désolée *plage de la Vieille-Église.* Attention, la baignade peut s'y avérer très dangereuse (courants traîtres...).

LA MANCHE

De bien belles balades

➢ ***Circuit du cap de Carteret :*** *départ du port de plaisance (pour effectuer une boucle) ou, pour allonger, de l'église de Barneville (bourg). Balisage jaune – 10 km pour l'ensemble ; compter 3h.* Port de plaisance, port de pêche, corniche (vue sur Jersey et plage de Barneville) et sentier des douaniers, « anciennes batteries des 24 » au passage (les boulets pesaient 24 livres). Ensuite, traversée des dunes d'Hatainville (respecter les fermetures de portillons) et du village... Une belle sortie vivifiante !

➢ ***Le train touristique du Cotentin :*** *juil-août, dim à 15h. En été, on peut aussi se rendre au marché de Port-Bail en partant de Carteret (mar à 10h) ou aller au marché de Carteret en partant de Port-Bail (jeu à 10h) ; voyage A/R ; tarif adulte 10 €. Rens et résas à l'office de tourisme.* Les nostalgiques des petits trains de campagne monteront à bord de ce petit train des années 1930, sympathique tortillard qui relie Barneville-Carteret à Port-Bail.

Balades en mer

À bord de la goélette Neire Maôve : ☎ *02-33-04-90-58 ou 02-33-04-03-07. Balade à la ½ journée, à la journée ou minicroisière sur 2 j., à partir de 30 €/pers la ½ journée.* Reconstruit à l'identique, *La Mouette noire,* cet ancien bateau de pêche de Carteret et des îles Anglo-Normandes, propose excursions et minicroisières autour des îles Anglo-Normandes ou au large des côtes du Cotentin. En été, avec un peu de chance, on peut même apercevoir des dauphins...

À bord du Long John Silver : *rens et résas :* ☎ *02-33-04-71-51 ;* 📱 *06-12-26-95-11.* Ceux qui préfèrent écumer la côte ouest du Cotentin ou la côte sud anglaise sur un bateau beaucoup plus moderne pourront poser leur sac à bord du voilier de Jean Guérin, qui propose des sorties à la journée, de 2 jours ou à la semaine.

– ***Aviron de mer et école de voile :*** *au Pôle nautique, 2, promenade Barbey-d'Aurevilly.* ☎ *02-33-93-12-07.* De mars à novembre pour les activités voile : stages d'initiation ou de perfectionnement sur Optimist, planche à voile, dériveur, *paddleboard,* catamaran. Pour l'aviron, le club propose toute l'année des stages ou de la location. Contrairement aux idées reçues, ce sport complet s'adresse aussi bien aux hommes qu'aux femmes.

Manifestations

- ***Course à l'aviron Jersey-Carteret :*** *en juil.* Une traversée de 28 km (sans compter la dérive) qui se termine en apothéose au port de Carteret. Impressionnant.
- ***Festival de la glisse :*** *en juil.* Mélange de démonstrations de très haut niveau et d'initiations grand public.
- ***Salon des antiquaires et métiers de l'art :*** *début août.* Expo-vente par des antiquaires et artisans locaux et régionaux.
- ***Fête de la mer :*** *début août. Sur le port de Carteret.* Une fête qui célèbre les marins décédés en mer, avec messe, repas et animations sur le thème du nautisme.

PORT-BAIL (50580) 1 650 hab. *Carte Le nord de la Manche, A-B3*

Chantée par Souchon, une gentille bourgade qui s'étire agréablement le long d'un petit estuaire, dont la forme semble adresser un sourire aux oiseaux et au ciel. Pas mal de charme, donc. Petit port de plaisance et deux plages de sable en bord de mer, reliés au bourg par un pont de 1860.

LA MANCHE

Adresse et info utiles

ℹ ***Office de tourisme :*** *26, rue Philippe-Lebel.* ☎ *02-33-04-03-07.* • *otcdi.com* • ♿ *Juil-août, tlj 9h30-13h, 14h-19h (dim 10h-12h30) ; avr-juin et sept, mar-sam ; oct-mars mar-mer et ven-sam.* Infos sur les randos (topoguides). Réservations hébergements et billetterie (Cité de la mer à Cherbourg, concerts, spectacles, visites guidées, sorties...).

- ***Marché :*** *mar mat tte l'année (incontournable en saison !), plus dim mat de juil à mi-sept.*

Où dormir ? Où manger ?

Chambres d'hôtes La Roque de Gouey : *chez Bernadette Vasselin, 16, rue Gilles-Poërier.* ☎ *02-33-04-80-27.* • *vasselin.portbail@orange.fr* • *En arrivant par la D 650, prendre à droite juste avt le supermarché Casino, puis à droite face au bar. Congés : janv. Double avec sdb 58 € ; familiale 3 pers 62-77 €. Apéritif maison offert sur présentation de ce guide.* Une grande longère en pierre, bien retapée, tranquille derrière sa cour fermée ; d'autant plus tranquille que les 4 chambres – dont une familiale – impeccables, joliment et soigneusement décorées, donnent sur un jardin bien fleuri qui ressemble déjà à la campagne. Chacune dispose d'une entrée indépendante. Cuisine à disposition. Accueil charmant. Une adresse vraiment de qualité.

Chambres d'hôtes Les Courlis : *chez Audrey et Jean-Marc Gaultier, 27, rue Lechevalier.* ☎ *02-33-04-14-42.* • *gaultier.jeanmarc@neuf.fr* • *lescourlis.fr* • *À la sortie du bourg, direction Barneville, 400 m après l'église. Double 45 € ; 3 pers 70 €. Réduc de 10 % sur le prix de la chambre sur présentation de ce guide.* Dans une charmante petite maison du début du XXe s, des chambres au style rétro, spacieuses et confortables. La plus chère possède une jolie vue sur le havre. Les autres profiteront de la vue depuis le jardin ainsi que de la véranda où est servi le petit déj. Ambiance familiale.

Aux 13 Arches : *9, pl. Castel. ☎ 02-33-04-87-90. • laprodhomme@orange.fr • 13arches.com • Dans le centre, juste avt le pont. Juil-août, tlj ; reste de l'année, tlj sf lun. Doubles 64-150 € selon saison ; petit déj 9 €. Apparts 2-5 pers 82-150 € selon saison. Formule en sem (sf juil-août) env 19 € ; menus 24-37 €. (bar).* Des moules, des salades, des poissons ou des viandes, tout le monde trouve son bonheur *Aux 13 Arches.* Vous ne viendrez pas ici pour manger des frites ou de la chantilly maison, mais l'endroit est familial, le service sympathique, l'assiette généreuse et tout à fait honnête. Pour ne rien gâcher, le cadre (2 salles : l'une en rez-de-chaussée, au bar, et l'autre à l'étage) est très plaisant. Que dire de la terrasse en bord de havre ! Le tableau est aussi flatteur côté hébergement, entre les jolies chambres dans le bâtiment du restaurant ou dans un autre à l'arrière, avec vue sur mer. Mention spéciale également pour les 3 apparts vraiment coquets et pratiques, avec cuisine et une délicieuse petite terrasse commune.

Où dormir ? Où manger dans les environs ?

LA MANCHE

La Chantalière : *chez Otello et Deana Pedrini, route de Port-Bail, hameau Lucas, 50580* ***Fierville-les-Mines.*** *☎ 02-33-03-05-74. • otello.pedrini@club-internet.fr • lachantaliere.eu • Le hameau se trouve sur la D 50 entre Bricquebec et Port-Bail, 1,2 km après le village de Fierville quand on vient de Bricquebec. Double 49 € ; familiales 3-4 pers 64-74 €. Remise de 10 % sur la chambre sur présentation de ce guide.* Au cœur d'un hameau, ensemble de bâtiments dont une ancienne ferme et une demeure principale qui date du XXe s. 4 chambres agréables et colorées avec sanitaires privés. La passion d'Otello : son jardin. Vous y découvrirez des essences du monde entier, dont certaines très rares. La maison est un peu en bord de route, mais le trafic est pratiquement inexistant la nuit. Accueil chaleureux teinté par l'accent italien du maître des lieux.

Le Bac à Sable : *route de la Mer, plage de Lindbergh, 50580* ***Saint-Lô-d'Ourville.*** *☎ 02-33-21-05-33. • stephrenouvin@yahoo.fr • Juin-sept, tlj sf lun 10h-1h ; le reste de l'année, ven-dim. Congés : janv-fév et de mi-sept à mi-oct. Repas 15-20 €.* Contrairement à ce que le nom et l'adresse pourraient laisser entendre, on n'a pas de vue sur la mer ni les pieds dans le sable, mais l'un et l'autre sont attenants, rassurez-vous ! Dans l'assiette : *fish & chips,* moules-frites (en saison), pavé de rumsteck ou salade qu'on avale sur fond de pop anglaise (l'origine du patron). Rien de mémorable, mais le vrai plaisir est ailleurs : cadre chaleureux de bric et de broc, avec plein de photos punaisées de copains, des jeux, des bouquins et des magazines, un filet de badminton tendu dehors, et des initiatives estivales sympathiques : tournoi de pétanque, soirée quiz, concerts... Idéal pour l'apéro, sous le soleil ou la grisaille. Adresse conviviale et familiale par excellence.

À voir. À faire

L'église Notre-Dame : superbement située au bord du havre. Son emplacement explique probablement son côté fortifié. D'une belle sobriété, significative des premiers frémissements de l'art roman. À l'intérieur, voûte normande en bois et chapiteaux sculptés du XIIe s, de style primitif. Dans le chœur, animaux, bête en dévorant une autre, feuillages et entrelacs. Dans le transept droit, les évangélistes. La restauration de l'église a également mis au jour une litre funéraire extrêmement bien préservée. À chaque heure, le carillon « dialogue » avec la cloche de l'église Saint-Martin, située dans le centre-ville. L'église, qui n'est plus dédiée au culte, accueille de mars à septembre des expos et des concerts.

Le baptistère gallo-romain : *à deux pas de l'église, derrière la mairie. Juil-août, visite guidée combinée église-baptistère effectuée par l'office de tourisme. Tarif de cette visite : 2 €.* À toute heure, on peut admirer les vestiges de ce baptistère à piscine, de forme hexagonale, très ancien (VIe s). En effet, à travers les grilles du petit bâtiment moderne qui les protège, une lumière se déclenche quand vous approchez. Celle-ci schématise l'arrivée de l'eau dans le bassin.

– **Char à voile :** *base nautique de Port-Bail. ☎ 02-33-03-69-11.* Location, baptêmes, stages de 1 semaine. Pour ceux qui rêvent depuis toujours de goûter aux sports de vent mais qui ne savent pas nager, voilà un sport qui décoiffe et qui demande un minimum de technique. L'école de voile (située à proximité de la base) propose également d'autres activités telles que catamaran, planche à voile, kayak de mer, etc. *(☎ 02-33-10-10-96).*

Une belle balade

➢ **Les dunes de Lindbergh et la mer :** *env 8 km (notamment sur le GR 223). Demander un plan à l'office de tourisme.* Du centre-ville aux dunes de Lindbergh, de l'autre côté du havre, avec traversée par la passerelle submersible. Très belle balade, parfois venteuse ! Mais le brushing en vaut la chandelle !

Fêtes et manifestation

– **Feu d'artifice :** *3e dim de juil.* Avec l'embrasement du pont aux 13 arches.
– **Grande fête de la Terre :** *1er dim d'août.* Démonstration de battage à l'ancienne, expo de vieux matériel agricole, repas paysans...
– **Fête du Port et/ou de la Plage :** *15 août.* Animations sur le port : sauvetage, groupes folkloriques et musicaux, bateaux décorés... sur le thème de la mer !
– **Foire aux livres et cartes postales :** *tte l'année, 4e sam du mois, quai Aubert (avr-sept) et église Notre-Dame (oct-mars).*

DANS LES ENVIRONS DE PORT-BAIL

Canville-la-Rocque : *à deux pas de la D 903 et de la D 15.* Dans ce petit village avec son pressoir à pommes, allez admirer les pittoresques *fresques* de l'église, découvertes en 1983 seulement. Datant de la première moitié du XVIe s, l'une d'elles illustre l'histoire du *pendu dépendu,* légende célèbre qui avait cours à la même époque dans de nombreux pays européens, comme à Santo Domingo de la Calzada en Espagne. Elle met en scène un jeune pèlerin de Saint-Jacques-de-Compostelle, injustement accusé de vol, condamné à mort et exécuté par pendaison. Son père, convaincu de son innocence, provoqua un miracle (un poulet en train de rôtir redevint un coq triomphant et emplumé) ainsi que le retour à la vie de son fils. La légende dut être véhiculée par les nombreux pèlerins de Saint-Jacques. À signaler que Canville se trouvait sur la portion Barfleur/Mont-Saint-Michel du pèlerinage (qui rejoignait ensuite Tours). Dans l'église *(ouv 9h-12h, 14h-17h ; panneaux explicatifs pour la visite),* également de belles statues et pierres tombales anciennes (marquées 1621 et 1629).

En sortant, ne pas dédaigner le petit magasin ***Le Petit Chiffon*** (papiers et textiles de décoration). Tenu par une passionnée, il fait partie intégrante de la vie du village *(ouv mar-sam).*

Le moulin à vent du Cotentin : *23, rue de La Lande, à* ***Fierville-les-Mines.*** *☎ 02-33-53-38-04. • cotedesisles.com • Vac de fév-Toussaint : juil-août, tlj 11h-12h30, 13h30-19h ; mai-juin et sept, tlj sf lun non férié 14h-18h30 ; horaires très variables le reste de l'année ; dernière visite 1h avt fermeture. Entrée : 4,40 € ; réduc.*

Visite commentée 30-40 mn. En été, animations et ateliers pour les petits. Boutique de produits du terroir et vente de farines diverses. Sur résa, possibilité de visite virtuelle pour les personnes à mobilité réduite. Sur une butte située à 120 m d'altitude se dresse fièrement un superbe moulin-tour datant de 1744, restauré et réhabilité en 1997. À l'intérieur du moulin, toute la machinerie a été reconstituée, et les explications claires du guide permettent de comprendre son fonctionnement. Petit plus : on peut repartir avec son sac de farine (de sarrasin, d'épeautre ou de blé) moyennant quelques euros. Sortez les crêpières !

ATTENTION, MOULIN MALIN !

Conçu comme un voilier, le moulin à vent du Cotentin avec toit pivotant à 360° peut prendre le vent d'où qu'il vienne. Et grâce au système d'ailes articulées en bois (un système inventé en 1848), le meunier peut réduire ou augmenter la surface des ailes en fonction de la puissance du vent.

Auberge du Moulin : *La Lande (sur le site). ☎ 02-33-01-36-48. • maxime.tesniere@orange.fr • ♿ En saison, tlj sf dim soir et lun ; hors saison, ven-sam et dim midi. Congés : janv. Formule déj en sem 12,50 € ; menus 22,50-26,50 € ; carte env 30 €. Digestif maison offert sur présentation de ce guide.* Ferme superbement restaurée, où l'on s'attable autour de plats normands de bonne facture. Également des galettes, crêpes et produits du terroir à la carte.

LA MANCHE

LE PAYS DE COUTANCES

Au centre de la Manche, une région bien séduisante. Le rouleau compresseur du remembrement n'a pas réussi à détruire l'un des plus délicieux bocages de l'Hexagone, et peut-être l'un des plus variés. Ainsi se termine-t-il parfois le nez dans l'océan, comme à Regnéville, où les moutons paissent dans des prés plus que salés. Vers Cerisy-la-Salle et La Baleine, les rivières Soulles et Sienne l'entaillent profondément et lui donnent presque l'aspect de vallée. Région essentiellement rurale donc, propice aux longues errances bucoliques à travers un adorable treillis de petites routes balisées de manoirs de poche, châteaux, charmantes églises et abbayes. Au milieu émergent les « flèches vers Dieu » de Coutances, petite capitale de l'un de nos coins préférés de la Manche...

LE BORD DE MER DU PAYS DE COUTANCES

De Port-Bail à Granville s'étend une immense et superbe plage de sable fin ourlée d'un cordon de dunes, interrompue de temps à autre par des « havres », sortes de petits ports naturels creusés par le lit paisible d'une rivière cherchant à prendre l'air du large. De belles balades en perspective, longeant la mer, et notamment le fameux GR 223. Ici et là, quelques petites stations balnéaires très familiales, à l'architecture pas toujours heureuse, mais le phénomène reste somme toute très limité.

Deux raisons à cela : une côte dunaire très fragile, instable et difficilement constructible, et surtout un étonnant travail de préservation et de rachat des terrains côtiers pouvant faire l'objet de spéculation immobilière, œuvre du Conservatoire du littoral, particulièrement actif dans cette région.
Cette contrée est aussi une grande zone conchylicole (autour de Gouville-sur-Mer, Blainville-sur-Mer et Agon-Coutainville principalement).

AGON-COUTAINVILLE

(50230) 2 850 hab. *Carte Le sud de la Manche, B1*

Créée sous Napoléon III, la plus ancienne station balnéaire de la Manche et LA plage des Coutançais. Villas du XIXe s, maisons années 1950 du genre « Sam'suffit » qui, comme dans *Mon oncle,* s'alignent familièrement le long d'une dune surplombant la plage de Coutainville. Finalement, on aime bien le côté désuet de cette station pas trop bétonnée.

Adresse et infos utiles

Office de tourisme : *pl. du 28-Juillet. ☎ 02-33-76-67-30. • coutainville.com • Tlj en juil-août ; mar-sam hors saison. (payant).* Vente de billets pour les îles, visites à thème (balade nocturne, architecture balnéaire, initiation à la pêche à pied...).

– Mise à disposition gratuite de fauteuils de baignade pour les personnes handicapées. *Rens au club nautique, ☎ 02-33-47-14-81.*

– ***Marchés :*** *mar et sam à **Coutainville,** plus le jeu soir en été ; jeu et dim au **Passous.***

LA MANCHE

Où dormir ? Où manger ? Où boire un verre ?

Camping

Camping Le Casrouge : *77, le Casrouge. ☎ 02-33-46-84-70. 06-32-74-59-09. • fermebecsplats@wanadoo.fr • Ouv de juil à mi-sept. Compter 12,10 € pour 2 avec tente et voiture. 15 empl.* Dans un beau champ planté d'arbres, un camping tranquille, très agréable, avec de vastes emplacements individuels, des sanitaires propres et l'eau chaude à volonté. Découverte de la pêche à pied 1 fois par mois lors des grandes marées. Sur place, épicerie et vente de produits bio : fruits, légumes et produits locaux (yaourts fermiers, lait, cidre...). Le genre d'endroit où l'on passe de bonnes vacances !

Bon marché

La Plancha : *77, rue Dramard. ☎ 02-33-47-26-77. • lululebrun@yahoo.fr • Sur le front de mer. Tlj sf mar-mer hors saison. Fermé 3 sem après la Toussaint. Repas 15-20 €. Café offert sur présentation de ce guide.* L'adresse tendance de la station avec vue superbe sur la mer. La déco mixe joyeusement les ambiances : bar de plage, néobistrot et une fréquentation néanmoins familiale. Dans l'assiette, du grignotage branché, des p'tits plats un peu mode et honnêtes : tapas, gambas *a la plancha...* Parfait pour boire un verre aussi.

De prix moyens à chic

Hôtel La Villa Julia : *5, rue du Docteur-Viaud, le Passous. ☎ 02-33-76-67-50. • la.villa.julia@orange.fr • la-villa-julia.fr • À 100 m de la plage du Passous. Doubles 69-81 € selon saison ; suites 2-6 pers 130-150 €. Apéritif offert (hors juil-août)* *sur présentation de ce guide.* Un petit hôtel familial où la déco plutôt design de la réception, des espaces communs et des salles de bains tranche avec le charme désuet et romantique des boutis, meubles patinés et teintes grises des jolies chambres. De taille variable, toutes sont néanmoins confortables. Accueil souriant.

Hôtel Les Fresques : *9, rue de l'Amiral-Tourville. ☎ 02-33-47-05-77. • info@hotellesfresques.fr • hotellesfresques.com • Au cœur d'Agon-Coutainville, dans la rue qui mène à la mer. Fermé lun hors saison. Résa longtemps à l'avance en saison. Doubles 69-89 € selon confort et saison.* Au rez-de-chaussée, un bar à l'ancienne, tout en boiseries et atmosphère, prolongé d'un sympathique petit salon où se prend le petit déj. Aux étages, des chambres pas immenses mais agréables et de bon confort. Côté rue, on aperçoit la mer depuis les balcons.

Où dormir ? Où manger dans les environs ?

Bon marché

Chambres d'hôtes Nuit de Sienne : *Élisabeth et Steven Guibout, 51, rue de la Campagne, 50200* ***Heugueville-sur-Sienne.*** *☎ 02-33-45-55-20. • lisalouvard@hotmail.com • À env 5 km d'Agon-Coutainville ; sur la D 72, en traversant le village, prendre la petite route partant au niveau du calvaire et, de là, faire comme la p'tite bête qui monte, qui monte ! Congés : Noël. Double 50 € ; 15 €/pers supplémentaire. Table d'hôtes 25 €. Possibilité de séances de massage et de baby-sitting. Pot d'accueil offert sur présentation de ce guide.* Une adresse apaisante. Lisa et Steven veulent que l'on se sente bien chez eux. Et ils y réussissent dans leur écomaison de rondins, aux conduits électriques blindés, aux récupérateurs d'eau de pluie et au beau four (alsacien, pour tartes flambées) qui assure le chauffage de toute la maison. Ils partagent leur demeure et privilégient l'esprit de rencontre, autour d'un bol de cidre maison ou du petit déj bio. La belle et spacieuse chambre familiale rivalise avec la chambre double dotée d'un petit salon, d'un balcon et de la vue sur Jersey et Chausey. Excellents conseils de visites et initiation à l'ornithologie avec Steven.

Chambres d'hôtes Village Grouchy : *chez Robert Sébire, 11, rue du Vieux-Lavoir, 50560* ***Blainville-sur-Mer.*** *☎ 02-33-47-20-31. • jr.sebire@free.fr • jr.sebire.free.fr • Congés : 1er janv-15 mars. Double 50 € ; 12 €/pers supplémentaire. Réduc de 10 % sur le prix de la chambre à partir de 2 nuits (hors juil-août) sur présentation de ce guide.* Au cœur du village, dans une impasse au calme, jolie petite maison du XVIIe s en pierre et granit. Au 1er étage, 5 chambres parfaitement tenues, dont 3 ouvrent sur le jardin, avec le golf en arrière-plan. Déco sobre et élégante. Cuisine d'été et vélos à disposition.

La Cale : *la Plage, 50560* ***Blainville-sur-Mer.*** *☎ 02-33-47-22-72. 06-85-05-69-95. En bord de mer. Tlj de mi-juin à mi-sept ; slt ven soir-dim midi et j. fériés hors saison. Congés : de mi-nov à mars. Moules-frites env 13 €, homard 500 g env 25 €. CB refusées. Café offert sur présentation de ce guide.* Salle entre le hangar à bateaux et l'entrepôt Emmaüs. Cuisine simplissime, comme la définit son patron haut en couleur. Carte qui tient sur une feuille de papier à cigarette : grillades, moules (du coin)-frites, douzaine d'huîtres (du coin aussi)... Qu'importe, on vient là pour caler une petite fringale en terrasse avec une vue géniale sur la dune et le ballet des pêcheurs de la zone conchylicole. Atmosphère iodée à souhait.

De plus chic à beaucoup plus chic

Chambres d'hôtes Le Clos des Pommiers : *5, rue de Bas, 50560* ***Blainville-sur-Mer.*** *☎ 02-33-45-03-30. 06-09-01-10-20. • leclosdespommiers1@gmail.com • leclosdespommiers.com • Double 150 € ; également gîte 4 pers 700-1 000 €/sem. Apéritif maison offert sur présentation de* *ce guide.* Au cœur d'un vrai et grand parc, une cousine de la splendide villa Strassburger de Deauville, soit un superbe échantillon d'architecture balnéaire. Vastes espaces, belles hauteurs sous plafonds, parquets et boiseries... Mais la maison n'est pas figée dans le XIXe s : chambres plutôt design, avec plein d'idées déco qu'on repiquerait volontiers. Sympathique petit gîte rural dans une dépendance. Accueil des plus agréable.

Le Mascaret : *1, rue de Bas, 50560* ***Blainville-sur-Mer.*** *☎ 02-33-45-86-09. • le.mascaret@wanadoo.fr • Fermé lun ainsi que dim soir hors saison. Doubles ou appart 115-240 €. Menus déj sf dim 25 €, puis 43-88 €. Grog aux fruits rouges offert avec le dessert, sur présentation de ce guide.* Restaurant, maison d'hôtes et de beauté : cette maison de maître au cœur du village ne manque pas d'atouts pour séduire sa clientèle. À commencer par la déco très personnelle des 5 chambres-studios qui reflète l'identité slave et surtout l'esprit créatif de Nadia, ancienne danseuse étoile au Ballet de Sofia : à l'heure où la mode serait plutôt à la sobriété, celle-ci n'est pas la principale caractéristique des lieux ! Des couleurs franches, des lustres, des tapisseries à motifs, des salles de bains surprenantes... Et aussi un centre de soins avec, entre autres, des forfaits massages ethniques. Au restaurant, le chef cuisine avec une imagination féconde les produits du pays en y associant légumes de son potager, fleurs, épices et herbes sauvages. Excessivement bon. Tentez donc l'étonnant macaron à l'azote liquide. Une sacrée expérience, comme dirait Einstein. Vend aussi des condiments frais préparés à la minute (pistou, pâte de curry, etc.) et des « sablés affinés ». Une adresse qui en fait presque trop, mais qui reste une exception.

À voir. À faire à Agon-Coutainville et dans les environs

– ***La Pointe d'Agon :*** le hâvre de la Sienne constitue une virgule en échancrure dans le littoral normand. Terres et plages se fondent et se confondent, et la route s'achève quasiment dans la mer. Le regard embrasse les immenses étendues de sable découvertes à marée basse. Quelques bateaux, à flot ou échoués, dessinent leurs silhouettes fantomatiques sur le dégradé ininterrompu de bleu au blanc, entre ciel, sable et océan. Un paysage de tout premier matin du monde ! De la pointe d'Agon, on peut observer périodiquement le mascaret, immense vague moutonnante spécifique aux grandes marées, qui entre dans la baie et passe sous le pont de la Roque. À marée basse, la baie de Sienne peut se traverser à pied (accompagné), de la pointe d'Agon à Regnéville. *Association Lùndi, 07-81-73-45-46. • lundi-asso.jimdo.fr •*

– ***La plage de Gouville-sur-Mer :*** vu du ciel, un sachet de smarties renversé sur la clarté mate du sable et des joncs... C'est ici que sont établies les adorables cabines de plage blanches aux toits multicolores qui constituent une des images les plus connues de la Côte des Havres. Pour le plaisir de l'œil et de la baignade, pour le plaisir de tous, car des fauteuils amphibies pour les personnes à mobilité réduite sont disponibles au poste des sauveteurs en été. Vent parfait pour le cerf-volant également.

REGNÉVILLE-SUR-MER

(50590) 830 hab. *Carte Le sud de la Manche, B1*

Charmant petit port d'échouage bordant le havre de la Sienne, face à la pointe d'Agon. Vu la quiétude de l'endroit, comment pourrait-on deviner que

Regnéville fut l'un des ports les plus importants du Cotentin au Moyen Âge et qu'il prospéra aux XIXe et XXe s grâce à l'industrie de la chaux ? La jetée naturelle formée par la presqu'île d'Agon y est évidemment pour quelque chose. Port stratégique pendant l'occupation anglaise au début du XIVe s, l'endroit a conservé de ce passé prospère quelques traces de pierre : les murets séparant les parcelles (au lieu des traditionnels talus du bocage coutançais), des traces d'anciens hôtels, et de solides demeures, sans parler bien sûr du château. Aujourd'hui, ce village fort peu urbanisé, au charme gentiment désuet, livre de belles possibilités de balades sur ses grèves. L'occasion de le dire : un havre de tranquillité !

Où dormir ? Où manger ?

Camping

▲ ***Camping du Ruet :*** *8, rue du Port. ☎ 02-33-45-88-71. • syndicat-d-initiative@orange.fr • ♿ Ouv mai-sept. Compter 9,50 € pour 2 avec tente et voiture. CB refusées. 59 empl.* D'une extrême simplicité et joliment situé, en bordure de l'adorable baie de Sienne. Emplacements sur une pelouse, avec quelques arbres. Sanitaires corrects.

LA MANCHE

De bon marché à prix moyens

|●| ***Le Jules Gommès :*** *34, rue de Vaudredoux. ☎ 02-33-45-32-04. Devant le havre, sur la D 49, en arrivant à Regnéville : au bout de la ligne droite, vous avez la mer, et sur votre droite,* Le Jules Gommès. *En été, tlj sf lun-mar ; hors saison, tlj sf lun-jeu. Congés : 2 sem début déc. Formules déj en sem 13 €, puis 20-30 €. Café offert sur présentation de ce guide.* Un endroit à mi-chemin entre le resto et le pub irlandais. Une déco douillette, des meubles au quart de poil et des murs chargés d'aquarelles inspirées par la beauté de la région, ainsi qu'une belle terrasse à la végétation généreuse. Ce que vous aurez dans l'assiette est tout aussi agréable : de bons petits plats concoctés avec des produits locaux.

Où dormir ? Où manger dans les environs ?

Camping

▲ ***Camping des Gravelets :*** *3, rue du Rey, 50620* ***Montmartin-sur-Mer.*** *☎ 02-33-47-70-20. 📱 06-43-57-78-70. • gravelets@wanadoo.fr • ♿ À l'entrée de Montmartin en venant de Regnéville. Ouv avr-oct. Compter 9,50 € pour 2 avec tente et voiture ; bungalows 5 pers 195-355 €/sem. CB refusées. 95 empl.* Lové dans une ancienne carrière dont les parois sont couvertes d'une envahissante végétation. Ravissant, le genre amphithéâtre verdoyant, protégé et très paisible. Pour les amateurs de campings nature et simples, un coup de cœur !

De prix moyens à chic

|●| ***Couleurs Saveurs :*** *2, route de la Bretonnière, 50290* ***Bricqueville-sur-Mer.*** *☎ 02-33-61-65-62. • couleurs-saveurs@orange.fr • Au bord de la D 2, au croisement avec la D 215. Tlj sf dim soir, lun soir et mer. Congés : 15 j. en janv et 2de quinzaine d'oct. Menus 22-40 €.* Dans une maison de maître un peu perdue en rase campagne, une belle adresse où la cuisine de monsieur s'inspire du terroir et de la mer toute proche, tout en restant diablement personnalisée et créative. Quant au décor, il est contemporain, discret et élégant, comme le service de madame.

À voir

☆☆ 👨‍👧 ***Le Musée maritime de Regnéville et les fours à chaux du Rey :*** *☎ 02-33-46-82-18. À 800 m de l'église. Juil-août, tlj 11h-19h ; avr-juin, sept et pdt*

vac scol de Pâques et de la Toussaint 14h-18h30 (18h vac scol de la Toussaint). Entrée : env 4,50 € ; tarif réduit sur présentation de ce guide (offre valable pour 2 pers max) ; réduc. Spectacle de cirque contemporain début juil.
Tout sur la vie maritime de la région du temps où Regnéville était encore un port important : maquettes et « portraits » de caboteurs à voile (bricks et goélettes à huniers), instruments de navigation, grenier de capitaine. Reconstitution de la dernière corderie (fermée en 1925), vestiges de bateaux qui transportaient les pierres, doris du coin, instruments de pêche à pied, charrette à tangue, beau tableau de Charles Jourdan, *Le Brûlage du varech.* Dans le parcours, des tableaux de nœuds pour s'entraîner au matelotage.
– *Au 1er étage :* histoire de la chaux (Antiquité, Moyen Âge, XIXe s) et de la construction des fours à chaux du Rey (1852).
– *À l'extérieur,* les fours à chaux sont un exemple impressionnant et assez exceptionnel d'architecture industrielle du XIXe s. L'imposant appareillage de pierres leur donne un air de fortification. Il s'agit de l'un des très rares exemples européens de four à chaux mixte (fonctionnant à la fois au charbon et au bois). Le charbon venait d'Angleterre et le calcaire de Montmartin. La chaux ainsi obtenue servait à amender (améliorer) le sol du littoral breton et des îles Anglo-Normandes. Intéressants panneaux explicatifs sur les différents aspects du procédé de production.
– Les amateurs de belles mécaniques peuvent aller au fond de la cour voir l'atelier de forge de Louis et Jean Sauvey, mécanos de père en fils de 1910 à 1970 à Coutances. Bel ensemble d'enclumes, perceuse à colonne, touret et fraiseuse qui entourent la forge. Dans le hangar voisin trône un impressionnant moteur à gaz pauvre, qui alimenta en énergie la scierie Delamare à Coutances de 1912 à 1978 ! C'est dire la fiabilité de la bête, qui consommait quand même un stère de bois par jour...

L'église Notre-Dame : classée aux Monuments historiques, elle date du XIIe s. Le clocher orné de quatre clochetons a perdu sa flèche. À l'intérieur, ensemble remarquable d'une dizaine de statues en bois ou pierre polychrome, dont une ravissante pietà du XVe s (à droite de la nef). À noter, la maquette de bateau ex-voto qui fait office de baromètre-hygromètre (la suspension en corde tressée se resserre ou se détend selon l'humidité !).

Le château : probablement élevé au XIVe s, il fut détruit sur ordre de Richelieu après le siège de La Rochelle (religions, quand vous nous tenez...). Classé aux Monuments historiques, il n'en reste que le donjon carré (qui était constitué de quatre étages voûtés) et le flanc ouest, doté d'un escalier en spirale et de murs plutôt imposants : pas moins de 3 m d'épaisseur ! Malgré les destructions, l'endroit a encore belle allure et on peut faire librement le tour des douves, où plusieurs panneaux vous content l'histoire des lieux. Accueille également des expos temporaires.

LA MANCHE

COUTANCES (50200) 9 310 hab. *Carte Le sud de la Manche, B1*

• Plan *p. 459*

Ancienne cité gauloise puis capitale du Cotentin sous le règne des ducs normands, Coutances ne fut dépossédée de sa suprématie régionale qu'après la Révolution, en 1796, lorsque Saint-Lô devint chef-lieu du département.
Quand on arrive de loin, seules apparaissent les trois églises, éclipsant totalement les demeures qui les entourent. Puis s'impose la cathédrale, merveille d'élégance gothique qui domine toute la ville. Mais Coutances est également

devenue une sorte de capitale culturelle du département, avec en particulier le fameux festival Jazz sous les pommiers, considéré comme l'un des plus sympathiques festivals de jazz européen.

Adresses et infos utiles

Office de tourisme (plan A1-2) : *pl. Georges-Leclerc. ☎ 02-33-19-08-10. • tourisme-coutances.fr • Juil-août, lun-ven 9h30-18h ; sam 10h-12h30, 14h-18h ; dim 9h30-13h30. Le reste de l'année, fermé dim et horaires restreints. Fermé 1er janv, 1er et 11 nov, et 25 déc.* Location de vélos électriques.

– ***Pays d'art et d'histoire du Coutançais :*** *☎ 02-72-88-14-25.* Pour connaître les dates et horaires des visites guidées de la ville ou de la cathédrale.

Gare SNCF (plan B3) : *☎ 36-35 (nº national ; 0,34 €/mn). • ter-sncf.com/basse_normandie •* Liaisons directes ou avec changement, en bus ou en car, ***de/vers Caen, Bayeux, Lison*** (correspondance pour Paris et Cherbourg), ***Saint-Lô, Avranches, Pontorson*** (Le Mont-Saint-Michel), ***Rennes.***

Gare routière (plan B3) : *pl. de la Gare.* Avec la compagnie *Manéo (☎ 02-33-05-55-50 ; • transports.manche.fr •).*

– ***Marché :*** *jeu mat, au marché couvert, rue du Maréchal-Foch et pl. du Général-de-Gaulle (plan B2).* Ne pas manquer d'y acheter le coutances, délicieux fromage local qui cache sous une fine modestie un gros cœur très crémeux.

Où dormir ? Où manger ?

Camping

Camping municipal Les Vignettes (hors plan par A1, **11**) : *27, route de Saint-Malo. ☎ 02-33-45-43-13. 📱 06-30-27-60-12. • camping@communauté-coutances.fr • ♿ À la sortie de la ville, direction Agon-Coutainville. Ouv tte l'année. Compter 11 € pour 2 avec tente et voiture ; hébergements locatifs 200-350 €/sem. CB refusées. 80 empl.* Petit camping en bord de route mais dans un agréable espace verdoyant doté de haies et d'arbres, au creux d'un joli vallon pour la partie la plus agréable. Dans 2 petites maisons, 2 bons blocs sanitaires propres. Équipements sportifs à côté (dont une piscine et un tennis, gratuits pour les campeurs).

De bon marché à prix moyens

La Taverne du Parvis (plan A1, **12**) : *18, pl. du Parvis-Notre-Dame. ☎ 02-33-45-13-55. • florence.lecouillard@orange.fr • hotel-restaurant-taverne-du-parvis.com • Congés : vac de Noël. Doubles 50-62 € selon vue ; triples 60-72 €.* Des chambres globalement confortables malgré des lits un peu grincheux, mais qui, bien que lumineuses et assez spacieuses, ne respirent pas la joie de vivre... Hôtel bien situé toutefois, au cœur de la ville, et, à ce prix-là, faut pas trop en demander. Ceux qui souhaitent se laisser réveiller en douceur au son des cloches de la cathédrale réserveront une chambre de ce côté-là. Fait aussi bar-brasserie au rez-de-chaussée.

Restaurant Côté Saint-Pierre (plan A2, **20**) : *55, rue Geoffroy-de-Montbray. ☎ 02-33-47-94-78. • cotesaintpierre@orange.fr • Tlj sf dim-lun. Résa conseillée. Formules 15-18 € le midi, 25-35 € le soir. Café offert sur présentation de ce guide.* Dans une toute petite salle basse de plafond aux lourdes poutres de bois, une poignée de tables seulement. Le midi comme le soir, le menu se réduit à 2 ou 3 propositions. Le chef s'approvisionne auprès des producteurs locaux, et sa carte change tous les mois. Grand soin apporté à la présentation, sans pour autant négliger les saveurs (fines et parfumées) et la quantité.

Don Camillo (plan B1, **21**) : *4, rue*

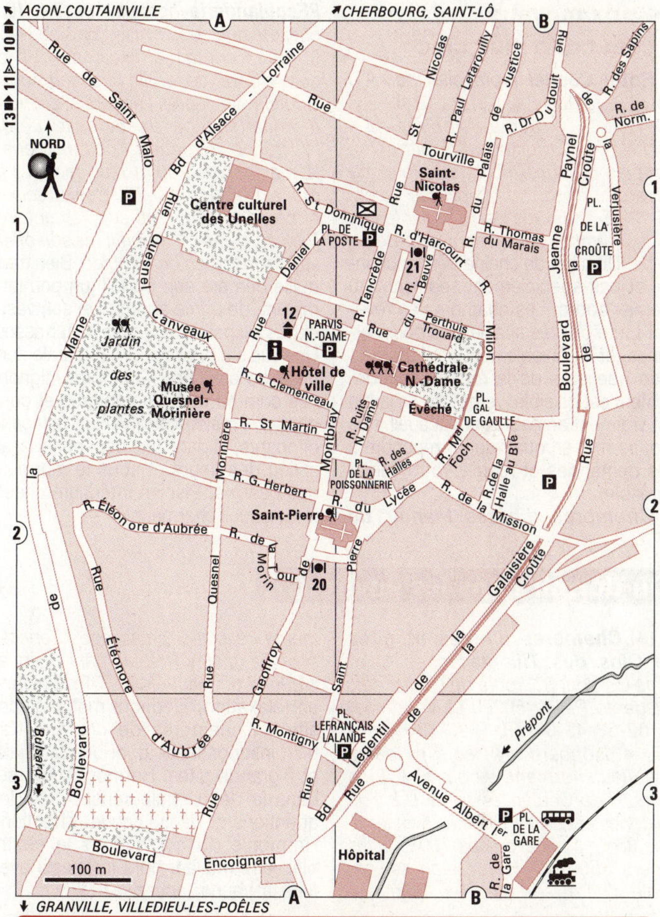

COUTANCES

■ **Adresse utile**	**11** Camping municipal Les Vignettes
ℹ Office de tourisme	**12** La Taverne du Parvis
	13 Hôtel Cositel
Où dormir ? Où manger ?	**20** Restaurant Côté Saint-Pierre
10 Chambres d'hôtes Manoir de l'Écoulanderie	**21** Don Camillo

Harcourt. ☎ 02-33-45-00-67. • doncamillocoutances@sfr.fr • Tlj sf dim-lun et j. fériés. Fermé 3 sem en juil. Formule déj 15,90 € ; menu 23 €. Quelle joie de trouver une telle adresse polyvalente proposant des plats bien cuisinés, à base de produits bien choisis et à des prix plus que raisonnables au vu de la qualité : plats du jour, pizzas, salades, chacun devrait trouver ici mets à son goût ! Et pour ne rien gâcher, le cadre et le service sont agréables.

De prix moyens à beaucoup plus chic

Hôtel Cositel (hors plan par A1, **13**) : *29, rue de Saint-Malo. ☎ 02-33-19-15-00. • accueil@cositel.fr • cositel.fr • Resto fermé dim midi. Doubles 50-106 € selon vue (parking ou jardin) et saison ; familiales 4 pers 65-122 €. Réduc de 10 % sur le prix de la chambre sur présentation de ce guide.* Un hôtel de chaîne très fonctionnel et pas spécialement séduisant au premier abord. Les chambres se révèlent toutefois très spacieuses pour certaines, et indéniablement confortables. Bien que près de la route, l'environnement est paisible, verdoyant (le jardin est vraiment agréable), et l'accueil, très pro, se met en quatre pour répondre à vos demandes et rendre votre séjour agréable.

Chambres d'hôtes Manoir de l'Écoulanderie (hors plan par A1, **10**) : *chez Béatrice de Ponfilly. ☎ 02-33-45-05-05. • contact@l-b-c.com • l-b-c.com • Sortir de la ville direction Agon-Coutainville ; après l'aqueduc, prendre à droite (en face du stade), la rue de la Broche, direction l'Écoulanderie ; la maison est 200 m plus loin sur la droite. Doubles 150-200 € selon saison et confort ; 40 €/pers supplémentaire. Parking fermé. Apéritif maison offert sur présentation de ce guide.* Bien tranquille derrière son portail (un peu intimidant, de prime abord...) et son vaste et très joli parc avec jardin en terrasses. Une vue sur la ville et la cathédrale dont on ne se lasse pas. Chambres mignonnes comme tout, champêtres et cosy dans une maison du XVIIIe s à la façade pimpante, et dans une dépendance, au milieu des fleurs et sous le murmure des bassins. Piscine intérieure chauffée. Accueil charmant.

LA MANCHE

Où dormir dans les environs ?

Chambres d'hôtes et gîtes Le Clos des Tilleuls : *chez M. et Mme Cardon, 37, route de Coutances, village au Pelley, 50200* ***La Vendelée.*** *☎ 02-33-45-04-78. 06-13-63-68-45. • tisoncardon@free.fr • leclosdestilleulsnormandie.com • À 4 km au nord de Coutances par la D 2 vers Valognes et Lessay. Double 75 € ; familiale 95 € ; suite avec spa 160 €. Gîtes 6 pers 350-500 €/sem selon saison. Table d'hôtes sur résa 20 €. Séjours à thème (relaxation, massage). Services courses, plateau-repas, panier pique-nique. Loc de vélos.* Praticienne en relaxation, Éléonore met à disposition 3 chambres de charme (très bien insonorisées), dont une familiale, et 2 grands gîtes. Harmonie du cœur dans la déco chaleureuse, dans les attentions et dans l'accueil charmant. Harmonie du corps dans le centre bien-être (payant hors formules) avec fitness, sauna, jacuzzi...

À voir. À faire à Coutances et dans les environs

La cathédrale Notre-Dame (plan B1-2) : *tlj 9h-19h. Pour les visites guidées, contacter le bureau de Pays d'art et d'histoire en Coutançais (☎ 02-72-88-14-25).* Voir en particulier les parties hautes (à ne pas manquer !). Un miracle... cette merveille fut épargnée par les bombardements de juin 1944 ! Initialement construite par l'évêque Geoffroy de Montbray au XIe s, elle fut remplacée par un nouvel édifice (de style gothique, celui-ci) au début du XIIIe s. De la cathédrale romane, on conserva les structures de la nef et les tours de façade qui furent chemisées d'un parement gothique. Chaque flèche est entourée de clochetons effilés qui semblent jaillir comme des fusées et tirent l'ensemble vers le ciel. Prodigieuse sensation de verticalité, d'ailleurs renforcée par les longues arcatures aveugles. Au centre de la façade, une ravissante galerie ajourée du XIVe s au-dessus d'une large baie en tiers-point. Admirable abside, chef-d'œuvre d'harmonie alliant l'équilibre

des volumes à la romane et la verticalité du gothique. Toutes les lignes convergent vers la tour et semblent là aussi partir à l'assaut du ciel.
À l'intérieur, on retrouve les mêmes proportions harmonieuses. À la croisée du transept, la tour-lanterne avec son puissant jeu de lignes et de colonnettes inspire un fort sentiment d'aspiration vers le haut. S'attarder sur les vitraux, notamment celui du Jugement dernier du XVe s. On y retrouve les 12 apôtres et, en dessous, saint Michel pesant les âmes. De chaque côté, ange et démon s'emparant de leur dû. Autre fascinante verrière, du XIIIe s celle-là, *Les Trois Martyrs,* qui se lit de droite à gauche et de bas en haut, et qui met en scène saint Blaise, saint Georges et saint Thomas Becket. Chœur entouré d'un large déambulatoire. Pour résoudre le problème de la faible hauteur de la nef (prisonnière des structures romanes), on a joué ici sur les phénomènes optiques : fenêtres, baies, faux triforium sont sciemment étirés. Effet assez réussi ! Dans les chapelles, quelques verrières du XIIIe s.
– Derrière la cathédrale, l'évêché du XVIIIe s.

Le musée Quesnel-Morinière *(plan A2) : 2, rue Quesnel-Morinière. ☎ 02-33-07-07-88. Tlj sf mar, dim mat et j. fériés 10h-12h, 14h-17h (18h juil-août). Entrée : 2,50 € ; réduc ; gratuit moins de 18 ans, étudiants et pour ts dim ap-m.* Dans l'ancien hôtel particulier Quesnel-Morinière, un fonds d'intérêt régional. Très belle collection de céramiques normandes anciennes, des estampes et quelques peintures du XVIIe au XXe s, ainsi que des sculptures (dont plusieurs religieuses) du XVe au XXe s. Les amateurs d'histoire régionale y trouveront aussi des œuvres du « pou qui grimpe », fameux groupe de peintres imagiers coutançais du début du XXe s. Le musée propose également des expos temporaires (gratuites).

Le Jardin des plantes *(plan A1-2) : accès par le musée ou par la rue Quesnel-Morinière. Oct-mars, tlj 9h-17h ; avr-sept, tlj 9h-23h ; juil-août, avec illuminations en musique. GRATUIT.* Splendide jardin bâti en terrasses, jadis propriété de la famille Quesnel-Morinière, qui le légua à la Ville en 1850, avec comme exigence « qu'on y cultivât des plantes officinales à l'usage gratuit des indigents ». Syncrétisme réussi de la grâce des jardins anglais, de la symétrie rigoureuse des jardins à la française et du charme des terrasses italiennes. Au milieu, l'obélisque du généreux donateur. Partez maintenant à la découverte des 47 000 plantes et essences rares qui le composent, pins de l'Himalaya, savonniers, séquoia géant, cryptomeria du Japon, araucaria, *Ginkgo biloba,* tulipiers de Virginie, chicots du Canada, etc. En été, les senteurs des héliotropes et autres lantanas vous accompagneront. À l'entrée principale, sur la gauche, face au musée, l'immense pressoir à cidre du XVIIIe s (appelé « à longue étreinte ») et, tout en bas, à gauche, le labyrinthe pour les enfants.

➢ ***Balade dans le vieux Coutances :*** la *rue Quesnel-Morinière* donne une bonne idée de ce que fut la ville jadis. Bien reconstruite après les bombardements de la Seconde Guerre mondiale, en partie grâce aux efforts de l'architecte Louis Arretche. Au n° 10, linteau sculpté. Belle demeure au n° 18. Au n° 24, porche voûté et poutres vénérables menant à une cour entourée d'édifices à l'élégante sobriété. Quelques ouvertures en accolade. Au n° 40, ancien hôtel particulier. Rue Geoffroy-Herbert, maison avec tourelle à encorbellement en brique. La *rue Saint-Pierre,* qui descend en pente raide derrière l'église, offre également un intéressant visage du vieux Coutances : fenêtres en accolade, porches donnant accès à de pittoresques ruelles pavées.

L'église Saint-Pierre *(plan A-B2) : rue Geoffroy-de-Montbray.* Plus discrète que la cathédrale, elle n'en présente pas moins une remarquable architecture. Le très riche décor de la tour-lanterne de style Renaissance contraste avec la sobriété intérieure. Sa forme rappelle vaguement une tiare et évoquerait l'aide apportée par le pape Alexandre VI à son édification. À l'intérieur, belles stalles du XVIIe s sculptées d'entrelacs. Dans le transept gauche, quelques vitraux anciens (scène de baptême). Élégantes arches à quadruples voussures. Espace intérieur particulièrement lumineux.

L'église Saint-Nicolas (plan B1) : *fermée au culte, elle accueille des expos temporaires. Tlj sf w-e en juil-août, aux heures d'ouverture de l'office de tourisme.* Fondée au XIIIe s, maintes fois victime des vicissitudes des guerres, elle fut complètement reconstruite de la fin du XVIe s au XVIIIe s dans le style gothique. Le chœur, élevé vers 1620, est particulièrement élégant.

L'hôtel de ville (plan A1-2) : *visite de quelques salles possible durant les heures d'ouverture de la mairie.* Il occupe l'ancien hôtel de Cussy (XVIIe-XVIIIe s) depuis 1819, mais la façade principale date du début du XXe s. Dans la cour, élégant perron avec sa rampe en fer forgé. À l'intérieur, jeter un œil sur les peintures murales de la salle des mariages, réalisées par Charles Rocher de Gérigné dans les années 1930. Elles racontent les péripéties de la vie d'un couple de paysans normands au XIXe s. Dans le hall d'entrée, autre peinture assez cocardière.

L'aqueduc (hors plan par A1) : *rue de Saint-Malo (vers Agon-Coutainville).* Pittoresques vestiges d'un aqueduc gothique construit au XIIIe s. Détruit par les huguenots trois siècles plus tard puis réparé, il fut complètement abandonné à partir du XVIIe s.

Le château de Gratot : *80, rue d'Argouges, 50200* ***Gratot.*** *☎ 02-33-45-18-49. • chateaugratot.com • Tlj 10h-19h. Participation libre.* Les ruines superbement restaurées d'un château construit entre le XIIIe et le XVIIIe s. La pierre blonde caractéristique de cette région donne aux bâtiments une luminosité exceptionnelle. Des pelouses, puis des douves où s'ébattent quelques canards encadrent la ligne compacte des anciens communs, allégée par l'évidement qui donne accès au logis seigneurial. Magique pour méditer, et une très belle aventure humaine : déjà 20 ans de travail bénévole ont permis d'en arriver là. Petite expo permanente qui retrace l'histoire du château dans les communs. Animations ponctuelles.

Culture et manifestations

– **Centre culturel des Unelles** (plan A1) : *rue Saint-Maur. ☎ 02-33-76-78-50. • lesunelles.com •* Installé dans les imposants bâtiments de l'ancien grand séminaire qui, construit en 1868, accueillit jusqu'à 300 séminaristes. La crise des vocations a quand même du bon : depuis sa création en 1983, le centre des Unelles est l'épicentre du sympathique bouillonnement culturel de Coutances. Il héberge la médiathèque, l'équipe du théâtre municipal, et propose de multiples activités. Sans oublier, bien sûr, son rôle pilier lors du festival de jazz que voici...

– **Jazz sous les pommiers** : *mai, sem de l'Ascension (pas bête, il n'y a pas encore de pommes !). • jazzsouslespommiers.com •* L'un des festivals majeurs de l'Hexagone et l'un des meilleurs publics que l'on connaisse. Depuis 1982, date de sa création, Jazz sous les pommiers s'offre une programmation sans œillères et une atmosphère unique... La musique déborde bien entendu largement dans la rue et les cafés, terrains de prédilection des groupes normands et bretons mis à l'honneur pour l'occasion. Réserver ses places et son hébergement bien à l'avance. Pour pallier le manque d'hébergements, mise en place d'un sympathique réseau de chambres chez l'habitant avec *Jazz in Couette* (toutes les infos sur le site de l'office de tourisme).

LE SUD DU PAYS DE COUTANCES

Superbe pays de bocage où il faut se perdre dans le lacis des petites routes. Comme ça, au hasard, pour découvrir le château de Cerisy-la-Salle, l'abbaye de Hambye... Juste quelques suggestions, pour aiguiser votre appétit.

Où dormir ? Où manger ? Où boire un verre ?

Chambres d'hôtes

Hôtel Goffêtre : *chez Nadine et Guy Osouf, 50210* ***Cerisy-la-Salle.*** *☎ 02-33-46-83-17. • gosou@wanadoo.fr • hotelgoffetre.fr • Dans le village, suivre la D 52 vers Belval-gare sur 1,5 km ; la maison est sur la gauche. Double 60 € ; 20 €/pers supplémentaire.* Vous êtes sur le domaine du sieur Goffêtre ! Si sa demeure fut détruite par les Allemands pendant la Seconde Guerre mondiale, les dépendances sont toujours là et la maison de Nadine et de Guy se trouve dans l'ancien pressoir. Un bel escalier en pierre donne accès aux 2 chambres situées au 1er étage. Déco agréable et coquette agrémentée de motifs peints par les enfants de la maison. Accueil convivial.

De bon marché à prix moyens

La Baratte : *le Bourg, 50219* ***Saint-Denis-le-Vêtu.*** *☎ 02-33-45-45-49. • gilles.labaratte@outlook.fr • À env 10 km au sud de Coutances ; accès par la D 7 (direction Avranches), puis la D 76. Tlj sf mer, plus mar, dim et j. fériés hors saison. Congés : vac scol fév, printemps et Toussaint. Formules déj en sem 16-25,50 € ; menus 32,50-37,50 €.* Les environs regorgent de délicieux produits bio, et c'est eux que le chef travaille avec brio en cuisine. On aime ce type d'endroit où l'ont sent le sérieux, une réelle recherche de la qualité, mais sans faire dans le tape-à-l'œil. Et le service y est à la fois très pro et tellement gentil qu'on ne peut que s'y sentir bien accueilli. Pour parfaire le tout, une jolie terrasse aux beaux jours.

Auberge de l'Abbaye d'Hambye : *5, route de l'Abbaye (BP 2), 50450* ***Hambye.*** *☎ 02-33-61-42-19. • aubergedelabbaye@wanadoo.fr • aubergedelabbayehambye.com • À 100 m de l'abbaye, sur la D 51. Resto fermé lun (plus dim soir hors saison). Congés : 20 fév-12 mars, 23 oct-5 nov. Doubles 54-77 € selon confort. Formule déj 17 € ; menus 29-69 €. Réduc de 10 % sur le prix de la chambre oct-mars sur présentation de ce guide.* Au bord d'une jolie route, une grosse maison de pierre abritant des chambres sobres et assez typiques de ces petits hôtels de campagne. Celles-ci sont cependant méticuleusement tenues par les jeunes propriétaires (bonne literie, notamment). Côté table, les tarifs sont un peu trop élevés le soir à notre goût, mais on retrouve le même souci de bien faire en cuisine qu'à l'hôtel, avec un chef qui aime travailler les produits en y apportant sa petite touche de créativité. Accueil très gentil.

Le Krill : *le Bourg, 50450* ***La Baleine.*** *☎ 02-33-51-39-42. • lekrill.labaleine@live.fr • Tlj sf dim soir et lun (plus mar et mer soir oct-avr). Menus déj en sem (sf j. fériés) 13,50 €, puis 22-27 €. Apéritif offert sur présentation de ce guide.* Dans un adorable bout de campagne, la petite adresse genre bistrot du coin, avec une bien agréable terrasse, où l'on vous sert les bons produits locaux. C'est simple, cela contentera surtout les amateurs de viande (andouille et grillades sont en effet à l'honneur), mais c'est très sympa.

Où acheter de la bonne andouille dans le coin ?

L'Andouillerie de la Baleine : *route de Coutances, 50450* ***Gavray.*** *☎ 02-33-61-44-20. Boutique juil-août tlj sf dim ap-m 9h-12h30, 14h-19h ; hors saison mar-sam et dim mat. Congés : vac scol de fév, 1 sem fin juin et 2 sem fin sept-début oct.* C'est l'un des derniers artisans à fumer l'andouille de façon traditionnelle. Ça prend du temps (au moins 3 semaines), mais quelle réussite ! L'une des meilleures qu'on ait jamais goûtées. Parfumée, pas grasse pour un sou, emballée sous vide pour le voyage. En plus, durant l'été, vous pouvez visiter l'andouillerie *(visites guidées juil-août tlj à 11h, 15h30, 16h30 et 17h30 ; entrée 2,30 €, gratuit moins de 14 ans).* Vous saurez tout de la fabrication : le nettoyage, le salage, le fumage au feu de bois, la cuisson...

À voir

L'église de Savigny : *à l'est de Coutances. Tlj 9h-18h (17h nov-avr).* Ne pas rater cette petite église édifiée en 1128. À l'intérieur, dans l'abside en cul-de-four, petites arcades de facture assez primitive, rythmées par des colonnettes doubles et d'exquises fresques du XIVe s. Dans le cycle de sainte Barbe, les trois hommes s'apprêtant à supplicier la sainte affichent le profil de vrais méchants de western spaghetti ! Autre curiosité dans la remarquable *Cène* sur le mur de la nef : il y a 14 convives. L'artiste a pris la liberté d'y ajouter saint Paul ! Également une belle statue de sainte Barbe du XVIe s dans le transept nord.

Le château de Cerisy-la-Salle *(50210) : ☎ 02-33-46-91-66. Visites guidées juil-août, jeu à 15h et 16h30. Entrée : 5 € ; réduc ; gratuit moins de 10 ans.*
À l'entrée sud du village, vous découvrirez le château, en surplomb d'un petit affluent de la Soulles. Il fut construit au début du XVIIe s par Jean Richier, un grand seigneur huguenot, ce qui explique l'architecture sévère, rigoureuse, de ce logis flanqué de pavillons d'angle aux hauts toits. Seule fantaisie, quelques lucarnes sculptées. Certaines fenêtres longilignes semblent même plus proches des meurtrières médiévales que des ouvertures Renaissance. En ces temps troublés, en terre protestante, on conservait un état d'esprit défensif.
Le château abrite aujourd'hui les ***colloques de Cerisy,*** organisés par l'Association des amis de Pontigny-Cerisy. Ils se déroulent de mi-mai à début octobre et visent à favoriser les échanges entre intellectuels, chercheurs, artistes, savants de tous les horizons et pays. Les thèmes abordés sont extrêmement variés. *Rens et programme des colloques : Centre culturel international, 50210 Cerisy-la-Salle. ☎ 02-33-46-91-66. • ccic-cerisy.asso.fr •*

LA MANCHE

L'abbaye de Hambye : *sur la D 51, au sud de Hambye. ☎ 02-33-61-76-92. Avr-juin et sept, tlj sf mar 10h-12h, 14h-18h ; juil-août, tlj 10h-18h ; vac de la Toussaint, tlj 10h-12h, 14h-17h. Visite guidée à 11h, 14h30 et 16h30. Entrée : 5,50 € (visite guidée comprise) ; 4 € sur présentation de ce guide (offre valable pour 2 pers max) ; réduc ; gratuit moins de 7 ans ; pass famille 14 €.*
Comme à leur habitude, les moines surent choisir leur site : un vallon verdoyant arrosé par la Sienne. Calme et recueillement assurés pour méditer sur les malheurs de l'époque. Fondée au XIIe s par Guillaume Paisnel, seigneur de Hambye, l'abbaye accueillit une communauté de moines bénédictins à partir du XIIe s. Les papes, les rois d'Angleterre et les ducs normands contribuèrent à son essor. Elle connut une grande prospérité à la fin du XIIe s et au XIIIe s, avant de décliner lentement. Au XVIIe s, il ne restait ainsi plus qu'une poignée de moines sans moyens, et à la Révolution, elle n'était plus habitée. L'église est vendue en 1810 comme carrière de pierre et l'abbaye est divisée en deux fermes... on vous laisse imaginer les dégâts.
– *La salle de la Porterie :* elle accueille une expo sur les toiles de Hambye (typiques de l'artisanat local de la première moitié du XIXe s).
– *L'église abbatiale :* elle avait réussi à passer la tourmente révolutionnaire, mais elle servit ensuite de carrière. Aujourd'hui très mutilée, elle continue cependant à susciter l'admiration. Grand squelette de pierre majestueux dégageant une

JE T'AIME, MOI NON PLUS !

L'abbaye de Hambye fut rachetée en 1956 par M. Beck, à l'insu de sa femme, furieuse qu'il ait dû vendre une villa de bord de mer pour cet achat. Elle jura de ne jamais mettre les pieds dans cette ferme. Elle tint sa promesse pendant 2 ans, jusqu'au jour où des architectes du patrimoine lui rendirent visite et s'extasièrent, tout en s'horrifiant de son entretien. Piquée au vif, Mme Beck décida de parer au plus urgent (refaire les toitures, combler les fissures)... et finit par consacrer toute sa vie et son énergie à la réhabilitation des lieux.

impression d'élévation, de grâce, de légèreté sans limite, avec ses voûtes à ciel ouvert. L'ensemble dégage beaucoup de grandeur romantique.
– *La maison des convers :* ces gens qui servaient dans un monastère tout en restant laïcs étaient affectés aux tâches manuelles. L'ancien dortoir, qui abrite des expos temporaires et une maquette de l'abbaye au Moyen Âge, présente une très belle charpente en bois.
Les autres bâtisses sont privées et vous y verrez les bâtiments agricoles, la cuisine, le chauffoir (ou scriptorium ; cette pièce servit aussi de cuisine et de salle à manger aux derniers moines), le parloir, la sacristie et, enfin, la salle capitulaire à l'architecture harmonieuse.

L'église Saint-Pierre de Hambye : reconstruite au XVIIe s, elle possède toujours son porche du XVe s en accolade. À l'intérieur, superbe retable baroque polychrome, expression typique du catholicisme triomphant.

La Baleine : *à 5 km à l'ouest de Hambye.* Adorable hameau lové dans la vallée de la Sienne. Il abrite la *chapelle Notre-Dame,* du XVIIe s, à l'intérieur de laquelle se trouve un os de baleine en guise d'ex-voto !

LA BAIE DU MONT-SAINT-MICHEL

LA MANCHE

VILLEDIEU-LES-POÊLES

(50800) 3 830 hab. *Carte Le sud de la Manche, C2*

Villedieu, une des villes les plus anciennes de Normandie, est spécialisée depuis le XIIIe s dans l'industrie du cuivre, de l'étain et dans la fonderie de cloches. C'est le martelage dû à leur activité qui valut d'ailleurs à ses habitants d'être appelés les Sourdins. Rabelais rapporte que les poêliers de Villedieu participèrent à la fabrication d'un réchauffoir à bouillie pour Pantagruel.
Aujourd'hui, si les Sourdins ne confectionnent plus guère de poêles ou services (les fameuses casseroles Mauviel sont cependant toujours produites ici), les activités de dinanderie se sont tournées vers la fabrication d'objets et ustensiles « décoratifs ». C'est un peu le « Lourdes » de l'étain et du cuivre. Si l'on oublie le mauvais goût d'une partie de la production, la visite

UN BASTION DE CHEVALIERS

Depuis le XIIe s, Villedieu-les-Poêles entretient un lien étroit avec les chevaliers hospitaliers. Ces descendants des chevaliers de l'ordre de Malte héritèrent de ce territoire grâce au roi Henri Ier. Du fait de cette tutelle, les habitants sont dispensés de payer l'impôt. Tous les 4 ans, lors de la Fête-Dieu, la plus ancienne commanderie accueille les chevaliers de l'ordre pour le Grand Sacre.

des musées et des ateliers de Villedieu se révèle extrêmement enrichissante. D'ailleurs, comparée à d'autres petites cités de même importance, Villedieu possède une animation touristique inhabituelle. Il faut dire, aussi, que la ville, grandement épargnée par les bombardements de 1944, a conservé son joli petit centre-ville.

Adresse et info utiles

Office de tourisme : *8, pl. des Costils. ☎ 02-33-61-05-69. • ot-villedieu.fr • Avr-sept, tlj 10h-13h, 14h-18h ; oct-mars, lun-sam 9h30-12h, 14h-17h30.* Le bâtiment est en lui-même une curiosité : il symbolise une roule de cuivre, emblème de l'art local. Véritable vitrine des métiers d'art de la région (ferronnerie, dinanderie, ébénisterie, etc.), il abrite des expositions de créations contemporaines. Vous y trouverez aussi de nombreuses brochures sur la région et une billetterie.

– **Grand marché :** *mar mat, plus petit ven mat.*

Où dormir ? Où manger ? Où boire un verre ?

Bon marché

Le Samovar : *95, rue du Docteur-Havard. ☎ 09-81-87-47-95. • le.samovar@yahoo.fr • Tlj sf dim-lun 10h-20h (22h ven-sam, résa conseillée) ; hors saison, fermé aussi le soir mar-jeu mais résa possible. Formules déj 10,50-19,50 € ; carte env 22 €.* Une adresse où il fait bon se poser le temps d'un repas, d'un goûter ou d'un café. Cadre décontracté avec grande cheminée et jazz en fond sonore, où le rose des nappes et des murs, et l'ameublement rouge et violet apportent une touche gaie et chaleureuse aux vieilles pierres et aux poutres en bois. La gentille dame qui tient les lieux confectionne tout elle-même, les plats du jour, les gâteaux, et c'est drôlement bon. Également un petit coin pour les enfants.

Le Moulin à Café : *16, pl. des Chevaliers-de-Malte. ☎ 02-33-61-03-39. Dans le centre, en direction de la fonderie de cloches. Mar-sam 8h (9h sam)-19h30 (16h30 mer), plus le soir ven-sam. Congés : 10 j. en fév et en mars. Formule déj 13 €, carte env 15 €, 20 € le soir. Café offert sur présentation de ce guide.* Intérieur de troquet et des plats maison sans prétention mais bons pour caler un petit creux (salades, hamburgers, « p'tits gratinés », croque-monsieur, petit salé-frites, quelques desserts maison). Même esprit le soir avec des tartines, des grillades, des moules-frites (en été seulement), etc.

De prix moyens à chic

Hôtel Saint-Pierre : *12, pl. de la République. ☎ 02-33-61-00-11. • st.pierre.hotel@wanadoo.fr • st-pierre-hotel.com • Resto fermé dim soir oct-avr. Doubles 51-56 € selon confort et saison. Formule brasserie env 13 € ; menus 20-31,50 €. Parking. Apéritif maison offert sur présentation de ce guide.* Des couloirs étroits, sombres, mais des chambres de bonne tenue. Toutes assez coquettes, certaines classiques et d'autres plus fraîches, parquetées et à la déco épurée. Dans la maison voisine, 3 belles chambres design un peu plus chères. Le resto, quant à lui, propose une honnête cuisine de terroir. Bon accueil.

Le Fruitier – Restaurant L'Atelier : *3, rue Jules-Ferry, pl. des Costils. ☎ 02-33-90-51-00. • hotel@le-fruitier.com • le-fruitier.com • En plein centre-ville, face à l'office de tourisme. Congés : vac de Noël. Doubles 48-116 € selon confort et saison. Formules 12,90-29 € le midi en sem, 20-36,50 € le soir et le w-e. Garage payant. Remise de 10 % sur la chambre (janv-mars, nov-déc) sur présentation de ce guide.* Hôtel moderne proposant des chambres agréables, de bonne tenue et joliment arrangées. Leur prix varie selon la déco (contemporaine ou un peu plus ancienne) et la taille (les plus chères sont en duplex). Côté fourneaux, *L'Atelier* propose à midi en semaine un menu de type bistrot très abordable, et le soir et les week-ends, une carte avec des spécialités traditionnelles, revisitées et soignées, où le poisson tient la vedette. À déguster dans une ambiance contemporaine tirant sur l'industriel. Fait aussi bar-*lounge* pour boire un café, un cocktail, picorer une assiette de tapas... Pour les rêves de repos et de luxe absolu, la maison propose aussi, à quelques rues de là, une superbe annexe de 4 suites (niveau 4 étoiles) avec vue sur la campagne, piscine, sauna et hammam : ***Le Domaine des Chevaliers de Malte*** *(doubles 90-255 €).*

Où dormir ? Où manger dans les environs ?

Chambres d'hôtes Normandy Inn : *chez Mr Smithson et Mr Hogg, le Val-Borel, 50410* ***Montbray.*** *☎ 02-33-90-76-23. • chillout@normandy-inn.com • normandy-inn.com • À env 15 km de Villedieu ; prendre la D 975 (direction Pont-Farcy), puis la D 58 vers Montbray ; sur la D 553, direction Pont-Farcy. Double 75 € ; familiales 3-5 pers 90-125 €.* Perdu dans un ravissant paysage vallonné et tenu par Steve et Kevin, deux adorables Anglais. Dans l'ancienne grange restaurée, 4 chambres de belle taille et fort joliment aménagées. Ensemble frais, lumineux, épuré. Salle commune et cuisine à disposition, ainsi que le barbecue et les tables de pique-nique disposées dans le délicieux jardin. Une oasis de paix et d'harmonie en compagnie des chèvres, des chats, des ânes, du chien...

Auberge du Mesnil-Rogues : *2, rue de l'Auberge, 50450* ***Le Mesnil-Rogues.*** *☎ 02-33-61-37-12. • auberge-mesnilrogues@orange.fr • À 17 km de Villedieu par la route de Granville (D 924), puis par la D 207. Dans le bourg. Ouv le midi tlj sf lun, plus le soir ven-sam (également jeu et dim de mi-juil à mi-août). Congés : fin janv-début fév et fin juin-début juil. Résa impérative. Formule déj en sem 12,50 € ; menus 20-40 €. Apéritif offert sur présentation de ce guide.* Une sympathique auberge de campagne, dans un ancien presbytère, au cœur d'un paisible village. On vient là pour la viande grillée au feu de bois (entrecôte, carré d'agneau et surtout le cochon de lait) et les superbes assiettes de terroir (poêlée d'andouille sur lit de pommes de terre, magret de canard sauce camembert). Hautement roboratif ! Et, bien que la viande soit ici reine, c'est l'un des rares endroits dans la région à proposer un menu végétarien ! Aux beaux jours, tables et jeux d'enfants dans le très agréable jardin.

Les Bruyères : *50420* ***Gouvets.*** *☎ 02-33-51-69-82. • contact@lesbruyeresrestaurant.com • Sur la D 975 (direction Caen), à 12 km de Villedieu. Accès possible par l'aire de Gouvets sur l'A 84 (entre les sorties nos 38 et 39), s'y garer et prendre le chemin piéton. Ouv le midi tlj sf mer, plus le soir ven-sam. Formules déj lun-sam 12-15 €, puis 24-32 €.* En bord de route, dans une construction récente. L'accueil, l'atmosphère printanière et surtout l'excellent rapport qualité-prix méritent bien le déplacement. Les tripes à la mode de Caen sont la spécialité, mais les plats proposés à l'ardoise varient en fonction des arrivages du marché, des producteurs et des produits de saison.

Le Moulin de Beauchamp : *le Moulin, 50800* ***Champrepus.*** *☎ 02-33-61-30-77. Peu après Champrepus, sur la D 924 en direction de Granville. Tlj sf lun-mar. Congés : 2 sem en sept-oct. Menus 18-21 € (sf sam soir et dim) ; carte 25-30 €.* Certes, on est au bord de la route, mais le cadre de ce moulin avec sa roue à aubes qui tourne, entraînée par un ruisseau, est vraiment pittoresque. Donnant sur la campagne à l'arrière, belle salle cosy, où les pierres apparentes côtoient une verrière un brin industrielle. La carte – présentée sur des cahiers d'écoliers – ravira les amateurs de viandes grillées au feu de bois, accompagnées notamment de frites maison. Également des galettes et des salades.

Où acheter de bons et beaux produits ?

Délices de Campagne : *3, rue du Général-de-Gaulle. ☎ 02-33-91-99-46. • delicesdecampagne.com • Ouv mar-sam et dim mat.* Des producteurs, des fermiers et des artisans locaux qui font boutique commune, et voilà de quoi se faire un bon repas ou pique-nique (viandes, volailles, produits laitiers, légumes et quelques spécialités maison).

La Cour du Paradis : *40 et 44, rue du Docteur-Havard. ☎ 02-33-50-54-66. En été, tlj ; le reste de l'année, tlj sf lun mat et mer.* Dans une bien vieille maison, une intéressante sélection de produits fins (à boire, à manger, à poser à côté de la télé...) de la région et d'ailleurs dans une ambiance d'épicerie d'autrefois.

Comptoir Mauviel 1830 : *47, rue de Caen. ☎ 02-33-61-00-31. • mauviel.com • Tlj sf w-e, vac et j. fériés 8h-12h, 13h30-17h30 (16h30 ven).* C'est le magasin d'usine du célèbre fabricant d'ustensiles de cuisine, reconnu par les chefs du monde entier pour son savoir-faire presque bicentenaire. Des articles en cuivre, bien sûr, mais aussi en inox et en aluminium pour répondre aux tendances modernes.

À voir. À faire

L'église Notre-Dame : construite en 1460 dans le plus pur style gothique flamboyant. Superbe clocher. À l'intérieur, nef basse avec d'énormes piliers et une atmosphère sombre favorable à la méditation. Remarquable mobilier : dans le chœur, joli tabernacle en bois doré du XVIIIe s. Magnifique devant d'autel figurant des anges avec encensoirs, corbeilles de fruits et de fleurs. À gauche du chœur, fonts baptismaux du XVe s en granit. Tout autour, une exquise broderie chinoise en soie. Vierge à l'Enfant en pierre. À droite du chœur, belle statuaire de 1656. Petit autel bricolé avec des devants de stalles.

LES ÉGLISES AUSSI PEUVENT AVOIR LE CHŒUR À GAUCHE !

L'église Notre-Dame possède un curieux détail de construction : le chœur part vers la gauche. C'est une caractéristique que l'on trouve dans certaines églises et qui symboliserait la tête penchée du Christ sur la croix (ou alors l'architecte avait trop bien arrosé l'achèvement du transept !).

Dans le chœur, lutrin en forme d'aigle du XVIIe s. À côté, lampe du sanctuaire en cuivre repoussé du XVIIIe s, œuvre d'un artisan de la ville. Dans le transept droit, intéressante statuaire là aussi. Sur l'autel, à droite, sainte Barbe, patronne des fondeurs, des plombiers, des pompiers et des artilleurs (les arts du feu). Dans le transept gauche, belle chaire de 1683.

Derrière un pilier (près de la porte latérale), statue polychrome de Notre-Dame de Pitié (de la fin du XVe s). Vénérée par les fidèles de la région, elle frappe par la disproportion du corps du Christ. Probablement pas une pietà, mais une Vierge à l'Enfant dont l'avenir est déjà symboliquement représenté : notez la tête de mort dans les plis de la robe !

La fonderie de cloches Cornille-Havard : *rue du Pont-Chignon. ☎ 02-33-61-00-56. • cornille-havard.com • ♿ À deux pas de l'église (bien indiqué). Vac de fév-11 nov, mar-sam 10h-12h30, 14h-17h30 (de mi-juil à fin août, tlj 9h30-18h30). Entrée : 7,50 € ; réduc ; gratuit moins de 6 ans.*

Visite à ne pas manquer, pour tous ceux qui apprécient la noblesse des vieux métiers, et pour tous les amateurs d'artisanat en général ! Visite en outre exceptionnelle vu le très faible nombre de fonderies de cloches en France (il n'en reste

plus que deux). Celle-ci, brillamment reprise en main en 1981 par un couple de passionnés et rachetée par leur fils en 2012, peut se vanter d'avoir à son palmarès récent de fort belles cloches : les nouvelles cloches de Notre-Dame de Paris, les cloches de la cathédrale de Bayeux pour le 70e anniversaire du Débarquement, les cloches de la cathédrale de Sées en 2015 ou, dans un autre genre, celles de la frégate *L'Hermione* ou du *Queen Mary 2*.
En tout cas, la maison Cornille-Havard a le goût des traditions artisanales. Cet atelier, construit en 1865, a conservé son aspect d'origine. Ce qui donne un cachet, un certain charme même à la visite (sol en terre battue, pavés de bois debout, outils traditionnels en cuivre). La fonderie a fêté les 150 ans de son atelier historique en 2015, mais c'est en fait plus de neuf siècles de tradition que l'on découvre au cours de la visite. Essayez d'effectuer celle-ci en semaine pour admirer le travail des compagnons fondeurs et les voir « mouler au trousseau » d'énormes cloches à partir d'argile, de poil animal et de crottin de cheval. Imposant four-réverbère à double voûte de 13 t. Également pittoresques : les fosses à mouler, les bois sculptés pour les décors en cire. Aujourd'hui, une centaine de cloches sont fabriquées chaque année. Autres productions de l'atelier : les paratonnerres, coqs de clocher, plaques commémoratives en bronze, médaillons en bas relief, etc. Boutique à « prix d'atelier ». Avant de repartir, les enfants (ainsi que les grands !) pourront jouer *Frère Jacques* ou *Le Bon Roi Dagobert* sur de petites cloches à l'aide d'un maillet ou s'effrayer gentiment en sonnant une cloche de plus de 1 t dans la cour.

Le musée du Meuble normand : *9, rue du Reculé. ☎ 02-33-69-33-44. ♿ (rdc slt). Ouv mai-sept, aux mêmes horaires que le musée de la Poeslerie et la Maison de la dentellière. Entrée : 5 € ; réduc ; gratuit moins de 10 ans. Possibilité de billet jumelé avec le musée de la Poeslerie et la Maison de la dentellière : 7 €.*
Intéressant musée sur l'artisanat normand exposant plus de 150 meubles du XVe au XIXe s. Reconstitution de deux pièces du milieu du XVIIIe s : l'une du pays coutançais, l'autre de Crèvecœur-en-Auge. Beaux coffres (seule richesse des domestiques), armoire de sabotier sculptée en creux de 1829. Le ciselage du bois rappelle parfois l'art indien.
Au 1er étage, belles armoires de mariage, notamment de Bayeux (XVIIIe s) et de Montebourg, intérieur paysan du pays d'Auge, buffet de Vire et, un autre, offert par le marié (avec un cœur), superbe coffre Renaissance à pilastres et coffre gothique du XVe s avec décor à plis de serviette, meubles vitrés pour montrer les faïences et le linge. Ceux qui ont visité l'abbaye d'Hambye retrouveront ici les toiles peintes que l'on accrochait à l'intérieur des lits-alcôves.

Le musée de la Poeslerie et la Maison de la dentellière : *cour du Foyer, 25, rue du Général-Huard. ☎ 02-33-69-33-44. • museesvilledieu.sitew.com • Avr-début nov, tlj sf dim 10h-12h30, 14h-18h ; juil-août, lun-sam 10h-18h30, dim 14h-18h. Entrée : 5 € ; réduc ; gratuit moins de 10 ans. Possibilité de billet jumelé avec le musée du Meuble normand : 7 €.*
Très intéressant musée situé dans la cour du Foyer, là même où se travaillait le métal et où se développa l'industrie de la poêle durant des siècles. Aujourd'hui, cette cour n'a pratiquement pas changé d'aspect. Notez les escaliers extérieurs (pour gagner de la place). Projection d'un film vidéo expliquant les techniques de travail du cuivre, puis visite d'un ancien atelier. Vous y découvrirez d'abord les outils en bois (orme et buis) servant à marteler le cuivre et le « brisoir » (réservé aux femmes), qui cassait le cuivre en morceaux pour l'envoyer à la fonte. Vieille forge, soufflet, expo d'alambics, etc. Chaque marteau donnait un son différent. Un ouvrier pouvait ainsi, de l'extérieur, déterminer exactement l'objet que l'on fabriquait. À la longue, beaucoup de travailleurs devenaient fatalement sourds.
Au 1er étage, expo de vieux cuivres : turbotières, curieux couverts à deux têtes (pour gagner du métal), cuillères à bouillie personnelles (qu'on gardait toute sa vie). Notez que la façon de manger donnait au fil des années une forme particulière

à la cuillère ! Vous trouverez aussi des « cannes à lait » (pour traire les vaches), bassinoires, chauffe-eau, fontaines d'appartement, girouettes, etc.
Section consacrée à la dentelle, l'une des autres grandes activités de Villedieu. Production de la ville reconnaissable aux motifs en trèfles, roses et marguerites. Vieilles photos de « troupeaux de dentellières ». Anciens métiers, fuseaux servant à leur art. Surplis d'enfants de chœur, coiffes, mouchoirs-bavoirs, corsages, parures de drap donnent un aperçu des nombreuses applications de la dentelle.

L'Atelier du cuivre : *54, rue du Général-Huard. ☎ 02-33-51-31-85. Tlj sf dim 9h-12h, 13h30-18h (14h-17h30 sam) ; visites à 10h, 11h, 14h, 15h et 16h ; départ de la dernière visite accompagnée (obligatoire) 1h avt. Entrée : 7 € ; réduc.* L'un des plus anciens ateliers du cuivre de Villedieu encore en activité. La visite commence par la projection d'un film d'une vingtaine de minutes, puis vous observerez dans l'atelier le savoir-faire des artisans locaux avec la fabrication d'objets courants ou décoratifs (moins de personnel le samedi, donc moins d'activité).

➢ **Balade dans la ville :** découvrir surtout les anciennes petites cours et les passages étroits coupant la *rue du Docteur-Havard* (la principale rue piétonne). Au *n° 41,* adorable petite cour de la Luzerne. Au *n° 42,* élégante demeure aristocratique avec fenêtres à accolade et à meneaux. Au *n° 81,* un porche voûté mène à la cour des Hauts-Bois. Au *n° 83,* maison avec des fenêtres à encadrement en pierre. Au *n° 87,* cours Bataille et de l'Enfer. Au *17, rue du Général-Huard,* long passage voûté pour parvenir à la cour des Moines, toute fleurie. Au *n° 25,* la cour du Foyer (qui abrite le musée de la Poeslerie). Ne pas manquer la jolie petite place du Pussoir-Fidèle.

DANS LES ENVIRONS DE VILLEDIEU-LES-POÊLES

Le parc zoologique de Champrepus : *à 8 km à l'ouest de Villedieu sur la D 924, direction Granville. ☎ 02-33-61-30-74. • zoo-champrepus.com • Avr-sept, tlj 10h-19h ; mars et oct, slt w-e 11h-18h ; vac scol de la Toussaint, tlj 11h-18h ; fermeture de la billetterie 2h avt fermeture du parc. Fermé Toussaint-vac scol de fév. Entrée : 16,90 € ; réduc de 1 € sur présentation de ce guide ; 3-12 ans 10,90 € ; tarifs préférentiels pour les internautes ; sur présentation de ce guide à la billetterie, remise de 1 €/pers payante. Prévoir min 3h30 de visite.* Fondé en 1957 grâce à la passion de Lucien Lebreton, ancien agriculteur et grand-père des actuels propriétaires, ce parc animalier est aujourd'hui l'une des plus belles attractions du genre dans le département. Loin du concept du zoo-exhibition, la philosophie de la famille Lebreton est de favoriser le bien-être de ses hôtes et de contribuer à la préservation d'espèces en voie d'extinction. Ainsi, ce très joli parc paysager de 10 ha accueille une soixantaine d'espèces animales, domestiques ou exotiques, à travers plusieurs espaces ponctués de panneaux pédagogiques et informatifs vraiment bien faits. Un certain nombre de ces espèces participe à un programme d'élevage en vue de leur conservation : baudets du Poitou, ânes du Cotentin, moutons d'Ouessant, qui peuplaient autrefois nos campagnes françaises, mais aussi tigres de Sumatra, panthères de Perse, gibbons, lémuriens de Madagascar sont quelques-uns de ces hôtes particulièrement choyés. Dans quelques parties du parc, on passe même au milieu des animaux en liberté (les chèvres naines, les lémuriens). Ne pas manquer enfin, d'avril à mi-septembre, les différentes animations (goûter des pandas roux, gibbons, lémuriens, loutres, girafes et autres manchots).

Possibilité de se restaurer sur place, soit dans l'un des nombreux abris pique-nique couverts, soit dans un resto au cadre agréable où sont servis des plats simples mais à base de bons produits.

GRANVILLE

(50400) 13 900 hab. *Carte Le sud de la Manche, B2*

• Plan *p. 472-473*

Troisième ville du département, port de pêche, port de commerce, port de plaisance et célèbre plage, c'est aujourd'hui l'un des poumons économiques de la Manche. La haute ville s'étire spectaculairement sur son promontoire rocheux et offre une superbe balade tout au long de ses vieilles demeures de granit. Pour ajouter la culture à l'esthétique, des musées intéressants devraient achever de vous convaincre de ne pas manquer Granville...

UN PEU D'HISTOIRE

Personne n'est vraiment sûr de l'origine viking de Granville, aussi nous rabattrons-nous sur ce qui ne fait aucun doute, c'est-à-dire la création de la ville par les Anglais au XVe s pour surveiller Le Mont-Saint-Michel (toujours pas conquis). Essor économique reposant sur la pêche à la morue, la guerre de course et... la pêche aux huîtres. La ville basse fut d'ailleurs édifiée sur une montagne de coquilles. Armateurs et corsaires se firent élever de beaux hôtels particuliers. En 1793, la ville fut républicaine et résista aux milliers de Vendéens dirigés par La Rochejaquelein. L'activité des terre-neuvas cessa en 1930. C'est le tourisme qui prit alors le relais. Dans la seconde moitié du XIXe s, les bains de mer de Granville étaient renommés, et une ligne de chemin de fer fut même construite pour y conduire les vacanciers. Michelet, Stendhal, comme toujours amoureux, et Victor Hugo ne furent pas les derniers à apprécier la station.
Aujourd'hui, outre le tourisme, la ville perpétue sa vocation maritime grâce à la pêche côtière et possède un certain nombre de petites industries, ainsi qu'une petite activité de port de commerce (liaisons avec les îles Anglo-Normandes et les îles Chausey).

INCROYABLE MAIS VRAI !

Granville fut libérée le 31 juillet 1944 par Patton. Mais on oublia qu'il y avait une garnison allemande basée à Jersey : dans la nuit du 8 au 9 mars 1945 (oui, 9 mois après le Débarquement), fortement équipée, celle-ci s'inventa son propre petit débarquement, avec bateaux, péniches de commandos et chalutiers armés. Un déluge d'obus s'abattit sur le port de Granville, causant de sérieux dégâts aux bateaux, aux bâtiments et une vingtaine de morts !

Arriver – Quitter

En car

Gare routière *(plan D2)* **:** *av. de la Gare.* Liaisons assurées par *Manéo (• transports.manche.fr •),* avec le Mont-Saint-Michel notamment.

En train ou en car SNCF

Gare SNCF *(plan D2)* **:** *rens et résas au ☎ 36-35 (0,34 €/mn). • ter-sncf.com/basse_normandie •*

➢ ***Caen*** et ***Saint-Lô*** avec changement à Coutances, ***Pontorson (Mont-Saint-Michel)*** et ***Rennes*** avec changement à Folligny. Dans les 2 cas, fin du trajet en car.

➢ Trains directs de/vers ***Argentan, L'Aigle*** et ***Paris-Montparnasse*** (via Villedieu, Vire et Flers).

■ **Adresse utile**

ℹ Office de tourisme Granville Terre et Mer

Où dormir ?

10 Hôtel des Bains
11 Auberge de jeunesse
12 Chambres d'hôtes Le Logis du Roc
26 Hôtel-restaurant L'Arrivée

Où manger ?
Où boire un verre ?

20 Restaurant du Port
21 Picorette
22 La Citadelle
23 Mer et Saveurs
24 Pizz'à Bruno
25 Le Comptoir de l'Atelier Gourmet
26 Hôtel-restaurant L'Arrivée

Où acheter des gourmandises ?
Où acheter une gaufre ?
Où déguster une glace ?

30 Un Poil Gourmand
31 La Chocolathèque et Le Glacier Yver

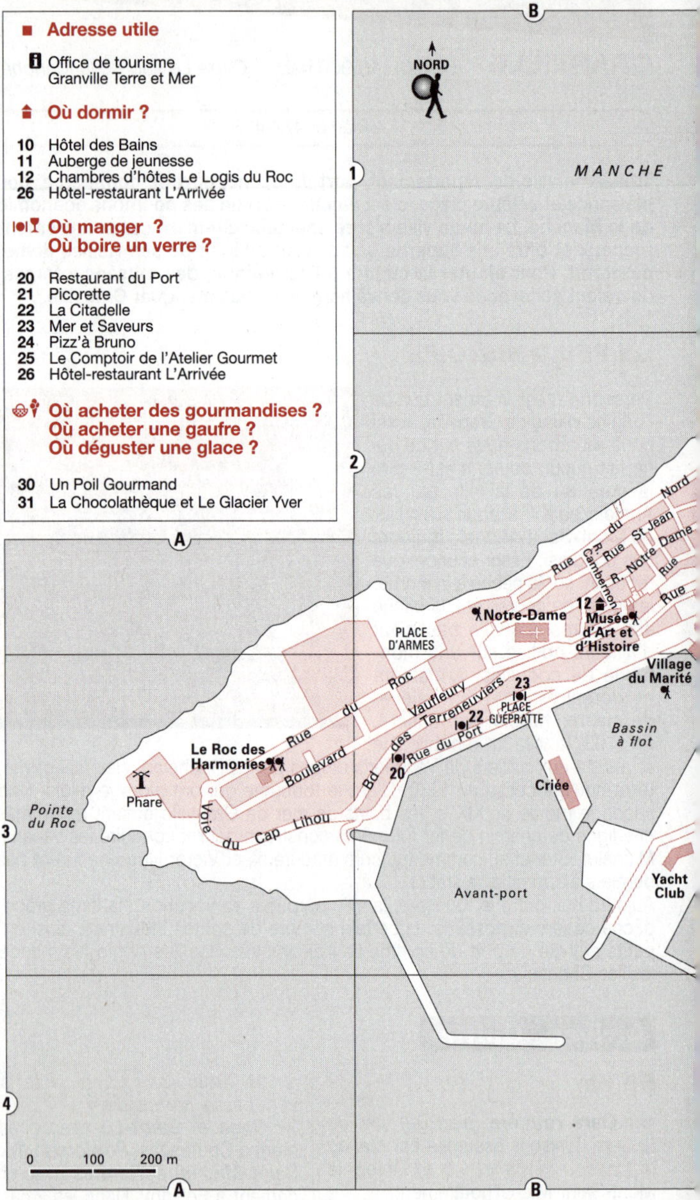

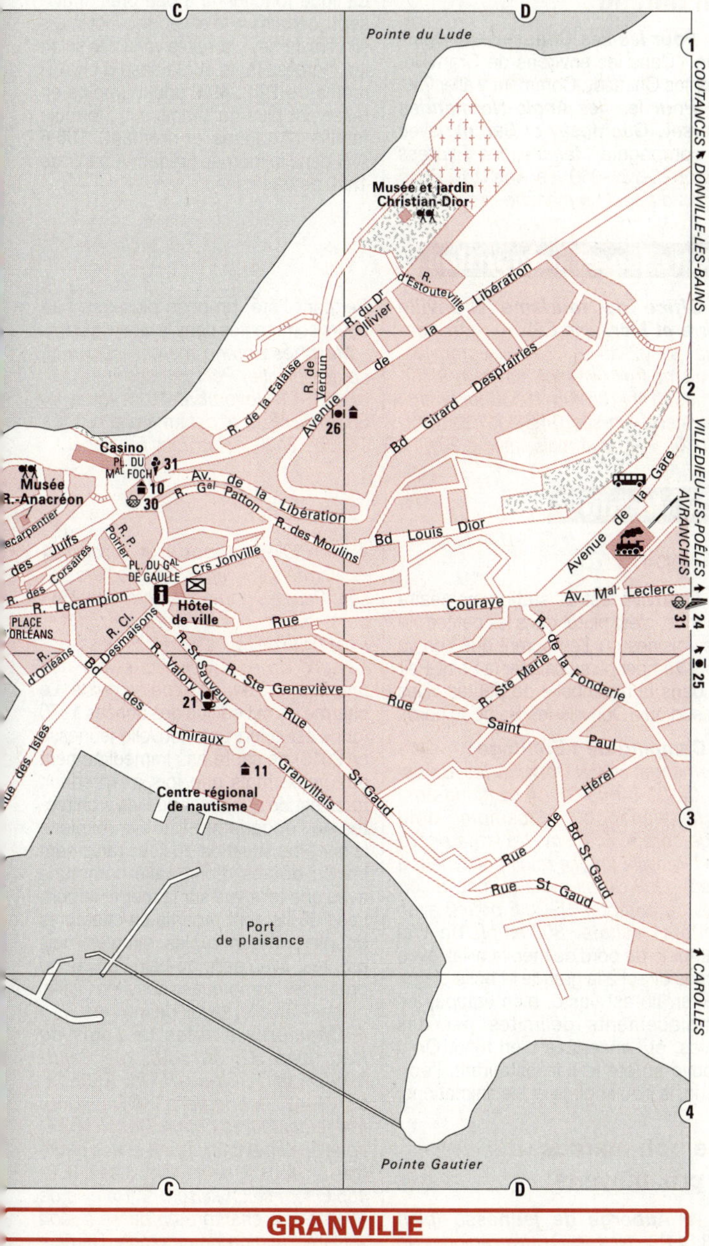

GRANVILLE

LA MANCHE

En bateau

➢ ***Pour les îles Chausey :*** voir plus bas « Dans les environs de Granville. Les îles Chausey. Comment y aller ? ».

➢ ***Pour les îles Anglo-Normandes (Jersey, Guernesey et Sercq) :*** avec la compagnie *Manche Îles Express* (*☎ 0825-131-050, service 0,15 €/mn + prix d'appel ; • manche-iles.com •*). La ligne fonctionne à peu près tlj avr-sept ; certains w-e et vac scol oct-mars slt vers Jersey ; horaires variables selon les marées. Tarifs sur la base d'un A/R moins de 72h : 49 € adulte (moins en réservant plus de 1 mois avt) ; formule famille (2 adultes et 1 enfant) 105 € A/R dans la journée ; réduc. À partir de 1h20 de traversée.

Adresse et info utiles

ℹ ***Office de tourisme Granville Terre et Mer*** *(plan C2)* **:** *4, cours Jonville. ☎ 02-33-91-30-03. • granville-tourisme.fr • Avr-sept, lun-sam 9h30-12h30, 14h-18h (9h-18h30 juil-août) ; oct-mars, lun-sam 9h30-12h30, 14h-17h30. 📶 (gratuit mais limité à 20 mn).* Pendant l'été, propose plusieurs parcours commentés dans la ville *(4 €/pers).*

– ***Marchés :*** *grand marché sam mat, cours Jonville. Petit marché mer mat, pl. du 11-Novembre-1918 (quartier Saint-Nicolas), et petit marché bio mar 16h30-19h30, cours Jonville.*

LA MANCHE

Où dormir ?

Camping

Si Granville est la station balnéaire connue, c'est plutôt dans les petites villes voisines qui l'entourent que l'on va pour camper ou se baigner (à Saint-Pair et dans la ribambelle de petites villes au sud ou à Donville-les-Bains au nord).

⛺ ***Camping de l'Ermitage :*** *rue de l'Ermitage, 50350* ***Donville-les-Bains.*** *☎ 02-33-50-09-01. • camping-ermitage@wanadoo.fr • camping-ermitage.com • ♿ À env 1,5 km au nord de Granville (qui se rejoint aisément à pied). Ouv de mi-avr à mi-oct. Selon saison, compter 15-20 € pour 2 avec tente et voiture. 300 empl.* Un vrai camping de bord de mer, familial, avec accès direct à la grande et belle plage. Le terrain est vaste, bien équipé, les emplacements délimités par des haies, et l'ensemble bien tenu. On y trouve en été le bar-restaurant, l'épicerie, la boulangerie et les animations.

De bon marché à prix moyens

🏠 🍽 ***Auberge de jeunesse*** *(plan C3,* ***11****)* **:** *dans le Centre régional de nautisme, bd des Amiraux-Granvillais (port du Hérel). ☎ 02-33-91-22-60. • crng50@wanadoo.fr • crng.fr • ♿ Fermé sam-dim et j. fériés hors saison. Pour les non-adhérents, env 25 €/pers, draps inclus ; petit déj 5,20 €. Possibilité de repas au self sur résa, env 13 €. 📶 Un petit déj/pers et par nuit offert sur présentation de ce guide.* Le charme de cet édifice des années 1970 (qui s'est offert une nouvelle jeunesse en 2013) ne saute pas immédiatement aux yeux, mais une fois à l'intérieur, force est de constater que les architectes de l'époque ont fort bien exploité la superbe situation du lieu : rares sont les AJ dotées d'une salle commune avec une telle vue sur la mer et le port. Les 160 lits sont répartis en chambres doubles ou quadruples, simples mais propres, avec salle de bains privée ou partagée. Nombreuses activités : voile, planche à voile, kayak de mer, etc.

🏠 ***Chambres d'hôtes Le Logis du Roc*** *(plan B2,* ***12****)* **:** *13, rue Saint-Michel. ☎ 02-33-50-75-71. 📱 06-18-35-87-42. • eric.perotin@wanadoo.fr • lelogisduroc.com • Double 62 €. Loue également un appart et une petite maison dans la haute ville, 3 pers 300-465 €/sem selon saison. 📶 Remise de 10 % sur la chambre en basse saison sur présentation de ce guide.* Derrière la devanture rouge et fleurie de cette ancienne boucherie de la haute ville se cache une agréable petite adresse tout en hauteur avec, à chaque palier de l'escalier raide et bien étroit, une chambre.

De prix moyens à plus chic

Hôtel des Bains (plan C2, **10**) : *19, rue Georges-Clemenceau. ☎ 02-33-50-17-31. • hoteldbains@yahoo.fr • hoteldesbains-granville.com • ♿ Face au casino et au centre de thalasso. Doubles 54-125 € selon confort, vue et saison. Voir aussi les offres spéciales sur le site. Parking payant. Café offert sur présentation de ce guide.* Cette vaste bâtisse du début du XXe s, idéalement placée, abrite des chambres dont le prix varie selon leur situation : côté rue ou mer. Certaines côté rue sont un peu sombres et étroites, mais le problème est surtout que la rue en question est très passante ; au bruit des mouettes risque donc de s'ajouter celui des voitures. À part cela, jolies chambres, de bon confort, et un accueil pro et agréable.

Hôtel-restaurant L'Arrivée (plan C-D2, **26**) : voir « Où manger ? »

Où manger ?

Très bon marché

Pizz'à Bruno (hors plan par D2, **24**) : *35, av. des Matignons. ☎ 02-33-91-92-30. • bruno.mathurin@hotmail.fr • Tlj sf mar-mer. Congés : 15 j. en juin, 15 j. en sept. Pizzas 8-11 €. Apéritif offert sur présentation de ce guide.* À l'écart du centre, petit local avec 3 tables pour poser une fesse devant la télé, et un comptoir ouvert sur la cuisine et le four. Dans l'assiette, de délicieuses pizzas généreusement garnies et mitonnées avec *maestria*. Une adresse d'habitués qui marche fort avec ses *pizze* à emporter. Accueil très aimable.

De bon marché à prix moyens

Picorette (plan C3, **21**) : *24, rue Saint-Sauveur. ☎ 02-33-59-93-49. • adam-picorette@orange.fr • Mar-sam (tlj juil-août) 10h-19h. Congés : 1 sem en fév, 1 sem en juin et 3 sem fin sept-début oct. Goûter env 10 € ; repas 20 €. Café ou thé offert pour un repas pris sur présentation de ce guide.* Chez *Picorette*, il serait dommage de ne faire que picorer, tellement c'est bon ! Le midi, petit choix de plats maison et toute la journée des gâteaux à se rouler par terre. Quant aux amateurs de thé, ils seront servis : l'excellente carte est extrêmement fournie. Cadre et accueil adorables.

Le Comptoir de l'Atelier Gourmet (hors plan par D2-3, **25**) : *13, av. A.-Briand. ☎ 02-14-13-64-32. Tlj sf dim-lun (mar-mer le midi slt). Résa très conseillée. Menu 23,50 €, plats env 14 €.* À la carte, juste quelques petits plats orientés saveurs, et troussés de quelques pointes d'exotisme. Le tout en prise directe sur les petits producteurs du terroir ou les pêcheurs du cru. Bref, une cuisine bistronomique joliment présentée, qui change tous les jours selon les arrivages saisonniers et l'humeur du chef talentueux. À déguster dans une salle moderne, à la fois chaleureuse et cosy.

Mer et Saveurs (plan B3, **23**) : *49, rue du Port. ☎ 02-33-50-05-80. • meretsaveurs@hotmail.fr • ♿ Fermé lun, plus le soir jeu et dim hors saison. Formule déj sf dim 14,50 € ; menus 26-32 €.* La petite terrasse face au parking de la zone portuaire n'a rien de très engageant. Toutefois, il serait dommage de bouder cette adresse. Intérieur chaud, fait de boiseries, et cuisine de la mer préparée avec soin et inventivité. Service adorable quoiqu'un peu pousse conso... Bon point pour le copieux café gourmand.

Hôtel-restaurant L'Arrivée (plan C-D2, **26**) : *110, av. de la Libération. ☎ 02-33-50-03-00. • hotelarrivee.com • Doubles 62-85 € selon saison. Formules déj 16,20-21,50 €, menus 20,50-55 €, plats 14-26 €.* Un petit hôtel propret et de bon confort, mais surtout connu pour son resto. Le chef vous y propose une cuisine fine, classique et bien menée, où poissons et viandes – triés sur le volet – sont travaillés avec soin, pour le plus grand plaisir de nos papilles. Accueil discret mais attentionné.

De prix moyens à plus chic

Restaurant du Port (plan B3, **20**) : *19, rue du Port. ☎ 02-33-50-00-55. Tlj sf dim soir et lun. Formule déj en sem 14,50 € ; menus 18,50-33,50 € ; plats 11-24 €.* Alimenté en direct par les pêcheurs de Granville, c'est un bon resto de poisson et fruits de mer, aux recettes généreuses, goûteuses et un brin innovantes (choucroute de poisson, paella...). Également quelques viandes pour les irréductibles, et des moules-frites pour les amateurs. À dévorer dans un décor classique de bois, ou en terrasse pour mieux profiter de la douceur des soirs d'été.

La Citadelle (plan B3, **22**) : *34, rue du Port. ☎ 02-33-50-34-10. • citadell@club-internet.fr • Tlj sf mer, plus mar hors saison. Congés : janv. Formule en sem et sam midi 22 € ; menus 37-80 €. Café offert sur présentation de ce guide.* Le grand classique de Granville, et pour cause. La cuisine de la mer (surtout) y est bonne et soignée, tant dans la présentation que dans le travail des produits. Et le service et le cadre sont agréables... que demander de plus ?

LA MANCHE

Où dormir ? Où manger dans les environs ?

Pour plus d'adresses, se reporter à la rubrique « Où dormir ? Où manger dans les environs ? » à Villedieu-les-Poêles.

Chambres d'hôtes

Outremer & Terre : *chez Éliane et Gérard Legoupil, village Grandin, 50320* **La Lucerne-d'Outremer.** *☎ 02-33-59-80-20. • legoupil1@hotmail.com • outremer-et-terre.com • À env 15 km au sud-est de Granville ; sur la D 109, entre l'abbaye de La Lucerne et le bourg. Fermé en nov. Double 70 €. Apéritif maison offert sur présentation de ce guide.* Dans une belle campagne qui vous séduit en douceur, l'ancienne auberge du XVIIe s est devenue une maison d'hôtes où il fait bon séjourner. Déco sobre, élégante, dans des matériaux que l'on sent robustes et de qualité. Pour le petit déj, c'est dans la jolie cuisine, où les grandes baies vitrées vous donnent presque l'impression de sentir l'herbe sous vos pieds.

Le Logis d'Équilly : *50320* **Équilly.** *☎ 02-33-61-04-71. • contact@lelogisdequilly.fr • lelogisdequilly.fr • À env 15 km de Granville. Sur la D 924, direction Villedieu-les-Poêles, prendre la D 7 vers Le Mesnil-Rogues et Gavray, puis très vite à gauche, vers Équilly. Congés : vac de Noël. Double 150 € ; suite 4 pers 180 €. Gîte 5-6 pers 600-650 €/sem. Table d'hôtes 30 €, tt compris.* Les accueillants propriétaires de cette seigneurie du XIIIe s lui ont redonné l'ambiance et l'élégance des grandes demeures (escaliers de pierre et cheminées qui en imposent, grand parc avec plan d'eau, belles chambres toutes personnalisées et élégantes, salles de bains neuves), tout en conservant son caractère rustique et médiéval. Ici, pas de TV écran plasma, on vient avant tout profiter du cadre et du calme.

Bon marché

L'Auberge des Casse-croûtes : *2, rue de l'Église, 50290* **Bréville-sur-Mer.** *☎ 02-33-91-91-83. Au nord de Granville, accès par la D 971 puis la D 135 ; au 2e rond-point en arrivant dans Bréville. Tlj sf mer et sam midi, plus mar soir hors saison. Menu déj en sem 12,50 € ; carte env 25 €.* Dans une maison qui ne paie pas de mine, en bord de route. Un intérieur chaleureux, entre auberge de campagne et pub. Au menu, des plats simples, plutôt traditionnels, bien préparés et qui tiennent au corps.

Où acheter des gourmandises ? Où acheter une gaufre ? Où déguster une glace ?

***Un Poil Gourmand** (plan C2, **30**) : 3, rue Georges-Clemenceau. ☎ 02-33-50-68-68. • unpoilgourmand.fr • Tlj sf lun.* Que vous soyez un poil ou carrément gourmand, cette épicerie fine à l'ancienne vaut le coup d'œil. Conserves, vins, bonbons, « infusions des colonies », confitures, chocolats, biscuits... Il y a tant de choix qu'on ne sait plus où poser les yeux ! On y trouve notamment les petits sucres granvillais moulés dans des formes marines (coquillages...), fabriqués artisanalement par la société *Ercus.*

***La Chocolathèque** (hors plan par D2, **31**) : 189, route de Villedieu. ☎ 02-33-91-85-11. • yverchocolatier.com • Sur la D 924 en direction de Villedieu. Parking juste devant.* Jean-Louis Yver, maître chocolatier, a choisi les abords commerciaux de la ville pour installer son temple du chocolat. Pour commencer, et consommer utile, le tout petit musée : un espace pédagogique consacré à la saga du chocolat et à ses méthodes de fabrication à travers une sélection d'objets et d'anecdotes. Pour suivre, le vaste espace de vente, lieu de perdition ! On retrouve ces créations en centre-ville *À La Marquise de Presles (26, rue Lecampion).* La même maison possède ***Le Glacier Yver** (plan C2, **31**),* sur la place du casino, où sont vendues, entre autres douceurs (glaces, crêpes...), de très bonnes gaufres.

LA MANCHE

À voir

La haute ville

***La rue des Juifs** (plan B-C2) :* elle abrite ateliers, galeries, antiquaires et brocantes. Ce petit bout de rue grimpe en direction de la haute ville. Très active pendant des siècles (avec l'arrivée des commerçants juifs), cette rue est aujourd'hui à l'écart des mouvements de masse et possède une âme de quartier bohème, où il fait bon flâner.

***Le musée d'Art et d'Histoire de Granville** (plan B2) : 2, rue Lecarpentier. ☎ 02-33-50-44-10. Juil-août et pdt vac scol (ttes zones), tlj sf mar 14h-18h ; hors vac scol, ven-dim 14h-18h. Fermé en déc-janv. GRATUIT.*
Installé dans l'ancien logis du roi où habitait son représentant, le lieutenant général, et qui fut transformé, sous la Révolution, en maison commune. Témoignages du passé maritime de la ville : documents sur l'armement en course, « lettre de marque » de corsaire, contrat d'engagement d'équipage. Scènes de mer sur faïence, maquettes de bateaux, huiles, proue de navire, cuivres, meubles régionaux et granvillais.
– ***1er étage :*** une toile de Hambye (qui décorait les lits-alcôves), costumes granvillais et de Normandie, coiffes et bonnettes de deuil, de mariée. Superbes coiffes de Coutances, « frileuse », robes de baptême, bijoux (un bracelet et, sous une loupe, une curieuse croix faite de cheveux). Dentelles, blouses et gilets de paysans.
– ***2e étage :*** Granville, station balnéaire. Tenues de bain du début du XXe s, cartes postales, assiettes décorées. Lire l'affiche (aujourd'hui désopilante) de la « police de la plage et des bains de mer ». Petite section sur les activités de pêche. Dans un coin, près d'une fenêtre, un beau coffre de chirurgien.
– Exposition temporaire chaque été sur un thème en lien avec les collections du musé d'Art et d'Histoire, à la *halle au blé,* annexe du musée, située rue du Roc (près de la pointe).

***La rue Lecarpentier** (plan B-C2) :* Lecarpentier fut le défenseur de la ville contre les Vendéens en 1793. Les grandes dalles des marches proviennent des anciens remparts. Noter les ruelles coupant à angle droit et permettant aux défenseurs de passer d'une muraille à l'autre rapidement. Beau panorama sur la ville basse. Arrivée place de l'Isthme. Table d'orientation. Escalier pour rejoindre le casino et la ville basse.

Le musée d'Art moderne Richard-Anacréon *(plan C2)* **:** *pl. de l'Isthme. ☎ 02-33-51-02-94. Juin-sept et pdt vac scol (ttes zones), tlj sf lun 14h-18h ; juil-août, tlj sf lun 11h-18h ; le reste de l'année, ven-dim 14h-18h. Fermé déc-janv. Entrée : 4 € ; réduc ; gratuit moins de 26 ans.* Un musée d'art moderne tenant une place à part, né grâce aux collections léguées par Richard Anacréon, l'un des plus grands libraires parisiens du XXe s, originaire de Granville. Il fut tout d'abord le grand ami de Colette, Paul Valéry et Claude Farrère, qui l'encouragèrent à ouvrir une librairie. Il côtoya alors dans sa boutique, *L'Originale,* toute l'élite intellectuelle et artistique de la première moitié du XXe s : Utrillo, Picasso, Léautaud, Cendrars, Cocteau, Prévert, Claudel, Dufy et tant d'autres. Dans le même temps, intuitif et collectionneur, il accumula les œuvres des uns et des autres, sollicitant dédicaces originales et dessins. Ainsi, aujourd'hui, visiterez-vous un étonnant chassé-croisé d'artistes et d'écrivains ayant chacun à leur manière parlé des autres peintres ou graveurs, et non une accumulation ordinaire d'œuvres. Quelques œuvres et artistes présentés de façon permanente, comme André Derain, Maurice de Vlaminck, Kees Van Dongen... L'endroit mérite aussi vraiment la visite pour la qualité de ses expos temporaires régulières.

LA MANCHE

La rue Saint-Jean *(plan B-C2)* **:** continuation de notre itinéraire dans cette haute ville à l'architecture grise, dure, d'une austérité empreinte de noblesse. Peu d'ostentation dans la richesse chez les armateurs et corsaires ayant réussi « socialement ». Elle s'exprime seulement par la sobre élégance des façades et quelques détails architecturaux marginaux. Au *n° 105,* un curieux linteau *Vive Jésus* et *Marie Joseph 1672.* Vieilles venelles transversales, comme la rue Saint-Denis et ses bornes anti-carrosses. La *rue Étroite* mérite bien son nom. Les rues *Marché-au-Pain, des Plâtriers,* etc., témoignent des petits métiers qu'elles abritaient. Au *n° 45,* hôtel Ganne-Destouches. Élégante bâtisse de granit. On y arrêta en 1798 Destouches (immortalisé par Barbey d'Aurevilly dans *Le Chevalier Des Touches*). Au *n° 39,* maison de Fortuné de Boisgobey, écrivain fameux au XIXe s pour ses romans-feuilletons. À côté, au *n° 37,* l'une des plus anciennes demeures de la ville. Elle appartint au XVIIIe s au proprio des îles Chausey (d'où provenait le granit de tous ces édifices). Dans ses caves se déroulaient les messes clandestines sous la Terreur (elles accueillent aujourd'hui une plus tranquille crêperie). Au *n° 19,* linteau gravé *1622 Poe.* Au *n° 4,* belle maison avec encadrement de granit et encorbellement. Au *n° 3,* curieux haut-relief en terre cuite dans la façade.

La rue Cambernon *(plan B2)* **:** d'abord un petit détour par la *rue Notre-Dame* pour découvrir au *n° 14 bis* l'une des plus vieilles demeures (XVIe s) de Granville. Dans la rue Notre-Dame toujours, au *n° 3,* hôtel des comtes de Matignon. Au *n° 43,* hôtel du Val ès-Fleurs de 1635. Au *n° 54,* hôtel Le Mengnonnet, un peu en retrait, au style élégant. Au *n° 76,* hôtel de l'Amirauté et son fronton triangulaire avec massive lucarne de granit. De la rue Cambernon, descendre la petite rue des Égouts (un nom bien mérité vu ce qui la ponctue...) et admirer... elle est pas belle, cette vue ?

L'église Notre-Dame *(plan B2)* **:** les Anglais commencèrent sa construction en 1441, mais à peine les fondations creusées, ils furent boutés hors de France. C'est malin, elle mit ensuite trois siècles à être achevée ! Elle donne l'impression d'une minicathédrale complètement ramassée sur elle-même, comme pour mieux résister aux tempêtes. Imposante façade du XVIIIe s. À l'intérieur, arches de la nef en plein cintre, tandis que celles du déambulatoire sont ogivales. Beau buffet d'orgues de 1660. Chaire et stalles du XVIIIe s, ainsi que le tabernacle en bois sculpté et doré. Au rond-point du chœur, chapiteaux sculptés. À gauche, grand bénitier en granit du XVe s (ancienne cuve baptismale). Pittoresques fonts baptismaux (grille du XVIIIe s).

La place d'Armes *(plan B2-3)* **:** *on y accède par la porte Saint-Jean.* Vaste esplanade bordée d'anciennes casernes, à la remarquable architecture du XVIIIe s (qui abritent aujourd'hui des administrations diverses...). Plus loin, rue du Roc, l'ancienne *halle au blé* qui accueille, en été, des expositions (renseignements au musée du Vieux-Granville).

Le Roc des Harmonies – Aquarium et musées *(plan A3)* **:** *le Roc. ☎ 02-33-50-19-83. • aquarium-du-roc.com • Tt au bout de la haute ville. Avr-sept, tlj 10h-19h ; oct-mars, tlj 10h-12h30, 14h-18h30. Fermé 1er janv et 25 déc. Entrée : 9 € ; réduc.* En route pour une réelle mise en scène du patrimoine naturel et pour une visite accompagnée par Jules Verne et quelques citations de ses œuvres dans un site hors du commun (pour le meilleur et pour le pire !). Au bassin, à l'entrée, n'oubliez pas de saluer Marco, l'otarie. La visite commence par le ***jardin des Papillons,*** où l'univers des papillons et des insectes est présenté dans des tableaux originaux. Suit l'***aquarium*** et son bel éventail de poissons multicolores des mers tropicales. Dans le ***palais des Minéraux,*** on est encore une fois surpris de découvrir avec quel sérieux (et quel sens artistique tout à la fois) les bois silicifiés, séquoias minéralisés, énormes géodes d'améthyste, cristaux de toutes sortes, ont été mis en valeur, parfois même superbement mis en scène. Mais le plus incroyable (et le terme n'est pas galvaudé !) reste à venir avec la ***Féerie des coquillages.*** Vous n'imaginez pas tout ce qu'on peut faire avec des coquillages. Ça frôle parfois le chef-d'œuvre, aux frontières ténues du kitsch et du sublime.

LA MANCHE

La ville basse

La plage *(plan C-D1-2)* **:** *entre le casino et la pointe du Lude.* Bordée par la fameuse digue-promenade du Plat-Gousset, et parfois assaillie par de furieuses vagues en hiver.

Le musée et le jardin Christian-Dior *(plan D1)* **:** *villa Les Rhumbs. ☎ 02-33-61-48-21. • musee-dior-granville.com • Mai-sept, tlj 10h-18h30 (18h pour la billetterie) ; de la Toussaint à mi-mars, mer-dim (tlj pdt vac scol) 14h-17h30. Entrée : 8 € (4 € en hiver) ; réduc ; gratuit moins de 12 ans. Jardin ouv tte l'année 9h-17h en hiver, 18h mars et oct, 20h avr-mai et sept, 21h juin-août.* Devant la plage, en haut de l'escalier du bout de la promenade du Plat-Gousset, la maison d'enfance de Christian Dior, *Les Rhumbs,* se cache au cœur d'un splendide jardin de falaise, qui retrouve peu à peu la superbe que lui connaissait Dior. Face à la mer, cette villa couleur rose sorbet (le couturier s'inspirera de sa couleur pour certaines de ses créations), construite par un armateur à la fin du XIXe s, accueille désormais un musée. En hiver, celui-ci présente sa propre collection, constituée à partir de dons et d'acquisitions. En saison, celle-ci, augmentée de nombreux prêts, permet d'organiser chaque année une nouvelle exposition thématique. L'occasion de découvrir, à travers accessoires, dessins, tableaux, flacons de parfum et nombre de modèles de haute couture, tout le talent et l'œuvre de Christian Dior et de ses successeurs.

Le village du Marité *(plan B-C2-3)* **:** *quai d'Orléans. ☎ 02-33-50-17-03. Sur le port, face au Marité. Pâques-sept, ouv w-e, vac scol et j. fériés (tlj juil-août). GRATUIT.* Dernier des « terre-neuviers » français, le *Marité* aura connu cinq vies depuis son lancement à Fécamp en 1923 et sa victoire dans la course des grands voiliers en 1992. Avec ses 47 m de longueur, le plus grand trois-mâts du patrimoine français a subi à Granville une restauration complète et repris du service en mer. Toutefois, il reste de ce vaste chantier ce « village », où de grands panneaux vous racontent l'histoire du bateau et de « sa remise en forme ».

À faire

Rappelons aux mordus un peu inattentifs que Granville est un haut lieu de la voile, avec une bonne activité de régates, allant du dériveur au croiseur, en passant par la planche à voile, le catamaran de sport, etc. Et pour cause : s'ouvre devant vous l'un des plus beaux plans d'eau qui soient, avec la baie du Mont-Saint-Michel, les îles Anglo-Normandes, des courants et des marées en veux-tu en voilà, juste ce qu'il faut pour régaler les vrais amateurs, pas les poules mouillées genre « bronzing » méditerranéen...

■ ***Centre régional de nautisme*** *(plan C3) : bd des Amiraux-Granvillais, port du Hérel. ☎ 02-33-91-22-60. • crng.fr* • Base régionale de la Fédération française de voile. Planche, dériveur, catamaran, kayak de mer, aviron, char à voile... Stages d'initiation ou de perfectionnement, cours particuliers, locations, pratique libre...

■ ***Yacht Club de Granville*** *(plan B3) : port du Hérel. ☎ 02-33-50-04-25. • yachtclubgranville.com* • Fondé en 1933. L'un des clubs les plus actifs en France, organisateur d'une impressionnante brochette de belles régates (pratiquement tous les week-ends). Son *clubhouse* est le sympathique rendez-vous de tous les mordus de mer, du pêcheur au coureur océanique (Christophe Auguin, double vainqueur de la course autour du monde en solitaire, est un gars d'ici), en passant par le simple plaisancier rêvant à de futures traversées héroïques...

Sorties en mer à bord de vieux gréements

La Bisquine La Granvillaise : *rens à l'Association des vieux gréements granvillais, maison de La Bisquine, 43, bd des Amiraux. ☎ 02-33-90-07-51. 📱 06-69-67-35-84. • lagranvillaise.org • Sorties avr-oct, à la ½ journée (env 50 €/pers), journée (72 €), w-e ou plus... selon vos envies. Forfaits famille également.* Légendaire bateau de pêche du XIXe s, typique de la baie du Mont-Saint-Michel, doté d'une imposante voilure (293 m², et 340 m² en régate !) ; la star locale avec le *Marité*.

Le Marité : *quai d'Orléans. ☎ 02-33-50-17-03. • lemarite.com* • Le chantier terminé (lire ci-dessus), le *Marité* peut désormais vous emmener découvrir la baie de Granville *(env 2h ; env 45 €/pers)* ou naviguer dans l'archipel des îles Chausey *(env 10h ; env 80 €/pers).* Pour ceux qui n'auraient que les moyens de rêver, possibilité également de visiter le célèbre bateau quand il est à quai *(3 €/pers).*

Le Lys Noir : *📱 06-37-33-32-65. De mi-avr à début oct, sorties à la journée ou ½ journée, ou w-e à thème. De préférence pour les groupes d'au moins 10 pers.* Le charme d'un ketch aurique (yacht de plaisance) de 1914. Tout ça avec un passionné du coin, qui vous fera découvrir les petits îlots perdus.

Le Courrier des Îles : *📱 06-27-62-12-63. Visite de l'archipel à la journée. Peut accueillir jusqu'à 15 pers.*

Manifestations

– **Carnaval :** *ts les ans, sur 4 j., à partir du sam qui précède Mardi gras.* Un vrai carnaval traditionnel, qui a perduré grâce à l'habitude qu'avaient les terres-neuvas de se déguiser pour dépenser une partie de leur solde dans une terrible bamboula, avant de partir pour de longs mois en mer. Défilés de chars, bals, et une habitude populaire, les « intrigues » : les habitants, petits et grands (surtout les grands d'ailleurs), s'affublent des plus invraisemblables costumes et vont rendre visite à leurs connaissances... Fin des réjouissances avec l'embrasement du bonhomme Carnaval sur la plage ou dans le bassin du port de pêche.

– **Sorties de bains :** *4 j. début juil. ☎ 02-33-69-27-30. • sortiesdebain.com •* Festival des arts de la rue réunissant plus d'une trentaine de compagnies et offrant une centaine de représentations.

DANS LES ENVIRONS DE GRANVILLE

L'abbaye de La Lucerne : *50320* **La Lucerne-d'Outremer.** *☎ 02-33-60-58-98. • abbaye-lucerne.fr • À env 15 km au sud-est de Granville ; accès par la D 109. Avr-sept, tlj sf dim mat 10h-12h, 14h-18h30 ; vac scol de la Toussaint, tlj sf dim mat 10h-12h, 14h-17h. Entrée : 6 € ; réduc ; gratuit moins de 7 ans ; forfait famille 19 €.* Cette abbaye, construite au XIIe s et restaurée aux XVe et XVIIe s, mérite le détour, ne serait-ce que pour le bel environnement boisé dans lequel elle se niche. Le régal des yeux se poursuit en découvrant son église abbatiale romane, sa tour anglo-normande annonciatrice du style gothique, son cloître, son lavabo roman, son réfectoire, sa boulangerie... Et dire que tout cela revient de loin ! Comme toute bonne abbaye qui se respecte, en effet, celle de La Lucerne souffrit fort de la Révolution. Vendue comme bien national, elle devint une filature, puis une scierie de pierre, avant d'être plus ou moins laissée à l'abandon. Classée Monument historique en 1928, ce n'est que grâce aux énormes travaux de restauration entrepris depuis 1959 qu'elle a pu retrouver de sa superbe.

La ferme de l'Hermitière – Écomusée du Cidre et de la Ferme : *50320* **Saint-Jean-des-Champs.** *☎ 02-33-61-31-51. • ferme-hermitiere.com • À 9 km à l'est de Granville par la D 924. Vac de Pâques-juin et sept, boutique ouv lun-ven 14h-18h ; visites guidées à 14h15, 15h30 et 16h15. Juil-août, boutique ouv lun-sam 10h-12h, 14h-18h ; visites guidées à 10h30, 14h15, 15h15. Hors saison, boutique ouv lun-ven 10h-12h, 13h30-17h30. Fermé j. fériés. Entrée : 4,50 € ; 4 € sur présentation de ce guide ; réduc ; gratuit moins de 14 ans. Visite guidée de 1h env.* Dans cette ferme familiale transmise de père en fils depuis six générations, suivez le chemin de la pomme à cidre du verger au produit fini ! La visite vous fait découvrir tout le travail nécessaire à l'élaboration d'un cidre traditionnel, calvados, pommeau, jus de pomme ou encore gelée de pomme et confit de cidre. Enfin, un écomusée présente une importante collection de pièces rares (pressoirs, alambics, vieux outils...) et la reconstitution de scènes de la vie rurale au début du XXe s. Et pour conclure en beauté, une dégustation est offerte en fin de visite ! Avant de repartir, possibilité de pique-niquer au bord d'un joli étang ou de faire un tour dans l'un des vergers.

LA MANCHE

LES ÎLES CHAUSEY

Seul archipel normand resté français malgré le traité de Brétigny (1360), il s'étend sur environ 5 000 ha maritimes et se situe à 17 km de Granville. À marée haute, 52 îles et îlots, reliés par de vastes étendues de sable et de vase. À marée basse, il y en a presque autant que de jours dans l'année (parmi les îlots, bien sûr, beaucoup de simples rochers). Grâce à l'énorme amplitude des marées (plus de 14 m), la surface des îles à marée basse est multipliée par 70 ! D'origine granitique, elles fournirent la pierre utilisée pour construire Le Mont-Saint-Michel, Saint-Malo et une partie des trottoirs de Paris et de Londres. Plus de 300 espèces végétales attirent une grande variété d'oiseaux, dont le fou de Bassan, le tadorne de Belon ou les sternes pierregarin et caugek. L'archipel est en grande majorité privé, le reste étant la propriété du Conservatoire du littoral. De nos jours, à peine une dizaine de personnes vivent à Chausey en hiver. Un grand moment d'harmonie et de paix, pour qui veut réellement se défaire de sa névrose urbaine, mais on vous prévient : pas facile d'éviter les hordes de touristes pique-niqueurs et plagistes en juillet et août.

La ***Grande-Île*** (la seule à être habitée et la seule visitable) mesure 2 km de long sur 200 à 700 m de large. L'économie repose sur la pêche au casier (homards, crabes, crevettes roses, congres...) et sur la culture des moules, des huîtres et des palourdes. Ici et là, sur les plages, des squelettes de bateaux en décomposition. Histoire de nous rappeler qu'ici, en hiver, la mer n'est pas qu'une toile de fond pour dépliant touristique : elle ne plaisante pas...

Un peu d'histoire

Des monuments mégalithiques attestent la présence de l'homme à Chausey dès la préhistoire. Au XIe s, l'archipel est cédé à l'abbaye du Mont-Saint-Michel par Richard II, duc de Normandie. Les moines vont extraire des îles le granit nécessaire à la construction de l'abbaye. Au XVIe s, le roi Henri II fait édifier sur la Grande-Île un château fort, avant de confier l'archipel aux comtes de Matignon, ancêtres de l'actuelle famille princière de Monaco. Après avoir été pris par les Anglais en 1756, l'archipel est rattaché à la commune de Granville en 1804.
En 1949, les carrières de granit furent rouvertes, pour reconstruire la vieille ville de Saint-Malo, détruite par les bombardements.

Comment y aller ?

Vedettes Jolie France I, Jolie France II et Jeune France II : *gare maritime de Granville.* ☎ *02-33-50-31-81.* • *vedettejoliefrance.com* • Ouv tte l'année, avr-sept, 1-5 départs/j. ; oct-mars, mer, w-e et jours de grande marée. Résa obligatoire par tél ou par e-mail. La traversée dure 35 mn ou 1h en fonction des bateaux. Prix : env 27 € A/R ; 17 € 3-14 ans ; 9 € moins de 3 ans ; animaux env 10 € ; sur présentation de ce guide, 23,90 €, 15,05 € et 8,65 €. Billets à retirer 30 mn avt le départ. Possibilité aussi de faire, en plus, le tour de l'archipel en bateau (env 12 €/adulte).

Également quelques traversées proposées par la compagnie *Corsaire* au départ de Saint-Malo et Dinard. ☎ *0825-138-100 (service 0,15 €/mn + prix d'appel).* • *compagniecorsaire.com* • Prix : env 35 € A/R. Traversée : 75 mn.

Où dormir ? Où manger ?

– ***Quelques infos pratiques :*** à côté du débarcadère et de l'*Hôtel du Fort et des Îles,* petite ***crêperie-bar-grillade*** *(repas 10-16 €)* dont les horaires d'ouverture correspondent à ceux des bateaux. Accolée à celle-ci (c'est la même maison en fait), la petite ***boutique-épicerie*** de l'île vend des boissons, quelques légumes et les produits de base pour cuisiner (si vous dormez sur place) ou de quoi vous constituer un pique-nique au cas où ce « détail » vous aurait échappé.

Gîte rural La Ferme de Chausey : *chez M. et Mme Lair.* ☎ *02-33-90-90-53.* • *la.ferme.chausey@orange.fr* • *ileschausey.com* • *Résa indispensable. Studio ou appart 2-9 pers 170-370 €/w-e (hors juil-août) ; pour 2 pers 390-610 €/sem, pour 7-9 pers 610-1 320 €/sem selon saison.* Dans une ancienne ferme rénovée, une vingtaine de gîtes bien aménagés et fonctionnels. Du studio pour 2 ou 3 personnes jusqu'au duplex 4 pièces pour 7 à 9 personnes. Le cadre est vraiment très sympa avec le très grand jardin dans la cour fermée, ses tables de pique-nique, ses barbecues. En revanche, on vient davantage à Chausey pour profiter du site et, s'ils sont fonctionnels, ces gîtes ne sont pas vraiment de petits nids douillets. Accueil très convivial.

Gîtes communaux : *rens et résas à l'office de tourisme de Granville,* ☎ *02-33-91-30-03.* • *office-tourisme@ville-granville.fr* • *ville-granville.fr* • *Congés : janv-vac d'hiver. Loc à la sem slt avr-sept ; selon les vedettes le* *reste de l'année. Compter 275-976 €/sem pour 4-7 pers selon saison.* Dans l'ancien presbytère et l'ancienne école de l'île, 5 gîtes superbement situés près d'une jolie plage. Prix peu élevés, mais confort très minimaliste : seul le plus grand possède une salle d'eau, et les douches (payantes) sont dans un bâtiment annexe à côté du presbytère.

Hôtel du Fort et des Îles : *☎ 02-33-50-25-02. • contact@hotel-chausey.com • hotel-chausey.com • À 100 m à gauche au-dessus du débarcadère. Ouv avr-oct. Hors saison, resto fermé lun sf j. fériés (mais ouv aux clients de l'hôtel). Résa conseillée. Doubles avec sdb en ½ pens (obligatoire) 78-120 €/pers selon période et vue.* Seul hôtel de l'île et il vient d'être repris. Côté chambres, celles-ci donnent, au choix, sur la campagne ou sur le dédale d'îlots, et une rénovation serait bienvenue ! Côté resto : la plupart des poissons et crustacés que vous aurez dans votre assiette sont pêchés dans les eaux de Chausey. Difficile de faire plus frais, donc. Il fait aussi bon boire un verre ou un café dans le très joli jardin qui entoure l'établissement.

À voir. À faire

➢ ***Précisons que l'archipel est un paradis de la pêche à pied :*** on trouve, selon les saisons, des coques, des palourdes, des huîtres, des praires, et on en passe. Évidemment, tout cela est réglementé (petite brochure disponible au débarcadère ou infos sur *• cpagranville.net •*).

➢ ***Balade à pied*** (qui ne vous épuisera pas) **:** hors saison, cure de calme, de repos, d'authentique. Voir le *phare* haut de 37 m et d'une portée de 43 km, le *fort* (construit en 1860 pour se défendre contre les Anglais et qui ne servit jamais) et la *chapelle des Pêcheurs* (de 1840).

– On peut également découvrir l'île avec ***Olivier Ribeyrolles,*** guide géographe *(📱 06-82-67-87-19).*

Les Blainvillais : microvillage qui tient son nom de la commune de Blainville, d'où venaient chaque été les « soudiers », employés à brûler le varech pour en extraire la soude exploitée dans les verreries.

L'ancien sémaphore : désaffecté depuis 1939, il fait désormais le bonheur des ornithologues.

Le château Renault : *ne se visite pas.* En 1928, sur les ruines du château bâti par les Matignon en 1558, dominant la superbe grève de Port-Homard, Louis Renault (le constructeur automobile) fit construire, d'après ses propres plans, cet étonnant petit château taillé dans le granit, qui dégage une impression de sobriété et de puissance paisible. Vous nous direz ce que vous en pensez, mais nous, on est franchement jaloux des actuels propriétaires...

Belles ***plages de Port-Homard, Port-Marie*** et ***la Grande Grève.*** Possibilité, à marée basse, de rejoindre les îlots graniteux de l'Éléphant et des Moines.

Les îles Chausey constituent une superbe ***réserve ornithologique.*** Huîtriers-pies, goélands, cormorans, tadornes de Belon, sternes et consorts s'ébattent ici en paix ; alors, en période de nidification (au printemps), allez-y sur la pointe des pieds...

DE GRANVILLE À AVRANCHES PAR LA CÔTE

De Granville à Saint-Jean-le-Thomas, la côte même alterne entre les stations balnéaires témoins de la grande époque des premiers bains de mer (opulentes villas, casino Art déco de Jullouville, cabines de plage...) et les petites

villes où s'alignent des constructions modernes manquant singulièrement de grâce et de charme, le tout bordé de jolies plages. Plusieurs agréables chemins de randonnée pédestre dans le coin.

SAINT-JEAN-LE-THOMAS (50530)

Ce village abrite une petite station balnéaire tranquille. Son *église* possède une nef et un chœur appartenant à la période préromane. Vestiges de fresques. Près de la porte, saint Michel terrassant le dragon. Fonts baptismaux en granit du XVIIe s. Dans la nef, à gauche, statue de Moïse (ancien lutrin). Vierge à l'Enfant et sainte Anne du XVe s. Pierre tombale très ancienne (fils de Jehan du Bé – 1589). Sous le porche, pietà du XVe s.

UN AMÉRICAIN EN FRANCE

En août 1944, Eisenhower, commandant en chef des forces alliées, s'installa à la villa Montgoméry, près de Saint-Jean-le-Thomas, afin de préparer au calme l'avancée alliée. De la terrasse, la vue sur la côte escarpée et le Mont-Saint-Michel est époustouflante. Un spectacle qui varie à chaque heure suivant la marée et la météo. Il déclara alors être devant le plus beau panorama de France.

Comme d'autres villages voisins dont Dragey, Saint-Jean-le-Thomas s'est fait une spécialité de l'élevage de chevaux de course. C'est à Saint-Jean que s'entraînait le célébrissime *Idéal du Gazeau. Dragey,* quant à elle, compte plus de chevaux que d'habitants ! On peut y voir les athlètes équins s'entraîner sur des pistes en plein champ ou sur la plage. Les immenses étendues de sable qui se découvrent à marée basse constituent en effet d'excellents terrains d'entraînement.

Où dormir ? Où manger dans le coin ?

Camping

La Ferme de la Moricière : *50350* ***Sartilly.*** *☎ 01-76-43-00-61 (centrale de résa). • info@unlitaupre.fr • unlitaupre.fr • À la sortie de Sartilly, en direction d'Avranches (discrètement fléché). Ouv de mi-avr à début nov. Tente (5 adultes max et 1 enfant) 539-1 169 €/sem selon saison ; également des formules plus courtes. 24 empl.* Le concept de *Un lit au Pré,* c'est une tente confortablement aménagée (couettes, poêle à bois, cuisine équipée...) et des sanitaires communs à l'écart. Or, ici, la tente est plantée dans le pré d'une ferme laitière superbement située, en surplomb de la baie. La vue de là-haut est absolument fantastique, surtout au coucher du soleil. Accueil adorable de madame, également guide dans la baie. Vente de produits régionaux sur place à l'épicerie.

Chambres d'hôtes

Chez Vic : *chez Vic et Nadine Lemonnier, 17, route des Telliers, 50530* ***Champeaux.*** *☎ 02-33-51-40-13. • lemonniervi@west-telecom.com • chez-vic.com • Double 59 € ; 18 €/pers supplémentaire. Tarifs dégressifs à partir de 2 nuits. Réduc de 10 % sur le prix de la chambre à partir de 5 nuits sur présentation de ce guide.* Elle en a, du cachet, cette ancienne ferme du XVIIIe s retapée avec soin dans le goût normand ! L'étape est aussi paisible que chaleureuse, à l'écart du tumulte du Mont-Saint-Michel. 2 chambres avec coin salon, dont une familiale. Mais dès qu'il fait beau, c'est dans le jardin qu'on est le mieux, pour prendre son petit déj ou se détendre à l'ombre des arbres. Accueil plein de naturel.

Le Jardin de Dragey : *chez Martine*

et Marc Guienne, 6, rue Puits-Vignon, 50530 ***Dragey-Ronthon.*** *☎ 02-33-48-38-69. • lejardindedragey@yahoo.fr • lejardindedragey.com • À Dragey ; en venant du nord, sur la D 911, dans une petite rue à droite avt la rue de Haute-Ferrière et le camping. Double 78 € pour la chambre principale, 56 € pour la chambre d'amis ; 20 €/enfant.* Cette charmante maisonnette offre un joli compromis entre le gîte et la chambre d'hôtes. En effet, les différentes chambres ne sont louées qu'à des gens qui se connaissent, et les hôtes ont à leur disposition un salon avec cheminée. Par conséquent, si vous n'êtes que 2, vous serez logés dans la chambre principale. Mais une autre petite chambre peut accueillir 2 enfants, et une 3e un autre couple. Si, de l'extérieur, la maison semble un peu à l'étroit entre ses voisines, rassurez-vous : l'intérieur est beau et lumineux, notamment grâce au choix des couleurs (du blanc et du gris principalement), et vous pourrez prendre vos aises dans le joli jardin à l'arrière.

Domaine de Belleville : *chez Florence et Olivier Brasme, 11, route de Saint-Marc, 50530* ***Dragey-l'Église.*** *☎ 02-33-48-93-96. • belleville@mt-st-michel.net • mt-st-michel.net • À env 1 km de Dragey. De Dragey, direction Ronthon. Dans Dragey-l'Église, suivre la D 484, direction Genêts. Double 95 € ; gîtes 2-4 pers 440-630 €/sem. Réduc de 10 % sur le prix de la chambre (hors w-e et vac scol) sur présentation de ce guide.* Dans une maison de maître du XVIIe s, accueil des plus sympathique de madame, pendant que monsieur élève ses chevaux de course alentour. 2 chambres d'hôtes très spacieuses, avec juste ce qu'il faut d'élégance et de distinction. Copieux petit déj servi dans une agréable salle à manger.

De prix moyens à chic

Hôtel Auberge de Carolles : *1, parvis Saint-Vigor, 50740* ***Carolles.*** *☎ 02-33-69-16-05. • contact@aubergedecarolles.fr • aubergedecarolles.fr • À env 7 km au nord de Saint-Jean-le-Thomas ; dans le bourg, derrière l'église. Resto ouv tlj sf lun, mer soir et dim soir. Doubles 72-145 € selon confort et saison. Formules déj (sf dim) 19,50-23,50 €, menu 27,50 €.* Entouré d'un paisible jardin, l'ancien presbytère du village et son extension plus contemporaine abritent de belles chambres sobres, soignées et tout confort. Mais les lieux méritent aussi que l'on s'y arrête pour s'y attabler devant une délicieuse cuisine de terroir aux envolées parfois exotiques.

Hôtel des Bains *(et ses « adresses sœur ») : 8, allée Clemenceau. ☎ 02-33-48-84-20. • hdbains@orange.fr • Dans le centre du bourg. Hors juil-août, fermé le midi mer-jeu (et le soir avr et oct). Congés : de mi-nov à début avr. Doubles 63-75 € selon saison ; familiales 3 pers 76-103 € ; en chambre d'hôtes dans la maison d'en face* À l'Abri des Vents *(☎ 02-33-60-97-31), doubles 60-75 € selon saison, petit déj inclus ; dans la* Villa Les Dunes *(☎ 02-33-60-45-20), doubles 55-97 € selon confort et vue. À l'hôtel, formule déj en sem 16-20 €, carte env 28 €. Parking privé gratuit. Café offert sur présentation de ce guide et 10 % de remise sur la chambre (avr-juin).* À l'hôtel, chambres simples, toutes différentes et confortables. Si c'est complet, on vous renvoie vers la chambre d'hôtes juste en face, tenue par une des sœurs et d'un confort équivalent. Et si ce que vous souhaitez, c'est vraiment le bord de l'eau, une autre sœur encore tient la *Villa Les Dunes.* La grande salle de restaurant distille une ambiance France profonde sympathique et rassurante. Cuisine de terroir traditionnelle. Jardin et piscine.

Le Pont Bleu : *6, rue du Pont-Bleu, Kairon-plage, 50380* ***Saint-Pair-sur-Mer.*** *☎ 02-33-51-88-30. • leboucher.franck@wanadoo.fr • Entre Saint-Pair et Jullouville, juste au croisement de la D 911 et la D 154. Tlj de mi-juil à août ; le reste de l'année, fermé mer-jeu sf j. fériés. Formules en sem à partir de 20 € ; menus 26-43 €.* Beaucoup de poisson au menu, mais c'est surtout le travail du chef autour des céréales qui a retenu notre attention. Différentes farines (d'épeautre, de maïs, etc.) entrent en effet régulièrement dans la préparation des plats et amènent des saveurs un peu nouvelles. On apprécie cette recherche autour du goût et le réel souci de la qualité dont fait preuve cette maison. Pour ne rien gâcher, la salle pavée de rouge, aérée et aux couleurs fraîches, se révèle très agréable.

GENÊTS (50530)

Un gros village à l'architecture bien particulière. Rues étroites bordées de maisons à un étage se serrant les unes contre les autres. Murs de schiste ou de grès avec encadrements de fenêtres en granit. Urbanisme harmonieux, à l'aspect un peu austère. Qui pourrait croire que Genêts, aujourd'hui complètement ensablé et envahi par les herbes, fut, au Moyen Âge, le principal port de départ vers le Mont-Saint-Michel ? Les pèlerins partaient également d'ici à marée basse, à pied ou en maringotte (voiture à cheval), accompagnés de guides locaux pour éviter de s'enliser. Une traversée que vous pourrez vous-même vivre, accompagné d'un guide (voir plus loin).

Adresses et infos utiles

LA MANCHE

Office de tourisme : *4, pl. des Halles. ☎ 02-33-89-64-00. • tourismebaiemontstmichel.com • Derrière la mairie, dans une ancienne chapelle. Pâques-sept, grosso modo tlj 10h-12h45, 14h-18h ; oct-mars, fermé mer et w-e.*

■ ***Découverte de la Baie :*** ***Maison du guide,*** *1, rue Montoise. ☎ 02-33-70-83-49. • decouvertebaie.com • Dans la rue principale, près du pont. Avr-oct, tlj 9h-12h30, 13h30-18h ; nov-mars, lun-ven 9h-12h30, 13h30-18h.* Une des principales sociétés organisant les traversées de la baie.

■ ***Les Chemins de la Baie :*** *34, rue de l'Ortillon, à la sortie du village, sur la route de Granville. ☎ 02-33-89-80-88. • cheminsdelabaie.com • Tte l'année, lun-ven 9h-12h30, 13h30-18h (17h30 nov-mars), plus w-e avr-oct 10h-12h30, 13h30-17h.* Les guides proposent des traversées à pied traditionnelles, mais également des sorties découverte du patrimoine (faune, flore...) de la baie ou de l'arrière-pays.

■ ***Guides indépendants pour les traversées de la baie au départ du bec d'Andaine :*** ***Didier Lavadoux,*** *☎ 02-33-70-84-19, 📱 06-75-08-84-69, • traversee-baie.com • ;* ***Jacky Gromberg,*** *📱 06-83-29-78-10, • aventure-et-vous.fr • ;* ***Stéphane Guéno*** *(Sports Évasion à Avranches), 📱 06-14-70-55-14, • sport-evasion-fr.com • ;* ***Olivier Ribeyrolles,*** *📱 06-82-67-87-19, • lespasduguide.com • (propose également des sorties découverte dans les îles Chausey).* Pour les traversées au départ du Mont-Saint-Michel, se reporter aux « Adresses et infos utiles » du Mont.

Où dormir ? Où manger ?

Camping

Camping Les Coques d'Or : *14, route du Bec-d'Andaine. ☎ 02-33-70-82-57. • contact@campinglescoquesdor.com • campinglescoquesdor.com • ♿ À l'entrée du village en venant du nord, direction le bec d'Andaine. Ouv avr-début oct. Compter 18,40-24,40 € pour 2 avec tente et voiture ; hébergement locatif 299-595 €/sem. 225 empl.* Une adresse que nous indiquons surtout parce qu'elle a le mérite d'être à proximité des départs pour les traversées de la baie. Les emplacement sont spacieux et délimités par de hautes haies, mais les arbres sont rares. Malheureusement, les mobile homes ont tendance à grignoter de plus en plus d'espace, privant ce site très bien équipé de tout charme. Piscine.

De bon marché à prix moyens

Auberge de jeunesse : *28, rue de l'Ortillon. ☎ 02-33-58-40-16. • genets@*

hifrance.org • hifrance.org • Accès avec la ligne n° 4 (Granville-Avranches par la côte) des cars Manéo. *Dans l'ancienne gare-école. Ouv avr-sept. Accueil 8h-12h, 17h-20h. Avec la carte FUAJ (obligatoire et vendue sur place), nuitée env 21 €, petit déj et draps inclus ; camping 7,80 €/pers.* Une sympathique petite AJ comptant une cinquantaine de lits répartis en 15 chambres de 2 à 6 personnes. Propre, ambiance conviviale et, en plus, une petite cuisine à disposition. Possibilité aussi de planter sa tente dans le jardin et d'avoir accès aux sanitaires de l'AJ.

Chez François : *2, rue Jérémie. ☎ 02-33-70-83-98. • resto@chezfrancois.fr • chezfrancois.fr • Près de la mairie. Tlj sf mer-jeu. Résa impérative. Double 40 € avec douche (w-c sur le palier). Repas 20-25 €.* Une très sympathique adresse menée par une équipe dynamique. La cheminée trône dans cette petite salle de bistrot de campagne (ils font même tabac) encombrée de grandes tables rustiques. Maligne petite cuisine : entrées au fil des saisons, viandes cuites au feu de bois avec une prédilection pour le cochon (pied de cochon ou groin farci au boudin noir), desserts de la grand-mère. À l'étage, 5 chambres seulement, pas très grandes (c'est eux qui l'disent !) mais simples et fraîches, avec cabine de douche dans la chambre.

La Pause des Genêts : *11, rue de l'Entrepont. ☎ 02-33-89-72-38. Carte 20-30 €.* Jolie petite salle cosy avec sa cheminée massive et ses vieux cadres aux murs, sous de vénérables poutres. Dans l'assiette, les standards normands empruntent des chemins originaux, au fil des produits de saison dénichés dans le bocage local. Fait aussi salon de thé en journée, avec de bonnes pâtisseries maison. Agréable jardin sur l'arrière. Bon rapport qualité-prix-accueil.

À voir. À faire

La traversée de la baie : elle ne se fait pas seul, un guide compétent est absolument nécessaire. Les traversées partent le plus souvent du bec d'Andaine à Genêts ou du Mont-Saint-Michel. Deux sociétés se partagent le gros du boulot (*Découverte de la Baie* et *Les Chemins de la Baie*), mais vous pouvez aussi vous adresser à des guides indépendants (dont plusieurs travaillent aussi pour les sociétés ci-dessus). Nous indiquons les coordonnées de ceux-ci dans les adresses utiles des villes d'où ils partent. Il existe différents types de traversées, commentées ou non, suivant différents itinéraires (certains avec retour ou aller en navette), de jour ou de nuit, certaines thématiques. Bien sûr, leurs horaires dépendent des marées.
En saison, vus de l'extérieur, les groupes peuvent sembler impressionnants (les deux sociétés, par exemple, ont un minimum de quatre personnes pour les départs, mais aucun maximum pour les traversées non commentées, et de 50 personnes pour les commentées...). Mais une fois sur le sable, les gens se dispersent et on oublie le monde. Si, toutefois, vous préférez une traversée en comité plus restreint, adressez-vous plutôt à des guides indépendants et demandez-leur la taille du groupe. *Compter 5h30 A/R (avec 1h au Mont-Saint-Michel) pour la visite non commentée et env 6h pour la commentée. Prix : 8-19 €/pers selon type de traversée et moyen de locomotion au retour (à pied ou en navette). Départ du bec d'Andaine : 13-16 km A/R (avec Tombelaine à mi-chemin). Marche dans la tangue (sorte de vase) et traversée des rivières (comme les pèlerins d'autrefois). Excursion qui se fait pieds nus et en short avr-oct (mais emporter des chaussures pour le Mont, ainsi qu'un bon coupe-vent et un vêtement chaud) ; nov-mars, prévoir des bottes.*

L'église : construite au XIIe s. Clocher modifié au XVIe s avec baies géminées, balcons ajourés et gargouilles. Chœur révélant le début de l'ogive. Autel du XVIIIe s avec baldaquin. Derrière, vitrail en grande partie du XIIIe s. Croisée de transept originale reposant sur quatre puissants piliers entourés de colonnes à chapiteaux de style primitif. De part et d'autre de la nef, un saint Sébastien du XVIe s et une Vierge en pierre du XIVe s. Baptistère et bénitier en granit très anciens.

Le bec d'Andaine : *accès par la D 35e, bien fléché depuis Genêts.* Que de beauté sur ces immenses plages de sable fin, face au spectacle incessant de la baie et du Mont-Saint-Michel ! On est ici à 800 m du point de départ des traversées à pied pour le Mont-Saint-Michel. Le site, qui commençait à souffrir de sa fréquentation (300 000 visiteurs par an, près de 80 000 départs de traversées...), a bénéficié d'un des premiers aménagements de l'opération « Grand Site de la baie ». Les voitures ont déserté les dunes pour un parking paysager (payant en saison), un peu à l'écart, où se trouvent aussi les billetteries pour les traversées de la baie. Impossible d'y manquer la nouvelle signalétique sur les dangers des fameux « lâchers » du nouveau barrage, dont les effets se font sentir 5 à 6h après la pleine mer. Autrement dit, ne pas s'aventurer tout seul. Autour du bec, la nature reprend peu à peu ses droits...

VAINS (50300)

LA MANCHE

Petit village paisible qui n'a guère changé d'aspect (à part la perte de ses toits de chaume) avec ses demeures modestes aux murs de schiste. C'est là qu'habitaient beaucoup de sauniers travaillant dans les petites salines. Voir surtout le petit prieuré datant de 1087 et fondé par Guillaume le Conquérant (une partie est habitée, mais la chapelle accueille souvent des expositions en été). Belle tour avec toit en bâtière. C'est à proximité de Saint-Léonard que Guillaume s'élança pour combattre Conan le Breton. Enfin et surtout, ne pas manquer de faire un détour par le Grouin du Sud pour la vue et par la Maison de la baie pour découvrir tous les aspects de la vie dans la baie du Mont-Saint-Michel.

Où dormir ? Où manger ?

Le Coin à la Carelle : *chez Évelyne Bourée, 17, route de la Carelle. ☎ 02-33-48-50-34. 📱 06-78-29-20-44. • lecoinalacarelle@outlook.fr • Prendre la direction de la Maison de la baie (D 591) ; poursuivre au-delà, le long de la route côtière ; la maison est sur la droite. Double 62 € ; familiale 4 pers (chambre attenante avec 2 petits lits) 95 €. Prêt de 2 vélos pour adultes sur présentation de ce guide.* Une jolie maison toute gaie avec un jardin soigné où embaument chèvrefeuille, sauge... 2 chambres impeccables et l'une d'elles offre une vue entièrement dégagée sur la baie du Mont-Saint-Michel. Même panorama depuis la véranda où est servi un petit déj mémorable : produits bio, pain aussi maison que les confitures et autres petites douceurs. Accueil fait de mille et une petites attentions.

Chez Catherine Leclerc : *1, impasse de la Ville. ☎ 02-33-58-06-25. • catherine.leclerc2@wanadoo.fr • chambres-d-hotes-mont-saint-michel.fr • De l'écomusée, prendre à droite au niveau du resto* L'Abri Saunier, *puis à gauche vers Genêts ; maison sur la droite. Double 70 €.* Dans un « lotissement » de maisons neuves plutôt jolies, en pierre et avec annexe en bois. À l'exception de l'une d'entre elles (pour 4 personnes), les chambres ne sont certes pas très grandes, mais coquettes, couleur rose tendre pour l'une et gris doux pour les autres. Également un coin cuisine à disposition des hôtes, et pour le petit déj, ça se passe dans la salle aux grandes baies vitrées avec vue, au loin, sur Tombelaine (pas d'bol, le Mont est en partie caché par le toit de la maison voisine !). Accueil agréable.

Crêperie des Grèves : *2, route de la Côte. ☎ 02-33-70-98-77. Au bord de la D 911, direction Avranches. Tlj sf lun-mar. Crêpes 3-12 € ; menu 27 €.* Une maison de pays en pierre, au cadre coloré, soigné et chaleureux ; le tout doublé d'une véranda en bord de route. On y sert de délicieuses crêpes généreusement garnies et présentées avec une fantaisie qui nous plaît bien. Bref, un concept revisité avec talent, bravo !

À voir. À faire

L'écomusée de la Baie du Mont-Saint-Michel : route du Grouin-du-Sud. ☎ 02-33-89-06-06. Juin-sept, tlj 10h-18h (19h juil-août) ; avr et pdt vac scol (sf Noël), tlj 14h-18h ; dernière entrée 1h avt fermeture. Fermé 1er mai. Entrée : 4,50 € ; 3 € sur présentation de ce guide (offre valable pour 2 pers max) ; 7-18 ans 2 €. Installée dans un site majestueux avec vue sur le Mont-Saint-Michel et Tombelaine, une ancienne longère superbement restaurée présente, dans un très bel espace muséographique, moderne et ludique, une exposition permanente sur la vie, au sens large, dans la baie : son écosystème, son environnement animal et végétal, ses activités humaines passées et présentes... Intéressants documents, notamment sur les petites salines, une activité qui a profondément marqué l'histoire de la baie (et de Vains en particulier) jusqu'au milieu du XIXe s.

– ***Observation des marées :*** pour cela, l'un des meilleurs endroits est le ***Grouin du Sud,*** petit éperon rocheux situé à quelques centaines de mètres de l'écomusée. La montée du flot dans les lits de la Sée et de la Sélune est très spectaculaire (surtout à l'époque des vives-eaux), avec le fameux phénomène du mascaret, cette vague déferlante provoquée par la puissance du courant de marée. En été, cela se produit une bonne dizaine de fois. Dates et horaires à l'écomusée. Ce Grouin du Sud offre par ailleurs l'un des plus beaux points de vue qui soient sur la baie du Mont-Saint-Michel, ainsi que sur les îles Chausey (par temps dégagé) et la côte normande. Absolument magique au coucher du soleil !

AVRANCHES (50300) 7 950 hab. *Carte Le sud de la Manche, B-C3*

• Plan *p. 491*

Les noms d'Avranches et du Mont-Saint-Michel sont indissociables. En effet, c'est l'évêque d'Avranches qui fut à l'origine de la fondation du premier oratoire sur le mont Tombe (appelé plus tard mont Saint-Michel). Capitale administrative de la Manche-Sud, ville commerçante, marché agricole avec également de petites industries, Avranches est une cité animée plutôt plaisante, et son musée *Le Scriptorial,* qui abrite les manuscrits du Mont-Saint-Michel, fait d'elle une étape quasi incontournable avant (ou après) la visite du Mont.

UN PEU D'HISTOIRE

Pendant trois siècles, importante cité romaine. Évangélisation à partir du IVe s. Règne de saint Aubert, évêque de la ville au VIIIe s, premier promoteur, sur le mont Saint-Michel.

Au XIe s, Avranches brille d'un éclat particulier. Les ducs de Normandie en font une place forte à la frontière de leur domaine face aux Bretons. Après la conquête de l'Angleterre en 1066, elle obtient de nombreuses possessions outre-Manche. La ville est reconstruite au XIIIe s par Saint Louis après les destructions liées au rattachement de la Normandie à la France en 1204. Au cours de la guerre de Cent Ans, les habitants connaissent les occupations anglaises et des libérations successives. Louis de Bourbon, évêque autour de 1500, fait construire le palais épiscopal (aujourd'hui palais de justice) et restaurer la cathédrale Saint-André. En 1639, révolte des Nu-Pieds, les sauniers de la baie du Mont-Saint-Michel, contre l'édit de Richelieu supprimant les privilèges des salines et imposant la gabelle. Répression féroce, mais l'édit ne fut pas appliqué. Pendant la Révolution, Avranches voit passer l'armée vendéenne qui marche sur Granville. Les campagnes alentour sont acquises à la cause royaliste. Barbey d'Aurevilly y situe l'emprisonnement de son chevalier Des Touches. En 1794, elle perd sa cathédrale. Paisible XIXe s. Aménagement du fonds ancien. En 1944, la percée d'Avranches sonne l'heure de la liberté pour l'Europe. Bien sûr, la ville souffre beaucoup des bombardements, mais elle n'est pas totalement rasée et conserve encore aujourd'hui des traces de son prestigieux passé.

Adresses et info utiles

Office de tourisme (plan A1) **:** *2, rue du Général-de-Gaulle. ☎ 02-33-58-00-22. • cc-avranchesmontsaintmichel.fr • Lun-sam 9h30-12h30, 14h-18h (juil-août, tlj 9h30-18h, dim 10h-17h).*

■ **Location de vélos : Cycles Juin,** *8, rue de Mortain. ☎ 02-33-58-37-79. Mar-ven 9h-12h, 14h-19h ; sam 9h-12h30, 14h30-19h.* Vente, réparation et location de cycles.

■ **Survol du Mont en ULM :** *voir plus loin « Dans les environs du Mont-Saint-Michel ».*

– **Marché :** *sam mat, pl. des Halles (ou pl. du Marché).*

Où dormir ?

Prix moyens

Chambre d'hôtes chez Mme Poullain (plan B1, **11**) **:** *19, rue des Halles. ☎ 02-33-48-69-73. 06-30-44-48-83. • j.pouturq@orange.fr • Résa indispensable. Double en chambre d'hôtes 55 € ; lit dans la « cabane du jardin » 20 €/pers (loc de draps 5 €), électricité en sus si besoin et petit déj à la demande 5 €.* À quelques enjambées de la place du Marché, en bordure du centre-ville, cette maison croquignolette avec son toit en brique de bois abrite un très joli nid. Une seule chambre (une grande, plus une petite pouvant accueillir un enfant), qui a conservé sa cheminée, ses poutres. Le parquet, les beaux meubles de famille et la jolie vue sur la vallée (et l'A 84, diront les grincheux), et l'étroit jardin tout fleuri achèvent de rendre l'endroit craquant. Également une « cabane dans le jardin » pouvant accueillir 1 à 3 personnes (se connaissant) et destinée avant tout aux randonneurs ; c'est tout simple, propre, avec salle de bains et cuisine équipée à disposition. Un accueil absolument charmant, à la fois doux et déterminé.

Hôtel Patton (plan B2, **12**) **:** *93, rue de la Constitution. ☎ 02-33-48-52-52. • hotelpatton@orange.fr • hotel-patton-avranches.fr • Doubles 55-82 € ; familiales 3-5 pers 68-120 €. Parking privé payant. Parking offert sur présentation de ce guide.* Dans un immeuble d'après guerre, un hôtel familial plaisant et bien tenu, où les petites chambres mêlent plutôt habilement une déco bien d'aujourd'hui et des éléments d'une autre époque. Très bon accueil.

Chic

Hôtel de la Croix d'Or (plan B2, **13**) **:** *83, rue de la Constitution. ☎ 02-33-58-04-88. • hotelcroixdor@wanadoo.fr • hoteldelacroixdor.fr • Fermé dim soir de mi-oct à mars. Congés : 30 déc-15 janv. Doubles 91-104 € selon saison. Parking fermé gratuit.* L'adresse chic de la ville, installée dans un relais de poste du XVIIe s à l'intérieur arrangé comme un musée normand : pierre patinée, poutres, cheminée monumentale, cuivres, faïences sur les murs. Réparties entre la bâtisse du restaurant et les maisonnettes à colombages

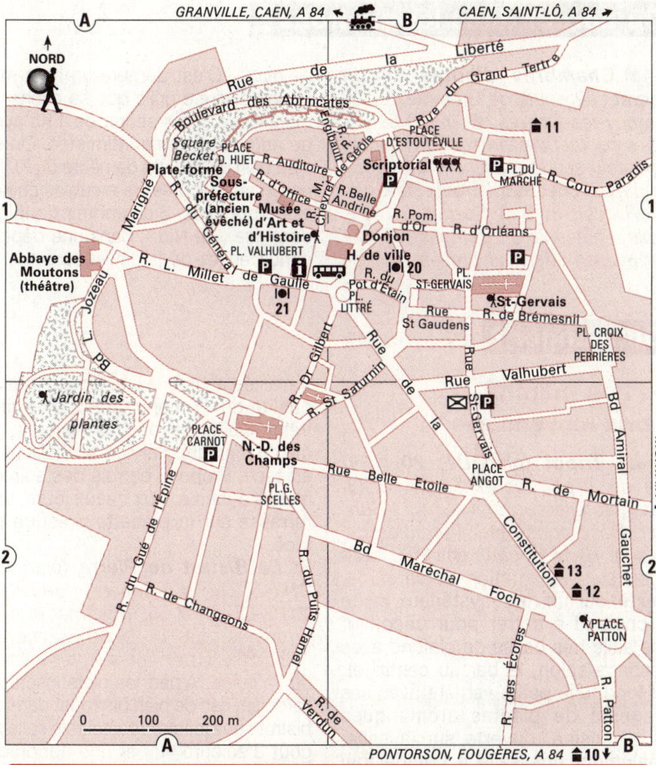

AVRANCHES

■ **Adresse utile**

Office de tourisme

Où dormir ?

10 Altos Hôtel et Spa
11 Chambre d'hôtes chez Mme Poullain
12 Hôtel Patton
13 Hôtel de la Croix d'Or

Où manger ?

20 Le Tripot
21 Le Bistrot de Pierre

qui entourent le ravissant jardin, les chambres, de tailles très variées, ont en commun leur bonne tenue, l'atmosphère feutrée et le confort.

Altos Hôtel et Spa *(hors plan par B2, **10**) : 37, bd du Luxembourg. ☎ 02-33-58-66-64. • hotelaltos@orange.fr • hotel-normandie-mont-saint-michel.com • Doubles 80-120 € selon fréquentation ; petit déj 12 €. Parking privé payant, mais stationnement aisé (et gratuit) dans la rue.* Dans la ville haute mais très légèrement hors du centre-ville (celui-ci, toutefois, se rejoint aisément à pied), cet hôtel propose des chambres vraiment confortables, gaies et lumineuses. Déco plutôt design aux couleurs qui pétillent, et salles de bains parfois étroites mais néanmoins pratiques. Également un espace bien-être avec spa, sauna et cabine de massage. Très bon accueil.

Où dormir dans les environs ?

Chambres d'hôtes Jardin Secret : *42, route de Granville, 50300* **Marcey-les-Grèves.** *☎ 02-33-51-92-47. • contact@jardin-secret-manche.fr • jardin-secret-manche.fr • À la sortie d'Avranches, sur la route de Granville. Double 85 € ; 3-4 pers 120-145 €. Table d'hôtes 28 € tt compris. Apéritif maison offert sur présentation de ce guide.* C'est derrière un haut mur et une discrète grille que se cache ce magnifique jardin secret de 1 ha avec de nombreux coins intimistes. On se sent bien dans cette demeure du XIXe s richement décorée de meubles chinés et de gravures. 3 chambres doubles, dont une (« le Nid ») dans une dépendance, en rez-de-jardin, superbe.

Où manger ?

De bon marché à prix moyens

Le Tripot (plan B1, **20**) **:** *11, rue du Tripot. ☎ 02-33-60-59-23. • contact@letripot.fr • Tlj sf lun-mar. Résa conseillée. Formules déj en sem 12-14 € ; carte env 30 €. Café offert sur présentation de ce guide.* L'extérieur un rien mystérieux incite le chaland à entrer pour découvrir une salle très basse de plafond avec l'espace salon, le bar au centre et, au fond, une petite verrière avec ses étagères de plantes aromatiques et la cuisine, ouverte sur la salle. Également une salle à l'étage (qui accueille parfois des expos sur ses murs). Dans l'assiette, une cuisine « ré-créative » aux saveurs du monde travaillée avec finesse. Soulignons la qualité du 1er menu (choix plus restreint, il change tous les 15 jours, au gré du marché). Service accueillant et efficace. Propose parfois des soirées menus à thème. Aux beaux jours, une terrasse sur la placette presque en face.

Le Bistrot de Pierre (plan A1, **21**) **:** *5, rue du Général-de-Gaulle. ☎ 02-33-58-07-66. Tlj sf mer et dim. Formules déj 14-16,50 € ; menus 18,50-28 €. Café offert sur présentation de ce guide.* À part les plats inscrits à l'ardoise, rien de bien bistrotier dans ce bistrot : une jolie et confortable salle au goût d'aujourd'hui, et une honorable petite cuisine, au fil du marché (croquant d'andouille et camembert, choucroute de la mer...).

LA MANCHE

À voir. À faire

Le Scriptorial d'Avranches (plan B1) **:** *pl. d'Estouteville. ☎ 02-33-79-57-00. • scriptorial.fr • Avr-sept, tlj sf lun 10h-13h, 14h-18h (19h juil-août) ; oct-mars, tlj sf dim-lun 14h-18h ; derniers billets 1h avt fermeture. Fermé en janv, 1er mai, 1er nov et 25 déc. Tarif : 7 € ; réduc ; gratuit moins de 10 ans ; tarif famille 15 € ; audioguide 3 €. Compter min 1h de visite.*

La bâtisse triangulaire, insérée dans les vestiges des fortifications médiévales, sert d'écrin aux manuscrits du Mont-Saint-Michel. Pour la petite histoire, Avranches reçut en 1791, à titre de dépôt littéraire, 4 000 volumes provenant du monastère du MontSaint-Michel. Parmi eux, 203 manuscrits réalisés du IXe au XVe s, dont 70 étaient l'œuvre des moines du Mont. Vous ne verrez dans le « Trésor » (la salle des manuscrits) qu'une quinzaine de manuscrits, ces derniers, pour des raisons de conservation, étant présentés dans une salle très sombre et par roulement tous les 3 mois. Mais avant eux...

La visite commence par l'histoire d'Avranches, du MontSaint-Michel et des liens qui les unissent. Arrêtez-vous sur les films vraiment bien faits, notamment sur l'évolution du Mont-Saint-Michel jusqu'à aujourd'hui.

En introduction de la section consacrée aux manuscrits eux-mêmes, d'excellents petits films sur la restauration des manuscrits, l'art de la calligraphie, l'enluminure, la reliure, le papier et l'imprimerie... ces derniers pourraient bien faire naître quelques vocations. On découvre ensuite toute la richesse des manuscrits, leur histoire, le processus de fabrication... et le Trésor : les manuscrits eux-mêmes, dont la finesse et la délicatesse laissent coi. La fin du parcours retrace brièvement l'histoire du livre de la révolution de l'imprimerie à l'écriture informatique, et la visite se conclut par une expo temporaire de qualité. Un musée passionnant, qui utilise au mieux les technologies modernes de la muséographie sans que cela devienne gadget. Non seulement il constitue un parfait complément à la visite du Mont, mais il conviendra également aussi bien aux novices (et aux enfants, puisqu'ils ont leur propre parcours), qui découvriront tout un univers, qu'aux initiés qui fileront directement vers le Trésor. Des conférences, ateliers de calligraphie et d'enluminure sont régulièrement proposés.

Le musée d'Art et d'Histoire *(plan A1) : pl. Jean-de-Saint-Avit. ☎ 02-33-58-25-15. Installé dans le tribunal de l'officialité, dépendance de l'ancien palais épiscopal. Horaires sur demande à l'office de tourisme : ☎ 02-33-58-00-22.* Belle architecture médiévale, plutôt austère. Petite section archéologique dans la salle voûtée, exposant une partie de ce qui fut retrouvé à Avranches et dans les environs, et une section ethnographique : coiffes normandes, armoire de mariée, meubles traditionnels, rouet, armoires à claies pour réfrigérer lait et beurre, gravures. Reconstitution d'une habitation campagnarde de l'Avranchin. Également des œuvres de peintres comme Jean de La Hougue, Jacques Simon ou encore Albert Bergevin. Ce dernier vivait à Avranches pendant la guerre et c'est en partie sur le journal qu'il écrivit alors que s'appuie le contenu des salles consacrées à la ville durant la Seconde Guerre mondiale et à la percée d'Avranches.

LA MANCHE

➢ ***Balade dans la vieille ville*** *(plan A-B1) : dépliant gratuit disponible à l'office de tourisme.*
Départ de la « plateforme » (à côté de l'ancien évêché), emplacement de la cathédrale démolie à la Révolution. C'est là que Henri II Plantagenêt fit amende honorable le 22 mai 1172 pour le meurtre de Thomas Becket, archevêque de Canterbury. De là, rejoindre la *rue Engibeault,* qui a conservé son caractère médiéval avec sa rigole au milieu, ses gros pavés, ses jardins secrets qu'on devine derrière de hauts murs. Au bas de cette rue, minuscule maison à encorbellement face à une élégante demeure d'angle.
Par la cour au *15, rue Geôle,* accès au donjon et à son joli jardin fleuri, ainsi qu'à la maison Bergevin, intéressant exemple d'édifice bourgeois du XVIIIe s. Au n° 32, maison à pans de bois et encorbellement. Puis on pénètre dans l'ancien quartier médiéval commerçant, dont les rues ont conservé leur dénomination d'antan : *rues Pomme-d'Or, du Pot-d'Étain, des Chapeliers.* Dans cette dernière, quelques boutiques avec les entablements d'époque. *Place du Marché* s'élève une superbe demeure à colombages du XVe s. Au n° 12 de la place, élégante bâtisse du XVIIIe s. Retour *place Littré* (par la *place Saint-Gervais*), où se concentre une partie de la vie nocturne avranchinaise.

La basilique Saint-Gervais *(plan B1) : ne pas manquer de visiter le trésor. Tlj 10h-18h sf pdt les offices. Accès libre.* Édifiée en 1843 avec un élégant clocher néo-Renaissance en granit de 74 m de haut. Vous y découvrirez le célèbre crâne de saint Aubert avec le trou dedans, provoqué par le doigt de saint Michel (lorsqu'il lui ordonna de construire le sanctuaire sur le Mont). Orfèvrerie religieuse, ostensoirs, pyxide, vêtements, etc. Belle statuaire, lutrin imposant, armoire normande avec chapes. Superbe ostensoir du Second Empire en argent doré, émaux et lapis-lazuli. Bannière de Saint-Gervais-Saint-Protais.

La place Patton *(plan B2) :* à pied, par la (longue) rue de la Constitution, on parvient à la place Patton et à son monument qui commémore la percée d'Avranches le 31 juillet 1944. La terre et les arbres furent apportés des États-Unis.

Le Jardin des plantes (plan A1-2) : *devant l'église Notre-Dame-des-Champs (édifice néogothique, non intéressant en soi, mais voir la chaire polychrome du XVIIIe s ; tlj 10h-18h sf pdt les offices). Tte l'année, tlj de 8h à la tombée de la nuit.* Bel espace vert avec plusieurs parties thématiques et, surtout, tout au bout, un remarquable panorama sur la baie du Mont-Saint-Michel. Au passage, noter le portail roman, vestige d'une ancienne chapelle du XIe s.

LE MONT-SAINT-MICHEL

(50170) 40 hab. *Carte Le sud de la Manche, B3*

La vue de ce mont reste un enchantement, un mirage, quelles que soient l'heure, la couleur du ciel et son humeur. Pour vous éviter « quelques » déceptions, sachez cependant que cette petite merveille draine les foules et, pour peu que vous souffriez un brin d'agoraphobie, l'endroit devient invivable en saison. L'idéal serait de passer la nuit sur le rocher et de profiter du lieu à l'aube ou le soir, quand il se vide et s'apaise... mais les prix pratiqués n'encouragent guère cette solution. Par ailleurs, le Mont est particulièrement beau vu dans son ensemble, de loin, et sa vue se savoure depuis les côtes qui l'entourent.

L'ACCÈS AU MONT

– On se gare sur d'immenses parkings paysagés situés à environ 3 km du Mont. Tarif : gratuit pour un stationnement inférieur à 30 mn, environ 6,50 €/voiture pour moins de 2h et sinon environ 12,50 €. À noter : le stationnement est gratuit entre 19h et 2h du matin pour les voitures **(le meilleur moment, selon nous, pour profiter du village, d'autant qu'en été l'abbaye ferme tard le soir)** ; cette gratuité ne concerne pas les camping-cars, qui paient automatiquement un forfait 24h. Attention, si vous arrivez à 18h et restez plus de 2h, il vous faudra payer 12,50 €. Si vous avez réservé et logez dans la zone commerciale Mont-Saint-Michel (entre les parkings et le barrage), il faut demander à votre hôtel le code donnant accès à son parking ; ce dernier vous reviendra alors à environ 4 €, mais si vous ressortez et revenez, il vous faudra repayer. Si vous dormez sur le Mont, il faut là encore demander à votre hôtel le code d'accès au parking réservé aux gens dormant sur place. Celui-ci a l'avantage d'être le plus près de l'arrêt des navettes. En revanche vous paierez plein pot pour le stationnement (soit 12,50 €).
Un service de navettes assure gratuitement la liaison entre les parkings et le Mont *(en service tlj 7h-1h, ttes les 5-10 mn en période d'affluence ; durée du trajet 12 mn).* Les « passeurs », comme on les appelle, déposent les passagers à 300 m de l'entrée du Mont, après deux arrêts (dans la zone commerciale Mont-Saint-Michel – zone où se trouvent un certain nombre d'hôtels, de commerces et de restos – et au niveau du barrage).
– D'autres navettes, tractées par des chevaux (les « maringotes »), assurent aussi la liaison entre les parkings et le gros rocher. Prix : environ 5,50 €/pers l'aller ; gratuit pour les moins de 4 ans.
– On peut aussi décider de rejoindre le Mont à pied depuis les parkings. On a alors le choix entre trois itinéraires différents (fléchés). Compter 35-40 mn.
– Pour les ***vélos*** : possibilité de se garer gratuitement sur un des parkings prévus à cet effet. Possibilité également de pédaler jusqu'au rocher pour l'admirer de plus près (sauf 10h-18h de mai à octobre), mais il est interdit de se garer au pied de celui-ci.

UN PEU D'HISTOIRE

Le Mont naît d'une apparition ; celle de l'archange saint Michel ordonnant en 708 à Aubert, évêque d'Avranches, la construction d'un sanctuaire sur le mont Tombe. Mais Aubert n'y croit d'abord pas. Et probablement un peu exaspéré, saint Michel apparaît de nouveau dans le sommeil de l'évêque, et insiste jusqu'à faire un trou dans son crâne têtu avec son doigt de lumière ! Ce crâne étonnant est d'ailleurs exposé dans le Trésor de la basilique Saint-Gervais à Avranches (voir plus haut)...

Ainsi débute la construction du Mont, par une modeste chapelle attirant les pèlerins. Dans la foulée - au Xe s - le duc de Normandie Richard Ier installe *in situ* une communauté de moines bénédictins qui construisent progressivement - à l'emplacement du petit sanctuaire d'origine - une immense et magnifique abbaye en granit des îles Chausey. Elle est finalement achevée en 1523, tandis qu'un village s'est développé jusqu'au pied du rocher, derrière d'épais remparts. Forteresse imprenable durant la guerre de Cent-ans, le Mont demeure aussi un bel exemple d'architecture militaire. Il résiste sans faillir aux assauts anglais et devient ainsi un symbole de l'identité nationale... À la Révolution, la communauté religieuse est chassée, et l'abbaye devient une prison jusqu'en 1863, avant d'être classée Monument historique en 1874 et restaurée sans répit. Ouvert aux visites touristiques dès la fin du XIXe s – facilitées par la construction d'une digue-route reliant le continent – le Mont-Saint-Michel accueille de nouveau des moines bénédictins dans les années 1960. Mais faute de tranquillité, ceux-ci cèdent la place en 2001 à une petite communauté des Fraternités monastiques de Jérusalem... Inscrit au Patrimoine mondial de l'Unesco en 1979, le Mont demeure toujours un lieu de pèlerinage. En 2015, après 10 ans de travaux qui ont vu la disparition de la digue-route historique et la construction d'ouvrages d'art ambitieux, le Mont est redevenu une île, retrouvant ainsi le bel écrin maritime de ses origines.

RABELAIS, TROUBLION DE LA LÉGENDE !

Au XVIe s, Rabelais raconte que son géant Gargantua, se promenant dans la baie, sentit quelque chose qui le gênait dans sa botte. L'enlevant et la secouant, il en tomba trois « cailloux » : le Mont-Saint-Michel, le rocher de Tombelaine et le Mont-Dol !

LE MONT EN QUELQUES CHIFFRES

Une douzaine de moines et moniales et moins de 10 résidents, telle est la population montoise qui vit à l'année sur le Mont. En saison, près de 500 salariés y travaillent quotidiennement pour trois principaux employeurs. Ajouter à cela une vingtaine d'habitants dans les fermes des polders. Le Mont est public à 80 % (rocher, remparts, abbaye et voiries communales). Pour le reste, il est privé avec quelques habitations dans le village et la rue commerçante appelée « Grande-Rue », bordée de boutiques et hôtels-restaurants.

Près de 2,5 millions de visiteurs chaque année font de ce petit rocher (par la taille, s'entend) l'un des sites les plus fréquentés de France.

LE MONT ET SES PÉRILS

Outre sa très, très grande fréquentation touristique, le principal péril du Mont vient de l'***ensablement de la baie.*** Les effets naturels des marées – dont les courants montants – et l'impact désastreux des interventions humaines (constructions de digues pour augmenter l'espace cultivable, de la digue-route construite en 1880 et détruite en 2015, ainsi que de l'ancien barrage en service de 1964 à 2009)

accélèrent l'accumulation de dépôts sableux mêlés de débris et, avec leur canalisation, les eaux perdirent en vigueur et devinrent incapables d'évacuer cet excès de sédiments (1,2 million de tonnes au total, quand même).
Des années d'études scientifiques et de concertation politique furent nécessaires pour mettre en œuvre le projet visant à rendre au Mont son caractère maritime. Celui-ci fut ensuite réalisé par étapes, avec, pour commencer, la mise en service d'un nouveau barrage sur le Couesnon en 2009. En 2012, les parkings qui s'étendaient au pied du mont et constituaient une véritable pollution visuelle furent fermés pour être remplacés par les parkings actuels, encore plus grands mais situés à 3 km du gros caillou.
Si aujourd'hui le Mont est encore entouré d'eau 50 jours par an (lors des forts coefficients de marées, et particulièrement aux marées d'équinoxe), le but est qu'il le soit 150 jours d'ici à 2025. À marée montante, les vannes restent fermées, l'eau est bloquée le temps que les sédiments se déposent, côté Mont, au pied du barrage (temps de décantation). Quelques minutes avant la pleine mer, les vannes s'abaissent et l'eau se déverse dans le Couesnon. L'eau s'écoule doucement dans le lit du fleuve, jusqu'à marée haute. On referme alors les vannes et l'eau reste dans le Couesnon sur 4 km. De l'autre côté du barrage, la marée a entamé son processus de reflux. On ouvre alors, cette fois-ci, les vannes par le dessous (sous-verse) : ce sont les fameuses « chasses » ou « lâchers » qui n'ont pas la puissance d'un jet de chasse d'eau, mais permettent une action plus longue et plus efficace du phénomène de marée descendante, pour repousser au loin les sédiments qui ensablent le Mont. Depuis, le lit du Couesnon est mouvant et divague à chaque marée et, pour cette raison, les randonnées dans la baie sont strictement réglementées et interdites sans guide. Le barrage est ouvert au public tous les jours. Un grand belvédère y a été aménagé : on observe le phénomène de sur-verse, impressionnant lors des marées d'équinoxe, et un panorama unique sur le Mont. C'est le moment de sortir son appareil photo.
Si la réalisation de cet énorme projet ne s'est pas fait sans heurts, conflits et scandales (on vous laisse le soin de discuter avec les gens du cru si vous souhaitez creuser la question !), il faut reconnaître qu'il a su redonner au Mont la beauté que l'activité touristique intense avait fini par salement écorner. Même le lieu-dit de la zone commerciale Mont-Saint-Michel (autrefois appelée « la Caserne »), juste avant la passerelle, qui était devenu une véritable verrue dans le paysage, a retrouvé une certaine prestance et n'écorche plus autant l'œil du promeneur. Promeneur qui est devenu le roi des lieux, car l'accès à pied au Mont est à présent lui aussi devenu un véritable bonheur.

TROP, C'EST TROP !

Avant la Première Guerre mondiale, le saumon était tellement abondant dans la baie du Mont-Saint-Michel que les pêcheurs réussirent à obtenir des capitaines de ne pas en manger plus de trois fois par semaine !

À PROPOS DES FAMEUSES MARÉES DU MONT...

Le Mont-Saint-Michel connaît les plus fortes marées d'Europe. Environ 15 m d'amplitude en période de grandes marées. À titre indicatif, les plus fortes du monde, celles de la baie de Fundy au Nouveau-Brunswick (Canada), sont de 18 m. Quand la mer se retire du Mont, elle libère 25 000 ha de tangue, sables, herbus et rivières. Cela impressionna tellement les

À LA VITESSE D'UN CHEVAL AU GALOP ?

C'est ce brave Victor Hugo qui popularisa cette fausse rumeur. En fait, la marée avance à 5,5 km/h, voire 10 km/h, alors qu'un cheval galope à plus de 20 km/h. Néanmoins, cette montée des eaux coûta la vie à bien des imprudents bloqués... par les sables mouvants.

ingénieurs hollandais, en 1609, qu'ils proposèrent à Sully de construire une digue de Cancale à Carolles. Ainsi, aux grandes marées, la mer peut s'éloigner jusqu'à 18 km du fond de la baie. Il fallut attendre le XVIIIe s pour en connaître l'explication scientifique. Avant, on évoquait des accès de fièvre, une sorte de « respiration animale » de la mer, on parlait d'intervention divine ou tout simplement de providence quand elles permettaient aux bateaux d'atteindre les ports. Pourtant, Pline notait déjà qu'à la pleine lune les mers « se purgent ».
C'est Newton, grâce à sa théorie de la gravitation universelle, qui expliquera le phénomène : les masses d'eau des océans se gonflent grâce à l'attraction combinée du Soleil et de la Lune, et se dégonflent quand cette attraction diminue. À la nouvelle lune (lorsque le Mont, la Terre, la Lune, le Soleil sont par exemple dans le même axe), c'est la période des « vives-eaux ». Lorsque Soleil et Lune sont les plus proches de la Terre (en mars et septembre), ce sont les marées d'équinoxe, les plus importantes de l'année. En revanche, en juin et décembre, ce sont les marées de solstice, les plus faibles. La différence entre marées haute et basse peut alors se réduire à 5 m. Lors de la pleine lune, lorsque Soleil, Terre, Mont et Lune sont dans le même axe (mais cette fois-ci, vous aurez noté : la Terre entre le Soleil et la Lune), c'est également les vives-eaux, avec les fameux 15 m d'amplitude. Bon, on essaie d'être (encore !) plus technique : dans la baie, comme sur les autres côtes de la Manche, la mer monte et descend deux fois par jour (environ 6h pour monter, 6h30 pour descendre). À cause de la position de la Lune qui change et à cause de la Terre qui tourne sur elle-même, il y a un décalage de 50 mn des horaires de marées d'un jour à l'autre. À cause aussi de la distance de la Terre à la Lune qui varie (de 356 000 à 407 000 km), la force des marées varie selon les mois de l'année. Attendez, on n'a pas encore abordé le cas particulier de la Manche, où les marées répondent (en plus de l'attraction du Soleil et de la Lune) aux violents coups des marées de l'Atlantique, sous la forme d'une onde qui part de Brest jusqu'à Dunkerque. Cette onde heurtant perpendiculairement le Cotentin, il y a donc augmentation de son amplitude dans la baie du Mont-Saint-Michel avec ses fonds très plats, et la succession des vagues se transforme rapidement en vague unique à l'approche du rocher de Tombelaine, avec alors une vitesse pouvant atteindre jusqu'à 10 km/h...

Arriver – Quitter

En train

La gare la plus proche est celle de Pontorson, desservie par la ligne Caen-Rennes. Mais des cars rejoignent aussi le Mont depuis Granville et la gare de Rennes ou celle de Dol-de-Bretagne. Pour plus d'infos : *• bienvenueaumontsaintmichel.com •*

En car

➢ De la gare de ***Pontorson,*** avec la ligne 1 des services *Veolia (☎ 02-14-13-20-15).*

➢ De la gare de ***Rennes*** ou de celle de ***Dol-de-Bretagne,*** avec les cars de *Keolis Émeraude,* qui vous emmènent jusqu'aux parkings du Mont *(1h30 de trajet depuis Rennes, 30 mn depuis Dol ; ☎ 02-99-26-16-00, • destination-montsaintmichel.com •).*

➢ De ***Granville,*** via Avranches et d'autres petites villes, avec la ligne 6 des cars *Manéo (• transports.manche.fr •).*

Adresses et infos utiles

ℹ ***Office de tourisme :*** *dans le corps de garde des Bourgeois, à l'entrée du Mont, juste à gauche après la 1re porte. ☎ 02-33-60-14-30. • ot-montsaintmichel.com • Tlj sf 1er janv et 25 déc : en été, 9h-19h ; le reste de l'année, en continu pdt vac scol, sinon fermé 12h30-14h.*

Centre d'information touristique : *situé au niveau des parkings. ☎ 02-33-70-74-65. • projetmontsaintmichel.com • Tlj sf 1er janv et 25 déc : Pâques-sept, 9h-19h ; oct-Pâques, 10h-18h.* Dans une belle et longue structure de verre, on y trouve les infos pratiques, mais aussi une présentation du Mont, de ses environs, ainsi qu'un survol de ce que la Bretagne et la Normandie ont à vous offrir.

– **Traversées des grèves à pied :** outre les sociétés **Chemins de la Baie** et **Découverte de la Baie** (voir plus haut à Genêts), des guides proposent des traversées au départ du Mont ou du rivage (bec d'Andaine, Genêts...). Parmi eux, **Romain Pilon** (*📱 06-74-28-95-41 ; • labaiecderomain.fr •*).

Où dormir ? Où manger ?

Deux options : dormir sur le Mont ou à l'extérieur, dans la zone commerciale Mont-Saint-Michel (entre les parkings et la passerelle) ou, mieux encore, dans les environs. Faisons donc une petite mise au point : la première solution est évidemment la plus tentante, mais les établissements installés sur le rocher sont souvent complets et, surtout, le rapport qualité-prix est médiocre (sans parler du parking à 12,50 € même quand on loge sur place !). Idem pour les restaurants : l'unique chose à savourer étant le plus souvent la vue, et non le contenu de l'assiette que l'on vous fait pourtant payer cher ! À l'extérieur, le choix est plus grand, la qualité et l'accueil sont souvent meilleurs, et les prix sensiblement plus bas (toutes proportions gardées). Cela dit, fermer les yeux sur un mont endormi et s'éveiller dans son écrin reste un grand privilège que certains voudront s'offrir au détriment de la qualité. On vous prévient, les sons résonnent fort dans les rues étroites du Mont, et il n'est pas dit que vous ne serez pas réveillé de très bonne heure par un groupe partant à l'aube ou par les livraisons. Pour les autres (que la raison emporte !), sachez, encore une fois, que rien n'est plus beau que l'arrivée sur cette merveille au milieu des bancs de sable !

– Si vous avez opté pour une nuit sur le Mont, n'oubliez pas de demander à votre hôtel le code d'accès au parking réservé aux gens dormant sur place (voir « L'accès au Mont »). Par ailleurs, voyagez très léger, car il y a un peu de marche à faire entre les parkings, les navettes et le Mont, et une fois dans celui-ci, ça monte.

– Si vous envisagez de visiter le Mont à l'heure du déjeuner ou du dîner et de pique-niquer, surtout anticipez ! Car une fois sur place, outre le choix médiocre et les prix prohibitifs, vous perdrez un temps précieux à devoir retourner ne serait-ce que dans les boutiques de la zone commerciale située entre le rocher et les parkings. Le mieux est donc d'avoir déjà son casse-croûte avant de garer sa voiture sur un des parkings !

Sur le Mont

Tradition d'accueil des pèlerins oblige (les premiers routards sont arrivés au IXe s !), une dizaine d'établissements sont répartis le long de la Grande-Rue. Le rapport qualité-prix est affligeant, pour ne pas dire révoltant.

Bon marché

La Sirène : *Grande-Rue. ☎ 02-33-60-08-60. • nicolaslochet50@gmail.com • Sur la gauche en montant, à l'étage d'une boutique de souvenirs. Tlj sf ven en hte saison ; fermé lun, ven et le soir en basse saison. Congés : janv. Repas env 15 €.* Toute petite salle aux murs de pierre, boiseries et jolies fenêtres à vitraux. Plus spontanément, les affamés se dirigent vers les restos « avec vue » (ceux de l'autre côté de la rue), mais cette crêperie fait vite le plein parce qu'elle n'a que quelques tables et... plutôt bonne réputation ! Sans être renversantes, les crêpes tiennent plutôt bien la route, et les prix aussi. Le service, malheureusement, est vite débordé. Patience indispensable...

LA MANCHE

La zone commerciale Mont-Saint-Michel (anciennement La Caserne, entre les parkings et le pont-passerelle ; 50170 Beauvoir)

Sur réservation, on peut accéder directement en voiture aux établissements de la zone commerciale Mont-Saint-Michel (pratique pour le camping, notamment) ; il faut pour cela demander à votre hôtel le code d'accès (voir « L'accès au Mont »).

Camping

Camping du Mont-Saint-Michel : *à l'Hôtel Vert. • stmichel@le-mont-saint-michel.com • camping-montsaintmichel.com • Ouv de fév à mi-nov. Env 20 € pour 2 (droit d'accès à la zone commerciale Mont-Saint-Michel inclus pour une entrée). 94 empl.* Ce camping, bien en retrait de la route, est protégé par l'*Hôtel Vert,* dont il dépend. Cadre verdoyant, arboré, bien tenu, et emplacements spacieux. La haie un peu haute ne permet cependant de voir que l'Archange ! Parfait pour une étape et pour être le premier à arpenter le Mont au petit jour, mais peut-être moins adapté aux séjours prolongés à cause de ce système de barrière, onéreux à force si vous entrez hors des horaires gratuits ! Pas de réservation : premiers arrivés, premiers servis.

De bon marché à prix moyens

Le Jardin d'Anouck et La Ferme Saint-Michel : *le Bas-Pays. ☎ 02-33-58-46-79. • info@restaurant-ferme-saint-michel.com • Tlj sf dim soir (mais attention hors saison, risque de fermeture le soir, faute de monde). Fermé à Noël. Menus déj en sem 18 €, puis 24-35 € ; carte 25-35 € ; au snack, paniers pique-nique (min 2 pers) ou snacks env 10-13 €. Parking indépendant gratuit réservé à la clientèle.* Juste à côté des parkings et en face du départ des navettes, mais au milieu d'un jardin, dans une ancienne ferme des polders. Belle salle, très vaste, aux murs de pierre avec une charpente en bois haut, très haut, au-dessus de vos têtes. L'espace et le cadre sont vraiment appréciables, et dans l'assiette, c'est tout à fait correct et généreux, avec le fameux agneau des prés salés cuit au feu de bois dans un four à pain. Dans le jardin, pour les petits budgets ou les pressés ou pour une petite pause, ***Le Jardin d'Anouck*** propose sandwichs, galettes ou panier-nique à prix très raisonnables. Hors saison, le snack est transféré dans la salle du restaurant.

De prix moyens à plus chic

Hôtel Vert : *☎ 02-33-60-09-33. • stmichel@le-mont-saint-michel.com • le-mont-saint-michel.com • Doubles 69-89 € selon saison.* Les petites chambres sont standard mais confortables et bien tenues, et l'ensemble s'avère agréable, tout comme l'accueil.

Hôtel Le Relais du Roy : *route du Mont-Saint-Michel. ☎ 02-33-60-14-25. • reservation@le-relais-du-roy.com • le-relais-du-roy.com • Congés : 2 sem en janv. Doubles 88-126 €. Formule env 15 € ; menus 19,50-39,50 €.* *Le Relais du Roy* a greffé des bâtiments plus modernes à une petite maison dont les parties anciennes remontent au XVe s. Chambres bien tenues et plutôt confortables, avec leur lit vêtu d'une couette douillette. Certaines ont vue à l'arrière sur le Couesnon et disposent d'un tout petit balcon. Au resto, salle très spacieuse au décor rustico-médiéval chaleureux, pour une cuisine plaisante, avec ici et là une petite touche d'originalité. Bon accueil et service pro.

Dans la campagne alentour

Camping

Camping Aux Pommiers : *28, route du Mont-Saint-Michel, 50170* ***Beauvoir.*** *☎ 02-33-60-11-36. 06-20-15-25-14. • campingauxpommiers@gmail.*

LA MANCHE

com • camping-auxpommiers.com • ♿ En venant de Pontorson, 1er camping sur la droite à l'entrée de Beauvoir. Ouv d'avr à mi-nov. Compter 17-22 € pour 2 avec tente et voiture ; hébergement locatif 220-530 €/sem. 107 empl. Location d'un vélo pour ½ journée offerte sur présentation de ce guide. Site tout en longueur et partiellement ombragé, où les chalets de bois et les mobile homes, un peu trop près les uns des autres, s'alignent parmi les tentes et les camping-cars. Bref, en saison, on peut s'y sentir un peu à l'étroit. Toutefois l'endroit est très bien tenu, l'accueil charmant, et tout semble fait pour votre confort et celui de vos petits, qui y trouveront de quoi jouer, avec notamment une belle piscine couverte. Location de vélos et possibilité de commander son pain pour le lendemain. Si vous avez perdu votre tente (!), location de chambres à la nuitée *(52-63 € pour 2)* dans des mobile homes.

De bon marché à prix moyens

Chambres d'hôtes La Bourdatière : *chez Arnaud Hamon, 8, rue Maurice-Desfeux, 50170* **Beauvoir.** *☎ 02-33-68-11-17. • labourdatiere@orange.fr • la-bourdatiere.com • Entre la mairie et l'église. Congés : de mi-nov à Pâques. Doubles 45-55 € selon saison.* Dans une maison agréable et très au calme, 4 chambres spacieuses et confortables, à des prix très discrets. La plus chère se trouve au rez-de-chaussée et possède un séjour. Accueil sympathique.

Le Gîte du Grand Manoir : *M. et Mme Éric Sauvage, 2, rue Pierre-du-Tertre, 50170* **Servon.** *☎ 02-33-68-30-15. • sauvage.tripied@wanadoo.fr • gitedugrandmanoir.com • ♿ Du bourg, suivre direction Céaux et Courtils. Double 36 € ; chambre 4-5 pers 60 € ; pas de petit déj, mais cuisine et salle à manger à disposition. Loc en gîte complet (14 pers) 1 050-1 150 €/sem selon saison, 490 € ven-dim.* Juste à côté d'un magnifique manoir du XIIIe s, cette ancienne grange, à la façade mêlant le bois et la pierre, accueille un hébergement hybride, entre le gîte d'étape et la chambre d'hôtes. Très grande salle au rez-de-chaussée, avec cuisine équipée à disposition. Des chambres fraîches, aux tapisseries fleuries (une double au rez-de-chaussée, 2 doubles, une triple et une chambre de 5 à l'étage). Également une machine à laver le linge à disposition, des lits bains de soleil pour profiter du petit bout de pelouse, un barbecue... Bref, un rapport qualité-prix étonnant, et l'endroit idéal pour un séjour prolongé. Pour plus d'intimité, dans la même cour, également un sympathique gîte pour 2 ou 4 personnes aménagé dans le pigeonnier restauré *(• gitedelabaie.fr •).*

Chambres d'hôtes Au Jardin Fleuri : *chez Michel et Marie-Thérèse Guesdon, 2, la Mottaiserie, 50220* **Céaux.** *☎ 02-33-70-97-29. 📱 06-84-10-13-77. • aujardin@club-internet.fr • aujardin.voila.net • Du Mont-Saint-Michel, prendre la route de la Baie (D 43) ; face à l'hôtel* Au P'tit Quinquin, *prendre la route de Servon : c'est la 1re maison sur la droite. Congés : juin. Double 60 € ; familiales 75-90 €.* 5 chambres simples, confortables et colorées dans une maison jouissant d'un joli jardin arboré et... fleuri. Un vrai coin cuisine équipé à disposition.

Gîte d'étape : *chez Élie et Marie-Joseph Lemoine, 79, route du Mont-Saint-Michel, la Guintre, 50220* **Courtils.** *☎ 02-33-60-13-16. ♿ Avt d'arriver à Courtils, sur la route de la Baie (la D 275, en venant du Mont-Saint-Michel). Tte l'année (mais téléphoner avt quand même...). Nuitée 10 € ; petit déj 4 €. Gîte entier (pour 18 pers) 150 €/nuit.* Dans une petite maison attenante à une ferme tout à fait typique de la région des prés salés. La situation n'est pas des plus belle (en bord de route) et c'est assez basique, mais l'ensemble s'avère propre et, au final, pas désagréable.

Chambres d'hôtes Les Prés Salés : *82, rue du Mont-Saint-Michel, 50220* **Courtils.** *☎ 02-33-60-06-02. 📱 06-64-16-16-35. • reservation@lespres-sales.fr • lespres-sales.fr • ♿ Double 40 € ; 3 triples 50-59 €.* C'est le fils et la belle-fille de la propriétaire du gîte d'étape, juste en face, qui tiennent cette adresse aux chambres simples, peut-être un peu datées mais bien tenues. De plus, presque toutes ont une splendide vue sur les prés salés et, tenez-vous bien, sur le Mont-Saint-Michel ! Petit coin cuisine à disposition. Accueil très agréable.

De prix moyens à chic

Auberge de la Baie : *44, route de la Rive, 50170* ***Ardevon.*** *☎ 02-33-68-26-70. • reservations@aubergedelabaie.fr • aubergedelabaie.fr • À 4 km de la zone commerciale Mont-Saint-Michel par la route de la Baie (D 275). Congés : 2de quinzaine de déc. Doubles 55-84 €.* L'adresse qu'on est bien content de dégoter si près du Mont. Le bâtiment principal, en bordure de route passante (voie d'accès au Mont), n'a rien d'enthousiasmant, mais la volonté de bien faire est évidente, et les prix sont très humains. Bien que la déco des chambres soit assez standard, celles-ci s'avèrent plaisantes et confortables (malgré la taille un peu réduite de certaines). Fait aussi resto.

Chambres d'hôtes Le Clos Saint-Gilles : *2, route de Saint-Gilles, 50170* ***Ardevon.*** *☎ 02-33-48-07-63. • leclosstgilles@gmail.com • leclossaintgilles.fr • Dans Ardevon, sur la D 280, direction Brée. Ouv tte l'année. Double 98 €.* Déjà, les routes d'accès à Ardevon offrent une très jolie vue sur le Mont ! Et puis cette ancienne léproserie du XVIIe s superbement restaurée repose dans un environnement on ne peut plus calme ; en outre, elle est bordée d'un très beau et vaste jardin. Belles chambres de caractère, lumineuses et avenantes, dotées de salles de bains de style beaucoup plus contemporain et épuré. L'une d'entre elles a même vue sur le Mont (son lit est positionné de façon à ce que vous puissiez l'admirer depuis votre oreiller !). Vraiment une belle adresse.

Auberge du Terroir : *le Bourg, 50170* ***Servon.*** *☎ 02-33-60-17-92. • aubergeduterroir@wanadoo.fr • Juste derrière la mairie. Congés : 1re quinzaine de mars, dernière sem de juin et 25 nov-8 déc. Resto fermé mer, jeu midi et sam midi. Résa indispensable. Doubles 78-95 €. Menus 20-45 €. Parking privé gratuit. Tennis gratuit.* Adorable petit hôtel de 6 chambres seulement, réparties entre la vieille école communale et l'ancien presbytère. On y a conservé l'ambiance de la bonne auberge avec les meubles de famille, les tissus de toile de Mayenne, mais en y apportant le confort et des teintes bien d'aujourd'hui. Atmosphère des plus paisible, autour du joli jardin. Cuisine traditionnelle délicieuse, bien de son époque elle aussi, et servie dans une agréable petite salle à manger.

Domaine de la Besnerie : *chez Kireg et Anne-Sophie Guillemot-Thibault, 26, rue de la Plaine, 50170* ***Tanis.*** *☎ 02-61-41-00-31. 📱 06-22-44-07-56. • domaine.labesnerie@gmail.com • domainedelabesnerie.com • Sur la N 175, à Brée (au niveau du resto* Le Sillon de Bretagne*), prendre la D 80 vers Marcey (et non Tanis) et continuer jusqu'à apercevoir le fléchage sur votre droite. Doubles 75-80 € selon saison ; 15 €/pers supplémentaire.* Au milieu des champs, dans une ancienne ferme entièrement restaurée par ses jeunes propriétaires très accueillants, 5 chambres vastes, claires et gaies, dans une bâtisse indépendante. Chacune a son petit nom et son propre thème : la « Chausey », la « New York », la « Bali »... Dans le jardin, aux beaux jours, une piscine chauffée et de quoi se prélasser, ainsi qu'un sauna.

Le Sillon de Bretagne : *14, RN Brée, 50170* ***Tanis.*** *☎ 02-33-60-13-04. • lesillondebretagne@hotmail.fr • À 2 km de Tanis, au bord de la nationale, au carrefour avec la D 80. En basse saison, fermé dim soir, mar soir et mer. Menus 21,50-31,50 €.* Certes l'emplacement n'est pas très glamour, mais au resto c'est l'assiette qui compte, non ? La maison s'approvisionne chez les producteurs locaux, volontiers bio, et la chef n'hésite pas à « retoucher » avec succès des produits bien du terroir en y ajoutant une pointe « d'ailleurs ».

À Pontorson (50170 ; à 9 km au sud du Mont)

Cette petite ville sur les rives du Couesnon fut édifiée vers 1030 par Robert le Magnifique, le père de Guillaume le Conquérant, afin de protéger la Normandie contre le voisin Breton.

En 1623, Louis XIII ordonna le démantèlement de sa forteresse et il ne reste plus aujourd'hui de cette ancienne citadelle qu'une petite ville tranquille le soir, un peu perturbée dans la journée par le trafic routier généré par la présence voisine du Mont. C'est là que vous aurez une chance de trouver où loger si tout est complet ailleurs.

Office de tourisme : *pl. de l'Hôtel-de-Ville. ☎ 02-33-60-20-65. • mont-saint-michel-baie.com • Juil-août, lun-sam 9h-12h30, 14h-18h30, dim 10h-12h ; sept-juin, lun-ven 9h-12h30, 14h-17h30, sam 10h-12h30, 14h-17h30.* Vous y trouverez toutes les infos sur les trains et les liaisons en bus dans la Manche et l'Ille-et-Vilaine, ainsi qu'une liste de guides agréés pour la traversée de la baie au départ du Mont-Saint-Michel. Propose aussi des visites guidées de la ville en juillet et août.

– **Marché :** *mer mat.*

– **Foire locale :** *à la Saint-Michel (dernier w-e de sept ou 1er d'oct).*

LA MANCHE

Camping

Camping Haliotis : *chemin des Soupirs. ☎ 02-33-68-11-59. • camping.haliotis@wanadoo.fr • camping-haliotis-mont-saint-michel.com • À la sortie de la ville, juste à côté de l'AJ. Ouv fin mars-début nov. Selon saison et confort, compter 21-41 € pour 2 avec tente et voiture ; hébergements locatifs 231-770 €/sem. 152 empl.* Des emplacements simples (6 € de plus pour un emplacement avec sanitaires privés !), mais un site vraiment agréable, paysager et très bien tenu. Belle qualité des infrastructures, notamment la jolie piscine chauffée, et plein de choses à faire pour les enfants, sans que ce soit l'usine pour autant. Également une salle de gym extérieure et un sauna. Si les chalets sont au cœur du camping, les mobile homes sont un peu à l'écart, avec une belle terrasse en bois et un coin de pelouse bien à eux. Enfin, pour le bonheur des plus jeunes toujours, un petit espace nature avec un cheval, des biquettes, des lapins. Bref, un bel endroit pour des vacances en famille.

Bon marché

Auberge de jeunesse : *centre Du Guesclin, 21, rue du Général-Patton. ☎ 02-33-60-18-65. • aj.pontorson@wanadoo.fr • Juste à côté du camping. Congés : sept-mars. Nuit en dortoir env 12 € pour les adhérents et 15 € pour les autres ; draps fournis mais petit déj en sus.* Dans une grande bâtisse du début du XXe s. Pas très guilleret, genre hôpital désaffecté, mais très bien tenu et accueil sympa. Chambres ou dortoirs de 4 à 6 lits avec ou sans salle de bains. Possibilité de cuisiner sur place. Bon petit déj.

Hôtel-restaurant La Tour Brette : *8, rue Couesnon. ☎ 02-33-60-10-69. • latourbrette@orange.fr • latourbrette.fr • Dans la rue principale. Congés : janv. Double 55 € ; familiales 70-87 €.* Un hôtel tout simple, proposant 10 petites chambres sans prétention qui sont peu à peu rénovées. Sur la rue principale, mais il y a un double vitrage. La providence des petits budgets. Fait aussi resto.

Chic

Hôtel Best Western Montgomery : *13, rue Couesnon. ☎ 02-33-60-00-09. • info@hotel-montgomery.com • hotel-montgomery.com • Dans la rue principale. Congés : de mi-nov à mi-déc. Doubles 77-229 € selon confort et saison ; petit déj 12 €. Garage payant. Un petit déj/pers et par nuit offert sur présentation de ce guide.* Dans la demeure du XVIe s des comtes de Montgomery, de belles chambres, dotées d'un mobilier exceptionnel pour certaines et plus contemporain pour d'autres, mais confort optimal pour toutes. Sympathique cour-jardin sur l'arrière.

À voir

Pour info, le Mont est parfait pour entretenir sa condition physique, mais pénible pour les gens qui se déplacent avec difficulté. En effet, c'est pentu et il y a toujours un escalier à grimper (ou à redescendre).

Le bourg

La Grande-Rue : la Grande-Rue qu'empruntaient les pèlerins grimpe à l'assaut du rocher, entre deux haies d'hôtels-restos et de magasins de souvenirs. Il faut oublier tous ces étals de bimbeloterie et bignouseries made in Hong Kong et faire preuve d'un peu d'imagination pour remonter dans le temps. Cela dit, cette rue a toujours eu une vocation commerçante puisque, avant les touristes, c'étaient les pèlerins qui s'y pressaient et s'y arrêtaient pour trouver le gîte et le couvert. Quelques maisons anciennes caractéristiques de l'architecture civile du Moyen Âge vous aideront à reconstituer le décor d'origine.

Les remparts : le tour des remparts s'impose pour la vue sur la baie et sur le rocher de Tombelaine, à 3 km, ce frère jumeau qui fut occupé par les Anglais pendant la guerre de Cent Ans. Le Mont, lui, resta toujours français grâce à la protection de l'archange saint Michel qui, pour sauver le royaume, alla chercher à Domrémy une petite bergère dont l'histoire finira sur un bûcher, place du Marché, à Rouen.

L'église paroissiale Saint-Pierre : flanquée d'un cimetière, elle mérite une halte avant d'aborder l'escalier qui conduit à la barbacane et marque l'entrée de l'abbaye.

➢ Pour clore la visite du bourg, il faut ***s'y promener le soir,*** lorsque les remparts sont déserts et que les marchands du Temple ont tiré le rideau de fer sur toute leur quincaillerie. Les murs de l'abbatiale, illuminés, surgissent alors dans la nuit comme une armure de pierre et l'archange aux ailes dorées se dresse au milieu des étoiles. Magique...

LA MANCHE

L'abbatiale

– ***Infos :*** *☎ 02-33-89-80-00. • mont-saint-michel.monuments-nationaux.fr •*
– **Horaires d'ouverture :** *sous réserve de modif, tlj mai-août 9h-19h, sept-avr 9h30-18h ; dernière entrée 1h avt. Fermé 1er janv, 1er mai et 25 déc. Messe tlj sf lun (la communauté religieuse s'absente) à 12h15 ; rdv à 12h devant les grilles d'entrée de l'abbaye (dim, messe à 11h30, rdv à 11h15).* Retenez que les visites fonctionnent aussi en hiver, loin des hordes de touristes. Les guides vous bichonneront et vous pourrez découvrir en toute tranquillité la véritable magie et le dépouillement du lieu (le granit et l'hiver font assez bon ménage, pour qui sait se munir d'un bon gros pull !). ***En été, l'idéal est de venir après 19h pour profiter du calme, du parking gratuit et de l'ouverture tardive de l'abbaye !*** Hors juillet et août (quand il n'est pas possible de visiter l'abbaye tard le soir), si vous souhaitez éviter la cohue, le mieux est de venir tôt le matin et dès l'ouverture de l'abbaye.
➢ ***Pendant la journée,*** quatre types de visite possibles *(les tarifs mentionnés sont plein tarif et susceptibles d'être augmentés ; réduc pour les enseignants ; gratuit moins de 18 ans et moins de 26 ans citoyens de l'Union européenne).*
– ***La visite libre :*** *9 €.* Possibilité de faire la visite à l'aide d'un dépliant gratuit.
– ***La visite commentée :*** *avec un agent du monument. Même tarif que la 1re. Durée : env 1h. Attention, les dernières visites guidées partent env 2h avt fermeture du site.* Les commentaires intéressants et vivants des guides permettent de mieux comprendre ce que furent l'abbaye et le Mont au cours de leur histoire, c'est pourquoi nous recommandons fortement la visite guidée.
– ***La visite « conférence » :*** *slt le w-e (tlj pdt vac scol). Pas de résa possible. Prix : 13 € ; réduc moins de 25 ans. Durée : env 2h.* Un conférencier passionné et passionnant vous entraînera dans une découverte approfondie des moindres recoins perdus de cette invraisemblable abbaye.
– ***L'audioguide :*** *4,50 € en plus de l'entrée simple pour 1 appareil ; 6 € en plus de l'entrée simple pour 2 appareils. Durée : 1h15.* Pour ceux qui n'ont pas le goût

des guides en chair et en os, la location d'un casque vous permet de déambuler à votre rythme avec les commentaires « interactifs » bien calés sur vos oreilles.

➢ ***Promenades nocturnes de l'abbaye :*** *juil-août, tlj sf dim 19h-minuit (dernière entrée à 23h) ; visite libre ponctuée de mises en lumière et musique. Entrée : 9 €. Rens : ☎ 02-33-89-80-00.* Visite insolite de l'abbaye, qui permet de la découvrir autrement et, surtout, un peu plus au calme.

Visite de l'abbatiale

Pour des raisons esthétiques (et symboliques), les bâtisseurs de l'époque ont voulu donner à l'église la même dimension en longueur que la hauteur du rocher, soit 80 m, ce qui nécessita la construction d'infrastructures très complexes dans lesquelles se trouve enchâssée l'église préromane du Xe s. C'est à Chausey – alors propriété de l'abbaye – qu'on est allé chercher les blocs de granit qui servirent à la construction. Embarqués sur des bateaux à fond plat, il fallait ensuite composer avec les marées ! Toute cette construction tient de la prouesse technique, car elle repose en grande partie sur une plateforme artificielle, en équilibre au sommet du rocher.

– ***L'abbatiale :*** lieu central dans la vie des moines, puisqu'ils y assistaient sept fois par jour aux offices (et devaient consacrer huit autres heures à la prière). Il est difficile de ne pas ressentir un choc dans le vaisseau de la ***grande nef*** qui monte comme une prière avec ses arches de pierre inondées de lumière. Le ***chœur*** est l'un des plus beaux exemples de gothique flamboyant. L'homme a enfin réussi, après des siècles de recherche, à vaincre les poussées de la voûte et à percer les murs d'ouvertures laissant pénétrer le soleil. Le chœur roman s'effondra en 1421.

– En passant dans le cloître, on pénètre dans la ***Merveille,*** c'est-à-dire dans un ensemble de six salles réparties sur trois étages, construit à partir de 1211, achevé 17 ans plus tard. Suspendu entre le ciel et la mer, le ***cloître*** est comme un balcon ouvert sur l'infini. Tous les murs étant en porte-à-faux, il était indispensable de construire quelque chose de léger. Ce qui explique la disposition en quinconce des 137 colonnettes. Lieu de méditation et de prière, le cloître a retrouvé son jardin de buis et une toiture en schiste du Cotentin. Ici, tout est à la mesure de l'homme, contrairement aux autres parties du monastère.

– Le ***réfectoire*** surprend par sa démesure et ressemble plutôt à une église avec sa voûte en berceau. Logique, puisque le repas des moines était presque une messe. Ne communiquant que selon un code de gestes, les moines y prenaient en silence leur frugal repas en écoutant la lecture d'un texte sacré. Noter l'extraordinaire technique utilisée par l'architecte pour capter un maximum de lumière sans affaiblir la solidité des murs. En outre, jeu optique subtil au niveau symbolique : on s'enferme, mais on laisse la lumière pénétrer quand même. Espace superbement maîtrisé. Cette salle résume bien toute la spiritualité du Mont-Saint-Michel.

– ***La salle des Hôtes :*** réservée aux pèlerins nobles et aux rois, elle a perdu son revêtement de couleur, mais elle garde son architecture majestueuse et élégante, d'une grande fluidité, correspondant à la fonction de la salle. Poussée maintenue par des contreforts intérieurs. Royaumont copia cette salle, et la technique des contreforts fut utilisée à la Sainte-Chapelle. Deux gigantesques cheminées dans lesquelles on pouvait faire rôtir plusieurs agneaux de prés salés. La salle devait être bruyante ; ce qui n'était pas le cas du ***scriptorium,*** dit « salle des Chevaliers », où les moines travaillaient à la copie et à l'enluminure des manuscrits. Noter qu'elle possède la même hauteur que l'autre, mais qu'on s'y sent plus écrasé.

– Impressionnante ***crypte*** des gros piliers, assez oppressante même. Elle se trouve sous le chœur de l'abbatiale et fut construite pour la soutenir. Les piliers romans (de 5 m de circonférence) furent enrobés pour les renforcer.

– ***La crypte Saint-Martin :*** sous le bras sud du transept. Très belle voûte en berceau de 8 m. Exploit technique pour supporter tout le poids de l'église au-dessus.

– ***L'infirmerie*** était le seul endroit où les moines pouvaient manger de la viande rouge (pour se refaire une santé) et se lever quand bon leur semblait. Il était tentant de se faire porter pâle. Moins drôle : la fosse remplie de chaux (en guise

de désinfectant...) dans laquelle étaient jetés les moines morts, pour éviter la prolifération des épidémies.
– Ce qui fut le cimetière des moines contient, depuis 1820 environ, un étonnant monte-charge. L'impressionnante roue pouvant contenir jusqu'à six hommes utilisait les prisonniers comme moteur.
– ***La chapelle Saint-Étienne*** était la chapelle où l'on veillait les morts avant leur enterrement dans le cimetière voisin.
– ***Le promenoir des moines :*** en dessous, c'était la salle des pèlerins. Au-dessus, le ***dortoir.*** Aux XIe et XIIe s, le réfectoire primitif. Gros murs romans. Voûtes refaites après 1103 en croisée d'ogives.
– La visite se termine par le ***cellier*** et l'***aumônerie,*** destinée aux pèlerins de condition modeste. Elle abrite aujourd'hui les comptoirs de la librairie.

Fête et manifestation

– ***Marathon de la baie du Mont-Saint-Michel :*** *en mai.* ☎ *02-99-89-54-54.* • *montsaintmichel-marathon.com* • Départ de Cancale. Une trentaine de nations et quelque 5 000 coureurs participent à ce marathon.
– ***La Saint-Michel d'automne :*** *fin sept, le dim le plus proche de la fête du saint.*

DANS LES ENVIRONS DU MONT-SAINT-MICHEL

Survol du Mont en ULM : *3 pers proposent cette activité.* ***Didier Hulin,*** *☎ 02-33-48-67-48, 📱 06-07-54-91-92,* • *ulm-mont-saint-michel.com* • ; ***Régis Mao,*** *📱 06-81-99-24-79,* • *normandie-ulm.com* • ; ***Laurent Papillon,*** *☎ 02-33-60-59-29, 📱 06-68-28-02-83,* • *manche-ulm-evasion.com* • *Fonctionnent, à la demande, tte l'année selon météo. Résa conseillée. Départ de l'aérodrome du Val-Saint-Père, à Avranches. Compter 100-200 € pour une balade de 20 mn-1h dont vous vous souviendrez longtemps.* Une façon fantastique de découvrir le Mont-Saint-Michel par les airs ! Moment assez exceptionnel, surtout en y allant tôt le matin, vers 7h. Au lever du soleil, c'est magique. Vous nous bénirez encore dans 50 ans.

L'église Notre-Dame à Pontorson *(50170) : tlj 10h-18h.* Date du XIe s pour ses parties les plus anciennes. Tour bâtière avec galerie à l'aspect trapu. Contreforts puissants. Côté place, porche roman complètement usé. Au tympan, une image énigmatique. Côté façade, triples voussures avec décor à chevrons. À l'intérieur, le granit gris lui donne un côté austère. Sur le sol, pierres tombales du XVIIe s. Voir le *retable des Saints cassés,* montrant la vie du Christ en 22 compartiments. Réalisé au XVe s et très mutilé pendant les guerres de Religion et la Révolution française, il exprime cependant encore beaucoup de noblesse. À côté, le retable de l'*Ascension* (12 apôtres entourant la Vierge) et un grand christ du XVIIIe s. Lutrin de la même époque. Également une belle Vierge en bois du XVIIe s à côté du baptistère et son curieux couvercle en bois sculpté (du XVIIIe s).

LE MORTAINAIS

À l'est du Mont-Saint-Michel s'étend une région moins connue, donc moins touristique, très bucolique et idéale pour la randonnée. Symbolisée par la vallée de la Sélune et le Mortainais, région typique du bocage normand.

LA MANCHE

On y trouve de nombreux témoignages de la vie rurale passée. Habitat utilisant le matériau local, complètement adapté au paysage : granit de l'Avranchin, schiste de Sourdeval, pierre blanche du Mortainais. Parfois de longues crêtes rocheuses livrent de jolis panoramas ; ailleurs, la paisible vallée de la Sélune, bucolique à souhait et grossie de plusieurs petits lacs de barrages, vous invite à de tranquilles balades au fil de l'eau...

MORTAIN (50140) 1 700 hab. *Carte Le sud de la Manche, D3*

Importante ville carrefour, au point de jonction de la Bretagne, du Maine et de la Normandie. Dernier soubresaut au cœur des « montagnes de Normandie », et fort joli soubresaut ! La région présente un relief accidenté, et Mortain elle-même est bâtie sur les flancs d'une colline qui culmine à 327 m. Superbe abbaye et collégiale, et jolis paysages à ne point manquer ! Géricault, Courbet et Corot n'ont pas résisté à l'envie de venir peindre dans les parages, c'est quand même un signe, non ?
L'origine de la ville remonte au Bas-Empire romain. Mais c'est surtout à partir du Xe s que Mortain entra réellement dans l'histoire : les Normands en firent une forteresse se dressant face à la Bretagne et au Maine. Le demi-frère de Guillaume le Conquérant, Robert, comte de Mortain (que l'on voit figurant à côté de Guillaume sur un détail de la tapisserie de Bayeux), donna au comté une stature politique, voire artistique.
Un petit millénaire plus tard (navré pour la brutalité de la transition), la ville fut le cadre de l'un des épisodes les plus dramatiques de la bataille de Normandie...

L'OPÉRATION *LÜTTICH* À MORTAIN

À Mortain se déroula une offensive allemande décisive qui aurait pu retarder considérablement la victoire. Hitler donna l'ordre au maréchal von Kluge d'attaquer vers l'ouest pour couper l'armée américaine en deux dans le goulet d'Avranches (l'opération *Lüttich*). Par chance, le 2 août 1944, son message fut intercepté par hasard et décodé par une simple radio de l'armée américaine. L'offensive allemande était fixée le 6 août. L'info parut suffisamment importante pour être transmise à Churchill au 10 Downing Street et au quartier général d'Eisenhower. Et c'est là que se situe un gag incroyable : les doutes sur l'efficacité de l'offensive émis par von Kluge et les réponses cinglantes de Hitler furent tous, par la suite, interceptés par les Alliés. Ils purent suivre en direct les contradictions de l'état-major ennemi.
L'attaque allemande se révéla particulièrement brutale, et Mortain fut prise. Les éléments avancés des panzers arrivèrent même à moins de 2 km du PC du général Hobbs, commandant de la 30e division d'infanterie américaine. L'offensive allemande fut à un cheveu de réussir. Mais la brume matinale finit par s'estomper et permit aux avions alliés de bombarder les colonnes allemandes. Incroyable, le général Gerhardt, chef de la 116e Panzer, refusa de s'engager dans l'attaque. Ce dernier, impliqué dans le complot du 20 juillet contre Hitler, ne croyait plus à la victoire !
Von Kluge décréta l'arrêt de l'opération. Hitler ordonna de la reprendre. L'armée allemande était alors étirée dans une poche pénétrant profondément les lignes alliées et prise totalement en tenaille. Hitler, finalement, ordonna alors la retraite. La tenaille pouvait se refermer. Ce fut le piège de la « trouée de Falaise », suivi du « Stalingrad » en Normandie, à Chambois (feuilleton à suivre aux chapitres « Le Calvados » et « L'Orne »).

Adresse utile

🅸 ***Office de tourisme :*** *rue du Bourglopin.* ☎ *02-33-59-19-74.* ● *mortain-tourisme.org* ● *Juil-août, lun-sam 9h30-12h30, 14h-18h30, dim 10h30-13h ; avr-juin et sept, lun-sam 9h30-12h30, 14h30-17h30 ; le reste de l'année, ouv lun ap-m et mar-sam mat.* Toute la doc pour découvrir les environs, et notamment un topoguide contenant 36 itinéraires de balades dans le Mortainais. Propose aussi des sorties nature et autres animations festives toute l'année.

Où dormir ? Où manger ?

Camping

Camping municipal Les Cascades : *pl. du Château.* ☎ *02-33-79-30-30.* ● *mairie.de.mortain@wanadoo.fr* ● *ville-mortain.fr* ● ♿ *En centre-ville. Ouv Pâques-sept. Env 11 € pour 2 avec tente et voiture. CB refusées. 16 empl.* Minuscule camping retiré dans un coin de la ville, à deux pas du centre, sur un petit bout de pelouse bien ombragé et calme. Au bord d'un parking, mais avec un côté déjà très nature. Idéalement placé pour rayonner dans ce paisible coin de la Manche. Seul petit inconvénient, le site n'est pas du tout gardé en journée.

De prix moyens à chic

Hôtel de la Poste : *1, pl. des Arcades.* ☎ *02-33-59-00-05.* ● *hoteldelaposte.fr* ● *Face à l'office de tourisme. Doubles 47-80 € selon confort. Formule déj en sem 10,90-12,50 €, menus 16,90-27 €.* En plein centre, une vingtaine de chambres à la touche à la fois contemporaine, sage et colorée, pour une atmosphère générale assez bohème. Bon confort et plus ou moins spacieuses selon le prix. Côté fourneaux, cuisine de saison simple et savoureuse, qui met en avant sans esbroufe les ingrédients puisés dans le terroir. Accueil souriant et plein d'entrain.

LA MANCHE

Où dormir ? Où manger dans les environs ?

L'Abbaye Hôtel : *8, route de la Gare, au* ***Neufbourg.*** ☎ *02-33-51-21-63.* ● *labbayehotel.fr* ● *À 1 km au nord de Mortain, sur la droite à l'entrée du village. Resto ouv tlj sf lun-mar. Doubles 50-60 € selon saison. Menus 20-25 €, plats 12-18 €.* Une longue maison ancienne basse, élégante et fleurie, donnant sur un terre-plein gazonné, planté de quelques arbres. Au choix : plusieurs petites chambres bien équipées, agréables et soignées. Au resto, salle à la mode flanquée d'une jolie terrasse. Cuisine sans fioritures mais bien ficelée, spécialisée dans la viande, les burgers, le *fish & chips*...

Chambres d'hôtes Manoir de Clérisson : *chez Mme Boscher, 9, route de Clérisson, 50150* ***Sourdeval.*** ☎ *02-33-59-64-57.* ● *clerisson@wanadoo.fr* ● *manoirdeclerisson.e-monsite.com* ● *À 10 km de Mortain ; prendre à gauche à la mairie de Sourdeval, direction Avranches, puis 2 fois à gauche. Double 60-70 € ; familiale 100-120 €. Apéritif offert sur présentation de ce guide.* Dans un superbe manoir du XVe s, belle chambre à l'étage accessible par un vieil escalier en pierre et somptueux loft avec entrée indépendante, cheminée et salle de bains très moderne. Une vraie adresse de charme doublée d'un bel accueil !

Le Saint-Georges : *33, Grand-Rue, à* ***Saint-Georges-de-Rouelley.*** ☎ *02-33-49-78-49.* ● *lesaintgeorges50@orange.fr* ● *À 15 km à l'est de Mortain par la D 907, après Barenton. Tlj sf le soir dim-jeu. Congés : 2 sem fin août, 2 sem en hiver. Formule déj (en sem) 12 €, menu 18 €. Kir poiré offert sur présentation de ce guide.* Oh la belle adresse que voilà ! Un petit resto de campagne souriant, qui fait aussi bar de pays avec ses habitués scotchés au comptoir. Dans l'assiette, délicieuse cuisine de terroir, simple et copieuse, qui cajole les bons produits frais du bocage, pour le plus grand plaisir de nos papilles. À dévorer dans une longue salle soignée avec sa cheminée en pierre.

Auberge du Moulin : *4, le Moulin de Brouains, à* ***Brouains.*** *☎ 02-33-59-50-60. • aubergedumoulin50@hotmail.fr • aubergedumoulin.net • À 11 km au nord de Mortain ; attenant au Moulin de la Sée. Fermé de mi-janv à mi-fév. Resto tlj sf dim soir, lun-mar ; hors saison ven-dim et j. fériés. Formule déj 13,90 €, menus 19,90-33,20 €. Chambre d'hôtes (2-4 pers) 58-130 €. Apéritif offert sur présentation de ce guide.* Nichée dans la verdure du bord de la Sée, on ne peut s'empêcher d'être séduit par cette table gourmande qui suit le fil des saisons en y mêlant quelques brins de créativité. Viandes grillées goûteuses ; poissons et fruits de mer bien tournés. Une belle adresse côté saveurs, incontournable dans le coin. Également une chambre à louer, pratique et confortable. Bon accueil.

Le Relais du Parc : *46, rue Pierre-Crestey, 50720* ***Barenton.*** *☎ 02-33-59-51-38. • lerelaisduparc@orange.fr • À 9 km au sud de Mortain. Ouv le midi tlj, plus le soir sam. Congés : fêtes de fin d'année. Formule déj express en sem 10,70 € ; menu 14,50 € ; carte env 20 €.* Petit resto de village au cadre un peu Années folles. On est entre de bonnes mains : le chef fait partie de la Confrérie des Vikings du Bocage. Fichtre ! Dès le très heureux 1er menu, on s'offre des produits de terroir cuisinés avec imagination, tels les œufs pochés au camembert ! Un bon repas que vous prendrez entre la cheminée et l'horloge de grand-mère.

LA MANCHE

À voir. À faire

La collégiale Saint-Évroult : *ouv tte l'année. Accès libre. Sur résa auprès de l'office de tourisme, trésor accessible juil-août pour les individuels, tte l'année pour les groupes (min 15 pers) ; visite commentée gratuite.*
Fondée en 1082, la collégiale fut reconstruite au XIIIe s à la suite des destructions causées par Philippe Auguste. De la première période reste notamment le somptueux portail au décor en chevron, côté sud. Massive tour assez impressionnante. Hautes baies particulièrement filiformes évoquant de longues meurtrières. À l'intérieur, belles stalles du XVe s (s'attarder sur les miséricordes) et buffet d'orgues du XVIIIe s.
Dans la tour, le trésor de l'église possède un chef-d'œuvre : un *chrismale,* coffret d'origine irlandaise du VIIe s qui servait à transporter les hosties, en hêtre recouvert de cuivre doré. Orné de 38 signes runiques en vieux saxon et de représentations assez primitives du Christ et de saint Michel, il aurait servi de modèle au fameux Graal de l'épopée de Chrétien de Troyes. On peut voir sa copie dans le bas-côté nord.

L'abbaye Blanche : *à la sortie du bourg, direction Sourdeval. Site privé, mais accès au cloître et au jardin autorisé tte l'année. Accès libre.* L'abbaye tient son nom de l'habit de bure blanche propre à l'ordre de Cîteaux, ordre auquel les sœurs de Mortain se rallièrent en 1147. La construction s'étala de 1150 à 1205, et fut richement dotée par les comtes de Mortain, dont Henri II Plantagenêt. Bel exemple d'architecture cistercienne. Clocher tout en bois. Abbatiale en forme de croix latine, voûtes bombées, stalles de style gothique flamboyant. Beaux vestiges du cloître roman (il ne reste que 11 colonnes de la fin du XIIe s, une partie considérable ayant été détruite à la Révolution). Chapiteaux très stylisés, d'une grande sobriété, tous différents. Aujourd'hui, plus aucune communauté n'occupe l'abbaye, qui appartient à des privés (qui ont la bonté de la laisser ouverte au public), et les imposantes bâtisses vides dégagent une ambiance assez particulière.

La grande cascade : *peu avt l'abbaye Blanche.* Elle plonge d'une vingtaine de mètres dans un défilé rocheux. C'est la plus importante de l'Ouest. Courbet (qui devait y retrouver quelque chose de sa Franche-Comté natale) aimait la peindre. Environnement agréable, d'une grande fraîcheur. Couvert de rhododendrons en fleur et de lauriers-roses en mai et début juin. Voir aussi la ***petite cascade,*** romantique et secrète, au cœur de la ville. Les eaux du Cançon s'écoulent en cascatelles pour rejoindre la Cance au pied du rocher de l'Aiguille.

La petite chapelle Saint-Michel : sur une colline à 314 m d'où, par beau temps, on peut embrasser l'horizon sur 40 km et apercevoir le Mont-Saint-Michel. Au bout d'une longue et belle allée d'arbres, la petite chapelle. Son existence remonte au XVIIe s, mais elle fut détruite et rebâtie à plusieurs reprises. À côté, le mémorial de la bataille de Mortain, en hommage aux 700 hommes qui tinrent la colline, complètement encerclée pendant 7 jours (la fameuse cote 314) en août 1944. Seulement 300 en revinrent vivants.

➢ ***Balade le long de la voie verte (ancienne voie de chemin de fer) :*** les lecteurs parisiens du *Routard* et les amateurs d'histoire des transports en commun vont retrouver ici une vieille connaissance, Fulgence Bienvenüe, constructeur du métro (le Bienvenüe de la station « Montparnasse-Bienvenüe », c'est lui). Mais ce polytechnicien est aussi l'ingénieur qui a dirigé les travaux de construction de la voie de chemin de fer qui reliait, jusqu'en 1939, Vire à Fougères et Domfront, via Mortain. La voie a été débarrassée de ses rails et traverses, mais le tracé et les gares sont restés. Et un sentier de rando accessible aux marcheurs, aux VTTistes et aux cavaliers a été aménagé à la place. Idéal pour une balade tranquille et agréable. Au carrefour des lignes venant de Vire, Fougères et Domfront, Mortain est le point de départ idéal de la promenade. Guide gratuit et topoguide payant des sentiers de randonnée, disponibles dans les offices de tourisme du Mortainais.

LA MANCHE

DANS LES ENVIRONS DE MORTAIN

Le musée du Poiré : *50720* ***Barenton.*** ☎ *02-33-59-56-22.* ♿ *(en partie). À env 10 km au sud-est de Mortain, direction Domfront. Ouv avr-oct, tlj 10h-13h, 14h-18h (18h30 juil-août). Entrée : 4 €, réduc.* Installé dans une ancienne ferme du bocage et restauré en 2016, vous y apprendrez tout sur les techniques de fabrication du cidre, du poiré et du calva. Sympathique plongeon dans la pomologie (sic !) et la cidriculture, qui constituait jusqu'au début du XXe s l'une des toutes premières ressources économiques de l'ouest de la France. Avis aux écluseurs : dégustation gratuite de poiré, cidre, jus de pomme ou de poire. Intéressante visite d'un verger de poiriers et pommiers, après laquelle on pénètre dans un ancien atelier d'écrasage et de brassage, avec son vieux pressoir à levier, héritier des techniques de l'Antiquité, mais aussi des outils plus récents pour comprendre les techniques de transformation actuelle. Et pour clore la visite, boutique de produits cidricoles et autres produits locaux...

UN VILLAGE QUI A DU CHIEN !

Au sud de Mortain, Villechien est un petit village de 200 habitants, souvent oublié des voyageurs de passage. Et pourtant, il a une particularité bien surprenante : ses habitants sont appelés les Toutouvillais !

La Fosse-Arthour : *50720* ***Saint-Georges-de-Rouelley.*** *Bien indiqué depuis la D 907.*
Un fort bel endroit, appuyé sur une belle légende : il s'agit encore de l'indépassable roi Arthur, héros du cycle de la Table ronde, roi des Bretons (pas les nôtres, ceux d'outre-Manche, ou plutôt du sud de l'Écosse). Le génie des lieux n'aurait autorisé Arthur à rendre visite à son épouse qu'au coucher du soleil. Comme cet effronté tenta évidemment de la voir avant, il fut noyé dans le torrent, dans lequel sa belle se jeta elle aussi (par désespoir, dit-on...). Mais la légende semble

hésiter : est-ce Arthur, ou Merlin l'Enchanteur, qui repose en ces lieux ?... Quoi qu'il en soit, le doux mélange de rivière mélodieuse, de relief accidenté et de forêt ondoyante fait de la Fosse-Arthour un bon endroit, bien bucolique.
Et d'ailleurs le lieu ne s'adresse pas qu'aux poètes : on vient ici aussi pour l'*escalade* (180 voies répertoriées !), la *randonnée* et le *VTT*.

Le musée régional de la Poterie : *50850* ***Ger.*** *☎ 02-33-79-35-36. Entre Sourdeval et Mortain, à 4 km de Ger. Juil-août, tlj 11h-19h ; avr-juin et vac de Pâques et de la Toussaint, tlj sur rdv. Entrée : 4,50 € ; 3 € (offre valable pour 2 pers max) sur présentation de ce guide ; réduc ; gratuit moins de 7 ans.* À partir du XVe s, l'industrie de la poterie connut un essor grandissant à Ger, où l'on utilisait l'argile à grès de la région de Domfront et le bois de la forêt de Mortain pour fabriquer des poteries réputées pour leur qualité et leur élégance. Ainsi au XIXe s, 700 ouvriers potiers travaillaient à Ger. Jetez donc un œil sur la vitrine reconstituée d'un marchand de poteries, où l'on trouve pêle-mêle biberons à veaux, canards à malades (pour les infusions), secouettes (pour le tabac à priser) et « trompe-couillons » (tasses à calvados pour fins de banquets arrosés). En bref, jusqu'à l'arrivée de la boîte de conserve et du plastique, le grès était tout simplement le contenant numéro un. Ateliers et habitations reconstitués, fours de cuisson restaurés, vitrines savamment éclairées, bornes interactives et démonstration de tournage : voilà toute une histoire résumée dans un musée mariant heureusement tradition et modernité. Une exposition temporaire est organisée tous les étés, et un marché de potiers a lieu le dernier week-end d'août.

La tourbière de la Lande Mouton : *50140* ***Saint-Clément-Rancoudray.*** *Au nord-est de Mortain par la D 357 (direction Ger) puis la D 282 ; à 2 km du village (fléché). GRATUIT.* Ce site fait partie des « espaces naturels sensibles » mis en valeur par le conseil général de la Manche. Un parcours aménagé (avec une boucle de 800 m accessible aux personnes handicapées, à laquelle peut être ajoutée une rallonge de 1,8 km) permet de « visiter » la tourbière (ou du moins de la parcourir sans y laisser ses chaussures !). Le long du sentier, de petits panneaux présentent l'environnement, les plantes et les fleurs que vous avez sous les yeux. Un lieu instructif et hors du temps... et puis on adore le look des vaches dans les champs à l'entrée (des vaches Highland à la coiffure improbable et aux longues cornes pointues) !

L'ORNE

• Carte de l'Orne *p. 512-513*

ABC de l'Orne

- ❏ *Superficie :* 6 103 km².
- ❏ *Préfecture :* Alençon.
- ❏ *Sous-préfectures :* Mortagne-au-Perche, Argentan.
- ❏ *Population :* 290 890 hab.
- ❏ *Particularité :* 1er département français pour l'élevage des trotteurs, l'Orne abrite plus de 200 haras privés, dont un centre de balnéothérapie pour chevaux !

Loin de la côte, voici la Normandie côté jardin, un département mosaïque, méconnu, réfugié derrière ses collines et ses forêts profondes. Un peu d'Armorique à l'ouest vers Flers et Domfront, un morceau escarpé de pays d'Auge au nord-ouest, un coin du pays d'Ouche vers L'Aigle, ajoutez à cela les collines et les manoirs du Perche (à l'est), les maisons à colombages, en grison ou en granit, les eaux vives et poissonneuses de la Suisse normande, et vous aurez déjà une petite idée de la variété des paysages, des traditions et des gens de ce pays. Sans oublier le cœur de l'Orne, entre Argentan et Le Merlerault, où les herbages sont considérés comme les plus riches de France. Si riches qu'ils nourrissent des ribambelles de chevaux de course, abrités dans des haras dont le fleuron reste le haras du Pin.

Cette terre constitue un véritable paradis pour les amateurs de rando, d'équitation ou de vélo, mais aussi pour les mycologues et les pêcheurs. Les gourmets ne s'y tromperont pas non plus, au pays du camembert et du boudin noir de Mortagne, les repas s'arrosent de calva, de cidre ou de poiré.

Ce pays brodé comme une dentelle nous plaît vraiment : rustique mais élégant, opiniâtre, bon vivant, paisible dans le bon sens du terme, une sorte de jardin anglais à la sauce normande...

LES PARCS NATURELS RÉGIONAUX

Deux parcs naturels régionaux couvrent une grande partie du département. Le parc Normandie-Maine, créé en 1975, se trouve à cheval sur l'Orne, la Manche, la Mayenne et la Sarthe. Le parc du Perche, quant à lui, créé en 1998, s'étend sur les départements de l'Orne et d'Eure-et-Loir.

Ces parcs ont le mérite de former des entités historiques, naturelles et culturelles, passant outre les découpages administratifs actuels. Une visite à la Maison du parc de Carrouges pour le Normandie-Maine et une autre à celle de Nocé pour le Perche vous donneront une multitude de clés pour explorer et comprendre ces très belles régions.

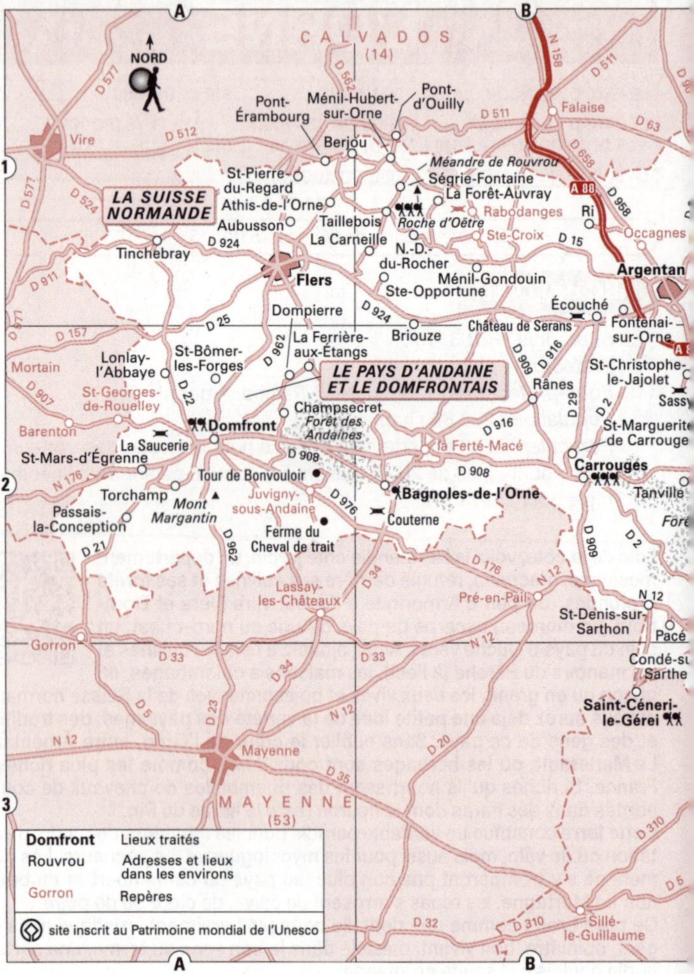

UN PAYS DE BALADES

L'Orne se découvre à sa façon et à son rythme. Les fanas d'histoire, et plus particulièrement de la Seconde Guerre mondiale, emprunteront ainsi les routes de la bataille de Normandie. Il existe aussi celles des manoirs du Perche, du camembert, ou encore des itinéraires qui vous permettront de partir sur les traces de Lancelot du Lac ou de la Dame aux camélias.

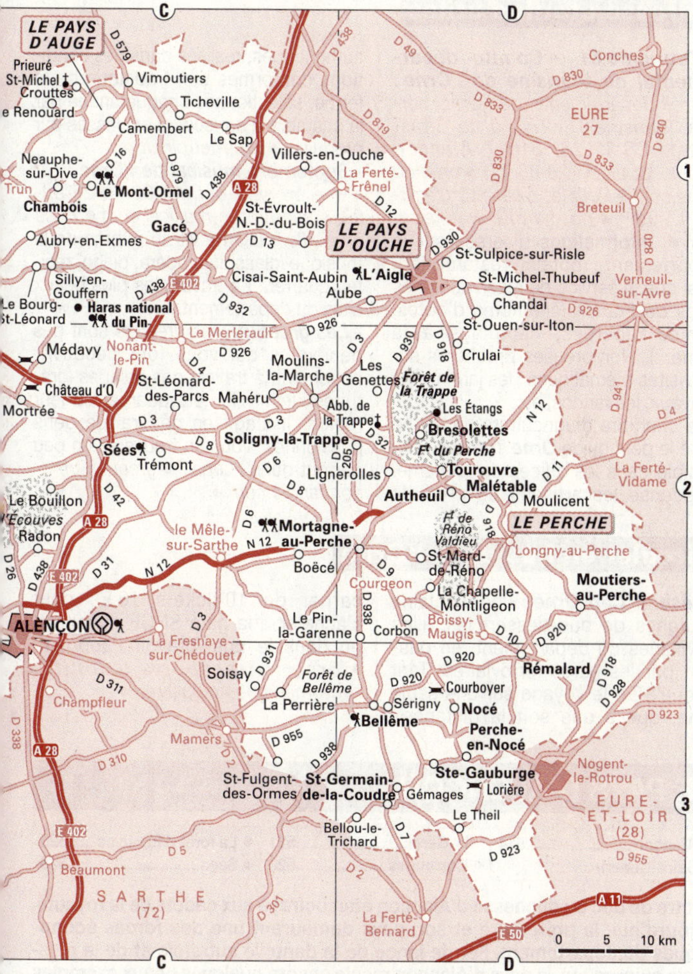

L'ORNE

Les amateurs de randonnées pédestres, à vélo ou à cheval trouveront quantité de sentiers à se mettre sous le pied, la roue ou le sabot. Citons, parmi les plus connus, le GR 22 (qui relie Paris au Mont-Saint-Michel) et le GR 36 (entre Caen et Bourg-Madame, dans les Pyrénées-Orientales). Deux itinéraires nationaux à vélo traversent aussi le département : la Véloscénie (Paris/Le Mont-Saint-Michel) et la Vélo Francette (Ouistreham/La Rochelle), qui utilisent les voies vertes entre Alençon et Condé-sur-Huisne pour la partie est du département ; Flers/Domfront/Torchamp et Domfront/Le Mont-Saint-Michel pour la partie ouest.

Adresse et infos utiles

Tourisme 61 – Comité départemental du tourisme de l'Orne : *conseil départemental de l'Orne, service Tourisme 61, 27, bd de Strasbourg, CS 30528, 61017* **Alençon** *Cedex. ☎ 02-33-28-88-71. • ornetourisme.com • Pour les résas : ☎ 02-33-28-07-00. • normandie-weekend.com •* Informations diverses sur le département : hôtels, restauration, ainsi que le service de réservation des *Gîtes de France* (chambres d'hôtes, fermes-auberges, campings à la ferme...). Nombreuses brochures sur les visites thématiques : les jardins, les chevaux, les randos, etc.

– La chambre d'agriculture de l'Orne édite le petit guide ***Orne Terroirs,*** disponible dans les offices de tourisme. Il recense les artisans de produits authentiques, réalisés dans des conditions conformes aux traditions de la ferme, sélectionnés chaque année par la chambre d'agriculture et classés par produits. *• orne-terroirs.fr •*

– ***Septembre musical de l'Orne :*** *pdt 4 w-e en sept-oct. ☎ 02-33-26-99-99. • septembre-musical.com • Résa conseillée.* L'Orne vit au rythme de la musique (classique, opéra, piano, récital, quartet...) à travers les plus beaux sites du département.

– ***Les greeters :*** les *greeters* sont des bénévoles qui vous font découvrir autrement, à travers des balades (gratuites), leur ville, leur quartier ou leur région. Il s'agit en général de gens passionnés. Vous en trouverez un peu partout dans l'Orne. *• greeters-orne-normandie.com •*

Circuler en bus dans l'Orne

– ***Réseau Cap Orne :*** une vingtaine de lignes de bus dessert les villes et villages du département, en passant par les gares ferroviaires. Tarif unique : 2 € le voyage sur une seule ligne, quelle que soit la distance ; carnet de 10 tickets 16 € ; peut s'acheter à la gare SNCF d'Alençon ou dans le bus (prévoir l'appoint). *• orne.fr/transports-mobilite/cap-orne-lignes-regulieres •*

LE PAYS D'ALENÇON

Le titre de duc ou duchesse d'Alençon était octroyé aux cadets de la royauté. Aujourd'hui, la préfecture et son pays demeurent une des forces économiques du département. Fer de lance de la dentelle autrefois et de la plasturgie aujourd'hui, le pays d'Alençon recèle encore quelques beaux exemples de châteaux de ducs et d'églises romanes et gothiques.

ALENÇON

(61000) 26 300 hab. *Carte Orne, C2-3*

• Plan *p. 517*

Historiquement, la préfecture de l'Orne est avant tout connue pour la dentelle et son fameux « point d'Alençon » (inscrit au Patrimoine culturel de l'Unesco), ou pour être le berceau de sainte Thérèse, mais elle est aussi

une cité qui accueille de nombreux spectacles, étoffe son pôle universitaire, développe son industrie (notamment dans la plasturgie), élargit ses espaces verts et bénéficie d'une situation géographique la plaçant à 1h de la mer et à quelques encablures de sites en pleine forêt. Bref, un endroit où il fait bon vivre. Plus provinciale que nature, Alençon est un peu moins normande que prévu. Pas de colombages, ni de fromage dans ce coin de l'Orne. Du granit et des toitures d'ardoises pour rappeler que l'on est bel et bien sur la vieille route de Paris à la Bretagne, celle des diligences d'autrefois. Aujourd'hui, c'est avec plaisir que l'on déambule dans son charmant centre-ville pavé et restauré.

UNE DENTELLE UNIQUE AU MONDE

Alençon sans sa dentelle, c'est comme Reims sans son champagne. La plus élégante et la plus fine de toutes les dentelles d'Europe, dont le Grand Siècle (XVIIe s) reste l'âge d'or, est entièrement réalisée à l'aiguille avec des fils de lin extrêmement fins. Une finesse qui explique son succès foudroyant au lendemain de son invention, vers 1650.
En 1655, Colbert choisit la ville pour y créer une manufacture royale, chargée de produire des dentelles au point de France (c'est-à-dire au point d'Alençon). Et la dentelle d'Alençon devint la référence absolue en matière d'élégance vestimentaire, partout en Europe, où elle était considérée comme un véritable bijou que les nobles portaient avec ostentation.
Aujourd'hui, l'activité dentellière de la ville se réduit à l'Atelier national du point d'Alençon, conservatoire où l'on cultive ce merveilleux savoir-faire.

LA 2e DIVISION BLINDÉE DU GÉNÉRAL LECLERC LIBÈRE ALENÇON

Le 12 août 1944 : libération de la ville, la première pour la 2e DB (division blindée). Mais au-delà de cet événement, voici le point de départ d'une longue, et de la plus célèbre, offensive pour la libération de la France. Tout commence le 1er août. Le général Leclerc et sa 2e DB débarquent à Saint-Martin-de-Varreville (Manche), au lendemain même de la célèbre percée d'Avranches. Sa mission : contribuer à l'encerclement de la VIIe armée allemande par le sud de la Normandie, en traversant le Maine (Sarthe) et le Perche (est de l'Orne).
La 2e DB se compose de 15 000 hommes, souvent volontaires de la première heure, qui ont auparavant combattu à Douala, Libreville, Fort-Lamy, Koufra, Mourzouk et Tripoli. Avec eux, 4 000 véhicules et 242 chars. La division Leclerc se met en route. Elle déferle, par La Haye-du-Puits et Coutances, sur Avranches. Puis pique au sud sur Le Mans qu'elle traverse le 8 août. De là, elle remonte plein nord vers Alençon.
À Alençon, Leclerc et ses hommes arrivent en vue d'un pont, devant lequel l'infanterie met pied à terre. L'endroit est inoccupé. C'est le pont de la rue du Pont-Neuf. Le général Leclerc s'assied alors sur le parapet, ponctue de sa canne les quelques ordres qu'il donne pour l'occupation des autres passages, réfléchit un instant, puis repart sans hâte.
Le 12 août 1944, Alençon se réveille libre, sans un coup de feu tiré, sans une goutte de sang versé. Contrairement à Caen, Saint-Lô, Falaise, Argentan et de nombreuses autres villes normandes, Alençon ne fut pas détruite, ce qui explique sûrement une grande partie de son charme aujourd'hui.

Adresse et infos utiles

i *Office de tourisme du pays d'Alençon* *(plan B2)* ***:*** *maison d'Ozé, pl. de la Magdeleine.* ☎ *02-33-80-66-33.* • *paysdalencontourisme.com* •

Avr-juin et sept, lun-sam 9h30-12h30, 13h30-18h30 ; juil-août, lun-sam 9h30-19h, dim et j. fériés 10h-12h30, 14h-16h30 ; le reste de l'année, lun-sam 9h30-12h30, 14h-18h. Dans une maison historique au chevet de la basilique Notre-Dame. Visites commentées en calèche et visites audioguidées toute l'année *(3 €/audioguide)*. Propose également des parcours à énigmes sous forme de jeu de piste. Location de vélos. Boutique.

Taxis : ***Taxis Jacquemin,*** *06-07-54-65-26.* ***Abeilles Alençon Artaxi,*** *02-33-28-05-06.*

- Marchés : *jeu mat, pl. du Plénitre et pl. de la Magdeleine (plan B2) ; sam mat, pl. de la Magdeleine. Également marchés de producteurs de pays dans la halle au blé.*

Où dormir ?

Pour info, sachez que si nos adresses se trouvent toutes hors plan, elles sont accessibles à pied depuis le centre-ville. Un certain nombre d'entre elles se situent en face de la petite gare SNCF.

Camping

Camping de Guéramé *(hors plan par A2,* ***5****) : 65, rue de Guéramé. 02-33-26-34-95. • campingguerame@ville-alencon.fr • À 1 km du centre par l'av. Koutiala. Ouv avr-sept. Env 11,75 € pour 2 avec tente et voiture. 54 empl.* Un camping simple mais qui gagne à être connu ! En effet, si de prime abord il semble un peu trop au bord de la route, le cadre se révèle en réalité champêtre comme tout, avec des emplacements de bonne taille, bien délimités et, dans l'ensemble, ombragés.

Bon marché

Hôtel Le Normandie *(hors plan par B1,* ***2****) : 16, rue Denis-Papin. 02-33-29-00-51. • hoteldenormandiealencon.fr • Double 39 € avec lavabo, 44 € avec sdb. Parking. Café offert sur présentation de ce guide.* Face à la gare, avec un bar-tabac-presse-PMU au rez-de-chaussée et les chambres dans les étages. Une telle description pourrait faire craindre le pire, eh bien, pas du tout ! Les chambres, très sobres, sont plaisantes et bien entretenues. Et pour couronner le tout : un accueil charmant.

Hôtel de Paris *(hors plan par B1,* ***1****) : 26, rue Denis-Papin. 02-33-29-01-64. • hoteldeparis.alencon@orange.fr • hoteldeparis-alencon.com • Doubles avec douche ou douche/w-c 40-45 €. Café d'accueil offert sur présentation de ce guide.* Un petit établissement aux chambres sans prétention mais coquettes pour celles qui ont été refaites (presque toutes). Confort simple avec généralement pour porte de salle de bains un simple paravent. Prix doux et accueil agréable.

L'ORNE

De prix moyens à chic

Hôtel des Ducs *(hors plan par B1,* ***3****) : 50, av. Wilson. 02-33-29-03-93. • hoteldesducs@orange.fr • hoteldesducs-alencon.fr • Fermé dim soir. Doubles 80-90 € ; familiales 100-110 €. Parking fermé gratuit.* La façade, malgré sa sobriété, laisse deviner qu'une adresse de qualité se cache derrière, et cette première impression se voit confirmée une fois le seuil franchi. Intérieur agréable, aéré et frais. Chambres confortables, bien tenues, avec, pour certaines, des couleurs qui claquent. Et pour compléter ce beau tableau : un accueil courtois et professionnel.

Le Chapeau Rouge *(hors plan par A1,* ***4****) : 3, bd Duchamps. 02-33-29-49-37. • hotel.lechapeaurouge.alencon@gmail.com • lechapeaurouge.net • Au croisement avec la rue de Bretagne. Double 69 €.* Rassurez-vous : si l'hôtel se situe à un carrefour assez important, la plupart des chambres donnent sur l'arrière. Elles ne sont pas très grandes, mais leur tenue est soignée. Déco et confort d'aujourd'hui avec couettes blanches, teintes douces réveillées ici et là par quelques touches de couleur plus tranchées, et des salles de bains au sol carrelé

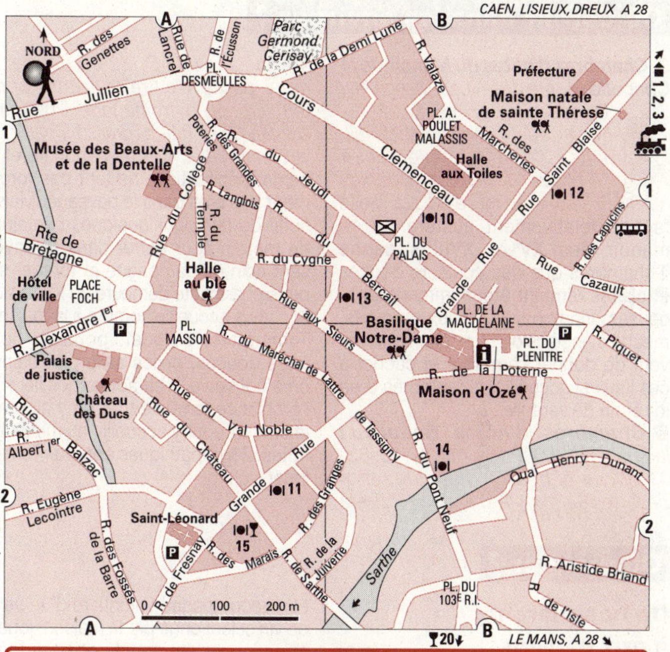

ALENÇON

■ **Adresse utile**

- Office de tourisme du pays d'Alençon

Où dormir ?

1 Hôtel de Paris
2 Hôtel Le Normandie
3 Hôtel des Ducs
4 Le Chapeau Rouge
5 Camping de Guéramé
6 Chambres d'hôtes La Hulotte

Où manger ?

10 Coco Vins
11 La Fabrique
12 Chez Fano
13 La Cave aux Bœufs
14 Rive Droite
15 Bar à Papa

Où boire un verre ? Où écouter de la musique ?

15 Bar à Papa
19 La Luciole
20 Fiebre Latina

d'ardoises avec douche de bonne taille. Accueil agréable.

Chambres d'hôtes La Hulotte *(hors plan par A2,* ***6****) : chez Jocelyne et Jean-Pierre Quoniam-Guihaire, 45-47, rue Albert-Ier. ☎ 02-33-32-28-11. • lesmamours-61@hotmail.fr • Face au parc des Promenades. Double 66 € ; familiale 3 pers 97 €.* Repérez l'enseigne en forme de clé dépassant du mur : il s'agit effectivement d'une ancienne serrurerie, dont les ateliers sont devenus des annexes. Les 2 chambres avec salle de bains commune au rez-de-chaussée sont situées dans une maisonnette indépendante, donnant sur un adorable potager. Déco originale, personnelle, kitchenette, petit coin salon autour du poêle et miniterrasse privée. Bref, l'idéal pour une famille. Excellent accueil.

Où dormir dans les environs ?

Chambres d'hôtes du Manoir de la Chapelle : *1, rue des Alpes-Mancelles, 61250* ***Condé-sur-Sarthe.*** *☎ 02-33-29-65-54. • frederic.maltete@hotmail.fr • manoir-de-la-chapelle.com • À 4 km à l'ouest d'Alençon. Doubles 80-90 € selon chambre.* La belle façade relativement austère de ce manoir des XVe et XVIIIe s cache 4 chambres que des couleurs douces et claires rendent étonnamment lumineuses. Vieux pavés, beaux parquets, meubles anciens ou plus récents achèvent de donner caractère et cachet à ces lieux si accueillants, entourés d'un joli écrin de verdure.

Chambres d'hôtes Beaulieu : *la Folie, 61250* ***Pacé.*** *☎ 02-33-32-01-55. • pi.besnier@laposte.net • beaulieu61.fr • À 6 km à l'ouest d'Alençon par la D 112 ; accès par la route passant entre le centre pénitentiaire et la fromagerie* Rustique. *Double 65 €. Tarif dégressif à partir de la 3e nuit.* Oui, la nationale et le centre pénitentiaire ne font pas forcément très bien dans le paysage. Mais il suffit de parcourir quelques centaines de mètres pour entrer dans un ravissant coin de campagne et tomber sur cette charmante demeure du XVIIIe s où l'on vous accueille comme à la maison. Tommettes, parquet, poutres, couleurs douces, belles salles de bains : on a conservé le caractère des lieux et l'ambiance familiale tout en y ajoutant le confort pour y accueillir au mieux les hôtes. 2 sympathiques appartements à louer *(sem ou w-e).*

Où manger ?

L'ORNE

De bon marché à prix moyens

Chez Fano (plan B1, **12**) **:** *22, rue Saint-Blaise. ☎ 02-33-32-16-84. • chezfano@orange.fr • Ouv tlj sf dim. Menus déj en sem 14,90 €, puis 18,90-32,90 € ; carte 25-30 €. Café offert sur présentation de ce guide.* Le gros avantage ici, ce sont les horaires souples. Ensuite, on aime bien le cadre (3 salles minuscules à la déco colorée) et les petits plats bien travaillés. Accueil jeune et sympa. Possède une autre adresse au 64, rue Saint-Blaise : même carte, même prix, mais avec une grande terrasse bien orientée.

La Fabrique (plan A2, **11**) **:** *161, Grande-Rue. ☎ 09-53-73-88-53. Tlj sf lun soir, sam midi, dim et j. fériés. Formules déj 9,90-14,90 €. Carte 20-30 €.* Une salle agréable, tout en longueur, égayée par des chaises jaunes. Les viandes occupent une place prépondérante dans la petite carte, mais des salades pleines de fraîcheur consoleront ceux qui ne se sentent pas d'humeur carnivore. Ici, les petits plats issus de la tradition, que l'on accompagne volontiers d'un verre de vin sélectionné par la maison, jouent franc jeu : c'est simple et bon. Idem côté sucré : ne vous fiez pas à la mine modeste (mais soignée) des desserts, car ils font eux aussi partie des petits trésors préparés maison.

Coco Vins (plan B1, **10**) **:** *8, rue de la Halle-aux-Toiles. ☎ 02-33-82-96-50. • cocovins@orange.fr • Mar-sam 7h30-17h. Congés : 1 sem en avr, 3 sem début août. Résa conseillée. Carte 15-23 €.* Bar à vins, salon de thé et restaurant dans lequel on peut entendre la patronne s'affairer dans la cuisine ouverte sur la salle lilliputienne. Le choix se limite au plat du jour, une salade ou une pièce de viande. Plats de résistance que l'on peut accompagner de l'entrée du jour et d'un dessert pioché dans la petite sélection. Voilà, que du frais et fait maison. Quasiment en face, la même maison possède la cave et épicerie fine nommée *Vins et Tradition.*

Bar à Papa (plan A2, **15**) **:** *14, rue de Sarthe. ☎ 02-33-27-13-85. Bar mar-sam et j. fériés 18h-1h ; resto le midi lun-ven, plus le soir mar-sam. Congés : 15 j. en août. Formules déj en sem 13,50-16,50 € ; carte 15-25 €.*

Café-bar à vins où l'on peut grignoter ou se restaurer de bons petits plats simples mais mitonnés maison, comme le mijoté façon maman, l'assiette brunch bien garnie, ou encore les salades et les burgers. Le tout à dévorer dans une ambiance chaleureuse de vieux troquet légèrement revu et corrigé. Déco hétéroclite où se mêlent radios et affiches anciennes, et même un panneau de signalisation routière. Autre avantage : l'endroit sert tard les vendredi et samedi soir.

|●| ***La Cave aux Bœufs*** *(plan B1,* ***13****)* **:** *10 bis, rue de la Cave-aux-Bœufs. ☎ 02-33-82-99-45. Tlj sf dim (plus sam soir hors saison). Formule déj en sem 12 € ; menus 16 € (sf dim)-25 € ; carte 15-25 €.* La carte ne révolutionnera peut-être pas la planète Gastronomie (des salades, des viandes, et même des pizzas), mais c'est simple et bon. Et puis le cadre est agréable, avec ses salles où règne, à chaque fois, une ambiance différente : petite salle véranda d'un côté, terrasse dans l'arrière-cour ou terrasse dans la rue. Le service, attentif et gentil, explique certainement, lui aussi, que cette adresse soit aussi plébiscitée des Alençonnais.

|●| ***Rive Droite*** *(plan B2,* ***14****)* **:** *31-33, rue du Pont-Neuf. ☎ 02-33-27-79-73. • restaurantrivedroite@orange.fr • Tlj sf dim-lun. Formules déj 19,50-23 € ; menu 27,50-32 € (slt soir).* Resto installé dans l'ancien QG de Leclerc, qui ne reconnaîtrait probablement pas les lieux ! Ambiance plutôt chic et feutrée, mais pas guindée, dans les salles mêlant meubles anciens et déco design. Charmant salon rose aux couleurs qui décollent la rétine, ambiance sage et cosy dans la bibliothèque ou plus lumineuse et aérée dans l'orangerie qui ouvre sur la terrasse entourée de beaux arbres. Au menu, une cuisine légère et fine suivant l'humeur des saisons et du chef.

Où boire un verre ? Où écouter de la musique ?

🍷 ***Fiebre Latina*** *(hors plan par B2,* ***20****)* **:** *71, rue du Mans. ☎ 02-33-28-04-90. Tlj 15h-1h (2h ven-sam).* Un poil excentré mais dans un quartier agréable. Si vous arrivez en début de soirée dans ce bar à la devanture orange pétant, vous risquez d'avoir pour vous tout seul la salle aux couleurs chaudes avec ses fauteuils en teck, ou encore la sympathique terrasse bien planquée dans l'arrière-cour. Les jeunes, en effet, viennent ici tardivement, mais quand les lieux se remplissent, l'ambiance change du tout au tout ! Ambiance latine, avec cocktails à la clé et une petite sélection de bières.

🍷 ***Bar à Papa*** *(plan A2,* ***15****)* **:** *14, rue de Sarthe. ☎ 02-33-27-13-85. Mar-sam et j. fériés 18h-1h. Congés : 15 j. en août. Voir la rubrique « Où manger ? ».*

♩ ***La Luciole*** *(hors plan par A1,* ***19****)* **:** *171, route de Bretagne. ☎ 02-33-32-83-33. • laluciole.org • ♿ Du centre, suivre le fléchage « Parc des expositions ». Congés : août. Entrée : de gratuit à 35 € selon programmation. Un tarif « abonné » sur 1 concert offert sur présentation de ce guide.* Connue pour la qualité de sa programmation (entre valeurs confirmées et nouveaux talents, styles jazz, rock, reggae, électro...), cette « scène des musiques actuelles » propose plusieurs concerts par semaine. Salle contemporaine bien conçue d'une capacité de 650 personnes, ou salle « club » de 300 places, où règne une très belle ambiance.

À voir

La maison d'Ozé *(plan B2)* **:** siège de l'office de tourisme. Construite en 1449 par le gouverneur de la ville, Jehan du Mesnil, elle fut habitée par Charles de Valois, duc d'Alençon. Au fond du jardin, accès aux anciens remparts, qui offrent une jolie vue sur la ville.

La basilique Notre-Dame (plan B2) **:** pour y entrer, on passe sous un remarquable porche gothique flamboyant. Encore une belle dentelle, mais en pierre très finement sculptée cette fois et datant des XVe et XVIe s. Au-dessus de l'arcade centrale, sept statues (chiffre biblique de la perfection) représentent la Transfiguration. Les travaux de construction de l'église débutèrent en pleine occupation anglaise, pendant la guerre de Cent Ans, à l'instigation de Marguerite de Lorraine. Au milieu du XVIIIe s, un incendie provoqué par la foudre anéantit une bonne partie de l'édifice, d'où ce dôme (plutôt incongru) élevé pour réunir ce qui restait de l'église et les parties reconstruites. Clocher d'une autre époque, beau buffet d'orgue, et des vitraux du XVIe s. C'est ici que fut baptisée sainte Thérèse.

La maison de la famille Martin – maison natale de sainte Thérèse (plan B1) **:** *50, rue Saint-Blaise. ☎ 02-33-26-09-87. Avr-oct, tlj 9h-12h, 14h-18h ; nov-mars, tlj sf lun 10h-12h, 14h-17h. Fermé en janv. GRATUIT.* Cette maison qui vit naître Thérèse Martin (1873-1897), plus connue au calendrier des saints sous le nom de sainte Thérèse de l'Enfant-Jésus, est la seule où les Martin vécurent tous réunis. À la mort de la mère, la famille partit en effet s'installer à Lisieux. Louis et Zélie Martin, les parents, eurent neuf enfants, mais quatre périrent en bas âge et les cinq autres (des filles uniquement) devinrent toutes religieuses. Il faut dire que les deux parents, dans leur jeunesse, avaient eux-mêmes envisagé d'intégrer les ordres ! Ils furent d'ailleurs béatifiés en 2008 et canonisés en 2015. Même si la maison peut aujourd'hui sembler modeste (en taille surtout), les Martin étaient des artisans commerçants aisés : lui travaillait comme horloger et elle comme dentellière, avec une quinzaine d'ouvrières sous sa direction. La visite commence avec l'histoire de la famille et une petite galerie d'objets fort bien conservés. Ensuite, un film bien intéressant, qui s'appuie sur la correspondance de la mère, raconte l'histoire de la famille durant les 6 années où elle vécut ici. C'est seulement après ce film de 20 mn que l'on pénètre vraiment dans la maison, où bruitages et petites animations font revivre les lieux. La visite se termine dans la chapelle adjacente, édifiée en 1925, année de la canonisation de sainte Thérèse. Pour poursuivre le pèlerinage, rendez-vous rue du Pont-Neuf, premier lieu de demeure des Martin.

Le musée des Beaux-Arts et de la Dentelle (plan A1) **:** *cour carrée de la Dentelle. ☎ 02-33-32-40-07. • museedentelle-alencon.fr • ♿ Entrée par la rue du Collège, la rue Charles-Aveline ou la rue Jullien (parking gratuit). Tlj (sf lun sept-juin) 10h-12h, 14h-18h. Entrée : 4,10 € ; réduc ; gratuit moins de 26 ans et pour ts le 1er dim du mois. Visites guidées tte l'année. Expos temporaires.* Installé dans l'ancien collège des Jésuites (1620). On ne peut pas rater, dès l'entrée, l'ancienne chapelle qui abrite aujourd'hui la superbe bibliothèque, avec sa toiture en forme de carène de navire renversée à l'impériale et ses boiseries du XVIIIe s. Riche collection à la médiathèque de manuscrits anciens et d'incunables (ouvrages réalisés entre l'invention de l'imprimerie en 1438 et le début du XVIe s). Ne manquez pas les magnifiques salles de lecture accessibles au public, avec ce contraste entre les boiseries des chartreux du Val-Dieu et ce mobilier moderne, les feuilles d'acanthe et les médaillons. Superbe meuble original créé pour les planches de *La Description d'Égypte*.

DENTELLE EN POINT

L'atelier national du point d'Alençon est le dernier au monde à fabriquer cette dentelle à l'aiguille, unique par sa finesse et pour laquelle il faut 6 semaines de travail minutieux pour réaliser, à la main, une dentelle de la taille d'un livre de poche. La petite dizaine de dentellières en activité réalise une vingtaine de pièces par an, en vente au musée des Beaux-Arts et de la Dentelle uniquement.

Au musée, belle collection d'œuvres de peintres français, italiens, flamands et hollandais du XVe au XXe s : Jouvenet, Champaigne, Ribera, Massone, Courbet et Fantin-Latour, mais aussi des peintres de l'Orne tels que Monanteuil, Léandre, Landon, Lacombe ou René Brô. N'oublions pas André Mare, créateur de l'Art déco, dont l'enfance passée dans ce département du cheval influença la peinture : belle vue du *Haras du Pin* (1924). Au chapitre impressionniste, deux œuvres remarquables d'Eugène Boudin : *Bœufs au marais* et *Rochers de l'Islette à Antibes.*
Au second étage, la salle d'ethnographie cambodgienne, don d'Adhémar Leclère, spécialiste de la culture cambodgienne, administrateur de Phnom Penh en 1908, et originaire d'Alençon. Ce legs nous transporte au XIXe s et à l'autre bout du monde parmi les bijoux, les sculptures, les coiffures, les armes du peuple khmer, et quelques surprenantes photos noir et blanc.
Enfin, une section consacrée à la dentelle qui vaut le détour : histoire du point d'Alençon (dont le savoir-faire est inscrit sur la liste représentative du Patrimoine culturel immatériel de l'humanité par l'Unesco depuis 2010), et son lien avec les plus grandes dentelles européennes. Des ateliers tactiles permettent d'appréhender les trois techniques utilisées par les dentellières : aiguille, fuseaux et mécanique. Vidéo de 20 mn présentant la technique du point d'Alençon d'aujourd'hui à nos jours. Le travail était si minutieux et difficile qu'on travaillait à la chaîne autrefois. Chaque vélineuse avait sa spécialité, et seule la maîtresse dentellière était habilitée à réunir les différentes parties !

***La halle au blé** (plan A1) :* un vaste bâtiment rond comme un O éclairé par une verrière et joliment restauré. Essayez de vous placer en son centre, c'est confondant de beauté. Il accueille régulièrement des expos temporaires.

***Le château des Ducs** (plan A2) :* *rue du Château. Ne se visite pas.* Ce bel édifice du XVe s aux deux tours à mâchicoulis superposées n'est en fait que le pavillon d'entrée de l'ancien château d'Alençon. Jusqu'en 2010, il abrita la maison d'arrêt.

L'ORNE

Manifestations

- ***Alençon-Médavy :*** *un dim fin mars ou début avr.* Course pédestre entre Alençon et le carrefour de la croix Médavy (15 km environ).
- ***Les Folklores du monde :*** *2e sem de juil.*
- ***Les Échappées belles :*** *de mi-juil à fin-juil. ☎ 02-33-29-16-96.* Spectacles en plein air (cirque, théâtre, danse...) à Alençon et dans ses environs.
- ***Alençon-plage :*** *en août.* Activités sportives et ludiques, concerts, cinéma en plein air.

SAINT-CÉNERI-LE-GÉREI

(61250) 124 hab. *Carte Orne, B3*

Après avoir traîné dans les Alpes mancelles, belle région encaissée aux confins de la Sarthe, de l'Orne et de la Mayenne, la Sarthe, petite rivière tranquille, décrit ici un large méandre au pied d'une colline verte. Au sommet de celle-ci, quelques belles maisons d'allure armoricaine, une jolie église perchée, un pont romain, un paysage vallonné, un site romantique, c'est Saint-Céneri. L'endroit inspira plus d'un peintre, dont Courbet et Corot. Certains d'entre eux ont d'ailleurs laissé un souvenir insolite à l'*auberge des sœurs Moisy.* Classé parmi « Les Plus Beaux Villages de France », le site est effectivement adorable. Le passage vaut le coup d'œil, surtout depuis le vieux pont romain au bas du village...

Adresse utile

Point information : *rue du Dessous. ☎ 02-33-27-84-47. Avr-sept, mer-dim 10h-12h30, 14h-18h.*

Où dormir ? Où manger dans le coin ?

Chambres d'hôtes La Louvière : *le Fault, 61420* ***Saint-Denis-sur-Sarthon.*** *☎ 02-33-29-. • isa groult@hotmail.com • louviere.fr • À 10 km au nord de Saint-Céneri-le-Gérei. Dans Saint-Denis-sur-Sarthon, prendre la D 350 vers La Roche-Mabile. Ouv Pâques-oct. Doubles 95-160 €. Table d'hôtes sur résa 39 €.* Gentilhommière du XVIIIe s alliant harmonieusement le confort et l'élégance dans un parc paysager de 3 ha. Superbes massifs fleuris, étang romantique, tennis, piscine chauffée... Les chambres spacieuses, toutes différentes, offrent un raffinement et un confort d'exception !

Le P'tit Caboulot : *pont de Saint-Céneri. ☎ 02-14-17-65-04. • leptitcaboulot@me.com • De l'autre côté du pont, en direction de Saint-Léonard-des-Bois, à côté de la base de pleine nature. Ouv le midi ven-mar, plus le soir ven-dim. Résa conseillée. Formules 18-27 €.* Dans une maisonnette et une ambiance de bistrot à l'ancienne, un tout petit resto, avec une toute petite terrasse, où un panneau à l'entrée vous indique que la tenue décontractée est exigée ! Les quelques plats proposés tiennent sur un tableau lui aussi de taille réduite. C'est simple, frais et bon.

L'ORNE

À voir

L'auberge des sœurs Moisy : *dans le centre-bourg. ☎ 02-33-27-84-47. 06-80-05-02-47. • contact@amisdesaintceneri.com • Visite guidée slt (35 mn) ; avr-sept, normalement mer-dim à 15h30 et 17h ; oct-mars, mer-dim à 16h. Entrée : env 2,50 € ; gratuit moins de 12 ans. Tickets à retirer au point d'information à côté de l'auberge.* Ce site unique est la véritable perle de Saint-Céneri, pour sa valeur historique autant qu'artistique. Car les nombreux peintres de passage dans le village séjournaient logiquement dans cette auberge. Jusqu'ici, rien d'extraordinaire. Mais un jour, l'un d'entre eux eut l'idée de dessiner son profil sur le mur de la salle à manger. C'est devenu un jeu, une coutume, et, de 1880 à environ 1920, plus de 60 profils (parmi lesquels on distingue également certains habitants du village) sont venus étoffer cette collection insolite. L'un d'eux est Eugène Boudin. Mais lequel ?

L'église romane : *tlj 10h-18h (19h en été).* Située à l'écart du village. Chef-d'œuvre roman, avec son beau clocher à baies géminées, c'est-à-dire groupées par paire. Superbes fresques du XIIe s (Christ en majesté au-dessus de l'autel en bois peint) à la seconde moitié du XIVe s (saint Céneri, l'ermite fondateur du patelin traversant la Sarthe).

En contrebas de l'église s'amorce une prairie en pente douce jalonnée de frênes. Un sentier mène à une discrète mais délicieuse ***chapelle*** du XVe s *(tlj 10h-18h en hiver, 20h en été),* toute proche de la Sarthe. Un endroit vraiment délicieux, on s'y ferait presque ermite (elle aurait d'ailleurs été construite à l'emplacement de l'ermitage de saint Céneri) ! À l'intérieur, vous noterez la statue de saint Céneri et le bas de sa robe où nombre de jeunes filles en quête de l'âme sœur viennent planter une aiguille ; il est dit que si celle-ci reste accrochée, la jeune fille verra son vœu exaucé dans l'année.

Les jardins de la Mansonière : *en haut du village, en direction de Saint-Denis-sur-Sarthon. ☎ 02-33-26-73-24. • mansoniere.fr • De mi-avr à fin mai* *et 1re quinzaine de sept, ven, w-e et j. fériés 14h30-18h30 ; juin-août, tlj sf lun-mar 14h30-18h30. Entrée : 6 € ; réduc.* Roseraie, jardin lunaire, jardin oriental, jardin de senteurs, patio, potager gothique... Douze espaces clos se succèdent sur 1,5 ha. De juin à août, visites illuminées par 1 000 bougies et concert nocturne le dernier samedi du mois. Expositions artistiques à l'accueil.

– Nombreux ***ateliers d'artistes*** à découvrir au hasard des ruelles du bourg. Durant le week-end de la Pentecôte, à l'occasion de La Rencontre des peintres, les habitants ouvrent leurs portes pour exposer les œuvres des artistes de la région.

CARROUGES

(61320) 730 hab. *Carte Orne, B2*

Lieu de passage (*Carrouges* signifie « carrefour ») sur la route du Mont-Saint-Michel, l'endroit mérite vraiment une halte, et ce pour deux raisons : son imposant château et la Maison du parc naturel régional Normandie-Maine. Pour rejoindre (ou quitter) Carrouges, la plus jolie route demeure la D 908, qui traverse la grande tache verte de la forêt d'Écouves, pleine de gibier et de champignons.

Adresse et info utiles

■ ***Maison du parc naturel régional Normandie-Maine :*** *☎ 02-33-81-13-33. • parc-naturel-normandie-maine.fr • 200 m avt le château, sur la gauche.* Superbe, cette Maison du parc ! Installée dans les beaux bâtiments de l'ancienne chanoinerie (XVe s) du château, elle est une véritable mine d'infos pour qui souhaite découvrir la région. Librairie avec topoguides, belle sélection de livres pour petits et grands sur la botanique, la flore, la faune ou même la gastronomie locales. Abrite également une belle boutique de produits du terroir, dont une cave bien fournie, et une très belle terrasse pour pique-niquer. La Maison du parc met aussi à disposition quelques vélos électriques.

– ***Marché :*** *mer mat.*

Où dormir dans les environs ?

Chambres d'hôtes chez les Desfrièches : *L'Aunay, 61320* ***Sainte-Marguerite-de-Carrouges.*** *☎ 02-33-26-39-86. • hugues.desfrieches@orange.fr • calvados-huguesdesfrieches.com • ♿ De Carrouges, suivre la D 29 vers Sainte-Marguerite-de-Carrouges. Juste avt de quitter Sainte-Marguerite par la D 29, prendre à droite vers Mesnil-Scelleur, puis continuer encore 2,5 km ; c'est sur la droite. Congés : vac de fév. Boutique ouv tlj 10h-19h. Double 65 €. Apéritif avec dégustation des produits de la ferme offert sur présentation de ce guide.* Dans une ferme cidricole bio joliment isolée au cœur d'une campagne vallonnée et boisée, 2 petites chambres dans une ancienne dépendance ; l'une au rez-de-chaussée, assez grande, peut accueillir une famille ; la seconde, sous les toits, est un peu plus étroite mais tout aussi séduisante. C'est simple, mais il suffit parfois d'une veille poutre, d'un vieux mur de pierre et d'un entretien méticuleux pour rendre un endroit charmant ! Et d'autant plus quand l'accueil l'est lui aussi.

La Cabane de Jeanne : *chez Françoise Piccino, le Grand-Moulin, 61150* ***Rânes.*** *📱 06-74-72-13-42. • francoise.piccino@nordnet.fr • la-cabane-de-jeanne.com • À env 13 km au* *nord-ouest de Carrouges. À Rânes, au rond-point de l'église, suivre la D 909 vers Carrouges et surveiller sur la droite la série de panneaux indiquant les lieux-dits ; suivre la petite route de campagne jusqu'à un chemin non bitumé qu'il faut descendre. Résa conseillée. Séjour de 2 nuits (min) 200 €, petit déj inclus ; 90 €/nuit supplémentaire.* Une adresse qu'on souhaiterait presque garder secrète, rien que pour nous... Une bonne fée veille sur ces lieux pour faire des merveilles à partir de ce qui, à la base, n'était probablement pas grand-chose. Alors oui, on garde bien l'esprit cabane, mais une cabane douillette, aménagée à partir d'objets chinés et d'une bonne dose d'ingéniosité. La cuisinette (frigo et plaques) à disposition vous permettra de ne pas quitter ce petit paradis sous les arbres, au bord d'un lac... mais chut, c'est bon, on en a déjà trop dit !

À voir. À faire

Le château de Carrouges : *☎ 02-33-27-20-32. • carrouges.monuments-nationaux.fr • Tlj sf 1er janv, 1er mai, 1er et 11 nov, et 25 déc : d'avr à mi-juin et sept, 10h-12h, 14h-18h ; de mi-juin à août, 9h30-12h, 14h-18h30 ; oct-mars, 10h-12h, 14h-17h. Dernière visite 1h avt fermeture. Entrée : 6 € ; réduc ; gratuit moins de 25 ans sur présentation d'une pièce d'identité. Visite libre du parc (journée continue).*
Le château sans doute le plus marquant de l'Orne. Il a gardé de l'époque de sa construction, du XIVe au XVIe s, l'aspect défensif d'une forteresse, entourée de douves en eau profonde. Pourquoi un ouvrage de cette ampleur dans ce secteur ? L'une des raisons est la proximité de la limite historique entre la Normandie et le Maine, provinces naguère en conflit. Avant de pénétrer dans le château, admirer le très élégant pavillon d'entrée, en brique, avec ses tourelles pointues couvertes d'ardoises.

L'intérieur du château, qui a conservé son mobilier d'origine, témoigne des étapes successives de sa construction : du centre de la cour d'honneur, on distingue parfaitement le donjon du XIVe s, l'aile des Blosset du XVe s, et les deux dernières ailes du XVIe s. Quant aux appartements, ils sont d'autant plus intéressants qu'ils ont conservé le charme d'une maison encore habitée. La plupart des pièces possèdent un mobilier de la Renaissance à la Restauration. Outre la chambre « Louis XI », où il passa une nuit, le grand salon et la salle à manger, on visite les cuisines avec leurs belles casseroles en cuivre et le salon des Portraits, qui abrite une série de tableaux représentant la famille Le Veneur, dont les armes sont encore en bonne place au-dessus de la cheminée. Le château lui a appartenu de 1450 à 1936, soit près d'un demi-millénaire ! Un record de longévité. Il est aujourd'hui la propriété de l'État.

Pour terminer la visite, superbe promenade (surtout au printemps) dans le parc de 10 ha, sous les arbres séculaires et dans les beaux jardins fleuris de rosiers. Tables de pique-nique.

- ***Visite nocturne :*** *certains soirs d'été (env 1h30).*
- ***Animations :*** *tte l'année.* Expositions, concerts, jeux et visites adaptées aux enfants, Nuit du cinéma et visites thématiques...

L'espace découverte de la Maison du parc naturel régional Normandie-Maine : *GRATUIT.* Un espace « convivialité », avec miniconférences et animations très variées sur la découverte de l'environnement et du patrimoine (naturel, architectural et culinaire), et un espace muséographique. Dans ce dernier, toutes les clés vous sont données pour comprendre ce qu'est le parc naturel Normandie-Maine, son histoire, son organisation, ses missions et son avenir. À l'extérieur, un verger conservatoire (pommiers et poiriers). Également une jolie collégiale.

L'ORNE

LA FORÊT D'ÉCOUVES

Carte Orne, B-C2

Située dans le triangle Alençon-Sées-Carrouges, sur 12 000 ha, voici l'une des plus grandes forêts de l'Orne avec celles des Andaines, du Perche et de Bellême. Peuplée de hêtres, de chênes ainsi que de pins sylvestres, elle se rapprocherait assez bien des forêts bretonnes. D'ailleurs, ce n'est pas un hasard si elle recouvre l'un des derniers contreforts du Massif armoricain et si elle cache le plus haut point de l'ouest de la France, le signal d'Écouves, monticule culminant à 417 m. Un bel endroit pour les promeneurs et amateurs de nature de tout poil.

PLANTES CARNIVORES

Les tourbières des Petits Riaux sont tellement pauvres en nutriments que certaines plantes sont obligées de se nourrir d'insectes. C'est le cas du drosera qui, avec ses poils gluants, semble recouvert de gouttes de rosée. Il s'agit de sucs sur lesquels les insectes viennent s'engluer. Les bestioles sont digérées lentement et alimentent la plante.

Où dormir ?

Camping et gîte d'Écouves : *les Noyers, 61250* ***Radon.*** *☎ 02-33-28-75-02. 06-08-70-14-63. • joseph.montier@orange.fr • ecouves.net • À env 7 km d'Alençon sur la D 26 en direction de Mortrée. Ouv avr-oct pour les tentes, tte l'année pour les chalets et la roulotte. Env 13 € pour 2 avec tente et voiture ; roulotte 300-330 €/sem ; chalets 3-6 pers 220-360 €/sem selon nombre de pers, confort et saison. Nuitée en gîte d'étape 19 €/pers, petit déj en sus 5 €. CB refusées. Accueil vélo et chevaux. Une sortie en calèche le ven en juil-août offerte sur présentation de ce guide.* Déjà, on aime le site en lui-même, aux portes de la forêt d'Écouves. Les sanitaires sont, certes, assez rustiques, mais les emplacements sont beaux, ceinturés de hautes haies pas trop sages, avec un étang à proximité. On aime encore plus les petits chalets, de confort variable et dispersés ici et là dans la nature. Enfin, c'est carrément le coup de cœur pour la roulotte et la cabane de pêcheur sur pilotis, avec ses hublots et les pieds... dans la terre !

Chambres d'hôtes de la Verrerie du Gast : *61500* ***Tanville.*** *☎ 02-33-31-14-14. • hediger.valerie@orange.fr • laverreriedugast.fr • Sur la D 26 ; en direction de Mortrée, dans un virage, sur la gauche, peu après le char « Valois ». Doubles 70-110 € selon confort ; gîte 12 pers 850 €/sem.* En pleine forêt d'Écouves, sur le site tout vert d'une ancienne verrerie, les chambres se trouvent à l'étage de ce qui était autrefois la demeure du maître verrier. Les styles et époques qui se mélangent dans la déco montrent que l'on est bien là dans une maison habitée au quotidien. Les chambres sont cependant très soignées et avenantes... Avouons une petite préférence pour la « Boissière », la plus grande (et la plus chère !), avec son lit à baldaquin.

Également 2 charmantes chambres d'hôtes chez ***Mélisâne Cosmétiques*** : *chez Philippe et Christine Brand, la Place, 61500* ***Le Bouillon.*** *☎ 02-33-82-02-35. • contact@melisane.fr •* *Lire ci-dessous « À voir. À faire ».*

À voir. À faire

– Le topoguide *Au fil des chemins à pied, à cheval, à VTT Écouves* propose 23 circuits de rando pour explorer cette belle forêt.

L'ORNE

Le char « Valois » de la 2e DB de Leclerc : *à 14,5 km au nord d'Alençon, au carrefour de la Croix-de-Médavy, sur la D 26.* On ne peut pas le rater. Il n'a pas changé de place depuis sa neutralisation par les obus d'un panzer allemand le 13 août 1944.

Le parc animalier d'Écouves : *61500* ***Le Bouillon.*** *☎ 02-33-82-04-63. • parc-animalier-ecouves.fr • Bien fléché depuis la D 438 entre Sées et Alençon ; tourner vers La Chapelle-près-Sées puis suivre le fléchage. Fév-juin et sept-nov, mer et w-e 14h-18h ; vac scol de Pâques, juil-août et j. fériés, tlj 11h-19h ; vac scol de fév et de la Toussaint, ts les ap-m. Entrée : 9 € ; moins de 12 ans 6 €.* Sur 12 ha, dans un paysage vert et vallonné, quelque 300 animaux d'une trentaine d'espèces de chez nous, mais aussi d'autres plus exotiques, évoluent tout à leur aise dans des enclos. Le parcours est jalonné de panneaux expliquant l'origine de chaque espèce, son histoire, son alimentation, ou encore la menace qui peut peser sur elle.

Mélisâne Cosmétiques *(au lait d'ânesse bio)* ***:*** *chez Philippe et Christine Brand, la Place, 61500* ***Le Bouillon.*** *☎ 02-33-82-02-35. • contact@melisane.fr • Sur la D 908 entre Sées et Carrouges, au lieu-dit Les Choux, tourner à gauche juste avt le resto routier ; de là, aller jusqu'au Bouillon, puis suivre le fléchage. Boutique ouv tlj sur simple appel et visite de l'asinerie sur résa.* Le lait d'ânesse, très doux pour la peau et hydratant, est un tenseur naturel. Depuis 2007, les Brand ont lancé leur gamme de produits artisanaux bio à base de ce lait (savons, laits, crèmes de soin). La visite guidée permet d'approcher le troupeau de 25 ânes et d'assister à la traite (manuelle). Sur place également, toute l'année, deux nids aux couleurs tendres, sous les toits, avec chacun sa belle petite salle de bains *(doubles 57-63 € selon confort).* Un endroit très nature et vraiment sympathique.

➢ Outre les nombreuses randos ou balades à vélo, possibilité de faire des ***balades accompagnées à cheval*** dans la forêt, que vous soyez un cavalier confirmé ou débutant. Renseignements : ***Romain Camus*** *(à* ***Gandelain*** *; 06-20-99-51-78).*

L'ORNE

SÉES

(61500) 4 380 hab. *Carte Orne, C2*

Un peu comme à Chartres, les flèches élancées de la cathédrale se distinguent à des kilomètres à la ronde. Puis, en flânant dans les ruelles du centre ancien de cette agréable ville animée en été et bien commerçante – surtout le samedi, jour de marché –, on est surpris par le nombre et la taille des bâtiments religieux (anciens couvents, séminaires, écoles). La raison ? Depuis son évangélisation au Ve s par saint Latuin, premier évêque du diocèse, Sées est toujours restée le siège de l'évêché.

MINE DE RIEN...

Sées est non seulement le pays de Louis Forton, le dessinateur des Pieds Nickelés, mais aussi de Nicolas-Jacques Conté, scientifique qui participa à l'expédition napoléonienne en Égypte. Premier homme à mesurer la hauteur de la Grande Pyramide (139 m), il est aussi l'inventeur de la mine de crayon. Une célèbre marque porte d'ailleurs encore son nom.

Adresse et info utiles

Office de tourisme : *pl. du Général-de-Gaulle (rdc de la mairie). ☎ 02-33-28-74-79. • tourisme@sees.fr • tourisme-sees.fr • Avr-sept,* *lun-sam 9h-12h30, 14h-18h (plus dim et j. fériés 14h-18h juil-août) ; hors saison, tlj sf sam ap-m, dim et lun mat 9h-12h, 14h-17h30.* Distribue un plan gratuit pour visiter la ville en suivant un parcours historique.

– ***Marché :*** *sam mat cours Mazeline.*

Où dormir ?

Camping

Camping Le Clos Normand : *rue du 8-Mai-1945. ☎ 02-33-28-87-37. • campingdesees@orange.fr • camping-sees.fr • À 500 m du centre-ville ; à l'entrée de Sées en arrivant d'Alençon par la D 438. Ouv de mi-avr à fin sept. Env 9 € pour 2 ; hébergements locatifs 2-6 pers 162,50-244 €/sem. Prix caravane : 80,50 €/sem. 45 empl.* Emplacements bien tenus (ombragés pour certains), sur un terrain fleuri agréable, bien qu'un peu près de la route. Simple et sans prétention.

Chambres d'hôtes

Chez M. et Mme Maurice : *26, rue du Docteur-Hommey. ☎ 02-33-26-17-02. 06-84-29-21-95. • maurice.pg@wanadoo.fr • En centre-ville, dans le prolongement de la rue Billy (rue qui descend de la pl. de la Cathédrale). Doubles 58-70 € selon confort. Réduc de 10 % sur le prix de la chambre à partir de 2 nuits sur présentation de ce guide.* Jolie maison de ville plutôt bourgeoise abritant des chambres avenantes et confortables. L'une se trouve au rez-de-chaussée, côté rue, et les 2 autres dans l'aile de la maison qui donne sur la jolie cour-jardin à l'arrière. 2 petits lits et salle de bains privée mais sur le palier pour la plus petite ; espace, belle luminosité et immense salle de bains pour la plus grande, qui nous a vraiment conquis (même si elle est difficile à chauffer en hiver). Accueil un peu réservé mais charmant.

5 Bis : *chez les Dujarrier-Foulon, 5 bis, rue des Cordeliers. ☎ 02-14-17-67-29. • 5bis.sees@sfr.fr • À deux pas de la cathédrale ; de celle-ci, descendre la rue de Billy et tourner dans la 1re rue à droite. Double 64 €. Remise de 10 % sur la chambre, sur présentation de ce guide.* Les chambres sont ici aménagées dans un ancien atelier (d'ébénisterie puis de serrurier). On a cloisonné, baissé un peu les plafonds, mais les fenêtres sont encore très grandes et la lumière entre à flots. Point de fioritures dans la déco plutôt contemporaine, c'est sobre, mais il règne dans les lieux une belle atmosphère apaisante. Accueil simple et charmant.

Où dormir dans les environs ?

Chambres d'hôtes

La Folèterie : *61390* ***Trémont.*** *☎ 02-33-28-72-15. • yl.ledemay@orange.fr • lafoleterie.fr • À 9 km à l'est de Sées ; suivre Mortagne, puis tourner au panneau indiquant La Folèterie (après l'indication pour Trémont). Double 55 € ; 10 €/pers supplémentaire. Table d'hôtes sf dim 20 €.* Coquette maison avec des chambres bien aménagées (l'une pour 2 avec kitchenette, l'autre pouvant accueillir jusqu'à 5 personnes), aux décorations peintes sur les murs par la sympathique propriétaire. En pleine campagne, au calme, avec vue sur le vaste jardin foisonnant de fleurs magnifiques et de beaux spécimens de pigeons paons. Sans oublier le poulailler ! Et l'accueil : sincère et chaleureux, à l'image des repas préparés avec les produits du jardin. Carton plein !

La Doucine : *la Noise, 61390* ***Trémont.*** *☎ 02-33-27-21-27. • friboulet.anne-marie@ozone.net • ladoucine-chambresdhotes.com • À 7 km à l'est de Sées. Sur la D 8, direction Mortagne-au-Perche ; accès par un chemin de terre sur la droite (fléché). Double 70 €.* Dans un corps de ferme un peu perdu au milieu des champs, 3 chambres printanières et coquettes, au nom de fleurs, avec salon commun et petite cuisine à disposition. S'il n'est pas occupé, le gîte accolé (tout aussi agréable) peut être loué à la nuit (mais c'est plus cher). Une adresse que l'on apprécie notamment pour la très grande gentillesse de l'accueil.

De chic à plus chic

Domaine de la Rue : *chez les Marty, la Rue, 61390* ***Saint-Léonard-des-Parcs.*** *☎ 02-33-31-88-16. • info@domainedelarue.com • domainedelarue.com • De Sées, prendre la D 50 vers Le Merlerault et Neuville-près-Sées ; à Neuville, suivre Saint-Léonard-des-Parcs puis le fléchage. Doubles 100-140 €. Table d'hôtes 30-40 € (résa 3-4 j. avt).* Joli domaine planté seul sur sa hauteur, au milieu des champs et d'un paysage vraiment séduisant. Pour notre plus grand bonheur – et le vôtre ! –, l'entreprise de séduction se poursuit à l'intérieur, avec 3 belles chambres ; l'une classique et bourgeoise, avec mobilier ancien et cheminée, l'autre dans un esprit un peu plus campagnard (mais campagne élégante), quant à la « Verrière », plus chic, c'est un grand duplex avec façade vitrée et déco résolument contemporaine.

À voir. À faire

– Un parcours historique de 3 km jalonné de panneaux explicatifs permet de découvrir la ville.

La cathédrale : ce fleuron de l'architecture gothique en Normandie date des XIIIe et XIVe s. Les deux flèches des clochers s'élèvent à 70 m (les gratte-ciel du Moyen Âge !). Grand portail central aux sculptures mutilées (tympan). À l'intérieur, le chœur et le transept sont particulièrement intéressants. Très belles verrières et magnifiques rosaces du XIIIe s. La plus belle est au sud, toute rouge et or, le Christ au centre et les apôtres au-dessous. Splendide ! Certains chapiteaux de piliers sont également assez remarquables.
La cathédrale étant par ailleurs le seul édifice à bénéficier du même système d'éclairage que la tour Eiffel, il serait dommage de ne pas aller l'admirer une fois la nuit tombée.

Le musée départemental d'Art religieux : *7, pl. du Général-de-Gaulle. ☎ 02-33-28-59-73 ou 02-33-81-23-00. Près de la cathédrale, dans l'un des rares vestiges du quartier des chanoines. Juil-sept, tlj sf mar 12h-18h. Entrée : 2 € ; réduc ; gratuit moins de 12 ans. Visite libre ou guidée (1h).* Ce bâtiment du XIVe s, remanié au XVIIIe s, renferme des expos temporaires ainsi qu'une collection très intéressante d'objets liturgiques répartis de façon chronologique (la salle médiévale, celle de la Réforme, et celle consacrée aux XIXe et XXe s). Quelques pièces plutôt rares (chasuble du XVIIe s en soie brodée, peigne liturgique de Thomas Becket, croix de procession des XIIe et XVe s avec un christ très byzantin, ou cet étonnant jeu de messe offert par les parents désireux de préparer leurs enfants à la prêtrise). Mobilier et statues provenant de petites églises rurales de l'Orne. Un musée assez unique en son genre.

➢ ***Les bords de l'Orne :*** petite (mais alors toute petite) balade en descendant la rue du Vivier. L'Orne, qui prend sa source à deux pas, n'est encore ici qu'un gros ruisseau (lavoir du XVIIIe s).

Manifestations

– ***Les Musilumières :*** *le soir juil-sept. ☎ 02-33-28-74-79. • musilumieres.org • Résa à l'office de tourisme.* Spectacle son et lumière dans la cathédrale.

– ***Concerts gratuits :*** *au bord de l'Orne, ts les dim d'août à 21h.* Jazz, folk, chanson française.
– ***Foire aux dindes et marché de Noël :*** *mi-déc.* À la Sainte-Lucie, un grand marché autour de la dinde, unique dans le Grand Ouest. Quant au marché de Noël, il se tient le même jour, mais dans les anciennes halles.

LE PAYS D'ANDAINE ET LE DOMFRONTAIS

Poiré « domfrontais » AOP, calvados « domfrontais » AOC : pour sûr, cette région est fière de son terroir, qui le lui rend bien ! Du passage vers la Bretagne restent les dolmens et l'adorable ville médiévale de Domfront, suspendue sur sa motte, dernière épine du Massif armoricain, entourée de forêts riches en gibier, cours d'eau et champignons. Un paradis pour randonneurs et gourmands !

BAGNOLES-DE-L'ORNE

(61140) 2 410 hab. *Carte Orne, B2*

Une station thermale ancienne et toujours très fréquentée, dans un pays de douces collines, de forêts profondes, de bocages et de pommiers. Bagnoles est la première station thermale du Grand Ouest. Beaucoup de choses nous plaisent bien ici : le côté rétro des maisons et des hôtels, l'air particulièrement bon à respirer, les nombreuses activités et randonnées (y compris la marche nordique, avec même des initiations de mars à novembre). Enfin, sachez que la ville est constituée de deux quartiers bien distincts : la partie Belle Époque, *Bagnoles-Lac,* avec ses jolies villas, et celle du château-hôtel de ville, *Bagnoles-Château,* qui était autrefois la commune de Tessé-la-Madeleine.

Adresses et info utiles

ℹ ***Office de tourisme :*** *pl. du Marché.* ☎ *02-33-37-85-66.* • *bagnolesdelorne.com* • *Avr-oct, lun-sam 9h30-13h, 14h-18h30 (non-stop juil-août) ; dim et j. fériés 10h30-13h. Nov-mars, tlj sf dim et j. fériés 10h30-12h30, 14h-17h.* 💻 *(payant).* 📶 Visites guidées – dont celle du quartier Belle Époque en saison – ou audioguidées *(3 €/pers)* ; ceux munis d'un smartphone pourront faire librement ce même parcours découverte en 20 étapes en suivant les *flashcodes* dispersés à travers toute la ville (itinéraire à l'office de tourisme). Nombreuses infos également sur les circuits de cyclotourisme et les randos en forêt.

■ ***Location de vélos :*** *à la* ***B'O, Résidence des Thermes,*** *rue du Professeur-Louvel.* ☎ *02-33-30-38-18.* Idéal pour découvrir la forêt environnante.

– ***Marchés :*** *mar mat et sam mat pl. du Marché ; mer mat et ven mat allée des Anciens-Combattants.*

Où dormir ?

Camping

Camping de la Vée : *5, rue du Président-Coty. ☎ 02-33-37-87-45. • info@campingbagnolesdelorne.com • campingbagnolesdelorne.com • Quartier Bagnoles Château (bien indiqué). Ouv de mars à mi-nov. Env 14 € pour 2 avec tente et voiture ; mobile homes 342-420 €/sem. 250 empl.* Sur 3 ha, des emplacements délimités par des haies dans un camping bien ombragé et bien équipé mais très fréquenté.

Chambres d'hôtes

Manoir de la Prise Tarot : *chez Hervé Courtois et Christophe Charbonneau, 17, bd Brochard (Bagnoles-Château). ☎ 02-33-37-44-06. • manoirprisetarot@orange.fr • manoir-prise-tarot.fr • Ouv tte l'année. Doubles 80-95 € selon confort.* Retirée au bout d'une rue, tout près du château, cette jolie demeure a deux antiquaires pour propriétaires, ce qui ne surprend guère quand on découvre l'ameublement. Chambres aux lits princiers, meubles anciens, parquets cirés, belles salles de bains, un joli jardin... de quoi se sentir bien ! Et pour commencer la journée en beauté, un petit déj soigné et de qualité.

L'ORNE

De prix moyens à chic

Ô Gayot : *2, av. de La Ferté-Macé. ☎ 02-33-38-44-01. • contact@ogayot.com • ogayot.com • Près de l'office de tourisme. Fermé jeu (plus dim soir et lun midi hors saison) ; hôtel fermé dim soir de mi-nov à mars. Doubles 65-85 € selon confort et saison. Formules et menus lun-sam midi 17,50-22 € ; menu sam soir et dim 27 € ; carte env 35 €. Un petit déj/chambre et par nuit offert sur présentation de ce guide.* Une adresse bien dans son temps, que ce soit côté dodo ou côté resto. Chambres sobres, déclinées en bleu, vert ou marron, mais douillettes à souhait. Mention spéciale pour le petit déj simple mais de qualité. Côté resto, c'est frais, plutôt inspiré ; en revanche, l'addition peut grimper vite, notamment le week-end. Fait également épicerie fine avec une belle petite sélection de produits du terroir.

La Potinière du Lac : *2, rue des Casinos. ☎ 02-33-30-65-00. • lapotinieredulac@orange.fr • hoteldelapotiniere.com • Congés : déc. Doubles 54-89 €.* Difficile de le louper, c'est l'une des plus jolies façades de Bagnoles. Les chambres ont beau être beaucoup plus standard, elles n'en restent pas moins agréables et confortables. Les plus chères jouissent d'une vue formidable sur le lac, et 2 sont situées dans la tourelle (nos préférées).

Nouvel Hôtel : *8, av. Pierre-Noal (Bagnoles-Château). ☎ 02-33-30-75-00. • nouvel.hotel@wanadoo.fr • lenouvelhotel.fr • Près de l'église. Ouv avr-oct. Doubles 59-82 € selon confort et saison, familiale 118 €. Formules en sem 14-19 € ; menus 23-35 €. Parking. Apéritif offert sur présentation de ce guide.* Une belle façade blanche rappelant la Belle Époque et, à l'arrière, un jardinet agréable pour bouquiner au calme. Du caractère donc, qui se poursuit au rez-de-chaussée, lumineux, aéré et joliment pavé. L'ambiance change dans les étages où la déco, beaucoup plus standard, se décline en blanc et gris. Les chambres les moins chères ont beau être petites, confort et qualité restent au rendez-vous. Au resto, une cuisine de terroir classique.

Beaucoup plus chic

Manoir du Lys : *la Croix-Gauthier, route de Juvigny-sous-Andaine. ☎ 02-33-37-80-69. • manoir-du-lys@wanadoo.fr • manoir-du-lys.fr • À 3 km de Bagnoles par la D 235. Resto fermé dim soir, lun-mar midi ; en été ouv dim soir mais fermé mer midi. Congés : 2 janv-14 fév. Doubles 99-149 € selon confort et saison ; petit déj 18 €. Menus 58-99 €. Un petit déj/chambre offert sur présentation de ce guide.* Niché dans la forêt des Andaines, un adorable manoir, naguère relais de chasse, où le coucou chante et les biches traversent le jardin... Chambres du plus classique au plus contemporain, avec plus ou moins de fantaisie dans les formes et les couleurs. L'accueil et la cuisine sont quant à eux tout aussi délicieux que le cadre est soigné (superbes tableaux, piano dans le salon très cosy). Des produits frais du terroir, des saveurs retrouvées (andouille de Vire en papillote transparente au foin vert)... Le genre d'endroit idéal pour une halte romantique, surtout si l'on opte pour les pavillons sur pilotis ! Piscine, nombreuses rencontres mycologiques et cours de cuisine.

Où manger ?

Rappelons que plusieurs adresses citées ci-dessus font aussi restaurant.

Chez Camille : *5, av. Robert-Cousin. ☎ 02-33-14-16-63. Presque en face du casino. Tlj sf mer-jeu et dim soir. Formule et menu déj sf w-e 10,20-19,50 €, puis 25-29 €.* Une cuisine plutôt traditionnelle à base de produits frais préparés sans esbroufe mais avec justesse. Cadre dans le même esprit : plutôt classique mais agréable, avec une petite terrasse couverte aux beaux jours.

Bistrot Gourmand : *6, pl. de la République. ☎ 02-33-30-06-13. • bhbgbagnoles@orange.fr • Au rond-point à la fontaine. Ouv tte l'année, tlj. Formules déj 19-25 € ; carte 35-40 €.* Une cuisine bien d'aujourd'hui qui se nourrit des influences extérieures. C'est goûteux, frais, et les produits sont de qualité. En revanche, si certains se réjouiront des portions qui ne mettront pas en danger leur ligne, d'autres risquent de rester un peu sur leur faim. Aux beaux jours, belle terrasse séparée du rond-point par une rocaille.

Où boire un verre ?

La terrasse du casino : *☎ 02-33-37-84-00. ♿ Tlj sf lun midi.* C'est évidemment la plus belle, car la seule au bord de l'eau. Bonne carte de cocktails. Soirées à thème 1 ou 2 fois par mois.

Toutes les brasseries autour de la fontaine constituent l'autre spot de la ville pour s'attabler autour d'un verre.

Où acheter de bons produits ?

Casati : *4 bis, rue des Casinos. ☎ 02-33-37-82-74. Fév-déc, tlj (sf lun en nov) 9h30-12h30, 14h30-19h30.* Cette jolie boutique est surtout réputée pour les célèbres macarons *Lenoir*, absolument délicieux, livrés chaque matin de la fabrique. Cela dit, ne négligez surtout pas les chocolats maison, eux aussi savoureux.

À voir

Le parc du château de Bagnoles-Château : cette demeure néo-Renaissance appartint pendant des siècles à la famille Goupil, avant d'être cédée, dans les années 1920, à une Parisienne excentrique, qui y vivait seule entourée de mannequins d'osier vêtus de costumes Louis XVI et Premier Empire ! Hôtel de ville de Bagnoles-de-l'Orne depuis 2000, le château ne se visite pas ; on peut toutefois jeter un coup d'œil dans le hall aux heures d'ouverture et se promener avec un véritable plaisir dans son grand parc très boisé.

Le casino et le lac : *☎ 02-33-37-84-00. ♿ Ouv tlj.* Immanquables. Cette petite touche rétro de plus dans le paysage bagnolesque date de 1927. Le casino fut construit grâce au financement d'un milliardaire américain, passionné de jeu, à qui on avait refusé l'achat du château. Côté ambiance, on n'est ni à Deauville ni à Nice, mais l'endroit est parfois noir de monde pendant le week-end. Agréable promenade autour du lac, auquel Bagnoles doit aussi beaucoup de son charme.

L'établissement thermal : *☎ 0811-90-22-33.* ♿ Au fond d'une petite vallée dominée par des rochers escarpés, comme le *roc au Chien* d'où l'on a une belle vue sur l'établissement thermal. On remarque immédiatement la résidence des Thermes, grande bâtisse du début du XXe s, qui offre un bel exemple de l'architecture dite « thermale ». Il est aujourd'hui divisé en 140 appartements. Vaut le coup d'œil surtout pour son hall d'entrée très haut de plafond et le *restaurant des Thermes,* prolongé par une terrasse très agréable pour s'attabler.

Les vieilles maisons de caractère : en se baladant, on ne compte plus le nombre de tourelles en poivrière, de lucarnes en forme de campaniles, de balcons de bois et de vérandas où l'on s'abrite sous une marquise. C'est ça, Bagnoles ! Un style qui mêle l'exubérance des Années folles et un on-ne-sait-quoi des films de Jacques Tati. Dans le centre, jeter un coup d'œil à l'hôtel *La Potinière,* couvert de faux colombages et d'un curieux damier blanc et brun. Autre hôtel à l'architecture loufoque, *Le Roc au Chien,* à droite sur la route de l'établissement thermal, sous le roc au Chien justement. Dans le quartier Belle Époque, où trône en hauteur l'église, quelques belles pièces d'architecture dont le *Chalet suédois* (face à l'église), ancien pavillon suédois de la grande Exposition universelle de Paris de 1889, et de nombreuses autres villas toutes aussi spécifiques les unes que les autres, massives ou colorées.

Manifestations

– **Festival d'humour « Les Andain'Ries » :** *en avr.*
– **Les Vendredis de l'été :** *ven à 21h en juil-août. ☎ 02-33-37-85-66. Gratuit.* Spectacles de rue, théâtre, musique, art du cirque...
– **Les Clés de Bagnoles :** *dim à 17h en juil-août. Gratuit.* Concerts.

DANS LES ENVIRONS DE BAGNOLES-DE-L'ORNE

Le musée du château de Couterne : *à 2 km sur la route de Couterne. ☎ 02-33-37-97-97.* ♿ *Juil-août et Journées du patrimoine, tlj sf dim-lun et j. fériés 10h-12h, 14h-18h. Entrée : 4 € ; enfants gratuit. Accès libre au parc.* Grande bâtisse en brique rose et granit dont les façades se reflètent dans les eaux des douves. Parc de 20 ha et petite salle d'exposition (histoire du château et de la région : guerres de Religion, Révolution...).

➢ **La forêt des Andaines :** celle que les locaux appellent plus communément la forêt d'Andaines est l'une des trois grandes forêts de l'Orne ; elle couvre 7 000 ha. Vestige d'une immense forêt primitive qui formait une zone de transition (ou marche) entre la Bretagne et la Gaule, elle enveloppe Bagnoles-de-l'Orne telle une écharpe verte, et fait office de poumon vert. Forêt de fées et d'ermites, de ruisseaux et de fougères, de myrtilles, de champignons et de chênes, de brigands et de chevaliers, de chouans et de résistants, elle est aujourd'hui le refuge d'un gibier assez abondant et du chêne Hippolyte. Baptisé d'après le nom d'un ancien garde forestier, ce dernier a pour particularité d'avoir une circonférence de plus de 5 m à seulement 1,30 m du sol !

La tour de Bonvouloir : *☎ 02-33-37-85-66. À env 7 km au sud-ouest de Bagnoles par la route de Juvigny-sous-Andaine ; c'est indiqué. 2 km après le manoir du Lys, prendre une petite route sur la droite. Site accessible tte l'année, mais entrée dans la tour interdite. GRATUIT.* Une vraie curiosité. Dans un paysage de carte postale, mince et haute tourelle en pierre du XVe s jaillissant d'une tour trapue, ultime vestige d'un château médiéval dont on voit encore le pigeonnier. Possibilité de suivre le parcours d'interprétation ou de louer un audioguide à l'office de tourisme de Bagnoles pour tout connaître de cette tour.

La ferme du Cheval de trait : *à* **La Michaudière.** *☎ 02-33-38-27-78. 06-81-49-66-46. • lamichaudiere.fr • En venant de Juvigny-sous-Andaine, route à droite en arrivant à La Chapelle-d'Andaine (fléché). Ouv avr-oct. Spectacle à 15h30 mer-jeu et w-e de mi-juil à août ; autres périodes, spectacles à 15h15 (mais mieux vaut téléphoner avt). Tarif : 11 € (incluant la visite du site) ; réduc ; gratuit moins de 5 ans. Visite libre de la ferme les jours de spectacle (9h-14h30) : 3,50 € et possibilité de repas sur résa (35 € avec le spectacle).* Avec le temps, cette entreprise familiale est devenue un site touristique de premier plan. D'abord, pour la ferme elle-même, dont les dépendances abritent de petites expos, un film, une sellerie et une auberge rustique où l'on sert des repas traditionnels (sur résa). Ensuite, pour le spectacle pittoresque (course de chars à la Ben Hur, voltige, attelage...) qui met en scène une trentaine de percherons et le plus grand cheval du monde, le Shire. Et tout cela dans la bonne humeur, à l'image du pot offert en fin de spectacle pour se remettre de ses émotions !

DOMFRONT (61700) 3 840 hab. *Carte Orne, A2*

L'ORNE

Cette petite cité médiévale, assise sur un promontoire, domine toute la région avec ses tours et ses maisons qui semblent suspendues dans l'air. Et au bout de ce promontoire, les restes d'une forteresse du XIe s, qui abrita naguère l'une des cours les plus brillantes d'Europe, celle d'Aliénor d'Aquitaine (mariée à Henri II Plantagenêt). Les routards qui débarquaient vers l'an 1150 dans ce patelin de l'Ouest n'étaient pas en France mais quasiment en Angleterre, du moins dans un poste stratégique de cet immense territoire conquis vers la moitié du XIIe s par les Plantagenêts et qui s'étendait de l'Écosse aux Pyrénées ! Le pays de Domfront est aussi connu pour son fameux *poiré,* une boisson fruitée et pétillante à base de poire appelée aussi « champagne normand ». Les poiriers qui, dit-on, vivent trois siècles (un pour grandir, un pour produire et un pour mourir...) offrent un superbe spectacle en avril, quand ils sont en fleur. Autre produit notoire, le calvados domfrontais, issu de la distillation de cidre et de poiré.

– *Avis aux amateurs de cyclotourisme :* Domfront se situe à la jonction de deux itinéraires nationaux à vélo ; la Véloscénie (Paris/Le Mont-Saint-Michel) et la Vélo Francette (Ouistreham/La Rochelle), qui utilisent les voies vertes entre Flers et Domfront, et Domfront/Le Mont-Saint-Michel.

Adresse et infos utiles

Office de tourisme : *12, pl. de la Roirie. ☎ 02-33-38-53-97. • ot-domfront.com • Avr-sept, lun-sam et j. fériés 10h-12h, 14h-18h ; janv-mars et oct-déc, fermé dim-lun.* Un livret *Chasse au trésor* et toutes les infos sur la ville, ses environs, les voies vertes et les itinéraires à vélo. Visites guidées de la ville, du site du château, de l'église Notre-Dame-sur-l'Eau et du tertre Sainte-Anne *(de mi-juin à mi-sept ; 3 €).* Vente aussi de cartes de pêche. À l'étage, expo de maquettes des monuments du coin au temps de leur superbe.

– ***Marché :*** *ven mat, pl. du Général-de-Gaulle.*

– ***Les Médiévales :*** *☎ 02-33-38-56-66. • domfront-medievales.com • 1er w-e d'août (les années impaires).* Domfront vit à l'heure médiévale pendant 2 jours et demi.

Où dormir ?

Camping

Camping municipal du Champ Passais : *4, rue du Champ-Passais. ☎ 02-33-37-37-66. • camping-municipal-domfront.jimdo.com • En contrebas du village médiéval (indiqué). Ouv avr-sept. Env 5,50 € pour 2. 34 empl.* Un joli petit camping simple et bien tenu, installé dans la pente et convenablement équipé. Espaces bien délimités, mais peu d'ombre malgré toute la verdure environnante. Sanitaires propres.

Chambres d'hôtes

Belle Vallée : *chez Richard et Victoria Hobson-Cossey, Belle-Vallée. ☎ 02-33-37-05-71. • belle-vallee@wanadoo.fr • belle-vallee.net • Suivre la direction de La Ferté-Macé puis, à la sortie de Domfront, prendre la D 21 direction Dompierre et La Ferrière-aux-Étangs ; c'est 500 m plus loin, sur la gauche. Doubles 70-90 € ; familiale 4 pers 120 €. Table d'hôtes sur résa 23 €.* Nichée au creux d'une paisible vallée, dans un délicieux coin de nature, cette belle maison de maître du XIXe s abrite 5 chambres, dont une suite familiale. Très confortables et pleines de charme, elles cultivent un style soit très *British,* soit très campagne, mais à chaque fois 1 ou 2 peluches s'y trouvent en bonne place (la marotte de madame) ! La suite familiale sous les toits est superbe, avec 2 chambres bien séparées l'une de l'autre. Salon cosy avec cheminée et bouquins à dispo, et un jardin bien entretenu, où l'on repère vite les chaises longues. Petit déj pantagruélique, avec les fruits du jardin. Accueil adorable.

De bon marché à prix moyens

Hôtel de France – Relais Saint-Michel : *7, route du Mont-Saint-Michel. ☎ 02-33-38-51-44. • reservation@hoteldefrance-fr.com • hoteldefrance-fr.com • Dans le quartier de la gare, au pied de la ville, au bord de la route principale. Resto fermé dim soir et lun-mar (grill ouv tlj). Doubles 74-95 € selon confort. Au grill, formules déj en sem 10,10-13,30 €, menu 17,50 € ; au resto, carte env 22 €.* Un hôtel classique et efficace. Les chambres les plus grandes et les mieux équipées sont celles côté route, mais si vous avez le sommeil léger, mieux vaut choisir celles donnant sur le grand et beau jardin à l'arrière. Dans chacune, l'aménagement et la déco ont été refaits pour plus de confort. À table, formule « grill » servie dans l'annexe, ou bien cuisine traditionnelle normande proposée dans une salle à manger au charme vieille école mais agréable.

Où manger ? Où boire un verre ?

Le Bistrot Saint-Julien : *2, pl. Saint-Julien. ☎ 02-33-37-14-60. Tlj sf mer et dim soir (plus dim midi hors saison). Menus 11,50 € (déj en sem)-21 € ; carte env 25 €.* Un endroit agréable où se poser, soit en terrasse pour admirer la jolie façade rougeoyante à colombages, soit dans la petite salle. Selon l'heure, possibilité d'y boire un simple café ou de s'y restaurer d'une bonne salade, d'une tartine (la spécialité de la maison) ou d'autres petits plats bien préparés.

L'Auberge du Grand Gousier : *1, pl. de la Liberté. ☎ 02-33-38-37-25. • info@restaurant-grandgousier.com • Tlj sf le dim soir-lun et jeu soir. Menus déj en sem 15 €, puis 22-32 €.* Une petite adresse dont on apprécie le sérieux et la gentillesse. La cuisine, plutôt traditionnelle, est simple, sans tomber dans la facilité, notamment dans le choix des produits, frais et de saison. Idem pour les desserts : le chariot fera saliver les gourmands, d'autant plus que les délices proposées là changent un peu des sempiternels crèmes brûlées, îles flottantes et consorts. Le cadre, quant à lui, est celui d'une auberge de campagne un

L'ORNE

peu chic mais désuète, où les petits bouquets champêtres sur chaque table résument parfaitement l'esprit de la maison.

Où dormir ? Où manger dans les environs ?

Camping

Camping à la ferme La Bonelière : *chez Patrick et Isabelle Chopin, la Bonelière, 61350* ***Saint-Mars-d'Égrenne.*** *☎ 02-33-38-60-29. • laboneliere@gmail.com • gitecampinglaboneliere.com • Sur la D 976, direction Passais, tourner à gauche (fléché, mais sortie un peu raide). Ouv mai-sept. Env 9 € pour 2. Gîte 6 pers 280 €/sem. CB refusées. 6 empl.* Sous les poiriers et les pommiers, un beau terrain de camping atypique aux sanitaires rustiques mais avec toutes sortes de petits plus : four à pizzas, tonnelles, et même une grange aménagée en cas de pluie. Une super ambiance, très familiale. Et des animaux pour couronner le tout (âne, chèvres, poules...).

De bon marché à prix moyens

Auberge et gîte de groupe La Nocherie : *61700* ***Saint-Bômer-les-Forges.*** *☎ 02-33-37-60-36. • patrice.mottier@laposte.net • aubergelanocherie.fr • À 6 km au nord de Domfront. Prendre la D 962 vers Flers, puis panneaux sur la droite ; compter ensuite 4 km jusqu'à la Nocherie. Auberge fermée lun. Double en chambre d'hôtes 60 €. Gîte de groupe 30 €/pers avec petit déj. Camping 15,20 € pour 2. Repas sur résa 25,25-43,50 €.* Dans les dépendances de cette demeure champêtre, vous avez, d'un côté, 2 chambres d'hôtes simples et agréables avec salle de bains et, de l'autre, 6 chambres pour 2 à 4 personnes en gîte de groupe avec sanitaires privés (apporter son duvet). L'espace ravissant réservé au camping s'étale sur un tapis verdoyant, sous les pommiers, et dispose d'un abri où manger en cas de pluie. Quant à l'auberge, elle occupe l'ancienne boulangerie du manoir (XVIe s) et les dépendances de la ferme. Ambiance vraiment conviviale, dans une campagne belle et attachante. Cuisine préparée dans le vieux four à pain, avec des spécialités comme les terrines maison, les grillades au feu de bois et le riz à la palette. Possibilité de rejoindre des sentiers de petite et moyenne randonnées qui passent à côté, et la voie verte.

Chambres d'hôtes La Bigottière : *chez Julie et Tony Warren, la Bigottière, 61350* ***Passais-la-Conception.*** *☎ 02-33-38-63-35. • anthony.warren@orange.fr • À 14 km au sud-ouest de Domfront, accès par la D 76 (direction Le Mont-Saint-Michel) puis la D 21. Dans Passais, suivre la direction de Saint-Fraimbault ; juste avt de sortir du village, au niveau de la gendarmerie, tourner à gauche. Double 65 € ; 5 €/enfant supplémentaire.* Dans une maison planquée au fin fond de la campagne, 4 chambres avec salon commun, couettes douillettes et mobilier coquet. C'est mignon, l'accueil est charmant, en revanche les allergiques à la gente canine s'abstiendront !

De prix moyens à plus chic

Auberge de la Mine : *le Gué-Plat, 61450* ***La Ferrière-aux-Étangs.*** *☎ 02-33-66-91-10. • aubergedelamine@orange.fr • À 14 km au nord-est de Domfront ; accès par la D 21 (direction Briouze), puis la D 825 (bien fléché). Tlj sf dim soir, lun-mar et midi des j. fériés. Congés : 3 sem en janv et 11 juil-2 août. Formule déj en sem 21 €, puis 39-69 €.* Partout dans le coin, le souvenir des mines est encore présent et cette grande maison en brique, couverte de lierre, était autrefois la cantine des mineurs. Les temps ont changé, radicalement même : la déco de cette délicate bonbonnière en fait aujourd'hui une adresse chic et l'une des meilleures du département. Grande qualité

L'ORNE

des produits du terroir, sélectionnés chaque jour en fonction du marché, puis traités avec finesse et créativité. Pas de doute, le chef est un artiste, et les plats flattent tout autant l'œil que le palais. Accueil aux petits oignons.

Où acheter de bons produits dans les environs ?

Le Camembert du Champ Secret : *la Novère, 61700* ***Champsecret.*** *☎ 02-33-37-60-19. Sur la D 360 entre Dompierre et Saint-Bômer-les-Forges ; près des forges de Varenne. Vente en libre-service tlj sf dim, 8h-20h ; dégustation sam 10h-12h.* Un camembert de Normandie fermier, bio, au lait cru, AOP... et bon, délicieux même ! Un petit bout de Normandie qui a du caractère !

À voir

La ville : on ne vous mentira pas, Domfront n'est peut-être pas la ville la plus vivante qui soit, mais qu'elle est jolie ! Se promener dans ses petites rues pavées et étroites, au milieu de ses maisons parfois en colombages ou revêtues d'essentes (petites tuiles en bois), est un plaisir. La ***place du Panorama,*** située entre l'église Saint-Julien et la place de la Mairie, offre une vue plongeante sur la vallée et la campagne environnante. À proximité, dans la rue Saint-Julien, un passage débouche sur la jolie ***cour Marie-du-Rocher.*** À l'angle des rues, des panneaux d'information vous immergent dans la vie quotidienne du Moyen Âge.

L'ORNE

L'église Saint-Julien : *pl. du Commerce. Tlj 9h-19h.* Construite entre 1924 et 1926 en remplacement de l'église précédente endommagée et trop petite, elle détonne dans le paysage ! En effet, pour une question de place, on choisit le plan carré byzantin afin qu'elle puisse accueillir un nombre suffisant de personnes. Puis par souci d'économie, elle fut construite en béton armé. L'intérieur, quant à lui, est de style néobyzantin avec d'étonnantes mosaïques (de Godin, notamment) et un mobilier Art déco. Un lieu qui mérite vraiment le coup d'œil !

Les ruines du château : *à l'extrémité ouest du promontoire de Domfront.* Immanquable : cette très importante forteresse contrôlait toute la région. Fondée vers 1010 par Guillaume de Bellême, mais les ruines qui subsistent aujourd'hui furent bâties au XIe s par Henri Ier Beauclerc, fils de Guillaume le Conquérant. Cet ensemble possédait l'un des donjons les plus puissants de France. On accède aux ruines, et à ce qui est devenu un joli parc, par un pont qui enjambe les anciennes douves. Au passage, descendez dans le réseau exceptionnel des courtines à gaine, aménagées au XIIIe s pour défendre la face est de cette forteresse. À côté, quelques jeux pour enfants, des tables de pique-nique et, plus haut, un joli point de vue sur le Bocage, avec table d'orientation.
Dans les remparts du château, on a mis au jour la *chapelle Saint-Symphorien* où Aliénor d'Aquitaine aurait fait baptiser sa fille, Aliénor de Castille, la future grand-mère de Saint Louis, en septembre 1161.

Les tanneries : *un tt petit quartier pittoresque au pied de la cité médiévale.* Les plus courageux y accéderont à pied par l'itinéraire des « 100 marches » qui part du château (un étroit sentier ombragé se transforme en marches pas très régulières). De là, possibilité de partir pour le « circuit pittoresque », une promenade de 4 km dans la verdure autour de Domfront.

L'église Notre-Dame-sur-l'Eau : *située tt en bas de la colline de Domfront, au bord de la grand-route.* Voici l'une des plus belles églises romanes de l'Orne. Construite à la fin du XIe s, elle se distingue par son chœur et ses absides, merveilleux témoins de l'art roman normand. Dans le transept, un gisant, unique dans le département, repose dans son armure sous un dais gothique. C'est celui du gouverneur de Domfront à la fin du XVIe s, un dénommé Pierre Ledin de La Chaslerie. Les quelques pierres tombales à l'intérieur et toutes les autres à l'extérieur (37 au total), des XVIe et XVIIe s, rappellent que cette église fut la nécropole des seigneurs du Passais.

ET VAS-Y QUE JE TE COUPE !

La situation de l'église Notre-Dame-sur-l'Eau, juste en bord de route, peut étonner, tout comme sa taille très réduite. Elle les doit à la route du Mont-Saint-Michel, pour la construction de laquelle, en 1836, on rasa ses bas-côtés et quatre travées de sa nef ! En 1840, Prosper Mérimée, qui s'était farouchement opposé à sa mutilation, s'empressa de l'inscrire à la première liste des Monuments historiques pour la protéger.

DANS LES ENVIRONS DE DOMFRONT

➢ Suivre la ***route du Poiré.*** Itinéraire disponible auprès de l'office de tourisme ; il se termine au musée du Poiré à Barenton (se reporter plus haut au chapitre sur la Manche, à la rubrique « Dans les environs de Mortain »).

Le manoir de la Saucerie : *à 5 km à l'ouest de Domfront, vers Mortain. Prendre un chemin sur la gauche de la D 907. Accès fléché (mais ouvrez bien l'œil). Visite (payante) slt en été.* C'est à voir, même s'il ne reste plus du manoir que le très insolite pavillon d'entrée flanqué de deux tours rondes surplombées de toitures à l'impériale, magnifiquement restaurées. On avait de l'imagination à revendre au XVIe s ! Un édifice tellement curieux qu'il a été adopté comme flamme postale par quatre communes du département.

– ***Le centre de pleine nature La Richerie :*** *61330* ***Torchamp.*** *☎ 02-33-38-70-41. • pleinenature-normandie.com • À 9 km au sud-est de Domfront, au cœur du parc naturel régional Normandie-Maine et ses 300 km de sentiers. Lun-ven 9h-17h (permanence le w-e).* Location de VTT, canoë-kayak, escalade, pêche, course d'orientation... Équipe sympa et pro.

La Maison du fer : *le bourg, 61700* ***Dompierre.*** *☎ 02-33-38-03-25. • lesavoiretlefer.fr • Juil-août, lun-ven 9h-12h, 14h30-18h ; dim 14h30-18h. Mai-juin et sept, mêmes horaires mais fermé aussi mer. Ouv le reste de l'année, mais mieux vaut téléphoner avt. GRATUIT.* Le fer fut exploité dans le bocage ornais du XIVe s à 1978. Les premières mines étaient à ciel ouvert, et l'on transformait le minerai en fer dans les forges. Puis, de 1901 à 1978, l'exploitation devint souterraine ; le minerai était alors enrichi en fer dans les fours de calcination des alentours avant d'être envoyé dans les hauts-fourneaux du Nord-Pas-de-Calais pour être transformé en métal. Vous y trouverez toutes les informations sur les anciens sites d'exploitation du secteur (tous en visite libre). Le « circuit des forges et des mines » vous permet de faire en voiture le tour de tous ces sites. Pour les plus courageux, ces mêmes sites peuvent être découverts à travers deux autres jolis circuits de randonnées à pied ou à vélo.

Lonlay-l'Abbaye *(61700) : à 8 km au nord de Domfront par la D 22. De mi-juin à mi-sept, mer à 11h, visite guidée par l'office de tourisme (☎ 02-33-38-53-97 ; 1h, 3 €) permettant entre autres de décrypter la symbolique des curieux chapiteaux...* En pleine campagne, un petit village et son abbaye bénédictine fondée au XIe s. Joli site. L'abbaye connut un rayonnement important jusqu'en Angleterre, où elle posséda trois prieurés. Suite à des mésaventures historiques (incendies, pillages, Révolution...), elle tomba dans l'oubli. Elle est aujourd'hui restaurée. Chœur gothique à trois étages, transept roman avec chapiteaux du XIe s et superbes stalles du XVIIe s.

L'ORNE

La Biscuiterie de l'Abbaye : *route du Val. ☎ 02-33-30-64-64. • boutique-biscuits-abbaye.com • Magasin d'usine ouv avr-sept, lun-sam 9h-12h30, 14h-18h ; hors saison, lun-ven 8h30-12h, 13h30-17h ; à ces mêmes horaires, visite guidée sur simple résa. GRATUIT.* La maison emploie plus de 200 personnes et produit tous les jours sablés, galettes et cookies.

Autre escale gourmande, ***Les Glaces de la Ferme Bidard,*** pas très loin (mais il vaut mieux reprendre la voiture quand même) : *la Guerche-Carrée. 06-48-99-63-98. Ouv mer ap-m et sam ou sur rdv.* Des glaces artisanales, avec le lait de la ferme et pour certaines des produits très locaux, comme celle au calvados ou le sorbet au poiré.

FLERS

(61100) 15 080 hab. *Carte Orne, A1*

Ville-étape à mi-chemin entre la forêt des Andaines et la Suisse normande, Flers fut libérée le 17 août 1944 par la 11e division blindée britannique après le passage de Rommel, mais elle dut payer le prix fort : 70 % environ de la ville furent complètement détruits par les bombardements américains. Ce serait mentir que de la qualifier de ville touristique, car elle demeure avant tout un bassin économique avec un centre industriel lié à l'automobile et à l'agroalimentaire. Elle mérite cependant un arrêt pour ses quelques très bonnes tables, son parc et son château qui abrite un surprenant musée.

L'ORNE

Adresse et info utiles

Office de tourisme : *4, pl. du Docteur-Vayssières. ☎ 02-33-65-06-75. • flerstourisme.fr • En plein centre-ville. Avr-sept, tlj sf dim et j. fériés 9h30-12h30, 14h-18h30 (17h sam) ; oct-mars, tlj sf dim et lun mat 9h30-12h30, 14h-18h.* Propose des visites de la ville et des environs le 4e dimanche de chaque mois.

– ***Marché :*** *mer mat et sam mat sur la pl. Paulette-Duhalde (la place devant l'office de tourisme).*

Où dormir ?

Camping

Camping du Pays de Flers : *la Fouquerie. ☎ 02-33-65-35-00. 06-74-49-21-82. • flers-agglomeration.fr/camping-de-la-fouquerie • À la sortie de Flers, vers Argentan. Ouv de mi-avr à mi-oct (loc tte l'année). Env 14 € pour 2 ; mobile homes 6 pers 284-397 €/sem. 50 empl.* Calme, convenablement ombragé (sous les peupliers), fort bien tenu et, pour couronner le tout, un accueil très sympa. Un bel endroit, en vérité, bien en retrait de la route. Possibilité de commander la veille croissants et pain frais pour le petit déj.

Prix moyens

Hôtel Le Galion : *5, rue Victor-Hugo. ☎ 02-33-64-47-47. • le.galion.hotel@orange.fr • hotellegalion.fr • Fermé à Noël. Résa conseillée en sem. Doubles 67-75 €. Parking gratuit.* Cet hôtel moderne et fonctionnel de taille moyenne ne déborde pas de charme de prime abord, mais les chambres se révèlent agréables et l'établissement offre le trio gagnant : bon confort, bon entretien, bon accueil. En plus, il est central tout en étant vraiment au calme !

Hôtel Saint-Germain : *10, pl. du Docteur-Vayssières. ☎ 02-33-65-25-59. • st.germain12@wanadoo.fr • hotelflers.fr • Congés : 20 déc-5 janv. Double 59 €. Réduc de 10 % sur le prix de la chambre sur présentation de ce guide.* Petites chambres sans prétention (avec toilettes sur le palier pour les moins chères), au-dessus d'une brasserie fréquentée par de nombreux habitués. Pas vraiment glamour mais très propre, en plein centre, avec un bon accueil. Devient cependant un peu cher, notamment pour les chambres sans toilettes.

Où dormir dans les environs ?

🏠 ***Chambres d'hôtes Le Jardin d'Aubusson :*** *la Guermondière, 61100* ***Aubusson.*** *☎ 02-33-65-79-10. 📱 06-44-79-74-32. ● martine.davy2@wanadoo.fr ● ♿ À env 4 km du centre-ville de Flers ; prendre la direction de Caen, puis d'Athis-de-l'Orne ; au Clos d'Athis, prendre la tte petite rue entre les passages piétons ; rouler env 1,5 km ; au 1er carrefour, c'est juste en face. Double 60 € ; 15 €/pers supplémentaire.* 📶 La maison se cache derrière les feuillages de sa haie et pourtant elle n'a pas à rougir de son allure : intérieur très cosy avec, au rez-de-chaussée, un beau salon et une non moins belle cuisine à disposition. Jolies chambres aux couleurs douces et lumineuses.

– Voir aussi les adresses « Où dormir ? Où manger dans les environs ? » dans la partie sur la Suisse normande de l'Orne plus loin.

Où manger ?

Bon marché

🍽 🍷 ***L'Arrosoir :*** *3, rue de la 2e-D.B. ☎ 02-33-65-34-65. À un rond-point à l'entrée du centre-ville (en venant de Caen et d'Argentan). Lun-ven 12h-19h. Menu 15,50 € ; carte 15-20 €.* Malgré la façade orange pétant, on serait tenté de parler d'une adresse discrète. Ici, on fait les choses simplement mais bien. Plats type brasserie (omelette, salade, plat du jour), mais le menu est réduit et les produits dans l'assiette frais. Même attention pour les boissons : pourquoi servir un café médiocre quand il y a une bonne brûlerie juste à côté ? Idem pour la petite sélection de thés. Et pour parfaire le tout, un cadre lui aussi frais et plaisant, avec chapeaux de paille en guise d'abat-jour et une colonie d'arrosoirs qui peuple le plafond.

De prix moyens à chic

🍽 ***Au Bout de la Rue :*** *60, rue de la Gare. ☎ 02-33-65-31-53. ● auboutdelarue@orange.fr ● ♿ Fermé mer soir, sam midi, dim et j. fériés. Congés : 1re sem de janv, 1re sem de mai et 3 premières sem d'août. Formules et menus en sem 18,70-23,70 € ; menu le soir ven-sam 48 € ; carte 35-40 €.* On s'y aventure avec plaisir, au bout de cette rue. Car derrière la devanture un tantinet rétro mais au décor plutôt *lounge*, on découvre une équipe tout sourire, préoccupée par l'idée de bien faire. Et elle s'en sort largement avec les honneurs : plats joliment ficelés, entre le bistrot chic et la table gourmande de saison (la carte change souvent). Une vraie bonne table.

🍽 ***L'Atelier :*** *115, rue Schnetz. ☎ 02-33-65-23-89. ● latelierflers@orange.fr ● ♿ Presque à la sortie de la ville, sur la route de Mortain. Tlj sf dim-lun (plus le soir des jeu et j. fériés hors saison). Congés : fin juil-début août. Formule déj en sem hors saison 13 € ; menu 29 €. Café offert sur présentation de ce guide.* Il ne faut pas se fier à la façade très banale de la bâtisse, car le chef qui sévit ici ne manque pas d'idées et ne vous fera pas regretter la balade : sa cuisine inventive de saison ravit autant les papilles que les pupilles ! Service souriant, dans une salle classique et agréable.

Où manger dans les environs ?

🍽 ☕ 🍷 ***La Bouilloire :*** *34, Grande-Rue, 61800* ***Tinchebray.*** *☎ 02-33-65-89-59. ● labouilloire@orange.fr ● Mar-ven et j. fériés 11h-17h,* *plus le soir ven-sam. Congés : 2 sem mi-août. Formules 11-13 € le midi, env 20 € le soir. Café et surprise offerts sur présentation de ce guide.* Dans le joli centre de Tinchebray, juste à côté de la prison royale, le genre d'adresse que l'on est toujours heureux de trouver. Chaque jour un petit menu différent. Cuisine fraîche et nature, évoluant au fil des saisons et de l'inspiration du moment. Les affamés de l'après-midi pourront toujours se sustenter de bonnes crêpes et galettes ou des délicieux gâteaux maison. Un joli lieu, vraiment agréable, avec même une petite terrasse à l'arrière aux beaux jours.

Auberge des Vieilles Pierres : ***Le Buisson-Corblin.*** *☎ 02-33-65-06-96. • aubergedesvieillespierres@wanadoo.fr • Sur la route d'Argentan, à env 2 km du centre de Flers. Tlj sf dim soir, lun et mar soir. Congés : vac de fév et 3 sem en août. Menus en sem 17,50 €, puis 28-52 €.* Salles à manger agréables et élégantes (comme la terrasse aux beaux jours), égayées ici et là de touches plus personnelles ou colorées, avec des tables suffisamment espacées pour profiter pleinement de la délicate cuisine de la maison. Le chef a un penchant pour les poissons et les crustacés (comme en atteste le vivier), mais pas seulement : les fruits s'invitent régulièrement dans les salades ou aux côtés des poissons et des viandes. Une bonne table, là encore.

À voir

Le château : ouf ! Il a été épargné par les bombardements américains de juin 1944. Une sorte de rescapé du vieux Flers. Belle demeure entourée de deux étangs, d'un parc planté de beaux hêtres avec ses promenades en sous-bois, et des jeux en plein air pour les enfants. Construit au XVIe s, agrandi au XVIIIe s, il abrite désormais un musée. Pendant la période révolutionnaire, il fut le QG de la chouannerie locale.

– ***Le musée-château de Flers :*** *☎ 02-33-64-66-49. Juil-août mer-ven 10h-12h30, 14h-18h, sam-dim l'ap-m slt ; hors saison se renseigner. Tarif 3 €, réduc.* Après 3 ans de travaux de rénovation, le musée présente une nouvelle scénographie et des animations tous publics. Entrer dans le musée est d'abord l'occasion de visiter le château : salons avec lambris et parquets du XVIIIe s, superbe charpente sous les combles... Ensuite, c'est l'un des plus beaux musées du département, puisque la section consacrée à la peinture comprend, en plus des œuvres des écoles italienne et hollandaise, le célèbre *Boulevard Haussmann* de Caillebotte, un Courbet, un Boudin, un Corot, plusieurs toiles de Charles Léandre, originaire de Champsecret, et de surprenantes céramiques signées... Jean Cocteau.

Manifestations

– ***Vibra-mômes :*** *1 sem début juin.* De la musique et des spectacles de rue pour les enfants (mais les grands peuvent venir aussi !).
– ***Festival Les Bichoiseries :*** *2 j. de concerts fin juin (ven-sam).*
– ***Les Rendez-vous de l'été :*** *juil-août.* Randonnées, visites curieuses, concerts et spectacles de rue. Public familial.

LA SUISSE NORMANDE DE L'ORNE

Explorant cette partie mal connue de la Normandie, à la fin du XIXe s, un journaliste britannique tomba sur ce joli coin très verdoyant, à l'aspect particulièrement

accidenté. Stupéfait de trouver des paysages aussi mouvementés après la relative platitude du bocage, il eut l'idée de nommer ce terroir « Suisse normande ». Rien de montagneux pourtant dans cette succession harmonieuse de collines vertes et de vallons douillets où des fermes à vaches (et à cidre) se nichent discrètement. Les monts oscillent de 200 à 250 m d'altitude. On est bien loin des Alpes ! De merveilleuses petites rivières, comme les méandres de la Rouvre, vont se jeter dans l'Orne, chemin liquide, naguère royaume des meuniers, aujourd'hui lieu de prédilection des randonneurs, des kayakistes et des pêcheurs. Un formidable bol d'air. On y trouve, en cherchant bien, le lys martagon qui appartient à la flore alpestre, et de rares libellules protégées par l'Union européenne ! Pays des sources, des rus, des ruisseaux et des rivières, la Suisse normande ornaise se distingue de sa partie calvadosienne par son caractère plus sauvage et peut-être aussi moins austère. En tout cas, on vous encourage vivement à partir à la découverte de ce superbe coin encore assez méconnu, soit en voiture, en suivant le circuit fléché de la Suisse normande (environ 120 km), soit à pied ou à vélo en explorant les chemins creux et les vallons verts.

– Pour la découverte de la Suisse normande côté Calvados (Clécy, Thury-Harcourt), se reporter à ce chapitre.

Adresse et infos utiles

🛈 ***Office de tourisme des collines de Normandie :*** *la Roche d'Oëtre,* ***Saint-Philbert-sur-Orne.*** *☎ 02-31-59-13-13. • roche-doetre.fr • Mars, mar-ven 14h-17h ; avr-oct, tlj 10h-18h (19h juil-août ; 17h oct et fermé lun). Fermé le reste de l'année.* Un très bel office où l'on trouve toutes les infos pour explorer la Suisse normande. Vente de topoguides (dont celui pour la région d'Athis et la Roche d'Oëtre), pédestre, VTT. Et un topoguide équestre téléchargeable gratuitement sur le site. Également un espace galerie, une boutique terroir et des parcours d'orientation.

Juste à côté de l'office de tourisme, le ***bar-restaurant La Roche d'Oëtre*** *(tlj juil-août ; fermé dim soir et lun hors saison)* propose une cuisine simple, plutôt traditionnelle et à des prix très raisonnables.

– Sur place également, un beau ***parc acrobatique en hauteur*** (avec un parcours spécial pour les tout-petits) : ***Roche d'Oëtre Orne Aventure,*** *• orneaventure.fr • Ouv avr-nov.*

– À côté encore, pour le bonheur de vos petits, ***4 Pat'Balad*** propose des balades à dos de vache (!) ou, plus commun, de poney. *Rens : 07-82-34-05-34 ; • 4patbalad@yahoo.fr •*

Où dormir dans les environs ?

Camping

Ferme de la Gilberdière : *la Gilberdière, 61430* ***Berjou.*** *☎ 02-33-64-81-88. 06-30-79-44-64. • syldid.ouvry@wanadoo.fr • De Berjou, accès par la D 15, direction Condé-sur-Noireau. Ouv avr-oct. Env 10 € pour 2. 6 empl. Yourtes 44 € pour 2.* Un tout petit camping à la ferme retiré dans un coin très tranquille. Équipement sommaire (bloc sanitaire rustique mais propre, un petit espace pique-nique) et quelques arbres pour apporter un peu d'ombre, des vaches laitières, des prairies exploitées en bio et des proprios ouverts et accueillants. Loue également une yourte.

Chambres d'hôtes

Chambres d'hôtes La Bergerie : *chez Frédéric et Sylvie Leblond, 61100* ***Sainte-Opportune.*** *☎ 02-33-66-04-28. • gite.labergerie.orne@orange.fr • gite-caractere-normandie.com • Sur la D 924 entre Flers et Argentan, prendre la D 354 vers Sainte-Opportune ; dans le bourg, tourner à droite sur la D 20, puis à gauche sur* *la D 885 (fléché) ; se trouve sur la droite peu après un petit carrefour. Double 57 €. Repas sur résa 21 € ; assiette gourmande env 15 €.* En pleine campagne bocagère, dans un environnement diablement bucolique et fleuri, 4 chambres coquettes installées dans des maisonnettes restaurées de façon écologique (matériaux anciens, utilisation du chanvre, de la chaux, etc.). Certaines chambres sont carrément des petits duplex. Vous verrez aussi, dans la cour, un étonnant taxi anglais. Sur résa, ses charmants propriétaires vous proposent des balades dans le coin. Sachant que monsieur est chauffeur de taxi et madame ancienne guide touristique, autant vous dire que vous êtes entre de bonnes mains.

La Roulotte Secrète de Bruno : *lieu-dit la Rue, 61100* ***Ségrie-Fontaine.*** *06-84-13-65-35. • bertoli.christiane@gmail.com • gites-fontainesecrete.com • Depuis l'église de Ségrie-Fontaine, suivre la D 224 vers Bréel, puis prendre la 1re rue à droite vers la Rue. Roulotte 90 € pour 2 (prix dégressif dès la 2e nuit). Chambre d'hôtes dans les gîtes 65 €. 2 gîtes 2-4 pers 330-470 €/sem selon saison. Apéritif ou bouteille de « breuvage normand » (selon disponibilité) offert sur présentation de ce guide.* Au détour de routes ravissantes, dans un vallon, la maison des proprios, toute fleurie, veille sur sa roulotte, dans le jardin en contrebas. Fabriquée maison, toute colorée, elle possède une kitchenette, sa salle de bains et même son petit brasero très rustique à l'extérieur pour un dîner sous les arbres, éclairé aux lampions ! Également 2 beaux gîtes où, s'ils sont disponibles, vous pouvez être accueilli en chambre d'hôtes. L'un pour 2 personnes, un ancien four à pain, et l'autre pour 4. Dans ce dernier, on passe du Maghreb au chalet de montagne ou à l'Europe de l'Est selon les pièces. Et pour chacun des hébergements, une petite terrasse au calme. Accueil charmant.

Chambres d'hôtes chez Bernard et Marie-Paule Buffard : *1, rue de l'Être, 61790* ***Saint-Pierre-du-Regard.*** *☎ 02-31-69-09-59. • bernard.buffard@laposte.net • De Saint-Pierre-du-Regard, suivre la direction d'Athis-de-l'Orne ; faire 2,5 km et tourner à gauche (direction Être et La Houssange). Ouv avr-11 nov. Double env 65 €.* Une maison au vert, dans un hameau très paisible. 3 chambres en tout, dont 2 sous les toits, à l'aménagement sobre mais frais et avenant.

De bon marché à prix moyens

Hôtel Sophie : *5, pl. Albert-Ier, 61220* ***Briouze.*** *☎ 02-33-62-82-82. • info@hotelsophienormandie.com • hotelsophienormandie.com • Resto fermé le soir ven et dim. Double 48 €. Formule déj en sem 12 € ; menus 18-35 €.* Un petit hôtel de bourg dynamiquement et gentiment tenu par la famille Excellent (un joli présage !). Le frère est aux fourneaux, la sœur à la réception. Les chambres sont petites, peu à peu refaites au goût du jour, mais quoi qu'il en soit, l'ensemble est très bien tenu et la literie bonne. Au resto, cuisine plutôt traditionnelle.

L'Auberge Auvraysienne : *le Bourg, 61210* ***La Forêt-Auvray.*** *☎ 02-33-64-49-72. • aubergeauvray@outlook.fr • Juil-août, mar-ven, sam soir et dim midi ; hors saison, fermé mar-mer. Résa conseillée le soir. Menus 12,50 € le midi en sem, 26 € le soir.* Cette sympathique petite adresse propose une cuisine maison simple, copieuse et variant au gré des saisons ; on retrouve dans les associations de saveurs l'influence anglo-saxonne des proprios. Aux beaux jours, possibilité de manger dans le jardin à l'arrière. Sinon, ambiance sonore assurée par les roucoulements impromptus de la tourterelle qui vous accueille dans le petit bar à l'entrée.

À voir. À faire

Athis-de-l'Orne et les villages alentour : le mieux pour découvrir les environs est de demander à l'office de tourisme des collines de Normandie les fiches détaillées présentant les petits villages du coin. Parmi eux, citons ***La Carneille***

L'ORNE

avec ses petites ruelles, ***Notre-Dame-du-Rocher, Berjou*** et son sympathique petit ***musée de la Libération*** *(● musee-berjou.fr ● ; ouv dim mai-sept),* ***Taillebois*** et son manoir (qui ne se visite pas), le site naturel du ***champs des Cailloux*** *(sur la D 15),* ou encore ***Ménil-Hubert-sur-Orne.*** Et pour les promenades en famille, à la sortie d'Athis-de-l'Orne, en direction de Sainte-Honorine-la-Chardonne, sympathique site tout autour de l'étang de la Queue d'Aronde et du bois Charles-Meunier.

« JUSQU'AU DERNIER SANGLOT, DÉGUSTEZ LE BOURDELOT ! »

Telle est la devise des habitants d'Athis-de-l'Orne, et particulièrement de la Confrérie des goustes bourdelots du bocage athisien. Non, ce n'est pas une secte, mais un club de gastronomes dont l'objectif est la promotion du bourdelot, un dessert typiquement normand, que l'on réalise avec une pâte à pain, du sucre, du beurre et une certaine variété de pommes, la calville. On le servait autrefois au repas à la fin des moissons.

La vallée de la Vère : *de Flers, par la D 962 (direction Condé-sur-Noireau), puis à droite par la D 17 qui épouse les méandres de la rivière.* Une petite vallée encaissée et pittoresque qui, au bout de quelques kilomètres, s'avère être une véritable « rue d'usines ». Témoignage de l'importance de l'industrie textile au XIXe s dans la région de Flers, où l'on travaillait le coton importé des États-Unis ou de Martinique.

➢ ***Les Vélorails de la Suisse normande*** *(Amicale pour la mise en valeur de la voie ferrée Caen-Flers)* **:** *gare de* ***Pont-Érambourg.*** *☎ 02-31-69-39-30. ● rails-collinesnormandes.fr ● En venant d'Athis, une fois à Pont-Érambourg, passer le pont direction Saint-Pierre (indiqué). Départs tlj et ttes les heures en juil-août, 10h30-17h ; avr-oct, mêmes horaires les w-e et j. fériés, plus mer à 14h30 et 15h30. Résa conseillée. Prix : 20 € la balade de 13 km A/R dans un vélorail (4 pers) ; env 1h45 l'A/R.* Une balade facile sur un petit tronçon d'une ancienne voie ferrée, qui plaît à toutes les générations, et fort agréable : on longe le Noireau, des falaises, une vallée, on passe des ponts, des viaducs, et on voit même un des derniers pontons américains amovibles datant de la Seconde Guerre mondiale fixé sur la rivière. Pique-nique possible sur place et expositions de vieilles photos dans d'anciens wagons de tri postal désaffectés.

La Maison de la rivière et du paysage : *61100* ***Ségrie-Fontaine.*** *☎ 02-33-62-34-65. ● cpie61.fr ● Accès par la D 43 ; fléché depuis Ségrie-Fontaine. Tte l'année, lun-ven 9h30-17h (17h30 juil-août) ; ouv aussi dim et j. fériés avr-sept 13h30-18h30, plus sam juil-août. GRATUIT.* Vaut surtout le détour pour ses sorties thématiques intéressantes. La *Maison de la rivière* est installée dans l'ancien moulin de Ségrie, au bord de la Rouvre : elle propose des expositions sur le cycle de l'eau, la rivière et la nature en général (film renouvelé tous les ans). À deux pas, la *Maison du paysage* (moulin de Bréel) abrite un café-nature (où l'on peut notamment goûter aux très bonnes glaces de la *Ferme Bidard* – voir à Lonlay-l'Abbaye, dans les environs de Domfront), une boutique, un point d'information et un parcours pêche et découverte tout public (30 bornes questions-réponses). Animations familiales « nature en sac » à pratiquer librement sur le site. Programme de sorties nature thématiques.

La Roche d'Oëtre : *sur une hauteur, à 5 km de* ***Pont-d'Ouilly.*** *De Rouvrou, accès par la D 301 (bien fléché).* Certainement le site naturel le plus curieux (et le plus beau) de toute la Suisse normande. Avec la clairière de Brésolettes dans la forêt du Perche et les arbres remarquables de la forêt de Réno-Valdieu (Perche toujours), c'est le troisième paysage classé de l'Orne. Ici, la roche en tant que telle n'a pas d'importance, mais c'est la vue que l'on a de son sommet qui impressionne. Plus de 200 m de hauteur ! Il s'agit d'une sorte de cuvette profonde, noyée dans les arbres à perte de vue, où la Rouvre, petit affluent de l'Orne, a réussi à se frayer un chemin. La rivière est elle aussi protégée, si bien qu'aujourd'hui les saumons la remontent et des loutres se cachent à nouveau sur ses rives. Un sentier accède à l'éperon rocheux. Une fois là, il faut absolument descendre jusqu'à une terrasse inférieure pour découvrir la carte postale du coin : la roche supportant la terrasse évoque un profil humain. Surprenant ! Attention aux rochers, glissants les jours de pluie : la dénivellation est de 118 m, ça fait beaucoup en cas de chute...

L'église de Ménil-Gondouin : *sur la D 15, en direction de Putanges-Pont-Écrépin.* Sa façade colorée détonne dans ce coin tranquille de la campagne ornaise. On la doit au farfelu abbé Paysant qui avait pour habitude de recouvrir son église d'inscriptions et de dessins religieux en souvenir de ses pèlerinages. À sa mort en 1921, l'évêché décida de tout effacer. Restauré aujourd'hui, l'édifice, sorte de bande dessinée sainte, renoue avec le vœu de l'abbé qui souhaitait une église « vivante et parlante », accessible à tous. Certaines citations seraient des inventions du saint homme... les reconnaîtrez-vous ?

LA RÉGION DES HARAS ET DES CHÂTEAUX

L'Orne est le premier département français d'élevage de trotteurs, entre Argentan et Le Merlerault (petite commune à l'est d'Argentan, sur la route de L'Aigle) principalement ; ils sont bichonnés, entraînés et promis aux plus beaux destins...

ARGENTAN (61200) 14 320 hab. *Carte Orne, B1*

On a vraiment du mal à imaginer ce que fut le décor d'Argentan autrefois, à l'époque où cette ancienne ville fortifiée vivait de la dentelle, et plus particulièrement du point d'Argentan.
Ancien lieu de résidence des rois d'Angleterre et des ducs de Normandie (aux XIIe et XIIIe s), Argentan fut pilonnée sans relâche de juin à août 1944, au point d'être presque totalement détruite (à 87 %), puis reconstruite, comme de nombreuses cités normandes. Heureusement, on trouve encore quelques beaux témoignages du passé dans son petit centre, notamment l'église Saint-Germain et un certain nombre d'hôtels particuliers miraculeusement épargnés.

Adresse et info utiles

Office de tourisme : *chapelle Saint-Nicolas, pl. du Marché, près du château et de l'église Saint-Germain. ☎ 02-33-67-12-48. • argentan.fr • Juil-août, lun 9h-12h30, 14h-18h ; mar-sam 9h-13h, 14h-18h. Sept-juin, lun-sam 9h30-12h30, 14h-18h (13h30-17h30 sam).* Visites guidées de la ville en juillet et août, balades en calèche en été et pendant les vacances scolaires. La brochure gratuite *Pas à pas* propose une balade de 1h30 à travers la ville.

– ***Marché :*** *mar mat, ven mat et dim mat pl. Saint-Germain.*

Où dormir ? Où manger ?

Camping

Camping de la Noë : 34, rue de la Noë. ☎ 02-33-36-05-69. • camping@argentan.info • argentan.fr • ♿ À 800 m du centre-ville, vers le sud, à côté de la Maison des dentelles. Ouv avr-oct. Env 10 € pour 2. 23 empl. Un camping intime et agréable : emplacements à proximité d'un étang, dans un parc bien entretenu avec massifs de fleurs et allées bucoliques. Vente sur place de tickets de pêche pour le plan d'eau.

Prix moyens

Bistrot de l'Abbaye : *25, rue Saint-Martin. ☎ 02-33-39-37-42. ♿ Dans le logis d'une abbaye de sœurs bénédictines ; entrée par la rue de la République. Tlj sf lun soir, mar soir, dim et j. fériés. Congés : vac scol de fév (zone A) et 3 premières sem d'août. Menus et formules 15,10-17,10 € (sf sam soir)-20,50 € ; carte env 26 €.* Un petit bistrot sympa comme tout, avec ses nombreux habitués le midi. On y goûte des spécialités classiques, simples et bonnes, servies avec efficacité.

De chic à beaucoup plus chic

Chambres d'hôtes Le Manoir de Coulandon : *5, rue de Coulandon, lieu-dit Coulandon. ☎ 02-33-39-18-22. 06-81-71-39-92. • info@manoir-de-coulandon.com • manoir-de-coulandon.com • ♿ Du centre d'Argentan, suivre la route d'Alençon, puis prendre à gauche à la sortie de la ville vers le quartier Coulandon. Doubles 76-86 € selon confort ; 3-4 pers 116-130 €. Petit pot de confiture offert sur présentation de ce guide.* À deux pas de la ville mais déjà en pleine campagne, c'est l'adresse idéale pour qui souhaite dormir au calme. Ce petit manoir du XVe s avec son escalier à vis et ses cheminées de bonne taille offre une étape sympathique et de charme. Les chambres pleines de caractère et coquettes se partagent entre la maison principale et le pressoir. Pour tout le monde, cuisine équipée à disposition dans le pressoir.

Hostellerie de la Renaissance : *20, av. de la 2e-D.B. ☎ 02-33-36-14-20. • larenaissance.viel@wanadoo.fr • hotel-larenaissance.com • ♿ Resto fermé lun, sam midi et dim soir. Doubles 95-135 € selon confort ; petit déj 13,50 €. Formule déj en sem 22 € ; menus en sem 32 €, puis 54-85 €.* Des goûts et des combinaisons novatrices : Arnaud Viel maîtrise sa palette de saveurs. Ici, les assiettes s'égaient d'un agneau de pays ou d'un foie gras de la ferme, qui envoûtent littéralement le palais. Du bocage au littoral, le chef connaît la musique. Côté hôtel, chambres tout confort et bien insonorisées à la déco soit classique, soit plus contemporaine. Certaines d'entre elles se situent dans la maison principale et d'autres, plus grandes et plus chic, dans l'annexe avec accès direct à l'espace bien-être (sauna, jacuzzi, hammam) et vue sur la piscine extérieure.

Où dormir dans les environs ?

Chambres d'hôtes

Le Nid des Hirondelles : *chez Annick Allais, le Moulin-Foulon, 61210* ***Ri.*** *☎ 02-33-35-90-27. • allais.annick@orange.fr • Prendre la D 958 vers Falaise. Peu après Occagnes, tourner à gauche, vers Commeau, puis suivre la direction de Ri ; la maison se trouve sur la gauche, au bout d'un chemin, peu avt le pont au-dessus de l'A 88. Doubles 55-60 €. Table d'hôtes sur résa 25 €.* Le cadre est bel et bien celui d'une ferme, mais dans la partie réservée aux chambres d'hôtes, elle n'est plus en activité. Et si l'A 88 peut se faire entendre dans le jardin dans la journée, elle ne viendra guère troubler vos nuits. Dans les chambres soignées et avenantes, aux couleurs douces et claires, angelots et petits cœurs veilleront sur votre sommeil. En revanche, la maison est assez sonore.

Prix moyens

La Table de Catherine au Faisan Doré : *sur la D 924, 61200* **Fontenai-sur-Orne.** ☎ *02-33-67-18-11.* • *lefaisandore@viaorne.fr* • *Resto de l'hôtel* Le Faisan Doré, *près de la sortie d'autoroute, sur la route de Flers. Tlj sf dim soir, lun midi et sam midi. Congés : 10 j. début août. Menus déj en sem 15,50 €, puis 24,50 ; carte env 35 €. Apéritif offert sur présentation de ce guide.* Tandis que monsieur assure le service en salle, madame (la fameuse Catherine) s'active aux fourneaux. On la sent plus à son aise avec les viandes (nettement majoritaires au menu) qu'avec les poissons. La cuisine s'inspire fortement du terroir (cidre et pommes sont aussi 2 ingrédients qui réapparaissent régulièrement au détour des plats) mais s'enrichit aussi de parfums ou de goûts plus méditerranéens ou exotiques. Le tout servi dans une déco gaie, faussement rétro, avec tapisseries à fleurs très épanouies et couleurs explosives.

À voir

L'église Saint-Germain : *ouv tte l'année.* Cette église, comme tant d'autres bâtisses de la ville, fut gravement endommagée par les bombardements de 1944. Commencée vers 1410, achevée vers le milieu du XVIIe s, elle possède un porche latéral du XVe s, finement sculpté, et une tour-lanterne de 53 m légèrement penchée. À l'intérieur, voûtes du déambulatoire très ouvragées. Détail curieux : l'église possède deux tours, ce qui, à l'époque, était réservé aux cathédrales.

La chapelle Saint-Nicolas : *sur la pl. du Marché.* Construite en 1373 et réduite à ses murs en 1944, elle est finalement restaurée en 1952 pour accueillir, en 1966, un beau retable en chêne du XVIIIe s provenant d'une église voisine. Elle abrite aujourd'hui l'office de tourisme.

La Maison des dentelles : *34, rue de la Noë.* ☎ *02-33-67-50-78. Avr-oct, mar-sam 10h-13h, 14h-18h, plus dim 15h-18h. Entrée : 3,20 € ; réduc ; gratuit le 1er dim du mois. Si vous le souhaitez, visite guidée comprise dans le prix.* Au bord du plan d'eau de la Noë, cette charmante maison bourgeoise du XIXe s abrite une riche collection de dentelles (à l'aiguille, aux fuseaux, mécanique...) et retrace le passé dentellier d'Argentan, qui fut sous Louis XIV l'un des grands centres dentelliers du pays. Après avoir évoqué le fameux point d'Argentan – les bénédictines voisines sont les seules à le produire aujourd'hui –, la visite s'attarde sur les créations récentes afin que l'on puisse apprécier les évolutions de cet art, puis se termine par un petit tour de France de la dentelle. Également un film de 15 mn et des expos temporaires.

Le donjon : un des derniers vestiges de la fortification. Construit en 1120 par Henri Ier Beauclerc. Fermé pour restauration.

L'église Saint-Martin : *rue Saint-Martin. Malheureusement, slt ouv les ven en juil-août.* Remarquable par ses proportions et par la finition de sa maçonnerie. Commencée vers 1450, elle ne fut terminée qu'au début du XVIe s. À l'intérieur, dans le chevet, un beau vitrail représente la mort de saint Martin qui évangélisa la région au IVe s.

La tour Marguerite : *rue de la Vicomté. Juin-sept, tlj 10h-17h. GRATUIT.* Promenade sur le chemin de ronde très sympa.

Autour de l'église s'étend la ***basse ville,*** petit quartier épargné par les bombardements : une bonne vingtaine d'anciens hôtels particuliers (rue Pierre-Ozenne, rue Saint-Martin) et jolie place des Vieilles-Halles.

DANS LES ENVIRONS D'ARGENTAN

Atelier Balias – château de Serans : *à la sortie d'Écouché. ☎ 02-33-36-69-42. • atelierbalias.com • Ouv 14h-18h : tlj en été, slt w-e hors saison. Entrée : 4,50 € ; réduc.* L'artiste Balias ouvre son château au public : dans les galeries, des expos temporaires, dans le salon ou la salle à manger, ses propres fresques, et dans le parc, une cinquantaine de sculptures contemporaines dans un cadre assez unique. Surprenant et très réussi. Organise aussi des festivals, des expositions, des ateliers, toujours autour de l'art, de juin à septembre.

Chambres d'hôtes du château de Serans : *double 75 €. Table d'hôtes sur résa 35 €.* Si les chambres, confortables mais très classiques, ne se démarquent pas particulièrement, l'environnement, en revanche, vaut vraiment la peine : déambuler parmi les œuvres d'art ou prendre son petit déj dans la salle à manger décorée par le maître est une vraie expérience ! Belle vue champêtre depuis les chambres. Accueil souriant.

La boucle des châteaux de l'Orne : au départ d'Argentan, une sympathique boucle permet de découvrir quelques merveilles architecturales et historiques. Nombre de propriétés sont privées et donc fermées au public, voire impossibles à observer depuis la route.

– Le château d'O : *à **Mortrée,** village situé sur la D 958, entre Sées et Argentan. ☎ 02-33-12-67-46. Ouv en principe à la visite en août 10h-16h. GRATUIT. Visite guidée env 45 mn.*

L'un des plus connus et des plus élégants châteaux de Normandie. Ses hautes tourelles effilées et ses fenêtres délicates se reflètent dans les eaux de ses douves au milieu d'un très joli parc boisé.

Particularité du château : il est composite. Si c'était une tête humaine, on dirait d'elle qu'elle est magnifique de face, moyenne de profil et assez banale de dos… C'est vrai que la première façade qui s'offre à vos regards, de style gothique finissant, est pleine d'exubérance, de fantaisie et de finesse. Construit à la fin du XVe s, remanié et agrandi aux XVIIe et XVIIIe s, ce château appartint longtemps à la famille d'O, dont le dernier descendant fut François d'O, mignon d'Henri III et désastreux ministre des Finances d'Henri IV. Il est mort ruiné, « confit dans la débauche », en 1594.

Après la Seconde Guerre mondiale, le château abrita une colonie de vacances de la Marine nationale : certains murs et miroirs furent peints en rose et la salle de garde servait de salle de douche collective ! Un désastre. Un moment propriété de l'académicien Jacques de Lacretelle, homme de lettres et de goût, le château d'O a retrouvé une certaine splendeur.

– Le château et le jardin à la française de Sassy : *à **Saint-Christophe-le-Jajolet.** ☎ 02-33-35-32-66. À 6 km du château d'O, à gauche de la D 958 vers Argentan, prendre une route sur la gauche (indiqué). De mi-juin à mi-sept, tlj 10h30-12h30, 14h30-18h ; de Pâques à mi-juin et 2de quinzaine de sept, w-e et j. fériés 15h-18h. Entrée : env 7 € ; réduc.* Surplombant la campagne environnante et un sublime jardin étagé à la française, le château date de la fin du XVIIIe s. L'intérieur abrite de belles tapisseries, ainsi que les souvenirs et la bibliothèque du chancelier Pasquier. Dans la petite chapelle perdue sous les hortensias, ne pas rater le beau retable en bois du XVe s, remarquable par le nombre des personnages sculptés.

EN VOITURE !

Le village de Saint-Christophe-le-Jajolet est l'un des rares lieux en France où se déroule chaque année, le dernier dimanche de juillet et le 1er dimanche d'octobre, un grand pèlerinage d'automobilistes. Saint Christophe étant le patron des voyageurs (donc des routards !), les amoureux des belles carrosseries viennent faire bénir leur voiture sur la place de l'église.

– ***Le château de Médavy :*** *près d'Almenêches, à 12 km au sud-est d'Argentan par la D 240. ☎ 02-33-35-05-09. Parc et château tlj en juil-août 14h-19h et lors des Journées du patrimoine. Visite guidée 9 € ; parc, chapelle et colombier, visite libre 6 €.* Construit du XVe au XVIIIe s, il en impose avec ses deux tours coiffées en dôme et ses douves qui rappellent son enceinte fortifiée. À l'intérieur, beau parquet en soleil, cartons de tapisseries, boiseries, chaises à porteur, collection d'atlas.
– ***Le château du Bourg-Saint-Léonard :*** *à la sortie du Bourg-Saint-Léonard vers Trun et Chambois. ☎ 02-33-36-68-68. Mai-juin et sept, w-e et j. fériés 14h30-16h30 ; juil-août, tlj 14h30-17h30. Entrée : 5 €.* Le château entouré d'un parc superbe et flanqué d'une orangerie et d'écuries est une belle construction du XVIIIe s. Datant de l'Ancien Régime, il abrite un vrai petit musée de la décoration du Siècle des lumières. Il rassemble une intéressante collection de meubles et boiseries d'époque, d'objets autour de l'art de la table et quelques tapisseries de Flandres et une d'Aubusson. Le parc paysager et son beau plan d'eau sont libres d'accès.

LE HARAS NATIONAL DU PIN (LE PIN-AU-HARAS)

(61310) 330 hab. *Carte Orne, C1*

Soudain, dans un virage, surgit cette sorte de palais royal, entièrement voué à « la plus noble conquête de l'homme ». Le cheval a trouvé ici son « Versailles », c'est l'écrivain et auteur de *Nez-de-cuir,* Jean de La Varende, qui l'a dit à la fin du XIXe s. Colbert en avait décidé la construction, Mansart dessiné les plans et Le Nôtre imaginé le jardin. Enfin, ce fut pendant très longtemps l'histoire officielle du haras. Mais aujourd'hui, on sait qu'en 1715, quand les terres du haras du Pin furent achetées, ces trois-là étaient déjà morts ! Alors, à défaut des maîtres, le haras a eu les élèves : des nommés Robert de Cotte et Pierre le Mousseux. Une chose est sûre : on n'a pas lésiné sur les moyens. Les bâtiments ne font pas injure au style Grand Siècle, et le parc présente une merveilleuse alternance d'allées forestières et de tapis d'herbe grasse.
On est ici au cœur du pays du Merlerault, dont l'herbe, considérée comme l'une des meilleures de France (sinon d'Europe), sert de pâture à des milliers de chevaux. Près de 20 % de l'élevage des pur-sang, des trotteurs de France, se concentrent dans ce triangle magique formé par Argentan, Gacé et le village du Merlerault. Rien qu'entre Nonant-le-Pin et Argentan, on compte plus de 20 haras.

LE ROYAUME DES DADAS LES PLUS BEAUX

Pour éviter la fuite des capitaux à l'étranger et l'achat de chevaux allemands pour les besoins de ses guerres, Louis XIV demanda à Colbert de prendre une mesure urgente en faveur des chevaux français. C'est ainsi qu'en 1665 fut fondé un premier haras à Saint-Léger-en-Yvelines. Fiasco. En 1715, le roi, à qui on avait vanté la qualité des herbages ornais, décida l'achat des terres de la seigneurie du Pin. La construction du haras du Pin ne sera achevée qu'en 1730. À la Révolution, il devint haras national. Entouré d'un immense domaine de 1 112 ha (dont 250 ha de forêt et 680 ha de pâturages), cet établissement obéit à une double vocation : centre de reproduction et pôle hippique avec l'une des plus grandes scènes hippiques de France, le parc du Haut-Bois. On trouve également sur le domaine un centre de formation aux métiers du cheval et aux techniques de reproduction.
Les écuries, que l'on visite, abritent des chevaux de races différentes. On trouve là des chevaux de selle français, des trotteurs et des percherons.

Où dormir ? Où manger dans les environs ?

La Maison de Silly : *chez Martine et Claude Lainé, les Fieffes, 61310* ***Silly-en-Gouffern.*** *☎ 02-33-67-22-01. • laine.martine@gmail.com • lamaisondesilly.com • Depuis Silly-en-Gouffern, suivre les indications pour l'hôtel* Le Pavillon de Gouffern, *passer devant celui-ci et, au croisement avec la D 16, tourner à gauche (direction Bourg-Saint-Léonard) ; la maison est sur la gauche. Doubles 59-69 € selon confort.* Ce qui frappe d'emblée quand on entre dans cette maison de maître en bordure de forêt, c'est sa luminosité. Celle-ci est encore accentuée par la déco dans des teintes naturelles et douces. Les chambres, quant à elles, ont du caractère sans être figées dans les siècles passés.

Le Pavillon de Gouffern : *l'Orée-du-Bois, 61310* ***Silly-en-Gouffern.*** *☎ 02-33-36-64-26. • info@pavillondegouffern.com • pavillondegouffern.com • À 5 km du haras national du Pin ; indiqué sur la droite sur la D 926 entre Argentan et Gacé. Congés : janv et 24-25 déc. Doubles 115-250 € selon confort et saison, petit déj inclus. Formule déj en sem 20 € ; menu 25 €.* Un vaste pavillon de chasse à l'atmosphère très anglaise avec ses canapés Chesterfield et ses feux de cheminée. Dans les chambres, belle déco classique ou plus contemporaine selon les étages, confort extrême, lits douillets, parquets et salles de bains en marbre. Très calme. Pour les familles, l'idéal reste la « maison de poupée », un adorable cottage indépendant. Au resto, dans une superbe salle panoramique rouge et noir, une cuisine traditionnelle.

Chambres d'hôtes chez M. et Mme Plassais : *la Grande Ferme, Sainte-Eugénie, 61160* ***Aubry-en-Exmes.*** *☎ 02-33-36-82-36. • catherineplassais@sfr.fr • chambres-hotes-ste-eugenie.com • À mi-chemin entre le haras national du Pin et Argentan ; sur la D 926, au niveau de Silly-en-Gouffern, prendre vers Aubry-en-Exmes et poursuivre jusqu'à Sainte-Eugénie. Double 56 €. Table d'hôtes sur résa 23 €.* 4 chambres dans une ferme en activité, dont la façade typique est recouverte de lierre. Confort rustique tout à fait convenable : salle de bains et armoire normande pour tout le monde ! Vue agréable sur un pré tranquille et verdoyant. Ambiance familiale.

L'ORNE

La visite du haras

– ***Informations :*** *☎ 02-33-36-68-68. • haras-national-du-pin.com •*
– ***Horaires :*** *avr-sept, tlj 10h-18h ; fév-mars et d'oct à mi-nov, pdt petites vac scol slt, tlj 10h30-12h, 14h-17h. Compter 1h30 de visite.*
– ***Tarifs :*** *12 € (comprend la visite guidée du haras et la visite libre du parcours découverte). En été, visites possibles en sus de la maréchalerie, de l'atelier de sellerie, de l'École supérieure du cheval et de l'équitation, du château, et spectacle équestres (jeu-dim en juil-août). Livrets jeux pour les enfants.*
– Promenade en calèche en juillet-août. Quelques animations pour les enfants.

Les écuries : pendant la ***visite guidée*** du haras, accès aux écuries secondaires. Construites dans la seconde moitié du XVIIIe s, elles sont très belles, et particulièrement rétro. Les bâtiments jouent joyeusement du contraste brique rouge-calcaire blanc. Et les chevaux ont l'air ravis d'être là. La saison de monte s'étend de fin février à mi-juillet. La reproduction est aujourd'hui gérée par une coopérative d'éleveurs.

BOUTE-EN-TRAIN

À l'origine, ce n'est pas un rigolo mais un cheval qui « excite l'arrière » ! Il s'agit de celui qu'on place auprès des femelles afin de repérer si elles sont en chaleur ou non. À ces périodes-là, leur attitude change (elles urinent fréquemment). Ensuite, on le remplace par l'étalon qui les fécondera. C'est injuste.

Le parcours découverte de l'écurie nº 1 : l'écurie nº 1, qui date de 1715, abrite un vaste ***espace muséographique*** moderne et bien conçu. On apprend tout sur ces équidés, de l'anatomie aux races en passant par les allures, mais également sur les différents métiers qui en découlent. À l'étage, historique intéressant sur les haras. Films, bornes interactives, théâtre optique... Abrite également des expos temporaires de juin à septembre.

La collection de calèches : nostalgie, quand tu nous tiens ! Voilà bel et bien les ancêtres de nos voitures actuelles : milord, phaéton... D'ailleurs, au XIXe s, on les appelait déjà des voitures (hippomobiles).

La sellerie d'honneur, l'atelier de sellerie et la maréchalerie : *en été, visite des ateliers.* On peut en revanche accéder toute l'année à la très belle sellerie d'honneur présentant des boiseries et de beaux harnais.

Le château : *visite pdt les petites vac scol 1 ap-m/sem 14h30-16h30, ainsi que ven en juil-août.* Tapisseries, mobilier, objets d'art, tableaux...

Manifestations

Voir le programme complet des manifestations sur le site.

– ***Courses à l'hippodrome de la Bergerie :*** *début mai et mi-oct. Entrée : 5 €.*
– ***Animation spéciale « Les Jeudis du Pin » :*** *début juin-fin sept, jeu à 15h (arrivée conseillée à 14h30). Entrée : 15 € (visite du haras et du musée comprise*. Dans la carrière à côté du haras, sympathique présentation commentée de chevaux et d'attelages, ponctuée par des numéros équestres exécutés par des artistes en résidence, le tout en musique.
– ***Spectacle équestre dans le manège :*** *ven-dim en juil-août à 15h. Entrée : 6,50 €/adulte.* Des numéros variés et spectaculaires, dans le manège d'Aure du Haras.
– ***Concours international d'attelage :*** *en août.*
– ***Concours complet international :*** *en août.*
– ***Concours national de la race percheronne :*** *dernier w-e de sept.*

LE PAYS D'AUGE ORNAIS

C'est sur cette terre de vallons verdoyants plantés de pommiers, avec vaches et maisons à colombages en arrière-plan, qu'est fabriqué l'un des produits phares de la Normandie : le camembert. Le coin vit aussi naître Charlotte Corday, aux Champeaux-en-Auge exactement. C'est aussi là, pendant la Seconde Guerre mondiale, que s'est jouée une phase décisive pour la libération de la France.

CHAMBOIS ET LE MONT ORMEL

(61160) *Carte Orne, C1*

C'est dans les haies du bocage de la partie sud-ouest du pays d'Auge que s'est joué le dernier acte de la bataille de Normandie, du 16 au 22 août 1944. Bien qu'on évoque plus souvent la poche de Falaise, c'est dans l'Orne que

l'armée allemande fut encerclée et les soldats pris en tenaille par les troupes alliées. Le dénouement de la bataille eut lieu dans un tout petit territoire (5 x 5 km environ), en forme de triangle, délimité par Chambois (au sud), Trun (à l'ouest) et la colline du mont Ormel (au nord). C'est là que les plus féroces combats firent rage. Pour le général Dwight Eisenhower, commandant suprême des Alliés, ce fut « le plus grand champ de tuerie qu'aucun secteur de la guerre eût jamais connu ». Plus de 50 000 Allemands démoralisés y furent tués ou capturés. Dans ce véritable piège, les soldats de la VIIe armée allemande furent contraints à la retraite et se retrouvèrent enfermés dans le célèbre « couloir de la Mort » où la plupart périrent. En face d'eux, des Américains, des Canadiens, des Britanniques, des Français, mais aussi des Polonais déterminés qui tinrent jusqu'au bout le site stratégique du mont Ormel. « Bien que la bataille de la poche de Falaise n'eût pas réalisé la totale extermination des armées allemandes en Normandie, leur puissance utile de combat était brisée et notre route à travers la France ouverte », estimera Eisenhower.

Où dormir dans les environs ?

Chambres d'hôtes chez Martine et Régis Bodé : *la Cour-Bonnet, 61160* ***Neauphe-sur-Dive.*** *☎ 02-33-36-64-91. • regis.martine.bode@orange.fr • la-cour-bonnet-gite-chambre-hotes.com • Doubles 60-70 € selon saison. Gîte 2 pers 176-292 €/sem. Bouteille de cidre ou de poiré offerte sur présentation de ce guide.* Vous logerez ici dans une des dépendances de la maison des propriétaires, qui servait auparavant d'étable, poulailler et grenier à foin. Non seulement la petite bâtisse joliment située au bord d'un plan d'eau ne manque pas de caractère avec ses colombages, mais les chambres sont fraîches, lumineuses et soigneusement apprêtées. L'une d'entre elles dispose même de son petit balcon. Cuisine à disposition pour les séjours de plusieurs nuits.

À voir

Chambois : rien de particulier à voir, hormis le superbe donjon carré du XIIe s, élevé sur trois étages et, sur la place, la stèle commémorative de la bataille de Chambois. Le soir du 19 août 1944, les soldats américains font, avec les Polonais, la jonction à Chambois, tandis que les troupes allemandes jettent leurs dernières forces dans la bataille. Pour la première fois depuis le Débarquement, des hommes s'affrontent à la baïonnette et au poignard.

Le mont Ormel : *à 6 km au nord-est de Chambois par la D 16.* Sur la droite de la route en allant vers Chambois, un petit chemin conduit au mémorial de Coudehard-Montormel, au sommet d'une colline de 262 m d'où l'on a une vue très étendue sur la cuvette de la Dives, qui fut le tombeau de l'armée allemande. Là se dresse un grand mur de pierre portant des inscriptions en français, en anglais et en polonais.

➢ ***Le Circuit Août 44 :*** *petite brochure disponible auprès du mémorial de Montormel.* Parcours en 10 étapes (soit environ 20 km), avec panneaux et photos montrant l'avant et l'après, pour découvrir les points clés de la poche de Falaise-Chambois. Un intérêt historique évident et, en plus, le coin est superbe. Possibilité d'ailleurs d'effectuer ce parcours à vélo, mais préparez-vous à grimper quelques très belles côtes !

Le mémorial de Montormel : *☎ 02-33-67-38-61. • memorial-montormel.org • Mai-août, tlj 9h30-18h ; avr et sept-oct, tlj 10h-17h ; le reste* *de l'année, mer et w-e 10h-17h. Visite guidée slt (env 1h). Entrée : 5,50 € ; 4,50 € sur présentation de ce guide ; réduc.* Une visite indispensable, avec un petit film, des vitrines avec le matériel trouvé sur le champ de bataille, une présentation audio et des explications face au site, à travers une baie vitrée, données par des guides de grande qualité. Nombreuses anecdotes, et malheureusement pas toujours drôles. Présente aussi des expos, des rencontres, des films, du théâtre, des sorties sur le site, des lectures de poèmes pour ne pas oublier.

Le couloir de la Mort : *entre Chambois et Saint-Lambert-sur-Dives, sur la route D 13, vers Trun, sur la droite, une petite route débouche au lieu-dit Gué-de-Moissy.* C'est le site historique de la bataille de la poche de Chambois-Montormel, où plus de 100 000 soldats de l'armée allemande en retraite se retrouvèrent pris au piège et encerclés par les troupes alliées (10 000 morts environ, 30 000 à 50 000 prisonniers). De septembre à décembre 1944, une brigade britannique « nettoya » le site, mais encore aujourd'hui on retrouve régulièrement des ossements.

LA ROUTE DU CAMEMBERT

Une très belle balade, à faire de préférence au printemps, quand les pommiers sont en fleur et la campagne bien verte. Par d'adorables petites routes, on explore ainsi le pays d'Auge ornais, subtil bocage où alternent de douces collines et des vallons douillets. Un pays béni par les dieux de la terre, une terre nourricière avec des vaches sommeillant dans les prés, des villages de poupée, de craquantes maisons à colombages.

CAMEMBERT *(61120)*

Minuscule village accroché au flanc d'une colline, mais un nom qui a fait plusieurs fois le tour du monde. Et les habitants de ce trou normand ont un dieu, le camembert, et une déesse, Marie Harel. Pendant la période révolutionnaire, cette jeune fermière aurait caché un prêtre réfractaire dans sa ferme de Beaumoncel. En guise de remerciement, le brave homme pourchassé lui aurait délivré le secret de fabrication du fameux fromage. En 1791, elle aurait ainsi élaboré un frometon nouveau, mélange de l'ancien camembert (ce fromage est déjà cité en 1702 par Thomas Corneille, frère du grand poète dramatique) et du fromage de Brie, autre fromage créé par des prêtres. Puis elle transmit son savoir-faire à sa fille. Un jour où Napoléon III inaugurait la ligne de chemin de fer Paris-Granville (à Surdon), on lui en fit goûter un. L'empereur fut conquis. Le 9 août 1863 au haras du Pin, il décida de confier à Victor Paynel, petit-fils de Marie Harel, le privilège d'en fournir désormais la table impériale. L'aventure commença. Et un emballage de minces rubans de peupliers (d'où une bonne conservation) permit son exportation à travers le monde.

Où acheter un camembert fermier ?

Ferme de la Héronnière : *chez M. et Mme Durand. ☎ 02-33-39-08-08. Du centre de Camembert, prendre la direction Trun sur la D 246, c'est à 3 km à droite. Ouv (normalement) avr-oct, tlj sf dim 10h-18h.* Il s'agit du dernier fermier du coin à fabriquer des camemberts AOP, il serait donc dommage de ne pas en profiter...

À voir

La Maison du camembert : *au village (on ne peut pas la louper !). ☎ 02-33-12-10-37. • maisonducamembert.com • Mars-avr et oct, mer-dim 10h30-11h30, 14h-16h30 ; mai, tlj ; juin-sept, tlj 10h-11h45, 14h-17h45 ; sinon, téléphoner avt. Entrée : 3,50 € ; 1 billet à 2,50 € sur présentation de ce guide ; réduc ; gratuit moins de 10 ans.* Camembert avait besoin d'un lieu moderne comme vitrine de son sacré fromage. Le groupe Lactalis, propriétaire de la marque Président, a donc sauté sur l'occasion. Il ne s'agit pas d'un site de production mais d'un centre pédagogique bien conçu, expliquant la fabrication et l'histoire du fameux fromage de façon vivante et originale. On découvre les anciennes techniques, les outils d'autrefois et toutes les étapes nécessaires en amont de la production (la traite, la collecte, etc.). On regarde, on apprend, on sent, on touche et on goûte ! Bonne visite audioguidée (40 mn).

Boutique de la Maison du camembert : *en face de la Maison du camembert. ☎ 02-33-12-10-37. Mars-avr et oct, mer-dim 9h30-12h30, 14h-17h30 ; mai, tlj 9h45-17h30 ; juin-août, tlj 10h-18h30 ; sept, lun-mar 9h45-12h30, 13h45-17h30 et mer-dim 9h30-17h30.* Un « bar à fromages » avec des marques fabriquées mécaniquement ou de façon artisanale, et les 4 AOC de Normandie : le pont-l'évêque, le livarot, le neufchâtel et naturellement le camembert. Assiettes de dégustation, camemberts rôtis, etc. Vous pourrez même faire une photomaton de vous pour intégrer votre visage sur une étiquette de Camembert !

VIMOUTIERS (61120)

La « capitale » du pays du Camembert fut lourdement bombardée par les Américains pendant la Seconde Guerre mondiale. Paradoxalement, c'est à ce carnage que l'église doit aujourd'hui ses bien jolis vitraux.

Adresse et info utiles

Office de tourisme du pays de Camembert : *21, pl. de Mackau. ☎ 02-33-67-49-42. • tourismecamembert.fr • Mai-août, tlj sf dim 10h30-12h30, 14h30-17h30 ; sept-avr, lun-ven.* C'est ici que vous trouverez toutes les infos pour explorer le pays du camembert, ainsi qu'un livret découverte pour enfants.

– L'application flashcode « Camembert Tour » permet d'explorer tout le coin.

Où manger ?

Le Hérisson : *3, rue du 14-Juin. ☎ 02-33-12-93-44. Dans une rue débouchant sur la place principale (pl. de Mackau). Tlj sf dim-lun. Menu 20,50 € ; carte 15-30 €.* Un endroit tout simple, tout frais, comme la cuisine ! Les petits plats, les salades et les « Crousti'flam », leur spécialité, sont tous confectionnés sur place, à base de produits de qualité et de saison. Et ça se goûte !

À voir

Le musée du Camembert : *10, av. du Général-de-Gaulle. ☎ 02-33-39-30-29. • contact@museeducamembert.fr • museeducamembert.fr • Avr-oct, tlj 14h-18h ; juil-août, slt sam-dim 10h-18h. Entrée : 3 € ; réduc ; 7-12 ans 2 € ; gratuit* *moins de 6 ans.* Musée entièrement consacré au plus renommé des fromages. On y explique les différentes étapes de la fabrication du camembert, de la collecte du lait à sa commercialisation, en passant par l'emprésurage, le moulage, le séchage et l'affinage, etc. Les yeux des tyrosémiophiles (collectionneurs d'étiquettes... de camembert) loucheront devant les 3 000 étiquettes exposées. On note qu'il ne reste plus que 10 producteurs dans la région à faire du camembert AOP, donc répondant aux critères stricts de l'Association des fabricants de camembert. Finalement, le calendos devient un produit rare...

Les statues de Marie Harel, l'inventrice du camembert : la première statue, à côté de l'église Notre-Dame, inaugurée en 1928 par le président Millerand, fut décapitée dans les bombardements. Pour la remplacer, en 1953, les ouvriers d'une très importante fromagerie de l'Ohio, la *Borden's Cheese Company,* se cotisèrent afin de financer celle située square Bosworth, près des halles. Le plus drôle : les remous que provoqua l'inscription au bas de celle-ci. Les généreux donateurs avaient écrits : « À Marie Harel, statue offerte par la fabrique de camemberts Borden (Ohio) ». Ce qui provoqua l'ire du syndicat des fromagers de Normandie, pour qui un camembert ne pouvait décemment pas être fabriqué aux États-Unis (qui depuis 1951 interdisaient l'entrée de tous produits laitiers non pasteurisés sur le territoire américain) ! On finit par opter pour un consensuel : « Cette statue a été offerte par 400 hommes et femmes faisant du fromage à Van Wert (Ohio) », et la statue put ainsi être inaugurée à Vimoutiers en 1956. Par ailleurs, les dates sur les statues sont fausses, car ce n'est qu'en 1991 qu'on découvrit la date exacte du décès de la célèbre inventrice... soit 1844.

Les vitraux de l'église Notre-Dame de Vimoutiers : *juste en face de l'office de tourisme.* En juin 1944, en 30 mn, un raid aérien pulvérise la ville. Parmi les quelques bâtiments rescapés de ce carnage : l'église, mais privée de ses vitraux, qui ont explosé. Après la guerre, la ville décide de les reconstruire. Elle opte pour la technique à base de dalles de verre taillées et de ciment, bien que celle-ci soit plus onéreuse que celle, plus commune, à base de verre et de plomb. Leur réalisation est confiée à Gabriel Loire (1904-1996), grand maître verrier français dont on peut admirer les œuvres aussi bien en France qu'en Allemagne, aux États-Unis, au Japon, ou encore au Chili ; une partie d'entre eux est financée par le Pilot Club International et d'autres sont offerts par les clubs de Philadelphie, Chicago, etc. Que viennent donc faire les États-Unis dans cette histoire, nous direz-vous ? Margaret Mitchell (l'auteur d'*Autant en emporte le vent*) était une amie de Denis Barois, gendre du Dr Boullard, homme profondément engagé dans la reconstruction de Vimoutiers après la guerre. C'est elle qui œuvrera afin que le Pilot Club International parraine Vimoutiers et finance ses vitraux. Et le plus beau dans toute cette histoire ? Les vitraux eux-mêmes ! Ils retracent non seulement la vie du Christ, mais aussi l'histoire de la Normandie (évocation de Jeanne d'Arc, de l'abbaye de Jumièges...).

ARRÊTE TON CHAR !

Le 19 août 1944, des chars allemands rejoignirent un dépôt d'essence au château de l'Horloge à Ticheville. La résistance ayant coupé les routes d'accès les plus directes, ils furent obligés de faire un détour, et nombre d'entre eux tombèrent en panne d'essence ou incapables de franchir les montées trop raides. Soixante chars allemands furent ainsi abandonnés. Celui de Vimoutiers s'immobilisa sur la chaussée à la sortie de la ville. Ses occupants l'abandonnèrent, et des bulldozers américains le poussèrent ensuite dans le fossé, près de l'emplacement qui est encore le sien aujourd'hui.

Le char Tigre : *à la sortie de la ville, sur la D 979 en direction de Gacé.* Classé Monument historique en 1975, c'est l'un des deux seuls chars Tigre de ce type restant en France.

CROUTTES (61120)

Petit village à 6 km à l'ouest de Vimoutiers (par la D 916), au nom adapté à la région ! Quelques habitations troglodytiques et un superbe prieuré.

Où dormir dans le coin ?

Chambres d'hôtes chez Donna McDougall : *le Vieux-Château, 61120* ***Le Renouard.*** *☎ 02-33-12-88-16.* *• info@levieuxchateaulerenouard.com • levieuxchateaulerenouard.com • À env 3 km au sud-ouest de Crouttes et à 11 km de Vimoutiers. Sur la D 916 en direction d'Argentan, prendre à droite vers Le Renouard ; le château se trouve juste en contrebas de l'église. Doubles 165-185 €. (dans le salon).* Le cadre, déjà, est magnifique : une campagne de carte postale, verte et vallonnée. Et puis le château, dont la construction remonte au XIe s, est superbe. Et s'il n'y avait que ça... On adore les volumes formidables et l'ambiance chaleureuse, lumineuse et bien d'aujourd'hui de ces lieux pourtant chargés d'histoire. Sans parler de l'accueil vif et très naturel de sa propriétaire australienne. Vraiment, une adresse comme on en croise peu...

Où acheter de bons produits fermiers ?

La Galotière : *au lieu-dit du même nom, famille Olivier. ☎ 02-33-39-05-98. • lagalotiere.fr • À 5 km de Vimoutiers. Depuis Vimoutiers, suivre Argentan puis les panneaux pour la ferme. Tlj sf dim 9h-12h30, 14h-18h.* Une vraie carte postale : cette adorable ferme normande nichée au creux d'une vallée est environnée de vergers, où les vaches paissent paisiblement. Possibilité de déguster et d'acheter le jus de pomme, le cidre, le poiré, le pommeau et le calvados de la maison.

À voir

Le prieuré Saint-Michel : *☎ 02-33-39-15-15. • prieure-saint-michel.com • Indiqué depuis Crouttes. Juin-août, tlj sf lun-mar (non fériés) 14h-18h ; mai et sept, ven-dim 14h-18h. Entrée : 6 € ; réduc. Env 45 mn de visite.* Un merveilleux endroit, en pleine nature, pour une agréable promenade ou pour écouter un concert. Ancien prieuré rural des XIIe et XIIIe s, dépendant jadis de l'abbaye de Jumièges. Tous les bâtiments médiévaux ont été soigneusement restaurés : la ravissante chapelle du XIIIe s (qui abrite parfois des expositions de peinture), la grange dîmière où l'on entreposait les récoltes, le pressoir à pans de bois du XVe s prolongeant une hôtellerie du XIVe s. Délicieux jardins : une roseraie, un verger, un jardin de plantes médicinales, des enclos de charmilles qui cachent jardins des simples ou des iris, une source canalisée par les moines qui alimente un bassin de nymphéas où chantent les grenouilles et nagent les tortues... Également des chambres d'hôtes.

LE SAP (61470)

Le Sap n'a subi aucun bombardement durant la guerre, c'est pourquoi ce petit village a conservé ses belles et vieilles maisons. On ne vous mentira pas, toutefois : le lieu n'est pas le plus vivant qui soit... dommage !

Adresse et info utiles

Office de tourisme du pays du Camembert, annexe du Sap : *1, pl. du Marché. ☎ 02-33-67-49-42 (Vimoutiers). • tourismecamembert.fr • Ouv slt juil-août.* Propose des visites sur l'histoire et l'architecture de cette ville classée « Petite Cité de caractère ».

– **Marché :** *sam mat.*

Où manger dans le coin ?

I●I ***Restaurant La Maison du Vert :*** *61120* ***Ticheville.*** *☎ 02-33-36-95-84. • mail@maisonduvert.com • À 6 km à l'ouest du Sap, sur la D 12 (route de Vimoutiers). Ouv de Pâques à mi-sept. Fermé le midi lun-jeu. Résa conseillée. Carte 30-35 €. CB refusées.* Ce n'est pas banal ça, un resto tenu par des Anglais qui mettent un point d'honneur à servir une cuisine inventive, fine et parfumée, mais uniquement végétarienne et préparée à partir des légumes du potager bio, des fruits du jardin et des œufs de leurs poules. Même le pain est fait maison ! L'autre grand attrait de l'endroit, et presque aussi délicieux que la cuisine : le jardin où l'on s'attable quand le temps le permet. Les salles dans la maison ont, en revanche, beaucoup moins de charme.

À voir

Le centre-ville : de magnifiques maisons à colombages le long de ruelles typiquement normandes, une gendarmerie plus que centenaire et surtout ses vieilles halles en brique datant de l'époque où le textile était florissant. Près de l'église, face à l'écomusée, à l'angle de la rue Raoul-Heurgault et de la place, pan de mur original où sont dispersés quelques carreaux de ***céramique du pays d'Auge*** très colorés et des lambrequins tout aussi incongrus. Aucune explication historique, le tout n'est qu'esthétique !

L'écomusée « De la Pomme au Calvados » : *rue du Grand-Jardin. ☎ 02-33-39-42-39. • le-grand-jardin.asso.fr • Juil-août, tlj sf lun 10h30-12h30, 14h-18h ; Pâques-juin et sept, mer-dim 14h-18h ; vac de Pâques et Toussaint, tlj 14h-18h. Entrée : 3,50 € en visite libre et 4 € en visite guidée ; réduc ; gratuit moins de 12 ans. Compter 1h de visite.* Ce petit écomusée est idéalement situé... dans une ancienne cidrerie ! À l'arrivée, belles cuves en ciment-verre (prévues pour le vin à l'origine, d'où les fissures visibles à l'intérieur sous la pression du cidre). Tout le nécessaire à la fabrication : gadage (avant de presser les pommes), pressoir à longue étreinte (du XVIIIe s) et, à l'extérieur, l'alambic pour la double distillation du calva. Verger conservatoire.

L'ORNE

GACÉ

(61230) 2 100 hab. *Carte Orne, C1*

Une petite ville aux confins du pays d'Auge et du pays d'Ouche, depuis laquelle on a une jolie vue de la route de Chambois (la D 13). Rien de particulier à voir sauf le château, où se trouve un musée consacré à l'héroïne du pays : la Dame aux camélias.

L'INCROYABLE ET VÉRIDIQUE HISTOIRE DE LA DAME AUX CAMÉLIAS

Extraordinaire et tragique destin que celui d'Alphonsine Plessis, dite « Marie Duplessis », petite Normande inculte, née en 1824 à Nonant-le-Pin et devenue à 21 ans une grande courtisane, séduisante et adulée par les hommes de son temps. Une vraie mangeuse d'amants (on dit qu'elle en aurait eu plus de 1 000 en 5 ans !) dans le Paris riche et galant du milieu du XIXe s. Un jour, l'écrivain Alexandre Dumas (fils) fait sa connaissance et en tombe follement amoureux. Amour impossible. Ils se séparent, la mort dans l'âme. Envoûté, il décide d'écrire un roman sur elle : *La Dame aux camélias.* Succès immédiat du livre, qui devient

une pièce de théâtre. Le Tout-Paris se bouscule pour la voir. Le musicien Verdi s'en inspire pour écrire *La Traviata*. Résultat : voilà une gamine inconnue dont la vie fait encore pleurer les foules, d'Aurillac à Tokyo, de Grande-Bretagne jusqu'au Brésil ! Un mythe ? Une énigme ?
Revenons un peu à ses origines. Son père ? Une sorte de colporteur très beau, violent et buveur (il était le fils reconnu du curé d'un village des environs). Sa mère était d'une grande beauté. Alphonsine erre sur les chemins de son pays natal. Très jeune encore, elle est jetée en pâture au libertinage d'un septuagénaire... Sa mère meurt. Alphonsine vend, pendant quelque temps, des parapluies à Gacé, puis elle monte à Paris. Elle a 14 ans, ne sait ni lire ni écrire. Mais elle possède une beauté du diable : « 1,67 m, les cheveux châtains, les yeux noirs, le front moyen, les sourcils bruns, le nez bien fait, la bouche petite, le menton rond, le visage ovale, le teint pâle... » En l'espace de 2 ans, elle se transforme, sous l'effet des innombrables galants et amants, dont le musicien Liszt, qui la courtisent. Tous les hommes (riches) craqueront pour elle, jeunes et vieux ! Sa vie fut brève : elle disparaît à 23 ans, victime d'une violente tuberculose, dans une sorte d'agonie-rédemption qui impressionnera Dumas. Au cimetière de Montmartre à Paris, sa tombe est toujours fleurie par d'anonymes et fervents admirateurs.

DITES-LE AVEC DES FLEURS...

Ami lecteur, savez-vous pourquoi la jeune courtisane (ou ce qu'on appellerait une escort aujourd'hui) Alphonsine Plessis fut surnommée la Dame aux camélias ? Tout simplement parce qu'elle ne sortait jamais dans Paris sans un bouquet de camélias blancs (sauf quelques jours par mois où le bouquet était rouge pour avertir qu'elle était indisposée).

Où dormir ? Où manger à Gacé et dans les environs ?

Le Relais de Cisai : *Saint-Aubin, 61230* ***Cisai-Saint-Aubin.*** *☎ 02-33-39-33-81. 06-16-27-03-11. • relaisdecisai@orange.fr • relaisdecisai.com • À env 4 km au sud-est de Gacé. Doubles 60-90 € selon chambre. En gîte 2-6 pers, 195-620 €/sem selon saison et nombre de pers.* On arrive au détour de jolies petites routes dans ce coin de campagne paumé mais charmant. L'ancienne grange du XIXe s qui abrite aujourd'hui ce gîte confortable a fait l'objet d'une restauration soigneuse : aménagement sobre, couleurs douces, matériaux de qualité. La maison a son propre jardin et peut être louée en chambres d'hôtes ou en gîte (formule 2 ou 3 chambres. Accueil chevaux.

Le 23 Grande-Rue : *23, Grande-Rue. ☎ 02-33-67-14-28. • le23restaurant@gmail.com • Tlj sf mar-mer. Congés : 3 sem début janv, 2 sem mi-sept. Formule déj en sem 15 €, menu 23 €, carte env 25 €. Café offert sur présentation de ce guide.* La carte n'est pas bien longue : des galettes, des crêpes et quelques plats genre tête de veau sauce gribiche, cuisses de grenouille ou pièce de bœuf. Très simple, donc, mais du très simple qui se tient ! En plus, le cadre est agréable : les livres y font littéralement tapisserie, en alternance avec les murs de pierre.

À voir

Le musée de la Dame aux camélias : *dans le château. ☎ 02-33-67-08-59 ou 02-33-35-50-24 (mairie de Gacé). Ouv juil-août, visite guidée tlj sf dim-lun 14h-18h (dernière visite à 17h). Tarif : 4 € ; réduc ; gratuit moins de 12 ans. Prévoir env 1h de visite.* Tout un étage est consacré à la vie de la Dame aux camélias à travers de nombreux objets ayant appartenu à Alphonsine : deux de ses passeports portant des informations divergentes (elle change son âge et déclare qu'elle est rentière...), des bijoux, un petit lézard porte-bonheur, bref, peu de choses finalement pour une dame aussi adorée (même par les Japonais, à cause de ses yeux noirs un peu bridés et de ses camélias !).

LE PAYS D'OUCHE

Les Petites Filles modèles, Un bon petit diable, Les Malheurs de Sophie... **Autant de titres qui ont rythmé notre enfance, imaginés par la comtesse de Ségur, qui vivait au cœur de ce pays d'Ouche et des vieilles forges. Un petit air romantique avec ses nombreux cours d'eau rieurs et ses ruines de l'abbaye de Saint-Évroult-Notre-Dame-des-Bois.**

– Pour plus d'infos : • *pays-d-ouche.com* •

L'AIGLE (61300) 7 980 hab. *Carte Orne, D1*

La ville est ainsi baptisée car on a trouvé un nid d'aigle dans les communs de son château. Qu'y a-t-il de commun entre des aiguilles, du grison, du cervelas et la comtesse de Ségur ? Apparemment rien. Et pourtant... Ce bric-à-brac surréaliste fait bel et bien partie de la réalité de L'Aigle. Les aiguilles ? Le dernier fabricant d'aiguilles en France (les établissements Bohin) se trouve sur la commune, et l'entreprise se visite. Le grison ? À cause des nombreuses maisons construites avec cette étrange pierre. Le cervelas ? Il est depuis toujours la spécialité aiglonne. La comtesse de Ségur ? Elle a longtemps vécu près de L'Aigle, dans un château où elle écrivit la plupart de ses ouvrages. Au-delà de tout ça, on y trouve aussi l'un des plus importants marchés de bétail de France, de bons petits restos, des coins pour la rando et un centre-ville commerçant et agréable. Bonne promenade dans cette jolie petite ville du pays d'Ouche !

L'ORNE

Adresses et info utiles

i *Office de tourisme :* *pl. Fulbert-de-Beina. ☎ 02-33-24-12-40. • ouche-normandie.fr • Lun-sam 9h-12h, 14h-18h ; plus dim 9h-13h juil-août.* Installé dans les communs du château du XVIIe s dessiné par Mansart. Support gratuit disponible pour une visite de la ville et un circuit touristique sur la communauté de communes du pays de L'Aigle et de la Marche.

■ ***Club Canaoë-Kayak :*** *base de Saint-Sulpice-sur-Risle. 06-82-68-14-79. • risleadventure.jimdo.com • Direction Rugles. Le w-e 14h-17h30, sur résa.* Randonnées et initiation au canoë-kayak sur la Risle.

– ***Marché :*** *mar mat dans tt le centre-ville.* Un grand marché traditionnel.

Où dormir ? Où manger ?

IOI *O'Château :* *11, pl. Saint-Martin. ☎ 02-33-24-00-97. • ochateau61@yahoo.fr • chambre-hote-orne.com • (resto). Fermé dim. Double 60 €, petit déj inclus (sf nuit du sam au dim, 5 € /pers).* En plein centre, en face de l'office de tourisme, une adresse qui réunit sous la même enseigne un petit pub à l'anglaise, un bistrot et 5 chambres. Celles-ci sont installées dans ce qui était autrefois la maison des propriétaires du commerce voisin (qui était alors un magasin de cycles et non une banque) et, vu les pièces, les affaires devaient être prospères ! Hormis quelques aménagements et le confort des salles de bains, on a conservé 3 d'entre elles à peu près telles quelles. Le résultat est surprenant : les pièces sont vastes, et le style bourgeois très vieille France. Les 2 autres chambres, très bien elles aussi, sont sous les toits, plus petites, et leur déco récente. Bref, un lieu vraiment insolite et bien tenu. Côté bistrot, cuisine traditionnelle correcte. Clientèle d'habitués, vite installée soit en terrasse, soit dans l'arrière-salle fort coquette. Accueil charmant.

Le Marmiton : *la Croix-Lamirault. ☎ 02-33-84-10-36. • jeanju.lemarmiton@gmail.com • À la sortie de L'Aigle, sur la route d'Argentan. Ouv le midi lun-ven. Congés : 15 j. en janv, 1 sem en mai. Menus 10,50-17 € ; ardoise du jour env 17 €. Café offert sur présentation de ce guide.* Une adresse de bord de route simplissime, mais qui fait plaisir au portefeuille et dont vous ressortirez repu. Buffet d'entrées pour commencer, suivi de plats de résistance simples mais bien préparés. Même le cadre n'est pas désagréable, avec le bar à l'entrée et les 3 petites salles derrière, très fréquentées par les habitués et les gens de passage. Service agréable et efficace.

Hôtel-restaurant du Dauphin, brasserie La Renaissance : *pl. de la Halle. ☎ 02-33-84-18-00. • reservation@hotel-dauphin.fr • hotel-dauphin.fr • Resto gastronomique fermé dim soir ; brasserie ouv tlj. Doubles 77-94 € selon confort et jour de la sem. Au resto, menus 32-42 € ; à la brasserie, menu 13,50 €, carte 20-30 €.* Cette vieille institution cumule les facettes. Côté face, la belle façade d'un ancien relais de diligence du XVIIe s, naguère fréquenté par les voyageurs se rendant de Paris à Granville ; il abrite des chambres de bon confort, jolies quand elles ont été refaites, et de bonne taille. Côté pile, une bâtisse beaucoup plus récente : chambres standard, sans caractère particulier, aux couettes douces mais à la literie un peu trop tendre, et pas merveilleusement insonorisées. Côté table, la brasserie a pour elle ses horaires étendus (service jusqu'à 22h15 tous les jours) et ses plats bien ficelés, tandis que le restaurant réserve de belles surprises aux gourmets (cuisine de terroir revisitée avec la manière). Pour l'une comme pour l'autre, un cadre contemporain soigné. Accueil impeccable.

L'ORNE

Où dormir ? Où manger dans les environs ?

Camping

Base de loisirs de Saint-Évroult-Notre-Dame-du-Bois : *le Bourg, 61550* ***Saint-Évroult-Notre-Dame-du-Bois.*** *06-78-33-04-94. • st-evroult-nd-du-bois.fr • Face au lac. Ouv avr-sept. Env 9 € pour 2 avec tente et voiture ; hébergements locatifs 150-250 €/sem. Caravane 100 €/sem. CB refusées. 27 empl.* Emplacements bien ombragés en bordure de lac et sanitaires propres. Idéal pour les familles en raison de la proximité de la base de loisirs : embarcations à pédales, petit bout de plage (mais baignade interdite), jeux gonflables, pêche...

Chambres d'hôtes

Au Jardin des Violettes : *le Champs-Mesliers, 61380* ***Mahéru.*** *☎ 02-33-24-89-79. 06-19-64-51-22. • gouffault.jf@orange.fr • chambresjardinlesviolettes.fr • Sur la D 3, entre Moulins-la-Marche et Courtomer. Double 60 € ; familiale 4 pers 99 €. Table d'hôtes 17 €.* Certes, la maison est un peu en bord de route, mais un beau rempart de verdure l'en protège et elle possède à l'arrière un beau jardin fermier avec potager, verger et animaux. Intérieur lumineux où, ici et là, les fleurs s'épanouissent aussi sur les murs. À l'étage, belle suite familiale avec 2 chambres aux parquets peints de couleurs claires se partageant salle de bains et toilettes sur le palier. Ensemble d'une grande fraîcheur, accueil doux et charmant. Petite cuisine à disposition.

La Bourdinière : *chez Cécile Talpe, 61300* ***Crulai.*** *☎ 02-33-24-70-91. • talpe.labourdiniere@orange.fr • À 9 km* *au sud de L'Aigle, direction Longny-au-Perche. À Crulai, tourner à gauche vers Beaulieu. C'est indiqué sur la droite à 1 km. Double 64 € ; familiales 3-6 pers 82-136 €.* Dans une maison au jardin bien entretenu, au milieu d'un petit hameau. À l'étage, 2 chambres simples, agréables, avec chacune une grande salle de bains avec parquet peint et vue sur la campagne. Accueil adorable, sincère et serviable. Fiches de randonnées à disposition pour les amateurs.

Le Manoir de Villers : *61550* ***Villers-en-Ouche.*** *☎ 02-33-34-98-00. • alexandra.cappellini@wanadoo.fr • manoir-de-villers.com • À 19 km au nord-ouest de L'Aigle, sur la route de Vimoutiers. Fermé mar-jeu. En saison, résa indispensable. Congés : janv. Doubles 58-76 €. Formule 18,50 € ; menu 29 € ; carte 30-35 €. Digestif offert sur présentation de ce guide et petit déj offert aux enfants de moins de 10 ans.* Une belle ferme équestre pleine de cachet, tenue par une famille d'origine italienne. Côté cuisine, on lorgne vers l'Émilie-Romagne, avec pour spécialité les pâtes fraîches à déguster dans une salle champêtre toute mignonne. Différents stages d'équitation également proposés, ainsi que 5 chambres d'hôtes toutes simples à l'étage.

De bon marché à prix moyens

Auberge L'Écuyer Normand : *23, route de Paris, 61300* ***Chandai.*** *☎ 02-33-24-08-54. • ecuyer-normand@wanadoo.fr • À env 9 km de L'Aigle, au bord de la D 926, sur la route de Verneuil. Au carrefour, tourner à droite pour se garer 50 m plus loin. Tlj sf dim soir, lun et mer soir. Formules déj en sem 16-21 € ; menus 31-45 €.* On vient s'attabler dans cette belle salle élégante, à l'ambiance feutrée, pour savourer une cuisine personnelle et moderne, tout en étant ancrée dans la tradition. Poisson et produits de la côte normande particulièrement bien traités par le chef. Accueil chaleureux et attentionné.

Auberge Saint-Michel : *3, le Lesme, 61300* ***Saint-Michel-Thubeuf.*** *☎ 02-33-34-15-75. • auberge.saintmichel61300@gmail.com • Au bord de la D 926, direction Chandai et Verneuil-sur-Avre. Ouv tlj sf lun en saison, sinon le midi jeu-sam. Congés : 2 sem début janv et 2 sem mi-juil. Menus 25,50-36,50 € ; carte env 32 €. Café offert sur présentation de ce guide.* Une petite auberge en léger retrait de la grande route passante qui n'a l'air de rien... mais plutôt que d'y passer, faites-y une halte. Elle le mérite ! Pommes, pommeau et autres produits du terroir occupent une place non négligeable dans les menus qui changent régulièrement pour mieux suivre les saisons. Ambiance conviviale.

Hôtel Le Dauphin : *66, Grande-Rue, 61380* ***Moulins-la-Marche.*** *☎ 02-33-34-50-55. • lrv@wanadoo.fr • hotel-ledauphin.fr • Idéalement situé pour découvrir la région, à cheval entre le pays d'Ouche et le Perche, ainsi qu'entre Sées et L'Aigle. Doubles 68-85 € selon taille.* Dans une jolie petite ville à proximité de laquelle Jean Gabin avait une ferme ; c'est aussi à lui que l'on doit l'hippodrome qui porte son nom. 7 chambres seulement au-dessus du resto de ce gentil petit hôtel. Certaines possèdent encore une cheminée, les couleurs sont douces, et la plus chère est vraiment grande. Simple, agréable, dans une ambiance très familiale.

À voir. À faire

L'église Saint-Martin : on remarque immédiatement son clocher-tour du XVe s gothique flamboyant, dominant la vieille ville. Le mur extérieur de l'abside ainsi que la tour sud de la façade avec son carillon et sa flèche en charpente datent de l'époque romane (XIIe s). Le reste de l'église est de la Renaissance. En face de l'église, sur la place Saint-Martin, amusante maison des Poulies, dite « de Marie Stuart », la plus vieille de la ville.

➢ Petite balade ***quai Catel,*** le long de la Risle. Des passerelles permettent l'accès aux maisons.

Le musée Juin-1944 : *pl. Fulbert-de-Beina. ☎ 02-33-84-44-31 (service Patrimoine). Avr-sept, mar-mer et w-e 14h-18h. Entrée : 3,60 € ; réduc.* Ce fut le premier musée parlant de France. Inauguré en 1953 par le maréchal Leclerc en personne, il rappelle les grandes étapes de la Seconde Guerre mondiale à travers 12 tableaux mettant en scène les principaux protagonistes (reconstitution de l'appel du 18 Juin, de l'arrivée de Leclerc sur le pont d'Alençon...). Évidemment, la bataille de Normandie est au cœur du sujet, du Débarquement jusqu'à la reddition allemande dans la poche de Chambois (une immense carte stratégique détaille les opérations).

Le musée des Instruments de musique : *à la mairie. Lun-ven 8h30-12h, 13h30-17h30 (16h45 ven). GRATUIT.* Dans un bureau à l'étage, une vitrine présente la donation de Marcel Angot : 92 instruments de musique anciens, certains bizarres, d'autres exotiques et plusieurs fort rares (signés par des luthiers célèbres).

L'Atelier de Gepetto : *40 ter, rue Saint-Jean. ☎ 02-33-34-33-84. • atelierdegepetto.com • Tlj sf dim-lun 9h30-12h, 14h-19h. GRATUIT.* Un ébéniste passionné qui vous ouvre les portes de son atelier, où il restaure des meubles anciens ou en crée des contemporains.

DANS LES ENVIRONS DE L'AIGLE

La Manufacture Bohin : *au bourg, 61300* ***Saint-Sulpice-sur-Risle.*** *☎ 02-33-24-89-38. • lamanufacturebohin.fr • ♿ Depuis L'Aigle, accès par la D 930 en direction d'Évreux. Mars-oct, tlj sf lun et 1er mai : en sem 10h-18h, w-e et j. fériés 14h-18h. Entrée visite atelier + musée : 9,90 € ; expo temporaire en plus : 11,90 €. Réduc (moins cher le w-e) ; gratuit moins de 6 ans.* Bohin est le dernier fabricant d'aiguilles et d'épingles en France. Tout simplement. C'est donc un vrai patrimoine qui mérite le détour ! D'autant que le musée créé autour de la manufacture elle-même est superbe. Dans un premier temps, vous y apprendrez tout sur la fabrication des aiguilles (imaginez, une simple aiguille nécessite 27 opérations successives, échelonnées sur 2 mois) et verrez, en semaine, les ouvriers à l'œuvre (le week-end, on traverse aussi les ateliers, mais seuls des moniteurs vous expliquent et montrent les différentes tâches effectuées par les machines et les hommes). On découvre avec surprise que certaines étapes n'ont pas changé depuis le XIXe s, comme la technique pour ranger les aiguilles à l'horizontale ! Idem pour les machines. Si cette partie de la visite est déjà très intéressante, elle est magnifiquement complétée par le musée qui vous entraîne encore plus loin dans le monde de l'aiguille, mais aussi de la Risle et de toutes les industries que cette rivière a fait naître. Sans parler de l'espace consacré au fondateur de cette usine, Benjamin Bohin, un sacré personnage ! Vraiment, chapeau pour cette belle entreprise où explications didactiques, poésie, bel ouvrage, technique et art se mêlent et vous entraînent dans un autre monde durant quelque 2h.

Saint-Ouen-sur-Iton : *à 6 km au sud-est de L'Aigle.* Curieux petit village dont toutes les cheminées, ou presque, ont une forme torsadée. Sur la place, une colonne de 14 m raconte les merveilles de Désiré Guillemare, qui fut maire de Saint-Ouen pendant 57 ans. Un long texte explique « comment la commune fut transformée » par cet élu philanthrope. Parmi ses nombreux bienfaits, il fit don d'une cloche de 47,5 kg à condition que celle-ci sonne à toutes les inhumations, pour les riches comme pour les pauvres.

Aube : *à 7 km de L'Aigle, sur la route d'Argentan.* Précisons que le château des Nouettes, l'ancienne demeure de la comtesse de Ségur, ne se visite pas.
– **Le musée de la Comtesse de Ségur :** *3, rue de l'Abbé-Roger-Derry. ☎ 09-66-12-27-24. • musee-comtessedesegur.com • ♿ (rdc). De mi-juin à mi-sept, tlj sf mar 14h-18h (16h mer juin et sept) ; hors saison, appeler pour connaître les horaires. Entrée : 4 € ; réduc ; tarif réduit pour 1 pers sur présentation de ce guide. Billet couplé avec le musée de la Grosse Forge : 6 €.* Née en Russie tsariste,

Sophie Rostopchine émigra en France à 18 ans (en 1817) et devint, en se mariant, la comtesse de Ségur. Elle ne commença à écrire ses contes pour enfants qu'à partir de l'âge de 57 ans. Installée au château des Nouettes à Aube, entourée de ses petits-enfants, elle y écrivit pour eux la plupart de ses bouquins. Tous furent des succès d'édition (chez Hachette !) durant le Second Empire. Ce petit musée et son joli jardinet où l'on trouve la rose « Comtesse de Ségur » mettent en valeur quelques pans de la vie de cette merveilleuse femme (à l'aide de commentaires audio, de mannequins en costume, de portraits et de photos de famille) et retrace sa carrière époustouflante. Elle s'inspira beaucoup du pays d'Ouche et de ses scènes quotidiennes pour écrire ses histoires : le marché de L'Aigle, la forge d'Aube, la forêt de Saint-Évroult. Vive Gribouille et le général Dourakine !

– ***Le musée de la Grosse Forge :*** *rue de Vieille-Forge. ☎ 02-33-34-14-93. • forgeaube.fr • Bien indiqué, à l'entrée de la ville en venant de L'Aigle. Mêmes horaires (sf mer juin et sept, 14h-16h) et mêmes tarifs que le musée de la Comtesse de Ségur (ci-dessus).* Dans une vieille et belle bâtisse au bord de la rivière, voici toute l'histoire de l'activité métallurgique dans le pays d'Ouche (petit parcours audiovisuel de 45 mn), du XVIe au milieu du XXe s : roue à aubes, soufflet géant, fours d'affinerie, un impressionnant marteau hydraulique et une fonderie potagère. Également une exposition sur le travail du fer (maquettes).

LE PERCHE ORNAIS

Il règne sur ce territoire au sud-est du département une ambiance hors du temps. Des monts herbeux perdus sous la brume au petit matin, des chapelles croquignolettes où se cachent des fresques colorées, des chemins creux de randonnée dans le parc naturel régional, survolé par les cigognes noires ou les grues cendrées, des villages d'opérette où l'on chine à loisir, et ces manoirs aux murs blanchis à la chaux... autant d'images à portée de main.

La beauté de cet endroit et sa qualité de vie le prédestinaient à devenir un véritable nid à résidences secondaires. Et tous les week-ends, c'est en nombre que les Parisiens

IL Y A PERCHERON ET PERCHERON...

Tous deux peuvent mesurer entre 1,60 et 1,85 m, mais l'un pèse entre 500 et 1 200 kg, ce qu'on ne souhaite pas à l'autre ! Le Percheron est l'habitant du Perche, le percheron un cheval de trait pouvant tracter jusqu'à trois fois son poids. Menacé de disparition avec la motorisation des véhicules et la mécanisation de l'agriculture, cet ancien employé des postes n'est plus élevé que pour sa viande dans les années 1970. Son élevage ne redécolle que dans les années 1990. Aujourd'hui, il est surtout utilisé pour le débardage, l'attelage de loisir... ou pour le ramassage scolaire, comme il fut un temps encore récemment à Saint-Pierre-sur-Dives (Calvados) !

(et autres visiteurs) débarquent. Voilà pourquoi, selon le moment de votre visite, l'ambiance dans les villes et les villages peut changer du tout au tout : ainsi Mortagne-au-Perche ou Bellême, qui pourront vous sembler gentiment assoupies et désertes un jour de semaine, s'animent brusquement du vendredi au dimanche.

Adresse utile

■ ***Parc naturel régional du Perche :*** *Maison du Parc, manoir de Courboyer, 61340* ***Nocé.*** *☎ 02-33-85-36-36. • parc-naturel-perche.fr • À 3 km du nord de Nocé. Voir aussi plus loin la rubrique « À voir » à Nocé, dans « La route des manoirs du Perche ».* Procurez-vous la carte touristique et le guide découverte très bien fait. Il y en a pour tous les goûts dans ce parc : des sentiers de randonnées pédestres avec topoguides (payants), mais aussi des sentiers VTT, des balades en attelage (en été)...

MORTAGNE-AU-PERCHE

(61400) 4 080 hab. *Carte Orne, D2*

Perchée sur une colline qui domine la région, cette petite ville cache des trésors : rues et ruelles dignes de l'Ancien Régime, nombreuses maisons et hôtels particuliers patinés par le temps et témoins de l'époque où la ville était la capitale des comtes du Perche. Cité médiévale qui vit naître le philosophe Alain, elle est surtout célèbre pour le percheron, ce cheval « costaud » qui fit les grandes heures des omnibus parisiens et qui s'exporta jusqu'en Amérique, autant au Canada qu'aux États-Unis.
L'autre trésor de la ville est le boudin noir, qu'on trouve au marché fermier. On dit qu'il s'en vend 4 à 5 km chaque année à la foire au boudin ! Attention, ici, uniquement du boudin frais, rien d'industriel.

Adresse et info utiles

ℹ ***Office de tourisme :*** *36, pl. du Général-de-Gaulle. ☎ 02-33-83-34-37. • ot-mortagneauperche.fr • À côté de la mairie. Juil-sept, tlj 10h-12h30, 14h30-18h (ven-dim 10h-13h,14h-18h), sinon horaires variables, voir le site.* Propose des visites guidées.
– ***Marché fermier :*** *sam mat.*

Où dormir ? Où manger à Mortagne et dans les environs ?

Chambres d'hôtes

🏠 🍴 ***Le Gros Chêne :*** *61400* ***Saint-Germain-de-Loisé.*** *☎ 02-33-25-02-72. • brigitte.pasquert@wanadoo.fr • fermedugroschene.com • ♿ Dans un village à la sortie de Mortagne par la D 8 (direction Longny-au-Perche). Double 70 € ; 3-4 pers 80-90 €. Table d'hôtes sur résa 24 €.* 📶 Comme son nom l'indique, c'est champêtre. C'est même une ferme en activité. Mais les écuries n'ont plus rien de rustique, sauf au niveau déco, depuis que les propriétaires les ont entièrement rénovées pour y accueillir leurs hôtes. On y trouve désormais une belle pièce à vivre (avec une cuisine à dispo), un coin détente avec spa et hammam, ainsi que 5 chambres, dont une familiale, très confortables, joliment décorées selon des thématiques florales. Un très bon point de chute, d'autant que le petit déj est fameux : brioche maison, yaourt fermier...

La Maison Pervenche : *1, rue du Petit-Boëcé, 61560* ***Boëcé.*** *☎ 02-33-83-05-16. • maisonpervenche@hotmail.com • maison.pervenche.pagesperso-orange.fr • Sur la D 912 entre Mortagne-au-Perche et Alençon. Congés : 1er déc-13 fév. Double 66 €. Table d'hôtes : 24 €.* Une allée de pommiers conduit à un vrai havre de paix : les bâtiments de caractère encadrent un beau jardin paysager (M. Colard est un ancien fleuriste : bassin, terrasse et fleurs en nombre), le tout prolongé par un pré bien vert. La carte postale ! Dans l'une des maisons, 4 chambres sous les toits, dont une familiale. Toutes sont joliment décorées. Grande salle commune pour le petit déj. Sourire, accueil et gentillesse ont fini de nous séduire...

La Porte Rouge : *4, rue du Mail. ☎ 02-33-25-39-95. • jetc.kirk@wanadoo.fr • laporterouge.fr • Salon de thé tlj sf jeu 16h-19h. Congés : avr et oct. Double 60 €. Table d'hôtes 25 €, assiette 15 €.* Dans le centre de Mortagne, une maison discrète et son joli jardin caché par de hauts murs. À l'intérieur, 2 petites chambres agréables, une bonne table d'hôtes végétarienne, ainsi qu'un salon de thé dans le jardin à l'heure du *tea time.*

Chambres d'hôtes La Maison d'Hector : *les Herbinières, 61400* ***Saint-Mard-de-Réno.*** *☎ 02-33-73-58-59. • contact@lamaisondhector.com • lamaisondhector.com • Prendre la D 8 vers Longny-au-Perche, traverser le village de Saint-Mard-de-Réno, puis tourner à gauche, sur la D 5, en direction d'Autheuil et Tourouvre. Doubles 95-105 €. Dîner (sur résa 24h à l'avance) 27 €, assiette gourmande 20 €.* Ce soir, vous vous sentez plutôt « Poule de luxe », « Belle de nuit » ou « Mauvaise graine » ? Eh oui, à chaque chambre son humeur et son thème prometteur ! Quoi qu'il en soit, Pierre-Yves et Alain, vos hôtes, ont soigné la déco, plutôt contemporaine, tout en conservant le caractère intime et chaleureux de leur jolie longère du XVIIIe s, nichée dans son beau jardin verdoyant. Également un beau jardin d'hiver avec poêle pour cocooner. Quant à la mascotte des lieux, Hector, il se charge de donner de la voix pour avertir les maîtres de votre arrivée !

De prix moyens à chic

Hôtel du Tribunal : *4, pl. du Palais. ☎ 02-33-25-04-77. • hotel.du.tribunal@wanadoo.fr • hotel-tribunal.fr • En centre-ville. Fermé 3 sem fin déc-début janv. Doubles 72-145 € selon confort ; familiales 100-180 €. Formule déj « Référé » en sem 16,50 € ; menus 32-60 €. Apéritif maison offert sur présentation de ce guide.* Une belle maison percheronne du XVIe s, près d'une petite place qui vous donne presque l'impression d'être de retour au XIXe s. La façade semble d'ailleurs n'avoir pas changé depuis l'époque où cette auberge était à l'enseigne « Jean qui rit, Jean qui pleure » parce que située à la sortie du tribunal. Les chambres sont à l'inverse plus contemporaines, arborant même à l'occasion une déco au goût du jour très réussie. Annexe à l'arrière, avec des chambres ouvrant sur une petite cour fleurie. Certaines disposent d'un jacuzzi, d'une terrasse, ou de la vue sur le jardin intérieur et le vieux Mortagne. Dans la chaleureuse salle à manger bourgeoise, les menus proposent une cuisine de terroir élaborée et délicieusement revisitée, avec bien sûr l'indéboulonnable boudin noir grillé. On adore la formule du déjeuner, assortiment de plats et véritable bonheur pour les papilles.

Les Pieds dans l'Eau : *28, chemin de la Folle-Entreprise, 61400* ***Saint-Langis-lès-Mortagne.*** *☎ 02-33-25-31-44. • hmousset@aol.fr • Accès par la rue au niveau du Super U de Mortagne ; à la limite de Mortagne, mais déjà paumé en pleine campagne, au bas d'une longue pente. Tlj sf dim soir, lun, plus mar midi hors saison. Résa très fortement conseillée (surtout le w-e). Formules déj en sem 16 €, puis 24-30 €.* Un lieu à l'adresse et à la situation assez improbables et, pourtant, on se presse dans cette belle salle

L'ORNE

de resto aux 2 cheminées quasi côte à côte. Trés régulièrement, le chef sort un nouveau menu de sa casquette et vous propose une cuisine pêchue qui ne demande qu'à se réinventer, tout en restant simple. Les produits sont dûment choisis, travaillés avec talent et recherche. La carte ne cherche pas à vous impressionner : les choses y sont fort sobrement nommées. En revanche, en bouche, il y a l'épice qu'il faut pour relever, la cuisson parfaite. Et quel plaisir aussi de sentir les jeunes patrons tellement heureux de vous accueillir chez eux, dans une ambiance mêlant élégance, savoir-faire et décontraction !

À voir

L'ancienne halle aux grains : *sur la pl. du Général-de-Gaulle, centre animé de la ville.* Date de 1825. Juste à côté, au n° 9, remarquer la maison à tourelle d'angle, surmontée d'un cadran solaire.

L'église Notre-Dame : de style gothique flamboyant. Reconstruite à la fin du XVe s, elle abrite des boiseries du XVIIIe s (dans le chœur). Un vitrail rappelle le rôle joué par les gens de Mortagne, Pierre Boucher de Boucherville notamment, dans la conquête du Canada au XVIIe s. À l'extérieur, la rue du Portail-Saint-Denis. Elle est extraordinairement bien conservée avec son arc brisé du XVe s et la tour qui la surmonte, finement sculptée sur son fronton.

Le cœur du vieux Mortagne : *pl. du Palais-de-Justice.* Juste derrière l'église. Charmant quartier non défiguré par le temps.

Le musée Alain : *8, rue du Portail-Saint-Denis, dans la maison des comtes du Perche. ☎ 02-33-85-35-75. De mi-mai aux Journées du patrimoine, jeu-sam 14h30-18h. GRATUIT. Journée annuelle Alain, 1er w-e d'oct.* Beaucoup ont peut-être encore en tête quelques bribes philosophiques de cet auteur au programme des classes de terminale. Né en 1868 à Mortagne, dans une maison située au 3, rue de la Comédie, Émile-Auguste Chartier (son vrai nom) était percheron avant tout. « Je suis percheron, c'est-à-dire autre que normand. » Au travers de ce petit musée rétro, on découvre l'autre facette d'Alain, journaliste éclairé, poète subtil et parfois virulent, qui inventa les *Propos,* la forme d'expression qui lui convenait le mieux et dans laquelle il excella. On visite également son cabinet de travail provenant de la demeure du Vésinet où il mourut en 1951.

L'ORNE

Manifestations

– **Foire au boudin :** *en mars.* La capitale du boudin noir est soucieuse d'entretenir la qualité et la tradition culinaire du « sang cuit » ; la Confrérie des chevaliers du « goûte-boudin » organise depuis 1963 le concours international du meilleur boudin.

– **Salon Antiquités et Belle Brocante :** *dernier w-e d'août.*

– À Mortagne-au-Perche, on célèbre encore le **percheron** *(1er dim de sept).*

– **Salon des véhicules anciens :** *dernier dim de sept.* Défilé de voitures anciennes le matin dans les rues de la ville, suivi de l'exposition des véhicules et de la rencontre avec leurs propriétaires dans l'après-midi.

LE BOUDIN, C'EST BIEN !

Afin de sauvegarder ce plat rustique à base de sang de cochon, d'oignons et de lard, la Confrérie des chevaliers du « goûte-boudin » de Mortagne organise chaque année, en mars, une foire où le boudin se vend au kilomètre (de 4 à 5 km). Quand on aime, on ne compte pas ! Et pour prouver sa passion, chaque confrère doit jurer solennellement de manger du boudin une fois par semaine !

DANS LES ENVIRONS DE MORTAGNE-AU-PERCHE

Circuit des collines du Perche

La forêt de Réno-Valdieu : l'une des plus belles forêts de Normandie, avec celles de Bellême et du Perche. Cet océan de verdure fut sauvé de justesse par Colbert, qui pensait que la France périrait faute de bois. Il oublia le Canada, auquel il ne croyait plus, mais défendit avec véhémence la forêt de Réno-Valdieu. Ici, près de 70 % des arbres sont des chênes. Les plus majestueux s'appellent les chênes de la Gautrie. Parmi ceux-ci, trois chênes tricentenaires s'élèvent à plus de 45 m de haut. Des monuments de bois et de chlorophylle !

La Chapelle-Montligeon : *à l'orée sud-ouest de la forêt de Réno et à 11 km de Mortagne.* Le « Lourdes du Perche ». Une immense basilique, un peu surréaliste en pleine campagne, crève le ciel de ses deux flèches. De style néogothique, sa construction demanda 17 ans de travaux (1894-1911). Impressionnante statue de Marie, pesant plus de 13 t ! À l'origine, l'abbé Buguet, curé du village, fonda en 1884 une association de prière pour les morts. Celle-ci connut un tel succès qu'elle donna naissance à un pèlerinage très suivi encore de nos jours *(Ascension, 15 août et 2e dim de nov).* Alors que le village, victime de l'exode rural, se dépeuplait, le même abbé décida de créer des ateliers (de broderie, ganterie, etc.) afin d'inciter les habitants à rester. Incapables de résister à la concurrence, ceux-ci périclitèrent rapidement. Il décida alors, en 1886, d'ouvrir une imprimerie qui, elle, existe encore aujourd'hui.

PAYSAN DANS L'ÂME

Star colossale au cinéma, Jean Gabin n'avait en fait qu'une passion : la terre. Il acheta une ferme de 150 ha à Bonnefoi, au nord de Mortagne-au-Perche, pour élever bovins et chevaux. En 1962, plus de 700 paysans envahirent sa propriété pour dénoncer les « cumulards ». Il en resta meurtri à jamais.

Hôtel-restaurant Le Montligeon : *14, rue Principale, 61400* **La Chapelle-Montligeon.** *☎ 02-33-83-81-19. • info@hotelmontligeon.fr • hotelmontligeon.fr • Dans le centre du village, face à la pl. de l'Église. Fermé dim soir et lun-mar. Congés : 1re quinzaine de juil et 20 déc-15 janv. Doubles 70-75 € selon confort et saison ; familiales 90-115 €. Formules 13,40-16,60 € (sf ven-sam) ; menus 23,80-40,70 €.* Un petit hôtel de campagne, aux chambres sans prétention mais d'un rapport qualité-prix honnête, surtout pour celles refaites. Mention spéciale, cependant, pour la chambre « charme », plus contemporaine et sous les toits. Si la salle du petit déjeuner est plutôt contemporaine, la grande salle à manger, elle, reste classique, coquette et chaleureuse. Cuisine copieuse de terroir joliment présentée, mettant en avant les producteurs régionaux.

Ferme de l'Absoudière : *l'Absoudière, 61400* **Corbon.** *☎ 02-33-83-91-40. 06-27-02-35-26. • attelagenaturedansleperche.blogspot.com • Balade en attelage : 15 €/pers, 6 € moins de 16 ans ; sortie à la journée : 30 €/pers.* Cet élevage de percherons se visite (sur réservation seulement), mais on peut aussi partir pour une promenade de 2h en attelage ou carrément pour une sortie (en attelage toujours) à la journée. En route, n'hésitez surtout pas à poser des questions à votre guide, qu'il s'agisse de Céline ou de Patrick. Une fois lancés, ils vous apprendront bien des choses sur le percheron, la faune, la flore et l'histoire locales !

LES FORÊTS DU PERCHE ET DE LA TRAPPE

Enfin une vraie forêt gauloise ! Dans la forêt du Perche, le chêne rouvre et le hêtre sont rois, représentant plus de 80 % du peuplement. De longues routes forestières, bien ombragées et très vertes, partent du carrefour de l'Étoile et rayonnent aux quatre coins du massif. L'Avre y prend sa source et le traverse en diagonale. Le sentier GR 22 reste, pour les randonneurs, la meilleure façon de découvrir cette « petite mer verte » où il fait bon vagabonder au printemps comme en automne. Vous êtes au cœur du parc naturel.
Différente, peuplée de 60 % de résineux, la forêt de la Trappe fut longtemps le domaine du monastère et des moines cisterciens venus y chercher la solitude et le silence nécessaires à la prière. Ces hommes-là y trouvèrent un refuge. D'autres s'en sont détachés : des milliers d'habitants des villages proches de la forêt émigrèrent au Canada au XVIIe s.

TOUROUVRE *(61190 ; 1 640 hab.)*

Un gros bourg à 2 km de l'orée de la forêt du Perche. L'origine de son nom atteste qu'il a toujours été marié avec les chênes : *Tourouvre* vient en effet du latin *tortum robur*, « force tordue », en souvenir d'un énorme chêne rouvre, au bois très dur, dont la belle ramure aurait été tordue par la force de la nature et par l'âge. Détruit en quasi-totalité le 13 août 1944 par un incendie, le village n'a plus le charme d'autrefois.

MARQUÉ AU FER... DE TOUROUVRE !

Tourouvre bénéficie d'un sol riche en minerai de fer, la région a donc développé très tôt une activité métallurgique. C'est au lieu-dit (prédestiné) la Fonte qu'ont été fondues, en 1803, les arches du pont des Arts à Paris, premier pont métallique de France.

Tourouvre est étroitement lié à l'histoire du Canada, car 80 familles firent le choix difficile de l'émigration pour tenter leur chance dans les colonies en 1650. Un ensemble muséographique célèbre ce lien unique.
– ***Marché :*** *ven mat.*

Où dormir dans les environs ?

Chambres d'hôtes

■ ***Rand'hôtes :*** *chez Anne et Luc Laruelle-Thouret, la Viellerie, 61270* ***Les Genettes.*** *☎ 02-33-34-03-98. 📱 06-84-69-51-22. • randhotes.orne@orange.fr • randhotes-orne.com • À env 13 km au nord de Tourouvre ; accès par la D 930 entre L'Aigle et Mortagne-au-Perche, puis la D 298. Double 60 €. Gîtes 6 pers 280-400 €/sem selon gîte et saison. Bouteille de cidre offerte sur présentation de ce guide.* Dans un très bel environnement, à la lisière de la forêt de la Trappe, dans un joli hameau vraiment en pleine campagne, 2 chambres dans une maison attenante à celle des propriétaires. Ou plutôt, une chambre double avec salle de bains privative et 2 autres avec salle de bains commune pour une famille ou des amis. L'ensemble n'est pas très grand mais coquet et soigné ; il y a même une p'tite cuisine à disposition. Accueil tranquille et souriant. Également 2 beaux gîtes.

■ ***Le Bois Gerboux :*** *chez M. et Mme Buxtorf, route du Lavoir, 61190* ***Lignerolles.*** *☎ 02-33-83-68-43. 📱 06-72-14-37-11. • buxtorfgerboux@yahoo.fr • leboisgerboux.com •*

En pleine nature, à 250 m du village par la D 273. Doubles 65-75 € selon durée du séjour. Réduc de 10 % sur le prix de la chambre sur présentation de ce guide. Le petit chemin débouche sur une belle ferme percheronne, dont la grange a été réaménagée pour accueillir d'agréables chambres tout confort. Piscine. Accueil délicieux, plein de délicates attentions (comme le petit déj copieux avec les confitures de la maison, ou la kitchenette à disposition aux beaux jours). Point de départ pour de bonnes promenades en forêt.

À voir à Tourouvre et dans les environs

Les Muséales – Musée de l'Émigration française au Canada et musée du Commerce et des Marques : *15, rue Québec. ☎ 02-33-25-55-55. • hautperche.fr/museales • 1er avr-1er nov, mar-dim 10h-12h30, 14h-18h. Entrée : 5 € pour le musée du Canada, 5 € pour le musée du Commerce, réduc 3 € ; 7 € pour l'ensemble, réduc 5 € ; gratuit moins de 10 ans.* Ce bel espace contemporain abrite deux musées.
– Le premier présente en cinq sections thématiques ***l'aventure des pionniers au Canada.*** On y apprend pourquoi 30 000 Français partirent pour le Nouveau Monde du XVIIe au XVIIIe s (l'espoir d'une vie meilleure pour certains, la gloire pour d'autres), on y évoque les conditions difficiles de la traversée (tempêtes, maladies...), on y découvre enfin la réalité du quotidien (climat redoutable, conflits avec le voisin anglais...) et les alliances, les unions contractées par ces colons, dont l'espace généalogique nous permettra de retracer les lignées.
– Le second musée, aussi ludique qu'intéressant et bien fait, retrace ***le chemin parcouru depuis l'épicerie d'antan jusqu'à l'hypermarché d'aujourd'hui,*** en insistant sur le rôle croissant de la publicité, du marketing et de la com'... Et quand, 3h après la visite, on se surprend à fredonner « On se lève tous pour Danette ! », tout est dit ! Pour appuyer le propos, reconstitution d'une ancienne épicerie, d'un rayon de supermarché, vieilles affiches et publicités anciennes, ainsi que de nombreux documents d'époque. Un musée bien intéressant et qui, mine de rien, incite à la réflexion.
– Et, depuis peu, un nouvel espace d'exposition : ***La Maison de Cano.*** Dans les années 1950, Antoine Cano, la vingtaine, part pour le Canada. Lorsque des années plus tard il rentre en France, il dépose bagages et mobilier aux Muséales de Tourouvre. Aujourd'hui, ces objets sont mis en scène et reconstituent la maison, témoignant du destin d'un émigrant français au milieu du XXe s.

L'église Saint-Aubin : les deux derniers vitraux dans le bas-côté droit de la nef évoquent l'émigration des Tourouvrains en Nouvelle-France. Curieux et joli ! Notamment l'histoire de Julien Mercier, le plus connu des émigrants du village à cause – sans doute – de la visite à Tourouvre, en 1891, de son arrière-petit-fils, Honoré Mercier, alors Premier ministre du Québec.

L'Inzolite : *le Bourg, 61190* ***Lignerolles.*** *☎ 02-33-25-91-07. Pâques-Toussaint, le w-e 14h-18h (juil-août, tlj sf lun 14h-18h) ; le reste de l'année, sur rdv. Entrée : 4,50 € ; réduc.* Les belles collections que vous pouvez admirer aujourd'hui aux muséales de Tourouvre dans la partie consacrée à la consommation sont en fait celles de Pierre Marzorati, le fondateur de ce drôle d'endroit. Manifestement, il lui restait encore un certain nombre de curiosités dans ses tiroirs de collectionneur, qu'il s'amuse à mettre en scène dans cet espace.

AUTHEUIL *(61190)*

À 2 km au sud de Tourouvre, en direction de Malétable. Sur une butte verdoyante, l'***église Notre-Dame d'Autheuil*** est l'une des rares à ne pas avoir souffert de la guerre de Cent Ans. Édifice roman presque pur, trapu, elle abrite une fresque, des chapiteaux sculptés et une plaque en hommage à Robert Giffard, chef de file de l'émigration des Percherons au Canada au XVIIe s. Il lança et organisa le mouvement, aidé des frères Juchereau.

L'ORNE

MALÉTABLE (61290)

À mi-chemin entre Longny-au-Perche et Tourouvre. Jolie route qui traverse un vallon verdoyant, lorsque l'on vient de Brochard et de la forêt de Réno-Valdieu. Une seule curiosité : l'étrange ***tour de l'église Notre-Dame-de-la-Salette,*** qui se termine un peu à la façon d'un phare. Cette église (1866) et sa tour (vers 1872) furent bâties au XIXe s à l'initiative du curé du village, l'abbé Migorel, qui finança une partie de sa construction sur ses propres deniers. Ce lieu insolite n'est ouvert au public que pour les Journées du patrimoine et pour des visites guidées (voir avec l'office de tourisme). Sinon, possibilité de demander la clé *(à voir avec la mairie ou au ☎ 02-33-25-65-30).*

VOUS N'AURIEZ PAS VU L'ARCHANGE, PAR HASARD ?

L'œil observateur notera qu'il manque un archange sur un des quatre angles de la tour de l'église de Malétable. Moult explications ont été données à cette absence : pour certains, l'ange se serait envolé (c'est celle qu'on préfère !), pour d'autres un soldat allemand lui aurait tiré dessus pendant la guerre et il serait tombé. La véritable raison est beaucoup plus prosaïque : le forgeron qui le fabriqua, craignant de ne pas être payé, ne le livra pas, tout simplement.

Où dormir chic à Malétable et dans les environs ?

Chambres d'hôtes Le Moulin de Sévoux : *☎ 02-33-25-37-96. • moulindesevoux@orange.fr • moulindesevoux.com • Sur la D 290 en direction d'Autheuil. Double 87 €. Table d'hôtes sur résa 22 €.* En pleine forêt, isolé à la croisée des chemins, cet ancien moulin est le refuge idéal du voyageur. Il faut reconnaître que ses sympathiques propriétaires ne laissent rien au hasard : la restauration du bâti respecte le charme de l'ancien, tandis que l'aménagement intérieur se révèle cossu, à l'image du piano dans la belle salle à manger, ou des chambres très soignées (déco à la fois rustique et actuelle) au confort irréprochable. Du sur-mesure.

Château de la Grande Noë : *61290* ***Moulicent.*** *☎ 02-33-73-63-30. 📱 06-87-65-88-47. • contact@chateaudelagrandenoe.com • chateaudelagrandenoe.com • En pleine campagne, à 1 km de Moulicent, sur la route de Malétable. Doubles 100-130 €. Tarif dégressif selon nombre de nuits. (dans les parties communes).* Au cœur d'un vaste parc, un très beau château de famille du XIVe s, remanié par l'Écossais Robert Adam au XIXe s dans un style néoclassique intéressant. Beaucoup d'allure, à l'image de la salle à manger ornée de boiseries ou des chambres, toutes différentes, décorées d'objets de famille. Belle vue sur le plateau de Moulicent. Sérénité assurée.

Les Cabanes de la Grande Noë : *61290* ***Moulicent.*** *📱 06-58-54-21-24. • grandenoe@gmail.com • lagrandenoe.com • À côté du château de la Grande Noë. Ouv mars-Toussaint. Selon cabane, 132-180 € pour 2, petit déj et literie inclus.* L'heure serait-elle venue de réaliser un rêve d'enfant ? Au total, 6 cabanes sont dispersées soit dans le parc du château (c'est la fille des propriétaires de la Grande Noë et son mari qui ont créé ce lieu), soit au-dessus des champs cultivés par l'autre fille de la famille. À chaque cabane son arbre, sauf pour 2 d'entre elles louées uniquement à un même groupe. Attention, l'intérieur des maisonnettes, tout en bois, est mignon et ingénieusement aménagé, mais c'est rustique. Ni eau courante ni électricité là-haut, uniquement des toilettes sèches et un éclairage à la bougie ; bagages, panier du petit déj et réserve d'eau sont hissés par un système de poulie, et douches communes sur la terre ferme, au poulailler !

BRESOLETTES (61110)

Perdu dans un océan d'arbres, ce minuscule et adorable village compte à peine 20 habitants : c'est la plus petite commune de Normandie. Quelques maisons blotties autour d'une église du XVIe s. Un village de conte pour enfants. De nombreux étangs alimentés par les eaux de la forêt (de l'Avre notamment) donnent à la clairière de Bresolettes une indéniable touche écolo-romantique qui envoûtera randonneurs et poètes errants. D'ailleurs, l'endroit fait partie des trois sites paysagers classés de l'Orne (avec les arbres de la forêt de Réno-Valdieu et la Roche d'Oëtre en Suisse normande). De bien belles balades en perspective.

SOLIGNY-LA-TRAPPE (61380)

L'abbaye de la Trappe : *à 1 km à l'ouest de la route L'Aigle-Mortagne.* Dans une belle région d'étangs et de forêts, le monastère est habité par une communauté d'environ 30 moines trappistes appartenant à l'ordre cistercien de la stricte observance, obéissant à la très vieille règle de saint Benoît (VIe s). On ne le visite pas, ce qui est le bon sens même, les moines étant retirés du monde pour mieux se consacrer à la prière. Toutefois, une projection audiovisuelle *(en accès libre à la boutique ; durée : 25 mn)* présente l'histoire de l'abbaye et la vie des trappistes aujourd'hui.

– ***La fontaine Saint-Bernard :*** située près du magasin de l'abbaye. Utilisée depuis toujours par les gens de la région, elle donne une eau de source, lentement filtrée à travers d'épaisses couches de sable fin du Perche. On voit même les gens du coin faire la queue, le bidon à la main. Cela dit, il se peut que lors de votre venue, la fontaine soit encore fermée en raison de travaux sur les canalisations,

– ***Le monastère :*** les bâtiments que l'on aperçoit, de styles néogothique et néoroman, datent de la fin du XIXe s et ne rappellent en rien (hormis le bâtiment du XIIIe s) l'abbaye fondée en 1140 par un comte du Perche en mémoire d'une épouse qu'il chérissait, décédée lors d'un naufrage en mer. Après une période de ferveur et de prospérité, la Trappe (c'est le nom du lieu-dit ; désigne à l'origine un piège à poisson) connut la misère, puis la décadence. Arrive l'abbé Armand de Rancé, ancien prêtre mondain converti à l'ascétisme monastique, qui réforme de fond en comble la vie des moines, instituant la règle de la « stricte observance » toujours en vigueur. Un retour à la pureté des origines en quelque sorte. En quelques années, la Trappe devient, grâce à lui, un centre spirituel de première importance. Des personnages comme Saint-Simon, Bossuet et Jacques II d'Angleterre y firent des visites. Chateaubriand s'est inspiré de l'existence de ce moine exceptionnel pour écrire sa *Vie de Rancé,* livre que les trappistes n'hésitent pas à fustiger allègrement. Mais l'histoire mouvementée de la Trappe continue : expulsion des moines à la Révolution, exil en Suisse, en Russie et même aux États-Unis, où l'ordre a essaimé. Puis retour dans le Perche en 1815.

Boutique : ☎ *02-33-84-17-00. Ouv au public en sem 10h30-12h, 14h45-17h45 (15h-18h30 juil-août) ; dim 11h45 (après la messe !)-13h, 15h-18h30.* On peut y acheter des livres, des souvenirs religieux (icônes), ainsi que des produits fabriqués par les moines de diverses abbayes : pâtes de fruits, fromages, confiture de lait, etc.

BELLÊME (61130) 1 580 hab. *Carte Orne, D3*

Bellême, dont le nom viendrait de celui de la déesse celte *Belisama* ou tout simplement du latin *bellissima,* c'est d'abord une forêt magique, dernier

lambeau du monde gaulois, que l'on aime pour la beauté centenaire de ses chênes. Quant à la ville, labellisée « Petite Cité de caractère », elle surplombe toute cette immensité verte depuis des siècles. Encore assez vieille France dans son ensemble, elle se réveille cependant en fin de semaine et devient très tendance, notamment dans la rue de la Ville-Close, avec ses brocantes, ses boutiques d'antiquaires, ses ateliers (tapissiers mais aussi boutiques de mode et de création) ou encore ses salons de thé et épiceries fines.
Cette partie sud du Perche, pays des collines, des ruisseaux et des vieux manoirs enfouis dans la magie des arbres, gagne vraiment à être connue.

Adresse et info utiles

ℹ ***Maison du tourisme du pays bellêmois :*** *bd Bansard-des-Bois. ☎ 02-33-73-09-69. • cdcpaysbellemois.fr • Face aux vestiges des remparts du château. Juil-août, tlj 10h-12h30, 14h-19h ; avr-juin et sept, mar 14h-18h, mer-dim 10h-12h30, 14h-18h ; le reste de l'année, horaires très variables.* 💻 📶 Visite guidée de la ville toute l'année sur demande à partir de 4 personnes, et de mi-juillet à mi-août, balade commentée thématique à 18h *(3 €/pers).* Produit du terroir, boutique, vente de topoguides (randonnées pédestres ou à cheval, VTT et cyclo) et d'un livret *Rallye-découverte de Bellême et La Perrière* afin d'explorer ces 2 sites en famille. Une autre rando-jeu, « Des seigneurs de Bellême aux ducs d'Alençon », vous mène de Bellême à Alençon. Borne d'information 24h/24. Loue aussi les clubs pour le minigolf voisin *(avr-vac de la Toussaint slt ; 2,50 € adulte, 1 € moins de 16 ans).*

– ***Marché :*** *jeu mat.*

Où dormir ? Où manger ?

Camping

⛺ ***Camping du Perche Bellêmois :*** *route de Mamers. ☎ 02-33-73-15-69. 📱 06-24-70-55-17. • campingduperchebellemois.com • ♿ Sur la route de Mamers et Alençon, tourner à gauche et traverser un lotissement (indiqué). Ouv fin avr-début oct. Env 14,50 € pour 2 ; mobile homes 4-6 pers 300-490 €/sem. CB refusées. 34 empl.* À la lisière du bourg, dans un coin paisible profitant d'un bel environnement vallonné, un petit camping tout simple et bien tenu, aux emplacements agréables. Certains sont délimités par des haies, d'autres sont en hauteur et bénéficient de la vue. Également quelques mobile homes. Piscine communale à proximité.

Prix moyens

🍴 ***À la Dînette Gourmande :*** *pl. du Général-Leclerc. ☎ 02-33-25-99-32. • aladinettegourmande@orange.fr • ♿ Au rond-point à l'entrée de Bellême en venant de Mortagne-au-Perche. Fermé le soir mer et dim. Formules déj en sem 9,90-19,80 € ; menus 25-32 €. Parking.* 📶 *Café offert sur présentation de ce guide.* L'aspect soigné et avenant du lieu compense largement sa situation peu avantageuse (mais pratique) autour du rond-point. L'ardoise du marché du midi offre un très bon rapport qualité-prix, d'autant que le chef met un point d'honneur à vous proposer des petits plats qui sortent un peu de l'ordinaire, même si la cuisine, globalement, est plutôt traditionnelle et à base de produits locaux. Service efficace et très aimable. Terrasse.

Où manger dans les environs ?

🍴 ***Restaurant La Croix d'Or :*** *6, rue de La Herse, 61400* ***Le Pin-la-Garenne.*** *☎ 02-33-83-80-33. • lacroixdor@free.fr • À env 8 km au nord de Bellême, sur la D 938 vers Mortagne-au-Perche. Tlj sf mar-mer.*

Congés : 2 sem en fév et à la Toussaint. Formule déj en sem 16,50 € ; menus 26,50-46,50 €. Café offert sur présentation de ce guide. Lui est chef, elle sommelière. Ensemble, ils tiennent d'une main de maître cette petite adresse vraiment sérieuse, qui offre un beau rapport qualité-prix, et ce dès les premiers menus. Cuisine plutôt fine, bien de son époque, à partir de bons produits joliment travaillés et de légumes de saison. Un seul petit regret : la déco, un peu froide.

Où acheter de bons produits dans les environs ?

La Ferme des Champs-Romet : *Champs-Romet, 61130* ***Saint-Fulgent-des-Ormes.*** *☎ 02-43-97-70-06. À env 12 km au sud-ouest de Bellême. Fléché depuis Saint-Fulgent. Ven-sam 9h30-12h30, 14h30-19h ; dim 9h30-12h30.* Cette grande famille élève et transforme porcs, bœufs, agneaux et volailles, et vend ses produits directement sur l'exploitation, dans une boutique où vous trouverez aussi des légumes de saison et les produits laitiers, boissons et pains d'autres producteurs. Amateurs de viande, attention à votre mâchoire, elle risque de se décrocher quand vous découvrirez l'ampleur et la diversité (sans parler de la qualité !) des produits proposés. Mention spéciale pour la très bonne saucisse au couteau. En saison, possibilité de venir cueillir soi-même ses fraises et framboises.

L'ORNE

À voir

L'église Saint-Sauveur : date des Xe et XVe s, mais fut reconstruite de 1675 à 1710 dans un pur style classique. La chapelle du Rosaire fut offerte par Aristide Boucicaut, l'enfant du pays, fondateur du *Bon Marché* à Paris. Livret découverte en vente à l'office de tourisme (au profit de la restauration de l'église).

Le cadran solaire de la place Liégeard : entre deux fenêtres, peint au XIXe s. Une trace de l'artisanat percheron. Symbole du temps qui passe concrètement, poétiquement mais fatalement !

Le porche : du XVe s. Quand on vient de la place de la République où se trouve l'église Saint-Sauveur, il marque l'entrée de la rue de la Ville-Close. Une plaque rappelle le siège de Bellême et indique que Blanche de Castille accompagnée de son fils, le futur Saint Louis, prit la ville à un Breton nommé Mauclerc, lequel fut comte.

La rue de la Ville-Close : bordée de beaux hôtels particuliers des XVIIe et XVIIIe s. Admirer, au n° 28, l'hôtel de Bansard des Bois (un ancien député et maire de Bellême), sorte de petit château en plein village. Tout ça fait très Ancien Régime !

Manifestations

– ***Grande brocante :*** *dernier dim de juin.* Rassemble plus de 200 exposants.
– ***Salon des antiquaires :*** *1er dim d'août, pl. de l'Europe. Entrée payante.*
– ***Salon des métiers d'art :*** *pdt les Journées du patrimoine.* Sous les porches des hôtels particuliers, des artisans d'art exposent et font des démonstrations de leur travail.
– ***Mycologiades internationales de Bellême :*** *ts les ans, 1er w-e d'oct (jeu-dim). Infos et inscriptions : ☎ 02-33-73-34-16. • mycologiades.com •* Une manifestation réputée. C'est que la forêt de Bellême est riche de plus de 500 espèces de champignons et attire des mycologues prestigieux, venus de toute l'Europe pour chercher, étudier et exposer ces trésors qui poussent au pied des chênes.

DANS LES ENVIRONS DE BELLÊME

LE CHÂTEAU DU TERTRE

Route de Mauve (D 5), 61130 ***Sérigny.*** *☎ 02-33-73-18-30. • letertre-rogermartindugard.fr • Juste en périphérie de Bellême. Visite des extérieurs, de juil à mi-sept, tlj 13h-19h. GRATUIT.* Manoir ou château que cette belle bâtisse du XVIIe s ? Si vous l'admirez depuis la cour carrée, sa sobre façade en brique et pierre évoque plutôt un manoir, mais depuis le parc, les deux ailes construites par le deuxième propriétaire des lieux lui donnent vraiment l'allure d'un château. Ce qui n'était à l'origine qu'un rendez-vous de chasse fut pendant plus de 30 ans la demeure de Roger Martin du Gard (1881-1958), Prix Nobel de littérature en 1937, qui en fit un lieu d'écriture et d'échanges littéraires. Une tradition entretenue par ses descendants qui, encore aujourd'hui, y organisent de nombreuses manifestations et rencontres artistiques et culturelles.

LA FORÊT DE BELLÊME

Elle commence juste à la sortie nord de la ville, formant sur 18 km de longueur et 9 km de large une merveilleuse mer d'arbres dans les douces collines du Perche. Voilà sans doute ce qui fut la plus belle forêt du Perche (jusqu'à ce qu'elle soit ravagée par une tempête), peuplée de chênes majestueux dont le chêne de l'École, situé dans la partie ouest de la forêt, particulièrement beau (né en 1666 et haut de 42 m). Tout proche, la fontaine de la Herse aurait des eaux dites « miraculeuses ». Un peu de l'âme de la Gaule antique vit encore à l'ombre de ces feuilles. Environ 2 400 ha archi-protégés, qu'il faut décuvrir à pied ou à vélo, à travers le sentier GR 22 (Paris/Mont-Saint-Michel), par exemple. On peut se procurer les circuits de plusieurs sentiers pédestres auprès de la Maison du tourisme.

LA PERRIÈRE *(61360 ; 290 hab.)*

Un village plein de charme pris d'assaut en été, lieu de résidence de nombreux artistes et people. De Bellême, la plus jolie route pour y arriver passe par Le Gué-de-la-Chaîne. De là, prendre à droite une adorable route de campagne qui longe (en la surplombant) à flanc de colline la forêt de Bellême : haies touffues, talus fleuris, échappées secrètes sur l'orée des bois, hameaux éparpillés, par monts et par vaux.

Puis on arrive à La Perrière. Labellisé « Petite Cité de caractère », ce village millénaire perché au sommet d'un éperon, qui eut son heure de gloire au XIXe s grâce à la broderie sur filet et au filet perlé. Sur la place centrale : une belle maison couverte de vigne vierge, une vieille balance à chevaux, et, un peu plus loin, l'épicerie du village. Mais la partie la plus intéressante de ce bourg minuscule est située entre la place centrale et l'église *(ouv tte l'année).* Là, plusieurs ruelles (dont la ruelle Puante !), aux murs couverts de glycines, cachent de croquignolets petits jardins. Plus haut encore, de l'église, superbe vue sur le bocage et 17 clochers de la région. Le site de l'éperon, classé depuis 1932, est bordé de pins qui lui donnent un air méditerranéen. Nombreuses demeures de caractère des XVIe et XVIIe s.

Adresse et info utiles

Maison du tourisme du Pays bellêmois : *derrière la mairie. ☎ 02-33-73-09-69. • cdcpaysbellemois.fr • Vac de Pâques, mar-dim 14h30-18h30 ; mai-juin, le w-e 14h30-18h30 ; juil-août, mer-sam 10h30-12h30, 14h-18h, mar et dim 14h-18h ; sept, le w-e 13h30-17h30.* Point d'info

touristique qui accueille entre ses murs une petite expo consacrée aux filets autrefois fabriqués à La Perrière.
– ***Les Greeters :*** un *greeter* est un habitant qui propose bénévolement de faire visiter sa ville, son quartier ou son village autrement. Il s'agit le plus souvent de passionnés, comme ici à La Perrière. *Inscription obligatoire 3 j. en amont auprès de la Maison du tourisme de Bellême. Rens : • greeters-orne-normandie.com •*

Où dormir ? Où manger ?

De prix moyens à chic

Le Relais d'Horbé : *Grande-Place. ☎ 02-33-25-95-44. • horbe98@wanadoo.fr • relaisdhorbe.com • Fermé mer soir hors saison (sf résa). Double 70 €, familiales 3-4 pers 85-110 €, petit déj compris. Formules déj en sem 11 €, puis 18-24 €.* La petite auberge de Martin vous reçoit en terrasse sous la glycine, ou autour de son vieux zinc et de sa magnifique collection de percolateurs. Il faut dire que la maison fait aussi brocante dans la pièce voisine, alors forcément, ça aide. Cuisine toute simple et pas chère, servie avec plaisir par votre hôte, qui s'installe gentiment à votre table pour papoter. Sa devise, c'est « comme à la maison sans les inconvénients », et c'est vrai qu'on a l'impression d'être de passage chez des amis. 3 chambres à l'étage : déco personnalisée qui ne manque pas de caractère. Petit déj décevant en revanche, dommage..

La Maison d'Horbé : *Grande-Place. ☎ 02-33-73-18-41. • info@lamaisondhorbe.com • Fermé lun ; ouv slt ven-dim et j. fériés hors saison ; sur résa après 20h. Carte 30-35 €. Café offert sur présentation de ce guide.* En poussant la porte de cette brocante adorable, on est aussitôt submergé par les bonnes odeurs échappées de la cuisine. Car c'est également un bon restaurant le midi et un salon de thé soigné (excellents produits) le reste de la journée.

À voir. À faire dans le coin

La ferme de la Grande Suardière : *sur la route entre La Perrière et Montgaudry (panneaux). ☎ 02-33-83-53-29. • cuisine-bio-hermeline.fr • Vente de produits frais jeu et dim 10h-19h.* Une ferme biologique où les propriétaires, qui préparent leur pain à l'ancienne, proposent des stages de cuisine bio et font visiter le site *(sur résa).*

Le manoir de Soisay : *sur la D 931 vers Mamers, 2 km avt Suré sur la droite (panneau). 06-61-42-51-87. • soisay.fr • Ouv à la visite juil-août, mais fermé dernière sem de juil et 1re sem d'août, lun-ven 11h-17h. Entrée : 3 € ; réduc.* Isolé en pleine campagne au bout d'un petit chemin, ce manoir ravissant des XVIe et XVIIe s possède un pigeonnier, une chapelle, un four à pain et des jardins cultivés façon agro-écologie. En été, c'est devenu un surprenant lieu de vie culturel : des artistes investissent les dépendances, présentent leurs œuvres et font visiter à leur façon le logis.

Fête et manifestation

– ***Marché d'art :*** *dim-lun de la Pentecôte. ☎ 02-33-73-09-69 (Maison du tourisme).* Pendant 2 jours, le village accueille 85 peintres, photographes ou sculpteurs. Tous les ateliers et les maisons où sont exposées des œuvres sont ouverts au public pour l'occasion.
– ***Fête du Rofaire :*** *1er dim d'oct.* Fête du village et, surtout, un grand vide-grenier/brocante.

LA ROUTE DES MANOIRS DU PERCHE *Carte Orne, D3*

On ne dira jamais assez la beauté d'un manoir percheron caché derrière son bouquet d'arbres ou niché dans un pli du relief, à l'endroit même où il fallait qu'il soit. Point d'arrogance dans ces vieux corps de bâtiments couverts de tuiles et d'ardoises. Les châtelains du XVIe s y menaient une existence assez rustique, entre l'opulence du seigneur et le dépouillement du paysan. Environ 500 manoirs furent construits entre le XVe et le XVIIe s, il n'en reste plus qu'une centaine aujourd'hui. Restaurés, certains d'entre eux accueillent hébergement de charme ou musées de la vie locale. D'autres, parmi ceux que nous citons sur cet itinéraire, ne sont pas ouverts à la visite. Très souvent, cependant, on peut aisément les admirer depuis la route.

➢ Notre itinéraire recoupe, c'est inévitable, les excellents circuits du petit fascicule *Routes tranquilles du Perche* (payant), disponible dans les offices de tourisme, qui présente neuf itinéraires pour musarder, chiner ou grignoter.

RÉMALARD *(61110)*

À 18 km au nord-est de Bellême, gros bourg percheron où naquit Octave Mirbeau, l'auteur du *Journal d'une femme de chambre,* adapté au cinéma par Buñuel. L'actuelle mairie est installée dans la gentilhommière où il passa ses tendres années. Jolie église Saint-Germain-d'Auxerre (portail et abside romans) sur un tertre verdoyant.

– ***Marchés :*** *lun mat tte l'année et marché aux produits fermiers dim mat Pâques-déc.*

L'ORNE

À voir

*** ***Les jardins de la Petite-Rochelle :*** *22, rue du Prieuré. ☎ 02-33-73-85-38. • la-petite-rochelle.com • ♿ À proximité de l'église. 23 juil-21 août, tlj 14h-18h, plus le w-e de Pâques, 2 w-e en avr, 3 w-e en mai et 3 w-e en juin. Entrée : 6 € ; gratuit moins de 12 ans.* Créé en 1976 par Hélène d'Andlau, le site s'étend désormais sur plus de 1 ha. On s'y promène parmi 10 jardins différents avec bassins et plantés d'arbres, d'arbustes et vivaces fleuris tout au long des saisons.

** De Rémalard, prendre la route de Moutiers-au-Perche. Sur la droite de celle-ci, à environ 2,5 km, on aperçoit dans un vallon le ***manoir de Voré*** (privé), beau château dans le plus pur style XVIIIe s, mais le moins percheron des manoirs du Perche. Ce fut la demeure d'Helvétius, brillant esprit du Siècle des lumières, auteur d'un essai, *De l'esprit,* dans lequel il dénonce les abus des courtisans et les excès de la monarchie, et appelle à des réformes sociales.

MOUTIERS-AU-PERCHE *(61110)*

Bien s'enfoncer dans le village pour découvrir ses maisons qui s'accrochent à un versant de colline, le long d'une rue pentue qui mène à l'église du Mont-Harou (XIIe-XVIe s) aux gargouilles démesurément grandes. À l'intérieur, une musique douce, un superbe vieux carrelage, une large nef, des voûtes en bois et une charpente lambrissée en berceau. Ne pas manquer les fresques érodées par le temps. De là-haut, belle vue sur la vallée.

Où dormir ?

De chic à beaucoup plus chic

Villa Fol Avril : *2, rue des Fers-Chauds. ☎ 02-33-83-22-67. • contact@villafolavril.fr • villafolavril.fr • Congés : janv. Doubles 100-180 € selon confort et saison.* Dans un ancien relais de poste, des chambres rétro-chic de charme aux teintes chaleureuses. Salles de bains au carrelage crème et TV écran plat font bon ménage avec les meubles chinés chez les antiquaires. Lits moelleux à souhait. Fait aussi resto. Piscine.

Maison d'hôtes Le Domaine de la Louveterie : *☎ 02-33-73-11-63. • domainedelalouveterie@wanadoo.fr • domainedelalouveterie.com • De Moutiers, prendre la direction de Rémalard. À 1,3 km, sur la droite. Ouv tte l'année. Doubles 99-185 € (dont 2 gîtes 2-3 pers qui peuvent être loués à la nuitée). Table d'hôtes sur résa 39-75 €.* Dans une superbe longère du XVIIe s isolée au creux d'une vallée, des chambres chaleureusement décorées (chinoise, années 1950, mauresque, etc.). On a craqué pour « la bergerie », un vrai gîte pour amoureux, avec son nid douillet à l'étage et sa salle de bains balnéo. Piscine aux beaux jours. Hôte plein d'attentions, à l'image de ses repas préparés dans les règles et avec les légumes de son potager bio. Propose aussi des initiations à la mind fulness, quelques stages de cours d'aquarelle botanique dans l'année et des massages (sur réservation).

Où acheter de bons produits ?

Boucherie-charcuterie Gilles Prévost : *1, rue des Fers-Chauds. ☎ 02-33-73-96-79. Face à la Villa Fol Avril. Ouv 8h15-12h30, 15h-19h. Fermé jeu ap-m.* Pour s'approvisionner en très bon boudin noir, c'est par ici !

À faire

➢ **Perch'orizon :** *au lieu-dit de Launay. 06-82-41-42-88. • perchorizon.com • À la sortie de Moutiers-au-Perche par la D 920 en direction de Rémalard ; dans le virage, prendre à gauche vers La Joignère. Vac scol, tlj 9h-18h ; le reste de l'année, tlj sf lun. Compter 20 €/pers la balade de 1h ; 18 € sur présentation de ce guide.* Toute l'année, ce club d'équitation pleine nature propose, aux débutants comme aux cavaliers confirmés (adultes et enfants), des balades de 30 mn à 2h à dos de percheron, mais aussi de poneys, fjords, etc. Également des randos thématiques de 1 à 2 jours.

NOCÉ *(61340)*

À 8 km à l'est de Bellême. Deux beaux manoirs visibles de la route. Le ***manoir de Courboyer,*** à 3 km au nord, est l'une des plus remarquables gentilhommières construites dans le Perche à la fin du XVe s. À la sortie de Nocé, sur la route de Berd'huis, le ***manoir de Lormarin*** (XVIe s) avec trois tours rondes. Suivre la route jusqu'à Préaux-du-Perche. Voir le ***manoir de la Lubinière,*** élégante demeure du XVIe s abritant de belles cheminées de la Renaissance et de grandes caves voûtées.

– Le ***parc,*** d'une superficie de plus de 194 000 ha, est une succession de forêts et de bocages ; les paysages percherons possèdent un rare pouvoir de séduction, pleins de charme et de rusticité qu'ils sont.

Où manger ?

Auberge des 3 J : *1, pl. du Docteur-Gireaux. ☎ 02-33-73-41-03. • aubergedestroisj@gmail.com • ♿ Tlj sf lun et mar midi (plus dim soir hors saison). Menus 27-48 € ; carte env 39 €.* Au cœur du charmant village de Nocé. Dans cet ancien relais de poste joliment décoré, Stéphan Joly (un ancien de *La Tour d'Argent*) et ses acolytes en cuisine s'amusent des codes gourmands du terroir normand et s'en échappent pour voyager au loin à travers les plats qu'ils inventent. Ça donne une cuisine magnifiquement présentée et pleine de surprises gustatives. Propose aussi des cours de cuisine.

À voir

Le manoir de Courboyer : *à 3 km au nord de Nocé. ☎ 02-33-85-36-36. ♿ (dans le domaine). Tlj 10h30-18h30 juil-août, 18h avr-juin et sept-oct, 17h30 nov-mars. Fermé 1er janv et 25 déc. Visite du manoir libre (2 €) ou guidée (3 €) ; gratuit moins de 16 ans et le dernier dim du mois. Accès libre au domaine.* Un séduisant manoir du XVe s – et ses dépendances –, qui héberge la ***Maison du parc naturel régional du Perche*** sur un site de 65 ha. Celle-ci propose des visites guidées du manoir, des expositions, un diaporama sur le Perche et son histoire. On apprend à travers ceux-ci que les manoirs, construits au sortir de la guerre de Cent Ans, représentaient le pouvoir au XVe s et qu'ils étaient toujours situés près d'un cours d'eau, car ils devaient se suffire à eux-mêmes, or l'eau était indispensable à l'agriculture ou pour alimenter les moulins qui permettaient de moudre le blé. Ces gentilhommières, souvent de style Renaissance dans le Perche, sont ornées de belles fenêtres à meneaux et recèlent parfois quelques surprises amusantes : ici, c'est un bonhomme qui montre ses fesses sur le cul-de-lampe de la tourelle d'angle. Également des expos temporaires. De là, partez à la découverte du domaine. Patrimoine naturel unique. Sentier découverte, chevaux percherons, potager, jeux, animations et manifestations. Boutique avec produits du terroir et librairie *(ouv tte l'année).* En saison, espace restauration proposant des produits du terroir et de la ferme.

SAINTE-GAUBURGE (61130)

Situé sur la commune de *Saint-Cyr-la-Rosière,* un hameau percheron miraculeusement préservé et magnifiquement restauré. Un coup de cœur !

À voir

L'écomusée du Perche : *au cœur du hameau. ☎ 02-33-73-48-06. • ecomuseeduperche.fr • ♿ (rdc). À env 2 km de Saint-Cyr-la-Rosière. Écomusée : avr-sept, tlj 10h30-18h30 ; oct-mars, lun-ven 10h30-17h30, le w-e 14h-17h30. Bibliothèque : sur rdv. Musée, expo et accès au prieuré : 6 € ; gratuit moins de 18 ans.* Sur deux niveaux, un écomusée bien conçu qui passe en revue tout l'univers percheron au travers des vieux métiers d'autrefois : le bourrelier, le tisserand... et aussi l'élevage du cheval, la culture du chanvre et de la pomme. Les petites reconstitutions et les nombreuses anecdotes dévoilent peu à peu un monde étonnant : le sabotier qui vivait et travaillait en pleine forêt, souvent considéré comme un marginal sinon comme un sorcier, les bouilleurs de cru « irrégulièrement honnêtes »... Impressionnant pressoir à « longue étreinte » et alambic. Beaucoup d'animations tout au long de l'année (sur l'habitat rural, l'apiculture, la cuisson dans le four à pain...). Boutique, avec notamment le cidre, le jus de pomme et le miel, produits par l'écomusée. On peut également acheter des produits régionaux. Dans la cour, reconstitution d'un jardin potager paysan, où sont cultivés légumes anciens et plantes traditionnelles du Perche.

– Également des expos temporaires, des circuits découverte et de grandes manifestations : le 14 juillet, *fête de l'Agriculture* ; le 15 août, *fête du Cheval percheron* ; en septembre, *fête de l'Abeille,* et début novembre, la *Journée de l'arbre et du cidre.*

Le prieuré : *à côté du musée. Entrée : 6 €. Ouv avr-sept 10h30-18h30 ; oct-mars 10h30-17h30, le w-e slt l'ap-m.* Fondé au XIe s, ce prieuré servit de ferme et de maison d'habitation jusqu'en 1993. En constante restauration. Dans l'église, qui accueille désormais des expos temporaires, belles salles voûtées d'ogives, lavabos gothiques et Renaissance, nef et chœur en lambris, remarquablement éclairés, et chapiteaux feuillagés. Dans le logis, salle capitulaire (transformée en cuisine au XVIIIe s), chapelle du prieur et salle de l'Annonciation. Voir notamment la cheminée sculptée représentant Adam et Ève au paradis, qui ont perdu la tête ! Nombreuses randos au départ du prieuré.

PERCHE-EN-NOCÉ (61340)

Où dormir ? Où manger ?

La Petite Viandrie : *chez Évelyne Boulay. ☎ 02-33-83-00-61. 06-81-50-38-69. • lapetiteviandrie@gmail.com • lapetiteviandrie.fr • À la sortie de Préaux-du-Perche, par la D 277 direction Saint-Cyr-la-Rosière. Fermé nov-mars. Double 75 € (tarif dégressif à partir de 2 nuits). Apéritif ou jus de fruits maison offert sur présentation de ce guide.* Au bout du chemin, un petit manoir du XVe s restauré avec grand soin par ses propriétaires qui vivent sur place mais possèdent l'exploitation laitière à côté. Ils ont conservé la structure et les espaces existants, sauf dans la partie réservée aux chambres, réaménagée afin d'obtenir 2 pièces séparées avec salle de bains. Sous les toits, pas très grandes et douillettes, elles sont belles dans leur simplicité : parquet, vieilles poutres, meubles rustiques qui n'alourdissent en rien l'ensemble mais lui donnent plutôt son caractère. Grand salon à disposition, ainsi qu'une petite cuisine avec micro-ondes et frigo.

Le Relais Saint-Germain : *pl. Saint-Germain. ☎ 02-33-73-33-39. • contact@le-relais-st-germain.com • Au cœur du village, face à l'église. Ouv midi lun-ven, ven soir, et 2e et dernier sam soir de chaque mois. Congés : 2 sem en août et 1 sem à Noël. Menus déj en sem 11,50 € ; carte 15-25 €. Apéritif offert sur présentation de ce guide.* Un vrai café de village, à l'intérieur accueillant, où l'on se retrouve autour d'un verre, lors d'une animation ou d'une expo organisée par la propriétaire des lieux, ou encore pour profiter des menus à prix doux. La cuisine, quant à elle, reste simple mais s'efforce de servir des produits locaux et de saison ; quelques plats végétariens.

À voir

Les Escargots du Perche : *la Huberdière. ☎ 02-33-25-91-79. • escargots-du-perche.com • De l'écomusée de Sainte-Gauburge (voir plus haut), suivre direction Préaux, sur la D 277, indiqué à droite. Ouv à la vente lun-sam 9h-12h, 14h-18h. Visite slt sur rdv de mai à mi-oct, lun-sam. Nocturne mer en juil-août ; également sur rdv. Prix : 4 € ; réduc, notamment de 5 % à la boutique sur présentation de ce guide.* De l'*Helix pomatia* (le gros blanc ou bourgogne) à l'*Helix* *aspersa* (le petit-gris) en passant par leur gros cousin libyen, vous saurez tout sur l'escargot, grâce à de passionnants passionnés, Fabienne et Philippe Couvreur.

Le jardin François : *le Clos. ☎ 02-37-49-64-19. • jardin-francois.com • Tte l'année, du lever au coucher du soleil (23h ven avec éclairage). Entrée : env 6 € ; réduc ; gratuit moins de 12 ans. Visite 1h30.* Sur 3 ha, Gérard François, horticulteur passionné, a voulu recréer dans le pays de son enfance un jardin « Carnets de voyages » qui raconterait de petits morceaux de ses nombreux voyages : jardin japonais, fontaine irlandaise, plantes exotiques, pont en « bambou », roseaux... Et l'endroit a le mérite de pouvoir se visiter en toute saison. Nombreuses bruyères d'hiver, feuillage, collection de camélias, rosiers anciens, rhododendrons, azalées, hortensias... Un autre jardin « Surprenant », plus petit, se découvre au bout du sentier sous les arbres avec ses cerisiers et pruniers sauvages.

SAINT-GERMAIN-DE-LA-COUDRE *(61130)*

Belle crypte dans l'église Saint-Germain sur les hauteurs de la ville et un des plus anciens manoirs percherons, le ***manoir de la Fresnaye,*** impressionnant avec son donjon et ses deux tours. Il date de la guerre de Cent ans !

Où dormir ? Où manger dans le coin ?

Domaine de la Haute Poignandière : *la Haute-Poignandière, 61130 Saint-Germain-de-la-Coudre. ☎ 02-33-73-79-85. 06-13-29-22-93. • la.haute.poignandiere@orange.fr • lahautepoignandiere.com • Juste après le panneau indiquant la sortie de Saint-Germain-de-la-Coudre par la D 7 (direction Bellême), prendre le petit chemin sur la gauche (un peu raide à prendre si l'on vient de Bellême). Doubles 85-100 € ; 30 €/pers supplémentaire. Tonneau 65 € (sans couverture-linge)-80 € pour 2, 100-120 € pour 3-4. Assiette gourmande env 25 €, panier repas 20 €.* Au bout du long chemin de terre où l'on avance cahin-caha, 2 maisons : celle des propriétaires et son chœur de chiens pour vous accueillir et, derrière, celle où les 3 jolies chambres d'hôtes se partagent un beau salon-salle à manger (avec micro-ondes et frigo à disposition). 2 d'entre elles peuvent accueillir 3 ou 4 personnes. Derrière cette maison, un beau bout de jardin et, tout au fond de celui-ci, 2 tonneaux. Non pas pour y stocker le cidre, mais pour y dormir ! Avec une grande couchette confortable au-dessus et une autre en dessous. Un genre de tente de luxe, quoi ! En revanche, pour se laver, ce sera dans la « cabane de toilette », derrière, avec toilettes sèches et lavabo ! Accueil pêchu et chaleureux.

Chambres d'hôtes Le Haut Buat : *chez Isabelle et Laurent Thiéblin. ☎ 02-33-83-36-00. • lthieblin@wanadoo.fr • haut.buat.free.fr • À env 3 km de Saint-Germain ; de ce village, suivre Bellou-le-Trichard par la D 211. Double env 75 € ; pour 6 pers 195 €.* En pleine nature, dans un ensemble de bâtiments anciens comprenant la longère, les écuries et la grange. Ici, point d'allées au cordeau, ni jardinières de géraniums ; c'est plutôt herbe fauchée et vue très reposante sur les champs. Même côté très « nature » dans les belles chambres où sobriété, beaux matériaux et confort sont les maîtres mots. Les 2 chambres sous les combles, avec salle de bains commune, sont idéales pour une famille.

Gîte et chambres d'hôtes du Moulin de Gémages : *chez Anna Iannaccone, le Moulin, 61130* ***Gémages.*** *☎ 02-33-25-15-72. • info@lemoulindegemages.com • lemoulindegemages.com • Fléché depuis le village de Gémages, mais aussi sur la route entre Le Theil et Bellême. Doubles 90-100 €. Gîte 6 pers 395-550 €/sem selon saison. Table d'hôtes le soir sur résa 35 € (min 6 pers) ou assiette gourmande (25 €). Remise de 10 % sur la chambre à partir de 2 nuits consécutives (hors ponts) sur présentation de ce guide.* Une affaire familiale qui roule.

L'ORNE

Il faut reconnaître qu'elle ne manque pas de bons arguments : l'ancien moulin est bourré de charme, et sa propriété de 15 ha avec plans d'eau et parcours de pêche à la mouche fera le bonheur des amateurs. Les autres ne manqueront pas d'y faire des balades revigorantes. Et les chambres ? Confortables et plutôt séduisantes, toutes de plain-pied, mais mansardées pour certaines. Également un gîte dans l'ancienne habitation du minotier, qui a su conserver le cachet de l'époque. Bons plats de terroir et de saison.

La Cabane Perchée : *la Renardière, 61130* ***Bellou-le-Trichard.*** *☎ 02-33-25-57-96. 06-24-84-98-25. • perchedansleperche@gmail.com • perchedansleperche.com • À 2 km de Bellou-le-Trichard ; de ce village, prendre la direction de La Ferté-Bernard ; accès par un petit chemin à côté du château d'eau. Congés : janv-fév. Compter 160 € pour 2 ; 320 € les 2 nuits (et 2 nuits min le w-e et pdt vac scol).* Le rêve pour les romantiques, ou pour les grands enfants, voire les deux à la fois ! Car cette cabane perchée rappelle de bons souvenirs et garantit une jolie escapade nature. Construite autour d'un châtaignier séculaire, elle ne manque ni de charme (vue magnifique sur la campagne depuis la terrasse) ni de confort (salle de bains, coin cuisine, système hi-fi).

La Tête Noire : *7, rue de la Coudre, 61130* ***Saint-Germain-de-la-Coudre.*** *☎ 02-33-25-01-77. • lespetitesfermes@yahoo.fr • Ouv jeu-dim. Menus 22-26 €. Carte 15 €.* La carte est réduite mais n'hésite pas à piocher dans le terroir d'autres régions, quitte à revisiter un peu les grands classiques. Sur le papier, c'est assez simple, dans l'assiette également, mais les produits travaillés sont bons. L'intérieur, quant à lui, est plutôt chaleureux, un peu comme à la maison avec tapis et photos de famille anciennes.

L'ORNE

À voir dans les environs

L'Hermitière – Cidrerie traditionnelle du Perche : *Tronas, 61260* ***Val-au-Perche.*** *☎ 02-37-49-67-30. • cidrerie-traditionnelle-du-perche.fr • Sur la D 107, entre Le Theil et Saint-Germain-de-la-Coudre. Avr-oct, lun-dim mat 10h-12h, 15h-20h ; nov-mars, lun-sam 10h-12h, 15h-19h. GRATUIT. Film de 20 mn permettant de passer en revue ttes les étapes de la fabrication du cidre, mais aussi du calvados ou plus simplement du jus de pomme ; suivi d'un petit passage en cave et d'une dégustation.* Cette exploitation produit peut-être le cidre de façon traditionnelle, mais elle n'exclut en rien la remise en cause et la modernité, d'où la façade tout en bois et des installations bien d'aujourd'hui. Cette maison bio au bâtiment certifié « Haute Qualité environnementale » réunit en son sein : l'unité de production, un bel espace vente (de leurs produits, mais aussi de plusieurs autres entreprises locales), un service de petite restauration pour les randonneurs ou promeneurs *(10h-12h, 15h-18h ; sur résa)* proposant des boissons, en-cas ou assiettes à base de produits locaux à prix très doux et à déguster à l'intérieur ou en terrasse aux beaux jours. Ajoutez à tout cela des soirées musique et théâtre, ainsi que la ***fête du Cidre*** le dernier week-end d'octobre.

HOMMES, CULTURE, ENVIRONNEMENT

ARCHITECTURE

D'où vient l'expression « art roman » ? Au XIXe s, les artistes et les intellectuels qui veulent rompre avec le classicisme du siècle précédent redécouvrent les vertus du Moyen Âge. Aux portes de Paris, la Normandie, avec ses abbayes et châteaux médiévaux, leur apparaît comme un nouvel éden, où ils pourront puiser leur inspiration. Théophile Gautier, par exemple, tombe en pâmoison devant le château de Tourlaville, datant pourtant de la Renaissance, mais « ruiné juste à point pour être pittoresque » ! Mais comment dénommer cet art du Moyen Âge ? Les archéologues anglais utilisent le terme « normand » : en bon français, cela donnera « roman ». « L'art normand » est mort, vive « l'art roman »... et le romantisme !

Après avoir mis à feu et à sang toute la Neustrie carolingienne à partir des années 840 et s'être rendus maîtres de la région, les *Northmen* finissent par s'installer en érigeant d'abord des châteaux à la mode de chez eux : des constructions claires, logiques, sobres, aux donjons rectangulaires (Falaise), polygonaux (Gisors) ou circulaires (Conches). Mais, pas fous, les Normands ont rapidement rappelé les moines pour s'appuyer sur leur puissance économique et spirituelle. Il faut reconstruire les abbayes détruites. Bâties sur les mêmes principes que les châteaux des seigneurs vikings, celles-ci refleurissent bientôt dans toute la Normandie (Fécamp, Saint-Sauveur-le-Vicomte, Bernay, Cerisy-la-Forêt, Jumièges, Le Bec-Hellouin, Lessay).

Cet élan spirituel et architectural atteint son apogée sous le règne de Guillaume le Conquérant (1035-1087). Rappelons-en les grands préceptes : rigueur, sobriété du décor, grandeur des volumes et netteté des lignes, lumière inondant le chœur depuis la tour-lanterne (encore une invention normande).

La prise de Château-Gaillard en 1204 par Philippe Auguste signe l'arrêt de mort de la Normandie indépendante et, par là même, la fin de l'architecture normande proprement dite. Mentionnons quand même au passage quelques belles réussites gothiques avec les cathédrales de Rouen et de Coutances. Et n'oublions pas les chefs-d'œuvre Renaissance : dans aucune autre région de France on ne retrouve cette architecture d'époque mariant le bois et la pierre, et c'est en Normandie que le style Renaissance a fait, en France, sa première apparition.

De retour d'Italie, où il a accompagné François Ier, le cardinal Georges d'Amboise s'installe à Gaillon et fait retaper le château par des artistes transalpins. À sa mort, les Italiens restent dans la région, laquelle va profiter de leurs compétences (châteaux de Fontaine-Henry et d'O) : bientôt, tout le pays se mettra au diapason. Sans oublier quelques beaux manoirs de seigneurs locaux, aspirant au pouvoir dans leurs tours et donjons. Quelques beaux spécimens subsistent d'ailleurs encore du côté du Perche ou du Calvados. Avec l'avènement de Louis XIV et de la puissance royale, « la pensée unique » en terme d'architecture châtelaine s'installe. Un modèle : Versailles. Un homme : l'architecte François Mansart, à qui l'on doit, entre autres, Balleroy ou le haras du Pin.

Finalement, il faudra attendre la fin du XIXe s, et l'édification des premières villas dans les stations balnéaires à la mode, pour voir émerger à nouveau dans la région un style architectural original. La seule villa Strassburger de Deauville en est la preuve !

CUISINE

La vache normande est la nourrice de Paris. Ses mamelles sont proverbiales. Il en sort des camemberts, des petits-suisses, de la crème fleurette et du beurre d'Isigny. La *crème* est un baume qui console du temps gris ; elle est de tous les plats (en compagnie d'un brin de beurre demi-sel fondu, la recette s'appelle « vallée d'Auge ») : viande, coquillages, poisson, desserts. Au même titre que le *beurre,* elle doit se réclamer d'Isigny : ce bourg du Bessin la chouchoute depuis le XVIIe s (à tel point qu'elle a d'ailleurs obtenu une AOP).

Péchés de chère

Le Normand est très protéiné. Sa mer abonde en *poissons plats* (sole, limande, plie, et le fameux turbot, coqueluche des grands chefs...), *lisettes* (les petits maquereaux de Dieppe), *crustacés,* quantité de coquillages, dont les *huîtres* du Cotentin (un must : les plates, dites pieds-de-cheval), les *moules* (la Normandie est la première productrice au monde de moules de bouchot), les *coquilles Saint-Jacques* (la Normandie est la première exportatrice) et les *pétoncles,* à ne pas confondre avec les premières (pas le même goût, ni les mêmes valeurs nutritives, ni le même prix !). La meilleure période pour consommer les huîtres et les coquilles s'étend d'octobre à avril, et plus encore de décembre à mars, tandis que celle des moules va de juin à fin septembre.

LES HUÎTRES ET LA DERNIÈRE GUERRE

Autrefois, les huîtres étaient consommées par une élite sociale. Dès 1941, la nourriture ne s'achetait plus que sur présentation de tickets de rationnement. Toutefois, les huîtres (trop rares ?) se vendaient sans tickets. Très vite, la consommation décupla. La production aussi. À la fin de la guerre, les Français y avaient pris goût.

L'iode est tout autant apprécié dans les viandes : on met les *moutons* dans les prés salés (recouverts périodiquement par la marée) du Cotentin ouest et de la baie du Mont-Saint-Michel, et le résultat est fameux. Autrement, la basse-cour normande offre un concentré des vertus fermières. Son héros est le *canard.* Cuisiné au cidre, en terrine, au vinaigre de cidre, flambé au calvados, ou encore à la rouennaise.

Autres stars, les *tripes à la mode de Caen* réunissent cinq espèces d'abats de bœuf et cuisent une quinzaine d'heures, jusqu'à ce que le jus, dit-on, en soit limpide. La Confrérie de la tripière d'or n'autorise aucune déviation. Une bonne association : les pommes de terre soufflées.

POURQUOI LES HUÎTRES SONT-ELLES VENDUES À LA DOUZAINE ?

Dès l'Antiquité, on pouvait calculer par douzaines sans être allé à l'école. En effet, le pouce permet de compter grâce aux quatre doigts de la main qui sont constitués de trois phalanges chacun. Ce comptage perdure pour de nombreux produits alimentaires.

Après vous être régalé de *jambon de la Manche,* la virée à Vire s'impose pour goûter l'*andouille* : solide, saine, fumée, bref, sérieuse – à vous dégoûter de la fausse andouille de Vire que bâclent les industriels du reste de la France. Dans le même esprit, le *boudin de Mortagne,* l'*andouillette de Bernay* et les *quenelles de Neuf-Marché* se sont rendus célèbres. Le *cochon de Bayeux* avait, lui, frôlé la disparition. Quelques éleveurs ont assuré la survie de cette race locale dont on fait

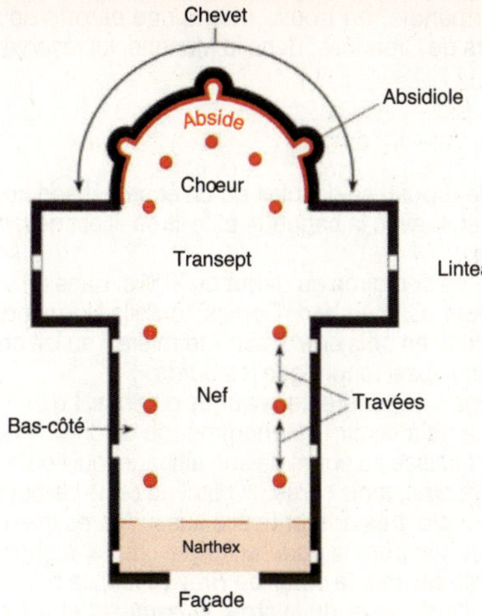

PLAN D'UNE ÉGLISE ROMANE

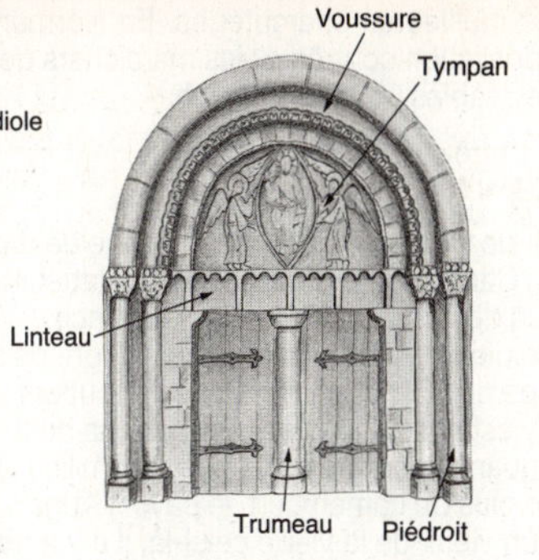

PORTAIL D'ÉGLISE ROMANE

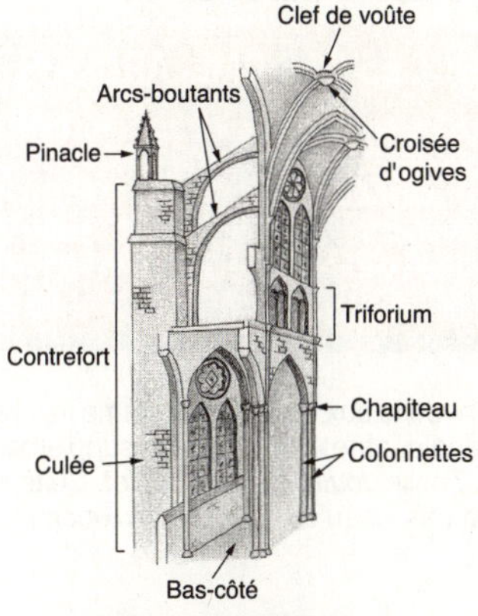

COUPE TRANSVERSALE D'UNE ÉGLISE GOTHIQUE

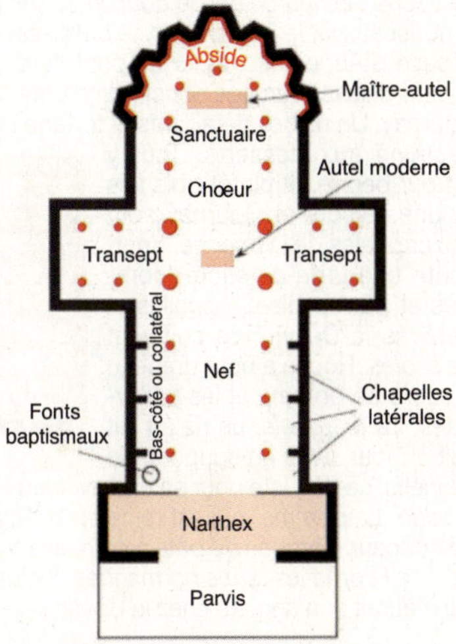

PLAN D'UNE ÉGLISE GOTHIQUE

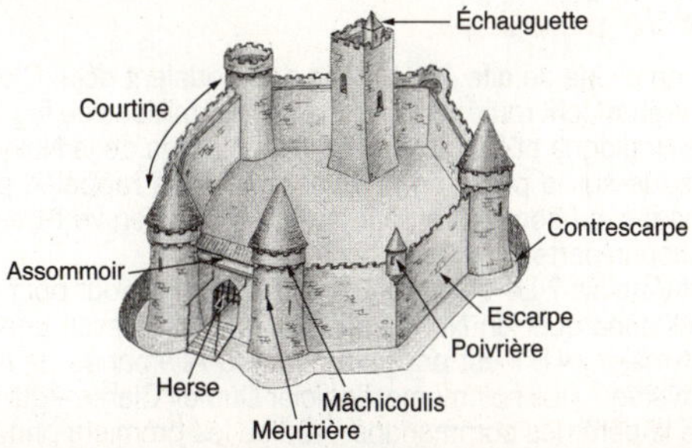

CHÂTEAU FORT

les meilleures charcuteries. En Normandie, on trouve même une *carotte* sous appellation contrôlée : les maraîchers de Créances, dans la Manche, lui réservent des sables fumés au varech.

La voie lactée

M. de Cambremer, un personnage de Proust, se désolait qu'on écorchât son nom en Camembert. C'était pourtant flatteur : avec la baguette et le litron, il est devenu l'un des trois emblèmes de la France.

Ce dieu des pâtes molles serait sorti de son giron au début du XIXe s, dans un village de l'Orne, situé près de Vimoutiers : Camembert. Depuis, toute la Normandie s'y est mise. Choisissez-le dans sa boîte en bois en version « fermière » au lait cru, « quand la croûte est fleurie et le milieu aussi tendre que les bords ».

En plus du camembert, le pays d'Auge a engendré deux autres gâteries. Le *livarot* – un vieux de la vieille celui-là, il n'y a qu'à sentir –, surnommé « le colonel » pour les cinq galons (pour éviter qu'il ne s'affaisse au cours de son affinage) qui l'entourent. C'est un fromage artisanal, guère gras, mais corsé... Quant au *pont-l'évêque,* sa croûte orangée cache une pâte souple, très odorante elle aussi. Autres trésors de vache : le *neufchâtel,* le *boursin* et son père le *gournay* (triple crème, à choisir « mousseux »), le *bricquebec,* le *brillat-savarin,* le *cœur de Bray* (doux), la *bouille,* le *pavé d'Auge* (inspirateur du pont-l'évêque et du livarot), le *demi-sel* et même le *petit-suisse,* fromage enrichi de crème offert à la postérité par une fermière de Gournay. Un de ses détaillants fit fortune : il s'appelait Charles Gervais.

Passons aux desserts. Tout y est pur beurre, et plutôt trois fois qu'une. Gisors et Gournay sont des capitales de la *brioche.* Yport abrite une *tarte au sucre* (pommes et pâte sablée), Asnelles et Douvres-la-Délivrande cultivent les *sablés,* Rouen a pour drapeau le *sucre de pomme* et les *paillardises*. La *teurgoule,* un riz au lait cuit au four, avec un soupçon de cannelle, se déguste pour sa part avec une brioche aux œufs et à la crème fraîche, la *falue.* La *pomme,* qui est reine en Normandie, offre à tout cela un supplément de douceur. Enrobée de pâte à pain, elle s'appelle *douillon* ou *bourdelot.* Cuite au cidre, elle orne les *tartes normandes*. Il n'est pas jusqu'au *chausson aux pommes* qui n'aurait son ancêtre chez la Bovary.

LE SUCCÈS DES PAILLARDISES

Ne vous méprenez pas, il s'agit d'excellents chocolats noirs, spécialités rouennaises. Leur succès est dû autant à leur goût (même s'ils collent un peu aux dents) qu'à leur nom. Ils furent inventés par le pâtissier Paillard.

LE DÉBARQUEMENT

Quatre ans de mijotage

Le 23 juin 1940, en pleine défaite, les Anglais débarquaient déjà. C'était trop tard – ou trop tôt. La Wehrmacht roule vers Bordeaux. Huit millions de fugitifs errent sur les routes. Entre Boulogne et Berck, les vedettes rapides de la Navy débarquent 115 hommes jusque sur la plage de Merlimont pour se rappeler, par quelques judicieuses grenades, au bon souvenir de ces messieurs en vert-de-gris. Et rembarquent sans aucune perte.

Ils sont fous, ces Anglais ? Le 4 juin 1940 – 4 ans presque jour pour jour avant la date prévue pour débarquer en Normandie –, Churchill passait une courte note aux chefs d'état-major : « S'il est possible pour les Allemands de nous envahir, pourquoi pas l'inverse ? » Le soir même, l'officier Dudley Clarke – qui entrera dans l'histoire comme le père des commandos – rédige les premiers principes du raid mené par de petites forces sur les côtes ennemies.

Les raids prônés par Dudley Clarke visent d'abord à se faire la main. Les coups d'épingle se succèdent cette année-là (sur Guernesey occupée, le 14 juillet) et la suivante (Italie du Sud le 10 février, îles Lofoten le 4 mars, Libye en avril, Crète le 26 mai, Liban le 7 juin, Tobrouk le 18 juillet et, le 25 août, mines du Spitzberg, où de nouveaux bateaux de débarquement sont testés). L'amiral Keynes a révolutionné ces raids en créant les « opérations combinées », stratégie qui peut conduire le fantassin à obéir à un marin, le marin à un aviateur, et l'aviateur aux armées de terre... Mais voici que, le 27 octobre 1941, cet officier inventif cède la place à un jeune capitaine, lord Louis Mountbatten, cousin du roi George VI. Son rôle sera de « préparer la grande contre-invasion de l'Europe ».

Six semaines plus tard, un événement imprévu l'y aide : l'attaque de Pearl Harbor a précipité les États-Unis dans la guerre. Ainsi, Londres n'est plus seule. Dès la fin décembre, les états-majors des deux pays créent un organe commun, le *Combined Chiefs of Staff,* qui étudie le lancement d'une opération à grande échelle sur l'Europe du Nord-Ouest. Pour 1942... Laissant les états-majors phosphorer, Mountbatten multiplie les raids tests en Norvège, au pays de Caux et enfin sur Saint-Nazaire. Ça urge. La guerre s'est étendue à la Russie. Staline n'en peut plus : « Alors, ce second front, c'est pour quand ? » Réponse britannique : « Après une détérioration sérieuse de la puissance militaire allemande. » L'attaque du 19 août 1942 sur Dieppe sera la répétition générale.

Promu simultanément vice-amiral, général d'armée et maréchal de l'air, Mountbatten a toutes les commandes en main pour lancer une opération combinée. Le raid sur Dieppe sera sanglant (3 000 morts !), mais la leçon bénéfique. La prochaine fois, pas question d'approcher les côtes avant que les nœuds routiers et ferroviaires n'aient été neutralisés. Et on évitera d'attaquer un port. Mais l'important, c'est que les Allemands soient persuadés du contraire... « Aucun doute, dira plus tard lord Mountbatten, dans mon esprit, la bataille de Normandie a été gagnée sur les plages de Dieppe. »

Il n'empêche, ce désastre sanglant a désarçonné les esprits. « Si nous ne pouvons pas débarquer dans un port, lance un sceptique, comment fait-on ? » Un officier répond, agacé : « Eh bien, on en apporte un ! » L'idée du port artificiel d'Arromanches est née.

L'heure des attaques massives a sonné. Le 8 novembre 1942, l'opération *Torch* ouvre la voie de l'Afrique du Nord. Le 9 juillet 1943, la Sicile est envahie. Deux mois plus tard, l'offensive gagne l'Italie. La décision définitive d'un débarquement en Normandie est prise en janvier 1943 à Québec, lors d'une réunion entre Roosevelt et Churchill. Deux mois plus tard, le commandement suprême allié étudie un plan, nommé *Fortitude,* destiné à leurrer l'ennemi sur le lieu et la date (simulée pour 1943) du débarquement. Dans le même temps, on prépare un schéma d'attaque massive du continent au cas où les défenses allemandes s'effondreraient. Sait-on jamais... Et, bien sûr, on planifie la véritable opération qui, en 1944, consacrera le retour en Europe. Le jour J est fixé : 1er mai 1944 au plus tard. Sous le nom d'*Overlord,* on lancera trois divisions entre Grandcamp et Ouistreham, plus une division aéroportée au-dessus de Caen. On envisage un débarquement secondaire en Provence. Dans les contingents, les soldats noirs américains sont loin derrière la ligne de front et consignés aux basses besognes. Il faudra attendre un ordre de Truman à la fin de la guerre pour qu'ils intègrent les rangs.

Montgomery, après avoir fait ses adieux à l'armée du Désert, très occupée en Italie, atterrit à Londres en février 1944. Il bouscule les plans de ses prédécesseurs. Si Eisenhower a reçu le commandement suprême, « Monty », lui, commandera les forces terrestres « dès l'instant où elles auront posé pied sur les plages ». Les autres protagonistes sont prêts : l'amiral Ramsay est en charge de la traversée (dite opération *Neptune*), le maréchal de l'air Mallory s'occupe des opérations aériennes.

Bonjour l'intox !

Et l'opération *Fortitude* commence. Tout est bon pour leurrer l'Allemagne. On sacrifie des agents de la Résistance. On multiplie les « révélations » aux agents doubles, triples, retournés dans tous les sens. On bombarde férocement le Pas-de-Calais. On mine la mer du Nord et la Baltique. On masse des navires dans les ports du Nord-Est anglais. Pour tromper les avions espions, on crée de faux parcs de matériel avec des chars et des Jeep en caoutchouc, de faux aérodromes avec des avions en bois. Une intense activité radio « dénonce » l'existence d'une 3e armée fictive, basée dans le Kent. Mongtomery paie de sa « personne » : la veille du 6 juin, un sosie (pas bête !) est chargé d'inspecter ostensiblement la garnison de Gibraltar, juste à portée de jumelles des agents allemands d'Algésiras.

ACTEUR AU SERVICE DE SA MAJESTÉ

Les services secrets britanniques furent frappés par la ressemblance de l'acteur australien James Clifton avec le maréchal Montgomery. Le comédien fut contacté par le colonel David Niven, autre comédien célèbre. On envoya le sosie se balader à Gibraltar, Alger et Le Caire alors que Montgomery préparait le débarquement en Normandie. Le maréchal ne buvait pas et ne fumait pas. Ce fut le plus dur, avoua Clifton...

Parallèlement, l'heure est venue d'entraîner les troupes aux opérations très délicates du débarquement. Au printemps 1944, les manœuvres se comptent par dizaines. Celle de la nuit du 28 avril met aux prises deux camps fictifs, les « débarquants » et les « défenseurs ». Des vedettes lance-torpilles britanniques endossent le rôle des vedettes ennemies qui ne manqueront pas de surgir dans la ceinture de navires de guerre protégeant le débarquement.

En avant la manœuvre ! Les barges approchent des plages, dégorgent leurs soldats. C'est l'attaque. Obus, fusées jaunes, fusées rouges, balles à gogo. Mais les lance-torpilles qui tirent sont... allemandes !

Le 2 juin 1944, Churchill envoie un message à de Gaulle, à Alger : « Venez, c'est urgent ! » Deux jours plus tard, de Gaulle est conduit à Portsmouth, centre nerveux d'*Overlord,* où Churchill le met dans la confidence. Eisenhower les attend dans son QG tapissé de cartes. « Le temps est très mauvais, explique-t-il, tant pour la navigation que pour l'abordage. Or je dois donner l'ordre : déclencher ou remettre. Cet ordre doit être donné au plus tard demain. Qu'en pensez-vous, général ? J'approuve par avance et sans réserve le parti que vous choisirez de prendre. À votre place, pourtant, je ne différerais pas ! »

UN ENTRAÎNEMENT CATASTROPHIQUE

Quelques semaines avant le jour J, l'opération Tigre organisa un minidébarquement dans le Devonshire pour entraîner soldats américains et britanniques. Ils rencontrèrent totalement par hasard neuf lance-torpilles allemands. Résultat : 946 morts.

Orages d'acier

Ce mardi 6 juin 1944, il pleut dès le matin. Un vrai temps de juin pour un jour de guerre ordinaire. À 9h, ceux qui le peuvent se branchent sur la BBC. Le communiqué du jour diffusé par la BBC est sobre : « Sous le commandement du général Eisenhower, les forces navales alliées appuyées par une aviation puissante ont commencé à débarquer les armées alliées sur la côte nord de la

France. » Un canular ? On n'ose y croire. Pour la France comme pour l'Europe entière, c'est à nouveau l'annonce du sang et des larmes. Mais aussi l'espoir de la libération.

Ce débarquement, les Allemands l'attendaient. Mais au plus près des côtes anglaises : sur le Pas-de-Calais. Seul Hitler, véritablement extralucide, en était sûr : il s'opérerait entre l'Orne et la Vire. Ses généraux n'agirent pas en conséquence. Trop de bombardements de diversion avaient brouillé les pistes. La colossale opération *Overlord* avait été montée au petit poil... Le plan ? Cinq divisions débarquant sur cinq plages, sur 80 km de côte entre Caen et Sainte-Mère-Église. Trois divisions parachutistes, larguées au préalable, se chargeraient de barrer la route aux renforts allemands.

ON CHANGE DE DATE !

Le débarquement allié était fixé au 5 juin 1944, en fonction de deux critères : marée très basse et pleine lune. Les prévisions météo étaient (déjà) approximatives. Les navires partirent le 4 et furent rappelés très vite à cause d'une mer démontée. La prochaine date idéale était en septembre. Le secret du débarquement était impossible à tenir si on attendait 3 mois. Eisenhower décida alors le 6 juin.

Initialement prévue pour la veille, l'opération avait été retardée pour cause de temps exécrable : toute cette armada complexe et tentaculaire avait déjà été déployée en mer lorsqu'elle reçut l'ordre de rebrousser chemin... Puis la météo s'était annoncée – un peu – meilleure.

Depuis la veille au soir, peu avant minuit, les 10 batteries allemandes postées sur ces plages subissent un déluge de feu. 10 000 bombardiers lourds les pilonnent, soit 1 000 bombardiers par batterie. En tout, 6 000 t de bombes. De quoi réduire en bouillie les Allemands – si les bombardements avaient été précis.

Quelques minutes plus tard, les parachutistes de la 101e Airborne atterrissent entre Sainte-Mère-Église et la mer, dans les prés inondés de la presqu'île du Cotentin. Leur rôle est de garantir les routes aux troupes américaines d'Utah Beach, dès que celles-ci progresseront vers l'intérieur pour couper la presqu'île.

Pendant ce temps, la 6e Airborne s'active à l'autre bout du front. Leur ordre de mission est chargé : tenir l'Orne et son canal, neutraliser la batterie de Merville, enfin détruire quatre ponts sur la Dives (et son affluent la Divette) pour transformer ce fleuve en fossé protecteur.

Quel sera le premier village libéré de France continentale ? Ranville. Au château, le comte et la comtesse de Rohan-Chabot sont réveillés par des coups de crosse frappés contre la porte. Surgissent des soldats aux visages noircis, en tenue de camouflage, leurs casques recouverts de branchages. « Encore les Fritz, bougonne le comte. Ils viennent de finir leurs manœuvres de nuit. Et ils parlent anglais pour nous piéger. Ils veulent savoir ce que nous pensons vraiment d'eux... » Jusqu'à l'aube, il restera sur ses gardes. C'est en vain que la comtesse le rassure : ce sont de purs Anglais, elle peut le jurer. D'ailleurs, il y en a d'autres, beaucoup d'autres. Les quelque 6 000 hommes de la Pegasus Division ont été largués sur Ranville. Il est 2h30...

Cette nuit plus que jamais, le ciel appartient aux Alliés : 15 000 appareils, 10 000 sorties, 12 000 bombes. Le mur de l'Atlantique tremble sur ses bases.

Pour la Résistance normande (une dizaine de réseaux), c'est aussi la nuit la plus longue. Mais les trois plans à appliquer sont au point depuis longtemps : paralysie des voies ferrées, du réseau de télécommunications et des routes conduisant aux plages. Très loin à l'ouest, d'autres Français arrivent. Ce sont les SAS (Special Air Service – unité des forces spéciales britanniques) du colonel Bourgoin. Aux petites heures de la nuit, on les a largués sur les landes paumées du Morbihan et des Côtes-du-Nord (actuellement Côtes-d'Armor).

Le raz de marée

Enfin, l'aube se lève sur la côte normande. La mer agitée offre un spectacle incroyable : une forêt d'acier danse sur les vagues. 7 000 bateaux, venus de partout. Près de 100 000 hommes les conduisent, plus de 100 000 autres s'apprêtent à en sortir. Les dragueurs ont ébréché les champs de mines et, à 3h30, les premières barges cinglent vers Omaha Beach. Un nom de code qui réunit les trois plages de Vierville, Colleville et Saint-Laurent. Les hommes ne sont pas frais. Les pilules contre le mal de mer, si généreusement distribuées, renfermaient une forte dose de narcotique ! Et l'envie d'en découdre se mêle à l'angoisse.

CRISE DE FÜHRER

Une des grandes faiblesses de l'armée allemande venait du fait qu'il n'y avait pas d'unité de commandement. Plusieurs généraux étaient en poste (Rommel, von Rundstedt et d'autres), et personne n'avait les mêmes méthodes pour repousser le débarquement allié en Normandie. En fait, le seul chef suprême était Hitler. Au moment du débarquement, il dormait et personne n'osa le réveiller...

Pendant que cette masse d'hommes et d'acier se répand sur les plages, où sont les Normands ? On les a évacués à 14 km de la côte. Mais comment ne pas deviner, au grondement continu du canon, que les cuirassés, les croiseurs et les destroyers pilonnent les défenses côtières ? Comment ne pas remarquer que, pour la première fois depuis 4 ans, les avions survolent les hameaux côtiers tous feux allumés ? À défaut du poste radio, confisqué par l'occupant, chacun colle une oreille anxieuse au poste à galène bricolé en hâte...

C'est l'enfer : peu avant 5h30, l'aviation tactique a pris le relais des bombardiers. Les batteries du mont Canisy, de Riva-Bella, de la pointe du Hoc, de Maisy et de la Pernelle sont pilonnées sans répit. Une heure après, l'infanterie entre en action. Il a été convenu d'échelonner les quatre débarquements d'ouest en est, suivant l'heure de la marée descendante. Le premier va s'ébranler à 6h30, sur la côte orientale du Cotentin.

Comme les cinq doigts de la main

– ***Utah Beach, 6h30.*** Il s'agit de la 4e division d'infanterie américaine (celle-là même qui entrera dans Paris avec Leclerc). À moins de 3 km du rivage, elle lâche une trentaine de chars amphibies : tous, sauf un, parviennent au rivage. Des fantassins les suivent. En 1 jour, ils parviendront à établir une tête de pont de 3,6 km ! Après avoir « réduit » les points forts de la résistance allemande et nettoyé la plage de ses obstacles, ils traversent les prés inondés et réussissent, en certains points, à pénétrer jusqu'à 9 km à l'intérieur des terres. Le contact est établi avec la 101e Airborne. Bref, tout va bien.

LES ROCHAMBELLES ? RESPECT !

L'histoire a oublié ces ambulancières françaises qui ont débarqué à Utah Beach, avec la 2e DB de Leclerc. Ces 38 femmes sauvèrent bien des vies de la Normandie à Berchtesgaden. Financée par Florence Conrad, une riche veuve américaine, cette unité féminine fut la seule à être opérationnelle pendant le débarquement allié.

– ***Omaha Beach, 6h45.*** Le débarquement va s'y révéler incomparablement plus difficile et meurtrier. Les deux groupes de combat américains doivent s'emparer, entre Vierville et Colleville, d'un croissant de falaises truffées de casemates, de canons et de mitrailleuses. De plus, la mer est grosse et les obstacles sous-marins abondent. Terrible surprise : les soldats américains n'ont que 7,5 secondes pour lutter contre la marée et se mettre à l'abri. Les Allemands font un carton sur les barges de débarquement et les chars amphibies. Angoisse : le bombardement aérien a été mal conduit. L'un des aviateurs, nommé Cornelius Ryan, en gardera toute sa vie le traumatisme. Longtemps après, il enquêtera sur les circonstances de la mort que ses frères d'armes ont trouvée à terre, et écrira *Le Jour le plus long*. Un récit qui sera transposé au cinéma en 1962 par Ken Annakin, avec John Wayne, et grâce à la caution technique d'Eisenhower en personne. Pendant ce temps, le soldat de deuxième classe Samuel Fuller se débat sur la plage « 3 heures durant au lieu des 25 minutes prévues. La mer est rouge de sang. Des culs, des couilles, des yeux, des têtes, des intestins, des bras, des doigts, des bouches, juste une bouche. Partout ! Un cauchemar ! » Samuel Fuller, qui n'avait rien oublié, réalisa en 1980 le film *Au-delà de la gloire (The Big Red One)*. Que s'est-il passé à « Omaha la Sanglante » ? La marine de guerre a été gênée par la configuration des falaises. On parle aussi d'une erreur de navigation. Et surtout, une unité allemande non signalée (on ne l'a repérée qu'au dernier moment, alors que les bateaux d'état-major étaient astreints au silence radio) se trouve être en manœuvre sur les lieux. Et ce ne sont pas les cibles qui manquent ! Privées d'appui, les unités alliées de tête sont clouées sur place par les canons et les mitrailleuses. Les pertes d'Omaha Beach atteindront 40 % de celles du jour J (notamment en raison de la terrible boucherie de la pointe du Hoc ; se reporter à « La pointe du Hoc » dans « Le Calvados. Le Bessin »). À 12h, le commandant des troupes décimées, Bradley, envisage même de rembarquer. Mais en cette matinée d'horreur, le GI américain entre dans la légende : il enlève un à un chaque ouvrage et s'accroche au terrain conquis. Mètre après mètre. Et c'est ainsi qu'à la tombée de la nuit la tête de pont, longue de 1 500 m, s'agrippe enfin au sommet des falaises.

– ***Gold Beach, 7h25.*** Malgré un début difficile, la situation y est plus favorable. Le débarquement britannique a commencé sur les plages du Hamel et de La Rivière. Objectif : Bayeux. Dans le même temps, le 41e commando est censé s'emparer de Port-en-Bessin – vital pour l'acheminement des renforts – et assurer la jonction vers l'ouest avec les Américains d'Omaha Beach. Mais la météo ne l'entend pas de cette oreille. Ciel couvert, visibilité médiocre, vent de force 5... Impossible de mettre à l'eau les chars amphibies qui doivent protéger l'infanterie. Pour comble, beaucoup d'embarcations chavirent. Les fantassins qui atteignent la plage se retrouvent épuisés et malades avant même d'avoir tiré un seul coup de fusil. Les Allemands s'en donnent à cœur joie : leur précision est méticuleuse. La progression des troupes s'effectue de manière inégale. Le bombardement de La Rivière a été si efficace que le hameau se trouve libéré dès les premières minutes. Vers 9h30, le pont de Meuvaines est pris dans la foulée. En revanche, les obus de la flotte et les bombes aériennes ont peu d'effet au Hamel. Devant ce village, l'infanterie se trouve clouée au sol. Elle ne l'emportera qu'à 16h30. Déjà, la brigade de tête file sur la route Caen-Bayeux. Bayeux tombera le lendemain à l'aube.

– ***Juno Beach, 7h35.*** Sous les ordres du major général Keller, la 3e division d'infanterie canadienne débarque sur les plages de Courseulles, Bernières et Saint-Aubin. Elle est en retard sur l'horaire. Et il faut occuper, le soir même, la crête qui s'étend de Putot-en-Bessin jusqu'à l'ouest de Caen ! Les ennuis sont là. Fonds rocheux, vagues démontées, plus un véritable festival de pièges et de mines. Les barges de débarquement dérivent. Elles sont cueillies par un feu nourri. Beaucoup d'hommes tombent alors qu'ils pataugent, avec de l'eau jusqu'aux aisselles. Le génie livre une lutte de vitesse contre la marée montante qui recouvre les obstacles sous-marins. Ce n'est pas du gâteau. Une bonne part des casemates et des blockhaus ont survécu au bombardement préliminaire. Autant dire que les voies d'accès vers l'intérieur sont longues à nettoyer. Bernières est défendu par deux canons antichars, deux mortiers lourds, huit nids de mitrailleuses : mais vers 8h30, la place tombe. Courseulles est infiniment mieux équipé : deux attaques et d'épuisants combats de rue en viendront à bout vers 10h. Saint-Aubin, Langrune et Graye-sur-Mer attendront le 7 juin pour tomber.

– ***Sword, 7h25.*** La 3e division d'infanterie britannique a bien l'intention de dîner à Caen ce soir-là. Au moment de toucher la plage de Colleville, les barges anglaises se laissent courtoisement dépasser par les 177 Bérets verts du lieutenant Philippe Kieffer. Juste revanche sur le « Messieurs les Anglais, tirez les premiers » de la bataille de Fontenoy. Mais la bataille qui s'annonce n'a rien à voir avec la guerre en dentelle. La brigade de tête de la 3e DI anglaise doit rapidement établir une base solide sur la hauteur de Périers, qui est comme la clé de la ville de Caen. Toute la division, débarquée à Hermanville, Colleville et Ouistreham, devra rejoindre le pont de Bénouville pour établir la jonction avec les parachutistes largués la nuit précédente. Et pendant ce temps, les commandos nettoieront vers l'ouest en direction de Juno Beach. Ce scénario va-t-il être respecté ? Les premières vagues d'assaut débarquent à l'heure, malgré la forte houle. Deux bataillons de chars amphibies sont largués à 4 km de la plage, et la moitié parvient au but. Un passage est ouvert sur la plage et dans les fortifications des dunes. Les chars progressent. Hermanville tombe à 9h30. Dans le parc du château, une compagnie revendique « le premier thé préparé le 6 juin par une unité britannique de ce côté-ci du *Channel* ».

Un après-midi normand

À 15 petits kilomètres de là, Caen a été réveillée « vers 2h par le bruit sourd et lointain d'une canonnade assourdissante ». Mais bien que quelques bombes soient tombées vers 6h du côté de la gare, la matinée se déroule au calme. Une voiture à haut-parleur ordonne aux 35 000 Caennais d'évacuer la ville. Un équipier d'urgence hausse les épaules : « Pourquoi partir sur les routes et risquer les mitraillages ? On se souvient trop de l'exode de juin 1940. Caen sera sans doute libérée très vite... »

EFFET PERVERS

En 1944, pour le débarquement en Normandie, l'armée américaine, raciste, ne mélangeait pas les soldats noirs et les soldats blancs. Les poches de sang pour Noirs étaient isolées de celles des Blancs. D'ailleurs, les Noirs ne combattaient pas en première ligne mais étaient relégués aux tâches subalternes : mécanos, chauffeurs, pompistes... Étant à l'arrière, peu de Noirs furent tués. Il en sera tout autrement pendant la guerre du Vietnam. Là, l'égalité des races était inscrite dans la loi (Civil Rights *en 1964).*

En ville, dans la prison de la Maladrerie, les 110 résistants gardés par la Gestapo sont « envahis d'une immense espérance en entendant le grondement que prolonge la canonnade » (témoignage de la résistante Amélie Lechevalier). Ils comptent les minutes en souriant, tâchant d'évaluer la distance qui sépare Caen des plages. « Hélas, la prison retentit brusquement d'ordres gutturaux. Nous croyons qu'on va nous évacuer. » Les Allemands ne se donnent pas cette peine et abattent froidement 87 détenus dans les courettes de la prison.

De fait, les Alliés piétinent devant Caen. Ils vont changer l'axe de l'offensive. Sur les pentes qui, de la plage, mènent aux crêtes commandant la ville, les Anglais ont perdu 200 hommes. Une brigade de soutien débarque peu après 10h sous un feu violent qui balaie les plages et leurs débouchés. Pendant ce temps, la marée montante noie les véhicules et les équipements. Les Allemands jugent le moment venu pour rétablir la situation. La 21e Panzerdivision contre-attaque dans l'après-midi et parvient à la mer dans l'axe de la route de Cresserons. En vain. Rien ne suit. Les Britanniques s'emparent même de Biéville et de Bénouville. Autour de Caen, la ligne de front est fixée. Elle ne bougera plus pendant 33 jours.

Pour les Normands, l'heure est venue de serrer les dents. Déjà bombardées à plus de 300 reprises pendant tout un mois, leurs villes vont se retrouver, cette fois, quasiment pulvérisées. Les bombes « amies » ont élu Caen, Argentan, Agneaux, Valognes, Coutances, Falaise, Flers, Vire (rasée en 5 mn), Lisieux et Condé-sur-Noireau

comme points de congestion (un beau terme militaire) destinés à empêcher l'arrivée des renforts ennemis. Aujourd'hui, il est assez rare d'y trouver une maison datant d'avant juin 1944.
Enfin, la nuit tombe sur le front, qui est discontinu. Aucun des objectifs fixés n'a été atteint. Les Alliés ont perdu 10 000 hommes, dont un tiers est mort. Deux navires de guerre, 127 avions et près de 300 barges ont été anéantis. Mais ce n'est qu'un début. Une bataille de 100 jours commence, qui mettra 2 millions d'hommes aux prises et ne s'achèvera qu'avec la chute du Havre... le 12 septembre 1944.

La bataille de Normandie

Après, c'est la grande offensive. Pour cela, il faut 12 fois plus d'hommes, 20 fois plus de véhicules, 3 millions de tonnes de matériel. Bref, il faut des ports. Autre chose que les ports artificiels mis en place sur les plages. Du solide. On guigne Cherbourg début juin. On espère Saint-Nazaire pour le 10 juillet. Brest dans la foulée. Et Lorient. Et Quiberon, où l'on envisage même un Arromanches bis. La bataille de Normandie doit impérativement déboucher sur la Bretagne. Il faut aussi des hangars et des pistes pour l'armada aérienne d'appui. Les plaines qui s'y prêtent sont à portée de main : entre Caen et Falaise.
Brest et Falaise seront les deux hantises de la bataille de Normandie. On répartit les rôles. La Bretagne sera pour le général Bradley, chef de la 1re armée américaine. Montgomery, lui, prendra Falaise avec les deux armées du Commonwealth. Le plan sera très prudent, très pondéré : de petits pas, du grignotage. Il faut le temps de réunir son monde. Les 40 divisions qu'on débarque progressivement sur les jetées d'Arromanches, puis, bientôt, sur les plages en arrière des brise-lames et dans les petits ports de pêche normands. Et surtout, les 16 divisions qui remonteront bientôt la vallée du Rhône, après avoir mis pied à terre en Provence le 15 août (faute de bateaux, on a dû reporter le débarquement du 6 juin). Ce plan prudentissime poussa Churchill à s'exclamer devant Eisenhower : « Délivrez-moi Paris avant Noël, et personne ne pourra vous en demander plus ! »
La date prévue pour la fin de la bataille de Normandie est le 6 septembre. Y sera-t-on encore cet automne ? Que fera-t-on cet hiver ? Entre Seine et Loire, face au Loing et au canal de Briare, un immense camp militaire se sera substitué à l'étroit front de mer normand. On pourra réfléchir alors au plan suivant : *Post-Overlord*. Ce plan qui dort encore dans les cartons. Son but : la ruée vers l'Allemagne.
« Qu'est-ce que ce foutu plan où il n'est question que d'installation, et jamais de percée ni d'exploitation ? », fulmine le bouillant Patton, que l'on tient alors en réserve pour une 3e armée qui n'arrivera sur le terrain que le 1er août.
Elle viendra, la percée. Mais ce ne sera que pour s'assurer la Bretagne. Elle viendra, l'exploitation. Mais le commandement allié n'y sera pour rien. Il faudra « remercier » l'aveuglement de Hitler qui, par obstination, enverra ses divisions au plus fatal des casse-pipes. Le complot qui, le 20 juillet, manqua le Führer de peu fut la réponse des généraux allemands.
C'est que la Wehrmacht ne sait plus où donner de la tête. Le jeu de balance entre Falaise et la Bretagne oblige le commandement allemand à jongler avec ses unités, bringuebalées d'un front à l'autre selon l'urgence de l'incendie. Car ses forces ne sont pas illimitées. Les meilleures unités sont sur le front de l'Est. Au jour J, les Allemands disposent de quelque 300 avions (autant dire que les Alliés sont maîtres du ciel), de 18 divisions entre Seine et Loire, à peu près autant au sud de la Loire, et entre la Seine et l'Escaut – un réservoir d'hommes où l'on ne puisera que progressivement, l'état-major restant persuadé que les Alliés débarqueront dans le Pas-de-Calais. Le moral n'est pas bien haut. Dix jours après l'invasion, qui ne suscita au QG du Führer aucune stratégie bien définie, le général Warlimont, adjoint au chef d'état-major, déplore « un manque croissant d'esprit de décision pour l'essentiel et des heures de discussion pour des détails ». Très exactement ce que visait l'opération *Fortitude*, mise en place pour brouiller les pistes...

L'axe Normandie-Bretagne

Pour passer en Bretagne, il faut s'assurer d'abord du Cotentin. Le 18 juin, la péninsule est coupée. Le 26, Cherbourg tombe. Dans leur progression, les Américains ont perdu quelque 5 000 hommes depuis le jour J. Mais 3 semaines plus tard, les premiers *liberty ships* jetteront l'ancre sous le fort du Roule...

Pour gagner Falaise, il faut d'abord prendre Caen. On l'espérait pour le 6 juin. La ville ne tombe que le 9 juillet, après 26 000 morts et disparus dans les rangs alliés. Et ce n'est qu'un début. Le plateau de la rive droite, qui ouvre Falaise, est tenu par la *Hitlerjugend,* une division Panzer SS d'élite. Il faudra 37 jours et des torrents de sang pour lui passer dessus.

Dans le Cotentin, la bataille des Haies s'annonce tout aussi meurtrière. Pour l'armée de Bradley, la péninsule est une prison. Les deux côtes sont verrouillées par une chaîne d'unités allemandes, habilement retranchées dans les haies, les vergers, les bois, postées devant les marais, les gorges, les rus et les rivières, Panzerfaust au poing. Chaque lopin gagné provoque un communiqué de victoire. Mais peut-on parler de victoire quand la 83ᵉ division d'infanterie, pour ne citer qu'elle, perd 5 000 hommes en 12 jours ? Enfin, Saint-Lô tombe le 19 juillet. Ou plutôt, Saint-Lô s'écroule. Le taux de destruction est de 95 % : presque aucune maison n'a échappé aux bombes. La ville en gardera un surnom : « le Cassino du Nord ». Quant au calendrier, il est proprement chamboulé : 30 jours de retard.

DES MORTS OUBLIÉS

Le Débarquement a tué de nombreux soldats alliés pour notre liberté. Encore plus d'Allemands. Les terribles bombardements alliés sur Caen, Falaise, Saint-Lô et Le Havre ont tué au moins 20 000 civils normands. Les livres d'histoire oublient souvent que la population locale a payé, elle aussi, le prix fort.

Le western breton

Maintenant, il faut gagner Avranches, porte de la Bretagne. C'est l'opération *Cobra.* Quelque 2 000 bombardiers ont copieusement arrosé les 12 petits kilomètres carrés compris entre Saint-Gilles, Marigny et Hébécrevon, à raison de 5 000 bombes incendiaires par kilomètre carré. Le 25 juillet, cinq divisions américaines s'ébranlent, crèvent la cuirasse blindée allemande, traversent Avranches le 30, passent la Sélune, franchissent le Couesnon, déferlent en Bretagne, libèrent Rennes et Rostrenen le 4 août, filent vers Brest le 7... Un diable furieux vient de bondir de sa cachette. C'est Patton. Sa 3ᵉ armée, toute fraîche, y gagnera un surnom : *Third Galloping.* Patton la conduira jusqu'à Pilsen, en Europe centrale. Là, le commandement allié dira : « Stop ! » Il ne s'agit pas de fâcher Staline, tout de même ! Ainsi les 12 divisions passent-elles le goulet d'Avranches « pare-chocs contre pare-chocs ». Maintenant, cap sur l'Atlantique, sur Angers, sur Le Mans. Patton plastronne. « Pour la première fois dans l'histoire militaire, une armée attaque sur les quatre points cardinaux ! »

JERRYCAN

Ce bidon en métal est une invention allemande. Quand les Anglais décidèrent d'en fabriquer à leur tour, ils l'appelèrent « le réservoir du boche », jerry étant le surnom péjoratif que les Anglais donnaient aux Allemands.

Le début de la fin

En attendant, cette disposition la rend vulnérable. Hitler en est sûr. Il croit habile de réitérer le coup de Dunkerque. Déclenchée le 7 août, l'opération *Lüttich* lance quatre divisions de panzers vers l'ouest, sur une ligne d'Avranches à Mortain. Mais l'armée allemande n'est pas inépuisable. Pour se concentrer sur *Lüttich,* Hitler a dégarni les autres fronts, trompé par de fausses révélations laissant penser à une débandade américaine. On imagine la joie de Montgomery, qui restait à l'affût : il attaque vers le sud. Patton, quant à lui, est au Mans : il attaque plein nord et prend les Allemands à revers. Bradley exulte : « C'est une occasion comme il s'en présente une par siècle ! Nous sommes sur le point de détruire une armée entière ! » Cela, le maréchal von Kluge le savait aussi. Mais allez donc faire entendre raison au Führer ! De toute façon, il est trop tard. Les deux mâchoires du piège allié se referment à Chambois, le 19 août. Une féroce bataille de 3 jours s'engage. Le reste des deux armées allemandes se faufile vers la Seine et le pays de Caux, en attendant de rejoindre la ligne Siegfried. Les Alliés bombardent les colonnes à loisir. L'hécatombe est inimaginable.

La bataille de Normandie aligne des chiffres éloquents : plus de 200 000 morts allemands et autant de prisonniers. Du côté allié, on compte 53 000 morts, plus de 150 000 blessés et près de 20 000 disparus. Les civils ont payé eux aussi : de 15 000 à 35 000 morts dans les cinq départements de Normandie. Mais le résultat, c'est que la route est libre. L'Escaut est atteint le 2 septembre. Paris est libéré inopinément. Et 20 jours plus tard, les frontières du Reich sont franchies. Mais ça, c'est une autre histoire...

LE CHOUIME-GOMME DÉBARQUE

Le soldat Parfet fut époustouflé par l'accueil des Français quand il offrait des chewing-gums Wrigley's, *après le Débarquement. En 1952, il décida de lancer la marque* Hollywood. *Les premiers chewing-gums français fabriqués par un Américain, et utilisant un mythe californien. Revanche de l'histoire,* Hollywood *a été rachetée depuis par une société... américaine.*

Pour ceux qui voudraient encore approfondir le sujet : ● *plagesdu6juin1944.com* ●

ÉCONOMIE

Des champs, des forêts, une mer poissonneuse avec de bons ports, tout cela bien au chaud dans un molleton d'herbages... Pas besoin de se casser la tête. Paris et ses 12 millions d'estomacs réclament de la Normandie qu'elle cultive sa fibre rurale et maritime. Pas étonnant que les chromos de prés fleuris et de pommiers aient gardé leur sève. Pour autant, toute la Normandie n'a pas la prospérité grasse du Calvados littoral... Exploitée dans ses moindres recoins par 40 000 fermes dispersées, cette région réputée cossue n'est guère plus peuplée qu'une autre. Loin des fortes densités du val de Seine en raison de la concentration des villes et usines, il est d'autres Normandies aussi authentiques que le Massif central. Tandis que la Manche et l'Orne restent fortement rurales, Rouen, Caen et Le Havre regroupent à elles seules la grande majorité des Normands ! Encore qu'aujourd'hui les salariés sont de plus en plus nombreux à « pavillonner » aux champs...

Le trio de choc normand est conduit par ***la vache.*** La normande est la Rolls des bovins : elle donne une viande persillée et un lait très crémeux. Sur quelque 19,3 millions de bovins en France, la Normandie compte environ 630 000 vaches laitières... À raison de 5 500 l annuels en moyenne par pis, calculez...

Autre herbivore super racé, ***le cheval pur-sang*** a lui aussi enrichi ce pays de riches pâturages : plus de la moitié des individus élevés en France provient des haras normands, une bonne part du chiffre étant liée à la vente des poulains de 1 an et demi (les yearlings) à Deauville. Le trotteur français est normand, tout comme le percheron.

En matière de production végétale, on ne saurait oublier ***la culture du lin,*** pour laquelle la Normandie se place au premier rang avec plus de 50 % de la production

nationale (principalement en pays de Caux). Autres cultures qui se portent assez bien, le blé (près de 10 % de la production nationale), le maraîchage et les betteraves. Bien sûr, il y a des hauts et des bas. À deux pas du Bray herbeux, le Cauchois règne sur un patchwork de blé, lin, betteraves et fourrage. En revanche, l'Eure est « en heurts » : plaines céréalières du Vexin contre fermettes du Lieuvin, maigres prairies d'Ouche contre herbages gras du Marais-Vernier et, entre deux, le Neubourg nappé d'orge, de maïs et de luzerne. Le Calvados s'adosse à la mer : les prospères alentours de Caen (céréales, maraîchage), les « latifundia » du Bessin et la Côte Fleurie des touristes contrastent avec l'argileux pays d'Auge, campé sur ses tas de pommes et ses bidons de lait. Dans l'Orne, les bovins – pour le lait et la viande – côtoient les chevaux des haras et les zones de culture. La Manche panache : labours dans l'Avranchin, maraîchage sur les polders, élevage au bocage. Au sujet de l'agriculture normande, on ne peut que vous conseiller le très beau film documentaire de Rémi Mauger, *Paul dans sa vie,* qui rend hommage à un paysan de la Hague, personnage terriblement attachant, vivant en harmonie avec son métier et son environnement.
Côté mer, les terre-neuvas ne sont plus de saison, mais la pêche a de beaux restes. La Normandie se classe au cinquième rang en France : coquille Saint-Jacques, pêchée à Dieppe et à Port-en-Bessin, huîtres d'Isigny et de Saint-Vaast, petits coquillages puisés sur les vastes grèves du Mont-Saint-Michel, bulots de Granville et moules de partout... Bref, les Normands ont encore le pied marin et pêchent en abondance poissons plats (la sole normande), saint-pierre, colins, morues...
L'industrie a eu sa bonne fée : la Seine. Bien avant l'autoroute Paris-Normandie, elle reliait Paris au monde. Rouen fut le premier port de mer du royaume. Rétrogradé au cinquième rang, il truste l'exportation des grains briards, même si ce trafic est désormais supplanté par celui des produits pétroliers raffinés. Le Havre, quant à lui, est le deuxième port pétrolier de France avec 40 % de nos importations de pétrole brut et le premier port du pays en ce qui concerne le commerce extérieur avec 63 % du transit de nos marchandises en conteneurs.
Si les chantiers navals sont déconfits, le complexe de la Basse-Seine leur a trouvé des remplaçants : Renault, Lafarge, Esso, Shell, EDF. Un tiers de la pétrochimie française, un tiers du pétrole raffiné, deux cinquièmes du papier journal consommé en France. À côté, les industries des petites et moyennes villes de la région semblent bien modestes, excepté toutefois pour les activités industrielles autour de l'énergie nucléaire (centrales de Paluel et de Penly en Seine-Maritime, de Flamanville et de la Hague dans la Manche...).

ENVIRONNEMENT

De bonnes vaches normandes sous des pommiers, des prairies protégées par des haies, un bocage verdoyant.
Pendant longtemps, la Normandie fut réduite à cette image bucolique de calendrier des PTT, le camembert et le cidre en plus. Ce n'est pas vraiment faux, mais cela reste un cliché. Aujourd'hui, la Normandie est principalement agricole, industrielle, résidentielle et urbaine, et la qualité de l'environnement s'en ressent. Les herbages deviennent labours, les usines et les zones portuaires marquent les paysages, les tissus pavillonnaires s'étendent autour des villes. Mais il reste

LE RUMINAGE : UNE SACRÉE TECHNIQUE !

Tout d'abord la vache avale l'herbe sans la mâcher, puis celle-ci est stockée (jusqu'à 180 l !) dans la panse. L'herbe y fermente et part ensuite dans une autre cavité, le bonnet. Transformée alors en boulettes, l'herbe revient dans la bouche où elle est mastiquée : on dit que la bête rumine. Puis les aliments repartent vers les troisième et quatrième poches pour être totalement digérés.

heureusement une Normandie dotée de richesses naturelles et d'un patrimoine environnemental, plus secret que les colombages et les vieilles pierres.
La proximité de la région parisienne a depuis longtemps bouleversé l'équilibre rural normand traditionnel. La vallée de la Seine, centre économique qui relie Le Havre à Paris, se présente comme un des pôles les plus importants dans les secteurs de l'énergie, de la pétrochimie et de la chimie.
En matière de nature et de paysages, la Normandie compte quatre parcs naturels régionaux (les Marais du Cotentin et du Bessin, les Boucles de la Seine normande, les forêts et le bocage de Normandie-Maine et le bocage du Perche). Le littoral normand est particulièrement bien protégé par le Conservatoire du littoral et les départements. Malgré la pression historique des hommes et des activités, la flore et la faune sauvages normandes restent riches et variées. La flore est originale dans les nombreux types de forêts aux sols différents, sur les dunes et les coteaux calcaires, pelouses sauvages exposées au sud, quasi méridionales et riches en orchidées en juin. La faune devient même source d'activité pour les publics spécialisés : on peut observer de nombreux oiseaux, notamment lors des périodes de migrations, et des phoques en baie de Veys, écouter le brame du cerf autour de Rouen...
Enfin, la Normandie ne manque pas non plus d'attraits écologiques : grandes forêts (futaies cathédrales de hêtres, chênaies-charmaies fleuries au printemps), marais intimes et giboyeux, sans oublier, bien entendu, de multiples rivières et petits fleuves côtiers, que n'égalent en majesté que les coteaux du fleuve majeur : la Seine. Partout des recoins secrets de campagne préservée, villages de charme, parcs et jardins remarquables, chemins creux, champs de coquelicots, plaines agricoles riantes où reviennent les busards. En prime, on n'est jamais très loin du littoral, qui offre de superbes balades aux abords des falaises, sur de petites plages de galets au bout des valleuses ou sur de vastes étendues de sables dénudées à marée basse, cachées derrière les dunes, dans des estuaires et des havres sableux (une spécificité de la Manche), ou encore sur quelques îlots de caractère.

MYSTÈRE BOVIN

Chez les bovidés, il naît à peu près autant de mâles que de femelles. Comme dans toutes les espèces. Alors pourquoi un troupeau de vaches ne possède qu'un ou deux taureaux ? Eh bien, la viande des mâles étant un peu ferme, elle est vite vendue à l'étranger. Dans des pays où l'on consomme de la viande bouillie (les pays de l'Est, notamment).

LES « FEIGNANTS » DE LA BARBOUILLE

En 1858, dans une boutique du Havre, un Honfleurais inconnu rencontre un adolescent qui, sans trop se casser la tête, dessine des caricatures de notables locaux. Il l'invite à venir peindre avec lui dans la nature. C'est ainsi qu'Eugène Boudin, le barbu au panama, participera à éveiller la vocation du futur maître de Giverny, Claude Monet – un Normand lui aussi. Si une province a jamais eu le génie du pinceau, c'est bien la Normandie. Nicolas Poussin l'allégorique était des Andelys mais peignit l'Italie. Théodore Géricault, le témoin tourmenté de l'Empire, naquit à Rouen mais partit pour Paris. Les commandes et la renommée l'attendaient là-bas – comme elles attendront plus tard Jean-François Millet, Raoul Dufy, Georges Braque, Fernand Léger et Marcel Duchamp, tous compatriotes de Boudin.
De 1830 à 1880, pourtant, ce fut au tour de la Normandie d'intéresser les artistes. À la fin du XVIIIe s, les terres d'inspiration classique (Italie, Flandre...) cèdent le pas au paysage romantique. Déjà en vogue chez les écrivains (Stendhal, George Sand, Baudelaire, Maupassant, Zola...), la Normandie devient un jardin de peintres, à la grande joie des paysans qui négocieront tout au prix fort pour ces « feignants ».
Aujourd'hui, le moindre musée normand a recueilli leurs traces, notamment grâce à des legs prestigieux de grands collectionneurs locaux. Les peintres Turner

et Théodore Rousseau ouvrent le bal. Corot plante son chevalet devant la Seine. Courbet immortalise « le jardin de la mère Toutain », la logeuse de Honfleur chez qui Boudin reçoit ses confrères. C'est le premier à peindre une série de toiles illustrant les vagues à Étretat. L'Anglais Whistler pose ses valises dans le coin et se fait piquer son modèle par son ami Courbet, qui peint « Jo, la belle Irlandaise ». Manet exerce son art à Cherbourg. Bazille et Sisley écument la côte. Le Hollandais Johan Barthold Jongkind (le deuxième maître de Monet) rejoint tout ce beau monde. Renoir s'adonne au portrait près de Dieppe. Camille Pissarro s'installe près de Gisors. Seurat et Signac accourent. Quant à Monet, il connaîtra l'extase devant la cathédrale de Rouen avant de s'installer à Giverny. De son bassin aux nymphéas découlera un demi-siècle de peinture.

HABITAT

Chaumières du pays d'Auge, demeures de maîtres en brique rouge du pays de Bray, maisons en granit du Cotentin et de l'Orne, villas exubérantes du bord de mer, manoirs du Perche : difficile de trouver une unité architecturale à l'habitat normand. Comment expliquer cette diversité et cette richesse ?

Si les maisons à pans de bois (ou chaumières, si vous préférez) sont tellement nombreuses dans le pays d'Auge, dans l'Eure et en Seine-Maritime, c'est non seulement parce que les paysans du coin avaient à leur disposition du bois, de l'argile et du chaume, mais aussi parce qu'ils ont utilisé les compétences des nombreux charpentiers de marine de tous les chantiers navals que comptaient la côte et la vallée de la Seine à l'époque. Qui sait édifier la membrure d'un bateau peut bien construire les colombages d'une maison ! D'où ces voûtes époustouflantes, au carénage quasi parfait. Quant à la présence de nombreuses maisons de maîtres en brique rouge, dissimulées derrière les pommiers dans les campagnes de Seine-Maritime, elle est essentiellement due à l'argile, abondante dans cette région. Mais il faut attendre le XIXe s et la révolution industrielle pour y voir se développer les briqueteries et les tuileries. D'abord réservées aux industriels, les maisons en brique vont bientôt devenir les demeures des riches agriculteurs cauchois (qui voient leurs revenus augmenter à la fin du XIXe s), pour ensuite trouver un usage plus démocratique dans les vallées ou les faubourgs industrieux de la banlieue de Rouen, dont certains quartiers rappellent encore les corons du Nord.

La masure cauchoise est enterrée dans un talus épais, planté de grands arbres, qui l'entoure et la protège du vent et des intempéries. Observez aussi la campagne de la Hague ou du val de Saire dans le Cotentin : les fermes mises à part, pas de bâtiments agricoles esseulés dans le paysage. Tout simplement parce que les matériaux utilisables, le granit ou le schiste, sont des matériaux lourds à transporter, durs à travailler. Et des maisons, solides pour résister à un climat rude, mais simples parce que les paysans qui les ont construites n'étaient pas des magnats de la terre.

LE COLOMBIER

Cette construction fut, jusqu'à la Révolution, le privilège exclusif de la noblesse et du clergé, qui utilisaient la fiente des pigeons (la colombine, un excellent engrais) pour la culture de leurs terres. Malheureusement, lors des semis, les fameux pigeons provoquaient souvent des catastrophes car ils engloutissaient les grains.

HISTOIRE

Les « conquistadors » du bocage

On dit que Charlemagne pleura en apercevant les premiers drakkars... Les ***Vikings,*** eux, rigolaient.

Et ils terrorisèrent les Francs, lesquels avaient fortifié la Seine, mais puisque les Vikings étaient invincibles, autant la leur donner et à leur tour de la défendre... Au Xe s, ***Charles le Simple offre sa fille et la Normandie*** à Hrolf Marche à Pied, dit ***Rollon,*** chef des pirates danois. Ce n'était pas malin : leurs descendants, rois d'Angleterre, vont harceler les Français pendant huit siècles ! Rollon, premier duc de Normandie, rebâtit les églises, tout en sacrifiant quelques prisonniers à Odin. À peine née, la Normandie est entre de bonnes mains !

LES VIKINGS ? DES MALINS

Ils étaient peu nombreux pour les pillages. Il leur fallait jouer de l'effet de surprise : ils attaquaient souvent lors de la messe ! Des espions les aidaient à repérer les gros butins. Enfin, leurs cris sauvages et leurs accoutrements bizarres effrayaient les populations avant même le début des combats.

En 1066, le duché est le mieux organisé des États d'Occident. Le temps de bétonner ses frontières, ***Guillaume le Bâtard*** lorgne l'Angleterre. Le roi de là-bas l'avait plus ou moins choisi comme successeur, mais Harold le Saxon a fauché la couronne. Fâché, Guillaume débarque avec ses drakkars. Exit Harold ! La petite Normandie avale l'Angleterre.

Les Norvégiens ont l'Irlande et l'Écosse. Les Suédois sont en Russie. À ses moments perdus, tout ce beau monde se retrouve pour assiéger la ville de Constantinople. Deux barons du Cotentin, les Hauteville, n'y tiennent plus : ils partent se tailler un royaume en Italie du Sud. Ayant dépouillé les Pouilles, ils enlèvent la Sicile aux Arabes. Simple hors-d'œuvre avant la première croisade où ils vont vaincre les Turcs, puis se faire princes d'Antioche et comtes d'Édesse.

L'héritage de Rollon

Depuis un siècle, ***les Normands auscultent leurs racines.*** Elles rendent un son très viking. Le fondateur de la noble famille Harcourt s'appelait Ansketil (en français moderne : Anquetil). Houlgate signifie « chemin creux », Dieppe « profonde » et Beuf « abri » ou « baraque ». Quant à Honfleur, elle aurait un homonyme en Islande : Hornafjördhur, « le fjord en corne »... De larges pans du pays de Caux, de la vallée de la Seine, de la Côte Fleurie et du Cotentin du Nord se déchiffrent comme un plan de la Norvège. On reconnaît sous Bolbec « le ruisseau de la ferme », en Caudebec « le ruisseau froid ». Trouville est la ville de Thorolf (« le loup de Thor »), Omonville celle d'Asmund, Bierville et Besneville celles de Björn, et Rauville celle de Hrolf. Autrement dit, de Rollon... et le Norvégien dans la langue de son pays s'appelle encore aujourd'hui un « nordmann » (l'homme du Nord) !

LES ORIGINES DE GUILLAUME LE CONQUÉRANT

Guillaume le Conquérant était le fils de Robert, duc de Normandie, et d'Arlette, fille de tanneur. Voilà pourquoi Guillaume eut d'abord comme surnom « le Bâtard ». Ensuite, il préféra s'appeler « de Normandie ».

Normandies lointaines

Depuis les premières expéditions de l'Islandais Leiv l'Heureux en Amérique, les Vikings ont eu la bougeotte. Kiev, mer Caspienne, Angleterre, Sicile, Syrie et Palestine... Certains n'ont pas voulu revoir leur Normandie. ***À Saint-Barthélemy,*** petite île des Antilles, voilà trois siècles que ***la coiffe normande protège du soleil des tropiques.*** D'autres, comme les Mortagnais, sont partis se fondre dans le creuset québécois. Lors du débarquement de 1944, les indigènes furent surpris de les entendre parler un français très pur.

Quelques dates

– ***56 av. J.-C. :*** la Seine forme une frontière. Au nord, les Belges : *Véliocasses* du Vexin (autour de *Rotomagus*-Rouen) et *Calètes* du pays de Caux. Au sud, les Gaulois bon teint : *Éburovices* (Évreux), *Lexoves* (Lisieux), *Bajocasses* (Bayeux).
– ***654 :*** fondation de l'abbaye de Jumièges par Philibert. Il accueille les fils du roi Clovis II qui se laissaient dériver en bateau sur la Seine. Tout ça parce que leur père les avait énervés (au sens – très – primitif de l'époque, à savoir disloquer les nerfs)...
– ***836 :*** on gèle en Scandinavie ! Les Vikings qui en ont les moyens achètent un bateau pour commercer dans le Sud. Ils découvrent qu'un contrat se conclut mieux avec un petit coup de hache... À fortiori le vol à la tire. Toute l'Europe est bientôt dans leur ligne de mire. Rouen, Jumièges et Saint-Wandrille dégustent.
– ***911 :*** déjà chez lui à Rouen, le chef viking Rollon se fait offrir par le roi des Francs le reste de la Normandie... Plus de frontière-Seine : le pays se découvre uni.
– ***Xe s :*** finie l'équipée sauvage ! La Normandie devient un duché. Les abbayes sont restaurées – grâce au butin des expéditions. À Rouen, on vend des esclaves irlandais (les émirs d'Espagne sont preneurs).
– ***Noël 1066 :*** Guillaume de Normandie conquiert l'Angleterre. Ce qui fait de lui le principal vassal du roi de France... et désormais son égal en tant que roi d'Angleterre.
– ***XIIe s :*** son père ayant fortifié les frontières, le duc Henri Plantagenêt épouse Aliénor d'Aquitaine, une femme bien dotée qui possédait l'Aquitaine. La Normandie s'étend de l'Écosse aux Pyrénées... On est bon pour la guerre de Cent ans !
– ***1183-1204 :*** qui part en croisade perd sa place ! Jean sans Terre évince Richard Cœur de Lion. Philippe Auguste veut la Haute-Normandie ? Jean sans Terre la lui donne volontiers. Mais Richard revient, chasse Jean et bat Philippe. Sur ce, Dieu enlève Richard à l'affection des siens, et donne la Normandie à Philippe Auguste.
– ***1340 :*** Philippe VI veut conquérir l'Angleterre. Ce n'est pas une bonne idée : les marins dieppois ont à peine pillé Southampton que toute la flotte française se voit envoyée par le fond. Et maintenant, les Anglais débarquent ! À Crécy, ils taillent un gros costard aux Français.
– ***XIVe s :*** Charles le Mauvais, comte d'Évreux, intrigue. Pour l'aider, les Anglais prennent le Cotentin et avancent jusqu'à Verneuil. Le roi de France Jean le Bon réagit, mais il n'est pas si bon que ça : désastre de Poitiers.
– ***1364 :*** Du Guesclin ne laisse que Cherbourg à Charles le Mauvais.
– ***1410 :*** l'Anglais Henri V pulvérise les Français à Azincourt et prend la Normandie. Mais au bout de l'Armorique, d'irréductibles Français résistent : au Mont-Saint-Michel...
– ***1431 :*** Jeanne d'Arc est brûlée vive à Rouen après un procès monté par l'évêque Cauchon, le bien nommé.
– ***1450 :*** la Normandie à jamais française.
– ***1506 :*** la « tour de Beurre » à Rouen. On bâtit beau et beaucoup.
– ***1517 :*** François Ier édifie une base navale, Le Havre-de-Grâce.
– ***XVIe s :*** les Normands dans le sillage des grandes découvertes. Grâce à eux, Jean Nicot introduit le tabac en France.
– ***1603 :*** Henri IV démantèle Château-Gaillard.
– ***1664 :*** la Compagnie des Indes occidentales au Havre.
– ***1793 :*** Charlotte Corday assassine Marat. La Normandie girondine et chouanne.
– ***1822 :*** construction d'un casino à Dieppe. Premiers bains de mer.
– ***1854-1855 :*** Boudin, Courbet et Isabey chez la mère Toutain, à Honfleur.
– ***1862 :*** le duc de Morny lance Deauville.
– ***1883 :*** Monet s'installe à Giverny.
– ***1937 :*** débuts de l'aventure Moulinex (l'inventeur du premier moulin à café électrique) en Normandie, avec l'ouverture d'une première entreprise à Alençon.
– ***1942 :*** débarquement allié catastrophique à Dieppe.
– ***6 juin 1944 :*** débarquement des Alliés en Normandie.
– ***Août 1944 :*** les Allemands sont pris dans la poche de Falaise. La bataille normande est (durement) gagnée.

– ***1956 :*** séparation administrative de la Haute et de la Basse-Normandie.
– ***1959 :*** le pont de Tancarville relie les deux rives de l'estuaire de la Seine.
– ***1973 :*** fermeture des chantiers navals de Rouen.
– ***1988 :*** inauguration du Mémorial de Caen.
– ***1995 :*** inauguration du pont de Normandie.
– ***1997 :*** polémique et bras de fer entre Greenpeace et la Cogema à propos des rejets de tartre radioactif non loin de la Hague.
– ***2001 :*** Moulinex dépose le bilan. Quelque 3 000 salariés se retrouvent sur le carreau.
– ***2002 :*** inauguration de la Cité de la mer de Cherbourg.
– ***6 juin 2004 :*** célébrations du 60e anniversaire du débarquement en Normandie. Le chancelier allemand, Gerhard Schröder, et son pays sont invités pour la première fois à célébrer cette commémoration de la victoire des Alliés sur l'Allemagne nazie.
– ***2005 :*** inscription du Havre moderne, conçu par l'architecte Auguste Perret, au Patrimoine mondial de l'Unesco.
– ***2010 :*** première célébration du mouvement impressionniste dans toute la Normandie.
– ***2014 :*** 70e anniversaire du Débarquement ; et la Normandie accueille les premiers Jeux équestres mondiaux.
– ***2016 :*** réunification de la Haute et de la Basse-Normandie en une seule et même Normandie. Troisième édition du festival Normandie impressionniste. La Manche accueille le départ du Tour de France.

LANGUES RÉGIONALES

Le normand : langue ou pas langue ? Certains ont un avis bien tranché sur le sujet. À ceux qui se permettent de douter de l'appellation de « langue » associée au normand, préférant n'y voir qu'un vulgaire patois, les spécialistes rétorquent quantité d'arguments. Comme l'avance Jacques Mauvoisin, universitaire et spécialiste du sujet, ancien président de l'Association de défense et promotion des langues d'oïl : oui, « le normand est une langue à part entière, et c'est prouvé » ! Pour se justifier, il mentionne, entre autres, l'existence de 60 glossaires et dictionnaires, justifiant de la richesse du vocabulaire. On parlera même plutôt de langues normandes, puisque celle-ci connaît des variations (dans la région elle-même, mais aussi dans les îles Anglo-Normandes de Jersey et Guernesey).

Mais le normand, c'est aussi toute une histoire qui nous amène à sortir de nos frontières pour aller braver le froid. En effet, l'apport scandinave à la langue normande ne fait pas de doute et se retrouve particulièrement dans le vocabulaire maritime. La langue norroise (langue germanique parlée par les anciens peuples de la Scandinavie, ancêtre des langues nordiques) aurait été pratiquée dans le duché de Normandie pendant un peu plus d'un siècle (à Bayeux, au XIe s, une université y était dédiée) pour se fondre rapidement aux langages « romans ». Attardez-vous sur les noms de villes en Normandie et dénichez des traces de norrois à travers des terminaisons comme *-tôt* (ferme), *-thuit* (essart), *-bec* (ruisseau)... Un brin de norrois, beaucoup de roman ; on l'a, notre normand !

P'TÊT BEN QU'OUI, P'TÊT BEN QU'NON !

Cette expression a donné aux Normands la réputation d'indécis et de versatiles. En fait, une coutume de l'Ancien Régime donnait un délai de renonciation de 24h pour tout contrat ou marché conclu. Il est intéressant de constater que ce délai de rétractation est aujourd'hui garanti par la loi.

Mais l'histoire ne s'arrête pas là. Jusqu'au milieu du XIVe s, elle est la langue officielle de la cour d'Angleterre. Si vous vous demandiez d'où pouvaient bien venir les mots *fork, candel, cat,* etc. La langue normande va jusqu'à « s'exporter ».
À Jersey, elle n'est autre qu'une véritable institution soutenue par des structures et des médias spécifiques.

PERSONNAGES

– ***Jehan Ango*** *(1480-1551)* **:** cet armateur de Dieppe avait 70 navires. Pas mal, pour la Renaissance ! Il finançait les découvertes maritimes, mais il n'oubliait pas de se renflouer avec la piraterie. Il paya la rançon pour libérer François Ier. Ils devinrent très copains.
– ***Bourvil*** *(1917-1970)* **:** André Raimbourg, l'« andouille » la plus talentueuse de Normandie (avec celle de Vire), emprunta son pseudonyme au village de son enfance : Bourville, en Seine-Maritime.
– ***Charlotte Corday*** *(1768-1793)* **:** à 24 ans, cette beauté de l'Orne concocte son raid viking personnel au plus fort de la Terreur. Elle poignarde Jean-Paul Marat, guillotineur de choc, surpris dans sa baignoire révolutionnaire. Événement devenu célèbre grâce à David, qui fit une belle peinture à l'antique de Marat mort.
– ***Pierre Corneille*** *(1606-1684)* **:** né à Rouen, cet illustre poète dramatique est aussi un créateur du dilemme « cornélien », transposition du « p'têt ben qu'oui, p'têt ben qu'non ». Avocat au barreau de Rouen, son éloquence lui permit de ciseler des répliques définitives dans le bronze de l'alexandrin.
– ***Philippe et Vincent Delerm*** **:** le premier, né en 1950, est romancier et le papa du second, auteur-compositeur-interprète né en 1976. Tous deux mettent en valeur une Normandie intime et heureuse : Deauville et le souvenir de Trintignant, l'Eure et Beaumont-le-Roger, son club de foot, celui de théâtre...
– ***Christian Dior*** *(1905-1957)* **:** le dieu du new-look qui, en 1947, rendit le goût des colifichets aux femmes que la guerre avait habillées en hommes, et réinstalla son pays sur le trône de la Mode. Fils d'un industriel de Granville, ami de Bérard et de Cocteau, tard venu à la mode, il peupla sa maison de Cotentinois. Un élève : Yves Saint Laurent.
– ***François Dourlen*** **:** ce prof de lettres cherbourgeois n'en finit pas d'engranger les followers sur Instagram et sur Facebook, des fans du monde entier amusés et admiratifs de ses photomontages, qui associent icônes de la culture populaire et éléments du quotidien. À tel point que de grands groupes le sollicitent désormais pour concevoir leurs campagnes publicitaires. Beaucoup d'humour, de créativité et d'à-propos.
– ***Michel Drucker*** **:** né en 1942 à Vire, il fait ses débuts en tant que commentateur sportif à la radio et à la télévision, puis choisit de se consacrer aux émissions de divertissement. Figure emblématique et indéboulonnable de l'audiovisuel français, il est à ce jour le journaliste ayant reçu le plus de personnalités dans ses émissions.
– ***Franck Dubosc*** **:** né en 1963 à Petit-Quevilly, il suit les cours du conservatoire de Rouen et fait ses débuts à la télévision et au cinéma. Il se lance ensuite dans une carrière d'humoriste, dans un premier temps aux côtés d'Élie Semoun, puis assure seul des one-man shows. Le film *Camping,* dans lequel il joue l'un des rôles principaux, est d'ailleurs inspiré de l'un de ses sketchs.
– ***Marcel Duchamp*** *(1887-1968)* **:** dans le monde de l'art, on est soit picassien, soit duchampien, mais nombre de critiques considèrent ce provocateur génial, né à Blainville-Crevon (près de Rouen), comme l'artiste le plus important du XXe s. Le père du ready-made, et surtout sa démarche, a inspiré des courants artistiques comme le pop art, l'art minimal, conceptuel ou encore performance.
– ***Jules Dumont d'Urville*** *(1790-1842)* **:** la vie de ce navigateur est un roman. Châtelain d'Urville, il épouse, au désespoir des siens, une vendeuse d'instruments d'optique. Il lui empruntera son prénom pour baptiser un bout de glace antarctique encore inconnu : la terre Adélie. Il meurt à ses côtés dans le premier accident de chemin de fer.

– ***Annie Ernaux :*** née en 1940, cette romancière française, prix Renaudot 1984 pour *La Place,* explore dans la plupart de ses ouvrages son passé, le café de son enfance du côté d'Yvetot (en Seine-Maritime).

– ***Gustave Flaubert*** *(1821-1880)* **:** né à Rouen, où son père était chef médecin de l'hôtel-Dieu, la Normandie restera très présente dans sa vie et dans son œuvre : la plage de Trouville où, à 15 ans, il rencontre le grand amour de sa vie (transposé en Mme Arnoux dans *L'Éducation sentimentale*) ; Rouen, bien sûr, dont il fera une superbe description dans *Madame Bovary* ; les paysages et les personnages normands, tels qu'on les trouve dans *Bouvard et Pécuchet* ou *Un cœur simple.* Hobereaux prétentieux, paysans et gens du peuple, et surtout ces bourgeois détestés de Flaubert, qui en incarne la quintessence dans le personnage du pharmacien Homais *(Madame Bovary).*

– ***Jacques Gamblin :*** acteur français né en 1957 à Granville. Après des études au Centre d'art dramatique de Caen, il tourne avec Lelouch, Blier, Jean Becker ou encore Tavernier. Une grande pointure. Il a également publié plusieurs romans.

– ***Valérie Lemercier :*** née en 1964 à Dieppe, elle suivra les cours du conservatoire de Rouen, puis exercera son talent à la télévision dans *Palace,* seule en scène dans plusieurs one-woman shows, au cinéma dans *Les Visiteurs,* etc., avant de passer aussi derrière la caméra *(Le Derrière, Palais Royal).*

– ***Gaston Lenôtre :*** le « Guillaume le Conquérant » de l'entremets. Né en 1920, pâtissier à 13 ans, il ouvre boutique à 23 ans dans le bourg de Pont-Audemer. Les Parisiens qui vont à Deauville s'offrent le détour. Confiant, il part pour Auteuil. C'était en 1957. Son empire pèse aujourd'hui plusieurs dizaines de millions d'euros.

– ***Guy de Maupassant*** *(1850-1893)* **:** né au château de Mirosmesnil, près de Dieppe, il dépeint à merveille l'atmosphère et la société normandes du XIXe s dans son premier roman, *Une vie* (1883).

– ***François Morel :*** né en 1959 à Flers, le comédien-chanteur-chroniqueur se fait vraiment connaître du public dans les années 1990 avec les hilarants mais grinçants Deschiens de Jérôme Deschamps et Macha Makeïeff. S'il manie toujours avec brio l'humour, celui-là est aujourd'hui plus volontiers teinté d'une pointe de poésie, de fantaisie et, surtout, d'un profond humanisme.

– ***Michel Onfray :*** né à Argentan en 1959, le philosophe esthétique a créé en 2002 l'*université populaire de Caen* (qu'il anime toujours).

– ***Eugène-René Poubelle*** *(1831-1907)* **:** le préfet de Seine qui, en 1884, mit en place les « boîtes à ordures », dont la collecte quotidienne est née à Caen (où il fut aussi professeur de droit).

– ***Jacques Prévert*** *(1900-1977)* **:** habita à Omonville-la-Petite, dans le Cotentin, la propriété verdoyante à laquelle son nom le prédestinait.

– ***Erik Satie*** *(1866-1925)* **:** le compositeur et musicien hors du commun, qui n'hésite pas à glisser malice et humour dans ses partitions dépouillées, est né à Honfleur.

– ***Alexis de Tocqueville*** *(1805-1859)* **:** homme politique et écrivain. Il est l'auteur de deux ouvrages magistraux : *De la démocratie en Amérique* et *L'Ancien Régime et la Révolution.* Il fait partie de l'une des plus vieilles familles normandes, puisque l'un de ses ancêtres était aux côtés de Guillaume le Conquérant à la bataille d'Hastings.

VINS ET ALCOOLS

Si, au cours d'un repas, vous criez grâce, le ***trou normand*** se charge de vous vider l'estomac : un petit verre de calva jeune bu cul sec ou, en version stylée, avec un sorbet à la pomme. Le calvados ? Du cidre distillé. Le cidre ? Du jus de pomme fermenté. Comme quoi le raisin n'est pas indispensable. Le ***cidre*** normand est plus épais, plus « fileux » que son copain breton. Tout l'art est de choisir entre les 30 espèces de pommes, baie d'Auge ou pied court, rougette ou coqueret, etc. « Hochées » (gaulées) après la Toussaint, abandonnées 15 jours sous la paille, elles sont à point. Âpres ou douces, toutes se donnent la main pour composer la compote idéale d'où sera extrait le moût, qui fermente ensuite 1 mois en cuve. Puis on le soutire (en lune descendante, s'il vous plaît) et on le filtre. Parmi les cidres fermiers, on peut choisir le sec (il a au moins 1 an), « pur jus » (pas d'eau ajoutée), « mousseux » (le gaz est naturel), voire « bouché » (la fermentation se poursuit dans la bouteille, comme pour le champagne).

BÉNÉD'HIC ! TINE, À BOIRE RELIGIEUSEMENT

La composition de la bénédictine, une des spécialités normandes à boire, reste floue. Créée en 1510 par un bénédictin vénitien qui séjourna à l'abbaye de Fécamp, cette liqueur médicinale disparut pendant un siècle. En 1863, un négociant local retrouva la recette et se lança dans la fabrication de ce digestif baptisé dès lors « bénédictine » et composé de 27 plantes et épices, macérées et/ou distillées.

N'oubliez pas son frère, le ***poiré,*** ce « cidre sec de poire » né dans le Domfrontais. Vous trouverez aussi en apéritif le ***pommeau,*** jus de pomme additionné de cidre et de calva.

Comme pour excuser cette timidité, le ***calvados*** est, lui, un alcool foudroyant. Inventée en 1553 par un gentilhomme gastronome, l'eau-de-vie fabriquée à partir du cidre (et souvent aussi de poires à poiré) attendit la fin du XIXe s pour s'appeler calvados. Héros des tranchées de 1914, puis du café-calva prolétaire, le calva a recyclé l'expérience du cognac et de l'armagnac pour accéder au statut d'alcool noble. Le calvados a trois AOC : le « calvados, » le « calvados Pays d'Auge » et le « calvados domfrontais ». Malgré son nom, il peut aussi être produit dans les départements voisins, à l'image du « calvados domfrontais », qui est produit surtout dans l'Orne. Les puristes ne boivent rien de moins de 15 ans, mais tout le monde n'est pas richissime. Trois étoiles ou trois pommes indiquent un calva d'au moins 2 ans d'âge. Vieux ou réserve : 3 ans. Après 6 ans, c'est Napoléon, hors d'âge, etc. L'âge indiqué étant celui du plus jeune des composants.

Pour les curieux qui voudraient tout savoir sur le cidre : • *aloriginéducidre.com* •

les ROUTARDS sur la FRANCE 2017-2018

(dates de parution sur • **routard.com** •)

Découpage de la FRANCE par le ROUTARD

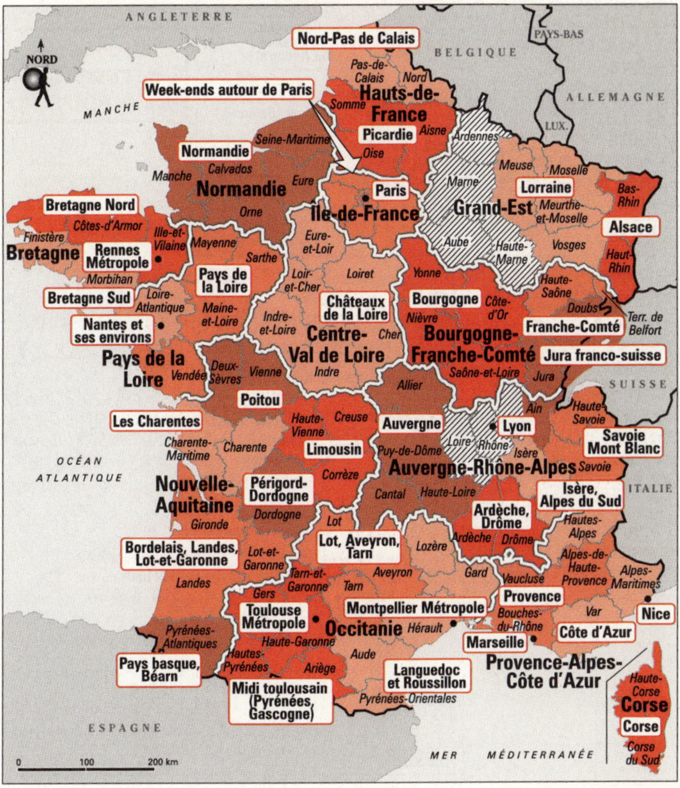

Autres guides nationaux

- Hébergements insolites en France (mars 2017)
- La Loire à Vélo
- La Vélodyssée (Roscoff-Hendaye)
- Nos meilleurs campings en France
- Nos meilleures chambres d'hôtes en France
- Nos meilleurs restos en France
- Les visites d'entreprises

Autres guides sur Paris

- Paris
- Paris balades
- Restos et bistrots de Paris
- Le Routard des amoureux à Paris
- Week-ends autour de Paris

les ROUTARDS sur l'ÉTRANGER 2017-2018

(dates de parution sur • **routard.com** •)

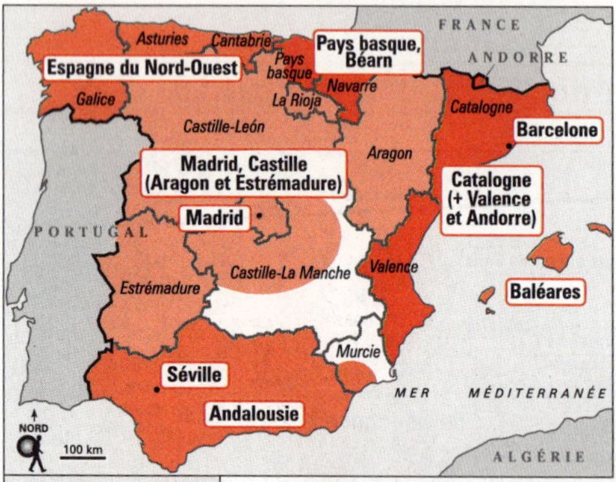

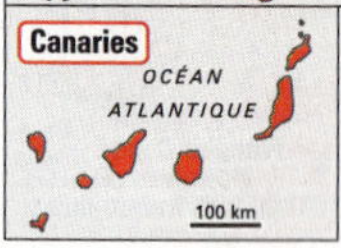

Découpage de l'ESPAGNE par le ROUTARD

Découpage de l'ITALIE par le ROUTARD

Autres pays européens

- Allemagne
- Angleterre, Pays de Galles
- Autriche
- Belgique
- Budapest, Hongrie
- Capitales baltes (avril 2017)
- Crète
- Croatie
- Danemark, Suède
- Écosse
- Finlande
- Grèce continentale
- Îles grecques et Athènes
- Irlande
- Islande
- Madère
- Malte
- Norvège
- Pologne
- Portugal
- République tchèque, Slovaquie
- Roumanie, Bulgarie
- Suisse

Villes européennes

- Amsterdam et ses environs
- Berlin
- Bruxelles
- Copenhague
- Dublin
- Lisbonne
- Londres
- Moscou
- Prague
- Saint-Pétersbourg
- Stockholm
- Vienne

les ROUTARDS sur l'ÉTRANGER 2017-2018

(dates de parution sur • *routard.com* •)

Découpage des ÉTATS-UNIS par le ROUTARD

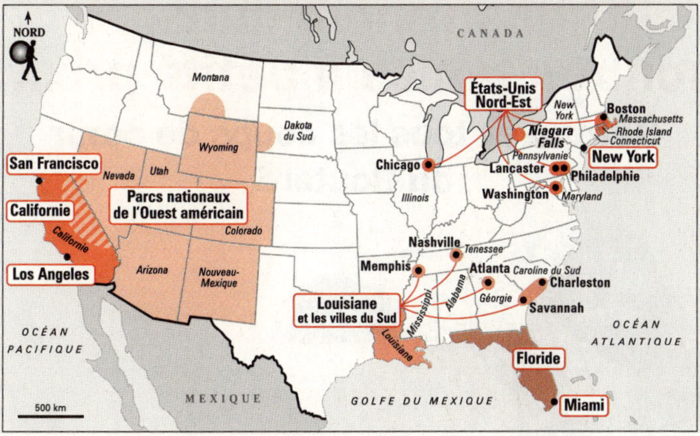

Autres pays d'Amérique

- Argentine
- Brésil
- Canada Ouest
- Chili et île de Pâques
- Costa Rica (nouveauté)
- Équateur et les îles Galápagos
- Guatemala, Yucatán et Chiapas
- Mexique
- Montréal
- Pérou, Bolivie
- Québec, Ontario et Provinces maritimes

Asie et Océanie

- Australie côte est + Red Centre
- Bali, Lombok
- Bangkok
- Birmanie (Myanmar)
- Cambodge, Laos
- Chine
- Hong-Kong, Macao, Canton
- Inde du Nord
- Inde du Sud
- Israël et Palestine
- Istanbul
- Jordanie
- Malaisie, Singapour
- Népal
- Shanghai
- Sri Lanka (Ceylan)
- Thaïlande
- Tokyo, Kyoto et environs
- Turquie
- Vietnam

Afrique

- Afrique du Sud
- Égypte
- Kenya, Tanzanie et Zanzibar
- Maroc
- Marrakech
- Sénégal
- Tunisie

Îles Caraïbes et océan Indien

- Cuba
- Guadeloupe, Saint-Martin, Saint-Barth
- Île Maurice, Rodrigues
- Madagascar
- Martinique
- République dominicaine (Saint-Domingue)
- Réunion

Guides de conversation

- Allemand
- Anglais
- Arabe du Maghreb
- Arabe du Proche-Orient
- Chinois
- Croate
- Espagnol
- Grec
- Italien
- Japonais
- Portugais
- Russe
- G'palémo (conversation par l'image)

Les Routards Express

Amsterdam, Barcelone, Berlin, Bruxelles, Budapest, Dublin, Florence, Istanbul, Lisbonne, Londres, Madrid, Marrakech, New York, Prague, Rome, Venise.

Nos coups de cœur

- Les 50 voyages à faire dans sa vie (nouveauté)
- Nos 52 week-ends dans les plus belles villes d'Europe
- France
- Monde

PETITS TRUCS ET ASTUCES POUR ÉVITER LES ARNAQUES !

Un routard informé en vaut deux ! Pour éviter les arnaques en tous genres, il est bon de les connaître. Voici un petit vade-mecum destiné à parer aux coûts et aux coups de bambous. À commencer par **l'affichage des prix** : dans les hôtels comme dans les restos, il est **obligatoire** et doit être situé à l'extérieur de l'établissement, de manière visible. Vous ne pouvez donc contester des prix exorbitants que s'ils ne sont pas clairement affichés.

À L'HÔTEL

1 - Arrhes ou acompte ? : au moment de réserver votre chambre par téléphone – par précaution, toujours confirmer par écrit (ou mail) – il n'est pas rare que l'hôtelier vous demande de verser à l'avance une certaine somme, celle-ci faisant office de garantie. Il est d'usage de parler d'arrhes et non d'acompte (en fait, la loi dispose que « sauf stipulation contraire du contrat, les sommes versées d'avance sont des arrhes »). Légalement, aucune règle n'en précise le montant. Toutefois, ne versez que des arrhes raisonnables : 25 à 30 % du prix total, sachant qu'il s'agit d'un engagement définitif sur la réservation de la chambre. Cette somme ne pourra donc pas être remboursée en cas d'annulation de la réservation, sauf cas de force majeure qu'il vous faudra justifier (maladie ou accident) ou en accord avec l'hôtelier si l'annulation est faite dans des délais jugés raisonnables. Si, au contraire, l'annulation est le fait de l'hôtelier, il doit vous rembourser le double des arrhes versées. À l'inverse, l'acompte engage définitivement client et hôtelier.

2 - Subordination de vente : comme les restaurateurs, les hôteliers ont interdiction de pratiquer la subordination de vente. C'est-à-dire qu'ils ne peuvent pas vous obliger à réserver plusieurs nuits d'hôtel si vous n'en souhaitez qu'une. Dans le même ordre d'idées, on ne peut vous obliger à prendre votre petit déjeuner ou vos repas dans l'hôtel ; ce principe, illégal, est néanmoins répandu dans la profession, toléré en pratique, surtout en haute saison... notamment dans les zones touristiques, où la demande est bien plus importante que l'offre ! Bien se renseigner.

> **« QUI DORT DÎNE ! »**
>
> *Cet adage, venu du Moyen Âge, signifie que les hôteliers imposaient le couvert aux clients qui prenaient une chambre. Déjà de la vente forcée !*

3 - Les réservations en ligne : elles se sont généralisées. Par l'intermédiaire de sites commerciaux ou en direct sur les sites des hôtels, elles sont simples et rapides. Mais voilà, les promesses ne sont pas toujours tenues et l'on constate parfois des dérives, notamment via les centrales de résa telles que promos bidons, descriptifs exagérés, avis d'internautes truqués... Des hôteliers s'estiment étranglés par les commissions abusives. N'hésitez pas à contacter l'hôtel sur son site pour vous faire préciser le type de chambre que l'on vous a réservé (sur rue, sur jardin ?).

4 - Responsabilité en cas de vol : un hôtelier ne peut en aucun cas dégager sa responsabilité pour des objets qui auraient été volés dans la chambre d'un de ses clients, même si ces objets n'ont pas été mis au coffre. En d'autres termes, les éventuels panonceaux dégageant la responsabilité de l'hôtelier n'ont aucun fondement juridique.

5 - En cas d'annulation : si vous avez réservé une chambre (sans avoir rien versé) et que vous avez un empêchement, passez un coup de téléphone pour annuler, c'est la moindre des politesses. Trop peu de gens le font, ce qui rend les hôteliers méfiants.

AU RESTO

1 – Menus : très souvent, les premiers menus (les moins chers) ne sont servis qu'en semaine ou que le midi, et avant certaines heures (12h30 et 20h30 généralement). C'est parfaitement légal, à condition que ce soit clairement indiqué sur le panneau extérieur : à vous d'être vigilant et d'arriver dans les bons créneaux horaires ! Il peut arriver que ce soit écrit en tout petit. Par ailleurs, bien vérifier que le « menu d'appel », le moins cher donc, est toujours présent dans la carte qu'on vous donne une fois installé. Il arrive qu'il disparaisse comme par enchantement. N'hésitez pas à le réclamer si vous êtes entré pour ce menu précis.

2 - Le « fait maison » : cette grande « tendance culinaire » de ces dernières années s'oppose aux plats sous-vide ou congelés achetés par les restaurateurs, réchauffés sur place et « agrémentés » d'une petite touche personnelle pour noyer le poisson (ou la souris d'agneau). Depuis 2013, le label « fait maison » permet de vérifier si les plats sont réellement préparés ou non sur place.

3 - Commande insuffisante : il arrive que certains restos refusent de servir une commande jugée insuffisante. Sachez, toutefois, qu'il est illégal de pousser le client à la consommation. Mais l'on peut également comprendre que commander un seul plat pour 3 personnes peut agacer un tantinet le restaurateur. Tout est une question de juste équilibre.

4 - Eau : une banale carafe d'eau du robinet est gratuite – à condition qu'elle accompagne un repas – sauf si son prix est affiché. On ne peut pas vous la refuser, sauf si elle est jugée impropre à la consommation par décret. La bouteille d'eau minérale quant à elle doit, comme le vin, être ouverte devant vous. L'arnaque dans certains restos « pousse-conso » consiste à proposer d'emblée une eau minérale et de la facturer 7 €, voire plus... À la question du serveur : « ...et pour l'eau, Badoit ou Vittel ? » vous êtes en droit de répondre « une carafe ! ».

5 - Vins : les cartes des vins ne sont pas toujours très claires. Exemple : vous commandez un bourgogne à 16 € la bouteille. On vous la facture 32 €. En vérifiant sur la carte, vous découvrez que 16 € correspondent au prix d'une demi-bouteille. Mais c'était écrit en petits caractères illisibles. Attention au prix parfois exorbitant des vins au verre. Abus bien courant, l'année de référence n'est plus disponible : on vous sert un millésime plus récent mais au même tarif ! Vous devez obligatoirement en être informé avant le débouchage de la bouteille.

6 - Couvert enfant : le restaurateur peut tout à fait compter un couvert par enfant, même s'il ne consomme pas, à condition que ce soit spécifié sur la carte. Parfois il est libellé « Enfant ne mangeant pas », tant d'euros ! Cela dit, ce n'est quand même pas courant et ça donne une petite idée de la générosité du restaurateur !

7 - Sous-marin : après le coup de bambou et le coup de fusil, celui du sous-marin. Le procédé consiste à rendre la monnaie en plaçant dans la soucoupe (de bas en haut) : les pièces, l'addition puis les billets. Si l'on est pressé, on récupère les billets en oubliant les pièces cachées sous l'addition. Malin !

N'oublions pas que l'hôtellerie et la restauration sont des métiers de service, qui ne souffrent ni l'approximation, ni les (mauvais) écarts. Nous supprimons de nos guides tous les établissements qui abusent. Mais la réciproque est aussi valable : tout est question de respect mutuel.

Bonne route !

Nous tenons à remercier tout particulièrement Loup-Maëlle Besançon, Thierry Bessou, Gérard Bouchu, François Chauvin, Grégory Dalex, Fabrice Doumergue, Cédric Fischer, Carole Fouque, Michelle Georget, David Giason, Claude Hervé-Bazin, Emmanuel Juste, Dimitri Lefèvre, Fabrice de Lestang, Romain Meynier, Éric Milet, Pierre Mitrano, Jean-Sébastien Petitdemange et Thomas Rivallain pour leur collaboration régulière.

Emmanuelle Bauquis
Jean-Jacques Bordier-Chêne
Michèle Boucher
Sophie Cachard
Lucie Colombo
Agnès Debiage
Émilie Debur
Jérôme Denoix
Flora Descamps
Louise Desmoulins
Tovi et Ahmet Diler
Clélie Dudon
Sophie Duval
Alain Fisch
Romain Fossurier
Bérénice Glanger
Adrien et Clément Gloaguen
Marie Gustot
Bernard Hilaire
Sébastien Jauffret
Jacques Lemoine
Amélie Mikaelian
Caroline Ollion
Martine Partrat
Odile Paugam et Didier Jehanno
Émilie Pujol
Prakit Saiporn
Jean-Luc et Antigone Schilling
Caroline Vallano

Direction : Nathalie Bloch-Pujo
Contrôle de gestion : Jérôme Boulingre et Adeline Cazabat Barrere
Secrétariat : Catherine Maîtrepierre
Direction éditoriale : Catherine Julhe
Édition : Matthieu Devaux, Olga Krokhina, Gia-Quy Tran, Julie Dupré, Emmanuelle Michon, Sarah Favaron, Ludmilla Guillet, Coralie Piron, Flora Sallot, Elvire Tandjaoui, Quentin Tenneson, Clémence Toublanc et Sandra Vavdin
Préparation-lecture : Agnès Petit
Cartographie : Frédéric Clémençon et Aurélie Huot
Fabrication : Nathalie Lautout et Audrey Detournay
Relations presse France : COM'PROD, Fred Papet. ☎ 01-70-69-04-69.
• *info@comprod.fr* •
Illustration : Anne-Sophie de Précourt
Direction marketing : Adrien de Bizemont, Clémence de Boisfleury et Charlotte Brou
Contacts partenariats : André Magniez (EMD). • *andremagniez@gmail.com* •
Édition des partenariats : Élise Ernest
Informatique éditoriale : Lionel Barth
Couverture : Clément Gloaguen et Seenk
Maquette intérieure : le-bureau-des-affaires-graphiques.com, Thibault Reumaux et npeg.fr
Relations presse : Martine Levens (Belgique) et Maureen Browne (Suisse)
Régie publicitaire : Florence Brunel-Jars

INDEX GÉNÉRAL

M

LISTE DES CARTES ET PLANS

Remarque importante aux hôteliers et restaurateurs

Les enquêteurs du *Routard* travaillent dans le plus strict anonymat. Aucune réduction, aucun avantage quelconque, aucune rétribution n'est jamais demandé en contrepartie. Face aux aigrefins, la loi autorise les hôteliers et restaurateurs à porter plainte.

Avis aux lecteurs

Le Routard, ce n'est pas comme le bon vin, il vieillit mal. On ne veut pas pousser à la consommation, mais évitez de partir avec une édition ancienne. Les modifications sont souvent importantes.

Les réductions accordées à nos lecteurs ne sont jamais demandées par nos rédacteurs afin de préserver leur indépendance. Les hôteliers et restaurateurs sont sollicités par une société de mailing, totalement indépendante de la rédaction, qui reste donc libre de ses choix. De même pour les autocollants et plaques émaillées.

Les **Routards** *parlent aux* **Routards**

Faites-nous part de vos expériences, de vos découvertes, de vos tuyaux. Indiquez-nous les renseignements périmés. Aidez-nous à remettre l'ouvrage à jour. Faites profiter les autres de vos adresses nouvelles, combines géniales... On adresse un exemplaire gratuit de la prochaine édition à ceux qui nous envoient les lettres les meilleures, pour la qualité et la pertinence des informations. Quelques conseils cependant :

– Envoyez-nous votre courrier le plus tôt possible afin que l'on puisse insérer vos tuyaux sur la prochaine édition.

– N'oubliez pas de préciser l'ouvrage que vous désirez recevoir, ainsi que votre adresse postale.

– Vérifiez que vos remarques concernent l'édition en cours et notez les pages du guide concernées par vos observations.

– Quand vous indiquez des hôtels ou des restaurants, pensez à signaler leur adresse précise et, pour les grandes villes, les moyens de transport pour y aller. Si vous le pouvez, joignez la carte de visite de l'hôtel ou du resto décrit.

– N'écrivez si possible que d'un côté de la lettre (et non recto verso).

– Bien sûr, on s'arrache moins les yeux sur les lettres dactylographiées ou correctement écrites !

En tout état de cause, merci pour vos nombreuses lettres.

122, rue du Moulin-des-Prés, 75013 Paris

• *guide@routard.com* • *routard.com* •

Édité par Hachette Livre (58, rue Jean-Bleuzen, CS 70007, 92178 Vanves Cedex, France)
Photocomposé par Jouve (45770 Saran, France)
Imprimé par Lego SPA Plant Lavis (via Galileo Galilei, 11, 38015 Lavis, Italie)
Achevé d'imprimer le 27 février 2017
Collection n° 15 - Édition n° 01
84/9312/3
I.S.B.N. 978-2-01-279953-0
Dépôt légal : février 2017

PAPIER À BASE DE FIBRES CERTIFIÉES